D1745984

150 JAHRE MANNHEIMER ENERGIEN

Wasser, Strom und Wärme von MVV

Beitragende

Johannes Bähr
Jasmin Breit
Doreen Kelimes
Dagmar Kiyar
Martin Krauß
Andreas Löschel
Hans-Jochen Luhmann
Ulrich Nieß
Andrea Perthen
Sabine Pich
Hanspeter Rings
Daniel Römer
Dieter Schott
Walter Spannagel
Bernhard Stier
Harald Stockert
Thomas Throckmorton

Fotograf

Horst Hamann

150 JAHRE MANNHEIMER ENERGIEN

INHALT

Grußwort Winfried Kretschmann 8
Grußwort Dr. Peter Kurz 10
Vorwort Dr. Georg Müller 13

1. Ein Blick zurück – Hanspeter Rings
1.1 Das Trinkwasser 20
1.2 Es werde Licht! 32
1.3 Wärme und Kochen 35

  ■ Kostbare Kohle – ihre Chemie, ihre Geschichte – *Bernhard Stier* 36

1.4 Das Leuchtgas 38

2. Das Gaswerk wird städtisch. Die Mannheimer Gasversorgung von 1873 bis 1914 – Bernhard Stier
2.1 Die Übernahme des Gaswerks durch die Stadt – Gründe und Hintergründe 56
2.2 Das Mannheimer Gaswerk als städtischer Regiebetrieb 59
2.3 Zwänge der Wachstumspolitik und der Neubau des Gaswerks Luzenberg 65
2.4 Trends im öffentlichen und privaten Raum bei Licht und Wärme 77
2.5 Finanzielle Ergebnisse – das Gaswerk als Steuerquelle? 83

  ■ Die Technik des Gaswerks – *Bernhard Stier* 84

3. Die Entwicklung der zentralen Wasserversorgung in einer expandierenden Stadt – Andrea Perthen
3.1 Der lange Weg zur zentralen Versorgung mit Trinkwasser 94

  ■ Die Lösung der Abwasserfrage in Mannheim – *Sabine Pich* 102

3.2 Der Übergang in städtische Hand 1889 und die Schaffung des Gesamtbetriebs Gas und Wasser 107
3.3 Die Wassertürme als sichtbare Zeugen der neuen Versorgung 109
3.4 Reaktionen auf den steigenden Wasserbedarf Anfang des 20. Jahrhunderts 111

4. Die Ära der Elektrizität – Dieter Schott
4.1 Elektrizität erscheint am Mannheimer Horizont 124

4.2	Der schwierige Weg zum städtischen Kraftwerk	126
4.3	Stadt unter Strom	133
4.4	Strom für die Industrie – das Elektrizitätswerk als Wirtschaftsbetrieb	138
4.5	Das Elektrizitätswerk in kommunaler Regie ab 1906	139

■ **Die Lastkurve** – *Dieter Schott* 140

4.6	Die Gründung der OEG 1910 – der Schritt zum regionalen Verbund	145

5. **Die Unbilden des Ersten Weltkriegs** – Hanspeter Rings

5.1	Die Organisation der Wasser-, Gas- und Elektrizitätswerke	152
5.2	Die Versorgungslage	160
5.3	Alles für die Front	173

■ „Zeit ist Geld" – ein Exkurs zur Sommerzeit – *Doreen Kelimes* 174

5.4	Ausblick	176

6. **Die Weimarer Jahre: Zwischen Krise und Aufbruch** – Andrea Perthen

6.1	Die Notlage nach dem Ersten Weltkrieg	182
6.2	Die Werke in den „Goldenen Zwanziger Jahren"	188

■ **Vom Ortsnetz zum internationalen Verbundnetz** – *Daniel Römer* 194

6.3	Die Schatten der Weltwirtschaftskrise	208

7. **Die Stadtwerke im Zeichen des Hakenkreuzes** – Johannes Bähr

7.1	Die nationalsozialistische Machtübernahme: Terror, „Säuberung" und Anpassung	216
7.2	„Betriebsführer" und „Gefolgschaft": Die Betriebsgemeinschaft	220
7.3	Von der Weltwirtschaftskrise zum Rüstungsboom: Das Wachstum bis Kriegsbeginn	226
7.4	Monopoly um Gas und Strom: Die Bedrohung durch die Verbundwirtschaft	229

■ **Das Energiewirtschaftsgesetz von 1935** – *Johannes Bähr* 230

7.5	Die Versorgungsbetriebe und die Verkehrsbetriebe werden Stadtwerke	234
7.6	Überlastung und Mangel: Die Stadtwerke in den ersten Kriegsjahren	237
7.7	„Wir bitten um Zuweisung von 100 Ostarbeitern." Zwangsarbeit bei den Stadtwerken Mannheim	240
7.8	Durchhalten zwischen Trümmern: Die letzten Kriegsjahre	247
7.9	Die Stadtwerke und die Übergabe der Stadt Mannheim	251
7.10	Fazit	255

■ **„Kaufpreis nicht zur freien Verfügung": Die „Arisierung" des Wohnhauses in der Kleinen Wallstadtstraße 5** – *Johannes Bähr* 256

8. Der Wiederaufbau nach Kriegsende – Andrea Perthen

8.1 Die personelle Situation nach dem Zweiten Weltkrieg 268

■ „Es darf nur roter verbrannter Sand übrigbleiben": Wie die Stadtwerke im März 1945 dem Befehl zur Selbstzerstörung entgingen – *Johannes Bähr* 270

8.2 Ausmaß der Zerstörungen und erste Schritte des Wiederaufbaus 274

9. Strom und Wasser für eine prosperierende Stadt – Andrea Perthen

9.1 Der Betrieb der Stadtwerke in den 1950er und 1960er Jahren 292

9.2 Stromversorgung: Ein Wettlauf mit steigenden Bedarfen 300

■ **Die Verheißung der Atomkraft** – *Walter Spannagel* 306

9.3 Wasserversorgung: Die langfristige Sicherung ausreichenden und sauberen Trinkwassers 309

10. Fernwärme und Erdgas: Neue Versorgung mit Wärme – Andrea Perthen

10.1 Gasversorgung: Vom Stadt- über das Raffinerie- zum Erdgas 322

10.2 Der Ausbau der Fernwärme 338

■ **Warum kein Gas in der Fernwärmeversorgung?** – *Hans-Jochen Luhmann* 340

11. Der Weg vom Eigenbetrieb zum Unternehmen – Jasmin Breit

11.1 Die Stadtwerke als Eigenbetriebe – in Zeiten wirtschaftlichen Aufschwungs nur bedingt flexibel 358

11.2 Wirtschaftlichkeit und regionale Zusammenarbeit – die Gründung der MVV GmbH 1974 368

11.3 Die MVV versorgt die Region 375

■ **Mit Geduld und EDV – Einführung der Jahresverbrauchsabrechnung bei der MVV** – *Jasmin Breit* 380

12. Marktliberalisierung, Börsengang und Expansion – Martin Krauß

12.1 Aktivitäten nach der „Wende" und der Beginn der Liberalisierung 393

12.2 Der Weg der MVV an die Börse 403

■ **„Wer wär' nicht gerne Aktionär?" Euphorie und Enttäuschung an der Börse** – *Martin Krauß* 408

12.3 Expansion und Neuorientierung nach dem Börsengang 411

12.4 Hartung-Nachfolge und Konsolidierung 416

13. Ein Konzern vor Ort – Ulrich Nieß/Harald Stockert

13.1 Unternehmen und Stadtpolitik 428

13.2 Die MVV in der Stadt Mannheim 433

13.3 Die MVV und ihr Wirken in die Gesellschaft 439

▪ **Der Mannheimer Wasserturm – eine Beziehungsgeschichte** – *Thomas Throckmorton* 444

Außergewöhnlich in Form und Format – Fotografien von Horst Hamann 451

14. Energieversorgung im Zeichen von Energiewende und Klimawandel – Dagmar Kiyar

14.1 Energiewende und Klimawandel 463

▪ **Wirtschaftliche Auswirkungen des Klimawandels auf Gesellschaft und Unternehmen** – *Dagmar Kiyar* 468

14.2 Regulierung und Liberalisierung der deutschen Energiewirtschaft 470

14.3 Der Wandel der Märkte: Eine neue Energiewelt 474

14.4 Der Mannheimer Weg 481

15. Ausblick – Andreas Löschel 495

Anhang

Chronologie 516

Verantwortliche und Organmitglieder der MVV Energie AG und ihrer Vorgängerorganisationen 519

Daten im Längsschnitt

Mannheims Bevölkerung mit Eingemeindungen 523

Gas 524

Strom 526

Wasser 528

Müllverwertung zur Wärmeerzeugung 529

Fernwärme 530

Umsatz, EBIT, Investitionen 531

Capital Employed 532

Beschäftigte 533

Historische und aktuelle Standorte in Mannheim 534

Aktuelle Standorte der MVV Energie AG und ihrer Tochterunternehmen 536

Abkürzungsverzeichnis 538

Literaturverzeichnis 541

Personenregister 552

Ortsregister 555

Kurzvorstellung der Beitragenden 557

Dank 559

Grußwort Winfried Kretschmann, Ministerpräsident des Landes Baden-Württemberg

150 Jahre Unternehmensgeschichte sind ein wahrer Grund, um stolz zu sein – und ein schöner Anlass, um auf eine bewegte Historie zurückzublicken. Zu diesem ganz besonderen Jubiläum gratuliere ich der Geschäftsführung der MVV Energie AG sowie der gesamten Belegschaft im Namen der Landesregierung sehr herzlich!

Die zuverlässige, wirtschaftliche und umweltverträgliche Bereitstellung von Energie ist ein zentraler Baustein für das Funktionieren unserer Wirtschaft und zum Erhalt einer lebenswerten Gesellschaft. Die MVV Energie AG mit ihrem Sitz in Mannheim hat sich über viele Jahrzehnte zu einem der zentralen Energieversorgungsunternehmen in Deutschland entwickelt – und dabei auch turbulente Zeiten durchlebt.

Beispielhaft zu nennen sind etwa der Aufbau einer zentralen Energieversorgung, die Ölpreiskrisen in den 1970er Jahren, die Liberalisierung der Energiewirtschaft und der Beginn des postfossilen Zeitalters mit dem Einläuten der Energiewende. Begleitet wurden diese vielen Umbrüche auch von zentralen gesellschaftlichen Fragestellungen: Wie können wir eine sichere Energieversorgung für alle Bürgerinnen und Bürger garantieren? Wie lässt sich unser dynamischer Wirtschaftsstandort weiterhin gewährleisten? Wie bewerten wir mögliche Umweltrisiken, die mit einer modernen Energieversorgung verbunden sind? Wie kann Energie als eine der wesentlichen Grundlagen für eine funktionierende Gesellschaft bezahlbar bleiben? Und wie schnell können wir unser Energiesystem transformieren, ohne dabei die wichtige Akzeptanz in der Bevölkerung zu verlieren?

Die 150 Jahre Unternehmensgeschichte der MVV stehen daher auch für einen riesigen Erfahrungsschatz, der eine wertvolle Hilfe ist, um die derzeitigen Herausforderungen auf dem Energiemarkt zu bewältigen – und diese Herausforderungen sind groß. Schon jetzt spüren wir deutlich die Folgen der Klimakrise, die nur durch eine rasche und tiefgreifende Transformation unseres gesamten Energiesystems begrenzt werden können. Der völkerrechtswidrige Angriffskrieg Russlands gegen die Ukraine hat uns zudem dramatisch vor Augen geführt, dass wir unsere Abhängigkeit von fossilen Rohstoffen schnellstmöglich reduzieren müssen. Und zu guter Letzt dürfen wir auch die drängenden sozialen Aspekte nicht aus den Augen verlieren: Energie ist schließlich Teil der grundlegenden Daseinsvorsorge und muss auch in Zukunft für jedermann bezahlbar bleiben.

Die Lösung, um mit diesen enormen Herausforderungen umzugehen, kann nur sein: Wir brauchen eine noch schnellere und mutigere Umsetzung der Energiewende! Diese kann nur durch einen massiven Ausbau der erneuerbaren Energien und durch ambitionierte Fortschritte bei der Energieeffizienz gelingen. Baden-Württemberg nimmt auf diesem wichtigen Sektor eine Vorreiterrolle ein. Unser Land muss zeigen, dass wir mit der Energiewende einen innovativen klimaneutralen Wirtschaftsstandort schaffen, uns von sprunghaften Preisanstiegen bei fossilen Energieträgern unabhängig machen und die Lebensqualität der Bürgerinnen und Bürger steigern können.

Doch all diese Ziele können wir nur erreichen, wenn wir uns gemeinsam dafür einsetzen: das Land, die Kommunen, die Unternehmen sowie die Bürgerinnen und Bürger. Es freut mich daher sehr, dass die MVV, als eines der wichtigsten Versorgungsunternehmen im Land, hier einen wesentlichen Beitrag leistet und die Herausforderungen der Energiewende konsequent angeht. Wie die Landesregierung hat sich auch die MVV die ambitionierte Vorgabe gesetzt, bis zum Jahr 2040 die Treibhausgasneutralität zu erreichen. Dieses große Engagement wird zusätzlich durch die Teilnahme bei unserem „Klimabündnis Baden-Württemberg" unterstrichen. Hierzu hat das Umweltministerium schon im Jahr 2020 eine Klimaschutzvereinbarung mit der MVV geschlossen, in der sich das Unternehmen nicht nur zu klaren Minderungszielen bekennt, sondern auch ganz konkrete Maßnahmen für deren Umsetzung benennt.

Mit dem „Mannheimer Modell" hat die MVV ein klares Konzept zur Erreichung der langfristigen Klimaschutzziele vorgegeben. Besonders wegweisend sind dabei die Pläne für die Wärmewende: Als einer der größten Fernwärmeversorger Deutschlands kann das Unternehmen gerade in diesem Bereich für mehr Effizienz und Einsparpotenziale sorgen. Dabei verfolgt die MVV den Ansatz, die bestehenden Fernwärmenetze durch eine schrittweise Einbindung erneuerbarer und klimaneutraler Quellen – also Großwärmepumpen, Biomasse, industrielle Abwärme, die thermische Abfallbehandlung oder die tiefe Geothermie – kontinuierlich klimafreundlicher zu machen. Dies ist aus meiner Sicht ein vielversprechender Weg, der sich auch auf andere Kommunen übertragen lässt.

In diesem Sinne danke ich der Unternehmensführung der MVV Energie AG sowie allen Mitarbeiterinnen und Mitarbeitern für ihr unermüdliches Engagement bei der Umsetzung der Energiewende in unserem Land. Für die Zukunft wünsche ich uns allen, dass wir die nachhaltige Transformation für ein lebenswertes Baden-Württemberg gemeinsam mit viel Tatkraft und großer Entschlossenheit zu einer echten Erfolgsgeschichte werden lassen!

Winfried Kretschmann

Grußwort Dr. Peter Kurz, Oberbürgermeister der Stadt Mannheim und Vorsitzender des Aufsichtsrats der MVV Energie AG

Energie lässt das Herz einer Stadt schlagen. Das trifft vor allem auf Mannheim zu, dessen Einwohnerinnen und Einwohner unsere traditionsreiche Stadt mit ihrer Energie, ihrem Mut und ihrem Erfindergeist seit der Gründung im Jahre 1607 geprägt haben. Die Attraktivität einer Stadt und ihre Lebensqualität hängen andererseits eng mit der öffentlichen Energieversorgung zusammen. Denn Energie erleichtert unser Leben. Energie sorgt für Licht, Wasser und Wärme. Auf den Straßen und in den Haushalten. Und Energie ermöglicht überhaupt erst eine Produktion im industriellen Maßstab, einen florierenden Handel und die Mobilität einer modernen Stadtgesellschaft.

Die Geschichte der Stadt Mannheim, ihrer Einwohnerinnen und Einwohner, ist deshalb eng mit der Entwicklung der öffentlichen Energieversorgung verbunden – und dadurch auch mit der Geschichte der MVV.

Das vorliegende Buch beleuchtet diese Entwicklung in allen Höhen und Tiefen. Ein Fokus der Historikerinnen und Historiker, die für dieses Buch Beiträge verfasst haben, liegt auf der stetigen Verbesserung der Lebensqualität der Mannheimer Stadtbevölkerung – angefangen von der Übernahme der Gasversorgung in städtische Hand 1873 über die Einführung der zentralen Trinkwasserversorgung 1888 und die Bereitstellung von Elektrizität und Wärme für Privathaushalte bis zum Anschluss der Mannheimer Innenstadt an die Fernwärmeversorgung 1959. Nicht zuletzt dreht sich dieses Buch auch um die Meilensteine der MVV-Unternehmensgeschichte, wie die Gründung der MVV GmbH und ihrer Töchter SMA AG, RHE AG und MVG AG im Jahr 1974 oder die Teilprivatisierung durch den Börsengang 1999, der die Beziehung zwischen Stadt und MVV neu beschrieb.

Der Wert der Beiträge ergibt sich aus den vielen Facetten, die nicht nur die 150-jährige Geschichte der Energieversorgung in Mannheim behandeln, sondern auch die sozialen, wirtschaftlichen und kulturellen Aspekte der jeweiligen Zeit beleuchten – und damit offenbaren, welche Wirkungen Energie auf unsere Gesellschaft hat. Aber auch, wie unsere Gesellschaft Energie verändert.

Im Laufe dieser 150 Jahre hat die Stadt Mannheim ihre Verantwortung für die Versorgung der Bürgerinnen und Bürger mit Energie und Wasser in unterschiedlichen Formen wahrgenommen: vom städtischen Regiebetrieb des Gaswerks im 19. Jahrhundert bis hin zur Rolle als Hauptgesellschafter der MVV Energie AG nach ihrem Börsengang als erstes kommunales und regionales Versorgungsunternehmen in Deutschland 1999. Diese Entwicklungen waren natürlich von den politischen, wirtschaftlichen und gesellschaftlichen Rahmenbedingungen der jeweiligen Zeit geprägt. Gleichzeitig hat die Stadt Mannheim dabei immer eigene Impulse gesetzt, hat Veränderungen initiiert und den Wandel mit Blick auf seine sozialen Implikationen mitgestaltet. Indes, an der Bedeutung von Energie für die Entwicklung unserer Stadt hat sich nichts geändert.

Diese Jubiläumsschrift ist keine Jubelschrift. Denn Energie kann auch soziale Probleme verursachen. Energie ist nicht umsonst zu haben. Energie ist Macht. Und Macht kann missbraucht werden. Die Geschichte der Energieversorgung für die Stadt Mannheim zeigt ebenso Abgründe und Schattenseiten, und es ist der besondere Wert dieses Buches, dass diese explizit und ausführlich beleuchtet werden. Das betrifft sowohl die Diskussionen um einen sozialverträglichen Grundversorgungstarif für Gas und die Situation der Arbeiterinnen und Arbeiter in den Gas-, Wasser- und Elektrizitätswerken der Stadt als auch politische und „rassische" Säuberungen sowie den Einsatz von Zwangsarbeitern in den Stadtwerken unter dem nationalsozialistischen Regime. Die offene und kritische Auseinandersetzung der MVV mit der eigenen Vergangenheit spiegelt die Haltung der Stadt Mannheim wider, wie sie überhaupt integraler Bestandteil des heutigen Mannheim ist.

Die MVV und ihre Energie sind aus unserem Alltag nicht wegzudenken. Aber die zuverlässige Versorgung einer Stadt wie Mannheim mit allen Formen von Energie erfordert eine vorausschauende Planung. Die Strom-, Wasser-, Gas- und Fernwärmenetze müssen überwacht, gepflegt, instand gehalten und fortlaufend an den Energiebedarf in der Stadt angepasst werden. Die Menschen erwarten berechtigterweise ein hohes Maß an Zuverlässigkeit von Wasserversorgung sowie der Gas- und Stromeinspeisung, bei Heizkraftwerken und Abfallverwertungsanlagen, rund um die Uhr, an 365 Tagen im Jahr.

Eine Stadt ist keine isolierte Insel, die Stadt und damit auch der Energieversorger werden permanent von lokalen, regionalen, nationalen und globalen Entwicklungen beeinflusst. Eine Pandemie, der verbrecherische Angriffskrieg Russlands gegen die Ukraine und seine Folgen sowie die Erderwärmung sind aktuelle Ereignisse, die Weitsicht bzw. vorausschauende Planungen erfordern – sowohl von Politik und Verwaltung als auch von der Energiewirtschaft.

Nicht nur in dieser Hinsicht zeigt sich, dass die engen und historisch bewährten Bande zwischen der Stadt Mannheim und der MVV von unschätzbarem Wert sind. Denn gemeinsam handeln sie schon seit geraumer Zeit für die Energieversorgung der Zukunft und damit für den Klimaschutz.

In der jüngeren Vergangenheit hat die MVV Energie AG ihre Nachhaltigkeitsaktivitäten deutlich intensiviert und sich kontinuierlich ehrgeizigere Ziele gesetzt – immer die Herausforderungen des globalen Klimawandels im Blick und gleichzeitig im Bewusstsein, dass die Energieversorgung für Mannheim jederzeit sichergestellt sein muss. Zuletzt hat sich das Unternehmen mit dem „Mannheimer Modell" einem Weg verpflichtet, auf dem es bis 2040 klimaneutral und danach klimapositiv sein wird. Schon 2030 sollen Mannheim und die Region vollständig mit klimaneutraler Fernwärme versorgt werden. Diese Zielstrebigkeit, diese Konsequenz sind nicht selbstverständlich. Aber sie sind typisch für Mannheim, für Mut und Erfindergeist.

Mit ihrem Selbstverständnis, im Prozess der Energiewende eine Vorreiterrolle für viele Unternehmen und Kommunen in Europa einzunehmen, steht die MVV im Einklang mit den Ansprüchen und klimapolitischen Zielsetzungen der Stadt Mannheim. Ihr Engagement ist deshalb ein zentraler Baustein in unserem Klimaschutzaktionsplan, dem „Local Green Deal", und spielt eine wichtige Rolle bei unserem Vorhaben, Mannheim zu einer Smart City umzubauen.

Mit anderen Worten: Die MVV leistet mit ihrer Arbeit sehr konkrete und messbare Beiträge zu den Aktivitäten für mehr Klimaschutz in unserer Stadt – und damit für die Lebensqualität unserer Bürgerinnen und Bürger.

Der MVV und ihren heute knapp 6500 Mitarbeitenden ist es in ihrer langjährigen Unternehmensgeschichte gelungen, die Herausforderungen der Gegenwart zu meistern und die Problemstellungen der Zukunft fundiert zu analysieren sowie im Schulterschluss mit der Stadt Mannheim mit Voraussicht zu agieren. Das stellt dieses Buch unter Beweis, und das wünsche ich uns, der Stadt Mannheim, ihren Einwohnerinnen und Einwohnern sowie der MVV Energie AG auch weiterhin.

Ich danke den Autorinnen und Autoren dieses Buches für ihre wissenschaftlich fundierten und einsichtsreichen Beiträge, die in Zusammenarbeit mit dem MARCHIVUM und den Mitarbeitenden der MVV entstanden sind.

Ihnen, liebe Leserinnen und Leser, wünsche ich eine informative, spannende und inspirierende Lektüre dieses Buches.

Vorwort Dr. Georg Müller, Vorsitzender des Vorstands der MVV Energie AG

Einhundertfünfzig Jahre oder eineinhalb Jahrhunderte: ein Zeitraum, der fünf Generationen umfasst. Oder eben die Geschichte der Energie- und Wasserversorgung in Mannheim, die Geschichte unseres Unternehmens, unserer MVV. Eine Geschichte andauernder Veränderung. Durch Energie. Und von Energie.

Dass einmal Strom aus der Steckdose, Wärme aus der Leitung, Wasser aus dem Hahn kommen, dass Abfälle verwertet werden, mit dieser Vorstellung hätte man 1873 weithin ungläubiges Staunen ausgelöst. Mit Leuchtgas erhellte Straßen waren eine Sensation. Elektrizität für die zunehmende Zahl produzierender Unternehmen wurde vor allem durch die Verfeuerung von Kohle gewonnen, schmutzig und gleichzeitig gefährlich. Wasser musste aus öffentlichen Brunnen mit Eimern beschwerlich in die Wohnungen geschleppt werden; es gab immer wieder Krankheiten, Epidemien gar.

Es war die Zeit der Gründerjahre und eines wirtschaftlichen Aufschwungs in Deutschland, nicht nur in Mannheim. Angetrieben durch zahlreiche Erfindungen und deren stetige Verbesserungen und getragen durch hohe Investitionen in Industrie, Eisenbahnen und Wohnungsbau. Auf der Weltausstellung in Wien wurden 1873 neueste Errungenschaften in der Stahlfertigung, in der Wasserversorgung, im Schifffahrts- und Küstenwesen und im Maschinenbau gezeigt. Diese technisch ausgelösten Veränderungen wirkten unmittelbar auch in sozialen Umfeldern: „Frauen-Arbeit" war Thema einer Sektion der Weltausstellung. In den USA erhielt Levi Strauss im gleichen Jahr das Patent für genietete Arbeitshosen.

Der technologische Fortschritt beschleunigte sich immer mehr. In Mannheim wurde der Energiehunger von Unternehmen mit Gas und Kohle, ab Ende 1899 zusätzlich durch ein erstes Elektrizitätswerk gedeckt. Auch Privathaushalte lernten die Annehmlichkeiten einer durchgehenden Versorgung mit Gas, sauberem Wasser und Elektrizität schnell zu schätzen. Die Anfänge eines elektrifizierten öffentlichen Nahverkehrs machten die neuen Möglichkeiten für alle sicht- und erfahrbar.

Industrielle Nachfrage und wachsende Ansprüche an individuellen Komfort, Wohlstand, Gesundheit und Mobilität führten zu ansteigenden Energie- und Wasserbedarfen. Die Stadt Mannheim übernahm wegen der zentralen Bedeutung von Energie und Wasser für die Stadtentwicklung und die Bevölkerung früh Verantwortung in diesen Fragen: Sie beteiligte sich 1850/51 an der Finanzierung des ersten Gaswerks, das sie 1873 (zusammen mit einem privaten Gaswerk) in ihren Besitz übernahm – traditionell Startpunkt der Geschichte der Energie- und Wasserversorgung in Mannheim und deshalb auch dieser Untersuchung. Sie etablierte, ab 1889 kommunal geführt, eine zentrale Versorgung aus dem Wasserwerk Käfertal, erwarb 1906 das Elektrizitätswerk, das bereits in ihrem Auftrag errichtet worden war, und war 1921 einer der Initiatoren der Grosskraftwerk Mannheim AG. Auch wenn bis dahin einige Zeit verging, muss man die Entscheidungen zum Aufbau der Fernwärmeversorgung in Mannheim und zur Errichtung eines Heizkraftwerks auf der Friesenheimer Insel, die 1959 bzw. 1964 ihren Betrieb aufnahmen, in diesen größeren Zusammenhang einordnen.

Die Organisationsformen für diese Aktivitäten änderten sich im Zeitverlauf immer wieder: Zunächst waren sie Teil der städtischen Verwaltung, wurden dann als Eigenbetrieb ausgegliedert, blieben rechtlich aber noch unselbstständig, bevor sie ab 1974 als privatrechtliche Aktiengesellschaften unter dem Dach einer städtisch gehaltenen GmbH geführt wurden. Die mit dem Börsengang 1999 realisierte Teilprivatisierung der MVV Energie AG ist kein Bruch mit dieser Tradition, erfolgte sie doch vor dem Hintergrund der Liberalisierung der Energiemärkte explizit mit der Maßgabe, durch die Hereinnahme privaten Kapitals und privatwirtschaftlicher Erfahrung die Basis für die Eigenständigkeit des Unternehmens in städtischem Mehrheitsbesitz dauerhaft zu stärken. Diese Linie findet ihre konsequente Fortschreibung in der seit 2020 bestehenden Zusammenarbeit der Stadt Mannheim mit First Sentier Investors, heute Igneo Infrastructure Partners (IIP), weil die Stadt als Mehrheits- und IIP als zweiter Haupt-Aktionär eine auf nachhaltigen Erfolg ausgerichtete Sicht auf ein Energieunternehmen wie MVV verbindet.

Die Prioritäten von Energie- und Wasserunternehmen haben sich in der Zeitspanne dieser 150 Jahre wiederholt verändert. Etwa ein Jahrhundert ging es vor allem darum, die steigenden Bedarfe erfüllen zu können; lange Zeit war das Angebot tendenziell kleiner als die Nachfrage. Ab den 1960er Jahren entwickelte sich daraus der Begriff der Versorgungssicherheit, der in den 1970er Jahren zunächst um den der Bezahlbarkeit und anschließend um den der Umweltverträglichkeit ergänzt wurde. Alle drei zusammen bilden das Zieldreieck der Energiewirtschaft. Dieses Dreieck als optische Versinnbildlichung stellt vor allem den Versuch dar, die immanenten Zielkonflikte zwischen den drei Kriterien handhaben zu können. Gemeinhin werden sie heute als gleichrangig beschrieben.

Abstrakt ist das sicher richtig. In der praktischen Umsetzung lässt sich diese Annahme jedoch kaum halten. Seit das Versprechen der Versorgungssicherheit erfüllt war, also das Angebot die Nachfrage tendenziell eher überstieg, rückte zunächst die Bezahlbarkeit in den Mittelpunkt. Nicht umsonst war sie mit dem Ziel der Hebung von Effizienzen in überkommenen Monopolbereichen die maßgebliche Begründung für die Liberalisierungsschritte in Europa seit Mitte der 1990er Jahre. Ganz vergleichbar mit der Umweltverträglichkeit, die in der ersten Dekade des 21. Jahrhunderts immer mehr in den Vordergrund rückte und in den letzten Jahren die beiden anderen Kriterien an den Rand drängte, weil Versorgungssicherheit scheinbar dauerhaft gegeben war und der Staat bei der Bezahlbarkeit für die Endkunden die Grenzen über Steuern, Abgaben und Umlagen immer mehr ausdehnen konnte. Keines der Ziele ist je abschließend erreicht; alle drei müssen immer wieder neu ausbalanciert oder sogar mit ergänzenden Inhalten unterlegt werden.

Nicht zuletzt der kriegerische Überfall Russlands auf die Ukraine am 24. Februar 2022 und dessen Auswirkungen warnen uns davor, dies zu verdrängen. Sie mahnen uns eindringlich, dauerhaft alle drei Elemente des Dreiecks im Auge zu behalten, und zwar auch und gerade dann, wenn diese Notwendigkeit von der Bevölkerungsmehrheit nicht gesehen wird. Zu große Einseitigkeiten drohen in Sackgassen zu führen oder mit harten Realitäten unlösbar aufeinanderzuprallen. Damit ist am Ende niemandem geholfen, am wenigsten einem Land wie Deutschland, dessen Stabilität nicht zuletzt auf industriellen Kernen beruht, das gleichzeitig aber auf den Import dafür benötigter Energieträger angewiesen ist. So richtig der beschleunigte Ausbau erneuerbarer Energien ist, weil er nicht nur unsere Treibhausgasemissionen senkt, sondern auch unsere Unabhängigkeit stärkt, so richtig ist auch, dass Autarkie für ein Hochtechnologie- und Exportland wie Deutschland keine Option ist. Wir müssen uns dies immer wieder in Erinnerung rufen, auch bei unserer Energie- und Wasserversorgung.

Richtig bleibt auch: Energie war und ist der Motor unserer Gesellschaft. Energie verändert unsere Gesellschaft. Gleichzeitig verändern unsere Bedürfnisse die Formen von Energie, die wir nutzen. Energie ist deshalb nicht nur Antreiber, sondern muss zugleich Vorreiter dieses Wandels sein. Für MVV als Energieunternehmen ergibt sich daraus eine besondere Verantwortung: gesellschaftlich wie sozial, ökonomisch wie ökologisch. Leitgedanke unserer Strategie ist deshalb seit vielen Jahren die unternehmerisch erfolgreiche Umsetzung dessen, was gemeinhin „Energiewende" genannt wird: durch eine Stromwende, eine Wärmewende und mit maßgeschneiderten Kundenlösungen. Nicht mehr nur in Mannheim und der Region Rhein-Neckar, sondern deutschlandweit und gezielt auch in ausgewählten weiteren Ländern. Wir haben uns für die kommenden Jahre spezifische und ambitionierte CO_2-Reduktionsziele gesetzt und werden spätestens ab 2040 klimapositiv sein, der Atmosphäre also Treibhausgase entziehen.

Kann man aus der Geschichte für die Zukunft lernen? Macht nicht jede Generation ihre eigenen Fehler? Das mag jeder für sich beantworten – auch nach Lektüre dieser Untersuchung. Ein paar verallgemeinerbare Erkenntnisse ohne Priorisierungsanspruch lassen sich aus der Entwicklung der Energie- und Wasserversorgung in Mannheim aber vielleicht doch ableiten: (1) Eine funktionierende

VORWORT DR. GEORG MÜLLER

Energie- und Wasserversorgung braucht geeignete Infrastrukturen. (2) Technologischer Fortschritt knüpft häufig an vorhandene Infrastrukturen an und gibt ihnen neue, manchmal ungeahnte Perspektiven. (3) Wegen ihrer Langlebigkeit können vorhandene Infrastrukturen jedoch auch zu ungewollten Pfadabhängigkeiten führen. (4) Strom, Wärme, Wasser, Abfallverwertung sind existenzielle Produkte und Dienstleistungen der Daseinsvorsorge; sie sind – bereits beginnend auf der lokalen Ebene – eine strukturelle Voraussetzung für Wohlstand und Entwicklung. (5) Ihre physische Lieferbarkeit muss trotz aller Handels- und Derivatgeschäfte, die sich um sie herum in den letzten Jahren entwickelt haben, im Vordergrund stehen. (6) Die Wertschöpfungskette der Energie- und Wasserversorgung spielt – aller brancheninternen Entflechtung zum Trotz – unverändert eine wesentliche Rolle; für den Staat, weil er im Interesse seiner Bürgerinnen und Bürger gesamthaft geeignete Rahmenbedingungen für die Erreichung der Ambitionen des Zieldreiecks gewährleisten muss, auch über seine Außengrenzen hinaus; für die Energieunternehmen, weil sie nur dann ihre Ver- und Entsorgungsaufgaben erfüllen können; für die Kundschaft, weil sie nur auf dieser Grundlage verlässlich von einer Belieferung ausgehen kann. (7) Eingriffe in vorhandene Marktstrukturen müssen wohlüberlegt sein und früh angekündigt werden, um etablierte Anreizsysteme für Energieunternehmen nicht zu beschädigen bzw. neue aufbauen zu können. Bei kurzfristig erforderlichen Korrekturen kann es deshalb sinnvoller sein, gezielt Verwerfungen – etwa distributiver Art – zu korrigieren, als in komplexe Gesamtzusammenhänge einzugreifen. (8) Energie muss in ihren lokalen, regionalen, nationalen und internationalen Bezügen gedacht werden, also im wahrsten Sinne des Wortes Grenzen überschreitend. (9) Die Umsetzung jeder Strategie, die auf einer höheren staatlichen Ebene (z. B. national) ausgelöst, aber auf einer unteren (z. B. lokal) umgesetzt wird, ist zusätzlich komplex und zeitaufwendig.

150 Jahre Geschichte zu erarbeiten, bekanntes Material neu zu lesen, bisher unbekannte Quellen zu erschließen und erstmals auszuwerten: Dieser Aufgabe haben sich unter der Projektleitung des MARCHIVUM die Autorinnen und Autoren dieses Buches mit Verve gestellt. Es ging uns nicht nur um eine nüchterne Auflistung von Ereignissen, sondern auch um eine Einordnung in die jeweilige Zeit sowie eine Bewertung dieser Entwicklungen. Deshalb finden sich neben Ausführungen zu Technik, Organisation und energiewirtschaftlichen Zusammenhängen immer wieder auch Erläuterungen zu Arbeitsbedingungen, Abnahmemengen oder zur Preisgestaltung. Besonders hinweisen möchte ich auf die Aufarbeitung der Rolle der „Werke" in der Zeit des Nationalsozialismus durch Herrn apl. Prof. Dr. Bähr (Kapitel 7). Es war uns wichtig, weitestgehende Transparenz über das Handeln und das Selbstverständnis in diesen zwölf Jahren zu schaffen, soweit dies die Quellen zulassen. Es gehört zur Verantwortung der heute Handelnden, diese Erkenntnisse offenzulegen und daraus Lehren für die Zukunft zu ziehen.

Da historische Bewertungen zeitlichen Abstand von den Ereignissen verlangen, enden diese Wertungen mit dem Jahr 2008. Zwei abschließende Kapitel runden jedoch auch die letzten 15 der 150 Jahre ab. Sie beleuchten die – vor allem von Argumenten der Nachhaltigkeit vorangetriebene – Transformation der Energiewirtschaft bis in die jüngste Gegenwart sowie die Positionierung der MVV dazu (Kapitel 14) und wagen einen Ausblick in die Zukunft (Kapitel 15).

Wir haben uns bewusst entschieden, das Buch mit Bildmaterial anzureichern. Zeitbezogene Fotos oder Grafiken sollen ergänzend zum Text Primäreindrücke vermitteln, weil Worte allein dies nicht oder nur eingeschränkt erreichen können. Abgeschlossen wird das Buch mit einem umfangreichen Anhang, der neben energiewirtschaftlichen Daten insbesondere eine Chronologie der MVV und ihrer Vorgängerorganisationen sowie eine Aufstellung der jeweils verantwortlichen Personen beinhaltet.

Allen Autorinnen und Autoren ebenso wie den Wissenschaftlerinnen und Wissenschaftlern des MARCHIVUM unter der Federführung von Herrn Prof. Dr. Nieß danke ich sehr herzlich für die Mühen, denen sie sich in den letzten Jahren unterzogen haben. Sie haben mit ihrer Expertise nicht nur in der Tiefe recherchiert, sondern auch fundiert berichtet. Als wertvoll haben sich Interviews mit Zeitzeugen erwiesen, für deren Bereitschaft dazu ich herzlichen Dank sage. Ebenfalls danken möchte ich den vielen Mitarbeiterinnen und Mitarbeitern der MVV, die an der Publikation mitgewirkt haben, sei es durch Material- und Quellensuche in unseren Beständen, durch Prüfungen von Belegen oder Zusammenhängen sowie bei der Entstehung dieser Untersuchung vom ersten Konzept über die Ausgestaltung des Buches bis zu seiner Drucklegung.

Eine besondere Freude ist uns die Bereitschaft des renommierten Mannheimer Fotografen Horst Hamann, uns durch die Linse seiner Kamera auf einzelne Objekte der Energie- und Wasserversorgung in seiner und um seine Heimatstadt herum blicken zu lassen. Ergeben sich dadurch neue Anschauungen? Entscheiden Sie selbst.

Der größte Dank gilt aber den Tausenden von Mitarbeiterinnen und Mitarbeitern, die in den 150 Jahren seit 1873 für die Energie- und Wasserversorgung in Mannheim, der Region und weit darüber hinaus Sorge getragen haben. Unter widrigsten Umständen ebenso wie in gesicherten Umfeldern, in konventionellen ebenso wie in erneuerbaren Bereichen, in Querschnitten ebenso wie in operativen Einheiten, in Mannheim ebenso wie national und international. Auf ihren Schultern, ihren Verdiensten und ihren Fehleinschätzungen stehen alle Heutigen.

Unsere langjährige Strategie haben wir als „Mannheimer Modell" weiter konkretisiert und mit unserem Wasserturm als Symbol für unsere klimapositive Zukunft untermauert. Als Unternehmen MVV sind und bleiben wir trotz der Reichweite unserer heutigen Geschäfte fest mit Mannheim verbunden. Der

Wasserturm ist gleichzeitig ein starker Beleg dafür, dass lang bewährte Lösungen vergänglich sein können, sie aber deshalb nicht in der Versenkung verschwinden müssen. 1889 war er wegen der Druckhaltung Voraussetzung für die zentrale Wasserversorgung Mannheims. Seit einigen Jahren befindet er sich nicht mehr in Betrieb, weil Pumpen diese Funktion übernommen haben. Trotzdem ist er unverändert – und vielleicht mehr denn je – ein Wahrzeichen der MVV und unserer Stadt, das weit über ihre Grenzen hinaus bekannt ist.

Veränderung durch Energie und Veränderung von Energie. Dafür steht Mannheim, und dafür steht MVV – seit 150 Jahren und auch in Zukunft.

1
EIN BLICK ZURÜCK

HANSPETER RINGS

1 EIN BLICK ZURÜCK

Seit Gründung der Festung Mannheim 1606 und den verliehenen Stadtprivilegien 1607 heizten und kochten die Menschen vor allem mit Brennholz; Licht spendeten die billigen Talglichter oder die teuren Wachskerzen. Das Brunnenwasser war von eher schlechter Qualität, sodass sich der Hof sein Trinkwasser fassweise von den Bergquellen bei Rohrbach nahe Heidelberg herbeikarren ließ. Bereits im 17. Jahrhundert, doch vor allem im 18. Jahrhundert versuchte man erfolglos, die Wasserversorgung durch die Verlegung einer Trinkwasserleitung von Rohrbach nach Mannheim zu verbessern. Ebenfalls blieben in der ersten Hälfte des 19. Jahrhunderts Filtrierprojekte zur Trinkbarmachung von Rheinwasser im Planungsstadium stecken. Die Wende zu qualitätsvollem und gesundem Trinkwasser für alle kam erst, als sich die Wassertechniker zu Beginn der 1860er Jahre dem tieferen Grundwasser im Umfeld der Stadt zuwandten.

Bereits im Jahr 1849 nahm ein kleines Werk zur Herstellung von Portativgas – in Behältnissen abgefülltes Leuchtgas auf Steinkohlenbasis – den Betrieb auf, das 1851 durch ein modernes Gaswerk zur Versorgung mit Leuchtgas über Rohrleitungen ersetzt wurde, das 1873 an die Stadt überging.

1.1 DAS TRINKWASSER

Die Brunnen

Eine Kanne frisches Wasser, wer weiß sie in unseren Breiten heute noch zu schätzen? Oft ist das saubere und immer verfügbare Trinkwasser zur – vermeintlichen – Selbstverständlichkeit geworden. Doch allein die Umwandlung 1606/07 des Dorfes „Mannenheim" zur Festung und Stadt „Mannheim" wäre ohne die schon existierenden Dorfbrunnen kaum, zumindest nicht so leicht möglich gewesen.

Zwar lag die Stadt verkehrsgünstig an Rhein und Neckar, indes als Trinkwasserreservoir konnten die Flüsse allenfalls gelegentlich herhalten.[1] Damit bezieht sich sogar die frühe Erwähnung des Begriffs „Quadrat" im Ratsprotokoll vom 22. Februar 1676 auf einen in diesem Bauareal einzurichtenden Brunnen. Von daher zeugt dieser Eintrag zum einen von der Bedeutung der Wasserversorgung, zum anderen von der nach frühbarocken Idealstadtentwürfen angelegten „Quadratestadt", deren City sich übrigens bis heute in große, oft annähernd quadratische Bauareale gliedert.

1.1 DAS TRINKWASSER

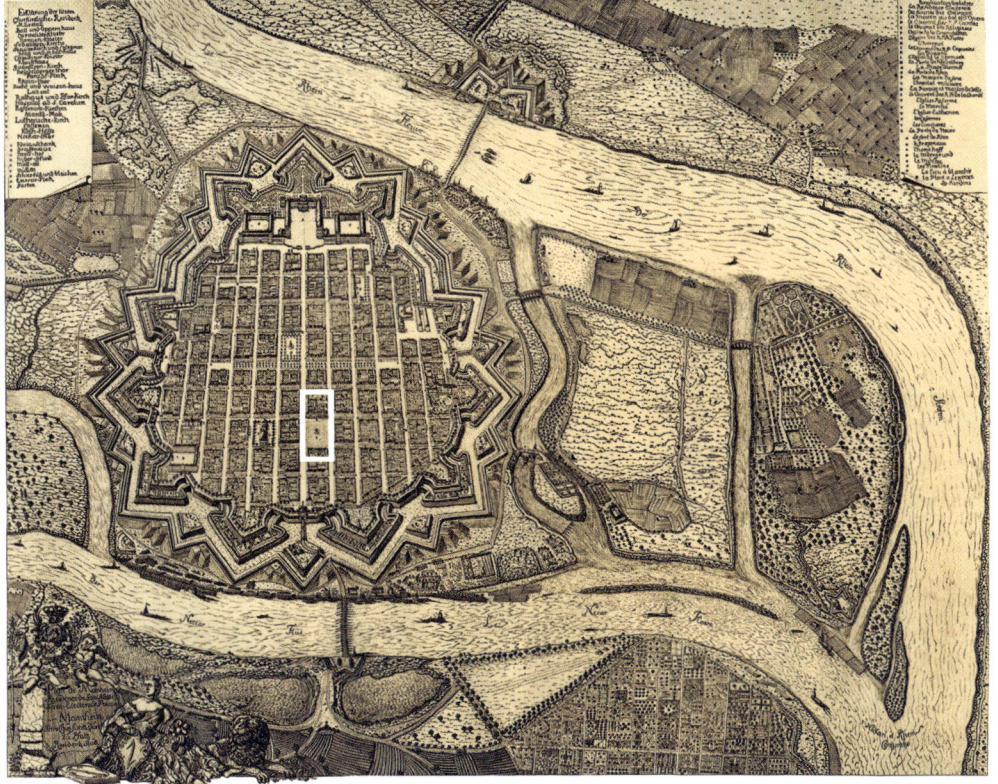

Plan der Stadt Mannheim von Joseph Anton Baertels mit Detailansicht, 1758. Die Vogelschau deutet den Ziehbrunnen, der dem Marktplatzmonument vorausging, an.
(MARCHIVUM, KS00309)

Wohl gab es im 17. Jahrhundert überwiegend Ziehbrunnen: ausgemauerte Schachtbrunnen, deren Grundwasserspiegel sich über Nacht anhob und aus denen am folgenden Tag geschöpft wurde. Für solche Brunnenanlagen galt es, Grundwasser auszumachen, das technisch bedingt höchstens etwa neun Meter unter der Oberfläche lag und mindestens zwei Meter unter dem niedersten Wasserstand bzw. -druck von Rhein und Neckar, um – abgesehen bei Hochwasser – Einsickerungen des Flusswassers zu vermeiden. Mit Schwengeln bzw. mit Pumpbrunnen wird man das Nass vermutlich erst im 18. Jahrhundert heraufgepumpt haben. Pläne geben die circa 50 öffentlichen Pumpen in der zweiten Hälfte des 18. Jahrhunderts an, von denen zudem ein gedruckter Stadtführer von 1770 berichtet.[2] Sodann bestimmten die Polizei-Vorschriften von 1822 mit Blick auf die Gefahr des Hineinfallens in die Schächte und die Gefahr der Verseuchung für den Brunnenbau: „Neue Ziehbrunnen dürfen in der Stadt gar nicht, und in den Gärten nur dann gefertigt werden, wenn sie gehörig verschlossen sind." Dabei war die Anlage von Privatbrunnen hinterm Haus vom Stadtrat zu genehmigen, deren Schlagen jedoch keine Pflicht. Die den Polizei-Vorschriften beigelegte Bauordnung weist sogar darauf hin, dass die öffentlichen Brunnen durch die häufige Nutzung qualitätsvolleres Wasser spendeten, allerdings auch nur dann, wenn sie nicht übernutzt würden.[3] Zusätzlich fingen die Menschen in der Tonne beim Haus das fade und weichere, weil weitgehend mineralienfreie Regenwasser auf.

Die städtischen Brunnen befanden sich seit alters in Obhut des Stadtrats, die höfischen unterstanden der Hofverwaltung. Im 17. Jahrhundert wurden die

öffentlichen Brunnen gemäß Ratsprotokoll von 1680 von 29 nebenamtlichen „Brunnenmeistern" betreut, zuständig für je einen öffentlichen Brunnen.[4] Und selbstverständlich stand auch mitten auf dem Marktplatz (Quadrat G 1) ein – im Oberbau im Bild einzig angedeuteter (siehe Abb. S. 21) – Ziehbrunnen, dessen Schacht circa sechs Meter tief reichte und dessen auf Säulen stehender überdachter Oberbau das Stadtwappen getragen haben soll. Dabei waren die „Brunnenmeister" insbesondere Schlosser, die auch versiert die Mechanik der Brunnen zu betreuen, reparieren und erneuern wussten. Ferner überwachten sie zusammen mit den Stadtknechten das rege Leben an den Wasserstationen und ahndeten Vergehen wie das Waschen der Kleider in den Brunnentrögen oder deren Nutzung als Viehtränke.[5]

Die Wasserqualität der Brunnen

Verglichen mit an Quellwasser reichen Regionen war das aus dem relativ oberflächigen Grund gehobene Trinkwasser in Mannheim schon immer von minderer Qualität. Bedeutsame Tiefbohrungen mit qualitativ gutem Grundwasser erfolgten erst im späten 19. Jahrhundert. Andreas von Traitteur – er war es, der eine Trinkwasserleitung von Rohrbach bei Heidelberg nach Mannheim verlegen wollte – zeichnete das hiesige Brunnenwasser, wohl nicht nur in der Absicht, sein Wasserleitungs-Projekt noch dringlicher erscheinen zu lassen, in düsteren Farben:

> „[...] eine Bouteille Wasser hingestellet, wird sich andern Tags früh bald mehr, bald weniger, ein schlammiger Bodensatz zeigen, der bei der Austrocknung einen faulartigen Geruch und Geschmack von sich gibt."[6]

Dies nähmen, so Traitteur, vor allem die Fremden wahr, denen wohlmundendes Quellwasser von daheim eine Alltäglichkeit sei – ja selbst das Vieh würde das Nass der besonders schlechten Brunnen meiden. Und die Köchin wüsste immer wieder zu berichten, wie das Fleisch, das sie im Mannheimer Brunnenwasser siede, sich bläulich verfärbe und dazu ein stechender „salpeterartiger" Schaum aufsteige.

Hinzu kam, dass Unrat und Fäkalien in den offenen Straßenkändeln – von einer unterirdischen Kanalisation war noch lange keine Rede – nicht selten in das Grund- und damit Brunnenwasser einzusickern drohten. Traitteur zog zu der 1792 inklusive Garnison etwa 29.000 Menschen zählenden Stadt olfaktorische Bilanz: „Der pestilenzische Gestank, den man [...] in einigen Quadraten der Stadt ertragen muß, ist für nieder- und hochtragende Nasen, die nicht verstopft sind, ein sehr auffallender Beweis"[7] – für die Notwendigkeit einer verbesserten Trink- und Brauchwasserversorgung. Allerdings, in anderen Städten waren die hygie-

Links oben: Der 1665 mutmaßlich erstmals erwähnte Ziehbrunnen wurde bei den Bauarbeiten an der Tiefgarage unter dem Marktplatz entdeckt und stadtarchäologisch gesichert.
Rechts oben: In der Mitte des Marktplatzes das freigelegte Steinfundament des für die Bauarbeiten abgenommenen Schmuckbrunnens.
Links unten: Blick in den aus Sandsteinplatten bestehenden Brunnenschacht.
(Reiss-Engelhorn-Museen)

Rechts unten: Der wieder aufgebaute Marktplatzbrunnen in den Reiss-Engelhorn-Museen, 2021. Das Objekt wurde 1988 dem Foyer des Neubaus der Reiss-Engelhorn-Museen (Museum Weltkulturen) auf dem Quadrat D 5 und der darunterliegenden Tiefgarage museal eingefügt. Das Bild zeigt den Brunnen als Werbeträger für die Ausstellung „Eiszeit-Safari".
(MARCHIVUM, AB04257-001)

Nach Möglichkeit wurde das Regenwasser in Tonnen beim Haus aufgefangen, hier beim sogenannten Milchgütchen, wo man den Ausflugsgästen vor allem frische Kuhmilch reichte. Das Gebäude befand sich nahe beim Rheinufer, etwa auf dem heutigen Areal „Schnikenloch/Rennershofstraße". Zeichnung von 1852.
(MARCHIVUM, GF00429)

nischen Verhältnisse oft nicht besser.[8] Und nicht zuletzt beruft sich Traitteur auf den renommierten Mediziner Franz Anton Mai, der den Anstieg von Ruhrepidemien und „typhösen Erkrankungen" im Sommer auf den verstärkten Genuss von mit „Unrat" verdorbenem Brunnenwasser zurückführte. Indes, auch wenn Mannheim – vor allem in der warmen Jahreszeit – seine hygienischen Schattenseiten hatte, so eigneten den Quadraten dennoch auch Vorzüge. Von daher ließen sich Ende des 18. und am Beginn des 19. Jahrhunderts immer wieder Auswärtige hier dauerhaft nieder, angezogen von den idyllischen Plätzen an Rhein und Neckar, doch auch von vergleichsweise günstigen Lebenshaltungskosten, einer hervorragenden Kutsch-Anbindung und vor allem einer attraktiven kulturellen Infrastruktur, in deren Zentrum das Nationaltheater stand.[9]

Das Trinkwasser für den Hof und die Schmuckbrunnen auf Markt- und Paradeplatz

Hingegen ließ sich die vornehme Hofgesellschaft ihr täglich Nass von den feinen Bergquellen in Rohrbach – in Fässern, später auch in Flaschen abgefüllt – auf besonderen Wasserwagen herbeikarren. Ferner leisteten sich die Gutbetuchten das mit „kohlenstoffsaurem Gas" versetzte und in Steinkrügen dicht verstöpselte Mineralwasser der Marken Selzer, Fachinger oder Schwalbacher. In der „Mannheimer Zeitung" der 1770er Jahre zeigten Inserate an, wann und wo Interessenten die – heute stadtarchäologisch nachweisbaren – Steinkrüge erwerben konnten.[10]

Auf dem Marktplatz im Quadrat G 1 stand seit 1769 ein opulenter Schmuckbrunnen, der allerdings wegen fehlender Wasserzufuhr noch lange trockenlag. Er war auf Geheiß Kurfürst Karl Theodors an die Stelle des schon erwähnten Ziehbrunnens gesetzt worden. An der Trockenheit des Brunnenmonuments konnte auch dessen Gestaltung als Allegorie auf Rhein und Neckar, auf Handel und Gewerbe nichts ändern. Auf dem Paradeplatz im Quadrat O 1 hingegen existierte von alters her kein solcher Ziehbrunnen, dort wurde erst mit der nach jahrelanger Bauzeit 1743 vollendeten „Grupello-Pyramide" ein beeindruckendes Brunnenmonument errichtet, indes mit noch lange trockenliegenden „Brunnensärgen". Somit konnte Philipp Wilhelm Gercken, einer der vielen Durchreisenden jener Tage, in den 1780er Jahren mit leicht spöttischem Unterton berichten: „Er [der Grupello-Brunnen, Anm. d. Verf.] war vorher zu Düßeldorff ein würcklicher Springbrunnen, ist hierher [nach Mannheim, Anm. d. Verf.] geschaffet, wo ihm aber das Wasser fehlt." Der Chronist J. G. Rieger notierte zur Sachlage 1821, dass die Menschen innerhalb des „Brunnensargs" „noch die bleiernen Röhren" sehen könnten, „durch welche man das Wasser, das sich von oben herab in die umherstehenden Becken niederstürzen sollte, hinaustreiben wollte". Doch erst mit der zentralen Wasserversorgung des späten 19. Jahrhunderts war es so weit, sprudelten die Schmuckbrunnen auf dem Markt- und Paradeplatz. Dessen ungeachtet prägten die Monumente offenbar bereits im 18. Jahrhundert stark die städtische Identität, wovon zeitgenössische Ansichten dieser Platzanlagen zeugen.[11]

Das ursprünglich aus Heidelberg stammende Marktplatzdenkmal wurde 1769 aufgestellt, der dort zuvor stehende Ziehbrunnen versiegelt. Nach Umarbeitung durch Matthäus van den Branden zeigte es eine Stadtgöttin sowie Rhein, Neckar und Merkur als Figuren. Der Sockel mit als Flussallegorien gestalteten Ausgüssen führte ab 1888 Wasser.
(MARCHIVUM, KF045382)

Die von Gabriel de Grupello entworfene Pyramide mit den Kardinaltugenden Weisheit, Mäßigung, Gerechtigkeit und Tapferkeit war 1714/15 in Düsseldorf gegossen und 1738 zu Schiff nach Mannheim verbracht worden, wo sie den Brunnenschalen von Paul Egell aufgesetzt wurde (Bronzefiguren: Johannes Hoffart). Erst 150 Jahre später führte der Brunnen Wasser.
(MARCHIVUM, AB04259-003)

Das Projekt einer Trinkwasserleitung von Rohrbach bei Heidelberg nach Mannheim

Das zwar Plan gebliebene, doch in die Stadtgeschichte eingegangene Wasserleitungs-Projekt des Andreas von Traitteur wollte die Schmuckbrunnen auf Parade- und Marktplatz zum Sprudeln bringen, vor allem aber die Menschen mit gutem Trinkwasser versorgen. Dafür entwarf Traitteur eine Quellwasser-Kandelleitung von Rohrbach nach Mannheim, bis in die Häuser und selbstverständlich auch ins Schloss.[12]

Von einer solchen Zuleitung sprach man in Mannheim schon im 17. Jahrhundert. Selbst Christian Mayer, der später als Astronom der Mannheimer Sternwarte zu Ehren gekommene Jesuitenpater, beschäftigte sich im 18. Jahrhundert mit diesem völlig irdischen Thema. Und bevor Traitteur auf den Plan trat, nahm sich der an sozialhygienischen Fragen interessierte kurpfalzbayrische General Benjamin Thompson – seit 1790 Graf von Rumford – im Auftrag Karl Theodors der Sache an. Als ihn der Kurfürst jedoch nach München beorderte – 1778 hatte Karl Theodor seine Residenz dorthin verlegt –, betraute Thompson den rührigen Traitteur mit dem Trinkwasser-Projekt. Dieser veröffentlichte 1790 eine erste Denkschrift zu einer Trinkwasserleitung von Rohrbach nach Mannheim, die darüber hinaus eine für Brauchwasser kanalisierte Zuführung des Leimbachs bei Schwetzingen nach Mannheim behandelte. Traitteur war im Laufe seines Lebens

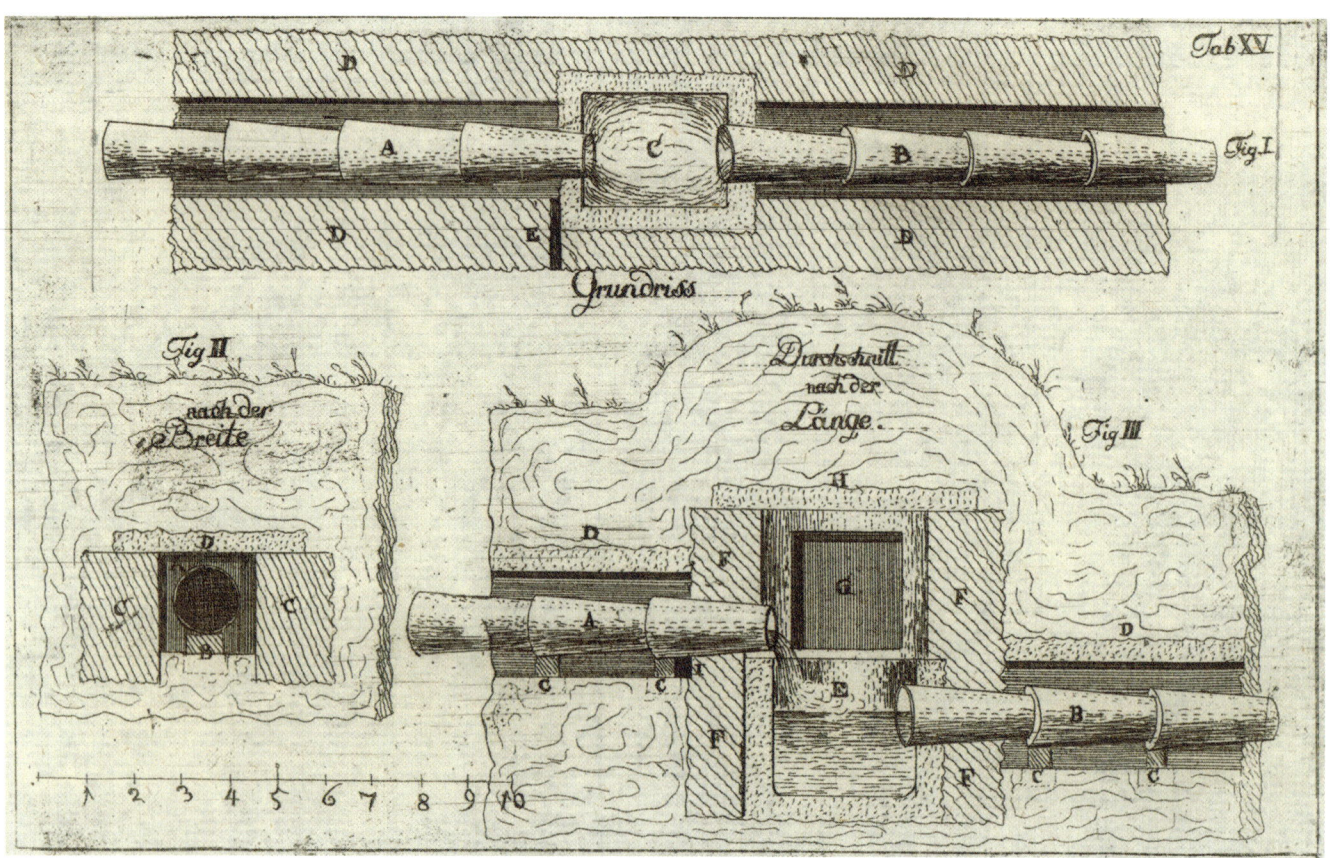

Die Technik der Deichelleitung.
(A.v. Traitteur (1798), Tafel XV)

Plan von 1791 mit projektierter Trinkwasserleitung und projektiertem Brauchwasserkanal. Erstere führt von den Quellen im Rohrbacher Gebirge über Ep[p]elheim und Seckenheim nach dem östlichen Mannheimer Stadtzugang; Letzterer vom Schwetzinger Leimbach Richtung Seckenheim, wo er nach Mannheim abbiegt, um südwestlich von der Trinkwasserleitung in die Stadt einzumünden.
(A. v. Traitteur (1798))

Bauherr, Ingenieur und Offizier, lehrte an der Heidelberger Universität als Geometer und wirkte nicht zuletzt als Salinen-Unternehmer. Außerdem erwies er sich als technisch versiert und solvent genug, um für das Mannheimer Projekt in finanzielle Vorleistung zu treten.[13]

Seine vom Kurfürsten wertgeschätzte Projektplanung sah Folgendes vor: Von einem mehrere Bergquellen vereinenden Karl-Theodor-Brunnen in Rohrbach sollten aneinandergefügte und durch einen gemauerten Kanal zu verlegende Holzdeicheln von je 70 Zentimeter Länge reines Trinkwasser nach Mannheim leiten. Die Deicheln würden dann sukzessive durch Eisenrohre ersetzt. Ein seiner Schrift beigefügter Plan illustrierte den Verlauf der Trinkwasserleitung, darüber hinaus den Weg des Brauchwasserkanals als Abzweigung vom Leimbach nach Mannheim. Beide Zuführungen kamen aber über das Projektstadium nicht hinaus.

Die Trinkwasserleitung wäre von den Rohrbacher Bergen über Seckenheim herbeigeführt worden, um im Osten Mannheims in ein geplantes, ebenfalls nicht realisiertes Brunnenhaus einzumünden – etwa dort, wo 1889 der Wasserturm der zentralen Wasserversorgung zu stehen kommen sollte. In einer späteren Planung erwog Traitteur sogar, den Kaufhausturm beim Paradeplatz (siehe Abb. S. 28) als Hochwasserreservoir zu nutzen:

„Die Hauptleitung nämlich führt das Wasser in einen großen Theilungssarg, welcher im untersten Gewölbe des Kaufhausthurms mehrere Schuh höher aufgestellet wird, als die Röhrbrunnen in der Stadt, wohin dieselbe abfließen, stehen."[14]

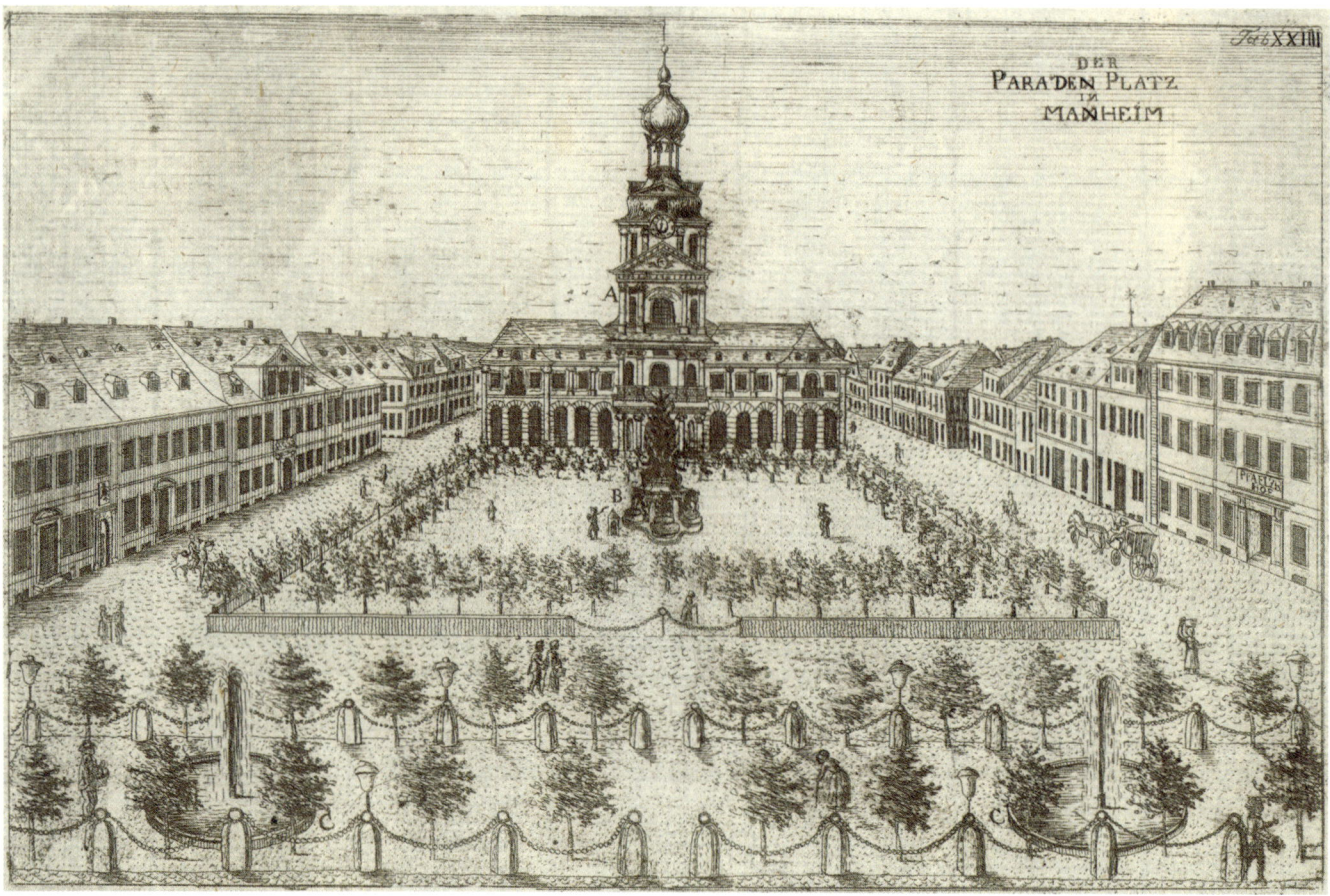

Die wasserführend projektierte Grupello-Pyramide auf dem Paradeplatz (Quadrat O 1), dahinter das Kaufhaus auf N 1; im Vordergrund: nicht realisierte Brunnen auf dem mit Laternen bestückten Straßenzug Planken.
(A.v. Traitteur (1798), Tafel XXIV)

Der Entrepreneur nahm allein für die vorbereitenden Arbeiten des Großprojekts die horrende Summe von über 200.000 Gulden in die Hand. Allerdings neidete ihm die Hofadministration das lukrative Wassergeschäft, sodass ständige Auseinandersetzungen über strittige finanzielle Punkte die Folge waren. Hinzu gesellten sich die Wirren der Koalitionskriege Ende des 18. Jahrhunderts, die die Arbeiten letztlich zum Erliegen brachten. Noch unübersichtlicher gestaltete sich die Situation, als Karl Theodor 1799 verstarb und ein Thronwechsel anstand. Und mit dem Reichsdeputationshauptschluss von 1803 im Zuge der napoleonischen Neuordnung bzw. mit Übergang der hiesigen Pfalz an Baden war das Projekt endgültig beerdigt. Traitteur blieb nach einer Reihe zermürbender Auseinandersetzungen mit dem kurpfälzischen Fiskus auf erheblichen Verlusten sitzen, kehrte der Stadt den Rücken und kümmerte sich fortan wieder verstärkt um seine Bruchsaler Salinen.[15]

Intermezzo: Von einem artesischen Brunnen auf dem Theatervorplatz und einer „köstlichen Trinkanstalt"

Erst rund 30 Jahre nach Traitteurs Desaster nahmen sich die Stadtoberen erneut der Wasserfrage an, nun aber vor allem mit Blick auf die ständige Brandgefahr im

Nationaltheater im Quadrat B 3, wenn dort die prächtigen Kerzenlüster sowohl die Bühne als auch den Zuschauersaal illuminierten. Daher wurden unter Bauinspektor Johann Friedrich Dyckerhoff im Jahr 1830 die Arbeiten an einem – auch für Trinkwasser nutzbaren – „artesischen Brunnen" auf dem Theatervorplatz aufgenommen: Unter Druck stehendes, gespanntes und daher selbstständig aufsteigendes Grundwasser sollte dafür angebohrt werden. Doch nach fünfjährigem Prüfen und Bohren bis in 86 Meter Tiefe und enormen Ausgaben mussten sich die Ingenieure wie auch die Stadtväter den Misserfolg des Projekts eingestehen. Allein die Beseitigung der Bohrspuren und die Wiederherstellung des schmucken Theatervorplatzes währten noch bis 1838. Dessen ungeachtet wird auf einer zeitgenössischen Ansicht von Jacobo Pozzi der Theatervorplatz mit einem so prächtigen wie nie verwirklichten Springbrunnen präsentiert. Wie in diesem Fall war es allgemein im 18. und frühen 19. Jahrhundert nicht unüblich, unfertige Baulichkeiten im Bild als bereits vollendet darzustellen und mit ihnen für die Stadt zu werben.

Und gleichsam als Auferstehung der alten Traitteur'schen Idee kann eine im Bahndamm der 1840 eröffneten Eisenbahnlinie Heidelberg–Mannheim einzubauende Quellwasserleitung angesehen werden. Die Eisenbahn-Baudirektion lehnte dieses Ansinnen der Stadt jedoch rundweg ab, womit allerdings zugleich die charmante Idee einer „köstlichen Trinkanstalt" im neuen Bahnhofsgebäude am Tattersall aufgegeben wurde. Den Tattersall-Bahnhof von 1840 ersetzte man 1876 durch den noch heute bestehenden Hauptbahnhof.[16]

Das Nationaltheater (links) auf dem Quadrat B 3, 1834. Gouache von Jacobo Pozzi. Den Theatervorplatz (ab 1859 Schillerplatz) ziert ein – allerdings nicht realisierter – artesischer Springbrunnen (Ausschnitt).
(Foto: Jean Christen. Reiss-Engelhorn-Museen)

Filtriertes Rheinwasser und der Übergang zum tiefen Grundwasser

Als Nächstes suchte man filtriertes Rheinwasser (Oberflächenwasser) als Trinkwasser zu nutzen, analog zu frühen Projekten mit filtriertem Wasser der Themse in London oder von Elbe und Alster in Hamburg. Doch sah man in Mannheim von einem solchen technischen Großprojekt zu guter Letzt ab.

Die Briten waren – wie bei der noch zu thematisierenden Gasversorgung – auch bei den Filtrierwerken marktführend und ließen ihre Ingenieure in die deutschen Städte zur Geschäftsakquise ausschwärmen. Damit kamen deren Filtrierprojekte auch in der Quadratestadt vor den Stadtrat, zusätzlich katalysiert durch die durch schlechtes Trinkwasser herbeigeführten Choleraepidemien von 1849 und 1854.[17] Zunächst bot der Londoner John Tebay seine Dienste an, die er aber wegen einer Darmstädter Verpflichtung, die dortige städtische Gasbeleuchtung zu installieren, zeitlich nicht leisten konnte; so löste die Stadt Mannheim den bereits abgeschlossenen Vertrag wieder auf. Ferner sprachen zu Beginn der 1860er Jahre die Londoner Firma Grissel & Docwra und der deutsche Unternehmer Emil Spreng aus Nürnberg in Sachen Filtrierwerk beim Mannheimer Stadtrat vor. Beide beabsichtigten, etwa auf südöstlicher Schlosshöhe Rhein-Filtrierschächte mit Sand und Kies, Sammel- und Absinkbecken anzulegen und das Trinkwasser mit Dampfkraft in einen flussnahen 27 Meter hohen Wasserturm oder im Falle Sprengs in ein dem Westflügel des Schlosses aufgesetztes Wasserreservoir zu heben, um von dort aus die Stadt per Leitung zu versorgen.

Schlagen wir zu diesen Projekten ein von der Stadt eingeholtes Gutachten von 1862 des renommierten Baurats Robert Gerwig auf: Detailliert und kennt-

Der Paradeplatz mit der noch trockenliegenden Grupello-Pyramide im Hintergrund und einem öffentlichen Schwengelbrunnen im Vordergrund. Kolorierte Lithografie von C. Geibel, ca. 1830.
(MARCHIVUM, GF00498)

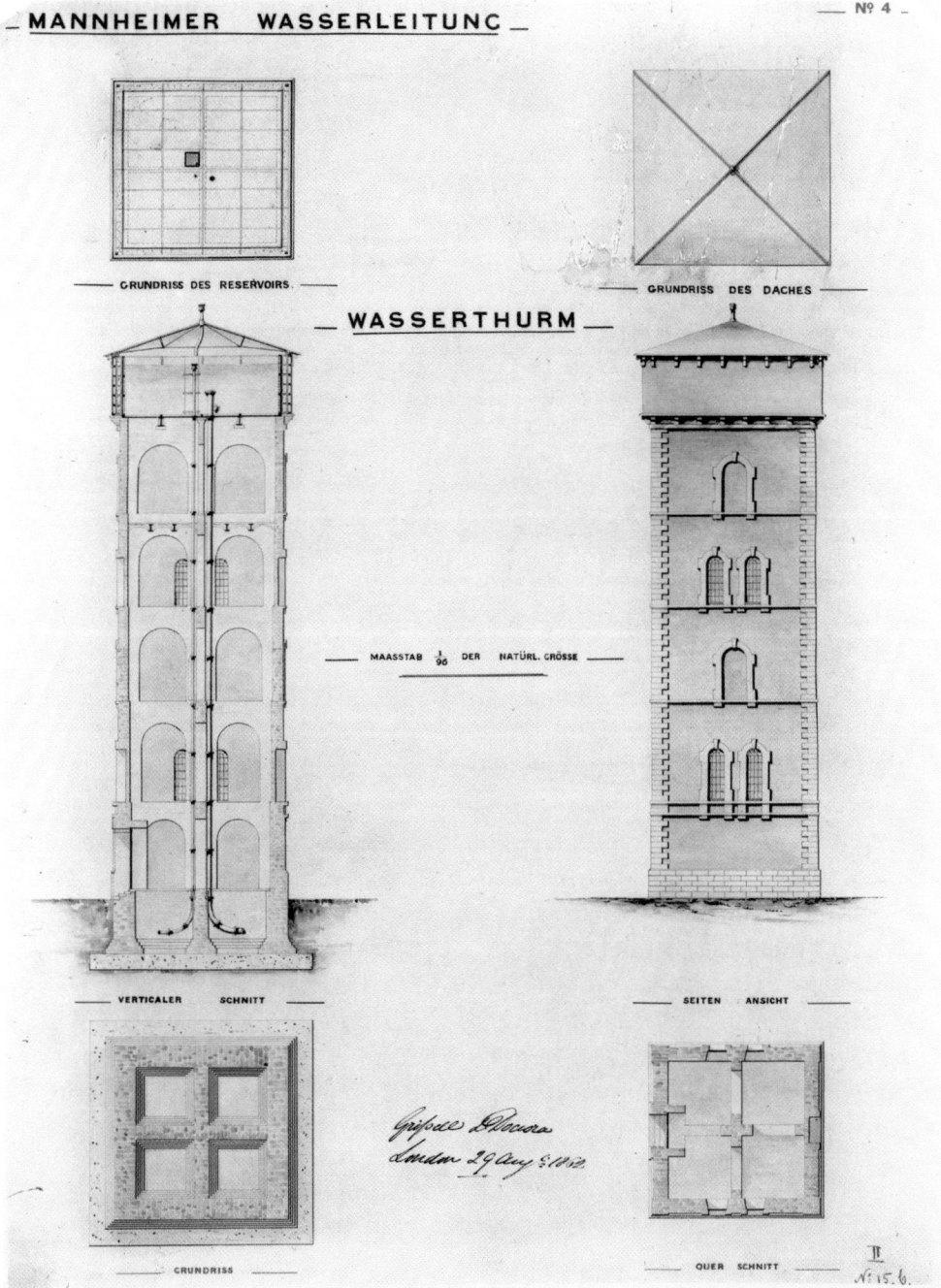

Wasserturm für filtriertes Rheinwasser. Nicht realisierter Plan der Londoner Firma Grissel & Docwra, 1862.
(MARCHIVUM, GP00270-014)

nisreich spricht er sich darin gegen die Filtrier-Vorhaben aus und summiert, dass filtriertes Rheinwasser letztlich nur als Brauchwasser zu nutzen sei, doch dafür die offerierten Werke um ein Vielfaches zu teuer seien. Ferner weist er schon früh auf die kommunalpolitische Verantwortung der Städte hin, ihre Wasserwerke autonom zu betreiben, also keinesfalls profitorientierten Unternehmen zu überlassen. Denn nur auf diesem Weg sei eine sichere Wasserversorgung für den gesellschaftlichen und industriellen Fortschritt von aufstrebenden Städten wie Mannheim gewährleistet.

Gasthaus Zum Rheinischen Hof in P 3, 1 mit 20 Gästezimmern und mit einem öffentlichen Pumpbrunnen in den Planken. Reklameblatt, ca. 1840.
(MARCHIVUM, GF00120)

Gerwig plädierte in seinem Gutachten für die Hebung tiefen Grundwassers im städtischen Umfeld unter Einsatz der Dampfkraft, das als Trinkwasser über eiserne Rohrleitungen zu den Abnehmern verbracht werden solle. Dafür vermutete er ergiebige Grundwasserquellen in den Arealen des südlichen Schlossgartens und der Rheinpromenade/Stephanienufer, des alten Exerzierplatzes in der Neckarstadt, also auf dem Gelände der späteren Kaiser-Wilhelm-Kaserne bzw. der nachfolgenden Turley Barracks, ebenso auf dem Lindenhof oder bei der Seckenheimer Landstraße. Für diese Gebiete empfahl er Probebohrungen und bei Erfolg die Errichtung eines Wasserwerks. Doch war die Zeit hierfür noch nicht reif. Erst in den 1880er Jahren wird man sich – obwohl bis dahin die Vorstellung filtrierten Rheinwassers immer wieder irrlichterte – einer effektiven Erschließung tieferen Grundwassers zuwenden.[18]

1.2 ES WERDE LICHT!

Vergessen ist die Zeit, da sich das Leben noch maßgeblich nach dem natürlichen Licht zu richten hatte, das Licht noch nicht – vermeintlich – aus dem Schalter an der Wand kam.

Die Lichter

Schon im Hausflur roch es nach Armut – oder eben auch nach Reichtum, stach der Geruch der billigen Talg- oder Unschlittlichter mit tierischem Nierenfett in die Nase oder umschmeichelte sie der Duft luxuriöser, gar parfümierter Wachskerzen. Ja, es gab sogar eine Hierarchie des Lichts. So standen den Schlossbewohnerinnen und -bewohnern, je nach höfischem Rang, Wachskerzen unterschiedlicher Qualität zu. Je besser deren Qualität war, desto weniger mussten sie – des Rußens wegen – „geschneuzt" oder „geputzt" bzw. musste der Docht herabgeschnitten werden. Selbst einen Goethe motivierte dieses stete Ärgernis zu einem kleinen Vers: „Wüßte nicht, was sie Bessers erfinden könnten, als wenn die Lichter ohne Putzen brennten."[19]

Wir wissen für 1761 von einer hiesigen Lichtmacherzunft und für die 1770er Jahre sogar von einigen Namen, Wohn- und Arbeitsorten dieser Handwerker, die überwiegend in der vornehmen Oberstadt, also oberhalb des zentralen Straßenzugs „Planken" wirkten. Bis hin zur fertigen Kerze hatten die Lichtzieher, oft waren sie in Personalunion Seifensieder, eine Reihe diffiziler Arbeitsvorgänge auszuführen, bis hin zum aufwendigen Bleichen und Verpacken der Stücke. Doch brannten neben den Wachs- und Unschlittkerzen auch die unspektakulären Öllampen mit Flüssigtalg oder dem besseren Rüböl (bzw. Rübsen- oder Rapsöl) oder mit importiertem Palm- oder Walöl.[20] Erst die 1783 von François-Pierre-Amédée (Kurzname: Ami) Argand konstruierte Leuchte, die sogenannte Argand'sche Lampe, brachte eine merkliche technische Verbesserung auf diesem Sektor. Denn Argand legte seiner Konstruktion die neue Lavosier'sche Chemie zugrunde, die anstatt eines diffusen „Phlogistons" den Sauerstoff als Nährstoff der Flamme erkannte und auch nutzte. Seine Konstruktion hatte daher einen

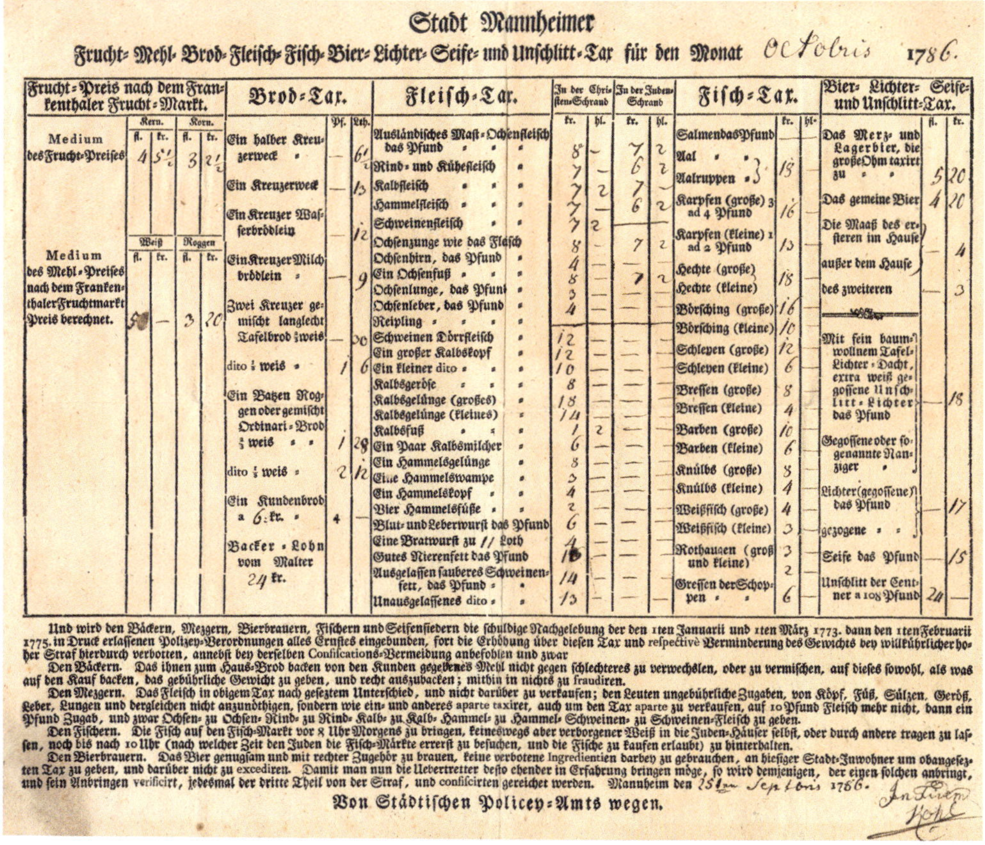

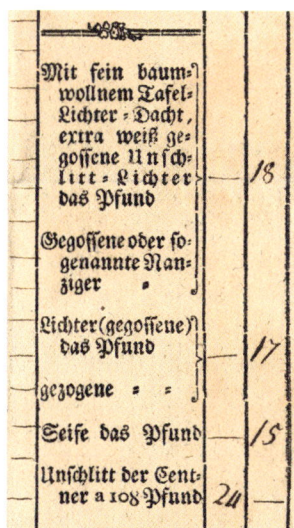

Die am Marktplatz angeschlagene Tax-Liste enthält u. a. die Preise für „Lichter" (Kerzen), Oktober 1786 (Ausschnitt). (MARCHIVUM, KE00498)

regulierbaren, von einem Glaszylinder umschlossenen, kaum noch rußenden Röhrendocht. Noch bis ins späte 19., ja bis ins frühe 20. Jahrhundert spendeten solche Leuchten, nun mit Petroleum, ihr Licht und wurden in einem fließenden Übergang durch Vorrichtungen für Leuchtgas und dann Elektrizität ersetzt.[21]

Die öffentliche Beleuchtung

In Mannheim gab es seit Mitte des 18. Jahrhunderts und damit vergleichsweise früh gusseisernen Stelen oder auch nur Holzpfählen aufgesetzte Straßenlaternen mit Unschlittkerzen, die im Laufe der Entwicklung auf Öl (anfangs auch flüssigen Talg) umgerüstet und von den städtischen Laternenanzündern betreut wurden. Zunächst lag diese Straßenbeleuchtung in privater Hand, geriet aber schon um 1760 in städtische Obhut. Bis Mitte des 18. Jahrhunderts erhellten mit wohl nur mäßig-rotschimmerndem Licht über 500 Laternen die Quadrate der Residenzstadt, und vorgeblich eines Stadtplans waren es ab der zweiten Hälfte des 18. Jahrhunderts 900 – teils wohl noch projektierte – Leuchten. Das nächtliche Licht trug Mannheims Ruf aber immerhin über die Stadtgrenzen hinaus; sogar Leopold Mozart vermerkte es 1763 positiv, der eine solche Beleuchtung vor allem von den großen Metropolen wie Wien oder Paris her kannte.[22]

Dabei waren vermutlich auch in Mannheim die städtischen Randbezirke in geringerem Maße ausgeleuchtet. Jedenfalls wissen wir beispielsweise, dass der Stadtrat erst im Jahr 1821 wenige Laternen auf Holzpfählen für die Schiffsbrücke über den Neckar bewilligte; je zwei an den Zugängen und eine in der Mitte des Übergangs.[23]

Replik einer Argand'schen Öllampe von 1784. Die Lampe hatte in dem Glaszylinder einen effektiv verbrennenden hohlen Runddocht, der von einem separaten Tank gespeist wurde.
(akg-images)

Planausschnitt der Stadt Mannheim in den Befestigungsgrenzen, 2. Hälfte des 18. Jh. Mit Einzeichnung von realisierten und vermutlich auch erst projektierten Laternen, ferner mit Einzeichnung der öffentlichen Brunnen.
(GLA KA, H Mannheim 1a)

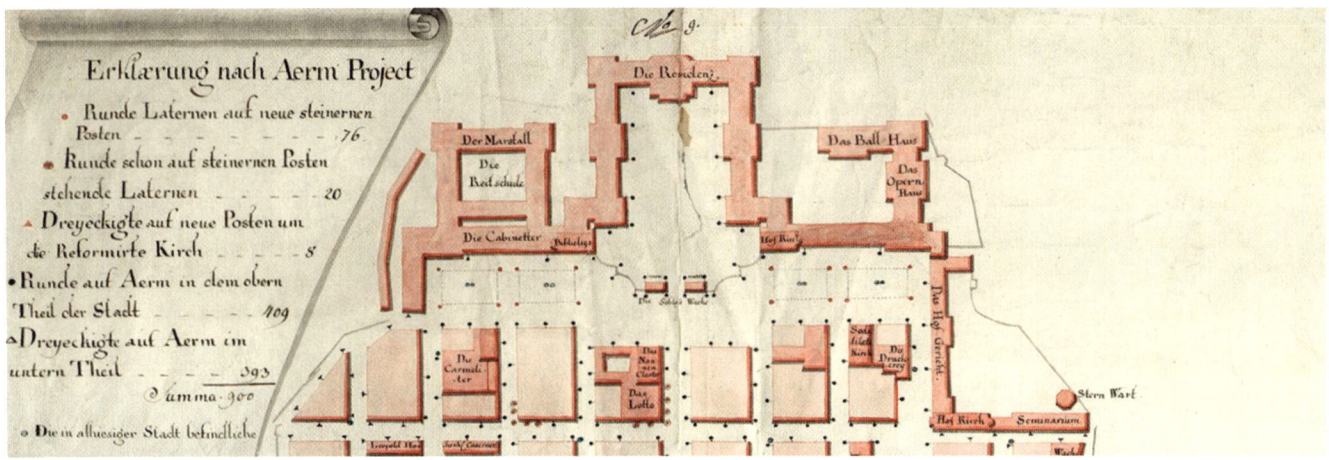

Das Kaufhaus mit den Laternen an der Carl-Philipps-Gaß (heute Kurpfalzstraße, ugs.: Breite Straße). Stich der Gebr. Klauber, 1782.
(MARCHIVUM, GF00540)

1.3 WÄRME UND KOCHEN

Der britische Schriftsteller Thomas de Quincey berichtet 1822 in seinen Lebenserinnerungen von einem – gewiss auch in Mannheim – verbreiteten Leiden, nämlich von „dem bittern Erbe des Fleisches [...], der nächtlichen Kälte". Wärme war noch längst nicht ständig verfügbar, war somit ein kostbares Gut.

In den einfachen Häusern spendeten einzig die gekachelten, ab dem frühen 19. Jahrhundert auch gusseisernen Kochherde Wärme; die wohnlichen Kachelöfen standen nur in gehobenen Haushalten. Dabei hatten die Kochherde gemäß den Mannheimer „Polizei-Vorschriften samt Bauordnung" von 1822 mit einem „Thürchen" vor der Feueröffnung versehen zu sein. In den Öfen brannten vor allem Holzscheite, viele der Öfen waren sogar ausschließlich auf den „Holzbrand" ausgelegt. In den Schmieden, Eisen- und Metallhütten jedoch kam man ohne die in Meilern gewonnene energiereichere Holzkohle, bald auch die Braun- und Steinkohle nicht aus. Wasser- und Windkraft eigneten sich einzig für die Mühlen, die hier im Raum Getreide mahlten, Rüböl pressten oder Tabak schnitten. Natürlich gab es in der Flussstadt Mannheim – neben einer großen Windmühle außerhalb der Stadtmauern – mehrere im Rhein und im Kleinen Rhein, einem die Mühlauinsel abtrennenden Seitenarm, verankerte knirschende und klatschende „Rheinmühlen".

Nun war angesichts des enormen Bedarfs an Holz – als Energieträger und Baustoff – die Übernutzung und damit „Verheerung" der Wälder eine ständige Gefahr. Zahlreiche Forststudien befassten sich mit der optimalen Behandlung und Nutzung des Waldes, und Georg Christoph Lichtenberg kommentierte im 18. Jahrhundert angesichts der „Holznot" gewohnt launig – dass man doch „so lange Bücher brennen könne, bis wieder neue [Wälder, Anm. d. Verf.] aufgewachsen seien".[24]

KOSTBARE KOHLE – IHRE CHEMIE, IHRE GESCHICHTE
Bernhard Stier

Neben Wasserstoff und Methan, den brennbaren Hauptbestandteilen des Leuchtgases, enthält das in den Retortenöfen des Gaswerks gewonnene Rohgas zahlreiche Kohlenwasserstoffe unterschiedlichster Struktur und Konsistenz – vor allem Teer –, dazu Stickstoffverbindungen sowie Schwefelwasserstoff und schweflige Säuren.[1] In der nachgeschalteten Gasreinigung und -aufbereitung müssen diese mit großem apparativen Aufwand separiert werden, um Verunreinigungen oder Verstopfung von Leitungen, Absperrhähnen, Zählern und Brennern zu verhindern und ein gut und gleichmäßig brennendes Gas zu liefern.

Dass in der Kohle viel mehr Stoffe enthalten sind als nur Kohlenstoff, erklärt sich aus ihrer besonderen Geschichte und aus der Tatsache, dass das Kohlenstoff-Atom den Grundbaustein organischen Lebens bildet:[2] Die Steinkohlenlager des nordwesteuropäischen Kohlengürtels, dessen Hauptstrang sich von den Britischen Inseln bis ins Donez-Becken in der Ukraine zieht, stammen aus dem Erdzeitalter des Karbon vor circa 360 bis 280 Mio. Jahren. Im subtropisch-feuchtwarmen Klima, das damals herrschte, wuchsen üppige Sumpfwälder aus Baumfarnen und baumhohen Schachtelhalmen. Durch periodisch eintretende Meereseinbrüche wurden diese überflutet und von den eingeschwemmten Sedimenten unter zunehmendem Druck luftdicht abgeschlossen. In einem mehrere Millionen Jahre andauernden Prozess der „Inkohlung" verwandelte sich die abgestorbene Biomasse zunächst in Torf, dann in Braun- und schließlich in Steinkohle. Kohle ist also ursprünglich organisches Material. Sie enthält deshalb alles, was in Pflanzen enthalten ist, und Pflanzen benötigen sowohl Stickstoff als auch Schwefel: Dieser wird als Sulfat und Schwefeldioxid aus Boden und Luft aufgenommen; Stickstoff ist wichtiger Bestandteil des Chlorophylls, der Proteine sowie der DNA und wird bei der Fotosynthese eingelagert.

Was bei der Reinigung des Rohgases anfiel, galt lange Zeit als lästiger und schwer zu beseitigender Abfall, für den kaum Verwendungsmöglichkeiten existierten; allein der Koks, als hochwertiger Brennstoff eher ein Neben- als ein Abfallprodukt, wurde für die Beheizung der Retorten im Gaswerk selbst verwendet und an andere industrielle, aber auch an private Verbraucher abgegeben. Für Stickstoff, Schwefel und Teer etablierten sich erst nach und nach industrielle Wertschöpfungsketten, in denen diese weiterverarbeitet wurden: Das anfallende

Aus der Biomasse der Sumpfwälder des Karbon-Zeitalters entstanden in einem Millionen Jahre dauernden Prozess der „Inkohlung" die europäischen Steinkohlenvorkommen. Als ursprünglich organisches Material enthält die Steinkohle deshalb neben Kohlenstoff Elemente wie Stickstoff und Schwefel, die bei der Gaserzeugung entfernt werden müssen.
(Bibliographisches Institut (1907), Tafel „Steinkohlenformation III")

Ammoniakwasser enthält verschiedene Ammoniumsalze und diente in der chemischen Industrie zur Darstellung von Ammoniak. Die Reinigungsmasse (Kalkmilch, Eisenhydroxid), mit der Schwefelwasserstoff und andere Schwefelverbindungen ausgefällt wurden, ging ebenfalls an die chemische Industrie; sie erzeugte daraus Schwefelsäure, ebenfalls einen wichtigen und vielseitig verwertbaren Grundstoff. Aus dem Retortengrafit schließlich, dem nahezu reinen Kohlenstoff, der sich bei der Entgasung der Kohle an den Retorten absetzte, wurden Elektroden hergestellt.

Der Verkauf dieser Nebenprodukte trug wesentlich zum Ertrag der Gaswerke bei – in Mannheim lag der Anteil 1913 bei circa 45 Prozent des Brutto-Überschusses.[3] Vor allem der in großen Mengen anfallende Teer, selbst wieder eine komplexe, bis heute nicht vollständig aufgeklärte Mischung aus mehreren Tausend (!) Kohlenwasserstoffen, erlebte eine erstaunliche Karriere: Zunächst nur zur Imprägnierung von Pfählen, Telegrafenmasten und Dachpappe sowie später auch im Straßenbau verwendet, bildete er seit den 1850er Jahren die Grundlage für einen neuen und rasch expandierenden Zweig der chemischen Industrie: Die Gewinnung des Anilins aus Teer (1834) und die Synthese des Farbstoffs Mauvein (1856) eröffneten die Wunderwelt der Anilin- oder Teerfarben. Aus Teer wurden nicht nur zahlreiche lichtechte und kräftig leuchtende Farben, sondern bald auch die Grundstoffe für Arzneimittel sowie für Kunststoffe gewonnen. Die dominierende Stellung der deutschen Chemieindustrie vor 1914 basierte weitgehend auf den Teerfarben, bei denen sie ein weltweites Quasi-Monopol besaß; dasselbe galt für die pharmazeutische Industrie. Am bekanntesten wurden das von der BASF 1897 auf den Markt gebrachte synthetische Indigo und Bayers Aspirin (1899). Die wissenschaftlichen Leistungen auf dem Gebiet der Chemie, in der deutsche Forscher ebenfalls führend waren, trugen wesentlich zu diesen Erfolgen bei.

Die Gaserzeugung ist damit ein Beispiel dafür, was sich aus der Kohle und ihren wertvollen Inhaltsstoffen alles gewinnen lässt – im 20. Jahrhundert sollte der Kohle-Chemie sogar die Herstellung von Benzin und Margarine gelingen. Mannheim und sein Gaswerk nehmen in dieser Geschichte eine besondere Stellung ein: Als Betreiber des Gaswerks war Friedrich Engelhorn mit dem Problem der Teerabfälle bestens vertraut, als Mitgründer der Badischen Anilin- und Sodafabrik (BASF, 1865) beteiligte er sich unternehmerisch an ihrer gewinnbringenden Verwertung.

Die BASF brachte 1897 den aus Teer gewonnenen synthetischen Indigo-Farbstoff auf den Markt. Er verdrängte innerhalb kurzer Zeit den organischen, in Asien aus der Indigopflanze, in Europa aus Färberwaid und Färberknöterich gewonnenen Indigo, der seit Jahrtausenden zur Blaufärbung verwendet worden war. (Farbstoffsammlung TU Dresden)

1   Zur Chemie des Leuchtgases vgl. H. Strache (1913); K. T. Volckmann (1915); R. Weißgerber (1923); M. Farrenkopf (2003).

2   Vgl. K. Tenfelde/S. Berger/H.-C. Seidel (2012–2016); F.-J. Brüggemeier (2018); F.-J. Brüggemeier/H. T. Grütter/M. Farrenkopf (2018); L. Bluma/M. Farrenkopf/S. Przigoda (2018).

3   812.000 von 1,82 Mio. M bei einem Nettogewinn von 839.000 M; vgl. Verwaltungsbericht 1913, Abschnitt 5, S. 14.

„Der Knabe am Bratenwender" vor einem einfachen gekachelten Ofen. Radierung von Daniel Chodowiecki, 1764.
(akg-images)

Jedenfalls nahm schon die Kurpfalz die Saarkohle, sogar die Ruhrkohle als Energieträger in den Blick. Allerdings war das „schwarze Gold" bis Mitte des 19. Jahrhunderts noch kein Massengut und konnte allenfalls gefördert werden, wenn die „unterirdischen Wälder" dicht unter der Oberfläche lagen. Dennoch belastete die zu Wagen oder Schiff herangeschaffte Kohle die kurfürstliche Generalkasse Mitte des 18. Jahrhunderts immerhin mit fast 5000 Gulden jährlich. Zum Vergleich: Für Brennholz waren es rund 24.000 und für Wachslichter rund 13.000 Gulden. Ferner nutzte man auch in Mannheim Torf und Lohkäse – zu Brennkäse geformte Gerberrinde – als Heizmittel, worüber der Chronist beispielsweise für das Jahr 1824 berichtet: „Man kann aber annehmen, daß jährlich gebraucht werden 15 000 Wagen Holz; [...] und Torf 1000 Mäß [1 Maß = ca. 1,5 l, Anm. d. Verf.]."[25]

1.4 DAS LEUCHTGAS

Zwar wussten die Menschen um einen bei der Holzverkohlung entstehenden flüchtigen Stoff; man ließ ihn allerdings noch ungenutzt. Dementsprechend etablierte sich erst mit der städtischen Gasbeleuchtung der schon von Johan Baptist van Helmont im 17. Jahrhundert geprägte Begriff Gas (nach gr. cháos = leerer Raum) in der Alltagssprache.

Wie so oft bei Neuerungen erfuhr auch die Gasbeleuchtung zum einen begeisterten Zuspruch, zum anderen heftige Kritik. So behauptete der Literat und Journalist Ludwig Börne in seinen Schilderungen aus dem Paris der frühen 1820er Jahre, dass das Gaslicht zu rein fürs menschliche Auge sei und unsere ihm dauerhaft ausgesetzten Enkel gewiss davon blind würden. In ähnlicher Weise befürchte-

Philippe Lebon erfindet im 18. Jh. das Leuchtgas, im Hintergrund eine Allegorie auf den Siegeszug des Leuchtgases im 19. Jh. Farblithografie, anonym, Frankreich um 1890.
(akg-images)

Die Titelseite der Abhandlung über den Holzspar-Ofen von Joh. Paul Baumer, 1765.
(akg-images)

ten übrigens Mitte des 19. Jahrhunderts Bahnkritiker, dass die mit rund 40 km/h dahin „rasende" Eisenbahn für deren Passagiere gesundheitsschädigend sei.[26]

Das Leuchtgas kommt in die Städte – eine technische Sensation

Bereits in den 1820er Jahren existierten in London und in den größeren englischen Städten Gasfabriken, die über Rohrleitungen die Straßenbeleuchtung, einige Fabriken und seltener Privathaushalte versorgten; in deutschen Landen war davon noch nicht die Rede. Nachdem die britischen Gasunternehmen die Insel mit Gas versehen hatten, schickten sie ihre Vertreter zur Geschäftsakquise in die deutschen Städte. Ihr Angebot: Gaswerke auf eigene Kosten zu errichten gegen ein zwar langjähriges, aber befristetes Gasliefermonopol. Die hierfür eigens 1824 in London gegründete Imperial Continental Gas Association baute und betrieb etwa Werke in Berlin und Hannover (1826), Köln (1840) oder Frankfurt am Main (1844). Britische und französische Anbieter suchten offen-

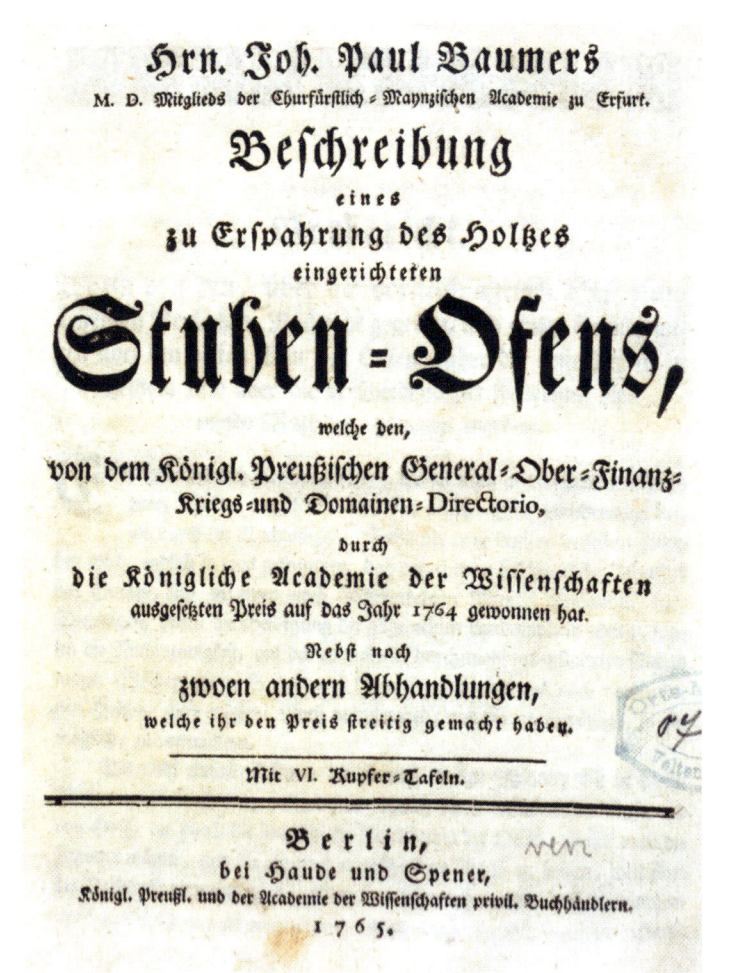

Gaslaternen am Eckhaus H 5, 8, ca. 1908. Das am ehemaligen Festungswall stehende Gebäude reicht mutmaßlich bis ins 18. Jh. zurück; für 1774 ist als Eigentümer der Stadtsoldat Johannes Wiemer nachweisbar.
(MARCHIVUM, GF00766. Personennachweis im Grundzinsbuch von 1774. MARCHIVUM, 2/1900 Nr. 12)

bar auch Kontakt zur Mannheimer Stadtspitze. Die Zusammenarbeit deutscher Städte mit ausländischen oder deutschen Spezialfirmen war durchaus üblich. Die Gasdynastie Spreng & Sonntag betrieb Werke in Karlsruhe (1845; ab 1847 Badische Gas-Gesellschaft) und Freiburg (1852). Dass die Städte ihre Gaswerke selbst bauten und betrieben, etablierte sich dann erst in den 1860er Jahren, parallel zu der aufkommenden staatswissenschaftlichen Debatte über die Kommunalisierung bzw. Rekommunalisierung von Versorgungsbetrieben.[27]

Leuchtgas für Mannheim

Bereits zu Beginn des 19. Jahrhunderts beabsichtigte ein gewisser Christian Becker die Einrichtung einer kleinen „Anstalt" für portatives, also in Flaschen abgefülltes Gas, möglicherweise noch auf Rüböl-Basis. Doch verweigerte ihm der Stadtrat das angestrebte Beleuchtungsmonopol – noch war in Mannheim die Zeit für die neue Technologie nicht reif. Der hiesige Stadtrat befasste sich erst tiefer mit der „Gas-Sache", als die linksrheinische Ludwigsbahn 1847 in Betrieb ging und damit die Kohlenversorgung mit der wertigen Saarkohle gesichert war.[28] Etwa zeitgleich widmete sich Friedrich Engelhorn der industriellen Produktion von Portativgas auf Kohlenbasis, offensichtlich bewogen und unterstützt von einem jungen reisenden Lütticher Ingenieur namens Wilhelm Smyers, der obendrein in Engelhorns Haus in C 4, 6 wohnte. Ob das Zusammentreffen der beiden dem Zufall geschuldet oder überzufällig war, lässt sich bislang nur mutmaßen. Jedenfalls gründete Engelhorn zusammen mit dem Lütticher, ferner mit dem Kaufmann Karl Ludwig Köster, 1848 die Portativgas-Firma Engelhorn & Comp. in K 6, 2. Allerdings verließ Smyers die Firma bereits im Aufbau;

warum er sich so rasch zurückzog, liegt ebenfalls im Dunkel. Marie Engelhorn, Ehefrau Engelhorns, schildert einzig, dass er „flüchtig" ging.[29]

Damit blieb Engelhorn – Karl Ludwig Köster verstarb 1849 an der in Mannheim grassierenden Cholera – als alleiniger Firmeninhaber zurück. Doch konnte ihm nicht verborgen geblieben sein, dass sich das Portativgas auf dem Rückzug befand, zumal die Mannheimer Stadtväter ernsthaft Pläne für den Bau und Betrieb eines zentral per Leitung versorgenden hochmodernen Gaswerks hegten, ja bereits Alternativen entwickelten, und zwar: a. Bau und Betrieb auf eigene Rechnung, b. auf volle Rechnung eines Gasunternehmers bei Abtretung eines Gasversorgungsmonopols oder c. als Hybrid von a. und b., also Bau auf Rechnung der Stadt bzw. über Anleihen zeichnender Bürger und Institutionen sowie auch mit Geldern des Gasunternehmens selbst, welches das Werk zur Pacht und zum Nutzen erhält, wobei sich mit ansteigendem Gasverbrauch auch die Pacht erhöhen, aber stets unter den Einnahmen des für 30 Jahre währenden Gasmonopols bleiben solle. Man entschied sich für die letztere Variante. Streitigkeiten waren bei dem komplexen Vertragskonstrukt vorprogrammiert, die nicht immer zugunsten der Stadt ausgingen. Denn auf das Gas konnte schon bald kaum mehr verzichtet werden, was die Gasunternehmer in eine vergleichsweise starke Verhandlungsposition manövrierte.[30]

Daran änderte auch nichts, dass immer wieder – nicht zuletzt in der Presse – die mangelnde Pflege und Bestandserhaltung der Fabrik beklagt wurde. Allerdings war das kein spezifisches Mannheimer Problem, sondern eher ein strukturelles, da befristete Pachtmonopole die Unternehmen kaum zu einer langfristigen Bestandserhaltung motivierten. Jedenfalls spottete 1863 die Mannheimer „Stadtbas", eine satirische Kunstfigur, über die Fabrik mit „de große Spring" und formulierte weiter: „Also in dreißig Johr gheert se uns Berger, wann se nit zsamme gfalle is."[31]

Das lukrative Gasgeschäft auf Steinkohlenbasis machten in Mannheim die erfahrenen Karlsruher Gaswerker Johann Nepomuk Spreng und Friedrich August Sonntag. Sie gründeten 1851 zusammen mit dem hiesigen Friedrich Engelhorn, der für ansehnliches Salär die technischen Anlagen seiner Portativfabrik im Quadrat K 6, 2 sowie seinen vermutlich noch nicht ausgedehnten Kundenkreis einbrachte, eine auf Steinkohlen basierende „Anstalt für Rohrleitungsgas": die am 6. Februar 1851 ins Leben gerufene Badische Gesellschaft für Gasbeleuchtung. Die Karlsruher hatten das Know-how, Engelhorn verfügte über beste lokalpolitische und fiskalische Beziehungen in der Stadt. Es war im Gasgeschäft nicht unüblich, einen ortsansässigen Unternehmer als Bindeglied zur Stadt mit ins Boot zu holen. Das Angebot Engelhorns ein Jahr zuvor, 1850, als Einzelunternehmer für ein Pachtmonopol von 100 Jahren ein Gaswerk einzurichten, hatte die Stadt noch wegen für sie ungünstiger finanzieller Aspekte – vermutlich aber auch, weil Engelhorn die einschlägige technische Expertise fehlte – abgelehnt.[32]

Das neue Gaswerk wurde mittels einer 4,5-prozentigen Anleihe in Höhe von zunächst 200.000 Gulden finanziert, wovon 100.000 Gulden die hiesigen Gasunternehmer und die Sparkasse zeichneten; die andere Hälfte übernahmen in erster Linie Privatleute – sogar aufgestockt bis zu dem Betrag von 342.000 Gulden. Diese Investitionsfreudigkeit sprach einerseits für die Offenheit der Mannheimer Bevölkerung gegenüber Innovationen, andererseits dafür, dass das Geld nach Anlagemöglichkeiten suchte.[33]

Zur Eröffnung des Mannheimer Gaswerks am 1. Dezember 1851 spendeten die vertraglich vereinbarten 631 Straßenlaternen ihr Licht. Die Leuchten standen im Abstand von 27 Metern beidseitig in der Breiten Straße (Kurpfalzstraße), in den übrigen Straßen im Abstand von 36 Metern. Und am Kaufhausturm erstrahlte eine werbewirksame Sonne mit der gleichsam alttestamentlichen Leuchtschrift: „Es werde Licht!" Eine neue – wenn auch bisweilen noch unvollkommene – Helle war in die Stadt eingezogen. Für das Jahr 1856 berichtet das „Journal für Gasbeleuchtung" (1859) dann von circa 670 öffentlichen Mannheimer „Straßenflammen", also Gaslaternen, ferner von ansehnlichen 6000 „Privatflammen". Sogar eine anlässlich der 100-Jahr-Schillerfeier von 1859 veröffentlichte Festschrift verlautbart, dass der Theatervorplatz in B 3 – in diesem Jahr umbenannt in Schillerplatz – im Rahmen des Großereignisses festlich mit „Gasflammen" illuminiert wird.[34]

Die Stadt bezog also Gas für die Straßenbeleuchtung, für öffentliche Gebäude wie das Rathaus beim Marktplatz, das Lyzeum und die Städtischen Krankenanstalten; das Nationaltheater erhielt 1864 sogar eine eigene Gaszufuhr. Bereits am 1. April 1850 war eine Aufführung von „Die Hugenotten", Oper von Giacomo Meyerbeer, über die Bühne gegangen, deren vermutlich noch mit portativem Gas erfolgende Ausleuchtung große Resonanz fand. Als frühe gewerbliche Großabnehmer traten die Badische Wollmanufaktur und Tabakfabriken auf. Neben Privathaushalten ließen sich das Bankhaus Ladenburg und die vornehme Restauration Pfälzer Hof am Paradeplatz die für die Abnehmer kostenfreien Licht-Gasanschlüsse legen. Von einer für die Gaswerker rentablen Nutzung des Gases als Wärmespender war noch keine Rede. Der Gaspreis betrug Ende der 1850er Jahre für die Straßenlaternen 1 Gulden, 32 Kreuzer und lag für private Abnehmer bei 5 Gulden à 1000 englische Kubikfuß. Dass der Mannheimer Gaspreis damit durchaus zu den höchsten in der Großregion gehörte, erklärt sich nicht zuletzt durch die Verträge von 1851 und 1853, die zwar Wert auf eine kostengünstige öffentliche Gasabnahme legten, dafür die Einflussnahme auf die Preisgestaltung für Privatkunden vernachlässigten. Dagegen enthielten die Gasverträge einiger anderer Städte als Sicherung gegen überzogenes Gewinnstreben privater Betreiber durchaus Preissenkungsklauseln in Abhängigkeit von der Menge der Erzeugung und vom Reingewinn der Unternehmen.[35]

Die Gasindustrie war in Mannheim wie andernorts auch ein rentables Geschäft, das von den Betreibern erwartungsgemäß ausgiebig genutzt wurde. Daran konnte auch das aus Übersee importierte Petroleum, das in den 1860er Jahren als mächtiger und preisgünstiger Konkurrent auftrat, nichts ändern. Gegen die Vorteile der Handhabung und Sauberkeit der Gasversorgung hatte es letztlich keine Chance. So wurde das Gaslicht nicht vom Petroleum, sondern in der ersten Hälfte des 20. Jahrhunderts letztlich vom elektrischen Licht abgelöst. Doch gab der mögliche Umstieg auf Mineralöl immer wieder eine willkommene Drohkulisse ab, wenn, nicht nur in Mannheim, die Auseinandersetzungen zwischen den Gasabnehmern und den Betreibern wegen des Preises und der Versorgungssicherheit aufflammten. In dem von den Geschehnissen der Deutschen Revolution geprägten Mannheim führten diese Misshelligkeiten 1868 sogar zu einem überregional beachteten – teils auch von der Presse „hochgeschriebenen" – sogenannten Gasstreik, der sich allerdings mehr in der öffentlichen Wahrnehmung als in einem tatsächlichen Absinken des Gasverbrauchs bemerkbar machte.

Aufgrund des fehlenden Mitspracherechts bei der Gaspreisgestaltung, die freilich auch vom aktuellen Kohlenpreis abhing, kam der Stadt ein moderater öffentlicher Furor wohl gerade recht, um stärker Einfluss auf die Gasversorgung zu nehmen. Wenn im Nationaltheater während einer Aufführung von Richard Wagners „Tannhäuser" die Gaslichter höchst instabil und keinesfalls im Takt flackerten, ja auszugehen drohten, wie das „Mannheimer Journal" vom 24. März 1868 voller Dramatik berichtete, so erregte dies das nötige Aufsehen. Und dass in den Gasthäusern Petroleum-Feste und auf den Straßen Petroleumfackelzüge stattfanden, schlug sich ebenfalls in der öffentlichen Wahrnehmung, sogar in der überregionalen Presse nieder. Ja, die Stadtoberen begleiteten diese Vorkommnisse mutmaßlich mit „klammheimlicher Freude", war doch ihr Verhältnis zu den Gaswerksbetreibern ein angespanntes, womöglich zerrüttetes. Jedenfalls sah sich Friedrich Sonntag letzten Endes aufgrund der immer wieder auflodernden

Lageplan des Gaswerks im Stadtrandquadrat K 6, 1853. Legende: a = Retortenhaus, b = Reinigungshaus u. Kalkmagazin, c = Kohlenmagazin, d = Gasometer, e = Rauchfang, f = Teergrube, g = altes Laboratorium, h = vormaliges Bureau (jetzt mutmaßlich Sitz der Direktion), i = Brückenwaage, k = Gartenhaus, l = Einfahrttore, m = Wohnhaus des Direktors. Im Jahr 1858 kam ein dritter Gasometer auf einem Teil der Gartenanlage hinzu: siehe Stadtplan von ca. 1865 (siehe Abb. folgende Seite).
(MARCHIVUM, UV0142)

Querelen gezwungen, den Gaspreis für Privatkunden zum 1. Juli 1868 von 5 Gulden auf 3 Gulden, 45 Kreuzer abzusenken.[36]

Die Mannheimer Gasfabrik

Das Werk der sogenannten Mannheimer Beleuchtungsanstalt entstand auf dem gesamten Quadrat K 6 am Ring, wo sich zuvor Engelhorns vergleichsweise kleine Portativgas-Fabrik befand, deren Räumlichkeiten und Anlagen, soweit möglich, integriert wurden (vgl. Punkt g, „altes Laboratorium", im Plan auf der vorhergehenden Seite).[37] Dabei schrieb der Bauvertrag mit der Stadt den Unternehmern die Baumaßnahmen oft bis ins Detail vor. Beispielsweise verlangte er leichtgängige Dachöffnungen zum Ablassen unkontrolliert ausströmenden Gases und schrieb die sicherheitstechnische Ausführung der Gasometer fest. Für die Öfen und Retorten zur Gaserzeugung diente das Karlsruher Gaswerk als Vorbild. Die vom Gaswerk zu leistende Rohrverlegung

Stadtplan, ca. 1865, der die Lage des Gaswerks am Stadtrand nah am Neckar zeigt (siehe Ausschnitt).
(MARCHIVUM, KS00080)

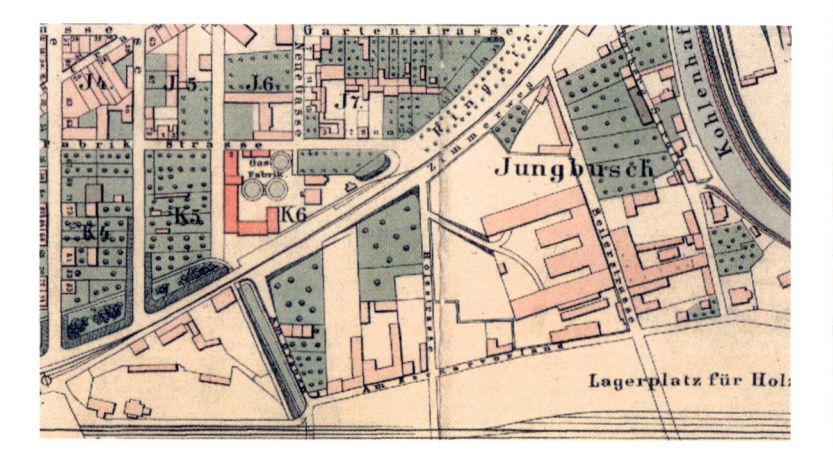

44

1.4 DAS LEUCHTGAS

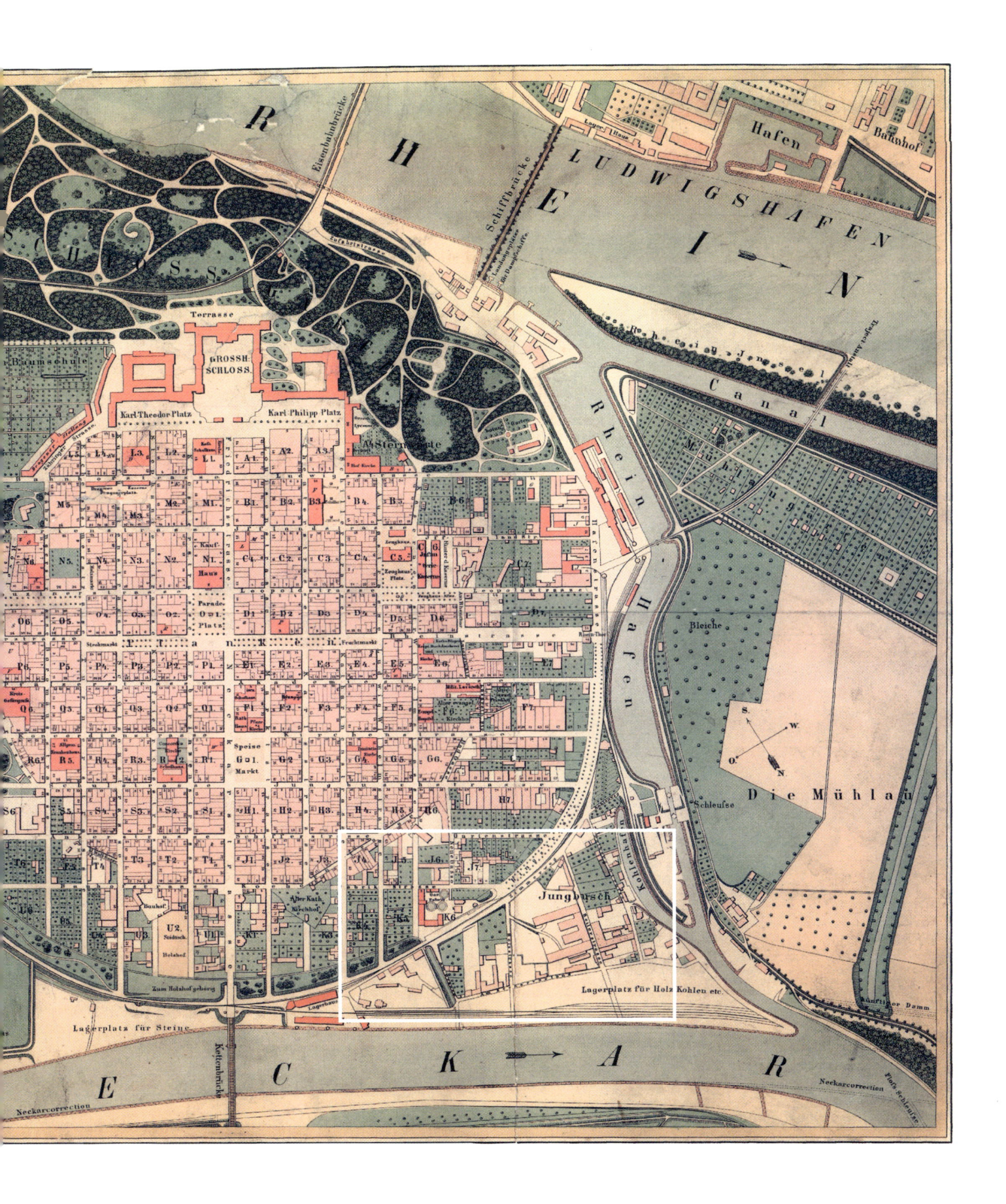

1 EIN BLICK ZURÜCK

Vogelschau, ca. 1850. Stahlstich von Johann Poppel nach einer Zeichnung von Christian Heckel. Die Ansicht zeigt die von Grün umgebene Quadratestadt zwischen Rhein (oben) und Neckar (unten), mit Schloss, Rhein- und Neckarhafen, der Kettenbrücke über den Neckar und der Engelhorn'schen Portativgasfabrik mit Schornstein (Ausschnitt).
(MARCHIVUM, GF00593)

1.4 DAS LEUCHTGAS

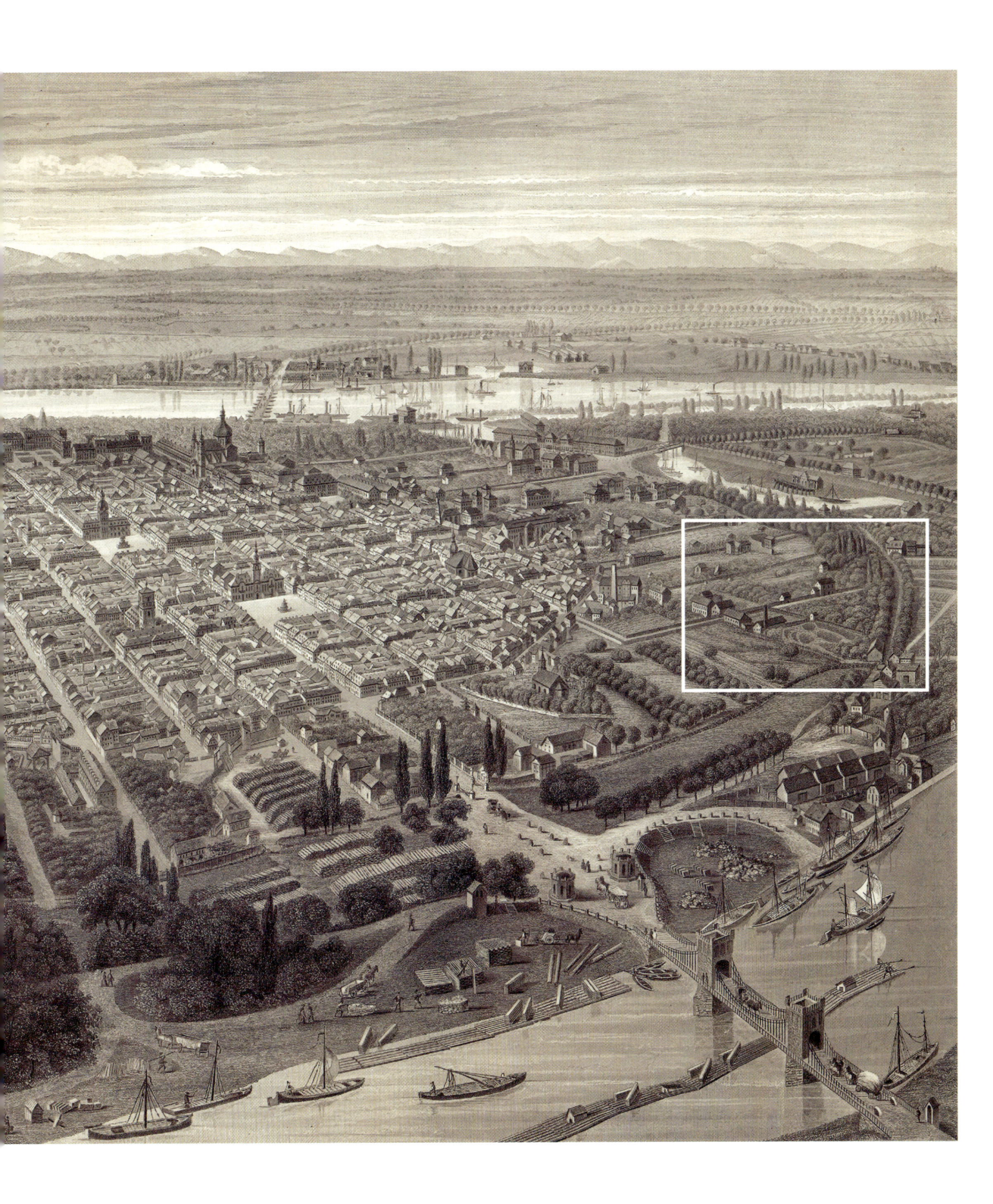

1 EIN BLICK ZURÜCK

in die Stadt hatte unbedingt Anschlussvorrichtungen für den Fall von Stadterweiterungen vorzusehen. Und die Steigleitungen waren in den Hauswänden verputzt zu verlegen, bei äußerem Verlauf mit rostabweisendem geteertem Bindfaden satt zu umhüllen. Ferner war die Stärke bzw. Helligkeit des Gaslichts mit streng definiertem „Kerzen-Maß" vorgegeben, das aber offensichtlich nicht immer vollends erreicht wurde. Falls die Gasbeleuchtung einmal ausfallen sollte, so hatte das Werk übergangsweise für eine Notbeleuchtung mit Petroleum zu sorgen, weshalb die Stadt den Gaswerkern auch ihre alten „Ölrequisiten" überließ. Manche spotteten allerdings auch, man brauche die Ölfunzeln, um das „trübe" Gaslicht besser sehen zu können. Jedenfalls war das öffentliche Gaslicht durchaus ein Thema in der Stadt.

Das Gas wurde in den gusseisernen Retorten, in die man die glühende Steinkohle gab, bei hoher Temperatur nach vier bis sechs Stunden in einem hochkomplexen Verfahren herausdestilliert. Zuletzt kühlte es in den Kondensatoren ab, wurde dann von einem sogenannten Exhaustor in den Gasometer gezogen, von wo es den Weg zum Endverbraucher antrat. Als Rückstände verblieben vornehmlich der als Heizstoff beliebte Koks und der nicht zuletzt für die später entwickelte Anilinfarben-Produktion genutzte Teer, ferner das im Düngebereich wichtige Ammoniak.[38]

Bereits 1859 verließ Johann Nepomuk Spreng wegen gesundheitlicher Beeinträchtigungen, doch auch anderer geschäftlicher Interessen, die Badische Gaswerksgesellschaft; im Jahr 1865 kehrte ihr dann auch Friedrich Engelhorn den Rücken. Friedrich Sonntag zahlte Letzteren mit Summen aus, die Rückschluss auf satte Gewinne des mittlerweile glänzend laufenden Unternehmens erlauben. Engelhorn widmete sich nun ganz der Herstellung von Anilinfarben in der 1865 am Mannheimer Neckarufer gegründeten und noch in demselben Jahr nach Ludwigshafen umsiedelnden Badischen Anilin- und Sodafabrik (BASF). Ab 1867 leitete das Gaswerk dann Christian Eisenlohr, Neffe Friedrich Sonntags. Als Sonntag 1870 verstarb, hinterließ er Eisenlohr die gesamte Fabrik, der die Anlage allerdings schon im Jahr 1873 an die Stadt Mannheim überführte.[39] Eine neue Ära in der Mannheimer Gasversorgung begann.

Abkühlvorrichtung im Gaswerk, vermutlich Luzenberg, 1907.
(J. Pichler (1907), Fig. 17)

48

ANMERKUNGEN

1 Die vorliegende Darstellung der bislang kaum behandelten frühen Wasser-, Licht- und Wärmeversorgung der Stadt Mannheim kann nicht erschöpfend sein, sollte aber einen Überblick bieten und zu weiteren Spezialstudien anregen können. – Erst nach spektakulären Veränderungen des hiesigen Naturraums bzw. nach den Verlagerungen des Rheinlaufs im 9. und des Neckarlaufs im 13. Jahrhundert ergab sich die Lage des mutmaßlich im 6. Jahrhundert angelegten Dorfes „Mannenheim" zwischen Rhein und Neckar. Die älteste überlieferte Erwähnung des Dorfes datiert von 766 im Lorscher Codex.

2 Vgl. J. A. v. Traitteur (1798), S. 19; Mannheims Sehenswürdigkeiten (1908), Sp. 7. Vgl. ferner „Inwendiger Plan der Stadt Mannheim" mit Einschreibungen der Hausbesitzer von 1770, unterzeichnet von J. [B/L]ebenstreit, Ingenieur. Generallandesarchiv Karlsruhe (im Folgenden GLA KA), H/Mannheim Nr. 86; Grundriss der Stadt Mannheim mit Einzeichnungen von 1799, verfasst von Paul Dewarat, in: MARCHIVUM, Kartensammlung, KS00810.

3 Vgl. D. Ehrmantraut/M. Martin (2013), S. 305; Polizei-Vorschriften von 1822 (Abschnitt „Ziehbrunnen"), darin: Bauordnung 1822 (Abschnitt „Brunnen"). Finanziert wurden die öffentlichen Wasserspender durch Abgaben der Hausbesitzer an den Stadtfiskus, wobei die Hauseigentümer diese Kosten bei ihren „Mietsleuten" auch wieder einforderten. Selbst die nach der Zerstörung Mannheims 1689 im Pfälzischen Erbfolgekrieg an das rechte Neckarufer Geflohenen schlugen zuallererst einen zentralen Marktbrunnen, um dort überhaupt überleben zu können, vgl. U. Wennemuth (2007), S. 225; H. Stockert (2007), S. 267 ff.; F. Walter, Bd. 1 (1907), S. 256.

4 Die Brunnen befanden sich u. a. „Beym Spitthal" oder in der Nähe von Gasthäusern, etwa beim „Grünen Loewen" oder „Guldenen Ancker", doch auch auf dem Viehmarkt oder bei der „Christen Mezger Schrann [Markt]" oder beim „Bollwerk" [Festung], vgl. MARCHIVUM, Ratsprotoll (im Folgenden RP) 1680, S. 412 ff., darin keine weitere Spezifikation zu den Ortsangaben.

5 Vgl. MARCHIVUM, RP 1661/62, S. 27. Zu dem im RP vom 13.6.1665 mutmaßlich erstmals erwähnten Ziehbrunnen auf dem Marktplatz vgl. I. Jensen (1979): Mit dem Bau der Tiefgarage unter dem Markplatz im Jahr 1978 wurde der verfüllte und oben zugemauerte Brunnen als ältestes Mannheimer Bauwerk archäologisch abgetragen und zwischengelagert. In den Reiss-Engelhorn-Museen wird zudem eine Bildserie der Ausgrabungsarbeiten von 1978 verwahrt, die u. a. eine technische Rekonstruktion (schematischer Schnitt) des Brunnens enthält. Heute ist er dem Foyer des Museums Weltkulturen der Reiss-Engelhorn-Museen (erbaut 1988) in D 5 und der darunterliegenden Tiefgarage als museales Objekt eingegliedert. Die Vogelschau von Joseph Anton Baertels von 1758 zeigt noch diesen alten Brunnen, allerdings nur sehr undeutlich bei erheblicher Vergrößerung, vgl. MARCHIVUM, Kartensammlung, KS00309 (siehe S. 21).

6 J. A. v. Traitteur (1798), S. 21.

7 J. A. v. Traitteur (1798), Anm. S. 29.

8 Der im Sommer 1780 durchreisende Schriftsteller Johann Jacob Heinse hatte mitzuteilen: „In Mannheim ist das Wasser so schlecht und hart, „daß man im Tee lauter Widerhaken zu trinken meint [...]", Heinse an Elisabeth (Betty) Jacobi, Gattin des Philosophen und Kant-Kritikers Friedrich Heinrich Jacobi, Brief vom 15.7.1780, zit. n. A. Eder (1956), S. 25; vgl. ferner J. A. v. Traitteur (1798), S. 20 ff., 29 (Anm.); hier und im Folgenden relevant F. Walter, Bd. 1 (1907), S. 705 ff.; A. Eder (1956); RP vom 27.7.1718; J. Bähr/P. Erker (2017), S. 17 f. Beispielsweise war in Weimar, der Stadt der Dichter und Denker, die Lotte mehr Kloake als Bach („Lotte" nach einer kanaltechnischen Bezeichnung), vgl. B. Preisendörfer (2015), S. 251.

9 Vgl. J. A. v. Traitteur (1798), S. 23, 26; A. Eder (1956), S. 25 f.; H. Bujard (2005); zu den zahlreichen „British residents" in Mannheim vgl. G. Arnscheidt (2002) sowie E. Veyel (2021), S. 122 f. Der viel gereiste Schriftsteller Karl Julius Weber resümierte übrigens, dass man in manchen Städten „nicht selten Wasser [findet], das der gerade Gegensatz des Kastalischen Quellwassers ist", nur noch überboten werde vom Faulwasser auf den Seeschiffen, K. J. Weber, 3. Band, XIII, S. 161. Die heilige Quelle bei Delphi, benannt nach der mythischen Nymphe Kastalia, diente rituellen Waschungen und verlieh ihrem Verkoster die Dichtergabe. Die Quelle wird übrigens bis heute für die Trinkwasserversorgung von Delphi genutzt.

10 Das Heidelberger Wasser für die Lieferungen nach Mannheim wurde dem Fürstenbrunnen entnommen, an den heute eine Tafel der Staatlichen Schlösser und Gärten Baden-Württemberg erinnert. Vgl. die am 3. und 10. September 1773 in der „Mannheimer Zeitung" geschalteten Anzeigen; J. Langer (2002), S. 46; J. A. v. Traitteur (1798), S. 22; B. Preisendörfer (2015), S. 251 f.; C. A. Hoffmann (1815). Zu Selterswasser, „Mannheimer Wasser" (ein Anis-Schnaps) und korrespondierenden Steinzeug-Funden vgl. K. Wirth (2013), B. Stadler (2020) und P. Schlarb (2021).

11 Vgl. S. Mörz (2007), S. 389 f.; J. A. v. Traitteur (1798), S. 33 (Anm.); P. W. Gercken (1783–1788), S. 160, zit. n. G. Loster-Schneider (1987), S. 18; J. G. Rieger (1824) S. 204 ff., 208, 218 ff.; zu dem anlässlich des Staatsbesuchs des Großherzogs am 7.5.1830 – mit Wein – sprudelnden Grupello-Brunnen vgl. H.-J. Hirsch (2007), S. 134 f.; J. Grimm, Bd. I und III, Kap. „Elemente"; H. Huth (1982) Bd. 2, S. 1364 ff.; F. Walter (1928), S. 52 ff., 58 ff. Zum Denkmalbrunnen auf dem Marktplatz und zur Pyramide von Gabriel de Grupello mit Brunnen vgl. H. Huth (1982), Bd. 2, S. 1364 ff., ferner F. Walter (1928), S. 52 ff. Zum alten Ziehbrunnen auf dem Marktplatz siehe auch Anm. 5.

12 Wasserleitungen gab es auch andernorts, so führte beispielsweise im Bayrischen eine Leitung von Bad Reichenhall nach dem nahen Traunstein; und nicht zuletzt kannte Goethe sie von seinem – noch heute zu besichtigenden – Frankfurter Vaterhaus, vgl. J. Keiper (1910), Sp. 29; B. Preisendörfer (2015), S. 247 ff. Goethe besuchte Mannheim übrigens achtmal, vgl. H. Rings (2018); wie er das hiesige Brunnenwasser und die hygienischen Verhältnisse in Mannheim wahrnahm, ist nicht überliefert.

13 Vgl. hier und im Folgenden relevant F. Walter, Bd. 1 (1907), S. 887 ff.; MARCHIVUM, RP 1770, S. 1211–1214, 1619 (zit. n. Eder (1956)). Die Traitteurs wurden 1790, also im Reichsvikariatsjahr Kurfürst Karl Theodors, geadelt. Jüngerer Bruder des Andreas war der kurpfälzische Hofhistoriograf und Bibliothekar Carl Theodor von Traitteur, der u. a. mit Veröffentlichungen zur Rheinischen Pfalz hervortrat. Dessen in Mannheim geborener Sohn Wilhelm verfasste den ersten Stadtplan von 1813 nach Entfestigung der Stadt, war aber vor allem Offizier, Ingenieur und renommierter Kettenbrücken-Bauer in St. Petersburg, vgl. F. Waldeck (1987), S. 48 ff.

14 J. A. v. Traitteur (1798), S. 82.

15 Vgl. ebd., dort auch die technischen Details zur Trinkwasserleitung sowie zum nach Mannheim geleiteten Leimbach; A. Eder (1956). Insbesondere für die Heidelberg-Rohrbacher Seite grundlegend L. Schmidt-Herb (2016). Zu dem von Gebirgsquellen gespeisten, nicht realisierten Karl-Theodor-Brunnen bei Rohrbach/Heidelberg als Abzweigungspunkt für die Wasserleitung nach Mannheim vgl. J. A. v. Traitteur (1798).

16 Vgl. MARCHIVUM, RP 1832, Nr. 127; O. Smreker (1884), S. 6 f.; F. Walter, Bd. 2 (1907), S. 246 f.; A. Eder (1956), S. 27. Der artesische Brunnen ist benannt nach der Landschaft Artesien (frz.: Artois) im Norden Frankreichs, wo solche Brunnen häufig zu finden sind. Zu einem gefährlichen Brand während einer „Walküren"-Aufführung 1879 im Nationaltheater, also erst zu Zeiten des Gaslichts, vgl. A. Gillen (2013), S. 37 ff.

17 Vgl. O. Smreker (1884), S. 8. Der heutige Begriff Alsterwasser für ein Bier-Limonade-Gemisch könnte sich auf diese frühe Wasserversorgung beziehen. Zur Rezeptur einer Rheinwassersuppe 1846 im Armenhaus vgl. M. Krauß (1993), S. 93. Vgl. durchweg zum Thema, auch zu London und Hamburg, den Schriftverkehr und das Gutachten des Großherzoglichen Baurats Robert Gerwig vom 10.12.1862 zur Mannheimer Wasserleitung, in: MARCHIVUM, Polizeipräsidium, Zug. 37/1971 Nr. 1. Übrigens wurde in Hamburg William Lindley in den 1840er Jahren mit einem Filtrierwerk tätig; er war Vater von William Heerlein Lindley, der für Mannheim ab 1890 die Abwasserkanalisation schuf, siehe S. 102 f. in diesem Band.

18 Vgl. W. Kreutz (2007), S. 329 f.; O. Smreker (1884), S. 7 ff.; Vertrag und Aufhebung mit John Tebay und Gutachten Robert Gerwig vom 10.12.1862, in: MARCHIVUM, Polizeipräsidium, Zug. 37/1971 Nr. 1. Zu Tebays Projekt vgl. auch GLA KA, 56 Nr. 3630.

19 Aus Goethes Sammlung „Sprichwörtlich".

20 Vgl. B. Preisdörfer (2015), S. 241 f.; MARCHIVUM, Kleine Erwerbungen, KE00498 (GF), Tax v. 1786; L. Röhrich (2001), Stichwort „Kerze"; G. P. Hoenn, Stichwort „Lichtzieher"; Polizei-Vorschriften, Abschnitt „Unschlittlichter"; S. Mörz (2007), S. 450; J. C. G. Weise (1829); GLA KA, 77 Nr. 7026; H. v. Feder (1875), S. 264; J. V. Fontanesi (1775), Josef Valentin Fontanesi war Direktor der kurpfälzischen Kommerzialkommission; L. Ziehner (1930); MARCHIVUM, Amtsbücher Mannheim, Nr. 12 (1774), zur Konkordanz mit der heutigen Literierung: MARCHIVUM, Kartensammlung, KS00552 und KS00084. Zwei der im Grundzinsbuch Nr. 12 genannten Personen dürften mit bei Fontanesi erwähnten identisch sein, möglicherweise gab es weitere in diesem Gewerbe Tätige, die aber als Mitarbeiter ohne Hauseigentümer-Status in den vorliegenden Quellen nicht ausgewiesen sind. Vgl. H. Rings (2019), S. 80 (Tarifliste von 1852, darin Lichter und Öle); MARCHIVUM, RP 1819, Nrn. 1192, 1230; A. Gillen (2007) zu einer Rübölfabrik, die späterhin im Verein Deutscher Ölfabriken (VDO) aufging, S. 462. Und vgl. L. Röhrich (2001) zu Begriffen wie „heimleuchten" oder „Tranfunzel". Zum Thema der Lichter vgl. auch GLA KA, 77 Nr. 7026 und 56 Nr. 828; ferner MARCHIVUM, Plakatsammlung, PK12788.

21 Vgl. H. von Feder (1875), S. 262 ff.; W. Schivelbusch (1983), S. 17 ff.; B. Preisdörfer (2015), S. 245 f.; zu Goethes Anschaffung einer Argand'schen Lampe vgl. Goethe- und Schillerarchiv Weimar, 34/VIII, 3, 12, Bl. 4, zit. n. V. Hierholzer/S. Richter (2012), S. 265.

22 Vgl. L. Homering (1991), S. 84; H. Budian (1979), S. 18. Vgl. ferner H. von Feder (1875), S. 269, dem offenbar heute verlorene Quellen zur Verfügung standen; G. Loster-Schneider (1987), S. 17; S. Mörz (2007), S. 387; J. Bähr/P. Erker (2017), S. 19 ff.

23 Vgl. Polizey-Vorschriften 1807, darin die Strafen bei Öl-Diebstahl aus Laternen; RP 1821, Nrn. 53, 421, 910, 1035, 1197, 1386, darin, dass die Portchaise (Tragesessel) zunehmend von der Kutsche abgelöst werde, weshalb der Stadtrat 1821 den Portchaisen-Platz beim Kaufhaus nicht mehr erleuchten lässt. Zum hiesigen Portchaisen-Institut, zu dessen Tarifen, Strecken und den Trägern angedrohten Strafen bei Fehlverhalten vgl. H. von Feder (1875), S. 370 f. Zu straßenmittig an Ketten aufgehängten Laternen vgl. J. K. Friedrich (1978), S. 616 f.

24 Vgl. T. de Quincey (1985), S. 154 f.; B. Preisdörfer (2015), S. 222; MARCHIVUM, Polizei-Vorschriften von 1822; Georg Christoph Lichtenberg, Sudelbücher Heft F, Nr. 234. Zu den Öfen und zum Kochen im 18. und frühen 19. Jahrhundert vgl. den Beitrag „Kochen im ausgehenden 18. Jahrhundert", in: E. Bauer/H. Berthold (2013). Zur Windmühle vgl. H. Rings (2011), S. 84 f. Zur Forstproblematik vgl. auch GLA KA, 313 Nr. 788.

25 Vgl. S. Mörz (1991), S. 275, 448; ders. (2007), S. 445; A. Paulinyi/U. Troitzsch (1600–1840) (1997), S. 29 ff.; Großherzoglich Badisches Anzeigeblatt für den Neckar- und Main- und Tauberkreis, in: MARCHIVUM, Bibliothek; Zitat aus J. G. Rieger (1824), S. 338. Genaue Zahlen, gar Zahlenreihen sind für das 17., 18. und frühe 19. Jahrhundert nicht feststellbar. Die wasserreichere, jüngere Braunkohle liegt in den oberen Schichten, die dichtere und ältere Steinkohle ist ein tieferes Sedimentgestein.

26 Vgl. J. Körting (1963), S. 17 ff.; L. Börne, Abschnitt 26 (Die Industrieausstellung im Louvre); W. Schivelbusch (1983), S. 22 ff.; ders. (1979).

27 Vgl. J. Körting (1963), S. 106; ders. (1969), S. 12 ff.; hier und im Folgenden J. Bähr/P. Erker (2017), S. 27 ff.; Die Gas-Beleuchtung 1851, in: MARCHIVUM, Urkunden und Verträge, UV0143, und MARCHIVUM, Bibliothek, A 20/22; bislang sind zu den eingegangenen Mannheimer Gas-Offerten 1825 und zwischen 1838 und 1840 nur Sekundärangaben darstellbar, Ratsprotokolle für 1838 bis 1840 liegen dato nicht vor. Vgl. Journal für Gasbeleuchtung (1859), S. 186–208; N. H. Schilling (1877). Friedrich Sonntag betrieb zuvor u. a. einen schwunghaften Seifen- und Kerzenhandel und personifizierte damit geradezu den Technologiewandel vom Kerzen- hin zum Gaslicht. Zur frühen Gasbeleuchtung in Paris und Berlin vgl. ferner W. Benjamin (1991) S. 698 ff. und 1060 f.

28 Vgl. J. Körting (1963); Die Gas-Beleuchtung 1851; hier und im Folgenden relevant F. Walter, Bd. 2 (1907), S. 437 ff.; H. Schröter (1991), S. 66 ff.; Vorträge Engelhorn-Symposium in der BASF am 16.7.2021 (Näheres siehe Anm. 32), Vortrag Wilhelm Kreutz; D. Hein (2007), S. 227. Die Stadträte Friedrich Hecker und Heinrich Hoff holten umfangreiche Expertisen ein. Ersterer sollte übrigens schon bald zum führenden Kopf der Badischen Revolution werden, Letzterer sich zusammen mit Friedrich Engelhorn (ehemals Goldschmied, jetzt Gasunternehmer) und Oberbürgermeister Friedrich Reiß 1849 auf die Seite der Gegenrevolution schlagen, vgl. P. Koppenhöfer (erscheint 2023). Zum Becker'schen Gasprojekt vgl. auch GLA KA, 233 Nr. 18495.

29 Vgl. betreffend eines rein zufälligen Zusammentreffens H. Caro (1913), S. 147. Doch war der Ingenieur W. Smyers womöglich als „Türöffner" für sein Hausunternehmen in Mannheim? Offenbar hielt er sich als Associe des Hauses D. de Kersabiec und Cie. in der Quadratestadt auf, mutmaßlich eine Gas- und Gasapparatefirma. Ein Hinweis auf den Gutsbesitzer Dunstan Louis Chevalier des Kersabiec und den Ingenieur Guillaume François Joseph Smiers zu Paris und auf deren Gas-Apparat mit Patent auf sie könnte die Verbindung herstellen, zumal Wilhelm Smyers offenbar 1846 von Paris aus nach Mannheim reiste, vgl. Familienbogen Wilhelm Smyers; Regierungs-Blatt für das Königreich Bayern Nr. 4, 22.1.1849. Vgl. ferner MARCHIVUM, Familienbogen Karl Ludwig Köster; M. Engelhorn, S. 16. Dem im MARCHIVUM vorliegenden Familienbogen zu Wilhelm Smyers ist kein eindeutiger Hinweis auf dessen Verbleib zu entnehmen.

30 Die Städte konnten in der Regel den Bau eines Gaswerks nicht ohne fremde Expertise stemmen, behalfen sich deshalb mit umfangreichen Gutachten, um möglichst auf Augenhöhe verhandeln zu können. Nur sehr große Städte wie Berlin besaßen die Möglichkeit mehrerer – auch eigener – Werke, wodurch sie ein gewährtes Gasmonopol im Nachhinein durch Konkurrenz entschärfen konnten. Mannheim war dafür zu klein, dessen Obere setzten auf angeblich vorteilhafte Vereinbarungen, vor allem beim Gaspreis für die Straßenbeleuchtung und die städtischen Behörden. Dessen ungeachtet kam es bereits 1853 wegen diverser finanzieller Fragen zu Streitigkeiten zwischen Gaswerk und Stadt, die vor einem vertraglich festgelegten Schiedsgericht zu Vertragsänderungen führten, die dem Gasunternehmen weitere Pflichten auferlegten, dafür aber der Stadt die Beteiligung am Unternehmensgewinn strichen.

31 Vgl. MARCHIVUM, BA-Protokolle, Bürgerausschuss-Sitzung (im Folgenden BA-Sitzung) vom 27.5.1873; H. Schröter (1991), S. 73; zur Stadtbas: Mannheimer Familienblatt 1863, Nr. 81, Angabe nach P. Koppenhöfer (erscheint 2023).

32 Vgl. H. Schröter (1991), S. 69. – Neuerdings wird diskutiert, inwieweit die Stadt Friedrich Engelhorn aus Gefälligkeit als Mitunternehmer und Gaswerksdirektor installierte, gleichsam aus Dankbarkeit für sein Wirken als Oberst der Bürgerwehr im Revolutionsjahr 1849. Denn er habe in dieser Funktion maßgeblich zur unblutigen bzw. kampflosen Übergabe Mannheims an die preußischen Truppen beigetragen, wodurch das hiesige Wirtschaftsleben wieder rasch durchstarten konnte. Andererseits habe Engelhorn die standrechtlichen Hinrichtungen der Revolutionäre und andere Sanktionen, wenn schon nicht zu verantworten, so doch mit ausgelöst. Und schließlich sei die Gegenrevolution wesentlicher Katalysator für seinen wirtschaftlichen Aufstieg gewesen. In diesem Zusammenhang ergeben sich also mehrere Argumentationsstränge, die in der weiteren stadt- und wirtschaftsgeschichtlichen Forschung, wie Hiram Kümper auf dem nachfolgend erwähnten Symposium formulierte, „multiperspektivisch" einzubringen wären, vgl. ferner die Vorträge von Wilhelm Kreutz, Joshua Haberkern und Hiram Kümper auf dem von der BASF in Verbindung mit der Universität Mannheim und dem Friedrich Engelhorn-Archiv am 16.7.2021 veranstalteten Symposium „200 Jahre Friedrich Engelhorn", Publikation in Vorbereitung. Vgl. auch P. Koppenhöfer (2022); H. Schröter (1991), S. 49 ff; U. Nieß/A. Gillen (2019), S. 162.

33 Vgl. Die Gas-Beleuchtung 1851; H. Schröter (1991), S. 69 ff.

34 Vgl. S. Parzer (2011), S. 70 ff.; Die Gas-Beleuchtung 1851; „Zur Erinnerung", S. 27. Übrigens wurden ab 2020 die letzten Gaslaternen (allerdings solche neueren Datums) ersetzt bzw. mit LED-Leuchten ausgestattet, vgl. Peter W. Ragge: Die Stadt Mannheim baut die letzten Gaslaternen ab, in: Mannheimer Morgen vom 25.10.2020. Die offizielle Bezeichnung der „Breiten Straße" lautet „Kurpfalzstraße", ehemals „Carl-Philipps Gaß", vgl. H. Huth (1982), Bd. 1, S. 91.

35 Der englische Kubikfuß (c') war aufgrund der vornehmlich englischen Gastechnologie Standard, wobei 1000 c' rund 28 deutschen m^3 entsprachen, vgl. J. Körting (1963), S. 156, 295 f.; S. Parzer (2011), S. 74 f.; Journal für Gasbeleuchtung 1859, S. 186–208; N. H. Schilling (1877); Die Gas-Beleuchtung 1851. Vgl. zur Gasbeleuchtung im Nationaltheater auch GLA

KA, 235 Nrn. 1091, 1094; GLA KA, 240 Nr. 5778. Ende der 1850er Jahre lag der Gaspreis für private Abnehmer in Karlsruhe bei 5 Gulden, 36 Kreuzer, in Freiburg bei 6 Gulden wie auch in München; im nahen Heidelberg allerdings nur bei 4 Gulden, 30 Kreuzer. Zur Aufführung von „Die Hugenotten" vgl. L. Homering (1998), S. 553.

36 Vgl. P. Koppenhöfer (unveröffentlichtes Typoskript zum Gas-Strike); Verbrauchskurve beim Gasstreik, in: MARCHIVUM, BA-Protokolle 1880, S. 191 digital, eingebunden am Ende des Geschäftsberichts 1878/79; J. Körting (1963), S. 170, 196; H. Schröter (1991), S. 75; Neue Badische Landeszeitung 1868, Nr. 33, Angabe n. P. Koppenhöfer (erscheint 2023); Gas-Beleuchtung 1851. Zum Mannheimer Gasstreik vgl. auch Simon Schiele (Direktor der Frankfurter Gasgesellschaft) in: Journal für Gasbeleuchtung 11 (1868), S. 305 f., ebd. (1869) „Rundschau", S. 160–170; R. Karlsch/R. G. Stokes (2003), S. 31 ff.; B. Brökelmann (2010), S. 39 ff.

37 Bisweilen ist auch von K 5 ½ als Sitz der Portativgasanstalt die Rede, wobei es sich de facto um K 6 handelt lt. Renovationsprotokoll, MARCHIVUM, Amtsbücher Mannheim, Zug. 2/1900 Nr. 40, denn dort lautet es unter der Rubrik der K-Quadrate: „K 5 ½ modo [jetzt] K 6".

38 Vgl. zu den drei abgeschlossenen Verträgen (Bau, Pacht, Lieferung): Gas-Beleuchtung 1851; A. Paulinyi/U. Troitzsch, Bd. 1840–1944 (1997). Übrigens wurden die gusseisernen und damit bruchgefährdeten Retorten auch zu Schiff nach Mannheim verbracht, wovon uns ein im Hafen 1856 geschehenes Malheur berichtet, „als eine solche Retorte in dem Augenblick auseinandergebrochen, als sie mit dem Krahnen aufs Land [Hafenufer, Anm. d. Verf.] gesetzt wurde", Schreiben vom 28.10.1856, in: MARCHIVUM, Industrie- und Handelskammer, Zug. 35/1966 Nr. 350; vgl. dazu auch H. Rings (2019), S. 82. Zu den oft unerträglichen Arbeitsbedingungen an den Öfen, den Verbrennungs- und sonstigen Unfallgefahren siehe Kap. 2 in diesem Band.

39 Vgl. BA-Sitzung vom 27.5.1873.

2 DAS GASWERK WIRD STÄDTISCH. DIE MANNHEIMER GASVERSORGUNG VON 1873 BIS 1914

BERNHARD STIER

Ende Mai 1873 beschloss der Bürgerausschuss der Stadt Mannheim, das Pachtverhältnis über das Gaswerk vorzeitig aufzulösen, den bisherigen Betreiber zu entschädigen und das Werk in städtische Regie zu übernehmen – gut drei Jahre vor der ersten Möglichkeit zur Kündigung (1876) und acht Jahre vor dem regulären Vertragsablauf (1881). Den unmittelbaren Anlass bildete eine vergleichsweise harmlose Vertragsverletzung des Pächters, den wichtigeren Hintergrund die langfristige Perspektive der Gasversorgung in der stark wachsenden und wirtschaftlich expandierenden Stadt.[1] Hinzu kam der Einfluss einer volkswirtschaftlichen Grundsatzdebatte über die Unternehmertätigkeit der Städte und ein seit den späten 1860er Jahren in ganz Deutschland zu beobachtender Trend zur Kommunalisierung von Gasanstalten. Speziell im Fall Mannheims spielte auch die gegen das Gaswerk und seine Preispolitik gerichtete Stimmung eine wichtige Rolle, wie sie sich in dem erstaunlichen Gasstreik von 1868 entladen hatte.

2.1 DIE ÜBERNAHME DES GASWERKS DURCH DIE STADT – GRÜNDE UND HINTERGRÜNDE

Etwa im Winter 1871/72 hatte der Betreiber des Gaswerks Christian Eisenlohr, Neffe und Erbe des 1870 verstorbenen Friedrich Sonntag, ohne Wissen der Stadtverwaltung eine Leitungsverbindung zum zweiten Mannheimer Gaswerk hergestellt, das der Maschinenfabrikant Carl Kemner 1867 in den Schwetzinger Gärten eröffnet hatte. So konnte das städtische Gaswerk im Winter zusätzliches Gas von der Kemner'schen Anstalt beziehen, während diese im Sommer stillgelegt und der gesamte Bedarf durch das Werk in K 6 gedeckt wurde. Dieser neuartige Gas-Verbund stellte technisch und betriebswirtschaftlich eine sinnvolle Maßnahme dar und garantierte angesichts der begrenzten Kapazität des städtischen Werks und des rasant steigenden Verbrauchs – allein in den beiden Geschäftsjahren 1870/71 und 1871/72 hatte er von 1,1 Mio. auf knapp 1,7 Mio. m^3 zugenommen[2] – mindestens für eine Übergangszeit die Sicherheit der Gasversorgung. Die Stadtverwaltung dagegen sah dadurch nicht nur das Vertragswerk von 1851 verletzt, sondern entwickelte grundsätzliche Zweifel an der Sicherheit der Gasversorgung und an der Zuverlässigkeit des Betreibers. In dieser Situation bot Eisenlohr überraschend seinen vorzeitigen Ausstieg an. Nach seinem Weggang orientierte er sich nach Freiburg um und pachtete das dortige Gaswerk.

Das Grundproblem bestand darin, dass der Gasverbrauch in Mannheim schneller gewachsen war als ursprünglich angenommen und sich damit wenige

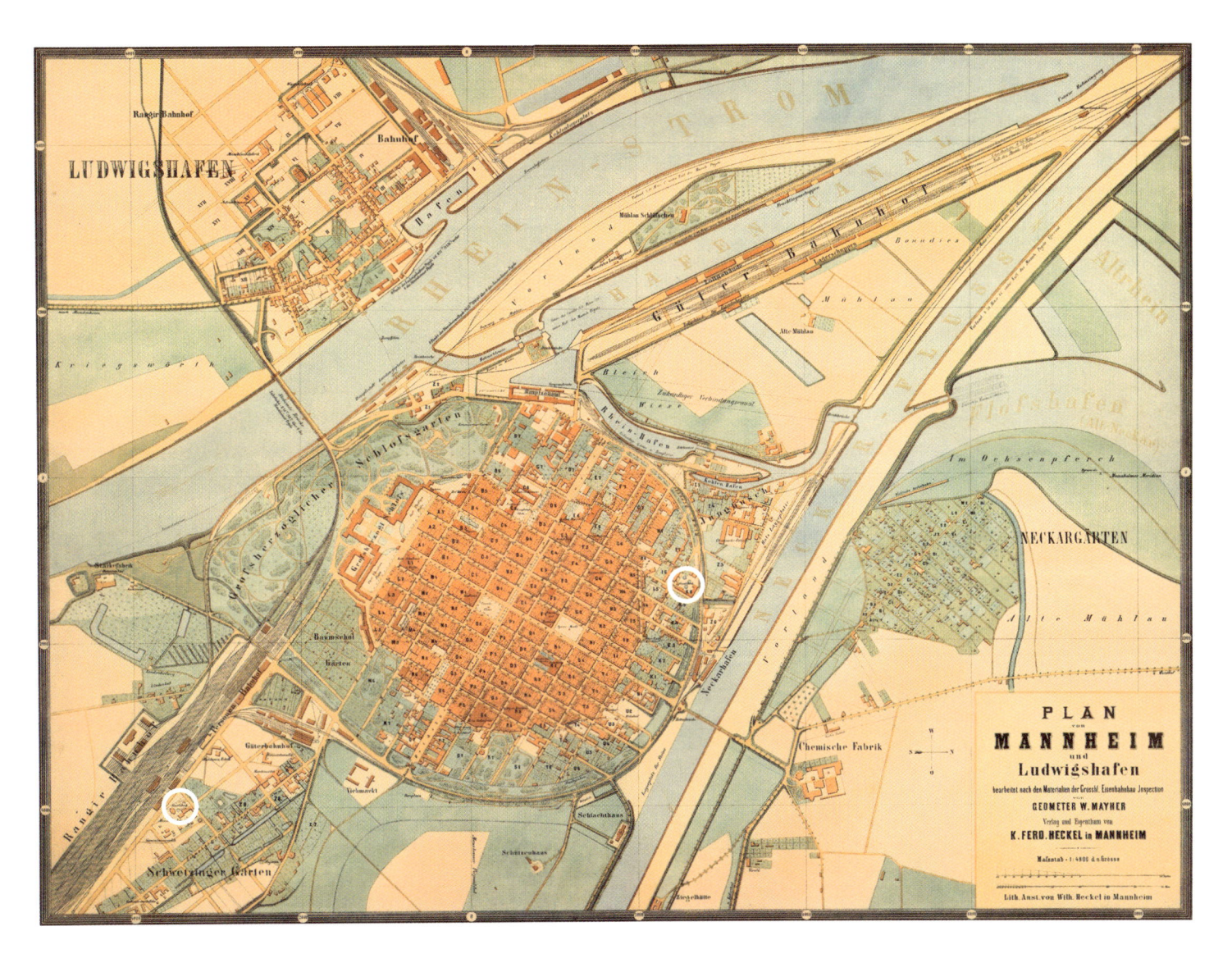

Die beiden Mannheimer Gaswerke auf dem Stadtplan von etwa 1875: das städtische Gaswerk in K 6; in den Schwetzinger Gärten – heute Schwetzinger Vorstadt, Bereich Amerikanerstraße – das Gaswerk von Carl Kemner.
(MARCHIVUM, KS00887)

Jahre vor Ablauf des Pachtverhältnisses die Frage der Erweiterung und überhaupt der künftigen Entwicklung stellte. Ein Vertrag mit festen Bestimmungen konnte solchen sich rasch wandelnden Bedingungen nicht gerecht werden; als Pächter musste Eisenlohr versuchen, in einer relativ kurzen Frist seinen wirtschaftlichen Nutzen zu finden, während für die Stadt die langfristig vorausschauende Planung entscheidend war: Wie war angesichts der bisherigen Verbrauchssteigerung und der daraus abgeleiteten künftigen Zuwachsraten die Versorgung zu sichern? Wie würden sich Fortschritte der Gas-Technik, etwa der 1867 durch Nikolaus August Otto und Eugen Langen entscheidend verbesserte Gasmotor, sowie die in Schwung kommende Industrialisierung Mannheims auf den Gasverbrauch auswirken? Und nicht zuletzt: Konnte die Kommune nicht den Betrieb selbst in die Hand nehmen und die bekanntermaßen satten – und in der Öffentlichkeit schon immer kritisierten[3] – Gewinne, die das Gaswerk abwarf, für die Stadtkasse vereinnahmen?

Eine nationalökonomische Grundsatzdebatte über die Gasindustrie – „Munizipalsozialismus" und Kommunalisierungsbewegung

Ungefähr zeitgleich mit den Klagen über Betriebsführung, Preise und Gasqualität des Mannheimer Werks kam in der zeitgenössischen Nationalökonomie und parallel dazu unter den Gas-Fachleuten eine Debatte in Gang, wie solche Unternehmen zu betreiben und wie zwischen privatem Unternehmertum und öffentlichem Interesse am besten zu vermitteln sei. Den ordnungspolitischen Hintergrund bildete der allmähliche Schwenk vom dominierenden Wirtschaftsliberalismus englischer Prägung hin zu einer vorerst noch behutsamen interventionistischen Linie. Dabei entwickelte sich die Vorstellung, dass gerade Infrastrukturbereiche wie Verkehr, Versorgung und Kommunikation aufgrund ihrer gesamtwirtschaftlichen Bedeutung und ihrer Besonderheiten – zentralisierter Betrieb, Größe der Unternehmen und erzielbare Skaleneffekte, Kapitalintensität besonders der Leitungsnetze – nicht für den freien Wettbewerb geeignet waren, sondern monopolistisch bewirtschaftet werden sollten.[4]

Notarieller Vertrag über die Übernahme des Gaswerks zwischen der Stadt Mannheim und dem Betreiber Christian Eisenlohr vom 12.7.1873. Er regelte die Ablöse für das Werk und für den Ankauf des Wohnhauses auf dem Gaswerksgelände sowie die noch für drei Jahre zu leistende Abfindungszahlung an den früheren Mit-Betreiber Friedrich Engelhorn.
(MARCHIVUM, UV0144)

„Die Gasbeleuchtung in ihrer heutigen Gestalt", so der Nationalökonom und Vertreter eines gemeinwohlorientierten „Munizipalsozialismus" Friedrich Hack, „ist also ihrer Natur nach einheitlich, centralistisch, auf den Grossbetrieb berechnet, mit einem Worte monopolistisch", und daraus entstand die Forderung, dass die öffentliche Hand bzw. in diesem Fall die Gemeinde derartige Monopole erlauben, sie aber durch Vorschriften über Preise, Lieferungsbedingungen, Gewinnabführung etc. stärker kontrollieren müsse – oder den Betrieb am besten gleich selbst in die Hand nehmen sollte. Auf Landesebene war diese Frage bereits gegen Ende der 1830er Jahre mit dem Bau der Eisenbahn aufgekommen und nicht nur in Baden zugunsten des Staatsbetriebs entschieden worden. Städte und Gemeinden dagegen waren angesichts des ursprünglich relativ beschränkten Umfangs kommunaler Aufgaben von diesem Problem lange unberührt geblieben. Erst das Aufkommen der mit der Eisenbahn vergleichbaren, kapitalintensiven und zur Netzbildung neigenden Gasindustrie stellte auch die Kommunen vor die Aufgabe der Ordnungspolitik und vor die Alternative regulierten privaten Unternehmertums oder wirtschaftlicher Betätigung der öffentlichen Hand. Allerdings mussten auch bei der öffentlichen Bewirtschaftung Sicherungen eingebaut werden, denn zu groß war die Versuchung für die Städte, nun selbst Gewinn aus dem Geschäft zu ziehen, wie der Nationalökonom Hack erkannte:

> „Eine finanzielle Unternehmung in der Weise, dass daraus eine dauernde Einkommensquelle für die Stadtkasse gemacht werden dürfte, darf aber eine städtische Gasanstalt nicht sein, wenn sie die von ihr erwarteten Vorteile verwirklichen soll. Eine fortdauernde Benützung der Gasanstalt für die finanziellen Zwecke der Gemeinde wäre eine Besteuerung der Gasconsumenten als solcher."

Nach der – allerdings nicht vollständigen – Statistik der Gasanstalten von Nikolaus Heinrich Schilling, des Herausgebers des renommierten „Journals für Gasbeleuchtung", wurden 1862 von 266 erfassten Werken 66 als städtische Betriebe geführt.[5] 1868 waren es 179 von insgesamt etwa 600, 1885 aber schon die Hälfte von 670. Mit zunehmendem Tempo setzte sich um die Zeit der Reichsgründung der Kommunalbetrieb durch, und das galt nicht nur für die Gaswerke, sondern auch für eine Vielzahl weiterer Einrichtungen wie Wasserwerke und Entsorgungsbetriebe, für den Nahverkehr sowie später auch für Elektrizitätswerke. Das Engagement der Gemeinden, das durch die geschilderte Debatte vorbereitet und theoretisch begründet worden war, ordnete sich in den seit 1870 zu beobachtenden „Übergang von der überkommenen Ordnungs- zur modernen Leistungsverwaltung" ein; dabei wuchsen insbesondere Aufgaben und Bedeutung der Länder und der Kommunen.[6] Dieser neuartige „Munizipalsozialismus" mit seinem Leitbild der „Daseinsvorsorge" stellte eine Reaktion auf den Bevölkerungs- und Aufgabenzuwachs der deutschen Städte im Zeitalter der Urbanisierung und beginnenden Hochindustrialisierung dar.

2.2 DAS MANNHEIMER GASWERK ALS STÄDTISCHER REGIEBETRIEB

Die Kommunalisierung des Mannheimer Gaswerks entsprach also einem allgemeinen Trend. Personal und Know-how für den Neubeginn waren vorhanden: Wie die Arbeiter des Gaswerks wurde auch dessen Betriebsleiter, Ingenieur Christian Beyer, in städtische Dienste übernommen. Da das Werk aus dem üblichen Rahmen kommunaler Tätigkeit deutlich herausfiel, wurde als Organisationsform der „verselbständigte Regiebetrieb" mit eigener Buchführung, d. h. Bilanz, Gewinn- und Verlustrechnung, gewählt.[7] Das Gaswerk musste künftig alle Investitionen aus seinen Erträgen amortisieren und natürlich auch seine Anlagen angemessen abschreiben; es blieb aber insofern mit dem kommunalen Haushalt verbunden, als die Stadtgemeinde die erforderlichen Darlehen für den weiteren Ausbau besorgte und dafür garantierte. Und dem Charakter des Regiebetriebs entsprechend war die Leitung an die Weisungen aus dem Rathaus gebunden; dazu wurde ein fünfköpfiger Verwaltungsrat aus Mitgliedern

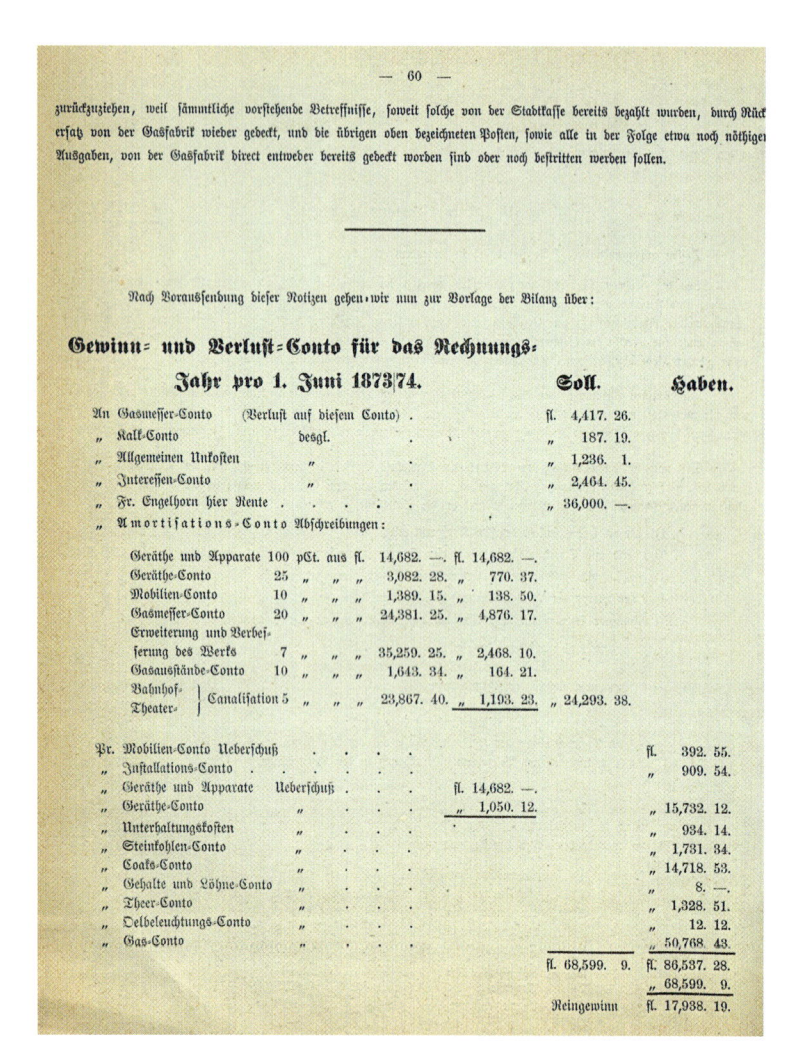

Bilanz des Gaswerks für 1873/74. Das erste Geschäftsjahr in städtischer Regie schloss mit einem Reingewinn von 17.900 fl, ca. 30.700 M.
(Bürgerausschussprotokoll 5.2.1875, MARCHIVUM, A18/1)

des Stadtrats und sachverständigen Privatpersonen eingerichtet.[8] Bauprojekte und die dafür erforderlichen Darlehen mussten vom Bürgerausschuss genehmigt werden, da die Gasversorgung der Kommunalpolitik und ihren Entwicklungszielen verpflichtet bleiben sollte.

An Ablösekosten fielen insgesamt circa 330.000 Mark neuer Reichswährung an. Sie wurden ebenso auf die Bilanz des Gaswerks übernommen wie die Restschuld aus dem Bau von 1851 in Höhe von umgerechnet rund 177.000 Mark. Der städtische Haushalt wurde um diesen Betrag entlastet; dafür entfiel aber die jährliche Pachteinnahme. In Zukunft würde die Stadt einen nach angemessenen Abschreibungen und Bildung von Reserven verbleibenden Reingewinn des Gaswerks als Ertrag aus eigener Unternehmertätigkeit erhalten. Die Straßenbeleuchtung, deren Kosten bis zum letzten vollen Betriebsjahr des alten Werks (1877/78) auf 35.600 Mark stiegen, kaufte die Gemeinde wie zuvor als Fremdleistung vom Gaswerk ein und behielt dabei auch den äußerst günstigen Vorzugstarif von 10 Pf/m³. Einen letzten finanziellen Kraftakt bedeutete die Übernahme des Kemner'schen Gaswerks im Dezember 1878.[9] Dieses genoss zwar Bestandsschutz, es lag jedoch in der Logik der leitungsgebundenen Energieversorgung, dass die Stadtverwaltung früher oder später versuchen musste, den „Webfehler" im Netz zu beseitigen und die gesamte Gasversorgung in eine Hand zu bekommen. Die Gelegenheit dazu bot sich, als Kemner sein Geschäft in Mannheim aufzugeben bereit war. Damit war der Weg frei für die flächendeckende und einheitliche Versorgung der Stadt.

Die ab 1873/74 regelmäßig veröffentlichten Bilanzen[10] offenbarten, was Außenstehende und vor allem die Kritiker des Gaswerks bis dahin nur hatten vermuten können: Gas war in Mannheim ein glänzendes Geschäft und würde es auch in Zukunft sein, wenn es nur gelang, den Konsum weiter anzukurbeln und die Herstellung fortlaufend zu rationalisieren. Der jährliche Reingewinn des Gaswerks stieg von 27.600 Mark (1873/74) auf 142.000 Mark (1877/78), und dies bei vorsichtigster Bilanzierung, d. h. bei erheblichen Abschreibungen und Bildung eines Reservefonds. Auch wenn die Anlage in K 6 am Ende ihrer Betriebszeit abgenutzt, veraltet und damit wertlos war, besaß das Werk ein umfangreiches Leitungsnetz, dessen Wert die verbleibende Restschuld aus Erbauung und den beiden Übernahmen erheblich überstieg.

Baustelle des neuen Gaswerks Lindenhof 1877/78, Blickrichtung nach Nordost. Im Hintergrund ist das Stahlgerippe eines Gasbehälters zu erkennen. Auf der linken Seite Kohlenlager und Retortenhaus mit Vorhalle zum Löschen des Kokses; rechts Werkstätten, Kesselhaus und Gasreinigung.
(MARCHIVUM, GF00023)

Zweimal verschoben – der Neubau des Gaswerks Lindenhof

Die Kommunalisierung des Gaswerks 1873 war bereits in der ausdrücklichen Erwartung erfolgt, dass innerhalb weniger Jahre ein neues, deutlich größeres Werk angelegt werden müsse, wofür in den Quadraten kein Platz vorhanden war.[11] Die Gaserzeugung stieg trotz der auch in Mannheim fühlbaren Gründerkrise kontinuierlich an; sie überschritt 1875/76 die Grenze von 2 Mio. m³ und kletterte im Geschäftsjahr 1878/79 auf knapp 2,4 Mio., die nur durch den Verbund mit dem Kemner'schen Werk erzeugt werden konnten. Trotz des Zeitdrucks verschob der Bürgerausschuss den Beschluss für einen Neubau zweimal – im Februar 1875 wegen des hohen Preises des anvisierten Baugeländes im Meerfeld und im Sommer 1876 aufgrund eines Sondervotums der berichterstattenden Kommission gegen das Vorhaben der Stadtverwaltung, das neue Gaswerk kleiner zu dimensionieren und das alte parallel dazu weiterzubetreiben. Diesen von falscher Sparsamkeit geprägten und zudem auf eine viel zu niedrige Einwohnerzahl von 60.000 (1871: 39.600; 1880: 53.500; 1890: 79.100) ausgerichteten Plan zu verwerfen, war nur vernünftig, denn das Ziel musste es sein, die gesamte Erzeugung dort zu konzentrieren, wo die Selbstkosten am niedrigsten waren, sowie überhaupt eine längerfristige Perspektive zu entwickeln. Zielgröße für den Endausbau war eine Jahreserzeugung von 150 Mio. englischen Kubikfuß (c'; ca. 4,2 Mio. m³); das schien ausreichend für eine Einwohnerzahl von 100.000. Zudem würde so das Gaswerk aus der Innenstadt entfernt, die Belästigung der umliegenden Haushalte durch die Gaserzeugung abgestellt und das Grundstück anderweitig verwertbar.

Im Sommer 1877 genehmigte der Bürgerausschuss das überarbeitete Gesamtkonzept. Die Wahl fiel auf ein preiswertes und günstig gelegenes Gelände im Gewann Holzgasse direkt an der Bahnlinie in der Nähe des Neckarauer Über-

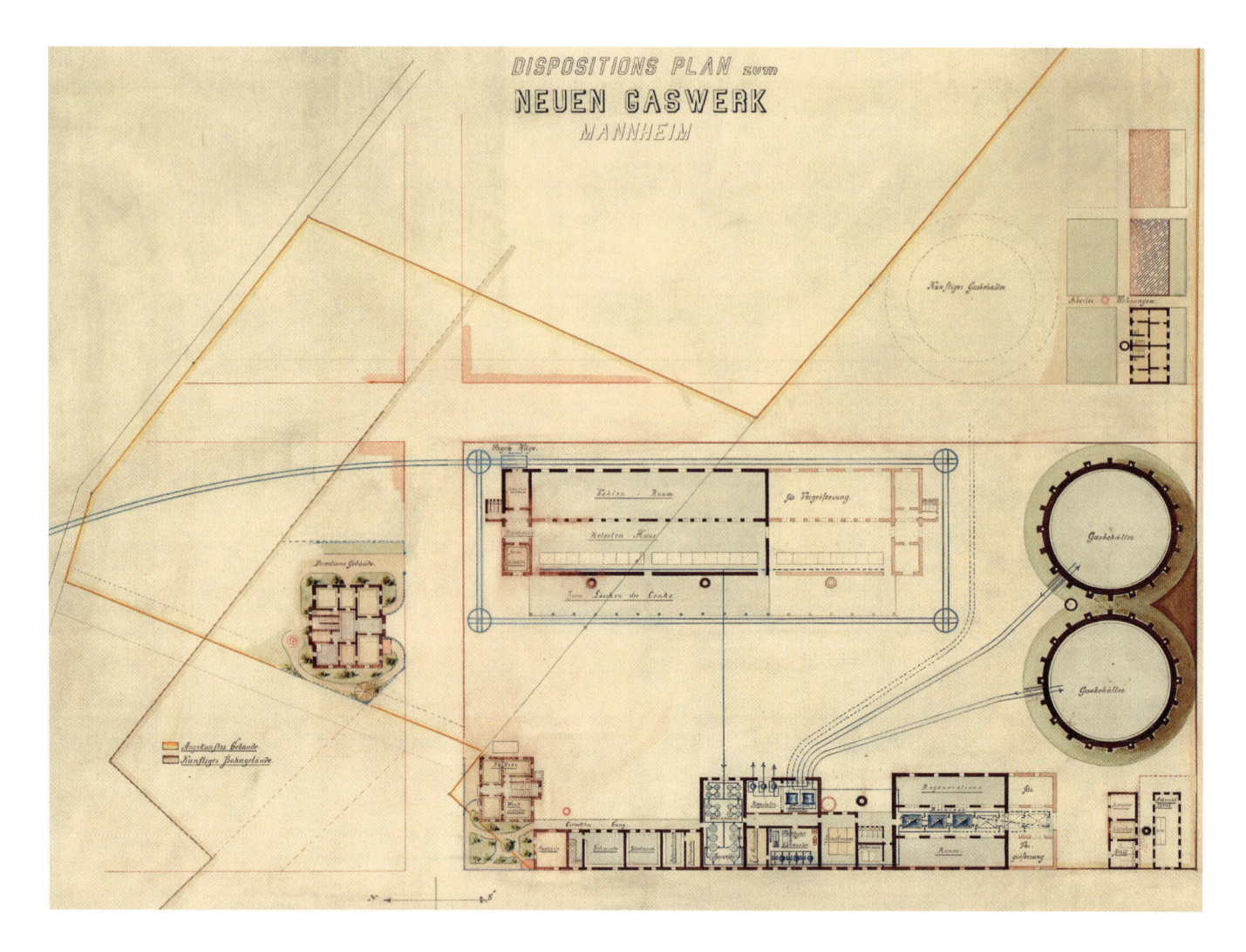

Situationsplan der Gesamtanlage des Gaswerks Lindenhof.
(MARCHIVUM, PL03133-001)

gangs. Die Kosten der ersten Ausbaustufe lagen bei niedrigen 1,25 Mio. Mark gegenüber ursprünglich geschätzten 1,5 Mio., die Jahreskapazität bei 100 Mio. c' (ca. 2,8 Mio. m³). Den Probebetrieb nahm das nach dem Stadtteil Lindenhof genannte neue Werk im November, den Regelbetrieb am 1. Dezember 1878 auf. Zwei Wochen später wurde das alte Werk stillgelegt. Am Platz in K 6 und K 7 verblieben nur noch Werkstätten, Installationsbetrieb und Verwaltung. Das Kemner'sche Werk wurde am 1. März 1879 stillgelegt.

Entwicklung von Produktion und Verbrauch – Preispolitik und finanzielle Ergebnisse

Gegenüber dem anvisierten Endausbau, der einem jährlichen Pro-Kopf-Verbrauch von gut 40 m³ entsprach, betrug der tatsächliche Verbrauch um 1890 bereits über 70 m³. Das lag an der zunehmenden Verbreitung der Gasbeleuchtung in Haushalt, Gewerbe und öffentlichen Einrichtungen. Dieser Verbrauch wuchs innerhalb eines Jahrzehnts von 1,6 Mio. m³ (1879/80) auf 4,3 Mio.; die

1877 getroffene Entscheidung für die große Lösung war damit nachträglich gerechtfertigt. Die gesamte Gaserzeugung im neuen Werk stieg schnell mit jährlichen Wachstumsraten von bis zu 15 Prozent; bereits 1885/86 wurden 4 Mio., 1891/92 6 Mio. m³ erreicht. Bei Erweiterungen oder Reparaturen wurden immer die aktuellen Konstruktionen verwendet, dazu 1885 ein dritter Gasbehälter errichtet und 1897 einer der beiden vorhandenen vergrößert, sodass die tatsächliche Normal-Kapazität am Ende bei 5 Mio. m³ pro Jahr und damit etwa 20 Prozent höher lag als ursprünglich geplant. Im Geschäftsjahr 1897/98 betrug die Erzeugung 7,2 Mio. m³, was unter Aufbietung aller Reserven gerade noch erfüllt werden konnte.[12]

Bei der Übernahme von 1873 betrug der Normaltarif für private Haushalte sowie für Handwerk und Gewerbe zunächst umgerechnet circa 26 Pf/m³; daneben existierten der Vorzugtarif für die städtische Straßenbeleuchtung, Sondertarife für öffentliche Einrichtungen wie Justiz, Militär und Kirchengemeinden sowie individuell vereinbarte Preise insbesondere für industrielle Großabnehmer. Teilweise enthielten die Verträge eine Gleitklausel, die den Gastarif an den jeweiligen Kohlenpreis band.[13] Am 1. Juli 1874 wurde der Normal-Preis zwecks einfacherer Überschlagsrechnung in der neuen Währung auf 25 Pf/m³ festgesetzt, zugleich ein Spezialtarif für Koch- und Motorengas in Höhe von 16 Pf/m³ eingeführt.[14] Dass der städtische Regiebetrieb die Hochpreispolitik des Vorgängers noch lange Zeit fortsetzte, belegen nicht zuletzt die Auseinandersetzungen, die mit den ehemaligen Kunden Kemners in der Schwetzinger Vorstadt aufbrachen: Dabei stellte sich heraus, dass dieser 30 Prozent unter dem städtischen Tarif gelegen hatte, und auch bei der Versorgung des Personen- und Rangierbahnhofs war Kemner um ein Viertel billiger.[15]

Im Herbst 1881 setzte die Stadtverwaltung dann gegen den Widerstand von Gaswerksdirektor Beyer eine erste durchgreifende Tarifänderung durch. Ab 1. Januar 1882 sank der Leuchtgaspreis auf 22 Pfennig, dazu wurde die Rabattstaffelung einheitlich geregelt.[16] Bereits zum 1. Oktober 1884 erfolgte eine weitere Absenkung auf 20 Pfennig. Trotz dieser Zugeständnisse stieg der Reingewinn des Gaswerks von 1880/81 bis 1884/85 von 158.000 Mark auf 252.000 Mark. In den folgenden Jahren sanken die Preise weiter. Seit 1887 galt wieder ein Einheitstarif von 18 Pfennig, das war für Beleuchtung günstig, für Wärmelieferung aber zwölf Prozent teurer als zuvor. Mit diesem Tarif sollte der – damals noch mehr befürchteten als tatsächlichen – Konkurrenz des elektrischen Lichts begegnet werden; daneben wurde die Hausinstallation vereinfacht, weil nur ein Zähler pro Haushalt erforderlich war. Trotz eines erneuten rechnerischen Einnahmeausfalls von 60.000 Mark überschritt der Reingewinn 1888/89 erstmals die Marke von 300.000 Mark. In den 1890er Jahren stieg er dank der vollständigen Auslastung des Werks weiter und lag abhängig von Konjunktur und Kohlenpreisen etwa zwischen 350.000 und 450.000 Mark; das entsprach um die zehn Prozent der gesamten städtischen Einnahmen eines Jahres.

Motor der Gasmotorenfabrik Deutz AG, Köln-Deutz, 1906. Der in kleinen Leistungsgrößen erhältliche Gasmotor bildete eine ideale Kraftquelle für Handwerks- und kleine Gewerbebetriebe, wurde aber mit der Einführung der Elektrizität durch den bequemer zu handhabenden Elektromotor abgelöst.
(TECHNOSEUM, EVZ:1996-0173a)

2 DAS GASWERK WIRD STÄDTISCH. DIE MANNHEIMER GASVERSORGUNG VON 1873 BIS 1914

Neue Anwendungen: Gas als Wärmelieferant, Motorengas und Gas-Straßenbahn

Hinter dieser beeindruckenden Erfolgsgeschichte standen die durch Rationalisierung und verbesserte Auslastung des Werks fortlaufend sinkenden Selbstkosten der Gaserzeugung. Und in der damaligen Phase starken Wachstums konnte sich die Verwaltung darauf verlassen, dass der anfängliche Einnahmeausfall, den jede Tarifsenkung mit sich brachte, durch die anschließende Verbrauchszunahme innerhalb kurzer Zeit mehr als kompensiert werden würde. Das machte es leichter, Einsparungen wenigstens teilweise an die Verbraucher weiterzugeben. Am wichtigsten war jedoch der längerfristige Lerneffekt, dass die Zukunft im Wachstum lag und dass von den „Economies of Scale" alle Beteiligten, also das Unternehmen selbst, die Kunden sowie die Stadt – und diese gleich

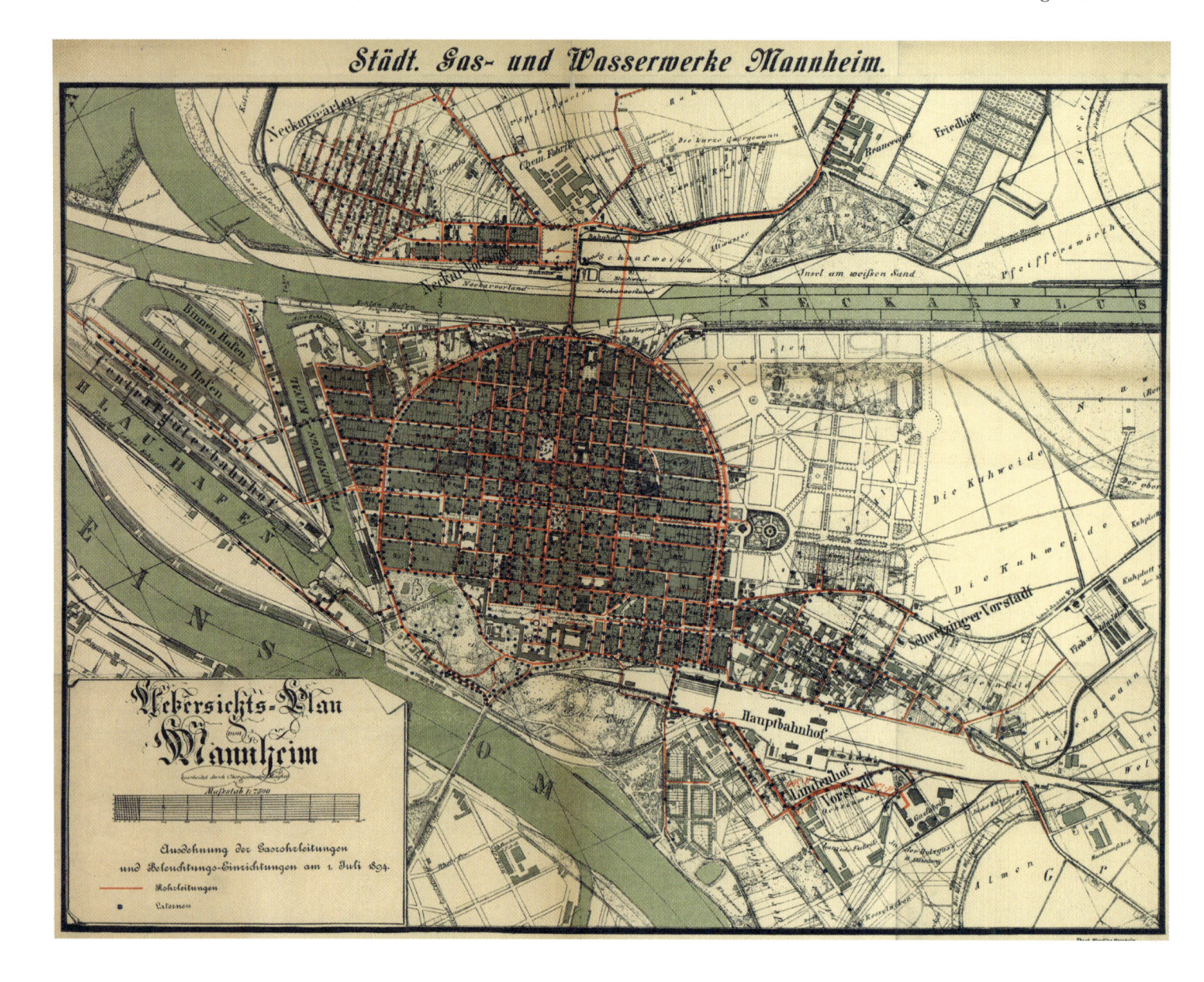

Stadtplan von Mannheim mit Gasleitungen und Straßenbeleuchtung, Stand 1.7.1894. Das Netz umfasste 89,7 km Gasleitungen sowie 1854 Straßenlaternen, davon 965 nur bis ca. 23 Uhr brennende „Abend-" und 889 „Nachtflammen".
(MARCHIVUM, KS00519)

zweimal: als Bezieher des Unternehmensgewinns und als sozialpolitischer Akteur – profitieren würden. Dem „Verbrauch des Gases zu andern als zu Beleuchtungszwecken eine größere Ausdehnung zu geben", so eine Denkschrift von Oberbürgermeister Beck 1893, lag deshalb „ebenso sehr im Interesse der Bevölkerung wie der Rentabilität der Gasanstalt".[17] Den letzten möglichen Wachstumsmarkt bildete die Verwendung von Gas zum Heizen und Kochen.

Die Karriere von Gas als Wärmelieferant begann 1894, als erneut ein gespaltener Tarif eingeführt und der Preis für Heiz-, Koch- und Motorengas um ein Drittel auf 12 Pf/m³ gesenkt wurde. Der Schritt wurde flankiert von einer gemeinsam mit dem Installateurgewerbe der Stadt organisierten Werbe-Ausstellung von „Gaskoch- und Heizapparaten" mit begleitenden öffentlichen Vorträgen; hinzu kamen Zusatzleistungen des Gaswerks wie etwa die Erlaubnis, eine Leuchte in der Küche an die Kochgasleitung anzuschließen und mit dem billigeren Kochgas zu betreiben. In den folgenden Jahren stieg der über separate Zähler erfasste Absatz von Koch- und Heizgas von circa 80.000 m³ (1893/94; ca. 1,5% des Gesamtabsatzes) auf 3,6 Mio. m³ (1904; ca. 38%) stark an. Eine deutliche, allerdings nur vorübergehende Zunahme erlebte auch die Verwendung von Motorengas zur direkten Kraft- oder – in den neuartigen elektrischen „Blockstationen" – zur Elektrizitätserzeugung: Der Verbrauch stieg in der zweiten Hälfte der 1890er Jahre auf etwa 13 Prozent der Abgabe deutlich an, sank aber bereits ab 1900 immer schneller, weil dieser Bereich vor allem seit Eröffnung des Elektrizitätswerks an den einfacher zu bedienenden Elektromotor verloren ging.[18] Nicht realisiert wurde der in den Jahren 1894 bis 1896 entwickelte Plan einer gasbetriebenen Straßenbahn.

Oben: Zeitungsannonce des Töpfermeisters Carl Wotzka in L 14, 7 über Gasöfen und Gaskocher.
(Generalanzeiger vom 24.2.1894)

Unten: Gas-Kochapparat; Reklamemarke der Firma Daniel & Jäger, Großhandlung für Gas, Wasser und Sanitärmaterial, Stuttgart; undatiert.
(MARCHIVUM, unverzeichnete KE Nr. 80)

2.3 ZWÄNGE DER WACHSTUMSPOLITIK UND DER NEUBAU DES GASWERKS LUZENBERG

Allerdings machte die erfolgreich betriebene Verbrauchsförderung kostspielige Erweiterungen erforderlich, die im Interesse einer rationellen Produktion nur in großen Einheiten errichtet werden konnten. Mit diesen war dann wieder das Problem der Absatzförderung zwecks möglichst rascher Auslastung der Anlagen und Verzinsung sowie Abschreibung des gebundenen Kapitals verbunden – und so weiter. Dieses betriebswirtschaftliche Problem der „Fixkostenfalle" stellte sich, als der Mannheimer Gasverbrauch gegen Ende der 1890er Jahre der Marke von 8 Mio. m³ näher kam, die das Werk Lindenhof nicht mehr bewältigen konnte. So wurde nur 20 Jahre nach seiner Inbetriebnahme der Neubau eines kompletten Werks erforderlich. Der Leitung des Gaswerks war dieser Zusammenhang bewusst, aber letztlich musste sie sich den Vorgaben der Poli-

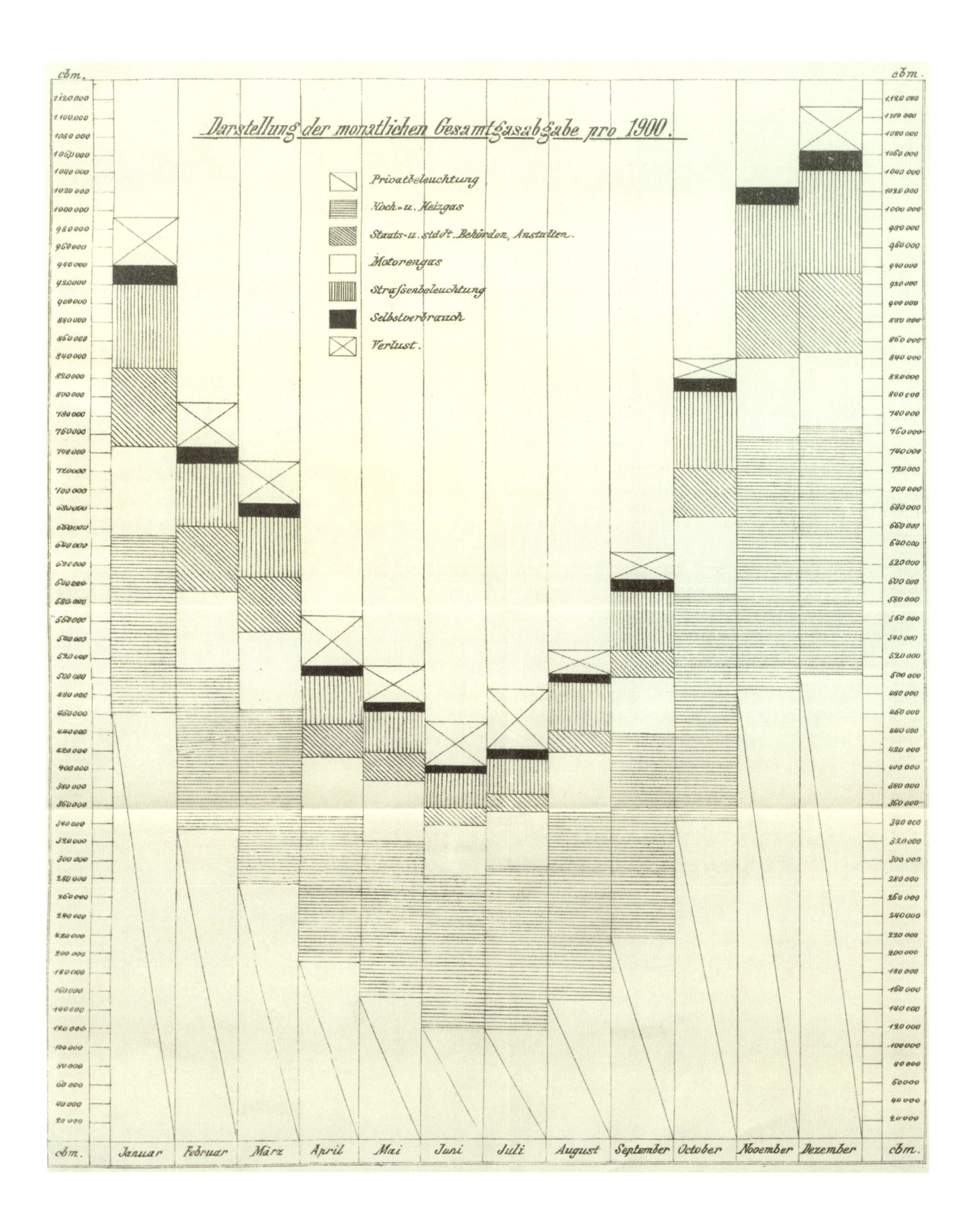

2 DAS GASWERK WIRD STÄDTISCH. DIE MANNHEIMER GASVERSORGUNG VON 1873 BIS 1914

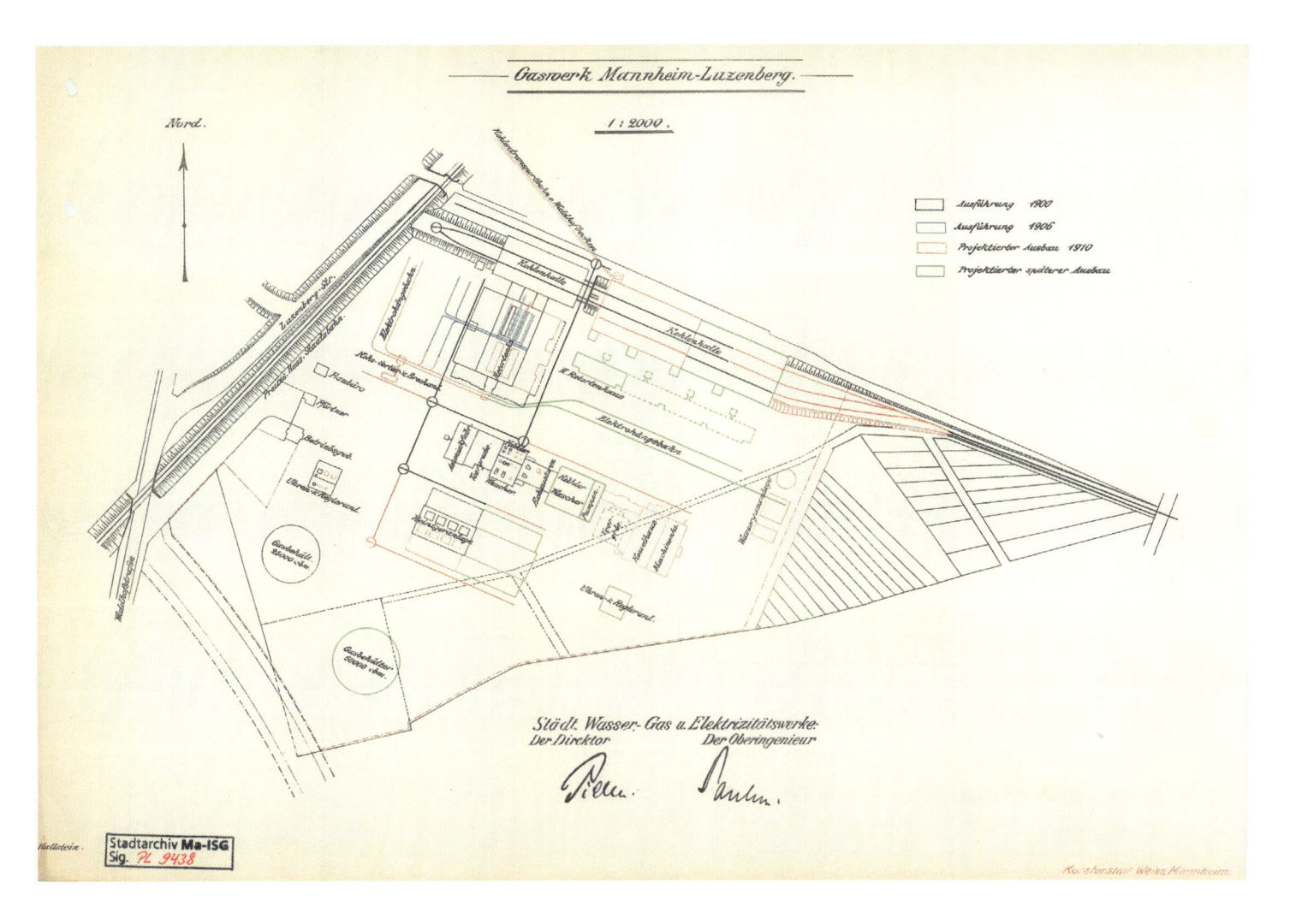

Der Lageplan des Gaswerks Luzenberg von 1909 zeigt die verschiedenen Ausbaustufen; sie wurden bis 1913 mit leichten Veränderungen realisiert. (MARCHIVUM, PL09438)

tik beugen: „So sehr die zunehmende Verbreitung des Kochgases in socialer und hygienischer Hinsicht zu begrüßen" sei, so der Jahresbericht für 1901, so wenig habe die seit der Einführung des Vorzugstarifs „eingetretene gewaltige Zunahme betriebstechnisch und finanziell sich als günstig erwiesen". Sie „machte die Erbauung des zweiten Gaswerks mit einem Aufwand von 2 1/2 Millionen Mark (ohne Grundstück) erforderlich und verursachte die erstmals pro 1901 in die Erscheinung getretenen größeren Aufwendungen für Schuldzinsen, Schuldentilgung und Abschreibungen".[19]

1897 hatten die Vorarbeiten für ein zweites Werk begonnen, im Herbst 1898 lag das beschlussreife Projekt vor.[20] Es basierte auf der Grundsatzentscheidung, Lindenhof mit seiner nominellen Leistung von 5 Mio. m³ pro Jahr weiterzubetreiben und im Industriegebiet Luzenberg am nördlichen Stadtrand ein neues Werk zu errichten, wo ausreichend Platz und ein fast perfekter Hafenanschluss vorhanden waren. Das Werk sollte mit vier Ausbaustufen von jeweils 25.000 m³ maximaler Tageserzeugung eine Gesamtnachfrage von circa 20,8 Mio. m³ pro Jahr abdecken können; das schien ausreichend bis in die 1920er Jahre. Nach der kurzen Bauzeit von nur anderthalb Jahren wurde ein erster Teilabschnitt Mitte Novem-

Die Lastkurve des Gaswerks für das Jahr 1900 zeigt die Auslastung im Jahresverlauf und die Anteile verschiedener Verbrauchergruppen. Während des Sommers wurde die Leistung des Gaswerks durch Stilllegung von Retortenbatterien an die geringere Auslastung angepasst. (Jahresbericht Gaswerk 1900, S. 20)

2 DAS GASWERK WIRD STÄDTISCH. DIE MANNHEIMER GASVERSORGUNG VON 1873 BIS 1914

Luftaufnahme des Gaswerks Luzenberg von 1927; rechts der 1913 errichtete große Gasometer mit einem Fassungsvermögen von 75.000 m³. Die Baukosten des dreifachen Teleskop-Behälters betrugen inkl. „Warmwasserzirkulations- und Heizungsanlage" ca. 355.000 M. (MARCHIVUM, KF005627)

ber 1900 in Betrieb genommen. Ab diesem Zeitpunkt teilten sich beide Werke die Jahreserzeugung. Sie stieg im ersten vollen Jahr des Parallelbetriebs noch kräftig, stagnierte dann aber wegen der 1901 einsetzenden allgemeinen Rezession, wodurch die Selbstkosten für den Kubikmeter verkauftes Gas von 7,86 Pfennig (1899) auf 12,16 Pfennig (1901) noch stärker stiegen als befürchtet. Der nicht kostendeckende Sondertarif für Heiz- und Kochgas musste deshalb vorübergehend erhöht werden. Erst 1904 setzte das Wachstum wieder ein.

Mit steigender Gasnachfrage und jeder weiteren Bauentscheidung stellte sich in den folgenden Jahren das Problem der Rollenverteilung zwischen den beiden Werken: Zunächst war Lindenhof als Grundlast- und Luzenberg als „Ergänzungsanlage" konzipiert worden. Wegen der höheren Leistungsfähigkeit der neuen Anlagen wurde das Werk in Luzenberg zur Grundlastanlage, dafür Lindenhof seit 1908 im Sommerhalbjahr stillgelegt und erst im Herbst wieder zugeschaltet. Allerdings gingen – bedingt durch neue Ofenkonstruktionen – die Erzeugungskosten in den beiden Werken immer weiter auseinander: In den alten Horizontalöfen im Werk Lindenhof hatten sie 10,25 Pf/m³ betragen; in den neueren Schrägretortenöfen in Luzenberg lagen sie bei 4 Pfennig, in den neuesten Vertikalöfen nur noch bei 1,5 Pfennig. Im Mai 1911 wurde das Werk Lindenhof deshalb endgültig außer Betrieb gesetzt, der Abriss sicherheitshalber aber mehrmals verschoben.[21] Stattdessen wurde in Luzenberg die zweite Stufe vollständig ausgebaut. Den sichtbaren Abschluss bildete die Fertigstellung des neuen großen Gasometers im September 1913; mit einem Fassungsvermögen von 75.000 m³ übertraf er alle anderen bei Weitem und wurde zum Wahrzeichen des Stadtteils.

Arbeit und Arbeitsbedingungen im Gaswerk, Arbeiterschaft und Arbeiterbewegung

Bis 1913 stieg die Arbeitsproduktivität in Luzenberg gegenüber dem alten Werk auf beinahe das Vierfache, sodass die immens gesteigerte Gaserzeugung mit ungefähr demselben Personalbestand bewältigt werden konnte wie um die Jahrhundertwende.[22] Dieser enorme Zuwachs entstand durch die erwähnte ständige Leistungssteigerung der Retortenöfen sowie vor allem die durchgreifende Mechanisierung aller Abläufe vom Kohlentransport und der Befeuerung der Öfen bis hin zur Entleerung und zum Verladen des Kokses. Dennoch bedeutete die Arbeit im Gaswerk – ob am Ofen, beim Kokslöschen oder in den Reinigungskästen – eine hohe körperliche Belastung.[23] Sie war von Lärm und Hitze, starken Rauch-, Staub- und Geruchsbelästigungen geprägt und vor allem mit der ständigen Gefahr von Arbeitsunfällen sowie akuter oder chronischer Vergiftung durch Gas und die Begleitstoffe der Gasproduktion verbunden und führte so häufig zu erheblichen Gesundheitsschäden. Nicht ohne Grund galten Gaswerke, die auch die ganze Umgebung verpesteten, unter städtischen Arbeitern als „Strafanstalt": Beim Befüllen und Entladen der Retorten herrschten nach den Erkenntnissen der zeitgenössischen arbeitsmedizinischen Literatur Temperaturen von 60 bis 70 Grad Celsius; typische Unfälle waren Verbrennungen „durch Stichflammen beim Öffnen der Retorten, ferner beim Ausziehen der entgasten, glühenden Kohlen durch herabfallende glühende Koksstücke, Verbrühungen durch heiße Dämpfe" beim Kokslöschen und „Explosionsunfälle".[24] Bei den ständigen Arbeitern im Gaswerk Lindenhof waren in den Jahren 1906 bis 1908 20 Prozent der Krankmeldungen auf einen Arbeitsunfall zurückzuführen. Ein beson-

Arbeiter am Retortenofen, um 1890. Vor allem die Arbeit an den Retortenöfen und beim Kokslöschen war anstrengend, schmutzig und gefährlich. Sie wird in zeitgenössischen Publikationen jedoch selten gezeigt; in der Regel wird das Ofenhaus aufgeräumt, sauber und menschenleer präsentiert.
(Engler-Bunte-Institut, Karlsruhe)

Zu einem schweren Explosionsunglück mit drei Toten kam es im Gaswerk Lindenhof am 30.7.1905 gegen 9.15 Uhr; das Druckdiagramm hielt den genauen Zeitpunkt der Explosion fest. Das Druckdiagramm zeichnete den per Manometer gemessenen Druck im gesamten Gasnetz auf und war ein wichtiges Instrument, diesen zu kontrollieren und zu steuern.
(VB der WGE 1905, S. 7)

ders schlimmes Explosionsunglück mit drei Toten und einem Schwerverletzten ereignete sich im Sommer 1905 bei der Reparatur eines Absperrventils im Gaswerk Lindenhof.[25]

Angesichts der Arbeitsbedingungen kam der anstrengende Beruf des „Ofenarbeiters" nur für kräftige und meistens jüngere Personen in Betracht; gleichzeitig stand er an der Spitze der betrieblichen Lohnhierarchie. 1899 waren von den etwa 40 Arbeitern in diesem Bereich nur fünf über 40 Jahre alt, während sich bei den 45 Hilfs- und „Hofarbeitern" alle Altersgruppen zwischen 16 und 69 Jahren fanden. Der Rest der Arbeiterschaft im Werk Lindenhof (Gesamtzahl um 1900 ca. 130) bestand überwiegend aus Handwerkern verschiedenster Qualifikation, vor allem den mit der laufenden Ausbesserung der Retorten beschäftigten 17 „Ofenmauern". Im „Installationsbetrieb" in K 7 waren etwa 100 Arbeiter – Erdarbeiter, Rohrleger, Installateure etc., aber auch Lampenputzer – beschäftigt.[26] Über ihnen standen Vorarbeiter („Obleute") und „Gasmeister", darüber die Führungsebene mit den Betriebsingenieuren und -chemikern, der kaufmännischen Leitung sowie an der Spitze dem Direktor.

Die harten Arbeitsbedingungen machten das Gaswerk zu einem Schwerpunkt der gewerkschaftlichen Bemühungen um verbesserten Arbeitsschutz, Verkürzung der Arbeitszeiten und Lohnerhöhungen. Mit Richard Heckmann wurde ein Ofenarbeiter des Mannheimer Gaswerks SPD-Stadtverordneter und „beinharter Interessenvertreter gegenüber den kommunalen Entscheidungsgremien"; 1903 wurde er Vorsitzender des Mannheimer Bezirks und 1914 Reichs-Vorstand des gewerkschaftlichen Verbands der Gemeinde- und Staatsarbeiter.[27] Zwar lehnte die Stadtverwaltung 1898 einen ersten Antrag des Arbeiterausschusses auf Verkürzung der täglichen Arbeitszeit im Gaswerk auf acht Stunden mit der Begründung ab, der Beruf des Gasarbeiters sei keineswegs „ein aufreibender und ungesunder";[28] auf lange Sicht leistete sie gegen Verbesserungen aber nur hinhaltenden Widerstand. Die großen Themen wie Lohnerhöhungen, Bezahlung von Überstunden und Feiertagszuschlägen, Gewährung von bezahltem Urlaub oder Lohnfortzahlung im Krankheitsfall bzw. Aufstockung des von der Krankenkasse bezahlten Krankengelds wurden auf dem Verhandlungsweg mit den Arbeiterausschüssen und – soweit dem nicht die Besonderheiten des Gaswerksbetriebs entgegenstanden – auf gesamtstädtischer Ebene auf der Grundlage der jeweils geltenden Arbeitsordnung für die Kommunalbeschäftigten entschieden.[29] 1901 wurde für die Feuerhausarbeiter vom Zweischicht- auf den Dreischichtbetrieb und damit auf den Achtstundentag umgestellt, für die anderen Beschäftigten der Arbeitstag 1909 vorläufig und im Jahr darauf endgültig von 9,5 auf 9 Stunden verkürzt.[30] Die lange Mittagspause dagegen wurde 1913 wegen des beobachteten exzessiven Biertrinkens von 90 auf 30 Minuten eingeschränkt – in diesem Jahr kamen „in der Kantine des Gaswerks 68.910 l Bier, 2.613 Fläschchen Sodawasser, 2.702 Fläschchen Limonade und 7.160 l Milch" zum Ausschank.

Anzünden, Löschen, Putzen – das Gas im Alltag

Eine nur nebenberuflich tätige, aber wichtige und in der Öffentlichkeit besonders wahrgenommene Berufsgruppe bildeten die Laternenanzünder. Zusammengefasst in „Beleuchtungsbezirke", in denen auf einen Anzünder etwa 50 bis 60 Laternen entfielen, hatten sie sich zum Dienstantritt im „Wachlokal" des jeweiligen Bezirks zu versammeln, wo vom Obmann anhand der Vorgaben des „Brenn-" oder „Beleuchtungskalenders" (Jahreszeit, Mondphasen) sowie der aktuellen Wetter- und Lichtverhältnisse der Beginn des Anzündens festgelegt wurde.[31] Nach dem Ende der Tour diente das mit Feldbetten ausgestattete Wachlokal als Ruheraum; allerdings durfte jeweils die Hälfte einer Mannschaft nach dem Löschen der „halbnächtigen" Leuchten gegen 23 Uhr oder Mitternacht nach Hause gehen, weil dann der Tourennachbar ihre Runde und das Löschen der ganznächtigen Leuchten am folgenden Morgen übernahm. Für das Putzen der Leuchten waren eigens angestellte Lampenputzer zuständig. Spezielle Dienstanweisungen, auf welche die Anzünder per Eid verpflichtet wurden, regelten die Tätigkeit bis ins Detail: das „Ausschwärmen [...] in raschem Schritt", die schriftliche Schadensmeldung bei Defekten, die Abnutzungsentschädigung für die Benutzung des privaten Fahrrads in den weitläufigeren Außenbezirken bzw. für Kontrollfahrten (15 Pf je Arbeitstag), schließlich auch die ausdifferenzierten Strafen für das – offenbar häufiger vorkommende – Fernbleiben vom Dienst oder für verspätete Meldung defekter Lampen.

Eine weitere personalintensive Tätigkeit stellte das Ablesen der Zähler und Einziehen der fälligen Beträge einschließlich Leerung der Gas-Münzautomaten und des Mahnwesens dar. 1906 beschäftigte das „Gaskonsumbureau" 5,5 Bürogehilfen und 7 „Erheber". Zusammen mit den Bürokräften und Erhebern für Wasser (9 bzw. 6) und Strom (2 bzw. 1) sowie den 4 Mitarbeitern im gemeinsamen

„Beitreibungsbureau" verursachte diese Abteilung der Stadtwerke jährliche Kosten von rund 45.000 Mark.[32] Hinzu kamen die Kosten der im Taglohn beschäftigten Ableser (1900: 13; 1908: 19) für die regulären Stadt- sowie die Sonderbezirke der Großkonsumenten, Anstalten und Wirtshäuser. Diese hatten ihren Bezirk abzugehen, die Zählerstände in das „Gasaufnahmebuch" einzutragen und dieses in der Zentrale wieder abzugeben, wo bei einem Bestand von 24.000 abzulesenden Zählern monatlich 13.000 Gasrechnungen erstellt wurden. 1909 wollte ein Stadtverordneter im Bürgerausschuss beschließen lassen, dass Ableser nicht so oft den Bezirk wechselten: „Es werde besonders von Frauen dieser Wunsch geäußert, damit sie den Mann kennen und nicht zu ängstlich seien, weil in anderen Städten schon verschiedentlich Verbrechen vorgekommen seien."[33] Das war eines der Probleme, mit denen sich das „Gaskonsumbureau" herumschlagen musste, ein anderes war der Aufwand für die Zustellung der Rechnung, wenn ein Hausbesitzer in einem anderen Ablesebezirk, vielleicht sogar außerhalb von Mannheim wohnte, und schließlich auch die Frage der kombinierten Erhebung der Gebühren für Gas, Wasser, Strom und Müll auf einem einzigen „Forderungszettel" – jeweils unter Berücksichtigung aller geleisteten Abschlagszahlungen.[34] Den größten Aufwand und erhebliches psychologisches Geschick erforderte natürlich die „Beitreibung bei säumigen Zahlern" einschließlich des zwangsweisen Abstellens der Gaszufuhr.

Vom Gas gingen nicht nur bei der Produktion Gefahren für die Umwelt aus, sondern auch beim Transport: Undichte Gasleitungen ließen Jahr für Jahr mehrere Hunderttausend Kubikmeter Gas in die Atmosphäre gelangen, und wenn

Mahnzettel der Stadtwerke, um 1910. Wenn der Betrag nach der zweiten Mahnung nicht innerhalb von 8 Tagen bezahlt wurde, drohte „ohne weitere Benachrichtigung Einstellung der Gas- und Stromlieferung". Seit 1907 wurden Wasser-, Kanal-, Müll-, Gas- und Stromgebühren gemeinsam eingezogen; das diente der Rationalisierung der Abläufe in diesem Massengeschäft.
(MARCHIVUM, 6/1964 Nr. 616)

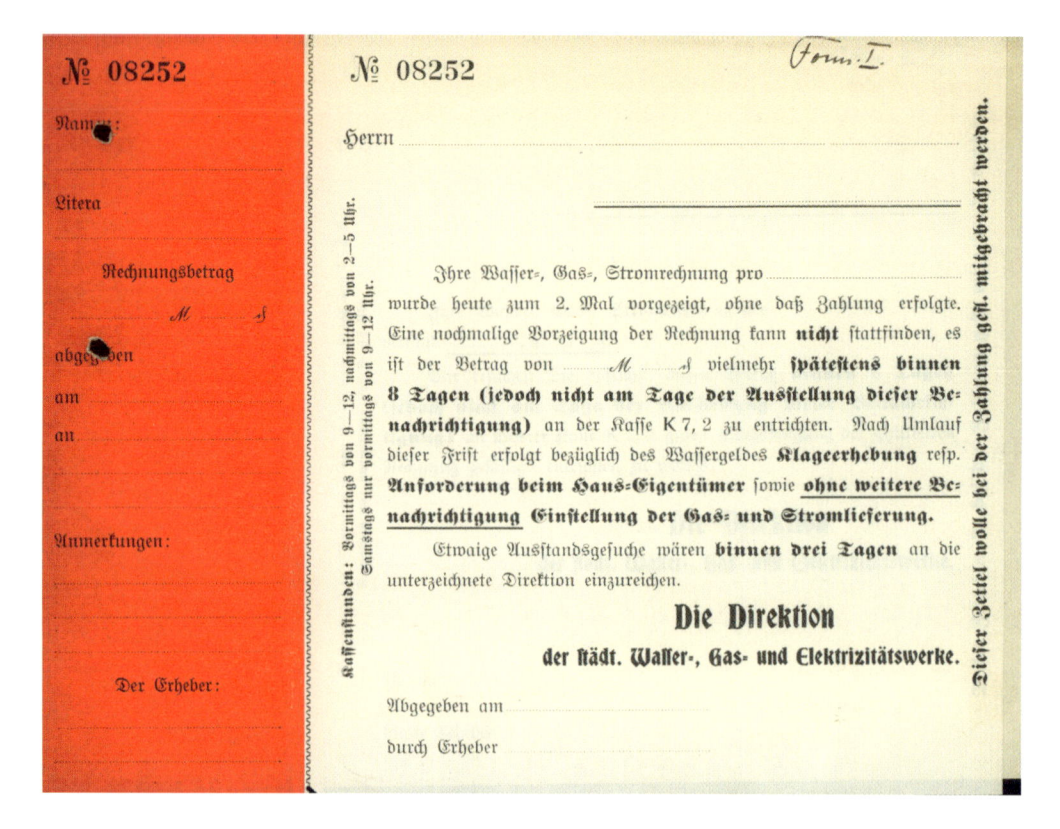

aufgrund von Mängeln im Leitungsnetz mit erhöhtem Druck gefahren werden musste, stiegen die Verluste weiter an. Phasenweise betrugen sie über zehn Prozent der Erzeugung, im Normalfall circa fünf Prozent. Das Problem wurde vor allem dann wahrgenommen, wenn Bäume infolge der „Gasausdünstung" reihenweise abstarben wie 1910 in der Heidelberger Straße.[35] Unglücksfälle im Zusammenhang mit Gas zogen das öffentliche Interesse noch deutlich stärker auf sich.[36] Zu Gasexplosionen kam es etwa im Oktober 1891 auf der Toilette der „vielbesuchten Restauration ‚zum deutschen Michel' in der Neckarstraße", im November 1902 im Gebäude H 4, 3 unmittelbar nach der Neuinstallation eines Gasanschlusses oder im September 1914 in B 5, 7. Die Nachforschung ergab in diesem Fall, dass die Explosion „infolge fahrlässigen Offenlassens einer Gasltg. [Gasleitung, Anm. d. Verf.] an der Decke, wo vorher ein Leuchter hing" entstand. Um solchen Fehlern und Nachlässigkeiten vorzubeugen, ließ die Direktion der Stadtwerke in den Mannheimer Zeitungen regelmäßig eine entsprechende „Bekanntmachung" mit Verhaltensregeln bei Gasgeruch veröffentlichen.[37]

Weniger schlimm als lästig waren „Spaßaktionen" wie das Ausschalten der Straßenlaternen, das sich zu einer beliebten Freizeitbeschäftigung von übermütigen Jugendlichen oder angeheiterten Wirtshausbesuchern entwickelte. 1903 schrieb das Gaswerk an die Polizeidirektion:

„Das Löschen der städt. Straßenlaternen durch Unberechtigte [...] nimmt seit einiger Zeit einen derartigen Umfang an, dass wir uns veranlaßt sehen, Sie hiervon ergebenst in Kenntnis zu setzen. Hauptsächlich geschieht dies von Samstag auf Sonntag und Sonntag auf Montag."[38]

Das Übel ließ sich trotz intensiver Überwachung ebenso wenig abstellen wie die mutwillige Zerstörung von Straßenleuchten.

Die Gasversorgung der Vororte – und der Nachbargemeinden?

Mit den ersten großen Eingemeindungen (Käfertal mit Waldhof 1897, Neckarau 1899) stellte sich auch die Frage der Straßenbeleuchtung und der Gasversorgung in den neuen Stadtteilen. Während Waldhof und Neckarau bereits im Jahr 1900 an das Leitungsnetz angeschlossen wurden, lehnte Direktor Beyer dies im Fall Käfertals mehrfach ab, da bei dessen „weitaus überwiegenden ländlichen Verhältnissen" kein wirklicher Bedarf zu erkennen sei. Erst unter seinem Nachfolger Josef Pichler, der langfristig auf die Zunahme des Verbrauchs setzte, fiel 1905 die Entscheidung zum Anschluss Käfertals.[39] Seit Ende 1906 verhandelte die Stadt Mannheim auch mit der Gemeinde Feudenheim über die Versorgung mit Gas; von Beginn an stand dabei eine mögliche Eingemeindung im Raum. Das veranlasste die Stadtwerke, auf den Anschluss zu günstigen Bedingungen zu drängen und einen angesichts der relativ langen Zuleitung nur mäßigen Aufschlag von 2 Pf/m³ auf den Mannheimer Gaspreis zu verlangen, um die Errichtung eines eigenen Gaswerks für Feudenheim zu verhindern.[40] Als die Eingemeindung zum

1. Januar 1910 wirksam wurde, fiel dieser Preisaufschlag natürlich weg. Dagegen entschied sich der Nachbarort Sandhofen, der 1901 eine „Gas-Concession" öffentlich ausschrieb, nach längerem Hin und Her für ein eigenes Gaswerk, obwohl das Versorgungsgebiet nur wenige Kilometer vom Endpunkt des Mannheimer Netzes entfernt lag.[41] Für ihre Autonomie bezahlte die Gemeinde aber einen hohen Preis: Das 1907 in Betrieb genommene kleine Gaswerk arbeitete niemals wirklich rentabel; nach der 1913 erfolgten Eingemeindung Sandhofens wurde es deshalb umgehend stillgelegt.

Auch in Viernheim scheiterte Mannheim beim Versuch, den Anschluss schmackhaft zu machen; 1906 wurde hier ebenfalls ein gemeindeeigenes Gaswerk errichtet.[42] Das Interesse des Mannheimer Gaswerks, sein Versorgungsgebiet auszudehnen, kollidierte jedoch nicht nur mit dem Selbstständigkeitsstreben der Nachbargemeinden, sondern auch mit der konkurrierenden Energieform Elektrizität – und das hieß im Fall Mannheim und Umgebung: mit der unter dem Einfluss des Stinnes-Konzerns stehenden Süddeutschen Eisenbahn-Gesellschaft (SEG), deren Politik darauf abzielte, die Energieversorgung und den elektrisch betriebenen Nahverkehr in der Region in die Hand zu bekommen. Als 1910 die Gemeinde Wallstadt wegen des Anschlusses an das Mannheimer Gasnetz anfragte, betonte Direktor Pichler, wie wichtig es sei, hier der SEG „mit Gas

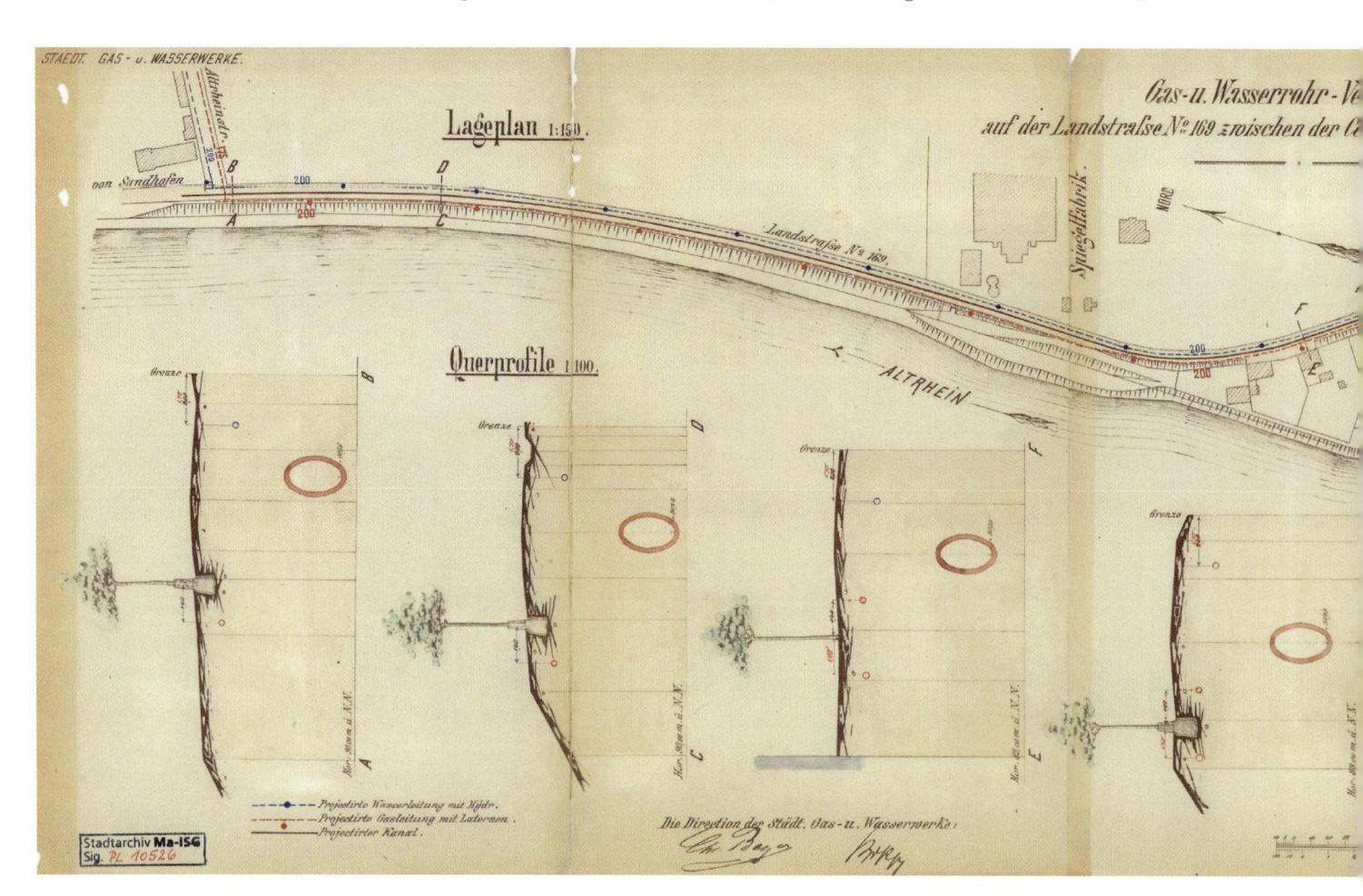

Plan über die Verlegung einer Gasleitung im Bereich Altrheinstraße – Centralstraße (heute Diffené-Straße/Eisenstraße, Bereich Luzenbergschule), mit Profilen und Querschnitten, 16.8.1900. Die Zeichnung stellt den Verlauf der Trasse sowie verschiedene Querschnitte durch die Straße mit Gas- und Wasserleitung sowie dem Abwasserkanal detailliert dar.
(MARCHIVUM, PL10526)

zuvorzukommen, weil dadurch die Stadt auf absehbare Zeiten ausschliesslichen Einfluss auf die Licht-, Wärme- und Kraftversorgung der Gemeinde Wallstadt hat".[43] In langwierigen Verhandlungen setzte sich im März 1914 jedoch die SEG-Nachfolgerin OEG mit einem nicht mehr zu unterbietenden Angebot über die Elektrifizierung durch. Einen noch komplizierteren Sonderfall bildete Rheinau:[44] Das auf Seckenheimer Gemarkung liegende Industrie- und Hafengebiet mitsamt der Wohnsiedlung wurde von dem ebenfalls zum Stinnes-Konzern gehörenden Kraftwerk Rheinau mit elektrischer Energie versorgt; dieses besaß das vertraglich gesicherte ausschließliche Wegerecht für jede Energielieferung und konnte damit die Gasversorgung verhindern. Erst nach Gründung der OEG kam Bewegung in die Angelegenheit; deren Zustimmung zur Gasversorgung war dem Umstand geschuldet, dass die Stadt Mannheim seit 1911 Mehrheitsaktionär der OEG war.

Zuleitungen und Verteilungsnetze galten – wenn nicht strategische Überlegungen Vorrang vor der Normal-Kalkulation erhielten – dann als baufähig bzw. rentabel, wenn der zu erwartende Umsatz die reinen Erzeugungskosten des Gases und dazu acht Prozent der Herstellungskosten für Verzinsung (4%), Amortisation (anfänglich 1%, zzgl. Zinsersparnis) und Abschreibung der Leitung (linear 3%) deckte.[45] So war eine Leitung nach 33 Jahren abgeschrieben und nach 40 Jahren bezahlt. Da die tatsächliche Nutzungsdauer deutlich höher lag, baute das Gaswerk damit ein Polster auf; vor allem aber gab der steigende Verbrauch, der fast sicher zu erwarten war, der Kalkulation zusätzliche Sicherheit.

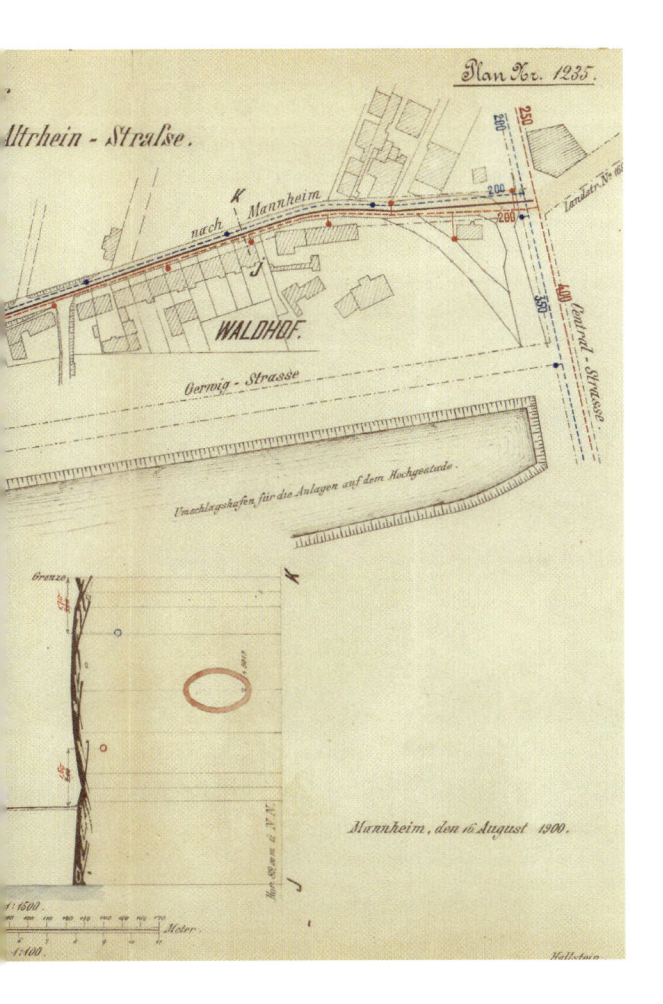

In Feudenheim hatte man die hohen Kosten für Zuleitung und Ortsnetz ebenfalls aus politischen Gründen ohne kalkulatorische Deckung in Kauf genommen, dabei aber zwecks Einsparung das noch wenig bebaute Villenviertel am westlichen Ortseingang zunächst ausgeklammert.[46] Unmittelbar nach Beginn der Bauarbeiten baten hier jedoch zahlreiche Anwohner um den Anschluss; viele hatten ihre Neubauten bereits entsprechend ausgerüstet. Grundlage bildete die übliche Kalkulation, und dementsprechend ließ sich das Gaswerk von den privaten Antragstellern schriftliche Abnahme- bzw. Zahlungsgarantien über die erforderliche Menge an Gas ausstellen. Nach diesem Muster wurden nach und nach die Straßen des Viertels erschlossen – in einem komplizierten und mit viel Verwaltungsaufwand verbundenen Verfahren, das durch das stückweise Verlegen die Sache nicht billiger machte und das nicht gerade von Optimismus bei der Gaswerksverwaltung zeugte. Denn gerade bei den Villenbewohnern kam das Gas sehr gut an: In der Uhlandstraße (1911 in Liebfrauenstraße umbenannt) wurden 1910 statt der kalkulatorisch erforderlichen 1000 m³ von 6 Haushalten bereits 8441 m³ Gas, in der benachbarten Scheffelstraße von 7 Eigentümern nicht 1400, sondern 3448 und im Folgejahr schon gut 6000 m³ Gas verbraucht.

Im Sommer 1909 beklagte sich ein Anwohner aus Feudenheim über den fehlenden Gasanschluss.
(MARCHIVUM, 6/1964 Nr. 1621)

2.4 TRENDS IM ÖFFENTLICHEN UND PRIVATEN RAUM BEI LICHT UND WÄRME

Auch im Großen verlief die Entwicklung viel besser als erwartet. 1913 überstieg die Gaserzeugung erstmals die Marke von 20 Mio. m^3; gleichzeitig hatte sich die Struktur des Verbrauchs nachhaltig verändert:[47] Auf die Straßenbeleuchtung, den ursprünglichen Hauptzweck der Gaswirtschaft, entfiel nur noch ein kleiner Teil der Erzeugung (1913 ca. 8%), und auch der Leuchtgasverbrauch von Privathaushalten und Gewerbebetrieben ging zwischen 1893/94 und 1909 um die Hälfte auf nur noch ein knappes Drittel zurück. Das hatte verschiedene Ursachen: Neben der seit Mitte der 1890er Jahre erfolgten Umstellung auf das sparsame Gasglühlicht war es das Vordringen der Elektrizität, vor allem jedoch der stark steigende Verbrauch von Koch- und Heizgas, der alle anderen Verwendungen zurückdrängte und 1909 mit rund 6 Mio. m^3 bereits 45 Prozent der Erzeugung ausmachte. Die Kennzahl „Bezug von Koch- und Heizgas" nach dem erwähnten 1894er Tarif lässt in der sozialen Struktur der Gasverwendung neben dem bürgerlichen Haushalt mit Gasbeleuchtung in allen Wohnräumen und zunehmender Verwendung von Gas für verschiedene Wärme-Anwendungen ein zweites Szenario deutlich werden: den Unterschicht-Haushalt, in welchem Gas in erster Linie zum Kochen eingeführt worden war und dabei die Küche – der hauptsächliche und meist einzige Aufenthaltsort aller Familienmitglieder – mit Gas beleuchtet wurde. Zwar wurden seit der Einführung des Einheitstarifs am 1. Januar 1910 die verschiedenen Verwendungsarten nicht mehr getrennt erfasst, aber die über den „Gasautomaten", die für Kleinverbraucher typische Bezugsform, abgerechneten Mengen zeigen, dass sich der Trend zur „Gasifizierung" des Unterschicht-Haushalts weiter verstärkte (vgl. Abb. S. 163).

Bei diesem Münzzähler wurde durch kleingestückelte Bezahleinheiten von 10 Pfennig die Benutzung erleichtert und den Kunden in einer Art „All inclusive"-Tarif zudem eine Gasleuchte, Kochplatte und auf Wunsch sogar ein Bügeleisen zur Verfügung gestellt. Nach dem Vorbild anderer Städte wurde dieses System 1901 auch in Mannheim eingeführt – zunächst als sozialpolitische Initiative der Verwaltung und gegen den Widerstand der Werksleitung, die das Geschäft mit den Kleinverbrauchern nicht für rentabel hielt.[48] Erst als der neue Direktor Josef Pichler den Nutzen des Automaten als Türöffner für das Gas erkannte, den Installationsbeitrag senkte und den Mindestverbrauch abschaffte, nahm das Projekt Fahrt auf: Der Gasautomat versprach zwar nur eine geringe Gewinnspanne, bei rationalisierter Verwaltung jedoch ein stabiles Geschäft; zudem mussten keine Zahlungsausfälle befürchtet werden. Zwischen 1906 und 1914 stieg der Absatz von „Automaten-Gas" von 83.000 auf 2,72 Mio. m^3 an. In diesem Jahr besaß das Gaswerk insgesamt knapp 40.000 Abnehmer, davon gut ein Drittel Automaten-Kunden mit dem für den Unterschicht-Haushalt typischen Jahresverbrauch von etwa 200 m^3.

Das „munizipalsozialistische" Großprojekt der Sozialpolitik per Gasversorgung, zu dem indirekt auch die Abgabe von Koks als Heizmaterial an Kleinverbraucher – für normalen Kleinverkauf, „Kleinstverkauf" sowie „Arbeiterkoks",

Vermietung von Transportsäcken und Anlieferungsservice[49] – gehörte, war also vollauf geglückt. Trotz der Ausdehnung der Gasversorgung verwendeten aber bei Weitem nicht alle Haushalte Gas: 1910 lag die Anschlussquote in der Oberstadt bei 90 Prozent (Durchschnittsverbrauch ca. 800 m^3), in einfacheren Quartieren wie den Quadraten E bis K und P bis U sowie in der Schwetzinger Vorstadt nur circa 50 Prozent (ca. 400 bis max. 600 m^3). In überwiegend ländlich geprägten Vororten wie Käfertal oder Feudenheim waren es nur 18 bzw. 17 Prozent (400 bzw. 330 m^3); hier überwogen Beleuchten, Kochen und Heizen mit den traditionellen Techniken noch deutlich.[50]

Gas und Elektrizität

In der neuen Oststadt lag der Verbrauch von Koch- und Heizgas verglichen mit dem von Leuchtgas deutlich höher; in diesem gehobenen und modernen Stadtteil wurde mit Gas also vor allem gekocht, geheizt und Warmwasser bereitet, die Beleuchtung dagegen zunehmend elektrisch betrieben. Elektrizität war eine saubere und bequem handhabbare Energieform, die sich gerade aufgrund ihrer Neuheit und ihres hohen Preises besonders gut zur repräsentativen Verwendung und zur Demonstration von Modernität eignete. Das galt nicht nur für die privaten Haushalte der höheren Schichten, sondern auch für den öffentlichen Raum und dabei vor allem für die Schauseiten der Stadt, wie nicht zuletzt bei der elektrischen Festbeleuchtung zum Stadtjubiläum 1907 deutlich wurde. Offensichtlich hatte das Gas seine einstige Rolle als Zukunfts- und Repräsentationstechnologie an die Elektrizität abgetreten und galt nun als selbstverständlich, alltäglich – und zudem als nicht besonders sauber. Doch selbst in den elektrisch erleuchteten Hauptstraßen blieb das Gaslicht aus Sparsamkeitsgründen erhalten; um 23 Uhr wurden die elektrischen Bogenlampen abgeschaltet, und das Gas übernahm die Beleuchtung allein.

Die jährlichen Mehrkosten für diese „gemischte Beleuchtung" gegenüber der vorherigen reinen Gasbeleuchtung bezifferten die Stadtwerke 1908 auf stolze 32.000 Mark.[51] Auch wenn das elektrische Licht den Raum deutlich besser ausleuchtete, kam ein solcher Aufwand nur für die wichtigsten Hauptstraßen infrage. Die Stadtverwaltung traf deshalb die Anordnung,

> „von der Einführung von ausschließlich elektrischer Beleuchtung in den mit Bogenlampen ausgerüsteten Straßen der hohen Betriebskosten wegen Abstand zu nehmen und es bei der Beleuchtung der fraglichen Straßen, vor Mitternacht durch Bogenlampen, nach Mitternacht durch Gasglühlampen zu belassen. [...] Weitere Projekte wegen Einführung elektrischer Beleuchtung in anderen Ortsstraßen sind vorerst nicht in Bearbeitung zu nehmen."[52]

Ebenso wurde auch bei der Neuerrichtung oder Verdichtung der Gasbeleuchtung in einzelnen Straßen sowie bei den Beleuchtungszeiten mit spitzem Bleistift gerechnet, denn bei einer Gesamtzahl von etwa 4200 Gaslaternen (Stand Anfang 1914) und jährlichen Kosten von jeweils rund 45 Mark ergab sich eine Belastung des Etats von circa 190.000 Mark allein für die Gasbeleuchtung.⁵³

Die Sparsamkeit kollidierte jedoch mit einem steigenden, durch die immer hellere Beleuchtung selbst erzeugten Bedürfnis nach weiterer Verbesserung. „Insbesondere", so die Direktion der Stadtwerke am Ende des Jubiläumsjahres 1907, als sie um die Ausrüstung von 174 Gaslaternen mit Doppelbrennern bat, „sind

An der Auffahrt zur Friedrichsbrücke (Blick stadtauswärts, ca. 1907) stehen nur Gaslaternen. Die Aufnahme von 1913 (unten) zeigt, dass an der Rampe mittlerweile zusätzlich elektrische Bogenlampen aufgestellt wurden. (MARCHIVUM, KF031345 und KF028028)

Plan zur Verbesserung der Beleuchtung in der Innenstadt, 1.4.1914. Während die Hauptachsen bereits mit elektrischen Bogenlampen ausgestattet wurden, erhielten die grün und braun markierten Straßen nur stärkere Gaslaternen.
(MARCHIVUM, 6/1964 Nr. 2093)

es die Geschäftsstraßen der Altstadt, welche mit der Gasbeleuchtung gegen die elektr. Beleuchtung der Planken und der Breitenstrasse etc. auffallend zurückstehen und in dieser Beziehung einen äusserst ungünstigen Eindruck erwecken."[54] In der Öffentlichkeit, vor allem von den Inhabern der Ladengeschäfte, wurde jedoch immer mehr nicht verbessertes Gaslicht, sondern elektrische Beleuchtung verlangt – und angesichts des zunehmenden Drucks von der Stadtverwaltung auch immer öfter zugestanden.[55]

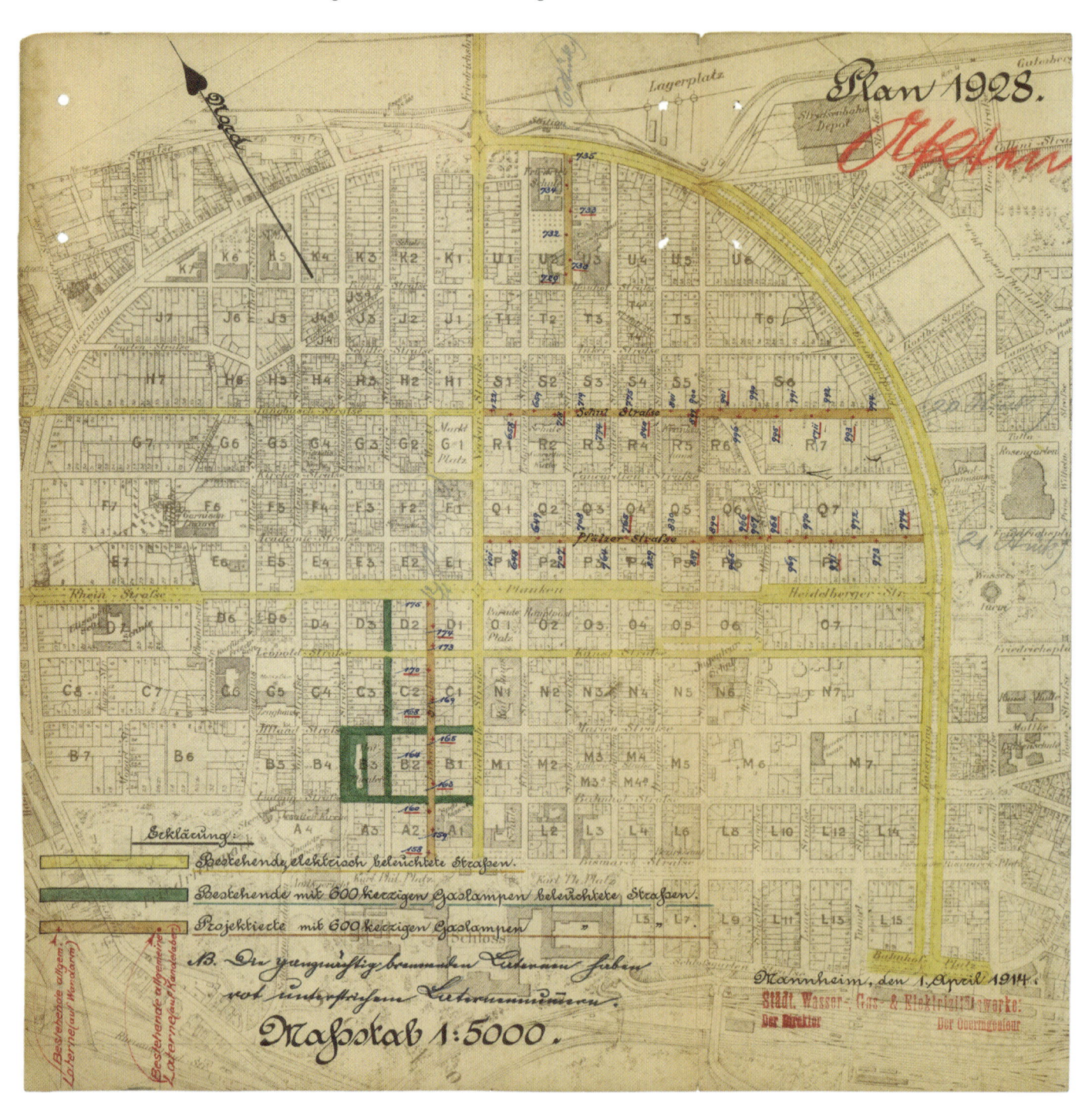

Rationalisierung – „Pressgas" und „Fernzündung"

„Mehr Licht" – so das Motto der Debatte – zu möglichst sinkenden Kosten, das war nur durch Fortschritte der Beleuchtungstechnik sowie durch Rationalisierung der Betriebsabläufe zu erreichen. Bei den Leuchten standen an erster Stelle die Versuche, den Gasverbrauch durch neue Brennerkonstruktionen zu senken oder durch hängende anstelle stehender Leuchten die Lichtwirkung zu verbessern.[56] Die seit etwa 1900 entwickelte „Pressgas"-Beleuchtung beruhte auf dem Prinzip, dem Brenner entweder vorverdichtetes Gas oder mehr Verbrennungsluft – ebenfalls durch Kompression – zuzuführen; beide Verfahren erhöhten die Lichtausbeute und senkten den Gasverbrauch drastisch. Nach einhelliger Auffassung war die 1911 probeweise damit ausgestattete Schwetzinger Straße (im Bereich Ring – Keplerstraße) die „bestbeleuchtete in der ganzen Stadt" und beeindruckte durch strahlende Helligkeit bei niedrigem Gasverbrauch.[57]

Im Bereich der Betriebsorganisation versprach die zentrale Steuerung der Straßenbeleuchtung die größte Einsparung; sie sparte Gas und Lohnkosten – und sorgte dafür, dass der traditionsreiche Beruf des Laternenanzünders fast völlig ausstarb. Von den verschiedenen Systemen (Druckluft, Gasdruck, elektrische Fernsteuerung, mechanische oder elektrische Zeitschaltung) setzte sich überall die den Gasdruck selbst nutzende „Ferndruckzündung" durch.[58] Das Prinzip war einfach, die praktische Umsetzung zunächst eher ein Glücksspiel: Durch eine impulsartige Druckerhöhung im Gasnetz wurden die Straßenleuchten, in denen ständig eine kleine Zündflamme brannte, aus dem Stand-by-Betrieb auf Leistung geschaltet und am Ende der Beleuchtungszeit durch einen weiteren Impuls wie-

„Mehr Licht!", forderte im März 1912 ein Leserbrief an die „Volksstimme": Die Seckenheimer Straße werde „mit Beleuchtung stiefmütterlich behandelt, was bei dem dort herrschenden starken Verkehr durch die Straßenbahn und sonstige Fahrzeuge doch gewiß nicht angebracht [ist; Anm. d. Verf.] und bei den in diesem aufblühenden Stadtteil wohnenden Steuerkindern sicher keine große Liebe zu Steuermutter und -vater erzeugt. Ein Stiefkind für viele."
(MARCHIVUM, 6/1964 Nr. 2093)

Mit der Einrichtung der Pressgas-Beleuchtung in der Schwetzinger Straße wurde 1911 die Firma Ehrich & Graetz aus Berlin beauftragt. Postkarte von Ehrich & Graetz an die Direktion der WGE, 28.6.1911.
(MARCHIVUM, 6/1964 Nr. 898)

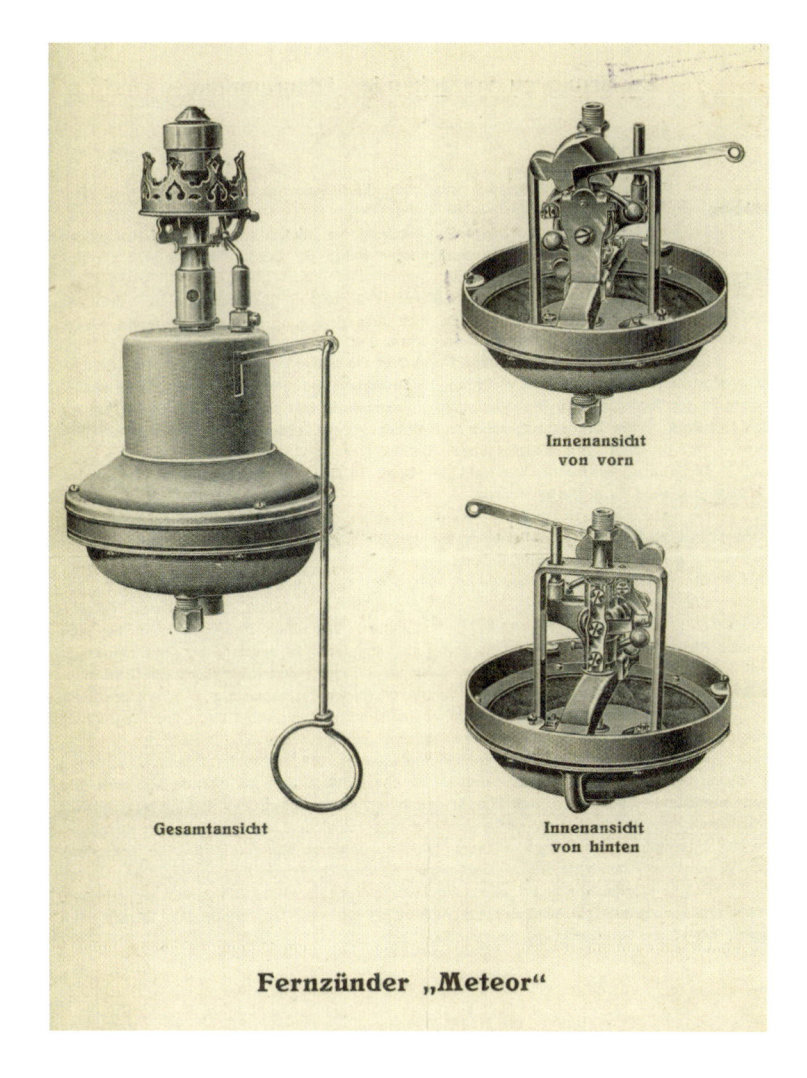

Gesamtansicht — **Innenansicht von vorn** — **Innenansicht von hinten**

Fernzünder „Meteor"

der abgeschaltet. Erforderlich waren nur noch Sichtkontrolle und Nachhelfen von Hand, wenn bei einzelnen Leuchten der Druckschalter nicht funktionierte. Probleme bereiteten bei den ersten Versuchen, die seit 1905 angestellt und 1907 wieder abgebrochen wurden, die Synchronisierung der Druckwelle zwischen Lindenhof und Luzenberg sowie das Netz, in dem aufgrund der langen Zuleitung von Luzenberg her mit ihrem engen Querschnitt der Impuls verebbte. Erst nachdem hier vor allem durch die Verbesserung des Neckar-Übergangs im Zusammenhang mit dem Bau der Jungbuschbrücke (1907) Abhilfe geschaffen war, konnte auf das neue System umgestellt werden. Anfang 1914 wurden bereits 1900 von insgesamt 4200 Gaslaternen per Fernzündung gesteuert.[59] Der Stellenabbau bei den Anzündern wurde – nach Möglichkeit – teils durch natürliche Fluktuation, teils durch die Beschäftigung als Laternenputzer oder durch Umschulung auf den neu erfundenen Beruf des kontrollierenden „Fernzündwärters" bewältigt. So waren im Sommer 1914 nur noch 31 Laternenanzünder beschäftigt, unter ihnen als ältester der Telegrafenarbeiter Fink, 61 Jahre alt, „bisherige

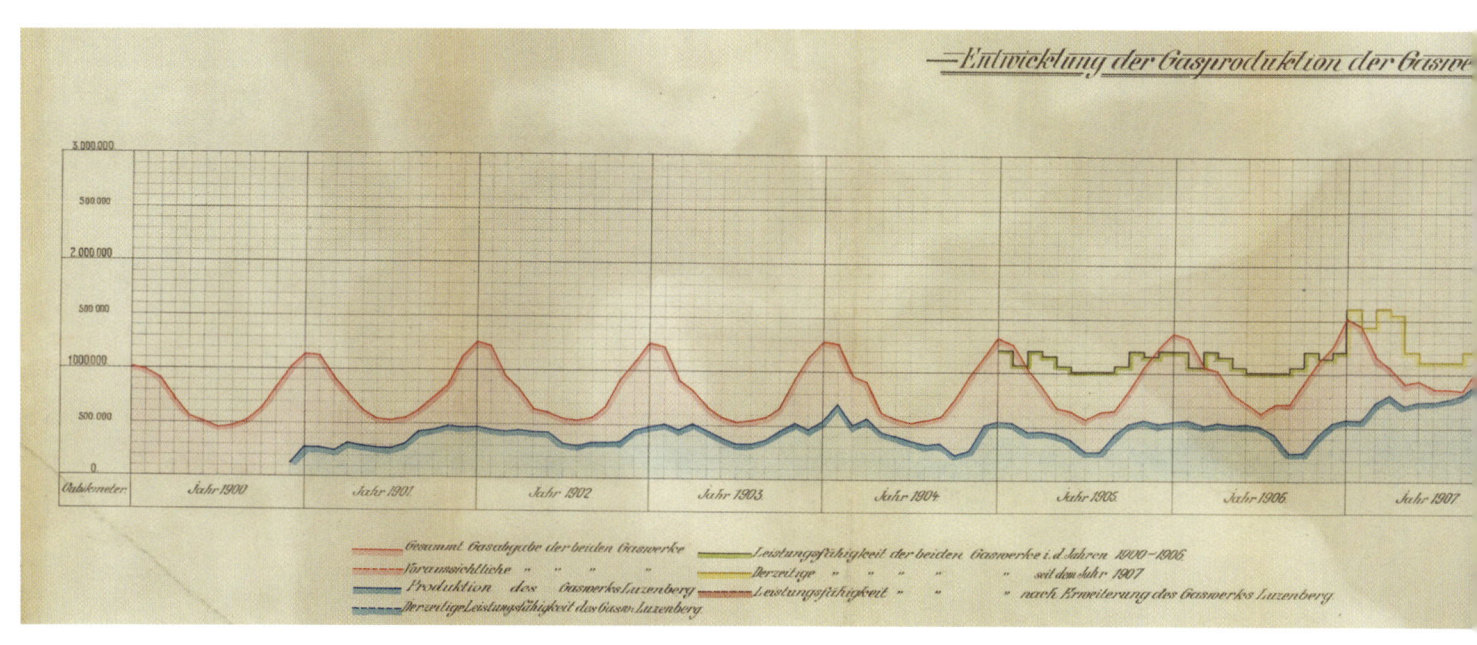

Qualifikation: gut [...] bisheriger Gesundheitsstand: gut" – und bereits seit 1873 mit dabei.⁶⁰

2.5 FINANZIELLE ERGEBNISSE – DAS GASWERK ALS STEUERQUELLE?

Mit zunehmender Auslastung des Werks Luzenberg stieg der Reingewinn bis 1910 auf eine halbe Million Mark, um anschließend regelrecht zu explodieren. 1913 wurde mit knapp 900.000 Mark der vorläufige Höhepunkt erreicht;⁶¹ einen wichtigen Anteil daran hatte der Verkauf der Nebenprodukte Koks, Teer, Ammoniakwasser und Schwefel (siehe S. 36 f.). Die Netto-Überschüsse der drei großen städtischen Werke beliefen sich zusammen auf etwa 1,8 Mio. Mark bei einem Gesamtetat Mannheims von rund 20 Mio. und Einnahmen aus Unternehmen und eigenem Vermögen von circa 10 Mio. Jede Mark, die Gas- und Wasserwerk, seit 1906 auch das Elektrizitätswerk an die Stadtkasse ablieferten, senkte die Steuerbelastung der Bevölkerung Mannheims – oder erweiterte die Spielräume der Stadtverwaltung, was Stadtentwicklung, Infrastruktur und Sozialpolitik anging. Denn gegenüber der Frühzeit des Gaswerks, als Autoren wie der Nationalökonom Hack vor der verdeckten Besteuerung über den Gaspreis gewarnt hatten, verschoben sich Anschauungen und Praxis immer mehr in Richtung des steuerfinanzierten Interventionsstaats: „Die Gemeinde", so brachte es Mannheims Oberbürgermeister Otto Beck bereits 1904 auf den Punkt, „müsse sich, um ihren sozialpolitischen Aufgaben gerecht zu werden, Geld verschaffen [...] Das Gaswerk müsse als Steuerquelle betrachtet werden, die Gemeinde müsse einen erheblichen Nutzen aus ihnen ziehen."⁶² Dabei konnte er sich der Unterstützung der zeitgenössischen Nationalökonomie sicher sein, auch wenn diese

In Versuchen mit der Fernzündung setzte sich der „Meteor"-Apparat „System Dr. Rostin" der Gas-Laternen-Fernzündung GmbH, Berlin-Schöneberg, durch. Prospekt des Herstellers, ca. 1911.
(MARCHIVUM, 6/1964 Nr. 770)

Lastkurve der Mannheimer Gaswerke 1900–1915 (Monatswerte) und installierte Erzeugungskapazität. Die Kurve (bis 1908 Ist-Werte, ab 1909 Prognose) zeigt den kontinuierlich steigenden Gasverbrauch, der durch entsprechende Kapazitätserweiterungen abgedeckt werden musste.
(MARCHIVUM, 6/1964 Nr. 1283)

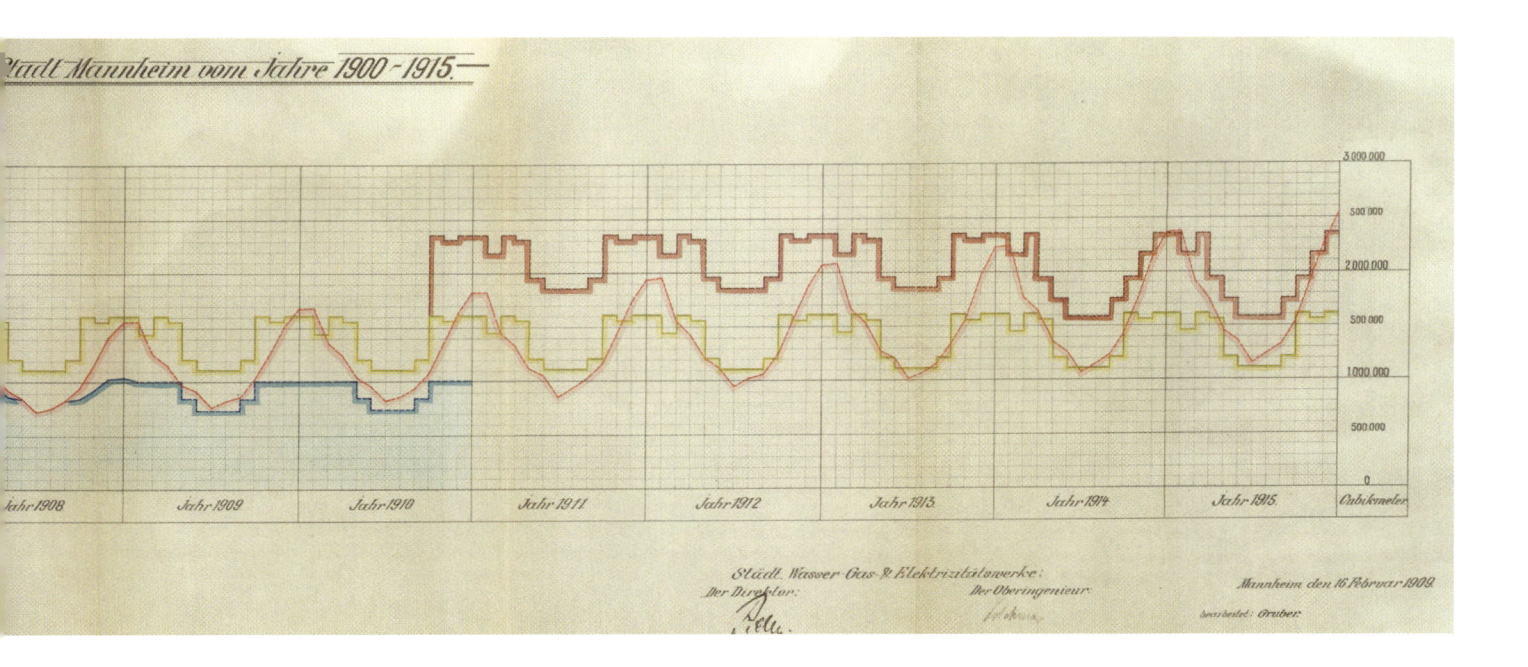

DIE TECHNIK DES GASWERKS
Bernhard Stier

Steinkohle enthält neben Kohlenstoff zahlreiche flüchtige und brennbare Bestandteile. Im Bergbau machen sich diese als „schlagende Wetter" in Form explosionsgefährlicher Ausgasungen bemerkbar; sie führen bis heute immer wieder zu verheerenden Grubenunglücken. Bereits im 17. Jahrhundert experimentierte die entstehende Naturwissenschaft mit diesen in der Kohle enthaltenen Gasen und entdeckte die Leuchtwirkung beim Verbrennen, aber erst um 1800 wurde die grundlegende Technologie der Gasgewinnung aus Kohle entwickelt.[1]

Das Arbeitsprinzip des Gaswerks besteht darin, der Kohle durch starkes Erhitzen unter Luftabschluss ihre flüchtigen Bestandteile zu entziehen. Diese „trockene Destillation" findet in den Retorten, luftdicht abgeschlossenen und mit feuerfestem Material ausgekleideten Behältern, statt; sie werden zu Ofenbatterien zusammengeschaltet und mit Kohle oder Koks beheizt. Das gewonnene Gas, nach seiner ursprünglichen und wichtigsten Verwendung „Leuchtgas", später auch „Stadtgas" genannt, enthält je nach eingesetzter Kohle in unterschiedlichen Anteilen vor allem Wasserstoff (ca. 50 %) und Methan (ca. 30 %) sowie in geringerer Menge weitere Kohlenwasserstoffe, dazu das ebenfalls brennbare Kohlenmonoxid sowie Stickstoff- und Schwefelverbindungen. Aus 100 kg Steinkohle lassen sich etwa 30 m³ Gas erzeugen; übrig bleiben circa 70 kg vollständig entgaster Kohle, also nahezu reiner Kohlenstoff, der nach dem englischen Fachbegriff „coake" bezeichnete Koks. Dieser wird im Gaswerk zum Beheizen der Retortenöfen verwendet, bildet aber auch für andere Zwecke ein ausgezeichnetes, relativ sauber und rauchfrei verbrennendes Heizmaterial.

Die Erfindung der Kohlevergasung war eng mit dem Kohlenbergbau und der Erzverhüttung während der Industriellen Revolution verbunden: Wo Stein- oder Braunkohlen oberflächennah vorhanden und damit leicht zugänglich waren, wurden sie bereits im Mittelalter, häufiger seit der Frühen Neuzeit zum Heizen und in energieintensiven Gewerben (Glashütten,

Aufbau eines Gaswerks mit Retortenbatterie und Steigrohren (links), Luft- und Wasserkühlern (L, W), Gaswäscher („Scrubber", S) zur nassen und Reinigungskästen (R) zur chemischen Trocken-Reinigung, Gasbehälter/Gasometer (rechts), unten die Zisternen zum Auffangen des Teers (Z). Trotz zahlreicher technischer Verbesserungen im Einzelnen blieb dieser Prozess seit Erfindung der Leuchtgaserzeugung gleich.
(Herders Konversations-Lexikon (1905), Tafel „Leuchtgas")

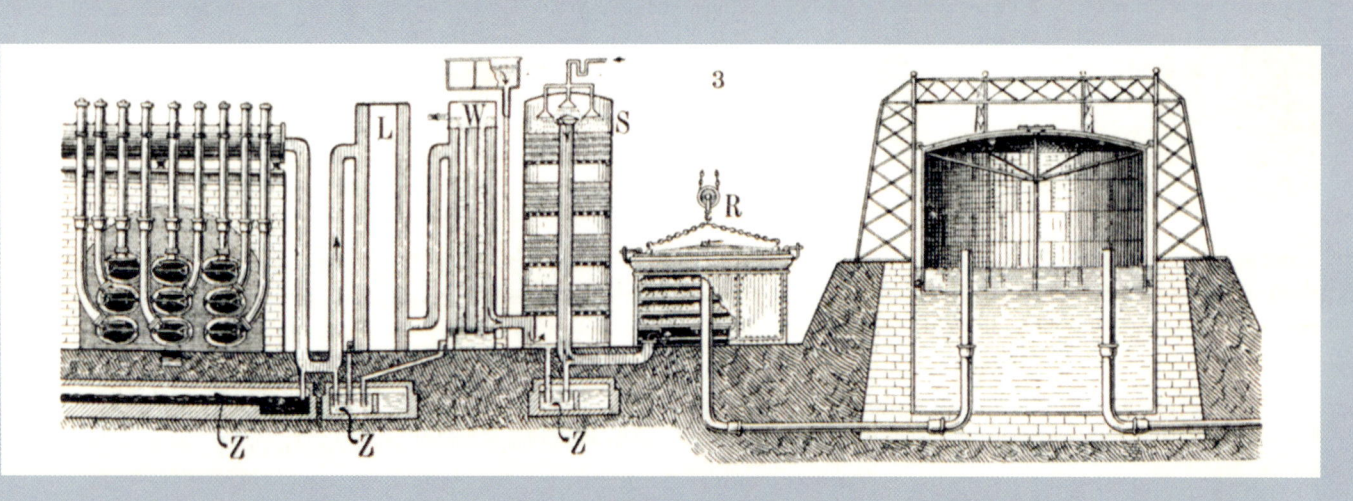

Ziegeleien, Salinen, Schmieden, Brauereien, Brennereien, Bäckereien) verwendet. Allerdings war dieser Brennstoff, der rauchte, rußte und stank, nicht besonders beliebt; er wurde nur dort eingesetzt, wo Holz zu teuer war oder nicht zur Verfügung stand. Als zu Beginn der Industrialisierung der Bedarf an Brennstoff für die Eisenerzeugung drastisch stieg, wurden in England, das über große Kohlenvorräte in geringer Tiefe, aber kaum noch über Wälder verfügte, Versuche unternommen, Steinkohle zum Schmelzen des Erzes im Hochofen einzusetzen. Die in der Kohle enthaltenen Begleitstoffe ließen dabei jedoch nur minderwertigen Stahl entstehen. Erst als es den Hüttenleuten gelang, die Steinkohle durch vorherige Destillation von Schwefel, Stickstoff und Co. zu reinigen – dabei wurden auch die genannten brennbaren Gase gewonnen –, konnte mit dem gewonnenen Koks schmied- und walzbarer Stahl erzeugt werden.

Nachdem das in den Kokereien anfallende Gas mit großem Erfolg in der Wärmewirtschaft der Hüttenwerke, vor allem zum Beheizen der Hochöfen und zur Vorwärmung der zugeführten Luft, eingesetzt wurde, lag es nahe, dieses auch für andere Zwecke wie etwa die Beleuchtung von Räumen, Gebäuden und bald auch von öffentlichen Straßen und Plätzen zu verwenden. Seit den 1790er Jahren entwickelten William Murdoch, leitender Ingenieur bei Boulton & Watt in Birmingham, und in Paris der Ingenieur und Hochschullehrer Philippe Lebon das System der Gasbeleuchtung mit den Komponenten Gaserzeugung, -reinigung und -speicherung, Weiterleitung und Verteilung sowie den entsprechenden Leuchten bzw. Brennern. Um 1810 wurden in London die ersten Gaswerke der öffentlichen Versorgung errichtet, in Deutschland seit Mitte der 1820er Jahre.

Wo Kohle wegen der Transportkosten zu teuer war, arbeiteten in der Anfangszeit der Gasindustrie gerade kleinere Werke auch mit Holz oder Erdöl bzw. Schieferöl. In diesen organischen Stoffen sind dieselben brennbaren Gase enthalten wie in der Steinkohle. Nach dem Prinzip des Gaswerks funktionieren auch der in Kriegs- und Nachkriegszeiten, als das Erdöl knapp war, benutzte Holzvergaser-Antrieb für Kraftfahrzeuge, die Vergasung von Torf oder die heutigen Biogas-Kraftwerke. Das Erdgas, das gemeinsam mit dem Erdöl entstand, gehört ebenfalls zur Familie der aus Biomasse entstandenen Gase; es enthält jedoch viel mehr Methan und ist damit energiereicher als das Steinkohlengas. Aus diesem Grund mussten seit den 1960er Jahren beim Übergang der Gasversorgung auf niederländisches, russisches und norwegisches Erdgas Millionen der für „Stadtgas" eingerichteten Herde und Öfen umgestellt oder erneuert werden.[2]

LKW mit Holzvergaser bei der Trümmerräumung auf den Mannheimer Planken, um 1947. Es handelt sich dabei um den Opel „Blitz" 3,6, der von 1944 bis 1949 als „L 701" bei Mercedes-Benz in Mannheim in Lizenz gefertigt wurde. Die Vergaseranlage ist zwischen Fahrerhaus und Ladefläche, der Gaskühler vor der Motorhaube montiert.
(MARCHIVUM, KF029557)

[1] Weiterführende Literatur: N. H. Schilling (1866); H. Strache/R. Lant, Richard (1924); M. Farrenkopf (2003); F.-J. Brüggemeier/H. T. Grütter/ M. Farrenkopf (2018).

[2] Vgl. für das Mannheimer Beispiel Kap. 10.1 in diesem Band.

Planzeichnung über die Erweiterung der Kohlenhalle und Einrichtung einer Kohlenförderanlage beim Ausbau des Gaswerks Luzenberg, 1910. Die Elektrohängebahnwagen mit Greifer verdeutlichen den Fortschritt in der Mechanisierung, durch den menschliche Arbeitskraft zum Schaufeln eingespart werden konnte.
(MARCHIVUM, PL10079)

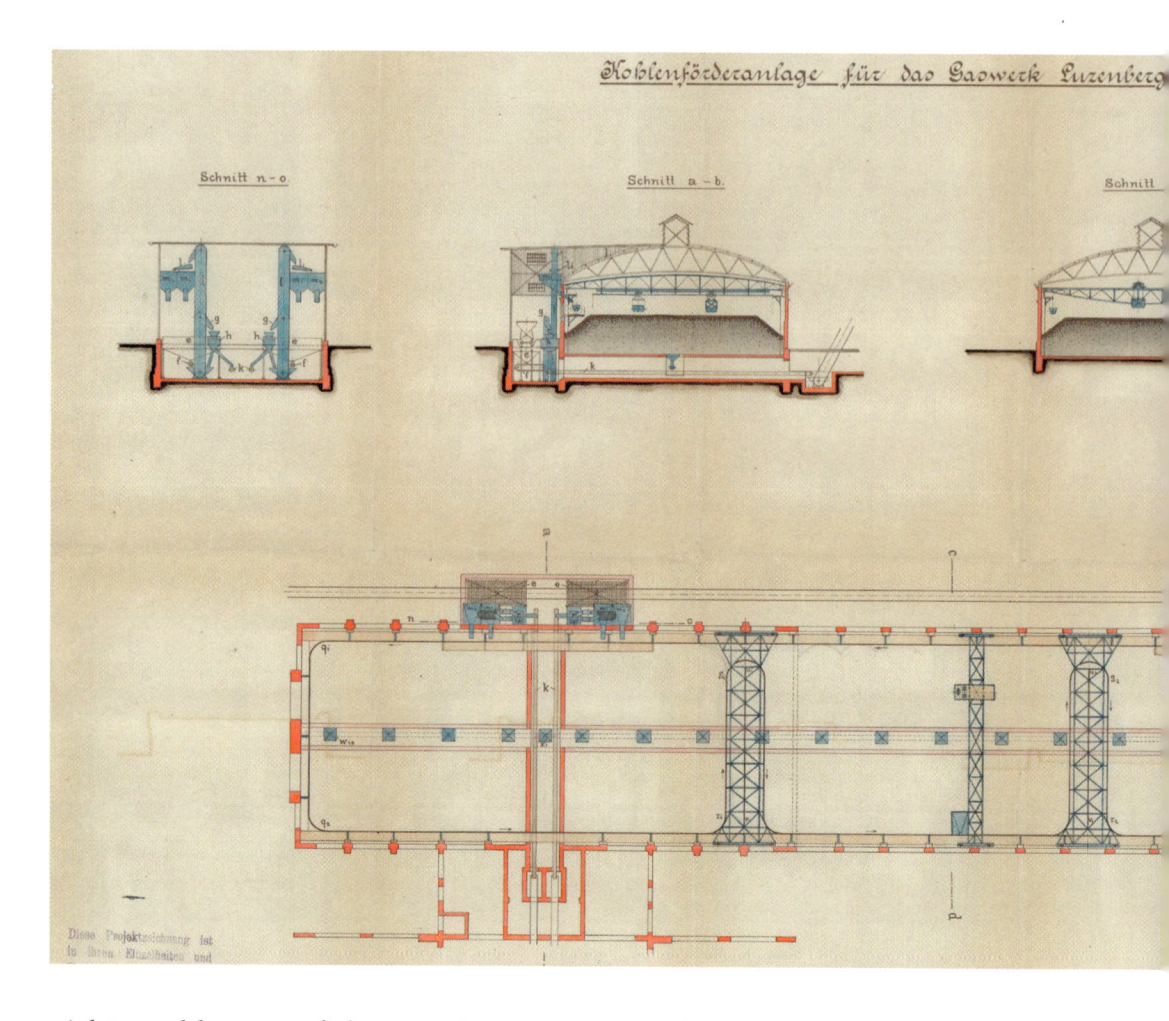

nicht geschlossen auf der staatsinterventionistischen Seite stand. Der „gute Zweck", der damals in allen Großstädten des Reichs zu wachsenden Schulden führte, rechtfertigte in den Augen der Stadtoberhäupter auch eine neuartige Bilanzakrobatik: 1910 verordnete das Bürgermeisteramt erstmals eine drastische Senkung der Abschreibungssätze aller städtischen Betriebe um 30 Prozent; 1914 folgte eine zweite Welle mit 25 Prozent.[63] Das zielte natürlich darauf ab, liquide Mittel für den städtischen Haushalt aus den Regiebetrieben herauszupressen.

Mit zunehmender Verwendung von Gas in den Unterschicht-Haushalten wurde der Gastarif immer stärker zum Gegenstand der Kommunalpolitik. Als 1908 SPD-Stadtrat Hermann Barber, Betreiber eines Installations-Geschäfts für Gas und Elektrizität, eine Initiative zur Senkung in Gang brachte,[64] reagierte die Stadtverwaltung hinhaltend, denn sie bekannte sich zwar explizit zur sozialpolitischen Verpflichtung der preisgünstigen Versorgung, musste zugleich aber Rücksicht auf die Rentabilität des Gaswerks nehmen. Anstelle einer zunächst vorgeschlagenen allgemeinen Verbilligung oder einer Differenzierung nach dem Mietwert der Wohnung setzte Direktor Pichler zum 1. Januar 1910 einen ermäßigten Einheitspreis von 14 Pf/m^3 durch; das versprach eine enorme Vereinfachung des Betriebs. Als Reaktion auf die fortgesetzten sozialdemokratischen Initiativen wurde er in den Jahren 1912 und 1913 auf zuletzt 13 Pfennig herabgesetzt. Damit gehörte Mannheim zu den Städten mit dem niedrigsten Gaspreis in Deutschland. Der Forderung nach einer weiteren Senkung auf 12 Pfennig und einer deutlichen Verbilligung des Automatengases, erhoben zu Jahresanfang 1914 wiederum von der SPD, widersetzten sich Stadtwerke und Stadtverwaltung allerdings entschieden, ebenso dem schwer umzusetzenden Vorschlag der Freisinnigen Volkspartei zu der Einführung von Sommer- und Wintertarifen.

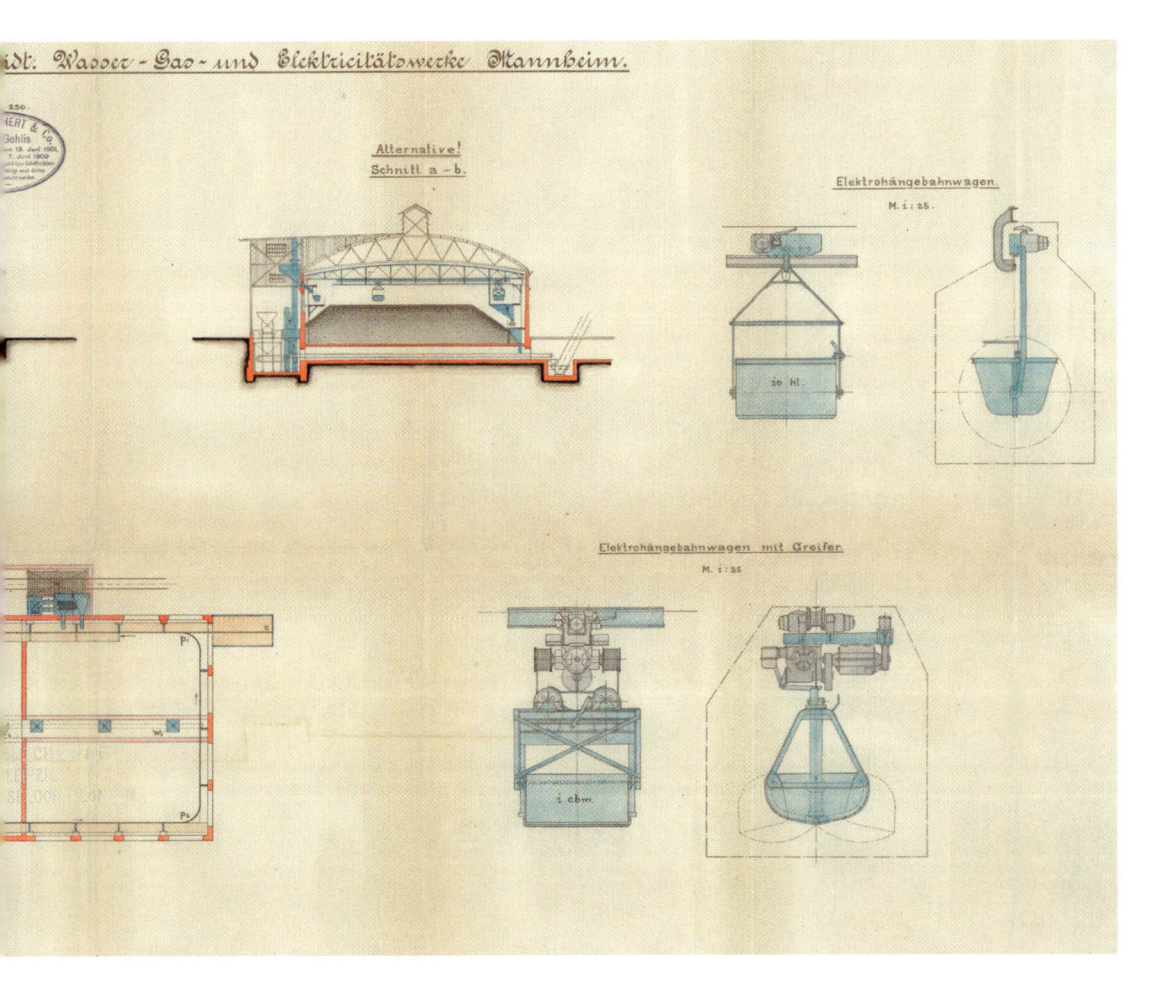

Der Gaspreis als Politikum – erfolglose Bemühungen um einen neuartigen Grundgebührentarif

Während die Sozialdemokratie die Lebenshaltungskosten für die kleinen Leute im Blick hatte, sah Direktor Pichler das Gaswerk in eine massive Schieflage abgleiten – mit drastischen Folgen für den städtischen Etat:[65] Eine Ermäßigung des Gaspreises um einen Pfennig bedeutete einen Einnahmeausfall von 150.000 Mark. Die kleine Verbilligung für den Gaskonsumenten wurde also durch fühlbare Einbußen beim Reingewinn erkauft. Künftige Preispolitik, so die Schlussfolgerung, musste sich stärker an der betriebswirtschaftlichen und bilanziellen Logik orientieren. Das lief in der Kalkulation auf eine neuartige Deckungsbeitrags-Rech-

Reklamemarke der 1910 gegründeten „Zentrale für Gasverwertung" sowie Plakat zur Ausstellung „Das Gas", München 1914. Ziel solcher Initiativen und Werbeaktionen war die Steigerung des Gasverbrauchs durch umfassende Gasverwendung auch im privaten Haushalt.
(MARCHIVUM, unverzeichnete KE Nr. 80; Münchner Stadtmuseum, Sammlung Reklamekunst)

nung und in der Praxis auf den Grundgebührentarif hinaus; danach musste jeder Haushalt je nach Größe bzw. Mietwert seiner Wohnung eine bestimmte Menge Gas zum Normaltarif beziehen, beispielsweise eine typische Kleinwohnung im Mietwert von 300 Mark etwa 250 m³ pro Jahr. Oberhalb dieses Sockels sollte ein extrem niedriger Preis von 6 Pf/m³ greifen, der nur noch die reinen Erzeugungskosten des Gases abzudecken hatte.

Vorteile für die Abnehmer sollten also nicht durch weitere geringe Verbilligungen eines gleichbleibenden Verbrauchs entstehen, sondern durch Mehrverbrauch zu einem drastisch gesenkten Preis, der zahlreiche neue Anwendungen für das Gas lohnend machen würde – im Privathaushalt vor allem Kochen, Warmwasserbereitung und Bügeln mit Gas, im Gewerbe eine Vielzahl unterschiedlichster Anwendungen, von denen Direktor Pichler in seinem Zukunftsszenario regelrecht schwärmte:

„Bäckereien mit grösseren Kochapparaten, Plisséanstalten mit durch Gas betriebenem Wasserverdampfer, Kochschulen, Wirtschaften mit grösserer Anzahl Leuchtflammen, teilweise auch mit grossen Gasherden, praktischer Arzt mit Zimmergasheizung und Sterilisierapparaten, Friseur mit Vulkanisierapparaten, Fabrikanten mit Gasmotor und Lötgebläsen, Glasereien mit Glasbrennofen, Büglereibetrieb, Milchhändler mit längerer Nachtbeleuchtung, Schmiedemeister mit Gasmotoren, Mälzerei mit Gasmotoren etc. etc. […] Das Bestreben der Gaswerke soll darauf gerichtet sein, neue Konsumenten zu gewinnen und besonders auch den Verbrauch pro Anschluss zu heben, da sich hierbei die Kosten für das Rohrnetz, die Verwaltung etc. nicht erhöhen."[66]

Mit diesen Überlegungen befand sich die Direktion des Gaswerks auf der Höhe der zeitgenössischen energiewirtschaftlichen Wachstumstheorie: Die „Grundpreistaxe" versprach eine massive Verbrauchszunahme, umfassende Verwendung von Gas für die verschiedensten Zwecke und damit gesamtwirtschaftliche Wohlstandsvermehrung. Gleichzeitig würde sie für stetig steigende Gewinne des städtischen Unternehmens sorgen. Das ganze Programm – festgehalten am 28. Juli 1914, dem Tag der österreichischen Kriegserklärung an Serbien – wurde aber mit dem Kriegsausbruch hinfällig, so zukunftsweisend es auch sein mochte. Trotz mehrfacher Nachfragen der Stadtwerke wurde jede Tarifreform auf die Zeit nach dem Krieg vertagt. Bereits 1915 aber wendete sich das Blatt, und von weiteren Preisermäßigungen konnte angesichts des eintretenden Mangels nicht mehr die Rede sein.

ANMERKUNGEN

1   Zur Übernahme vgl. MARCHIVUM, Bürgerausschuss (im Folgenden: BA) vom 27.5.1873; zum Verbundbetrieb mit Kemner vgl. O. Moericke (1909), S. 66 ff.

2   Maße und Preise sind von englischen Kubikfuß (c'), dem Standardmaß in der Gasindustrie, und Gulden (fl) auf Kubikmeter und Mark umgerechnet: 1 c' = 0,028317 m^3; 1 fl = 1,7143 M. Umrechnungshilfe: 1 fl je 1.000 c' = ca. 6 Pf/m^3. Zu allen technischen Details der folgenden Darstellung vgl. J. Körting (1963). Vgl. auch die anregende Regionalstudie von K.-H. Rothenberger (1996).

3   Zur Kritik an den Preisen des Gaswerks sowie zum „Gasstreik" von 1868 siehe Kap. 1.4 in diesem Band.

4   Vgl. F. Hack (1869), für die nachfolgenden Zitate siehe S. 248, 257. Zur Diskussion in der Gaswirtschaft vgl. N. H. Schilling (1870).

5   Statistische Mittheilungen über die Gas-Anstalten Deutschlands, unter Mitwirkung des Vereines des Gas-Fachmaenner Deutschlands hg. von der Redaction des Journals für Gasbeleuchtung, München 1862 sowie spätere Auflagen; dazu: Journal für Gasbeleuchtung 12 (1869), S. 337; H.-D. Brunckhorst (1978); W. Krabbe (1985), S. 45 ff., 78 ff.; H. A. Wessel (1995), S. 65 ff.; G. Ambrosius (1995).

6   Vgl. G. Ambrosius (1984), S. 15; vgl. auch S. 19 ff., 38 ff., 42 ff.

7   Vgl. BA vom 5.2.1875, Anlage 2. Zum Regiebetrieb: G. Ambrosius (1995), S. 146 ff.; W. Krabbe (1985), S. 48.

8   Vgl. O. Moericke (1909), S. 66.

9   Vgl. BA vom 20.1.1879.

10 Vgl. dazu die Geschäftsberichte des Gaswerks 1873/74 ff.; BA 1875 ff.; im Geschäftsbericht 1878/79 (BA vom 28.5.1880) eine Zusammenstellung der Ergebnisse seit 1873.

11 Vorlagen und Beschlüsse zum Werk Lindenhof: BA vom 18.11.1874, 12.2.1875, 12.7.1876 (hier das Gegenvotum der Kommission), 27.7.1877 und 20.1.1879; vgl. Bericht über die Erbauung des neuen Gaswerkes der Stadt Mannheim, Mannheim 1851, S. 5 ff.

12 Vgl. Statistisches Amt (1907), S. 114 f., 240; die Betriebsergebnisse nach den Geschäftsberichten.

13 Verträge des Gaswerks mit der Bahnverwaltung über die Beleuchtung des Zentralgüterbahnhofs, des Rhein- und Neckarvorlands und des Kohlenbahnhofs vom 17.4.1874 und 22.8.1878, in: MARCHIVUM, MVV UA, Zug. 002 Nr. 5.

14 Überblick über die Preisentwicklung: BA vom 5.6.1894. Die Angabe in: Stadtwerke Mannheim (1973), S. 86, dass dieser Sondertarif bereits seit 1868 bestand, konnte nicht verifiziert werden.

15 Vgl. Sitzungsprotokolle des Vorstands der Gas- und Wasserwerke (im Folgenden Vorstandsprotokoll bzw. VP) vom 29.3.1881, 23.7.1881, in: MARCHIVUM, Stadtwerke, Zug. 6/1964 Nr. 17. Der Vertrag Kemners mit der Bahnverwaltung vom 8.1.1877 findet sich in: MARCHIVUM, MVV UA, Zug. 002 Nr. 5.

16 Vgl. VP vom 20.4., 24.9., 13.10., 19.11. und 10.12.1881 sowie 19.1.1882, in: MARCHIVUM, Stadtwerke, Zug. 6/1964 Nr. 17. Rabatte für Großkunden beginnend mit 5 % ab 1000 m^3 bis 20 % ab 10.000 m^3.

17 O. Moericke (1909), S. 70; vgl. ebd., S. 71 ff. für die nachfolgenden Informationen.

18 Zu den elektrischen „Blockstationen" mit Gasmotor sowie überhaupt zum Verhältnis zwischen Gas und Elektrizität vgl. D. Schott (1999), S. 344 f., 423 ff.; zur Gas-Straßenbahn: ebd., S. 437 ff.; vgl. dazu auch D. Höse (2016).

19 Bericht über den Betrieb des Gaswerkes der Stadt Mannheim (im Folgenden Jahresbericht Gaswerk) für das XXVIII. Betriebsjahr 1. Januar bis 31. Dezember 1901, S. 4 ff.

20 Die Akten: MARCHIVUM, Stadtwerke, Zug. 6/1964 Nr. 2003; hier auch das erste Luzenberg-Projekt vom 31.10.1897. Dazu: BA vom 21.3.1899, 18.4.1899 sowie Jahresberichte Gaswerk 1899 ff.

21 Vgl. Verwaltungsrat an Direktion der Wasser-, Gas- und Elektrizitätswerke (im Folgenden WGE bzw. – für die Zeit vor der Kommunalisierung des Elektrizitätswerks – GW) 8.1.1913,

in: MARCHIVUM, Stadtwerke, Zug. 6/1964 Nr. 1355. Vgl. auch O. Moericke (1909), S. 68.

22 Vgl. Verwaltungsbericht des Stadtrats der Großh. Hauptstadt Mannheim, Abschnitt Wasser-, Gas- und Elektrizitätswerk (im Folgenden Verwaltungsbericht bzw. VB) 1899 und 1913; weitere Zahlen VB 1902, S. 380, und 1907, S. 5, 11. Vgl. auch das Schreiben Pichlers vom 21.11.1912 mit dem Produktivitätsvergleich zwischen Vertikalöfen und Schrägretortenöfen, in: MARCHIVUM, Stadtwerke, Zug. 6/1964 Nr. 1320.

23 Für das Nachfolgende vgl. W. Hanauer (1913), S. 2 ff. Zur Arbeit im Gaswerk mit zahlreichen Abbildungen vgl. N. Krause (1986). Zum Gaswerk als „Strafanstalt": https://www.gaswerk-augsburg.de/mitarbeiter.html, Stand: 3.5.2021. Bei den Arbeitern des Mannheimer Gaswerks kursierte noch Jahrzehnte später der Spruch: „Wer Vater und Mutter nicht ehrt, kommt aufs Gaswerk" (zit. in: Mannheimer Morgen vom 2.8.1956; frdl. Hinweis von A. Perthen).

24 W. Hanauer (1913), S. 6, das Zitat S. 9 f.; die folgenden Zahlen: Gaswerk Lindenhof an WGE 22.3.1909, in: MARCHIVUM, Stadtwerke, Zug. 6/1964 Nr. 320.

25 Vgl. VB 1905, S. 7 – das Druckdiagramm, das den Zeitpunkt des Unglücks festhielt, im Exemplar der Stadtwerke eingeklebt. Zur Berichterstattung über das Unglück: Generalanzeiger der Stadt Mannheim und Umgebung (im Folgenden GA) vom 31.7., 1.8., 4.8. und 5.8.1905, darin die Todesanzeige für den 32-jährigen Maschinenmeister Gottfried Becker.

26 Zum Folgenden vgl. Undatierte Aufstellungen vom Sommer 1899 und von 1905/06, in: MARCHIVUM, Stadtwerke, Zug. 6/1964 Nr. 292. Zu den Gesamtzahlen der Arbeiter und der technischen bzw. Verwaltungs-„Beamten" bis 1914 vgl. VB 1895 ff., darin auch eine ausführliche Darstellung der Lohnverhältnisse und Arbeitsbedingungen.

27 Vgl. Biographisches Lexikon der ÖTV und ihrer Vorgängerorganisationen, http://library.fes.de/fulltext/bibliothek/tit00205/00205e.htm#E9E58, Stand: 23.11.2021; hier auch das Zitat.

28 Vorstandsprotokoll vom 11.3.1898, in: MARCHIVUM, Stadtwerke, Zug. 6/1964 Nr. 17.

29 Der spontane Streik im Gaswerk Luzenberg von 1907 entzündete sich an der eher nebensächlichen Frage, ob der Kantinenbetreiber die 30-Pfennig-Zulage der sog. Hofarbeiter beziehen dürfe; vgl. GA vom 23.11.1907.

30 Vgl. WGE an BMA 19.3.1909, in: MARCHIVUM, Stadtwerke, Zug. 6/1964 Nr. 77; BA vom 27.7.1909. Zur Mittagspause: WGE an BMA 27.8.1913, in: MARCHIVUM, Stadtwerke, Zug. 6/1964 Nr. 77; zum Getränkekonsum vgl. VB 1913, S. 1.

31 Der im Folgenden geschilderte Ablauf: GW an Bürgermeisteramt (im Folgenden BMA) 31.5.1900 und WGE an BMA 7.10.1910, in: MARCHIVUM, Stadtwerke, Zug. 6/1904 Nr. 307, hier auch das Formular „Vertrag und Instruktion der Laternenanzünder". Vgl. ferner WGE an BMA 5.10.1911, in: MARCHIVUM, Stadtwerke, Zug. 6/1964 Nr. 2092. Zur Fahrrad-Pauschale vgl. Vermerk WGE vom 25.6.1910, in: MARCHIVUM, Stadtwerke, Zug. 6/1964 Nr. 521.

32 Vgl. Aufstellung vom 14.10.1906 und WGE an BMA 2.11.1906, in: MARCHIVUM, Stadtwerke, Zug. 6/1964 Nr. 641. Zum Verfahren vgl. WGE an BMA 17.4.1909, in: MARCHIVUM, Stadtwerke, Zug. 6/1964 Nr. 255. Die Auflistung der Bezirke findet sich in: Beyer an Verwaltungsrat 10.4.1900 sowie WGE an BMA 24.1.1908, in: MARCHIVUM, Stadtwerke, Zug. 6/1964 Nr. 294; hier auch die Dienstanweisungen der Ableser.

33 Protokoll-Auszug BA vom 25./26.5.1909, in: MARCHIVUM, Stadtwerke, Zug. 6/1964 Nr. 294.

34 Vgl. WGE an BMA 2.11.1906 und GA vom 10.1.1907, in: MARCHIVUM, Stadtwerke, Zug. 6/1964 Nr. 641. Zur „Beitreibung" vgl. Vermerk WGE 13.3.1911, in: MARCHIVUM, Stadtwerke, Zug. 6/1964 Nr. 616, sowie WGE an BMA 2.11.1915, in: MARCHIVUM, Stadtwerke, Zug. 6/1964 Nr. 641.

35 Vgl. Protokoll technische Amtsvorstände vom 7.4.1910, in: MARCHIVUM, Stadtwerke, Zug. 6/1964 Nr. 19.

36 Vgl. GA vom 24.10.1891; vom 21. und 22.11.1902; vom 23.9.1914. Das folgende Zitat: WGE an BMA 3.10.1914, in: MARCHIVUM, Stadtwerke, Zug. 6/1964 Nr. 2045.

37 Vgl. WGE an Mannheimer Zeitungen 12.11.1913, in: MARCHIVUM, Stadtwerke, Zug. 6/1964 Nr. 2045.

38 GW an Polizeidirektion 24.8.1903; siehe auch Vermerk GW 5.9.1903, in: MARCHIVUM, Stadtwerke, Zug. 6/1964 Nr. 2092.

39 GW an BMA 14.4.1900 – hier das Zitat –, sowie 1.11.1900 und 30.1.1905, in: MARCHIVUM, Stadtwerke, Zug. 6/1964 Nr. 2004.

40 Vgl. WGE an BMA 14.9.1907, in: MARCHIVUM, Stadtwerke, Zug. 6/1964 Nr. 1725.

41 Vgl. GA vom 25.11.1901; sowie MARCHIVUM, Stadtwerke, Zug. 6/1964 Nr. 1728. Ausführliche Darstellung zum Gaswerk Sandhofen: BA vom 24.5.1912, S. 807 f.

42 Vgl. GW an Verwaltungsrat 4.1.1904 und an Bürgermeisteramt Viernheim vom 1.2.1904, in: MARCHIVUM, Stadtwerke, Zug. 6/1964 Nr. 1502.

43 WGE an BMA 29.9.1910 und 21.9.1911 – hier das Zitat –, in: MARCHIVUM, Stadtwerke, Zug. 6/1964 Nr. 566. Zur SEG/OEG und ihrer Rolle bei der Elektrifizierung vgl. Schott (1999), S. 156 ff., 450 ff., 506 ff.

44 Vgl. GWE an BMA 20.10.1913, in: MARCHIVUM, Stadtwerke, Zug. 6/1964 Nr. 1975, sowie BA vom 21.4.1914.

45 Kalkulation für Käfertal: Vgl. GW an BMA 30.1.1905, in: MARCHIVUM, Stadtwerke, Zug. 6/1964 Nr. 2004; für Feudenheim: WGE an BMA 15.11.1907, in: MARCHIVUM, Stadtwerke, Zug. 6/1964 Nr. 1725.

46 Vgl. WGE an BMA 17.5.1908, in: ebd.; WGE an BMA 17.8.1911, 4.9.1911, in: MARCHIVUM, Stadtwerke, Zug. 6/1964 Nr. 1621; hier auch die verschiedenen Abnahmeverpflichtungen.

47 Zahlengrundlage für den folgenden Überblick: Jahresberichte Gaswerk 1894/95–1904; für 1905 ff.: VB. Vgl. auch die Haushaltsvoranschläge in den Vorlagen des BA. Zum Rückgang des Gasverbrauchs der Straßenbeleuchtung durch das Auer'sche Gasglühlicht vgl. VB 1895/99, S. 324 f.

48 Zu den Anfängen vgl. BMA an GW 4.12.1898, GW an BMA 16.12.1900, 2.4.1901; Pichlers Initiative: GW an BMA 18.5.1905, alle in: MARCHIVUM, Stadtwerke, Zug. 6/1964 Nr. 771. Vgl. auch O. Moericke (1909), S. 73.

49 Akten über den Kleinverkauf von Koks: MARCHIVUM, Stadtwerke, Zug. 6/1964 Nr. 1427.

50 Das Jahr 1910 wurde wegen der in jenem Jahr erfolgten Einwohnerzählung gewählt, die einigermaßen exakte Angaben über die Anschlussquote ermöglicht. Allerdings sind unter den Privat-Abnehmern auch Gewerbebetriebe enthalten, außerdem die Automatenanschlüsse nicht nach Stadtteilen aufgegliedert und in der Berechnung nicht berücksichtigt; vgl. VB 1910, S. 25. Zur Gasverwendung vgl. D. Schott (1999), S. 433.

51 Vgl. WGE an BMA 28.1.1908 mit Berechnung über die Mehrkosten der gemischten Beleuchtung vom 27.1.1908, in: MARCHIVUM, Stadtwerke, Zug. 6/1964 Nr. 2092.

52 BMA an WGE 4.6.1908, in: ebd.

53 Berechnet nach: WGE an Verwaltungsrat 12.1.1906, MARCHIVUM, Stadtwerke, Zug. 6/1964 Nr. 2092, und WGE an BMA 23.1.1914, MARCHIVUM, Stadtwerke, Zug. 6/1964 Nr. 2093.

54 WGE an Verwaltungsrat 28.12.1907; die Ablehnung: BMA an WGE 27.2.1908, beide in: MARCHIVUM, Stadtwerke, Zug. 6/1964 Nr. 2092.

55 Vgl. Gesuch der Ladeninhaber der Seckenheimer Straße um Einführung der elektrischen Beleuchtung vom 11.3.1912, in: MARCHIVUM, Stadtwerke, Zug. 6/1964 Nr. 2093; hier auch zahlreiche Zeitungsartikel, Leserbriefe und Zuschriften an die Stadtwerke mit der Forderung nach „mehr Licht". Zur Erweiterung der elektrischen Straßenbeleuchtung vgl. BA vom 25.7.1911, 27.5.1913; dazu: GA vom 28.5.1913.

56 Vgl. WGE an BMA 10.4.1912, in: MARCHIVUM, Stadtwerke, Zug. 6/1964 Nr. 2093. Zum Stand der Technik 1900/1914, insbesondere Brenner, Pressgas-Beleuchtung und Fernzündung, vgl. J. Körting (1963), S. 391 ff.

57 WGE an BMA 10.6.1912 und 8.10.1912, in: MARCHIVUM, Stadtwerke, Zug. 6/1964 Nr. 898.

58 Vgl. MARCHIVUM, Stadtwerke, Zug. 6/1964 Nr. 521, 770, 1387–1390. Auf dem Druckdiagramm vom 29./30.7.1905 (Abb. S. 70) sind links die drei Impulse um ca. 20.50 Uhr (Einschalten), 23.30 Uhr (Ausschalten der „halbnächtigen" Leuchten), 3.20 Uhr (Ausschalten der „ganznächtigen" Leuchten) gut erkennbar.

59 Vgl. WGE an BMA 23.1.1914, in: MARCHIVUM, Stadtwerke, Zug. 6/1964 Nr. 2093.

60 Zitat aus: Verzeichnis der Laternenanzünder 24.5.1914, in: MARCHIVUM, Stadtwerke, Zug. 6/1964 Nr. 307.

61 Vgl. VB 1913, S. 14. Die Ergebnisse ab 1905 sind zu erhöhen, um einen damals neu eingeführten „Beitrag zum Verwaltungsaufwand der Hauptverwaltung", der zwischen 45.000 und 60.000 M betrug – und nicht im veröffentlichten Verwaltungsbericht, sondern nur in der Bilanz der Werke ausgewiesen wurde. Vgl. z. B. Voranschlag Gaswerk 1915: BA vom 29.3.1915, S. 332, Nr. 15. Siehe dazu auch: O. Moericke (1909), S. 80. Übersicht über die Einnahmen aus den städtischen Werken seit 1886: BA vom 11.3.1913, S. 89.

62 Zit. n. O. Moericke (1909), S. 76; vgl. Mannheim seit der Gründung des Reiches (1907), S. 238 f. Zur Debatte in der zeitgenössischen Volkswirtschaftslehre vgl. D. Krüger (1983), S. 15 ff. Zur großen Untersuchung des Vereins für Socialpolitik zur Unternehmertätigkeit der Kommunen vgl. C. J. Fuchs (1908–1909).

63 Vgl. Jährliche Aufstellungen über die Abschreibungssätze seit 1901, in: MARCHIVUM, Stadtwerke, Zug. 6/1964 Nr. 179; 1914: BMA an WGE 11.4.1914, in: MARCHIVUM, Stadtwerke, Zug. 6/1964 Nr. 152.

64 Vgl. Artikel Barbers in: Volksstimme vom 3.7.1908; Akten über die verschiedenen Preissenkungsrunden in: MARCHIVUM, Stadtwerke, Zug. 6/1964 Nr. 595 f. Zur Initiative vom Frühjahr 1914 vgl. BA vom 10.3.1914.

65 Vgl. WGE an BMA 14.11.1913, in: MARCHIVUM, Stadtwerke, Zug. 6/1964 Nr. 596.

66 WGE an BMA 28.7.1914, in: ebd.

3
DIE ENTWICKLUNG DER ZENTRALEN WASSERVERSORGUNG IN EINER EXPANDIERENDEN STADT

ANDREA PERTHEN

3 DIE ENTWICKLUNG DER ZENTRALEN WASSERVERSORGUNG IN EINER EXPANDIERENDEN STADT

3.1 DER LANGE WEG ZUR ZENTRALEN VERSORGUNG MIT TRINKWASSER

Im Jahr 1876 waren von den 136 Städten im deutschsprachigen Raum mit einer Bevölkerungszahl über 10.000 72 mit einer Wasserleitung versehen. Dabei war die Größe der Städte entscheidend: Die drei größten Städte mit über 200.000 Einwohnerinnen und Einwohnern waren allesamt mit Wasserleitungen ausgestattet; grob nahm dann der prozentuale Anteil unversorgter Städte mit absteigender Bevölkerungszahl zu. Dabei erhielt der überwiegende Anteil der Städte Quell- oder Grundwasser; weniger als ein Fünftel der Städte griff auf filtriertes oder gar unfiltriertes Flusswasser zurück. Im Schnitt war etwa die Hälfte der Bewohner einer Stadt durch die Wasserleitung versorgt.[1] Betrachtet man Mannheim in diesem Kontext, gehörte die Stadt in dieser Zeit zu einer Minderheit von 27 Prozent, die noch keine zentrale Wasserversorgung besaß. In näherer Umgebung von Mannheim besaßen etwa Karlsruhe seit 1871 und Darmstadt seit Ende 1880 ein Wasserwerk; Heidelberg hatte 1872 die Quellen am Wolfsbrunnen gefasst und damit eine zentrale Versorgung mit Wasser ermöglicht.[2]

Anteil von Städten mit zentraler Trinkwasserversorgung im deutschsprachigen Raum 1876

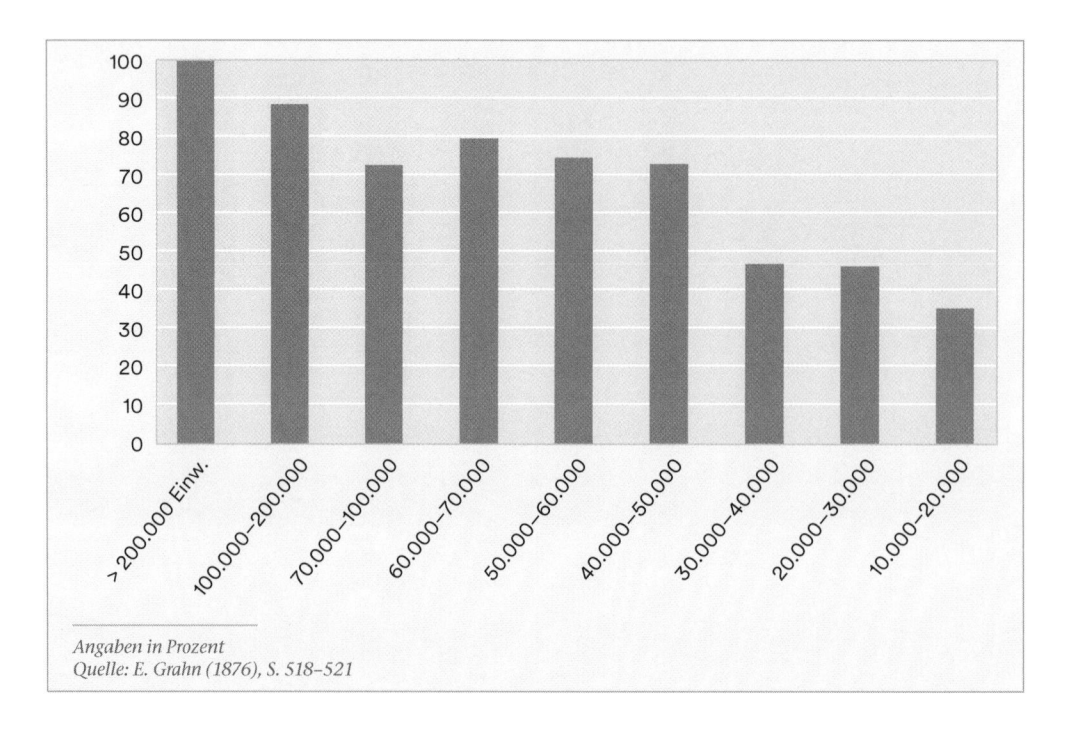

Angaben in Prozent
Quelle: E. Grahn (1876), S. 518–521

Bis zum Ende des 19. Jahrhunderts schritt im Großherzogtum Baden der Ausbau der zentralen Wasserversorgung deutlich voran. Nach der Verordnung vom 26. März 1878, in der unter anderem die technische Unterstützung von Gemeindebehörden und Bezirksämtern durch die Wasser-, Straßen- und Kulturbehörden geregelt wurde, waren zwischen 1878 und 1893 516 neue Wasserversorgungsanlagen entstanden, die insgesamt rund 310.000 Menschen Zugang zu Wasser verschafften. Dazu gehörte auch Mannheim, das im Jahr 1888 sein Wasserwerk in Betrieb nehmen konnte. Auch kleinere Gemeinden kamen nun zunehmend in den Genuss einer zentralen Wasserversorgung.[3] Dabei vollzog sich – nicht nur in Baden – ab den 1890er Jahren der weitgehende Übergang zur Nutzung von Grundwasser; Quellwasser, aber auch das zuvor noch genutzte Oberflächenwasser verloren an Bedeutung. Möglich wurde dies – neben der nun nutzbaren Technik der Enteisenung – durch Fortschritte in der Hydrologie.[4] Dieses hydrologisch fundierte Vorgehen führte schließlich auch in Mannheim zur erfolgreichen Anlage des ersten Wasserwerks.

Grundwasser oder filtriertes Rheinwasser?

Auch in Mannheim war lange Zeit die Nutzung von Oberflächenwasser in Erwägung gezogen worden. Doch kam im Dezember 1862 ein vom Karlsruher Oberbaurat Robert Gerwig erstelltes Gutachten zu dem Schluss, dass filtriertes Rheinwasser als Trinkwasser grundsätzlich ungeeignet sei und Mannheim vielmehr mit Grundwasser versorgt werden solle.[5] Damit war aber die lang geführte Diskussion über die grundsätzliche Frage „Grundwasser versus Oberflächenwasser" mitnichten abgeschlossen. Vielmehr wurde sie in den folgenden Jahren immer wieder verhandelt.

Zunächst ruhte die Angelegenheit weitgehend. Erst 1869 beschloss die sogenannte Wassercommission, Vorarbeiten zur Erkundung der Wasserqualität in der Umgebung Mannheims zu unternehmen, und bekam zu diesem Zweck vom Bürgerausschuss am 13. Juli 1870 einen Kredit über 5000 Gulden bewilligt.[6] Erst etwa ein Jahr später wurde eine „Specialcommission" eingesetzt und am 11. Juni 1872 vom Gemeinderat zur Veranlassung von Bohrversuchen ermächtigt, um einen geeigneten Standort für ein Wasserwerk zu finden.[7] Zur Vorbereitung auf die Aufgabe gehörte unter anderem eine Besichtigungsreise zu Wasserversorgungsanlagen verschiedener Städte, etwa Leipzig, Dresden, Berlin, Hamburg und Bremen sowie Amsterdam und Rotterdam. Außerdem wurden Gutachten bei verschiedenen Fachleuten angefragt; im Herbst 1872 lag ein solches von den „Zivilingenieuren" Heinrich Gruner und Adolf Thiem, der Rheinischen Wasserwerksgesellschaft Frankfurt am Main, einem Baurat Gerstner sowie dem Baurat Bernhard August Sal-

Baurat Bernhard August Salbach, Oberbauleiter für das Dresdner Wasserwerk „Saloppe", stand Mannheim mit seiner Expertise bei; seine Planungen wurden letztlich jedoch verworfen.
(Stadtmuseum Dresden, SMD_PhP_01911)

bach aus Dresden vor. Letzterer beließ es nicht bei einem Gutachten, sondern skizzierte zusätzlich die Grundzüge eines möglichen Wasserversorgungsprojekts. Bei diesem ging Salbach wie zuvor schon Gerwig von Grundwasser aus und fasste für dessen Gewinnung ein Gebiet zwischen Rhein und Neckar oberhalb Mannheims ins Auge.[8] Daher wurde Salbach als „Specialtechniker" bei den anschließend vorgenommenen Vorarbeiten zugezogen, die am 1. November 1872 mit ersten Untersuchungen des Grundwassers auf der Stephanienpromenade begannen.

Die Untersuchungen ergaben, dass das dortige Wasser gut als Trink- und „ziemlich gut" als Brauchwasser nutzbar sei. Ab Sommer 1873 erfolgten erste Pumpversuche, um Klarheit über die förderbaren Mengen zu gewinnen. Der außerordentlich hohe Eisengehalt des Wassers – und damit dessen Unbrauchbarkeit – fand jedoch keine Erwähnung in den über die Versuche angefertigten Berichten.[9] Anschließend wurde Salbachs Bericht über die Ergebnisse seiner Voruntersuchungen einer kritischen Prüfung durch Oberbaurat Robert Gerwig sowie den bekannten Schweizer Ingenieur Arnold Bürkli-Ziegler, Oberbaurat Karl von Ehmann sowie den Ingenieur William Lindley unterzogen – und insbesondere Gerwig, der Autor des wegweisenden Gutachtens von 1862, fand kritische Worte. Wie er in diesem bereits dargelegt hatte, verwarf er die Idee, Grundwasser derart nahe am Rhein zu fördern, rundweg. Da die anderen Gutachten ebenfalls eher verhaltene Töne anschlugen, beschloss der Stadtrat am 28. Mai 1874, neue Bohrversuche an der Seckenheimer Landstraße zu unternehmen – ein Gebiet, das Gerwig vorgeschlagen hatte. Die dortigen Versuche zeitigten jedoch enttäuschende Ergebnisse und wurden eingestellt. Wieder schien man in eine Sackgasse geraten zu sein.

Erst 1880 geriet wieder Bewegung in die immer dringlicher werdende Frage einer zentralen Wasserversorgung, als der Stadtrat dem Bürgerausschuss am 4. Oktober die Frage zur Entscheidung vorlegte, ob die „Anlage einer Wasserleitung für die Stadt Mannheim in nächster Zeit in Angriff genommen werden" solle.[10] Allerdings sprach sich dessen geschäftsleitender Vorstand in einem Begleitbericht gegen die Vorlage aus – die bisherige Suche nach Grundwasserbeständen habe schon zu viel Zeit und Geld erfordert. Die Angelegenheit sei so dringlich, dass stattdessen zügig eine Leitung für Nutzwasser aus filtriertem Rheinwasser angelegt werden solle. Nach eingehender Diskussion schloss sich der Bürgerausschuss mit großer Mehrheit der Meinung des Stadtverordnetenvorstandes an. Die weitere Suche nach geeigneten Grundwasservorkommen wurde demnach nicht weiterverfolgt, vielmehr sollte schnell eine Wasserleitung aus dem Rhein hergestellt und zu diesem Zweck eine Kommission gebildet werden, bestehend aus dem Oberbürgermeister sowie je vier Stadtverordneten und Stadträten.[11] Nach beinahe zwei Dekaden war also die Frage, ob (filtriertes) Rheinwasser nicht doch zur Verwendung kommen könne, immer noch nicht vom Tisch. Bevor jedoch eine derartige Leitung gebaut wurde, zog die entsprechend konstituierte Kommission zunächst Erkundigungen über die Erfahrungen anderer Städte ein, nämlich von Straßburg, Köln, Düsseldorf, Bonn und Dresden – nicht zufällig lagen vier der fünf Städte am Rhein; im Anschluss führte eine Informationsreise im Juli 1881 die Herren Stadtrat Schneider und Stadtbaumeister Heinrich Ritter in diese sowie eine Reihe weiterer Städte. Deren Erfahrungen zeigten jedoch, dass filtriertes Rheinwasser kaum empfehlenswert war: Die beispielhaften Städte am Niederrhein – Bonn, Köln, Mülheim und Düsseldorf – griffen ebenfalls auf Grundwasser zurück; die Städte, bei denen geringe Mengen filtrierten Rheinwassers zugegeben wurden, hatten lediglich die Nachteile dieses Oberflächenwassers, jedoch keinerlei Vorteile davon.[12] Im Übrigen sahen Schneider und Ritter aber die grundsätzliche Bedeutung einer Wasserleitung für Mannheim. In ihrem Reisebericht betonten sie, dass eine große Anzahl von Brunnen im Stadtgebiet nur Trinkwasser ungenügender Qualität liefere. Neben der dringenden Notwendigkeit stehe zudem der große Nutzen einer öffentlichen Wasserversorgung „für das einzelne wie allgemeine Interesse", sodass deren Einführung nicht nur gerechtfertigt, sondern eine Pflicht sei.[13]

Daher wurden gegen Ende des Jahres 1881 wieder einige Probebohrungen an der Stephanienpromenade, nun aber auch im Neckarauer Wald und auf dem Hochgestade bei Seckenheim sowie östlich des Exerzierplatzes vorgenommen; erforderliche Tiefbohrungen zu weiteren Untersuchungen lehnte der Stadtrat im Frühjahr 1882 zunächst ab. Um weitere Schritte unternehmen und die Arbeiten an dem von ihm als aussichtsreich angesehenen Grundwasserstrom im Hochgestade zwischen Rhein und Neckar fortführen zu können, beantragte der Stadtrat in einer Vorlage für den Bürgerausschuss am 31. Mai des Jahres, dieser möge seinen Beschluss für die Rheinwasserleitung dahingehend revidieren, dass diese lediglich noch fakultativen und nicht mehr prinzipiellen Charakter besitze. Dagegen argumentierte der Stadtverordnetenvorstand, es gehe vor allem darum, reichlich und vorzügliches Nutzwasser zu fördern; in keiner Weise sei der Nachweis erbracht, dass dies unmöglich durch natürlich filtriertes Rheinwasser zu erhalten sei. Entsprechend fasste der Bürgerausschuss den Beschluss, die Arbeiten zur Ermittlung eines Standortes „am Rhein oder eventuell einem sonst geeigneten Platze" fortzusetzen und dann ein entsprechendes Leitungswerk zu projektieren.[14]

Vor Ausführung des Beschlusses entschied die Wasserkommission jedoch, abermals mittels eines Gutachtens die Frage „Rheinwasser oder Grundwasser" zu klären. Hierfür wurde der Ingenieur und Direktor der städtischen Gas- und Wasserwerke Breslau, Valentin Schneider, engagiert. Als auch Schneider im Juli des Jahres zu dem Ergebnis kam, dass Grundwasser unbedingt der Vorzug zu geben sei, und Probebohrungen auf dem Hochgestade von Seckenheim empfahl, konnte dort am 14. September 1882 endlich eine erste Probebohrung vorgenommen werden. Das Gebiet versprach ergiebig und qualitativ hochwertig zu sein; in der Sitzung der Wasserkommission vom 7. Oktober 1882 wurde daraufhin beschlossen, einen Spezialtechniker zur Vorbereitung eines Projekts zu berufen. Die Wahl fiel auf den Ingenieur Oskar Smreker.[15]

Die Gründe für die lange Vorlaufzeit bis zum eigentlichen Bau des ersten Wasserwerks dürften aber wohl nicht ausschließlich in der schwierigen Suche nach geeigneten Bezugsquellen für das Wasser gelegen haben. Auch andere Faktoren spielten eine Rolle. So geht aus der Vorlage für den Bürgerausschuss am 3. Dezember 1872 hervor, dass in den vorangegangenen Jahren die Frage der Anlage neuer Straßen angesichts der wachsenden Bevölkerung für den Stadtrat vordringlich gewesen war. Nichtsdestotrotz wurde die Bedeutung einer künftigen Wasserleitung für die Stadt, die nunmehr rund 40.000 Köpfe zählte, hervorgehoben.

Acht Jahre später, in der Vorlage für den Bürgerausschuss vom 4. Oktober 1880, erklärte der Stadtrat die fehlenden Fortschritte der vergangenen Jahre (etwas umständlich) damit, dass zwischen „Nothwendigem und Nützlichem" zu unterscheiden sei – und die Anlage einer Wasserleitung gehöre in die letztere Kategorie, zumal in wirtschaftlich schwierigen Zeiten, da deren Errichtung enorme Summen verschlinge. Zudem sei das Stadtbauamt in den vergangenen Jahren mit den Projekten einer neuen Gasfabrik sowie Verlegung und Überbauung des Stadtkanals vollauf ausgelastet gewesen. Weiterhin sah man in der Stadt, dass mit der Einrichtung einer zentralen Wasserversorgung anschließend wohl auch eine geregelte Abwasserentsorgung notwendig werden würde, nicht zuletzt, weil dann voraussichtlich deutlich mehr Abwasser anfallen würde.[16] Die Anlage einer Kanalisation aber war ein weiteres Großprojekt.

Oskar Smreker und der Weg zum ersten Wasserwerk in Käfertal

Die Berufung des Ingenieurs Oskar Smreker zur Vorbereitung eines Projekts zur zentralen Trinkwasserversorgung im Oktober 1882 war der entscheidende Schritt, der schließlich zum Erfolg führen sollte. Er hatte sich am 3. August 1882 auf die ausgeschriebene Stelle beworben und war unter anderem von dem renommierten Ingenieur Adolf Thiem empfohlen worden. Smreker hatte bereits einige Berührungspunkte mit Mannheim gehabt: Am 24. November 1881 hatte er beim Mannheimer Bezirksverein Deutscher Ingenieure einen Vortrag zur modernen Wasserversorgung gehalten; zudem kannte er Carl Bopp von der in Mannheim ansässigen Firma Bopp & Reuther, der auch Mitglied im Bürgerausschuss war.[17]

Vom Stadtrat erhielt Smreker zunächst den Auftrag zur Weiterführung der Versuche auf dem Hochgestade bei Seckenheim. Er ließ das dort gewonnene Wasser auf seine Qualität hin analysieren und musste feststellen, dass dieses zwar sehr gut als Trinkwasser geeignet, jedoch zu hart war, um als Brauchwasser genutzt zu werden.[18] Infolgedessen musste er einen neuen Standort ausfindig machen. Dabei ging Smreker systematisch und wissenschaftlich fundiert vor. Zunächst stellte er eine allgemeine Untersuchung über die hydrologischen und geologischen Verhältnisse nicht nur der unmittelbaren Umgebung Mannheims, sondern des gesamten mittleren Laufs des Rheins an. Smreker schloss die direkt am Rheinufer liegenden Alluvial- oder Schwemmböden kategorisch aus, da die Qualität der dortigen Grundwasserströme durch Ablagerung organischer Substanzen nicht für Trinkwasser ausreiche. Er wunderte sich im Gegenteil darüber, weshalb etwa an der Stephanienpromenade derartige Versuche angestellt worden waren, „noch dazu so kostspielige", wie er bemerkte.[19] Die große Härte des Grundwassers auf Seckenheimer Gebiet sowie am Exerzierplatz erklärte Smreker mit dem dortigen, vornehmlich aus Neckargeschieben bestehenden Untergrund; da der Oberlauf des Neckars vor allem durch geologische Schichten mit Muschelkalk führt, war also auch hartes Grundwasser zu erwarten. Es musste ein vom

Oskar Smreker sollte sich als Glücksgriff für die Stadt Mannheim erweisen: Durch seine wissenschaftlich fundierte Vorgehensweise fand er schließlich einen nutzbaren Grundwasserstrom. Auch bei späteren Projekten sollte Smreker noch eine Rolle spielen.
(MARCHIVUM, KF008501)

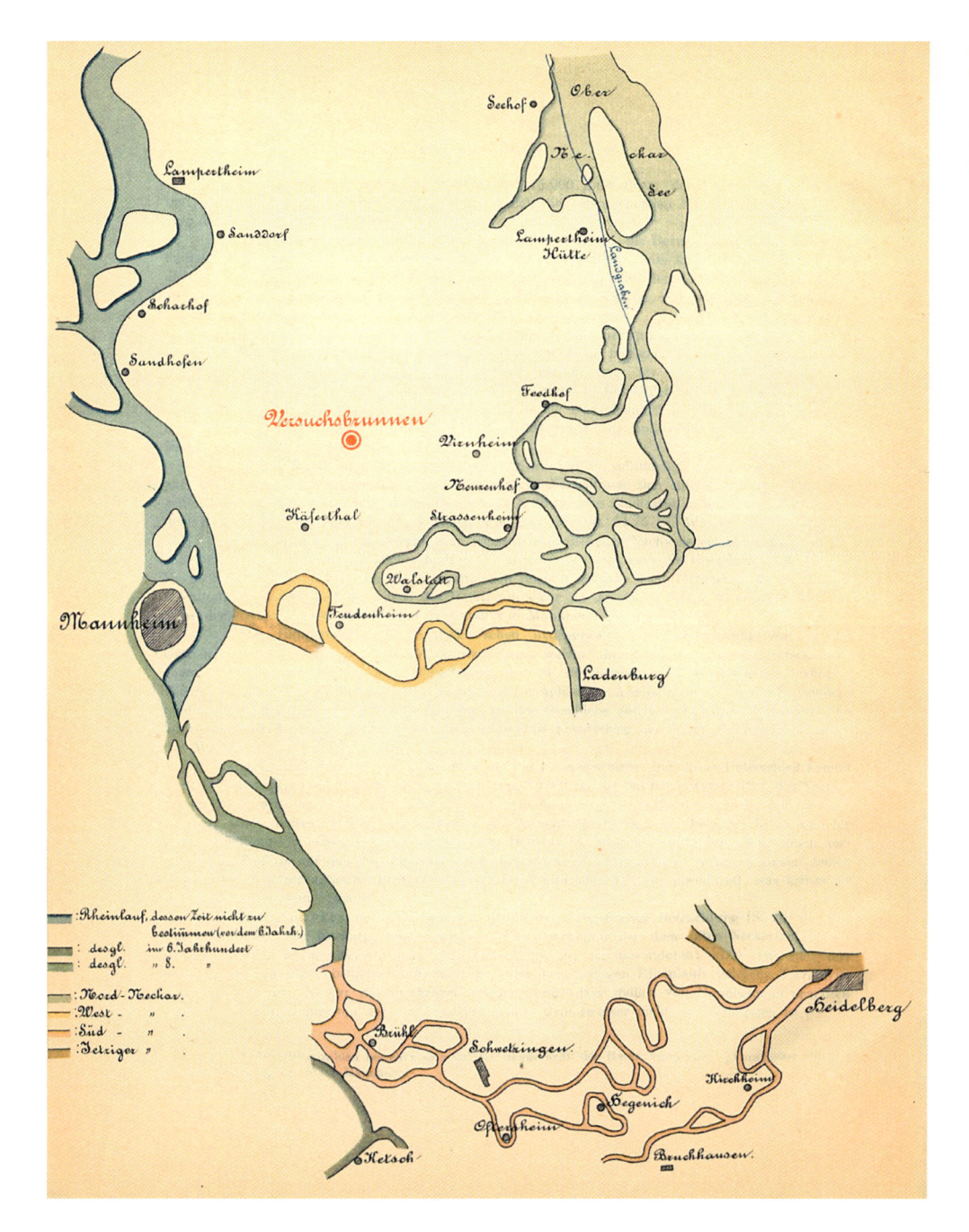

In ihrem Gutachten über Smrekers Projekt zur Wasserversorgung zeichneten die Ingenieure Max Honsell und Adolf Thiem den Standort des Versuchsbrunnens in eine Karte von Franz Josef Mone (1826) ein, die die vermuteten historischen Verläufe von Rhein und Neckar zeigt.
(MARCHIVUM, A 20/25, S. 4)

Neckar unbeeinflusstes Gebiet gefunden werden. Smreker konzentrierte sich in seinen Überlegungen auf die Umgebung nördlich von Mannheim. Da das Hochgestade nördlich von Mannheim wesentlich durch die bei Weinheim aus dem Odenwald heraustretende Weschnitz mitgebildet wurde und deren Geschiebe vor allem aus Granit bestanden, welches eine geringe Härte aufweist, sah Smreker hier ein vielversprechendes Gebiet. Durch verschiedene Überlegungen konnte er für das Gelände nördlich von Käfertal ein früheres Durchfließen des Neckars ausschließen. Nach diesem vornehmlich theoretischen Vorgehen sollte ein Terrain, das südlich durch die Eisenbahnlinie Schwetzingen–Heidelberg, östlich durch

Zwei Dampfpumpmaschinen mit drei Dampfkesseln dienten der Wasserförderung (oben); daneben entstanden auf dem Gelände des Wasserwerks Nebengebäude und ein Wohngebäude mit Wohnungen für den Maschinenmeister und einen Maschinisten, mit einem Schlafraum für einen weiteren Arbeiter sowie ein Büro. Die Hauptleitung vom Wasserwerk bis zum Wasserturm am Friedrichsplatz war 7 km lang (unten).
(O. Smreker (1890), Tafeln XVI und XVII)

den Odenwald, nördlich von der Linie Bürstadt–Lorsch–Bensheim und westlich durch den Rhein, insgesamt rund 400 Quadratkilometer, begrenzt wurde, ausführlich hydrologisch untersucht werden, um einen Grundwasserstrom zu ermitteln und diesen genau hinsichtlich Richtung, Gefälle, Ausdehnung, Tiefe und Durchflussmenge zu analysieren. Diese Untersuchungen zogen sich von Dezember 1882 bis Juli 1884 hin; 52 Bohrlöcher wurden zu diesem Zweck angelegt. Schließlich kristallisierte sich das Bohrloch Nr. 9 als meistversprechendes heraus, etwa zwei Kilometer nordöstlich des Dorfes Käfertal in dessen Gemeindewald. Daraufhin wurde ein erster Versuchsbrunnen für Quantitätsversuche errichtet, und in dessen Umgebung wurden insgesamt 55 Bohrlöcher abgeteuft, um die Absenkung des Grundwasserspiegels zu beobachten.[20]

Auf Basis der bis Frühjahr 1884 erhobenen Ergebnisse fertigte Smreker schließlich seinen Vorbericht für das Projekt einer Wasserversorgung an, den er am 24. Dezember 1884 vorlegte; außerdem arbeitete er ein Detailprojekt nebst Erläuterungsbericht aus und legte beides im Februar 1885 vor. Smrekers Darlegungen wurden durch die Sachverständigen Oberbaurat Max Honsell (Karlsruhe) sowie die bereits erwähnten Herren Valentin Schneider (Breslau) und Adolf Thiem geprüft, die zu einem positiven Urteil kamen:

„[D]as in Aussicht genommene und untersuchte Versuchsfeld gewährleistet die dauernde Bezugssicherheit der für die Versorgung der Stadt Mannheim in Aussicht genommenen Wassermenge und verdient, namentlich der Beschaffenheit seines Wassers wegen, den Vorzug vor allen anderen etwa noch in practischen Betracht kommenden Bezugsorten."[21]

Währenddessen verhandelte die Stadt Mannheim im November 1884 mit der Gemeinde Käfertal über den Erwerb des nötigen Geländes für den Bau des Wasserwerks und legte die Ergebnisse der Verhandlung dem Bürgerausschuss zur Genehmigung vor. In der Sitzung des Bürgerausschusses am 18. Juni 1885 trug Smreker seine Ergebnisse sowie das Gutachten der Sachverständigen mündlich vor. Das Gelände wurde schließlich für 64.000 Goldmark der Gemeinde Käfertal abgekauft; der Stadtrat erbat und erhielt im September 1885 die Genehmigung vom Bürgerausschuss für den Bau des Wasserwerks mit 1.975.000 Mark aus Anlehensmitteln sowie für den Vertrag mit Smreker, der den Bau ausführen und das Werk mindestens ein Jahr lang betreiben sollte.[22]

Der erste Spatenstich erfolgte am 1. Juli 1886, die Baulichkeiten standen bis zum Frühjahr, die Haupt- und Sammelbrunnen bis Herbst 1887. Auch die Hauptzuleitungsrohre waren bis Ende 1887 verlegt. Einen Tag vor Weihnachten wurde das Stadtrohrnetz zum ersten Mal mit Wasser gefüllt, und Anfang 1888 begann die Verlegung der Hauszuleitungen. Am 21. April 1888 schließlich ging das Wasserwerk in Betrieb. Insgesamt beliefen sich die Anlagekosten bis zum 31. Dezember 1889 – als auch der Wasserturm fertiggestellt war – auf 2.374.288,41 Mark. Ausgelegt war das Werk für eine Bevölkerungszahl von zunächst 100.000, mit Erweiterungsmöglichkeiten für die doppelte Zahl bei einem mittleren Wasserverbrauch von 100 Litern pro Tag und Person.[23]

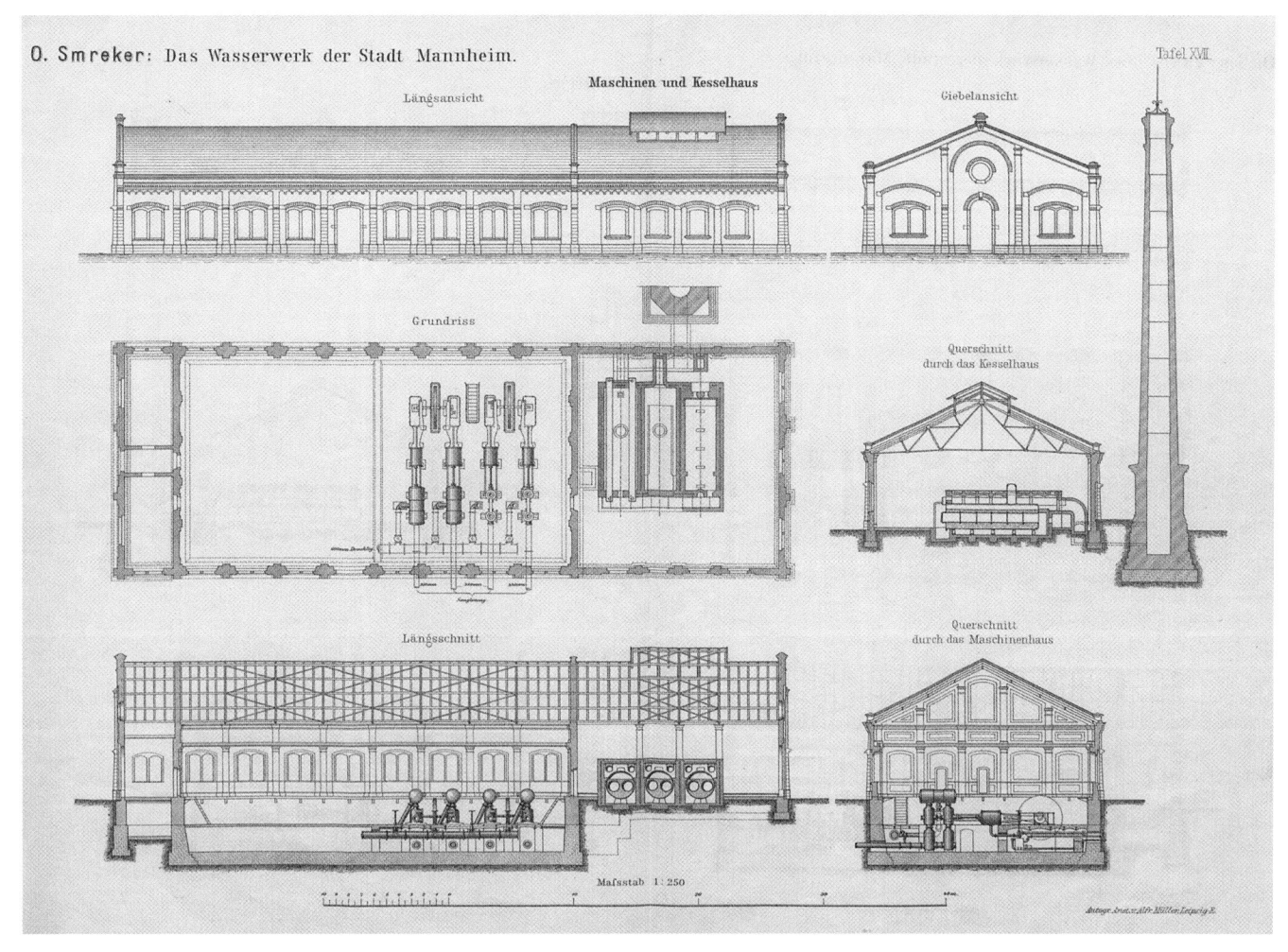

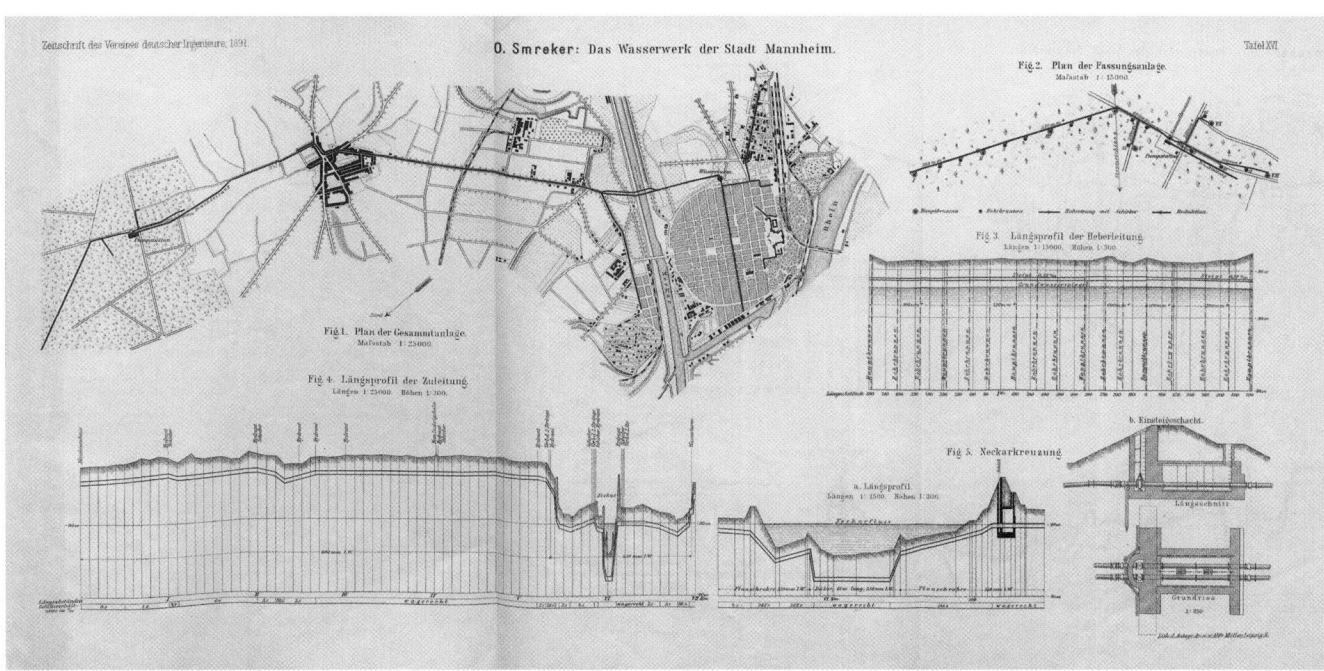

3.1 DER LANGE WEG ZUR ZENTRALEN VERSORGUNG MIT TRINKWASSER

DIE LÖSUNG DER ABWASSERFRAGE IN MANNHEIM
Sabine Pich

Für die ehemalige Festungsstadt im Mündungsdelta von Rhein und Neckar war die Entwässerung überlebenswichtig. Umgegeben von Flussläufen, Sümpfen und Gräben war Mannheim bis ins 19. Jahrhundert hinein häufig durch Hochwasser gefährdet und zudem eine gefürchtete Malariagegend.

Das häusliche Schmutzwasser floss über offene Straßenrinnen in die Festungsgräben. Nach Schleifung der Festungswerke um 1800 wurde halbringförmig um die Quadrate ein offener Stadtgraben angelegt. Von Rheinwasser gespeist, leitete er Schmutz- und Regenwasser aus der Stadt in den Neckar.

In den Hinterhöfen befanden sich die oft nur wenige Meter von den Trinkwasserbrunnen entfernten Aborte. Die Folgen dieser unhygienischen Zustände waren jährlich auftretende Epidemien wie Cholera, Ruhr oder Typhus. Die regelmäßige Leerung der Abortgruben besorgten bis 1880 die Bauern aus der Umgebung, die Dung und Fäkalien als Dünger für den Tabakanbau verwendeten.[1]

Mit der industriellen Entwicklung Mannheims ging ein rasches Bevölkerungswachstum einher. Als erste neue Siedlungsgebiete wurden die tiefer gelegenen Schwetzinger- und Neckargärten in den 1870er Jahren kanalisiert. Doch aufgrund unsachgemäß verlegter Kanäle und häufigem Hochwasser geriet die Bautätigkeit in den Vorstädten bald ins Stocken. 1876 wurde der unzureichende Stadtgraben beseitigt und der erste Hauptsammelkanal unter dem Kaiser-, Friedrichs- und Luisenring verlegt. Der Abwasseringe-

In den Hauptkanal führte ein „Fremdeneinstieg", um der interessierten Öffentlichkeit die Vorzüge der modernen Kanalisation vorzuführen. Prominentester Besucher war 1893 der badische Großherzog Friedrich I., der ein reges Interesse am abwassertechnischen Fortschritt zeigte und sich die Kanalreinigung mittels „Schwallspülung" vorführen ließ. Aufnahme von 2004.
(Hauck Werbestudios/EBS Mannheim)

Die Belegschaft des Kanalbetriebs im Jahr 1901. Das Original des Fotos befindet sich in den Räumlichkeiten der Stadtentwässerung; es wird seit Generationen von Abwassermeistern im Originalrahmen jeweils auf den nächsten „vererbt".
(EBS Mannheim)

nieur und Frankfurter Stadtbaurat William H. Lindley[2] plante und baute ab 1890 die Kanalisation für die Innenstadt und die angrenzenden Stadtteile.

Die Einführung der zentralen Wasserversorgung 1888 war ein großer Fortschritt, verursachte jedoch ein neues Problem: Mit dem komfortablen Wasseranschluss hielt auch das Water Closet (WC) in vielen Bürgerhäusern und Mietskasernen Einzug und überschwemmte die Abortgruben. Obwohl die Innenstadt bereits kanalisiert war, verbot die erste Mannheimer Hausentwässerungsordnung von 1892 den Anschluss der WC an die Kanalisation.[3] Zunächst musste die Frage der Abwasserreinigung geklärt werden.

Lindleys Konzept für die Abwasserbeseitigung[4] entsprach modernen gesundheitspolitischen und sozialhygienischen Forderungen. Nach Fertigstellung der Kanalisation sollten auch Fäkalien mit abgeschwemmt und sämtliche Abwässer weitab von den Siedlungsgebieten in den Rhein geleitet werden.

Dagegen setzte sich jedoch die rheinabwärts gelegene Stadt Worms zur Wehr. Weil die Bevölkerung ihr Trinkwasser aus dem Rhein bezog, befürchtete sie durch dessen Verschmutzung Seuchen und Epidemien.[5] Die Bezirksregierung entschied schließlich, dass Mannheim nur zuvor gereinigtes Abwasser in den Rhein einleiten durfte. Die erste Mannheimer Kläranlage mit mechanischer Reinigung auf der Friesenheimer Insel ging im Juli 1905 in Betrieb.[6] Damit war das Fundament für die moderne Stadtentwässerung gelegt.

Mit der systematischen Abwasserentsorgung und der allgemeinen Verbesserung der Lebensverhältnisse gingen in Mannheim die Epidemien sowie die Säuglingssterblichkeit deutlich zurück. In den folgenden Jahrzehnten wurde die Kanalisation zügig ausgebaut; 1932 waren bereits 95,5 Prozent aller Haushalte an das öffentliche Kanalnetz angeschlossen. Heute verfügt der Eigenbetrieb Stadtentwässerung über ein 838 Kilometer langes Mischwasserkanalnetz und betreibt eines der modernsten Klärwerke Europas.

Wie in den meisten Städten Deutschlands erfolgte auch in Mannheim die Einführung der zentralen Trinkwasserversorgung und der Abwasserentsorgung in zeitlichem Abstand und durch verschiedene städtische Ämter bzw. Gesellschaften. Die organisatorische Trennung wurde bis heute beibehalten. In den 1950er Jahren lehnte Mannheim die Initiative des Deutschen Städtetags zur organisatorischen Zusammenlegung der beiden Sparten ab.[7] Auch die 2003/04 diskutierten Absichten, die Stadtentwässerung zu privatisieren bzw. Anteile zu veräußern, wurden nicht weiterverfolgt.[8]

---

1 Vgl. H. Probst (1993), S. 729. Nach 1880 übernahm die städtische Abfuhrgesellschaft die Leerung.

2 W. H. Lindley hatte in Frankfurt am Main 1887 die erste mechanisch-chemische Kläranlage auf dem europäischen Kontinent errichtet. Vgl. T. Bauer (2008), S. 248 ff. 1888 erstellte Lindley ein Gutachten zu den geplanten Mannheimer Abwasserprojekten.

3 Vgl. Hausentwässerungsordnung für die Stadt Mannheim vom 11.7.1892, in: MARCHIVUM, Tiefbauamt, Zug. 39/1970 Nr. 1492; S. Pich (2010), S. 91 f.

4 Vgl. Gutachten für die Canalisation vom 26.7.1888, in: MARCHIVUM, Bopp & Reuther, Zug. 19/2007 Nr. 742.

5 Vgl. J. Lange (2002), S. 46 ff.

6 Erstmals wurde eine Gebühr für die Kanalbenutzung erhoben. Verwaltungsbericht 1905, S. 42 f., in: MARCHIVUM, NL Otto Beck 1892–1989, Verwaltungsberichte der Stadt Mannheim für die Jahre 1892 ff.

7 Vgl. Antwort der Stadtverwaltung Mannheim auf das Rundschreiben der Kommunalen Gemeinschaftsstelle für Verwaltungsvereinfachung, Köln-Marienburg, an die Mitgliedstädte des Deutschen Städtetages vom 16.1.1953, betr. Organisation und Koordination von Wasserversorgung und Abwasserbeseitigung, in: MARCHIVUM, Hauptregistratur, Zug. 42/1975 Nr. 3558.

8 Vgl. Saubere Arbeit zeigt sich beim Klärwerks-Vergleich, Mannheimer Morgen (im Folgenden MM) vom 17.12.2003; Die Stadtentwässerung gerät finanziell ins Schwimmen, MM vom 14.10.2004.

3 DIE ENTWICKLUNG DER ZENTRALEN WASSERVERSORGUNG IN EINER EXPANDIERENDEN STADT

Die Wasserleitung und die Mannheimer Bevölkerung

Die lokale Presse verfolgte das Baugeschehen mit regem Interesse, und Baufortschritte wurden im „Generalanzeiger" regelmäßig erläutert. Auch andere Zwischenfälle erfuhren Erwähnung; so wurde am 23. September 1886 gerügt, dass „vorübergehende Frauenzimmer von den Arbeitern vielfach mit unflätigen Zurufen und unsaubern, schmutzigen Spässen belästigt werden und einzelne Damen kaum unbehelligt vorbei spazieren" könnten. Den Aufsehern sowie „wo nöthig der Polizei", dürfe es „nicht gar schwer fallen, derartigen Unfug zu verhindern".[24] Ein andermal berichtete der „Generalanzeiger" von archäologischen Funden im Zuge der Verlegung der Wasserleitung. Am sogenannten Weiberweg sei man auf eine alte Straße mit einem Fundament aus rotem Sandstein und daraufliegendem Kies gestoßen, ferner auf einige Fundstücke aus Eisen. Außerdem habe man eine „interessante" Münze mit einem Bildnis Christi und der Unterschrift „Gloria tibi soli" [= Ehre sei Dir allein] auf der einen und dem Bildnis des heiligen Andreas auf der anderen Seite gefunden.[25]

Auch die lokal ansässigen Installateure beobachteten den Bau der Wasserleitung aufmerksam. Im Herbst 1886 wandten sie sich mit einer Eingabe an die Stadt, in der sie darum baten, die Anschlüsse an die Wasserleitung und die Zuleitung in die Wohnhäuser mögen nicht in die Hände eines Unternehmers gelegt werden, sondern – analog zu den Gasleitungen – in städtischer Regie ausgeführt werden. Wenn die Stadt die Ausführung bis zum Wassermesser übernehme, bleibe „für die Installateure auch noch etwas zu thun übrig", so der „Generalanzeiger"; „dagegen sei zu fürchten, daß, wenn die Zuführung an einen Unternehmer vergeben werde, dieser auch gleichzeitig ganze Einrichtungen in Wohnhäuser und Etablissements übernehmen werde, wodurch eine größere Anzahl hiesiger Bürger und Steuerzahler auf Kosten eines großen Unternehmens in ihrem Erwerb geschädigt würden". Die Zeitung fand das Ersuchen unterstützenswert und plädierte an den Stadtrat, im Sinne der Installateure zu entscheiden.[26] Im durch den Bürgerausschuss am 2. August 1887 genehmigten „Statut für den Bezug von Wasser aus dem städtischen Wasserwerk" wurde schließlich festgelegt, dass die Ausführung der Zuleitungen vom Hauptrohr zu den Häusern durch die Stadt auf Kosten der Hausbesitzer erfolgen solle – wie es übrigens in den meisten Städten übliche Praxis war.[27]

Um eine hohe Abonnentenrate für den Bezug von Wasser aus Leitungen gleich von Beginn an zu erreichen, war im Statut festgelegt worden, dass, wer sich spätestens bis zum 15. September 1887 zum Wasserbezug nach § 3 des Statuts anmeldete und für mindestens drei Jahre Wasser bezöge, die Leitungen bis zum Wassermesser kostenfrei durch die Stadt Mannheim ausgeführt bekäme. Dieses Angebot war wohl in anderen Städten zuvor schon von „gutem Erfolge begleitet" und deshalb für Mannheim

Innovationen wie das „Water Closet" (WC) aus England funktionierten nur bei Vorhandensein sowohl von Wasserversorgung als auch Kanalisation – hier wird die Bedeutung des Zusammenspiels von Versorgung und Entsorgung des Wassers deutlich, die organisatorisch aber getrennt waren; vgl. dazu die vorhergehende Doppelseite.
(H. Issel (1905), S. 168)

übernommen worden.[28] Offensichtlich wurde es dann auch rege wahrgenommen. Der „Generalanzeiger" wusste zu berichten, dass besonders die ansässigen Installateure, die seinerzeit für die Ausführung der Hauszuleitungen durch die Stadt plädiert hatten, „Namens der Hauseigenthümer solche Häuser anmelden, die von ihnen bereits eingerichtet oder die zu einrichten sie beauftragt sind".[29] Wegen der hohen Nachfrage nach Anschlüssen wurde der Anmeldetermin bis zum 15. Oktober verlängert, wie Oberbürgermeister Eduard Moll am 24. September im „Generalanzeiger" verkündete.[30]

Bei Eröffnung des Werks existierten etwa 700 Hausanschlüsse in Mannheim; ein Jahr später, bei Übergang in städtische Hand, waren es bereits 1912, Ende 1891 schließlich 3105.[31] War dies einerseits eine beeindruckende Zahl, so darf nicht vergessen werden, dass große Teile der Bevölkerung noch nicht in den Genuss frischen Trinkwassers aus der Leitung kamen. So wurde schon kurz nach Eröffnung des Wasserwerks der Wunsch laut, man möge beispielsweise in den nordwestlichen Quadraten von H bis K einige Ventilbrunnen von der Wasserleitung abzweigen, damit auch die dort wohnenden ärmeren Schichten ihren Wasserbedarf decken könnten.[32]

So einfach und komfortabel an Wasser guter Qualität zu kommen, stellte ein Novum im Leben der Mannheimer Bevölkerung dar. Der angemessene Umgang mit Leitungswasser musste dementsprechend erst eingeübt werden. Um Vergeudung von Wasser einerseits, dessen allzu sparsame Verwendung andererseits – die nicht im Sinne eines wirtschaftlichen Unternehmens sein konnte – zu verhindern, wurden im Statut zum Wasserbezug schon einige Maßnahmen zur „Lenkung" der Endverbraucherinnen und -verbraucher eingebaut. Besonders wichtig war die Installation der Wassermesser, die eine unkontrollierte Abgabe von Wasser verhindern sollten. In anderen Städten hatte man diesbezüglich schlechte Erfahrungen gemacht; der Wasserverbrauch war ohne die Wassermesser enorm angestiegen. Dem zugrunde lag ein negatives Bild des Konsumierenden: Es habe „sich durchweg herausgestellt, daß lediglich Bequemlichkeit, Nachlässigkeit, vielfach auch böser Wille, als die Ursache dieser Wasservergeudung zu betrachten sind",[33] heißt es in der Begründung für das Statut in der Vorlage für den Bürgerausschuss. Die Anschaffung und Aufstellung sollten dabei auf Kosten der Stadt erfolgen und die Wassermesser im Besitz derselben bleiben, um bei der Wahl des Systems und der Instandhaltung die Kontrolle behalten zu können.

Auch mittels Tarifen sollte der Verbrauch in sinnvolle Bahnen gelenkt werden. Die Selbstkosten wurden mit 14,1 Pf/m^3 veranschlagt; „[i]m Interesse eines allgemeinen Anschlusses und in Hinsicht auf die sanitären und volkswirthschaftlichen Zwecke der neuen Wasserwerks-Anlage" sei es „zweckmäßig und geboten, den Wasserpreis so niedrig als nur möglich zu halten", weshalb der Preis auf 15 Pf/m^3 festgelegt wurde. Bei größerem Verbrauch zu gewerblichen und industriellen Zwecken sollten entsprechende Rabattsätze gewährt und die Skalen dafür in den kommenden Jahren mit zunehmender Erfahrung angepasst werden. Um „übertriebene Sparsamkeit" beim Wasserverbrauch zu verhindern, sollte eine Minimaltaxe eingeführt werden, die vom Mietwert eines Hauses abhing. Bis zu einem Mieterträgnis von 1000 Mark sollte sie 5 Mark pro Quartal betragen, zwi-

Aus Stadt und Land.
* Mannheim, 21. April 1888.
Zum 21. April 1888.

Ihr Mannemer, ihr liewe Leit,
Was is des vor e große Zeit!
Mer hot fascht däglich was erlewe!
Ich meen, so war's noch nie wie ewe:
Viel Trauer un viel Herzeleed,
Doch manchmool aach e großi Freed!

Un heit, do is en Freidedag,
En Feierdag, do schaft, wer mag.
Heit loß ich was in Hals nein laafe.
Doch ohne mer en Aff zu kaafe:
Ich trink vun unserm Getterdrank,
Heit laaft er endlich, Gott sei Dank!

Kumm, Albi, fiehr mich in die Kich,
Ihr Kinner folgt uns feierlich.
Lisbeth, jetzt nor nit mehr lang bsunne,
E frisches Schorzduch umgebunne.
Do schtellt Eich um be Wasserschdeen
Die Gläser her, un jetz werd's scheen.

Jetzt nor Geduld un nit gelacht:
Nit erscht gedreht un dann bedacht:
Erscht schmicke mer den Wasserhahne:
Ihr Buwe, her mit Eire Fahne!
So, jetzt werd noch nit uffgedreht,
Erscht halt ich noch e kleeni Red.

Erscht kummt der Kopp, un dann die Hand,
„Denn dazu ward uns der Verschband".
Drum eh er schtreemt, der Gettersege,
Do wolle mer's uns iwerlege,
Wie weit des Wasser laafe muß
Zu unserm Nutze un Genuß.

Bedenkt, im Käfferdeler Wald,
Dort bumbe se's, so frisch un kalt,
Dann treiwe se's dorch Wiesen Ecker,
Un mitte unne dorch be Necker
In een riesig große Rehr,
Mer ment nit, daß es meeglich wär.
So kummt's an's Heedelberger Dor —
Drum schdeht der große Dorn davor.
Die Rohre habt er lege sehe,
Die wo durch alle Gasse gehe,
Vor Dorschluß, no, des war e Gsicht,
Hammer ach noch de Anschluß kricht.

Jetzt schdehn mer do am Wasserschdeen
Am Ziel un hoffe: s werd doch gehn?
Sie hawe's zwar schun laafe losse
Un all die Plankebeem begosse,
Un der Hydrant in unsrer Gaß
Hot neilich gschpritzt, (s war alles naß), des war en Schbaß!

Alleen, wer weeß — am End, o mein,
's kennt was nit in der Ordnung sein —
Mir bebt die Hand, mein Herz dut kloppe:
Non, wann's nit laaft, so werd's doch droppe —
Ich denk, ich dreh be Krahne uff,
Mein Glas her vor den Getterfuff.

Hurra, des zischt, des braust, des schießt —
Mein Glas is voll! Wer mit genießt,
Die Gläser her! Ach Fraa, ach Kinner,
Was vor Glick! Jetzt nunner, hinner,
Jetzt horcht amol un guckt amol,
Versucht amol un schluckt amol!

Ihr liewe Kinner, liewe Leit,
Vun heut beginnt e neii Zeit,
E großi Zeit vor unser Mannem.
Hee, schmeckt's Eich denn? Gell, 's is was annem?
Gelt, 's is en wahrer Getterdrank?
Jetzt hawe mern, drum Gott sei Dank!
Mannheim, 20. April 1888.

---

schen 1001 und 3000 Mark 12,50 Mark und ab 3001 Mark 17 Mark.[34]

Es mag nicht weiter verwundern, dass die Tarife von Beginn an einen Stein des Anstoßes bildeten:

„Kaum war der Betrieb des Wasserwerkes eröffnet, begannen lebhafte Klagen über verschiedene Bestimmungen des Regulativs, namentlich zeigten sich die Hausbesitzer mit der nach ihrer Auffassung zu hoch berechneten Wassermessermiethe und mit dem – angeblich kleinere Wohnungen zu hoch belastenden – Betrag der Minimaltaxe unzufrieden."[35]

In der Folge arbeitete der Stadtrat bis Frühjahr 1891 verschiedene Änderungsvorschläge aus. Weil die Vorstellungen einer gerechten Lastenverteilung stark divergierten und in vielen Punkten keine Einigung erzielt werden konnte, überwies der Bürgerausschuss die Vorschläge einer Kommission zur Prüfung. Diese ließ eine Subkommission die Praxis in den Städten Frankfurt am Main, Darmstadt, Karlsruhe und Köln eruieren, wobei unter anderem herauskam, dass das in Mannheim angewandte „Klassensystem", das Grund für viele Klagen geboten hatte, andernorts nicht üblich war. Im Herbst 1892 schließlich gab es ein neues Statut zum Bezug von Wasser. Die Wassermessermiete war darin stark gesenkt und zudem stärker nach Durchlassgröße differenziert und reichte nun von 1,80 Mark für Durchmesser zwischen 10 und 20 mm bis 24 Mark für 125 mm Durchlass; für noch größere Wassermesser sollte der Preis individuell festgelegt werden. Der Grundpreis des Wassers stieg dafür auf 20 Pf/m³. Das Klassensystem bei den Minimaltaxen wurde ersetzt; nun waren drei Prozent des Mietwerts des Grundstücks zu entrichten. Bei Mietwohnungen mit einem jährlichen Mietpreis unter 300 Mark erfolgte die Erhebung der Taxe beim Liegenschaftsbesitzer. Die Minimaltaxe konnte bei Leerstand eines Hauses oder einer Wohnung ab drei Monaten zurückerstattet werden.[36] Ganz verzichten mochte man auf dieses Instrument der Verbrauchslenkung „im Interesse der Gesundheit und der Reinlichkeit" jedoch nicht.[37] Doch auch mit dieser neuen Regelung endeten die Beschwerden nicht vollständig. Der örtliche Grund- und Hausbesitzerverein sah die Rechte der Hausbesitzer nicht genügend berücksichtigt und verschaffte sich mittels der örtlichen Presse Gehör. Immerhin wurde so erreicht, dass 1894 ein Monat Leerstand für die Rückvergütung der Minimaltaxe ausreichte.[38]

3.2 DER ÜBERGANG IN STÄDTISCHE HAND 1889 UND DIE SCHAFFUNG DES GESAMTBETRIEBS GAS UND WASSER

Schon lange vor der tatsächlichen Einführung der zentralen Wasserversorgung war im Stadtrat die Frage erörtert worden, ob ein zukünftiges Wasserwerk in privater oder städtischer Hand liegen sollte. 1872 wurde dort für Anlage und Betrieb einer Wasserleitung durch die Stadt plädiert, auch wenn man um die Möglichkeit einer Übertragung auf eine „Aktien-Unternehmung" wusste. Die erwartete große Nachfrage schien die Rentabilität einer solchen Unternehmung sicherzustellen.[39] Als es so weit war, wurde daher beschlossen, nach einem Jahr Betrieb durch Oskar Smreker das Wasserwerk in städtische Hand zu über- und dann mit dem Gaswerksbetrieb zusammenzuführen. Die so entstehende Gesamtverwaltung sollte „einer nach § 19a der Städteordnung zu bildenden Kommission" übertragen werden.[40]

Mit der Vereinigung von Gas- und Wasserwerk befand sich Mannheim im Einklang mit der allgemeinen Entwicklung im Deutschen Reich. Organisatorisch bot sich die gemeinsame Führung der beiden strukturell ähnlichen Einrichtungen der Daseinsfürsorge an, aber auch technisch war diese Zusammenlegung sinnvoll. Nicht ohne Grund hatte sich der Verein deutscher Gasfachmänner im Jahr 1870 mit den Wasserfachmännern zum Deutschen Verein von Gas- und Wasserfachmännern (DVGW) zusammengeschlossen – die Entwicklung insbesondere des Rohrleitungsbaus in der Wasserversorgung baute auf derjenigen der Gasversorgung auf. Die gusseisernen Rohre, die schon für das Gas verwendet worden waren, fanden nun Anwendung für das Wasser, das so in großen Mengen über weitere Entfernungen transportiert werden konnte.[41]

Am 1. Mai 1889 ging die Leitung des Werks wie vorgesehen von Oskar Smreker an die Stadt über; das am 6. Juni des Jahres vom Stadtrat beschlossene Ortsstatut fand am 3. Juli die Zustimmung des Bürgerausschusses und erhielt am 20. Juli die Staatsgenehmigung. Demnach handelte es sich bei den Gas- und Wasserwerken um „wirtschaftliche, dem öffentlichen Interesse dienende Unternehmungen der Stadtgemeinde", die „einen Theil des Gemeindevermögens" bildeten. Beide Anstalten sollten „gemeinsam verwaltet werden, jedoch ist für jede derselben eine besondere Verrechnung zu führen".[42] Dem neunköpfigen Verwaltungsrat saß einer der Bürgermeister vor; von den übrigen Mitgliedern mussten mindestens fünf dem Stadtrat angehören, der Rest konnte sich aus dem Stadtverordneten-Collegium oder der Bürgerschaft rekrutieren. Dem Verwaltungsrat unterstellt war die Direktion der Gas- und Wasserwerke, der die laufenden Geschäfte übertragen waren. Anfangs umfasste die Direktion neben dem Direktor – weiterhin der schon zuvor das Gaswerk leitende Christian Beyer – einen ersten Kassier und Buchhalter, je einen Ingenieur für das Gas- und das Wasserwerk sowie „das nöthige Kanzlei- und Dienstpersonal".[43] Dem ersten Verwaltungsrat stand mit Stadtratsbeschluss vom 11. Juli 1889 Oberbürgermeister Eduard Moll vor; dessen 1. und 2. Stellvertreter waren die Stadträte Bernhard Herschel und Carl Bopp.[44] Zuvor bei Smreker beschäftigte Beamte wurden nach Möglichkeit übernommen.

In lokalem Dialekt illustriert das anlässlich der Eröffnung des Wasserwerks veröffentlichte Gedicht im „Generalanzeiger" den Sensationswert der Neuerung, nun frisches Wasser direkt aus der Leitung zapfen zu können. (Generalanzeiger vom 22.4.1888)

Josef Pichler (ganz rechts) bei einer Sitzung des Organisationskomitees für das Stadtjubiläum 1907, das von Bürgermeister Robert Ritter (5. von rechts) geleitet wurde.
(MARCHIVUM, KF008879)

Da Gas- und Wasserwerk jedoch stetig mehr produzierten bzw. förderten, demgemäß entsprechende Ausbauarbeiten anstanden, mehr Arbeiter angestellt werden mussten und damit der Betrieb immer komplexer wurde, stellte der Stadtrat 1898 den Antrag an den Bürgerausschuss, dem Direktor einen Verwalter für die wirtschaftliche Leitung des Betriebs zu unterstellen, wofür das Ortsstatut entsprechend angepasst wurde.[45]

Nachdem Beyer im Jahr 1903 nach 30-jähriger Dienstzeit um seine Versetzung in den Ruhestand gebeten hatte, musste ein neuer Direktor gefunden werden. Offenbar war trotz zahlreicher Bewerbungen nur eine geringe Anzahl infrage kommender Bewerber darunter. Dem Stadtrat schien Josef Pichler, zu jener Zeit Direktor der Gas-, Wasser- und Elektrizitätswerke in Baden-Baden, der Geeignetste zu sein. In Graz geboren, hatte Pichler in seiner Geburtsstadt ein Ingenieursstudium absolviert und anschließend von 1888 bis 1893 in Oskar Smrekers Firma für den Bau und Betrieb von Wassergewinnungsanlagen gearbeitet. Danach war er bis 1898 Direktor der Gas- und Wasserwerke Rendsburg gewesen, bevor er nach Baden-Baden wechselte. Mit Blick auf die etwaige zukünftige Übernahme des Elektrizitätswerks in städtische Hand war es dem Stadtrat wichtig, nicht nur einen in Wasser- und Gasfragen, sondern auch im Hinblick auf Elektrizität bewanderten Fachmann zu gewinnen. Im Zuge der angepeilten Anstellung Pichlers war auch eine Änderung des Ortsstatuts vorgesehen: Die erst 1898 eingeführte Stelle des Verwalters sollte auf Pichlers Wunsch hin radikal in seinen dienstlichen Befugnissen beschränkt werden, weil Pichler die alleinige Leitung der Betriebe auch in wirtschaftlicher Hinsicht für sinnvoll und „unbedingt erforderlich" hielt. Da diese Art der Organisation „an und für sich die naturgemäße" sei und sich beim Mannheimer Straßenbahnamt sehr gut bewähre, argumentierte der Stadtrat, sehe dieser keine Veranlassung, sich gegen Pichlers Wunsch zu stellen.[46]

3.3 DIE WASSERTÜRME ALS SICHTBARE ZEUGEN DER NEUEN VERSORGUNG

Bei der Planung des Standortes des für die Verteilung des Wassers notwendigen Hochreservoirs erwies sich für Oskar Smreker die Umgebung des abgerissenen Heidelberger Tores als besonders günstig. In seiner Schrift zum Detailprojekt führte er aus, dass so die Länge der Hauptleitung auf ein Minimum reduziert werden könne, die „zweckentsprechende" Versorgung der anderen Stadtgebiete Neckarvorstadt, Schwetzingervorstadt und Lindenhofquartier sichergestellt und künftigen Stadterweiterungen Rechnung getragen sei. Den Einwand, ein Hochbehälter in Form eines Wasserturms könne „die Nachbarschaft etwa durch sein Aeusseres beeinträchtigen", ließ er nicht gelten: „derartige Anlagen" eigneten sich „sehr gut zu einer monumentalen Ausführung, die den dadurch entstehenden grossen freien Platz in jeder Beziehung heben würde".[47]

Der Standort war, wie von Smreker angedeutet, insofern sensibel, als dort bereits Pläne für eine Stadterweiterung vorlagen und das zukünftige gutbürgerliche Viertel angemessen repräsentative Bauten besitzen sollte.[48] Deshalb entschied die Stadtgemeinde im Februar 1885, einen Architekturwettbewerb auszuschreiben.[49] Der erste Preis ging an den jungen Stuttgarter Architekten Gustav Halmhuber. Die Wettbewerbsergebnisse wurden im Dezember 1885 der Öffent-

Schon während der Bauzeit zeichnete sich die stadtbildprägende Wirkung des Wasserturms ab.
(MARCHIVUM, KF033936)

Die Einweihung des Wasserturms wurde mit einer großen Feier begangen. Im Jahr 1889 war das Gelände östlich des Wasserturms noch nicht bebaut.
(MARCHIVUM, KF033291)

lichkeit zugänglich gemacht, aus der daraufhin unter anderem die Forderung vorgetragen wurde, der Wasserturm solle schlichter gestaltet sein und nicht am ehemaligen Heidelberger Tor, sondern am Neckar gebaut werden. Smreker verteidigte den Standort abermals als einzig sinnvollen, stimmte jedoch ebenfalls für eine schlichtere Gestaltung, als sie Halmhuber vorgeschlagen hatte. Auch im Projektverlauf gab es immer wieder Unstimmigkeiten zwischen dem Ingenieur Smreker und dem Architekten Halmhuber. Da Letzterer bald nach Berlin ging, um neue Projekte in Angriff zu nehmen, kam der Baufortschritt in Mannheim nur schleppend voran. Schließlich fand der Wasserturm mit der Aufstellung der von Bildhauer Johannes Hoffart entworfenen Amphitrite-Figur auf der Dachspitze des Turmes im August 1889 seine Vollendung; insgesamt hatte er etwa 400.000 Mark gekostet.[50]

Wie von Smreker bei einer späteren Erweiterung des Wasserwerks bereits vorgesehen, wurde Anfang des 20. Jahrhunderts der Bau eines zweiten Wasserturms in Mannheim notwendig. Standort sollte Luzenberg sein, etwa auf halber Strecke zwischen Wasserwerk und Innenstadt. Am 10. Mai 1906 wurde unter allen in Mannheim ansässigen Architekten ein Wettbewerb hierfür ausgelobt. 29 Entwürfe gingen ein, zehn davon kamen in die engere Wahl. Die drei ausgezeichneten Entwürfe[51] wurden am 27. Juni des Jahres vom Stadtrat bestätigt, doch stellte sich deren Realisierung bei genauerer Überprüfung als zu teuer heraus. Im Folgenden ging ein Wettbewerbsbeitrag, der seinerzeit – weil „außer Wettbewerb" eingereicht – ausgeschieden war, erneut ein. Es handelte sich um den Entwurf mit dem Titel „Wirket so lange es Tag ist" von Bauinspektor Otto Eberbach (Abteilungsvorstand beim städtischen Hochbauamt), der einen nicht als Solitär stehenden, sondern von Bauten umgebenen Wasserturm vorschlug. Die Überprüfung ergab, dass die Realisierung des Entwurfs im vorgesehenen Kostenrahmen bleiben würde, sodass man zügig mit dem Bau beginnen und diesen Ende 1908 fertigstellen konnte. Im Folgejahr begann der Betrieb. Bis 1914 wurde der zunächst frei stehende Turm, wie vom Architekten geplant, von der Luzenbergschule „umbaut".[52]

Die Umbauung des Wasserturms auf dem Luzenberg war von vornherein geplant gewesen; zunächst stand er – wie hier 1909 kurz nach seiner Fertigstellung – jedoch für sich. Das Schulgebäude wurde zwischen 1912 und 1914 nach den Plänen Oberbaudirektors Richard Perrey um den Turm gebaut.
(MARCHIVUM, KF016251 (links), GF00186 (rechts))

3.4 REAKTIONEN AUF DEN STEIGENDEN WASSERBEDARF ANFANG DES 20. JAHRHUNDERTS

Die rasante Entwicklung der Stadt Mannheim um die Wende zum 20. Jahrhundert unter der Ägide von Oberbürgermeister Otto Beck blieb auch für die Wasserversorgung nicht folgenlos. Die verstärkte Ansiedlung von Industrie führte dazu, dass immer mehr Großkonsumenten an die zentrale Wasserversorgung angeschlossen wurden; die Bevölkerungszunahme einerseits in der Stadt selbst und andererseits durch Eingemeindungen – 1897 wurde Käfertal, 1899 Neckarau eingemeindet – trugen das ihre zum steigenden Wasserbedarf bei. Um 1900 hatte Mannheim bereits 141.147 Einwohnerinnen und Einwohner und damit die Schwelle zur Großstadt bereits lange überschritten. Zehn Jahre später, nach der Eingemeindung Feudenheims, zählte es fast 194.000 Köpfe.[53]

Sowohl die Anzahl privater Wasseranschlüsse als auch der Wasserverbrauch insgesamt stiegen stark an: Im Jahr 1895 gab es 3616 Privatanschlüsse, 1900 etwas über 5000 und 1904 bereits 6456.[54] Das Wasserwerk im Käfertaler Wald war für eine mittlere Leistung von 10.000 m³ pro Tag ausgelegt worden; das Maschinenhaus war so dimensioniert, dass auch eine Erweiterung auf 20.000 m³ möglich war. Allerdings wurde die mittlere Tagesleistung von 10.000 m³ bereits 1897 erreicht – viel eher als angenommen. Außerdem hatte Smreker bereits bei Untersuchungen hinsichtlich des Grundwasserstandes im Jahr 1894 eine Senkung des Grundwasserspiegels um 1,80 Meter feststellen müssen, sodass schon 1896 erste Erweiterungen – wie die Ausdehnung der Fassungsanlage um 500 Meter und die Anlage weiterer Brunnen – vorgenommen wurden. Der jährliche Anstieg des Wasserverbrauchs um rund zwölf Prozent ließ drei Jahre später weitere Maßnahmen nötig werden, wie den Ersatz für fünf versandete Rohrbrunnen und die Anschaffung einer weiteren Pumpmaschine.[55] Auch der Bau einer dritten Heberleitungsanlage zwischen 1900 und 1902 schaffte, wie den Beteiligten klar war, nur

Das Wasserwerk im 1897 eingemeindeten Käfertal prägte den Ort wie Rathaus und Kirche, wie diese Postkarte aus dem Jahr 1901 illustriert.
(MARCHIVUM, AB01422-1-018a)

kurzfristig Abhilfe. In der Stadtverwaltung wurden deshalb verschiedene grundlegende Möglichkeiten zur Sicherstellung der künftigen Wasserversorgung erörtert und unterschiedlich ernsthaft verfolgt. Manche der Bemühungen reichten bis in die 1890er Jahre zurück, andere waren neueren Datums. Zeitweise wurden also mehrere Möglichkeiten parallel verfolgt:

Wasserwerk in Rheinau:

Zum einen wurde schon kurz vor der Jahrhundertwende mit der Continentalen Wasserwerks-Gesellschaft Berlin über eine Übernahme des Wasserwerks Rheinau verhandelt. Dieses war 1898 im Auftrag der Gesellschaft Rheinau von Smreker auf eigene Rechnung geplant und erbaut worden. Noch während der Bauarbeiten hatte Smreker das Unternehmen an die Continentale Wasserwerks-Gesellschaft Berlin übertragen. Das dortige Wasser war – wie schon seinerzeit bei der Suche nach einem geeigneten Standort für ein Mannheimer Wasserwerk festgestellt worden war – von guter Trinkwasser-, jedoch aufgrund der hohen Härte nur mäßiger Nutzwasserqualität. Nach Fertigstellung des Werks im Dezember 1898 wurden im darauffolgenden Frühjahr etwa 50 Konsumenten an die Wasserleitung angeschlossen; auch in den Folgejahren mehrte sich deren Zahl nur langsam. Noch vor der Inbetriebnahme 1898 war Smreker mit der Stadtgemeinde Mannheim in Verbindung getreten, um angesichts der anstehenden Eingemeindung des Ortes Neckarau über dessen Anschluss an das Rheinauer Werk zu verhandeln. Bald stand auch die ergänzende Versorgung von Mannheims Altstadt im Raum sowie der käufliche Erwerb des Werks durch die Stadt Mannheim nach Ablauf einer Zehnjahresfrist. Dies hätte angesichts der damals akuten Suche nach ergänzenden Wasserbezugsquellen eine gute Möglichkeit sein können. Allerdings konnten sich beide Seiten nicht auf die Modalitäten einer Übernahme einigen; zudem bestanden Bedenken hinsichtlich der

Wasserhärte, sodass die Angelegenheit zunächst nicht weiterverfolgt wurde.[56] Im Herbst 1902 kam wieder Bewegung in die Angelegenheit, als die Gesellschaft Rheinau in finanzielle Bedrängnis geriet und die Stadt bestrebt war, der Continentalen beizuspringen. In den Verhandlungen war die Stadt im Prinzip zur Abnahme von Wasser bereit, allerdings konnte in verschiedenen Punkten wiederum keine Einigung erzielt werden. So sollte erst einmal der Antritt des neuen Direktors Pichler abgewartet werden. Pichler kam dann zu der Einschätzung, man solle mit einem Vertragsabschluss bis nach Beendigung der Vorarbeiten für die Erweiterung des Wasserwerks in Käfertal abwarten. Andererseits war die Frage nach der Sicherung der Wasserversorgung um 1905 dringlich, sodass der Stadtrat erneut in Verhandlungen mit der Continentalen trat, ohne jedoch zu einem schnellen Ergebnis zu kommen.[57]

Zweites Pumpwerk auf der Gemarkung Lampertheim in Hessen:
Zudem wurde in den 1890er Jahren bei der Suche nach möglichen neuen Gebieten zum Bau eines zweiten Pumpwerks der Blick auf ein Areal der Gemarkung Lampertheim im Großherzogtum Hessen gerichtet und über einen Vertrauensmann auch das betreffende Gelände erworben. Allerdings erschien es zunehmend aussichtslos, dass die hessische Regierung in absehbarer Zeit ihre Genehmigung für den Bau geben würde, sodass dieser Weg nicht weiter beschritten wurde.

„Zweiganlage" auf dem Hofgut Kirschgartshausen:
Auch auf dem Gelände des Hofguts Kirschgartshausen schien eine weitere Wassergewinnungsanlage als „Zweiganlage" des Käfertaler Werks denkbar; Smreker arbeitete hierfür im Jahr 1902 ein Generalprojekt aus. Allerdings schien die Konkurrenz durch das Wasserwerk der Zellstofffabrik Waldhof in der Nähe problematisch; außerdem wollte der Besitzer des Hofguts – das Markgräflich Badische Unterländer-Fideikommiß – dieses nicht in Teilen, sondern ausschließlich als Ganzes veräußern, sodass auch diese Möglichkeit ad acta gelegt wurde.

Nutzwasserleitung:
Die Anlage einer Nutzwasserleitung wurde ebenfalls erwogen, davon wegen hoher Kosten aber wieder abgesehen. Die ebenfalls erörterte Idee einer Nutzwasserleitung für öffentliche Zwecke wurde erst einmal zurückgestellt und für einen späteren Zeitpunkt als Möglichkeit eruiert.

Neues Wasserwerk im Hardtwald:
Dagegen hatte sich in der Zwischenzeit der schon einmal in den Fokus geratene Hardtwald als vielversprechendes Gebiet für ein zweites Wasserwerk herauskristallisiert. Am 20. Februar 1900 hatte der Bürgerausschuss für Vorarbeiten bereits 100.000 Mark bewilligt und Smreker daraufhin zunächst im Juli 1901 ein allgemeines, vier Jahre später ein Detailprojekt dafür vorgelegt. Darin bezifferte er die Kosten (exklusive Geländeerwerb für Wasserwerk und zweiten Wasserturm sowie weiteren Ausbau dieses Werks) auf rund 3,2 Mio. Mark. Gemeinsam mit dem Käfertaler Werk sollte so die Versorgung von 300.000 Menschen gesichert werden.

Erweiterung des bestehenden Werks in Käfertal:
Über die Realisierungsmöglichkeit einer Erweiterung des bestehenden Werks schließlich war man lange im Unklaren. Wegen der beobachteten Absenkung des Grundwasserspiegels und des nahe gelegenen, gewaltige Mengen fördernden Firmenwasserwerks der Zellstofffabrik Waldhof glaubte man zunächst nicht an diese Möglichkeit – hier lag auch der Ursprung für die Erkundungen im Hardtwald. Allerdings änderte die Direktion der Gas- und Wasserwerke ihre Meinung wieder und arbeitete im Folgenden Vorschläge für eine Erweiterung aus, die 1899 von dem zugezogenen Gutachter Oberbaurat Adolf Drach (Karlsruhe) weitgehend gutgeheißen wurden. Nachdem Josef Pichler Generaldirektor Beyers Nachfolge angetreten hatte, machte er sich rasch ans Werk und legte am 15. Juli 1905 ein Projekt zur Erweiterung des Wasserwerks in Käfertal vor.[58]

Der auch in Mannheim außergewöhnlich heiße und trockene Sommer des Jahres 1904 hatte nämlich drastisch vor Augen geführt, dass das Wasserwerk Käfertal an seiner Kapazitätsgrenze gelangt war. Zuvor hatte es einen Höchstverbrauch von 19.000 m^3 Wasser in 24 Stunden gegeben; im Sommer 1904 waren es dagegen bis zu 24.100 m^3 – dafür mussten alle drei Maschinenaggregate zugleich in Betrieb gehen, sodass jegliche Maschinenreserve fehlte und ein hoher Druckverlust in der Hauptrohrleitung bestand.[59]

In seinen Ausführungen zur Erweiterung des bestehenden Wasserwerks gab Pichler dieser Variante aus finanziellen, organisatorischen und die Betriebssicherheit beachtenden Gründen den Vorzug vor dem Bau eines zweiten Wasserwerks im Hardtwald. Gegen die Erweiterung sprach vor allem die juristische Auseinandersetzung mit der Zellstofffabrik in Waldhof. Diese hatte einige Jahre nach Inbetriebnahme des Mannheimer Werks ein eigenes Wasserwerk errichtet, das aus demselben Grundwasserstrom schöpfte – und zwar deutlich größere Mengen als das städtische Werk. Seitens der Stadt führte man den sinkenden Grundwasserspiegel vor allem auf diese Tatsache zurück. In Konkurrenz um die zukünftige Sicherung des Wasserbedarfs kam es zu harten Auseinandersetzungen, die sich über Jahre hinzogen. Gegen die Erweiterung des Käfertaler Wasserwerks erhob die Zellstofffabrik denn auch Einspruch; nichtsdestotrotz genehmigte der Stadtrat die Erweiterung, und auch der Bürgerausschuss stimmte nach eingehender Erörterung in einer Kommission am 3. April für das Projekt.[60] Im Jahr 1910 schließlich wies das Ministerium des Innern den von der Zellstofffabrik 1908 erneut eingelegten Rekurs gegen die Erweiterung endgültig zurück mit der gleichzeitigen Festlegung der Höhenlage des Wasserspiegels für die Entnahme aus der nördlichen Heberleitung des städtischen Wasserwerks.[61]

Erweiterung des Wasserwerks ab 1906

Die Erweiterung sollte in kleineren Schritten über mehrere Jahre hinweg erfolgen, um den laufenden Betrieb möglichst wenig zu beeinträchtigen. Ein weiterer willkommener Effekt dieses allmählichen Umbaus war die Tatsache, dass sich dieser weniger auf die finanziellen Jahresergebnisse niederschlug. Ab 1906 wurde, trotz des noch schwebenden Verfahrens mit der Zellstofffabrik, mit den Bauarbeiten begonnen. Bis 1911 war die Erweiterung abgeschlossen. Insgesamt kosteten die Umbauarbeiten etwa 2.290.000 Mark; die maximale Leistungsfähigkeit wurde auf rund 37.000 m³ in 24 Stunden erhöht.[62]

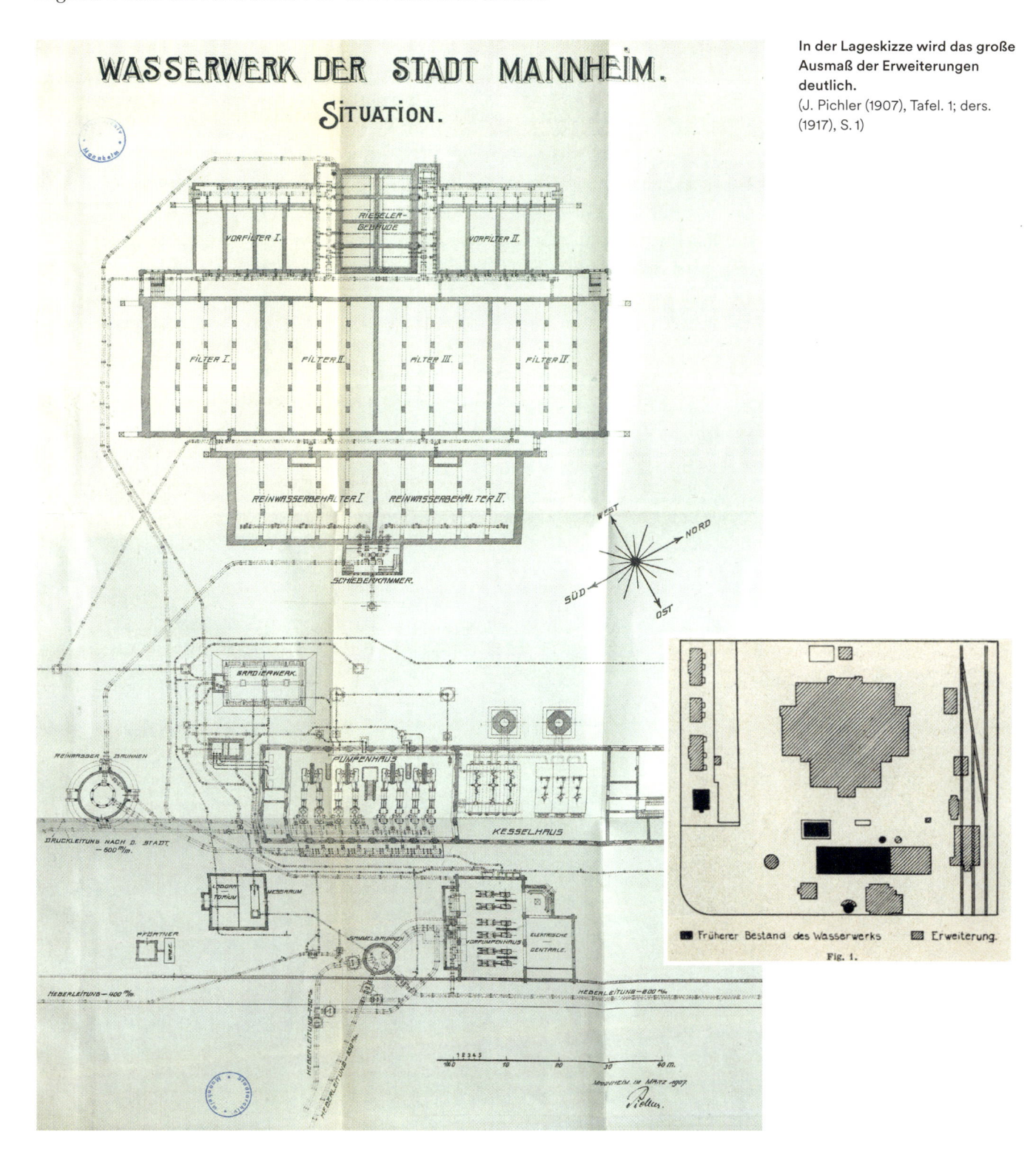

In der Lageskizze wird das große Ausmaß der Erweiterungen deutlich.
(J. Pichler (1907), Tafel. 1; ders. (1917), S. 1)

Die Erweiterungen geschahen auf verschiedenen Ebenen. Um erstens die Kapazitäten zu erhöhen, vergrößerte man die Wassergewinnungsanlagen. Zudem wurde zum einen die Profilausnutzung verbessert, zum anderen wurden neue Bereiche zur Wassergewinnung im Südosten des Gebiets erschlossen. Zweitens sollte die Qualität des Wassers optimiert, namentlich dessen Eisengehalt vermindert werden. In den vergangenen Jahren hatten sich Beschwerden über mangelhaftes und trübes Wasser gehäuft. Die Ursache dafür lag in dem Zurückgehen der Ergiebigkeit des eisenarmen Wassers, das die nördliche Heberleitung förderte, und dem zugleich stärker eisenhaltigen Wasser aus der 1901 in Betrieb genommenen neuen Heberleitung im Südosten des Gebiets. Ab 1904 genügten die bislang vorgenommenen Spülungen des Rohrnetzes nicht mehr. Auch der zurückgehende Grundwasserstrom hatte daran seinen Anteil. Deshalb wurde eine Enteisenungsanlage (nach sogenanntem offenem System) errichtet. Drittens entstanden maschinelle Anlagen: Neben der bisher genutzten Dampfkraft sollte für alle Neben- und Hilfsbetriebe die noch recht neue Elektrizität zur Anwendung kommen. Auch elektrische Beleuchtung wurde eingeführt.

Zur Erhöhung der Betriebssicherheit ließen die Werke ab 1909 weitere drei Wohnhäuser errichten, sodass zehn Beamte und Arbeiter direkt am Werk wohnen und bei Störungen rasch vor Ort sein konnten.[63] Weiterhin entstanden unter anderem Büroräume, Arbeiteraufenthaltsräume mit „Brausebädern", ein Speisesaal mit Getränkeausgabe – hier wurde Kaffee kostenlos, Sodawasser und Bier zum Selbstkostenpreis abgegeben –, eine Schlosser- und Schmiedewerkstatt, ein Werklabor zur Untersuchung der Wasserproben und schließlich eine wohlgepflegte Gartenanlage:

> „Die Pumpstation hat im Laufe der Jahre ihre Gartenanlagen, zu welchen die abgängigen Bäume und Sträucher der Jubiläums-Garten-Ausstellung 1907 die Grundlage bildeten, wesentlich erweitert und verschönert und

Für die Verlängerung des Sammelbrunnens war auch ein Taucher vonnöten.
(MARCHIVUM, AB00647-001)

Die erweiterte Anlage 1915. Im Vordergrund befindet sich der runde Reinwasserbrunnen, ganz links die Reinwasserbehälter mit Filteranlagen. Der hohe hölzerne Turm beinhaltete das Gradierwerk, daneben sind das Pumpenhaus, das Laboratorium sowie das Vorpumpenhaus zu sehen.
(MARCHIVUM, KF042014)

sind heute ausgedehnte, gut gepflegte Anlagen vorhanden, die sicherlich dazu beitragen, die Appetitlichkeit des im Werk gewonnenen Genußmittels zu erhalten."[64]

Außerhalb des Werks wurde noch eine weitere Hauptzuleitung zur Stadt über die Vororte Waldhof, Luzenberg und Neckar-Vorstadt gelegt. Der oben erwähnte Bau des zweiten Wasserturms auf dem Luzenberg gehörte ebenfalls zum Erweiterungsprojekt.

Eingemeindungen und das Wasserwerk Rheinau

Mit den Eingemeindungen vergrößerte sich auch das Versorgungsgebiet des Wasserwerks. Zunächst kam ab 1897 Käfertal hinzu. Schon beim Bau des Wasserwerks, als Käfertal das entsprechende Gelände an die Stadt Mannheim verkauft hatte, war die Abmachung getroffen worden, drei Hydranten für Feuerlöschzwecke, mit welchen eine Zapfstelle für Trinkwasser verbunden werden konnte, aufzustellen. Ein weiterer Anschluss des Ortes an die Wasserversorgung war laut Vertrag dem Ermessen der Stadt Mannheim überlassen worden. Im Hinblick auf eine möglicherweise notwendige Erweiterung des Wasserwerks befürchtete man in Mannheim schon in den 1890er Jahren, dass sich die Verhandlungen mit Käfertal äußerst schwierig gestalten würden – in der Vorlage für den Bürgerausschuss am 21. Mai 1896 zur „Einverleibung" Käfertals, so der damalige Sprachgebrauch, war deshalb die Möglichkeit einer ungehinderten Ausdehnung des Wasserwerks als „eine der wichtigsten Errungenschaften der Einverleibung" bezeichnet worden.[65]

Als die Eingemeindung Neckaraus bevorstand, mussten dessen Bürger entscheiden, ob sie lieber unverzüglich Wasser aus dem Wasserwerk Rheinau geliefert bekommen wollten, das jedoch eine größere Härte aufwies, oder lieber noch

3 DIE ENTWICKLUNG DER ZENTRALEN WASSERVERSORGUNG IN EINER EXPANDIERENDEN STADT

eine Weile warten und dann an die zentrale Wasserversorgung der Stadt angeschlossen werden wollten. Die ersten Verhandlungen zur Übernahme des Rheinauer Werks waren, wie oben erläutert, 1898 zwar gescheitert; die Continentale hatte sich aber weiterhin bereit erklärt, Neckarau mit Wasser zu versorgen. Die Neckarauer Einwohnerschaft entschied sich dennoch einstimmig gegen das „harte" Wasser aus Rheinau und wollte lieber bis zum Anschluss an die Mannheimer Wasserversorgung nach der Eingemeindung warten.[66]

Die Eingemeindung Feudenheims führte nicht nur zu einer gestiegenen Einwohnerzahl, sondern auch dazu, dass das dortige Wasserwerk in den Besitz der Stadtgemeinde Mannheims überging. Es war in den Jahren 1905/06 als gemeinsamer Wasserbezugsort für Feudenheim und Wallstadt durch die Großherzogliche Kulturinspektion Heidelberg am Neckarhochgestade an der Feudenheim–Ilversheimer Straße, etwa 600 Meter Luftlinie vom Neckar entfernt, projektiert und ausgeführt worden.[67]

Die schon seit Jahren im Raum stehenden Überlegungen zur Abnahme von Wasser aus dem Rheinauer Werk wurden 1910 wieder akut. Nachdem die Garantieverpflichtung der Rheinaugesellschaft durch den Vertrag vom 22. März 1907 abgelöst und deren gesamte Rechte und Pflichten aus dem Wasserwerksvertrag an die GmbH von Oskar Smreker übertragen worden waren, wurden sie im Januar 1911 auf die Stadtgemeinde Mannheim weiter übertragen.[68] Am 26. Juli 1910 hatte der Bürgerausschuss einem Gesellschaftsvertrag zur Gründung der Wasserwerksgesellschaft Rheinau mbH mit je hälftiger Kapitalbeteiligung (à 300.000 M) der Continentalen und der Stadt Mannheim zugestimmt. Der fünfköpfige Aufsichts-

Weil Feudenheim den Betrieb des Werks übernommen hatte, war nun Mannheim als alleinige Eigentümerin nach dem 1907 zwischen Feudenheim und Wallstadt abgeschlossenen Vertrag „für alle Zeiten" verpflichtet, das benötigte Wasser nach Wallstadt – das erst 1929 eingemeindet werden sollte – zu liefern.
(MARCHIVUM, PL10296)

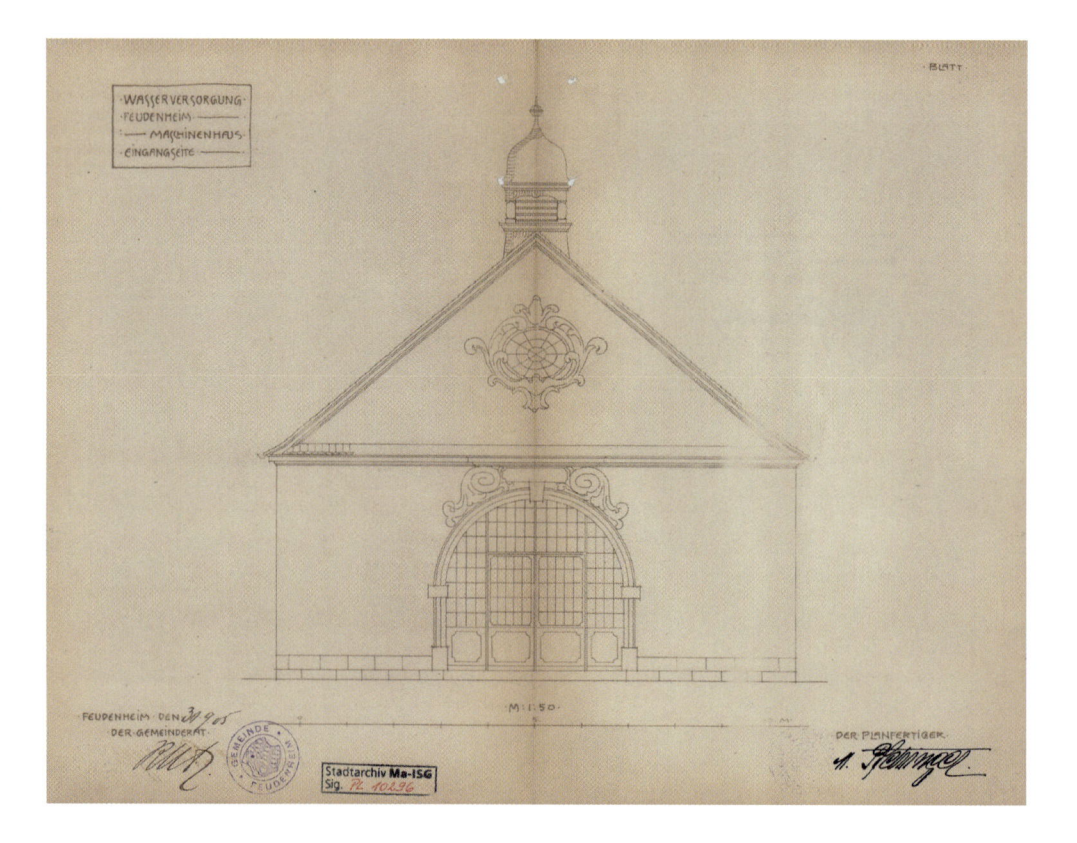

rat sollte aus drei Mitgliedern der Stadt (davon auch der Vorsitzende) und zwei Angehörigen der Continentalen bestehen. Nach § 10 wurde der Stadt Mannheim das Recht eingeräumt, nach zehn Jahren Wasserlieferung an diese die Geschäftsanteile der Continentalen zu erhalten. Am 13. Dezember 1910 wurde der Vertrag unterzeichnet.[69] In einem schon zuvor abgeschlossenen Wasserlieferungsvertrag hatte die Stadtverwaltung sichergestellt, dass die Stadt keine Verpflichtung, sondern lediglich das Recht zur Wasserentnahme besaß, und im Übrigen alle Verhältnisse bei einer etwaigen künftigen Wasserentnahme detailliert geregelt.

Die Direktion der Werke beantragte schon am 16. Januar 1911 aus betriebstechnischen und wirtschaftlichen Gründen den sofortigen Anschluss an das Rheinauer Werk. Am 3. Oktober 1911 stimmte der Bürgerausschuss – nach einem besonders heißen Sommer, der den Wasserhöchstverbrauch auf 40.000 m³ pro Tag hatte steigen lassen und damit einen möglichen baldigen Wassermangel vor Augen führte – dem Wasserlieferungsvertrag zu und bewilligte Anlehensmittel in Höhe von 141.000 Mark für die Beschaffung der zum Anschluss des Werks notwendigen Materialien. Die Kosten für die Verlegung der Rohre hatte vertragsgemäß die Wasserwerksgesellschaft Rheinau mbH zu tragen. Nach Vertragsablauf sollte die Leitung ohne Weiteres in das Eigentum der Stadt übergehen.[70]

Bei der Eingemeindung Rheinaus am 1. Januar 1913 wurde der Ort größtenteils von der Wasserwerksgesellschaft mit Wasser versorgt. Damit waren die „neuen" Mannheimer einem anderen Tarif unterworfen, der für die meisten ein höheres Wassergeld bedeutete. Bei den Verhandlungen um die Eingemeindung war von Rheinauer Seite aus Wert darauf gelegt worden, dass die Wasserbezugsbedingungen für Mannheim auf sie ausgedehnt würden; wegen der hälftigen Anteile der Continentalen konnte die Stadt in diesem Punkt aber nicht frei entscheiden, sodass im Gesetz über die Einverleibung Rheinaus lediglich stand, dass die Stadtgemeinde „bemüht" sei, die gleichen Wasserbezugsbedingungen herzustellen. Die Wasserwerksgesellschaft verlangte daraufhin eine Entschädigung für die durch die Angleichung der Tarife jährlich entstehenden Einnahmeausfälle; man einigte sich auf eine Summe von 10.000 Mark jährlich. Erst im Jahr 1925 gingen dann die Anteile der Continentalen auf die Stadt Mannheim über.[71]

Bis zum Ersten Weltkrieg war die Trinkwasserversorgung weit fortgeschritten und wurde, rechnet man das kleine Feudenheimer Werk ein, durch drei Wasserwerke sichergestellt. 1914 existierten bereits 10.269 private Wasseranschlüsse, das Rohrnetz umfasste insgesamt beinahe 255 Kilometer Länge, und die drei Werke förderten rund 8,5 Mio. m³ Wasser in jenem Jahr.[72] Der langwierige Weg zur zentralen Wasserversorgung hatte sich zu einer Erfolgsgeschichte entwickelt.

ANMERKUNGEN

1 Vgl. E. Grahn (1876), S. 518 ff.

2 Vgl. P. Engels, Wasserversorgung, in: Stadtlexikon Darmstadt, https://www.darmstadt-stadtlexikon.de/w/wasserversorgung.html, Stand: 19.1.2021; Karlsruhe Stadtzeitung, Geschichte: 50 Jahre Wasserwerk vom 7.8.2015, http://presse.karlsruhe.de/db/stadtzeitung/jahr2015/woche32/geschichte_50_jahre_wasserwerk.html, Stand: 19.1.2021; Die Geschichte der Heidelberger Wasserversorgung, Rhein-Neckar-Zeitung vom 23.5.2017, https://www.rnz.de/nachrichten/heidelberg_artikel,-Heidelberg-Die-Geschichte-der-Heidelberger-Wasserversorgung-_arid,277277.html, Stand: 19.1.2021.

3 Vgl. Die Wasserversorgung in Baden, in: Journal für Gasbeleuchtung und Wasserversorgung 1 (1895), S. 7–9.

4 Vgl. P. Münch (1993), S. 42.

5 Vgl. A. Eder (1956), S. 28.

6 Vgl. O. Smreker (1884), S. 9.

7 Vgl. ebd., S. 10; Verwaltungsberichte (im Folgenden VB) 1892–1894, S. 474.

8 Vgl. MARCHIVUM, Bibliothek, A 18/1, 1871–1879, Vorlage für Bürgerausschuss-Sitzung (im Folgenden BA-Sitzung) vom 3.12.1872, S. 4. Durchgeführt wurde die Reise von Stadtrat Schuh, Stadtbaumeister Haas sowie dem Großherzoglichen Ingenieur Baer.

9 Vgl. ebd., S. 12.

10 Vorlage für BA-Sitzung vom 4.10.1880, S. 7. An anderer Stelle wird der 7.10.1880 genannt.

11 Vgl. O. Smreker (1884), S. 14; VB 1892–1894, S. 478.

12 Vgl. Vorlage für BA-Sitzung vom 31.5.1882, S. 6.

13 Reisebericht Schneider/Ritter vom 1.9.1881, zit. in: ebd., S. 3. Besuchte Städte waren u. a. Darmstadt, Frankfurt am Main, Wiesbaden, Bonn, Köln, Mülheim am Rhein, Düsseldorf, Elberfeld, Rotterdam, Den Haag und Amsterdam.

14 Vgl. Vorlage für BA-Sitzung vom 31.5.1882, S. 8; O. Smreker (1884), S. 16–18; VB 1892–1894, S. 481.

15 Vgl. A. Eder (1956), S. 28; O. Smreker (1884), S. 18; VB 1892–1894, S. 482.

16 Vgl. Vorlagen für BA-Sitzung vom 3.12.1872, S. 3 f.; vom 4.10.1880, S. 3 f.

17 Vgl. A. Eder (1956), S. 28. Smreker, 1854 in der Steiermark geboren, hatte seine Ingenieursausbildung an der Technischen Hochschule Zürich erhalten und vor seiner Berufung nach Mannheim u. a. in Darmstadt gearbeitet, wo er im Auftrag der Berliner Firma Aird & Marc die Wasserversorgung mit aufbaute; vgl. H. Weckesser (1991), S. 36. Darmstadt hatte bereits am 1. Dezember 1880 sein Wasserwerk in Betrieb nehmen können, vgl. P. Engels. Die Empfehlung durch Adolf Thiem ist auch insofern bemerkenswert, als die beiden ansonsten harte wissenschaftliche Kontroversen führten; vgl. G. J. Houben/O. Batelaan (2021), S. 19 ff.

18 Vgl. O. Smreker (1884) S. 21; VB 1892–1894, S. 482 f.

19 O. Smreker (1884), S. 27.

20 Vgl. VB 1892–1894, S. 485 f.; O. Smreker (1884), S. 32–48.

21 Gutachten Schneider/Thiem/Honsell, S. 10.

22 Vgl. Vorlage für BA-Sitzung vom 12.3.1885, S. 6 f.; Tagesordnung für BA-Sitzung vom 18.6.1885; Vorlage für BA-Sitzung vom 14.9.1885, S. 19–25; A. Eder (1956). Die Kosten für das Gelände setzten sich zusammen aus 50.000 M für die Überlassung des Grundes und gewisser Berechtigungen, 4000 M für die Überlassung des Holzbestandes auf dem Gelände sowie 10.000 M als Entschädigung und Abfindung, vgl. VB 1892–1894, S. 491. Das Honorar für Oskar Smreker sollte 30.000 M betragen; außerdem sollte er eine Bauprämie von 5000 M erhalten, falls das Werk nach Fertigstellung sofort und dauerhaft höchst zufriedenstellend arbeiten würde.

23 Vgl. VB 1892–1894, S. 493; A. Eder (1956), S. 25–31; Vorlage für BA-Sitzung vom 20.3.1906, S. 21. Der Wasserverbrauch variierte damals zwischen den Städten erheblich; Smreker ging von einer gewissen Ähnlichkeit mit anderen grundwasserversorgten Städten am Rhein aus, vgl. O. Smreker (1885), S. 10.

24 Generalanzeiger Mannheim (im Folgenden GA) vom 23.9.1886.

25 GA vom 29.12.1886.

26 GA vom 6.10.1886.

27 Vgl. Vorlage für BA-Sitzung vom 2.8.1887, S. 3–7; GA vom 6.8.1887.

28 Vgl. ebd.; Begründung für Vorlage für BA-Sitzung vom 2.8.1887, S. 6 f.

29 GA vom 11.8.1887.

30 Vgl. GA vom 29.9.1887.

31 Vgl. VB 1892–1894, S. 513.

32 Vgl. GA vom 16.5.1888.

33 Begründung für Vorlage für BA-Sitzung vom 2.8.1887, S. 6 f.

34 Die Tarife anderer Städte der Umgebung im Vergleich: Heidelberg: Private 28 Pf., Industrielle 15 Pf.; Darmstadt: Private 28 Pf., Groß-Industrie 17 Pf.; Karlsruhe durchweg 10 Pf.; Straßburg durchweg 12 Pf. (bei größerem Konsum entsprechender Rabatt), vgl. ebd., S. 6.

35 VB 1892–1894, S. 516.

36 Vgl. ebd., S. 517 ff.; Vorlage für BA-Sitzung vom 2.8.1887; Vorlage für BA-Sitzung vom 21.6.1892, S. 3–9.

37 O. Moericke (1909), S. 52.

38 Vgl. Zeitungsartikel im GA vom 19.6.1892, 20.6.1892, 29.12.1892; VB 1892–1894, S. 521.

39 Vgl. Vorlage für BA-Sitzung vom 3.12.1872, S. 4.

40 VB 1892–1894, S. 499.

41 Vgl. P. Münch (1993), S. 41.

42 § 1 des „Ortstatut[s] für die Verwaltung der städtischen Gas- und Wasserwerke", in: VB 1892–1894, S. 499.

43 Ebd., S. 499 ff.

44 Weiterhin saßen im Verwaltungsrat die Stadträte Dr. Adolf Clemm, Dr. Carl Wilhelm Diffené und Heinrich Adam Hartmann sowie die Kaufleute Karl Bürck, Johann Dauth und Georg Schwanholz.

45 Vgl. Vorlage für BA-Sitzung vom 1.3.1898, S. 197 ff.

46 Vgl. Vorlage für BA-Sitzung vom 10.5.1904, S. 13–15; MARCHIVUM, ZGS, S 1/1843.

47 O. Smreker (1885), S. 22.

48 Vgl. A. Schenk (2004), S. 97.

49 Jury: Joseph Durm, Architekturprofessor an der TH Karlsruhe, und Christian Friedrich Leins, Professor in Stuttgart, vgl. H. Weckesser (1991), S. 28.

50 Vgl. ausführlich zur Entstehungsgeschichte des Wasserturms H. Weckesser (1991); vgl. auch U. Nieß (2007).

51 1. Preis: „Blau-Weiß" von Ernst Plattner; 2. Preis: „Dem Industriehafen" von Friedrich Pippart; Ankäufe: „Drei Ringe" von Albert Friedrich Speer, „Frisch sprudelt dein Quell" von Josef Helffenstein, „Liselotte" von Georg Enders.

52 Vgl. VB 1906, S. 5 f.; VB 1908, S. 4; A. Schenk (2004), S. 98; A. Gieseler/M. Ryll (1997), S. 66–70.

53 Vgl. ausführlich dazu die Beiträge A. Gillen, D. Schott u. H. Probst in: U. Nieß/M. Caroli (2007).

54 Vgl. VB 1895–1899, S. 304; VB 1900–1902, S. 345; VB 1903–1904, S. 179.

55 Vgl. VB 1895–1899, S. 271–276.

56 Vgl. MARCHIVUM, Bibliothek, A 4/76 Denkschrift über Einverleibung des Rheinaugebietes. Denkschrift des Oberbürgermeisters Beck an den Stadtrath der Hauptstadt Mannheim, S. 124–132; Vorlage für BA-Sitzung vom 20.3.1906, S. 22.

57 Vgl. Vorlage für BA-Sitzung vom 20.3.1906, S. 22.

58 Vgl. ebd., S. 21–25.

59 Vgl. ebd., S. 24.

60 Vgl. VB 1906, S. 3 ff.; Vorlage für BA-Sitzung vom 3.4.1906.

61 Vgl. VB 1910, S. 3.

62 Dies und das Folgende, sofern nicht anders gekennzeichnet, basierend auf: J. Pichler (1917).

63 Vgl. VB 1909, S. 3.

64 J. Pichler (1917), S. 23.

65 Vgl. Vorlage für BA-Sitzung vom 21.5.1896, S. 6, 28.

66 Vgl. Denkschrift über Einverleibung des Rheinaugebietes, S. 132; VB 1895–1899, S. 290.

67 Vgl. VB 1910, S. 1.

68 Vgl. Einverleibung des Rheinaugebietes in die Stadtgemeinde Mannheim, Bd. 2: Zur Bürgerausschußsitzung am 11. März 1912, S. 18.

69 Vgl. Gesellschaftsvertrag in: MARCHIVUM, Haupt- und Dezernatsregistratur, Zug. 42/1975 Nr. 1406; vgl. außerdem: Vorlage für BA-Sitzung vom 26.7.1910, S. 879 ff.

70 Vgl. VB 1912, S. 3 f.; Vorlage für BA-Sitzung vom 3.10.1911, S. 1107 ff.

71 Vgl. Vorlage für BA-Sitzung vom 2.12.1913, S. 882 ff. Zur weiteren Entwicklung in Rheinau siehe Kap. 6.2 in diesem Band.

72 Vgl. VB 1914, S. 2 ff.

4
DIE ÄRA DER ELEKTRIZITÄT

DIETER SCHOTT

4.1 ELEKTRIZITÄT ERSCHEINT AM MANNHEIMER HORIZONT

Die Mannheimer Auseinandersetzung mit der in den 1880er Jahren revolutionären neuen Elektrotechnik zeichnet sich durch ein eigentümliches Wechselspiel von pionierhaft frühen Ansätzen einerseits und langem Zaudern und Zuwarten andererseits aus, was sich aber im Nachhinein als vorteilhaft erwies. Zu einem sehr frühen Zeitpunkt wurde in Mannheim ein elektrischer Aufzug im Rahmen der Pfalzgau-Ausstellung 1880 vorgeführt, deren Themen im vollen Titel „Gewerbliche und landwirtschaftliche Ausstellung des Pfalzgaus" deutlich werden.[1] In der „Maschinenabteilung" dieser Gewerbeschau hatte die Firma Siemens & Halske einen elektrisch betriebenen Personenaufzug an der Außenwand des Zollgebäudes installiert, der zu einer Aussichtsplattform auf dem Dach dieses Gebäudes führte; von dort konnte man einen Rundblick über das Ausstellungsgelände und die Stadt genießen. Der Aufzug war nach Anspruch von Siemens & Halske der erste elektrisch betriebene Personenaufzug der Welt. Er wurde von einem Elektromotor über ein Schneckengetriebe angetrieben, wobei mittels Drahtseilen über das Dach und Ausgleichsgewichten ein Gegengewicht geschaffen wurde.

Der offenbar sehr zuverlässig funktionierende Aufzug – die hohe inhärente Sicherheit wird in einem Artikel von 1930 besonders betont – beförderte während der Ausstellung 8000 Personen zum Preis von je 20 Pfennig auf die etwa 20 Meter hohe Aussichtsplattform.[2] So beeindruckt die Mannheimer Bevölkerung von dieser neuen Technik wohl war, so wenig hatte diese zunächst lokal unmittelbare Folgen: Es gab kaum größeren Bedarf für einen solchen Aufzug, denn die Zeit der Hochhäuser war in Mannheim um 1880 noch nicht angekommen, sieht man von Speicherhäusern im Hafen ab. Zudem hätte auch eine wichtige Voraussetzung gefehlt: Eine dauerhafte Elektrizitätsversorgung gab es weder in Mannheim noch anderswo. Erst 1881 präsentierte Edison der Öffentlichkeit auf der Elektrizitätsausstellung von Paris sein elektrisches Beleuchtungssystem, womit die technischen Grundlagen für eine lokale Elektrifizierung im Prinzip geschaffen waren.[3] In Mannheim begann die Auseinandersetzung mit Elektrizität dann Mitte der 1880er Jahre im Kontext der Theaterbeleuchtung.[4]

Wesentliche Rahmenbedingung für das städtische Handeln in Sachen Elektrizität war in dieser Phase das Gaswerk als bedeutendste kommerzielle Investition der Stadt.[5] Es erwirtschaftete erhebliche Gewinne, weshalb dem Gaswerk auf keinen Fall Konkurrenz gemacht werden sollte. Die Theaterbeleuchtung wurde in Mannheim und anderswo aus drei Gründen zum wichtigen Thema: einmal wegen der als dringlich erachteten Erhöhung der Feuersicherheit – Theaterbrände waren in dieser Phase mit offenen Gaslampen recht häufig, ein katastrophaler Theaterbrand in Wien hatte 1881 fast 400 Menschenleben gefordert; zweitens wegen der Verbesserung der Temperatur- und Luftverhältnisse – die Gasbeleuchtung heizte den Theaterraum massiv auf und führte zum Anstieg von Kohlendioxid in der Atemluft; schließlich, um dank elektrischer Beleuchtung bessere Lichteffekte auf der Bühne zu erzielen. Ausgelöst durch ein Angebot der Deutschen Edison-Gesellschaft für angewandte Elektrizität (aus der später die AEG hervorging) vom November 1886, beschloss der Stadtrat, bei den Theatern in Köln, Stuttgart und München Auskunft über deren Erfahrungen mit elektrischer Theaterbeleuchtung einzuholen. Ein dazu erstelltes Gutachten des Mannheimer Gaswerks vom Mai 1888 entwarf bereits die Perspektive, auch andere Interessenten in der Nähe des Nationaltheaters mit Lichtstrom zu versorgen.[6] Der Strom sollte von Gasmotoren erzeugt werden, die im Keller des Nationaltheaters untergebracht würden. Im September 1888 setzte der Stadtrat eine „Subkommission" zur Prüfung der Theaterbeleuchtungsfrage ein, die Erasmus Kittler, Professor der Elektrotechnik an der TH Darmstadt, und Friedrich Uppenborn, einen führenden Elektrotechniker im Dienst der Stadt München, zur Begutachtung auch über die Frage einer für die Stadt insgesamt arbeitenden Zentrale einlud. Kittler hatte gerade als Berater in der hessischen Haupt- und Residenzstadt Darmstadt führend zum Beschluss der Stadtverwaltung vom Juni 1887 beigetragen, eine städtische Elektrizitätsversorgung einzurichten, wobei das Hoftheater als Großkunde ausschlaggebend gewesen war.[7]

Weil sich die in Mannheim vorgelegten Gutachten in wichtigen Punkten widersprachen, etwa im Hinblick auf die Tauglichkeit von Gasmotoren, entschied sich der Stadtrat im November 1889 gegen eine Einführung elektrischer Beleuchtung für das Theater. Dass noch andere Fragen, etwa die Pachtverhältnisse oder ein notwendig werdender grundlegender technischer Umbau des Theaters, in der Schwebe waren, dürfte den Stadtrat zusätzlich zur Zurückhaltung bewogen haben.

Die Theaterbeleuchtung beschäftigte immer wieder die Fachleute und das Theaterkomitee, aber erst im Zusammenhang mit der konkret anstehenden Entscheidung, ein städtisches Elektrizitätswerk zu bauen, wurde dies Ende der 1890er Jahre wieder

Der Aufzug von Siemens & Halske auf der Pfalzgau-Ausstellung von 1880. Das Schneckengetriebe ist im aufgeklappten Getriebekasten gut sichtbar. Die Geschwindigkeit dürfte allerdings recht langsam gewesen sein.
(MARCHIVUM, AB00061-011)

zur Beschlusssache. Anfang des Jahrzehnts hatte der Stadtrat, um der damals beobachteten Ausbreitung privater Blockstationen für elektrisches Licht entgegenzutreten, vorrangig auf eine Senkung des Gaspreises für die Endverbraucher gesetzt.[8] Blockstationen waren kleine private Kraftwerke, meist mit Gasmotoren angetriebene Generatoren, die innerhalb eines Häuserblocks primär gewerbliche Kunden mit Lichtstrom belieferten. Weil für die Versorgungsleitungen innerhalb eines Blocks keine Nutzung öffentlichen Straßenraums erforderlich war, bedurften solche Blockstationen keiner Konzession seitens der Stadt. Auch in den Folgejahren beobachtete der Mannheimer Stadtrat die technische Entwicklung aufmerksam, entsandte etwa 1891 Fachleute aus Mannheim zur „Internationalen Elektrotechnischen Ausstellung" in Frankfurt, behielt jedoch seine zurückhaltende Position angesichts der wirtschaftlich überragenden Rolle des Gaswerks zunächst bei.[9]

Anfang der 1890er Jahre sah sich die Stadt Mannheim jedoch in ihrer wirtschaftlichen Existenz massiv gefährdet: Der vom Land Baden beschlossene Ausbau des Rheins als ganzjährige Großschifffahrtsstraße bedrohte die Standortgunst Mannheims, die in den Jahrzehnten seit Eröffnung des Mannheimer Hafens davon profitiert hatte, dass ein Großteil der rheinaufwärts aus Norden transportierten Waren in Mannheim vom Schiff auf die Bahn umgeschlagen wurde. Dieser drohende Verlust der Umschlagplatz-Funktion ließ bei Vertretern von Wirtschaftsinteressen und Stadtverwaltung die Alarmglocken schrillen. Der seit 1891 amtierende und sehr strategisch agierende Oberbürgermeister Otto Beck stellte klare Mehrheiten für einen stadtpolitischen Kurswechsel her: Mannheim entschied, durch Bau eines Industriehafens den wirtschaftlichen Schwerpunkt der Stadt von Handel und Umschlagplatz in Richtung Industrie zu verlagern. Dieser Beschluss schuf spätestens ab Mitte der 1890er Jahre eine Determinante für zahlreiche raumrelevante städtische Infrastruktureinrichtungen, darunter auch die städtische Elektrifizierung. Der Industriehafen wurde zur „Achse der städtischen Entwicklungspolitik".[10] Zugleich führte er die Stadt noch stärker als bislang, etwa mit der Kommunalisierung des Gaswerks,[11] auf die Bahn eines proaktiven städtischen Unternehmertums, denn der ab 1895 in einem Altrheinarm zwischen der Friesenheimer Insel und Käfertal realisierte Industriehafen musste überwiegend aus städtischen Mitteln finanziert werden; die bisherigen Hafenbauten hingegen waren fast ausschließlich vom badischen Staat getragen worden.[12] So beförderten Kultur wie Wirtschaft die Elektrifizierung der Stadt Mannheim.

4.2 DER SCHWIERIGE WEG ZUM STÄDTISCHEN KRAFTWERK

Ab 1893 versuchte die Stadt Mannheim, die Einführung der Elektrizität steuernd zu begleiten. Zu diesem Zeitpunkt war aber der primäre Verwendungszweck der Elektrizität noch nicht völlig klar; es dominierte immer noch die Vorstellung, ein Kraftwerk diene vor allem der Beleuchtung. Die Frage des primären Verwendungszwecks hatte auch unmittelbar technische Implikationen:

Von 1878 bis 1902 verkehrte die von der Société anonyme de Tramways de Mannheim–Ludwigshafen betriebene Pferdestraßenbahn in den beiden Städten im gemächlichen Pferdetrott, hier im Schlosshof. Seit Beginn der 1890er Jahre waren die Stadt Mannheim, die staatlichen Konzessionsbehörden und die Pferdebahngesellschaft aber im Streit darüber, wie es mit der Pferdebahn weitergehen sollte. (MARCHIVUM, GP00319-003a)

Für eine „Lichtzentrale", aber auch für die Stromlieferung für eine elektrische Tram, war ein Gleichstromkraftwerk sehr gut geeignet, weil man mit dem Akkumulator den jeweils nicht benötigten Strom speichern und so die Lastspitzen abfangen konnte. Stand dagegen die Lieferung von Kraftstrom für die Industrie oder Hafenbetriebe im Vordergrund, so bot sich vielmehr ein Drehstromsystem an – eine Technologie, die zu diesem Zeitpunkt nur an wenigen Orten eingeführt war. Zudem lief in Mannheim parallel eine Debatte über Elektrifizierung und Kommunalisierung der zunächst privaten Pferdestraßenbahn. Die Vertragsverhältnisse zwischen der Pferdebahngesellschaft, die auch Ludwigshafen bediente, und den staatlichen Stellen, die die Konzessionen für den Betrieb der Bahn erteilten, waren äußerst gespannt. Als die Pferdebahngesellschaft mittels eines Vertragsentwurfs der Elektrizitätsfirma Schuckert zur Elektrifizierung der Pferdebahnlinien eine Verlängerung der Konzessionslaufzeiten erreichen wollte, trat die Stadt Mannheim diesem Ansinnen entschieden entgegen. Vorübergehende Experimente mit einer gasbetriebenen Straßenbahn – auch hier zeigt sich wieder die starke Rolle des Gaswerks – blieben unbefriedigend, trugen aber zur Verzögerung des Planungsprozesses bei.[13]

Erst 1897 kam es zu einer Gesamtlösung. Diese stand dann im Zeichen des Industriehafens, der ja auch einen Schub von Eingemeindungen, etwa der Friesenheimer Insel und von Käfertal, ausgelöst hatte.[14] Der Stadtrat Mannheim entschied sich im Oktober 1897 aufgrund der eindeutigen Gutachten William H. Lindleys jr. im Hinblick auf den spezifischen Kraftbedarf des Industriehafens für das Drehstromsystem. Lindley war in Mannheim schon gut bekannt und wurde als einer der führenden Experten für Städtetechnik im Reich hochgeschätzt. Er hatte in Mannheim den Bau der Kanalisation geleitet und war in Frankfurt an

William H. Lindley, Sohn des bedeutenden Ingenieurs William Lindley und einer der renommiertesten Städtetechnik-Experten Ende des 19. Jh., war bei Planung und Bau von Wasserversorgungs- und Kanalisationssystemen in 36 europäischen Städten, u. a. Mannheim, beteiligt. Da Lindley 1894 beim Bau des ersten Kraftwerks in Frankfurt/Main mitwirkte, war er auch in der Elektrotechnik ausgewiesen.
(Archiv Deutsches Museum, PT 02239/01)

der Elektrotechnik-Ausstellung von 1891 führend beteiligt gewesen.[15] In der gleichen Stadtratssitzung fiel auch die Entscheidung für die Kommunalisierung der Pferdebahn und deren Elektrifizierung in städtischer Regie.

Beide Beschlüsse erwiesen sich im Rückblick als weitsichtig; mit dem Votum für das Drehstromsystem wurde ein Kraftwerk im Stadtzentrum, wie es im Rahmen des Gleichstromsystems notwendig geworden wäre, unnötig und damit eine Verschlechterung der Umweltqualität in der Innenstadt durch stark belastende Rauchemissionen, Lärm und Verkehr vermieden. Außerdem konnte die Kraftstromerzeugung für die Industrie, vor allem für kleinere und mittlere Betriebe, für die der Bau einer eigenen Stromzentrale zu aufwendig war, gesichert und damit der politisch intendierte Wandel zur Industriestadt infrastrukturell unterstützt werden. Zugleich entschied der Stadtrat auch, das Elektrizitätswerk selbst transportgünstig für die Kohlenzufuhr an den Rand des entstehenden Industriehafens zu platzieren, und trug damit zu dessen Belebung bei.

Die Vergabe des Kraftwerksbaus erfolgte auf Grundlage einer eingeladenen Ausschreibung im Juni/Juli 1898. Ein Gremium von vier auswärtigen Sachverständigen[16] begutachtete die Angebote und verlangte von einzelnen Firmen noch eine Präzisierung. Das Endgutachten empfahl dem Stadtrat, die Gesamtausführung des Elektrizitätswerkbaus in eine Hand zu geben, allerdings für einzelne Komponenten die Lieferanten vorab zu bestimmen. Als Generalunternehmer kamen die Elektrofirmen Lahmeyer und Co., Brown, Boveri & Cie. (BBC) sowie das Konsortium Siemens-Schuckert in Betracht. Nach Erklärungen der drei Firmen zu den vorgeschlagenen Bedingungen schlug der Stadtrat am 5. Juli 1898 dem Bürgerausschuss die Vergabe an BBC vor; die Firma sollte zugleich für die Anfangszeit den Betrieb des E-Werks als Pächterin durchführen. Der Pachtvertrag war recht einseitig zum Vorteil der Stadt formuliert, die sich mit sieben Prozent Pachtzins ab dem ersten Betriebsjahr, ab dem dritten Jahr auf neun Prozent steigend, Gewinnraten sicherte, die deutlich über den damals aktuellen Kapitalkosten (rund 3,5 %) lagen. Zudem gewährte der Vertrag der Stadt weitgehende Mitbestimmung über größere Investitionen, Zugangs- und Aufsichtsrechte im Werk sowie jährliche Kündigung, während die Pächterin ihrerseits erst nach 19 Jahren kündigen konnte. Auch die Tarifstruktur war mit Ausnahme von Verträgen mit Großabnehmern genau geregelt: Lichtstrom sollte 70 Pfennig, Kraftstrom 20 Pfennig (im Industriehafen 15 Pf) pro Kilowattstunde kosten. Zum Ausgleich für die zahlreichen Restriktionen erhielt die Pächterin ein Quasi-Monopol für die Belieferung des Kraftwerks und Stromnetzes, wenn sie die Stadt als meistbegünstigte Abnehmerin behandelte. Das Monopol erstreckte sich jedoch nicht auf die Hausinstallationen von privaten sowie öffentlichen Auftraggebern; hier hatte die Pächterin keine Vorrechte, musste allerdings gegen Gebühr die Installationen prüfen und abnehmen.[17] Die Stadt hatte sich auch Vorzugstarife für den Strombezug des Theaters, für die städtischen Motorenbetriebe und sehr günstige 10 Pf/kWh für den Strom der zu elektrifizierenden Straßenbahn gesichert. Die Straßenbeleuchtung wurde, einschließlich Wartung, mit 30 Pf/kWh angesetzt.

Der Stadtrat begründete seine Entscheidung, das E-Werk auf städtische Kosten bauen, aber für die ersten Jahre im Pachtbetrieb bewirtschaften zu lassen, damit, dass der Stadt zunächst noch die technische Kompetenz zum Betreiben eines solchen Werks fehle. Die pachtweise Vergabe an die Generalunternehmerin sollte sicherstellen, dass das Werk technisch einwandfrei hergestellt würde, und es der Stadt ermöglichen, nach einer Reihe von Jahren das Werk mit qualifiziertem Personal zu übernehmen. Die weitgehenden Kontroll- und Aufsichtsrechte böten der Stadt einen genauen Einblick in die wirtschaftliche Lage des Werks. Das Votum für die BBC wurde mit der „Leistungsfähigkeit und Zuverlässigkeit dieser Firma" begründet, die Sachverständigen hätten die Firma „als in jeder Beziehung erstklassig" bezeichnet. Schließlich sei in Frankfurt, dem früheren Hauptsitz der Firma in Deutschland, ein vergleichbares Modell (Bau auf städtische Kosten und Pachtbetrieb) erfolgreich praktiziert worden.[18]

Die Bauarbeiten für den Industriehafen begannen im März 1897. Als der Stadtrat im Oktober des Jahres über den Standort des Kraftwerks im Industriehafen entschied, war also dessen Fertigstellung im ersten Abschnitt schon absehbar. (MARCHIVUM, KS00006)

Der Bau des Kraftwerks Industriehafen, ca. 1899.
(MARCHIVUM, GF00981)

Dass das Votum für die BBC allerdings nicht nur aufgrund der zweifellos großen Leistungsfähigkeit der Firma erfolgte, sondern wegen anderer Umstände, wird aus einem Protestbrief der unterlegenen Konkurrenzfirma Lahmeyer deutlich, der am Tag der Verhandlungen über die Stadtratsvorlage in der Mannheimer Presse veröffentlicht wurde. Darin behauptete Lahmeyer, dass der Hauptgrund nicht in dem attraktiveren Angebot der BBC, sondern in deren Absicht liege, ihre Fabrik aus Frankfurt nach Mannheim zu verlegen, falls sie den Zuschlag für das Mannheimer E-Werk erhalte.[19] Lahmeyer mobilisierte auch nationalistische Vorurteile gegen die BBC als Schweizer Unternehmen und forderte, dass den Konkurrenten ebenfalls die Bedingungen für den Bau einer Fabrik in Mannheim zur Kenntnis gebracht würden, damit sie sich gegebenenfalls dazu äußern könnten.

Die Vorwürfe der Firma Lahmeyer spielten dann auch eine gewichtige Rolle im Bürgerausschuss, der am 19. Juli 1898 über die Beschlussvorlage beriet. Während ein Stadtverordneter der Nationalliberalen die Kritik Lahmeyers aufgriff und lieber einer deutschen Firma den Auftrag erteilt hätte, unterstützte die Mehrheit der Sprecher das Vorgehen, auch hinsichtlich der pachtweisen Vergabe auf begrenzte Zeit. Nur der sozialdemokratische Sprecher wandte sich aus programmatischen Gründen gegen die Verpachtung. Oberbürgermeister Beck wies die Kritik von Lahmeyer zurück: Das Angebot von BBC sei das günstigste gewesen. Er wandte sich insbesondere aber entschieden gegen „hyperchauvinistische" Attitüden in einer Stadt wie Mannheim, die „große internationale Beziehungen zum Auslande pflegt". Im Zentrum seiner Argumentation standen die zusätzlichen Vorteile für die Industrialisierungsstrategie Mannheims, die durch die Ansiedlung von BBC entstünden, die zunächst 500, später 1200 Arbeitsplätze in Aussicht stellten:

„Die Erwerbung einer neuen großen Fabrik ist von großer Bedeutung für eine Stadt, welche sich wehren muß, um in der kurzen ihr noch gegebenen Frist für die Erweiterung und Kräftigung ihrer Industrie zu sorgen und damit Ersatz zu schaffen für den Verlust eines großen Teils des Handels, den sie durch die Rheinkorrektion und die Errichtung von großen Rheinhäfen oberhalb Mannheims erleidet."[20]

Beck und der Stadtrat setzten sich schließlich vollständig durch: Die Vorlage zur Vergabe des Kraftwerksbaus wurde einstimmig, die zur Verpachtung gegen die Stimmen der Sozialdemokraten angenommen. In der gleichen Sitzung wurde der Stadtrat auch ermächtigt, Grundstücke auf dem Hochgestade des Neckars zum Preis von 2,50 M/m² an ansiedlungswillige Industriebetriebe zu verkaufen – darunter fiel auch ein Grundstücksverkauf an die BBC.

Hintergrund dieser Vorgänge war die geplante Standortverlagerung von BBC. Das Unternehmen, dessen Zentrale in Baden in der Schweiz lag, war zu diesem Zeitpunkt auf der Suche nach einem neuen Standort für sein Werk im Deutschen Reich, weil man in Frankfurt nicht weiter expandieren konnte und zudem die Stadt Frankfurt den Pachtvertrag für das Kraftwerk zum 31. März 1899 gekündigt hatte. Daher war die BBC gerne bereit, auf die attraktiven Bedingungen der Stadt Mannheim einzugehen. Mit einem sehr scharf kalkulierten Angebot gewann die Firma die Ausschreibung, wobei das Angebot, eine größere Fabrik in Mannheim zu errichten, sicher ebenfalls förderlich gewesen sein dürfte.[21] Die Interessenlage der BBC, ihr deutsches Hauptwerk zu verlagern und einen Großauftrag für ein städtisches Kraftwerk zu akquirieren, passte also sehr gut zum Interesse der Stadt Mannheim, ein dynamisches Unternehmen zur Unterstützung der wirtschaftlichen Umorientierung zur Industriestadt zu gewinnen. Gewissermaßen als „Botschafter" fungierte der Gutachter William H. Lindley, der einerseits mit dem Firmengründer Charles Brown befreundet war, andererseits die Stadt Mannheim sehr gut aus seiner Tätigkeit als Kanalisationsexperte und Sachverständiger für

Frühe Luftaufnahme der Fabrik der BBC.
(TECHNOSEUM, PVZ:2012/0031-0190 BBC A 1435)

die Elektrifizierung kannte. Man wird davon ausgehen können, dass Lindley beide Seiten für die Interessenkomplementarität sensibilisierte.

Die Stadt Mannheim nutzte die Auftragsvergabe für das Kraftwerk und die Elektrifizierung der Straßenbahn gezielt dazu, den Strukturwandel zur Industriestadt voranzutreiben. Die BBC erhielt in einem Konsortium mit Siemens auch einen Auftrag von knapp 1,5 Mio. Mark für den Bau der Motorwagen und der Oberleitung.[22] Neben der Ansiedlung der Firma BBC in Mannheim ließen sich auch die Süddeutschen Kabelwerke in Mannheim-Neckarau nieder; die neu gegründete Firma hatte den Auftrag zur Lieferung der Kabel für das Versorgungsnetz in Mannheim erhalten. So gelang es, mithilfe des Kraftwerksbaus eine Ansiedlung von Firmen mit insgesamt 8 Mio. Mark Gesellschaftskapital zu bewirken; nach fünf Jahren beschäftigten diese Firmen schon über 2000 Arbeitskräfte. Auch dank dieser Niederlassungen verzeichnete die Gewerbegruppe „Maschinen und Werkzeuge", zu der auch die Elektroindustrie gehört, im frühen 20. Jahrhundert eine markante Steigerung von 22,3 Prozent der Industriebeschäftigten 1895 auf 32 Prozent im Jahr 1907. Damit wurde diese Gewerbegruppe die beschäftigungsstärkste in Mannheim.[23] Auch mit anderen Aufträgen zum Kraftwerksbau förderte die Stadt die lokale und regionale Industrie; so baute etwa Mohr & Federhaff den Aschenaufzug und den Kran in der Maschinenhalle, die Ludwigshafener Filiale des Schweizer Maschinenbauunternehmens Sulzer lieferte die Dampfmaschinen.

Der Bau des Elektrizitätswerks im Industriehafen durch die BBC – das Werk nahm am 15. Oktober 1899 den Probebetrieb auf und versorgte ab Anfang 1900 die Stadt mit Strom – sowie die Kommunalisierung und Elektrifizierung der Pferdebahn leiteten eine stoßartige Modernisierung der städtischen Infrastruktur ein. Diese Großinvestitionen –

insgesamt waren es rund 5 Mio. Mark – veränderten das Gesicht Mannheims und sein Funktionieren in markanter Weise.

Das städtische Elektrizitätswerk wurde mit der Eröffnung der Stromlieferung auch Prüfbetrieb für alle, die Strom von dort beziehen wollten. Im März 1899 beschloss der Stadtrat ein Regulativ über „Vorschriften über die Herstellung elektrischer Anlagen, die an das Leitungsnetz des städtischen Elektrizitätswerkes Mannheim angeschlossen werden sollen", in dem in 33 Paragraphen auf 59 Seiten detailliert erläutert wurde, wie die an das Netz anzuschließenden Anlagen ausgeführt werden mussten.[24]

4.3 STADT UNTER STROM

Die „electrisch Bahn" oder die elektrische Mobilisierung der jungen Großstadt

Insbesondere durch die elektrische Straßenbahn, die sich sehr rasch und erfolgreich entwickelte, wurde Elektrizität in ganz Mannheim (und Ludwigshafen) öffentlich präsent. In den ersten Wochen nach der festlichen Eröffnung am 10. Dezember 1900 war die Bahn Hauptthema in Artikeln und Leserbriefen der Lokalzeitungen. Ein Leserbriefschreiber warf seinen Mitbürgern einen „Mangel an Großstadtzucht" vor; unvorsichtig die Gleise querende Passanten würden die Straßenbahnfahrer zum Dauerklingeln und häufigem Bremsen zwingen, Trödeln

Oben: Das Elektrizitätswerk im Industriehafen, ca. 1902. Blick von der Zimmer'schen Fabrik am Bonadieshafen in Richtung Innenstadt. Die vor dem Elektrizitätswerk liegenden Kohlekähne veranschaulichen die hohe Bedeutung des unmittelbaren Wasseranschlusses für das Kraftwerk.
(MARCHIVUM, GF01192)

Mitte: In einer Werbebroschüre der Firma BBC aus dem Jahr 1902 wird die Anlage des städtischen Elektrizitätswerks im Industriehafen vorgestellt.
(MARCHIVUM, KF026285)

Unten: Die Verlegung von Stromkabeln über die Friedrichsbrücke zog neben den unmittelbar beteiligten Arbeitern der Süddeutschen Kabelwerke auch viele Schaulustige an, vor allem Kinder.
(MARCHIVUM, KF036244. Provenienz: ABB)

Die Straßenbahn erregte große Aufmerksamkeit in der Region; nicht zuletzt, weil der Umbau des Pferdebahnnetzes und die Installation der Oberleitungen zu erheblichen Störungen und Veränderungen im Straßenleben führten.
(MARCHIVUM, KF007295)

beim Ein- und Aussteigen würde den erhofften Beschleunigungsgewinn durch die „Elektrische" wieder zunichtemachen. Die „Elektrische" brachte tatsächlich neue Gefahrenmomente in den Stadtverkehr: Weil das gewohnte Hufgeklapper des damals pferdedominierten Stadtverkehrs fehlte, beachteten viele Menschen die Straßenbahn nicht oder zu spät; in der Anfangszeit häuften sich daher Unfälle. Und auch der Fahrdraht mit Hochspannung war potenziell gefährlich. 500 Tafeln mit der Aufschrift „Warnung: Spannung 500 Volt: Die Berührung herabgefallener Leitungsdrähte ist lebensgefährlich" wurden deshalb an Masten und Befestigungspunkten der Oberleitung angebracht.

Die Scherzpostkarte thematisiert im unteren Teil den klassischen Stadt-Land-Antagonismus – tumber Bauer versus ‚moderner' Städter – wo der „Mannemer" dem „Seckenemer" (Seckenheimer) einzureden versucht, die Pferde, die man natürlich für eine solche Bahn brauche, liefen unterirdisch.
(MARCHIVUM, AB01633-1-001)

Seit Mai 1902 verkehrte die „Elektrische" von Ludwigshafen über die Friedrichsbrücke nach Mannheim, hier Wagen Nr. 90 mit Ziel Mannheim-Waldhof.
(MARCHIVUM, KF035702)

Künstlerisch bearbeitet wurde die Einführung der „Elektrischen" auch im damals populären Genre der Scherzpostkarten. Hiervon wurden in Mannheim mehrere veröffentlicht. Auf einer dieser Karten findet sich ein Mundartgedicht über die umwälzenden Veränderungen, die die „Elektrisch Bahn" für Mannheim bringen werde. Sie endet mit einem wahrscheinlich nur teilweise ironisch gemeinten Weltstadtanspruch: „Die Fremde glaawe ganz gewiss, / Dass Mannem s'klee Paris jetzt iss."[25] Neben dem unverhohlenen Stolz auf die neue Errungenschaft artikulierte sich in der Öffentlichkeit aber auch Kritik, etwa an den offenen Plattformen und der unklaren Beschriftung der Wagen bezüglich der Fahrtziele. Die Modernisierung des Stadtverkehrs, die von der elektrischen Straßenbahn erwartet wurde und mit der deutlich erhöhten Fahrgeschwindigkeit auch potenziell eintreten konnte, vollzog sich jedoch nicht automatisch, wie die erwähnten zahlreichen Klagen in Leserbriefen über das zu langsame Tempo und das exzessive Klingeln der Tram zeigen. Vielmehr erzwang die „Elektrische" eine erhebliche Anpassung der Straßenbahnfahrgäste selbst wie auch der anderen Verkehrsteilnehmenden.[26]

Mit der Eröffnung der Linie nach Ludwigshafen am 31. Mai 1902 war das anfängliche Bauprogramm umgesetzt; im April des Jahres war auch der bis dahin auf den noch nicht elektrifizierten Strecken weitergelaufene Pferdebahnbetrieb eingestellt worden. Die „Elektrische" trug zu einer stark steigenden Mobilität der Mannheimer Bevölkerung bei. Der Einzelfahrschein über drei Teilstrecken (ca. 2–3 km) kostete 10 Pfennig. Auf den Hauptstrecken innerhalb der Quadrate verkehrte die Bahn alle zweieinhalb Minuten, um einen Fahrplan musste man sich also nicht kümmern. Über den größten Teil des Tages wurden nur Triebwagen eingesetzt; lediglich für die Stoßzeiten oder Sonderfahrten, etwa zum Theater, wurden Anhänger genutzt. 1902, dem ersten Jahr mit komplett elektrifiziertem Streckennetz, fuhren 11,5 Mio. Fahrgäste mit der Straßenbahn, fast das Dreifache der 4,5 Mio. Fahrgäste im letzten Jahr der reinen Pferdebahn 1899. Und mit dem Ausbau der Linien in die Vororte (z. B. Neckarau, Lindenhof-Vorstadt und Industriehafen) stieg die Fahrgastzahl bis 1914 auf 43 Mio.[27] Die Hauptnutzer der „Elektrischen" kamen wohl aus dem Bürger- und Kleinbürgertum, aber Mannheim führte – im Unterschied zu anderen Städten – von Anfang an auch Arbeiterfahrkarten ein, die um 50 Prozent gegenüber dem Einzelfahrschein ermäßigt, aber nur zum Zeitpunkt des Schichtbeginns (6.00–7.30 Uhr), zur Mittagspause (11.30–13.30 Uhr) und von 18 bis 20 Uhr gültig waren. Nur Beschäftigte, deren Jahresverdienst unter 1200 Mark lag, konnten solche Arbeiterfahrkarten erwerben.[28] Die städtische Straßenbahn, für deren Leitung der bisherige Direktor der Basler Straßenbahn, Ottokar Löwit, gewonnen worden war, war mit 338 Beschäftigten 1902 nach dem Gaswerk der zweitgrößte Betrieb der Stadt.[29]

Auch die Zeit wird elektrisch

Elektrizität wurde nicht nur an den Straßenbahnen und Oberleitungen im öffentlichen Raum sichtbar, sondern auch an den elektrischen Uhren, die Anfang des 20. Jahrhunderts in rasch wachsender Zahl im öffentlichen Raum

Die Normaluhr vor der Börse, daneben eine Litfaßsäule. In diesen waren häufig die Transformatoren untergebracht, die man für das Heruntertransformieren des Stroms von der für die Verteilung in der Stadt verwendeten Mittelspannung von 4000 V auf die Haushaltsspannung von 120 V benötigte.
(MARCHIVUM, GP00036-017)

zu sehen waren. Kurz nach 1900 waren Armbanduhren noch wenig verbreitet; Männer des Bürgertums besaßen oft eine Taschenuhr, die aber in der Regel in einer Innentasche von Jackett oder Mantel untergebracht war, was einen raschen Blick darauf erschwerte. Die Kirchturmuhren befanden sich meist nicht unmittelbar im Blickfeld und waren häufig auch nicht sehr genau. 1904 richtete die Stadt Mannheim daher eine „Zentraluhrenanlage" ein, an die sich auch Privatleute gegen Gebühren anschließen konnten. Die Stadt installierte an prominenten Stellen im öffentlichen Straßenraum sogenannte Normaluhren, elektrisch betrieben und besonders genau, die mit der Netzfrequenz gesteuert wurden.

Geschäftsleute oder Private, die sich mit einer Uhr an diese städtische Zentraluhrenanlage anschließen wollten, zahlten für eine kleinere Uhr (Zifferblatt bis 50 cm Durchmesser) 30 Mark, für eine größere 40 Mark pro Jahr, was den Strom für den Betrieb der Uhr einschloss. War die Uhr so angebracht, „dass sie dem öffentlichen Verkehr" diente, reduzierte sich die Gebühr auf 20 Mark – die Stadt wollte also offensichtlich die Präsenz von elektrisch betriebenen Uhren im Straßenraum fördern. Nicht überraschend waren es besonders Uhrmacher, die dieses Angebot annahmen und sich eine öffentlich sichtbare Uhr installieren ließen, etwa Uhrmacher Fesenmeyer in P 1, 1 (1904), die Uhrhandlung Franz Arnold in H 1, 3 (1907) oder Uhrmacher Ludwig Schmitt in Q 5, 22.[30] Viele Firmen, vor allem Banken und Versicherungen, installierten auch in ihren Geschäftsräumen elektrische Uhren; manche, wie das Warenhaus Kander, lösten später ihren Vertrag mit der Stadt wieder und installierten eigene Uhrenanlagen.[31] Für das elektrische Installationsamt der Stadt, das später im städtischen Maschinenamt aufging, war die Hauptaufgabe der Einbau von elektrischen Uhren in Schulen, wo sie auch die Pausenklingel steuerten, sowie in anderen städtischen Gebäuden. In bisher nie dagewesener Weise wurde eine exakte Uhrzeit an vielen Stellen im städtischen Raum so einfach ablesbar. Aber auch im Kulturbetrieb zog Elektrizität zunehmend ein; so erhielt beispielsweise 1913 die Orgel im Nibelungensaal im Rosengarten vom städtischen Maschinenamt ein „elektrisches betriebenes Gebläse".[32]

Die verzögerte Einführung der elektrischen Straßenbeleuchtung

In der Straßenbeleuchtung hingegen dominierte auch nach Eröffnung des Elektrizitätswerks noch für etliche Jahre die Gasbeleuchtung. Nur wenige öffentliche Plätze wie der Bahnhofsplatz, wo seit 1889 vier vom bahneigenen Kraftwerk versorgte Bogenlampen aufgestellt waren, wurden elektrisch beleuchtet. Dies geschah einmal aus Kostengründen – elektrische Straßenlampen waren im Unterhalt etwa viermal so teuer wie Gaslaternen – und zum anderen, weil man bis zur Übernahme des Elektrizitätswerks in kommunale Regie die Einnahmen aus der Straßenbeleuchtung nicht dem Pächter zukommen lassen wollte. Als im Jahr 1900 im Zusammenhang mit der Elektrifizierung der Straßenbahn eine Neuregelung der Bahnhofsplatz-Beleuchtung erwogen wurde, fragte die Stadt bei der Pächterin des Elektrizitätswerks, der BBC, an, ob diese bereit wäre, Strom für die Bahnhofsplatzbeleuchtung zu denselben Bedingungen wie die Bahn zu liefern, was diese kühl unter Verweis auf die Konditionen des Pachtvertrags ablehnte.[33] Daher begann erst nach der Kommunalisierung des Kraftwerks 1906 die Elektrifizierung der Straßenbeleuchtung, zunächst vorrangig auf den Hauptstraßenzügen am Kaiserring, um den Friedrichsplatz, auf den Planken, in der Heidelberger Straße und in der Breiten Straße. 108 Bogenlampen genehmigte der Bürgerausschuss im Juni 1906; in der Debatte dazu wird die Wahrnehmung einzelner Stadtverordneter deutlich, Mannheim sei in der Beleuchtung „weit hinter anderen Städten zurück"[34] – elektrische Beleuchtung gehörte mittlerweile zum Standard von Großstädten. Dennoch überwog über viele Jahre weiterhin die Gasbeleuchtung: 1913 standen 3341 Gaslaternen 380 elektrische Straßenlampen gegenüber.[35] Elektrische Beleuchtung diente vorrangig als Repräsentationsmittel und wurde dort eingesetzt, wo viele Fremde und Kunden aus dem Umland verkehrten. Die Bitte des Gemeinnützigen Vereins für den Lindenhof im Jahr 1908, für den stark frequentierten Gontardplatz eine elektrische Beleuchtung einzurichten, wurde nach Erstellung eines Kostenvoranschlags vom Stadtrat abgelehnt; die Betriebskosten der elektrischen Beleuchtung betrugen fast das Dreifache der Gaskosten. Der Lindenhof war den überwiegend bürgerlichen Stadträten wohl für solchen Luxus nicht wichtig genug.[36]

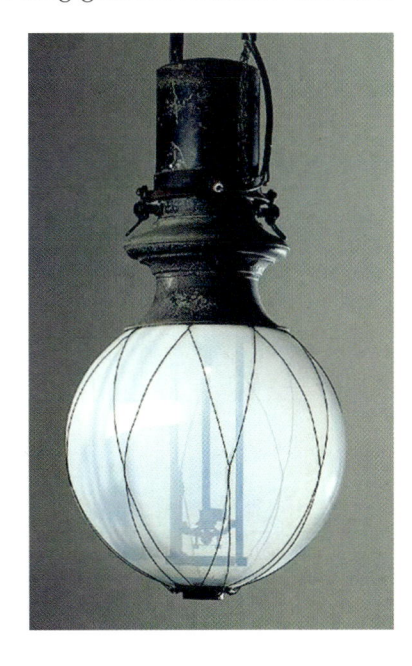

Die Bogenlampe, bei der ein Lichtbogen zwischen stromdurchflossenen Kohlestäben ein starkes Licht produzierte, war seit den späten 1870er Jahren die Standardtechnik für elektrische Außenbeleuchtung. Wegen des regelmäßig notwendigen Ersetzens der Kohlebrennstäbe waren sie jedoch recht wartungsintensiv.
(Technoseum, PVZ:1997/R-0032/2-09)

4.4 STROM FÜR DIE INDUSTRIE – DAS ELEKTRIZITÄTSWERK ALS WIRTSCHAFTSBETRIEB

Als Verbrauchsfaktor für das Kraftwerk war die Straßenbeleuchtung relativ unbedeutend; ganze 3,3 Prozent der nutzbaren Abgabe entfielen 1906 darauf. Der Lichtstromanteil insgesamt betrug 20,4 Prozent.[37] Die Straßenbahn wurde dagegen schon früh zu einem Hauptabnehmer, bereits 1902 entfielen 40 Prozent der nutzbaren Abgabe auf den Bahnstrom. Das Kraftwerk, in den ersten fünf Jahren noch pachtweise von der Erbauerfirma BBC betrieben, erwies sich nach anfänglichen Problemen – der sehr hohe Lichtstrompreis war zunächst einer Absatzsteigerung hinderlich – als überaus erfolgreich. Schon zu Beginn war der Kraftstromabsatz fast so hoch wie der Lichtstromabsatz und ließ diesen dann bald hinter sich. Hier kam es auch rasch zur Verdrängung des Gases: Bereits 1900 lag die Leistung der an das städtische Elektrizitätswerk angeschlossenen Elektromotoren beim Dreifachen der Leistung der Gasmotoren. Das Mannheimer Kraftwerk war ein Kraftwerk für den Strombedarf der kleinen und mittleren Industrie – die großen Fabriken hatten meist ihre eigenen Kraftstationen – und förderte dadurch den kommunalpolitisch intendierten Industrialisierungsschub zusätzlich. 1910 – für die Jahre davor sind keine detaillierten Zahlen verfügbar – waren 119 Fabriken mit insgesamt 423 Elektromotoren an das städtische Elektrizitätswerk angeschlossen. Der Anschlusswert betrug über 3000 kW, und die Motoren waren mit durchschnittlich 7,2 PS recht leistungsstark. Teilweise dürften die Elektromotoren auch Transmissionen und damit eine Reihe von Arbeitsmaschinen angetrieben haben. Zwei Jahre später waren neben den eher kleineren und mittleren Fabriken vier große angeschlossen, die neben den Kraft- auch Lichtanlagen betrieben. Diese – darunter die BBC und das Kesselwerk Strebel – hatten zusammen fast 500 Motoren und verbrauchten zehn Prozent der nutzba-

Umformerstation der städtischen Straßenbahn, 1901.
(MARCHIVUM, KF026284)

ren Abgabe des Elektrizitätswerks im Jahr 1912. Die nach dem Anschlusswert zweitgrößte Gruppe waren die „Aufzüge und Kranen", eine in Mannheim mit seinen ausgedehnten Häfen wichtige Gewerbegruppe, in der 166 Motoren mit insgesamt 915 kW beliefert wurden. Auch „Mühlen" – gerade am Industriehafen gab es eine Reihe großer Getreidemühlen – waren bedeutende Abnehmer mit 42 Motoren und 570 kW; hier waren die Motoren mit 13,6 PS/Motor besonders leistungsstark. Die weiteren Abnehmergruppen fielen vorrangig auf verschiedene Handwerkszweige, die sich dank des städtischen Stromangebots offenbar rasch modernisierten. Fleischereien, Buchdruckereien, Schreinereien, Mechanische Werkstätten, Bäckereien und Zimmerer waren hier die wichtigsten Gewerbe. 1910 waren immerhin 121 Metzgereien und 43 Bäckerbetriebe schon elektrifiziert. Meist lag in diesen Gewerben aber die Benutzungsdauer der Elektromotoren bei 100 bis 400 Stunden, während diejenigen in den Fabriken fast 700 Stunden im Einsatz waren.[38] Für die Großindustrie war das städtische Elektrizitätswerk dagegen weniger relevant, hier hatten die meisten Betriebe eine eigene Kraftzentrale; viele installierten allerdings auch einen Reserveanschluss an das städtische Elektrizitätswerk, um Reparaturzeiten überbrücken zu können und eine Ausfallreserve zu haben. Von 25 Mannheimer Großbetrieben besaßen gegen Ende des Ersten Weltkriegs 14 einen solchen Reserveanschluss.[39] Insgesamt bildete die günstige und verlässliche Stromversorgung in Mannheim sicher einen deutlichen Standortvorteil für die kleinere und mittlere Industrie sowie Handwerksbetriebe und verschaffte diesen Konkurrenzvorteile gegenüber anderen Städten, wo kein entsprechendes Angebot verfügbar war.

Eine feste Größe blieb die Abgabe von Strom für die Straßenbahn, die über viele Jahre etwa ein Drittel der nutzbaren Stromabgabe ausmachte. Auch wenn das Elektrizitätswerk hier pro Kilowattstunde relativ wenig Gewinn machte, war dieser Verbrauch doch wegen der recht gleichmäßig über den Tag verteilten Stromabgabe für die Bahn günstig für die Lastkurve.

4.5 DAS ELEKTRIZITÄTSWERK IN KOMMUNALER REGIE AB 1906

Verwaltungsmäßig wurde das Elektrizitätswerk nach der Beendigung des Pachtbetriebs 1906 in eine gemeinsame Verwaltung der Wasser-, Gas- und Elektrizitätswerke unter Direktor Josef Pichler eingegliedert. Dabei wurde das Personal bis auf „ganz wenige Ausnahmen" von der BBC übernommen; darunter 55 Arbeiter.[40] In Einklang mit dem raschen Wachstum des Stromabsatzes erfolgte in kurzen Abständen ein Ausbau der technischen Ausstattung im Kraftwerk selbst sowie auch des Leitungsnetzes. Die zunächst 180 Transformatoren zur Umwandlung der vom Kraftwerk gelieferten Mittelspannung von 4000 V in die an die Endabnehmer gelieferte Verbrauchsspannung von 120 V prägten in vielen Straßen als Litfaßsäulen das Straßenbild. Die Stromlieferung an Vororte wurde auch bewusst als Anreiz bei Eingemeindungsverhandlungen eingesetzt und stärkte somit das Verhandlungspotenzial Mannheims.

DIE LASTKURVE
Dieter Schott

Aus wirtschaftlicher Sicht ist die Produktion und Verteilung von Elektrizität ein Prozess, der sich markant von anderen Güterproduktionen unterscheidet. Einmal ist Elektrizität ein flüchtiges Gut, das im Rahmen der mittlerweile dominanten Wechsel-/Drehstromtechnik nicht gespeichert werden kann. Zum anderen ist die Nachfrage nach Elektrizität über Tag, Woche und Jahr verteilt höchst variabel und kann vom Produzenten kaum kurzfristig gesteuert und geregelt werden. Ein Elektrizitätsversorger muss im Prinzip Vorsorge für die Maximallast treffen, also für die Situation, in der alle an das Netz angeschlossenen Geräte und Aggregate angeschaltet sind und Strom verbrauchen. Auch wenn dieser Fall tatsächlich rein hypothetisch ist, muss der Versorger eigentlich seine Anlagen an der maximalen Nachfrage ausrichten.

Historisch entwickelte sich die öffentliche Elektrizitätsversorgung zunächst als „Inselbetrieb": Ein Kraftwerk, meist in einer Stadt, versorgte die dort vorhandenen und an einem Anschluss interessierten Kunden. Meist kam die mechanische Energie zum Antrieb der Elektrizität erzeugenden Generatoren von Dampfmaschinen, deren Betrieb einen gewissen Vorlauf erforderte. Wenn mehr mechanische Energie erzeugt wird, als durch die Nachfrage nach elektrischer Energie benötigt wird, kann diese im Wechsel-/Drehstromsystem auch nicht gespeichert werden.

Der wichtigste Verwendungszweck der Elektrizität war zunächst die Beleuchtung von Außen- und Innenräumen und gerade diese Verwendung ist angesichts des saisonal unterschiedlichen Lichtbedarfs über den Tag hochgradig variabel. Das erste funktionsfähige elektrische Beleuchtungssystem, das Thomas Edison 1881 auf der Pariser Elektrizitätsausstellung präsentierte, beruhte daher auf der Gleichstromtechnik: Zum einen konnte mit ihr ein gleichmäßigeres Licht erzeugt, zum anderen die überschüssige elektrische Energie in einem Akkumulator gespeichert werden. Wie am Mannheimer Beispiel gezeigt wurde, gab es aber eine Reihe praktischer Gründe, anstelle des Gleichstromsystems ein Wechselstromsystem aufzubauen. Da in diesem jedoch überschüssige Energie nicht in einem Akkumulator gespeichert werden kann, war die Diskrepanz zwischen Zeiten der Hoch- und der Niedriglast wesentlich problematischer. Die Elektrotechnik entwickelte zur Visualisierung des Auslastungsproblems die Darstellungsform der „Lastkurve", ein Diagramm, in dem die (Tages-)Zeit auf der x-Achse, die Nachfrage in kW auf der y-Achse angegeben wird. Die Lastkurve eines typischen Lichtstromkraftwerks weist nun – jahreszeitabhängig – hohe Lastspitzen am frühen Morgen und am Nachmittag/Abend auf, während für die helleren Tageszeiten die Nachfrage recht gering bleibt. Um die Kapazitäten auch in den wenig nachgefragten Zeiten besser auszunutzen, bietet die Elektrizitätswirtschaft den Verbrauchern bei langer Benutzungsdauer günstigere Preise pro Kilowattstunde als den Lichtstromkunden. Dies geschieht etwa durch spezielle Kraftstromtarife, denn

Handwerk und Kleinindustrie fragen elektrische Arbeit vorrangig tagsüber ab. Besonders begehrte Verbraucher waren die elektrischen Straßenbahnen, deren Nachfrage recht kontinuierlich über den Tag hinweg verteilt ist.

Die Tageslastkurve des Mannheimer städtischen Elektrizitätswerks vom 20. Juni und 19. Dezember 1935 – jeweils ein Donnerstag – zeigt die Wirkung des Tageslichts recht deutlich: Während im Juni eine Morgenspitze in der gestrichelten Linie kaum zu erkennen ist – insgesamt liegt das Niveau zwischen 8 und 10 Uhr am höchsten – und die Abendspitze sehr spät zwischen 21 und 22 Uhr auftritt, zeigt die Lastkurve für den 19. Dezember, kurz vor dem Tag mit der kürzesten Sonnenscheindauer, eine deutliche Morgenspitze um 8 Uhr und eine höhere und längere Abendspitze zwischen 17 und 19 Uhr. Im Hinblick auf das Lasttal zwischen 2 und 5 Uhr nachts unterscheiden sich Sommer- und Winterlastkurve nicht wesentlich. Erkennbar ist auch ein kleines „Mittagstal" um 11 Uhr, möglicherweise im Zusammenhang mit einer Mittagspause in den Betrieben. Die Differenz zwischen Höchst- und Niedrigstbelastung ist je nach Jahreszeit unterschiedlich: Beträgt im Sommer die Höchstbelastung weniger als das Vierfache der Niedrigstbelastung, so steigt diese im Winter auf das Viereinhalbfache. Je gleichmäßiger die Lastkurve über den gesamten Jahresverlauf ausfällt, je geringer also die Differenzen zwischen Lastspitzen und Lasttälern ausfallen, umso ökonomischer kann die Kraftwerksausstattung an Dampfmaschinen und Generatoren genutzt werden. Die Fixkosten für die langlebige Ausstattung an Maschinen und Versorgungsnetzen, die unabhängig von der konkreten Nachfrage vorhanden sein muss, können auf eine größere Zahl von Kilowattstunden umgelegt werden und belasten daher die einzelne Einheit nicht mehr so stark. So entstehen Spielräume für eine Kostensenkung, der reale Preis elektrischer Energie sinkt langfristig.

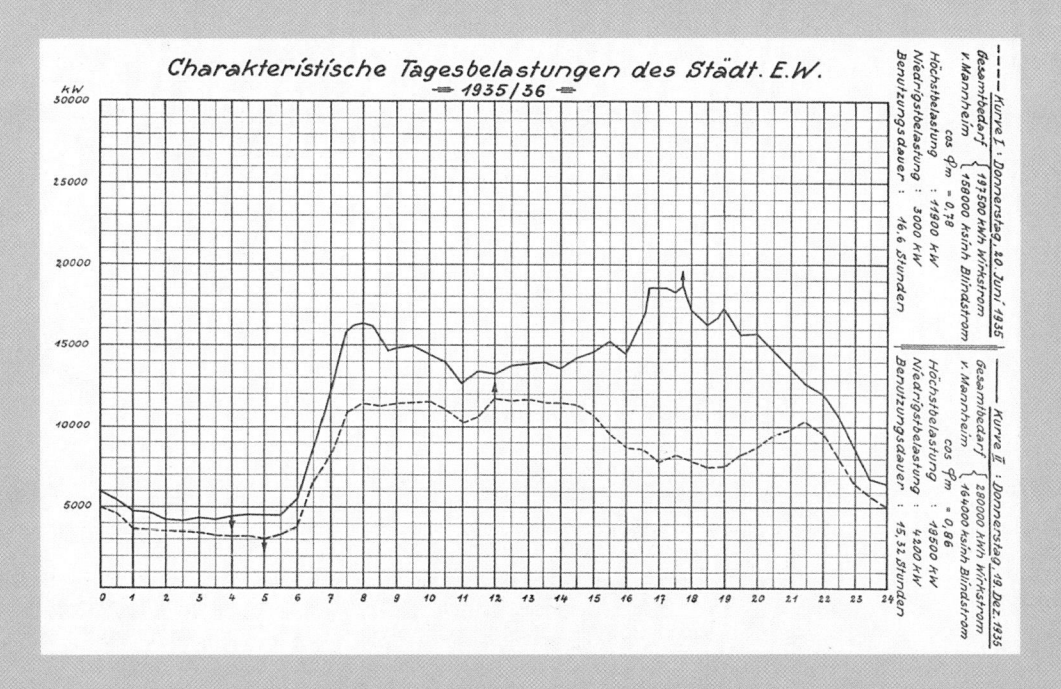

Lastkurve des städtischen Elektrizitätswerks 1935. In der Legende ist auch der Gesamtstrombedarf Mannheims aufgeführt; dabei handelt es sich bei „Wirkstrom" um den Strom, der tatsächlich zur elektrischen Arbeit genutzt wird, während „Blindstrom" zwar bei der Übertragung entsteht, aber nicht genutzt werden kann.
(VB 1935/36, S. 16)

4 DIE ÄRA DER ELEKTRIZITÄT

Die Tatsache, dass die Stadt nun selbst Eigentümerin des Elektrizitätswerks war, motivierte verschiedene Einzelhändler, vehement gegen die Bevorzugung der großen Kaufhäuser bei den Stromtarifen zu protestieren. In einer Besprechung mit der Stadtverwaltung beklagten Einzelhandelsvertreter, dass „z. B. Warenhäuser wie Wronker und Schmoller für das elektrische Licht nur 28 Pfennig pro Kilowattstunde zu bezahlen hätten, während für kleinere Geschäfte der Normalpreis [60 Pf/kWh, Anm. d. Verf.] in Anwendung komme".[41] Die Kaufleute forderten, dass ein provisorischer Tarif für die Laden- und Schaufensterbeleuchtung mit maximal 40 Pf/kWh eingeführt werde. In einer vom Oberbürgermeister in Auftrag gegebenen Stellungnahme zu dem Sachverhalt inklusive Vorlage eines neuen Tarifvorschlags erläutert Direktor Josef Pichler, dass die BBC als Pächterin offenbar eine Reihe von Sonderverträgen mit Großkunden abgeschlossen hatte, bei denen es vor allem um eine Verbesserung der Einnahmensituation ging, damit die Pächterin die Pacht ohne Verlust bezahlen konnte.

Allerdings verteidigt Pichler zugleich grundsätzlich eine Differenzierung der Tarife, indem er die elektrizitätswirtschaftliche Logik der Unterscheidung von Fixkosten und variablen Kosten darlegt. Mit der Kommunalisierung des Elek-

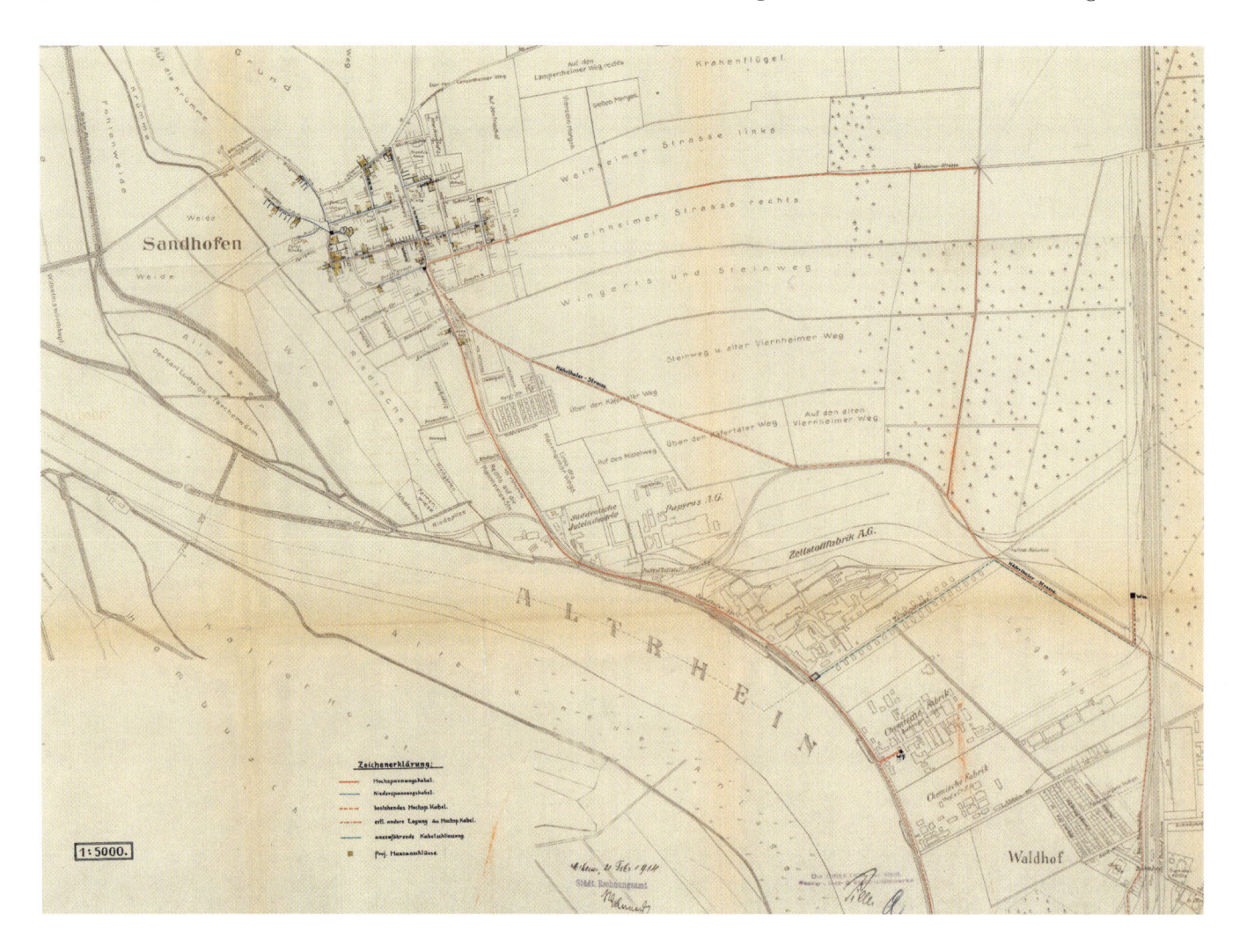

Das stark industriell geprägte, 1912 eingemeindete Dorf Sandhofen sollte 1914 mit zwei Hochspannungskabeln (im Plan rot durchgezogen) an die Stromversorgung angeschlossen werden. Zu jener Zeit waren lediglich rund 40 Häuser (braun markierte Parzellen) für die Stromversorgung angemeldet – Elektrizität war immer noch Luxus, insbesondere im dörflichen Umfeld.
(MARCHIVUM, PL09482)

Eine Litfaßsäule, häufig Hülle für die Transformatoren des Stromnetzes, am Paradeplatz, daneben Haltestellenschild für Straßenbahn an Lampenmast, links auf der Straße der Arbeitswagen eines Plakatklebers.
(MARCHIVUM, GP00086-004)

Die Firma Brown, Boveri & Cie. inserierte in der Vorweihnachtszeit 1913 mehrfach mit dieser Anzeige, um das breite Spektrum an attraktiven elektrischen Haushaltsgeräten zu unterstreichen. Auf dem Gabentisch sieht man neben Tee- und Kaffeekochern auch Bügeleisen, das damals am weitesten verbreitete elektrische Haushaltsgerät.
(Generalanzeiger vom 13.12.1913)

trizitätswerks wurden die Tarife allerdings grundsätzlich Gegenstand politischer Aushandlung. Von daher waren in Fachausschüssen und im Bürgerausschuss bei der Beschlussfassung über Strom- und Gastarife nicht nur elektrizitätswirtschaftliche und fiskalische Aspekte ausschlaggebend, sondern auch von Stadtverordneten ins Feld geführte mittelstandspolitische oder sozialpolitische Argumente. Die Tarifpolitik stand somit in einem Spannungsfeld zwischen dem vom Leiter des Elektrizitätswerks, aber auch der Stadtspitze immer wieder nachdrücklich artikulierten Interesse an stabilen und möglichst steigenden Gewinnen für die Stadtkasse einerseits und Rücksichtnahme auf die Lage und Bedürfnisse verschiedener Kreise der Bevölkerung andererseits.

In privaten Haushalten hielt die Elektrizität vor dem Ersten Weltkrieg nur recht langsam Einzug, weil das elektrische Licht immer noch deutlich teurer war als Gaslicht, geschweige denn Petroleum. 1906 bezogen 1342 Privathaushalte Strom vom städtischen Elektrizitätswerk, ihr Konsum – pro Haushalt im Durchschnitt 457 kWh – machte aber nur neun Prozent der nutzbaren Abgabe des Kraftwerks aus. Bis zum Ersten Weltkrieg stieg die Zahl der elektrifizierten Privathaushalte weiter an; auch in den Tageszeitungen finden sich vermehrt, etwa in der Vorweihnachtszeit, Anzeigen für elektrische Haushaltsgeräte wie insbesondere Bügeleisen, Teekessel oder Lockenstäbe.

Elektrizität im Rahmen des Stadtjubiläums 1907

Im Zusammenhang mit der Vorbereitung des 300-jährigen Stadtjubiläums 1907 wurden dann ab 1906 auch die Hauptstraßenzüge elektrisch beleuchtet. Beim Jubiläum selbst, das die Stadt über viele Monate prachtvoll feierte, wurde das

4 DIE ÄRA DER ELEKTRIZITÄT

Am spektakulärsten waren wohl die Beleuchtung des Wasserturms und eine Leuchtfontäne auf dem Friedrichsplatz. Glühbirnen markierten die Konturen des Wasserturms, bereits damals schon das Wahrzeichen Mannheims, ein Scheinwerfer auf der Turmspitze projizierte Leuchtfiguren in den Nachthimmel.
(MARCHIVUM, GF00175)

elektrische Licht als Festillumination umfangreich eingesetzt. Die Stadt hatte für die eigentlichen Festtage Ende Mai 1907 die Bevölkerung aufgerufen, ihre Häuser und Geschäfte festlich zu beleuchten, was nicht selten mit erheblichem Aufwand umgesetzt wurde. So erwähnte die Presse explizit die Illumination mit 500 Glühbirnen am Geschäftshaus des Installateurs Barber, auch sozialdemokratischer Stadtrat, oder die Leuchtgirlanden am Haus des Kommerzienrats und Bankiers Ladenburg, dem im Rahmen des Jubiläums auch die Ehrenbürgerwürde verliehen wurde.[42] Die Presse gewann den Eindruck, „daß – von wenigen Ausnahmen abgesehen – die Bürgerschaft bemüht gewesen war, die Jubiläumsinstallation so glanzvoll als nur möglich zu gestalten".[43] Weil der Wasserturm,[44] das Wahrzeichen Mannheims, mit seiner Festillumination in diesen Wochen über größere Entfernung „auf den Höhen der Neckarberge sowohl wie der Haardt"[45] zu sehen war, war Mannheim – durchaus gemäß dem Selbstverständnis der aufstrebenden Neckar-Metropole – auch optisch Zentrum, Blickpunkt und Leuchtturm der Region.[46]

Die Stadt ließ sich die Festillumination einiges kosten: Die elektrische Beleuchtung der wichtigsten Straßen der Altstadt und die Leuchtfontäne verschlangen über 100.000 Mark, dazu kamen nochmal über 50.000 Mark für jubiläumsspezifischen Gasmehrverbrauch.[47] Mit den Illuminationen sollten auch die Bedürfnisse vor allem des Einzelhandels für eine intensivere Werbebeleuchtung angeregt werden. Deutlich wird dies bei den nach 1900 errichteten Geschäftshäusern der Innenstadt, vor allem bei den Kaufhäusern, deren Fassaden häufig im Erdgeschoss, teilweise auch im ersten und zweiten Stock, große Fensterflächen erhielten, die dann durch die Innenbeleuchtung auch in den Straßenraum ausstrahlten – die Stahlträger-Bautechnik machte es möglich. Das Stadtjubiläum trug also zu einer Lichtintensivierung bei und dürfte insgesamt das Interesse der Geschäftsleute an Licht als Werbeträger erhöht haben.

4.6 DIE GRÜNDUNG DER OEG 1910 – DER SCHRITT ZUM REGIONALEN VERBUND

Das rasche Wachstum der Mannheimer Industrie löste in den Jahren nach dem Jubiläum einen weiteren Schub an Eingemeindungen aus; es wurde zunehmend deutlich, dass Mannheim (zusammen mit Ludwigshafen) Kern einer großstädtischen Agglomeration wurde.[48] Der weitsichtige Oberbürgermeister Otto Beck hatte bereits im Zuge der Industriehafen-Planung 1898 dem badischen Innenministerium einen schon recht konkreten Plan für ein Netz elektrischer Vorortbahnen vorgelegt, das dazu dienen sollte, die für den Industriehafen benötigten Arbeiter von den Vororten dorthin zu bringen.[49] Dieses Projekt ließ sich allerdings nicht kurzfristig realisieren, weil die private Süddeutsche Eisenbahn-Gesellschaft (SEG), die mit dem Gleisdreieck Mannheim–Heidelberg–Weinheim ein Netz dampfbetriebener Nebenbahnen im nordbadischen Umfeld von Mannheim betrieb, nicht auf ihre Konzessionsrechte verzichten wollte.[50] Erst um 1909 ergab sich eine Konstellation, die auf Initiativen des Ruhrindustriellen Hugo Stinnes und der Rheinischen Schuckert-Gesellschaft hin das Konzept eines neuen Unternehmens entwickelte.[51] Dieses sollte die schon lange erwünschte Elektrifizierung der Dampfbahnen des Gleisdreiecks mit der Nutzung eines Kraftwerks in Rheinau verbinden und eröffnete damit auch die Perspektive einer Elektrifizierung des nordbadischen Umlands. Die Entscheidung der Stadt Mannheim, sich an der neu zu gründenden Gesellschaft zu beteiligen, stützte sich auf mehrere Motive: Zum einen rückte mit der Modernisierung des Netzes der Vorortbahnen die Realisierung der früheren Vision von Beck näher. Zum anderen ging es um die geplante Eingemeindung der Industriesiedlung Rheinau südlich von Mannheim direkt am Rhein. Für die Versorgung des dort gebauten Hafens und einiger Industriebetriebe war 1897 ein Drehstromkraftwerk errichtet worden, das aber um 1909 mangels eines Absatzgebietes nicht ausgelastet war. Dieses Kraftwerk sollte auch als Unterstützung des an seine Kapazitätsgrenze kommenden städtischen Elektrizitätswerks dienen. An den seit Ende 1909 intensiv geführten Verhandlungen waren einmal die Neue Rheinau AG als Eigentümerin des Rheinau-Kraftwerks, zweitens die Rheinische Schuckert-Gesellschaft für elektrische Energie (RSG), die einige kleinere

Als ein Konsumtempel der Moderne setzten Warenhäuser – wie hier das Geschäft Wronker – die Auslagen in den meist zahlreichen und großflächigen Schaufenstern bei Dunkelheit effektvoll mit elektronischen Bogenlampen in Szene; Kaufhäuser bildeten damals „Lichtinseln" in den im Vergleich dazu noch dunkleren Innenstädten.
(MARCHIVUM, AB01627-047a)

4 DIE ÄRA DER ELEKTRIZITÄT

Die Elektrifizierung der Strecken des Gleisdreiecks der SEG setzte 1915 mit der Strecke Mannheim–Weinheim ein. Der Motorwagen war auf etwas höhere Geschwindigkeiten als die innerstädtische elektrische Straßenbahn ausgelegt. Die Anwesenheit zahlreicher Schaffnerinnen verweist darauf, dass das Bild während des Ersten Weltkriegs entstanden sein muss.
(MARCHIVUM, KF043736)

Elektrizitätswerke in Nordbaden sowie Bahnkonzessionen besaß und ein regionales Netz aufbauen wollte, drittens die SEG mit ihrem Gleisdreieck und schließlich die Stadt Mannheim beteiligt. Die zentrale Figur auf Seite der Privatwirtschaft war sicherlich der Ruhrindustrielle Hugo Stinnes, der die Neue Rheinau AG kontrollierte und außerdem in der SEG zusammen mit einer Essener Aktionärsgruppe die Mehrheit übernommen hatte. Ergebnis der schwierigen Verhandlungen war schließlich 1910 die Gründung der Oberrheinischen Eisenbahn-Gesellschaft AG (OEG), an der sich die Stadt Mannheim mit 51 Prozent, die SEG mit 26 Prozent sowie die Neue Rheinau AG und die RSG mit je 11,5 Prozent beteiligten. Die Gesellschafter brachten jeweils Bahnen bzw. Kraftwerke und Versorgungskonzessionen in die Gesellschaft ein.[52]

Mit der Beteiligung an dieser Gesellschaft rückte die Stadt Mannheim gegen zunächst massiven Widerstand im Bürgerausschuss von dem bis dahin verfolgten munizipalsozialistischen Kurs ab, weil sie nur so – über eine gemischtwirtschaftliche Gesellschaft – Einfluss auf die Verkehrs- und Energiepolitik in der weiteren Region gewinnen konnte. Oberbürgermeister Paul Martin hatte sich allerdings strikt der ursprünglich von Stinnes geforderten Einbeziehung des städtischen Elektrizitätswerks und der städtischen Straßenbahn in die neue Gesellschaft widersetzt. Martin gewann schließlich die einstimmige Zustimmung des Bürgerausschusses mit dem Argument, dass man damit die Voraussetzungen schaffe „[...] für die vorteilhafteste, dem öffentlichen Interesse dienlichste Gestaltung eines sicherlich, wenn auch wohl erst in ferner Zukunft entstehenden Groß-Mannheim!".[53]

In der Praxis der neuen OEG zeigte sich allerdings, dass sich trotz des Namens „Eisenbahn-Gesellschaft" der Energieaspekt wesentlich dynamischer entwickelte. Im Bahnbereich konnte in den ersten Jahren lediglich der Abschnitt Mannheim–Weinheim elektrifiziert werden. Die Eröffnung erfolgte am 1. September 1915, anschließend stagnierte der weitere Ausbau wegen kriegswirtschaftlicher Probleme. In der Planung hatte sich gezeigt, dass viele Anliegergemeinden nur sehr begrenzt bereit waren, sich finanziell oder durch Abgabe von Grundstücken an dem Ausbau der Strecken zu beteiligen. Die Fahrgastzahlen stiegen allerdings recht deutlich, sie verdoppelten sich zwischen 1911 und 1919 beinahe. Zudem spielte die OEG eine wichtige Rolle im Gütertransport, für den Transport von Bruchsteinen aus den Steinbrüchen bei Dossenheim und Schriesheim.[54]

Dagegen wurde die Energieversorgung der eigentliche Hauptzweig der Gesellschaft: Die Erzeugungskapazität des Kraftwerks Rheinau wurde ausgebaut, 1914 ein Verbindungskabel mit dem städtischen Kraftwerk Industriehafen fertiggestellt; Rheinau konnte danach die angestrebte Entlastungsfunktion für das städtische Werk ausüben. Im nordbadischen Umland baute die OEG rasch ein Versorgungsnetz auf, wobei hier der badische Staat eine Abnahmepflicht für Strom aus Wasserkraft aus dem entstehenden badischen Wasserkraftwerk im nördlichen Schwarzwald, dem sogenannten Murgwerk, durchsetzte und ein saisonaler Stromaustausch gemäß dem jeweiligen Anfall von Wasserkraft vereinbart wurde. Insgesamt wurde das Kraftwerk Rheinau zu einem regionalen Elektrizitätsknoten ausgebaut, wo die Netze der Stadt Mannheim, des Murgwerks, der hessischen HEAG in Darmstadt (1915) und der Pfalzwerke (Ludwigshafen, 1913) bis hin zum Kraftwerk Homburg/Saar verkoppelt wurden. Außerdem schlossen sich das Bahnkraftwerk in Mannheim-Neckarau und die Fabrikzentrale der Firma Freudenberg in Weinheim diesem Verbund an.[55]

Diese Verbundbildung war letztlich ein Vorgriff auf die bereits kurz nach dem Ersten Weltkrieg erfolgte Gründung der Grosskraftwerk Mannheim AG, wodurch die Stromerzeugung auf eine neue, den regionalen Austausch von Kohlekraftwerken und Wasserkraft organisierende Basis gestellt wurde.

DIE WASSER-, GAS- UND ELEKTRIZITÄTSWERKE (WGE) KURZ VOR BEGINN DES ERSTEN WELTKRIEGS

Ende 1913 befanden sich 68 technische und 78 Verwaltungsbeamte im Dienst; diese Zahl war in den vorangegangenen Jahren stetig gestiegen. Die Zahl der Arbeiter belief sich auf 400.[56] Die Direktion setzte sich zusammen aus einem Amtsvorstand als Werkleiter – seit 1904 war dies Josef Pichler –, einem stellvertretenden Amtsvorstand und Oberingenieur – dem 1913 eingestellten Friedrich Schraeder – und einem „Verwalter", Karl Egetmeyer. Wie Schraeder viele Jahrzehnte später erläuterte, habe damals der Amtsvorstand dem zu jener Zeit wirtschaftlich bedeutendsten Zweig, dem Gasbereich angehört – Pichler war ein „qualifizierter Gas- und Wasserfachmann" –, während sein Stellvertreter, also Schraeder, nach beruflicher Qualifikation dem komplementären Bereich angehören sollte, also dem Elektrizitätsfach. Der Verwalter schließlich sollte kaufmännische und „verwaltungsmäßige" Expertise einbringen. Eine enge Zusammenarbeit und infolgedessen auch eingehende Kenntnis der wechselseitigen Arbeitsgebiete gehörten selbstverständlich dazu. Schraeder zufolge war die Zusammenfassung von Gas, Wasser und Strom in einer Werksdirektion zu jener Zeit „als Ausnahme, aber auch als Vorbild für die vergleichbaren deutschen, grosstädtischen Betriebe" anzusehen; diese „vorausschauende, fortschrittliche Organisationsform" habe sich als „die erstrebenswerte Standardform erwiesen".[57]

Insgesamt zählten die WGE im letzten Friedensjahr rund 10.000 Wassermesser, gut 40.600 Gasmesser sowie knapp 7100 Elektrizitätszähler von knapp 5400 Stromabnehmern. Sie förderten rund 8,4 Mio. m^3 Wasser, erzeugten gut 17,5 Mio. kWh Strom und rund 20 Mio. m^3 Gas. Damit machten sie gute Gewinne (Betriebsüberschuss der Wasserwerke rund 971.000 M, Bruttogewinn des Gaswerks rund 1,82 Mio. M und des Elektrizitätswerks gut 1,45 Mio. M) und konnten so ansehnliche Summen an die Stadtkasse abliefern: insgesamt rund 1,78 Mio. Mark (davon Wasser: ca. 353.000 M, Gas: ca. 839.000 M, Strom: ca. 587.000 M).[58]

ANMERKUNGEN

1 Vgl. dazu S. Parzer (2016).

2 Vgl. A. Kistner (1930), S. 230f.

3 Vgl. T. Bohn/H. Marschall (1992), S. 43.

4 Ausführlich dazu MARCHIVUM, Bibliothek, A 10/119, Einführung der elektrischen Beleuchtung im Großherzoglichen Hoftheater und Umgestaltung der Bühneneinrichtung daselbst, Mannheim 1897.

5 Vgl. dazu Kap. 2 in diesem Band.

6 Das Gutachten wird erwähnt in: MARCHIVUM, Bibliothek, A 10/119, Einführung der elektrischen Beleuchtung im Großherzoglichen Hoftheater und Umgestaltung der Bühneneinrichtung daselbst, Mannheim 1897, S. 8.

7 Vgl. D. Schott (1999), S. 175-195.

8 Vgl. dazu auch Kap. 2 in diesem Band.

9 Vgl. zur Internationen Elektrotechnischen Ausstellung von 1891 J. Steen (1991); zur Einschätzung der Mannheimer Fachleute Verwaltungsbericht (im Folgenden VB) Mannheim 1892/94, S. 592 ff.

10 D. Schott (2007), S. 515.

11 Vgl. dazu auch Kap. 2 in diesem Band.

12 Vgl. zur Entscheidung für den Industriehafen D. Schott (2007), S. 499-515.

13 Vgl. D. Schott (1999), S. 347 ff.; W. Rabe (1979).

14 Zu den Eingemeindungen vgl. L. A. Tolxdorff (1961).

15 Lindley gehörte zu einer regelrechten Ingenieursdynastie, die ursprünglich aus England stammte. Sein Vater William Lindley hatte nach dem „Großen Brand" 1842 den Bau der Hamburger Kanalisation und Wasserversorgung geplant und geleitet; er und seine Söhne waren in ganz Europa für die Planung von Sanitärinfrastruktur tätig; vgl. S. Grötz/O. Pelc (2008).

16 Neben William H. Lindley gehörten der Züricher Professor Weber, der Münchner Professor Schröter und der Karlsruher Baurat Stahl zu der Kommission, die auch bereits die Grundsatzentscheidung des Stadtrats vom Oktober 1897 vorbereitet hatte, vgl. MARCHIVUM, Bibliothek, A20/55 a, Erbauung eines städtischen Elektrizitätswerks; M. Schröter, Der Bau des Elektrizitätswerks 1900 (MARCHIVUM, Bibliothek, A20/55 e).

17 Vgl. D. Schott (1999), S. 382-387; die Darstellung des Vertrags folgt M. Schröter (1900).

18 VB Mannheim 1895/1899, S. 398 ff.

19 Vgl. Mannheimer Generalanzeiger (im Folgenden GA) vom 19.7.1898, S. 2.

20 GA vom 20.7.1898, S. 2.

21 Vgl. D. Schott (1999), S. 383-387.

22 Vgl. GA vom 18.12.1899; MARCHIVUM, Bibliothek, A 27/11, Ritter/Löwit, Bericht über die Einführung der elektrischen Straßenbahn in Mannheim, Mannheim 1900, S. 15.

23 Vgl. D. Schott (2007), S. 523 f.; G. Jacob (1975); A. Herrmann (1975).

24 Vgl. MARCHIVUM, Bibliothek, A 20/3, Vorschriften über die Herstellung elektrischer Anlagen, die an das Leitungsnetz des städt. Elektrizitätswerkes Mannheim angeschlossen werden sollen, Mannheim 1899.

25 MARCHIVUM, Bildsammlung, AB01633-1, Nr. 8.

26 Vgl. D. Schott (1999), S. 449. Leserbrief im GA vom 16.7.1901, S. 2 „Nochmals das zuviele Läuten der Straßenbahn".

27 Vgl. D. Schott (1999), S. 449.

28 Vgl. ebd., S. 444.

29 Für das Elektrizitätswerk liegen zu diesem Zeitpunkt keine Beschäftigtenzahlen vor, weil dieses noch von der Pachtfirma BBC betrieben wurde.

30 Vgl. VB Mannheim 1904, S. 171; 1907, S. 77; 1912, S. 101.

31 Vgl. VB Mannheim 1912, S. 101.

32 Vgl. VB Mannheim 1913, S. 80.

33 Vgl. Schreiben des Städtischen Elektrizitätswerk/BB&Cie an städtischen Maschinen-

ingenieur Vigier vom 19.8.1900, in: MARCHIVUM, Tiefbauamt, Zug. 54/1969 Nr. 1519.

34 So in einem Presseausschnitt über die Bürgerausschuß-Sitzung vom 12.6.1906, in: MARCHIVUM, Stadtwerke, Zug. 6/1964 Nr. 2073.

35 Vgl. D. Schott (1999), S. 415.

36 Vgl. MARCHIVUM, Stadtwerke, Zug. 6/1964 Nr. 1953.

37 Vgl. VB Mannheim 1906.

38 Vgl. VB Mannheim 1910, S. 98; D. Schott (1999), S. 420 ff.

39 Vgl. Liste „Eigene Stromversorgung haben" vom 15.3.1918, in: MARCHIVUM, Stadtwerke, Zug. 1964 Nr. 1247.

40 Vgl. VB Mannheim 1906, S. 2, 13 (Zitat).

41 Protokoll einer Besprechung der Stadt mit Vertretern des Einzelhandels am 8.11.1905, in: MARCHIVUM, Stadtwerke, Zug. 6/1964 Nr. 615.

42 Vgl. GA vom 1.6.1907 (Abend-Ausgabe), S. 3.

43 GA vom 3.6.1907 (Mittags-Ausgabe), S. 3.

44 Vgl. H. Weckesser (1991).

45 F. Walter (1907), S. 41.

46 Vgl. D. Schott (1999), S. 469.

47 Vgl. VB Mannheim 1907, S. 77 ff.

48 Vgl. S. Schott (1912).

49 Vgl. Brief des OB Beck vom 31.3.1898 an das Badische Staatsministerium, in: GLA Karlsruhe 237/32179, Die Vorortbahnen der Stadt Mannheim sowie die Gründung der Oberrheinischen Eisenbahn-Gesellschaft AG in Mannheim betr. 1898–1923; vgl. auch D. Schott (1999), S. 364 ff.

50 Der Versuch der Stadt Mannheim, durch ein 1901 gebildetes Konsortium mit der SEG die wechselseitige Blockade aufzuheben, war nur recht eingeschränkt erfolgreich, etwa im Bau einer elektrifizierten Strecke von Neckarstadt nach Käfertal, vgl. D. Schott (1999), S. 450 ff.

51 Vgl. MARCHIVUM, Stadtwerke, Zug. 6/1964 Nr. 1003.

52 Vgl. D. Schott (1999), S. 514 ff.

53 GA vom 1.11.1910, S. 3.

54 Vgl. OEG (1951), S. 34.

55 Vgl. D. Schott (1999), S. 519 ff.

56 Vgl. VB Mannheim 1913.

57 Friedrich Schraeder: Denkschrift zur Wahl des 1. Werkleiters der Stadtwerke Mannheim, 9.11.1951, in: MARCHIVUM, Stadtwerke, Zug. 6/1964 Nr. 47, S. 1 ff.

58 Vgl. VB Mannheim 1913.

5
DIE UNBILDEN DES ERSTEN WELTKRIEGS

HANSPETER RINGS

Die städtischen Wasser-, Gas- und Elektrizitätswerke (hier auch als WGE oder Werke bezeichnet) sicherten die Infrastruktur des privaten und öffentlichen Lebens sowie von Industrie und Handel. Dabei stand der ab 1906 die Sparten Wasser, Gas und Elektrizität vereinende Regiebetrieb mit Ausbruch des Ersten Weltkriegs vor enormen Herausforderungen. Auch in Mannheim wurde immer häufiger zur Einsparung von Energie und Wasser aufgerufen. Vor allem Verbrauchsspitzen sollten vermieden werden, um die Gas- und Elektrizitätsproduktion angesichts heikler Kohleversorgung und kriegsbedingt schwierig zu wartender, damit oft anfälliger Anlagen nicht zu gefährden. Doch viele Einsparungen, etwa das Ausschalten oder Herabdimmen der Straßenbeleuchtung, propagierten zwar öffentlichkeitswirksam einen großen Einsatz an der Heimatfront, führten allerdings de facto nur zu geringen Einsparwerten. Ihnen standen sogar rüstungsbedingt zeitweise erheblich steigende Verbrauchswerte gegenüber. Da viele Mitarbeiter eingerückt waren, mussten die WGE den Betrieb nun mit Aushilfskräften aufrechterhalten, darunter Frauen und Kriegsgefangene. Dazu wurde den Werken unter anderem die städtische Metallsammelstelle angegliedert. Somit arbeiteten die WGE im Ersten Weltkrieg unter oft so misslichen wie herausfordernden Bedingungen, wobei ihnen die Versorgung Mannheims aber durchweg gelang.

5.1 DIE ORGANISATION DER WASSER-, GAS- UND ELEKTRIZITÄTSWERKE

Die Wasser-, Gas- und Elektrizitätswerke hatten während der Kriegsjahre auf hohem Niveau zu arbeiten, ja, es wurden ihnen 1915 sogar weitere Aufgaben zugeordnet: Nun fungierten sie zusätzlich als zentrale Sammel- und Verteilstelle für kriegsnotwendige Rohstoffe.

Seit 1851 war im ersten Gaswerk der Stadt Mannheim – 1873 kommunalisiert – neckarnah im Quadrat K 6 Gas produziert worden; im Ersten Weltkrieg befand sich dort aber schon eine im Jahr 1900 errichtete städtische Turnhalle. Mittlerweile war das Werk in K 6 zunächst durch die Gaswerke auf dem Lindenhof (seit Ende 1878 in Betrieb) und schließlich auf dem Luzenberg (seit 1900 in Betrieb) ersetzt worden. Für die Trinkwasserversorgung arbeitete seit 1888 das Käfertaler Wasserwerk. Im Jahr 1889 war ein organisatorischer Zusammenschluss von Gas- und Wasserwerk erfolgt, an dessen Spitze seit 1904 Direktor Josef Pichler stand. Als im Jahr 1906 zusätzlich das Elektrizitätswerk organisatorisch angegliedert wurde, fungierte er bis 1934 als Direktor der Wasser-, Gas- und Elektrizitätswerke. Direktion und Verwaltung hatten ihre Büros in K 7, 1 und 2; ferner befanden sich dort die Wasser- und Gasmesserwartung sowie eine Schlafunterkunft für Laternenwärter.

Als im Jahr 1898 ein Teil der allgemeinen Stadtverwaltung vom Rathaus am Marktplatz in das Anwesen Luisenring 49 umzog, folgten dorthin ab 1901 auch Teile der Verwaltung der Gas- und Wasserwerke. Dann nutzte die Stadt ab 1910 das umgebaute Kaufhaus auf dem Quadrat N 1 als Rathaus, die WGE verblieben jedoch in K 7 und am Luisenring. Ihr späteres – heute die Bürgerdienste beherbergendes – Verwaltungsgebäude in K 7 entstand erst im Jahr 1926.[1]

Die Beschäftigten und ihre Aufgaben

Gemäß den Verwaltungsberichten der Werke arbeiteten in jedem Jahr zwischen 1914 und 1917 unter Direktor Pichler im Schnitt 150 höhere und mittlere Verwaltungs- und technische Beamte, 1918 stieg die Zahl auf 170 an. Darunter erhöhte sich die Zahl der Aushilfskräfte von 19 (1914) auf 104 (1918) bei einem für 1917 und 1918 ausgewiesenen Frauenanteil von je etwa 90 Personen. 1917, um für dieses Kriegsjahr die Tätigkeitsfelder illustrierend herauszugreifen, waren es unter anderem ein Oberingenieur (stellvertretender Direktor) und sieben Abteilungsleiter, denen Ingenieure, Bautechniker sowie 30 Kanzleiassistenten und Bürogehilfen, ein Ofenmeister und auch eine „Werbebeamtin" unterstanden. Dazu waren über die Jahre je rund 400 Arbeiter, sogar über 700 im letzten Kriegsjahr, bei den WGE beschäftigt, wobei sich die höhere Anzahl 1918 durch die zügige Wiedereinstellung der Kriegsheimkehrer nach dem Waffenstillstand im November erklärt. Nach und nach entließ man nun wieder die für sie in Verwaltung, Außendienst und Produktion ersatzweise eingestellten Frauen.[2]

Zwischen 1914 und 1917 befanden sich pro Jahr zwischen 50 und 70 Beamte und zwischen 100 und 170 Arbeiter „im Feld". Noch 1918 kehrten 43 Beamte und 84 Arbeiter zurück. Insgesamt fielen 23 Beamte und Arbeiter der Werke im Krieg; für Gesamt-Mannheim ist von weit über 6000 Gefallenen auszugehen. Hinzu kommen über 10.000 Mannheimerinnen und Mannheimer, die infolge von Unterernährung und Epidemien vorzeitig ihr Leben ließen. Weltweit starben rund zehn Millionen Kriegsteilnehmer, und 20 Millionen wurden verwundet. Die zivilen Todesopfer werden auf sieben Millionen geschätzt.[3]

Betrachten wir exemplarisch das Gaswerk Luzenberg und das Elektrizitätswerk für die Jahre 1916 und 1917 etwas genauer.[4]

Guten Muts zieht der junge Soldat mit Pfeife, Petroleumlampe und Friedenslamm als Symbol für einen raschen „Siegfrieden" ins Feld. Propaganda-Postkarte, abgestempelt 1916.
(MARCHIVUM, AB05697-001. Provenienz: Stefan Seider)

5 DIE UNBILDEN DES ERSTEN WELTKRIEGS

Im Gaswerk Luzenberg waren 1916 bis zu 200 Arbeiter beschäftigt. Allerdings habe man, so die Direktion der Werke, zuvor in „Friedenzeiten" die gleiche Produktion mit zwei Dritteln der Belegschaft geleistet. Die zusätzlichen Arbeitskräfte würden sich durch die Unerfahrenheit der Aushilfsbeschäftigten und die zugleich erhöhte Gasproduktion aufgrund der Umstellung vom Kohlenbrand auf Gas erklären. Tatsächlich stieg der Gasverbrauch von 1914 bis 1917 auch erheblich an und hielt sich 1918 auf diesem Niveau. Unter den circa 70 Ersatzkräften befanden sich 20 Kriegsgefangene und 15 – ebenfalls als „Arbeiter" bezeichnete – Frauen. Abgesehen von generell menschenunwürdiger Kriegsgefangenschaft, war die Lebenssituation der Gefangenen im Ersten Weltkrieg, verglichen mit den vollends unannehmbaren Zuständen im Zweiten Weltkrieg, deutlich besser. So erhielten die mitarbeitenden Kriegsgefangenen Lohn, 4,20 Mark am Tag. Damit lag ihr Salär über den 4 Mark der Frauen, allerdings unter dem eines deutschen Arbeiters, der mit 5 Mark am Tag nach Hause ging. Ferner setzte man den Kriegsgefangenen, nach Aktenlage, die gleichen einfachen Mahlzeiten wie ihren Wachleuten vor. Ihren „Lebensmittelpunkt" hatten die Männer aber in dem großen Kriegsgefangenenlager beim alten Exerzierplatz in der Neckarstadt, Areal der Kaiser-Wilhelm-Kaserne (heute: Wohn-, Geschäfts- und Platzareal der Turley Barracks). Das vergleichsweise gut ausgestattete Lager wurde auf Rechnung der Militärverwaltung von den WGE mit Anschlüssen versehen und war damit sogar mit Strom und Wasser versorgt.

Kriegsgefangenenlager auf dem sogenannten alten Exerzierplatz bei der Kaiser-Wilhelm-Kaserne in der Neckarstadt; nach dem Zweiten Weltkrieg von den US-Amerikanern unter dem Namen Turley Barracks genutzt.
(MARCHIVUM, AB02102-004)

Das Elektrizitätswerk beschäftigte 1916 um die 60 Arbeiter, wobei laut WGE vor dem Krieg die gleiche Leistung mit der Hälfte der Beschäftigten erbracht worden sei. Auch hier erklärte man dies durch die Unerfahrenheit der Aushilfen und die gestiegene Kriegsproduktion. So nahm allein der an die Industrie abgegebene Strom bis 1917 geradezu katapultartig zu. Dabei entsprachen die Entlohnungen denen im Gaswerk.[5]

Infolge des Kriegs verschlechterte sich die Ernährungslage in der Stadt zusehends, viele Menschen waren chronisch unterernährt. Auch wenn die großen Kaufhäuser Kander und Schmoller in den ersten Kriegsjahren noch ein reiches Sortiment an Lebensmitteln anboten – leisten konnten sich das nur die Gutsituierten. Die Lebensmittel wurden zunehmend kontingentiert und waren auch nur noch auf Lebensmittelmarken erhältlich. Waren die Menschen zusätzlich durch schwere kriegsnotwendige Arbeit gefordert, drohten sie mit ihrer Arbeitskraft auszufallen, was in erster Linie 1917 zur Etablierung der sogenannten Schwerstarbeiterzulagen führte: So wirkten im Gaswerk Luzenberg 1917 in Tag- und Nachtschicht rund 190 Personen, darunter 35 Frauen und 40 Kriegsgefangene unter Aufsicht von zwei „mitarbeitenden Wachleuten"; von ihnen erhielten 45 Männer den Schwerstarbeiter-Status, darunter fünf russische Kriegsgefangene und einer französischer Nation. Sämtlich waren sie bei der Kohleverfeuerung eingesetzt, als Feuerhausobmänner (deutsche Vorarbeiter), Feuerhausarbeiter, Feuerhaus-Putzer, Heizer, Schmiede oder Schlosser. Für das ebenfalls im 24-Stunden-Betrieb laufende Elektrizitätswerk wissen wir für 1917 von rund 90 Arbeitern, darunter 20 Frauen. 20 Arbeiter wurden als Schwerstarbeiter eingestuft; Kriegsgefangene mit diesem Status konnten für das Elektrizitätswerk bislang nicht eruiert werden. Auch hier hatten die Schwerstarbeiter durchweg mit dem Primärenergieträger Kohle zu tun, als Heizer, Schlackenfahrer, die das glühende Material zugleich ablöschten und herausschaufelten, als Kesselmaurer oder Schlosser an den 18 oft noch sehr warmen Kesseln.

Allerdings machte der Schwerstarbeiter-Status keinesfalls zwingend satt, schon gar nicht mit erlesener Kost. In den Lieferlisten für die Nahrungsmittel-Zulagen finden sich Gerstenfabrikate, Weizengrieß, Weiße Bohnen, Margarine und Gouda; die Wurst blieb nicht selten aus, wenn der Schlachthof nur eingeschränkt arbeitete. Einmal wandten sich die Feuerhausarbeiter sogar direkt an die Stadtspitze und beklagten, dass sie pro Person nur zwei Laibe Brot im Monat zusätzlich erhielten, was angesichts der Schwere ihrer Arbeit aber „gleich Null" sei. Daraufhin wurden ihnen pro Woche zusätzlich spärliche 100 Gramm Fleisch und 250 Gramm Streichleberwurst zugestanden, soweit vorrätig.[6]

Geld und Lebensmittel waren knapp in dem über 200.000 Köpfe zählenden Mannheim, erst recht, wenn der Hauptverdiener sich im Krieg befand und sich

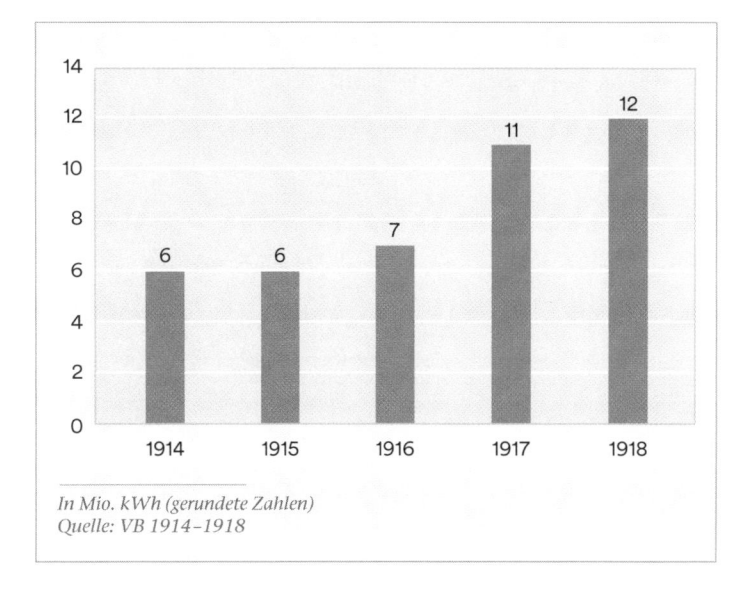

In Mio. kWh (gerundete Zahlen)
Quelle: VB 1914–1918

An die Industrie bzw. zu „Kraftzwecken" abgegebener Strom

Mobile Kriegsküche in der Rheindammstraße, die vor allem Eintopf und Suppe ausgab, 27.7.1916.
(MARCHIVUM, KF019787)

dessen Frau und Kinder mit schlecht bezahlten Gelegenheitsarbeiten, mit kargen Mahlzeiten an der mobilen Kriegsküche und der Armenspeisung über Wasser halten mussten. Eine aushilfsweise Anstellung bei den WGE galt dann schon als Privileg. So zahlten die Werke ihren Beschäftigten auch in den Kriegsjahren – in den Verwaltungsberichten in zeitgenössischer Diktion als „Wohltat" bezeichnet – einen Ausgleich zwischen Krankengeld und Lohn, je nach Dauer der Betriebszugehörigkeit für drei, aber höchstens sechs Monate. Diesen finanziellen Ausgleich beschloss der Stadtrat 1916 auch für die „Kriegsaushilfen" und erweiterte ihn aufgrund des hohen Frauenanteils unter ihnen „sogar" auf ein „normal verlaufendes Wochenbett".[7]

Anlagen und Leitungen

Selbst wenn einige große Industriebetriebe über eine partiell autonome Elektrizitätsversorgung verfügten, so nahm die Bedeutung der Energie- und auch der Trinkwasserversorgung während der Kriegsjahre nicht ab, in Segmenten sogar zu. Das bedeutete aber, die Anlagen der WGE unter oft misslichen Material- und Personalverhältnissen am Laufen zu halten. Dazu erforderten die 1913 erfolgten Eingemeindungen der Vororte Sandhofen und Rheinau über 1914 hinaus Erweiterungsarbeiten am Wasserrohr- und Stromkabelnetz. Seit 1914 war das Elektrizitätswerk Rheinau der Oberrheinischen Eisenbahn-Gesellschaft (OEG) durch ein 70-mm-Kupfer-Kabel mit dem Elektrizitätswerk im Industriehafen verbunden. Ferner mussten neue Wasserleitungen in den Vorort Feudenheim verlegt werden, weil das dortige Wasserwerk Mitte 1915 stillgelegt wurde; lohnte sich doch der vergleichsweise kleine Förderbetrieb aufgrund der kriegsbedingt erhöhten Kohlen- und Materialpreise und des Mehrbedarfs an Arbeitskräften nicht mehr. Die in Feudenheim 1914 abgegebene Menge von rund 170.000 m³ Trinkwasser war innerhalb der insgesamt geförderten Menge von jährlich 9 Mio. m³ problemlos durch das Hauptwasserwerk Käfertal und seit Eingemeindung 1913 auch durch das Wasserwerk Rheinau auszugleichen. Doch auch das Wasserwerk Rheinau legte man 1917/18 zeitweise still, weil selbst dessen Lieferung von rund 1,3 Mio. m³ in der Aussetzungs-Periode durch eine Kapazitätserhöhung in Käfertal kostengünstiger und weniger personalintensiv zu haben war.

Den Umständen geschuldet, führte man in den Kriegsjahren nur unaufschiebbare oder besonders kriegswichtige Baumaßnahmen durch. Damit war gleich zu Kriegsbeginn der Ausbau der Ammoniakanlage im Gaswerk von großer Bedeutung: Schließlich sahen die Heeresverwaltung und der Reichskommissar für Gas und Elektrizität die Steigerung des Gasverbrauchs nicht nur wegen der optimalen Kohlenausnutzung im Vergleich zum Individualbrand als vorteil-

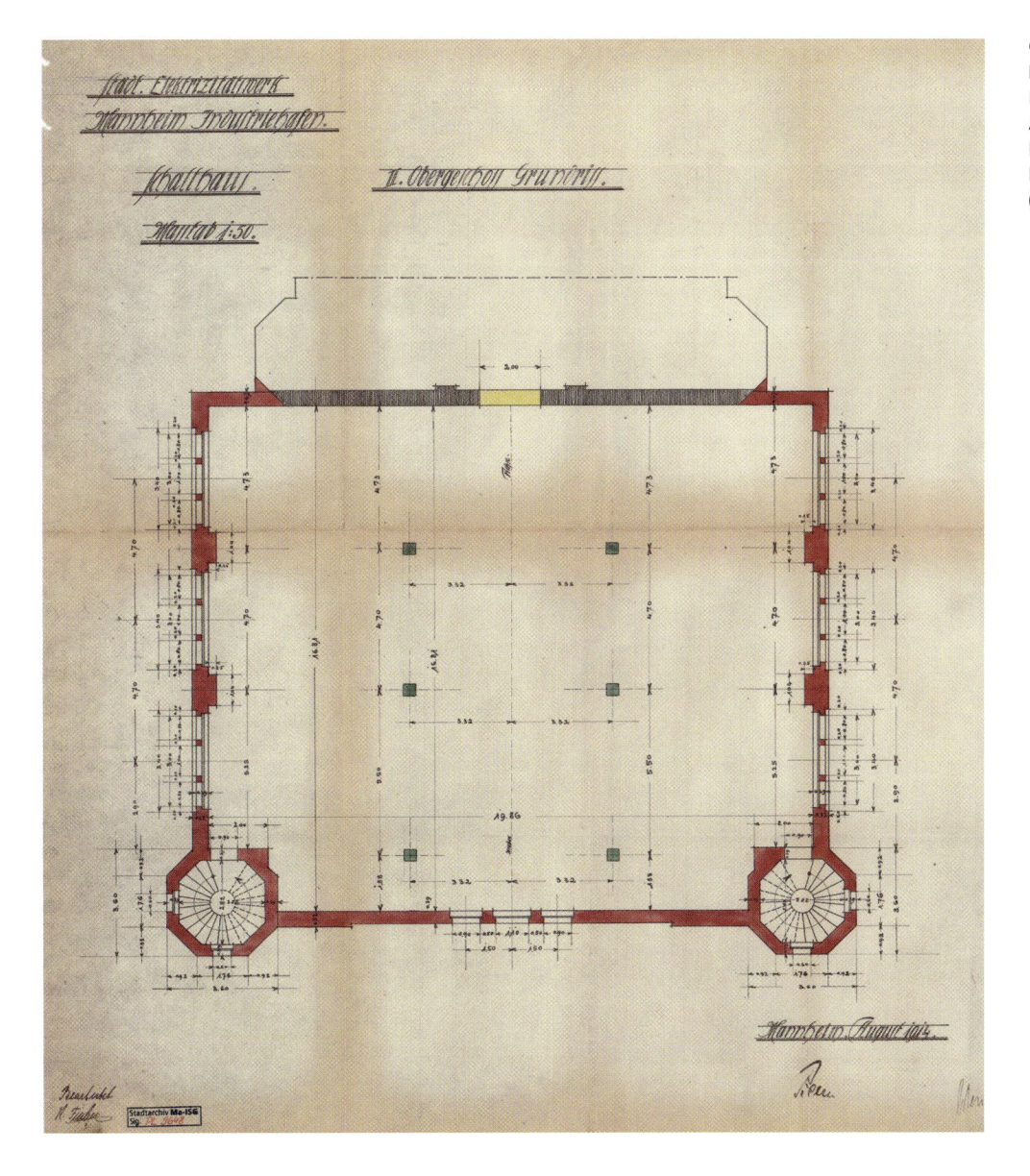

Grundriss für das neue Schalthaus des Elektrizitätswerks beim Industriehafen, 2. OG, 1914. Die Arbeiten kamen jedoch über die Fundamentlegung während des Kriegs nicht hinaus.
(MARCHIVUM, PL09648)

haft an, sondern auch mit Blick auf die anfallenden Nebenerzeugnisse Koks, Teer und Ammoniak. Denn noch war das bei der Verkokung gewonnene Ammoniak für die Herstellung des in Munition und Granaten verwendeten Sprengstoffs sehr wichtig, freilich auch als Grundlage für den im Landbau wichtigen Kunstdünger. Allerdings trat die Relevanz des Nebenprodukts Ammoniak mit der Entwicklung des Haber-Bosch-Verfahrens 1915 auch wieder in den Hintergrund. Denn das neue chemische Verfahren machte das Deutsche Reich in Sachen Ammoniak von der Gaserzeugung, vor allem aber vom chilenischen Salpeter unabhängig, der aufgrund der britischen Seeblockade ab 1916 denn auch zur Gänze ausblieb. Die nahe Ludwigshafener BASF setzte das Haber-Bosch-Verfahren ein, geriet damit aber ins Visier französischer Luftangriffe und verlegte somit die Produktion schleunigst ins „ferne" Leuna bei Halle.[8]

Und neben den noch im Jahr 1916 für Hochspannungs- und Niederspannungsleitungen verarbeiteten 415 Tonnen Kupferkabel wurden von den Elektrizitätswerken 407 Meter Hochspannungskabel (Zinkleiter) für den Stromanschluss einer Kampfeinsitzer-Abteilung in Sandhofen verbaut. Zum Teil grub man auch bereits verlegte intakte Hochspannungskabel aus und nutzte sie an dringend zu vernetzenden oder zu erneuernden Stellen.

Die Luftstaffel sollte mit zehn Jagdeindeckern den Mannheimer Raum vor einfliegenden Bombengeschwadern schützen, und in der Tat kam es zu einigen wenigen Luftkämpfen im Mannheim-Ludwigshafener Luftraum. Doch zweifellos sind die Luftangriffe des Ersten Weltkriegs nicht annähernd mit den verheerenden Flächenbombardements des Zweiten Weltkriegs zu vergleichen, was die 1917 und 1918 erfolgten 46 Angriffe mit neun Toten und 22 Verletzten aber keinesfalls verharmlosen darf. Die WGE zeigten wenige Luftkriegsverletzte und vergleichsweise „geringfügige" Sachschäden an, etwa zerbrochene Fensterscheiben oder geborstene Glaszylinder in den Laternen, die die Werke noch akribisch samt Reparaturkosten auflisten konnten. Ferner deutet auf dementsprechend „geringe" Schäden, dass auch die „Mannheimer Versicherungsgesellschaft" noch gegen „Sachschäden durch Fliegerangriffe" versicherte.[9]

Städtische Metallsammelstelle

Vor den Lebensmittelläden bildeten sich lange Warteschlangen, die Menschen bezeichneten sie mit bitterer Ironie als „Lebensmittelpolonaisen"; Versorgungsengpässe gehörten schon bald nach Kriegsbeginn zum Alltag. Ebenso war die auf überseeische Rohstoffe angewiesene Rüstungsindustrie beeinträchtigt, da aufgrund der britischen Seeblockade ab 1916 Lieferungen ausblieben. Mit einem Mal fehlten so wichtige Rohstoffe wie Salpeter, Schwefel, Mineralöl, Kautschuk, Chrom, Nickel oder Kupfer. Somit entschieden die oberen Beschaffungsbehörden, ersatzweise auf die in der Bevölkerung noch vorhandenen Rohstoffe gegen festgelegte Vergütungssätze zurückzugreifen, womit gleichsam über Nacht der kupferne Kochtopf und der löchrige Fahrradschlauch zu kriegswichtigen Gütern wurden. Dafür gliederte die Stadtverwaltung den WGE, die sowieso schon vor großen Herausforderungen standen, zusätzlich noch eine Metallsammelstelle, die Gummisammelstelle sowie die Petroleum- und Spiritusverteilung an, basierend auf der reichsweiten *Beschlagnahme-Verordnung* von 1915. Als Sammel- und Lagerorte für die Gegenstände wählte man die Werksmagazine und einen Lagerplatz am Luisenring 44. Dort hatten die Menschen aufgrund einer weiteren reichsweiten Verordnung ab 1916 sogar ihre Fahrradreifen und -schläuche abzuliefern.

Diese zusätzlichen Werksaufgaben bedeuteten nicht nur, mit einer Flut von Objekten zurande zu kommen, sondern auch ein damit einhergehendes erhöhtes Verwaltungsaufkommen. Allein im Frühjahr 1915 verschickten die WGE rund 75.000 Ablieferungs-Meldebogen an die Haushalte und erwarteten deren Rücklauf bis in den Herbst, anderenfalls hatte eine schriftliche Anmahnung seitens der Werke zu erfolgen. Mit leisem Vorwurf in der Stimme erwähnt der Verwaltungsbericht der WGE von 1915 denn auch jene 47 Bediensteten – es dürften viele weibliche Aushilfskräfte darunter gewesen sein –, welche für die neuen Aufgaben trotz angespannter Personallage hätten abgeordnet werden müssen.

Anfangs erfolgten täglich bis zu 1100 Einzelablieferungen, sowohl in den Hauptsammelstellen als auch in den Vororten bzw. Gemeindesekretariaten. Neben den üblichen Haushaltsgegenständen wurden aber auch entweihte Kirchenglocken abgeliefert, und aus dem Rosengarten karrten die Stadtwerker die zinnernen Orgel-Prospektpfeifen der Musensaal-Orgel ins Magazin. Gewerbebetriebe sollten überzählige metallene Objekte allerdings möglichst direkt bei der Metall- und Mobilmachungsstelle in Berlin anliefern. Die Spiritusverteilungsstelle der WGE gab gegen Bezugsmarken „vergällten", also untrinkbar gemachten Branntwein für medizinische und Beleuchtungszwecke aus, Letzteres vorzugsweise an Haushalte ohne Gas und Elektrizität, von denen es in Mannheim 1915

Nach Mannheim adressierte Postkarte vom 21.10.[1917]. Bis etwa 1916 beherrschten die deutschen Fokker-Eindecker den Luftraum an der Westfront, verloren dann aber ihre Luftüberlegenheit an die Flugzeuge der Allianz.
(MARCHIVUM, AB01670-019a)

immerhin noch 7911 gab. Als die Einfuhr des überseeischen Petroleums spätestens mit Kriegseintritt der USA 1917 vollständig zum Erliegen kam, galt es, die Restbestände in kleinen Chargen an die Zwischenhändler abzugeben, die sie in noch kleineren Chargen gegen Bezugsscheine an die Endabnehmer veräußerten. Die in der Hafenstadt Mannheim wichtige Binnenschifffahrt erhielt ihr Petroleum für die Fahr- und Liegelaternen sowie die Innenbeleuchtung jedoch direkt von den zuständigen Schifffahrtsämtern.[10]

5.2 DIE VERSORGUNGSLAGE

Der Zweifrontenkrieg gegen Frankreich und Russland hatte die Ressourcen des Reichs schon deutlich aufgezehrt. Mit Kriegseintritt der USA 1917 geriet Deutschland dann aber unwiderruflich auf die Verliererstraße. Daran änderte auch ein letztes Aufbäumen der Front und damit auch der heimischen Nachschubproduktion nichts mehr. Jedenfalls bedeutete diese „Zusammenfassung aller Kräfte" 1917 einen erheblichen zusätzlichen Energie- und in geringerem Maße auch zusätzlichen Wasserbedarf.[11]

Trinkwasser im privaten, industriellen und öffentlichen Bereich

Der private, gewerblich-industrielle und öffentliche Trinkwasserverbrauch – also der Gesamtverbrauch – nahm während der Kriegsjahre zwar um einiges zu, nicht aber in hohem Maße. Die Zahl der Wasseranschlüsse insgesamt erhöhte sich dabei von 10.000 (1914) auf 12.800 (1918). Zugleich erwies sich der Wasserpreis als stabil und lag in allen Kriegsjahren durchgehend bei 20 Pf/m^3, bei geringfügig ungünstiger werdenden Rabatten für Großabnehmer ab Mai 1918.

Dazu nahmen die offiziellen Stellen ab 1915 vor allem den größten Verbraucher in den Blick, den privaten Haushalt: Bekanntmachungen riefen auf zum sparsamen Umgang mit dem kostbaren Nass und benannten dafür auch den Grund – nicht mangelndes Grundwasser, sondern vor allem die heikle Kohleversorgung der dampfbetriebenen Wasserförderung. So ermahnten die WGE als nachgeordnete Stelle der Berliner Reichsbehörden die Verbraucher, das Nachrinnen der Aborte wegen „defekter Schwimmventile oder untätiger Hebeglocken" in den Wasserkästen zu beseitigen, ferner tropfende Wasserhähne schleunigst instand zu setzen. Allerdings fehlten dafür kriegsbedingt oft die Ersatzteile oder auch die Sanitärfachkräfte, die nun an der Front standen. Von daher schränkten die Werke ihr Ansuchen auch wieder dahingehend ein, dass die Haushalte unmittelbar nach Kriegsende mit den Reparaturen beginnen sollten. Die Sparaufrufe galten freilich auch für das Gewerbe und die Industrie, obwohl die – in den Statistiken zwar nicht eigens aufgeführten – Fabriken aufgrund der erhöhten Kriegsproduktion bisweilen sogar zusätzlichen Wasserbedarf hatten.

Ferner erweise sich laut Wasserwerk die Unerfahrenheit der für die eingezogenen Männer eingestellten „weiblichen Ableser" als nachteilig. Denn deren

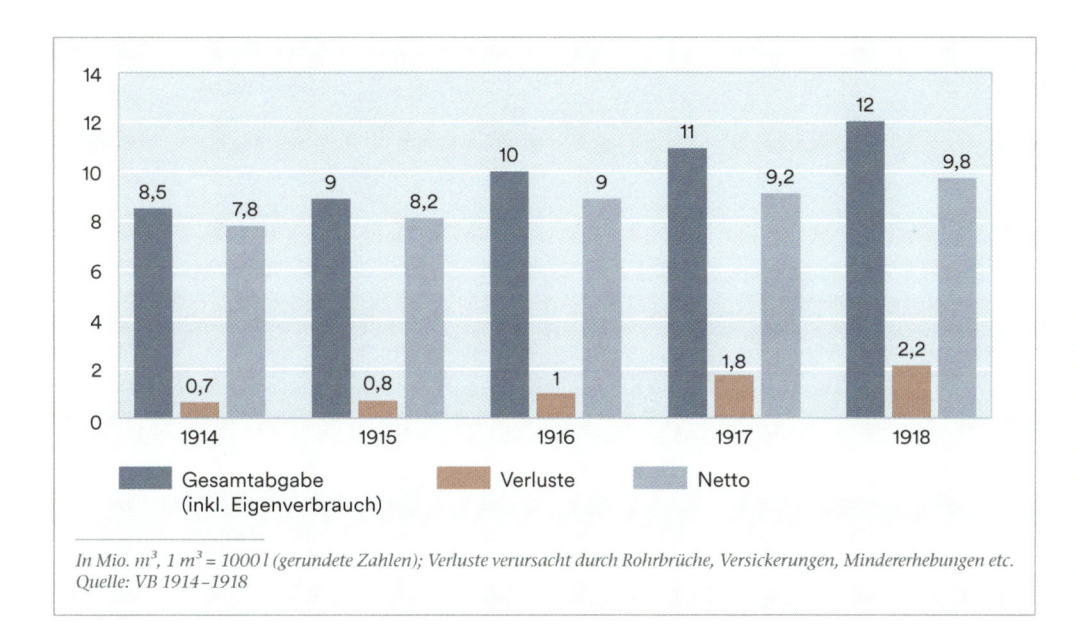

5.2 DIE VERSORGUNGSLAGE

Trinkwasser: Gesamtabgabe und Verluste

Jahr	Gesamtabgabe (inkl. Eigenverbrauch)	Verluste	Netto
1914	8,5	0,7	7,8
1915	9	0,8	8,2
1916	10	1	9
1917	11	1,8	9,2
1918	12	2,2	9,8

In Mio. m³, 1 m³ = 1000 l (gerundete Zahlen); Verluste verursacht durch Rohrbrüche, Versickerungen, Mindererhebungen etc. Quelle: VB 1914–1918

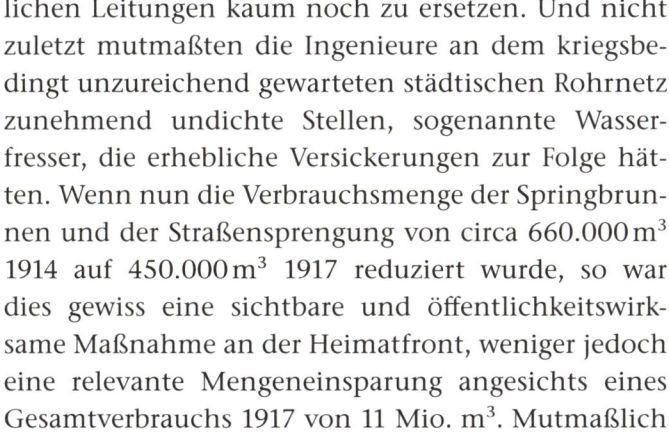

Wassermesser der Firma Bopp & Reuther, ca. 1914. Trockenläufer, bei dem das Flügelrad, nicht aber das Zahlwerk und die Anzeige im Wasser lagen; der Deckel über der Anzeige konnte abgenommen werden. (MARCHIVUM, 19/2007 Nr. 293)

Richtlinien der Firma Bopp & Reuther, ca. 1914. Mit dem Anlaufprüf-Gerät wurden die Wassermesser auf „Anlaufempfindlichkeit" getestet, denn deren Abnahme war ein häufiger Grund für Mindererhebung des Verbrauchs. (MARCHIVUM, 19/2007 Nr. 313)

„ungenaue" Ablesungen würden von den Haushalten zwar bei zu hohen Werten, selten jedoch bei zu niedrigen moniert. Außerdem waren defekte Miet-Wassermesser – ebenfalls oft der Grund für unkontrollierten Mehrverbrauch – an den häuslichen Leitungen kaum noch zu ersetzen. Und nicht zuletzt mutmaßten die Ingenieure an dem kriegsbedingt unzureichend gewarteten städtischen Rohrnetz zunehmend undichte Stellen, sogenannte Wasserfresser, die erhebliche Versickerungen zur Folge hätten. Wenn nun die Verbrauchsmenge der Springbrunnen und der Straßensprengung von circa 660.000 m³ 1914 auf 450.000 m³ 1917 reduziert wurde, so war dies gewiss eine sichtbare und öffentlichkeitswirksame Maßnahme an der Heimatfront, weniger jedoch eine relevante Mengeneinsparung angesichts eines Gesamtverbrauchs 1917 von 11 Mio. m³. Mutmaßlich

Ablieferungen der Wasser-, Gas- und Elektrizitätswerke an die Stadtkasse

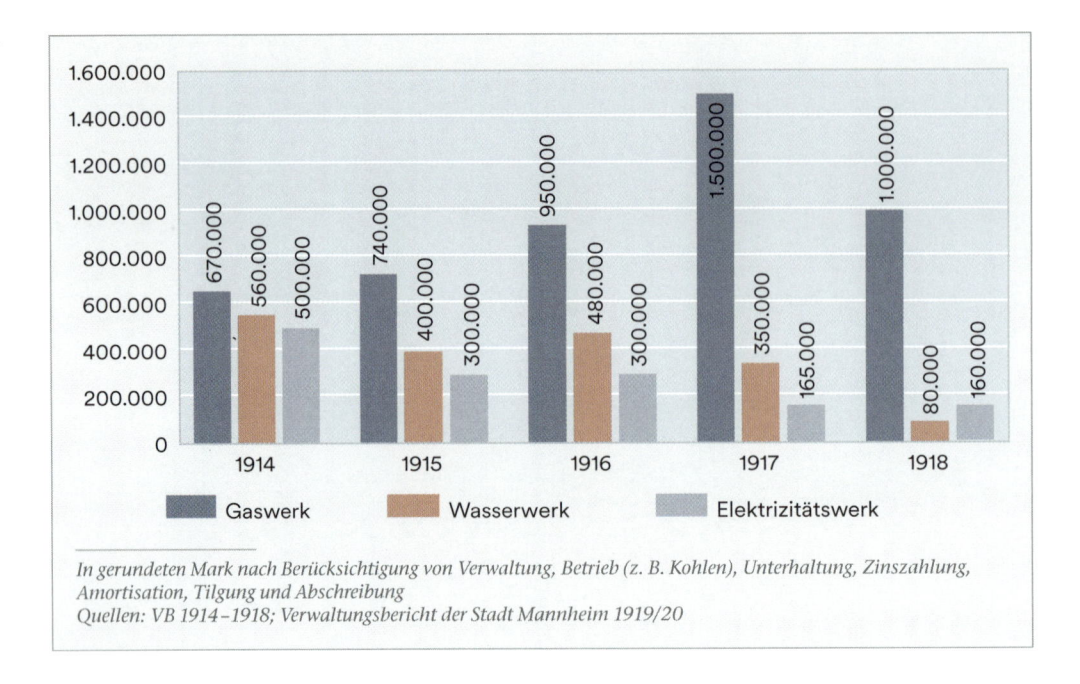

In gerundeten Mark nach Berücksichtigung von Verwaltung, Betrieb (z. B. Kohlen), Unterhaltung, Zinszahlung, Amortisation, Tilgung und Abschreibung
Quellen: VB 1914–1918; Verwaltungsbericht der Stadt Mannheim 1919/20

Jahr	Gaswerk	Wasserwerk	Elektrizitätswerk
1914	670.000	560.000	500.000
1915	740.000	400.000	300.000
1916	950.000	480.000	300.000
1917	1.500.000	350.000	165.000
1918	1.000.000	80.000	160.000

spiegelten sich die Mindererhebungen und Wasserverluste auch in den sinkenden „Jahresablieferungen an die Stadtkasse", deren Beträge allerdings – wie auch beim Gas und der Elektrizität – zugleich von Reinvestitionen, Abschreibungen und Tilgungen abhängig waren und von daher einer noch ausstehenden multifunktionalen Interpretation bedürften.[12] Davon abhängig dienten die Gewinne zum Ausgleich anderer städtischer Teilhaushalte, etwa des Schlacht- und Viehhofs oder sogar des kriegsbedingt umsatzschwächeren Industriehafens und der kostenintensiven Straßenbahn.

Ihren Qualitätsstandard konnten die Wasserwerke aber trotz aller widrigen Umstände halten, was sich in den vierteljährlichen Unbedenklichkeits-Testaten zur Wasserqualität spiegelte. Die nicht nur in Mannheim, sondern vielerorts – beispielsweise auch in München oder von Carl Zuckmayer für Mainz beschriebene – aufflackernde Hysterie, feindliche Spione suchten bei Nacht und Nebel das öffentliche Trinkwasser zu verseuchen, erwies sich als durchweg haltlos.[13]

Gas und Elektrizität im privaten Bereich

Wegen der so wichtigen wie diffizilen Versorgung mit Kohle und wegen zurückgehender Überseeimporte beim Petroleum und der Befürchtung, dass sich der Krieg doch länger hinziehen könnte als angenommen, forderten die Behörden schon 1915 dazu auf, Energie einzusparen. Sie appellierten an die Menschen, von Kohle und Petroleum auf Gas oder Elektrizität umzusteigen, denn es sei „vorteilhafter und wirtschaftlicher, die Kohle in großen Gas- und Elektrizitätswerken zu verbrauchen, als die kleinen unwirtschaftlichen Hausherde damit zu speisen". Der bei den Hausherden besonders schlechte Wirkungsgrad ist übrigens das Verhältnis der bei der Umwandlung gewonnenen Energie – egal ob Wärme, mechanische Arbeit, Gas oder Strom – zur Gesamtenergie des zugeführten Stoffes, hier also der Kohle.[14] Wohl ging die Kohleförderung im Ruhrgebiet mit Kriegsverlauf um mindestens ein Drittel zurück, allerdings fielen kriegsbedingt auch Exportverpflichtungen fort; außerdem lag infolge der schlechten Konjunkturlage der Vorkriegsjahre noch Kohle auf Halde. Die verwertungstechnisch günstige Saarkohle blieb jedoch aufgrund der französischen Bombenangriffe auf Bahn und Förderstätten gegen Kriegsende weitgehend aus. Somit war die Versorgungslage für den Mannheimer Raum zwar fragil, aber letztlich zu bewältigen, sodass überschaubare Produktionsschwankungen bei den Werken eher Transportengpässen bei der Bahn und in der Schifffahrt – etwa bei Niedrigwasser des Rheins und daraus resultierender verringerter Ladekapazität der Schiffe – als einem durchgängigen Kohlemangel geschuldet waren.

In den Wohnungsanzeigen wurde noch auf elektrisches Licht als gehobenes Ausstattungsmerkmal hingewiesen. (Generalanzeiger (Mittags-Ausgabe) vom 7.11.1916)

Vor allem beim Gas sah man Kohlen-Einsparpotenzial, denn die zwar zunehmend zum Gas in Konkurrenz tretenden elektrischen Leuchten und teuren Elektroherde gab es erst in vergleichsweise wenigen wohlsituierten Haushalten. Daher boten die Werke sogar ein zinsloses Darlehen in Höhe von 500 Mark zur Gasinstallation an, rückzahlbar binnen 20 Monaten. Installationsbetriebe, soweit sie noch arbeiteten, waren angehalten, diese Aufträge vorrangig auszuführen. Und die noch im Jahr 1915 bei den WGE eingehenden 1533 Anträge indizierten durchaus großes Interesse an der vergleichsweise sauberen Gasversorgung, was auch der Werbearbeit einer erst im Frühjahr 1915 eingestellten „Werbebeamtin" zu verdanken war. In Vorträgen präsentierte sie die eindrucksvollen Möglichkeiten von Gas und Strom im Haushalt, bot sogar Kochkurse in einer eigens im Gaswerk eingerichteten „Lehrküche" an. Freilich spielte die Werbung für die Werke dann erst ab den 1920er Jahren eine wirklich dominante Rolle. In der Kantine des Gaswerks wurden übrigens auch einfache Mittagessen für die WGE-Beschäftigten zum dortigen Verzehr zubereitet, vermutlich aber auch zum Verzehr am Arbeitsplatz aus dem mobilen Essgeschirr, dem sogenannten Henkelmann.

Münzgasautomat für fünf Flammen der Firma Elster & Co., Mainz (Höhe 47 cm), ca. 1900. Die untere Skala zeigt die per 10-Pfennig-Stücken erworbene Gasmenge an, die Skalen oben indizieren den Verbrauch in Kubikmetern. Kurz vor Verbrauchsende der bezahlten Menge brannte die Flamme kleiner, sodass rechtzeitig nachgeworfen werden konnte. (TECHNOSEUM, EVZ:2010/0138-107a)

Ferner spiegelte sich der Umstieg auf Gas in den steigenden Anmeldezahlen für Miet-Gasautomaten mit Münzeinwurf, jedoch fehlten oft auch auf diesem Sektor angesichts umgestellter Produktionslinien die Geräte. Dann begnügten sich die Werke mit Inaugenscheinnahme der Haushalte und erhoben eine angemessene Abgabe-Pauschalgebühr; doch die späterhin einzubauenden Gasautomaten oder Gasmesser waren bei der Leitungsverlegung unbedingt schon vorzusehen.[15] All diese Maßnahmen gingen letztlich mit einem ansteigenden Gas-Gesamtverbrauch – bei moderat ansteigenden Verlusten aufgrund mangelnder Wartung – während der Kriegsjahre einher.

Gas: Gesamtabgabe und Verluste

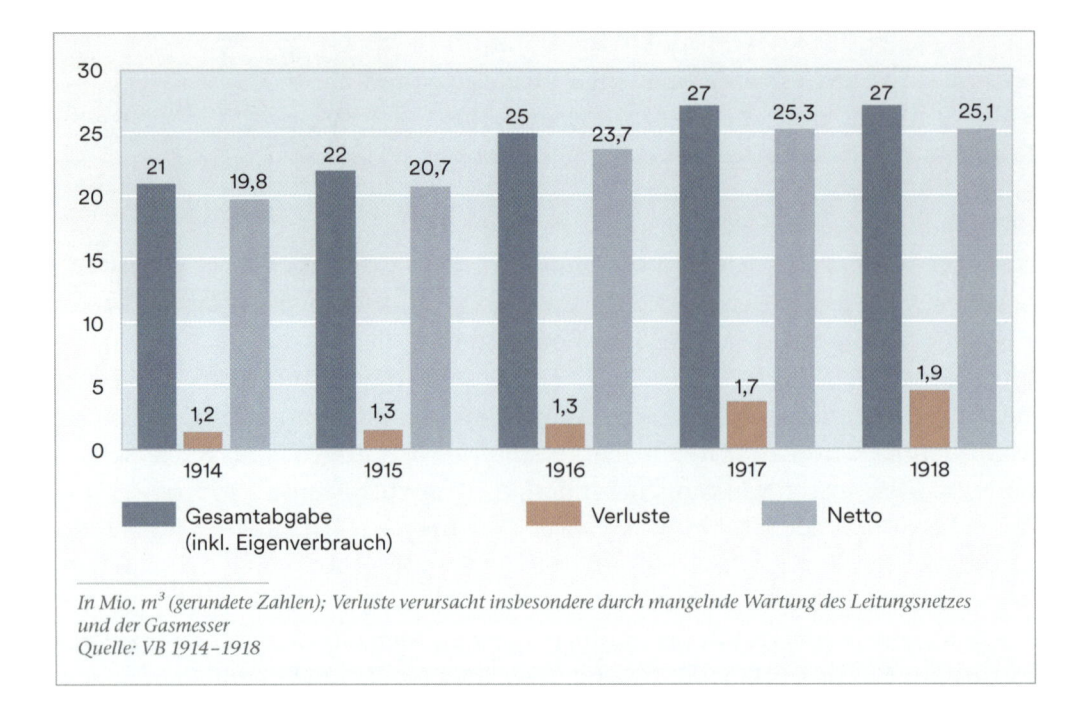

	1914	1915	1916	1917	1918
Gesamtabgabe (inkl. Eigenverbrauch)	21	22	25	27	27
Verluste	1,2	1,3	1,3	1,7	1,9
Netto	19,8	20,7	23,7	25,3	25,1

In Mio. m³ (gerundete Zahlen); Verluste verursacht insbesondere durch mangelnde Wartung des Leitungsnetzes und der Gasmesser
Quelle: VB 1914–1918

„Warnung! Gaseinschränkung", 1917. Es durften nur noch ca. 80 % des Vorjahreswerts an Gas verbraucht werden; für jeden zusätzlichen Kubikmeter fielen 50 Pf Aufgeld an.
(MARCHIVUM, 6/1964 Nr. 537)

Dabei lag der Mannheimer Gaspreis seit 1913 bei rund 13 Pf/m³; für Großabnehmer und die Straßenbeleuchtung gab es Rabatte. Beim Lichtstrom lag der Grundpreis seit 1913 bei 38 Pf/kWh, Kraftstrom bei 19 Pfennig; der an die Straßenbahn abgegebene Strom kostete 9 Pfennig. Spätestens 1916 deuteten sich aber mit dem reichsweiten Gesetz zur Besteuerung des Personen- und Güterverkehrs – das Reich brauchte dringend frisches Geld – auf den Kohlenpreis durchschlagende Preisverwerfungen an. So wurde gemäß Reglement vom 1. Januar 1917 der Preis für Gas und elektrischen Strom um 25 Prozent Kriegszuschlag heraufgesetzt.[16]

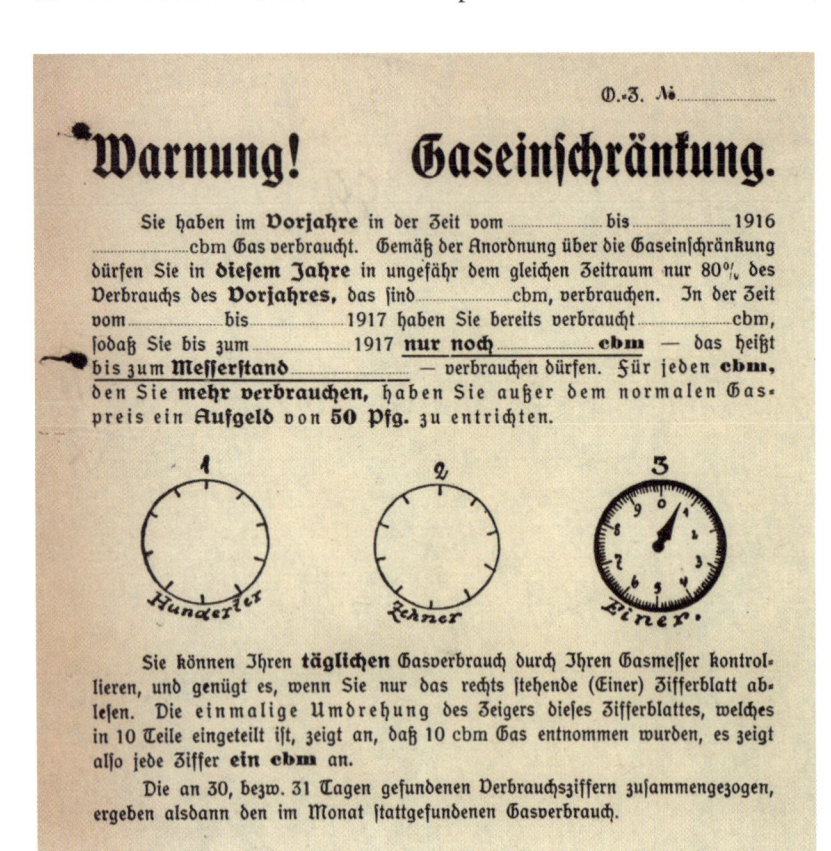

Trotz der sowieso schon gestiegenen Kohlenpreise appellierten die offiziellen Stellen in den ersten Kriegsjahren an den Privatverbraucher, wegen des höheren sekundären Nutzwerts der Kohle auf Gas und Elektrizität umzusteigen. Allerdings ordnete der Berliner Reichskommissar für Elektrizität und Gas Ende 1917 auch wieder Einsparungen beim Gas und der Elektrizität an. Diese neueste Wendung war zum einen der Kohlenbevorratung geschuldet, zum

Mit Gas gefüllte sogenannte Wotan-Lampen von Siemens & Halske; nun auch in den Sparversionen ab 25 W. (Generalanzeiger (Mittags-Ausgabe) vom 20.2.1917)

anderen der Vermeidung von Energiespitzen, wenn privates mit betrieblichem Kunstlicht und vor allem mit energieintensiver Maschinenzeit zusammenfiel. Denn derart hohen Belastungen konnten die weniger gewarteten und schon gar nicht erneuerten Gas- und Elektrizitätswerke kaum noch standhalten. Und eine funktionierende Energieversorgung war allein schon wegen der davon abhängigen kriegswichtigen Betriebe zu gewährleisten. Als Konsequenz wurde im privaten, industriellen – ausgenommen kriegsrelevante Betriebe – und öffentlichen Bereich eine Reduzierung des Energieverbrauchs, Gas und Elektrizität im Haushalt zusammengerechnet, um 20 Prozent im Vergleich zum Vorjahr 1916 angeordnet. In dem Zusammenhang untersagte das Reich Ende 1917 auch neue private Gasanschlüsse sowie die Installation von Gasbadeöfen oder Gaszimmeröfen. Badewasser beispielsweise sollte nun wieder mithilfe der – vorsorglich von der Metallsammlung ausgenommenen – in die Kohlenherde eingelassenen „Wasserschiffchen" erhitzt werden. Kurz zuvor hatten die obersten Behörden noch den Umstieg auf Gas empfohlen.

Flankierend zu den Preiserhöhungen und Verbrauchskontrollen, schrieb der Reichskommissar für die Kohlenverteilung 1917 für den privaten, öffentlichen und nach Möglichkeit auch gewerblichen Bereich vor, die „Lampenzahl" zu reduzieren bzw. Birnen herauszuschrauben oder solche mit geringerer „Kerzenstärke" zu verwenden. Man könne ja alternativ – wie übrigens schon im 18. Jahrhundert – durch Spiegelreflexion die Lichtstärke auf wirtschaftliche Weise erhöhen. Für 30 m² Wohnfläche war nur noch eine Gaslampe oder eine elektrische Glühlampe erlaubt; dies galt auch für Läden, Büros, Gaststätten und dergleichen. Allerdings standen Lampen und Glühbirnen mit geringer Kerzenstärke nicht durchgehend zum Verkauf. Für diesen Fall empfahlen die Behörden, hohe Kerzenstärken in nur gelegentlich zu erhellenden Räumen zu nutzen. Die allerdings noch seltenen stromfressenden Personenaufzüge durften sowieso nur noch von Alten und Kranken benutzt werden. Freilich kam es nicht nur in deutschen Städten zu solchen Einschränkungen, bei den meisten anderen Kriegsparteien sah die Lage ganz ähnlich aus.

5 DIE UNBILDEN DES ERSTEN WELTKRIEGS

Dem „Mannheimer Generalanzeiger" blieben die Inkonsistenzen dieser Anordnungen Berliner Stellen im Kriegsjahr 1917 freilich nicht verborgen. Leicht süffisant weist er darauf hin, dass in Berlin offensichtlich die Einsicht fehle, dass die Einsparung von Elektrizität und vor allem Gas die Einsparung von Kohle geradezu konterkariere, da diese nun wieder in höherem und unwirtschaftlichem Maße verbraucht würde. Doch erlassen sei erlassen, so das Organ weiter, womit es „die Pflicht und Schuldigkeit des Staatsbürgers [sei], die Arbeit am grünen Tisch [...] ins praktische Leben umzusetzen". Dazu baute man eine in den Kriegsjahren allerdings nur schwierig umzusetzende Drohkulisse auf, die Privatverbrauchern bei Mehrverbrauch ein saftiges Aufgeld von rund 50 Pf/m³ Gas androhte, im Wiederholungsfalle bis zu 10.000 Mark Strafgeld, alternativ Haftstrafe.[17] Ferner ist auch ein gewisser Widerspruch zwischen der erwähnten Besteuerung des Güterverkehrs zur Stützung der Staatseinnahmen und der propagierten Kohleneinsparung zu erkennen, wie er aber komplexen politischen Wirkmechanismen, allemal in Krisenzeiten, nicht selten inhärent ist.

Schlussendlich trat gegen Kriegsende 1918 in Kraft, was in manchen anderen Städten schon länger zur Anwendung kam, auch in der „Schwesterstadt" Ludwigshafen: Es wurden zu bestimmten Tageszeiten Gassperren verhängt, in Mannheim täglich zwischen 8.30 und 11 Uhr und zwischen 14 und 15 Uhr. Auch diese Anordnung wurde im „Mannheimer Generalanzeiger" veröffentlicht, der dazu in eigener Sache kommentierte, selbst seine Schwierigkeiten mit dieser Einspar-Weisung zu haben. Denn die Zeitungsproduktion sei damit sehr erschwert, würden die gasbetriebenen Setzmaschinen doch vornehmlich tagsüber in Betrieb

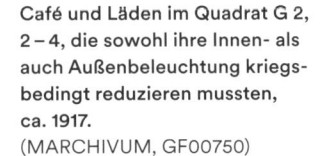

Café und Läden im Quadrat G 2, 2 – 4, die sowohl ihre Innen- als auch Außenbeleuchtung kriegsbedingt reduzieren mussten, ca. 1917.
(MARCHIVUM, GF00750)

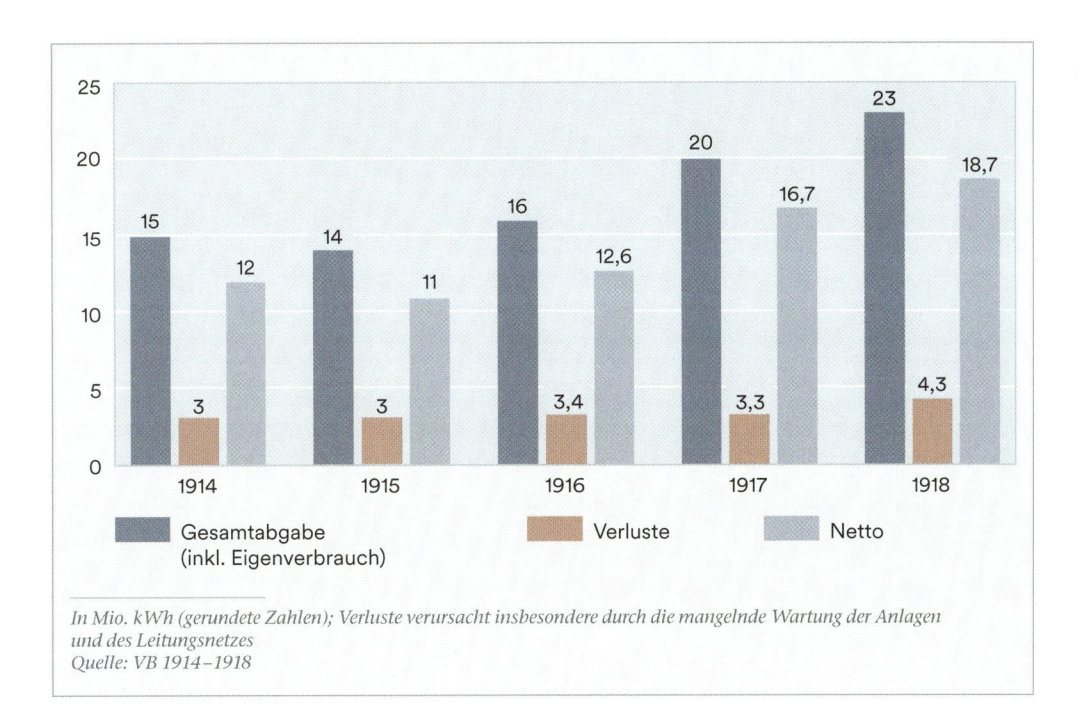

Elektrizität: Gesamtabgabe und Verluste

Jahr	Gesamtabgabe (inkl. Eigenverbrauch)	Verluste	Netto
1914	15	3	12
1915	14	3	11
1916	16	3,4	12,6
1917	20	3,3	16,7
1918	23	4,3	18,7

In Mio. kWh (gerundete Zahlen); Verluste verursacht insbesondere durch die mangelnde Wartung der Anlagen und des Leitungsnetzes
Quelle: VB 1914–1918

sein, und die Fertigstellung der Mittags-Ausgabe falle sogar fast vollständig in die Vormittagssperre. Ferner erhob der „Generalanzeiger" seine Stimme zur Mannheimer „Rasenmähermethode" bei der Umsetzung der reichsweiten Sparerlasse und stellte als Alternative das Frankfurter Staffelsystem vor, das sich nach der Wohnungsgröße richte – je größer die Quadratmeterzahl, desto höher der geforderte Sparprozentsatz. Im Schnitt käme man auf diese Weise ebenfalls auf die reichsweit vorgeschriebenen 20 Prozent Einsparung im Vergleich zum Vorjahr 1916; allerdings, so das Presseorgan weiter, erheblich sozialverträglicher. In Mannheim sah man von diesem vermutlich auch höchst verwaltungsintensiven Modell jedoch ab.[18]

Letztlich aber waren all diese Einsparerlasse zugleich ein wohlfeiles Behördengetöse: Denn so mühelos, wie man glaubte oder zu glauben vorgab, ließen sich die Versorgungssysteme weder im Privatbereich noch im gewerblichen Bereich signifikant umsteuern, was sich denn auch in den stabilen Zahlen beim Gas-, aber auch Elektrizitätsverbrauch 1917 und 1918 zeigte.[19]

Gas und Elektrizität im industriellen Bereich

In Händen des wirtschaftsliberalen Oberbürgermeisters Theodor Kutzer (Amtszeit 1914–1928) lag die herausfordernde Aufgabe, für die es keine Blaupause gab, die Versorgung der Stadt im Krieg zu gewährleisten, wozu er auch das Wirken der WGE und der Mannheimer Industriebetriebe mit Bedacht zu begleiten wusste. Um sich ein Bild von den Verhältnissen in der hiesigen Industrie zu verschaffen, wandte sich der Oberbürgermeister am 12. September 1917 brieflich an die Unternehmen, noch bevor im November 1917 die bereits angeführte reichsweite

Energieeinsparung von 20 Prozent im Vergleich zu 1916 in Kraft trat. Er ließ erheben, inwieweit sie betriebliche Energieeinsparungen leisten könnten, vor allem während der die WGE besonders fordernden Spitzenzeiten, wenn am Morgen oder Abend die Betriebszeit mit der Lichtzeit privater Haushalte zusammenfalle. Dazu bat er um rasche Antwort direkt an die Werke. Möglicherweise bezweckte er mit dem Schreiben aber auch eine leise Vorwarnung für die im Raum stehenden und tatsächlich keine zwei Monate später greifenden reichsweiten Energie-Einsparmaßnahmen.

Nun, keines der angeschriebenen Unternehmen stand den Einsparungen vorbehaltlos positiv gegenüber. Mit unterschiedlichen Betonungen, ja auch kleinen Finten, bewegten sich die Antworten zwischen vaterländischer Pflicht zur Energieeinsparung und solcher zur Aufrechterhaltung der Betriebsabläufe. Man wolle im Büro auf durchgehende Arbeitszeit umstellen, um dadurch abends früher Schluss machen zu können und Lichtenergie einzusparen, so die Anker. Kohlen- und Briket-Werke GmbH Mannheim, Industriehafen (Verbrauch 1916: 353.810 kWh). Die Oberrheinischen Metallwerke (Verbrauch 1916: 81.719 kWh) berichteten, dass sie die durchgehende Arbeitszeit von 6 bis 15.30 Uhr schon seit zwei Jahren eingeführt hätten; ihre Büros seien allerdings zwischen 8 und 12 Uhr und zwischen 14 und 18 Uhr, also nicht durchgehend geöffnet. Mit leiser Ironie führten sie ins Feld „[...] wir sind aber gerne bereit, wenn die städtischen, staatlichen und militärischen Behörden sich der Sache ebenfalls anschließen, auch in unseren Büros die durchgehende Arbeitszeit wieder einzuführen". Und Joseph Vögele Mannheim. Abt. Fabrik für Eisenbedarf, gegr. 1836 (Verbrauch für 1917 (bis 1.8.) 535.980 kWh, für 1916 keine Angabe), brachte vor, dass für die Beschäftigten wegen der fehlenden Kantine eine durchgehende Arbeitszeit nicht möglich sei, die Mitarbeiter nach Möglichkeit zum Mittagessen nach Hause gingen. Allerdings war dies nicht in allen Betrieben der Fall, was indirekt, noch gegen Kriegsende, der rügenden Stimme einer „Hausfrau" im „Mannheimer Generalanzeiger" zu entnehmen war: Zwar koche sie für den Abend vor, doch könne sie das bescheidene Mahl erst fertig machen, wenn der Mann nach der Arbeit heimkomme, was für die Kinder bedeute, zur Mittagszeit nur eine kleine Zwischenmahlzeit zu erhalten. Andere Betriebe wiesen auf ihre – meist aber doch nur teilweise – Autarkie in der Stromerzeugung hin, beispielsweise Werner Nicola. Germania-Mühlenwerke in Mannheim und Neckargemünd GmbH (Verbrauch 1916: 155.280 kWh). Die Heddesheimer Kupferwerk und Süddeutsche Kabelwerke, Abt. Süddeutsche Kabelwerke Mannheim (Verbrauch 1916: 188.024 kWh), mit Draht- und Gummiwerk im Industriehafen und Bleikabelwerk in Neckarau schilder-

Auch die Anker. Kohlen- und Briket-Werke sowie die Hommelwerke gaben dem Oberbürgermeister Auskunft darüber, inwieweit sie Energie einsparen könnten, Briefköpfe 1917. (MARCHIVUM, 6/1964 Nr. 74)

ten, dass sie in Neckarau sowieso keinen öffentlichen Strom erhielten. Was ihren Betrieb am Industriehafen betreffe, so habe man im Büro schon längst durchgehende Arbeitszeit von 8 bis 16 Uhr eingeführt; in diesem Werk sei die Einsparung von Elektrizität allerdings ausgeschlossen, weil die Bänder in drei achtstündigen Schichten gefahren werden müssten, auch Teilabschaltungen seien wegen der ineinandergreifenden Arbeitsprozesse nicht denkbar. Nur unter Aufrechterhaltung der vollständigen Arbeitsprozesse seien die dringenden Kriegsaufträge zu bewältigen, und überhaupt gehörten Kabel zu den wichtigsten Kriegsprodukten. Die WGE wussten als bedeutender Kabelabnehmer gewiss darum. Außerdem, so die Kabelwerke weiter, erzeugten sie den Lichtstrom selbst. Auch H. Hildebrand & Söhne G.m.b.H. Hartgrießfabrik – Kunstmühlen – Graupenmühle. Mannheim und Weinheim (Verbrauch 1916: 79.687 kWh) konnte nicht auf den Tag- und Nachtbetrieb verzichten, kam jedoch insofern entgegen, als man den Strom für das Werk während der Spitzenzeiten am Morgen und gegen Abend durch Eigenerzeugung einspeisen wolle. Die Pfälzischen Mühlenwerke, Pfalzmühle Mannheim. Filiale Schifferstadt (Pfalz) (Verbrauch 1916: 65.970 kWh), konnten sogar anführen, die gesamte elektrische Energie für ihr Werk selbst zu produzieren, und in ihrem Betriebsbüro und ihren Werkswohnungen würden sowieso nur noch Spar-Gasleuchten brennen. Und Heinrich Lanz griff für die Lanz-Werke sogar selbst zur Feder und wies selbstbewusst auf die weitgehend autarke Energieerzeugung seiner Fabrik hin.

Heinrich Lanz antwortete persönlich auf die Anfrage des Oberbürgermeisters bezüglich der Energieeinsparungen in seinem Betrieb, 24.9.1917. (MARCHIVUM, 6/1964 Nr. 74)

Auf Basis dieser Rückläufe fassen die WGE denn auch einigermaßen desillusioniert, vielleicht auch nur bestätigt, für den Rathauschef zusammen: Die meisten angeschriebenen Werke könnten den Stromverbrauch allenfalls kurzfristig während der Spitzenzeiten und das insbesondere im Bürobereich einschränken. Auch muss den Betrieben die Anfrage angesichts der kriegsbedingt oft prall gefüllten Auftragsbücher und der großen Nachfrage nach kaum noch lieferbaren Produkten einigermaßen merkwürdig erschienen sein. Denn einerseits ließen sich mit ein paar reduzierten Glühbirnen oder Lichtstunden nur irrelevante Mengen an Strom einsparen, andererseits galt es, die Produktion unter Kriegsbedingungen oft merklich hochzufahren.

Trotz allem bestimmte der Reichskommissar am 2. November 1917 eine Gas- und Stromeinschränkung für alle nicht kriegswichtigen Betriebe um 20 Prozent im Vergleich zum Vorjahr. Spätestens jetzt setzte ein Gerangel um den Status der Kriegswichtigkeit ein, unbestritten hatten ihn vor allem die Werke für Heeresbedarf, Grundnahrung, Lazarett- und Krankenhausbedarf, „Eisenbahnmittel", aber auch die Energie- und Wasserversorger. Doch ungeachtet der aktuellen Gesetzeslage stieg aufgrund der erhöhten Anforderungen an die Industrie der verbrauchte Kraftstrom enorm, ja explodierte im Jahr 1917 geradezu.

Gaslaterne in der Fichtestraße, zwischen 1910 und 1938.
(MARCHIVUM, GP00005-009a)

Elektrische Beleuchtung auf der Zweiten Neckarbrücke (heute: Jungbuschbrücke), ca. 1913.
(Foto: G. Tillmann-Matter. MARCHIVUM, GF01015)

Dabei setzten die WGE unter Kriegsbedingungen alle Hebel in Bewegung, um Versorgungssicherheit zu gewährleisten, wandten sich im September 1917 sogar mit einer Anfrage zur Stromlieferung an die Pfalzwerke Aktien-Gesellschaft, die eine neue Turbine in Betrieb nehmen wollte. Allerdings erhielten die Mannheimer abschlägigen Bescheid, da, so die Pfalzwerke, sie davon ausgehen müssten, dass das neue Aggregat erst nach dem Krieg bzw. unter „Friedensbedingungen" ans Netz gehen könne. [20]

Gas und Elektrizität im öffentlichen Bereich samt Straßenbeleuchtung

Dass an der Front ein zäher Stellungskrieg wütete, äußerte sich, abgesehen von Versorgungsengpässen und tragischen Gefallenenzahlen, auch in städtischen Maßregeln wie der Verdunkelung des öffentlichen Raums: Herabgedimmte Straßenlaternen und abgedunkelte Schaufenster prägten die Lage, ferner abgeblendete Straßenbahnen. Werfen wir einen Blick auf den Energieverbrauch, so zeigt sich, dass die elektrische Straßenbeleuchtung mit geringen Verbrauchswerten zwar öffentlichkeitswirksam bzw. für alle sichtbar zwischen 1914 und 1917 zurückging, andererseits im gleichen Zeitraum der Verbrauch an elektrischer Kraft insbesondere im Industriesektor um ein Vielfaches anstieg. Ähnlich deutlich war die Relation bei der verbreiteten öffentlichen Gasbeleuchtung, bezogen auf den Privat- und Industrieverbrauch.

Dafür schalteten die Laternenwärter von den etwa 3400 Gaslaternen in den Mannheimer Straßen, den 70 schmucken Gas-Vasen am Wasserturm und den rund 440 elektrischen Straßenleuchten mit jedem Kriegsjahr weitere ab. Zuletzt glühten nur noch alle 200 bis 300 Meter gasbetriebene oder elektrische Later-

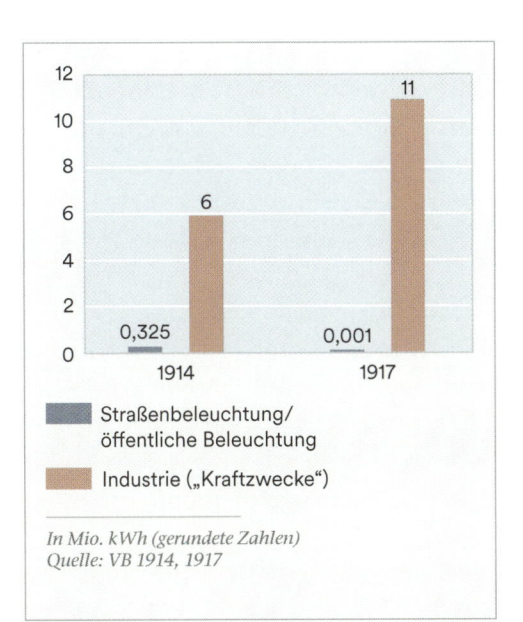

Für Gasleuchten gab es schon in den 1880er Jahren Adapter zur Umrüstung auf Elektrizität. Nach Herausnahme des Brenners ließ sich das unten angebrachte Gewinde dem auf Strom umgestellten Gasarm einsetzen; dann wurden die stromliefernden Drähte mit den Stellschrauben festgeklemmt und die Glühbirne über die für einen guten Kontakt sorgende Spiralfeder eingesetzt. (Foto: Klaus Luginsland. TECHNOSEUM, PVZ:2022/D-0209)

	1914	1917
Straßenbeleuchtung/ öffentliche Beleuchtung	0,325	0,001
Industrie („Kraftzwecke")	6	11

In Mio. kWh (gerundete Zahlen)
Quelle: VB 1914, 1917

	1914	1917
Straßenbeleuchtung	1,7	0,7
Private und „Anstalten" (Industrie)	18	24

In Mio. m³ (gerundete Zahlen); separate Daten für die Industrie liegen nicht vor.
Quelle: VB 1914, 1917

Links: Für die Straßenbeleuchtung und an die Industrie abgegebener Strom 1914 und 1917

Rechts: Für die Straßenbeleuchtung sowie an Private und „Anstalten" (Industrie) abgegebenes Gas 1914 und 1917

Gaslaternen-Anzünder in Paris. Postkarte ca. 1900.
(akg-images)

nen, die wegen „Fliegergefahr" außerdem oft mit einem abblendenden dunkelblauen Teilanstrich versehen waren. Doch waren all diese Sparmaßnahmen im öffentlichen Raum wohl mehr solche fürs „Schaufenster" einer vorgeblich hochengagierten Heimatfront, weniger bewirkten sie tatsächlich namhafte Energieeinsparungen.

Noch bis Kriegsausbruch wurden die Laternen von nebenberuflichen, nicht selten älteren, bisweilen schon im siebenten Lebensjahrzehnt stehenden „Laternenanzündern" „entflammt" und auch wieder gelöscht, wobei auf einen Anzünder durchschnittlich 52 Laternen kamen. Arbeitsmäntel und Mützen stellten die Werke den Männern, die im Hauptberuf meist selbstständige Handwerker oder Händler waren. Und für die mitternächtliche Löschung festgelegter Lichter übernachteten einige von ihnen in den Schlafsälen der „Wachlokale" in K 7, 1 und 2, E 3, 12 sowie in der Schwetzingerstadt.

Dann stellte man, schon seit Längerem projektiert, 1914 auf die sogenannte Fernzündung durch eine kurze erhöhte Druckgaswelle um, was viele der vor allem älteren Laternenanzünder arbeitslos machte. Etliche Beschwerde- und Klageschreiben der Laternenwärter gingen bei den Werken ein, in denen sie die existenzielle Bedrohung anführten, die dieser technologische Umbruch für sie bedeute. Dessen ungeachtet wurde noch in den Kriegsjahren die Fernzündung auf die Vororte Sandhofen, Feudenheim und Waldhof ausgeweitet. Allerdings funktionierte die neue Technik nicht immer fehlerfrei, sodass sich Stimmen erhoben, die Laternen gingen am Abend früher als notwendig an. Die Betriebstechniker erklärten dies durch die kriegsbedingt erschwerte Wartung der Fernzündung bzw. der in den Leuchten verbauten Zündapparate. Daher müssten die defekten Laternen, die „Versager", schon vor der Dämmerung manuell in Betrieb genommen werden; außerdem käme erschwerend hinzu, dass durch die Leistungsüberforderung des Gaswerks eine einzige auslösende Druckwelle durch das gesamte Rohrnetz nicht mehr möglich sei, weshalb in Teilabschnitten mittels separater Druckwellen vorzeitig gezündet werden müsse.

Zur optimalen Ausnutzung des natürlichen Lichts und möglichst auch zur Energieeinsparung war es naheliegend, gleichsam an der Uhr zu drehen: Das Deutsche Reich und Österreich-Ungarn führten am 30. April 1916 die Sommerzeit ein.

Unabhängig davon hatten sowohl zur Energieeinsparung als auch zur Vermeidung von einer Überlastung der Anlagen der WGE während der Spitzenzeiten die öffentlichen Gebäude – wie Verwaltungen, Museen und Konzertsäle – zwischen 16 und 19.30 Uhr geschlossen zu bleiben; Theatervorstellungen durften werktags frühestens um 19.30 Uhr beginnen. Doch müssen auch diese Maßnahmen insbesondere als öffentlichkeitswirksame Symbolhandlungen bezeichnet werden, welche die Unterstützung der Heimatfront zeigen sollten. De facto bewirkten sie detailliert nicht einmal fassbare, zweifelsohne geringe Einsparungen. Besonders galt dies im Vergleich zu den energieintensiven elektrischen Straßenbahnen, deren Verkehr man zwar reduzierte, allerdings auch nur unter Berücksichtigung des notwendigen Schüler-, Arbeiter- und Marktverkehrs. Vermutlich pendelten auch umfunktionierte Bahnen mit Kohletendern zwischen den Kohlenhalden am Hafenufer und den Werken. Insgesamt suchten die Bahnen energiegünstige, steigungsfreie Strecken zu nutzen; ferner reduzierte man die Haltestellen, um ein häufiges energieintensives Anfahren zu vermeiden. Außerdem fuhren die Wagen mit herabgedimmter Außen- und Innenbeleuchtung, und die Beheizung über das E-Netz war strikt untersagt. Die Menschen sollten auf die Straßenbahn verzichten, falls Strecken zu Fuß bewältigt werden konnten. Die Fahrzeuge wurden ab 1915 zunehmend von Wagenführerinnen und Schaffnerinnen gesteuert und betrieben, die das Straßenbahnamt – als eigenständige „städtische Anstalt" – für die eingerückten Straßenbahner eingestellt hatte.

Damit waren die Einsparungen im Bereich der Straßenbahn zwar merklich, doch nicht erheblich, zumal ausgerechnet jetzt der alternative Fahrradverkehr durch die Abgabepflicht von Fahrradreifen und -schläuchen bei der Gummisammelstelle eingeschränkt war – was zu den vielen Inkonsequenzen der damaligen Sparpolitik gehört, zugleich aber auch die schwierige Gesamtsituation offenbart. So hielt sich der Kraftstromverbrauch bei der Straßenbahn durchweg auf hohem Niveau, betrug 1914 bis 1916 circa 5 Mio. kWh, 1917 und 1918 circa 4 Mio. kWh.[21]

„Der letzte Hieb", Plakat von Paul Neumann zur 8. Kriegsanleihe, März 1918.
(MARCHIVUM, PK00027)

5.3 ALLES FÜR DIE FRONT

Der Krieg verschlang Millionen an Menschenleben und Milliarden Mark unter Aufhebung der Golddeckung. Das Reich legte Kriegsanleihen auf, die zwischen 1914 und 1918 fast 100 Mrd. Mark in die Kriegskasse spülten, was die Kriegskosten allerdings auch nur zu etwa 60 Prozent deckte.

„ZEIT IST GELD" – EIN EXKURS ZUR SOMMERZEIT
Doreen Kelimes

Während des Ersten Weltkriegs wurde in der Nacht vom 30. April auf den 1. Mai 1916 zum Zweck der Einsparung von Ressourcen und Förderung der Kriegswirtschaft erstmals eine saisonale Zeitumstellung in Deutschland eingeführt; es war damit das erste Land weltweit, das die Sommerzeit national anordnete. Folglich reagierten nicht nur die Kriegsgegner mit der Einführung der Sommerzeit, sondern sie wurde zu einer nahezu globalen Erscheinung. Die Ideen für die Sommerzeit gingen auf William Willett und George Vernon Hudson zurück und waren daher kein Novum.[1] Die nach der Einführung intensiv geführten Diskussionen in der Öffentlichkeit bildeten eine argumentative Basis, die bis heute an Aktualität nichts verloren hat; vor allem das Hauptargument der Energieeinsparung wurde bis heute vielfach entkräftet.

Bereits 1916 wurden Umfragen unter anderem bei verschiedenen Berufsvertretungen, Vereinen, Schulen und Kirchen initiiert, um die praktische Umsetzung der Sommerzeit als Kriegsmaßregel zu prüfen; um deren „volkswirtschaftliche und volkshygienische Wirkung" abschätzen zu können, sollten die „Ersparnisse an Leuchtmitteln durch Erhebungen bei Gasanstalten und Elektrizitätswerken" statistisch erfasst werden.[2] Demzufolge stellten die Wasser-, Gas- und Elektrizitätswerke Mannheim eine Hochrechnung auf: Die Ersparnis für den Verbrauch von Gas und Strom könnte circa 100.000 Mark in den fünf Monaten der Sommerzeit betragen. Nur ein Schätzwert, der auf dem Vorjahresverbrauch basierte. Um konkrete Zahlen liefern zu können, hätte der Verbrauch jedes einzelnen der 70.000 Verbrau-

Kriegsgefangene bei landwirtschaftlichen Arbeiten an der Strohpresse, 1917.
(MARCHIVUM, AB02102-028)

cher inklusive neuer Verbrauchsstellen sowie aller möglichen Veränderungen errechnet werden müssen; eine Arbeit, die „natürlich geradezu unmöglich" war. Dennoch, einen Nachteil sah die Direktion der Wasser-, Gas- und Elektrizitätswerke im Jahr 1916 hinsichtlich der Einführung der Sommerzeit für den Betrieb nicht.[3]

Trotz der nur marginalen Energieeinsparungen wurde weiterhin für eine bessere Ausnutzung des Tageslichts und eine „Ersparnis für Beleuchtungszwecke verfügbarer Rohstoffe und Erzeugnisse" in der Bevölkerung geworben.[4] Die Zeitumstellung hatte unmittelbaren Einfluss auf die Wirtschaft und die Gesellschaft: Hierbei mussten Fahrpläne der Staats- und Straßenbahnen, die Arbeitszeiten der Berufstätigen, der Unterrichtsbeginn in Schulen sowie die Arbeitsabläufe in den Betrieben angepasst werden. Während man mit einem positiven Effekt auf die Gesundheit, vor allem bei der Stadtbevölkerung, argumentierte, rief die Zeitumstellung bei der Landbevölkerung, vor allem bei den Bauern, starken Unmut hervor, da sie von der maßgeblichen Negativwirkung besonders betroffen waren.[5] Im Jahr 1919 endete die Sommerzeit als unliebsame Kriegsmaßnahme; sie sollte während des Zweiten Weltkriegs, im Jahr 1940, eine Renaissance erleben. Die Nachkriegszeit bis zur Abschaffung der Sommerzeit im Jahr 1949 war vor allem durch ein „Zeitchaos" definiert.[6]

Ende der 1970er Jahre führten einige europäische Länder sukzessive die Sommerzeit erneut ein. Mit dem „Zeitgesetz" von 1978 erlangte die deutsche Regierung die Ermächtigung zur Einführung der Sommerzeit zwischen dem 1. März und dem 20. Oktober mitteleuropäischer Zeit. Dieses Gesetz wurde in der neuen Bundesverordnung von 1979 verabschiedet. Im Jahr 1980 begann die Sommerzeit in 20 europäischen Staaten, 1996 wurde von der EU eine Richtlinie für die Uhrenumstellung nach britisch-irischem Vorbild beschlossen.[7] 2018 führte die EU-Kommission eine Umfrage zur Zeitumstellung unter den EU-Bürgerinnen und -Bürgern der Mitgliedstaaten durch, mit dem Vorschlag, die saisonalen Zeitumstellungen zu beenden. Eine Entscheidung über eine dauerhafte Beibehaltung der Sommer- oder Winterzeit liegt jetzt in der Verantwortung des jeweiligen Mitgliedstaates.[8]

„Gestatten Sie, daß ich mich vorstelle" – Die erstmalige Zeitumstellung vom 30. April auf den 1. Mai 1916.
(akg-images)

1 Vgl. J. Graf/C. Höllig (2016), S. 7 ff., 43.

2 MARCHIVUM, Gemeindesekretariat Wallstadt, Zug. 22/2003 Nr. 182, Schreiben vom Großherzoglich Badischen Bezirksamt an das Bürgermeisteramt Wallstadt, 22.05.1916.

3 MARCHIVUM, Stadtwerke, Zug. 6/1964 Nr. 62, Schreiben Nr. 47085.S/K an das Bürgermeisteramt Mannheim, 20.7.1916; Beschluss an das Bürgermeisteramt Mannheim, 20.3.1917.

4 MARCHIVUM, Industrie- und Handelskammer Mannheim, Zug. 35/1966 Nr. 128, S. 147.

5 Vgl. MARCHIVUM, Stadtwerke, Zug. 6/1964 Nr. 62, Artikel aus dem Mannheimer Tagblatt, Nr. 137 vom 21.5.1917, und Artikel aus der Volksstimme, Nr. 204 vom 28.7.1916.

6 Vgl. J. Graf/C. Höllig (2016), S. 62.

7 Vgl. ebd., S. 74–81.

8 Vgl. Europäische Kommission: Zeitumstellung, unter https://germany.representation.ec.europa.eu/zeitumstellung_de, Stand: 8.2.2022.

Die WGE reihten sich mustergültig ein und propagierten und förderten unter ihren Mitarbeitenden diese fiskalische Praxis der Kriegsfinanzierung. Viele Beschäftigte der Werke zeichneten die vorgeblich lukrativen, mit fünf Prozent verzinsten Papiere, vom Hilfsarbeiter und Bürodiener mit 100 Mark bis hin zum Direktor selbst, der bei einer der aufgelegten Anleihen den Höchstbetrag von 2000 Mark einbrachte. Auch die erwähnte „Werbebeamtin" war dabei. Der Enthusiasmus war vor allem zu Kriegsbeginn groß, sodass der Stadtrat für die zweite Kriegsanleihe von 1915 sogar im Voraus Anleihen in Höhe von 200.000 Mark sicherte und sie daraufhin „städtischen Beamten und Lehrern" zur Zeichnung überließ.

Als sich die Kriegsanleihen mit Fortdauer des Kriegs schlechter „verkauften", kamen sogar „nichtständig Eingestellte" der WGE zum Zug, falls sie als Sicherheit ein Sparkassenbuch hinterlegen konnten; selbst Ratenzahlung bzw. Kreditaufnahme bei der Städtischen Sparkasse war nun möglich. Allerdings, auch die Kriegsgegner zeichneten vergleichbare landeseigene Papiere, wodurch sich sämtliche Kriegsanleihen letztlich als Wette auf den „Sieg" erwiesen. Der Kriegsverlierer hatte die Anleihen weitgehend oder vollständig als Verlust zu buchen, was gewiss für manche Beschäftigte der WGE den Neuanfang 1918/19 nicht leichter machte. Zum Totalverlust der Kriegsanleihen kam es dann spätestens mit der Hyperinflation von 1923.[22]

Zeichnungsschein zur 4. Kriegsanleihe, März 1916.
(MARCHIVUM, 6/1964 Nr. 111)

5.4 AUSBLICK

Bereits im Kriegsjahr 1915 hatten die Werke bei einer Reihe von Energie- und Wasserversorgern anderer Städte wegen deren Organisationszuschnitten schriftlich angefragt, um mit den zu erwartenden Informationen die eigene Verwaltung zu optimieren. Wohl wirkt dieser Schriftverkehr mitten im Krieg etwas befremdlich, indiziert aber auch eine bemühte fortlaufende Normalität, nicht nur im technischen Betrieb, sondern auch im Verwaltungshandeln. Die Werke erhielten auf ihre Anfrage hin oft ausführliche schriftliche Antworten, so aus Berlin, Köln, Leipzig, Marburg und Hannover. Doch konnten die Mitteilungen erst nach Kriegsende ausgewertet werden und flossen ein in die Gemeindesatzung über die

Verwaltung der Wasser-, Gas- und Elektrizitätswerke vom 11. Dezember 1922. Außerdem fädelte Direktor Josef Pichler im Februar 1918 einen Liefervertrag zwischen dem Elektrizitätswerk und dem in den Kriegsjahren erbauten Schwarzwälder Wasserkraftwerk, dem Murgwerk, ein. Damit konnte von dort ab dem 1. Januar 1919 Strom bezogen werden. Vor allem wegen der schlechten und auch teuren Kohlenversorgung in der Nachkriegszeit erwies sich dieser frühzeitige Schachzug als höchst vorteilhaft.[23]

Gewiss änderte sich mit Kriegsende nicht alles auf einen Schlag. Dazu berichtet der „Mannheimer Generalanzeiger" vom 15. November 1918, nur wenige Tage nach dem Waffenstillstand von Compiègne, dass die Einsparmaßnahmen zunächst beibehalten werden müssten, um auf diese Weise den Übergang von der Kriegsnot zur „Friedensfülle" zu ermöglichen. Allerdings, auch nur eine bescheidene Friedensfülle ließ noch einige Zeit auf sich warten.

„Verwandelt Euer Geld in U-Boote!" Einwerbung zur 6. Kriegsanleihe. Neben der Erhöhung des Kriegsbudgets sollte dem „Feind" ungeschwächte wirtschaftliche Kraft signalisiert werden, zu der die Energie- und Wasserversorger maßgeblich beitragen sollten.
(Generalanzeiger (Mittags-Ausgabe) vom 15.3.1917)

ANMERKUNGEN

1 Vgl. MARCHIVUM, Adressbücher; zur Organisation siehe auch Kap. 3.2, zum Verwaltungsneubau 1926 Kap. 6.2 in diesem Band. – Die vorliegende Darstellung und Situationsstudie soll einen Überblick über relevante Strukturen und Prozesse im Berichtszeitraum geben und kann ggf. als Grundlage für weitere Arbeiten dienen.

2 Vgl. dazu Kap. 6.1 in diesem Band.

3 Für die Zahlen der Beschäftigten und Kriegsgefangenen wurden die in den Verwaltungsberichten der WGE 1914–1918 (MARCHIVUM) und Akten variierenden Erhebungszeiträume berücksichtigt. Für eine genauere Aufschlüsselung der in den Grafiken angeführten Zahlen sowie weitere und differenziertere Erhebungen ist auf die erwähnten detailreichen Verwaltungsberichte (im Folgenden VB) selbst zu verweisen. Vgl. ferner MARCHIVUM, Adressbücher; Chronikstar; J. Körting (1963), S. 417 ff. „Reklamierungen" konnten bei den WGE bislang nicht festgestellt werden, ebenfalls nicht Einzelschicksale Einberufener. In welchen Bereichen genau die ersatzweise eingestellten Frauen Verwendung fanden, war dato nicht vollends zu klären, definitiv arbeiteten sie aber im Bereich der Ablesung. Zu den Mannheimer Kriegsopfern vgl. U. Nieß (2013), S. 129.

4 Nach bisheriger Sichtung der Unterlagen sind nur für dieses sachlich-organisatorische und zeitliche Segment Daten zu den die Einberufenen ersetzenden Kriegsgefangenen darstellbar. Für die im „Gaswerk Lindenhof", „Installationsbetrieb", „Wasserwerk Rheinau und Feudenheim" und „Kabelnetzbetrieb" Beschäftigten sei auf die VB 1914–1918 direkt verwiesen; die Aktenlage zu diesen Bereichen ist dato Erhebungsstand weniger ergiebig.

5 Vgl. Aufstellung der Direktion der WGE vom 29.11.1916, in: MARCHIVUM, Stadtwerke, Zug. 6/1964 Nr. 596, enthält keine Informationen zum Wasserwerk; VB 1914–1918; MARCHIVUM, Statistische Monats-, Quartals und Jahresberichte; D. Kelimes (2020). Auf Schlafgelegenheiten für die Kriegsgefangenen in den WGE, wie es in anderen Betrieben bisweilen der Fall war, gibt es bislang keinen Hinweis. Notabene: Der in den Werken kostenfrei ausgegebene „Kaffee" (Kaffeeersatz wie Malz oder Enrilo) wurde lt. VB – evtl. in Zusammenhang stehend mit dem neuen Beschäftigtenprofil – zwischen 1914 und 1918 in zunehmendem Maße konsumiert; der Bierkonsum (zum Selbstkostenpreis) ging hingegen zurück, vgl. dazu auch schon J. Pichler (1907), Abschnitt: B. Gaswerke. Zur Situation Arbeit suchender Frauen wegen kriegsbedingter Entlassung oder wegen Einberufung des Haushaltsvorstands vgl. B. Guttmann (1993).

6 Vgl. Großherzogliches Bezirksamt an WGE vom 14.6.1917; WGE an Kriegsamtsnebenstelle vom 15.2.1918; Aufstellungen zur Belegschaft vom 2.7.1917 und 5.7.1917; Lebensmittel-Lieferungen vom 18.6. und 30.6.1917; Albert Imhoff, Erste Mannheimer Wurstfabrik G.m.b.H. an Städtisches Wasserwerk vom 27.1.1919; Schreiben der Feuerhaus-Arbeiter an Bürgermeister Finter vom 9.3.1917, in: MARCHIVUM, Stadtwerke, Zug. 6/1964 Nr. 321, Nr. 322. Für das Wasserwerk fehlen dato die Angaben zu möglichen Schwerstarbeitern. Vgl. ferner betr. Kriegsgefangene bei den WGE (Febr. 1917 – Nov. 1918), GLA KA, 456 F 8 Nr. 489: Dort werden für den angegebenen Zeitraum 39 Kriegsgefangene angeführt, für diesen Hinweis danke ich Doreen Kelimes vom MARCHIVUM. Hinweise auf Kriegsgefangene (ohne Namensangaben) bei den WGE waren bislang nur in den angegebenen Unterlagen feststellbar. Auch auf die konkreten Tätigkeitsfelder der im produktiven Betrieb tätigen Frauen finden sich in den eingesehenen Unterlagen keine Hinweise.

7 Vgl. F. Walter (1949), Bd. 1, S. 205; Protokolle der Amtsvorstände 1913–1914, Konferenzen der technischen Amtsvorstände vom 17.9.1914, 1.10.1914, in: MARCHIVUM, Stadtwerke, Zug. 6/1964 Nr. 22; VB WGE 1914–1918.

8 Vgl. VB 1914–1918; Mannheimer Generalanzeiger (im Folgenden GA) vom 2.9.1915, Nr. 425; U. Nieß (2013), S. 119 ff.; M. Krauß (2009); U. Nieß/H. Rings (2014); J. Leonhard (2014), S. 220 f. Prof. Fritz Haber erhielt – ungeachtet seiner fatalen Erfindung des Kampf-Chlorgases – für das Haber-Bosch-Verfahren 1919 den Nobelpreis. Zur Wasserversorgung von Wallstadt (eingemeindet 1929) über die WGE vgl. Vertrag vom 27.8.1915, in: MARCHIVUM,

Stadtwerke, Zug. 6/1964 Nr. 191. Zur Ammoniakanlage vgl. J. Pichler (1907), Abschnitt B. Die Gaswerke. Zum Wasserwerk Rheinau ders. (1917). Betr. Nebenerzeugnisse bei der Gaserzeugung siehe auch Kap. 2 in diesem Band.

9 Vgl. VB 1914–1918; Neues Mannheimer Tagblatt vom 24.12.1918; Übersicht der Luftangriffe 1918, in: MARCHIVUM, ZGS, S 2/0995. Zu den Sachschäden durch Luftangriffe vgl. MARCHIVUM, Stadtwerke, Zug. 6/1964 Nr. 748–750; zur „Mannheimer Versicherungsgesellschaft" vgl. GA (Mittags-Ausgabe) vom 27.12.1917.

10 Vgl. MARCHIVUM, Adressbücher; VB 1914–1918; J. Leonhard (2014), S. 215 ff. Zur Abgabe, Verortung und Vergütung beschlagnahmter Metallgegenstände, Fahrradbereifungen und zur Petroleumversorgung vgl. GA (Mittags-Ausgaben) vom 24.8.1917, 29.1.1917 und 17.10.1917.

11 Vgl. F. Walter (1949), Bd. 1, S. 284 ff.; hier und im Folgenden: J. Körting (1963), S. 417 ff.; VB 1914–1918; H. Schäfer (1983), S. 269.

12 Wie schon in Anm. 3 muss auch hier für eine detaillierte Betrachtung auf die VB selbst verwiesen werden. Einnahmeausfälle durch Zahlungsunfähigkeit der Abnehmer waren bislang, vermutlich aufgrund der Möglichkeit der Abschaltung durch die Werke, nicht relevant darstellbar.

13 Vgl. Bekanntmachungen der Direktion der WGE vom 23.9.1918, 21.5.1919; Beschluss der WGE vom 6.1.1919, in: MARCHIVUM, Stadtwerke, Zug. 6/1964 Nr. 526. Zur Wasserqualität vgl. MARCHIVUM, Stadtwerke, Zug. 6/1964 Nr. 1596; VB 1914–1918, ferner MARCHIVUM, Monats-, Vierteljahres- und Jahresberichte der Stadt Mannheim. Zur „Wasservergiftung" vgl. J. Bähr (2017), S. 83 ff.; C. Zuckmayer (1966), S. 201. Betr. Zuschüssen zu anderen Teilhaushalten vgl. z. B. GA (Mittagsblatt) vom 15.3.1915.

14 Zitat: GA (Mittagsblatt) vom 2.9.1915. Zum Wirkungsgrad entwickelte sich schon vor 1914 eine volkswirtschaftliche und gastechnische Debatte, vgl. F. Messinger [1911], S. 10 ff., worauf mich Prof. Bernhard Stier freundlicherweise hinwies.

15 Vgl. VB 1914–1918; J. Körting (1963), S. 418; für München J. Bähr (2017), S. 85; GA (Abendblatt) vom 5.1.1918; Beschluss der WGE vom 17.9.1915 nach Stadtratsgenehmigung, in: MARCHIVUM, Stadtwerke, Zug. 6/1964 Nr. 596. Zu den Kantinen vgl. auch J. Pichler (1907), Abschnitt: A. Wasserversorgung und B. Gaswerke.

16 Vgl. Mannheimer Morgen vom 8.8.2009; A. Schenk (2004), Bd. 4, S. 109; Schreiben der WGE an Oberbürgermeister Kutzer vom 23.3.1916, in: MARCHIVUM, Stadtwerke, Zug. 6/1964 Nr. 596, ferner Nr. 597 zum Gaspreis. Zu untersuchen wären im Weiteren die Auswirkungen auf Verbraucher und Betriebe durch die 1917 erhöhte monatliche Münzgasmesser-Miete (1,40 M. statt 0,45 Pf.) und den Anstieg der Stromzählerkosten um 25 %, ferner das ebenfalls 1917 in Kraft tretende Kohlensteuergesetz, nach dem 20 % des Kohlen-Lieferwerts an den Fiskus abzutreten waren. In diesem Zusammenhang und aufgrund der Mangelsituation dürfte der VB der WGE 1917 für Kohle bis zu 100 % höhere Aufwendungen gemessen am Vorjahreswert anzeigen, vgl. dazu auch B. Stier (1999), S. 111 ff. Zur Möglichkeit bargeldloser Bezahlung der Verbrauche vgl. GA (Abend-Ausgabe) vom 27.3.1917.

17 Zitat: Mannheimer GA (Abend-Ausgabe) vom 17.8.1917. Inwieweit die erwähnten Sanktionsandrohungen sowohl im privaten als auch industriellen Bereich realisiert wurden, war dato nicht feststellbar.

18 Vgl. GA (Abend-Ausgabe) vom 5.1.1918; zur „Rasenmähermethode" vgl. GA (Abend-Ausgabe) vom 17.8.1917.

19 Für die Abschnitte „Gas und Elektrizität im privaten Bereich" und „Gas und Elektrizität im industriellen Bereich" vgl. Bekanntmachung über die Einschränkung des Verbrauchs elektrischer Arbeit vom 2.11.1917; Maßnahmen zur Verringerung des Verbrauchs elektrischer Arbeit, Nov. 1917; Gas- und Elektrizitätswerk an das Bürgermeisteramt vom 2.1.1918, Gaseinschränkung, Mannheimer Tageblatt vom 17.10.1917; Postkarte an Direktor Pichler, 1917; Bestimmungen, Zeitungsausschnitt vom 25.8.1917; Bekanntmachung zur Gas- und Stromeinschränkung der WGE vom 29.12.1917, in: MARCHIVUM, Stadtwerke, Zug. 6/1964 Nr. 537; ferner GA vom 7.8.1918 (Abend-Ausgabe), 20.9.1918 (Abend-Ausgabe), 26.9.1918 (Abend-Ausgabe), 15.11.1918 (Abend-Ausgabe); J. Körting (1963), S. 417 ff., 449. Zu den 1915 auf den Markt gekommenen „Wotan-Lampen" mit nur 25 Watt vgl. GA (Abend-Ausgabe) vom 3.10.1916.

20 Zu diesem Abschnitt vgl. neben Anm. 18. auch F. Walter (1949), S. 233; J. Leonhard (2014), S. 206 f.; Bürgermeisteramt der Hauptstadt Mannheim an diverse Großabnehmer von Strom, umgesetzter Entwurf vom 12.9.1917 und diverse Antwortschreiben der Unternehmen, in: MARCHIVUM, Stadtwerke, Zug. 6/1964 Nr. 74; vgl. ferner GA vom 1.10.1918. Zum Anstieg des Stromabsatzes unter Kriegsbedingungen in Essen vgl. D. Schweer/W. Thieme (1998), S. 39.

21 Vgl. GA vom 30.10.1916 (Mittags-Ausgabe; betr. Straßenbahn bei Fliegerangriffen), 7.8.1918 (Abend-Ausgabe), 18.10.1918 (Abend-Ausgabe); zu den Laternenanzündern vgl. MARCHIVUM, Stadtwerke, Zug. 6/1964 Nr. 307; VB 1914–1918; MARCHIVUM, Statistische Monats-, Vierteljahres- und Jahresberichte; Grundsätze für die Spitzenabsenkung bei Elektrizitätswerken des Reichskommissars für die Kohlenverteilung, Abt. Elektrizität vom 2.11.1917, in: MARCHIVUM, Stadtwerke, Zug. 6/19164 Nr. 537; Jasmin Breit zum weiblichen Personal bei der Straßenbahn, vgl. https://www.facebook.com/permalink.php?story_fbid=2392936420719603&id=168701373143130&comment_id=2408476645832247, Stand: 11/2021. Zu den Laternenanzündern siehe auch Kap. 2 in diesem Band.

22 Vgl. F. Walter (1949), S. 253; Schreiben des „Wasser-, Gas- und Elektrizitätswerks" an den Oberbürgermeister betr. zweiter Kriegsanleihe vom 17.3.1915; öffentliche Bekanntmachung zur dritten Kriegsanleihe 1915; Schreiben der Werke an den Oberbürgermeister vom 28.12.1917; Rundschreiben vom 13.3.1918, in: MARCHIVUM, Stadtwerke, Zug. 6/1964 Nr. 145. Zeichnungsliste für die 4. Kriegsanleihe, in: MARCHIVUM, Stadtwerke, Zug. 6/1964 Nr. 111. Zur kreditfinanzierten Zeichnung von Kriegsanleihen in geringer Höhe durch „minderbemittelte Kreise" bei der Städtischen Sparkasse vgl. GA (Mittags-Ausgabe) vom 13.10.1917.

23 Vgl. Schreiben und Gemeinderatssatzung, in: MARCHIVUM, Stadtwerke, Zug. 6/1964 Nr. 31. Zum Murg-Kraftwerk vgl. MARCHIVUM, Stadtwerke, Zug 6/1964 Nr. 1071; B. Stier (1999), S. 111 ff.; H. Schäfer (1983), S. 278. In das Bild frühzeitiger Planung für die Nachkriegszeit gehören auch Verkaufsangebote der Wehrverwaltung (über das Hochbauamt) an die WGE betr. Baracken des Kriegsgefangenenlagers: Die WGE könnten unmittelbar nach Kriegsende die Baracken ankaufen und beispielsweise als Betriebsschuppen verwenden. Doch der überhöhte Preis, allemal im Vergleich zu neu erbauten Schuppen, kam für die WGE nicht infrage, vgl. MARCHIVUM, Stadtwerke, Zug. 6/1964 Nr. 1301.

6
DIE WEIMARER JAHRE: ZWISCHEN KRISE UND AUFBRUCH

ANDREA PERTHEN

6.1 DIE NOTLAGE NACH DEM ERSTEN WELTKRIEG

Die allgemeine schwierige Lage unmittelbar nach Kriegsende, aber auch noch in den ersten Jahren des Bestehens der Weimarer Republik machte auch vor den Stadtwerken nicht halt. In einer Vorbemerkung zum Verwaltungsbericht des Jahres 1918 werden die Probleme zusammengefasst:

> „Die sprunghaft gesteigerten Löhne und Gehälter, die Materialteuerung und überhaupt die Teuerung, insbesondere die der Kohlen, die Notwendigkeit, Arbeiter und Angestellte über das erforderliche Maß hinaus einzustellen, die Erschwerungen in der Auswahl des geeigneten Personals, sowie die bedeutend erhöhten Unkosten, viele neue Ab- und Ausgaben zeigen schon jetzt, daß die Schwierigkeiten hinter denjenigen der Kriegsjahre nicht nur nicht zurückstehen, sondern aller Voraussicht nach noch größere sein werden."[1]

Die bestehende Rohstoffknappheit hatte zu einer starken Teuerung der Kohlen geführt, was in der ersten Zeit nach Kriegsende wiederum die Zurückstellung aller nicht unbedingt notwendigen Arbeiten – wie Erweiterungen, Verbesserungen und Auswechslungen von Betriebseinrichtungen – in den Stadtwerken erforderlich machte. Aufgrund der ebenfalls existierenden allgemeinen Materialknappheit mussten, wie auch schon während des Ersten Weltkriegs, in den ersten Nachkriegsjahren bereits verlegte Hochspannungskabel an schwach belasteten oder stillliegenden Netzteilen ausgegraben und an anderen, wichtigen Stellen als Hoch- oder auch Niederspannungskabel verlegt werden.[2]

Auch Einschränkungen bei Gas und Strom existierten weiterhin. Im Verwaltungsbericht von 1918 heißt es, dass in der Bevölkerung im November des Jahres die irrtümliche Meinung aufgekommen sei, dass „nunmehr die Sparmaßnahmen aufgehoben bzw. nicht mehr zu beachten seien". Ab dem 25. November wurden die Stromzuteilungen für industrielle Betriebe in Mannheim um weitere 20 Prozent gedrosselt, außerdem herrschte weiterhin eine Gassperre von 2 Stunden am Vormittag und 2,5 Stunden am Nachmittag.[3] Die auch in den Folgejahren weiter bestehenden Restriktionen waren der Bevölkerung nicht immer einfach zu vermitteln. Die Werke betonten etwa 1919, sie hätten durch „in kurzen Zeiträumen wiederkehrende eindringliche Veröffentlichungen in den Tageszeitungen [...] der Bevölkerung den Ernst der Lage in der Kohlenversorgung unserer

Werke vor Augen geführt und über alle notwendigen Sperrmaßnahmen eingehend unterrichtet", dennoch sei der Erfolg „ein recht zweifelhafter" geblieben.[4] Deshalb habe man die Erhebung eines Aufgeldes bei Überschreitung der zugeteilten Menge im August 1919 wieder eingestellt.

Die Not der Bevölkerung, die auch in Mannheim unter Arbeitslosigkeit, Hunger und allgemeinem Mangel zu leiden hatte, zeigte sich nicht nur in den Verbrauchszahlen; auch ganz praktisch registrierten die Werke häufige Diebstähle unterschiedlichsten Materials. Neben Kohle und Koks waren dies unter anderem auch Glühlampen, die deshalb sogar markiert werden sollten. Die prekäre Sicherheitslage, die auf den Straßen immer wieder ausbrechenden Unruhen und auch die in jener Zeit alltäglich herrschende Gewalt spiegelten sich unter anderem in dem Antrag der Pförtner des Gebäudes am Luisenring 44 im Herbst 1919 wider, Waffen zum persönlichen Schutz während des Nachtdienstes zu erhalten. Dies wurde unter der Auflage, einen Waffenschein zu erwerben und die Waffen tagsüber sicher zu lagern, auch gestattet. Andere Wachleute hielten Hunde zu ihrem Schutz, deren Futterkosten die Werke übernahmen.[5]

Auch in den Jahren 1920 und 1921 trat keine Verbesserung der Umstände ein – im Gegenteil. Die Kohlenpreise sanken nicht, und umfassende Gas- und Stromsperren konnten lediglich deshalb verhindert werden, weil teure Kohlen

Zumindest etwas Erleichterung brachte das bestehende Abkommen mit der OEG zur Abnahme von Strom aus dem Wasserkraftwerk Murgwerk. Das Elektrizitätswerk Rheinau der OEG war mit einer 20.000-V-Leitung mit dem städtischen Werk verbunden.
(MARCHIVUM, AB01541-3-138a)

von der Saar und aus England, später auch aus Amerika zugekauft wurden. Daneben machte die allgemeine Inflation die Erhöhung von Gehältern und Löhnen erforderlich; Tariferhöhungen sowie die Einführung einer Teuerungsklausel, mit der die gestiegenen Betriebskosten auf die Verbraucher umgelegt wurden, waren die Folge.[6] Trotz dieser Maßnahme klagte die Direktion der WGE in ihrem Verwaltungsbericht des Geschäftsjahrs 1921/22 angesichts der immer stärkeren Preissteigerungen, dass die Reingewinne nunmehr „in keinem Verhältnis mehr zu den Friedensgewinnen" stünden,[7] und Ende 1922 waren die „sich überstürzenden" Kohlenpreiserhöhung derart immens, dass sie nicht gänzlich durch Preiserhöhungen aufgefangen werden konnten, da ansonsten zu große Teile der Bevölkerung sich den Bezug von Gas und Strom kaum mehr hätten leisten können. Ohnehin war angesichts der schwierigen Lage der Bevölkerung deren Verbrauch von Wasser und Gas zurückgegangen; lediglich der Stromverbrauch war wegen der zunehmenden Verdrängung der Gas- durch elektrische Beleuchtung sowie des wachsenden Strombedarfs der Industrie angestiegen. Auf diese Entwicklung – dass die Haushalte angesichts der gestiegenen Preise von sich aus weniger verbrauchten und andererseits die Industrie trotz Aufgelder *nicht* weniger verbrauchte – reagierte der Reichskohlekommissar mit Entscheid vom 30. August 1922, die diesseitigen Werke von der Zwangsbewirtschaftung zu befreien und den Amtsvorstand von der Tätigkeit als Vertrauensmann zu entbinden.[8]

Zunächst mussten die Werke auch nach Kriegsende noch die ihnen angegliederten Sammel- und Verteilungsstellen betreuen; immerhin wurde deren Betrieb sukzessive eingestellt. Zuletzt beendete die Spiritusverteilungsstelle im März 1921 ihre Tätigkeit.[9]

Allen Widrigkeiten zum Trotz gab es nach einiger Zeit auch Investitionen. Die Unterhaltung der Anlagen hatte während des Kriegs gelitten, und nachdem nach Kriegsende auf alle nicht unbedingt notwendigen Arbeiten verzichtet worden war, entschieden sich die Werke 1920, nun die angefallenen Reparatur- und Verbesserungsmaßnahmen in Angriff zu nehmen, um wieder den Vorkriegszustand zu erreichen – schließlich sei, so die Überlegung, auch längerfristig eine Besserung der Situation nicht in Sicht. Unter anderem erteilte der Bürgerausschuss am 18. November 1921 seine Genehmigung zur Errichtung eines neuen Verwaltungsgebäudes. Mit der Beschäftigung „einer beträchtlichen Anzahl von Arbeitslosen" im ersten Bauabschnitt war die Hoffnung verbunden, Reichs- und Staatsbeihilfen aus dem Fonds für produktive Erwerbslosenfürsorge zu erhalten.[10]

Auch die Presse blieb nicht von Stromsperren verschont – der „Generalanzeiger" echauffierte sich über eine unangekündigte Abschaltung des Stroms und kritisierte auch Werkleiter Josef Pichler persönlich. In der Folge stellte die sozialdemokratische Stadtverordnetenfraktion eine Anfrage an den Stadtrat, wie er in Zukunft derartige Vorfälle zu verhindern gedenke.
(Generalanzeiger vom 19.1.1920)

Aus Stadt und Land.
Einschränkung der Stromabgabe.

Ganz plötzlich standen in unserm Betrieb heute vormittag um halb 10 Uhr alle Räder still. Das städtische Elektrizitätswerk hat sich entschlossen, die Stromabgabe von halb 10 Uhr bis halb 1 Uhr vormittags einzustellen, bis die Kohlenzufuhr wieder einsetzt. Wohl wurde am Samstag eine allgemeine Warnung an die Bevölkerung erlassen, aber aus dieser Voranzeige konnte nicht herausgelesen werden, daß die Stromsperre schon heute vormittag einsetzen würde. Wir können ein derartiges Verhalten nicht anders als rücksichtslos bezeichnen. Eine derartig scharf in das wirtschaftliche Leben einschneidende Maßnahme wird doch nicht von einer Stunde zur andern beschlossen und durchgeführt. Die Leitung des Elektrizitätswerkes hat doch sicher schon am Samstag nachmittag gewußt, daß die Sperre am Montag nicht zu umgehen sei.

Am Samstag nachmittag wäre noch Zeit gewesen, die Presse und damit die Bevölkerung in genügender Weise zu verständigen. Aber auch heute morgen lag der Presse noch keine Nachricht über die bevorstehende teilweise Betriebseinstellung des Elektrizitätswerkes vor, sodaß unser Betrieb genau so wie alle anderen, welche auf den städtischen Strom als Kraftquelle angewiesen sind, vor vollendete Tatsachen gestellt wurde.

Wir glauben, die Stadtverwaltung würde zu sehr energischen Maßnahmen greifen, wenn der umgekehrte Fall vorläge: wenn ein Privatbetrieb sich etwas derartiges gegenüber der Stadt herausnehmen würde. Unseres Erachtens ist deshalb der schärfste Protest aller Mannheimer Privatbetriebe gegen die unverständliche Rücksichtslosigkeit des städtischen Elektrizitätswerkes am Platze. Unsere Stadtverordneten sollten bei der nächsten Gelegenheit einmal recht deutlich werden und der Stadtverwaltung mit aller Entschiedenheit sagen, wie sie ihre Kunden zu behandeln hat.

Skizze des geplanten Neubaus der Verwaltung in K 7, 1922.
(MARCHIVUM, PL09309)

Die reichsweiten Ereignisse des Jahres 1923 prägten auch die städtischen Werke. Die Ruhrkrise zu Beginn des Jahres machte sich auf mehreren Ebenen bemerkbar: Ganz konkret erstreckte sich die Besetzung des Mannheimer Hafengebiets durch französische Truppen im Zuge der Ausdehnung der Zollgrenzen und der Bildung rechtsrheinischer Brückenköpfe am 3. März 1923 auch auf das städtische Elektrizitätswerk im Industriehafen, dessen Pförtnerhaus von zwölf Soldaten belegt wurde.[11] Außerdem mussten die Werke mit der Herausforderung umgehen, dass Kohlen der unterschiedlichsten Provenienz und Qualität zur Verwendung kamen, wofür die Anlagen nicht ausgelegt waren. Auch die Beschaffung der Kohlen selbst war weiter problematisch. Dazu gingen im Zusammenhang mit der Hyperinflation Strom- und Gasverbrauch weiter zurück: Die privaten Haushalte mussten angesichts der Preissteigerungen bzw. der Geldentwertung extrem sparsam leben, und die Industrie lag wegen der fehlenden Rohstoffe „darnieder", wie die Direktion der WGE es beschrieb. Die Preise für Wasser, Strom und Gas mussten in immer kürzeren Intervallen neu festgelegt werden, und die Abnehmenden hatten den jeweils am Tag der Zahlung gültigen Preis zu zahlen. Das führte zu großem Unmut bei diesen, da sie darin eine Teuerung sahen; die Folge: „Eine Unmenge Zuschriften verwahrte sich gegen dieses Verfahren, auch die Zeitungen brachten ungezählte Proteste."[12] Ab 1. Oktober wurden deshalb als Behelf – wie anderswo auch – Rechnungsmarkscheine, sogenannte Gasmarken, eingeführt:

> „Die Gasmarken lauteten auf 0,50, 1,--, 2,-- und 5 Goldmark und wurden in den ersten Tagen zum Durchschnittskurs der 3 dem Verkaufstage jeweils vorangehenden Tage verkauft. Da bei diesem Verfahren jedoch durch den unaufhaltsamen Marksturz den Werken enorme Verluste entstanden, mußten sie alsbald zum Tageskurs verkauft werden. Die Bevölkerung machte von diesem Gutscheinverfahren, das ihr den Fortbezug von Wasser, Gas und Strom erheblich verbilligte und eine gewisse wertbeständige Geldanlage ermöglichte, ausgiebigsten Gebrauch. Es wurden in den Monaten Oktober, November und Dezember für rund 800.000

Gm. (umgerechnet) Gasmarken verkauft. Nach der Stabilisierung der Mark im Dezember hörte der Verkauf in kürzester Zeit auf."[13]

Auf Scheitelhöhe der Hyperinflation betrugen die Selbstkosten für eine Kilowattstunde nutzbar abgegebenen Stroms ohne Anrechnung von Zinsen, Schuldentilgung und Abschreibung rund 31 Mrd. Mark.[14]

Die Lage der Beschäftigten

Die Demobilmachung nach Kriegsende machte sich wie überall auch in den WGE stark bemerkbar. Die Werke sahen sich durch die aus beschäftigungspolitischen Gründen – einer befürchteten Massenarbeitslosigkeit sollte so begegnet werden – eingeführte 48-Stunden-Woche und die Verlängerung der Urlaubszeit „großen Belastungen" ausgesetzt, die Tariferhöhungen und die Einführung einer Teuerungsklausel nötig werden ließen.[15] Auch die Leistungen der vorübergehend eingestellten Notstandsarbeiter wurden in den Werken als unzureichend angesehen.[16] Auf der Seite der Beschäftigten waren besonders Frauen von Entlassungen betroffen, da sie während des Kriegs vornehmlich als Ableserinnen, Erheberinnen, Abstellerinnen sowie allgemeine Hilfsarbeiterinnen für das in den Krieg gezogene ständige männliche Personal eingesprungen waren. Ende 1918 standen insgesamt 135 Beamte im Dienst der WGE, dazu 704 Arbeiter, von denen 415 vorübergehend Beschäftigte waren. Außerdem waren 104 Aushilfskräfte angestellt, davon die große Mehrheit, nämlich 78, weiblich.[17] Die heimkehrenden Männer hatten einen rechtlichen Anspruch auf ihren Arbeitsplatz. Auch denjenigen Frauen, die während des Kriegs zum Bestreiten des Lebensunterhalts eine Arbeit aufgenommen hatten, wurde mit der Begründung gekündigt, dass ihr Ehemann nun „aus dem Felde zurück" sei und seine „verdienstbringende Tätigkeit wieder aufgenommen" habe, sodass die Arbeit der Frau nicht mehr notwendig für den Familienunterhalt sei. Einige Betroffene baten daraufhin, die Kündigung zurückzunehmen, woraufhin vereinzelt Entlassungen um einige Monate verschoben wurden; vor allem, wenn es sich bei den Frauen um Witwen und damit alleinige Ernährerinnen der Familie handelte. Auch der Arbeiterrat setzte sich für einige der Frauen ein. Am ehesten konnten Frauen nach Kriegsende noch für „Frauenarbeiten" eingesetzt werden, etwa für „das Einfädeln von Perlenkränzen und das Putzen der Arbeits- und Büroräume" oder auch für das Flicken von Mänteln, die „Beihilfe beim Kochen" oder das Geschirrspülen.[18] Dennoch: Bereits Ende 1919 waren unter den nun 113 Aushilfsangestellten lediglich noch 16 Frauen. Doch nicht nur Frauen, auch Arbeiter, die nicht in Mannheim, sondern in umliegenden Gemeinden wohnten, wurden aufgrund der schwierigen Lage entlassen. Dies rief sogar in den Werken selbst Beschwerden hervor, etwa von den Wasserwerken, da von dieser Anordnung auch deren am besten „eingearbeitete und brauchbarste Arbeiter" betroffen waren. In einem Fall zog ein Arbeiter nach dem Erhalt der Kündigung nach Mannheim, woraufhin er weiter beschäftigt werden konnte.[19]

Im Jahr 1919 waren die Werke als städtische Stellen zudem wiederholt mit Streiks konfrontiert – schon am 25. Januar hatten die unständigen Arbeiter, die zu der Zeit die Mehrheit der Beschäftigten stellten, die Arbeit niedergelegt, weil sie eine Teuerungszulage forderten.[20] Dieselbe Forderung trugen am 30. Mai dann die Arbeiter von Gas- und Elektrizitätswerk sowie von den Straßenbahnen vor; täglich sollten drei Mark Teuerungszulage gezahlt werden. Im Juli traten die städtischen Aushilfsangestellten in den Ausstand, um nicht benachteiligt zu werden. Letztlich waren die Streiks erfolgreich.[21] Zwar wurden im November 1920 durch die Notverordnung Friedrich Eberts Arbeitskämpfe in „lebenswichtigen Versorgungsbetrieben", zu denen auch die Gas-, Wasser- und Elektrizitätsbetriebe gehörten, verboten;[22] das hielt die Heizer des städtischen Elektrizitätswerks im Sommer 1922 jedoch nicht davon ab, in einen mehrstündigen Streik zu treten.[23] Auch im weiteren Verlauf der 1920er Jahre waren die Werke zuweilen noch indirekt von Streiks betroffen, etwa als 1925 Bauarbeiter streikten und damit die Arbeiten am Verwaltungsneubau verzögerten.[24]

Der Streik von Arbeitern in Gas- und Elektrizitätswerk führte zu einem kompletten Ausfall der Gas- und Stromversorgung am Abend des 30.5.1919. Die Kommunikation zwischen Streikkomitee einerseits und Stadt bzw. Werksdirektion andererseits gestaltete sich konfliktträchtig.
(MARCHIVUM, PK00136)

Schon Ende 1919 zeichnete sich ab, dass „entbehrliche" Personen nach und nach zu entlassen waren;[25] Ziel war, wieder auf den Stand vor Kriegsbeginn zu kommen. Das bedeutete die Entlassung von über 100 Personen im Jahr 1920, und zwar in allen Bereichen außer der Kabelnetzstation.[26] Im Sommer traf es etwa wegen des künftigen Wegfalls der Gasautomatenentleerung 20 „Automatenhilfserheber" bzw. „Gasautomatenentleerer" sowie drei „Hilfsableser". Die sich darunter befindlichen „Schwerkriegsbeschädigten" wehrten sich gegen eine Entlassung, und die Direktion bemühte sich redlich, diese in anderen städtischen Bereichen unterzubekommen – doch auch hier hatte man keine Verwendung für die betroffenen Personen. Zumindest konnte der Betriebsrat für vier Personen eine Kündigung für einige Monate hinauszögern.[27]

Mit der Hyperinflation 1923 und den damit verbundenen „vielen unproduktiven Arbeiten im gesamten Kassen- und Rechnungswesen" musste das Personal auf 346 Beamte aufgestockt werden;[28] doch bereits im darauffolgenden Jahr sank deren Zahl wieder, um anschließend bis 1929 um rund 150 zu pendeln.[29]

6.2 DIE WERKE IN DEN „GOLDENEN ZWANZIGER JAHREN"

Noch in den ersten Monaten des Jahres 1924 herrschte eine Kapitalknappheit, die die Wirtschaft lähmte und zu Entlassungen, Kurzarbeit und Sparmaßnahmen führte. Für die WGE bedeutete das, dass auf Konsumseite deutlich weniger abgenommen wurde und die Abgabezahlen von Strom und Gas hinter denjenigen des vorangegangenen Jahres „nicht unbeträchtlich", wie es hieß, zurückblieben. Doch in der zweiten Hälfte des Jahres wurde der Rückstand aufgeholt, und am Ende wurden die Zahlen des Vorjahres sogar um fast 20 Prozent übertroffen – eine Folge „der fortschreitenden Konsolidierung der Verhältnisse", aber auch, so hielt sich die Direktion der WGE zugute, „einer betonten Propaganda- und Werbetätigkeit der Werke in Verbindung mit zweckmäßiger Tarifgestaltung".[30]

Elektrische Haushaltsgeräte wie dieser Staubsauger von Mauz & Pfeiffer (Stuttgart) fanden in den 1920er Jahren zunehmend Verbreitung, wenn auch die „Elektrifizierung" des privaten Haushalts erst nach dem Zweiten Weltkrieg voll durchschlug.
(Technoseum, EVZ:1991/0449)

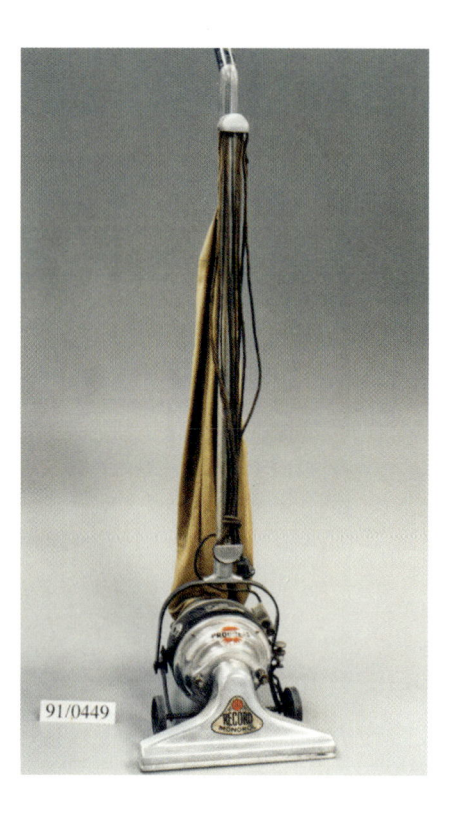

Die verbesserten Verhältnisse machten sich unter anderem darin bemerkbar, dass nun wieder Ruhrkohlen zugeführt werden konnten. Langsam wich die Kohlenknappheit einem Überangebot an Steinkohle. Auch die Ablösung der Übergangs-Rentenmark zur Reichsmark im Rahmen des Dawes-Plans am 30. August 1924 führte zu mehr Planungssicherheit: So könne wieder „mit Aussicht auf Erfolg gerechnet" werden, und „trotz äußerster Tarifbemessung" könnten „wieder verwertbare und bleibende Gewinne gemacht und angemessene Abschreibungen der Anlagen vorgenommen werden", bemerkte die Direktion der Werke erleichtert in ihrem Verwaltungsbericht des Jahres 1924.[31]

Der Neubau des Verwaltungsgebäudes in K 7 und die Ausweitung der Werbemaßnahmen

Im Jahr 1921 bewilligte der Bürgerausschuss den Antrag auf 4,5 Mio. Mark für den Neubau eines Verwaltungsgebäudes. Schon vor Ende des Ersten Weltkriegs war ein solches geplant, dessen Ausführung dann aber aufgeschoben worden. Als Begründung für dessen Notwendigkeit wurde die schon seit Jahren bestehende Unzulänglichkeit der aktuellen Räumlichkeiten angegeben; in den Räumen mit Publikumsverkehr – insbesondere der Kasse – stauten sich die Wartenden, was zu großer Unzufriedenheit unter diesen führe, und auch die Büros der Beamten seien überbelegt. Eine zwischenzeitlich angedachte Unterbringung im alten Krankenhaus wurde dagegen aus verschiedenen Gründen verworfen.

Zwischen 1924 und 1926 konnte der Neubau nach Plänen des Oberbaudirektors Josef Zizler realisiert werden.[32]

Die räumliche Organisation trug dabei, so die Direktion der Werke, „den neuzeitlichen Erkenntnissen und Zweckmäßigkeiten allenteils Rechnung".[33] Während in den oberen Stockwerken die technischen Abteilungen sowie die Registratur untergebracht waren, diente das erste Obergeschoss der Direktion und deren zugehörigen Büros wie Sekretariat und Kanzlei. Auch die Ausstattung wurde hervorgehoben:

> „Zum Zwecke rationeller Durchführung der Verwaltungsarbeiten werden in fast allen Büros modern konstruierte Rechen-, Buchungs- und rechnende Schreibmaschinen verwandt, die sich vor allem bei der Ausfertigung der monatlichen Konsumrechnungen hervorragend bewährt haben; 71 000 Konsumrechnungen [...] werden hier allmonatlich herausgeschrieben und zum Inkasso fertiggemacht."[34]

Besonderes Augenmerk wurde auf Bereiche mit Publikumsverkehr gelegt. Im Erdgeschoss befand sich neben den Kassenschaltern entlang der Gebäudefront ein mit großzügigen bodentiefen Fenstern ausgestatteter Ausstellungsraum, der „die Kunden auf die verschiedensten Gas- und Stromverbrauchsgegenstände aufmerksam machen" und sie so gleichsam in das Gebäude locken sollte. Im Untergeschoss konnten in einem Vorführungsraum „die Interessenten dann

Die Kassenschalterhalle war großzügig bemessen, um den Kundenverkehr rationell abwickeln zu können. Dies war auch notwendig; immerhin rechnete man jährlich mit rund 250.000 Personen.
(MVV Energie AG, UA005-0653)

auf Wunsch" in der Handhabung der ausgestellten Geräte „zwanglos unterwiesen werden". Davon machte die einheimische Bevölkerung auch ausgiebigen Gebrauch.[35]

Hier wird ein zunehmend wichtiges Element im Handeln der Werke sichtbar: die Werbung. Es galt, die jeweilige Zielgruppe an die entsprechenden Geräte und deren Bedienung heranzuführen. Schon kurz vor Ausbruch des Ersten Weltkriegs war an eine verstärkte Werbetätigkeit gedacht und im Frühjahr 1915 eine „Vortrags- und Werbedame" eingestellt worden.[36] Der weitere Verlauf des Kriegs hatte die weitere Werbetätigkeit unterbrochen; doch schon kurz nach Kriegsende wurde sie wieder aufgenommen. Die Lehrküche, die weiterhin dazu dienen sollte, „den Hausfrauen die mannigfachen Verwendungsmöglichkeiten des Gases, der Herde, Oefen, Apparate usw. praktisch vorzuführen, Lehrvorträge durch Bereitung von Gerichten auf Gas zu veranschaulichen", wurde zugleich als Kantine für die Belegschaft genutzt, in der diese ein „einfaches Mittagsmahl" zum Selbstkostenpreis einnehmen konnte.[37] In den folgenden Jahren wurden die Werbebemühungen weiter ausgebaut, und mit der Stabilisierung der Verhältnisse ab 1924 nahm auch die Werbetätigkeit Fahrt auf: Ein extra „Vortrags- und Vorführungsraum" wurde eingerichtet und verstärkt Einzelberatungen sowie Vorträge durchgeführt.[38] Der Neubau des Verwaltungsbaus professionalisierte diese Ebene weiter:

> „Die Eröffnung der mit neuzeitlichen und geschmackvollen Einrichtungen versehenen Vorführungs- und Ausstellungsräume brachte erwartungsgemäß ein sprunghaftes Anwachsen der Besucherzahl."[39]

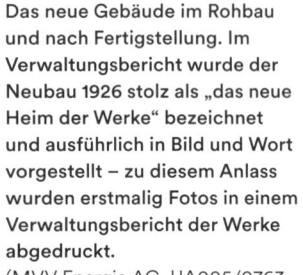

Das neue Gebäude im Rohbau und nach Fertigstellung. Im Verwaltungsbericht wurde der Neubau 1926 stolz als „das neue Heim der Werke" bezeichnet und ausführlich in Bild und Wort vorgestellt – zu diesem Anlass wurden erstmalig Fotos in einem Verwaltungsbericht der Werke abgedruckt.
(MVV Energie AG, UA005/0763 (links); MARCHIVUM, KF031555 (rechts))

Schon ein Jahr nach Einweihung der neuen Räumlichkeiten zur Beratung in K 7 kamen knapp 11.000 Beratungssuchende und damit rund zehnmal so viele wie 1924; 1928 dann wiederum fast doppelt so viele wie im Vorjahr (21.656 Personen). Neben „Hausfrauen" wurden zunehmend auch Vorträge für Angehörige anderer Zielgruppen gehalten, etwa Lehrerinnen oder Schülerinnen und Schüler von Koch- oder Gewerbeschulen. Es gab abendliche Kochkurse und Sonderausstellungen. Außerdem inserierten die Werke regelmäßig in der Presse mit Anwendungshinweisen für Gas und Strom.[40]

Mit der Ausdehnung des Versorgungsgebiets wurde auch die „Werbe- und Aufklärungstätigkeit" in die entsprechenden Gebiete ausgeweitet. Um eine Anlaufstelle für die von K 7 entfernter gelegenen Stadtteile zu schaffen, wurde im Dezember 1929 ein „Stadtbüro" in der Innenstadt (Rathaus Bogen 21) eröffnet. Nachdem im „Spitzenjahr" 1929 über 32.000 Personen in die Beratungsstelle kamen, nahm im Krisenjahr deren Zahl auf circa 26.500 ab, erholte sich dann aber in den beiden folgenden Jahren wieder etwas auf fast 29.500 Personen im Kalenderjahr 1932. Auch die anderen Werbemaßnahmen wurden Anfang der 1930er Jahre weiter fortgeführt.[41]

Stromversorgung im Umbruch

Bereits vor der sich politisch wie wirtschaftlich entspannenden Lage Mitte der 1920er Jahre hatte sich eine große Veränderung im Bereich der Elektrizitätsversorgung angekündigt. Freilich lagen deren Wurzeln bereits in der Zeit vor dem

6 DIE WEIMARER JAHRE: ZWISCHEN KRISE UND AUFBRUCH

Ersten Weltkrieg, als der Gedanke der Verbundversorgung Fuß fasste und auch die Badische Landesregierung erstmals eine Elektrizitätspolitik für Baden erarbeitet hatte. Mit dem 1918 vollendeten Bau des Wasserkraftwerks Murgwerk waren bereits erste Schritte in Richtung eines regionalen Verbundnetzes getan worden.[42]

Wie nun stellte sich die Situation ab 1920 dar? In Mannheim gelangten die Kapazitäten des Elektrizitätswerks im Industriehafen an ihr Ende, sodass es immer öfter ohne Reserve arbeiten musste. Die Verbindung mit dem Elektrizitätswerk Rheinau der OEG reichte ebenfalls kaum noch zur Deckung des Bedarfs aus. Denn trotz der Stromsperren stieg zum einen die Zahl der Konsumenten an,

Die wirtschaftliche Konsolidierung spiegelte sich auch in steigendem Konsum und einem höheren Stromverbrauch wider.
(MARCHIVUM, GP00305-032)

Rechts: Streckenverlauf der Nord-Süd-Leitung, die eine bis dato unerreichte Distanz überbrückte und ein großräumiges Verbundnetz schaffte. Vgl. dazu die folgende Doppelseite.
(Historisches Konzernarchiv RWE)

192

zum anderen verzichteten mehr und mehr der großen industriellen Betriebe auf eine eigene Stromerzeugung.[43] Auch in Mannheims Umgebung gab es Probleme: Die Pfalzwerke fürchteten, die französische Besatzungsmacht könne maßgeblichen Einfluss auf ihr großes Werk in Homburg – das im Saargebiet unter direkter Verwaltung des Völkerbundes stand – nehmen. Daher erwogen sie, dieses zu veräußern und stattdessen ihr zweites, kleineres Werk in Mannheims Nachbarstadt Ludwigshafen entsprechend zu erweitern. Die Finanzierungsgesellschaft Rheinische Elektrizitäts-AG kannte diese Probleme; sie machte daraufhin in Mannheim den Vorschlag, statt dreier Erweiterungen die Kraftwerke in Mannheim, Rheinau und Ludwigshafen stillzulegen bzw. lediglich als Reserve zu nutzen und stattdessen ein gemeinsames Großkraftwerk zu errichten. In einer von der Rheinischen Elektrizitäts-AG erstellten Denkschrift wurde die Wirtschaftlichkeit eines solchen Vorhabens positiv beurteilt und das Projekt stieß bei den Beteiligten auf positives Echo. Auch der Stadtrat in Mannheim erklärte seine grundsätzliche Zustimmung, machte aber eine endgültige Antwort von dem Ergebnis eines Sachverständigengutachtens abhängig. Mit einem solchen Gutachten wurde der ehemalige stellvertretende Leiter des städtischen Elektrizitätswerks, Prof. B. Paulsen, beauftragt. Dieser kam in seinem Gutachten vom 21. Juni 1921 zwar zu dem Schluss, dass ein finanzieller Vorteil durch die Errichtung eines Großkraftwerks zunächst nicht zu erwarten sei, plädierte aber dennoch für ein solches Projekt, da dieses die langfristige und dauerhafte Versorgungssicherheit mit Strom – vor allem für industrielle Betriebe – gewährleiste.[44]

Die Idee zu einem Großkraftwerk befand sich dabei in Einklang mit der allgemeinen zeitgenössischen Entwicklung, da der Reichskohlenrat zur Erreichung einer möglichst rationellen Nutzung der Kohle eine Konzentration der Energieerzeugung anstrebte. Die dadurch entstehenden Versorgungsgebiete sollten nach und nach durch ein zusammenhängendes Hochspannungsnetz verbunden werden.[45] Auch die badische Regierung forcierte den Ausbau von Überlandnetzen. Dabei spielte die Wasserkraft, besonders angesichts der problematischen

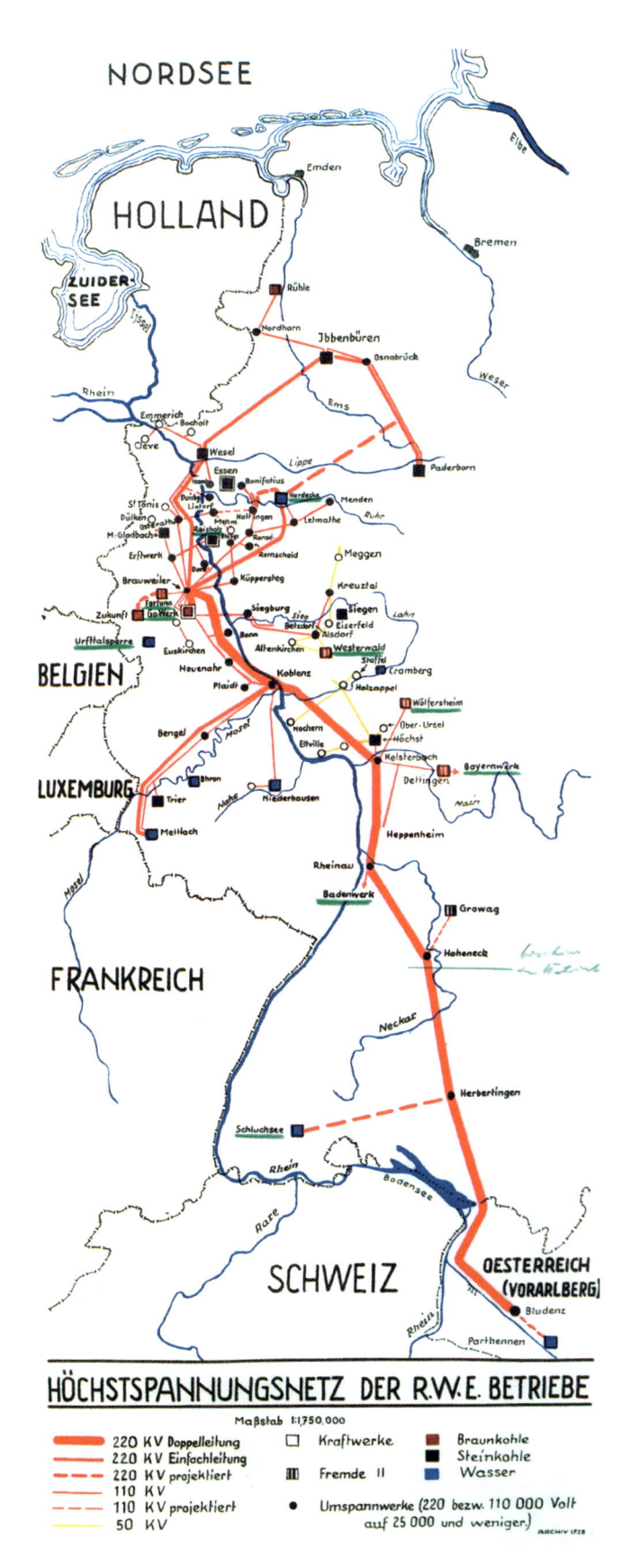

VOM ORTSNETZ ZUM INTERNATIONALEN VERBUNDNETZ
Daniel Römer

Im Jahr 1891 wagte sich der Ingenieur Oskar von Miller an die damaligen Grenzen der Technik, indem er per Wechselstromtechnik auf einer Strecke von 176 Kilometer Länge Strom vom schwäbischen Lauffen am Neckar bis zur von ihm geleiteten „Internationalen Elektrotechnischen Ausstellung" in Frankfurt am Main leitete. Obwohl ein Viertel des eingespeisten Stroms bei der Übertragung verloren ging, galt das Experiment als Erfolg: Auf längere Sicht würde die Errichtung eines umfassenden Stromnetzes möglich sein. Doch noch waren Technik und Gesellschaft nicht reif dafür.

Die um diese Zeit zumeist in großen Städten entstehenden Kraftwerke erzeugten überwiegend Gleichstrom. Dessen Leitungsverluste waren so hoch, dass sich die „Zentralen" in den Innenstädten ansiedeln mussten. Wo Strom in Wärmekraftwerken gewonnen wurde, erwiesen sich viele Kleinkraftwerke meist günstiger als lange Leitungen.

Steigende innerstädtische Grundstückspreise, die Entwicklung der Dampfturbine als leistungsfähige Nachfolgerin der Dampfmaschine und die Umstellung auf Wechselstrom kehrten dieses Wirtschaftlichkeitsverhältnis um die Jahrhundertwende um, sodass sich aus vielen „Insel"-Netzen städtische Verbundnetze entwickelten.

Das erste regionale Verbundnetz entstand abseits der großen Städte an der badisch-schweizerischen Grenze. Dem 1898 in Betrieb genommenen Wasserkraftwerk Rheinfelden stand

Transport eines 12 Tonnen schweren Ölkastens für einen Transformator im Umspannwerk in Rheinau, ca. 1918.
(TECHNOSEUM, PVZ:2022/D-0228)

billiger Strom im Überfluss zur Verfügung, ihm fehlten allerdings die Abnehmer – ebenso dem 40 Kilometer entfernten (Wasser-)Kraftwerk Beznau an der Aare. Schon 1903 schlossen sie ihre beiden „Insel"-Netze zum ersten regionalen (und zugleich internationalen) Verbundnetz zusammen, um ihren Strom bis nach Basel zu liefern. Dabei unterschied sich die Übertragungstechnik kaum von der des Jahres 1891.

Angespornt von solchen Erfolgen entstand auch in Baden der Wunsch, im Schwarzwald großtechnisch billigen Wasserkraft-Strom zu erzeugen und bis nach Mannheim zu verteilen. Im Ersten Weltkrieg errichtete der Staat unter Beteiligung der BBC das Murgwerk (heute: Rudolf-Fettweis-Werk), dessen Strom über eine mehr als 100 Kilometer lange 110.000-V-Hochspannungsleitung ab November 1918 die „Transformatorstation" Rheinau erreichte.

Unterdessen hatte sich im Ruhrgebiet das Rheinisch-Westfälische Elektrizitätswerk (RWE) als gemischtwirtschaftliches Unternehmen von Kommunen und Industriellen entwickelt, die in der Stromerzeugung einen lukrativen Absatzkanal für ihre vor Ort geförderte Kohle erkannt hatten. Sie setzten auf ein System kohlebefeuerter Großkraftwerke, das durch die Einbindung vorhandener Grubenkraftwerke Lastspitzen abdecken und damit mehr Verbrauchsstellen gleichzeitig beliefern konnte.

Seit den 1920er Jahren lässt die 220.000-V-Übertragungstechnik weitgehend verlustfreie Stromtransporte über lange Distanzen hinweg zu. Nun lohnte es sich für das RWE, in den Gebirgen Süddeutschlands, Österreichs und der Schweiz riesige Stauseen mit Pumpspeicherkraftwerken anzulegen, die nachts den Überschussstrom des Ruhrgebiets aufnahmen und tagsüber die Stromspitzen abdeckten. Die dazu nötige, 600 Kilometer lange „Nord-Süd-Leitung" führte ab 1926 auch durch Mannheim, wo direkt neben dem bestehenden Umspannwerk des Badenwerks eine zweite Station des RWE in Betrieb ging. Dies ermöglichte auch die Anbindung des Großkraftwerks und des badischen Netzes an den entstehenden Energieverbund. Die Verbindung nach Österreich nahm 1930 ihren Betrieb auf.

Aus diesen beiden Keimzellen internationaler Stromverbünde entstand ab 1951 die Union for the Coordination of Transmission of Electricity (UCTE) als westeuropäisches Verbundnetz der entstehenden Europäischen Gemeinschaften, das 1999 in dem fast ganz Europa sowie die Türkei und Teile Nordafrikas umfassenden European Network of Transmission System Operators for Electricity (ENTSO-E) aufging. Durch die Liberalisierung ab dem Jahr 1998 wurden die geschlossenen Versorgungsgebiete beseitigt und die Netzbetreiber verpflichtet, anderen Akteuren den Netzzugang zu ermöglichen. Damit wurde es schrittweise auch Nicht-UCTE-Mitgliedern wie der MVV Energie AG möglich, das Höchstspannungsnetz kommerziell zu nutzen. Gemeinsam versorgen heute unzählige große und kleine Kraftwerke Abermillionen von Haushalten über Länder und Kontinente hinweg.

Versorgungslage mit Kohlen, eine immer größere Rolle. Allerdings war diese Stromquelle natürlichen Schwankungen unterworfen, sodass nicht stetig mit ihr gerechnet werden konnte. Die gegenseitige Vernetzung lag also sowohl im Interesse der Kohle- als auch der Wasserkraftwerke. Während die OEG im Lauf der Verhandlungen von einer Beteiligung wieder Abstand nahm, traten neben den Pfalzwerken und der Stadt Mannheim zwei neue Akteure auf den Plan. Zum einen die 1921 gegründete Badische Landes-Elektrizitäts-Versorgungs AG (später: Badenwerk AG), die den im Murgwerk erzeugten Strom abzusetzen gedachte. Und nachdem sich außerdem die gemischtwirtschaftliche Neckar AG davon überzeugt hatte, dass ein Großkraftwerk keine Konkurrenz, sondern vielmehr sicherer Abnehmer von Strom aus Wasserkraft sein würde, signalisierte diese ebenfalls Interesse. Die Neckar AG plante die Kanalisierung und Stauregelung des Neckars bis Plochingen; neben dem Ausbau für die Schifffahrt sollte in den Schleusen auch Strom aus Wasserkraft erzeugt werden. Die Stadt Mannheim selbst beschloss 1921, für 3 Mio. Mark Aktien der Neckar AG zu übernehmen.[46]

Die Stadt sah potenzielle Vorteile eines Großkraftwerks in dem Bezug günstigen Stroms und der Aussicht, durch vergrößerte Kapazitäten neue Großkunden gewinnen zu können.[47] Außerdem war für sie absehbar, dass ein Großkraftwerk für weite Teile Badens und der Pfalz zunehmende Bedeutung erlangen würde; dieses dann in der eigenen Stadt zu wissen und sich dabei in der Gesellschaft bestimmenden Einfluss zu sichern – durch die Bestellung des Oberbürgermeisters zum Aufsichtsratsvorsitzenden und weiteren Vertretern im Aufsichtsrat sowie durch die Sicherung der Mehrheit über die Vertreter der Wasserkraftwerke im Aufsichtsrat – erschien dem Stadtrat als wesentlich, und ein Fernbleiben der Stadt wäre unter diesen Umständen „kaum zu verantworten".[48]

Am 8. November 1921 war es schließlich so weit: Die Aktionäre unterzeichneten den Gründungsvertrag der Grosskraftwerk Mannheim Aktiengesellschaft (GKM); das Grundkapital betrug 30 Mio. Papiermark. Die Stadt Mannheim, die Pfalzwerke sowie das Badenwerk hielten dabei jeweils 26 Prozent, die Neckar AG 22 Prozent.[49] Dabei verpflichtete sich die Stadt zur Deckung ihres gesamten Strombedarfs aus dem GKM; im Übrigen war auch der komplette Bedarf der Kraftwerk Rheinau AG – so der Name der OEG nach Ausgliederung der Bahnen an die Stadt – zu decken. Die Pfalzwerke hatten mindestens 5000 kW, das Badenwerk 6500 kW abzunehmen. Zugleich sollte das GKM anfallenden überschüssigen Murgstrom vom Badenwerk abnehmen und die Neckar AG verpflichtete sich zur Abgabe des gesamten aus Wasserkraft erzeugten Stroms zwischen Mannheim und Heidelberg an das GKM, sofern nicht der badische Staat von seinem Vorrecht Gebrauch machte.[50]

Zum Vorstand wurde Friedrich „Fritz" Marguerre berufen, der die Entwicklung des GKM in den folgenden Jahrzehnten maßgeblich prägen sollte. Mit dem Bau des Kraftwerks in Mannheim-Neckarau, unmittelbar am Rhein, wurde zügig begonnen; im September 1923 lieferte es den ersten Strom. Ausgestattet war das Kraftwerk zunächst mit drei 12,5-MW-Anlagen. Bald musste das GKM seine Konkurrenzfähigkeit beweisen. Diese erreichte es unter anderem durch Marguerres Einführung der damals innovativen 100-at-Anlage mit 100 Atmosphären Betriebsdruck und 470 °C heißem Frischdampf.[51] Bald diente das alte Elektrizitätswerk am Industriehafen nur noch als Reservewerk. 1925 wurden bereits 95 Prozent des Strombedarfs in Mannheim vom GKM gedeckt; 1929 wurde das alte Elektrizitätswerk endgültig stillgelegt. Damit war die organisatorische Trennung von Erzeugung (GKM) und Verteilung (WGE) des Stroms vollzogen.

Der Standort für das Kraftwerk lag äußerst günstig: zum einen nah an der Stadt, zum anderen direkt am Wasser, was die Anlieferung der Kohle per Schiff ermöglichte und ausreichend Wasser zur Kühlung bereitstellte.
(MARCHIVUM, GP00284-009)

Blick in den Maschinenraum des GKM.
(MARCHIVUM, KF037823)

6 DIE WEIMARER JAHRE: ZWISCHEN KRISE UND AUFBRUCH

Im Vergleich zu anderen Städten besaß das Mannheimer Versorgungsgebiet eine sehr hohe spezifische Abgabe von Strom (375 kWh pro Kopf). Dies lag allerdings nicht an den gewöhnlichen Haushalten, vielmehr wird dabei die große Bedeutung industrieller und gewerblicher Abnehmer in Mannheim deutlich: Sie verzeichneten 1929 drei Viertel des gesamten Stromverbrauchs. Dagegen war 1931 ein Drittel der Haushalte im Versorgungsgebiet noch nicht an die Elektrizitätsversorgung angeschlossen.[52]

Die Verteilung des Stroms, der nun nicht mehr selbst produziert wurde, barg einige Herausforderungen für die Werke. So ereigneten sich nach Inbetriebnahme des GKM des Öfteren Spannungsdurchschläge in den beiden 20.000-V-Verbindungskabeln zum alten Elektrizitätswerk, was die Verlegung zweier weiterer Kabel notwendig machte. Auch die 4000-V-Schaltanlage im Elektrizitätswerk im Industriehafen, das nun als Hauptspeisepunkt und -trafostation für Mannheims Stromversorgung diente, benötigte erheblich leistungsfähigere Schalter zur Gewährung der Betriebssicherheit. Der wachsende Strombedarf und die steigenden Belastungsspitzen machten es also notwendig, einen zweiten Hauptspeisepunkt zu errichten, in dem die neuen Schalt- und Transformationseinrichtungen untergebracht werden konnten. Die Wahl fiel auf eine bereits seit 1906 bestehende Umformerstation in der Keplerstraße, die für diesen Zweck bis 1928 entsprechend umgebaut wurde. Der Standort bot sich zudem an, weil so die südlichen Stadtteile inklusive des elektrisch betriebenen neuen Wasserwerks Rheinau direkt beliefert werden konnten und nicht erst der „Umweg" über den Industriehafen gemacht werden musste.[53]

Die „neuzeitliche Hochleistungsschaltanlage" im Umspannwerk Keplerstraße sollte größtmögliche Betriebssicherheit gewährleisten.
(MVV Energie AG, UA005-0031)

Wie das Umspannwerk Keplerstraße stach auch die kurze Zeit später auf dem Luzenberg errichtete Umformerstation durch die auffällige Fassadengestaltung ins Auge (entworfen vom städtischen Hochbauamt unter Josef Zizler). Sie repräsentiert den Übergang von der Neuen Sachlichkeit zum Expressionismus.
(MVV Energie AG, UA005-0111)

Gasversorgung – der Horizont wird weiter

Die zwischen Gas und Elektrizität herrschende Konkurrenz hielt auch nach 1918 zu einem gewissen Grad an. Das Gasfach sah sich gegenüber der Elektrizitätswirtschaft benachteiligt, da Letztere die besseren Gaskohlen erhielt.[54] Auch in Mannheim nahmen die WGE zunächst einen Rückgang der Gasabgabe wahr; neben den wirtschaftlichen Verhältnissen der Abnehmer war dies auf den Siegeszug der Elektrizität auf dem Gebiet der Beleuchtung zurückzuführen.[55] Dieser Verlust konnte jedoch durch die zunehmende Nutzung von Gas als Wärmequelle in den 1920er Jahren ausgeglichen und dann sogar übertroffen werden.[56] Die elektrische Beleuchtung war inzwischen als die bequemere und vielseitigere Form akzeptiert, stattdessen das Gaswerk als „Versorgungsstätte der kleinen Abnehmer mit Wärme" erkannt und die Werbetätigkeit in diesem Sinn aufgebaut worden.[57] Außerdem kurbelten die im Mai 1925 eingeführten Sondertarife nicht nur den Verbrauch von Strom, sondern auch von Gas weiter an.[58] Sowohl bei Strom als auch bei Gas kam zudem das „Mannheimer System" zum Einsatz, um die Verbrauchsentwicklung günstig zu beeinflussen: ein Ratenzahlungssystem für den Verkauf von Verbrauchsapparaten und die Einrichtung von Installationen.[59] So nahm die Gesamtgasabgabe von knapp 22,7 Mio. m^3 im Jahr 1923 auf rund 27,1 Mio. m^3 1924 und gut 29,2 Mio. m^3 ein Jahr darauf zu.[60] Zum steigenden Verbrauch kam ab diesem Zeitpunkt die Versorgung umliegender Gemeinden, sodass die Gesamtabgabe bis 1929 auf knapp 44,4 Mio. m^3 gesteigert werden konnte.[61]

In den 1920er Jahren wurden einige größere Investitionen auf dem Gassektor getätigt. Auf organisatorischer Ebene bedeutete der Bau von 69 Werkswohnungen für Arbeiter und Betriebsbeamte in unmittelbarer Nähe zum Gaswerk in den

Der Abbruch der alten Öfen und die Errichtung der neuen Ofenanlage bedeutete viel (schmutzige) Arbeit, für die eine größere Zahl an Arbeitskräften eingesetzt werden musste.
(MVV Energie AG, UA005-0188)

Jahren 1921/22 eine wichtige Neuerung zur Steigerung der Betriebssicherheit: Erschien ein Arbeiter nicht zur Nachtschicht oder fiel während der Arbeit aus, so hatte zuvor der Pförtner in der Stadt Ersatzleute herbeiholen müssen; genauso, wenn bei Betriebsstörungen extra Arbeiter benötigt wurden. Diesem Problem wurde durch die arbeitsnahen Wohnungen Abhilfe geschaffen. Im August und September 1922 konnten die auf acht Gebäude verteilten Wohnungen bezogen werden.[62]

Auch technische Projekte wurden in Angriff genommen, so beispielsweise 1920 der Umbau der Ammoniakfabrik (II. Teil) im Gaswerk zur Erzeugung verdichteten Ammoniakwassers mit einer Tagesleistung von 40 m^3 sowie der Bau einer Sulfatanlage mit einer Tagesleistung von 100 m^3. Die Aufstellung einer Benzolgewinnungsanlage in demselben Jahr sollte den Mangel an „Motorenbetriebsstoff" für die LKW der Werke und der anderen städtischen Betriebe beenden. Ein Jahr später erfolgte der Beschluss zur Erweiterung der Anlage durch den Bau einer neuen Ofenanlage mit zwei Vertikalkammeröfen. Die alten, nicht mehr wirtschaftlich zu betreibenden Schräg- und Vertikalofenanlagen wurden dagegen abgebrochen. Allgemein wurde Mitte der 1920er Jahre eine Reihe von Erneuerungen und Erweiterungen zur Steigerung der Leistungsfähigkeit vorgenommen.[63]

Mitte der 1920er Jahre nahm eine Entwicklung Fahrt auf, die über Jahrzehnte strukturprägend für die Gaswirtschaft wirken sollte: die Gasversorgung über größere Entfernung hinweg.[64] Zunächst hatten die Abnehmer primär das Gas von einem in unmittelbarer Nähe gelegenen Ortsgaswerk bezogen; auch kleine Gemeinden besaßen meist eigene Werke. Dann begann der Gedanke der „Gruppengasversorgung" immer stärker Fuß zu fassen: Ein leistungsfähiges Ortsgaswerk, in der Regel das einer größeren Stadt, übernahm die Gaslieferung an kleinere benachbarte Gemeinden, die dann ihre meist unwirtschaftlich arbeitenden

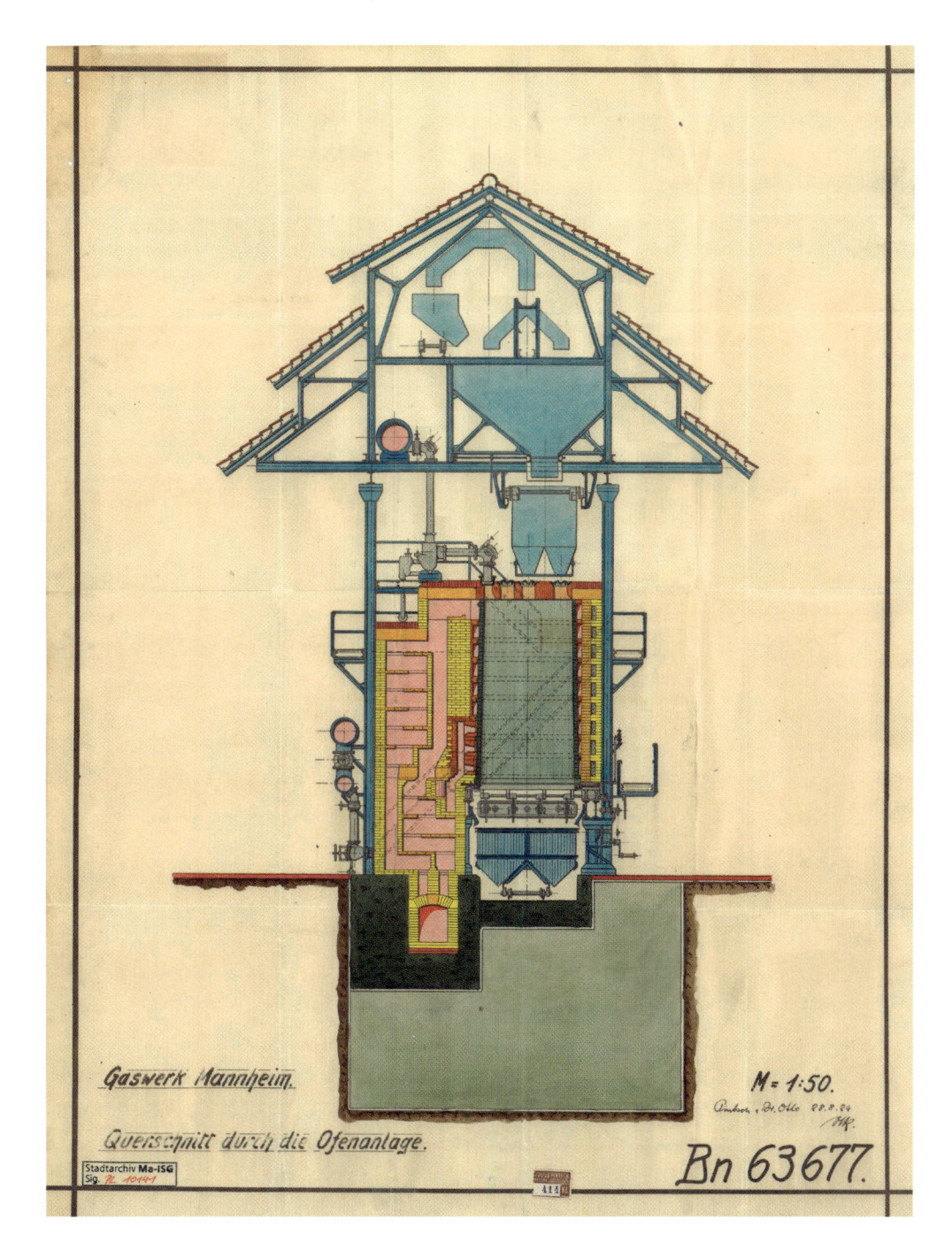

Querschnitt durch die neue Vertikalkammerofenanlage, die von der Pintsch & Dr. Otto GmbH, Berlin, geplant wurde.
(MARCHIVUM, PL10141)

Werke stilllegten, sofern sie zuvor überhaupt eine Gasversorgung besessen hatten. Dabei ging es vor allem um geringere Entfernungen von maximal 50 bis 60 Kilometern. Auch die Idee, mehrere Werke durch Gasleitungen zu verbinden und dadurch den Umkreis zu vergrößern, wurde diskutiert.[65] Mannheim mit seinem leistungsfähigen Gaswerk begann diesen Weg 1925 zu beschreiten, als Verträge mit den Gemeinden Seckenheim und Friedrichsfeld – die dann im Jahr 1930 eingemeindet wurden – sowie Ladenburg, Edingen, Ilvesheim und Neckarhausen über eine entsprechende Fernversorgung abgeschlossen wurden. Ein Jahr später folgten Weinheim und Viernheim, sodass sich das Versorgungsgebiet auf etwa 240 km² mit einer Bevölkerung von etwa 300.000 Menschen und sogar bis auf hessisches Gebiet ausgedehnt hatte. Die Direktion der Werke war stolz darauf, die entsprechenden Gemeinden – die entweder vor der Erneuerung ihrer alten Anlagen gestanden hatten oder überhaupt erst eine Gasversorgung einzuführen gedachten – zu diesem Schritt bewegt zu haben, sodass sie nicht „in enger Begrenzung des eigenen Gesichtskreises oder aus falsch aufgefaßtem Selbständigkeitsdrang heraus einem weniger rationellen Eigenbetrieb ihre Stimme gaben, dem – volkswirtschaftlich betrachtet – gerade heute alle Gründe entgegenstehen".[66] Im Jahr 1927 folgte dann auch noch die Gemeinde Wallstadt, die im Juli 1929 eingemeindet wurde. Außerdem verhandelte Mannheim mit Heidelberg über eine gegenseitige Belieferung mit Gas; ein derartiger Interessengemeinschaftsvertrag kam Mitte 1929 zustande, die entsprechende Verbindungsleitung wurde Ende des Jahres verlegt und mit der bestehenden Ferngasversorgung verknüpft. So sollte der Ausnutzungsgrad der Erzeugungsanlagen erhöht und damit eine bessere Wirtschaftlichkeit auf der einen, die Vermeidung unnötiger Investitionen auf der anderen Seite erreicht werden.[67]

Doch eine weitere Entwicklung viel umfassenderer Dimensionen befand sich bereits in Gang: Im Ruhrgebiet hatten sich am 11. Oktober 1926 fünf Bergbaugesellschaften zur Aktiengesellschaft zur Kohlenverwertung (AGKV) zusammengeschlossen, um das dort anfallende überschüssige Kokereigas weiträumig per Leitungen zu verteilen. Schon vor der Gründung war dabei an die Versorgung des süddeutschen Raums gedacht worden.[68] Im April 1928 übernahm die AGKV das Gasgeschäft inklusive Leitungsnetz des RWE und die AG wurde in Ruhrgas AG umbenannt. Ziel war ein bis zu republikweiter Vertrieb des Gases. Dieses Vorhaben brachte neben der Gefahr der Monopolbildung auch einen tiefgreifenden Wandel im Koks- und Nebenproduktemarkt mit sich, weshalb nach Gründung der AGKV heftige Kontroversen in der Gaswirtschaft ausbrachen. 1927 reagierte der Deutsche Verein von Gas- und Wasserfachmännern (DVGW) ablehnend auf diese Pläne und empfahl stattdessen die Gruppengasversorgung als Modell. Auch der Deutsche Städtetag und der Reichsstädtebund lehnten als ständige Vertreter der deutschen Städte das Vorhaben naturgemäß ab. Die Kommunen fürchteten große Einbußen in ihrer Unabhängigkeit und letztlich den Verlust ihrer auch wegen der lukrativen Nebenprodukte für den städtischen Haushalt wichtigen Ortsgaswerke.[69] Mannheim war ebenfalls alarmiert. Nicht zuletzt als eine Art „Abwehr-Reaktion" auf diese Entwicklung, wie der spätere Direktor Friedrich Schraeder es rückblickend bezeichnete, schlossen die Stadt Mannheim und die

Frankfurter Gasgesellschaft am 18. Januar 1928 einen Interessengemeinschaftsvertrag mit einem Grundkapital von 50.000 Reichsmark ab; das Ziel bestand zunächst darin, einen Zusammenschluss größerer südwestdeutscher Gaswerke zu erwirken und dadurch die Verhandlungen der Ruhrgas AG mit den einzelnen Werken zu vereiteln. Außerdem war ein „Ringnetz" zur Verbindung der Werke untereinander geplant und damit eine Ausweitung des Gruppengasgedankens. An der entstandenen Südwestdeutschen Gas-AG (Süwega) beteiligten sich noch die Städte Ludwigshafen, Heidelberg, Karlsruhe, Pforzheim, Offenbach, Hanau und Wiesbaden.[70] Allerdings bildete sich kurz darauf nördlich des Süwega-Gebiets die analog ausgerichtete Hessische kommunale Gasfernversorgung GmbH (Hekoga),

Mannheims Versorgungsgebiet reichte 1926 bis an die Bergstraße nach Weinheim, das in jenem Jahr zusammen mit Viernheim an dieses angeschlossen wurde. Die Leitung über Heddesheim nach Leutershausen und in nord-südlicher Richtung an der Bergstraße entlang blieb dagegen Projekt. (MARCHIVUM, KS01425)

wodurch die Süwega ihre Pläne durch die Hekoga – die im Gegensatz zur Süwega einen Anschluss an die Ruhrgas AG nicht ausschloss – „durchkreuzt" sah und zwischen beiden Gesellschaften Rivalitäten um die Vorherrschaft über die Gruppengasversorgung in Südwestdeutschland ausbrachen.[71] Ebenfalls 1928 wurde die Ferngasgesellschaft Saar gegründet, die wie die Ruhrgas AG große Mengen Kokereigas aus ihren Zechen abzusetzen gedachte. Sie bemühte sich in der Folge stark darum, Mannheim zu einem Vertragsabschluss zu bewegen, stieß dabei jedoch auf Widerstand.[72] Ein Jahr später wurde ein Interessengemeinschaftsvertrag mit der Stadt Ludwigshafen abgeschlossen mit beiderseitiger Verpflichtung, den Vertragspartner bei etwaigen Verhandlungen zu Ferngasbezug einzubeziehen.[73]

Bis zum Ende der Weimarer Republik herrschte auf dem Gebiet der Gasfernversorgung große Rivalität, ohne dass viele konkrete Schritte gemacht wurden.[74]

Wasserversorgung in den 1920er Jahren

Trotz der schwierigen Verhältnisse der unmittelbaren Nachkriegszeit nahm der Wasserverbrauch in jener Zeit zu. Das lag wohl weniger an steigenden Bedarfen; vielmehr waren während des Kriegs kaum Instandhaltungsarbeiten durchgeführt worden, sodass die Wasserentnahmestellen und besonders die Wassermesser stark gelitten hatten.[75] Deshalb ergingen in den Jahren 1919 und 1920 – wie schon während des Kriegs – Bekanntmachungen der Direktion der WGE, „übermäßigen" Wasserverbrauch zu vermeiden, im Gegenteil größte Sparsamkeit walten zu lassen und undichte „Zapfhahnen, Klosettspülkästen usw." zu reparieren. 1921 wurde der Hinweis wiederholt, in diesem Jahr erschwerten jedoch vor allem die besonders lang anhaltende Hitze und Trockenheit im Juli die Verhältnisse. Um Wasser zu sparen, stand auch das „Vorgießen" zur Disposition, also die Praxis, vor der Reinigung der Straßen diese mit Wasser aus einem „Handgießwagen" zu besprengen.[76] Tatsächlich wurde in jenem Jahr weniger als halb so viel Wasser für die Straßenbesprengung verbraucht als in den Jahren 1920 bzw. 1922 und der Mannheimer „Generalanzeiger" beobachtete, dass „die Kinder in Staubwolken gehüllt in der Pause ihren Rundgang im Schulhof machen".[77]

Um den steigenden Wasserbedarf decken zu können, wurde unter anderem im Februar 1921 die Zustimmung zur Elektrifizierung des Wasserwerks Feudenheim gegeben und diese bis September des Jahres umgesetzt. Das Werk fungierte seit dem Anschluss Feudenheims an das Mannheimer Wasserversorgungsnetz als Reservewerk bei Verbrauchsspitzen; im Jahr 1920 beispielsweise war es nicht in Betrieb gewesen. Nach der Elektrifizierung konnte es in der „Höchstverbrauchszeit" des Jahres 1922 (12. Mai bis 22. Juli) seiner Aufgabe gerecht werden.[78]

Ende 1922 existierten im Versorgungsgebiet 11.263 Abnehmer mit Wassermesser; im Jahr wurden rund 11,5 Mio. m^3 Wasser gefördert. In den darauffolgenden Jahren stieg der Wasserverbrauch erheblich an; 1928 wurden bereits 17 Mio. m^3 Wasser pro Jahr gefördert, während die Zahl der Wassermesser auf rund 13.800 angewachsen war. Der Preis blieb dabei relativ stabil, sieht man von den Erhöhungen nach Ende des Weltkriegs und vor allem der Ausnahmesituation der

Hyperinflation – Ende September 1923 betrug der Grundpreis 3.145.000 Mark – ab: Ab Ende 1923 lag der Grundpreis wieder bei 20 Pfennig, so wie vor Beginn der Erhöhungen ab April 1919; die Senkung im Juli 1926 auf 18 Pfennig blieb bis 1930 gleich.[79]

Die außergewöhnliche Hitze und Trockenheit des Sommers 1921 illustrierten einmal mehr die an seine Grenzen gelangte Kapazität des Werks im Käfertaler Wald. Im Juli des Jahres war eine zuvor noch nicht erreichte Höchstförderung von 43.234 m³ an einem Tag notwendig geworden, und der Gesamtbedarf von 47.400 m³ konnte nur deshalb gedeckt werden, weil die Differenz aus Rheinau zugeliefert werden konnte. Da eine Erweiterung im Käfertaler Wald jedoch nicht möglich und das Projekt eines neuen Werks im Hardtwald nach wie vor finanziell nicht umsetzbar erschien, geriet das Wasserwerk Rheinau in den Fokus für eine Erweiterung. Die Aussicht, dass die Stadt im Jahr 1922 alleinige Eigentümerin des Werks werden könnte – was jedoch erst 1925 tatsächlich eintrat –, veranlasste die Direktion der Werke, ein Projekt für Rheinau auszuarbeiten. Dieses sah allerdings keine Erweiterung, sondern einen kompletten Neubau neben dem bestehenden Werk vor. In drei Baustufen sollte im Endausbau eine Kapazität von 40.000 m³ täglich erreicht werden. Durch den Bau des neuen Werks würde, so wurde zudem argumentiert, der geplante und bereits vom Bürgerausschuss genehmigte Reinwasserbehälter zur Wasserspeicherung im Käfertaler Wald überflüssig, für den 5,5 Mio. Mark veranschlagt worden waren. Die für das neue Werk kalkulierten 6,1 Mio. Mark würden somit nur einen Mehraufwand von 600.000 Mark bedeuten. Außerdem wurde bei der Projektierung darauf geachtet, dass ein möglichst großer Teil der Bauarbeiten durch ungelernte Arbeiter als Notstandsarbeit durchgeführt werden konnte, um Zuschüsse aus Mitteln der produktiven Erwerbslosenfürsorge zu erhalten.[80]

Durch die „Tieferlegung" des Pumpenhauses wurden umfangreiche Erdarbeiten nötig, die gut von ungelernten Kräften ausgeführt werden konnten. Auch die Entscheidung für Beton als Baustoff wurde unter diesem Gesichtspunkt getroffen.
(MVV Energie AG, UA005-0832)

6 DIE WEIMARER JAHRE: ZWISCHEN KRISE UND AUFBRUCH

Das fertiggestellte Wasserwerk II in Rheinau mit Blick auf das Betriebsgebäude und das tiefliegende Schöpfpumpenhaus sowie die Innenansicht des Sammelbrunnenbaus.
(MVV Energie AG, UA005-0042 und -0671)

Der Baubeginn erfolgte jedoch erst im Jahr 1924 mit dem Erdaushub für das Maschinenhaus; im Jahr 1925 konnten Druckpumpenhaus und Betriebsgebäude im Rohbau fertiggestellt werden.[81] Am 7. Juli 1927 ging das neue Wasserwerk in Rheinau in Betrieb und wurde sodann schrittweise das Hauptwasserwerk für die Stadt Mannheim, während das Werk im Käfertaler Wald gegen Ende des Jahres nur noch etwa ein Drittel des Wassers für das Mannheimer Versorgungsgebiet förderte.[82]

Die Wasserwerksgesellschaft Rheinau war also im Jahr 1925 vollständig in städtische Hand übergegangen. Mit der Inbetriebnahme des neuen Wasserwerks in Rheinau stand dann zum Jahr 1928 eine Neuorganisation an: Um Betriebskosten zu sparen, sollte für das neue städtische Werk nicht noch eigens Personal angestellt, sondern vielmehr dessen Betriebsführung der Wasserwerksgesellschaft mit ihrem direkt angrenzenden Wasserwerk übertragen werden.[83] Da das Wasserwerk in Käfertal nun weniger förderte – auch, da es zuvor außerordentlich in Anspruch genommen worden war und daher „geschont" werden musste, wie es hieß – wurde eine zeitweise Stilllegung des Werks in Käfertal erwogen; lediglich zur Deckung von Bedarfsspitzen und zur „Sicherung einer rationellen Betriebsführung" sollte es herangezogen werden. Bei dieser Erwägung erschien es naheliegend, auch den Käfertaler Betrieb in die Hände der Wasserwerksgesellschaft zu legen, um die Verwaltung zu vereinfachen: Die „wirtschaftlichen und technischen Gesichtspunkte", so hieß es in der Begründung für den Schritt, ergäben „ganz von selbst die Lösung".[84] Außerdem sollte durch diese Maßnahme die Kapitalbeschaffung erleichtert werden. Das Anlehen für die geplant 4,1 Mio. Reichsmark[85] zum vollständigen Ausbau des Rheinauer Wasserwerks – unter anderem eine Enteisenungsanlage war früher als vermutet notwendig geworden – sollte demzufolge durch die Gesellschaft übernommen werden, um das Anlehenskonto der Stadt nicht mehr zu belasten; die Stadt übernahm die Verzinsung und Tilgung des Anlehens in selbstschuldnerischer Bürgschaft.[86] 1929, ein Jahr nach diesem organisatorischen Schritt, erfolgte die Umbenennung der Gesellschaft in

Wasserwerksgesellschaft Mannheim mbH (WGM).[87] So war eine stärker der Privatwirtschaft angelehnte Form der Betriebsführung geschaffen worden, die rationeller und wirtschaftlicher erschien. Die Vertragsdauer über die Betriebsführung durch die Wasserwerksgesellschaft war zunächst auf drei Jahre begrenzt, um danach gegebenenfalls nachsteuern zu können; wie sich zeigen sollte, erwies sich diese Konstruktion jedoch als erfolgreich und wurde fortgeführt.

Mit dem Bau des zweiten Wasserwerks in Rheinau wurden Kapazitäten frei, sodass die Wasserwerksgesellschaft mit der Stadt Heidelberg einen Wasserlieferungsvertrag mit einer Laufzeit von 30 Jahren abschließen konnte, für den die Stadt Mannheim die Bürgschaft übernahm.[88] Darin verpflichtete sich die Mannheimer Seite, 11.000 m³ Wasser pro Tag zu liefern, was in etwa der damals aktuellen Heidelberger Tagesentnahme entsprach. Das Wasser entstammte dabei dem alten Rheinauer Werk. Ähnlich wie bei der Gasversorgung waren mit diesem

Links im Plan der Bestand des alten Wasserwerks, rechts der neue Teil. Der Friedrichsfelder Weg hatte ein Stück nach Süden verlegt werden müssen, damit dieser die Anlage nicht durchschnitt.
(MARCHIVUM, PL10466)

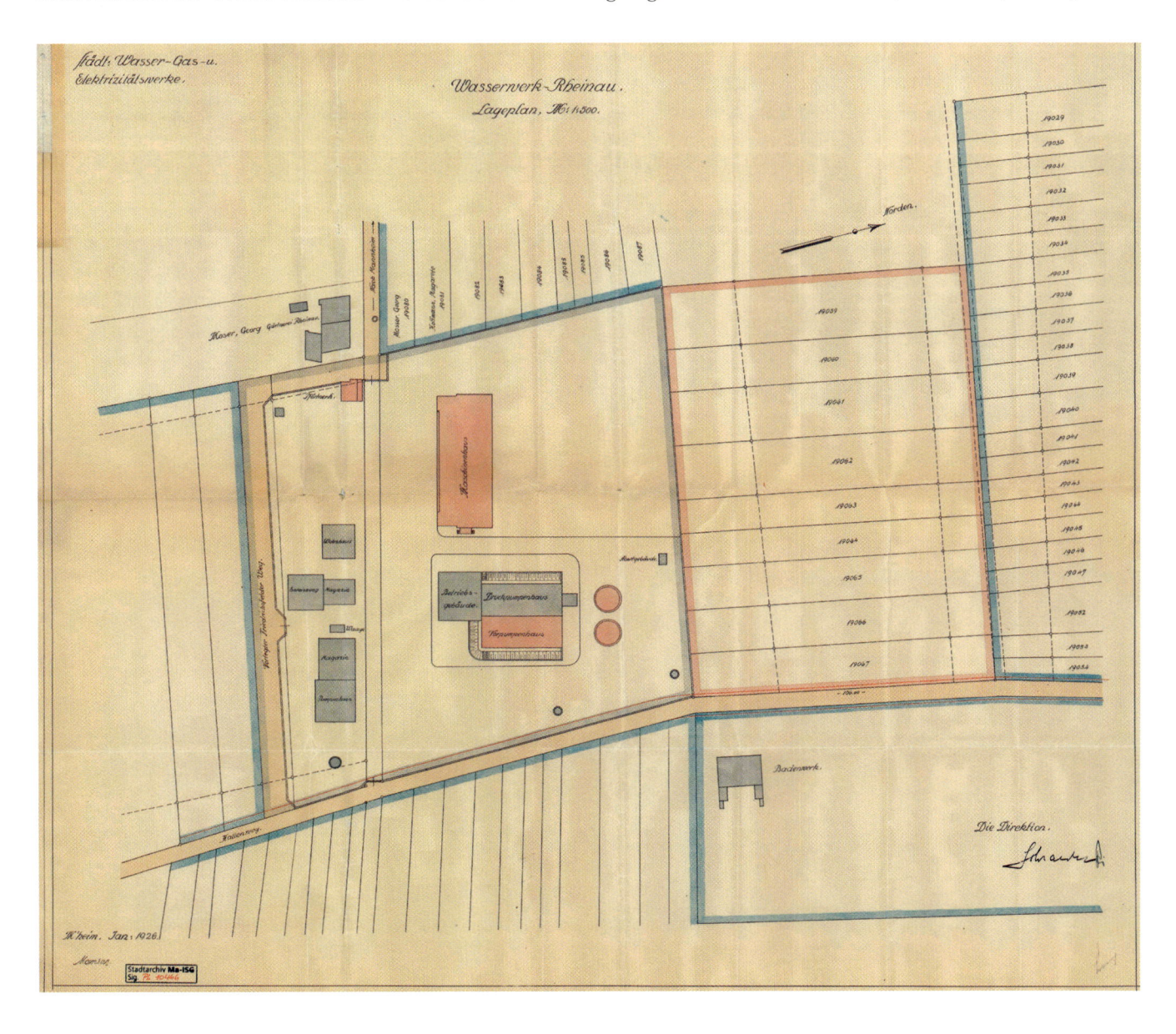

Bei dem Lichtfest des Verkehrsvereins Mannheim Anfang Dezember 1928 wurde Mannheim durch vielfältige Beleuchtung in Szene gesetzt. Der Wasserturm, bereits Wahrzeichen der Stadt, durfte hier selbstverständlich nicht fehlen.
(MARCHIVUM, AB01990-001)

Vorgehen die Hoffnungen auf Einsparungen sowie eine, wie es hieß, auf beiden Seiten „achtbare Besserstellung" der „Betriebs-, Absatz- und damit Finanzverhältnisse" verknüpft.[89] Am 17. Mai 1927 wurde die Wasserlieferung nach Heidelberg aufgenommen. Seit Mitte 1926 wurde außerdem noch die Gemeinde Brühl inklusive Rohrhof mit Trinkwasser versorgt; 1927 schließlich auch Viernheim. Beide Gemeinden hatten zuvor keine zentrale Wasserversorgung besessen.[90]

6.3 DIE SCHATTEN DER WELTWIRTSCHAFTSKRISE

Noch im Jahr 1929 steigerte sich der Verkauf von elektrischem Strom um rund 11 Prozent gegenüber dem Vorjahr; auch der Gasverkauf stieg um 4,3 Prozent im Stadtgebiet.[91] Ein Jahr später wirkte sich die Weltwirtschaftskrise auch in Mannheim aus:

> „Bei dem Verkauf von elektrischem Strom, bei dem sich die Ungunst der Wirtschaftslage immer am stärksten geltend macht, ist für 1930 die in der Geschichte der Mannheimer Stromversorgung seit 1923 völlig neue Tatsache zu verzeichnen, daß eine Rücklaufsbewegung auftrat, die solche Ausmaße annahm, daß bei der insgesamt verkauften Strommenge eine Minderabgabe von 7,2% (gegenüber dem Jahre 1929) eintrat."[92]

Zwar ging die Abgabe von Lichtstrom an Private nur um ein halbes Prozent zurück; dafür aber waren es bei den Kleinabnehmern von Kraftstrom 11,1 Prozent und bei den Großverbrauchern 9,7 Prozent. Dabei hielten sich die Werke noch zugute, dass sie mehrere zuvor eigenversorgte Großverbraucher für den Anschluss an das städtische Stromnetz hatten gewinnen können – ansonsten wäre der Rückgang bei den Großabnehmern wohl noch deutlich größer ausgefallen. Auf dem Gassektor brachen die Zahlen nicht ganz so stark ein, doch auch hier war ein Rückgang der gesamten Verkaufsmenge um 2,7 Prozent zu verzeichnen. Lediglich die Wasserabgabe blieb auf Vorjahresniveau. Trotz der schwierigen Lage gab es „keine Unterbrechung in der organischen Fortentwicklung der Anschlußbewegung": Es wurden 4385 neue Stromzähler und 1492 Gasmesser installiert sowie 303 Grundstücke an die Wasserversorgung angeschlossen.[93]

Auch 1931 hielt der Abwärtstrend an: Der Verkauf elektrischer Energie nahm um 7,2 Prozent gegenüber dem Vorjahr ab und führte damit zu Einnahmeausfällen in Höhe von etwa 570.000 Reichsmark; im Bereich der Gasversorgung ging die Abgabe im Stadtgebiet um 4,8 Prozent zurück. Zwar stieg die Abgabe im Bereich der Fernversorgung um 23,6 Prozent an, da 1930 die Leitung nach Heidelberg in Betrieb genommen worden war; dennoch entstanden Einnahmeausfälle von etwa 215.000 Reichsmark im Gassektor. Der Wasserverbrauch schließlich sank ebenfalls um 3,9 Prozent. Dies war allerdings mehr auf den eher kühlen Sommer zurückzuführen als auf die wirtschaftliche Lage. Wie im Vorjahr stieg die Zahl der Anschlüsse wieder in allen Bereichen. Auch die politischen Reaktionen auf die Krisenverhältnisse wirkten sich auf die WGE aus. Aufgrund der *Vierten Notverordnung des Reichspräsidenten zur Sicherung von Wirtschaft und Finanzen* vom 8. Dezember 1931 mussten sie die Strom- und Gaspreise senken: Zum Jahr 1932 wurde der allgemeine Gaspreis von 16,5 auf 15 Pfennig, der allgemeine Lichtstrompreis von 43 auf 40 Pfennig herabgesetzt und auch die übrigen Tarife entsprechend gesenkt. Dabei hatten die Werke schon zuvor entgegengesteuert, indem sie – „[e]inem allgemein empfundenen Bedürfnis zeitig Rechnung tragend" – im Sommer 1931 einen Stromsondertarif (IVc) einführten, „der es ermöglichen soll, den Haushaltsstromverbrauch weitgehend bei erheblicher Preisverbilligung zu vermehren". Dieser Sondertarif fand von Beginn an regen Zuspruch.

Im Jahr 1932 blieben die Zahlen weiterhin rückläufig; erst im Dezember begannen die Verbrauchsmengen der Großabnehmer für elektrischen Strom wieder zu steigen.[94]

Auch auf einen anderen Bereich wirkte sich die allgemeine Krise aus, nämlich auf die öffentliche Beleuchtung. Zwar wurde im Jahr 1931 aufgrund der weiter stattfindenden Bautätigkeiten auch die Beleuchtung ausgebaut; „die Not der Zeit" machte es jedoch notwendig, Strom und Gas zu sparen. Deshalb wurden die halbnächtigen Gas- und elektrischen Lampen statt um 24 Uhr bereits zwei Stunden eher gelöscht. Andererseits musste die Beleuchtung teilweise früher eingeschaltet werden und länger in Betrieb bleiben, weil so befürchteten Unruhen aufgrund „politische[r] Veranstaltungen der verschiedensten Art" vorgebeugt werden sollte – allerdings kaum mit Erfolg. Daher stieg auch die Zahl der Zerstörungen von Straßenlaternen.[95] Beispielsweise kam es bei politischen Ausschreitungen gegen die Brüning'schen Notverordnungen an den Abenden des 10. und des 11. Juni 1931 in der Unterstadt sowie der Neckarstadt zu erheblichen Schäden an den Gas- und elektrischen Beleuchtungsanlagen: Demonstranten hatten „sämtliche Straßenlaternen in H 4, J 4, J 4a und J 5 durch Steinwürfe ausgelöscht, so daß die Straßen im Dunkel lagen".[96]

Schließlich bekamen die Beschäftigten der Werke die Krise ebenfalls zu spüren. Der Arbeiterstand sank zwischen 1929 und dem 31. März 1933, dem Ende des Berichtsjahres 1932/33, um 71. Betroffen waren vor allem Arbeiter des Gaswerks und im Bereich Rohrnetzbetrieb – dieses wurde in den Krisenjahren weniger stark ausgebaut. Und auch wenn die absolute Zahl der Arbeiter bei den Umspannwerken gering war, so mussten in den genannten Jahren doch fünf Arbeiter entlassen werden, was einem Anteil von ca. 25 Prozent entspricht.[97] Beim technischen und kaufmännischen Personal sank die Zahl der Beamten kontinuierlich von 150 im Jahr 1928 auf 116 im Jahr 1932/33; die Zahl der Angestellten nahm demgegenüber etwas zu. Insgesamt verloren 32 Beschäftigte ihre Arbeit.[98]

Einige Arbeiter des Elektrizitätswerks bekamen die Unruhen vom Juni 1931 hautnah mit: Nachdem Protestierende die Sicherungen von Straßenlaternen entfernt hatten, um die Straße zu verdunkeln, wurden sie laut Zeitungsbericht bei den Reparaturarbeiten „von herumstehenden Burschen belästigt und bedroht, sodaß die Polizei einschreiten mußte".
(NMZ Nr. 266 vom 12.6.1931)

Wiederum schwere Ausschreitungen
Scharfe Maßnahmen der Polizei

Zerstreuung von Ansammlungen

Gestern abend kam es, wie schon im Mittagsblatt kurz berichtet, wiederum in der westlichen Unterstadt, hauptsächlich auf der Straße H—J, sowie in der Neckarstadt zu Ansammlungen, in deren Mitte sich Sprechchöre bildeten. Die Polizei zerstreute die Ansammlungen, wobei vom Gummiknüppel ausgiebig Gebrauch gemacht werden mußte.

In der Neckarstadt wurden die einschreitenden Polizeibeamten mit Steinen und Kohlen beworfen. Bei Einbruch der Dunkelheit waren auf der Mittelstraße zwischen Gärtner- und Pumpwerkstraße die Sicherungen der elektrischen Straßenbeleuchtung von unbekannten Tätern entfernt worden, sodaß dieser Teil der Mittelstraße im Dunkel lag.

Der Schaden wurde von Arbeitern des Elektrizitätswerks behoben. Bei ihrer Arbeit wurden sie von herumstehenden Burschen belästigt und bedroht, sodaß die Polizei einschreiten mußte.

An der Kreuzung Mittel- und Bürgermeister Fuchsstraße versuchen Demonstranten das Pflaster aufzureißen; sie wurden aber bei ihrer Tätigkeit durch die Polizei gestört und die beschädigte Stelle von den Polizeibeamten sofort ausgebessert. Festgenommen wurden zehn Personen.

Versammlungs- und Demonstrationsverbot

Die öffentliche Versammlung der Roten Hilfe Deutschlands — Bezirk Baden-Pfalz — am Freitag, den 12. Juni im Lokal „Großer Mayerhof", Q 2, 16, mit der Tagesordnung „Gegen Polizeiterror und Klassenjustiz" und die für Samstag und Sonntag geplanten Veranstaltungen der Internationalen Arbeiter-Hilfe Bezirk Baden-Pfalz, bestehend aus Kundgebung auf dem U-Schulplatz mit anschließendem Fackelzug am Samstag abend und Demonstration am Sonntag nachmittag wurden von der Polizeidirektion im Hinblick auf die Vorgänge in der Nacht vom 10./11. Juni verboten.

Gemäß § 2 der Verordnung des Reichspräsidenten wird mit Gefängnis nicht unter 3 Monaten, neben dem auch Geldstrafe erkannt werden kann, bestraft, wer gegen ein Verbot oder eine Auflage eine Versammlung oder einen Aufzug veranstaltet, leitet oder dabei als Redner auftritt oder wer öffentlich zu einer Gewalttat gegen eine bestimmte Person oder allgemein zu Gewalttätigkeiten gegen Personen oder Sachen auffordert oder anreizt.

Die Polizei wird, ohne Rücksicht, ob es sich um Zuwiderhandelnde oder Neugierige handelt, mit größter Energie vorgehen. Neugierige werden wiederholt nachdrücklichst gewarnt.

*

Verbot der „Arbeiter-Zeitung"

Im Zusammenhang mit den Unruhen am Montag, Mittwoch und Donnerstag hat die Polizeidirektion die hiesige „Arbeiter-Zeitung" auf drei Wochen verboten.

6.3 DIE SCHATTEN DER WELTWIRTSCHAFTSKRISE

	1929	1930	1931	1932/33*
Beschäftigte°	766	741	703	674
Abgabe Wasser (in Mio. m³)	15,8	15,8	15,2	14,1
Abgabe Gas (in Mio. m³)	44,4	43,5	37,7	34,5
Abgabe Strom (nutzbare Abgabe, in Mio. kWh)	68,5	64	63	59,5
Ablieferung an die Stadtkasse (in Reichsmark):				
– Wasserwerke	192.554	190.948	181.038	290.790
– Gaswerk	681.644	730.660	665.745	320.478
– Elektrizitätswerk	1.613.760	1.608.287	1.112.881	1.218.350

° Beamte, Angestellte und Arbeiter
* Umstellung des Geschäftsjahrs von Kalenderjahr auf Rechnungsjahr der Stadt (1.4.–31.3.) / Angaben aber noch auf Kalenderjahr 1932 bezogen – außer finanzielle Ergebnisse! Diese sind für den Zeitraum 1.1.1932–31.3.1933 angegeben.
Quelle: VB 1929–1932/33

Entwicklung der WGE in den letzten Jahren der Weimarer Republik

ANMERKUNGEN

1 Vorbemerkung zum Verwaltungsbericht (im Folgenden VB) 1918 der städtischen Gas-, Wasser- und Elektrizitätswerke, S. 1.

2 Vgl. ebd; zu den Kabelverlegungen vgl. VB der Nachkriegsjahre, Abschnitte Elektrizitätswerk.

3 VB 1918, S. 9.

4 VB 1919/20, S. 6

5 So nachzulesen in den Protokollen der Direktionskonferenzen jener Jahre, in: MARCHIVUM, Stadtwerke, Zug. 6/1964 Nr. 18, Nr. 30. Vgl. zu der allgemeinen Situation in Mannheim nach Kriegsende auch C. Popp (2009), S. 51 ff.

6 Vgl. VB 1920/21, S. 1 f.; VB 1921/22, S. 1 f.

7 Vgl. ebd., S. 1.

8 Vgl. VB 1922, S. 1 f. Zuvor war die Direktion mehrmals vorstellig geworden.

9 VB 1919/20, S. 5 f.; VB 1920/21, S. 3.

10 Vgl. ebd., S. 1 f.; VB 1921/22, S. 1; Bürgerausschuss-Protokolle (im Folgenden BA-Protokolle) 1921, Vorlage vom 25.8.1921, Neubau eines Verwaltungsgebäudes der Wasser-, Gas- und Elektrizitätswerke, S. 224 f.

11 Vgl. H.-J. Hirsch (2022), S. 139.

12 Trotz dieser Maßnahme rutschten die Werke in die Unterbilanz, konnten jedoch nach Stabilisierung der Währung für das Jahr noch einen „bescheidene[n] Gewinn" erwirtschaften; vgl. VB 1923, S. 1.

13 Ebd.

14 Vgl. ebd., S. 17.

15 Vgl. VB 1919/20 [Änderung von Kalender- zu Geschäftsjahr, vom 1.1.19 bis 31.3.20], Vorbemerkung (o. S.).

16 Vgl. z. B. Protokoll über die Direktionskonferenz am 22.5.1919, in: MARCHIVUM, Stadtwerke, Zug. 6/1964 Nr. 30.

17 VB 1918, S. 3.

18 MARCHIVUM, Stadtwerke, Zug. 6/1964 Nr. 313, Entlassung der Arbeiterinnen beim Installationsbetrieb u. der Verwaltung, 1918–1922.

19 MARCHIVUM, Stadtwerke, Zug. 6/1964 Nr. 317, Entlassung von nicht in Mannheim wohnhaften Arbeitern.

20 Ausstand im städtischen Elektrizitätswerk, Mannheimer Generalanzeiger (im Folgenden GA) vom 25.1.1919.

21 Vgl. BA-Protokolle (5./19.8.1919) Teuerungszuschüsse an Beamte, Lehrer, Angestellte, Aushelfer, Arbeiter, S. 328 ff., hier S. 330; versch. Zeitungsartikel zum Ausstand der Aushilfsangestellten, in: MARCHIVUM, ZGS, S 2/0555.

22 Vgl. LeMO, https://www.dhm.de/lemo/jahreschronik/1920, Stand: 4.3.2021.

23 Vgl. Ohne Strom, GA (Abend-Ausgabe) vom 6.7.1922, S. 2.

24 Protokoll über die Direktionskonferenz vom 15.6.1925 und folgende, in: MARCHIVUM, Stadtwerke, Zug. 6/1964 Nr. 18.

25 Protokoll über die Konferenz mit den Betriebsabteilungsleitern vom 29.11.1922, in: ebd.

26 VB 1920/21, S. 1.

27 Vgl. MARCHIVUM, Stadtwerke, Zug. 6/1964 Nr. 318.

28 Vgl. VB 1923, S. 1 f.

29 Vgl. VB der Jahre 1924–1929.

30 VB 1924, S. 1.

31 Vgl. ebd.

32 Vgl. A. Schenk (2000), S. 106 f.; BA-Protokolle 1921, S. 224 f.

33 VB 1926, S. 2 f.

34 Ebd.

35 Ebd., S. 3.

36 VB 1915, S. 2. Vgl. dazu auch Kap. 5.2 in diesem Band.

37 VB 1919/20, S. 4.

38 VB 1924, S. 2.

39 VB 1926, S. 6.

40 Z. B. VB 1927, S. 3.

41 Vgl. VB 1927, S. 3; 1929, S. 3; VB 1930–1932/33, jeweils S. 2 f.

42 Nach Fertigstellung des Murgwerks sowie der 100-kV-Leitung von dort nach Rheinau 1918 bezog auch die OEG Strom aus Wasserkraft. Zur staatlichen Elektrizitätspolitik in Baden vgl. B. Stier (1999).

43 BA-Protokolle 1921, Elektrizitätsversorgung von Mannheim, Beschluss vom 4.10.1921, (Sonderheft) S. 157 ff., hier S. 157 f. Das Folgende, wenn nicht anders markiert, auf dieser Quelle beruhend. Vgl. außerdem J. Eustachi (2006); W. Hochreiter (1993); F. Baumüller (1971); GKM (1946).

44 Vgl. Gutachten Paulsen, S. 26, in: MARCHIVUM, Stadtwerke, Zug. 6/1964 Nr. 432.

45 Dr. Wittsack, Ein Großkraftwerk in Mannheim I, GA vom 22.2.1921; sowie ders., Ein Großkraftwerk in Mannheim II, GA vom 23.2.1921. Zur Entwicklung des RWE an Rhein und Ruhr und deren Bau der Nord-Süd-Leitung vgl. S. 194 f. in diesem Band sowie W. v. Sternburg (1998).

46 Vgl. BA-Protokolle 1921, Vorlage vom 29.9.1921, Beteiligung der Stadt Mannheim an der Neckar AG, S. 220. Von den zunächst ausgegebenen 300 Mio. M Aktien übernahmen zum Nennwert das Reich 160, Württemberg 80, Baden 17 ½, Hessen 2 ½, den Rest Banken, Elektrizitätsfirmen und sonstige private Kreise. Nachdem Württemberg einen Großteil seiner Aktien auf dessen Gemeinden und sonstige Verbände übertragen hatte, strebte auch die badische Regierung danach. Mannheim als am Neckar liegender Gemeinde sollten nach Verteilungsschlüssel Aktien in Höhe von 3 Mio. M zufallen.

47 Vgl. W. Hochreiter (1993), S. 65 f.; F. Baumüller (1971), S. 31.

48 BA-Protokolle 1921, S. 170.

49 MARCHIVUM, MVV UA, Zug. 1/2020 Nr. 48, S. 27. 1938 trat die Neckar AG ihre Anteile an die anderen Aktionäre ab, sodass die Struktur sich wie folgt änderte: Stadt Mannheim 40,45 %, Pfalzwerke 40,45 %, Badenwerk 19,10 %.

50 Vgl. GKM (1946), S. 3 f.; F. Baumüller (1971), S. 32. Der Vorvertrag findet sich in: BA-Protokolle vom 4.10.1921, Anlage 3, S. 185 ff., darin § 5: „Die Stadt verpflichtet sich, für die Folge allen von ihr zur Abgabe an Dritte und an die städt. Straßenbahn benötigten elektrischen Strom aus dem Großkraftwerk zu decken, soweit dieses in der Lage ist, den Strom zu liefern." – Im „Gründungsvertrag (bisher ‚Vorvertrag' genannt) in der Fassung vom September 1928" ist diese Passage unverändert geblieben; vgl. Abschrift des Vertrags vom 31.1.1950, in: MARCHIVUM, Nachlass Hermann Heimerich, Zug. 24/1972 Nr. 1511.

51 Vgl. F. Baumüller (1971), S. 32. Zu Marguerres Innovationen vgl. auch J. Eustachi (2006).

52 VB 1929, S. 2, 17; VB 1931, S. 1.

53 BA-Protokolle 1926, S. 391 ff. (Stadtratsbeschluss vom 27.8.1926, Zustimmung BA 17.9.1926).

54 Vgl. J. Körting (1963), S. 421 f.

55 VB 1922, S. 1.

56 VB 1926, VB 1927, VB 1928, VB 1929, jew. S. 1.

57 So Pichler an den OB am 3.9.1924, Bezug nehmend auf eine Äußerung Marguerres, in: MARCHIVUM, Stadtwerke, Zug. 6/1964 Nr. 433.

58 VB 1925, S. 1.

59 VB 1929, S. 1.

60 Vgl. VB 1923, VB 1924, VB 1295, jew. S. 8 f.

61 VB 1929, S. 10.

62 Der Plan für die Errichtung entsprechender Wohnungen war bereits vor dem Ersten Weltkrieg gefasst worden, konnte dann aber zunächst nicht umgesetzt werden; vgl. BA-Protokolle 1920, 2. Bd., S. 209 f.; VB 1922, S. 8.

63 VB 1920/21, S. 9; VB 1921/22, S. 9; VB 1925, S. 9; VB 1926, S. 13 f.

64 Die Wurzeln dieses Wandels reichen bis in das Ende des 19. Jahrhunderts zurück; Bleidick bezeichnet Hugo Stinnes als „geistigen Vater" des Gedankens einer Gas-Fernversorgung. Vgl. D. Bleidick (2018).

65 So die Definition von Gruppengasversorgung durch Friedrich Schraeder in einem Bericht desselben an OB Braun vom 23.10.1946, in: MARCHIVUM, MVV UA, Zug. 3/2021 Nr. 1118, S. 3 ff.

66 VB 1925 und VB 1926, jew. S. 1.

67   VB 1927, S. 1; VB 1929, S. 1 f.

68   Vgl. D. Bleidick (2018). Bei den Bergbaugesellschaften handelte es sich um die Harpener Bergbau-AG, die staatliche Bergbaugesellschaft Hibernia, den Köln-Neuessener Bergwerksverein, die Gewerkschaft Constantin der Große sowie die Essener Steinkohlenbergwerke AG.

69   Direktion der Werke (Pichler): Mannheim und die Gasfernversorgungsfrage (Feb. 1928, zur Veröffentlichung in Mannheimer Tageszeitungen), in: MARCHIVUM, Stadtwerke, Zug. 9/1964 Nr. 1503; vgl. auch D. Bleidick (2018).

70   Vgl. Notarielle Urkunde vom 21.1.1928, in: MARCHIVUM, Urkunden und Verträge, UV0190; MARCHIVUM, MVV UA, Zug. 3/2021 Nr. 1118; vgl. auch: Masterthesis Alexander Schassek (unveröffentlicht): Von privater zu öffentlicher Gasversorgung – Die Frankfurter Gasgesellschaft AG (1909–1930), S. 36.

71   Bericht Schraeder an OB Braun vom 23.10.1946, in: MARCHIVUM, MVV UA, Zug. 3/2021 Nr. 1118.

72   Ebd.

73   Ebd. 1934 jedoch verstieß Ludwigshafen gegen diese Vereinbarung, als die Stadt eigenmächtig Verhandlungen mit der neu gegründeten Pfalzgas AG führte.

74   Die Süwega wurde 1936 schließlich aufgelöst; zur Entwicklung auf dem Gebiet der Ferngasversorgung nach 1933 vgl. Kap. 7.4 in diesem Band.

75   Schreiben Abt. Installationsbetrieb vom 4.2.1919, in: MARCHIVUM, Stadtwerke, Zug. 6/1964 Nr. 526.

76   Vgl. Bekanntmachungen der Direktion der städtischen Wasser-, Gas- und Elektrizitätswerke, in: ebd.

77   GA vom 14.7.1921.

78   Vgl. VB 1920/21, VB 1921/22, VB 1922, jew. S. 3.

79   Vgl. VB 1923, S. 2 ff.; VB 1928, S. 7 ff.

80   Vgl. BA-Protokolle 1921, Vorlage für BA vom 1.12.1921, Neubau Wasserwerk Rheinau, S. 258–261; A. Schenk (2004), S. 96 f.

81   Vgl. VB 1924, S. 2; VB 1925, S. 3.

82   Vgl. VB 1927, S. 3 f.

83   Beschluss Stadtrat vom 18.3.1926; Zustimmung BA am 27.4.1926, vgl. BA-Protokolle 1926, S. 12 ff.

84   Beschluss Stadtrat vom 22.12.1927, Zustimmung BA am 5.1.1928, vgl. BA-Protokolle 1927, S. 524 ff.

85   Im Zuge der Hyperinflation war Ende 1923 zunächst die Mark auf Rentenmark umgestellt worden; im Sommer folgte die Festlegung auf die Reichsmark als Zahlungsmittel, wobei der Umrechnungskurs 1 zu 1 betrug.

86   Beschluss Stadtrat vom 15.12.1927; Zustimmung BA am 5.1.1928, vgl. BA-Protokolle 1927, S. 527 ff.

87   Vgl. Stadtwerke Mannheim (1973), S. 21.

88   Vgl. Stadtratsbeschluss vom 4.11.1926, Zustimmung BA am 11.1.1927, BA-Protokolle 1926, S. 433.

89   VB 1926, S. 1 f.

90   Vgl. Konferenz der Direktion mit den Abteilungsleitern am 10.10.1927, in: MARCHIVUM, Stadtwerke, Zug. 6/1964 Nr. 26.

91   VB 1929, S. 1.

92   VB 1930, S. 1.

93   Vgl. ebd.; Stadtwerke Mannheim (1973), S. 120.

94   VB 1931, S. 1 f.; VB 1932, S. 1.

95   Vgl. VB 1931, S. 21; VB 1932/33, S. 23.

96   Vgl. Neue Mannheimer Zeitung (Mittags-Ausgabe) vom 11.6.1931, S. 3.

97   Vgl. VB 1932/33, S. 1.

98   Vgl. VB 1928 bis 1932/33, jew. S. 2.

7
DIE STADTWERKE IM ZEICHEN DES HAKENKREUZES

JOHANNES BÄHR

7.1 DIE NATIONALSOZIALISTISCHE MACHTÜBERNAHME: TERROR, „SÄUBERUNG" UND ANPASSUNG

Der Umsturz im Rathaus

Wenige Wochen nach der Ernennung Hitlers zum Reichskanzler wurde der Nationalsozialist Robert Wagner am 8. März 1933 zum Reichskommissar (später Reichsstatthalter) für Baden bestellt. Innerhalb weniger Tage zwang Wagner die gewählte Regierung des Landes zum Rücktritt. Die Industriestadt Mannheim galt bis dahin trotz beachtlicher Wahlerfolge der NSDAP immer noch als „rote Hochburg". Nun gingen die Nationalsozialisten auch hier zu offenem Terror über. Der sozialdemokratische Oberbürgermeister Hermann Heimerich musste Pöbeleien und Demütigungen erdulden. Nachdem er darüber erkrankt war, wurde er in „Schutzhaft" genommen. Es folgte eine Welle von Verhaftungen. Leitende Beamte der Stadtverwaltung wurden ihres Amtes enthoben, jüdische Geschäftsinhaber von Schlägertrupps der SA heimgesucht.[1]

Nach einer Woche unkoordinierten Terrors wurden widerrechtlich zwei Kommissare für die Stadt Mannheim ernannt: der NSDAP-Bezirksleiter Otto Wetzel und der Unternehmer Carl Renninger, der ebenfalls zu den „Alten Kämpfern" der Partei gehörte. Sie betrieben eine systematische „Säuberung" der Stadtverwaltung von Bediensteten, die jüdischer Herkunft oder politisch missliebig waren. Diese Entlassungen setzten schon ein, bevor die Regierung Hitler dafür eine gesetzliche Handhabe, das berüchtigte *Gesetz zur Wiederherstellung des Berufsbeamtentums* vom 7. April 1933, erließ.[2] Mit der Einsetzung Renningers als Oberbürgermeister durch den Gauleiter und Reichsstatthalter Wagner war am 8. Mai 1933 die Machtübernahme der Nationalsozialisten in Mannheim abgeschlossen. Als einziger Bürgermeister blieb der parteilose Verwaltungsfachmann Otto Walli im Amt. Innerhalb der Stadtverwaltung war er als Leiter der Abteilung II für die Wasser-, Gas- und Elektrizitätswerke (WGE) zuständig.[3]

Die „Säuberung" der Belegschaft

Der Status der Mannheimer Versorgungs- und Verkehrsbetriebe änderte sich durch den nationalsozialistischen Putsch nicht. Sie blieben in ihrer bisherigen Form als

Regiebetriebe der Stadt bestehen. Die personelle „Säuberung" traf die städtischen Werke jedoch noch härter als andere Bereiche der Stadtverwaltung. Die Entlassungen erfolgten auf Anordnung der Kommissare und ihrer Anfang April eingesetzten Hilfsreferenten für die kommunalen Betriebe.[4] Hilfsreferent für die WGE wurde der Ingenieur und NSDAP-Stadtverordnete Alexander Fehrmann, Hilfsreferent für das Straßenbahnamt der Ingenieur Kurt Fleischmann, der als „strammer Hitleranhänger" galt.[5] Schon am 20. März wurde bei den städtischen Werken die jüdische Kassiererin Karola Bodenheimer beurlaubt. Drei Monate später folgte ihre formale Entlassung.[6] Zum 1. April wurde 32 Arbeitern der Versorgungsbetriebe gekündigt. 20 von ihnen hatten so lange bei der Stadt gearbeitet, dass sie pensionsberechtigt waren.[7] Neun weitere Arbeiter wurden am 12. Mai entlassen, einer am 25. Mai, nun schon unter der Regie des neuen Oberbürgermeisters.[8]

Insgesamt belief sich die Zahl der im März und Mai 1933 nachweislich entlassenen Bediensteten somit auf 43. Dies entsprach einem Anteil von 6,5 Prozent, was über dem Durchschnitt der Entlassungen in der Mannheimer Stadtverwaltung lag.[9] Besonders auffällig sind die Unterschiede zwischen den Beschäftigtengruppen. Da bei den WGE Ende März 1933 420 Arbeiterinnen und Arbeiter beschäftigt waren, lag der Anteil der Entlassenen hier bei etwa zehn Prozent. Von den 254 Angestellten und Beamten verlor dagegen nachweislich nur die Kassiererin Bodenheimer ihren Arbeitsplatz.[10] Einige der entlassenen Arbeiter wurden nach wenigen Monaten wiedereingestellt, darunter der frühere Vorsitzende des Betriebsrats der WGE, Heinrich Fahrner.[11] Mit den frei gewordenen Stellen wurden im Rahmen einer „Sonderaktion" bewährte Nationalsozialisten und SA-Angehörige versorgt.[12] Wo dies nicht möglich war, wurden Beschäftigte des Straßenbahnamts umgesetzt.[13]

Zu den im Mai 1933 Entlassenen gehörten auch zwei Vertreter der christlichen Gewerkschaften: August Jung, ein Technischer Inspektor und Stadtrat der katholischen Zentrumspartei, sowie der Magazinarbeiter und Arbeitersekretär Georg Moyzich.[14] In den meisten Fällen handelte es sich um Sozialdemokraten und Kommunisten. Unter ihnen befand sich der Kommunist Heinrich Mies, der Vater des langjährigen Vorsitzenden der Deutschen Kommunistischen Partei (DKP) Herbert Mies. Er hatte als Heizer im Gaswerk Luzenberg gearbeitet.[15] Mindestens zwei der entlassenen Gewerkschafter aus dem Gaswerk, Wilhelm Braun und Theodor Wissel, wurden von der Gestapo verhört und brutal misshandelt.[16] Ein hartes Schicksal hatte besonders der Sozialdemokrat und frühere Kommunist Braun, der stellvertretender Bezirksgeschäftsführer des Gemeinde- und Staatsarbeiterverbands gewesen war.[17] Er wurde entlassen und in der Gestapo-Dienststelle zusammengeschlagen. Im Dezember 1934 musste ihn die Stadt auf Weisung des badischen Landeskommissärs für Mannheim, Karl Scheffelmeier, wieder einstellen. Als er zur Wiederaufnahme der Arbeit im Gaswerk erschien, wurde er von einem organisierten Mob krankenhausreif geschlagen. Nach dem Krankenhausaufenthalt meldete er sich im Januar 1935 zur Arbeitsaufnahme, lehnte es aber wie schon zuvor ab, den Hitlergruß zu erwidern. Daraufhin wurde er zum zweiten Mal entlassen.[18] Angesichts dieses Terrors Widerstand zu leisten, erforderte viel Mut. Als eine derartige Aktion gelang es Ende März 1933 drei Mitgliedern des

7 DIE STADTWERKE IM ZEICHEN DES HAKENKREUZES

Auch der kommunistische Arbeiter Heinrich Mies gehörte zu den von den „Säuberungen" Betroffenen. Er war Heizer im Gaswerk Luzenberg gewesen. Sein Sohn Herbert Mies war der spätere Vorsitzende der DKP. (Foto: privat)

Kommunistischen Jugendverbands, auf dem Schornstein des alten Elektrizitätswerks am Bonadieshafen eine rote Fahne anzubringen. Einer dieser jungen Männer war Heinz Hoffmann, der spätere Verteidigungsminister der DDR.[19]

Weitere Entlassungen erfolgten ab dem Frühjahr 1933 durch die nationalsozialistische Kampagne gegen das „Doppelverdienertum". Betroffen waren berufstätige Ehefrauen, deren Männer einen Arbeitsplatz hatten. So wurde der städtischen Angestellten Anna Elsishans geb. Schulz im Januar 1935 gekündigt, weil sie einen Monat zuvor geheiratet hatte.[20] Da die Zahl der beschäftigten Frauen in den Statistiken nicht aufgeführt wurde, lässt sich nicht mehr feststellen, wie viele von ihnen durch diese Kampagne den Arbeitsplatz verloren.

Wie alle gewählten Betriebsvertretungen im Reich wurden Anfang April 1933 die beiden Betriebsräte für die Mannheimer Versorgungsbetriebe, der Gesamtbetriebsrat für die WGE („Betriebsrat K 7") und der Betriebsrat des Gaswerks, aufgelöst. Die Betriebsabteilung des Gaswerks stellte die Auflösung der dortigen Arbeitnehmervertretung wenig glaubwürdig als eine Entscheidung dieses erst vor Kurzem gewählten Betriebsrats unter dem sozialdemokratischen Vorsitzenden Franz Wottrich dar.[21] Im August gab der nationalsozialistische Betriebszellenobmann des Gaswerks, Jakob Reiser, per Aushang eine mit der Landesregierung abgestimmte „Vorschlagsliste" für einen neuen Betriebsrat bekannt, auf der er selbst an erster Stelle stand. Mit geringfügigen Änderungen wurden die auf dieser Liste stehenden Bediensteten am 29. September 1933 vom badischen Finanz- und Wirtschaftsminister zu Betriebsräten ernannt. Am selben Tag setzte der Minister für die anderen Abteilungen einen neuen Gesamtbetriebsrat unter dem Vorsitz des nationalsozialistischen Betriebszellenobmanns Josef Gampfer ein.[22]

Die Kontinuität der Leitung

An der Spitze der Versorgungs- und Verkehrsbetriebe führte die nationalsozialistische Machtübernahme zu keinen Entlassungen. Josef Pichler, der Generaldirektor der WGE, und Straßenbahndirektor Josef Kellner blieben im Amt, obwohl sie nicht wie viele andere im Frühjahr 1933 in die NSDAP eintraten und im „Hakenkreuzbanner" seit Jahren als Mitstreiter Heimerichs angegriffen worden waren.[23] Das Mannheimer NS-Organ hatte sich besonders auf den der Zentrumspartei angehörenden Pichler eingeschossen und kritisiert, dass der seit 1904 amtierende Generaldirektor im Stadtrat als „unentbehrlich" galt.[24] Im März 1933 legten die nationalsozialistischen Kommissare der Stadt Pichler nahe, in den Ruhestand zu gehen und einen Nachfolger vorzuschlagen.[25] Darauf ließ sich der Generaldirektor nicht ein. Er wusste wohl, dass über seinen Kopf hinweg kein geeigneter Nachfolger zu finden war. Eine gegen Kellner wegen seiner guten Beziehungen zu Heimerich eingeleitete Untersuchung wurde bald eingestellt.[26] Den neuen Machthabern genügte es schließlich, dass die Direktoren ihre Loyalität versicherten. Daran ließen Pichler und Kellner keinen Zweifel. In einem Aufruf vom 30. Mai verlangte Pichler von der Belegschaft der Versorgungsbetriebe, „sich rückhaltlos hinter die nationale Regierung zu stellen".[27]

Dass Pichler und Kellner ebenso wie Walli und der parteilose Leiter des Hochbauamts Josef Zizler im Amt blieben, hing wohl mit Renningers Bemühungen um eine Verständigung zwischen den NSDAP-Mitgliedern und Nicht-Nationalsozialisten in der Stadtverwaltung zusammen.[28] Die Direktoren der Versorgungs- und Verkehrsbetriebe gehörten aber auch zu den erfahrenen technischen Experten, auf deren Dienste der NS-Staat in der kommunalen Wirtschaft wie auf vielen anderen Gebieten angewiesen war. Erwartet wurde von ihnen in erster Linie, dass sie eine funktionstüchtige Versorgung sicherstellten. Auch in anderen Großstädten kam es daher 1933 nicht zu einem Wechsel an der Spitze der kommunalen Versorgungsbetriebe. In München wie in Frankfurt am Main blieben die bisherigen Direktoren des Gaswerks und der Elektrizitätswerke im Amt.[29] Es gibt freilich auch genügend Gegenbeispiele. So wurden in Mannheims Nachbarstadt Ludwigshafen die beiden Direktoren des Gaswerks im März 1933 entlassen, während der parteilose Oberbürgermeister Fritz Ecarius im Amt bleiben konnte, indem er seine Loyalität gegenüber dem NS-Staat bekundete.[30]

Weniger nachsichtig als gegenüber den Direktoren der Versorgungs- und Verkehrsbetriebe waren die Mannheimer Kommissare gegenüber leitenden Beamten, die als „belastet" galten. Oberbaurat Paul Lang, der Leiter der Wasserwerksbetriebe, sollte wegen seiner früheren Mitgliedschaft in einer Freimaurerloge in den Ruhestand versetzt werden. Auch in diesem Fall musste sich die Stadt einem Einspruch des Landeskommissärs Scheffelmeier beugen. Lang blieb im Amt, entschloss sich aber aus Sorge vor zukünftigen Maßnahmen gegen ihn, in die NSDAP einzutreten, zumal er eine große Familie zu unterhalten hatte. Im Juli 1937 wurde er dennoch auf Druck der Partei entlassen. Aufgrund eines Formfehlers musste er nach fünfeinhalb Monaten wiedereingestellt werden.[31] Baurat Josef Braun (Rohrnetzbetrieb und Bauabteilung), der seit 1919 Stadtrat der Zentrumspartei gewesen war, sollte in einem Schreiben an das Innenministerium um sein Verbleiben im Dienst ersuchen. Nachdem er empört abgelehnt hatte, erfuhr er einige Tage später, dass seine Verhaftung bevorstünde. Braun verfasste darauf-

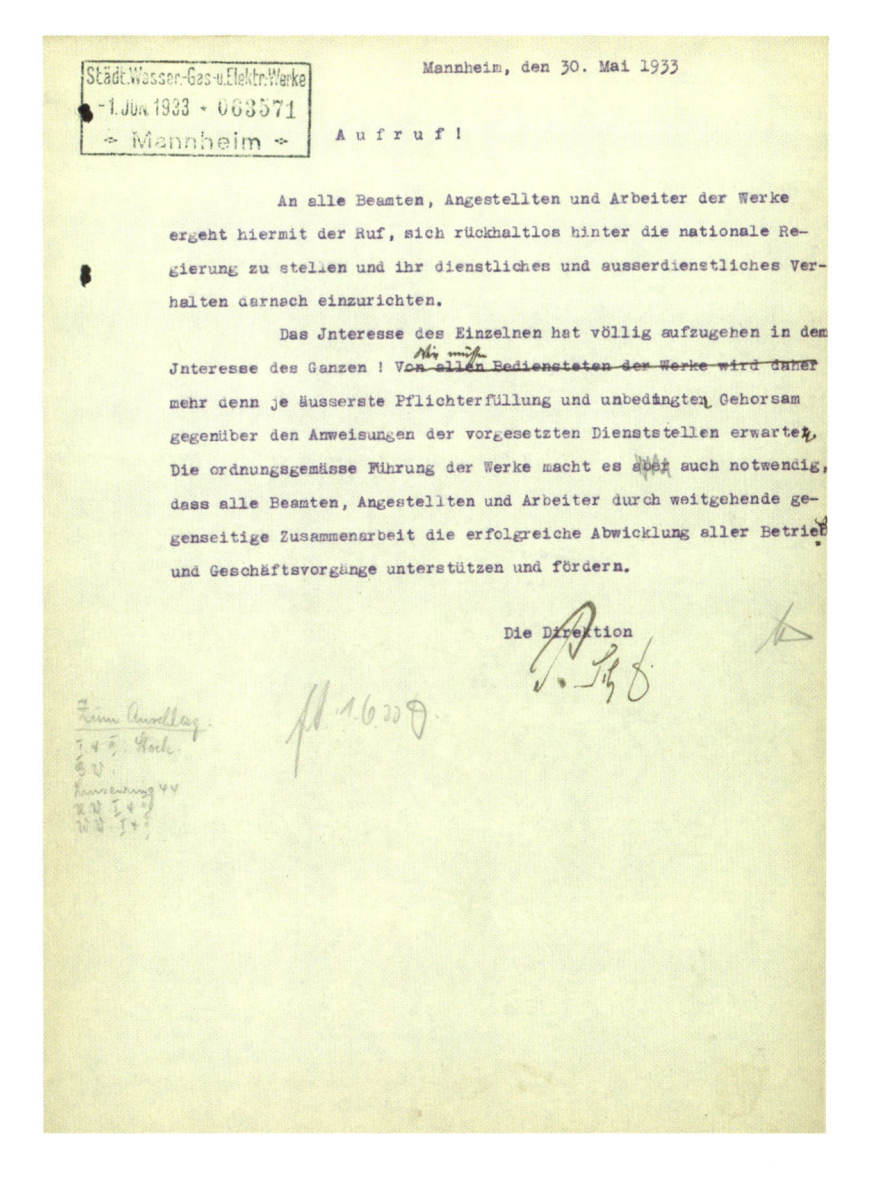

Am 30.5.1933 erging ein Aufruf der Direktion an alle bei den Werken Beschäftigten, „sich rückhaltlos hinter die nationale Regierung zu stellen und ihr dienstliches und ausserdienstliches Verhalten darnach einzurichten".
(MARCHIVUM, 6/1964 Nr. 276)

hin ein Testament, in dem er sich zu seinen Überzeugungen als gläubiger Christ bekannte. Die Nachricht von der Verhaftung erwies sich als ein bloßes Manöver, das ihn gefügig machen sollte. Braun blieb im Amt, obwohl er sich nicht gebeugt hatte, und wurde zwölf Jahre später Mannheims erster Oberbürgermeister nach dem Krieg. Einige seiner Mitarbeiter waren nicht so standfest. Sie traten in die NSDAP ein und erhielten den Auftrag, ihn zu überwachen.[32]

7.2 „BETRIEBSFÜHRER" UND „GEFOLGSCHAFT": DIE BETRIEBSGEMEINSCHAFT

Neue Direktoren und Werkleiter

Im Mai 1934 schied Josef Pichler aus dem Amt, nachdem er 30 Jahre lang die Mannheimer Wasser-, Gas- und Elektrizitätswerke geleitet hatte.[33] Der Generaldirektor war zwar vor 1933 von den Nationalsozialisten wiederholt scharf angegriffen worden, doch wurde er nicht aus politischen Gründen in den Ruhestand versetzt. Die Kommissare hatten ihn im März 1933 vergeblich zum Rücktritt gedrängt. Pichler wollte selbst entscheiden, wann er ausschied. Inzwischen war er 69 Jahre alt und konnte den überfälligen Generationenwechsel nicht mehr weiter hinausschieben. Auch die Wahl des Nachfolgers war nicht politisch geprägt. Der Verwaltungsausschuss entschied sich für den bisherigen Stellvertreter Pichlers, den 56-jährigen Oberingenieur Friedrich Schraeder. Ebenso wie Pichler gehörte Schraeder nicht der NSDAP an. Er trat auch später nicht in die Partei ein und soll vor 1933 Mitglied der Zentrumspartei gewesen sein.[34]

Friedrich Schraeder – hier eine Aufnahme von 1953 – leitete die Wasser-, Gas- und Elektrizitätswerke beinahe zwei Jahrzehnte lang; insgesamt war er knapp 40 Jahre dort beschäftigt. (MARCHIVUM, KF011467)

Schraeders berufliche Karriere war recht zielstrebig verlaufen. Der gebürtige Westfale aus Münster hatte an der Technischen Hochschule Hannover Elektrotechnik studiert und anschließend bei den Stadtwerken Eschweiler als Betriebsingenieur gearbeitet. 1908 hatte er als stellvertretender Direktor zu den städtischen Werken in Trier gewechselt. Seit 1913 war er Oberingenieur und stellvertretender Direktor der Mannheimer WGE.[35] In der Fachöffentlichkeit war er als Befürworter einer dezentralen Elektrizitätswirtschaft bekannt geworden.[36] Renninger und Walli wollten die Leitung der Versorgungsbetriebe offenbar weiterhin in den Händen eines bewährten Fachmanns sehen, der sich in den Werken bestens auskannte. Eine Rolle könnte dabei auch gespielt haben, dass Schraeder als Elektrotechniker andere Akzente setzen konnte als der Gas- und Wasserfachmann Pichler.

Als Stellvertreter wurde Schraeder der erfahrene 59-jährige Verwaltungsfachmann Karl Egetmeyer zur Seite gestellt.

Dieser hatte sich bereits als Mitarbeiter des früheren Oberbürgermeisters Otto Beck in der städtischen Verwaltung bewährt und war nach dessen Tod 1908 in den Vorstand der WGE gewechselt. Egetmeyer gehörte wie Schraeder nicht der NSDAP an.[37] Unter den „Alten Kämpfern" der NSDAP galt er als „links gerichtet".[38] Dagegen wurde die Besetzung der im Februar 1934 ausgeschriebenen Stelle des Betriebsleiters im Gaswerk Luzenberg politisch beeinflusst. Pichler hatte für diese Position den früheren Zentrums-Stadtrat Braun vorgesehen. Nach einer Intervention von Parteidienststellen wurde die Ernennung Brauns zurückgenommen.[39] Neuer Leiter des Gaswerks wurde der politisch loyale Chemiker und Betriebsingenieur Alfred Henglein, der bereits 15 Jahre lang in diesem Betrieb tätig gewesen war. Henglein trat einige Jahre später, am 1. Mai 1937, in die NSDAP ein.[40]

Straßenbahndirektor Kellner wechselte im Frühjahr 1934 nach München. Zu seinem Nachfolger wurde der bisherige Leiter der Betriebsabteilung der Leipziger Straßenbahn, Ingenieur Ernst Kipnase, berufen. Kipnase war ein ausgewiesener Fachmann und hatte sich schon in den 1920er Jahren durch eine Studie über die Hamburger Hochbahn einen Namen gemacht.[41] Seit dem 1. Februar 1932 gehörte er der NSDAP an. Inwieweit es sich um eine politische Ernennung handelte, muss offenbleiben. Doch zeigte sich nach Kipnases Amtsantritt rasch seine Entschlossenheit, die Mannheimer Straßenbahn im nationalsozialistischen Sinne zu leiten. Unter ihm herrschte in den Verkehrsbetrieben ein anderes Regime als in den von Schraeder geleiteten Wasser-, Gas- und Elektrizitätswerken. In dem nach dem Krieg eingeleiteten Entnazifizierungsverfahren gegen Kipnase gelangte die Spruchkammer zu der Auffassung, er sei „aufgrund seiner Zugehörigkeit zur NSDAP als alter Kämpfer" zum Straßenbahndirektor berufen worden und habe „nicht nur bei Einstellungen und Beförderungen die Parteiangehörigen bevorzugt", sondern auch „nazistische Methoden gegenüber der Gefolgschaft angewandt".[42]

Betriebsordnung, Betriebsvertretungen und soziale Leistungen

Innerhalb der städtischen Werke hatten die Direktoren und Werkleiter eine recht starke Position. Dies galt auch für diejenigen, die nicht Mitglied der NSDAP waren. Die Deutsche Arbeitsfront (DAF), der nationalsozialistische Einheitsverband von Arbeitnehmern und Arbeitgebern, hatte ihnen ebenso wenig entgegenzusetzen wie die nationalsozialistischen Betriebszellen und Betriebsvertretungen. Der Einfluss des neuen Betriebsrats blieb weitgehend auf politische Kundgebungen, Anregungen zur Verbesserung der Einrichtungen und Vorschläge zu einzelnen Zulagen beschränkt.[43] Der nationalsozialistische Betriebsrat des Gaswerks fiel zunächst vor allem durch Proteste gegen die Begrenzung des Bierkonsums in der Kantine auf einen Liter pro Tag auf.[44]

Durch das *Gesetz zur Ordnung der nationalen Arbeit* (AOG) vom 1. Juli 1934 wurde die innerbetriebliche Hierarchie noch gefestigt. Das Gesetz übertrug das Führerprinzip nicht nur auf Unternehmen, sondern auch auf kommunale Regiebetriebe. Der „Betriebsführer" hatte innerhalb der postulierten „Betriebsgemeinschaft" die alleinige Entscheidungsbefugnis, die Arbeitnehmer waren ihm als „Gefolgschaft" zu Treue und Gehorsam verpflichtet.[45] In städtischen Betrieben hatte der Oberbürgermeister formal die Position des „Betriebsführers". Da Renninger davon nur in Einzelfällen Gebrauch machte, waren die Direktoren die eigentlichen „Betriebsführer".

Das AOG ersetzte den Betriebsrat durch einen Vertrauensrat, der lediglich ein Anhörungs- und Beschwerderecht hatte. Da der Vertrauensrat ein Organ der „Betriebsgemeinschaft" war, hatte der Oberbürgermeister als „Betriebsführer" den Vorsitz. Die Vertrauensmänner der Belegschaft wurden in den ersten Jahren noch gewählt. Auch wenn es sich um keine wirklichen Wahlen handelte, sondern nur um Abstimmungen über vorgegebene Listen, sind die Ergebnisse von einem gewissen Aussagewert. Bei den WGE fanden die ersten Vertrauensratswahlen am 26. April 1934 statt. Abstimmungslokale befanden sich im Verwaltungsgebäude in K 7, im Gaswerk sowie in den Wasserwerken Käfertal und Rheinau. Von 642 Stimmberechtigten beteiligten sich 579 an der Wahl. Von diesen stimmten 404 (68,5% der Stimmberechtigten) der Liste ohne Änderung zu. Auf 175 Stimmzetteln (27,3%) wurde von der Möglichkeit Gebrauch gemacht, einzelne Namen von der Liste zu streichen. Acht Stimmen waren ungültig, von denen sechs auf Stimmzettel aus dem Gaswerk entfielen.[46] Den höchsten Zustimmungswert erzielte der Betriebsratsvorsitzende und Betriebszellenobmann Josef Gampfer mit 537 Stimmen.[47] Gampfer wurde dann Vorsitzender des Vertrauensrats.

Ein Jahr später war die Zahl der Stimmberechtigten auf 691 gestiegen. Bei der Wahl am 12. April 1935 wurden 634 gültige und acht ungültige Stimmen abgegeben. 69 Prozent der Stimmberechtigten – kaum mehr als ein Jahr zuvor – stimmten der Liste unverändert zu. Fünf der ungültigen Stimmen entfielen auf die Abstimmung im Verwaltungsgebäude K 7, wo auch der Anteil der geänderten Stimmzettel höher lag als im Gaswerk und in den Wasserwerken.[48]

Untersuchungen zu den Vertrauensratswahlen in großen Industrieunternehmen zeigen ein anderes Bild. Im Mannheimer Werk von Daimler-Benz hatte 1935 angeblich nur eine Minderheit für den Vertrauensrat gestimmt, worauf die Wahl für ungültig erklärt worden sei.[49] In der Gussstahlfabrik von Krupp waren 1934 19,6 Prozent (1935 19,7%) der Stimmzettel ungültig oder ganz durchgestrichen.[50] Wegen solcher Ergebnisse ließ das Regime ab 1936 keine Vertrauensratswahlen mehr durchführen. Die Amtszeit der Vertrauensräte wurde fortan jedes Jahr pauschal verlängert. Vor diesem Hintergrund sprechen die Ergebnisse der Vertrauensratswahlen bei den Mannheimer Wasser-, Gas- und Elektrizitätswerken für ein hohes Maß an Zustimmung und Anpassung in der Belegschaft.[51]

Anders als die früheren Betriebsratswahlen können die Abstimmungen über die Einheitslisten für die Vertrauensräte jedoch nicht als Gradmesser hinsichtlich der politischen Einstellung angesehen werden. Fallstudien zeigen, dass ihr Ausgang entscheidend von betrieblichen Fragen und Bedingungen beeinflusst worden ist.[52] So gesehen ist die hohe Zustimmung bei den Mannheimer Versorgungsbetrieben nicht überraschend, wenn man die speziellen Verhältnisse in diesen Werken berücksichtigt. Hier waren rund 38 Prozent der Beschäftigten Angestellte und Beamte.[53] Diese sozialen Schichten neigten nicht zum Protest in Betrieben. Auch hatte der Anteil der NSDAP-Wähler hier vor 1933 höher gelegen als in der Arbeiterschaft. Die Arbeiter der WGE waren wiederum anders gestellt als ihre Kollegen im Daimler-Benz-Werk oder bei der BBC. Sie waren städtische Bedienstete mit dem Anspruch auf eine relativ günstige Altersversorgung und der Perspektive, einmal ins Angestelltenverhältnis übernommen oder gar verbeamtet zu werden. Zudem dürften ihre Erfahrungen am Arbeitsplatz recht unterschiedlich gewesen sein. Die Mehrheit von ihnen war in nicht produzierenden Abteilungen wie der Rohrnetz- und Bauabteilung sowie der Beleuchtungsabteilung beschäftigt. Auf den einzigen produzierenden Regiebetrieb der Stadt, das Gaswerk, entfielen im Frühjahr 1934 nur 192 der insgesamt 436 Arbeiter.[54] Hier war der Kern der gewerkschaftlich organisierten Arbeiterschaft mit der personellen „Säuberung" vom Frühjahr 1933 zerschlagen worden.

	31.3.1933	31.3.1936	31.3.1939	31.3.1942*
Beamte und Angestellte	254	306	370	445
Arbeiter insgesamt	420	469	511	525
Arbeiter Gaswerk	195	202	210	223
Arbeiter Kabelnetzbetrieb I	30	37	45	45
Arbeiter Kabelnetzbetrieb II	29	41	54	46
Arbeiter Rohrnetzbetrieb und Bauabteilung	84	93	102	106
Arbeiter Beleuchtungsbetrieb	38	41	51	39
Arbeiter Verwaltung	44	56	49	66
Beschäftigte insgesamt	674	782	881	970

* einschl. Einberufene
Quelle: VB 1932/33 bis 1941/42

Beschäftigtenstruktur der Wasser-, Gas- und Elektrizitätswerke 1933–1942

Die speziellen Bedingungen in den städtischen Versorgungsbetrieben scheinen auch das Verhalten der DAF-Betriebsfunktionäre beeinflusst zu haben. Betriebswalter der DAF war der nationalsozialistische Betriebszellenobmann Gampfer. Im Unterschied zu vielen DAF-Betriebsfunktionären in der Industrie scheint er sich nicht in radikalen Parolen ergangen zu haben. Er lehnte es auch ab, aus der katholischen Kirche auszutreten.[55] Da er zugleich Vertrauensrat war, verstand sich Gampfer wohl in erster Linie als Vertreter der Belegschaft und nicht der DAF. Er stand in gutem Einvernehmen mit der Direktion, was neben dem Parteibuch zu seinen Beförderungen beigetragen haben dürfte. 1936 wurde der Mechaniker ins Angestelltenverhältnis übernommen, zwei Jahre später verbeamtet.[56]

Ab Mitte der 1930er Jahre weitete die DAF ihren Einfluss in den Betrieben aus. Die nationalsozialistischen Betriebszellen wurden 1935 zugunsten der DAF aufgelöst. Bei den Mannheimer WGE wurde der Betriebszellenobmann Gampfer Betriebsobmann der DAF.[57] Im Herbst 1937 gründete die DAF mit Unterstützung des Oberbürgermeisters eine uniformierte Werkschar, wie sie bereits in den meisten größeren Unternehmen bestand.[58] Die Werkscharen sollten als „nationalsozialistischer Stoßtrupp im Betrieb" die Appelle organisieren, ideologische Schulung und Propaganda betreiben, die „Gefolgschaft" überwachen und Fehlverhalten denunzieren.[59] Wie in vielen Betrieben stieß die Bildung der Werkschar in den Werken auf wenig Begeisterung. Die Zahl der Mitglieder lag im Juli 1938 schließlich bei 69.[60] Angeführt wurde die Werkschar von Max Becker, einem Mechaniker aus dem Rohrnetzbetrieb, der dem Vertrauensrat angehörte, aber kein NSDAP-Mitglied war.[61] Offenbar gab es in der Belegschaft zwar

Nationalsozialistische Dekoration am Verwaltungsgebäude zum „Anschluss" Österreichs, 10.4.1938.
(MARCHIVUM, GP00141-009)

ein hohes Maß an Anpassung, aber keine große Neigung, sich in einer nationalsozialistischen Organisation wie der DAF zu engagieren. Bemühungen Beckers, die Werkschar paramilitärisch auszurichten, hatten wenig Erfolg. Die geplante Errichtung eines Schießstands auf dem Gelände des Gaswerks wurde vom Polizeipräsidenten nicht genehmigt.[62]

Auch andere Aktivitäten der DAF in den Versorgungsbetrieben blieben ohne größere Wirkung. Die Bemühungen des DAF-Amts „Schönheit der Arbeit" um eine bessere Ausstattung der Arbeitsplätze führten nicht über schon lange übliche Maßnahmen hinaus. Beim Unfallschutz wurden ebenfalls kaum Neuerungen eingeführt und die sozialen Leistungen blieben weitgehend auf dem vor 1933 erreichten Stand. Die Stadtverwaltung konnte darauf verweisen, dass die Bediensteten bei der Altersvorsorge und dem Krankengeld bereits bessergestellt waren als die meisten Arbeitnehmer in der Industrie. Angestellte erhielten im Krankheitsfall zwölf Monate lang ihre Bezüge weitergezahlt, Arbeiter erhielten 26 Wochen lang Krankengeldzuschüsse und hatten nach zehnjähriger Betriebszugehörigkeit einen Pensionsanspruch.[63]

In den letzten Jahren vor dem Krieg bauten viele Industrieunternehmen ihre betrieblichen Sozialleistungen aus, weil durch die Hochrüstung eine zunehmende Arbeitskräfteknappheit entstanden war. Auch in Mannheim lockten die Großbetriebe mit hohen Löhnen und Gehältern sowie mit Zusatzleistungen wie Weihnachtsgeld Beschäftigte aus anderen Bereichen an. Um nicht betriebswichtige Beamte der WGE zu verlieren, schlug Schraeder dem Oberbürgermeister eine Besoldungserhöhung für diese Gruppe vor.[64] Da die Stadtverwaltung an die Tarifverträge und Besoldungsregelungen der kommunalen Arbeitgeber gebunden war, kam dies nicht in Betracht. Als Zusatzleistung erhielten die Arbeiter der kommunalen Betriebe lediglich ab Dezember 1937 eine Weihnachtsprämie in Höhe von 8 Reichsmark pro Kind.[65] In dem von der DAF jährlich ausgerufenen „Leistungskampf der deutschen Betriebe", der auch die betrieblichen Sozialleistungen und die Aktivitäten der Werkscharen berücksichtigte, wurde den Werken der Stadt Mannheim keine Auszeichnung zuteil.[66] Renninger setzte stattdessen darauf, wichtige Fachkräfte durch Beförderungen zu halten. So nahm die Zahl der Beamten bei den Versorgungsbetrieben im Geschäftsjahr 1938/39 um 70 Prozent zu, von 102 auf 172.[67] Dabei handelte es sich keineswegs nur um unentbehrliche Experten. Auch verdiente Parteigenossen wurden bedacht. Allein 13 der nach den Entlassungen vom Frühjahr und

Sommer 1933 eingestellten „Alten Kämpfer" der NSDAP wurden in den Jahren 1937 bis 1939 zu Beamten befördert.[68]

Der Anteil der NSDAP-Mitglieder unter den Beschäftigten der Wasser-, Gas- und Elektrizitätswerke dürfte bis Kriegsbeginn kontinuierlich gestiegen sein, da zur Stammbelegschaft aus der Zeit vor 1933 eine wachsende Zahl neu eingestellter „Gefolgschaftsmitglieder" hinzukam. Zwischen März 1933 und März 1939 nahm die Zahl der Arbeiter von 420 auf 511 (plus 22%) zu, die Zahl der Angestellten und Beamten von 254 auf 370 (plus 46%).[69]

Appelle und Kontaktverbote

Zu den festen betrieblichen Ritualen der NS-Zeit gehörten regelmäßige Appelle, Aufmärsche und Kundgebungen. Derartige Veranstaltungen nahmen auch bei den Mannheimer Versorgungsbetrieben einen hohen Stellenwert ein. So hatte sich die Belegschaft am 1. Mai 1934 im Hof des Magazin- und Werkstättengebäudes Luisenring 44 zu versammeln, um von dort aus zum Schlosshof zu marschieren, wo die feierliche Verpflichtung der Vertrauensmänner stattfand.[70] Am 30. Januar 1935 wurde zum zweiten Jahrestag der „Machtübernahme durch den Nationalsozialismus" ein Betriebsappell abgehalten, am 25. Juni eine Massenkundgebung auf dem Messplatz mit dem Reichsleiter der DAF, Robert Ley.[71] Wer bei solchen Veranstaltungen wiederholt ohne triftigen Grund fehlte, konnte den Arbeitsplatz verlieren. Beim Straßenbahnamt drohte dies dem Schaffner Ernst Heilmann. Kipnase beantragte die Entlassung Heilmanns, da er sich „bewusst außerhalb der Gemeinschaft" stelle. Als Heilmann sein Verhalten bereute und erklärte, im Radio übertragene Kundgebungen stets gehört zu haben, beließ es Kipnase bei einem Verweis.[72] Als Entlassungsgrund galt auch die Verweigerung des Hitlergrußes, der für die städtischen Bediensteten seit Dezember 1933 vorgeschrieben war. Verschiedentlich wurde beklagt, dass das Fahrdienstpersonal der

Betriebsappell im Kraftwerk Rheinau, 1934.
(MARCHIVUM, AB01541-3-144a)

Straßenbahn den „Deutschen Gruß" mitunter nur mit „Heil" oder einem leichten Kopfnicken erwiderte.[73] Ob es deshalb bei den Verkehrsbetrieben zu Entlassungen kam, ist nicht dokumentiert.

Zu Renningers Methoden gehörte es, bei den Bediensteten der Stadt per Verfügung für den Eintritt in bestimmte nationalsozialistische Organisationen zu „werben". Mit einer derartigen Kampagne erreichte er, dass im September 1936 86 Mitarbeitende der Versorgungsbetriebe, unter ihnen 15 NSDAP-Mitglieder, in den revisionistischen Reichskolonialbund eintraten. Zwei weitere, darunter WGE-Direktor Schraeder, hatten dieser Organisation schon zuvor angehört.[74]

Immer schärfer ging die Stadtverwaltung gegen „Gefolgschaftsmitglieder" vor, denen Kontakte zu Jüdinnen und Juden nachgewiesen wurden. Schon Ende März 1933 waren jüdische Firmen von der Vergabe städtischer Aufträge ausgeschlossen worden, städtische Bedienstete sollten nicht mehr in Geschäften jüdischer Inhaber einkaufen und keine jüdischen Ärztinnen und Ärzte aufsuchen.[75] Wiederholte Verfügungen des Oberbürgermeisters zeigen, dass sich diese Weisungen nicht vollständig durchsetzen ließen. So konnten beschuldigte „Gefolgschaftsmitglieder" nicht belangt werden, wenn sie erklärten, versehentlich in einem jüdischen Geschäft eingekauft zu haben.[76] Als Renninger im September 1935 von derartigen Vorkommnissen berichtet wurde, ordnete er an, „daß den städtischen Arbeitern, Angestellten und Beamten der Einkauf in jüdischen Geschäften und in Einheitspreisgeschäften und die Inanspruchnahme jüdischer Ärzte und Rechtsanwälte, wie überhaupt jeder Verkehr mit Juden untersagt ist".[77] Im Juni 1936 ging der Oberbürgermeister einen Schritt weiter und verfügte, Bedienstete, die sich von jüdischen Ärztinnen und Ärzten behandeln ließen, fristlos zu entlassen.[78] Nicht wenige Mitarbeiterinnen und Mitarbeiter der städtischen Werke wurden in den folgenden Wochen aufgrund von Denunziationen beschuldigt, gegen dieses Verbot verstoßen zu haben. Allein von elf derartigen Fällen sind Verhörprotokolle wegen „Inanspruchnahme jüdischer Ärzte" überliefert.[79] Die meisten Beschuldigten konnten nachweisen, dass der Arztbesuch vor der Verkündung des Verbots stattgefunden hatte. Ein Arbeiter des Gaswerks, der eindeutig gegen das Verbot verstoßen hatte, konnte seinen Arbeitsplatz gerade noch retten, indem er beteuerte, in Zukunft nur „arische" Ärzte aufzusuchen.[80]

7.3 VON DER WELTWIRTSCHAFTSKRISE ZUM RÜSTUNGSBOOM: DAS WACHSTUM BIS KRIEGSBEGINN

Wie die gesamte deutsche Wirtschaft befanden sich die Mannheimer Wasser-, Gas- und Elektrizitätswerke in den Jahren zwischen 1933 und 1939 in einem kräftigen Aufschwung. Zunächst handelte es sich dabei um eine Erholung von der schweren Weltwirtschaftskrise der frühen 1930er Jahre. Die Zahl der registrierten Arbeitslosen hatte in Mannheim Ende Januar 1933 noch bei rund 35.000 gelegen. Innerhalb von zwei Jahren ging sie auf rund 18.000 zurück.[81] Die Politik Hitlers trug dazu bei, allerdings in geringerem Maße, als es die Propaganda des Regimes verkündete. Der Aufschwung hatte sich bereits im Herbst 1932 abgezeichnet und der Rückgang der Arbeitslosenzahlen war zum Teil durch statistische Bereinigungen bedingt. Die Aufrüstung für den von Hitler geplanten Krieg erfolgte zunächst verdeckt. Nach Verkündung des Vierjahresplans von 1936 folgte dann eine Phase der Hochrüstung, die durch eine Konzentration der Investitionen auf kriegswirtschaftlich wichtige Bereiche gekennzeichnet war und zu einer konjunkturellen Überhitzung führte.

Die Absatzzahlen der WGE zeigen, dass sich der Aufschwung in Mannheim erst langsam auswirkte. Die Stromabgabe lag noch im Geschäftsjahr 1934/35 mit 67,8 Mio. kWh unter dem Stand von 1929 (68,4 Mio. kWh), nahm dann aber stärker zu als die Gas- und Wasserabgaben.[82] Insgesamt erhöhte sich der Absatz (Abgabe ab Werk) zwischen April 1933 und März 1939 bei Strom um 88 Prozent, bei Gas um 48 Prozent, bei Wasser nur um 13 Prozent. Die Absatzsteigerungen bei Strom und Gas übertrafen bei Weitem den Zuwachs der Beschäftigtenzahl, die im gleichen Zeitraum bei rund 25 Prozent lag.[83] Von den drei Bereichen der Versorgungsbetriebe erwirtschafteten die Elektrizitätswerke den mit Abstand höchsten Überschuss.[84]

Geschäfts-jahr	Strom in 1000 kWh	Gas in 1000 m³	Wasser in 1000 m³	Beschäftigte
1932/33	60.741	33.702	13.955	674
1933/34	61.852	31.411	14.108	705
1934/35	67.773	34.711	14.837	763
1935/36	73.117	40.870	14.693	775
1936/37	83.078	37.869	14.454	819
1937/38	96.949	40.992	15.256	850
1938/39	116.383	46.572	15.907	881

Stand am Ende des Geschäftsjahrs (31.3.)
Quellen: VB 1934/35; VB 1938/39

Absatz (Abgabe ab Werk) und Beschäftigte der Wasser-, Gas- und Elektrizitätswerke 1932/33 – 1938/39

Der Boom dieser Jahre war ausschließlich durch die Nachfrage, nicht durch technische Neuerungen, einen Ausbau der Werke oder eine Erweiterung des Versorgungsgebiets bedingt. Für die Stadt Mannheim amortisierten sich nun die hohen Investitionen, die in den 1920er Jahren in den Bau und Ausbau des Großkraftwerks (GKM), die Modernisierung des Gaswerks und die Errichtung des leistungsfähigen Wasserwerks Rheinau geflossen waren. Sie bildeten das Fundament eines Wachstums, von dem nun die Nationalsozialisten profitierten, die noch 1932 den Bau der 100-Atmosphären-Anlage im GKM als „Großmannssucht" kritisiert hatten.[85] Eine auch nur annähernd an die Neuerungen der 1920er Jahre heranreichende Leistung lässt sich für die Jahre nach 1933 nicht feststellen. Erst 1937 begann das GKM mit der Abgabe von Ferndampf an nahe gelegene Industriebetriebe.[86] Die Versorgungsbetriebe konnten in dieser Zeit lediglich von einer Erweiterung der Netzbauten, einem Ausbau der Straßenbeleuchtung, der Inbetriebnahme eines neuen Ofenblocks und einer neuen Wasserkesselanlage im Gaswerk sowie einer Instandsetzung des Wasserturms berichten.[87] Dank der vorhandenen, vor 1933 errichteten Anlagen galten die Werke dennoch weiterhin als technischer Vorzeigebetrieb. Die „Neue Mannheimer Zeitung" wies darauf im November 1938 mit erkennbarem Lokalstolz hin: „Die Mannheimer Werke, die in Fachkreisen allgemein als fortschrittlich und bestgeleitet bekannt sind, stehen auf höchster Leistungsfähigkeit."[88]

Das GKM beantragte 1936 ein großes Erweiterungsvorhaben, das zunächst aus wehrwirtschaftlichen Gründen nicht genehmigt wurde: Für die Rüstungsplaner lag Mannheim zu nahe an der französischen Grenze. Nur ein Jahr später musste das Reichswirtschaftsministerium einlenken und das Projekt genehmigen, da die Hochrüstung im Rahmen des Vierjahresplans inzwischen zu einer Energieverknappung geführt hatte.[89] Auch hatte GKM-Generaldirektor Fritz Marguerre ein Projekt vorgeschlagen, gegen das es keine militärisch begründeten Einwände geben konnte: den Bau einer Anlage mit einer Leistung von 32 MW in einem 16 Meter tiefen Betonbunker unter dem GKM. Das unterirdische, gegen Luftangriffe geschützte Werk, das später nach seinem Konstrukteur „Werk Fritz" genannt wurde, sollte nach den Vorgaben des Ministeriums bereits Ende 1939 in Betrieb gehen.[90] An den zunächst mit 7 Mio. Reichsmark veranschlagten Kosten war die Stadt Mannheim mit rund 3,3 Mio. Reichsmark beteiligt.[91]

Die starke Nachfrage nach Strom ging vor allem auf den steigenden Energiebedarf der Industrie zurück. Deren Anteil an der Stromabgabe der Versorgungsbetriebe erhöhte sich von rund 54 Prozent im Geschäftsjahr 1933/34 auf rund 64 Prozent im Geschäftsjahr 1938/39.[92] In absoluten Zahlen wies aber auch die Abgabe an Haushalte hohe Zuwächse auf. Im Geschäftsjahr 1933/34 nahmen erst 5324 Private den Haushaltstarif in Anspruch, bis März 1937 stieg deren Zahl auf 25.779.[93] In dieser Zeit begann sich die Elektrifizierung der Haushalte durchzusetzen. Geht man von einer durchschnittlichen Haushaltsgröße von 3,5 Personen aus, dann war in Mannheim bei Kriegsbeginn fast jeder dritte Haushalt an das Stromnetz angeschlossen. Die Gasabgabe wurde in den Verwaltungsberichten der Versorgungsbetriebe nicht nach Abnehmern aufgeschlüsselt, doch ist auch hier von einer wachsenden Nachfrage privater Haushalte auszugehen. Ent-

Eine frühe Farbaufnahme des GKM, ca. 1938. Ende der 1930er Jahre war ein starker Anstieg der Stromabgabe zu verzeichnen, der vor allem auf die verstärkte Nachfrage aus der Industrie zurückging.
(StadtA LU, Sig. 16470)

sprechend groß war der Bedarf an Beratung über die Verwendung von Strom und Gas im Haushalt. Im Geschäftsjahr 1938/39 erteilten die WGE rund 45.000 Personen Auskünfte, die Zahl der Vorträge für Hausfrauen stieg auf 170, hinzu kamen 25 Kochschulvorträge für Schülerinnen.[94]

Das Versorgungsgebiet der Werke blieb bis 1938 unverändert. Das Gaswerk Luzenberg leistete eine Gruppenversorgung für Mannheim, Weinheim, Viernheim, Ladenburg, Neckarhausen und Edingen sowie eine Zusatzversorgung für Heidelberg; das kleinere Stromversorgungsgebiet umfasste die Stadt Mannheim ohne die Vororte Rheinau, Friedrichsfeld, Seckenheim, Straßenheim und Wallstadt. Das Wasser wurde für das Stadtgebiet mit Ausnahme des Stadtteils Friedrichsfeld von der Wasserwerksgesellschaft Mannheim mbH (WGM) geliefert, die faktisch ein Teil der städtischen Versorgungsbetriebe war, da sie seit 1928 von den Wasserwerken der Stadt betrieben und von der Direktion der Wasser-, Gas- und Elektrizitätswerke geleitet wurde.

Zum 1. April 1938 wurde die Energiewirtschaft im Raum Mannheim durch einen Auseinandersetzungsvertrag zwischen der Stadt, der Kraftwerk Rheinau AG und dem Badenwerk neu geordnet. Praktisch handelte es sich um die privatrechtliche Umsetzung einer Demarkation im Sinne des Energiewirtschaftsgesetzes von 1935, das einen Wettbewerb zwischen Energieversorgern ausschloss. Der Vertrag übertrug dem Badenwerk die alleinige Zuständigkeit für die Versorgung der bislang von den Mannheimer WGE und dem Kraftwerk Rheinau belieferten Umlandgemeinden. Im Gegenzug erhielt die Stadt ein Monopol für die Belieferung von Abnehmern in ihrem „jeweiligen politischen Gebiet". Das Kraftwerk Rheinau wurde mit seinem verbliebenen Versorgungsgebiet in die Oberrheinische Eisenbahn-Gesellschaft (OEG) eingegliedert, die sich fast vollständig im Eigentum der Stadt befand. Lieferungen des Badenwerks an sein Umspannwerk in Rheinau sowie an die Bahn- und Hafenanlagen in Mannheim blieben von der strikten Gebietsabgrenzung ausgenommen.[95] Die in diesem Vertrag vereinbarte Demarkation hatte 60 Jahre lang Bestand. Sie endete erst mit der 1998 beginnenden Liberalisierung des Strommarkts.

7.4 MONOPOLY UM GAS UND STROM: DIE BEDROHUNG DURCH DIE VERBUNDWIRTSCHAFT

Schon in den 1920er Jahren hatte der größte deutsche Stromkonzern, das Rheinisch-Westfälische Elektrizitätswerk (RWE), in Mannheim Fuß gefasst. Als Teil seiner rund 800 Kilometer langen Nord-Süd-Leitung hatte das RWE damals in Rheinau ein Umspannwerk errichtet. Dort konnte die Fernleitung an das Netz der Badischen Landes-Elektrizitäts-Versorgungs AG, des späteren Badenwerks, angeschlossen werden. Besorgnis über den Expansionsdrang des RWE kam in Mannheim erst auf, nachdem der Essener Konzern Mitte der 1930er Jahre im Rahmen eines Generalvertrags mit den I. G. Farben entschlossen war, die Versorgung der bislang mit Eigenstrom betriebenen früheren BASF-Werke in Ludwigshafen und Oppau zu übernehmen.[96] Anfang 1936 beantragte das RWE die

DAS ENERGIE-WIRTSCHAFTSGESETZ VON 1935
Johannes Bähr

Schon vor dem Ersten Weltkrieg wurde heftig um die Struktur der deutschen Energiewirtschaft gestritten. Vor allem die rasche Expansion des Rheinisch-Westfälischen Elektrizitätswerks (RWE) als Überlandzentrale führte zu Kritik an den angeblichen Monopolbestrebungen überregionaler Stromversorger. Ein geplantes Reichsenergiegesetz kam nicht zustande. Nach dem Krieg wurde ein Gesetz zur Sozialisierung der Elektrizitätswirtschaft erlassen, das aber nicht zur Ausführung kam. Dagegen wurde die staatliche Elektrizitätswirtschaft in den 1920er Jahren durch die Preußische Elektrizitäts AG (Preussag) und die reichseigene Elektrowerke AG stark ausgebaut. Die Stromkonzerne des Reichs, der Länder und das RWE gründeten neue, unter ihrem Einfluss stehende Verbundgesellschaften. Durch Absprachen und exklusive Konzessionsverträge sicherten sich die überregionalen Versorger Gebietsmonopole. In Baden war dies die Badische Landes-Elektrizitäts-Versorgungs AG (ab 1938: Badenwerk AG). Zugleich konnten die kommunalen Versorger durch die Elektrifizierung der Haushalte hohe Umsatzsteigerungen erzielen. Ebenso wie für das Reich und die Länder waren die Versorger für die Städte und Gemeinden eine immer wichtigere Einnahmequelle. Ansätze zu einer reichseinheitlichen Planung scheiterten nun an den Interessen der Länder und der privaten Stromkonzerne.

Nach der Machtübernahme der Nationalsozialisten begann im Herbst 1933 erneut eine Debatte um eine reichseinheitliche Regulierung der Energiewirtschaft. Sie wurde wieder zwischen den Befürwortern einer Zentralisierung und den Anhängern einer Dezentralisierung ausgetragen, wobei beide Seiten nun großen politischen Einfluss hatten. Das Reichswirtschaftsministerium, die Reichsgruppe Energiewirtschaft, die großen Verbundgesellschaften und die meisten Experten drängten auf eine Zentralisierung. Sie erwarteten sich davon eine höhere Leistungsfähigkeit der deutschen Energiewirtschaft und eine Senkung der Kosten. Dagegen traten Energiepolitiker der NSDAP für eine dezentrale Struktur ein. Eine ideologisch begründete Konzernfeindschaft verband sich hier mit finanziellen Interessen der Kommunen. Dabei ging es in dieser Debatte fast ausschließlich um den zukünftigen Ordnungsrahmen der Elektrizitätswirtschaft, da die Versorgung mit Gas noch stärker im regionalen Rahmen erfolgte.

Reichswirtschaftsminister Hjalmar Schacht legte im Herbst 1934 einen Entwurf für ein Energiewirtschaftsgesetz vor, der einen zentralistischen Aufbau mit einer flächendeckenden Verbundwirtschaft vorsah. Damit wollte er auch erreichen, dass für die Kriegsrüstung große Mengen kostengünstigen Stroms zur Verfügung standen. Mit dieser Weichenstellung schien das Schicksal der kommunalen Versorgungsbetriebe besiegelt.

Doch formierte sich nun eine Front von Gegnern, zu denen der Deutsche Gemeindetag, das NSDAP-Hauptamt für Kommunalpolitik und Reichsinnenminister Wilhelm Frick gehörten. Da Hitler beide Seiten anwies, sich zu verständigen, musste das Reichswirtschaftsministerium bei den abschließenden Beratungen Zugeständnisse machen.

Das *Gesetz zur Förderung der Energiewirtschaft* (Energiewirtschaftsgesetz) vom 13. Dezember 1935 schuf dann einen rechtlichen Rahmen für den weiteren Ausbau der Verbundwirtschaft, unter anderem durch einen Schutz der Gebietskartelle. Es griff aber nicht in den Besitzstand der Kommunen ein. Dadurch war auch der Fortbestand der Mannheimer Wasser-, Gas- und Elektrizitätswerke gesichert. Mit der Einführung von Preiskontrollen und einer Staatsaufsicht wurde zugleich ein Rahmen für eine reichseinheitliche Energiepolitik geschaffen. Das Gesetz stärkte den Staatseinfluss und verhinderte einen Wettbewerb, doch hatte es keinen spezifisch nationalsozialistischen Gehalt. Auch das Mannheimer NS-Organ „Hakenkreuzbanner" konnte den neuen Bestimmungen am 17. Dezember 1935 nur bescheinigen, dass sie „volkswirtschaftliche Forderungen" erfüllten und für „klarere Verhältnisse in der Energiewirtschaft" sorgten. Die materiellen Bestimmungen des Gesetzes blieben später in der Bundesrepublik fast unverändert bestehen. Erst mit der Novellierung von 1998 trat ein neues Energierecht in Kraft.

Titelseite des Reichsgesetzblatts vom 16.12.1935 mit dem Gesetz zur Förderung der Energiewirtschaft vom 13.12. des Jahres.

Genehmigung für den Bau einer Leitung von Mannheim-Seckenheim nach Ludwigshafen-Mundenheim, durch die Ludwigshafen an die Nord-Süd-Leitung angeschlossen werden konnte.

Da die Stadt zum Versorgungsgebiet des GKM gehörte, legten GKM-Generaldirektor Marguerre und Oberbürgermeister Renninger in abgestimmten Schreiben Einspruch gegen das Projekt des RWE ein.[97] Sie befürchteten, dass das GKM nach Auslaufen des bisherigen Vertrags mit der Stadt Ludwigshafen dort vom RWE verdrängt würde. Dies hätte die Autonomie der regionalen Energiewirtschaft, an der die Stadt Mannheim unbedingt festhalten wollte, erschüttert. Die Proteste hatten indes keinen Erfolg: Das RWE konnte nicht nur die Leitung nach Ludwigshafen bauen, sondern übernahm auch noch eine bedeutende Beteiligung an den Pfalzwerken, welche wiederum Großaktionär des GKM waren.[98] Wie sich dann zeigte, ging es dem Essener Konzern aber nicht um die Versorgung der Stadt Ludwigshafen und um eine Einflussnahme auf das GKM, sondern um einen sicheren Zugang zu den oberrheinischen Werken der I. G. Farben.

Ernsthafter wurde die Autonomie der regionalen Energiewirtschaft ab Mitte der 1930er Jahre auf dem Gebiet der Gasversorgung bedroht. Hier setzte sich der frühere Konflikt mit der Ruhrgas AG um deren Verbundplanungen für das Rhein-Main-Gebiet und Südwestdeutschland fort.[99] Anders als vor 1933 ging der Anstoß dazu nicht primär von wirtschaftlichen Interessen an der Ruhr aus, wo bei der Kokserzeugung in Hüttenwerken und Zechen große Mengen Kokereigas anfielen, sondern von ordnungspolitischen Vorstellungen des Reichswirtschaftsministeriums. Reichswirtschaftsminister Schacht setzte aus volkswirtschaftlichen und wehrpolitischen Gründen auch bei der Gasversorgung auf großräumige Verbundlösungen. Die der Interessengemeinschaft Südwestdeutsche Gas-AG (Süwega) angehörenden Städte, darunter Mannheim, wollten auch weiterhin nicht auf eigene, produzierende Gaswerke verzichten. Ihre nationalsozialistischen Oberbürgermeister vertraten in dieser Frage keine andere Position als ihre demokratisch gewählten Vorgänger. Da die geplante Hochdruck-Ferngasleitung der Ruhrgas AG zunächst im Rhein-Main-Gebiet enden sollte, waren Frankfurt am Main, Wiesbaden und Hanau unmittelbar betroffen. Es stand aber außer Zweifel, dass diese Leitung später in den Rhein-Neckar-Raum verlängert werden sollte. Mehrere Großunternehmen des Rhein-Main-Gebiets schlossen mit dem Essener Konzern Lieferverträge ab, darunter auch die Adam Opel AG, die durch eine Zweigleitung nach Rüsselsheim versorgt werden sollte.[100] Schacht erteilte im August 1936 die Genehmigung für den Bau der Leitung nach Frankfurt und Rüsselsheim. Der hessische Gauleiter Jakob Sprenger protestierte daraufhin bei Schacht und schaltete Hermann Göring als Beauftragten für den Vierjahresplan ein.[101] Doch die Vierjahresplanbehörde verfolgte ebenso wie Schacht und die Reichsgruppe Energiewirtschaft die Errichtung eines Großversorgungssystems in Form eines Gasringnetzes.[102] Nachdem Frankfurt im April 1938 an das Ferngasnetz angeschlossen worden war, mussten weitere Pläne wegen des Kriegsbeginns zurückgestellt werden.

Aus Mannheimer Sicht befand sich seit 1936 eine noch bedrohlichere Ferngasleitung im Bau. Der pfälzische Gauleiter Josef Bürckel hatte dieses Projekt im

Vorfeld der Volksabstimmung an der Saar vom Januar 1935 initiert. Die Errichtung einer Ferngasverbindung von Homburg nach Ludwigshafen sollte im Saargebiet die Vorteile einer Integration ins Reich demonstrieren und den dortigen Kokereien einen Ausgleich für den zu erwartenden Verlust des französischen Absatzmarkts ermöglichen. Obwohl Hitler den Bau der Leitung Ende März 1935 angeordnet hatte, lehnte die Stadt Ludwigshafen das Vorhaben ab. Der Stadtrat unter dem parteilosen, seit 1930 amtierenden Oberbürgermeister Ecarius hielt den Bau der Ferngasleitung für unwirtschaftlich und befürchtete, dass sich aus einem Bedeutungsverlust des kommunalen Gaswerks, des größten der Pfalz, für die Stadt finanzielle Nachteile ergeben würden. Erst als Bürckel sich auf einen Führerbefehl berief und die Entlassung von Ecarius ankündigte, stimmte der Ludwigshafener Stadtrat im Herbst 1936 zu. Zur weiteren Ausführung des Projekts wurde im Dezember 1937 die Saar Ferngas AG (SFG) gegründet.[103] Ein Jahr zuvor hatte sich die Süwega aufgelöst, nachdem sie bei den Planungen für die Saar-Ferngaslinie übergangen worden war. Damit war das von der Stadt Mannheim favorisierte System einer regionalen Interessengemeinschaft endgültig gescheitert.[104]

In Mannheim war zu erwarten, dass das Saargas auch über den Rhein drängen würde.[105] Zunächst konnte die Stadt Mannheim alle derartigen Pläne verhindern. Im Oktober 1938 ordnete aber das Oberkommando der Wehrmacht den Bau einer Hochdruck-Verbindungsleitung zwischen Ludwigshafen und Mannheim an. Dagegen konnte sich die Stadtverwaltung nicht sperren. Mit der Durchführung wurde die SFG beauftragt.[106] Nun hatten die Stadtverwaltung und die WGE allen Grund, um den Fortbestand des Gaswerks Luzenberg zu bangen. Es zeigte sich nämlich, dass die Leitung der SFG an Ludwigshafen vorbeiführte und das dortige Gaswerk dadurch überflüssig wurde. Ende 1938 wurde dieses Werk stillgelegt. Nach Inbetriebnahme der Ferngasleitung stellten insgesamt 15 Gaswerke pfälzischer Kommunen die Eigenerzeugung ein.[107]

Möglicherweise hätte das Gaswerk Luzenberg ein ähnliches Schicksal erfahren. Doch der Ausbau der Saargas-Leitung wurde wegen des Kriegsbeginns gestoppt, und mit der Verbindungsleitung zwischen Ludwigshafen und Mannheim wurden andere Absichten verfolgt. Sie sollte die Versorgung im bevorstehenden Krieg absichern und erwies sich für Mannheim später als sehr nützlich.

Werbeplakat aus den 1930er Jahren, das die Nutzung von Gas im Haushalt propagierte. (MARCHIVUM, PK14713)

7.5 DIE VERSORGUNGSBETRIEBE UND DIE VERKEHRSBETRIEBE WERDEN STADTWERKE

Der Zusammenschluss in einem Eigenbetrieb

Gegenüber den Ratsherren gab Renninger am 2. Februar 1939 zu Protokoll, dass die städtischen Werke und die städtische Straßenbahn zu „einem Eigenbetrieb mit der Bezeichnung ‚Stadtwerke Mannheim'" zusammengefasst würden.[108] Wenige Tage später erging eine Verfügung des Oberbürgermeisters, die dann in einer neuen Betriebssatzung umgesetzt wurde.[109] Rückblickend gesehen handelte es sich um eine bedeutendere Zäsur in der Geschichte der Mannheimer Kommunalbetriebe, als dies von den Zeitgenossen wahrgenommen wurde. Blieben doch der damals eingeführte Name und die damit verbundene Rechtsform 35 Jahre lang, bis zur Umfirmierung in die Mannheimer Versorgungs- und Verkehrsgesellschaft mbH (MVV), bestehen. Zuvor waren die WGE und die Straßenbahn städtische Regiebetriebe gewesen, ebenso wie das Hallenbad, das Nationaltheater und die Friedhofsverwaltung.[110] Als solche hatten sie zur Stadtverwaltung gehört. Die Beschäftigten waren städtische Bedienstete, die Direktoren besaßen keine eigene Geschäftsführungsbefugnis. Die im Februar 1939 gebildeten Stadtwerke waren dagegen ein organisatorisch und wirtschaftlich selbstständiger Eigenbetrieb. Sie wurden eigenständig geleitet, wirtschafteten auf eigene Rechnung und hatten ein von der Stadtkasse getrennt verwaltetes Sondervermögen. Ebenso wie die Regiebetriebe waren sie allerdings ohne eigene Rechtspersönlichkeit.

Wie kam es dazu, dass unter der nationalsozialistischen Diktatur eine derartige Umwandlung erfolgte und die Bezeichnung „Stadtwerke Mannheim" eingeführt wurde? Der Anstoß ging von der Einführung eines neuen, reichseinheitlichen Kommunalverfassungs- und Gemeindewirtschaftsrechts aus. Daher wurden damals in ganz Deutschland kommunale Versorgungsbetriebe zu Eigenbetrieben mit der Bezeichnung „Stadtwerke" umfirmiert. Die Städte setzten mit diesen Beschlüssen die vom Reichsinnenminister erlassene Eigenbetriebsverordnung vom 21. November 1938 um, die wiederum auf Vorgaben der Deutschen Gemeindeordnung (DGO) vom 30. Januar 1935 beruhte. Die DGO übertrug das Führerprinzip auf die Kommunen. Der Oberbürgermeister leitete die Stadtverwaltung nun in alleiniger Verantwortung, Bürgermeister und hauptamtliche Stadträte (Beigeordnete) vertraten ihn in ihrem jeweiligen Bereich, die ehrenamtlichen Stadträte erhielten den Titel „Ratsherren" und hatten nur noch eine beratende Funktion.[111] Stadträte und Ratsherren wurden unter Mitwirkung des Beauftragten der NSDAP – in der Regel war dies der Kreisleiter – berufen. Stadtratssitzungen gab es in Mannheim fortan nicht mehr, nur noch Beratungen des Oberbürgermeisters mit den Ratsherren.

Die DGO enthielt aber auch ein Regelwerk über die „Wirtschaftliche Betätigung der Gemeinde", das nicht von der nationalsozialistischen Ideologie geprägt war und nach 1945 in die Gemeindeordnungen der Länder übernommen wurde.

Dazu gehörten Bestimmungen, wonach sich die Städte nur für öffentliche Zwecke wirtschaftlich betätigen durften und derartige Betriebe wirtschaftlich zu führen waren. Zugleich wurde die Haftung der Städte und Gemeinden für ihre „wirtschaftlichen Unternehmungen" beschränkt.[112]

Die Eigenbetriebsverordnung vom November 1938 schrieb dementsprechend vor, dass die kommunalen Versorgungsbetriebe nicht mehr der kameralistischen Buchhaltung der Städte unterlagen. Sie wurden aus dem städtischen Haushalt herausgelöst und waren als Eigenbetriebe nach wirtschaftlichen Prinzipien zu führen. Dadurch sollten seit Langem kritisierte Missstände beseitigt werden. Der Vermögensstatus kommunaler Betriebe war bis dahin undurchsichtig gewesen. Die Stadtkämmerer hatten häufig die Einnahmen aus den Gas- und Elektrizitätswerken benutzt, um Löcher in anderen Etats zu stopfen. Die Ausrichtung der kommunalen Versorgungsbetriebe nach kaufmännischen Prinzipien war kein originär nationalsozialistischer Ansatz, sondern von den Fachverbänden und auch von der Leitung der Mannheimer Werke schon lange angemahnt worden. Das Vorstandsmitglied Egetmeyer hatte bereits 1924 in einer Rede auf der Jahresversammlung des Mittelrheinischen Gas- und Wasserfachmännervereins „die hemmenden, durch Gesetzesbestimmungen für kommunale Stellen vorgeschriebenen bürokratischen Verwaltungsformen" beklagt und „die Schaffung der Möglichkeit einer freien Betätigung der Leitung der Werke, d.h. einer Betätigung gleich der Leitung eines rein privaten Unternehmens, etwa einer Aktiengesellschaft" gefordert.[113] Die Eigenbetriebsverordnung vom November 1938 ging letztlich auf die seit den 1920er Jahren geführte Diskussion um eine wirtschaftliche Selbstständigkeit der kommunalen Versorgungsbetriebe zurück. Es gab inzwischen aber auch ein fiskalisches Interesse an einer derartigen Regelung, da die kommunalen Versorgungsbetriebe seit 1934 körperschaftsteuerpflichtig waren.[114]

Nach §25 der Eigenbetriebsverordnung mussten Elektrizitätswerke, Gaswerke, Elektrizitäts- und Gasverteilungsbetriebe, Straßenverkehrs- und Hafenbetriebe in Gemeinden mit mehr als 10.000 Einwohnern den Status von Eigenbetrieben erhalten. Die städtischen Versorgungsbetriebe mussten dabei zu einem gemeinsamen Eigenbetrieb zusammengefasst werden (§22), was in Mannheim schon vor langer Zeit erfolgt war. Der Zusammenschluss der Versorgungsbetriebe sollte den Namen „Gemeindewerke" bzw. „Stadtwerke" erhalten (§22).[115]

Die Eigenbetriebsverordnung stellte es den Städten frei, die Verkehrsbetriebe in die Stadtwerke einzubeziehen. In Mannheim war man dazu fest entschlossen. Bürgermeister Walli begründete dies mit steuerlichen Vorteilen und der Einsparung von Arbeitskräften.[116] Eine derartige Lösung bot sich auch an, weil dadurch ein Querverbund zwischen den recht profitabel arbeitenden Versorgungsbetrieben und den zumeist defizitären Verkehrsbetrieben bestehen konnte.

Dabei blieb der bisherige Aufbau der Betriebe fast unverändert. Der neue Eigenbetrieb Stadtwerke Mannheim bildete lediglich ein Dach, unter dem die Wasser-, Gas- und Elektrizitätswerke sowie die städtische Straßenbahn zusammengefasst wurden. Beide bestanden als Abteilungen der Stadtwerke in ihrer bisherigen Organisationsform und unter ihrer bisherigen Leitung fort. Schraeder war fortan Werkleiter der Abteilung WGE, Kipnase Werkleiter der Abteilung Verkehrsbetriebe. Eine den Abteilungen übergeordnete Direktion erhielten die Stadtwerke ebenso wenig wie eine zentrale Verwaltung und Berichterstattung. Beide Abteilungen arbeiteten weiterhin in ihren bisherigen Verwaltungsgebäuden, die WGE in K 7, die Verkehrsbetriebe in der Collinistraße 5. Viel hatten die beiden Abteilungen nicht miteinander zu tun. Lediglich die kaufmännische Leitung und der Beirat waren übergreifend zuständig. Schraeders Stellvertreter Egetmeyer wurde kaufmännischer Leiter beider Abteilungen. Da für einen Eigenbetrieb ein Aufsichts- und Kontrollgremium vorgeschrieben war, wurde ein Beirat gebildet. Den Vorsitz hatte Oberbürgermeister Renninger als gesetzlicher „Betriebsführer" der Stadtwerke, stellvertretender Vorsitzender wurde Bürgermeister Walli. Außer ihnen gehörten noch neun Ratsherren dem Beirat an.[117] Insgesamt hatten die Stadtwerke bei ihrer Gründung rund 2000 Beschäftigte, davon entfielen Ende März 1939 881 auf die Abteilung Wasser-, Gas-, und Elektrizitätswerke und 1137 auf die Abteilung Verkehrsbetriebe.[118]

Die Verkehrsbetriebe im Überblick

Noch stärker als die Wasser-, Gas- und Elektrizitätswerke war die Mannheimer Straßenbahn in ein regionales Netzwerk eingebunden. Schon seit 1901 bestand zwischen Mannheim und Ludwigshafen eine Straßenbahngemeinschaft, in der die Mannheimer Straßenbahn die Betriebsleitung stellte. 1921 ging die OEG, deren Bahnen zwischen Mannheim, Weinheim und Heidelberg verkehrten, vollständig an die Stadt Mannheim über. Formal blieb die OEG in ihrer bisherigen Rechtsform als Aktiengesellschaft bestehen, doch war sie faktisch eine Abteilung der Mannheimer Straßenbahn. Einen ähnlichen Status hatte die Rhein-Haardt-Bahn GmbH (RHB), eine zwischen Mannheim/Ludwigshafen und Bad Dürkheim verkehrende Schmalspurbahn. OEG und RHB hatten ihren Sitz im Mannheimer Straßenbahnamt in der Collinistraße. Der Straßenbahndirektor war in Personalunion Direktor der OEG und alleiniger Geschäftsführer der RHB.

Mit dem wirtschaftlichen Aufschwung nach 1933 nahm bei der Mannheimer Straßenbahn die Zahl der Fahrgäste stark zu. Im April 1933 wurden rund 1,8 Mio. Fahrgäste befördert, im April 1938 waren es fast 3 Mio. und im März 1939 bereits 3,9 Mio.[119] Dieser Anstieg war zum einen dadurch bedingt, dass die Zahl der Fahrgäste in der vorangegangenen Weltwirtschaftskrise drastisch zurückgegangen war und sich nun immer breitere Kreise der Bevölkerung eine Straßenbahnfahrt leisten konnten. Ein weiterer Faktor war das Wachstum der Industrie, deren Belegschaft zu einem großen Teil mit der Straßenbahn zur Arbeit fuhr. Hinzu kam, dass in Mannheim Mitte der 1930er Jahre ein ganzer Kranz von Kasernen errichtet wurde. Da der Wagenbestand zwischen 1933 und 1939 nicht vergrößert wurde und die Beschäftigtenzahl nur um fünf Prozent zunahm, geriet der Fahrbetrieb Ende der 1930er Jahre unter Druck.[120] Wie in anderen deutschen Großstädten war die Straßenbahn angesichts des wachsenden innerstädtischen Verkehrs überlastet. Auf absehbare Zeit blieb sie aber neben dem Fahrrad das wichtigste

Verkehrsmittel. Von der „Volksmotorisierung", die Hitler angekündigt hatte, war Deutschland noch weit entfernt.

Verschärft wurde die Situation in Mannheim noch dadurch, dass die Straßenbahndirektion die Möglichkeiten des neuen Verkehrsmittels Omnibus nicht erkannte. Die ersten Omnibuslinien waren in den 1920er Jahren von der OEG als Ersatzlösungen eingerichtet worden. Die Mannheimer Straßenbahn besaß 1933 noch keinen einzigen Omnibus, im März 1939 waren es gerade einmal neun Busse.[121] Direktor Kipnase war davon überzeugt, dass Omnibusse die Straßenbahnen nicht ersetzen könnten und für Mannheim kein geeignetes Verkehrsmittel seien: „Die Polizei Mannheim steht auch auf dem falschen Standpunkt, daß die Straßenbahn aus der Stadt herausgehöre", schrieb er im März 1939 an Renninger.[122] Der Oberbürgermeister hielt eine Umstellung des Straßenbahnbetriebs auf Omnibusse für zu teuer und wollte Busse nur auf den Linien in die Vororte einsetzen.[123] Die Nationalsozialisten Kipnase und Renninger vertraten damit in dieser Frage einen anderen Standpunkt als der Führer ihrer Partei. Hitler war der gleichen Auffassung wie die Mannheimer Polizei. Er hielt Straßenbahnen für ein Verkehrshindernis und wollte sie aus den Innenstädten verbannen.[124]

7.6 ÜBERLASTUNG UND MANGEL: DIE STADTWERKE IN DEN ERSTEN KRIEGSJAHREN

Zu Beginn des Zweiten Weltkriegs wurde bei den WGE knapp ein Fünftel der Belegschaft zur Wehrmacht einberufen.[125] Ähnlich hoch lag dieser Anteil bei den Verkehrsbetrieben, doch hier konnte man sich leichter mit Aushilfspersonal behelfen. Wie im Ersten Weltkrieg wurden Frauen als Schaffnerinnen eingestellt und angelernt. Sie wurden dringend benötigt, da die Zahl der Fahrgäste auf fast 4,6 Mio. (April 1940) anstieg und die Nutzung privater Kraftfahrzeuge nur noch in Ausnahmefällen zulässig war.[126] In der Mannheimer Bevölkerung sorgten die Schaffnerinnen in ihren neuen Uniformen nur kurze Zeit für Aufsehen. Das „Hakenkreuzbanner" bemerkte dazu in seinem Jahresrückblick: „Man gewöhnte sich rasch an die neuen Erscheinungen im Straßenbild, die Briefträgerinnen und Straßenbahnschaffnerinnen, die roten Winkel an Kraftfahrzeugen und die zweckmäßigen Vorrichtungen des Luftschutzes."[127] Die RHB wurde in den ersten Tagen nach Kriegsbeginn in die entlang der Grenze zu Frankreich durchgeführten Evakuierungen eingespannt. Die zu evakuierende „rote Zone" reichte zwar nicht bis Bad Dürkheim, aber dort konnte die RHB rund 20.000 evakuierte Personen aufnehmen und nach Mannheim befördern, von wo aus sie dann mit der OEG an die „Bergungsorte" an der Bergstraße weiterfuhren.[128]

Das Gaswerk Luzenberg musste in den ersten Kriegsmonaten ebenfalls in der Pfalz aushelfen. Anders als vor dem Krieg erwartet, wurde die neue Verbindungsleitung zwischen Ludwigshafen und Mannheim jetzt vor allem zu Lieferungen von Stadtgas aus Mannheim an die SFG genutzt. Die großen Kokereien des Saargebiets konnten den Bedarf der Ferngasgesellschaft nicht mehr decken, da sie zur „roten Zone" gehörten und ihre Produktion um bis zu 80 Prozent einschränken

Die neue Uniform der Schaffnerinnen der Mannheimer Verkehrsbetriebe; Foto aus der „Neuen Mannheimer Zeitung" vom 20.9.1939. Die Bildunterschrift lautet: „In ihrer schmucken Uniform sehen die Schaffnerinnen der Mannheimer Verkehrsbetriebe gut aus!" (MARCHIVUM, KF017546)

mussten.¹²⁹ Nach dem deutsch-französischen Waffenstillstand wurde die Evakuierung aufgehoben. Nun wurden die Stadtwerke Mannheim ersucht, Gas für die „Wiederbesiedelung der freigemachten Zone" zu liefern, bis die dortigen Gaswerke wieder in Gang gesetzt waren.¹³⁰

Im Reichswirtschaftsministerium zog man aus solchen Erfahrungen die Lehre, beim Ausbau des Ferngasnetzes nicht mehr ausschließlich auf die Kohlenreviere zu setzen und die kommunalen Gaswerke außen vor zu lassen. Die Gaswerke größerer Städte sollten zukünftig als Stützpunktwerke einbezogen werden. Bei einer Besprechung mit dem Generaldirektor der SFG und zwei Vertretern des Reichswirtschaftsministeriums konnte sich Renninger dazu nicht den Hinweis verkneifen, „daß seine schon immer vorgetragenen Ansichten hinsichtlich der Ferngasversorgung neuerdings anscheinend die Billigung des Reichswirtschaftsministeriums fänden".¹³¹ Bei dieser Besprechung wurde auch deutlich, dass das Reichswirtschaftsministerium entschlossen war, die bisher in Frankfurt und Rüsselsheim endende Ferngasleitung auf Kosten des Reichs bis Mannheim weiterbauen zu lassen.

Der Bau des unterirdischen Kraftwerks im GKM dauerte ein Jahr länger als geplant und wurde im Laufe des Jahres 1940 abgeschlossen. Doch konnte das Werk Fritz erst in Betrieb genommen werden, nachdem das GKM im Februar 1941 die letzten Hürden bei der Beschaffung des benötigten Eisens überwunden hatte.¹³² Die Zuteilung von Rohstoffen und Arbeitskräften für Marguerres Vorzeigeprojekt dürfte zuletzt auch darunter gelitten haben, dass die Stadt Mannheim ab dem Spätherbst 1940 in großem Stil an dem von Hitler angeordneten Luftschutzbunker-Programm beteiligt war.¹³³ Renninger wertete die Aufnahme der Stadt in dieses vom Reich finanzierte Programm als persönlichen Erfolg.¹³⁴ Fritz Todt, der Reichsminister für Bewaffnung und Munition und Leiter der nach ihm benannten „Organisation Todt", hatte unter vielen Bewerbungen die aufzunehmenden Städte ausgewählt. Eine wichtige Rolle dürfte dabei das Konzept gespielt haben, das der erfahrene Leiter des Mannheimer Hochbauamts Josef Zizler erstellt hatte, der nicht der NSDAP angehörte.¹³⁵ Zizler leitete dann auch den Bau der zahlreichen Hoch- und Tiefbunker, die in Mannheim in den folgenden Jahren errichtet wurden.¹³⁶ Die Stadtwerke waren daran vor allem mit elektrischen Installationen und der Erstellung von Trafostationen beteiligt.¹³⁷

Während der Bau der Bunker rasch Fortschritte machte, kam die überfällige Erneuerung des GKM nicht voran. Mit dem unterirdischen Werk Fritz verfügte dieses zwar über eine Anlage mit modernster Technik, die vor Luftangriffen geschützt war. Doch stellte das unterirdische Kraftwerk eben mehr eine Art Reserve für den Fall eines Angriffs dar. Es konnte nicht die älteren Anlagen ersetzen, die nach mittlerweile 20 Jahren dringend erneuert und erweitert werden mussten. Marguerre und Renninger drängten lange auf die erforderlichen Genehmigungen. Nachdem diese endlich erteilt worden waren, fehlte es an Arbeitskräften und Baustoffen.¹³⁸ Bürgermeister Walli musste den Ratsherren im Februar 1944 schließlich mitteilen, das GKM sei „durch jahrelange reservenlose Überlastung allgemein herabgewirtschaftet". Noch drastischer beschrieb Renninger in derselben Sitzung die kritische Situation des Großkraftwerks:

„Die Kohlen kosten mehr, Standgelder kamen neu hinzu, dann die alte, unwirtschaftlich arbeitende Anlage, viele Reparaturen, Verwendung ausländischer Arbeiter mit geringer Leistungsfähigkeit, Verteuerung des Fremdstrombezuges, ungeheure Schwierigkeiten überall."[139]

Trotz der zunehmenden Luftangriffe und des ständigen Mangels an Rohstoffen und Arbeitskräften konnten die Stadtwerke ihre Abgaben bei Strom und Gas im Geschäftsjahr 1941/42 noch steigern. Dies war weniger dem Werk Fritz zu verdanken als einer weiteren Überlastung der Anlagen im GKM und im Gaswerk. Während die Abgabe des aus dem GKM bezogenen Stroms im folgenden Geschäftsjahr zurückging, nahm der Absatz des Gaswerks weiter zu. Einige Personallücken konnten die Versorgungsbetriebe durch die Einstellung von 42 unverheirateten Frauen als Hilfsangestellte und Arbeiterinnen überbrücken.[140] Wie sich die Finanz- und Ertragslage der Stadtwerke gestaltete, geht aus den Verwaltungsberichten nicht hervor. Das größte Hindernis, der Mangel an Arbeitskräften und Rohstoffen, ließ sich in einer gelenkten Kriegswirtschaft aber selbst durch hohe Erträge nicht überwinden.

Die Verkehrsbetriebe konnten ihre Leistungen trotz der bestehenden Überlastung ebenfalls erhöhen. Bis Oktober 1941 stieg die Zahl der Fahrgäste bei der Straßenbahn auf 5,1 Mio.[141] Zugleich nahm der Personalmangel weiter zu. Ab Anfang 1942 gingen die Verkehrsbetriebe dazu über, Jugendliche im Fahrdienst einzusetzen. Der Reichsarbeitsdienst (RAD) stellte dafür „Arbeitsmaiden" ab – junge Frauen, die für die Dauer von sechs Monaten zum Kriegshilfsdienst verpflichtet waren. Aus Personalnot setzten die Verkehrsbetriebe das Mindestalter für Schaffner auf 16 Jahre herab. Als sich daraufhin Schüler für den Fahrdienst meldeten, schaltete sich die Hitlerjugend (HJ) ein und organisierte einen fest geregelten Einsatz von HJ-Schaffnern.[142]

Von Jugendlichen kontrolliert zu werden und bei Luftangriffen in verdunkelten Wagen zu sitzen, dürfte für die Fahrgäste gewöhnungsbedürftig gewesen sein. Doch wurden die Leistungen der jungen Aushilfskräfte überwiegend positiv beurteilt. Dagegen führte das Verhalten älterer Schaffnerinnen und Schaffner häufig zu Beschwerden.[143] Inwieweit diese berechtigt waren, ist schwer zu beurteilen. Sicher ist zu berücksichtigen, dass das Stammpersonal der Straßenbahn nicht nur wie die RAD-„Maiden" sechs Monate lang, sondern dauerhaft in einem völlig überlasteten Verkehrsmittel arbeiten musste. Politische Äußerungen des Fahrpersonals sind in den Beschwerdebriefen nicht dokumentiert, allenfalls flotte Sprüche. Dass

Absatz und Beschäftigte der Stadtwerke Mannheim, Abt. Wasser-, Gas- und Elektrizitätswerke 1938/39–1944/45

Geschäfts-jahr	Strom in 1000 kWh	Gas in 1000 m³	Wasser in 1000 m³	Beschäftigte*	ohne Einberufene
1938/39	116.383	46.572	15.907	881	881
1939/40	117.684	50.071	16.386	977	806
1940/41	125.638	57.295	16.387	1001	811
1941/42	135.303	61.225	16.039	970	733
1942/43	133.695	68.167	17.868	972	702
1943/44	111.283	67.076	17.991	923	625
1944/45	90.497	32.184	15.862	929	604

*Stand jeweils 31.3.
Quellen: VB 1938/39; VB 1944/45

Wegen der herrschenden Personalnot bei den Verkehrsbetrieben wurden ab 1942 junge Frauen aus dem Reichsarbeitsdienst („Arbeitsmaiden") und Jugendliche aus der Hitlerjugend aushilfsweise als Schaffnerinnen und Schaffner eingesetzt. Die HJ-Schaffner erhielten – wie hier der 16-jährige Heinz Veitenheimer – abschließend ein „Zeugnis" für ihre Dienste.
(MARCHIVUM, AB02029-001)

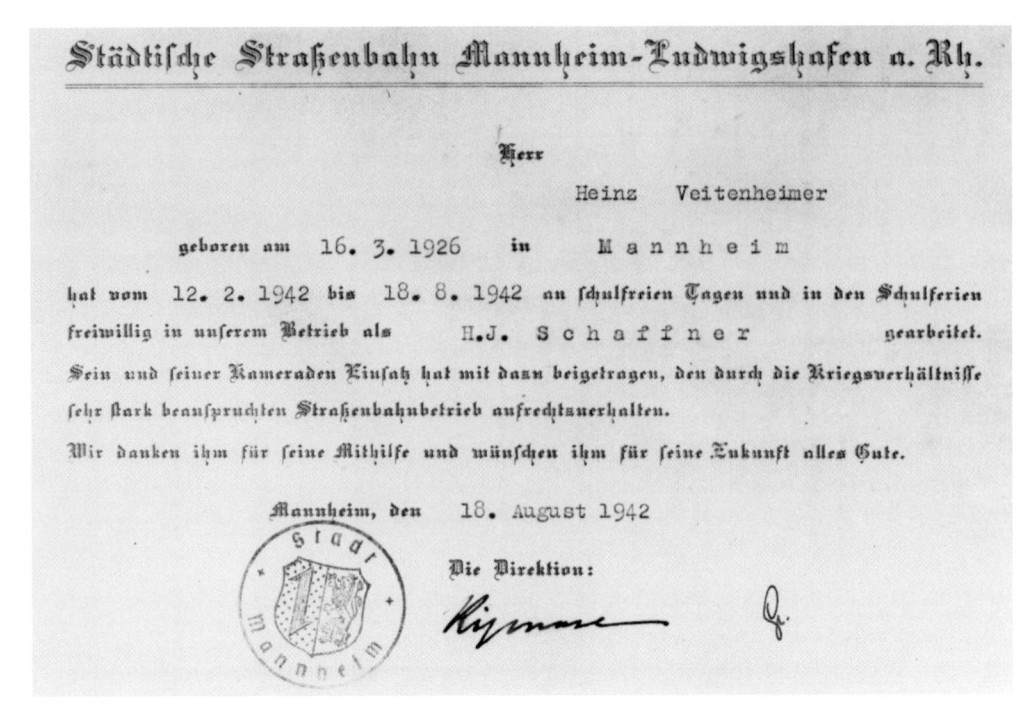

> **Städtische Straßenbahn Mannheim-Ludwigshafen a. Rh.**
>
> Herr Heinz Veitenheimer geboren am 16. 3. 1926 in Mannheim hat vom 12. 2. 1942 bis 18. 8. 1942 an schulfreien Tagen und in den Schulferien freiwillig in unserem Betrieb als H.J. Schaffner gearbeitet. Sein und seiner Kameraden Einsatz hat mit dazu beigetragen, den durch die Kriegsverhältnisse sehr stark beanspruchten Straßenbahnbetrieb aufrechtzuerhalten.
>
> Wir danken ihm für seine Mithilfe und wünschen ihm für seine Zukunft alles Gute.
>
> Mannheim, den 18. August 1942
>
> Die Direktion:

die Schaffnerinnen der Buslinie Waldhof–Sandhofen–Blumenau die Haltestelle Fliegerhorst mitunter als „Erholungsheim" ausriefen, führte zu einer geharnischten Beschwerde der Kommandantur des Fliegerhorsts, in dem viele nicht mehr frontverwendungsfähige Soldaten dienten.[144] Nicht zuletzt waren die Beschwerden über Vorkommnisse in der Straßenbahn auch ein Ventil für eine Bevölkerung, die gewohnt war, über vieles zu schweigen. Der Verfasser eines Beschwerdebriefs machte beispielsweise geltend, Fahrgäste hätten „trotz Krieg auch noch ein Recht anständig von diesen ‚Beamten' behandelt zu werden".[145] In den Beschwerdebriefen finden sich aber auch Zeugnisse übelster antisemitischer Hetze. Eine Mannheimer Bürgerin beispielsweise glaubte 1940, in der Straßenbahn „2 typische Jüdinnen" erkannt zu haben, von denen eine durch die „typischen Rassenmerkmale" aufgefallen, „schlampig und dreckig" gewesen sei. Sie empörte sich darüber, dass der Schaffner der „Judenschlampe" beim Einstieg geholfen und von ihr dankend ein Trinkgeld angenommen habe.[146]

7.7 „WIR BITTEN UM ZUWEISUNG VON 100 OSTARBEITERN." ZWANGSARBEIT BEI DEN STADTWERKEN MANNHEIM

Schwerpunkte und Umfang des Zwangsarbeitseinsatzes

Mitte August 1940 trafen 20 französische Kriegsgefangene im Gaswerk Luzenberg ein. Es handelte sich um eines der ersten Kontingente von Gefangenen, das zur Zwangsarbeit nach Mannheim gebracht wurde.[147] Seit der faktischen Kapitulation Frankreichs waren erst zwei Monate vergangen. Doch ebenso wie die Industrie, die Landwirtschaft und das Baugewerbe konnten die Kommunen nicht rasch genug auf die Arbeitskräfteressource zugreifen, die ihnen die Wehrmacht erschlossen hatte. Auch bei den Stadtwerken sah man darin eine der wenigen Möglichkeiten, die durch die Einberufungen entstandene Personalnot zu überbrücken. Bis Kriegsende stieg die Gesamtzahl der in Deutschland eingesetzten Zwangsarbeiterinnen und Zwangsarbeiter auf rund 13,5 Mio. Waren es zunächst vor allem Kriegsgefangene, so wurden bald Zivilisten aus besetzten Ländern in noch größerer Zahl zum „Reichseinsatz" gezwungen oder mit falschen Versprechungen angeworben. In den letzten Kriegsjahren wurden schließlich zunehmend KZ-Häftlinge an die Rüstungsindustrie ausgeliehen.[148] Für Mannheim ist nach dem derzeitigen Kenntnisstand davon auszugehen, dass während des Kriegs insgesamt über 30.000 ausländische Zivilisten, Kriegsgefangene und KZ-Häftlinge im Stadtgebiet eingesetzt waren. Der Höchststand wurde hier, anders als im Reichsdurchschnitt, in den letzten Monaten des Kriegs mit vorübergehend über 20.000 „Ausländern" erreicht.[149]

Das Zwangsarbeitsregime zeichnete sich durch eine vom Rassismus des NS-Systems geprägte Hierarchie aus. Nach den amtlichen Bestimmungen wurden Kriegsgefangene und Zivilisten aus westeuropäischen Ländern besser entlohnt und besser ernährt als diejenigen aus Polen und aus der Sowjetunion. „Westarbeiter" mussten anders als die „Ostarbeiter" nicht in einem Lager wohnen. Sie waren auch nicht durch ein Volkstumsabzeichen stigmatisiert, wie es die Polen als „P" und die „Ostarbeiter" aus der Sowjetunion in Form des Kürzels „OST" tragen mussten. Auf der untersten Stufe der Hierarchie standen die vollkommen entrechteten KZ-Häftlinge.

Für die Stadtwerke Mannheim liegt keine Überblicksstatistik zur Zwangsarbeit in den Jahren 1940 bis 1945 vor. Ein Bild vom Umfang und der Zusammensetzung kann nur aus Momentaufnahmen gewonnen werden, die sich nicht immer stimmig ineinanderfügen. Bei den Versorgungsbetrieben stieg zunächst die Zahl der französischen Kriegsgefangenen an. Im Herbst 1941 fand ein Wechsel statt: Neben 20 französischen Kriegsgefangenen waren nun 28 ukrainische und zwei polnische Zivilarbeiter im Gaswerk eingesetzt.[150] Die Männer aus der Ukraine, von denen einige aus dem ehemals polnischen Galizien stammten, waren durchweg sehr jung. Unter ihnen befanden sich auch zwei Jugendliche, die im Alter von 14 bzw. 15 Jahren nach Deutschland deportiert worden waren.[151]

Die Abteilung WGE erhielt ausschließlich für das Gaswerk Luzenberg Zwangsarbeiterinnen und Zwangsarbeiter zugewiesen, da es ihr einziger produzierender Betrieb war und es wegen der rüstungswirtschaftlichen Bedeutung eine höhere Dringlichkeitsstufe hatte. Die Zahl und die Zusammensetzung der Gruppe von „Ostarbeitern" aus der Ukraine blieb in den folgenden Jahren recht konstant, während sich die Größe des Kontingents von französischen Kriegsgefangenen mehrfach änderte. Nicht immer geschah dies auf Weisung; zwischen Mai und August 1943 gelang acht Kriegsgefangenen die Flucht.[152] Im Dezember 1943 erhielten die WGE 45 „Italienische Militärinternierte" (IMI) zugeteilt.[153] Diese Bezeichnung war für italienische Soldaten eingeführt worden, die nach dem

7 DIE STADTWERKE IM ZEICHEN DES HAKENKREUZES

Lager für Zwangsarbeitskräfte in der Düsseldorfer Straße in Rheinau, 1944.
(Rechteinhaber unbekannt)

Bündniswechsel Italiens im Herbst 1943 von der Wehrmacht gefangen genommen worden waren. Aus einem Schreiben geht hervor, dass im Frühjahr 1944 vorübergehend auch 44 Polen als „Hilfskräfte" im Gaswerk arbeiteten.[154] Eine für die Anforderung weiterer Arbeitskräfte erstellte Beschäftigtenstatistik der WGE zeigt schließlich, dass am 30. November 1944 – auf dem Höchststand des Zwangsarbeitereinsatzes im Reich – 67 durchweg männliche „Ausländer" und 22 Kriegsgefangene bei den Mannheimer Versorgungsbetrieben arbeiteten. Dies entsprach einem Anteil von 11,7 Prozent an den Beschäftigten.[155]

Bei den Verkehrsbetrieben begann der Zwangsarbeitereinsatz sehr viel später als bei den Versorgungsbetrieben. Werkleiter Kipnase bat mehr als zwei Jahre lang vergeblich darum, den Straßenbahnen Kriegsgefangene und ausländische Zivilarbeiter zuzuweisen. Mit dem vorhandenen Aushilfspersonal aus Frauen, RAD-„Maiden" und HJ-Schaffnern ließ sich zwar der Fahrbetrieb aufrechterhalten, aber nicht das zunehmend marode Gleissystem reparieren. „Wir bitten um Zuweisung von 100 Ostarbeitern, die als Gleisarbeiter je zu Hälfte bei der Straßenbahn und der OEG eingesetzt werden sollen", schrieb Kipnase beispielsweise im Juni 1942 mit dem Vermerk „Eilt sehr" an das Arbeitsamt Mannheim.[156] Doch erst ab Februar 1943 waren die Verkehrsbetriebe nachweislich am Zwangsarbeitereinsatz beteiligt. Es handelte sich zunächst um französische Zivilarbeiter, dann auch um polnische Kriegsgefangene.[157] Eine größere Zahl erhielten die Verkehrsbetriebe nach den schweren Luftangriffen vom September und Oktober 1943 zugeteilt. Für Aufräumungs- und Reparaturarbeiten stellte nun der städtische Einsatzstab, die Abteilung „Sofortmaßnahmen" beim Hochbauamt, 50 IMI an die Verkehrsbetriebe ab.[158] Bis Dezember 1944 stieg die Zahl der ausländischen Zivilisten bei den Verkehrsbetrieben auf 132.[159] Ob die IMI zu diesem Zeitpunkt noch hier eingesetzt waren, lässt sich nicht mehr feststellen.

Die Höchstzahlen von 1944 – 89 Zwangsarbeiter im Gaswerk und 132 (möglicherweise auch 182) bei den Verkehrsbetrieben – zeigen, dass die Stadtwerke nicht zu den Schwerpunkten der Zwangsarbeit in Mannheim gehörten. Immerhin waren zu diesem Zeitpunkt fast 17.000 Kriegsgefangene und ausländische Zivilisten in der Stadt eingesetzt.[160] Allein der BBC waren Ende Juli 1944 1849 ausländische Arbeitskräfte zugeteilt, dem Daimler-Benz-Werk 1298. Auch der Anteil der Zwangsarbeiter an den Beschäftigten lag hier zu diesem Zeitpunkt erheblich höher (BBC 32%, Daimler-Benz-Werk 23%).[161] Ein anderes Bild ergibt sich, wenn man berücksichtigt, dass die Zwangsarbeiter der WGE nur im Gaswerk Luzenberg eingesetzt waren. Das Gaswerk hatte Ende März 1944 216 Beschäftigte. Nach den Verwaltungsberichten der Stadtwerke blieb dieser Stand bis Kriegsende fast unverändert.[162] Rechnet man die 89 Zwangsarbeiter aus der Statistik für Ende November 1944 hinzu, die in den veröffentlichten Beschäftigtenzahlen der Stadtwerke nicht enthalten sind, dann ergibt sich ein Anteil von 29 Prozent.

Wie an diesem Beispiel deutlich wird, wurden Zwangsarbeitskräfte nach einer klaren Prioritätenfolge zugeteilt. Entscheidend war die Dringlichkeitsstufe für die Kriegswirtschaft. An erster Stelle stand mit weitem Abstand die Rüstungsindustrie. Die BBC und die Daimler-Benz-Werke in Mannheim und Gaggenau waren während des Kriegs die größten Rüstungsbetriebe Badens.[163] Dahinter folgten die Landwirtschaft und das Baugewerbe. Die Stadtverwaltungen und die kommunalen Betriebe genossen in der Regel keine Priorität. Die Technischen Werke Stuttgart erhielten in Relation zur Beschäftigtenzahl nicht mehr Zwangsarbeiter zugewiesen als ihr Mannheimer Pendant, die WGE. Im Juni 1943 waren hier 115 Kriegsgefangene und ausländische Zivilarbeiter eingesetzt.[164] Nicht selten kam es vor, dass den kommunalen Betrieben bereits zugeteilte Zwangsarbeitskräfte entzogen wurden, wenn Bedarf mit hoher Dringlichkeitsstufe entstand. So konnten die Stadtwerke Mannheim nicht verhindern, dass 44 polnische Arbeiter im Frühjahr 1944 über Nacht aus dem Gaswerk Luzenberg abgezogen wurden, obwohl sie dort wegen der Bombenschäden dringend benötigt wurden und der Fall angeblich sogar dem aus Mannheim stammenden Rüstungsminister Albert Speer vorgetragen worden ist.[165]

Einstellungen und Verhaltensmuster der Direktionen

Unter dem Druck des Arbeitskräftemangels feilschten die Direktoren der kommunalen Betriebe um jeden verfügbaren „Ausländer". Dabei spielten politische und weltanschauliche Unterschiede zwischen ihnen keine entscheidende Rolle. Auch Werkleiter, die nicht der NSDAP angehörten, zeigten keine Skrupel, ja nicht einmal ein Unrechtsbewusstsein, obwohl der Einsatz zwangsweise verpflichteter Zivilisten aus anderen Ländern völkerrechtswidrig war. Überzeugte Nationalsozialisten wie Kipnase, der die ausländischen Arbeiter für „Feinde unseres Volkes" hielt, scheuten wiederum keine Mühe, möglichst viele von ihnen zugeteilt zu bekommen.¹⁶⁶ Und obwohl die raren Zwangsarbeitskräfte so begehrt waren, wurden sie von Behörden und Betrieben wie Stückgut gehandelt: „Bitte im Lager Pestalozzischule sofort 45 Polen, darunter 5 Frauen abholen", teilte die Abteilung Sofortmaßnahmen des Hochbauamts am 20. Januar 1944 den Verkehrsbetrieben auf einem Zettel mit.¹⁶⁷

Im Umgang mit den Kriegsgefangenen und ausländischen Zivilarbeitern gab es zwischen den Versorgungs- und den Verkehrsbetrieben deutliche Unterschiede. Die im Gaswerk eingesetzten Ukrainer waren, gemessen an den Standards für „Ostarbeiter", offenbar nicht schlecht untergebracht. Einem Bericht des Ernährungs- und Wirtschaftsamts vom Februar 1943 zufolge wohnten sie in einem Bau innerhalb des Werks, wurden vom Roten Kreuz verpflegt und besorgten sich das Abendessen selbst, hatten also abends Ausgang.¹⁶⁸ Die ersten französischen Arbeiter der Straßenbahn waren in einer stillgelegten Gastwirtschaft untergebracht und wurden mittags von der Volksküche verpflegt.¹⁶⁹ Eine derartige Versorgung war den Kriegsgefangenen nicht vergönnt. Sie erhielten kein Mittagessen. Kipnase bat vergeblich um eine Sonderregelung für die Italienischen Militärinternierten, um diese zu motivieren, da sie sich häufig über das Essen beklagten.¹⁷⁰ Als der Werkleiter wenig später erfuhr, dass die polnischen Zwangsarbeiter bei den Versorgungsbetrieben besser versorgt wurden, geriet er in Rage und beschwerte sich bei dem für Personalangelegenheiten zuständigen Stadtrat Hofmann: „Die Stadtwerke Versorgungsbetriebe sollen sämtlichen polnischen Arbeitern je ein Stück Brot und Wurst gegeben haben."¹⁷¹ Er vermutete, dass die Nationalsozialistische Volkswohlfahrt (NSV) die Versorgungsbetriebe damit belieferte, aber nicht bereit war, auch die Verkehrsbetriebe zu bedenken. „Kein Wunder, daß die Straßenbahn stets Schwierigkeiten mit den polnischen Kriegsgefangenen hat", schloss er daraus und legte bei Renninger offiziell Beschwerde gegen die NSV ein.¹⁷² Als im Dezember 1944 die Krankmeldungen von Zwangsarbeitern zunahmen, wertete Kipnase dies als Arbeitsverweigerung und drohte

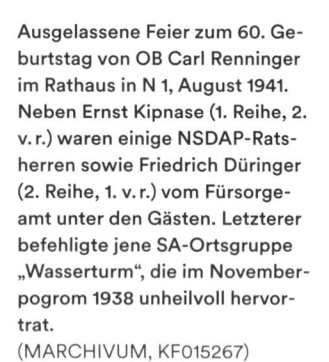

Ausgelassene Feier zum 60. Geburtstag von OB Carl Renninger im Rathaus in N 1, August 1941. Neben Ernst Kipnase (1. Reihe, 2. v. r.) waren einige NSDAP-Ratsherren sowie Friedrich Düringer (2. Reihe, 1. v. r.) vom Fürsorgeamt unter den Gästen. Letzterer befehligte jene SA-Ortsgruppe „Wasserturm", die im Novemberpogrom 1938 unheilvoll hervortrat.
(MARCHIVUM, KF015267)

in einer Bekanntmachung damit, „diese sogenannten ‚Kranken' bzw. ‚Bummelanten' in ein anderes Lager" verlegen zu lassen.[173]

Die Verkehrsbetriebe waren nicht nur Einsatzträger von Zwangsarbeiterinnen und Zwangsarbeitern, sondern auch für die Beförderung von Kriegsgefangenen und ausländischen Zivilisten zuständig. Die Festlegung der Beförderungsrichtlinien war für die Direktion eine heikle Angelegenheit. Einerseits sollte durch eine erkennbar hierarchisch abgestufte Trennung zwischen deutschen Fahrgästen und Zwangsarbeitskräften der nationalsozialistischen Weltanschauung entsprochen werden, andererseits drängte die Wirtschaft darauf, dass die „Ausländer" pünktlich zur Arbeit erscheinen konnten. Angesichts dieses Spannungsverhältnisses verzichtete die Direktion lange darauf, Richtlinien zu erlassen. Unter dem Eindruck ständiger Klagen aus der Bevölkerung über eine angebliche Bevorzugung der Kriegsgefangenen wies Walli die Verkehrsbetriebe dann Ende Januar 1942 an, diese nur noch mit Sonderwagenfahrten und nicht mehr in Kurswagen zu befördern. Schon bald gingen in der Collinistraße Proteste von Unternehmen und Handwerksbetrieben ein, deren Zwangsarbeiter mit großer Verspätung durchnässt und durchgefroren am Arbeitsplatz erschienen waren. Die Verkehrsbetriebe reagierten darauf mit einer Ausnahmeregelung für Kriegsgefangene, die lange Arbeitswege hatten und in rüstungswichtigen Betrieben eingesetzt waren. Ihnen wurde erlaubt, mit einem eigens dafür ausgestellten Ausweis in den Kurswagen mitzufahren.[174] Arbeiter aus der Sowjetunion und Polen durften ab Anfang 1943 nur noch mit einer speziellen Fahrgenehmigung die Straßenbahn benutzen.[175] Ähnliches galt für die wenigen noch in Mannheim lebenden Jüdinnen und Juden, die ab September 1941 an dem stigmatisierenden Judenstern zu erkennen waren.[176]

Trotz aller diskriminierenden Regelungen blieb die Direktion der Verkehrsbetriebe weiterhin nicht vom „Volkszorn" verschont: „Ob wohl Deutsche Gefangene im Ausland auch humanerweise mit der Straßenbahn befördert werden?", schrieb beispielsweise eine Gruppe erboster Fahrgäste.[177] Noch deutlicher wurde eine Frau, deren Mann in einer Einheit an der Ostfront eingesetzt war: „Und nun sollen wir deutschen Frauen mit unseren Kindern auf die [sic!] Plattform stehen, während sich das heimtückische, dreckige Russenvolk auf die Plätze setzt."[178] Eine Sekretärin der BBC beschwerte sich darüber, „als einzige deutsche Frau zu stehen, während Polen saßen". Der Schaffner hätte dann noch zu den Ausländern gehal-

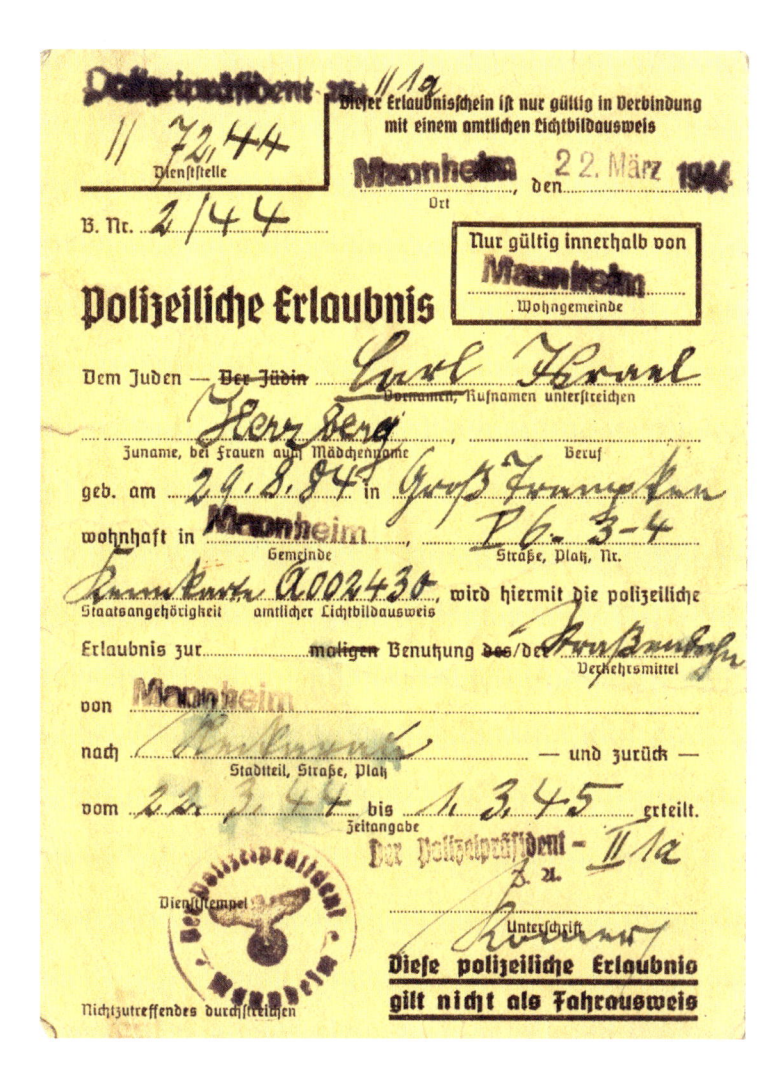

Carl Herzberg, dessen Textilgeschäft 1937 „arisiert" wurde, war mit einer nicht jüdischen Frau verheiratet und entging dadurch einer Deportation, musste jedoch als Zwangsarbeiter in Neckarau schuften. Für die Fahrt dorthin erhielt er einen Erlaubnisschein zur Straßenbahn-Nutzung. Im Februar 1945 untergetaucht, überlebten Herzberg und seine Familie.
(MARCHIVUM, 16/1967 Nr. 341)

ten und gesagt, „daß sie ruhig sitzen bleiben sollten, sie würden ja auch für mich arbeiten".[179] Zwar hatte der badische Innenminister im Juli 1942 angeordnet, dass ausländische Arbeitskräfte nicht mehr in Straßenbahnen und Omnibussen sitzen durften, aber diese Diskriminierung war im Alltag schlichtweg nicht durchsetzbar.[180]

Die Deportierten aus St. Dié

Nach Beginn der schweren Luftangriffe trugen die Zwangsarbeiter die größte Last bei den Aufräumarbeiten. Italienische Militärinternierte und polnische Kriegsgefangene mussten die Straßen freiräumen, verbogene Gleise reparieren und zerstörte Straßenbahnwagen fortschaffen. Im Gaswerk setzten französische Kriegsgefangene und ukrainische Arbeiter die Öfen instand. Dabei waren die Zwangsarbeiter hohen Risiken ausgesetzt: Vor den Luftangriffen waren sie ebenso unzureichend geschützt wie vor Stromschlägen, platzenden Rohren und Unterkühlung.

Darunter hatten auch die französischen Zivilisten zu leiden, die im Rahmen der Verbrechen beim deutschen Rückzug im November 1944 aus den Vogesen zur Zwangsarbeit nach Mannheim deportiert wurden. Nach der Ankunft wurden sie vor dem Hauptbahnhof verteilt. Oberbaurat Braun, der Leiter des Rohrnetzbetriebs, nahm eine Gruppe von 15 Männern aus der Stadt St. Dié zu den Stadtwerken mit. Sie wurden in einem Lager im ehemaligen Gasthaus Rheinmädel in K 4, 7 untergebracht. Diese Männer mussten dann auch in den Bombennächten ausrücken, um Reparaturen auszuführen und Apparate an die Instandsetzungstrupps zu liefern.[181] Einer von ihnen, der Ingenieur Louis Pécquignot, erkrankte im Winter 1944/45 schwer. Geschwächt durch die Einsätze in eisiger Kälte, infizierte er sich mit Diphterie. Nach zwölf Tagen wurde er in das Krankenhaus Wiesloch gebracht. Als er dort in einer Nacht große Bomberverbände fliegen sah, geriet er in Panik und Atemnot. Die Ärzte konnten ihm nicht mehr helfen. Braun, der sich für die Gruppe von Zwangsarbeitern aus St. Dié verantwortlich fühlte, nahm an der Beisetzung teil.[182]

Porträt des Kriegsgefangenen Louis Pécquignot aus St. Dié, der als Zwangsarbeiter bei den Stadtwerken arbeiten musste. Er starb im Winter 1944/45 an Diphterie.
(Foto: privat)

Vom Zwangsarbeiter zur Displaced Person

Nach der Befreiung Mannheims kehrten die meisten Kriegsgefangenen und ausländischen Zivilarbeiter in ihre Heimat zurück. Doch unter den „Ostarbeitern" gab es viele, die trotz der bitteren Erfahrungen in Deutschland nicht zurückkehren wollten. Sie mussten damit rechnen, in der Sowjetunion als Kollaborateure bestraft zu werden. Von zwei ukrainischen Zwangsarbeitern des Gaswerks Luzenberg konnten einige Angaben zum weiteren Werdegang ermittelt werden. Beide blieben als Displaced Persons (DP) in Westdeutschland. Dies könnte auch damit zusammengehangen haben, dass sie aus dem ehemals polnischen Galizien stammten, sich aber nur im Westen zu ihrer polnischen Staatsangehörigkeit bekennen durften. Piotr Olbrecht (Jg. 1927) lebte in mehreren DP-Lagern und wurde dann beim Labor Service (LS) der amerikanischen Armee eingestellt – einer Wacheinheit, bei der viele DPs unterkamen. Er ging 1950 für den LS nach Frankreich und heiratete dort 1954.[183] Ryszard Semkowsi (Jg. 1926) kam bereits 1946 zum LS, war vorwiegend im Raum Frankfurt stationiert, heiratete eine junge Deutsche und wollte mit ihr in die USA auswandern.[184]

7.8 DURCHHALTEN ZWISCHEN TRÜMMERN: DIE LETZTEN KRIEGSJAHRE

Bei dem schweren Luftangriff auf Mannheim am 5./6. September 1943 brach erstmals der gesamte Straßenbahnverkehr zusammen.[185] Es bot sich ein Bild, wie es die Zeitzeugin Helen Marvill-Steiner nach einem der vielen damaligen Angriffe beschrieb: „Überall lagen kaputte Straßenbahnwagen wie ausrangiertes Zinnspielzeug. Die Gleise lagen verdreht wie gekochte Spaghetti."[186] Das wichtigste Verkehrsmittel der Stadt war am wenigsten vor Luftangriffen geschützt. Die Gleise lagen offen auf den Hauptstraßen und die Straßenbahnen blieben im Fall eines Alarms häufig auf der Straße stehen, während die Fahrgäste in Luftschutzeinrichtungen flüchteten. Auch in den drei Betriebsbahnhöfen waren die Wagen nicht sicher. Beim Luftangriff vom 5./6. September 1943 und einem weiteren am 23. September wurde der Betriebsbahnhof Collinistraße mit der Hauptwerkstatt der städtischen Straßenbahn zerstört. Im April hatten die Verkehrsbetriebe bereits den Betriebsbahnhof II durch einen Luftangriff verloren.[187] Allein durch die Brände in diesen beiden Betriebsbahnhöfen fielen 163 Wagen aus. Insgesamt ging der Bestand an betriebsfähigen Straßenbahnwagen zwischen dem 1. April 1943 und dem 31. März 1944 von 326 auf 128 zurück.[188]

Nach dem Luftangriff vom 5./6. September wurde zuerst die OEG-Linie nach Weinheim wiederhergestellt, um die zahlreichen obdachlos gewordenen Frauen, Männer und Kinder in die unzerstörten Gemeinden an der Bergstraße zu fahren.[189] Nach fünf Tagen konnten vier Strecken wieder mit der Straßenbahn befahren werden, auf drei weiteren verkehrten die wenigen Omnibusse der Verkehrsbetriebe.[190] Die Schäden an den Gleisen und Oberleitungen ließen sich durch den Einsatz der von der Abteilung Sofortmaßnahmen zugewiesenen Italienischen Militärinternierten und anderer Zwangsarbeiter vor Ort beheben. Die Reparatur der Wagen konnte dagegen nur in den Werkstätten durchgeführt werden, die durch die Einberufungen unterbesetzt waren. Als Unterstützung erhielten die Werkstätten 35 französische Kriegsgefangene und zeitweise auch einige Mitarbeiter der Technischen Nothilfe zugeteilt.[191] Einen weiteren Schlag erlitten die Verkehrsbetriebe, die OEG und die RHB, als am 17. November 1943 ihr Verwaltungsgebäude in der Collinistraße 5 bei einem Luftangriff zerstört wurde. Die Direktion und die Verwaltung der drei Bahnen mussten daraufhin in die Adolf-Hitler-Schule (ehemals Badisches Realgymnasium I) am Friedrichsring 6 umziehen.[192]

Nach den Luftangriffen vom Herbst 1943 waren die noch betriebsfähigen Straßenbahnwagen zunächst so voll wie nie zuvor.[193] Allmählich gingen die Fahr-

Fliegerschäden am Betriebsbahnhof II der städtischen Straßenbahn in der Hohwiesenstraße nach einem Luftangriff am 16./17.4.1943.
(MARCHIVUM, AB03839-7-801)

gastzahlen zurück, weil Ausgebombte die Stadt verließen, immer mehr Unternehmen Betriebsteile an Ausweichstandorte verlagerten und Kinder sowie ganze Schulklassen aufs Land verschickt wurden.[194] Durch die Flucht aufs Land stand den Verkehrsbetrieben allerdings auch immer weniger Fahrpersonal zur Verfügung. Im Laufe des Kriegs hatte der Anteil der Frauen hier kontinuierlich zugenommen. Die Verkehrsbetriebe hatten inzwischen Frauen zu Fahrerinnen ausgebildet. Vor den schweren Luftangriffen von 1943 arbeiteten 446 Frauen als Schaffnerinnen oder Fahrerinnen, das waren mehr als 40 Prozent des ständigen Betriebspersonals im Fahrdienst.[195] Im Herbst 1943 verließen dann besonders Frauen mit Kindern in wachsender Zahl Mannheim, um zu Verwandten aufs Land zu ziehen. Mitte November waren bei den Verkehrsbetrieben bereits 56 Schaffnerinnen und Fahrerinnen offiziell ausgeschieden, 65 weitere waren nicht mehr zum Dienst erschienen.[196] Auch auf die HJ-Schaffner mussten die Verkehrsbetriebe nun verzichten, weil sie als Flakhelfer eingezogen wurden.[197]

Schon vor den schweren Luftangriffen hatte es Überlegungen gegeben, französische Kriegsgefangene oder Zivilarbeiter als Straßenbahnfahrer zu beschäftigen. Der Generalbevollmächtigte für den Arbeitseinsatz hatte solche Lösungen im Oktober 1942 für zulässig erklärt. Vergeblich hatte Kipnase daraufhin beim Arbeitsamt Ludwigshafen die Zuteilung von 25 französischen Offizieren als Fahrer für die RHB und die Straßenbahn in Ludwigshafen beantragt.[198] Dem Leiter der Verkehrsbetriebe war es dann gelungen, eine Kooperation mit der Betreiberin der Pariser Métro, der Compagnie du chemin de fer métropolitain de Paris (CMP), anzubahnen. Einige Mitarbeiter der CMP wurden ab April 1943 in Mannheim als Straßenbahnfahrer geschult.[199] Sie dürften nach den Luftangriffen die Stadt verlassen haben.

Auch die Wasser-, Gas- und Elektrizitätswerke arbeiteten inzwischen nicht mehr in ihrem Verwaltungsgebäude, sondern in einer Schule in K 5. Allerdings waren sie aus anderen Gründen umgezogen als die Verkehrsbetriebe. Da beim Angriff vom 5./6. September auch das Rathaus zerstört worden war, zog die Stadtverwaltung Anfang Oktober 1943 in das Gebäude K 7 ein. Als Ersatz erhielten die Versorgungsbetriebe einen Teil des nahe gelegenen Schulgebäudes K 5 zur Verfügung gestellt, das dann mehr als 20 Jahre lang von den Stadtwerken genutzt wurde.[200] In der K 5-Schule (heute Johannes-Kepler-Gemeinschaftsschule) war 1941 ein Sammellager für Kriegsgefangene eingerichtet worden. Als die Verwaltung der Stadtwerke, Abt. WGE, dorthin verlegt wurde, waren im Gebäude tschechische, niederländische und belgische Zwangsarbeiter untergebracht. Bis April 1945 befanden sich fortan in den oberen Geschossen von K 5 Büros der Stadtwerke, während unten, vermutlich in den Kellerräumen, ein Lager für rund 480 Zwangsarbeiter bestand. Zwischenzeitlich kamen noch 50 französische Kriegsgefangene hinzu.[201] Die in K 5 arbeitenden Beschäftigten der Stadtwerke müssen gewusst haben, unter welchen Bedingungen ihre in zwei Bau- und Arbeitsbataillonen eingesetzten Nachbarn im Keller lebten. Sie werden ihnen täglich begegnet sein. Dennoch wurde dieses Lager weder in zeitgenössischen noch in späteren Berichten von Mitarbeitenden der Stadtwerke erwähnt. Das Schicksal der in K 5 untergebrachten Zwangsarbeitskräfte geriet erst in Erinnerung, als 2003 die von ihnen hinterlassenen Inschriften an den Wänden entdeckt wurden.[202]

Die Beratungen des Oberbürgermeisters mit den Ratsherren fanden nach der Zerstörung des Rathauses zunächst im Kammermusiksaal der Musikhochschule, dann im Parkhotel statt. Zur Sitzung am 21. Juni 1944 wurden die Werkleiter Kipnase und Schraeder dorthin bestellt, um über die Lage zu berichten. Kipnase schilderte anschaulich das ganze Elend des Straßenbahnbetriebs. Anschließend konnte Schraeder ein anderes Bild zeichnen und mitteilen, es sei „im großen Ganzen doch gelungen, ohne allzulange und umfangreiche Störungen auszukommen. In der Stromversorgung hatten wir bisher überhaupt keine Störungen, die allgemein waren und länger als einige Stunden andauerten."[203] Was Schraeder

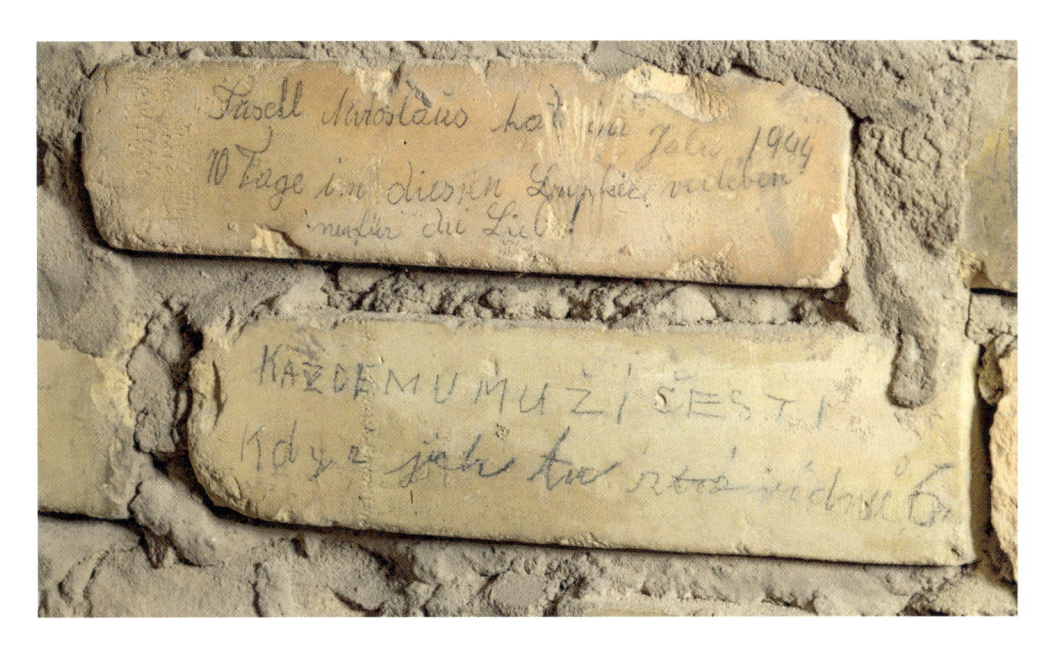

Bis heute erhaltene Inschriften im Keller der K 5-Schule dokumentieren, dass in diesem bis Kriegsende Zwangsarbeiter untergebracht waren. Einige Texte deuten darauf hin, dass die Kellerräume auch als „Verlies" genutzt wurden, um einzelne Zwangsarbeiter zu bestrafen. (MARCHIVUM, AB04258-038)

7 DIE STADTWERKE IM ZEICHEN DES HAKENKREUZES

berichtete, grenzte angesichts der Zerstörungen in der Stadt an ein Wunder. Dem Werk Fritz, das bei Luftangriffen einspringen sollte, war dies nur zum Teil zu verdanken. Wie Schraeder darlegte, hatten die Versorgungsbetriebe bereits längere Zeit ohne das GKM auskommen müssen. Dieses war nach einem Luftangriff wochenlang ausgefallen und auch das angeblich sichere unterirdische Werk hatte so schwere Schäden erlitten, dass die Versorgungsbetriebe zum Bezug von Fremdstrom übergehen mussten: „Wir haben die Hilfe der Nachbarwerke in Anspruch genommen und sind von diesen gut unterstützt worden."[204] Dieses Lob auf das Badenwerk entsprach nicht gerade dem Mannheimer Versorgungskonzept, aber längst ging es nur noch darum, die Versorgung aufrechtzuerhalten. Bei den Wasserwerken gab es keine Probleme, auch die Leitungsnetze für Wasser und Gas funktionierten. Letzteres war das Verdienst der Abteilung Rohrnetzbetrieb, die im Juni 1944 bereits an 500 Stellen Reparaturen durchgeführt hatte.[205]

Die Schwachstelle der Versorgung durch die WGE war das Gaswerk. Die Luftangriffe hatten hier zu erheblichen Schäden geführt; am 2./3. Juni 1944 war der große Gasbehälter mit einem Fassungsvermögen von 750.000 m³ zerstört worden. Bisher hatten die Versorgungsbetriebe die Störungen im Gaswerk durch Aushilfslieferungen der SFG über die einst so ungeliebte Hochdruckleitung via Ludwigshafen ausgleichen können. Doch inzwischen blieben diese Lieferungen aus, weil an der Saar die Burbacher Hütte bei einem Luftangriff schwer getroffen worden war.[206] Als Schraeder in der erwähnten Sitzung davon berichtete, sah Ren-

Das bombenbeschädigte Gaswerk Luzenberg, 1944. Nach einem Luftangriff am 8.9.1944 fiel die Gasversorgung 14 Tage lang aus. Bereits am 18. Oktober wurde das Werk bei einem weiteren Luftangriff so stark zerstört, dass es bis Kriegsende nicht mehr in Betrieb gehen konnte.
(MARCHIVUM, KF000137)

ninger wieder einmal seine Ansichten bestätigt: „Wenn wir ausschließlich auf die Ferngasversorgung angewiesen gewesen wären, hätten wir heute kein Gas."[207]

Schon drei Monate später fiel in Mannheim auch das Stadtgas aus. Das Gaswerk Luzenberg musste nach mehreren Luftangriffen am 18. Oktober 1944 die Produktion einstellen und konnte sie bis Kriegsende nicht wieder aufnehmen.[208] Manche Hoffnungen mögen sich nun auf die Ferngasleitung aus dem Ruhrgebiet gerichtet haben, die das Reichswirtschaftsministerium trotz des Kriegs weiterbauen ließ. Doch an diese Leitung konnte Mannheim erst nach dem Krieg angeschlossen werden. Im letzten Kriegsjahr endete sie noch in der Viernheimer Heide, rund vier Kilometer vor dem Gaswerk Luzenberg.[209]

Auch bei den Versorgungsbetrieben ging die Beschäftigtenzahl in den letzten Kriegsjahren zurück, allerdings in erster Linie durch die Einberufungen, von denen im Geschäftsjahr 1942/43 24 Prozent der Belegschaft betroffen war, im Geschäftsjahr 1944/45 dagegen 35 Prozent.[210] Die Abwanderung dürfte hier eine geringere Rolle gespielt haben als bei den Verkehrsbetrieben. Dafür spricht der relativ hohe Frauenanteil, der noch aus einer „Gefolgschaftsstatistik" für Ende November 1944 hervorgeht. Demnach waren 200 der 758 Beschäftigten Frauen, davon 120 Angestellte und 80 Arbeiterinnen.[211]

Während die Bevölkerung der Stadt gegen Kriegsende rapide abnahm, erreichte die Zahl der eingesetzten Zwangsarbeitskräfte einen Höchststand. Sie waren in den letzten Kriegsmonaten nicht mehr nur den Risiken gefährlicher Arbeitseinsätze und der Bedrohung durch Luftangriffe ausgesetzt, sondern auch den zunehmenden Gewaltexzessen. So wurden im März 1945 russische, polnische und französische Zwangsarbeiter von Gestapobeamten hinterrücks erschossen, als sie gemeinsam mit zahlreichen deutschen Anwohnern auf dem Güterbahnhof Seckenheim Kohlen und Lebensmittel plünderten.[212]

Dass die kommunale Infrastruktur in Mannheim trotz der insgesamt über 150 Luftangriffe nicht zusammenbrach, war dem Einsatz und dem Können von Beschäftigten der Stadtwerke und anderer städtischer Betriebe zu verdanken. Ohne die Kriegsgefangenen und ausländischen Zivilarbeiter wäre dies aber in weiten Bereichen, besonders bei den Verkehrsbetrieben, nicht möglich gewesen. Die WGE konnten bei Kriegsende eine beeindruckende Bilanz ziehen: Während in Mannheim nur 20 Prozent der Wohnungen keine Schäden erlitten hatten und die Straßenbahn nur noch über 27 betriebsfähige Wagen verfügte, war die Versorgung mit Strom und Wasser stets aufrechterhalten geblieben.[213]

7.9 DIE STADTWERKE UND DIE ÜBERGABE DER STADT MANNHEIM

Das Kriegsende nahte in Mannheim am 17./18. März 1945 mit Flugblättern, in denen das alliierte Oberkommando die Stadt zur Kampfzone erklärte und die Zivilbevölkerung aufforderte, das Stadtgebiet zu verlassen.[214] Da von einzelnen Parteidienststellen ähnliche, später widerrufene Aufforderungen ergingen, setzte eine erste Fluchtwelle ein, an der sich auch zahlreiche Zwangsarbeiter beteiligten.²¹⁵ Der Oberbürgermeister errichtete im Luisenringbunker eine Befehlsstelle; vorsorglich war für die Stadtverwaltung bereits eine Ausweichstelle in dem zwischen Sinsheim und Heilbronn gelegenen Dorf Babstadt (heute Bad Rappenau-Babstadt) eingerichtet worden.²¹⁶ Für die Leitung der Versorgungsbetriebe bestand ein Ausweichquartier auf dem Gut Neuzenhof bei Heddesheim.²¹⁷ Am 21. März wurden Ältere, Frauen und Kinder offiziell evakuiert. Einen Tag später lag Mannheim bereits unter schwerem Beschuss der amerikanischen Artillerie, doch Gauleiter Wagner gab weiterhin Durchhalteparolen aus. Erst am 25. März wurde der Evakuierungsbefehl für die gesamte Zivilbevölkerung erlassen.²¹⁸ Auch in den Stadtwerken wurde die Arbeit nun eingestellt. Die meisten „Gefolgschaftsmitglieder" schlossen sich der panischen Massenflucht aus der Stadt an.²¹⁹ Die Beschäftigten der Stadtverwaltung setzten sich bis auf einen Reststab um Renninger nach Babstadt ab. Zwei Tage später flüchtete auch der Oberbürgermeister.²²⁰

Welche Rolle Beschäftigte der Stadtwerke in den folgenden Tagen spielten, ist in Berichten mehrerer Beteiligter dokumentiert. Die Darstellungen wurden durchweg im April 1945 unter dem unmittelbaren Eindruck der geschilderten Ereignisse verfasst. Sie stimmen nicht in allen Details, aber doch in den entscheidenden Punkten überein. Damals zeigte sich nicht nur, welche Bedeutung den Stadtwerken in einer Schicksalsstunde Mannheims zukam, sondern auch, dass die Stadtwerke selbst in einer so kritischen Lage vor Ort präsent blieben. Während die Berufsfeuerwehr die Stadt bereits verlassen hatte, setzte sich ein Einsatzstab der Versorgungsbetriebe in der Ausweichzentrale K 5 fest. Dort hatte man eine eigene Befehlsstelle eingerichtet, die über ein Werktelefon mit den einzelnen Betrieben verbunden war.²²¹

Wie Josef Braun in einem Erinnerungsbericht festhielt, wurde nach der Flucht Renningers „eine Übergangsstadtverwaltung unter Führung der Herren Dir. Maier [sic!], Dir. Schmitt, Albrecht, Dir. Schraeder, Dir. Egetmeyer, Oberbaurat Ender, Oberbaurat Braun usw." gebildet.²²² Bei den vier Letzteren handelte es sich durchweg um Verantwortliche der Wasser-, Gas- und Elektrizitätswerke, die nicht der NSDAP angehörten. Politisch unbelastete Experten aus den Versorgungsbetrieben waren für die anstehenden Aufgaben zweifellos am besten geeignet. An erster Stelle stand aber mit Otto Mayer, dem Leiter des Ernährungs- und Wirtschaftsamts, ein Ernährungsfachmann mit NSDAP-Mitgliedschaft.²²³

Braun war für seine Distanz zum NS-Regime bekannt. Erst sieben Monate vorher, am 23. August 1944, war der Leiter des Rohrnetzbetriebs und der Bauabteilung in seinem Büro von der Gestapo verhaftet worden.²²⁴ Vermutlich stand dies im Zusammenhang mit der sogenannten Aktion Gitter, einer Massenverhaftung von Politikern aller den Nationalsozialisten missliebigen Parteien aus der Zeit der Weimarer Republik nach dem Attentat vom 20. Juli 1944. Braun kam damals rasch wieder frei. Dass er als Leiter des Rohrnetzbetriebs für die Beseitigung von Bombenschäden unentbehrlich war, dürfte schwerer gewogen haben als seine frühere Bedeutung als Stadtrat der Zentrumspartei. Nur drei Monate später wurde er zum Oberbaurat befördert. Ob dieser Titel als Kompensation gedacht war oder eine Anerkennung für die Leistungen bei der Schadensbeseitigung darstellte, muss offenbleiben. Braun hat sich dazu später nicht geäußert.

Die amerikanische Armee hatte für die Operationen im Rhein-Neckar-Gebiet insgesamt acht Divisionen zusammengezogen. Am 26. März setzte die 3rd Infantry Division bei Sandhofen über den Rhein, um sich entlang des unteren Neckars und in Richtung Bergstraße vorzukämpfen.[225] Währenddessen wurden die zentralen Stadtteile weiterhin mit schwerer Artillerie beschossen. Die dort noch verbliebenen, in Bunkern und Kellern ausharrenden Frauen und Männer waren zunehmend verzweifelt. Am 28. März erhielt die junge Telefonistin in der Befehlsstelle der Versorgungsbetriebe, Gretje Ahlrichs, über die interne Telefonleitung der Stadtwerke einen Anruf aus dem Wasserwerk Käfertal. Der dortige Betriebsleiter Heinrich Friedmann teilte ihr mit, dass sich amerikanische Panzer von Sandhofen aus Käfertal näherten.[226] Wenig später war das Wasserwerk vom 933rd Field Artillerie Regiment der US-Armee besetzt. Die Einheit richtete im Betriebsbüro des Werks einen Gefechtsstand ein. Friedmann kam dabei mit dem Regimentsarzt Captain Franz S. Steinitz ins Gespräch, der aus Oberschlesien stammte und acht Jahre zuvor wegen seiner jüdischen Herkunft vor den Nationalsozialisten geflüchtet und in die USA emigriert war.

Als Steinitz von Friedmann erfuhr, dass das Wasserwerk über eine intakte Telefonverbindung ins Stadtzentrum verfügte, entschloss er sich, einen Vorstoß für eine friedliche Übergabe zu wagen. Die Leitungen des öffentlichen Fernsprechnetzes waren unterbrochen worden, die Adolf-Hitler-Brücke (später wieder Friedrich-Ebert-Brücke), über die die Telefonleitungen aus dem Stadtzentrum in den Norden liefen, hatte die Wehrmacht einen Tag zuvor gesprengt.[227] Steinitz rief in K 5 an und wollte den Oberbürgermeister sprechen. Ahlrichs versuchte, die Situation zu erklären – die Spitzen der Stadtverwaltung befanden sich zu diesem Zeitpunkt in Heidelberg, konnten aber über das Wasserwerk Rheinau telefonisch erreicht werden. Mayer war zu Verhandlungen bereit und wollte nach Mannheim kommen. Da er auch nach mehreren Stunden nicht eintraf, holte der Techniker Ringshauser den Bauamtmann Peter Nikolaus Quintus aus dem nahe gelegenen Luisenringbunker ans Telefon. Quintus leitete dort den Ausbesserungstrupp der Stadtwerke.[228] Steinitz beauftragte ihn, einen Verantwortlichen zu finden, der die

Da die Telefonleitung der Stadtwerke zwischen dem Wasserwerk Käfertal, in das die US-Army am 28.3.1945 vorgerückt war, und der K 5-Schule in der Stadtmitte noch intakt war – anders als die anderen Verbindungen –, konnte mithilfe der jungen Telefonistin Gretje Ahlrichs, dem Betriebsleiter des Wasserwerks Heinrich Friedmann sowie dem Leiter des „Ausbesserungstrupps" der Stadtwerke Peter Nikolaus Quintus die Übergabe der Stadt Mannheim organisiert werden.

Links: Heinrich Friedmann, undatiert.
(MARCHIVUM, KF039807)

Mitte: Peter Nikolaus Quintus, undatiert.
(MARCHIVUM, KF039808)

Rechts: Gretje Ahlrichs, undatiert (um 1997).
(MARCHIVUM, KS1997-04)

Stadt übergeben konnte, und gestand dafür eine Feuerpause zu.[229] Quintus und Ringshauser versuchten nun, den Stadtkommandanten zu erreichen, doch dieser hatte sich bereits abgesetzt, und die Offiziere in der Befehlsstelle des Kommandanten waren nicht bereit, sich auf das Risiko von Verhandlungen mit dem Feind einzulassen.[230] Immerhin wurden am selben Tag in Mannheim drei Männer wegen Hissens einer weißen Fahne von Polizisten erschossen.[231] Ahlrichs, Quintus und Ringshauser dürften gewusst haben, dass sie mit dem Kontakt zu Steinitz ihr Leben aufs Spiel setzten, gingen dieses Risiko aber dennoch ein.

Da keine Verhandlungen zustande kamen, setzte die US-Armee den Beschuss fort. Am Morgen des 29. März rief Friedmann wieder an und teilte mit, dass der amerikanische Kommandant nicht mehr länger warten wollte. Die noch in Mannheim verbliebene Zivilbevölkerung solle in Bunkern und Kellern bleiben.[232] Wenig später konnte Quintus nach Käfertal melden, dass sich die letzten Einheiten der Wehrmacht und der Schutzpolizei während der Nacht abgesetzt hatten. Der Beschuss wurde daraufhin eingestellt und eine Handvoll Mannheimer Bürger um den früheren SPD-Stadtrat Georg Fuchs übergab die Stadt an der Hauptfeuerwache der amerikanischen Armee.[233] Dieser Akt hatte freilich nur noch eine symbolische Bedeutung. Inzwischen konnten die US-Truppen Mannheim in beliebiger Form ohne Gegenwehr besetzen.

Josef Braun hatte sich zuletzt zu Verwandten in Viernheim zurückgezogen. Als er am 29. März in das befreite Mannheim zurückkam, wurde er bereits von der neuen US-Militärverwaltung gesucht, die in die Büros der Stadtverwaltung in K 7 eingezogen war. Braun wurde dorthin bestellt, um Auskünfte über Politik und Wirtschaft der Stadt zu erteilen. Am 31. März, einem Karsamstag, musste er wieder zur Militärverwaltung. Nun wurde er vom amerikanischen Stadtkommandanten Major Charles D. Winning gebeten, das Amt des Oberbürgermeisters zu übernehmen.[234] Was Winning dazu bewogen hat, ist nicht bekannt. Später wurde gemutmaßt, dass die Empfehlung eines katholischen Prälaten entscheidend gewesen sei oder dass Braun auf einer Liste der Amerikaner gestanden hätte. Möglicherweise war es auch der persönliche Eindruck, eine Information über Brauns Verhaftung im Jahr 1944 oder die gute Erfahrung, die die Amerikaner bei der Übergabe Mannheims mit den Stadtwerken gemacht hatten. Jedenfalls war Braun aufgrund seiner Position bei den Stadtwerken zur richtigen Zeit am richtigen Ort.

Otto Mayer, der noch dem Übergangsstadtrat vorgestanden hatte, kam für die amerikanische Militärverwaltung nicht in Betracht. Ernst Kipnase, der inzwischen in Waldauerbach im Odenwald untergekommen war und offenbar keine Informationen aus Mannheim hatte, schrieb gleichwohl noch am 15. April 1945 an den kommissarischen Oberbürgermeister Dr. Meyer [sic!], um eine Rückreisegenehmigung zu erbitten.[235] Friedmann erhielt von einem amerikanischen Offizier eine Bescheinigung, die ihn als „reliable" und „helpful in the future to the Allied Government" auswies. Dass er früher Rottenführer der SA gewesen war, konnten die Amerikaner nicht wissen.[236] Quintus wurde 1949 zum Oberbaurat ernannt und ging drei Jahre später in Pension.[237] Ohne den Mut, den er am 28./29. März 1945 spontan bewiesen hat, wäre er heute völlig unbekannt.

7.10 FAZIT

Die Mannheimer Wasser-, Gas- und Elektrizitätswerke waren bis 1939 ein Teil der Stadtverwaltung. Dann wurden sie unter dem neuen Namen Stadtwerke in einen kommunalen Eigenbetrieb umgewandelt und mit den Verkehrsbetrieben zusammengeschlossen.

Wie die gesamte Mannheimer Stadtverwaltung erfuhren die WGE nach der nationalsozialistischen Machtübernahme eine rigide personelle „Säuberung". Rund zehn Prozent der Arbeiter wurden entlassen, dafür zahlreiche „Alte Kämpfer" der NSDAP eingestellt. Die Versorgungsbetriebe setzten die Weisungen zur Ausgrenzung jüdischer Mitmenschen um und waren auch an der „Arisierung" von Immobilien beteiligt. Geleitet wurden sie von erfahrenen Experten, die nicht der NSDAP angehörten, sich aber den Machthabern gegenüber loyal verhielten. Bei den Verkehrsbetrieben wurde mit Ernst Kipnase ein Nationalsozialist zum Leiter berufen.

Durch die Rüstungskonjunktur und die Elektrifizierung der Haushalte erfuhren die Versorgungsbetriebe im „Dritten Reich" ein starkes Wachstum. Gleichzeitig gerieten sie durch den von der Reichsregierung aus kriegswirtschaftlichen und industriepolitischen Gründen vorangetriebenen Ausbau der überregionalen Verbundwirtschaft unter Druck. Mit dem Anschluss an das Ferngasnetz wurde das auf regionaler Autonomie beruhende Versorgungskonzept der Stadt Mannheim erstmals durchbrochen. Bei der Elektrizitätsversorgung erhielt die Stadt 1938 ein Monopol auf die Belieferung des Stadtgebiets. Für die Gemeinden im Umland war fortan ausschließlich das Badenwerk zuständig. Diese Demarkation hatte bis 1998 Bestand.

Ab 1936 musste Mannheim wegen der Kriegsvorbereitungen und seiner Nähe zur französischen Grenze auf größere Investitionen in die kommunale Infrastruktur verzichten. Bei den Stadtwerken blieben erforderliche Erweiterungen und Modernisierungen aus. Ein noch größeres Problem wurde der mit Kriegsbeginn eintretende Arbeitskräftemangel. Die Stadtwerke stellten Aushilfskräfte ein, ab August 1940 wurden Kriegsgefangene, später auch ausländische Zivilisten als Zwangsarbeiter eingesetzt. Ihr Anteil an der Belegschaft stieg bei den WGE bis Herbst 1944 auf knapp zwölf Prozent. Die Stadtwerke wollten sehr viel mehr Zwangsarbeiterinnen und Zwangsarbeiter einsetzen, mussten bei der Zuteilung jedoch hinter der Rüstungsindustrie zurückstehen.

In den letzten Kriegsjahren wurden die Aufräumarbeiten nach den zahlreichen Luftangriffen zu einem großen Teil von Zwangsarbeitskräften geleistet. Die Verkehrsbetriebe verloren durch die Luftangriffe bis Kriegsende 92 Prozent der Straßenbahnwagen; der einzige produzierende Betrieb der Stadtwerke, das Gaswerk Luzenberg, fiel im Oktober 1944 aus. Die Strom- und Wasserversorgung konnte hingegen den gesamten Krieg hindurch aufrechterhalten werden. Bei Kriegsende blieben die Stadtwerke auch noch nach der Evakuierung der Bevölkerung in Mannheim präsent, um die Versorgung zu sichern. Mehrere ihrer Beschäftigten wirkten an der kampflosen Übergabe der Stadt mit.

„KAUFPREIS NICHT ZUR FREIEN VERFÜGUNG": DIE „ARISIERUNG" DES WOHNHAUSES IN DER KLEINEN WALLSTADTSTRASSE 5

Johannes Bähr

Wie sich die Wasser-, Gas- und Elektrizitätswerke gegenüber jüdischen Kundinnen und Kunden verhalten haben, ist in den überlieferten Akten nicht dokumentiert. Gut belegt ist dagegen die „Arisierung" einer Immobilie, zu der die Stadtwerke die Stadtverwaltung aus Eigeninteresse gedrängt haben.[1] Dieses Haus in der Kleinen Wallstadtstraße 5 (heute: Galileistraße) gehörte der jüdischen Witwe Amalie Baer. Sie hatte die von ihrem Mann geerbte dreistöckige Immobilie an sechs Parteien vermietet und wohnte selbst zur Miete in der Werderstraße. Die Stadtwerke waren an dem Grundstück interessiert, weil es an ihr Umspannwerk II in der Keplerstraße grenzte, das langfristig erweitert werden sollte. Nachdem Juden aufgrund der Verordnung über den Einsatz jüdischen Vermögens vom 3. Dezember 1938 zum Verkauf ihres Immobilienbesitzes gezwungen werden konnten, wollten sich die Stadtwerke das Haus aneignen.

Eine Anfrage bei Frau Baer ergab, dass die 70-Jährige vorläufig nicht verkaufen wollte. Sie benötigte die Mieteinnahmen und musste damit rechnen, dass ihr als Jüdin die Wohnung in der Werderstraße gekündigt würde. Die Stadtwerke wandten sich daraufhin an den Oberbürgermeister. Mit einem Beschluss vom 14. Juni 1939 wurde Carl Renninger aufgefordert, das Haus zwangsweise für die Stadt

Die Ruine des Hauses Kleine Wallstadtstraße 5. Ganz links im Bild schließt sich ein Gebäude des Umspannwerks in der Keplerstraße an.
(MARCHIVUM, AB02131-13-039)

zu erwerben und den Stadtwerken zur Verfügung zu stellen. Auch der Badische Finanz- und Wirtschaftsminister wurde eingeschaltet. Das Ministerium setzte Amalie Baer unter Druck, indem es ihr mitteilte, dass ein Verkauf des Hauses an einen anderen Interessenten nicht die nach der Verordnung vom 3. Dezember 1938 erforderliche Genehmigung erhalten würde. Die Witwe war schließlich bereit, der Stadt ein Vorkaufsrecht eintragen zu lassen. Sie wollte das Haus aber noch behalten, bis sie mit ihrer Tochter und ihrem Schwiegersohn in die USA oder nach Australien emigrieren konnte. Da die Erweiterung des Umspannwerks erst in einigen Jahren erfolgen sollte, begnügte sich die Stadtverwaltung mit der Eintragung einer Auflassungsvormerkung, die aufgrund eines notariell beurkundeten Vertragsangebots vom 22. November 1939 erfolgte. Der Kaufpreis sollte 21.500 Reichsmark betragen, das war mehr als der Einheitswert, aber weniger als der Verkehrswert.

Ein knappes Jahr später wurden Amalie Baer, ihre Tochter und ihr Schwiegersohn im Rahmen der sogenannten Wagner-Bürckel-Aktion vom 22./23. Oktober 1940 zusammen mit rund 6500 weiteren Jüdinnen und Juden aus Baden, der Pfalz und dem Saargebiet in das Internierungslager Gurs am Rand der Pyrenäen deportiert. Die Stadtverwaltung kaufte das Haus in der Kleinen Wallstadtstraße einige Monate später und erkundigte sich beim Polizeipräsidenten, an wen die Zahlung erfolgen sollte. Da das gesamte Vermögen der Deportierten durch einen Geheimerlass des Gauleiters für „verfallen" erklärt worden war und vom Generalbevollmächtigten für das jüdische Vermögen in Baden, Carl Domes, „verwertet" wurde, dürfte der Kaufpreis in den Haushalt des Landes oder des Reichs geflossen sein.

Amalie Baer hat die Lagerhaft nicht überlebt. Sie starb am 5. Dezember 1942 im Internierungslager Nexon bei Limoges. Auch ihre Tochter und ihr Schwiegersohn kamen in einem Internierungslager um. An ihrer Stelle leitete die Jewish Restitution Successor Organization (JRSO) nach dem Krieg ein Rückerstattungsverfahren ein. Die Stadtverwaltung teilte den Stadtwerken am 17. März 1951 mit, dass das Grundstück restitutionspflichtig sei, weil der „Kaufpreis nicht zur freien Verfügung der Verkäuferin gelangt ist". Das Haus bestand zu diesem Zeitpunkt nur noch als Ruine. Es war bei einem Luftangriff am 1. März 1945 ausgebrannt. Nur die Kellerräume hatten den Krieg überstanden.

Für die Stadtwerke verhandelte die Stadtverwaltung mit der JRSO über einen Kauf des Grundstücks. In einem unwürdigen Schauspiel gelang es ihr, den Kaufpreis auf 4500 D-Mark zu drücken. Nach dem im Januar 1952 geschlossenen Vergleich mit der JRSO waren die Stadtwerke erstmals rechtmäßige Eigentümerin des Grundstücks. In den nächsten Jahren wurde das ausgebrannte Haus mit einem Notdach versehen und von verschiedenen Firmen genutzt, bis im Herbst 1962 der Abriss erfolgte. Fortan diente das Grundstück, nun mit der Anschrift Galileistraße 5, als Lagerplatz. Erst Ende der 1970er Jahre entstand hier ein Neubau in Form eines modernen Umspannwerks, das das benachbarte alte Werk ersetzte.

1 Dokumentiert in: MARCHIVUM, MVV UA, Zug. 18/2019 Nr. 2398.

ANMERKUNGEN

1 Siehe hierzu und zum Folgenden: M. Caroli/S. Pich (1997), S. 13–30; H. Hoffmann (1985), S. 149–153.

2 Bei den ersten Kündigungswellen stützten sich die Kommissare noch auf den § 19 des Reichsmanteltarifvertrags für die Gemeindearbeiter („Befugnis zur fristlosen Entlassung aus wichtigem Grunde"); vgl. MARCHIVUM, Stadtwerke (WGE), Zug. 6/1964 Nr. 314, Bl. 1, Verfügung des Oberbürgermeisters, Abt. V, betr. Arbeiterentlassung, 27.3.1933 (gez. Walli).

3 Zur Biografie von Otto Walli siehe B. Arnold (1997), S. 34. Die Abteilung II der Stadtverwaltung war für die Allgemeine Vertretung des Oberbürgermeisters, das Finanz- und Steuerwesen, die Sparkasse und die Wasser-, Gas- und Elektrizitätswerke zuständig; vgl. MARCHIVUM, Stadtwerke (WGE), Zug. 6/1964 Nr. 34, Verwaltungsbericht (im Folgenden VB), S. 1; MARCHIVUM, Stadtwerke (WGE), Zug. 6/1964 Nr. 11, Geschäftsverteilung bei der inneren Verwaltung, 15.5.1936. Nach Einsetzung des neuen Stadtrats wurde auch der Ausschuss für die Verwaltung der WGE neu gebildet. Wie üblich übernahm der Oberbürgermeister den Vorsitz im Verwaltungsrat. Walli wurde stellvertretender Vorsitzender.

4 GLA Karlsruhe, Abt. 465n Spruchkammer Mannheim, Nr. 32074, Josef Gampfer an die Spruchkammer – der öffentliche Kläger – Mannheim, 6.2.1948.

5 Aus der Stadtverwaltung, Hakenkreuzbanner vom 6.4.1933; H. Hoffmann (1985), S. 187; MARCHIVUM, Mannheimer NS-Aktive und Unterstützer (2019) (mit Zitat).

6 Vgl. Neue Mannheimer Zeitung (im Folgenden NMZ) (Abend-Ausgabe) vom 20.3.1933; H. Hoffmann (1983), S. 180; MARCHIVUM, Judendokumentation, Karola Bodenheimer. Frau Bodenheimer war anschließend arbeitslos. 1935 emigrierte sie nach Palästina. Dort arbeitete sie auf einem Kibbuz bei Haifa. 1937 heiratete sie Aron Nathanson; vgl. ebd., GLA, Abt. 480, Nr. 10164 (Nathanson).

7 Vgl. MARCHIVUM, Stadtwerke (WGE), Zug. 6/1964 Nr. 314, Bl. 1, Verfügung des Oberbürgermeisters, Abt. V, betr. Arbeiterentlassung, 27.3.1933 (gez. Walli).

8 Vgl. H. Hoffmann (1985), S. 182. Zu den Beschäftigtenzahlen vgl. VB 1932/33, S. 2.

9 Nach Angaben des badischen Innenministeriums wurden in den Jahren 1933 bis 1937 244 Beamte, Angestellte und Arbeiter der Stadt Mannheim aus politischen oder rassischen Gründen entlassen. Im Verhältnis zur Gesamtzahl der städtischen Bediensteten im Jahr 1933 bedeutet dies einen Anteil von fünf Prozent. Die weitaus meisten Entlassungen erfolgten 1933; vgl. H. Hoffmann (1985), S. 184 f.

10 Zu den Beschäftigtenzahlen vgl. VB 1932/33, S. 2.

11 Fahrner wurde am 12.5. oder 13.5.1933 entlassen und am 5.8.1933 nach mehreren Bittgesuchen wieder eingestellt; vgl. GLA Karlsruhe, Abt. 480 Landesamt für Wiedergutmachung, Nr. 9821, Der Oberbürgermeister, Abt. IV, an Heinrich Fahrner, 3.8.1933; ebd., Heinrich Fahrner, Antrag auf Wiedergutmachung, o. D. (April 1957).

12 Im Rahmen dieser „Sonderaktion" wurden beispielsweise der SA-Scharführer Ernst Grimm (NSDAP-Mitglied seit 1927) und der SA-Sturmführer Karl Schöntag (NSDAP-Mitglied seit 1930) bei den WGE eingestellt; vgl. MARCHIVUM, Personalamt, Zug. 51/1997 Nr. 25, Beschluss des Verwaltungsausschusses vom 7.2.1950 betr. Wiedereinstellung bzw. Weiterbeschäftigung von städtischen Bediensteten, S. 4.

13 Vgl. MARCHIVUM, Stadtwerke (WGE), Zug. 6/1964 Nr. 314, Bl. 5, Der Oberbürgermeister, Abt. V, an das Straßenbahnamt, 30.3.1933.

14 Vgl. H. Hoffmann (1985), S. 182. Zu August Jung und Georg Moyzich siehe E. Matthias/H. Weber (1984), S. 391, 486 u. 494. Jung gehörte nach dem Krieg zu den Gründern des Ortsverbands Heidelberg der CDU. Er wurde auch Vorsitzender der Katholischen Arbeitervereine Mannheim; vgl. MARCHIVUM, ZGS, S 1/3267.

15 Vgl. H. Mies (2009), S. 26 f.; H. Hofmann (1985), S. 182.

16 Vgl. MARCHIVUM, Dokumentation D11 Widerstand in Heidelberg/Mannheim, Zug. 22/1983 Nr. 365, Theodor Wissel an Oberbürgermeister Dr. Hans Reschke, 24.1.1969.

17 Vgl. ebd.

18 Vgl. MARCHIVUM, Ratsprotokolle (im Folgenden RP), Zug. 1/1900 Nr. 300, Protokoll der Stadtratssitzung vom 16.1.1935, Bl. 106.

19 Vgl. H. Hoffmann (1981), S. 201f.

20 MARCHIVUM, RP, Zug. 1/1900 Nr. 300, Protokoll der Stadtratssitzung vom 16.1.1935, Offenlage OZ.10, Bl. 83.

21 Vgl. MARCHIVUM, Stadtwerke (WGE), Zug. 6/1964 Nr. 374, Bl. 40, Betriebsabteilung Gaswerk an die Direktion der Wasser-, Gas- und Elektrizitätswerke, 10.4.1933.

22 Ebd., Bl. 44, Schreiben des Badischen Finanz- und Wirtschaftsministers, 29.9.1933; A. Salewski (1994), S. 43.

23 Vgl. Das Diktaturprogramm Dr. Heimerichs, Hakenkreuzbanner vom 2.9.1931; Ein Blick in die Parteibuchwirtschaft der Stadt Mannheim, Hakenkreuzbanner vom 23.5.1932. Josef Kellner wurde 1934 Leiter der Münchner Verkehrsbetriebe und trat in dieser Position 1941 in die NSDAP ein; vgl. Staatsarchiv München, SpkA 857 Kellner, Josef, Bericht betr. Kellner, Josef, 13.2.1947.

24 Mannemer Glosse. Herr Generaldirektor Pichler, der „Unentbehrliche", Hakenkreuzbanner vom 1.7.1931.

25 Vgl. Aufruf der Kommissare!, Hakenkreuzbanner vom 22.3.1933.

26 Vgl. Staatsarchiv München, SpkA 857 Kellner, Josef, Bericht betr. Kellner, Josef, 13.2.1947; ebd., Josef Kellner, Erklärung o. D.

27 MARCHIVUM, Stadtwerke (WGE), Zug. 6/1964 Nr. 276, Aufruf der Direktion der städt. Gas-, Wasser- und Elektrizitätswerke, 30.5.1933 (gez. Pichler).

28 Siehe hierzu B. Arnold (1997), S. 39.

29 Vgl. J. Bähr/P. Erker (2017), S. 111; Th. Bauer/T. Maier (2012), S. 123 (Stadtwerke Frankfurt am Main) u. 264 (Main-Gaswerke).

30 Vgl. H.-H. Krämer (2004), S. 342. Zur Rolle von Ecarius während des nationalsozialistischen Umsturzes siehe L. Meinzer (1991).

31 Vgl. GLA Karlsruhe, 465n Spruchkammer Mannheim, Nr. 4904, Bl. 8f., Paul Lang, Ergänzende Angaben über meine Beziehungen zur NSDAP, o. D.; ebd., Bl. 72f., Berufskammer V, Spruch in der Spruchkammersache Paul Lang, 22.12.1947.

32 Vgl. MARCHIVUM, Nachlass Josef Braun, Zug. 26/1981 Nr. 73, Josef Braun, Niederschrift von Gedanken, die die Umstellung brachten, 8.4.1945.

33 Vgl. VB 1933/34.

34 Vgl. GLA Karlsruhe, Abt. 465n Spruchkammer Mannheim, Nr. 4604, Meldebogen Oberbaudirektor Friedrich Schraeder, 2.5.1946; MARCHIVUM, Nachlass Hermann Heimerich, Zug. 24/1972 Nr. 135, Daniel Störtz, Eidesstattliche Erklärung, 28.12.1946.

35 Vgl. Direktor Schraeder 25 Jahre im Dienste der Stadt, NMZ vom 30.11.1938; Rückblick auf arbeitsreiche Tätigkeit, Amtsblatt vom 28.3.1952; Friedrich Schraeder †, Amtsblatt vom 19.3.1954, in: MARCHIVUM, ZGS, S 1/1713.

36 Vgl. Döring (2012), S. 130ff.

37 Vgl. GLA Karlsruhe, Abt. 465n Spruchkammer Mannheim, Nr. 9583, Meldebogen Direktor Karl Egetmeyer, 6.5.1946. Egetmeyer blieb rund 40 Jahre lang in der Leitung der Versorgungsbetriebe. Er trat zum 1.7.1948 in den Ruhestand.

38 MARCHIVUM, Nachlass Hermann Heimerich, Zug. 24/197 Nr. 135, Daniel Störtz, Eidesstattliche Erklärung, 28.12.1946. Störtz gehörte seit 1930 der NSDAP-Fraktion im Mannheimer Rathaus an, 1933 wurde er Hilfsreferent für das städtische Arbeitersekretariat.

39 Vgl. MARCHIVUM, Nachlass Josef Braun, Zug. 26/1981 Nr. 73, Josef Braun, Niederschrift von Gedanken, die die Umstellung brachten, 8.4.1945.

40 In seiner Bewerbung hatte Henglein die Hoffnung ausgedrückt, seine Kenntnisse weiterhin „in voller Kraft und ganz im Sinne des Führers" der Stadt Mannheim zur Verfügung stellen zu dürfen; vgl. MARCHIVUM, Stadtwerke (WGE), Zug. 6/1964 Nr. 245, Bewerbung des Dipl.-Ing. Alfred Henglein um die Betriebsleiterstelle im Gaswerk Luzenberg, 28.2.1934. Zu Hengleins Eintritt in die NSDAP vgl. Bundesarchiv Berlin, R 9361-IX, Gaukartei der NSDAP.

41 Vgl. E. Kipnase (1925). Kipnase hatte zunächst bei den Siemens-Schuckertwerken, dann von 1914 bis 1925 bei der Hamburger Hochbahn als Ingenieur gearbeitet. Anschließend war er Betriebsdirektor der Straßenbahn Oberhausen und von 1928 bis 1934 stellvertretender Straßenbahndirektor in Leipzig.

42 GLA Karlsruhe, Abt. 465n Spruchkammer Mannheim, Nr. 3304, Bl. 68, Spruch im schriftlichen Verfahren gegen Ernst Kipnase, 4.8.1947.

43 Vgl. MARCHIVUM, Stadtwerke (WGE), Zug. 6/1964 Nr. 363, Betriebsratssitzung K 7 vom 27.10.1933.

44 Vgl. ebd., Betriebszelle des Gaswerks Luzenberg an die Direktion, 22.2.1934.

45 Zum AOG siehe u. a. A. Kranig (1983).

46 Vgl. MARCHIVUM, Stadtwerk (WGE), Zug. 6/1964 Nr. 374, Bl. 134, Ergebnis der Vertrauensmännerabstimmung für die Städt. Gas-, Wasser- und Elektrizitätswerke und die Wasserwerksgesellschaft Mannheim (die Ergebnisse wurden hier später mit denen der Vertrauensmännerabstimmung des folgenden Jahres überschrieben). Ebd., Bl. 143, Abstimmungsniederschrift, 26.4.1934; ebd., Bl. 145, Aufstellung der Ergebnisse nach Stimmlokalen und der teilweise durchgestrichenen Stimmzettel nach Kandidaten, o. D.

47 Vgl. ebd., Bl. 143, Abstimmungsniederschrift, 26.4.1934.

48 Vgl. ebd., Bl. 254, Schreiben an den Oberbürgermeister, 15.4.1935; ebd., Bl. 255, Abstimmungsniederschrift, 12.4.1935; ebd., Bl. 256, Aufstellung der Ergebnisse nach Stimmlokalen und der teilweise durchgestrichenen Stimmzettel nach Kandidaten, o. D.

49 Die Angaben stammen aus einem „Sopade-Bericht" der Exil-SPD und sind möglicherweise nicht zuverlässig; vgl. C. Thieme (2004), S. 280.

50 Vgl. W. Zollitsch (1989), M. Rüther (1991).

51 So auch die Einschätzung in A. Salewski (1994), S. 53.

52 Vgl. W. Zollitsch (1989), S. 374.

53 Vgl. VB 1933/34, S. 1.

54 Vgl. ebd.

55 Vgl. MARCHIVUM, Nachlass Josef Braun, Zug. 26/1981 Nr. 74, Josef Gampfer an Josef Braun, 21.4.1945.

56 Vgl. GLA Karlsruhe, Abt. 465n Spruchkammer Mannheim, Nr. 32074, Bl. 7, Personalamt, Auskunfterteilung, o. D. Im Entnazifizierungsverfahren benannte Gampfer Schraeder, Egetmeyer und Braun – der nun Oberbürgermeister war – als Entlastungszeugen; vgl. ebd., Bl. 10, Josef Gampfer an die Spruchkammer – der öffentliche Kläger – Mannheim, 6.2.1948.

57 Vgl. A. Salewski (1994), S. 60.

58 Vgl. ebd., S. 62 f.

59 Zitat aus der Rede des DAF-Reichsleiters Robert Ley auf dem Nürnberger Parteitag 1936, zit. n. C. Schmitz-Berning (2007), S. 693.

60 Vgl. MARCHIVUM, Stadtwerke (WGE), Zug. 6/1964 Nr. 366, Beschluss der Direktion betr. Bildung von Werkscharen, 19.7.1938.

61 Dies geht aus einem Schreiben Gampfers an die Spruchkammer Mannheim vom 19.5.1948 hervor („Herr Max Becker, Mannheim, der s. Zt. Mitglied des Betriebsrates, aber nicht Pg. war [...]"); vgl. GLA Karlsruhe, Abt. 465n Spruchkammer Mannheim, Nr. 32074, Bl. 22.

62 Vgl. A. Salewski (1994), S. 65. Der Vorgang ist dokumentiert in: MARCHIVUM, Stadtwerke (WGE), Zug. 6/1964 Nr. 1297.

63 Vgl. A. Salewski (1994), S. 69–76 u. 89 ff.; ders. (2000), S. 137–140.

64 Vgl. ebd., S. 27.

65 Vgl. ebd., S. 95.; A. Salewski (2000), S. 146 ff.

66 A. Salewski (1994), S. 84 f.; ders. (2000), S. 142 f.

67 Vgl. VB 1937/38, S. 1; VB 1938/39, S. 1.

68 Vgl. MARCHIVUM, Stadtwerke (WGE), Zug. 6/1964 Nr. 270, Gefolgschaftsmitglieder, die nach dem 30.1.1933 bei uns eingestellt wurden – Beamte, Stand 1.8.1945 (mit Markierungen für „Alte Kämpfer"). Die Zahl bezieht sich auf dort angegebene Neueinstellungen zwischen dem 1.4.1933 und dem 30.9.1933.

69 Vgl. VB 1937/38, S. 1; VB 1938/39, S. 2.

70 Vgl. MARCHIVUM, Stadtwerke (WGE), Zug. 6/1954 Nr. 80, Feier zum 1. Mai 1934, 29.4.1934.

71 Vgl. ebd., Bekanntmachung der Direktion, 29.1.1935; ebd., Der Oberbürgermeister an die städtischen Amtsstellen, 20.6.1936.

72 GLA Karlsruhe, Abt. 465n Spruchkammer Mannheim, Nr. 3304, Bl. 20, Ernst Kipnase an den Oberbürgermeister, Abt. III, 12.12.1936 (mit Zitat). Ebd., Bl. 21, Ernst Kipnase an den Oberbürgermeister, Abt. III, 4.1.1937.

73 MARCHIVUM, Stadtwerke (Verkehrsbetriebe), Zug. 18/1971 Nr. 57, Der Oberbürgermeister an sämtliche städtische Dienststellen betr. Einführung des Hitler-Grußes, 27.12.1933; ebd., Straßenbahnamt, Kipnase, Bekanntmachung an die gesamte Gefolgschaft betr. Den Deutschen Gruß, 2.12.1935; ebd., „Ist das nicht mehr nötig?" Der Deutsche Gruß auf der Straßenbahn Mannheim-Ludwigshafen, in: NSZ Rheinfront vom 26.10.1935.

74 Vgl. MARCHIVUM, Stadtwerke (WGE), Zug. 6/1964 Nr. 512, Verfügung des Oberbürgermeisters an sämtliche städtischen Bediensteten betr. Werbeaktion des Reichskolonialbundes, 15.8.1936. Zu den Eintritten siehe die Zeichnungsbögen in: ebd.

75 Vgl. Fritsche (2014), S. 138 ff.

76 Vgl. MARCHIVUM, Stadtwerke (Verkehrsbetriebe), Zug. 18/1971 Nr. 58, Der Oberbürgermeister an sämtliche städtischen Amtsstellen (einschließlich Schulen), 10.9.1935.

77 Vgl. ebd.

78 Vgl. ebd., Der Oberbürgermeister, Sekretariat für Arbeiterangelegenheiten, an die Direktion des Straßenbahnamts, 27.7.1936 (mit Bezug auf das am 3.6.1936 erlassene Verbot).

79 MARCHIVUM, Materialsammlung Fliedner, Zug. 16/1967 Nr. 175.

80 Vgl. ebd., Schreiben an die Direktion, 13.6.1936 (Verhörprotokoll Hermann Sulz). Vgl. Fritsche (2014), S. 141 f.

81 Vgl. H. Hofmann (1985), S. 41.

82 Vgl. VB 1934/35; Stadtwerke Mannheim (1973), S. 120.

83 Vgl. VB 1933/34 bis 1938/39.

84 1934 wies der Bereich Elektrizitätswerke einen Überschuss von 1,589 Mio. RM auf, während der Überschuss der Wasserwerke bei 445.000 RM und der des Gaswerks bei 365.000 RM lag; vgl. MARCHIVUM, Stadtwerke (WGE), Zug. 6/1964 Nr. 153, Wasser-, Gas- und Elektrizitätsbetriebe an den Oberbürgermeister, 24.6.1935.

85 Ehrgeiz, Großmannssucht und Strompreis, Hakenkreuzbanner vom 9.1.1932.

86 Vgl. Baumann/Metzger (1991), S. 393 f.

87 Vgl. MARCHIVUM, Stadtwerke (WGE), Zug. 6/1964 Nr. 32, Städtische Wasser-, Gas- und Elektrizitätswerke Mannheim, Berichtsjahre 1933/37, S. 1 f.

88 Direktor Schraeder 25 Jahre im Dienste der Stadt, NMZ vom 30.11.1938.

89 Vgl. MARCHIVUM, RP, Zug. 1/1900 Nr. 303, Niederschrift über die nichtöffentliche Beratung des Oberbürgermeisters mit den Ratsherren vom 28.1.1938, Bl. 119 f.

90 Vgl. Eustachi (2006), S. 73 f.

91 Die Stadt Mannheim sagte für die Finanzierung des Werks Fritz ein Darlehen in Höhe von 2,5 Mio. RM, eine Kapitaleinzahlung in Höhe von 450.000 RM und die Beteiligung an einem gemeinsamen Darlehen der Gesellschafter in Höhe von insgesamt etwa einer Mio. RM zu. Am Aktienkapital des GKM in Höhe von 6 Mio. RM war die Stadt Mannheim seit April 1938 mit 2,427 Mio, RM (40,45%) beteiligt. Weitere Gesellschafter waren die Pfalzwerke (40,45%) und das Badenwerk (19,1%). Die Neckar AG gab ihre Beteiligung im April 1938 an die anderen Gesellschafter ab; vgl. MARCHIVUM, RP, Zug. 1/1900 Nr. 303, Niederschrift über die nichtöffentliche Beratung des Oberbürgermeisters mit den Ratsherren vom 28.1.1938, Bl. 120; MARCHIVUM, Nachlass Josef Braun, Zug. 26/1981 Nr. 173, Beteiligungen der Stadt Mannheim, 14.11.1945; Badenwerk AG Karlsruhe, Bericht über das 18. Geschäftsjahr vom 1. April 1938 bis 31. Dezember 1938, Karlsruhe 1939, S. 7.

92 Sog. Einheitstarif C und Sondertarif II; vgl. VB 1933/34, S. 17; VB 1938/39, S. 26.

93 Sog. Sondertarif IV; vgl. VB 1933/34, S. 19; VB 1937/38, S. 18.

94 Vgl. VB 1938/39, S. 3.

95 MARCHIVUM, Stadtwerke (WGE), Zug. 26/2002 Nr. 36, Auseinandersetzungsvertrag zwischen der Stadt Mannheim sowie der Kraftwerk Rheinau AG einerseits und der Badischen Landeselektrizitätsversorgung AG andererseits, 28.3.1938. Siehe hierzu Stadtwerke Mannheim (1973), S. 118 f.

96 Vgl. J.-W. Löwen (2015), S. 133.

97 Vgl. MARCHIVUM, Zug. 6/1964 Nr. 1078, Direktion Großkraftwerk Mannheim AG, Marguerre, an den Leiter der Reichsgruppe Energiewirtschaft, 19.2.1936; ebd., Der Oberbürgermeister der Stadt Mannheim an den Reichs- und Preußischen Minister des Innern, 2.3.1936.

98 Vgl. J.-W. Löwen (2015), S. 133.

99 Siehe auch Kap. 6 in diesem Band.

100 Vgl. D. Bleidick (2018), S. 125.

101 Vgl. Bundesarchiv Berlin, R 4604 Generalinspektor für Wasser und Energie, Nr. 428, NSDAP Gauleitung Hessen-Nassau, Der Gauleiter, an den Beauftragten für den Vierjahresplan Generaloberst Goering, 20.4.1937. Zum Konflikt zwischen Sprenger und Schacht vgl. D. Bleidick (2018), S. 128–131.

102 Den Plan eines Gasringnetzes entwickelte Lüder Segelken in seinem Buch „Großraumwirtschaft in der deutschen Gasversorgung". L. Segelken (1937). Das Buch gilt als das „ideologisch-dogmatische Standardwerk der nationalsozialistischen Gaswirtschaft"; vgl. D. Bleidick (2018), S. 117.

103 Vgl. H.-H. Krämer (2004), S. 343–346 u. 349.

104 Vgl. MARCHIVUM, Stadtwerke (WGE), Zug. 6/1994 Nr. 1452, Friedrich Schraeder, Bericht zu Fragen der Gasfernversorgung, 23.10.1946, S. 6.

105 Die Saar Ferngas hatte bei der Stadt Mannheim bereits vergeblich eine Genehmigung zur Durchleitung von Gas beantragt, da die Ferngasleitung über Mannheim und Heilbronn nach Stuttgart weitergeführt werden sollte; vgl. ebd., S. 6 u. 8.

106 Vgl. ebd. S. 2 (hier wird der Beginn des Projekts auf Sommer 1938 datiert); H.-H. Krämer (2004), S. 357.

107 Vgl. H.-H. Krämer (2004), S. 349.

108 MARCHIVUM, RP, Zug. 1/1900 Nr. 324, Niederschrift über die nichtöffentliche Beratung des Oberbürgermeisters mit den Ratsherren am 2.2.1939, Bl. 136.

109 Vgl. VB 1938/39, S. 1.

110 Vgl. Mannheimer Einwohnerbuch 1938/39, Mannheim 1938, S. 11–14. Zum Typ des kommunalen Regiebetriebs siehe W. Krabbe (1990), S. 124 f.

111 Die Deutsche Gemeindeordnung. Vom 30.1.1935, in: Reichsgesetzblatt 1935 I, Nr. 6, S. 49–64. Vgl. hierzu B. Gotto (2009), S. 78 ff.; H. Matzerath (1970), S. 132–164.

112 Die Deutsche Gemeindeordnung. Vom 30.1.1935, in: Reichsgesetzblatt 1935 I, Nr. 6, S. 58 f. (§ 67–75).

113 Jahresversammlung des Mittelrheinischen Gas- und Wasserfachmänner-Vereins, NMZ vom 27.9.1924, S. 58.

114 Vgl. L. Mira/H. Dreutter (1939), S. 47 ff.

115 Vgl. Eigenbetriebsverordnung vom 21.11.1938, in: Reichsgesetzblatt 1938 I, Nr. 198, S. 1650–1656.

116 Vgl. MARCHIVUM, RP, Zug. 1/1900 Nr. 304, Bl. 136, Niederschrift über die nichtöffentliche Beratung des Oberbürgermeisters mit den Ratsherren am 2.2.1939.

117 Vgl. VB 1938/39, S. 1.

118 Vgl. ebd., S. 2; MARCHIVUM, Stadtwerke (Verkehrsbetriebe), Zug. 19/1971 Nr. 224 u. 226, Monats-Betriebsberichte des Städt. Straßenbahnamts Mannheim.

119 Vgl. MARCHIVUM, Stadtwerke (Verkehrsbetriebe), Zug. 19/1971 Nr. 226, Monats-Betriebsbericht des Städt. Straßenbahnamts Mannheim.

120 Vgl. ebd., Nr. 224 u. 226, Monats-Betriebsberichte des Städt. Straßenbahnamts Mannheim.

121 Vgl. ebd., Nr. 226, Monats-Betriebsbericht des Städt. Straßenbahnamts Mannheim.

122 MARCHIVUM, Stadtwerke (Verkehrsbetriebe), Zug, 19/1971 Nr. 36, Kipnase an Renninger betr. Besprechung der techn. Amtsvorstände, 23.3.1939.

123 Vgl. MARCHIVUM, RP, Zug. 1/1900 Nr. 303, Niederschrift über die nichtöffentliche Beratung des Oberbürgermeisters mit den Ratsherren am 15.7.1937.

124 Vgl. J. Bähr/P. Erker (2017), S. 142 u. 148.

125 In den ersten Kriegsmonaten lag die Zahl der einberufenen Mitarbeiter bei 171, das waren 19 % aller Beschäftigten im Geschäftsjahr 1938/39; vgl. VB 1938/39 u. VB 1939/40.

126 Vgl. MARCHIVUM, Stadtwerke (Verkehrsbetriebe), Zug. 19/1971 Nr. 226, Monats-Betriebsbericht des Städt. Straßenbahnamts Mannheim.

127 Was sich in der Großstadt Mannheim ereignete, September, Hakenkreuzbanner vom 31.12.1939/1.1.1940.

128 T. Wondrejz (2020), S. 10.

129 Vgl. H.-H. Krämer (2004), S. 361 f.; MARCHIVUM, Stadtwerke (WGE), Zug. 6/1964 Nr. 1473, Niederschrift über Besprechung über

die Gasaushilfslieferungen der Stadt Mannheim an die Saar Ferngas AG, 23.4.1940.

130 MARCHIVUM, Stadtwerke (WGE), Zug. 6/1964 Nr. 1473, Der Reichskommissar für die Saarpfalz, Bezirkswirtschaftsamt, an die Städtischen Werke Mannheim, 16.9.1940.

131 Ebd., Niederschrift über eine Besprechung am 17.4.1940 über Gasaushilfslieferungen zwischen der Stadt Mannheim und der Saarferngas AG.

132 Vgl. MARCHIVUM, RP, Zug. 1/1900 Nr. 306, Niederschrift über die nichtöffentliche Beratung des Oberbürgermeisters mit den Ratsherren am 13.2.1941.

133 Vgl. ebd.

134 Vgl. MARCHIVUM, RP, Zug. 1/1900 Nr. 306, Niederschrift über die nichtöffentliche Beratung des Oberbürgermeisters mit den Ratsherren am 21.10.1940.

135 Vgl. M. Caroli (1993a), S. 27–34; A. Schenk (2017).

136 Vgl. M. Caroli (2009), S. 372f.; ders. (1993a), S. 27–34. Zu seinem persönlichen Beauftragten für den Bunkerbau ernannte Renninger gleichwohl den Ludwigshafener Baurat und späteren Oberbaudirektor Georg Ziegler. Ludwigshafen war ebenfalls in das Luftschutzbunkerprogramm aufgenommen worden; vgl. MARCHIVUM, Stadtwerke (WGE), Zug. 6/1964 Nr. 1178, Wirtschaftsgruppe Elektrizitätsversorgung an die Stadtwerke Mannheim, Wasser-, Gas- und Elektrizitätswerke, betr. elektrische Einrichtung öffentlicher Luftschutzbaulichkeiten, 11.12.1940.

137 Vgl. ebd.

138 Vgl. MARCHIVUM, RP, Zug. 1/1900 Nr. 308, Niederschrift über die nichtöffentliche Beratung des Oberbürgermeisters mit den Ratsherren am 23.2.1944, Bl. 22.

139 Ebd.

140 Vgl. MARCHIVUM, Stadtwerke (WGE), Zug. 6/1964 Nr. 336, Verzeichnis der bei den Werken beschäftigten weiblichen Gefolgschaftsmitglieder (Stichtag 1.1.1943).

141 Vgl. MARCHIVUM, Stadtwerke (Verkehrsbetriebe), Zug. 19/1971 Nr. 226, Monats-Betriebsbericht des Städt. Straßenbahnamts Mannheim.

142 Vgl. T. Wondrejz (2020), S. 23f.

143 Als Beispiel für ein Lob der „Sachlichkeit und Freundlichkeit" der jungen Frauen, verbunden mit Kritik am Verhalten des älteren Personals; vgl. MARCHIVUM, Stadtwerke (Verkehrsbetriebe), Zug. 1/1954 Nr. 125, Anonymes Schreiben an die Direktion des Städt. Straßenbahnamtes, 11.11.1944.

144 Ebd., Fliegerhorstkommandantur A 8/XII Mannheim-Sandhofen an die Direktion der Städt. Straßenbahn, 6.4.1944.

145 Ebd., Nr. 122, Adolf Bartsch an die Stadtwerke, Verkehrsbetriebe, 6.2.1941.

146 Ebd., Nr. 121, Lotte Krichbaum an das Straßenbahnamt der Stadt Mannheim, 7.2.1940.

147 Vgl. MARCHIVUM, Stadtwerke (WGE), Zug. 6/1964 Nr. 967, Verzeichnis der Kriegsgefangenen, die im Gaswerk Luzenberg ab 16. August beschäftigt sind; M. Caroli (2009), S. 376.

148 Vgl. M. Spoerer (2001), S. 89–115 u. 223.

149 Vgl. M. Caroli (2009), S. 377f.

150 Vgl. A. Salewski (1994), S. 29.

151 Vgl. MARCHIVUM, Zug. 6/1964 Nr. 337, Gaswerk Luzenberg an die Direktion der Stadtwerke Mannheim, Abt. Wasser-, Gas- und Elektrizitätswerke, 5.12.1942.

152 Ebd. Die Fluchten französischer Kriegsgefangener erfolgten sowohl aus dem Werk als auch aus dem Lager. MARCHIVUM, Stadtwerke (WGE), Zug. 6/1964 Nr. 967, Vermerk Henglein, 22.5.1943; ebd., Vermerk Henglein, 10.10.1942.

153 A. Salewski (1994), S. 29f.

154 MARCHIVUM, Stadtwerke (WGE), Zug. 6/1964 Nr. 336, Schreiben an die Wirtschaftsgruppe Gas- und Wasserversorgung betr. Sicherung der Produktion im Gaswerk Luzenberg, 14.4.1944.

155 Vgl. MARCHIVUM, Stadtwerke (WGE), Zug. 6/1964 Nr. 341, Anlage zur Anforderungsliste für Arbeitskräfte, Gefolgschaftsstatistik zum Stichtag 30.11.1944. Der „Gefolgschaftsstand" wird hier mit 758 angegeben. Darin waren die Zwangsarbeiter enthalten, aber nicht die einberufenen Mitarbeiter. Am Stichtag 30.10.1944 lag die Zahl der Zwangsarbeiter etwas niedriger (63 durchweg männliche „Ausländer", 22 Kriegsgefangene). Salewski ging noch davon aus, dass am 31.10.1944 129 Kriegsgefangene und ausländische Zivilarbeiter im Gaswerk Luzenberg bzw. den Wasser-, Gas- und Elektrizitätswerken eingesetzt gewesen wären; vgl. A. Salewski (1994), S. 29.

156 MARCHIVUM, Stadtwerke (WGE), Zug. 6/1964 Nr. 336, Straßenbahnamt und OEG an das Arbeitsamt Mannheim, 30.6.1942. Zuvor hatten die Verkehrsbetriebe bereits wiederholt „Kriegsgefangene für unsere Bauabteilung angefordert", vgl. MARCHIVUM, Stadtwerke (Verkehrsbetriebe), Zug. 1/1954 Nr. 67, Verkehrsbetriebe, Kipnase, an den Oberbürgermeister – III –, 15.11.1941.

157 Vgl. MARCHIVUM, Ernährungs- und Wirtschaftsamt, Zug. 2/1958 Nr. 228, Vermerk vom 25.2.1943; T. Wondrejz (2020), S. 32.

158 Vgl. MARCHIVUM, Stadtwerke (Verkehrsbetriebe), Zug. 1/1954 Nr. 227, Verkehrsbetriebe an das Städt. Hochbauamt, Abt. Sofortmaßnahmen, 2.11.1943.

159 Vgl. MARCHIVUM, Stadtwerke (Verkehrsbetriebe), Zug. 1/1954 Nr. 64, Verkehrsbetriebe an das Sekretariat für Arbeiterangelegenheiten betr. Meldung ausländischer Zivilarbeiter, 18.12.1944.

160 Vgl. R. Peter (1995), S. 334. Demnach waren in Mannheim am 30.9.1944 16.760 Zwangsarbeiter eingesetzt, was innerhalb Badens einem Anteil von 15,7 % entsprach.

161 Vgl. ebd., S. 337.

162 Vgl. VB 1944/45.

163 Vgl. R. Peter (1995), S. 133–148.

164 Vgl. A. Schäfer (2001), S. 60.

165 Vgl. MARCHIVUM, Stadtwerke (WGE), Zug. 6/1964 Nr. 336, Schreiben an die Wirtschaftsgruppe Gas- und Wasserversorgung betr. Sicherung der Produktion im Gaswerk Luzenberg, 14.4.1944.

166 Zit. n. T. Wondrejz (2020), S. 31.

167 MARCHIVUM, Stadtwerke (Verkehrsbetriebe), Zug. 1/1954 Nr. 64, Hochbauamt, Abt. Sofortmaßnahmen an Straßenbahnamt, hier (auf Zettel), 20.1.1944.

168 Vgl. MARCHIVUM, Ernährungs- und Wirtschaftsamt, Zug. 2/1958 Nr. 228, Vermerk vom 25.2.1943.

169 Vgl. ebd.

170 Vgl. T. Wondrejz (2020), S. 53.

171 MARCHIVUM, D 19 Gedenkstätte Sandhofen – Zwangsarbeit während des Zweiten Weltkrieges, Zug. 28/1998 Nr. 25, Kipnase an Stadtrat Hofmann betr. polnische Kriegsgefangene, 26.1.1945.

172 Ebd., Kipnase an Renninger, 26.2.1945.

173 MARCHIVUM, Stadtwerke (Verkehrsbetriebe), Zug 1/1954 Nr. 64, Bekanntmachung des Leiters der Verkehrsbetriebe an die ausländischen Arbeitskräfte, 13.12.1944.

174 Vgl. T. Wondrejz (2020), S. 35 f.

175 Vgl. ebd., S. 41.

176 Vgl. ebd.

177 Vgl. MARCHIVUM, Stadtwerke (Verkehrsbetriebe), Zug. 1/1954 Nr. 125, Nina Dachhauser u. a., an die Direktion der städt. Straßenbahn, 20.12.1943.

178 Ebd., Nr. 124, Anna Timme an das Städt. Straßenbahnamt, 4.1.1943.

179 Ebd., Nr. 125, Marlies Müller an den Direktor der Mannheimer Straßenbahnen, Dr. Kippnase [sic!], 15.1.1944. Der Schaffner Blasche wurde daraufhin vorgeladen und erklärte, dass es sich um Angehörige des tschechischen Arbeitsdienstes gehandelt habe, die in der Straßenbahn sitzen durften. Nachprüfen konnte man das nicht; der Schaffner wurde daraufhin nicht verwarnt; vgl. Aktennotiz vom 29.1.1944, in: ebd.

180 Vgl. MARCHIVUM, Stadtwerke (Verkehrsbetriebe), Zug. 18/1971 Nr. 278, Der Badische Minister des Innern an den Oberbürgermeister in Mannheim, 6.7.1942.

181 Vgl. KZ-Gedenkstätte Mannheim-Sandhofen/Association des Déportés de Mannheim, Saint-Dié (2000), S. 133.

182 Vgl. L. Jérôme (2019), S. 60 ff.

183 Vgl. Arolsen Archives – International Center of Nazi Persecution, Mitteilung vom 18.11.2021.

184 Vgl. ebd.

185 Vgl. MARCHIVUM, Stadtwerke (Verkehrsbetriebe), Zug. 19/1971 Nr. 229, Verkehrsbetriebe an Statistisches Amt Mannheim betr. Ausarbeitung eines Kriegsberichtes (Entwurf), 7.9.1946. Eine Übersicht über die Luftangriffe auf Mannheim gibt D. Wolf (2003).

186 H. Marvill-Steiner (1995), S. 400. Helen Marvill-Steiner galt nach den nationalsozialistischen Rassengesetzen als Halbjüdin. Sie kehrte 1943 mit ihrer nicht jüdischen Mutter aus Frankreich in ihre Heimatstadt Mannheim zurück.

187 Vgl. MARCHIVUM, Stadtwerke (Verkehrsbetriebe), Zug. 19/1971 Nr. 229, Verkehrsbetriebe an Statistisches Amt Mannheim betr. Ausarbeitung eines Kriegsberichtes (Entwurf), 7.9.1946.

188 Vgl. ebd.

189 Vgl. MARCHIVUM, Stadtwerke (Verkehrsbetriebe), Zug. 19/1971 Nr. 1167, Bericht über die bisherige Entwicklung der Verkehrsmöglichkeiten in Mannheim und Ludwigshafen, 17.9.1943.

190 Vgl. ebd.

191 Vgl. MARCHIVUM, Stadtwerke (Verkehrsbetriebe), Zug. 19/1971 Nr. 1167, Verkehrsbetriebe an Oberbürgermeister – II –, 3.12.1943.

192 Vgl. ebd., Bekanntmachung an die gesamte Gefolgschaft, 23.11.1943.

193 Vgl. ebd., Verkehrsbetriebe an Oberbürgermeister – II –, 3.12.1943.

194 Vgl. ebd.

195 Vgl. ebd., Verkehrsbetriebe, Kipnase, an den Regierungspräsidenten, Bevollmächtigter für den Nahverkehr, 17.11.1943. Im Sommer 1943 gehörten 1069 Männer und Frauen zum ständigen Betriebspersonal des Fahrdienstes, hinzu kamen 70 aushilfsweise Beschäftigte und 115 HJ-Schaffner; vgl. ebd., Verkehrsbetriebe an Oberregierungsrat Schubart, Karlsruhe, 6.10.1943.

196 Vgl. ebd., Verkehrsbetriebe, Kipnase, an den Regierungspräsidenten, Bevollmächtigter für den Nahverkehr, 17.11.1943.

197 Vgl. ebd., Verkehrsbetriebe an Oberregierungsrat Schubart, Karlsruhe, 6.10.1943.

198 Der Kommandeur der Kriegsgefangenen im Wehrkreis XII, zu dem Mannheim, Ludwigshafen und die Pfalz gehörten, untersagte den Einsatz wegen einer angeblichen Spionagegefahr; vgl. MARCHIVUM, Stadtwerke (Verkehrsbetriebe), Zug. 1/1954 Nr. 67, Verkehrsbetriebe, Kipnase, an das Arbeitsamt Ludwigshafen, 14.1.1943; ebd., Arbeitsamt Ludwigshafen an die Stadtwerke Mannheim, Abt. Verkehrsbetriebe, 20.1.1943; T. Wondrejz (2020), S. 32 f.

199 Vgl. T. Wondrejz (2020), S. 32.

200 Vgl. VB 1943/44.

201 Vgl. Arolsen Archives, Bestand 2.2.2.1, Dokument 82415474 ff., Undatierte Aufstellung des Quartieramts Mannheim (nach 1945); ebd., Dokument 82415413 ff., Undatierte Aufstellung des Wohnungsamts (nach 1945); MARCHIVUM, Ernährungs- und Wirtschaftsamt, Zug. 2/1958 Nr. 228, Undatierte Liste des Ernährungsamts (vermutlich Juli 1942).

202 Vgl. https://www.mannheim.de/sites/default/files/page/3083/099_k5_schule_endf.pdf, Stand: 28.2.2022.

203 MARCHIVUM, RP, Zug. 1/1900 Nr. 308, Niederschrift über die nichtöffentliche Beratung des Oberbürgermeisters mit den Ratsherren am 21.6.1944, Bl. 50.

204 Ebd.

205 Vgl. ebd., Bl. 49

206 Vgl. ebd.

207 Vgl. ebd., Bl. 51.

208 Vgl. MARCHIVUM, Stadtwerke (WGE), Zug. 6/1964 Nr. 32, Teilbericht der Stadtwerke – Versorgungsbetriebe (August 1950); Stadtwerke Mannheim (1973), S. 94.

209 Vgl. MARCHIVUM, Stadtwerke (WGE), Zug. 6/1994 Nr. 1452, Friedrich Schraeder, Bericht zu Fragen der Gasfernversorgung, 23.10.1946, S. 1.

210 Vgl. VB 1942/43 und VB 1944/45.

211 Vgl. MARCHIVUM, Stadtwerke (WGE), Zug. 6/1964 Nr. 341, Anlage zur Anforderungsliste für Arbeitskräfte, Gefolgschaftsstatistik zum Stichtag 30.11.1944. Die hier genannte Zahl aller Beschäftigten liegt auf einem signifikant höheren Niveau als die entsprechenden Daten in den Verwaltungsberichten. Wodurch sich die Abweichung ergibt, konnte nicht ermittelt werden.

212 Vgl. L. Jérôme (2019), S. 14 ff.

213 Vgl. A. Hoffend (2008), S. 295; MARCHIVUM, Stadtwerke (Verkehrsbetriebe), Zug. 19/1971 Nr. 229, Verkehrsbetriebe an Statistisches Amt Mannheim betr. Ausarbeitung eines Kriegsberichtes (Entwurf), 7.9.1946; MARCHIVUM, Stadtwerke (WGE), Zug. 6/1964 Nr. 32, Teilbericht der Stadtwerke – Versorgungsbetriebe (August 1950).

214 Ein Flugblatt mit diesem Aufruf ist abgedruckt in: J. Schadt (1993), S. 150.

215 Vgl. ebd., S. 158 f.; MARCHIVUM, Nachlass Friedrich Walter, Zug. 3/1956 Nr. 535, Otto Spuler, Aufzeichnung über den Ablauf der Ereignisse in Mannheim in der Zeit vom 17. bis 28. März 1945, 30.3.1945, S. 2.

216 Vgl. ebd., S. 1 u. 13.

217 Vgl. MARCHIVUM, Nachlass Josef Braun, Zug. 26/1981 Nr. 73, Josef Braun, Bericht 1.4.1945 (ohne Titel). Dieser Erinnerungsbericht ist abgedruckt in: J. Irek (1983), Bd. 2: Dokumente, S. 14 f.

218 Vgl. J. Irek (1983), Bd. 1: Darstellung, S. 29.

219 Vgl. MARCHIVUM, Nachlass Josef Braun, Zug. 26/1981 Nr. 73, Peter Nikolaus Quintus, Notizen zur Besetzung Mannheims, 15.4.1945.

220 Vgl. MARCHIVUM, Nachlass Friedrich Walter, Zug. 3/1956 Nr. 535, Otto Spuler, Aufzeichnung über den Ablauf der Ereignisse in Mannheim in der Zeit vom 17. bis 28. März 1945, 30.3.1945, S. 16.

221 Vgl. ebd.

222 Ebd., Josef Braun, Bericht 1.4.1945 (ohne Titel).

223 Vgl. 25 Jahre im Dienste der Stadt, NMZ vom 20.5.1936. Mayer hatte nach dem Ersten Weltkrieg das Lebensmittelamt der Stadt Mannheim geleitet, später das Steueramt und war am 4.9.1939 von Renninger zum Leiter des neu geschaffenen Ernährungs- und Wirtschaftsamts ernannt worden. Zu seiner NSDAP-Mitgliedschaft vgl. MARCHIVUM, Mannheimer NS-Aktive und Unterstützer (2019).

224 Vgl. MARCHIVUM, Nachlass Josef Braun, Zug. 26/1981 Nr. 73, Josef Braun, Niederschrift von Gedanken, die die Umstellung brachten, 8.4.1945.

225 Vgl. C. Führer (2020), S. 67 u. 70.

226 Vgl. MARCHIVUM, Nachlass Josef Braun, Zug. 26/1981 Nr. 73, Heinrich Friedmann, Bericht über die Übergabeverhandlungen der Stadt Mannheim am 28. und 29. März 1945.

227 Vgl. MARCHIVUM, Nachlass Friedrich Walter, Zug. 3/1956 Nr. 535, Otto Spuler, Aufzeichnung über den Ablauf der Ereignisse in Mannheim in der Zeit vom 17. bis 28. März 1945, 30.3.1945, S. 10 u. 14.

228 Vgl. ebd., Ringshauser, Bericht über die Vorgänge in der Befehlsstelle der Stadtwerke (K 5-Schule) am 28. und 29. März 1945.

229 Vgl. MARCHIVUM, Nachlass Josef Braun, Zug. 26/1981 Nr. 73, Peter Nikolaus Quintus, Notizen zur Besetzung Mannheims, 15.4.1945; Unkonventionelle Wege, Mannheimer Morgen vom 27.3.1995. Quintus, der seit 1920 bei den Wasser-, Gas- und Elektrizitätswerken arbeitete, war damals Leiter des Elektrizitätswerks-Netzbetriebs.

230 Vgl. J. Irek (1983), Bd. 1, S. 31; MARCHIVUM, Nachlass Friedrich Walter, Zug. 3/1956 Nr. 535, Ringshauser, Bericht über die Vorgänge in der Befehlsstelle der Stadtwerke (K 5-Schule) am 28. und 29. März 1945.

231 Zu diesem Verbrechen an Hermann Adis, Adolf Doland und Erich Paul siehe u. a. M. Caroli (1993b), S. 179.

232 Vgl. MARCHIVUM, Nachlass Friedrich Walter, Zug. 3/1956 Nr. 535, Ringshauser, Bericht über die Vorgänge in der Befehlsstelle der Stadtwerke (K 5-Schule) am 28. und 29. März 1945.

233 Vgl. MARCHIVUM, Nachlass Josef Braun, Zug. 26/1981 Nr. 73, Peter Nikolaus Quintus, Notizen zur Besetzung Mannheims, 15.4.1945; J. Irek (1983), Bd. 1, S. 31.

234 Vgl. MARCHIVUM, Nachlass Josef Braun, Zug. 26/1981 Nr. 73, Josef Braun, Bericht 1.4.1945 (ohne Titel); J. Irek (1983), Bd. 1, S. 33 f.

235 Vgl. MARCHIVUM, Nachlass Josef Braun, Zug. 26/1981 Nr. 74, Ernst Kipnase an Dr. Meyer, 15.4.1945.

236 GLA Karlsruhe, Abt. 465n Spruchkammer Mannheim, Nr. 29004, Bl. 29, Don S. Matthews, Certificate, 29.3.1945 (mit Zitat); ebd., Bl. 1, Meldebogen Heinrich Friedmann, 3.5.1946.

237 Vgl. MARCHIVUM, ZGS, S 1/0618.

8 DER WIEDER-AUFBAU NACH KRIEGSENDE

ANDREA PERTHEN

Nach Kriegsende standen die Versorgungs- und Verkehrsbetriebe vor großen Herausforderungen. Zum einen war die personelle Situation zu konsolidieren; zum anderen galt es, alle Schäden und Zerstörungen möglichst schnell zu beheben, um die lückenlose Versorgung mit Wasser, Gas und Strom gewährleisten zu können.

8.1 DIE PERSONELLE SITUATION NACH DEM ZWEITEN WELTKRIEG

Da weder der Leiter der Stadtwerke, Abteilung WGE, Friedrich Schraeder, noch sein Stellvertreter Karl Egetmeyer Mitglied der NSDAP oder einer ihrer Gliederungen gewesen waren, blieben sie im Amt; auch das spätere Entnazifizierungsverfahren gegen sie wurde eingestellt.[1] Egetmeyer blieb bis 1948, Schraeder bis zu seinem Ruhestand im April 1952 bei den Stadtwerken. Dagegen schied der Leiter der Abteilung Verkehrsbetriebe, Ernst Kipnase, bei Kriegsende aus dem Dienst aus. In dem Entnazifizierungsverfahren gegen ihn wurde er in Gruppe III (Bewährungsgruppe der Minderbelasteten) eingestuft; die Spruchkammer hielt ihn für einen „überzeugte[n] Anhänger der nationalsozialistischen Gewaltherrschaft". Er hatte einen Sühnebeitrag in Höhe von 3000 Reichsmark zu bezahlen und erhielt eine Bewährung auf zwei Jahre, nach deren Ablauf er im November 1949 in Gruppe IV (Mitläufer) eingereiht wurde.[2] Die von Kipnase eingelegte Berufung war erfolglos gewesen.[3] Im Juli 1952 schließlich beschloss der Verwaltungsausschuss eine „guttatsweise" Gewährung einer monatlichen Unterstützungsbeihilfe von 320 D-Mark für Kipnase; zuvor musste dieser eine Erklärung abgeben, derzufolge dadurch „alle Ansprüche an die Stadtverwaltung aus dem früheren Dienstverhältnis abgegolten" seien.[4]

Zum 31. März 1945, dem Ende des Geschäftsjahrs 1944/45, waren bei den WGE 929 Personen beschäftigt, davon 541 Arbeiter, 236 Angestellte und 152 Beamte. Allerdings befanden sich darunter 325 einberufene „Gefolgschaftsmitglieder". Auf Anweisung der Militärregierung mussten nach Kriegsende rund 200 Beschäftigte entlassen werden.[5] Vor allem bei den Beamten sank die Zahl bis zum 31. März 1946 drastisch von 152 auf 35, während bei den Angestellten ein leichter Zuwachs von 25 Personen, bei den Arbeitern eine Steigerung um 50 auf 591 zu verzeichnen war. Von den Beschäftigten befanden sich jedoch 79 noch in Kriegsgefangenschaft.[6] Zudem mussten, einer Liste des städtischen Personalamts zufolge, 58 der nicht entlassenen Beschäftigten ein Entnazifizierungsverfahren vor den Spruchkammern durchlaufen.[7]

Wie viele der Betroffenen tatsächlich der NSDAP angehört hatten, ist schwierig zu beurteilen; eine Entlassung oder ein Spruchkammerverfahren konnte auch wegen einer herausgehobenen Position bei den Werken oder einem Ehrenamt bei der „Nationalsozialistischen Volkswohlfahrt" erfolgen. Nach groben Schätzungen dürften rund 24 Prozent der 929 Beschäftigten Mitglied der NSDAP gewesen sein; Beamte waren dabei überrepräsentiert. Allein unter den 70 Beamten der Versorgungsbetriebe in der Gehaltsgruppe 7a im Juli 1945 befanden sich 29 ehemalige Nationalsozialisten.[8] Bei den Verkehrsbetrieben lag der Anteil der NSDAP-Mitglieder höher als bei den Versorgungsbetrieben. Von den 961 nach dem Krieg entlassenen und später wiedereingestellten Bediensteten der Stadt entfielen 191 auf die Verkehrsbetriebe und 75 auf die Versorgungsbetriebe.[9]

Die Direktion der Werke hatte also mit Personalmangel zu kämpfen. Zudem klagten in der ersten Zeit nach Kriegsende die Betriebsleiter über den fehlenden Arbeitswillen, hohe Fehlziffern, eine zu lange Ausdehnung der Pausen und Unpünktlichkeit der Belegschaft. Sie erklärten sich diese Einstellung damit, dass neben den „allgemeinen Nöten" und den „Wirkungen des langen Kriegs" viele Gefallene unter den „tüchtigsten" Männern zu beklagen seien. Um eine Verbesserung der Lage in den Werken zu erzielen, müsse, so die Meinung der Betriebsleiter, unverdrossen zur Arbeit angehalten und erzieherisch auf die Untergebenen eingewirkt werden.[10] Noch 1947 rechnete der Leiter des Gaswerks vor, dass von 246 Betriebsangehörigen nach Abzug der noch in Kriegsgefangenschaft befindlichen, der kranken und sich im Urlaub befindenden Personen noch 148 im Dienst seien. In der Abteilung Rohrnetz und Betrieb wurde gemutmaßt, viele angebliche Krankmeldungen dienten in Wirklichkeit der „eigenen Lebensmittelversorgung".[11]

Um dem Missstand des Personalmangels zu begegnen, wurden nach Kriegsende mehrere Hundert Personen vorübergehend von ortsansässigen Betrieben angeworben; laut dem Leiter der Abteilung Rohrnetzbau und Bauabteilung befanden sich unter ihnen – zumindest anfangs – auch ehemalige, wegen Parteizugehörigkeit entlassene, Kräfte.[12] Allerdings rief dieses eingestellte Personal aus anderen Firmen ebenfalls Unzufriedenheit hervor; so meinte der Leiter des Wasserwerks 1947, diese Leute arbeiteten viel zu langsam und verschlechterten die Arbeitsmoral.

Es waren widrige Umstände; dabei darf aber die Tatsache nicht außer Acht gelassen werden, dass der Rückgang der Belegschaft vom „Dritten Reich" selbst verschuldet war. In Mannheim verfügte die amerikanische Militärregierung am 22. April 1945 die ersten Entlassungen aus dem öffentlichen Dienst.

Verantwortlich für die Ausführung der Maßnahmen war der von den Amerikanern berufene kommissarische Oberbürgermeister Josef Braun.[13] Braun hatte zuvor jahrzehntelang bei den WGE gearbeitet und war zuletzt als Oberbaurat Leiter der Abteilung Rohrnetzbau und Bauabteilung gewesen. Nach seiner Berufung zum Oberbürgermeister hatte Braun den zu jener Zeit bei der BBC beschäftigten Maschinenbauingenieur Hubert Jung gebeten, seinen Posten zu übernehmen, was dieser nach Rücksprache mit seinem Arbeitgeber auch tat.[14] So bestand ein gutes Verhältnis zwischen den Werken und dem neuen Oberbürgermeister.

„ES DARF NUR ROTER VERBRANNTER SAND ÜBRIGBLEIBEN": WIE DIE STADTWERKE IM MÄRZ 1945 DEM BEFEHL ZUR SELBSTZERSTÖRUNG ENTGINGEN

Johannes Bähr

In der Endphase des Kriegs war Adolf Hitler entschlossen, auch im Reichsgebiet die Lebensgrundlagen der Bevölkerung durch eine Strategie der verbrannten Erde zu vernichten. Am 19. März 1945 befahl er die Zerstörung aller „militärischen, Verkehrs-, Nachrichten-, Industrie- und Versorgungsanlagen sowie Sachwerte", die den vorrückenden Armeen der Alliierten nützlich sein konnten.[1] Mit der Durchführung dieses später als „Nero-Befehl" bezeichneten Führererlasses wurden die militärischen Kommandobehörden und die Gauleiter beauftragt. Der übergangene Rüstungsminister Albert Speer sabotierte den Befehl. Er reiste in die betroffenen Gebiete, um Gauleiter, Militärs und Unternehmer von Zerstörungen abzubringen. Ende März konnte er schließlich bei Hitler eine Aufhebung des Nero-Befehls erreichen. Industriebetriebe und kritische Infrastrukturen sollten jetzt nur noch vorübergehend gelähmt werden.

Der badische Gauleiter Robert Wagner hingegen war entschlossen, den Nero-Befehl auszuführen. Am 20. und 25. März ordnete er an, die Werke der Versorgungsbetriebe zu zerstören. Mannheim gehörte zu den Städten, die wegen der herannahenden Front an erster Stelle von der befohlenen Selbstzerstörung bedroht waren. Starke Verbände der US-Armee standen bereits am Rhein und erreichten am 21. März Ludwigshafen. Einen Tag später begann der Beschuss Mannheims durch die amerikanische Artillerie. Wegen ihrer strategischen Bedeutung erging für die Stadt ein eigener Führerbefehl. Darin hieß es: „Von Mannheim ist dem Feind nichts anderes als verbrannte rote Erde zu übergeben."[2]

Der NSDAP-Kreisleiter Hermann Schneider, der erst wenige Tage vorher von der Wehrmacht auf diesen Posten zurückgekehrt war, befahl daraufhin, die Anlagen der städtischen Versorgungsbetriebe zu sprengen. Nach der Chronik von Joachim Irek gab es für Mannheim einen geheimen, schon seit 1944 konzipierten Zerstörungsplan mit dem Decknamen „Lahmer Hund, Fauler Hund". Die Direktion der Stadtwerke hätte dessen Durchführung hinausgezögert.[3] Näheres dazu lässt sich einer Erklärung entnehmen, die sechs leitende Beamte der Stadtverwaltung 1947 im Entnazifizierungsverfahren gegen Carl Renninger vorgelegt haben:

„Als einige Tage vor dem Einmarsch der Amerikaner der mitunterzeichnete Direktor Egetmeyer von den Wasser-, Gas- und Elektrizitätsbetrieben, der von dem Kreisleiter den Auftrag hatte, die Sprengung der Wasserwerke, des Gaswerks und der Elektrizitätswerkstationen so vorzubereiten, dass auf seine (des Kreisleiters) Mitteilung diese Sprengung sofort durchgeführt werden kann, dem

Wer hat die Sprengung der Stadtwerke verhindert?
Wer hat die Ordnung in Mannheim wieder hergestellt?
Josef Braun!

Zwar war es nicht Josef Braun gewesen, der „die Sprengung der Stadtwerke verhindert" hatte, nichtsdestotrotz wollte er mit dem Wahlslogan die Oberbürgermeisterwahl 1948 gewinnen. (MARCHIVUM, PK03257)

Oberbürgermeister gegenüber erklärte, dass er (Egetmeyer) die Sprengungsanordnung nicht befolgen werde, gab der Oberbürgermeister hierzu seine ausdrückliche Zustimmung."[4]

Ein anderes Bild ergibt sich aus einem bereits am 30. März 1945 verfassten Bericht des Oberrechtsrats und späteren Finanzoberbürgermeisters Otto Spuler, der damals zum engsten Gefolge Renningers gehörte. Demnach haben der Kreisleiter und der Oberbürgermeister erst in einer Besprechung am 23. März vom Sonderbefehl für Mannheim mit der Weisung „Es darf nur roter verbrannter Sand übrigbleiben" erfahren.[5] In Kenntnis gesetzt wurden sie von Oberst Specht, einem Offizier des örtlichen Rüstungskommandos. Specht teilte zugleich mit, dass zur Zerstörung nicht genug Sprengstoff vorhanden sei, und empfahl den anwesenden Vertretern der Wirtschaft, ein Sprengkommando mit Warnungen vor den Folgen einer zu frühen Sprengung hinzuhalten. Er dürfte damit Direktiven Speers wiedergegeben haben, dessen Ministerium die Rüstungskommandos unterstanden. Nach Spulers Bericht stimmte der Kreisleiter in dieser Besprechung dem Oberst zu. Er soll erklärt haben: „Die Versorgungsbetriebe dürften daher unter keinen Umständen zerstört werden."[6]

Beide Quellen enthalten so präzise Details, dass sie als authentisch anzusehen sind. Es ist möglich, dass sich die Darstellungen auch gar nicht widersprechen und Kreisleiter Schneider zunächst die vom Gauleiter befohlene Sprengung angeordnet hat, um dann unter dem Eindruck des sich formierenden Widerstands das Lager zu wechseln. Tatsächlich war in Mannheim wie in vielen anderen Städten im entscheidenden Moment niemand bereit, den Nero-Befehl umzusetzen.

Nach dem Krieg war gleichwohl von der „Rettung der Stadtwerke" die Rede. Als Verdienst wurde sie weder Egetmeyer noch Specht oder Speer zugeschrieben, sondern Josef Braun, der an den damaligen Vorgängen gar nicht beteiligt gewesen war. Bei der Oberbürgermeisterwahl von 1948 sollte ihm der Nimbus eines „Retters der Stadtwerke" eine weitere Amtszeit sichern. Möglicherweise bezog sich der Slogan auch auf Brauns unbestreitbare Verdienste bei der Sicherung der Versorgung während des Kriegs. Er selbst wies in einer Rede vor dieser Wahl darauf hin, dass er und seine Mitarbeiter „ruhelos in den Bombennächten die Schadensstellen aufsuchten, um schnellstens der Bevölkerung Licht, Wasser und Gas wieder zukommen zu lassen".[7]

---

1 Zit. n. I. Kershaw (2011), S. 404.

2 Zit. n. R. Peter (1995), S. 194.

3 Vgl. J. Irek (1983), Bd. 1, S. 29. Zu Schneiders Rückkehr: Kreis Mannheim wieder unter alter Führung, Hakenkreuzbanner vom 17.3.1945.

4 MARCHIVUM, Nachlass Hermann Heimerich, Zug. 24/1972 Nr. 135, Anlage 14, Erklärung, 22.3.1947 (ohne Nennung der Unterzeichner).

5 Vgl. MARCHIVUM, Nachlass Friedrich Walter, Zug. 3/1956 Nr. 535, Otto Spuler, Aufzeichnung über den Ablauf der Ereignisse in Mannheim in der Zeit vom 17. bis 28. März 1945, 30.3.1945, S. 9 (mit Zitat).

6 Ebd., S. 9 f.

7 MARCHIVUM, Nachlass Josef Braun, Zug. 26/1981 Nr. 73, Josef Braun, Redemanuskript (1948).

Allgemein wurden in Mannheim im Vergleich zu anderen deutschen Städten überdurchschnittlich viele Entlassungen ausgesprochen und wurde die Entnazifizierung auch von amerikanischer Seite etwa im Sommer 1945 als sehr fortgeschritten beurteilt.[15] Bereits am 26. Mai hatte das „Mitteilungsblatt für Mannheim" vermeldet, dass die Militärregierung „praktisch jede Abteilung der Stadtverwaltung" gesäubert habe und 600 Beamte in Mannheim entlassen worden seien.[16] Besonders bei den Versorgungsbetrieben galt es jedoch auch, den Betrieb aufrechtzuerhalten, sodass man sich in vielen Städten auf deren Bedeutung für das Überleben der Bevölkerung berief, wenn die Wiedereinstellung ehemaliger NSDAP-Angehöriger gefordert wurde. Auch für Mannheim finden sich entsprechende Ersuche.

So schrieb Braun bereits am 12. Mai 1945 an den zuständigen Stadtkommandanten Charles Winning und setzte sich namentlich für 18 bei den Werken Entlassene ein. Teilweise bat er lediglich um einen Aufschub, um die Nachfolger noch einarbeiten zu können. Beispielsweise sollte der zu jener Zeit einzig verbliebene Betriebsingenieur im Gaswerk Luzenberg, Tobias Schenkel, den 1933 auf Verlangen der NSDAP entlassenen früheren Betriebsleiter Fritz Riebel nach dessen langjähriger Abwesenheit wieder einarbeiten.[17] Dieser war Oberbaurat gewesen und als SPD-Mitglied schon Anfang der 1930er Jahre von der NSDAP in Mannheim angegangen worden: Er habe gar nicht die entsprechende Ausbildung für eine derartige Beförderung; es wurde suggeriert, diese sei maßgeblich auf sein Parteibuch zurückzuführen.[18] Schenkel dagegen war der Propagandaleiter der NSDAP Sandhofen und in den letzten Jahren vor Kriegsende stellvertretender Ortsgruppenleiter gewesen.[19] Diese aus heutiger Sicht grotesk anmutende Situation wird sicher kein Einzelfall gewesen sein. Später wurde übrigens das Wiedereinstellungsgesuch des als Mitläufer eingestuften Schenkel abgelehnt.[20]

OB Josef Braun mit Lt. Col. Charles Winning, 5.8.1945. Winning fungierte vom 30.3.1945 bis 31.7.1945 als Stadtkommandant von Mannheim.
(MARCHIVUM, KF010010)

Am 28. Mai wandte sich die Direktion der Werke schließlich an den Oberbürgermeister, um die Probleme in den Wasserwerken Käfertal und Rheinau zu schildern. In dem Schreiben heißt es, Werkleiter Friedmann stünde weder ein vertretender Ingenieur noch ein Meister oder Vorarbeiter zur Verfügung. Schon vor Kriegsende sei durch Überalterung und Personalmangel der Stand der Belegschaft „sehr stark geschwächt" gewesen und nun hätte sich die Situation durch die Entlassungen NSDAP-Angehöriger weiter verschärft. Der Betrieb sei kaum mehr durchführbar. Deshalb solle Braun die Genehmigung erwirken, den Vorarbeiter Ludwig Walter vorübergehend wieder einzustellen.[21]

Der erwähnte Werkleiter des Wasserwerks in Käfertal, Heinrich Friedmann, verdient eine genauere Betrachtung. Der ehemalige SA-Rottenführer war wegen seiner Rolle bei der Übergabe Mannheims von einem Offizier der US-Army zunächst als „reliable" eingeschätzt worden.[22] Aufgrund seiner Parteizugehörigkeit wurde dann jedoch seine Entlassung angeordnet; eingestuft war er als Mitläufer. Deshalb hatte Friedmann zu den 18 Personen gehört, für die sich Braun im Mai 1945 bei Winning eingesetzt hatte – Friedmann war von Braun sogar besonders hervorgehoben worden. Im Folgenden beließ der Oberbürgermeister Friedmann nach wiederholter Rücksprache mit Winning vorerst auf seiner Stelle, wohl neben einigen weiteren Personen. Auf eine Verfügung Oberstleutnant Winnings vom 25. Juni hin fühlte sich Braun dem unausgesprochenen Vorwurf ausgesetzt, die Entlassungen zu verzögern, und wandte sich zwei Tage darauf erneut an die Militärregierung, um seine Ansichten darzulegen. Auch hier ging er besonders auf den Fall Friedmann ein und betonte dessen Rolle bei den Übergabeverhandlungen: „Friedmann ist der Mann, dem einzig und allein neben dem Unterzeichneten zu danken ist, daß Mannheim nicht restlos zum Schutthaufen geworden ist", so der Oberbürgermeister. Außerdem erklärte er „auf das Bestimmteste", dass Friedmann, der ja Brauns Mitarbeiter gewesen war, „weder Nazi noch wie es dortseits anscheinend vermutet wird, SA-Mann gewesen" sei – wohl wusste Braun nichts von dessen SA-Zugehörigkeit zwischen 1936 bis 1944.[23] Daraufhin durfte nach Rücksprache Brauns mit Oberstleutnant Winning am 29. Juni Friedmann dauerhaft im Amt belassen werden.[24] Auch die anderen Personen, für die sich Braun eingesetzt hatte, konnten danach zumindest vorläufig auf ihren Stellen bleiben.[25] Im Entnazifizierungsprozess wurde später das Verfahren gegen Friedmann eingestellt; die Spruchkammer sah in seiner Rolle bei der Übergabe der Stadt Mannheim „eine gegen den NS gerichtete Tat".[26]

Allgemein betonte OB Braun bei dieser Gelegenheit, es gebe eben auch solche, die lediglich formal Nazis gewesen seien; man müsse „den Menschen, ob er gesinnungsmässig ein Nazi war oder nicht", prüfen. Außerdem sei es schwer, Ersatz aus der freien Wirtschaft zu finden, da die dort Arbeitenden ebenfalls „nicht einwandfrei" seien. Überhaupt säßen dort noch Nationalsozialisten an führenden Stellen, während Nazis bei der Stadt entlassen werden müssten. Die Versorgung mit Wasser, Gas und Strom sowie der Straßenbahnverkehr sei mit all den Entlassungen nicht ohne Einschränkungen aufrechtzuerhalten.[27] Eine Aufstellung der WGE zum 20. Juli 1945 ergab, dass dort noch 104 Personen in Dienst standen, die ehemalige Parteigenossen, SA- oder SS-Angehörige gewesen waren.[28]

Im September 1945 bat Braun erneut um die Wiedereinstellung von Personal in die städtische Verwaltung. Insgesamt seien 1214 Personen entlassen und auf Antrag 15 „wieder freigegeben" worden; die übrigen 1199 waren bis auf 129, die vorläufig bleiben durften, entlassen worden. Dabei gebe es einige Beschäftigte, „die ganz einwandfrei als Nicht-Nazis angesprochen werden können", so Braun. Für die WGE zählte er 24 unentbehrlich oder vorläufig unersetzliche Personen auf, davon vier, bei denen er schon zuvor um Belassung auf der Stelle gebeten hatte.[29] Im Dezember durften daraufhin 14 städtische Bedienstete nach Genehmigung durch die Militärregierung wieder eingestellt werden; unter ihnen war der Angestellte bei den Stadtwerken Erwin Rinkert, der im November 1932 in die SS, im Januar 1933 in die NSDAP eingetreten war.[30]

Nach Einführung des *Gesetzes zur Befreiung von Nationalsozialismus und Militarismus* vom 5. März 1946 (Gesetz Nr. 104, „Befreiungsgesetz") wurden Spruchkammern eingerichtet; in Mannheim nahm diese im August 1946 ihre Arbeit auf. Im Bereich der städtischen Verwaltung mussten die Betroffenen den Spruchkammerentscheid abwarten, um wieder eingestellt werden zu können; aufgrund des hohen Arbeitsaufkommens zogen diese sich jedoch jahrelang hin.[31]

Insgesamt lässt sich feststellen, dass Wiedereinstellungsgesuche ehemaliger Werksangehöriger wohl zuverlässig abgelehnt wurden, sofern es sich um sogenannte Alte Kämpfer oder vor 1933 in die NSDAP eingetretene Personen handelte, wie die im Rahmen der „Sonderaktion" angestellten Ernst Grimm und Karl Schöntag[32] oder die technischen Inspektoren Robert Krebs und Gustav Friedel, Obersekretär Hans Schmidt, Inspektor Josef Hofmann oder Verwaltungsassistent Otto Bürkle.[33] Auch das Gesuch des ehemaligen Leiters des Gaswerks, Oberbaurat Alfred Henglein, der als Mitläufer eingestuft worden war und 1500 Mark Sühne zu zahlen hatte, wurde 1947 aus dienstlichen und politischen Gründen abgelehnt.[34]

8.2 AUSMASS DER ZERSTÖRUNGEN UND ERSTE SCHRITTE DES WIEDERAUFBAUS

Mannheim gehörte zu den stark zerstörten deutschen Städten; von rund 21.000 Gebäuden wiesen lediglich 5000 keine nennenswerten Schäden auf. Etwa 4,7 Mio. m³ Trümmerschutt lagen auf den Straßen und Grundstücken der Stadt verteilt.[35] Auch die Versorgungsanlagen waren vom Krieg erheblich beschädigt worden, allerdings nicht in einem Maße wie andernorts. Vor allem das Gaswerk hatte es schwer getroffen: hier waren die Anlagen zu 80 Prozent zerstört. Besonders betroffen waren unter anderem die Generatorenhalle, die Trockenkokskühlanlage, das alte Maschinenhaus mit dem vorgebauten 380-V-Schaltraum sowie die Reinigermassenhalle (Beschädigungsgrad A, entspricht 80–100%); aber auch das elektrische Maschinenhaus mit Schaltraum, das Sauger- und Wascherhaus und die Ammoniakfabrik mit Sulfatfabrik (Beschädigungsgrad B, entspricht 50–80%). Am 18. Oktober 1944 war der Betrieb des Gaswerks ganz ausgefallen, konnte aber, da noch während des Kriegs Reparaturarbeiten begonnen wurden, bereits am 5. April 1945 teilweise wieder aufgenommen werden. Im Bereich der Stromversorgung waren die „technischen Betriebseinrichtungen im Kern für den Bedarf einstweilen genügend ausreichend geblieben", wie es im Verwaltungsbericht 1945/46 heißt. Allerdings existierten im Kabelnetz zahlrei-

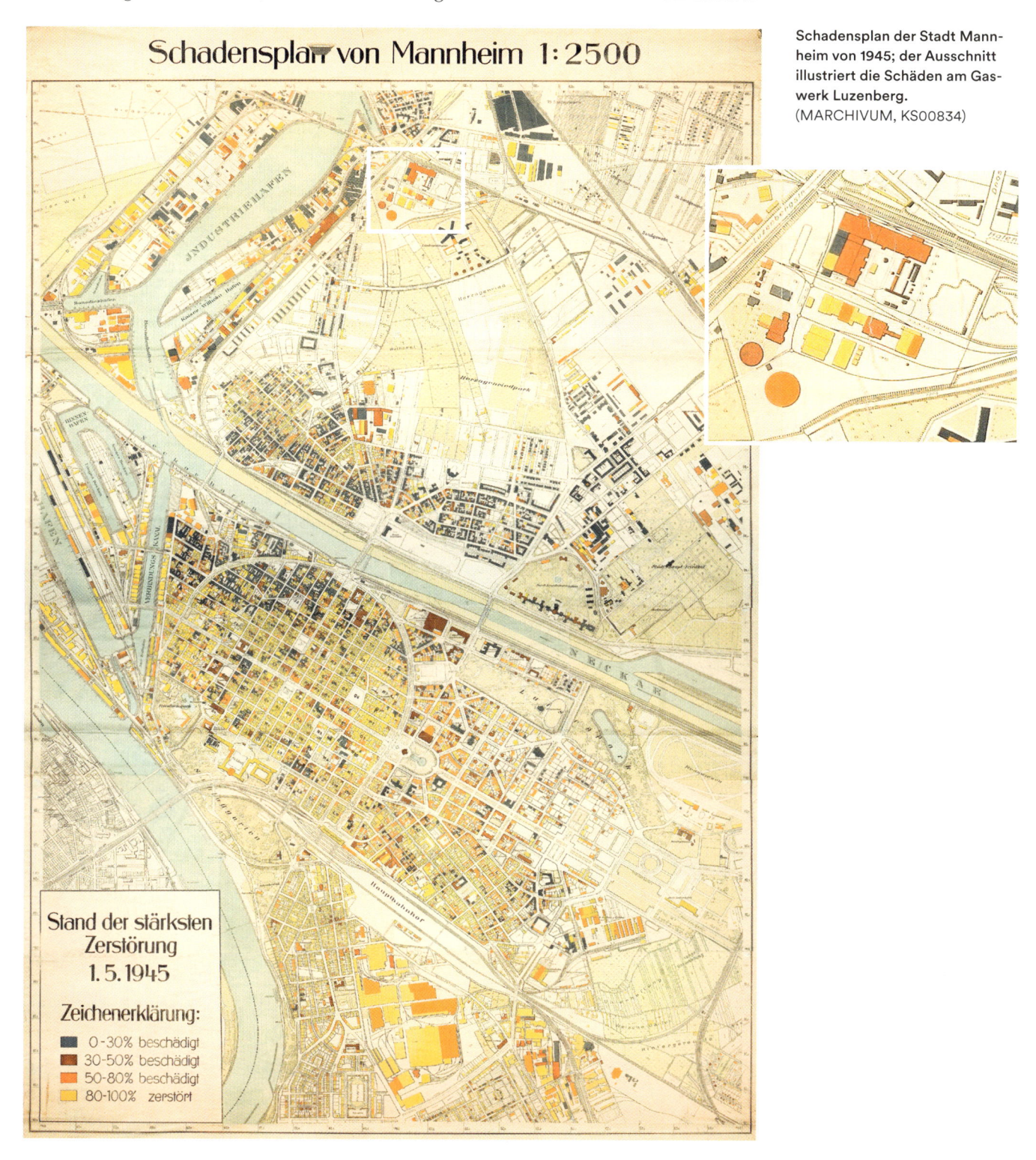

Schadensplan der Stadt Mannheim von 1945; der Ausschnitt illustriert die Schäden am Gaswerk Luzenberg.
(MARCHIVUM, KS00834)

Schadensplan von Mannheim 1:2500

Stand der stärksten Zerstörung 1.5.1945

Zeichenerklärung:
- 0-30% beschädigt
- 30-50% beschädigt
- 50-80% beschädigt
- 80-100% zerstört

che Fehlerstellen und es gab große Bauschäden an den Umspannwerken, Schalt- und Transformatoren-Stationen. So war ein Drittel der insgesamt 136 Trafostationen zwischen 50 und 80 Prozent, 40 Prozent der Stationen sogar zwischen 80 und 100 Prozent zerstört. Während der Kampfhandlungen zur Einnahme Mannheims war die Stromversorgung unterbrochen worden, funktionierte aber wieder ab dem 2. April.[36]

Im Bereich der Wasserversorgung waren es vor allem die Leitungen, die Schäden erlitten hatten. Durch die Brückensprengungen waren die Wasserleitungen über die Friedrichs- und die Jungbuschbrücke zerstört, sodass sie abgetrennt werden mussten; die Leitung über die Friedrich-Ebert-Brücke konnte knapp ein Jahr nach Kriegsende wiederhergestellt werden.

Insgesamt wurden im Jahr 1945 139 Fliegerschäden an Wasserhauptrohren, 159 an Gashauptrohren beseitigt. Direkt nach Kriegsende hatte das gesamte Gasrohrnetz wegen der Beschädigungen nicht unter Druck gestanden; es wurde am 7. April zunächst in Feudenheim, anschließend in der Neckarstadt, Käfertal, Waldhof und Sandhofen in Betrieb genommen. Es folgten Neuostheim, die Oststadt und Schwetzingerstadt, allerdings mit Ausnahme des Gebiets zwischen Schwetzinger- und Friedrichsfelderstraße; am Ende des Geschäftsjahres 1945/46 kamen die Quadrate L bis U hinzu. Am 31. März 1946 waren 290 von 441 Kilometern Rohrnetzlänge in Betrieb, einschließlich Hochdruckleitungen und Fernversorgung.[37]

Besonders betroffen war die öffentliche Straßenbeleuchtung. Während des Kriegs war das Personal der Beleuchtungsabteilung größtenteils anderen Abteilungen zugeteilt worden, weshalb nur geringe Unterhaltungs- und Instandsetzungsarbeiten durchgeführt worden waren, was noch zu den Kriegsschäden hin-

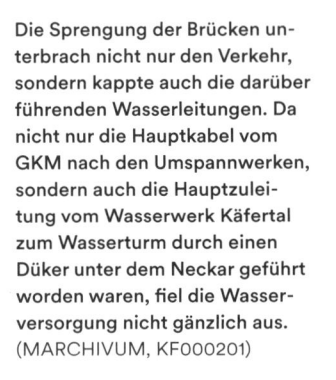

Die Sprengung der Brücken unterbrach nicht nur den Verkehr, sondern kappte auch die darüber führenden Wasserleitungen. Da nicht nur die Hauptkabel vom GKM nach den Umspannwerken, sondern auch die Hauptzuleitung vom Wasserwerk Käfertal zum Wasserturm durch einen Düker unter dem Neckar geführt worden waren, fiel die Wasserversorgung nicht gänzlich aus.
(MARCHIVUM, KF000201)

Kriegsbeschädigte Wagen und Fahrgestelle der Straßenbahn im Betriebshof Möhlstraße, ca. 1946.
(MARCHIVUM, AB05482-015)

zukam. Wegen des in weiten Teilen defekten Gasrohrnetzes gab es zudem vorerst keine Gasbeleuchtung. Im ersten Friedensjahr waren somit im von den Stadtwerken versorgten Gebiet lediglich 242 elektrische Lampen in Betrieb – das war nur ein Zehntel der Leuchten des Vorkriegsjahres; ähnlich sah es im vom Kraftwerk Rheinau versorgten Gebiet aus: Hier leuchteten nur noch 70 Lampen. In Mitleidenschaft gezogen waren auch die werkseigenen Wohnungen. Von den 195 Beamten- und Arbeiterwohnungen in Händen der Stadtwerke waren im Krieg 43 total zerstört und 125 beschädigt worden.[38]

Die Verkehrsbetriebe waren ebenfalls stark vom Krieg getroffen worden. Der Wagenpark der Straßenbahn zählte statt 466 nur noch 14 einsatzfähige Trieb- und Beiwagen; von den 18 Omnibussen existierte lediglich noch einer. Auch die Gleisanlagen waren demoliert.[39] Am 1. Mai 1945 fuhr erstmals auf einem knapp drei Kilometer langen Teilstück zwischen Käfertal und den Brauereien eine Straßenbahn; bis November des Jahres waren 43 von 77 Kilometern des Streckennetzes wieder in Betrieb.

Finanziell hatten die Schäden der Versorgungsbetriebe eine Höhe von 11 Mio. Reichsmark erreicht, was circa einem Viertel des gesamten Anlagevermögens entsprach.[40]

Die Schäden spiegelten sich auch in den sinkenden Absatzzahlen wider; diese waren auch im Brachliegen der Industrie nach Kriegsende, in der erst allmählich vom auf das Land geflüchteten zurückkehrenden Bevölkerung – direkt nach Kriegsende hatte sich deren Zahl auf 106.310 mehr als halbiert – und im anhaltenden Kohlenmangel begründet. Im Vergleich zum letzten Kriegsjahr war der Absatz im ersten Friedensjahr[41] von Strom um rund 27,3 Prozent, von Gas um beinahe die Hälfte zurückgegangen. Der Wasserabsatz stieg dagegen um gut 40 Prozent – einerseits ging viel Wasser in den beschädigten Leitungsnetzen ver-

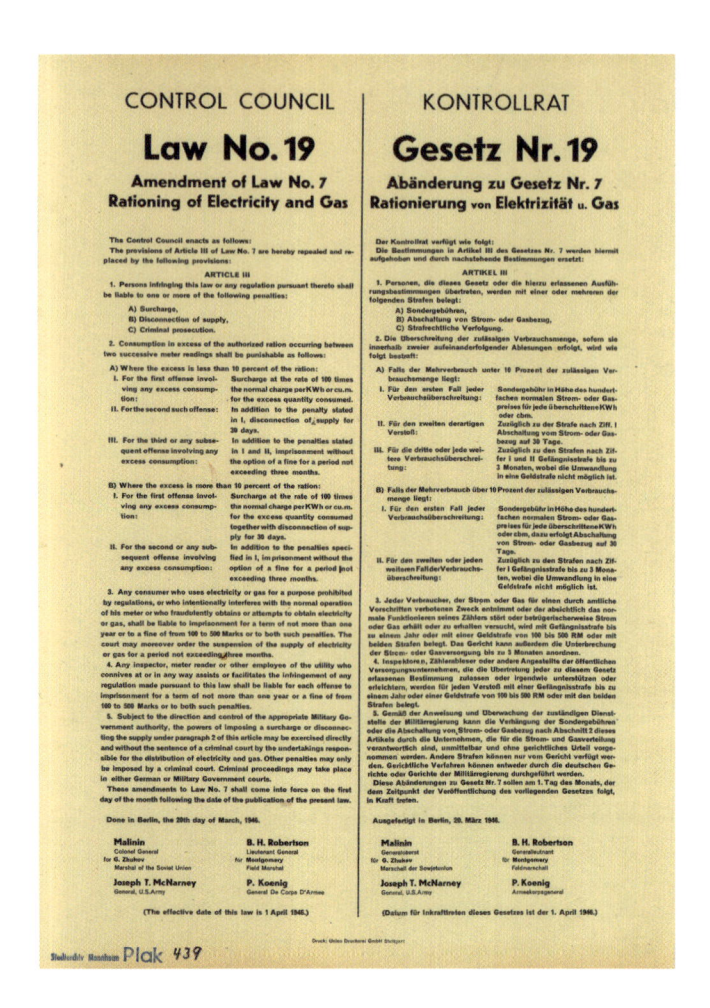

1946 wurde das Gesetz Nr. 7 zur Rationierung von Elektrizität und Gas geändert. Bei Mehrverbrauch drohten teilweise hohe Geldstrafen, bei wiederholtem Verstoß gegen die Anordnung sogar bis zu drei Monate Gefängnis.
(MARCHIVUM, PK00439)

loren, andererseits verbrauchten die Besatzungstruppen zusätzlich große Mengen.[42] Die schlechte Versorgungslage bei Kohlen zwang Anfang Mai 1945 zur Einführung von Sperrstunden; gut einen Monat später waren die Kohlevorräte aufgebraucht, sodass die Stromproduktion stark zurückging. Trockenheit sorgte erschwerend dafür, dass auch Strom aus Wasserkraft nur eingeschränkt zur Verfügung stand. Die Kohlenlage entspannte sich im Spätherbst zwar wieder, allerdings ergaben sich Engpässe in der Stromproduktion. Grund dafür war die Beschlagname des unterirdischen Werks „Fritz", dessen Nutzung bis zur Demontage und dem Transport nach Frankreich als Reparation untersagt worden war.[43]

Die Anordnungen von Einsparungsmaßnahmen brachten jedoch nicht immer den gewünschten Erfolg. Am 18. Dezember 1945 beispielsweise beschrieb Schraeder dem Oberbürgermeister das „sehr bescheidene Ergebnis" seit der Zweiten Anordnung vom 1. Dezember: Nur wenige Prozent seien eingespart worden. Die Gründe hierfür seien schwer zu eruieren, allgemein lasse sich aber sagen, dass der Stromverbrauch der Besatzungstruppen sehr hoch sei – „und dem Anschein nach Einschränkungen nicht unterworfen, denn man sieht tagsüber an militärisch belegten Stellen unnötigerweise Licht brennen"; außerdem sei der Anteil durchlaufender lebenswichtiger Betriebe groß, dazu gehörten Wasser- und Gaswerke, „alle mit steigendem Strombedarf", sowie die „der Lebensmittelversorgung und dem täglichen Lebensunterhalt dienenden Betriebe und Hilfsbetriebe". Schließlich gebe „die Zusammendrängung der sehr zahlreichen Stadtbevölkerung zu einer dicht geballten Masse, durchweg in notdürftigen Unterkünften ohne Tageslicht und grösstenteils ohne Gasversorgung und ohne ausreichenden Brennstoff, Anlass zu einer sehr verstärkten Stromentnahme". Auch in den Nachbarstädten Heidelberg und Karlsruhe, so habe man in Erfahrung bringen können, seien die Einschränkungsmaßnahmen nur in sehr geringem Maße erfolgreich.[44] Hier mag Schraeder möglicherweise auch auf die Notunterkünfte in Bunkern angespielt haben; Anfang Oktober 1945 waren elf von ihnen für Wohnzwecke hergerichtet worden. In Mannheim – eine der meistbombardierten Städte in Deutschland – war insgesamt die Hälfte aller Wohnräume zerstört worden.[45]

In den folgenden Jahren wurde versucht, die Schäden so weit wie möglich zu beseitigen – in der Stadt schritt die „Enttrümmerung" voran und Häuser wurden, so gut es ging, instand gesetzt. Schon im zweiten Jahr nach Kriegsende stieg auch der Absatz von Strom um knapp 46 Prozent, von Gas um 63,5 Prozent und von Wasser um rund 5,4 Prozent. Im Gaswerk Luzenberg konnte die Gasproduktion – dank des Wiederaufbaus eines Ofenblocks und der Benzolanlage – im Geschäftsjahr 1946/47 auf etwa 45 Prozent der ursprünglichen Ausbauleistung gesteigert werden. Die meiste Arbeit auf dem Werksgelände verursachte jedoch noch die Beseitigung von Schutt, der Abbruch von schadhaften Anlagenteilen sowie der Aufbau zerstörter Gebäude. Außerdem konnten weitere große Gasrohrnetzstrecken in Betrieb genommen werden, sodass am 31. März 1947 wieder 403 Kilometer genutzt wurden. Lediglich kleinere Abschnitte in der Neckarstadt, der Innen- und Schwetzingerstadt, die Rohrnetze am Hauptgüterbahnhof und auf dem Lindenhof sowie im fernversorgten Ilvesheim waren noch nicht wieder in Betrieb.[46] Auch die Gasbeleuchtung funktionierte immer noch nicht und die vor dem Krieg eingeführte zentrale Steuerung der Straßenlaternen mittels Gasdruckwellen konnte ebenfalls noch nicht genutzt werden, sodass die Lampen per Schaltuhren oder von Hand geschaltet werden mussten. Der Mangel an Beleuchtungsmaterialien tat sein Übriges, sodass die Stadt auch zwei Jahre nach Kriegsende des Abends noch äußerst bescheiden erhellt wurde.

Im Bereich der Stromversorgung wurden vor allem Schäden im Hoch- und Niederspannungskabelnetz sowie in den Transformatoren-Stationen beseitigt, was durch die weiter fortschreitende Enttrümmerung des Stadtgebietes erleichtert wurde. Dennoch herrschten ebenso im Bereich der Elektrizität Schwierigkeiten bei der Beschaffung von Material, sodass Erweiterungen des Kabelnetzes und der Bau von Trafostationen stockten.[47]

Auch in den weiteren Nachkriegsjahren erschwerten Rationierungsmaßnahmen bei Strom und Gas wegen der angespannten Lage auf dem Kohlenmarkt die Arbeit. Das Gaswerk war zwar noch nicht wieder vollständig aufgebaut, allerdings konnten im Juni 1947 der Gasbehälter II und im Dezember des Jahres der zweite Ofenblock wieder in Betrieb genommen werden. Zudem wurden im Gasrohrnetz Erweiterungen vorgenommen: Im April 1947 konnte Ilvesheim, im Januar 1948 die noch unversorgten Gebiete der Schwetzingerstadt sowie Alt- und Neckarstadt wieder mit Gas beliefert werden. Lediglich der Hauptgüterbahnhof (Hafengebiet) und große Teile des Lindenhofs waren noch außer Betrieb. Auf dem Stromgebiet kamen 1947 erschwerend der trockene Sommer und somit ein starker Rückgang der Wasserkraft, die das GKM bezog, hinzu. Die Schäden am Leitungsnetz waren zwar bis 1948 weitestgehend beseitigt, allerdings existierten noch bauliche Schäden sowie „latente Schäden" am Kabelnetz, die durch Bombenabwürfe bedingt waren und immer wieder Störungen hervorriefen. Wegen des noch immer herrschenden Materialmangels war jedoch keine „gänzliche Erneuerung verschiedener Kabelstränge" möglich. Die Gas-

Der Wasserturm am Luzenberg war vor allem am Dach beschädigt. Beim Wiederaufbau verlor er den hochaufragenden „Helm" und bekam stattdessen ein weniger stark geneigtes Dach.
(MARCHIVUM, KF034329)

beleuchtung konnte immer noch nicht wieder in Betrieb genommen werden, und Material für den Ausbau der elektrischen Beleuchtung war nur sehr vereinzelt vorhanden:

> „Der in der Privatwirtschaft übliche Weg, Waren durch Kompensation zu beschaffen, war den Stadtwerken als gemeindlichem Eigenbetrieb verschlossen, und so konnte die Beleuchtung nur mit völlig unzureichenden Zuteilungen notdürftig aufrecht erhalten werden."[48]

Am 31. März 1948 waren im von den Werken versorgten Gebiet 530, im von Rheinau versorgten Gebiet 170 Lampen in Betrieb. Bis zur Währungsreform waren außerdem von den total zerstörten Werkswohnungen zwölf wieder aufgebaut und alle beschädigten Wohnungen wieder instand gesetzt worden.[49]

In den direkten Nachkriegsjahren waren zudem die Möglichkeiten für Werbetätigkeit äußerst eingeschränkt. Zum einen bot die K 5-Schule, in der die Stadtwerke untergebracht waren, keine entsprechenden Räumlichkeiten und die Beratungsstelle in der Innenstadt war zerstört; zum anderen herrschte ja ein Mangel an Strom und Gas. Sofern Beratungen stattfanden, betrafen sie zunächst also vor allem die Nutzung unter Rationierungsbedingungen. Allmählich steigerte sich die Nachfrage nach Gas- und E-Herden und anderen Hausgeräten; der Fokus bei der Beratungstätigkeit lag jedoch auf gewerblichen und industriellen Feuerstätten.[50]

Nach der Währungsreform

Am Tag der Währungsreform, dem 20. Juni 1948, betrug der gesamte Schaden (inklusive Investitionsverzug) 26 Mio. Reichsmark bzw. 40 Prozent des im Anlagevermögen angelegten Eigenkapitals. Die Währungsreform verbesserte dann zwar die Rohstofflage, die sich bis dahin noch weiter verschärft hatte, und auch die Arbeitsleistungen stiegen an. Allerdings stiegen die Preise für Steinkohle ebenfalls, während andererseits der Preisstopp für die Stadtwerke weiter bestand. Dadurch entstanden für diese erhebliche finanzielle Belastungen. Zwar gab es behördlich genehmigte Zuschläge, die jedoch in den Augen der Stadtwerke „bei weitem nicht" ausreichten, die Mehrkosten zu decken. Auch die städtische Verwaltung allgemein musste einen strengen Sparkurs einschlagen, infolgedessen Mittel gekürzt und Bauvorhaben unterbrochen wurden. Zudem bestand ein Einstellungsstopp und es wurden städtische Bedienstete entlassen; bis Februar 1949 sank deren Zahl um sechs Prozent.[51] Andererseits brachte die Währungsreform einen Aufschwung, weil sich nun sowohl gewerbliche als auch private Nutzer vermehrt neue Verbrauchsgeräte zulegen oder zumindest bestehende instand setzen konnten. Außerdem dynamisierte sich die Wirtschaft; die in Mannheim ansässige Industrie hatte Ende 1948 bereits vier Fünftel des Produktionsstands von einer Dekade zuvor erreicht.[52]

Auch nach der Währungsumstellung wurden die Sperrstunden bei Gas beibehalten; die Gas- und Stromrationierungen wurden immerhin gelockert. 419

von insgesamt 443 Kilometer Gasleitung waren wieder in Betrieb. Insgesamt steigerte sich der Absatz von Gas im Geschäftsjahr 1948/49 um 24,3 Prozent; bei Strom waren es 21,4 Prozent. Die Abgabe von Wasser dagegen verringerte sich aufgrund der Reparaturen am Rohrnetz um gut 3,5 Prozent. Im Bereich der öffentlichen Beleuchtung wirkte sich die Währungsreform sehr positiv aus: Hatten im Quartal vor der Umstellung „nur unter größten Schwierigkeiten" 21 Leuchten in Betrieb genommen werden können, waren es in den darauffolgenden drei Quartalen 553 Leuchten. Außerdem wurden weitere Kriegsschäden behoben. Ab dem 17. Juli gab es in einzelnen Stadtgebieten wieder Gasbeleuchtung, auch wenn die Schaltung per Druckwelle noch immer nicht möglich war. Insgesamt wurden 963 (Stadtwerke) plus 313 (Rheinau) Leuchten wieder genutzt.[53]

Die Netzverluste waren in den ersten drei Jahren nach Kriegsende bei Wasser von 47,6 auf 38,1 Prozent, bei Gas von 19,4 auf 12,5 Prozent und bei Strom von 14,3 auf 12,9 Prozent zurückgegangen. Bis Mitte der 1950er Jahre sollten die Zahlen noch einmal stark gesenkt werden, auf Werte zwischen sechs und 7,5 Prozent.[54]

In den darauffolgenden Jahren besserte sich die Lage weiter. Im Betriebsjahr 1949/50 steigerte sich der Stromabsatz um gut 26,5 Prozent, der von Gas gar um knapp 31,5 Prozent. Lediglich beim Wasser ging aufgrund der weiter sinkenden Netzverluste der Absatz leicht um gut zwei Prozent zurück. Ab April 1949 gab es zudem endlich keine Sperrstunden für Gas mehr; die Rationierungen bestanden jedoch bei Gas, und im Übrigen auch beim Strom, weiter. Immerhin wurden sie weiter gelockert.[55] Die Aufhebung der Sperrzeiten bei Gas kommentierte der „Mannheimer Morgen" mit leichter Bitterkeit – auch mit Blick auf deren vergleichsweise späten Zeitpunkt in Mannheim:

> „[D]ie Sache hat einen Pferdefuß. [...] Es darf trotzdem nicht mehr Gas als bisher verbraucht werden, denn das Kontrollratsgesetz, das die Höchstverbrauchsmengen pro Haushalt festlegt, ist nach wie vor in Kraft. Der Fortschritt besteht eigentlich nur darin, daß unsere geplagten Hausfrauen ihre Bratkartoffeln zu jeder beliebigen Stunde bereiten können, wie das übrigens in Stuttgart und Frankfurt und anderen Städten längst der Fall ist."[56]

Im Betriebsjahr 1950/51 steigerten sich die Absatzzahlen nicht mehr ganz so stark, waren aber immer noch ansehnlich: Bei Strom war ein Plus von knapp 16 Prozent, bei Gas von knapp zehn Prozent zu verzeichnen. Bei Wasser gab es wiederum einen Rückgang um knapp vier Prozent. Nun machte sich die weiterhin „unbefriedigende räumliche Situation" der Werke umso mehr bemerkbar: Gas als Wärmequelle wurde immer stärker nachgefragt; diese Entwicklung wurde durch die beratende Tätigkeit der Werke tatkräftig unterstützt. Allerdings musste wegen der nach wie vor fehlenden Räumlichkeiten auf weitergehende Werbemaßnahmen wie die Schulungen von Hausfrauen „durch unsere früher allseits bekannten und beliebten Koch-, Brat- und Backkurse sowie auf Schulvorträge" weiterhin verzichtet werden.[57]

Einer der von den Verkehrsbetrieben neu angeschafften
Omnibusse von Daimler-Benz,
1953.
(MARCHIVUM, KF026319)

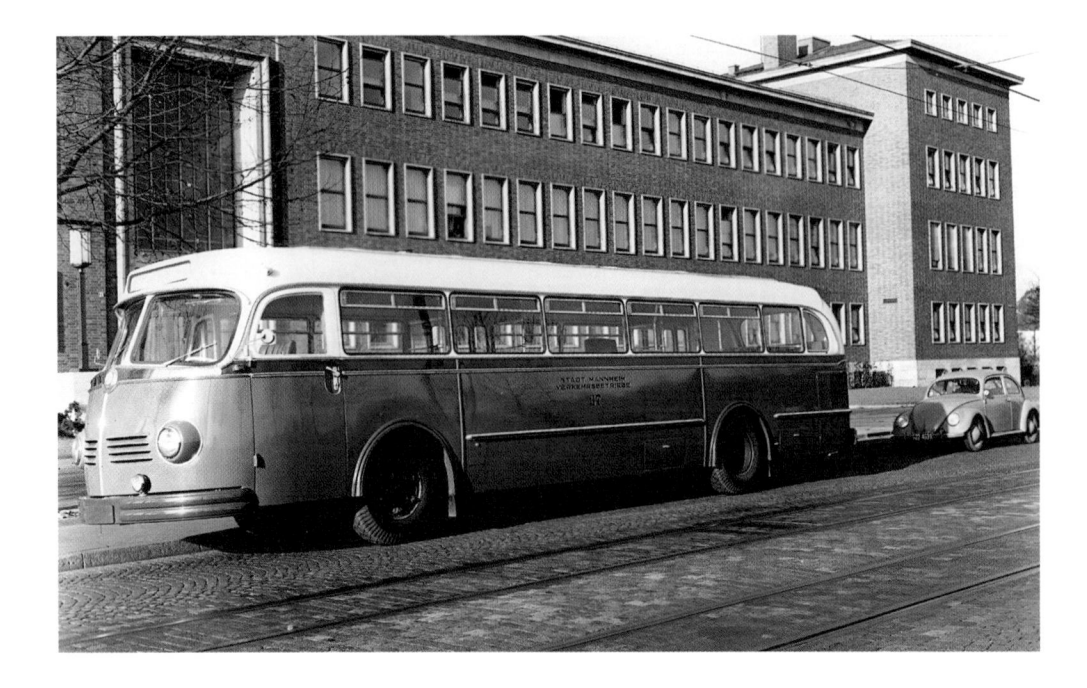

Eine halbe Dekade nach Kriegsende war das Gasleitungsnetz, von kleineren Strecken abgesehen, wieder in Betrieb. Wegen der regen Bautätigkeit kamen bis Ende 1951 außerdem sechs Kilometer Leitung dazu.[58] Der Bau neuer Wohnungen bzw. ganzer Wohngebiete führte auch in der Wasserversorgung zu einem Ausbau des Leitungsnetzes um 7,4 Kilometer Länge. Und der Strombedarf stieg weiter beträchtlich. Dabei lag der spezifische Stromverbrauch pro Kopf und Jahr im stark industriell geprägten Mannheimer Versorgungsgebiet – einschließlich der Versorgung der OEG – mit 987 kWh sehr hoch und gehörte zu der Spitzengruppe der deutschen Großstädte. Auch bei der Straßenbeleuchtung wurden weiterhin Fortschritte erzielt: Ende 1951 waren – verglichen mit der Vorkriegszeit – wieder 70 Prozent der Lampen in Betrieb, wobei der Anteil der Gasbeleuchtung zurückging und der Ausbau der elektrischen Beleuchtung forciert wurde. Die Lampen besaßen dabei eine höhere Lichtstärke als die Vorkriegsbeleuchtung. In Zahlen ausgedrückt, leuchteten allabendlich 2588 Gaslaternen und 2096 elektrische Lampen von den Stadtwerken sowie 478 elektrische Leuchten in Rheinau. Zudem waren weitere sechs zerstörte Betriebswohnungen instand gesetzt und 13 weitere Wohnungen neu erworben worden, sodass man nun auf insgesamt 192 werkseigene Wohnungen zurückgreifen konnte. Lediglich 16 Wohnungen waren noch zerstört.[59]

Auch bei den Verkehrsbetrieben ging es voran. Bis Mitte der 1950er Jahre war der Fuhrpark auf 170 Trieb- und 150 Beiwagen für die Straßenbahn sowie 42 Omnibusse und 13 Omnibusanhänger angewachsen. Die Zerstörungen der Fahranlagen waren bis dahin ebenfalls fast vollständig behoben worden.[60]

Trotz dieser, von der Direktion der Werke als „gesund" bezeichneten Entwicklung gab es zwei hemmende Faktoren: zum einen die bestehende Preisstopverordnung – die Preisfreigabe für Kohle sollte erst am 1. April 1956 erfolgen –, zum anderen das beinahe völlige Fehlen von Anlagekapital auf dem deutschen

Kapitalmarkt.⁶¹ Deshalb war es auch schwierig, den Wiederaufbau des Gaswerks Luzenberg zu vollenden sowie dessen durchgreifende, dringend notwendige Modernisierung in Angriff zu nehmen. Zu dem Kapitalmangel trat außerdem der persistierende Kohlenmangel. Wesentliche Störungen in der Gasversorgung konnten nur durch den Bezug von Saar-Ferngas vermieden werden. Die Schwierigkeiten bei der Kapitalbeschaffung betrafen auch die Stromversorgung. Da die Verteilungseinrichtungen für den Strom wegen des steigenden Bedarfs an die Grenze ihrer Leistungsfähigkeit gelangten, wurden die Verlegung neuer Zuführungskabel vom GKM, die Beschaffung neuer Haupttransformatoren sowie die Verstärkung der Verbindungskabel nötig; all dies war nur unter Schwierigkeiten möglich.

Erste große Projekte: Brunnen im Dossenwald und Ausbau des Gaswerks in eine Gaskokerei

Ein erstes großes Investitionsprojekt wurde im Bereich der Wasserversorgung getätigt. Nach dem Erhalt von Mitteln aus dem Marshallplan (ERP) wurden ab 1950 im Wasserwerk Rheinau fünf neue Rohrbrunnen gebohrt; dazu entstand ein Brunnen nach dem neuartigen „Ranney-System". Die Mannheimer Firma Reuther Tiefbau hatte für dieses amerikanische Patentverfahren die alleinigen Baurechte erworben, und in Mannheim kam es nun erstmalig in der öffentlichen Wasserversorgung zur Anwendung. Der Brunnen konnte damit zehn bis zwölf Rohrbrunnen ersetzen, und die Dauerpumpversuche übertrafen die Ergiebigkeitserwartungen sogar noch bei Weitem.⁶² Nicht ohne Stolz vermerkte die

Der Bau des Brunnens im Dossenwald erfolgte nach dem damals neuen Ranney-Prinzip.
(MARCHIVUM/MVV Energie AG, AB05482-024)

Auch mithilfe des neuen Ranney-Brunnens konnten die Stadtwerke im heißen Sommer 1952 die Trinkwasserversorgung sicherstellen.
(MARCHIVUM, AB03251-009)

Direktion der Werke, dass der neue Brunnen „das besondere Augenmerk der Fachwelt auf sich gezogen" habe.[63] Sogar aus der Schweiz und Österreich reisten Fachleute an, um die Baustelle zu besichtigen; im Herbst 1950 fand dazu außerdem eine wissenschaftliche Tagung statt. Dabei ging es auch um einen Brunnen baugleicher Art, der zeitgleich am GKM entstand, um Kühlwasser zu gewinnen.[64]

Trotz der beschriebenen Hemmnisse steigerte sich die Gasabgabe ins Netz von Jahr zu Jahr. Von 1949/50 bis 1950/51 stieg sie auf gut 64 Mio. m³; ein Jahr später kletterte sie sogar um mehr als 21 Prozent auf knapp 78 Mio. m³.[65] Weil die Eigenerzeugung nicht ausreichte, musste in diesen Jahren zur Bedarfsdeckung zusätzlich Saargas bezogen und 1951/52 außerdem noch Propangas zugemischt werden.[66] Der Direktion der Stadtwerke war die Notwendigkeit einer umfassenden Modernisierung und eines Ausbaus der Leistungsfähigkeit bewusst. Bereits 1951 lagen die entsprechenden internen Planungen vor, sodass bei gesicherter Finanzierung das Projekt schnell begonnen werden konnte.[67] Dieser Fall trat im Sommer 1952, als am 11. Juli der Stadtrat einstimmig den Umbau des Gaswerks Luzenberg in eine Gaskokerei beschloss, ein. Grundsätzlich wäre zu diesem Zeitpunkt bereits der Übergang von der Eigenerzeugung auf den Fremdbezug von Gas möglich gewesen; „genaue Kostenberechnungen", so Bürgermeister Jakob Trumpfheller, hätten jedoch ergeben, dass „die Eigenerzeugung eine recht beachtliche Differentialrente" gewährleiste; zudem wollte man die Möglichkeit der Einflussnahme beibehalten und sah auch die Versorgungssicherheit bei der Eigenerzeugung besser sichergestellt, da „beim Fernbezug Fremdeinwirkungen nicht immer zu vermeiden" seien.[68]

Im Vorfeld der Entscheidung für den Umbau wurde erwogen, ein komplett neues Werk am Stadtrand zu errichten, wo größere Erweiterungsmöglichkeiten bestanden hätten; die längere Bauzeit, vor allem die bei solch einem Vorhaben enormen Erschließungskosten führten jedoch schließlich zur Abkehr von diesem

Schritt.⁶⁹ Die geplanten Kosten für den Umbau lagen bei rund 15 Mio. D-Mark. Der erste Bauabschnitt sollte Kohlentransport- und -aufbereitungsanlagen, eine Ofenanlage mit Zubehör, eine Generatoranlage, eine Kokstransport- und -aufbereitungsanlage, einen neuen Gasbehälter mit einem Fassungsvermögen von 175.000 m³ sowie die Erweiterung der Apparateanlage umfassen. Zugesagt waren gut 4,8 Mio. D-Mark Investitionshilfe sowie rund 1 Mio. D-Mark ERP-Mittel.⁷⁰ Die Leistungsfähigkeit des Gaswerks sollte von 200.000 auf 470.000 m³ täglich mehr als verdoppelt werden.⁷¹ Mit der Entscheidung zum Umbau in eine Kokerei ging auch die Umstellung des Gasgewinnungssystems von „nass" zu „trocken" über: Zwar wird bei ersterem Verfahren eine höhere Menge Gas gewonnen, doch der Heizwert gemindert und die Kohle stärker ausgelaugt, was dem Koksabsatz abträglich ist. Deshalb sollte in der neuen Gaskokerei nun das trockene Verfahren in zwei Öfen à 18 Kammern angewandt werden. Dabei erfolgte auch die Umstellung vom Vertikal- auf das Horizontalkammerofensystem. Weithin sichtbares Zeichen der Erneuerung und Erweiterung wurde der Scheibengasbehälter – mit 54 Meter Durchmesser, vor allem jedoch imposanten 95 Meter Höhe trug er, wie der „Mannheimer Morgen" formulierte, „die Kunde von der pulsierenden Wirtschaft unserer Stadt" „weit in die Landschaft hinaus".⁷² Etwas später als die anderen Anlagen wurde der Gasbehälter am 16. Dezember 1954 in Betrieb genommen.⁷³

Am 14. September 1953 wurde die neu erstellte Horizontalkammerofenanlage angeheizt und damit „der Schritt vom Gaswerk zu einer leistungsfähigen Gaskokerei vollzogen", wie die Direktion der Werke stolz bemerkte.⁷⁴ Die bemerkenswert kurze Bauzeit von nur dreizehneinhalb Monaten sicherte die ausreichende Gasversorgung im darauffolgenden Winter – und nicht nur das: Als es

Die runderneuerte Anlage des Gaswerks auf dem Luzenberg mit landschaftsprägendem Scheibengasbehälter im Hintergrund.
(MARCHIVUM, KF010490)

der Saar Ferngas AG nicht möglich war, die Spitzenbelastungen im vorderpfälzischen Versorgungsgebiet abzufangen, konnten die Mannheimer Stadtwerke kurzerhand einspringen.[75]

Einige Zeit später wurden Überlegungen für die Errichtung eines „Sozialgebäudes" auf dem Gelände der Gaskokerei angestellt. Während des Kriegs war die Kantine bei einem Bombenangriff zerstört worden; seitdem war die Kantine mehr schlecht als recht untergebracht. Zudem fehlte es an Räumlichkeiten für Besprechungen und Versammlungen, und die mengenmäßig nicht ausreichenden Umkleide- und Waschgelegenheiten befanden sich in mangelhaftem Zustand.[76] Die auf rund 900.000 D-Mark veranschlagten Kosten riefen bei Oberbürgermeister Heimerich allerdings zunächst Skepsis hervor. Unter anderem monierte er, der Bau sei zu aufwendig und werde daher sicher „erhebliche Kritik in der Bevölkerung hervorrufen": „Man wird fragen, was in diesem Prachtbau untergebracht ist und wird dann sagen, daß Derartiges doch zu weit geht."[77] Bürgermeister Trumpfheller verteidigte das Vorhaben jedoch; vor allem gab er zu bedenken, dass die „mustergültig" vorgesehenen Wasch- und Garderobenanlagen unbedingt notwendig seien, da – „was man natürlich der Öffentlichkeit gegenüber nicht gerne sagt" – inzwischen wissenschaftlich erwiesen sei, dass der Umgang mit Teer krebserregend ist. Aufgrund von „Schmutz und Geruch" sei die Arbeit in der Kokerei zudem wenig attraktiv, sodass bei dem herrschenden Personalmangel die Attraktivität des Arbeitsortes gesteigert werden müsse.[78] Nach einem Ortstermin war der Oberbürgermeister schließlich von dem Vorhaben überzeugt und am 17. Mai 1955 stimmte dann auch der Gemeinderat dem Vorhaben zu.[79] Am 8. September 1956 konnte das Gebäude schließlich feierlich übergeben werden.

Bis spätestens Mitte der 1950er Jahre waren also enorme Wiederaufbau- und Reparaturleistungen vollbracht und auch schon einige erste Modernisierungs-

Die Garderoben und Waschanlagen des Sozialgebäudes der Gaskokerei wurden nach dem „Schwarz-Weiß-Prinzip" geplant: Jede Umkleide war in eine Zelle zur Ablage der Straßenkleidung („weiß") und in eine Zelle zur Ablage der schmutzigen Kleidung („schwarz") unterteilt. Um von einer Zelle zur anderen zu gelangen, musste die Waschzelle am Kopfende durchlaufen werden.
(MARCHIVUM, 42/1975 Nr. 3486)

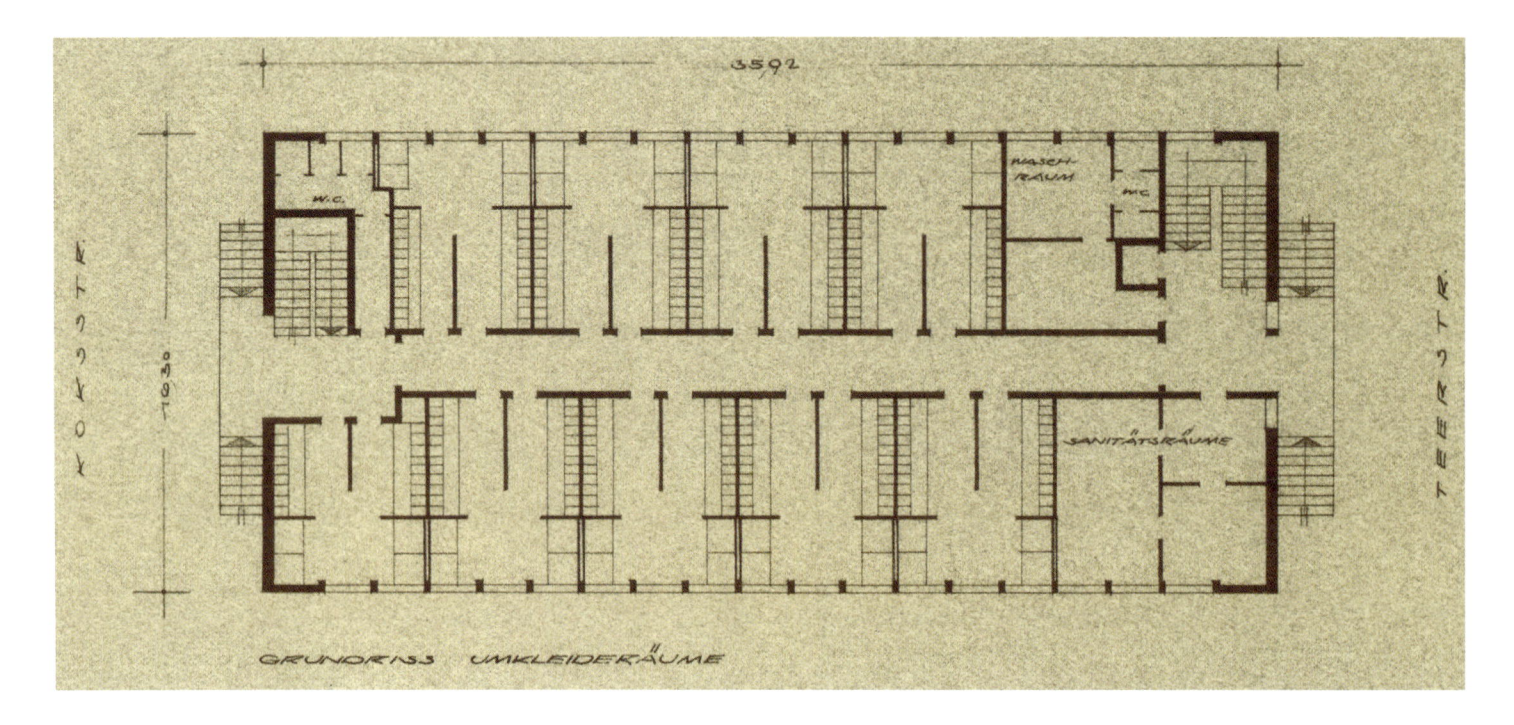

vorhaben in Angriff genommen worden. Die Bevölkerungszahl in Mannheim war während dieser Zeit stetig gewachsen – von 211.614 im Jahr 1946 auf 288.919 im Jahr 1955 – und deren Versorgung mit Wasser, Gas und Strom blieb, auch wegen des ebenfalls ansteigenden Pro-Kopf-Verbrauchs, eine Herausforderung. Diese sollte in den folgenden Jahren verstärkt angegangen werden.

Zum Anheizen der neuen Ofenanlage im umgebauten Gaswerk Luzenberg am 14.9.1953 kam auch der ehemalige langjährige Direktor der WGE, Josef Pichler – hier im Gespräch mit Direktor Gapp der Firma Koppers GmbH.
(MARCHIVUM, AB00048-007)

ANMERKUNGEN

1 Vgl. GLA Karlsruhe, Abt. 465n Spruchkammer Mannheim, Nr. 4604, Einstellungs-Beschluss, 25.2.1947; GLA Karlsruhe, Abt. 465n Spruchkammer Mannheim, Nr. 9583, Einstellungs-Beschluss, 7.1.1947. Die Erkenntnisse des Kapitels 8.1 basieren zu erheblichen Teilen auf den Recherchen von Johannes Bähr, dem ich dafür herzlich danke.

2 GLA Karlsruhe, Abt. 465n Spruchkammer Mannheim, Nr. 3304, Bl. 67 f., Spruch gegen Ernst Kipnase, 4.8.1947. Allerdings hieß es in dem Spruch auch, dass Kipnase „nach einer Probezeit seine Pflichten als Bürger eines demokratischen Staates erfüllen" werde. Zur Einstufung 1949 vgl. ebd., Bl. 127, Spruch der Zentralspruchkammer Nordbaden Karlsruhe, Kammer VI, gegen Ernst Kipnase, 14.11.1949.

3 Vgl. ebd., Bl. 95 f., Spruch der Berufungskammer V Karlsruhe gegen Ernst Kipnase, 15.7.1948.

4 MARCHIVUM, Ratsprotokolle, Zug. 1/1900 Nr. 326, Ratsprotokoll (im Folgenden RP), S. 203.

5 Vgl. Der Oberbürgermeister an die Direktion der Stadtwerke, Wasser-, Gas- und Elektrizitätswerke, 15.11.1945, in: MARCHIVUM, Stadtwerke, Zug. 6/1964 Nr. 82.

6 Vgl. Verwaltungsbericht (im Folgenden VB) 1944/45, S. 1; 1945/46, S. 1.

7 Vgl. Übersicht über die weiterbeschäftigten und inzwischen entnazifizierten Bediensteten, o. D., in: MARCHIVUM, Personalamt, Zug. 51/1997 Nr. 25.

8 Vgl. Beamte ab Gehaltsgruppe 7a, Stand 20.7.1945, in: MARCHIVUM, Stadtwerke, Zug. 6/1964 Nr. 270. Zu dieser Einschätzung kommt Johannes Bähr.

9 Vgl. Übersicht über die wiedereingestellten Bediensteten nach ihrer Entnazifizierung, o. D. (vermutlich 1951), in: MARCHIVUM, Personalamt, Zug. 51/1997 Nr. 25.

10 Betriebsleiterbesprechung vom 19.10.1946 (Protokoll vom 28.10.1946), in: MARCHIVUM, Stadtwerke, Zug. 6/1964 Nr. 26.

11 Besprechung der Direktion mit den Leitern der technischen Abteilungen am 15.10.1947, in: ebd.

12 Vgl. MVV: Die Gas- und Wasserversorgung der Stadt Mannheim 1935–1965. Erinnerungen von Hubert Jung, Mannheim o. D. [1996], S. 9.

13 Vgl. ausführlich dazu Kap. 7.9 in diesem Band.

14 Vgl. MVV: Die Gas- und Wasserversorgung der Stadt Mannheim 1935–1965. Erinnerungen von Hubert Jung, S. 8 f.

15 Vgl. J. Irek (1983), S. 186 f.

16 Zit. n. C. Peters (1985), S. 28 f.

17 Vgl. MARCHIVUM, Nachlass Josef Braun, Zug. 26/1981 Nr. 3, fol. 86 ff.

18 Vgl. Heimerich hat die Nerven verloren! Warum das städt. Gaswerk englische Kohlen verwendet. Wie der Etat geschoben wurde! – Wir verlangen Sauberkeit und Sparsamkeit, Hakenkreuzbanner Nr. 24 vom 23.5.1931 – im gleichen Satz wird auch Baurat Braun (Zentrum) vorgeworfen, nicht die entsprechende technische Vorbildung für eine derartige Beförderung zu besitzen. Vgl. außerdem: Ein Blick in die Parteibuchwirtschaft der Stadt Mannheim (Fortsetzung), Hakenkreuzbanner Nr. 116 vom 24.5.1932.

19 Vgl. MARCHIVUM, Liste Mannheimer NS-Aktive und Unterstützer (Stand Jan. 2019).

20 Vgl. MARCHIVUM, RP, Zug. 1/1900 Nr. 322, RP 1950/51, S. 458 f.

21 Schreiben Direktion der Werke an OB vom 28.5.1945, in: MARCHIVUM, Stadtwerke, Zug. 6/1964 Nr. 293.

22 Vgl. Kap. 7.9 in diesem Band.

23 MARCHIVUM, Nachlass Josef Braun, Zug. 26/1981 Nr. 3, fol. 53; zu Friedmanns Eigenschaft als SA-Rottenführer vgl. GLA Karlsruhe, Abt. 465n Spruchkammer Mannheim, Nr. 29004, Bl. 12, Hans Fränkel an die Spruchkammer Mannheim, 11.10.1946.

24 Vgl. MARCHIVUM, Nachlass Josef Braun, Zug. 26/1981 Nr. 3, fol. 63.

25 Es handelte sich um Daniel Ormersbach (Angestellter, Parteieintritt 1.1.1940), Hugo (an anderer Stelle Hubert) Schrowang (Parteibeitritt 1933, Blockwart 1937/38), Paul Werling, Karl Riehl, Otto Korn, Anton Knopf sowie den Elektromonteur Philipp Gerstner (Parteieintritt 1938, bei den Werken „ganz dringend gewünscht"), vgl. ebd. fol. 53. Schrowang wurde später jedoch nicht wieder eingestellt, vgl. MARCHIVUM, RP, Zug. 1/1900 Nr. 318, RP 1948–49, S. 141–156 (eingestuft als Mitläufer, 100 M Sühne).

26 GLA Karlsruhe, Abt. 465n Spruchkammer Mannheim, Nr. 29004, Bl. 31, Spruch gegen Heinrich Friedmann, 31.10.1946.

27 MARCHIVUM, Nachlass Josef Braun, Zug. 26/1981 Nr. 3, fol. 50 ff.

28 Vgl. Aufstellung über Pg, SS- oder SA-Angehörige, die sich noch im Dienst der Werke befinden, Stand: 20.7.1945, in: MARCHIVUM, Stadtwerke, Zug. 6/1964 Nr. 282.

29 Schreiben Braun an Oberstltn. Hoover vom 13.9.1945, in: MARCHIVUM, Nachlass Josef Braun, Zug. 26/1981 Nr. 73.

30 Vgl. Nachtrag, in: ebd.; zu Rinkert: Aufstellung über Pg, SS- oder SA-Angehörige, die sich noch im Dienst der Werke befinden, Stand: 20.7.1945, in: MARCHIVUM, Stadtwerke, Zug. 6/1964 Nr. 282.

31 Vgl. C. Peters (1985), S. 34, 37.

32 Vgl. dazu Kap. 7.1 in diesem Band.

33 Vgl. MARCHIVUM, RP, Zug. 1/1900 Nr. 318, RP 1948–49, S. 141 ff., 221 ff.; MARCHIVUM, RP, Zug. 1/1900 Nr. 319, RP 1949/50, S. 297 ff.

34 Vgl. Protokoll (Direktor Vollmer, Amtsrat Bauer als Beamtenvertreter beim ADGB), Maschinenmeister Erfurth (Gesamtbetriebsrat) zu Wiedereinstellungen am 4.9.1947, in: MARCHIVUM, Nachlass Josef Braun, Zug. 26/1981 Nr. 73, S. 89 ff.

35 Vgl. C. Peters (1985), S. 167.

36 VB 1945/46, S. 11, 20; MARCHIVUM, Stadtwerke, Zug. 6/1964 Nr. 937.

37 Vgl. VB 1945/46, S. 7, 16.

38 Vgl. ebd., S. 27; VB 1947/48, S. 3.

39 Vgl. Bürgermeister Jakob Trumpfheller: Der Aufbau der Energiebetriebe, AZ (Allgemeine Zeitung für Nordbaden und die Pfalz) vom 7.5.1955.

40 Vgl. ebd.

41 Genauer: Geschäftsjahre: 1.4.1945–31.3.1946 zu 1.4.1944–31.3.1945.

42 Vgl. VB 1945/46, S. 3.

43 Vgl. J. Irek (1983), S. 204 ff.

44 MARCHIVUM, Hauptregistratur, Zug. 5/1968 Nr. 242.

45 Vgl. C. Hübel (2009), S. 430.

46 Bei Gesamtlänge: immer inklusive 53 km Hochdruckleitungen.

47 Vgl. VB 1946/47, S. 3, 11, 16, 20, 27.

48 VB 1947/48, S. 28.

49 Vgl. VB 1947/48, S. 3, 11 f., 17, 21 ff.

50 Vgl. VB 1946/47, S. 3 f.

51 Vgl. C. Peters (2009), S. 466.

52 Vgl. VB 1948/49, S. 3 f.; C. Peters (2009), S. 467.

53 VB 1947/48, S. 10 ff.; VB 1948/49, S. 3 f., 23 f.

54 Vgl. MARCHIVUM, Hauptregistratur, Zug. 42/1975 Nr. 3486, S. 2.

55 Vgl. VB 1949/50, S. 3, 9 ff.

56 Das Gas brennt wieder 24 Stunden, Mannheimer Morgen (im Folgenden MM) vom 6.4.1949.

57 VB 1950/51, S. 3 f.

58 Vgl. VB 1949/50, S. 14; VB 1950/51, S. 6.

59 Vgl. VB 1950/51, S. 3 f., 9 f., 22 f.

60 Vgl. Bürgermeister Jakob Trumpfheller: Der Aufbau der Energiebetriebe, AZ vom 7.5.1955.

61 Vgl. VB 1950/51, o. S.

62 Vgl. ebd. [B. Wasserversorgung].

63 VB 1954/55, Rückblick auf 10 Jahre Wiederaufbau, S. 6.

64 Vgl. Patentbrunnenanlage Rheinau liefert stündlich 1200 cbm Wasser, MM vom 24.8.1950; G. G. Korax: Der Mannheimer Durst – wird gestillt, MM vom 17.11.1950.

65 Vgl. VB 1950/51, o. S.; VB 1951/52, o. S.

66 Vgl. ebd.

67 Vgl. Friedrich Schraeder: Denkschrift zur Wahl des 1. Werkleiters der Stadtwerke Mannheim vom 9.11.1951, in: MARCHIVUM, Stadtwerke, Zug. 6/1964 Nr. 47, S. 7 ff.

68 Bürgermeister Trumpfheller in: MARCHIVUM, RP, Zug. 1/1900 Nr. 325, RP, 1952, Sitzung vom 11.7.1952, S. 318.

69 Vgl. VB 1952/53, o. S. [C) Gasversorgung, 1. Allgemeines].

70 Vgl. MARCHIVUM, RP, Zug. 1/1900 Nr. 326, RP, 1952–1953, Sitzung vom 11.7.1952, S. 166.

71 Vgl. Großzügiger Ausbau des Mannheimer Gaswerks, Rhein-Neckar-Zeitung vom 28.11.1953.

72 Mannheim erhält neues „Wahrzeichen", MM vom 20.3.1953; Großzügiger Ausbau im Luzenberg-Gaswerk, Amtsblatt Nr. 14 vom 17.4.1953; VB 1952/53, o. S.

73 Vgl. VB 1954/55, S. 20. Bereits gut zwei Dekaden später, im Vorfeld der Bundesgartenschau 1975, wurde er abgerissen und an seiner Stelle entstanden Parkplätze, vgl. Extrablatt der Mannheimer Versorgungs- und Verkehrsgesellschaft mbH: 25 Jahre Erdgas in Mannheim, S. 5.

74 VB 1953/54, S. 13 ff.

75 Vgl. ebd.

76 Vgl. Auszug aus der Rede Bürgermeister Trumpfhellers zum Richtfest, in: MARCHIVUM, Bibliothek, 99 B 117, Richtfest des Sozialgebäudes in der Gaskokerei Mannheim.

77 Schreiben OB Heimerich an Ref. II vom 1.4.1955, in: MARCHIVUM, Hauptregistratur, Zug. 42/1975 Nr. 3486.

78 Antwort Trumpfheller an Heimerich vom 25.4.1955, in: ebd.

79 Vgl. MARCHIVUM, RP, Zug. 1/1900 Nr. 332, RP 1955–1956, S. 93.

9
STROM UND WASSER FÜR EINE PROSPERIERENDE STADT

ANDREA PERTHEN

9.1 DER BETRIEB DER STADTWERKE IN DEN 1950ER UND 1960ER JAHREN

Zum Ende des Geschäftsjahres 1951/52 stand in der Geschäftsleitung ein Wechsel an, als Friedrich Schraeder im Alter von 73 Jahren und nach fast 40 Jahren bei den Stadtwerken am 1. April 1952 in den Ruhestand trat. Wegen seiner großen Leistungen hatte der Verwaltungsausschuss am 21. März einstimmig beschlossen, Schraeder den Titel „Generaldirektor" zu verleihen. In demselben Jahr wurde ihm auf Vorschlag der baden-württembergischen Landesregierung außerdem das Verdienstkreuz des Verdienstordens der Bundesrepublik verliehen. Nachfolger Schraeders wurde Oberbaudirektor Wilhelm Wiese. Der Diplomingenieur hatte von 1933 bis 1945 die Stadtwerke Mainz geleitet und nach Kriegsende bei der Wirtschaftsberatung Düsseldorf A.G. (WIBERA) gearbeitet. Zuletzt war er in der Hauptgeschäftsstelle des Verbandes Kommunaler Unternehmen in Köln als Leiter der Abteilung für Energie-Technik und -Wirtschaft tätig gewesen.[1] Auf Wiese warteten viele Aufgaben, so der Ausbau der Wasserversorgung und die Umgestaltung des veralteten Gaswerks Luzenberg in eine moderne Gaskokerei.[2] Auf der Prioritätenliste weit oben stand außerdem der Neubau eines zentralen Werkstättengebäudes. Darin sollten Reparaturwerkstätten für Gas-, Wasser- und Stromzähler, Lagerräume, Werkstätten für Straßenbeleuchtung sowie Lehrlingswerkstätten, ein Vortragsraum mit 280 Plätzen, ein Keller mit Sammelgarage für 50 Fahrzeuge sowie Wasch-, Umkleide- und Aufenthaltsräume untergebracht werden.[3] Allerdings gab es im Vorfeld in Bevölkerung und Gemeinderat Kontroversen, da zeitgleich auch die Notwendigkeit der Errichtung zweier Schulgebäude bestand und die Befürchtung im Raum stand, für Letztere blieben nicht genügend finanzielle Mittel. Da beide Vorhaben in unterschiedlichen Bereichen angesiedelt waren und zudem Unterstützung aus Landesmitteln erbeten wurden, konnte der Beschluss für den Bau am 24. Juli 1956 im Gemeinderat erfolgen.[4] Der „Mannheimer Morgen" beschrieb ausführlich die prekäre bestehende Situation, die einen – immerhin auf 2,7 Mio. D-Mark geschätzten – Neubau so dringend machte, und wies darauf hin, dass die Enge nicht nur für die dort Arbeitenden schwer zumutbar sei, sondern auch „eine Verschwendung von Arbeitskraft und Arbeitszeit" mit sich bringe, sodass jährlich zusätzliche Arbeitsstunden in der Gesamtsumme von 500.000 D-Mark, wie Stadtrat August Kuhn betonte, anfielen.[5] Am 1. November 1956 wurde mit den Bauarbeiten begonnen[6] und am 15. August 1958 das Gebäude im Beisein von Oberbürgermeister Hans Reschke und Bürgermeister Jakob Trumpfheller eingeweiht.

Modernisierungen wurden jedoch nicht nur hinsichtlich des Gebäudebestandes vorgenommen – auch das Thema Datenverarbeitung wurde bei den Stadtwerken vorangetrieben. Bereits 1936 war für Abrechnungen des Verbrauchs und der laufenden Gebühren bei den Stadtwerken das Lochkartenverfahren[7] eingeführt worden. Dies war trotz erheblicher Kosten bei der Größenordnung der Mannheimer Werke die wirtschaftlichste Art der Abrechnung. Die Anlage wurde

Die Lokalzeitung „Mannheimer Morgen" sprach ironisch von der „letzte[n] Freiluftschmiede des Landes" auf dem alten Werksgelände, die eine „ausgesprochene ‚Sehenswürdigkeit'" sei.
(MARCHIVUM, AB03251-072)

Die neuen Räumlichkeiten der Werkstätten waren hell, luftig und großzügig geschnitten.
(MARCHIVUM, AB00014-002)

in den Jahren 1938 und 1940 erweitert, dann aber nicht mehr erneuert, sodass sie zu Beginn der 1950er Jahre stark abgenutzt war. Im Mai 1954 wurde von der 45-stelligen Arbeitsweise auf die 90-stellige Lochkarte umgestellt; es war geplant, künftig auch die Lohn- und Gehaltsverrechnungen damit durchzuführen. Allerdings gab es einige Anlaufschwierigkeiten mit den teilweise erst ganz neu entwickelten Lochkartengeräten.[8] Dennoch vermerkte der Geschäftsbericht von 1955 stolz: „Die neue Anlage dürfte eine der fortschrittlichsten bei Versorgungsbetrieben im Bundesgebiet sein."[9]

Oberbaudirektor Wilhelm Wiese verließ bereits zum Ende des Jahres 1957 die Werke wieder in Richtung Köln, wo er zum Generaldirektor der Gas- und Elektrizitätswerke und zum Beigeordneten der Stadt für zwölf Jahre gewählt worden war. Sein Nachfolger wurde Eduard Doka, der zuvor bei den Technischen Werken Stuttgart tätig gewesen war. Doka zur Seite stand Ulrich Steindamm als stellvertretender Werkleiter und kaufmännischer Direktor. Wie Wiese war Steindamm zuvor bei der WIBERA AG angestellt gewesen – er hatte Betriebswirtschaft studiert und bei der Wirtschaftsberatung als Prüfer gearbeitet, bevor er 1951 zu den Elektrizitätswerken Wesertal wechselte.[10] Unter Werkleiter Doka wurde, wie später noch detaillierter dargestellt wird, eine Neuorganisation der Werke vorgenommen: Die bisherige Wasserwerksgesellschaft Mannheim (WGM) war ab 1958 nicht nur für die Gewinnung von Trinkwasser, sondern außerdem für die Gas-Erzeugung zuständig und firmierte fortan unter Gas- und Wasserwerke Rhein-Neckar AG (Rheinag). Die Stadtwerke selbst konzentrierten sich auf das Verteilungsgeschäft von Wasser, Gas und Strom.[11]

Im Geschäftsjahr 1962 verbuchte die Rheinag – die mit einem komfortablen finanziellen „Polster" gestartet war – erstmals einen Verlust in Höhe von knapp 1,4 Mio. D-Mark, vor allem aufgrund des Preisverfalls auf dem Gebiet der Kohlewertstoffe und der „Anlaufverluste" bei der Aufnahme der Fernwärmeversorgung. In den folgenden Jahren nahmen die Verluste immer weiter zu, nicht zuletzt wegen Kapitalvorleistungen fälliger Bauvorhaben – etwa für das neue Verwaltungsgebäude –, der finanziellen Beteiligung an der neu gegründeten GVS und der Anlaufschwierigkeiten des Heizkraftwerks auf der Friesenheimer Insel.[12] Im Rezessionsjahr 1966/67 hatten sich die Verluste auf 7,1 Mio. D-Mark gesteigert, unter anderem wegen einer Rückstellung in Höhe von rund 3 Mio. D-Mark für Risiken aus Beteiligungsverhältnissen.[13] Doch bereits ein Jahr später, im Geschäftsjahr 1967/68, konnte ein Überschuss von rund 2,6 Mio. D-Mark erzielt werden. Neben höheren Umsätzen und einem reduzierten Kapitaldienst war es vor allem die Stilllegung der Gaskokerei, die dieses Ergebnis möglich machte. Auch in den folgenden Jahren schloss die Rheinag mit einem Plus in Höhe von jeweils mehreren Millionen D-Mark ab.[14]

Mitte der 1960er Jahre stand wieder ein personeller Wechsel an: Oberbaudirektor Eduard Doka wurde krankheitsbedingt in den vorzeitigen Ruhestand verabschiedet; für ihn kam am 1. Oktober 1965 Hans-Peter Winkens. Winkens hatte acht Jahre bei der WIBERA AG gearbeitet und war 1958 von der Beratungsgesellschaft für den Aufbau der Fernwärme in Mannheim abgestellt worden. 1961 erfolgte seine Einstellung bei der Rheinag als Direktor und Prokurist. Er kannte also sein Arbeitsfeld genau, als er den Dienst antrat.[15]

Das Geschäftsjahr wurde 1966 wieder vom Kalenderjahr zum Geschäftsjahr 1. Oktober bis 30. September umgestellt: Durch die gestiegene und weiter steigende Bedeutung der Wärme-Sparte für das Unternehmen durch die Fernwärme, aber natürlich auch die Gasheizung, sollte eine Heizperiode jeweils geschlossen in einem Geschäftsjahr zusammengefasst sein.[16]

Eine weitere Änderung trat 1968 ein, als das Sachanlagevermögen für die Straßenbeleuchtung – die Beleuchtungsanlagen selbst, Vorräte, Werkstatteinrichtungen und Fahrzeuge – zum 1. Januar nicht mehr im Sondervermögen der Stadtwerke, sondern im allgemeinen Vermögen der Stadt geführt und ausgewiesen wurde.[17] Die Stadt beauftragte fortan die Stadtwerke mit der Ausführung aller mit der Straßenbeleuchtung zusammenhängenden Aspekte wie Neuerstellung, Wartung und Reparatur der Anlagen, Lagerung von Material und dergleichen mehr; sie selbst übernahm die finanziellen Punkte, vor allem die Erstellung von Finanzierungsplänen und die Abwicklung des Zahlungsverkehrs, die Überwachung und Kontrolle der Auftragsentwicklung und Ähnliches.[18] Hintergrund dieser formalen Umstrukturierung war die Einführung des *Mehrwertsteuergesetzes* (MStG) ab 1. Januar 1968, das dazu führte, dass Gemeinden mittels „organisatorischer Maßnahmen" Einfluss auf die Höhe der Umsatzsteuerbelastung bei der Durchführung der Straßenbeleuchtung nehmen konnten.[19]

Anfang der 1960er Jahre zeichnete sich ab, dass die Datenverarbeitung aufgrund der ständig steigenden Datenmenge in Zukunft elektronisch würde erfolgen müssen. 1964 entschieden Werks- und Verwaltungs- sowie Finanzausschuss die Einführung der elektronischen Datenverarbeitung bei Stadtwerken und Stadtverwaltung ab dem Jahr 1966. Bei den Planungen für das neue Verwaltungshochhaus wurden entsprechende Räumlichkeiten frühzeitig berücksichtigt.[20] Zunächst war dafür die Anmietung einer Anlage von Siemens nach dem System 3003 vorgesehen, doch als Siemens 1965 die neue und leistungsfähigere Computerreihe 4004 auf den Markt brachte, wurde der Vertrag annulliert und stattdessen eine 4004/25 angemietet und im September 1966 in Betrieb genommen. Monatlich fielen zunächst 36.150 D-Mark Miete an, nach Änderungen der

Zeitungsannonce von 1959, in der die enge Gebundenheit der Stadtbevölkerung an ihre Werke betont wurde. Sowohl die Stadtwerke Mannheim, die durch die Verteilung direkt mit den Menschen in Kontakt standen, als auch die Rheinag als produzierender Arm werden genannt. (AZ vom 25.7.1959)

Ausstattung stieg diese in den folgenden Jahren auf knapp 41.000 D-Mark. Den hohen Mietkosten, dem größeren Raumbedarf sowie den gestiegenen Personalaufwendungen – mehr Programmierer und eine höhere Einstufung der Operateure – auf der einen Seite standen Einsparungen an anderer Stelle gegenüber – vor allem konnte Personal in der Buchhaltung reduziert werden –, sodass 1968 monatlich rund 7700 D-Mark gespart werden konnten.[21] Damit einher ging eine Änderung des Ablese- und Abrechnungsverfahrens – „letzteres einem vielfachen Wunsche eines Teiles ihres Kundenkreises entsprechend".[22] Statt alle drei wurde nun alle zwei Monate abgelesen, dabei entfiel die zuvor dazwischen zu entrichtende Abschlagspauschale, die Stadtwerke gingen zur Bringschuld über und führten einen der Rechnung anhängenden vorausgefüllten Zahlschein ein.[23]

Die moderne EDV-Anlage sollte dann auch auftragsweise Datenverarbeitungen für die Stadtverwaltung durchführen, wie dies bereits in den Städten Augsburg, Karlsruhe, Krefeld und Wiesbaden geschah. 1970 wurde zudem zwischen den Stadtwerken und dem Rechenzentrum der Uni Mannheim eine Vereinbarung zur Nutzung der EDV-Anlagen getroffen, indem gegenseitig freie Kapazitäten zur Verfügung gestellt wurden.[24]

Mit dieser „Datenverarbeitungsanlage modernster Konzeption", die eine Kernspeicherkapazität von 65.536 Bytes aufwies, verfügten die Stadtwerke als eine der ersten in der Bundesrepublik über eine Anlage aus der „dritten Computer-Generation".
(Stadtwerke Mannheim (1967), o. S. (S. 7))

Arbeiten bei den Werken

In den ersten Jahren nach 1949 blieb die Zahl der Beschäftigten relativ stabil bei circa 1100. Grob lag dabei der Anteil von Beamten und Angestellten bei einem Drittel, von Arbeitern bei zwei Dritteln. Parallel zu der starken Zunahme des Strom-, aber auch des Gasverbrauchs stieg die Zahl der Beschäftigten zum Ende des Geschäftsjahrs 1956/57 auf 1275. Es gab einige Beamte bzw. Angestellte mehr; der Anstieg lag jedoch vor allem in der vermehrten Einstellung von Arbeitern im Gaswerk, aber auch in den Abteilungen E-Netz, Beleuchtung und Verwaltung begründet. Die Neuorganisation 1958 führte dazu, dass bei der gegenwärtigen Rheinag 412 Arbeiter und 35 Angestellte tätig waren. Davon waren 360 Arbeiter und 31 Angestellte „im Zuge der Neuaufteilung der Aufgabengebiete" von den Stadtwerken übernommen worden. Sie erhielten in tariflicher und versorgungsmäßiger Hinsicht die gleiche Behandlung wie zuvor. Zusätzlich wurden acht Beamte und drei Satzungsangestellte von den Stadtwerken an die Gesellschaft „abgeordnet".[25]

Bis 1960 hatte sich die Zahl der Angestellten bei der Rheinag auf 70 verdoppelt, außerdem waren 16 Arbeiter hinzugekommen. Auch in Mannheim machte sich die inzwischen in der Bundesrepublik allgemein herrschende Überbeschäftigung bemerkbar. Die in der Industrie gezahlten übertariflichen Löhne und Gehälter erschwerten es den Gas- und Wasserwerken, ihre Beschäftigten zu halten, sodass sie 1960 über eine „verhältnismäßig lebhaft[e]" Fluktuation klagten. Vor allem die Stellen in der Gaskokerei waren wegen der unattraktiven, da körperlich anstrengenden und zudem schmutzigen Arbeit regulär schwer zu besetzen. Hier sollten insbesondere damals sogenannte Gastarbeiter zum Einsatz kommen. 1960 wurden 20 griechische Arbeiter eingestellt, für die auf dem Gelände der Gaskokerei eine „Fremdarbeiterunterkunft" errichtet wurde.[26] Zwei Jahre später betrug die durchschnittliche Anzahl beschäftigter griechischer Arbeiter bereits 35. Nachdem anfangs wohl eine gewisse Skepsis gegenüber den „Gastarbeitern" geherrscht hatte, wurde ihnen mit den Jahren die Anerkennung der Direktion der Werke zuteil, als im Geschäftsbericht 1964 im Zusammenhang mit dem Dank an den Einsatz der Belegschaft explizit vermerkt wurde, dass auch „die in der Kokerei seit einigen Jahren beschäftigten ausländischen Arbeitskräfte [...] nunmehr eine wichtige Stütze" des Betriebs geworden seien.[27] Trotz dieser Unterstützung herrschte ein Mangel an Arbeitskräften, sodass beispielsweise im Jahr 1961 einige der geplanten Bauarbeiten zurückgestellt werden mussten.[28] Außerdem bestand teilweise die Notwendigkeit, auf Fremdfirmen auszuweichen; zusätzlich wurden dem Gaswerk – wie im Übrigen auch anderen städtischen Stellen, etwa dem Schlacht- und Viehhof – zwei Arbeitskommandos à sieben bis zehn Mann aus dem Landesgefängnis Mannheim zur Verfügung gestellt. Diese waren zu Arbeiten in der Ammoniumsulfatanlage sowie zum Wechseln der Reinigermasse in der Reinigeranlage eingesetzt – Letzteres eine derart schmutzige Aufgabe, dass hierfür keine freiwilligen Arbeitskräfte zu erhalten waren.[29]

Eine weitere Reaktion auf den Personalmangel stellten Mechanisierungs- und Rationalisierungsmaßnahmen dar. Im Bereich der Abrechnung von Strom und Gas etwa wurde bereits Ende der 1950er Jahre auf Beseitigung des Personalnotstands durch Rationalisierung gesetzt, indem die Ableser zunächst alle zwei Monate, ab 1960 dann nur noch vierteljährlich in die Haushalte zum Ablesen der Zähler kamen.[30] Vor allem jedoch musste die Belegschaft in der ersten Hälfte der 1960er Jahre erhebliche Überstunden leisten – im Höchstfall im Jahr 1965 entsprach der Umfang der jährlich geleisteten Überstunden umgerechnet der Beschäftigung von 63 Personen.[31]

Als im Frühjahr 1968 die Gaskokerei stillgelegt wurde, ging die Zahl der Beschäftigten deutlich zurück auf 327. Schon im Voraus waren die ausländischen Arbeitskräfte aus dem Betrieb ausgeschieden: 67 griechischen Gastarbeitern wurde ihr Arbeitsvertrag – der jeweils ein Jahr lief – nicht mehr verlängert. Ein Großteil der anderen Beschäftigten konnte entweder extern einen neuen Arbeitsplatz finden oder aber von den Stadtwerken oder „verschiedenen Dienststellen der Stadt Mannheim übernommen" werden. Außerdem wurde eine Reihe Arbeiter aus der Kokerei auf Betriebskosten umgeschult, um bei der die Erdgasumstellung durchführenden Firma beschäftigt zu werden.[32]

In Zeiten des Mangels an verfügbaren Arbeitskräften war es wichtig geworden, den Beschäftigten über Lohn und Gehalt hinaus einen attraktiven Arbeitsplatz zu bieten. Als städtischen Bediensteten kam den Beschäftigten der Werke zum einen die „Erholungsfürsorge" der Stadt Mannheim zugute, für die 1955 erstmals Mittel aus dem Haushalt bereitgestellt wurden: Wer mindestens drei Jahre lang für die Stadt tätig war, konnte das „Erholungswerk" bzw. „Urlaubswerk" in Anspruch nehmen. In der Regel stand den Beschäftigten dieses Angebot alle vier, später alle zwei Jahre zu; wer unter erschwerten Bedingungen arbeiten musste, wie etwa bei der Müllverbrennungsanlage oder den Benzolanlagen, sogar jährlich. 1955/56 wurde dieses Angebot immerhin von 228 Personen genutzt. Diese Zahl nahm mit der Zeit etwas ab, auch wegen der ganz allgemein steigenden Beliebtheit anderer, privater Urlaubsangebote; 1963 etwa nahmen noch 159 Mitarbeitende an dem 14-tägigen Urlaub, dessen Kosten durch die Werke übernommen wurden, teil.[33] Beruflich konnten sich die Beschäftigten ebenfalls weiterbilden, durch hausinterne ebenso wie auswärtige Veranstaltungen. Selbst die Freizeit ihrer Belegschaft hatten die Werke im Blick:

> „Wir messen einer sinnvollen Freizeitgestaltung in unserer von vielfältigen gesellschaftspolitischen Problemen behafteten Industriegesellschaft [...] eine immer größere Bedeutung bei; daher beabsichtigen wir, in den nächsten Jahren unseren Beitrag [...] durch Ausbau des Sozialgebäudes zu leisten. [...] Dieser Beitrag soll zugleich auch Dank und Anerkennung für die Mitarbeiter sein."[34]

Das Sozialgebäude der Gaskokerei hatte bis zur Stilllegung vornehmlich deren Belegschaft gedient. Danach wurde nur noch ein kleiner Teil des Gebäudes für die nun kleine Mitarbeiterschaft benötigt, weshalb der Umbau zu einem „Freizeitheim" geplant wurde; so sollte es gleichermaßen den Angehörigen der Rheinag/RHE wie denjenigen der Versorgungsbetriebe der Stadtwerke Mannheim offenstehen sowie an Vereine vermietet werden können. In mehreren Bauabschnitten wurden im Laufe der 1970er Jahre unter anderem Kegelbahnen, eine Werkstatt, ein Raum zum Tischtennisspielen ein- und in einem späteren Bauabschnitt die Kantine großzügig umgebaut.[35]

Werbung und Kundenkontakt

Mit der guten wirtschaftlichen Entwicklung ab den 1950er Jahren steigerte sich auch die Bautätigkeit in Mannheim, was wiederum dem Beratungsdienst der Werke reichlich Gelegenheit bot, über Strom und Gas zu informieren. 1950 standen etwa Beratungen bei projektierten Zentralheizungen in Mehrfamilienhäusern, bei Wäschereien mit vollautomatisiertem Betrieb und Heizungen mit modernen „Gaskaminen" auf dem Programm. Dabei musste jedoch zunächst auf die in der Vorkriegszeit beliebten Kurse und Vorträge vor Publikum verzichtet werden – schlicht, weil die Räumlichkeiten dazu fehlten: Seit 1944 war das Verwaltungsgebäude in K 7 weitgehend von der Stadtverwaltung in Anspruch

Ab 1960 konnten wieder die populären Kochkurse angeboten werden. Auch nach Umzug in das neue Verwaltungshochhaus am Luisenring wurden sie fortgeführt. Die Themen waren breit gefächert: vom Weihnachtsbacken für Kinder bis zu Angeboten für junge Leute, wie hier 1970 der Kochkurs „Wir machen eine Party".
(MARCHIVUM, ABGT02679-004)

genommen. Immerhin wurde Werbung in der Presse geschaltet und „in Form von aufklärenden Druckschriften" unter das Volk gebracht. Doch nicht nur größere Räume fehlten, auch das Gas war knapp, da das Gaswerk Luzenberg an seine Kapazitätsgrenzen gestoßen war. Werbung für Gas war damit bis zum abgeschlossenen Umbau des Werks in eine moderne Gaskokerei lediglich eingeschränkt möglich, und in Beratungsgesprächen wurde teilweise direkt von Produkten wie Gas-Zentralheizungen abgeraten.[36]

Ab dem Frühjahr 1953 konnte ein Teil des Verwaltungsgebäudes wieder von den Werken genutzt werden. Im Erdgeschoss wurden unter anderem auch der Beratungsdienst und die Ausstellung untergebracht. Erfreut stellte man fest, dass „die Ausstellungsstücke in dem neuen ansprechenden Raum viel mehr als bisher zur Geltung" kämen.[37] Als nach Umbau des Gaswerks endlich wieder uneingeschränkt für Gas geworben werden konnte, sollten gleichwohl die Konsumentinnen und Konsumenten „streng neutral nach der Gas- bzw. Stromseite hin" beraten werden. Weitere Werbemaßnahmen waren etwa die auf der Rechnung abgedruckte Einladung, die Ausstellung „zwecks kostenloser Beratung" zu besuchen, sowie „laufende" Besuche bei Gewerbebetrieben wie Metzgereien, Bäckereien und Gaststätten, um intensiv zu beraten. Im Jahr 1960 bestand die Lehrküche wieder, der Ausstellungsraum wurde renoviert und ein Beratungsfachmann namens Hermann Besier eingestellt.[38]

9.2 STROMVERSORGUNG: EIN WETTLAUF MIT STEIGENDEN BEDARFEN

Die Versorgung mit Wasser und Energie war in den 1950er Jahren eine Herausforderung, da der Bedarf enorm schnell und stark anstieg. Ganz besonders galt das für den Strom, dessen Verbrauch geradezu senkrecht in die Höhe schnellte. Im Jahr 1955 meinte Bürgermeister Jakob Trumpfheller, „[d]ie Stadtwerke müssen sich sehr strecken, um auf der Höhe zu bleiben", und der „Mannheimer Morgen" fasste seine Ausführungen zur Versorgungslage folgendermaßen zusammen:

> „Mannheim und seine Stadtwerke liegen, seit es wirtschaftlich wieder aufwärts geht, in einem ständigen scharfen Kopf-an-Kopf-Rennen mit der Zeit und ihrem gegenüber den Vorkriegsverhältnissen geradezu gigantisch gewachsenen und immer größere Ausmaße annehmenden Energiebedarf."[39]

Die stark ansteigende Nachfrage nach Strom bedeutete nicht nur, dass dessen Produktion, die im GKM stattfand, erhöht werden musste – auch die Leitungsnetze mussten den gestiegenen Anforderungen angepasst werden. Zum einen betraf dies den quantitativen Ausbau des Netzes, zumal sich das Versorgungsgebiet stetig vergrößerte. Die summierte Länge der Hochspannungskabel betrug 1945 gut 370 km, zehn Jahre später knapp 520 km und im Jahr 1970 bereits 820 km; die Länge der Niederspannungskabel wuchs im selben Zeitraum von

In den 1950er Jahren verstärkte sich der bestehende Trend zur „Elektrifizierung" der privaten Haushalte; immer mehr elektrische Geräte erleichterten die Hausarbeit und trugen zum allgemein steigenden Stromverbrauch jener Zeit bei. Die Stadtwerke warben in ihrem Ausstellungsbereich gerne anlassbezogen, wie hier mit Blick auf das Weihnachtsfest.
(MVV Energie AG, UA005/0300)

rund 545 über 760 auf über 1160 km an.[40] Darüber hinaus waren weitere Maßnahmen notwendig, um die gestiegenen Mengen an Strom transportieren zu können: die Umstellung der Spannung von 3 × 120 auf 220 V und von 3 × 220 auf 380/220 V sowie der Bau eines Hochspannungs-„Rings" um Mannheim.

Spannungsumstellung

Bereits nach dem Ersten Weltkrieg hatte sich gezeigt, dass das ursprünglich für eine Spannung von 3 × 120 V ausgebaute Niederspannungs-Verteilungsnetz infolge technischer Fortschritte und größeren Strombedarfs in Zukunft nicht mehr ausreichen würde. Deshalb wurde im Jahr 1926 seitens der Werke die Möglichkeit einer Umstellung des gesamten Niederspannungsnetzes untersucht – allerdings angesichts der dafür angesetzten Investitionskosten von rund 3,7 Mio. Reichsmark der Stadtverwaltung davon abgeraten. Deshalb unterblieb eine Umstellung vorerst; mit Blick darauf, dass dieser Schritt zu einem späteren Zeitpunkt unumgänglich werden würde, wurden bei laufenden Neubestellungen, etwa von Transformatoren, Zählern und dergleichen, nur kompatible Modelle erworben. 1933 wurde erstmalig festgelegt, dass Netzausbauten bei neuen Siedlungen am Stadtrand mit 220 V zu erfolgen hätten; 1939 begann dann die Umstellung in einigen Außenbezirken wie Käfertal und Waldhof, und es erfolgte die Ausarbeitung eines Plans für die flächendeckende Spannungserhöhung – der jedoch wegen des Kriegs nicht umgesetzt werden konnte.[41]

Nach Ende des Zweiten Weltkriegs hatten sich die Voraussetzungen für die Spannungsumstellung grundlegend geändert: Die Spannung von 220 V war inzwischen allgemeiner Standard; die enormen Kriegsschäden in den Netzen mussten beseitigt werden; und schließlich stieg der Strombedarf rasant und in starkem Maße an. Bereits im Oktober 1945 stellte die Direktion der Werke daher erste Überlegungen zur Spannungsumstellung an; zunächst hatte jedoch der Wiederaufbau Vorrang. Schließlich wurde geplant, die vollständige Umstellung möglichst rasch bis zum Jahr 1957 durchzuführen und dabei jährlich etwa 8000 elektrische Anschlussanlagen umzustellen. Allerdings betraf dieser Vorgang die Haushalte in erheblichem Maße, da elektrische Geräte wie Lampen, Heizkissen, Bügeleisen oder Radiogeräte ersetzt oder umgerüstet werden mussten. Schon bei den kleineren Umstellungen vor dem Zweiten Weltkrieg hatte es Auseinandersetzungen gegeben, wer die Kosten dafür übernehmen müsse; damals hatten sich die Werke recht erfolgreich auf den Standpunkt gestellt, dass die Kosten von den Gerätebesitzern zu tragen seien, und nur ausnahmsweise und auf Antrag Bedürftigen Zuschüsse gewährt. Diese Konflikte entstanden nun erneut. Die Rechtslage schien in dieser Hinsicht nicht eindeutig geklärt und die Direktion der Werke wollte zunächst keine Kosten übernehmen. Weil in der Bevölkerung der Unmut über die geplante Aufbürdung der vollen Kosten jedoch nicht verstummte und in der Presse auf andere Städte, die angeblich anders verführen, verwiesen wurde, ordnete Bürgermeister Trumpfheller im August 1950 an, in verschiedenen anderen Stadtverwaltungen nach deren Regelungen anzufragen. In der Folge stellte sich heraus, dass in vielen anderen Städten zumindest ein Teil der Kosten getragen oder die Geräte in eigenen Werkstätten umgearbeitet worden waren; aus Ulm kam der pragmatische Hinweis, es habe sich schnell als zweckmäßig erwiesen, „um Prozesse zu vermeiden, einen Teil der Kosten zu übernehmen".[42] Schließlich lenkten die Werke ein und schlugen der Stadtverwaltung „aus Gründen der Billigkeit und aus sozialer Einstellung heraus" vor, den Haushalten „in der Frage der Kostenbeteiligung in gewissem Umfange entgegenzukommen". Im November 1950 genehmigte der Stadtrat die Richtlinien für die Umstellung, in der mögliche Zuschüsse detailliert aufgeführt waren. So wurden bis zu zehn Glühlampen kostenlos gewechselt, Heizkissen gegen neue getauscht, wobei die Stadtwerke 50 Prozent des Listenpreises übernahmen, oder auch Transformatoren gegen eine geringe Gebühr verliehen.

Noch im gleichen Monat wurde mit der Arbeit begonnen: Bis März 1951 waren bereits knapp 2000 Umstellungen erfolgt, im nächsten Geschäftsjahr 1951/52 – dem ersten vollständigen – waren es gut 11.000. Um sich ein Bild zu machen: Dabei wurden circa 87.300 Lampen und knapp 2600 Heizkissen umgetauscht, knapp 6000 Umstellungen von Bügeleisen vorgenommen und 226 Zwischentransformatoren für Radiogeräte bereitgestellt. Die Kosten beliefen sich auf 376.337 D-Mark, wovon 271.680 D-Mark die Werke selbst trugen.[43] Auch in den folgenden Jahren setzte sich diese Arbeit fort, bis die Umstellung auf 220 V abgeschlossen war.

Doch damit war der „Umstellungs-Marathon" noch nicht beendet. Die weitere Änderung der Stromspannung von 3 × 220 auf 380/220 V wurde direkt im Anschluss geplant. Anders als die vorangegangene Umstellung betraf diese jedoch die Haushalte kaum, da Geräte mit Wechselstrom nicht ersetzt oder umgebaut werden mussten. Zwar mussten alle Hauseigentümer ihre Installationsanlagen um einen Nullleiter ändern bzw. ergänzen lassen, dies verursachte jedoch nur geringe Kosten. Anders sah die Lage für Gewerbetreibende und Handwerksbetriebe aus, die Drehstromanlagen nutzten. Dieser Problematik war sich auch die Direktion der Stadtwerke bewusst. Da Handwerk und Gewerbe bei der vorherigen Umstellung die Kosten weitestgehend selbst hatten tragen müssen und wegen des bestehenden „Grundsatzes der gleichen Behandlung aller Abnehmer" regte sie den Oberbürgermeister in einem Brief vom 11. Juli 1958 an, diesen Betroffenen ebenfalls einen Zuschuss zuzubilligen.[44] Diesem Vorschlag folgend, beschloss der Stadtrat am 30. September 1958 nicht nur die Umstellung, sondern auch die Gewährung von Zuschüssen;[45] der Prozess sollte insgesamt über einen längeren Zeitraum von zehn Jahren erfolgen. Um die Bevölkerung zu beruhigen, gaben Oberbaudirektor Eduard Doka, Betriebsdirektor Otto Böhler sowie Ingenieur Werner Kriebitzsch Anfang Oktober eine Pressekonferenz, in der sie noch einmal betonten: „99,9 Prozent der Haushaltungen werden die Umstellung gar nicht bemerken!"[46] Das große Vorhaben fand seinen Abschluss schließlich im Jahr 1971.[47]

Der „110 kV-Ring"

Da Mannheim Anfang der 1950er Jahre mit einer jährlichen Zunahme des Stromverbrauchs um 10 Prozent an der Spitze der Städte im Bundesgebiet stand, waren die bestehenden acht 20-kV-Kabel zum Umspannwerk (UW) I im Industriehafen und die vier 20-kV-Kabel zum UW II (Keplerstraße) bald überlastet. Um einem befürchteten Zusammenbruch der Spannung im kommenden Winter beim Auftreten der sogenannten Winterspitze[48] zuvorzukommen, wurde 1953 der Entschluss gefasst, zur nächsthöheren verfügbaren Spannung überzugehen. Äußerst rasch, innerhalb von fünf Monaten, wurde in einem ersten Bauabschnitt eine 8,5 Kilometer lange 110-kV-Freileitung vom GKM bis nach Käfertal mit 35 Masten erstellt, über die eine Leistung

Montage eines Gittermastes der 110-kV-Freileitung vom GKM zum neuen UW III. Dazu der „Mannheimer Morgen" am 24.12.1953: „Die Inbetriebnahme dieser Uebertragungsleitung [...] ist ein Markstein in der Geschichte der Energie- und Wasserversorgung unserer Stadt. Mannheim ist die dritte Gemeinde im Bundesgebiet, die eine 110-kV-Anlage besitzt."
(MARCHIVUM, AB03251-067)

von 100 MVA übertragen werden konnte. Bei Käfertal war das UW III geplant, dessen erster Transformator mit der zugehörigen Einspeisungsmöglichkeit in das 20-kV-Netz einen Tag vor Heiligabend 1953 in Betrieb genommen werden konnte. Nach beendigtem Ausbau – etwa vier Jahre später – sollten im neuen Umspannwerk drei Transformatoren und in der 20.000-V-Innenraum-Schaltanlage etwa 30 Kabelabzweige zur Verfügung stehen. Ausgeführt wurden die Arbeiten von der BBC.[49]

Auch in der Folgezeit stieg der Absatz derart rasch, dass die 110-kV-Freileitung bereits im Rechnungsjahr 1954/55 bis zum UW IV verlängert werden musste, um den Bedarf in Sandhofen befriedigen zu können. Allerdings wurde diese Verlängerung vorläufig nur mit 20 kV betrieben. 1955 begann der Bau des Leitungsringstücks vom UW IV zum UW I im Industriehafen. 1962 wurde es mit 20 kV in Betrieb genommen, 1967 dann die Freileitung auf 110 kV umgestellt.[50] Der 110-kV-Ring sollte dann über das UW II zum GKM geschlossen werden:

„Damit wird die Stromversorgung der Stadt Mannheim ebenso großzügig wie wirtschaftlich auf Jahrzehnte gesichert. [...] Unter den Werken vergleichbarer Größe haben die Stadtwerke Mannheim als erste den Bau eines 110 kV-Ringes begonnen und damit eine Vorleistung für die spätere Generation übernommen."[51]

Nach der Explosion eines Ölschalters im UW II am 5.12.1958 und dem folgenden Brand eines Gleichrichter-Trafos kam es zu einem großflächigen mehrstündigen Stromausfall südlich des Neckars. Die Presse berichtete von Verkehrschaos wegen ausgefallener Ampeln, stehen gebliebenen Aufzügen und frierenden Menschen ohne Heizung. Der reine Sachschaden betrug fast 200.000 DM.
(MARCHIVUM, ABKS01324-007)

1968 schließlich war aus dem Plan Wirklichkeit geworden und mit der Leitungsverbindung zwischen dem UW I, in dem ein Jahr zuvor die 110-kV-Schaltanlage in Betrieb genommen worden war, und dem GKM wurde der 110-kV-Ring geschlossen. Während der Ring im Stadtgebiet aus städtebaulichen und verkehrstechnischen Gründen als unterirdische Trasse ausgeführt wurde, wurden außerhalb der Stadt die günstigeren Freileitungen errichtet. Zunächst führte die Trasse lediglich am UW II in der Keplerstraße vorbei, es war jedoch beabsichtigt, dieses später einzubeziehen.[52]

Der Ausbau des GKM

Seit 1938 war die Stadt Mannheim mit 40,45 Prozent am GKM beteiligt. Die stark steigende Stromabgabe ins Netz – zwischen den Geschäftsjahren

Blick auf die Baustelle des Werks II des GKM neben dem bestehenden Werk I.
(MARCHIVUM, AB03251-061)

1948/49 und 1953/54 hatte sie sich auf 278,5 Mio. kWh/Jahr mehr als verdoppelt – bewog die Stadt gemeinsam mit den beiden anderen Aktionären des GKM, das Werk I durch den Bau eines Werks II mit geplanten 125.000 kW Leistung zu ergänzen, um so eine installierte Leistung von insgesamt 345.000 kW zu erreichen. Die Kosten betrugen rund 75 Mio. D-Mark. Um den Wärmeverbrauch zu senken, wurde der Dampfdruck von 110 auf 175 atü und die Dampftemperatur von 500 auf 520 °C erhöht. So konnte der Wärmeverbrauch von 3100 auf weniger als 2500 kcal/kWh vermindert und der Wirkungsgrad auf 38,2 Prozent gesteigert werden. Mitte Januar 1955 war die Erweiterung vollendet. Gleichzeitig begann damit die Stromlieferung für die Bundesbahn: Durch die neue „Voith-Marguerre-Kupplung" war es erstmals möglich, gleichzeitig Drehstrom mit 50 Hz und für die Bahn benötigten 16-2/3-Hz Einphasenstrom zu erzeugen.[53] In den folgenden Jahrzehnten wurde das GKM regelmäßig durch neue Blöcke ergänzt, dadurch die Werksleistung weiter erhöht und der Wirkungsgrad verbessert. Im Jahr 1966 betrug die Stromerzeugung bereits 3 Mrd. kWh.[54]

1968 wurde dann die städtische Beteiligung am GKM „in Form einer Sacheinbringung zum Nominalwert" an die Stadtwerke Mannheim übertragen und im Zuge einer Grundkapitalerhöhung 1970, der sich das Badenwerk nicht anschloss, deren Anteil vorübergehend auf 44 Prozent gesteigert. Im Jahr 1972 wiederum wurde die Beteiligung der Stadtwerke zu einem Kurs von 113,4 Prozent an die RHE verkauft. Da diese sich nicht an der Kapitalerhöhung von 1974 beteiligte, ergab sich ein Anteil von 30 Prozent der RHE. Die Pfalzwerke hielten 44, das Badenwerk besaß 26 Prozent.[55]

DIE VERHEISSUNG DER ATOMKRAFT
Walter Spannagel

In den ersten Jahrzehnten ihres Bestehens waren Kohle, Öl und Gas die drei Säulen der Energieversorgung der Bundesrepublik. In den 1950er Jahren experimentierten Wissenschaft und Wirtschaft mit einer vierten Energiequelle, der Atomkraft. Sie wurde sowohl von der Industrie als auch von den politischen Entscheidungsträgern als Zukunftstechnologie angesehen. Gleichzeitig erschien sie als kostengünstige, umweltfreundliche und sichere Alternative zu den fossilen Energieträgern, die ein neues Zeitalter eröffnete.

Einer von fünf Versuchsreaktoren in der Bundesrepublik wurde ab 1959 gemeinsam von der Brown, Boveri & Cie. (BBC) Mannheim und der Friedrich Krupp AG Essen im nordrhein-westfälischen Jülich erbaut. Neben anderen Energieversorgern beteiligten sich auch die Stadtwerke Mannheim mit einem Anteil von 4,17 Prozent an der Versuchsanlage, die bis Ende 1988 in Betrieb war. Im Juni 1961 wurde vom Versuchsreaktor Kahl in Unterfranken zum ersten Mal in der Bundesrepublik mittels Kernenergie erzeugter Strom in das Verbundnetz eingespeist. Ab Ende der 1960er Jahre gingen weitere Kernkraftwerke ans Netz. Die Ölkrise 1973 rückte die Abhängigkeit von ausländischen Öl- und Gasimporten auch ins öffentliche Bewusstsein. Die Mehrzahl der insgesamt 16 deutschen Atomkraftwerke entstand in den 1970er und 1980er Jahren. In der näheren Umgebung Mannheims wurden die Atommeiler in Biblis (1974) und Philippsburg (1979) errichtet. Ein

Außenansicht des rund 25 km nördlich von Mannheim gelegenen Atomkraftwerks Biblis, das 1974 ans Netz ging, hier 1988.
(akg-images)

auf dem Werksgelände der BASF in Ludwigshafen geplantes Atomkraftwerk stieß wegen großer Sicherheitsbedenken und des geringen Abstands zum Rhein auf Ablehnung. Eine Verlegung in das nördlich gelegene Frankenthal scheiterte letztlich an den zu hohen Baukosten. Auch in Mannheim regte sich Widerstand – unter anderem, weil sich Kommunalpolitik und Stadtwerke mit dem Bau eines eigenen Kernkraftwerks in Kirschgartshausen beschäftigten und so eine etwaige Konkurrenzsituation fürchteten. Neben Einsprüchen der nahe gelegenen Gemeinde Lampertheim war die Gefährdung des Flugverkehrs zum US-Flughafen Mannheim-Sandhofen durch den vorgesehenen Kühlturm in Kirschgartshausen ein weiterer Grund für das Scheitern auch dieses Projekts.[1]

Nach mehreren Störfällen in deutschen Kernkraftwerken nahm auch die generelle Kritik der Bevölkerung an der Atomkraft zu. Neben der Sorge vor radioaktiver Strahlung im Umfeld von Atommeilern wuchs die Angst vor einem schweren Kraftwerksunfall. Ab den 1970er Jahren kam es vermehrt zu Großdemonstrationen gegen den Bau neuer Anlagen. Mit Gründung der Partei Die Grünen, die aus der Anti-Atom-Bewegung hervorging, wurde der Protest gegen die Atomkraft auch in die Parlamente getragen.

Die Reaktorkatastrophe von Tschernobyl 1986 wurde für die Gegner der Atomkraft zu einem Symbol für die Gefährlichkeit und mangelnde Beherrschbarkeit dieser Energiequelle. Zwar hielten weite Teile der deutschen Politik weiterhin an der Kernkraft fest – der letzte Meiler wurde 1989 fertiggestellt –, doch war der Zeitgeist nun eindeutig aufseiten der Atomkraftgegner. Die ab 1998 amtierende rot-grüne Bundesregierung beschloss 2000 den endgültigen Ausstieg aus der Atomenergie. In einer Vereinbarung mit den Energieversorgungsunternehmen wurden Reststrommengen und Restlaufzeiten festgelegt. Nach dem durch einen Tsunami ausgelösten Kraftwerksunfall im japanischen Fukushima 2011 beschloss die Regierung Merkel die endgültige Stilllegung aller Reaktoren bis Ende 2022.

Plakat aus dem ersten Landtagswahlkampf der baden-württembergischen GRÜNEN 1980, in dem Atomkraft eine wichtige Rolle spielte.
(MARCHIVUM, PK05215)

1 Vgl. MARCHIVUM, MVV UA, Zug. 18/2019 Nr. 587, Nr. 595, Nr. 720; MARCHIVUM, Bauverwaltungsamt, Zug. 30/1984 Nr. 231; MARCHIVUM, Dezernatsregistratur, Zug. 3/1993 Nr. 1002, Nr. 1096; MARCHIVUM, Dezernatsregistratur, Zug. 27/1999 Nr. 560.

9 STROM UND WASSER FÜR EINE PROSPERIERENDE STADT

Eigene Stromerzeugung im Doppelheizkraftwerk

Im Zuge der Ansiedlung einer Erdölraffinerie auf der Friesenheimer Insel wurde auch ein sogenanntes Doppelheizkraftwerk mit Müllverbrennungsanlage errichtet.[56] Dabei fiel – mehr als positiver Nebeneffekt denn als Hauptziel – auch Gegendruckstrom an; man hoffte damit auf eine „willkommene Abstützung des Hochspannungsnetzes" der Stadtwerke vor allem im industriell geprägten Norden der Stadt. Ende 1965 war es so weit, dass der 18-MW-Gegendruckturbinensatz sowie die 4,5-MW-Regenerativ-Kondensationsturbine in Betrieb genommen werden konnten. Von den rund 74 Mio. kWh der nutzbaren Stromabgabe in diesem Jahr stammten rund 8 Mio. kWh aus Eigenerzeugung.[57]

Ursprünglich hatte sich die Stadt Mannheim verpflichtet, ihren gesamten Strombedarf beim GKM zu decken (§ 5 Gründungsvertrag). Diese Verpflichtung wurde mit Einverständnis der Aktionäre im Jahr 1964 eingeschränkt, sodass die RHE berechtigt war, im Heizkraftwerk Strom zu erzeugen und zu verteilen. Die Begründung lautete, es sei „technisch-wirtschaftlich sinnvoll", bei der Kraft-Wärme-Kopplung (KWK) auch Strom zu erzeugen.[58]

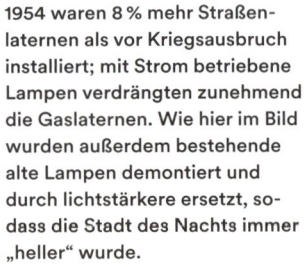

1954 waren 8 % mehr Straßenlaternen als vor Kriegsausbruch installiert; mit Strom betriebene Lampen verdrängten zunehmend die Gaslaternen. Wie hier im Bild wurden außerdem bestehende alte Lampen demontiert und durch lichtstärkere ersetzt, sodass die Stadt des Nachts immer „heller" wurde.
(MARCHIVUM, ABKS01200-021)

9.3 WASSERVERSORGUNG: DIE LANGFRISTIGE SICHERUNG AUSREICHENDEN UND SAUBEREN TRINKWASSERS

Nachdem die Kriegsschäden des Rohrnetzes behoben waren, stand ab den 1950er Jahren die langfristige Sicherung der Trinkwasserversorgung auf dem Plan. Zum einen mussten die vorhandenen Anlagen stetig weiter ausgebaut und erneuert werden – hier war mit der Anlage des Ranney-Brunnens zu Beginn der 1950er Jahre bereits ein erster Schritt getan worden. Weiterhin mussten die Einzugsgebiete des Grundwassers durch Ausweisung von Schutzgebieten und den Geländeerwerb im Umkreis der Brunnenanlagen von Verunreinigungen frei gehalten werden. Und schließlich war für die langfristige Planung die Suche nach neuen Gewinnungsgebieten vonnöten.[59]

Der Wasserverbrauch wuchs zunächst nur mäßig. Die Wasserförderung stieg zwischen 1953 und 1958 schrittweise von ca. 24,4 auf 26,2 Mio. m³ pro Jahr an – machte im Jahr 1959 allerdings einen Sprung auf 30,3 Mio. m³, bedingt durch eine starke Hitze- und Trockenperiode in jenem Sommer. Die Tageshöchstförderung betrug 151.000 m³ statt wie durchschnittlich 65.000 bis 70.000 m³ und Heidelberg steigerte seinen Bezug um 300 Prozent gegenüber dem Vorjahr.[60] Auch in den Folgejahren gingen rund 10 Prozent der nutzbaren Wasserabgabe an Heidelberg; die Gesamtwasserförderung stieg auf 33,8 Mio. m³ in den Jahren 1963 und 1964. Danach sank sie wieder auf Werte zwischen rund 30 und 28 Mio. m³.[61] Einer der Gründe lag im starken Rückgang der Lieferungen an Heidelberg, das Mitte der 1960er Jahre neue eigene Wassergewinnungsanlagen einweihen konnte.[62] Die RHE sah dies aber nicht als Mangel, da so die Sicherstellung der Wassermengen für Mannheim leichter gewährleistet werden konnte.[63]

Ausbau und Erweiterung der bestehenden Anlagen

Im Jahr 1953 wurden zur Erhöhung der Leistungsfähigkeit des Wasserwerks Käfertal 30 Brunnen neu gebaut und fünf weitere erneuert, dafür 26 alte Brunnen außer Betrieb gesetzt. Insgesamt existierten nun 105 Brunnen.[64] Außerdem wurde es notwendig, eine zweite Hauptdruckleitung vom Wasserwerk Rheinau in die Stadt zu verlegen, die auch für Höchstleistungen ausreichend dimensioniert war: Bis zu 25.000 m³ mehr sollten so täglich lieferbar werden. Im Mai 1955 war Baubeginn und zwei Jahre später erfolgte die feierliche Inbetriebnahme des circa 11 Kilometer langen und über 4 Mio. D-Mark teuren Strangs, anlässlich derer Bürgermeister Jakob Trumpfheller betonte, dies sei „das größte Ingenieur- und Firmenprojekt der letzten Jahrzehnte".[65] Als der heiße und trockene Sommer von 1959 viele Städte in Bedrängnis brachte – so musste in Karlsruhe und Heidelberg zum Wassersparen aufgefordert werden, und in Frankfurt verlangte man „gesalzene Preise" auf jeden Kubikmeter Überwasser –, sorgte nicht zuletzt die neue Leitung für die stets reibungslose Wasserversorgung.[66]

Baustellenbesuch im noch leeren Reinwasserbehälter. Zu- und Abfluss des Wassers waren über speziell angeordnete Düsen in den Behälterwänden so gestaltet worden, dass nirgends Wasser stagnieren und „abstehen" konnte. Zu diesem Zweck war die Technische Hochschule Karlsruhe beauftragt worden, die mittels Berechnungen und Modellversuchen die beste Anordnung ermittelte.
(MARCHIVUM, ABGT02387-086)

Für die Sicherstellung der Trinkwasserversorgung weniger bedeutsam, dafür aber die breite Bevölkerung bewegend, wurde 1955 ein Architektenwettbewerb zur Instandsetzung des mit Notdach versehenen Wasserturms am Friedrichsplatz ausgelobt. Der mit dem ersten Preis ausgezeichnete Entwurf mit Drehrestaurant stieß allerdings auf Ablehnung; letztlich wurde bis November 1963 ein historisierender Wiederaufbau vorgenommen, im Zuge dessen neben der Wiederherstellung des Turmhelms und der Instandsetzung der Fassade auch die technischen Einrichtungen ausgebaut wurden.[67]

Wichtiger für die nachhaltige Sicherung der Versorgung war das Vorhalten gewisser Mengen an Trinkwasser. Die Fachempfehlung lautete dahin gehend, Behälterraum für eine mittlere Tagesmenge – das waren in Mannheim in jener Zeit etwa 80.000 m^3 – bereitzuhalten. In Käfertal waren jedoch lediglich 14.000 m^3, in Rheinau gar nur 10.000 m^3 Wasserspeicher vorhanden. Deshalb wurde ab 1968 für rund 2 Mio. D-Mark im Wasserwerk Rheinau ein neuer Reinwasserbehälter mit zwei lang gestreckten parallelen Becken zur Speicherung von bis zu 20.000 m^3 Wasser erstellt.[68]

Im Wasserwerk Käfertal wurde 1969 außerdem für rund 1,5 Mio. D-Mark die Pumpstation mittels einer zentralen Schaltwarte automatisiert, die der Direktor der Wasserwerke, Heinz Moser, selbst konzipiert hatte.[69]

Die vielen notwendigen Investitionen im Bereich der Wasserversorgung machten sich für die Bevölkerung in Form von Tariferhöhungen bemerkbar. Während die Gebühren für Strom und Gas in den 1950er und 1960er Jahren nur mäßig anstiegen, gab es beim Wasser mehrmals deutliche Teuerungen. Schon 1962 war der Tarif auf 42 Pf/m^3 angehoben worden, zwei Jahre später dann auf 58 Pf/m^3. Kontroversen gab es im Jahr 1967, als seitens der Rheinag auf Grundlage eines Gutachtens der WIBERA eine erneute Anhebung des Tarifs auf 83 Pfennige gewünscht wurde. Angesichts des existenziellen Rangs von Trinkwasser wurde im Werkausschuss letztlich ein „Kompromisspreis" von 75 Pf/m^3 ausgehandelt – dennoch entsprach dies einer Steigerung um rund 30 Prozent.[70]

9.3 WASSERVERSORGUNG

Im Vorraum der modernisierten Pumpstation entstand ein Brunnen mit einem Mosaik aus der Majolika Manufaktur Karlsruhe, das die Trinkwasserversorgung mit strahlenförmigen Zuleitungen von den Werken Käfertal (oben) und Rheinau (unten) in die Quadratestadt symbolisiert. Das neue MVV-Hochhaus steht selbstbewusst neben den anderen Wahrzeichen der Stadt. (MARCHIVUM, KF045383)

Langfristige Planungen und die Gründung des Zweckverbands Wasserversorgung Kurpfalz (ZWK)

Ein kontinuierlich sinkender Grundwasserstand auf der einen, ein steigender Wasserverbrauch auf der anderen Seite machten in Mannheim bereits Ende der 1950er Jahre deutlich, dass zur langfristigen Sicherung der Trinkwasserversorgung strategische Planungen vonnöten waren, und zwar auch in Zusammenarbeit mit den Nachbarn. Die Stadt Heidelberg plante seinerzeit, mit einem eigenen Grundwasserwerk stärkere Unabhängigkeit zu erlangen; gleichzeitig stellten beide Städte Überlegungen an, ein gemeinsames Wasserwerk zu errichten.[71] Auch Schwetzingen befand sich zu jener Zeit in Bedrängnis, da das dortige Wasserwerk an den Grenzen seiner Kapazitäten angelangt war und keinen Raum

Falls der Wasserpreis steigen sollte...

Nutzen Sie die kostenlose Gelegenheit zum Wagenwaschen. — Schränken Sie vor allem den Badewasserverbrauch ein. — Versuchen Sie Ihr Glück auf eigenem Grund und Boden. — Halten Sie auch die Abwassergebühr möglichst niedrig.

Die Frage der Höhe der Tarife für Wasser, Gas und Strom war regelmäßig Gegenstand lebhafter Diskussionen und beschäftigte auch die örtliche Presse.
(Mannheimer Morgen vom 23.9.1967)

für Erweiterungen bot. Das Regierungspräsidium Nordbaden wies die Stadt 1958 jedoch darauf hin, dass für deren geplante Wassergewinnung im Gebiet Grenzhof ein Wasserrechtsverfahren notwendig sei, da die Interessen von Mannheim und Heidelberg berührt würden. Eine gemeinsame Planung sei also erforderlich. In der Folge bildete sich 1960 ein Arbeitsausschuss, dem die Ersten Bürgermeister von Heidelberg und Mannheim, der Bürgermeister von Schwetzingen, je zwei Vertreter der Stadtwerke Mannheim und Heidelberg sowie ein Schwetzinger Fachmann angehörten.[72] Im darauffolgenden Jahr kam der beauftragte Gutachter, der Bielefelder Geohydrologe Dr. Schneider, zu dem Schluss, dass die Wasserreserven im unmittelbaren Gebiet des Neckar-Schwemmkegels nur noch gering seien; daher musste die Arbeitsgemeinschaft den Blick auf weiter entfernte Gebiete richten, um diese – nicht zuletzt wegen der steigenden Bodenpreise – rasch für eine spätere Erschließung sichern zu können.[73] Im weiteren Verlauf seiner gutachterlichen Tätigkeit im Jahr 1962 und dabei in engem Kontakt zum Regierungspräsidium stehend, nahm Dr. Schneider den Großraum südlich von Mannheim in den Blick. Das zunächst angedachte Gebiet um den Grenzhof erwies sich als nicht ergiebig genug. Stattdessen kristallisierte sich das Areal südlich von Schwetzingen als vielversprechend heraus. Allerdings würde durch dessen größere Entfernung insbesondere von Mannheim durch die weiteren Transportwege das Wasser teurer werden.[74] In einem weiteren, vom Regierungspräsidium Nordbaden in Auftrag gegebenen Gutachten untersuchte Dr. Schneider bis 1964 das Gebiet genauer; auf dessen Grundlage fanden dann „erste konkrete Gespräche" mit Gemeinden statt, die an einem Gemeinschaftswerk interessiert sowie möglicherweise betroffen waren. Im Spätjahr 1964 schließlich stand ein Übereinkommen der Städte Mannheim, Heidelberg und Schwetzingen sowie der Gemeinde Ketsch über die Gründung eines Wasserversorgungszweckverbands.[75] Bevor es jedoch dazu kam, brach im Frühjahr 1965 ein heftiger Konflikt mit der Stadt Hockenheim aus, auf deren Gemarkung das Wasser gewonnen werden sollte. Deren Bürgermeister Kurt Buchter warf den zusammengeschlossenen Städten vor, sie wollten beinahe die Hälfte der Hockenheimer Gemarkung in Wasserschutzzonen umwandeln, womit jegliche Entwicklungsmöglichkeiten Hockenheims erstickt würden – sei es im Hinblick auf mögliche Neubauviertel, sei es durch fehlende Möglichkeiten, Industrie und Gewerbe anzusiedeln, und damit verbundene fehlende Gewerbesteuereinnahmen. Hier werde „Gemarkungsökonomie" betrieben. Außerdem werde durch das geplante Wasserwerk der Grundwasserspiegel sinken, was der eigenen Trinkwasserversorgung abträglich sei. Schließlich fühlte sich Hockenheims Bürgermeister zu spät über die Pläne informiert: Es sei seit 1962 der Presse zu entnehmen gewesen, dass bei Hockenheim Wasser entnommen werden solle; niemand hätte jedoch das Gespräch mit ihm gesucht. Demgegenüber meinte Mannheims Bürgermeister Ludwig Ratzel, erst nach Erscheinen des zweiten Gutachtens im Frühjahr 1964 habe man mit den betroffenen Gemeinden sprechen können. Außerdem sei der Antrag auf „Sicherung des Geländes" vorläufig und vorübergehend.[76] Nach Feststellung des tatsächlichen Fassungsgebiets (Schutzzone I) sollte lediglich dessen direkte Umgebung als „engere Schutzzone" eingestuft werden, was dann lediglich 6,3 Prozent der Gemarkung entsprechen würde.[77] Der Konflikt wurde auch über die Presse ausgetragen, die prompt von einem „Wasserkampf" sprach.[78] Letztlich konnte jedoch eine Einigung erzielt werden, und die Genehmigung der Satzung für den Zweckverband Wasserversorgung Kurpfalz (ZWK) durch das Regierungspräsidium erfolgte am 18. Juni 1965, die Gründung am 1. Juli mit den beteiligten Städten und Gemeinden, also Mannheim, Heidelberg, Schwetzingen und Ketsch, mit einer konstituierenden Sitzung in Heidelberg.[79]

Kurzfristig war nicht geplant, ein Gemeinschaftswasserwerk für alle Beteiligten des ZWK zu bauen; zunächst sollte in einer ersten Ausbaustufe die Versorgung von Schwetzingen und Ketsch sichergestellt werden. Die Gewinnungsanlagen sollten jedoch „bereits der Konzeption des späteren Groß-Wasserwerks Rechnung tragen".[80] Schließlich wurde ein Gebiet südöstlich der Gemeinde Ketsch im nördlichen Teil des Waldgebiets Schwetzinger Hardt ausgewählt und 1969 begannen die Arbeiten an der ersten Baustufe des Wasserwerks Schwetzinger Hardt. Am

Grundsteinlegung am 28.9.1971 für das Wasserwerk Schwetzinger Hardt, das vom Zweckverband Wasserversorgung Kurpfalz errichtet wurde.
(MARCHIVUM, KF013946. Foto: Helmut A. Kocher)

6. Juli 1972 konnte die Inbetriebnahme erfolgen; zunächst zur Versorgung von Schwetzingen und ab dem folgenden Jahr auch von Ketsch.[81]

Grundwasserschutz

Wie an dem Konflikt mit Hockenheim schon deutlich wurde, war der Schutz der Wassereinzugsgebiete eine wichtige Säule bei der Sicherstellung einer einwandfreien Trinkwasserversorgung. Die Sauberkeit des Grundwassers war durch verschiedene Gefahrenquellen bedroht, welche nicht nur Mannheim betrafen, sondern ganz allgemein bestanden und im Laufe der 1950er Jahre stärker in das öffentliche und politische Bewusstsein drangen. 1954 bereits sollten auf Anordnung des Regierungspräsidiums Nordbaden die Erfassungsgebiete der Wasserwerke besser unter Schutz gestellt werden (sogenannte enge und erweiterte Schutzzonen). Zum März 1960 traten dann das 1957 verabschiedete *Bundes-Wasserhaushaltsgesetz* sowie ergänzende Ländergesetze in Kraft. Die Mannheimer Werke erwarben bereits seit 1952 Gelände für Schutzzonen. Bis 1972 umfassten diese insgesamt gut 132 Hektar.[82]

Ein grundwassergefährdender Stoff war Heizöl, das ab den späten 1950er Jahren zunehmend Verbreitung in der Bundesrepublik fand. 1960 wurden neue Richtlinien zur Lagerung von Heizöl eingeführt, und die Rheinag drang auf einen raschen Erlass einer Polizeiverordnung in der Stadt, um diese Richtlinien rechtlich zu stützen. Im Dezember 1964 etwa verlor ein „wild" vergrabener Heizöltank in Feudenheim 5000 Liter Öl – dieses war nur zwei Kilometer östlich von Gewinnungsanlagen des kleinen Wasserwerks Feudenheim im Erdreich versickert. Da der Grundwasserstrom im Normalfall in eine andere Richtung strömte, ging von diesem Unfall glücklicherweise keine Gefahr aus; dennoch sollten eingesetzte Peilrohre die Wasserqualität überprüfen. Die Rheinag nutzte den Vorfall zudem als abschreckendes Beispiel und wies in der Presse darauf hin, dass Besitzer solcher unzureichend gesicherter Heizöltanks für alle Schäden hafteten.[83]

Doch auch der stark zunehmende Verkehr, insbesondere auf den Autobahnen, stellte eine Bedrohung für das Trinkwasser dar. Vor allem Unfälle mit Tanklastern waren diesbezüglich eine Gefahr und dementsprechend sorgfältig abzusichern. Letztlich musste das alte Wasserwerk in Seckenheim aufgrund seiner Nähe zu der Autobahnstrecke Mannheim–Heidelberg stillgelegt werden; 1962 entstand ein neues Werk in unmittelbarer Nähe zu den Brunnen des Wasserwerks Rheinau. Und zwölf Jahre später musste das Wasserwerk in Feudenheim aus gleichem Grund stillgelegt und als Ersatz ein kleines Wasserwerk in Ilvesheim errichtet werden.[84]

Die Pläne für die Autobahnspange Mannheim–Walldorf sahen sogar die Trassenführung mitten durch eine Brunnenreihe am Hallenweg in Rheinau vor, was ein enormes Risiko für die Wasserqualität dargestellt hätte. In der Folge mussten alle 32 Brunnen am Hallenweg stillgelegt und 18 Ersatzbrunnen östlich im Dossenwald angelegt werden, die 1966 in Betrieb gingen. Die nicht unerheblichen Kosten von insgesamt rund 6,4 Mio. D-Mark wurden – nach längerem Hin und

Her – vollständig und vertragsgemäß von der Bundesrepublik bzw. dem Autobahnamt ersetzt.[85]

Ein weiterer Gefahrenherd – und Ausgangspunkt wiederkehrender Konflikte – war die große räumliche Nähe einiger von der US-Army genutzter Kasernen sowie von Übungsgelände zu den Brunnen. So hielten die Streitkräfte Militärübungen im Dossenwald sehr nahe der Brunnen des Wasserwerks Rheinau ab; vor allem jedoch waren sie in einem beschlagnahmten Gebiet südöstlich des Wasserwerks im Käfertaler Wald aktiv. Die schweren Fahrzeuge und Panzer gefährdeten die zum Teil nah unter der Oberfläche verlaufenden Leitungen oder beschädigten sogar Heberleitungsschächte und Brunnen.

Neben diesen mechanischen Schäden bestand auch Sorge vor einer Kontaminierung des Grundwassers. 1953 etwa gab es Unstimmigkeiten, weil amerikanische Soldaten bei einer mehrtägigen Truppenübung ihr Biwak direkt neben verschiedenen Brunnen aufgeschlagen hatten und dort auch ihre Notdurft verrichteten.[86] Die Werksdirektion erkannte die Bemühungen der amerikanischen Dienststellen, Beschädigungen durch derlei Übungen zu verhindern, zwar grundsätzlich an; wegen der geschilderten Vorkommnisse drangen sie jedoch darauf, „das Brunnengebiet überhaupt von Truppenübungen freizuhalten".[87] Dies war allerdings kurz- und mittelfristig ein aussichtsloses Ziel. Noch gefährlicher waren in den Boden einsickernde Treibstoffe und Öl, und zwar nicht nur durch Fahrzeuge in Betrieb. In den Taylor Barracks war ein „Abstell- und Reparaturbetrieb für Motorfahrzeuge" eingerichtet worden, wo die Direktion der Werke einen „wenig sorgsamen" Umgang mit Öl und Benzin beklagte, da diese zusammen mit anderen Rückständen verrieselt wurden.[88] Durch das *Bundes-Wasserhaushaltsgesetz* und die entsprechenden Ländergesetze war die fortlaufende Versickerung grundwasserschädigender Stoffe bei den Taylor Barracks eine verbotene Handlung geworden, auf die die Rheinag die Kasernenleitung wiederholt hinwies und wegen fehlender Resonanz Anfang 1962 sogar Anzeige erstattete. Offenbar blieb Mannheim jedoch erfolglos in seinen Bemühungen.[89]

Die Konflikte mit den US-Streitkräften, die regelmäßig Manöver im Grundwassereinzugsgebiet der Wasserwerke abhielten und damit die Wasserqualität, aber auch die baulichen Anlagen gefährdeten, zogen sich über Jahrzehnte hin. Hier die fotografische Dokumentation eines Manövers vom 19.6.1970. (MARCHIVUM, 3/1993 Nr. 1301)

9 STROM UND WASSER FÜR EINE PROSPERIERENDE STADT

Nach Verabschiedung des *Wassersicherstellungsgesetzes* 1965 wurden 1968 in Mannheim 34 Notbrunnen gebaut. In Baden-Württemberg wurden die Bundesmittel hierfür zunächst vollständig für das im Ballungsraum Rhein-Neckar gelegene Mannheim eingesetzt. Die Stadtwerke führten die Bauten aus und mussten auch deren Unterhaltungskosten tragen. (MARCHIVUM, ABBN0182-09336-02)

Exkurs: Chlorierung des Trinkwassers

Um das Trinkwasser entzündete sich mit den US-Truppen noch ein weiterer Streit: Auf deren Anweisung war das Trinkwasser in Mannheim zu chlorieren, um dessen Sauberkeit und Lebensmittelsicherheit zu garantieren. Das kam weder bei der Bevölkerung gut an noch bei den Wasserwerkern, die stolz auf die einwandfreie Beschaffenheit des bereitgestellten Wassers waren und sich vielleicht auch ein wenig in ihrer Berufsehre gekränkt sahen. Auch die anfallenden zusätzlichen Kosten, die auf jährlich rund 90.000 D-Mark beziffert wurden, stellten ein Ärgernis dar.[90] Im April 1956 schließlich wurde die Chlorierung aufgehoben. Aus einem Artikel im „Mannheimer Morgen" spricht deutlich die Erleichterung über das Ende dieser „Chlorwasser-Diktatur", wie es hieß, die 4058 Tage gedauert habe:

> „Vorgesehen für den ‚Tag der Befreiung des Wasser [sic!] vom Chlor' ist der 1. April 1956 [...]. Trotzdem werden noch – im Höchstfall – etwa drei Monate vergehen, bis auch der letzte ‚Chlorduft' aus den übersättigten Rohrleitungen verschwunden ist. Im Hochsommer 1956 also wird es wieder chlorfreien Kaffee, Tee und geruchloses Trinkwasser geben."[91]

Nur das für die Armee selbst bestimmte Wasser würde in Zukunft noch gechlort werden: „Der Mannheimer trinkt bald sein ungechlortes Wasser wieder, der Amerikaner bleibt beim gechlorten. Und damit ist ein beträchtlicher Zankapfel aus der Wasser-Welt verschwunden."[92] Übrigens gaben die Amerikaner die Chlorierung des für sie selbst bestimmten Trinkwassers erst 1973 auf, nachdem eine „amerikanische Expertenkommission" von den Mannheimer Vorkehrungen überzeugt worden war, was die „Rheinpfalz" stolz verkündete: „Das ist eigentlich eine Sensation und das beste Kompliment für das sprudelnde Naß aus unseren Wasserleitungen."[93]

ANMERKUNGEN

1   Vgl. MARCHIVUM, Ratsprotokolle, Zug. 1/1900 Nr. 324, Ratsprotokolle (im Folgenden RP) 1951/52, S. 546; Verwaltungsbericht (im Folgenden VB) 1952/53, o. S. [S. 2]; zu Schraeder, der zwei Jahre später am 10.3.1954 nach einer Operation verstarb, und seinen Verdiensten vgl. diverse Zeitungsartikel in: MARCHIVUM, ZGS, S 1/1713; zu Wiese vgl. Zeitungsartikel in: MARCHIVUM, ZGS, S 1/3140.

2   Vgl. Kap. 9.3 und 8.2 in diesem Band.

3   Vgl. Geschäftsbericht (im Folgenden GB) 1956/57, S. 23.

4   Vgl. MARCHIVUM, RP, Zug. 1/1900 Nr. 333, RP 1956, S. 230–233. Dabei gab es drei Stimmenthaltungen von der KPD.

5   Warum neues Werkstättengebäude für 2,7 Millionen DM? Im Wettlauf um den Energiebedarf …, Mannheimer Morgen (im Folgenden MM) vom 2.8.1956.

6   Vgl. GB 1956/57, S. 23.

7   Nach dem sogenannten Powers-System (später Remington Rand GmbH).

8   Vgl. Antrag auf Erneuerung und Erweiterung der Lochkartenanlage der Stadtwerke Mannheim, 19.8.1953, in: MARCHIVUM, Dezernatsregistratur, Zug. 3/1993 Nr. 950; Antwortschreiben vom 20.10.1954 betr. der Anfrage der Stadt Offenbach zu Erfahrungen in der Anwendung des Lochkartenverfahrens bei städtischen Versorgungsbetrieben vom 20.9.1954, in: ebd.

9   GB 1954/55, Rückblick 10 Jahre Wiederaufbau und Ausbau, S. 13.

10   Vgl. entsprechende Zeitungsartikel über Wiese und Doka, in: MARCHIVUM, ZGS, S 1/3140; S 1/0139; zu Steindamm: MARCHIVUM, RP, Zug. 1/1900 Nr. 336, RP 1957–58, Sitzung vom 12.11.1957, S. 397 f.

11   Vgl. Kap. 11.1 in diesem Band.

12   Vgl. ausführlich dazu Kap. 10 in diesem Band.

13   Vgl. GB 1966/67, S. 28.

14   Für den Absatz vgl. GB der Jahre 1962–1972/73, jeweils S. 9 ff.

15   Vgl. MARCHIVUM, ZGS, S 1/1507.

16   Vgl. GB 1966, S. 9.

17   Vgl. Vorbemerkung Vertrag zur Durchführung der Straßenbeleuchtung zwischen Stadt und Stadtwerken vom 23.7.1968, in: MARCHIVUM, Urkunden und Verträge, UV0038.

18   Vgl. ebd., § 1. Die Stadt konnte lt. Vertrag aber auch Fremdfirmen für die Ausführung beauftragen.

19   Stadtwerke Mannheim – Versorgungsbetriebe – Werkleitung, Vorlage zur TOP 2 für die Werksausschusssitzung am 24.11.1967, in: MARCHIVUM, Hauptamt, Zug. 39/1977 Nr. 43. Auch in diesem Punkt wurde die Stadt Mannheim von der WIBERA beraten.

20   Vgl. MARCHIVUM, MVV UA, Zug. 1/2020 Nr. 46, Siemens: Elektronische Datenverarbeitung bei den Stadtwerken Mannheim, o. S. [S. 8].

21   Vgl. Stadtwerke Mannheim, WGE, Bericht über die elektronische Datenverarbeitung, Januar 1968, in: MARCHIVUM, Dezernatsregistratur, Zug. 3/1993 Nr. 950; MARCHIVUM, MVV UA, Zug. 1/2020 Nr. 46, Siemens: Elektronische Datenverarbeitung bei den Stadtwerken Mannheim, o. S. [S. 6 f.].

22   Anzeige der Stadtwerke im MM vom 30.9.1966 (MARCHIVUM, ZGS, S 2/0009).

23   Vgl. Stadtwerke Mannheim, WGE, Bericht über die elektronische Datenverarbeitung, Januar 1968, in: MARCHIVUM, Dezernatsregistratur, Zug. 3/1993 Nr. 950.

24   Vgl. MARCHIVUM, MVV UA, Zug. 18/2019 Nr. 2506; MARCHIVUM, MVV UA, Zug. 18/2019 Nr. 2507.

25   GB 1958, S. 12.

26   GB 1960, S. 22; MARCHIVUM, MVV UA, Zug. 18/2019 Nr. 1277.

27   GB 1964, S. 22.

28   Vgl. GB 1961, S. 11.

29   Vgl. MARCHIVUM, Dezernatsregistratur, Zug. 13/1977 Nr. 1964.

30 Vgl. Der Ableser soll nur noch viermal kommen, MM vom 17.10.1959.

31 Vgl. GB 1965, S. 22.

32 Vgl. Mac Barchet: Gaskokerei wird auf Sparflamme brennen, MM vom 21.2.1967; GB 1966/67 und 1967/68, jeweils S. 22; MARCHIVUM, MVV UA, Zug. 18/2019 Nr. 2181.

33 Vgl. GB 1955/56, S. 7; GB 1963, S. 22.

34 GB 1970/71, S. 20.

35 Vgl. ebd.; MARCHIVUM, MVV UA, Zug. 3/2021 Nr. 640.

36 Vgl. VB 1950/51, o. S.; VB 1951/52, S. 4.

37 VB 1952/53, o. S.

38 Vgl. VB 1953/54, o. S.; Kinder bereiten „ihr" Weihnachtsgebäck, MM vom 22.12.1961; Für jeden Zweck das richtige Gerät wählen, MM vom 8.9.1960, in: MARCHIVUM, Dezernatsregistratur, Zug. 3/1993 Nr. 953.

39 Wettlauf mit dem Energiebedarf, Bad. Volkszeitung vom 23.9.1955.

40 Vgl. Stadtwerke Mannheim (1973), S. 121.

41 Vgl. Erhöhung der Betriebs-Spannung des Niederspannungs-Netzes, in: VB 1950/51, o. S.; Umstellung der Netzspannung von 125 auf 220 Volt, Neue Mannheimer Zeitung vom 8.2.1939.

42 MARCHIVUM, Stadtwerke, Zug. 6/1964 Nr. 1029.

43 Vgl. VB 1951/52, o. S..

44 Es hatte lediglich ein – fast nie in Anspruch genommenes – Darlehensangebot für bis zu 150 DM für wirtschaftlich schwache Abnehmer gegeben; vgl. MARCHIVUM, Hauptregistratur, Zug. 42/1975 Nr. 3273.

45 Bürgermeister Jakob Trumpfheller betonte jedoch, dass die Stadt dazu nicht verpflichtet sei, wie dies in einem Gerichtsurteil des Bundesgerichtshofes vom 30.4.1957 festgestellt worden war; vgl. MARCHIVUM, RP, Zug. 1/1900 Nr. 339, RP, 1958 – 1959, S. 192 ff.

46 „Wir brauchen keine neuen Glühbirnen!", MM vom 4.10.1958.

47 Vgl. Stromversorgung in Mannheim, Informationsbroschüre von SMA AG und RHE AG 1981, Anhang (MARCHIVUM, Bibliothek, A 20/87).

48 Zu Lastspitzen und -tälern vgl. S. 140 f. in diesem Band.

49 Vgl. VB 1953/54, o. S.; Neue Trafo-Station der Stadtwerke, Amtsblatt vom 23.10.1953.

50 Vgl. MARCHIVUM, MVV UA, Zug. 1/2020 Nr. 65, der 110 kV Ringschluss und das Umspannwerk I, S. 3.

51 GB 1954/55, Rückblick 10 Jahre Wiederaufbau und Ausbau, S. 12.

52 Vgl. Stromversorgung in Mannheim, Informationsbroschüre von SMA AG und RHE AG 1981, Anhang (MARCHIVUM, Bibliothek, A 20/87); MARCHIVUM, MVV UA, Zug. 1/2020 Nr. 65, der 110 kV Ringschluss und das Umspannwerk I, S. 4.

53 Vgl. GB 1954/55, Rückblick 10 Jahre Wiederaufbau und Ausbau, S. 7 ff.

54 Vgl. zur historischen Entwicklung des GKM ausführlich: J. Eustachi (1996); F. Baumüller (1971); GKM (2021).

55 Vgl. MARCHIVUM, MVV UA, Zug. 1/2020 Nr. 48, S. 28.

56 Vgl. ausführlich dazu Kap. 10.1 in diesem Band.

57 Vgl. GB 1963, S. 24; GB 1965, S. 15.

58 MARCHIVUM, MVV UA, Zug. 1/2020 Nr. 48, S. 23.

59 Vgl. Stadtwerke Mannheim (1973), S. 50.

60 Vgl. GB 1959, S. 12.

61 Vgl. GB 1969/70, S. 12.

62 Vgl. GB 1964, S. 18 (1958: 2 %, 1960: 9,6 %, 1961: 10,7 %, 1962: 10,7 %, 1963: 11,2 %, 1964: ca. 7,3 % 1965: 2,3 %, 1966: 1,3 %, 1967/68: 1,3 %, 1968/69: 1,2 % der nutzbaren Wasserabgabe an Heidelberg).

63 Vgl. GB 1966, S. 24.

64 Vgl. VB 1953/54, o. S.

65 Ab sofort strömen 25 000 Kubikmeter Wasser mehr!, Allgemeine Zeitung vom 19.7.1957.

66 Neues Wasserwerk mit Heidelberg zusammen?, Badische Volkszeitung vom 17.7.1959.

67 Vgl. zur Bedeutung des Wasserturms für die Mannheimer Bevölkerung S. 444 f. in diesem Band.

68 Vgl. Mehr Wasser für Mannheim, Rhein-Neckar-Zeitung (im Folgenden RNZ) vom 11.6.1968; Dr. Annemarie Knoll: 20000 cbm Wasser im „Reservekanister", MM vom 19.6.1968.

69 Vgl. Dr. Annemarie Knoll: Ein Fingerdruck läßt Brunnen sprudeln, MM vom 29.4.1969.

70 In den 1950er Jahren war der Wasserpreis von 21 Pf/m^3 (1950) in mehreren Schritten bis auf 35 Pf/m^3 (1957) gestiegen; im gleichen Zeitraum war der „allgemeine Tarif für Normalabnehmer" für Gas von 19 auf 29 Pf/m^3, der „Haushaltstarif" für Strom von 8 auf 11 Pf/kWh geklettert. Zu den gestiegenen Wasserpreisen vgl. Unser Wasser wird im nächsten Sommer sehr teuer, MM vom 23./24.11.1963; Dieter Schiele: Eine kalte Dusche Wasser wird teurer, MM vom 20.9.1967; Der Wasserpreis ein heißes Eisen, MM vom 22.9.1967; Der Wasserpreis klettert „nur" auf 75 Pfennige, MM vom 27.9.1967.

71 Neues Wasserwerk mit Heidelberg zusammen?, Badische Volkszeitung vom 17.7.1959.

72 Vgl. Das Ziel: Drei-Städte-Wasserwerk, Allgemeine Zeitung vom 27.9.1960.

73 Vgl. Wasser reicht für 400 000 Einwohner nicht aus, Badische Volkszeitung vom 18.2.1962; GB 1961, S. 25.

74 Vgl. GB 1962, S. 25; Dieter Preuss: Drei Städte suchen nach südlichen Quellen, MM vom 6.6.1962.

75 GB 1964, S. 10.

76 Vgl. Protokoll einer „Besprechung zu Fragen der Wasserbeschaffung im nordbadischen Raume" im Regierungspräsidium Karlsruhe am 22.3.1965, in: MARCHIVUM, Hauptregistratur, Zug. 42/1975 Nr. 3586.

77 Protokoll der Sitzung in: ebd.; Hockenheim rüstet zum „Wasserkampf", RNZ vom 22.6.1965.

78 Hockenheim rüstet zum „Wasserkampf", RNZ vom 22.6.1965. Im Laufe der Auseinandersetzung kam es außerdem zur Gründung der Schutzgemeinschaft badischer Rheintal-Gemeinden, einem Verband mit 32 Mitgliedsgemeinden.

79 Vgl. Beschluss Regierungspräsidium Nordbaden vom 18.6.1965, in: MARCHIVUM, Hauptregistratur, Zug. 42/1975 Nr. 3586; GB 1965, S. 9.

80 GB 1968/69, S. 22.

81 Vgl. GB 1969/70, S. 13; GB 1971/72, S. 13. Zur Zeit des Baus war Mannheim mit 59% am ZWK beteiligt.

82 Vgl. Das Grundwasser wird wirksam geschützt werden, MM vom 6.9.1954; Stadtwerke Mannheim (1973), S. 50. Die Gesamtfläche teilte sich folgendermaßen auf die einzelnen Wasserfördergebiete auf: Käfertal knapp 89 ha, Rheinau 20,6 ha, Feudenheim mit Ilvesheim 22,7 ha.

83 Vgl. MARCHIVUM, Dezernatsregistratur, Zug. 3/1993 Nr. 1299; u.a Zeitungsartikel von AZ, RNZ, MM vom 2.12.1964.

84 Vgl. MARCHIVUM, Bibliothek, A 20/78 Trinkwasser, S. 17; MARCHIVUM, MVV UA, Zug. 1/2020 Nr. 29, S. 41.

85 Vgl. Wolfgang Moser: Brunnen auf der Flucht vor der Ölpest, MM vom 13.3.1965; GB 1966, S. 14; Claus Donath: Trinkwasser sprudelt aus 18 neuen Brunnen, MM vom 5.5.1967.

86 Vgl. MARCHIVUM, Dezernatsregistratur, Zug. 3/199 Nr. 1301; z. B. W. Wiese, Die Gefährdung der Versorgungssicherheit des Wasserwerks (I) Käfertal der Stadt Mannheim durch amerikanische Truppen, 3.3.1953; Schilderung Amtsarzt des staatl. Gesundheitsamts vom 6.5.1953.

87 VB 1953/54, o. S.

88 MARCHIVUM, Hauptregistratur, Zug. 29/1970 Nr. 178; MARCHIVUM, Dezernatsregistratur, Zug. 3/1993 Nr. 1301.

89 Vgl. MARCHIVUM, Dezernatsregistratur, Zug. 3/1993 Nr. 1299; MARCHIVUM, Hauptregistratur, Zug. 29/1970 Nr. 178.

90 Vgl. Der Aerger mit dem Chlor-Wasser bleibt, MM vom 23.6.1953.

91 J. Hesse: Chlorzusatz im Trinkwasser verschwindet, MM vom 18.2.1956.

92 Ebd.

93 Ohne Chlor ist Mannheims Wasser „kloor", Rheinpfalz vom 27.6.1973.

10
FERNWÄRME UND ERDGAS: NEUE VERSORGUNG MIT WÄRME

ANDREA PERTHEN

10 FERNWÄRME UND ERDGAS: NEUE VERSORGUNG MIT WÄRME

Wie im vorhergehenden Kapitel erläutert, gab es im Bereich der Wasserversorgung vergleichsweise wenig Veränderungen, und auch bei der Elektrizitätsversorgung war es vor allem ein quantitativer Sprung, der bewältigt werden musste. Dagegen kam es in der Gaswirtschaft zu Umwälzungen ganz anderer Qualität, als zum einen das Mineralöl verstärkt auf den deutschen Markt drängte, andererseits und vor allem das Zeitalter des Erdgases anbrach. Auch in Mannheim galt es daher, den Übergang vom Eigen- zum Fremdbezug des Gases zu gestalten.

Außerdem fiel in Mannheim in den 1950er Jahren die – letztlich bis heute relevante – Entscheidung, eine weitere Form der Wärmeversorgung einzuführen: die Fernwärme. Die mit großen Investitionen verbundene Einrichtung einer flächendeckenden „Stadtheizung", wie sie damals genannt wurde, stellte eine weitere große Herausforderung für die Stadtwerke dar.

10.1 GASVERSORGUNG: VOM STADT- ÜBER DAS RAFFINERIE- ZUM ERDGAS

Seit der Gründung der AGKV/Ruhrgas AG 1926/1928 hatte sich der Gedanke der Ferngasversorgung weiter verfestigt, wenn auch seit 1933 unter anderen politischen Vorzeichen.[1] Noch während des Zweiten Weltkriegs war die Gashochdruck-Fernleitung durch die Ruhrgas AG von Frankfurt bis zur Viernheimer Heide weitergebaut worden und damit nahe an Mannheim herangerückt. Die 1937 gegründete Saar Ferngas AG (SFG) hatte derweil im Einvernehmen mit der Ruhrgas, aber auch der Hessischen kommunalen Gasfernversorgung GmbH (Hekoga), geplant, die Fernleitungen dieser drei Gesellschaften durch ein Leitungsstück zwischen der Viernheimer Heide, dem Gaswerk Luzenberg und Ludwigshafen zusammenzuschließen. Dieser Plan, der durch die Kriegsentwicklungen unvollendet geblieben war, wurde nach Kriegsende wieder aufgenommen. Und als 1946 die Verbindungsleitung zwischen Mannheim und Ludwigshafen wiederhergestellt war, fehlte nurmehr das Stück zwischen Mannheim und der Viernheimer Heide, was bei der Direktion der Werke für Beunruhigung sorgte – schließlich war der Fortbestand des Gaswerks Luzenberg bedroht. Allerdings erklärte der Energie-Offizier der Militärregierung Friedrich Schraeder zu dessen Erleichterung, dass diese einen Zusammenschluss nicht wünsche.[2]

Im Sommer 1949 wurde das Thema erneut aktuell, als das württembergbadische Wirtschaftsministerium einen Vertrag mit der Ruhrgas AG zum Bau des besagten Leitungsstücks schließen wollte. Das stieß auf den heftigen Widerstand der Stadt Mannheim – die sich in ihrem Selbstverwaltungsrecht verletzt sah –, aber auch des Württembergisch-Badischen Städteverbunds und der kommunalen Gasgesellschaft Südwest. Die schon seit den 1920er Jahren bestehende Bedrohung durch die Ruhrgas AG wurde wieder einmal sichtbar. Nach einer Großen Anfrage im Landtag und Verhandlungen des Oberbürgermeisters Hermann Heimerich mit dem Landeswirtschaftsminister wurde schließlich ein Zusatzvertrag geschlossen, nach dem die Ruhrgas AG nicht berechtigt war, im Mannheimer Versorgungsgebiet Ferngas zu liefern; ferner bedurfte es der Zustimmung der Stadt zur Verlegung von Leitungen auf städtischem Boden.[3]

Vorerst war die Bedrohung durch die Ruhrgas AG abgewendet. In der Folge wurde das Gaswerk Luzenberg modernisiert und zu einer Gaskokerei umgebaut.[4] Nun bereitete die Belieferung des Versorgungsgebiets – Mannheim selbst, dazu Weinheim, Viernheim, Ladenburg, Neckarhausen, Edingen, Ilvesheim und Heidelberg – keinerlei Schwierigkeiten.[5]

Anfang 1954 signalisierte außerdem die Stadt Worms Interesse an einer Belieferung durch die Mannheimer Werke. Die Stadt war bisher von der SFG beliefert worden, konnte diesen Vertrag aber kündigen und wollte dies auch tun, da die SFG Gas nach Lothringen und Paris liefern musste und dementsprechend zuweilen Engpässe auftraten. Zwar hatte die Gasversorgungsgesellschaft Darmstadt bereits ein Angebot unterbreitet; da diese aber selbst Ferngas von der Ruhrgas AG bezog, zögerte Worms: Die Entwicklung habe gezeigt, so Bürgermeister Muss, „dass die regionale Versorgung weniger Schwierigkeiten bereite", also höhere Versorgungssicherheit gewährleiste. Deshalb hätte man gerne ein Angebot aus Mannheim.[6] Wegen der fehlenden Erfahrungen durch die erst kurz zuvor in Betrieb genommene umgebaute Gaskokerei und die preislich äußerst günstigen Konkurrenzangebote bestanden auf Mannheimer Seite zunächst Bedenken – andererseits wurde eine gemeinsame Versorgung des Wirtschaftsraums inklusive Worms als günstigste Möglichkeit der Gaserzeugung angesehen. Außerdem würde durch die Möglichkeit, für eine etwaige Lieferung die bereits vorhandene bundeseigene linksrheinische Leitung zu nutzen, das Gebiet westlich des Rheins für die Werke erschlossen: Perspektivisch wäre so eine deutlich bessere Verhandlungsgrundlage für potenzielle Kunden wie Frankenthal, die BASF oder auch die Stadt Ludwigshafen geschaffen.[7] Am 9. bzw. 13. Juli 1954 wurde der Gaslieferungsvertrag zwischen den Städ-

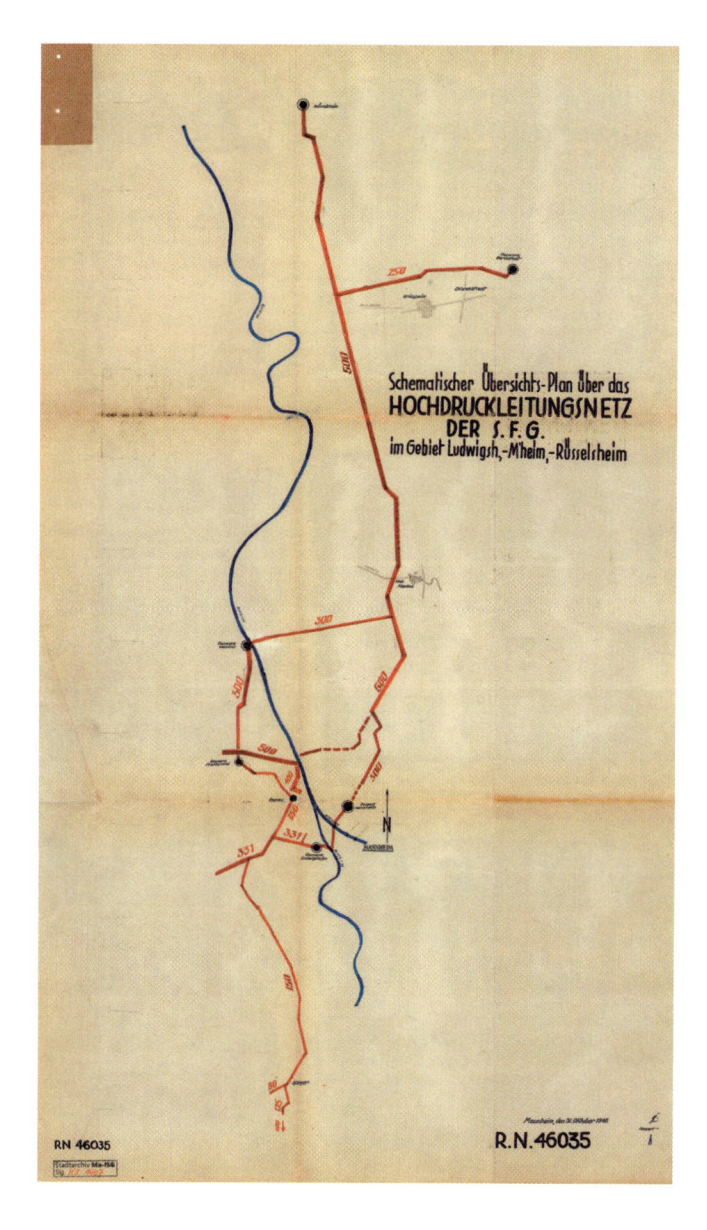

Schematische Karte zu den Planungen zum Zusammenschluss der Ferngasleitungen von SFG, Ruhrgas und Hekoga, 1946. Sie macht deutlich, dass hierfür lediglich die Leitung vom Gaswerk Luzenberg nach Norden bis zur Viernheimer Heide (dargestellt als gestrichelte Linie) hätte erstellt werden müssen.
(MARCHIVUM, KS01407)

Bauarbeiten für die Abzweigung der Gasleitung nach Worms. Die Gemeinden profitierten davon, dass sie Gas zu günstigen Konditionen beziehen und dabei weitestgehend auf eigene Investitionen verzichten konnten – die Stadtwerke hingegen verfolgten eine Strategie der Regionalisierung, um die Erhaltung der Unabhängigkeit zu sichern. (MARCHIVUM, KF005669)

ten Worms und Mannheim unterschrieben und am 3. August nachträglich vom Wirtschaftsausschuss genehmigt.[8]

Die Nutzung eines Abschnitts der bundeseigenen Leitung ab Frankenthal bis Worms barg dabei eine technische Herausforderung, weil diese auch von der Ruhrgas und der Saargas benutzt wurde, die Gas höheren Heizwertes vertrieben: 4600 kcal statt 4200 kcal pro Normkubikmeter von Mannheim. Daher musste zur Gaserzeugung mit zwei unterschiedlichen Heizwerten übergegangen und eine eigene Gasleitung zwischen Worms und Frankenthal eingerichtet werden. Trotzdem konnte noch an Heiligabend der Leitungsstrang zwischen Gaskokerei und Frankenthal unter Druck genommen und damit die Belieferung der Stadt Worms vertragsgemäß und pünktlich zum 1. Januar 1955 aufgenommen werden.[9]

Die „Gasfehde" mit Heidelberg

Doch gerade mit der Nachbarstadt Heidelberg, mit der seit 1929 ein Interessengemeinschaftsvertrag über die gegenseitige Belieferung mit Gas bestand und die wie Mannheim Mitglied in der 1951 gegründeten Kommunalen Arbeitsgemeinschaft Rhein-Neckar[10] war, brach Mitte der 1950er Jahre ein heftiger Streit aus. In der Kommunalen Arbeitsgemeinschaft war ab 1952 unter dem damaligen Hauptgeschäftsführer und späteren Mannheimer Oberbürgermeister Hans Reschke ein Ausschuss eingesetzt worden, der eine mögliche gemeinschaftlich-kommunale Gaserzeugung prüfen sollte. Im Ausschuss warf die Mannheimer Seite unter anderem die Frage auf, ob statt des geplanten Ausbaus des Heidelberger Gaswerks nicht eine Gemeinschaftserzeugung anzustreben sei. In der Folge kam es zu Auseinandersetzungen zwischen Heidelberg und Mannheim, sodass die Kommunale Arbeitsgemeinschaft ein neutrales Gutachten zu der Frage anfertigen lassen wollte, das allerdings nicht zustande kam – erst war der Direktor des Heidelberger Gaswerks krank, dann war Heidelberg bei einer Verwaltungsratssitzung nicht anwesend.[11] So entschied Heidelberg Anfang 1955, zur fast vollständigen Gaseigenerzeugung überzugehen und dafür 7,5 Mio. D-Mark in den Bau einer eigenen Kokerei zu investieren. Dagegen erhob Mannheim mit Berufung auf den seit 1929 stehenden IG-Vertrag Einspruch.[12] Letztendlich schlossen beide Seiten eine Vereinbarung, in der sich Heidelberg verpflichtete, von dem Zeitpunkt der Inbetriebnahme der eigenen Kokerei bis Ende des Jahres 1960 noch 10 Mio. m³ jährlich und ab 1961 weitere fünf Jahre 5 Mio. m³ jährlich zu beziehen. Der Vertrag von 1929 sollte mit der Maßgabe bestehen bleiben, dass „keine der beiden Städte einen Einfluß auf die Ausbauabsichten der anderen beansprucht und somit jeder Stadt die Entscheidung über den Ausbau ihrer Eigenerzeugung überlassen bleibt".[13] Die Inbetriebnahme der Kokerei in Heidelberg-Pfaffengrund im Juni 1956 machte sich bei den Werken deutlich bemerkbar: Erstmals seit einer Dekade ging die Gasabgabe zurück, und zwar um zehn Prozent. Zehn Jahre später wurde die Heidelberger Kokerei bereits wieder stillgelegt; nun übernahmen die Werke wieder die Vollversorgung der Nachbarstadt und konnten vor allem aus diesem Grund eine Steigerung für das Jahr 1966 von rund 14 Prozent gegenüber dem Vorjahr verzeichnen.[14]

Schlag auf Schlag im „Gaskrieg"
Nach der Mannheimer eine Heidelberger Konferenz — Schreiben Dr. Heimerichs an Dr. Neinhaus

Die lokale Presse scheute sich nicht, die Auseinandersetzung zwischen Mannheim und Heidelberg ungeachtet der jüngsten Vergangenheit mit drastischen Worten zu betiteln; so wurde von der „Gasfehde" oder sogar dem „Gaskrieg" gesprochen.
(RNZ vom 25.2.1955)

Trotz der Minderlieferungen an Heidelberg stieg der Gasverbrauch auch Mitte der 1950er Jahre jährlich um etwa sechs Prozent an. Gas war deutlich billiger als Kohle, und dementsprechend wechselten viele Haushalte, aber auch Betriebe zu dieser Wärmequelle. In der Folge genehmigte der Gemeinderat im Februar 1957 einstimmig den Antrag, die Ofenanlage in der Gaskokerei für rund 8 Mio. D-Mark um zwei weitere Horizontalkammeröfen der Firma Koppers zu erweitern. Dazu wurde ein Lohnverkokungsvertrag mit der Brüsseler Firma Godefroid abgeschlossen, von der jährlich 100.000 Tonnen Kohle für eine Dauer von fünf Jahren bezogen und verkokt wurden; der entstandene Koks wurde dann als Bezahlung zurückgeliefert. Das bei dem Prozess gewonnene Gas und die anderen Nebenprodukte verblieben bei den Stadtwerken; in Verbindung mit der höheren

Wirtschaftlichkeit der neuen Öfen sollte die Zahlungsverpflichtung gegenüber Koppers schnell abgegolten werden.[15] Nach Auslaufen des Lohnverkokungsvertrags kam eine von der Rheinag angestrebte Verlängerung „trotz großer Bemühungen" nicht zustande; so stieg der Bestand an Koks auf dem Luzenberg an. Trotzdem konnten – unter Berücksichtigung der Marktlage – zufriedenstellende Ergebnisse beim Kokserlös erzielt werden.[16]

Umwälzungen auf dem Primärenergiemarkt

Dennoch: Der Strukturwandel hin zur vollständigen Versorgung per Ferngas – welcher Provenienz auch immer – war unaufhaltsam. Das war auch der Direktion der Werke klar. So beobachtete Friedrich Schraeder die Wiederaufnahme der Aktivitäten der Südwestdeutschen Ferngas AG (SWG) genau und stand dazu mit Heinrich Kaun in Kontakt, dem Generaldirektor der Technischen Werke Stuttgart (TWS) und treuhänderischen Verwalter der SWG.[17] Nicht zu verwechseln mit der in der Zwischenkriegszeit gegründeten Südwestdeutschen Gas-AG (Süwega), war die SWG Ende 1941 in Stuttgart durch das Reichswirtschaftsministerium (51%), die Länder Württemberg und Baden (jeweils 5%) sowie den Zweckverbänden Gasversorgung Württemberg (21%), Baden und Elsass (jeweils 9%) mit dem Zweck gegründet worden, in Auenheim (Kehl) bei Straßburg eine Gaskokerei zu bauen und das Elsass, Baden und Württemberg mit Gas fernzuversorgen. Mannheim und auch Heidelberg hatten „trotz eindringlicher Mahnungen der interessierten amtlichen Stellen" damals eine Beteiligung an diesem Unternehmen abgelehnt.[18] Das Ziel einer zentralen Gasfernversorgung wurde also auch von der SWG verfolgt. Schraeders Nachfolger Wilhelm Wiese blieb weiterhin in engem Kontakt zu Kaun, ebenso wie zum Karlsruher Generaldirektor der Stadtwerke Karl Möhrle. Bereits kurz nach seinem Antritt in Mannheim schlug Wiese seinen Amtskollegen vor, dass statt der SWG die drei Städte Mannheim, Stuttgart und Karlsruhe eine Ferngasleitung legen und im Verhältnis ihrer Gasabgabe finanzieren und damit die Fernversorgung in eigene Hand nehmen sollten. Da aber sowohl Stuttgart als auch Karlsruhe der SWG angehörten, zögerten Kaun und Möhrle.[19] Als jedoch die SWG ein Gutachten über die künftigen Arbeitsmöglichkeiten der Gesellschaft anfertigen ließ und dieses im Oktober 1955 zu dem Schluss kam, dass die SFG und evtl. auch die Ruhrgas AG an der SWG beteiligt werden könnten, war der Oberbürgermeister von Stuttgart, Arnulf Klett, alarmiert und beauftragte die WIBERA mit einer Stellungahme zu diesem Gutachten; dieses schätzte die dort angeführten Vorteile einer Ferngasversorgung deutlich kritischer ein.[20] Außerdem ließen Kaun, Möhrle und Wiese 1956 ebenfalls ein Gutachten von dem ehemals bei der WIBERA beschäftigten und nun selbstständigen Karl Morgenthaler anfertigen, um „die Möglichkeit einer verbundwirtschaftlichen Zusammenarbeit ihrer Kokereien durch den Bau einer Fernleitung von Mannheim über Karlsruhe nach Stuttgart" zu untersuchen, und zwar unter Einbeziehung des bestehenden „Rumpfnetzes" der SWG. Dabei kam Morgenthaler zu dem Ergebnis, dass für den Bau einer die drei Kokereien verbindenden Ferngasleitung vieles spreche: von der höheren Wirtschaftlichkeit durch Einsparung von Anlagereserven über die Möglichkeit des Bezugs von Ferngas bei Bedarf bis hin zu den durch die Verbundwirtschaft besseren Aussichten auf erfolgreiche Beziehungen mit der SFG, die ein absehbares Interesse am südwestdeutschen Raum zeige. Das Fazit lautete:

„Die Herstellung des Verbundes zwischen den drei Kokereien ist daher aus volkswirtschaftlichen, wirtschaftspolitischen, energiewirtschaftlichen und eigenwirtschaftlichen Gesichtspunkten für deren Weiterentwicklung von ungewöhnlicher Bedeutung."[21]

Im März 1957 ließ Morgenthaler Wiese zudem streng vertraulich wissen, dass nach der Herstellung der Ferngasleitung von französischem Erdgasgebiet nach Paris künftig die Leitung von Paris nach dem Saargebiet daraus gespeist würde; in der Folge werde „die gesamte Kokereikapazität an der Saar mit den Gaslieferungen nach dem Westen drängen" sodass Überlegungen zu einem gemeinsamen Leitungsbau noch wichtiger würden.[22]

Doch auch von anderer Seite stieg der Druck auf die Ortsgaswerke, und zwar durch die zunehmende Bedeutung des Erdöls. Besonders nachdem die USA 1959 eine Kontingentierung der Mineralölimporte verfügt hatten, um die einheimische Mineralölindustrie zu schützen, drang das Erdöl aus dem Mittleren Osten vermehrt auf den westeuropäischen Energiemarkt.[23] Auch die Rheinag bemerkte den Konkurrenzdruck zum Heizöl; 1959 argwöhnte sie, die extrem niedrigen Preise lägen gar unter den Selbstkosten.[24] Hatte der Anteil von Heizöl am Primärenergieverbrauch der Bundesrepublik 1950 lediglich ein Prozent betragen, so war der Anteil eine Dekade später bereits auf elf Prozent geklettert, mit steigender Tendenz. Global fand eine Verlagerung der Raffineriestandorte in die Konsumzentren statt; auch in Süddeutschland sollten Erdölraffinerien entstehen. Diese Entwicklung wirkte sich stark auf die Ortsgaswerke aus: Zum einen verdrängte Heizöl Nebenprodukte wie Benzol und etwas später auch Koks, sodass auf dem Nebenprodukte-Markt ein Preisverfall eintrat und die Gaswerke unwirtschaftlich wurden; zum anderen drängte das in den Raffinerien in großen Mengen anfallende Raffineriegas auf den Markt, und zwar zu günstigeren Preisen als das in der Produktion doch recht teure Kokereigas. Auch in Mannheim war diese Entwicklung zu spüren; zwar konnte die Koksproduktion in jener Zeit noch mit ordentlichem Erlös voll untergebracht werden; bei den anderen Kohlewertstoffen – insbesondere bei Benzol, aber auch bei Teer – machte sich der Preisrückgang für die Rheinag ab 1961 stark bemerkbar.[25]

Schließlich zeichnete sich der Trend hin zum Erdgas ab. Seit 1959 wurde die Diskussion über mögliche Erdgaslieferungen aus der Sahara-Region in der Bundesrepublik verstärkt geführt, und in der kommunalen Gaswirtschaft wurde das sogenannte Sahara-Gas freudig begrüßt, da es den Ferngasbezug unter Umgehung der Ruhrgas AG und anderer marktbeherrschender Unternehmen zu ermöglichen schien. Das Bundeswirtschaftsministerium veranlasste zudem die systematische Ermittlung der Vorkommen auf eigenem Gebiet. Von französi-

Ludwig Ratzel zeigte als Erster Bürgermeister viel Engagement bei der Gründung der GVS. Über das knappe „Rennen" mit der Ruhrgas um den Leitungsbau im Südwesten meinte er später: „Es war ein Pokerspiel, aber wir hatten Glück, man kann vielleicht sagen, das Glück des Tüchtigen." (L. Ratzel (1993), S. 166. MARCHIVUM, KF016646)

scher Seite wurde das deutsche Interesse an algerischem Erdgas weiter gefördert, da man auf die Beteiligung deutscher Städte am Bau einer Erdgasleitung nach Mitteleuropa hoffte. Mannheim war hierbei keine Ausnahme. Auf Einladung der „deutsch-französischen Bürgermeister-Union" begab sich Oberbürgermeister Hans Reschke gemeinsam mit seinen Amtskollegen aus Heidelberg und Karlsruhe auf „Studienreise" in die algerische Sahara, um die Erdgasvorkommen bei Hassi Messaoud in Augenschein zu nehmen. Anfang der 1960er Jahre bezogen bereits mehrere Gemeinden in der Bundesrepublik Erdgas, etwa Bielefeld; insgesamt steckte diese Entwicklung aber noch in den Kinderschuhen.[26]

Die beschriebenen Entwicklungen mündeten bei dem 1959 zum Ersten Bürgermeister gewählten Ludwig Ratzel in der Erkenntnis, dass die Entwicklung der süddeutschen Gaswirtschaft von ortsgebundener Eigenerzeugung hin zum Bezug von Ferngas unaufhaltsam sein würde. Und wenn Mannheim den Wandel mitgestalten und das Heft des Handelns nicht aus der Hand geben wolle, sei es notwendig, aktiv zu werden, so Ratzels Fazit. Würde in Zukunft die Erzeugung des Gases also nicht mehr kommunal beeinflusst werden können – zumindest die Transportwege, sprich: Rohrleitungen, sollten nach dem Willen Ratzels in kommunaler Hand bleiben. Vor allem sollten die Leitungen nicht monopolartig in den Händen der Ruhrgas AG gehalten werden, da so kein „gesunde[r] Wettbewerb zwischen Gasen verschiedener Provenienz" – gemeint waren Kokerei-, Raffinerie- und Erdgas – möglich wäre. Der süddeutsche Raum habe bisher, in Zeiten der Kohle als quasi alleiniger Primärenergiequelle, einen Standortnachteil gehabt. Nun müsse man „aus dem Energieschatten der Ruhr heraustreten".[27]

Es musste also zweierlei geschehen: Zum einen waren Ferngasleitungen zu verlegen, und zwar – so Ratzels Vorstellung – in kommunalem Verbund. Zum anderen musste durch diese Leitungen auch Gas strömen. Die Möglichkeit des Bezugs von Erdgas, zunächst aus der Sahara-Region, erschien zwar am Horizont. Allerdings war das Erdgas noch mit geopolitischen „Imponderabilien", wie Ratzel sie nannte, behaftet, und auch das Transportproblem war noch nicht abschließend gelöst. Deshalb erschienen die 1960er Jahre übergangsmäßig als Dekade des Raffineriegases.

Die Gründung der GVS und die Ansiedlung einer Erdölraffinerie auf der Friesenheimer Insel

Bei seinen Plänen für einen kommunalen Verbund konnte Ratzel auf den bestehenden Verbindungen zwischen den Stadtwerken Mannheim, Stuttgart und Karlsruhe aufbauen. So traf er sich zusammen mit dem seit 1958 die Werke leitenden Oberbaudirektor Eduard Doka im Februar und Juni 1960 zu „informatorischen Gesprächen" mit Generaldirektor Kaun von den TWS. In der Folge sollten diese genauere Untersuchungen zu den Kosten für eine Ferngasleitung Bietigheim–Karlsruhe–Mannheim anstellen. Ratzel führte derweil Gespräche mit Karlsruhes Oberbürgermeister Günther Klotz, ob von dessen Seite noch Interesse an der Teilnahme eines Verbundbetriebes der jeweiligen Kokereien bestünde.

Karlsruhe zögerte, an dem Projekt teilzunehmen – man fühlte sich aufgrund der beiden vor Ort geplanten Erdölraffinerien von ESSO und DEA „gebunden". Die Zeit drängte jedoch, da die Ruhrgas AG bereits die sogenannte Reichsleitung – die während des Zweiten Weltkriegs gebaute Gasleitung zwischen Rüsselsheim und Mannheim – erworben hatte und plante, sie bis nach Karlsruhe zu verlängern. Deshalb wurde bereits am 28. Juli 1960 dem Wirtschaftsministerium Baden-Württemberg die Absicht eines Leitungsbaus zwischen Mannheim, Karlsruhe und Stuttgart durch die drei Städte mitgeteilt, um der Ruhrgas AG zuvorzukommen. Als dann die Ruhrgas AG Anfang Oktober einen Antrag auf Bau einer Leitung zwischen Mannheim und Karlsruhe stellte, musste schnell gehandelt werden. Da sich Karlsruhe noch immer nicht zur Teilnahme entschließen konnte, gaben zunächst die Oberbürgermeister von Mannheim (Reschke) und Stuttgart (Klett) am 4. November des Jahres dem Wirtschaftsminister Eduard Leuze ihr gemeinsames Vorhaben zum Bau einer Gasverbundleitung zur Anzeige. Drei Tage später stimmte der Aufsichtsrat der Rheinag der Antragsstellung zu.[28] Als in der Folge Pforzheim von der geplanten Leitung erfuhr, signalisierte der Oberbürgermeister Johann Peter Brandenburg Interesse an einer Beteiligung; ebenso Heidelberg. Anfang des Jahres 1961 fand deshalb eine Besprechung zwischen den vier Akteuren statt, in der die Überlegung aufkam, die Leitung unter Beteiligung der Städte Reutlingen und Göppingen bis Ulm zu verlegen, um so eine Chance auf den Anschluss an bayerische Verbundleitungen zu erhalten. Auf der anderen Seite sollte, so der Plan, die Leitung Richtung Frankreich unter Beteiligung von Baden-Baden verlängert werden. Auch Freiburg sollte Mitglied des Verbunds werden. Während Heidelberg noch abwartete, zeigten die anderen Städte am 27. Januar 1961 die Gründung einer AG namens Gasversorgung Süddeutschland (GVS) offiziell beim Landeswirtschaftsministerium an. Am 13. Februar gab dann auch die Rheinag ihre Zustimmung zum Beitritt in die zu gründende GVS und am 5. März 1961 war es so weit: Die Gasversorgung Süddeutschland wurde gegründet.[29]

Mannheim war zweitgrößter Anteilseigner mit 35 Prozent, wobei darin sieben Prozent „treuhänderisch" für Heidelberg vorgehalten waren, das sich noch nicht zu einem Beitritt entschließen konnte.[30]

Ebenfalls im Jahr 1961 schlossen sich auf hessischem Gebiet Frankfurt, Wiesbaden, Offenbach und Kassel zur Gas-Union (GU) zusammen, mit der eine enge Zusammenarbeit geplant war. So sollte der Geschäftsführer der GVS zugleich Geschäftsführer der GU sein. Und Anfang 1962 folgte die Gründung der Bayerischen Ferngas GmbH

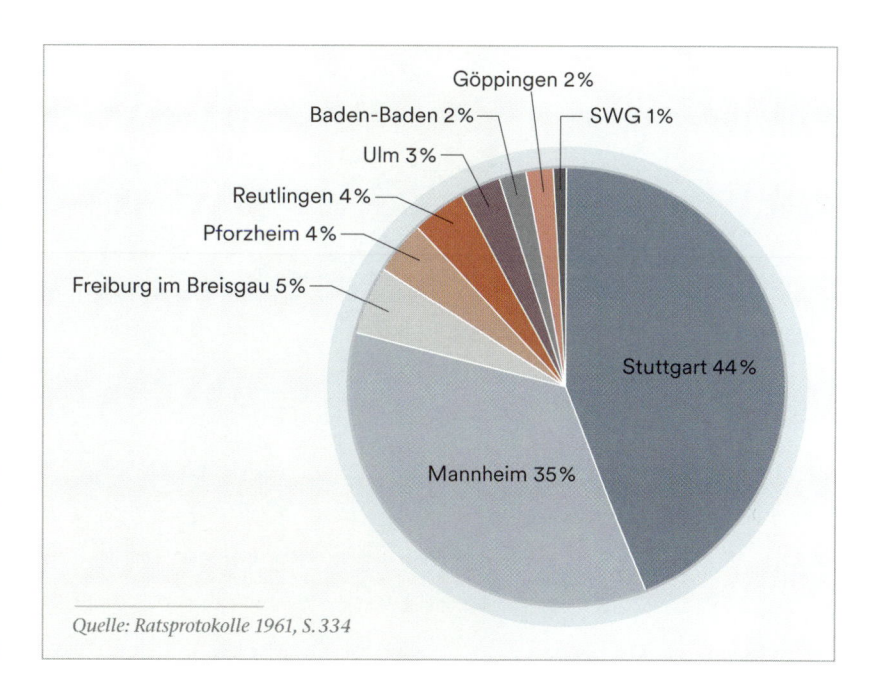

Anteilseigner der GVS bei der Gründung am 5.3.1961

- Stuttgart 44%
- Mannheim 35%
- Freiburg im Breisgau 5%
- Pforzheim 4%
- Reutlingen 4%
- Ulm 3%
- Baden-Baden 2%
- Göppingen 2%
- SWG 1%

Quelle: Ratsprotokolle 1961, S. 334

Die Erschließungskarte für den ersten Bauabschnitt illustriert, dass der Naturschutz in Mannheim einen Rückschlag erlitt. Neben dem Verlust von Kleingärten und landwirtschaftlich genutzter Fläche wurden auch zur Naherholung genutzte Grünflächen geopfert. Die Friesenheimer Insel büßte ihre Rolle als „Luftfilter" ein.
(MARCHIVUM, KS01352)

(Bayerngas) durch die Städte München, Augsburg und Regensburg – auch dies eine Reaktion auf die Expansionspläne der Ruhrgas AG.[31]

Schon 1962 wurde in den Leitungsausbau investiert: So flossen im Rahmen der GVS etwa 600.000 D-Mark in eine Kompressoren-Übergabestation und rund eine halbe Millionen D-Mark in die Fertigstellung der Ferngasleitung Frankenthal–Worms. Ende des Jahres wurde dann die Versorgung Mittelbadens über die Rheintalleitung Mannheim–Freiburg aufgenommen. Das Gas dafür stammte noch aus der Gaskokerei Luzenberg.[32] Dabei sollte es allerdings nicht bleiben – die Tage der Ortsgaserzeugung waren gezählt.

Da bis zum Bezug von Erdgas übergangsweise Raffineriegas zum Einsatz kommen sollte, musste parallel zur Initiative beim Leitungsbau nach Bezugsquellen gesucht werden. Anfang der 1960er Jahre befanden sich in Karlsruhe zwei Raffinerien von ESSO und DEA in Bau. Verhandlungen Mannheims mit ESSO über den Bezug von Raffineriegas aus Karlsruhe scheiterten jedoch; zum einen waren deren Preisforderung zu hoch, zum anderen waren beide Raffinerien der Ruhrgas verpflichtet, was Mannheims Bestreben nach Unabhängigkeit von diesem Konzern entgegenstand. Im Mai 1961 stand Bürgermeister Ratzel deshalb in Verbindung zur Wintershall AG, die zusammen mit der Marathon Oil Company im Rhein-Neckar-Raum eine Raffinerie errichten wollte. Würde diese in Mannheim angesiedelt, so Ratzels Kalkül, wäre die günstige Möglichkeit des Raffineriegasbezugs gegeben.[33]

Als möglicher Baugrund wurde der nördliche Teil der Friesenheimer Insel in den Blick genommen. Dieser sollte industriell erschlossen werden und der Bau der Erdölraffinerie Teil dieser Erschließung sein. Dazu kamen Pläne im Rahmen des Aufbaus der Stadtheizung, im Norden der Stadt ein (Heiz-)Kraftwerk zu errichten, um die sich ansiedelnde Industrie mit Dampf zu versorgen.[34] Da auch

Bei einer GVS-Tagung in Göttingen 1964 gab es mit Max Schmeling prominenten Besuch.
(MARCHIVUM, KF013684)

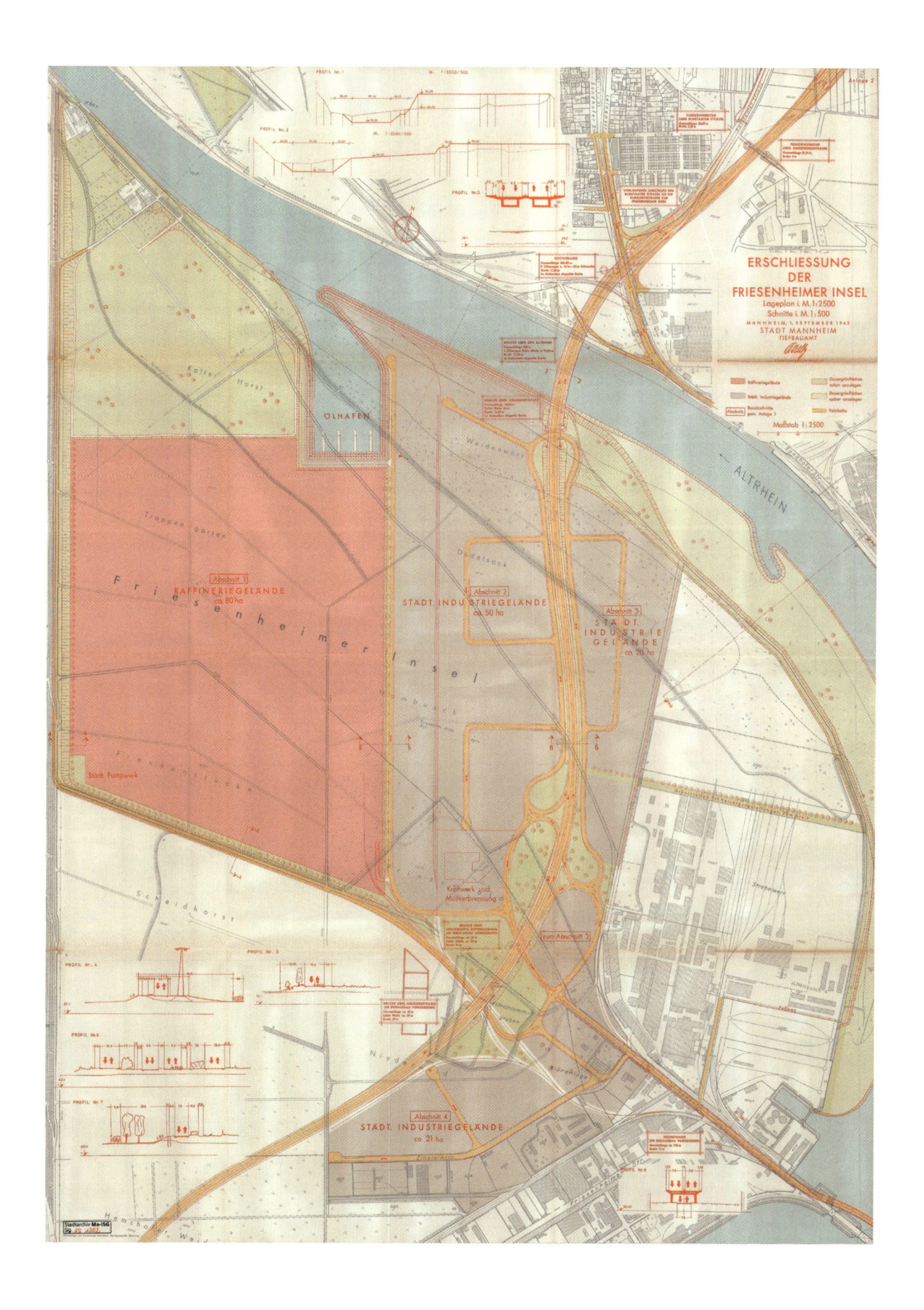

10.1 GASVERSORGUNG: VOM STADT- ÜBER DAS RAFFINERIE- ZUM ERDGAS

die Raffinerie ein Heizkraftwerk zur Eigenversorgung benötigte, bot sich der gemeinsame Bau an. Die Vorteile für Wintershall/Marathon – unter anderem die günstige Bereitstellung von Gelände, das vielfältig angeschlossen sein würde (via Wasserweg, Straße, Schiene und Leitungen für Öl und Gas) sowie die rationellere Beteiligung an einem Gemeinschaftskraftwerk statt des Baus eines eigenen Kraftwerks – überzeugten schließlich. Die im November 1961 von beiden Unternehmen gegründete Erdöl-Raffinerie Mannheim GmbH (ERM) legte sich im März 1962, nach dem Beschluss zum gemeinsamen Bau eines „Doppelheizkraftwerks" durch Rheinag und ERM, endgültig auf Mannheim als Standort fest.[35]

Im Gemeinderat wurde das umfangreiche Vorhaben intensiv diskutiert. Es gab verschiedene Bedenken hinsichtlich des Natur- und Luftschutzes sowie Diskussionen um die hohen, zu großen Teilen von der Stadt zu tragenden Erschließungskosten; auch hinsichtlich der Sicherheit der Gaslieferungen wurde Skepsis geäußert, da die Raffinerie Öl vor allem aus Libyen beziehen wollte. Letztlich stimmte der Gemeinderat am 7. November 1961 bei zwei Enthaltungen dem Vorhaben zu.[36]

Das Doppelheizkraftwerk mit Müllverbrennungsanlage im Bau. Die ersten Kesselanlagen des HKW wurden mit Schweröl befeuert; 1984 erfolgte die Umstellung eines Kessels auf Erdgas.
(Foto: Robert Häusser. Robert-Häusser-Archiv/Curt-Engelhorn-Stiftung, Mannheim)

Im Zusammenhang mit der geplanten industriellen Erschließung und dem Doppelheizkraftwerk war allerdings noch eine Frage zu klären: Wohin mit dem Müll? Bisher dienten Teile der Friesenheimer Insel als „alleiniger Deponieraum des gesamten in Mannheim anfallenden Abfalls"; nun galt es, Alternativen zu entwickeln. Unter diesen erschien die Verbrennung des Mülls am wirtschaftlichsten. Also erfolgte die Planung eines Doppelheizkraftwerks mit Müllverbrennungsanlage: mit einem Heizkraftwerksteil der Rheinag, einem der ERM sowie der Müllverbrennungsanlage. Die Rheinag errichtete Gebäude, Neben- und Reserveanlagen, die die ERM dann gegen Gebühr gleichberechtigt mitnutzen konnte. Das in dieser Hinsicht bereits erfahrene GKM übernahm die Betriebsführung beider Kraftwerke. Die Technik der Kraft-Wärme-Kopplung erzeugte zum einen Dampf, der den umliegenden Industriebtrieben zugeführt werden, und zum anderen Strom, der – abzüglich des Eigenbedarfs – an die Stadtwerke abgegeben werden sollte.[37]

Die Bautätigkeiten auf der Friesenheimer Insel schritten planmäßig voran. Die Erdölraffinerie konnte am 21. Juli 1964 eingeweiht werden. In demselben Jahr wurden auch die ersten beiden schwerölbefeuerten Kesselanlagen des Heizkraftwerks, 1965 der erste Müllkessel mit einer Verbrennungskapazität von 12 t Müll/h in Betrieb genommen; ein Jahr später folgte ein zweiter.[38]

Bevor die Erdölraffinerie in Betrieb ging, schlug noch einmal die Stunde der Gaskokerei Luzenberg: Durch Lieferungen an die GVS stieg im Geschäftsjahr 1963 die Gasabgabe um satte 21,9 Prozent.[39] Doch auch danach arbeitete die Gaskokerei im Jahr 1964 in den Spitzenmonaten bis an ihre Kapazitätsgrenze. Allerdings ging der Durchschnittserlös je Kubikmeter nutzbarer Gasabgabe wie schon im Jahr zuvor zurück; vor allem, weil bei der Erneuerung der Verträge mit den A-Gemeinden diesen aus Wettbewerbsgründen bereits die günstigeren Raffineriegaspreise eingeräumt werden mussten.[40]

Zur Versorgung aller angeschlossenen Städte benötigte die GVS jedoch weitere Raffineriegasquellen. Bürgermeister Ratzel stand deshalb mit der staatlichen französischen Union Générale des Pétroles (UGP) in Kontakt, die über Frankreichs Grenzen hinaus Raffinerien errichten und Erdöl auch in Deutschland absetzen wollte. Da die Entscheidung für die Wintershall bereits getroffen worden war, entschied sich die UGP nach eingehender Diskussion für die Errichtung einer Erdölraffinerie in Speyer. Am 17. Mai 1963 wurde zwischen UGP, der hessischen GU und der GVS ein Vertrag über Gaslieferungen abgeschlossen.[41] Zugleich regelten die beiden letztgenannten Gesellschaften gemeinsam mit der Saar Ferngas AG ihre gaswirtschaftliche Zusammenarbeit vertraglich, indem in einer Demarkationsvereinbarung die Interessengebiete der Gesellschaften abgegrenzt und ein Koordinierungsausschuss zur Absprache etwaiger Änderungen gebildet wurde.[42]

Anfang des Jahres 1963 hatte nach wiederholten Konflikten auch ein Demarkationsvertrag mit der Ruhrgas AG abgeschlossen werden können. 1962 hatte

Die Bauarbeiten auf der Friesenheimer Insel besaßen enorme Dimensionen. Auf nahezu zwei Quadratkilometern wurde neben der Errichtung des Doppelheizkraftwerks und der riesigen Raffinerie ein Ölhafenbecken angelegt, eine Brücke über den Altrhein gebaut, wurden Straßen und Gleise angelegt. Luftbild von 1963.
(MARCHIVUM, KF010250)

diese vor Abschluss eines Vertrages und ohne Benachrichtigung angefangen, eine Ferngasleitung auf Mannheimer Gebiet zu verlegen, und dabei Kabel beschädigt. In der Folge gelang es in Verhandlungen, nicht nur das Wegerecht zu regeln, sondern auch ein Demarkationsabkommen zu treffen. Der entsprechende Vertrag wurde am 3. Januar 1963 zwischen der Ruhrgas AG und der Rheinag geschlossen und beinhaltete, dass die Ruhrgas keine Abnehmer der Stadtwerke und deren Konzessionsgebiete, also Edingen, Ilvesheim, Ladenburg und Neckarhausen, ebenso wenig die Stadtwerke Viernheim, Weinheim und Worms und deren Versorgungsgebiete belieferte. Mannheim wiederum verzichtete auf die Belieferung rechtsrheinischer Abnehmer der Ruhrgas im Umkreis von 40 Kilometern um Mannheim.[43]

Eine Stadt, die sich der GVS nicht angeschlossen hatte, war – wie erwähnt – Mannheims Nachbarin Heidelberg. Die Stadt zögerte lange; ihr lagen Angebote zum Gasbezug sowohl von der GVS wie von der Ruhrgas AG vor. Schließlich machte auch die Rheinag ein Angebot – zu dem sich der Heidelberger Gemeinderat im Juli 1963 letztlich entschloss. Der Vorteil war beiderseitig, da die Rheinag durch die Mehrabnahme von Gas bei der GVS einen größeren Preisnachlass erhielt. Dieser wurde teilweise an Heidelberg weitergegeben, zu Teilen kam er Mannheim zugute.[44]

Mit Inbetriebnahme der Erdölraffinerien in Mannheim und Speyer stieg der Ferngasbezug für die Versorgung Mannheims immer stärker an. Im Sommer 1966 wurde die Kokerei auf dem Luzenberg stark gedrosselt gefahren und zwischen März und November 1967 wurde sie lediglich warm gehalten. Im Winter diente sie noch zur Deckung der Winterspitzen bei der GVS und wurde dann Anfang März 1968 endgültig stillgelegt.[45]

Finanziell stellte die Gaskokerei zuletzt eine Belastung dar; Mitte der 1960er Jahre verzeichnete die Rheinag in der Gassparte jährlich Verluste in Millionenhöhe. Vor allem erhöhte Abschreibungen auf die vorzeitig stillzulegenden Erzeugungsanlagen schlugen zu Buche; im Jahr 1966 kam dann auch noch die Übernahme des Verlusts der in Schwierigkeiten geratenen GVS dazu.[46] Bis 1968 hatten sich die dortigen Verhältnisse jedoch wieder geordnet: Nachdem das Land Baden-Württemberg sowie die Erdgaslieferer ESSO und Shell über eine Tochtergesellschaft als stille Teilhaber beigetreten waren, konnte die GVS konsolidiert werden. Das Land sah in der Beteiligung vor allem die Chance, damit ein Instrument der Energie- und Strukturpolitik an die Hand zu bekommen.[47] Die stille Beteiligung von ESSO und Shell war zustande gekommen, nachdem die Ruhrgas AG ein derartiges Angebot zurückgezogen hatte und sich dafür mit 25 Prozent an der zu konsolidierenden GU beteiligte. Den größeren Rahmen bildete die Europäisierung des Gasmarkts und damit verbunden ein schon seit Jahren andauerndes zähes Ringen um Marktanteile in Westdeutschland. Ausgetragen wurde dieses besonders zwischen der niederländischen Nederlandse Aardolie Maatschappij BV (NAM) bzw. ESSO und Shell auf der einen und der Ruhrgas, die sich mit dem Siegeszug des Erdgases neu positionieren musste, auf der anderen Seite. Der süddeutsche Raum stand dabei besonders im Fokus. Anfang 1968 hatte die NAM eingesehen, dass nur eine Kooperation mit der Ruhrgas einen langfristig steigenden

Das Stadtgas war ein „beliebtes" Hilfsmittel für Suizide gewesen; dies funktionierte bei dem ungiftigen Erdgas nicht mehr. Explosionen kamen – sehr selten – dagegen immer noch vor, wie hier 1981, als eine Doppelhaushälfte komplett zerstört wurde. Das erschütterte Vertrauen der Bevölkerung versuchte die MVV u. a. durch Gespräche mit den lokalen Zeitungen wiederherzustellen.
(MARCHIVUM, KF019844)

Absatz in Westdeutschland sichern würde. Längst war ein komplexes Geflecht an Beteiligungen und Kooperationen der verschiedenen Mineralölkonzerne und Gasgesellschaften entstanden und die Ruhrgas war nicht mehr nur „der große Kontrahent", sondern auch „der große Bruder" der GVS.[48] 1968 schloss die GVS einen Gasbezugsvertrag mit der Deutschen Erdgastransport GmbH (DETG) ab, die von ESSO und Shell zum Bau und Betrieb des Importnetzes gegründet worden und an der inzwischen auch die Ruhrgas zu 50 Prozent beteiligt war.[49]

In demselben Jahr konnte die RHE einen sprunghaften Anstieg der Gasabgabe um fast 40 Prozent verzeichnen: Nun wurde, gemeinsam mit der SFG, der Großabnehmer BASF mit Erdgas beliefert. Dabei bezog die SFG das Gas von der Ruhrgas AG, die Rheinag wiederum von der GVS. Weiterhin war eine gemeinsame Belieferung des GKM geplant, wofür die SFG ebenfalls Erdgas von der Ruhrgas AG erhielt.[50] Unterstützt durch den allgemeinen konjunkturellen Aufschwung nach der vorhergehenden Rezession konnte die Rheinag auf dem Gassektor erstmals mit einem Überschuss von rund 400.000 D-Mark abschließen.[51]

Die Umstellung auf Erdgas

Anders als die Umstellung von Orts- auf Raffineriegas, die von der Bevölkerung kaum bemerkt wurde – lediglich der etwa zehn Prozent höhere Heizwert des Raffineriegases brachte eine Änderung in der Abrechnung mit sich, die nun mit „kalorischer oder thermischer Messung" erfolgte[52] –, bedeutete der ab Herbst 1968 schrittweise erfolgende Umstieg auf Erdgas einen großen logistischen und technischen Aufwand auf Versorger- wie Abnehmerseite. Schon im Vorfeld, Mitte der 1960er Jahre, war deshalb Kontakt zu Firmen in den USA und in Kanada aufgenommen worden, um von deren Erfahrungen bei der Umstellung zu lernen. Auch der Verband der deutschen Gas- und Wasserwerke e. V. gab Empfehlungen heraus, etwa in Bezug auf die Konzeption der Preisgestaltung oder die Öffentlichkeitsarbeit.[53]

Da Erdgas andere Eigenschaften besitzt als Kokerei- oder Stadtgas – so ist dessen Brennwert fast doppelt so hoch; auch hat Erdgas einen hohen Anteil an Methan, dafür keinen Wasserstoff- und Kohlenmonoxidanteil –, war es notwendig, die Endgeräte umzubauen, neu „einzuregeln" oder zu ersetzen. Wie genau diese Umstellung zu erfolgen sei, beschloss der Gemeinderat am 28. März 1968.[54] Der Umstellrhythmus wurde vor allem von den Netzgegebenheiten bestimmt. Begonnen werden sollte im Herbst 1968 im Norden Mannheims, um den Großteil der Industrie zuerst zu berücksichtigen. Der weitere Ablauf war davon bestimmt, dass „die Leitung zum GKM möglichst bald mit Erdgas beaufschlagt werden kann, so daß auch die restlichen Industriebetriebe zu einem frühen Zeitpunkt umgestellt werden können". Schrittweise sollte dann die Umstellung in 155 Bezirken erfolgen. Um dieses Vorhaben wie geplant im September 1972

Zusätzlich zum „Meckerwagen" wurde im September 1969 ein „mobiles Informationszentrum" eingerichtet, um die Kunden durch einen „Energieberater" bereits im Vorfeld über die mit der Umstellung zusammenhängenden Fragen zu informieren. Dieses wurde jeweils in dem Stadtteil aufgestellt, der als Nächstes umgestellt werden sollte.
(MARCHIVUM, ABGT03764-011)

zum Abschluss bringen zu können, sollten durchschnittlich die Geräte von 500 Abnehmern pro Woche umgestellt werden. Dies sollte durch eine externe Firma, die Neue Gastechnik aus Essen (NGT), durchgeführt werden, die bei Bedarf diese Zahl zu verdoppeln versprach. Gaswasserheizer und Zentralheizungen konnten direkt an Ort und Stelle umgestellt werden; andere Geräte, wie Herde und Einzelöfen, mussten meist in die „Umstellungswerkstatt" gebracht werden, wobei den Kunden zur Überbrückung kostenlose Erdgasleihkocher zur Verfügung gestellt wurden. Allerdings besaßen manche Abnehmer auch alte, nicht mehr „umbauwürdige" Geräte – geschätzt zwischen 17 und 18 Prozent –, sodass diese neue anschaffen mussten. Ein kleiner Teil der Kundschaft (knapp 4,5%) besaß dagegen neue sogenannte Allgasgeräte, die lediglich neu einreguliert werden mussten. Zur Koordination der Umstellung wurde ein „Erdgasbüro" eingerichtet, das der Überwachung der Umstellfirma, der Information der Abnehmer mittels Rundschreiben und Broschüre sowie der Annahme von Reklamationen und Weiterleitung dieser an entsprechende Stellen dienen sollte.

Ein wichtiger Punkt war, wie bereits bei der Spannungsumstellung in den 1950er Jahren,[55] die Frage nach der Kostenübernahme. Rein rechtlich hätten die Stadtwerke alle Kosten den Endverbrauchern überlassen können; doch war dies aus sozialpolitischen Überlegungen nicht angesagt. Zwischen der „sozialen Abfederung" und dem Grundsatz der Gleichbehandlung – schließlich durften auch diejenigen nicht benachteiligt werden, die auf eigene Kosten bereits Allgasgeräte angeschafft hatten – musste ein Mittelweg gefunden werden. Schließlich sollten die Werke 25 Prozent der Umstellungskosten übernehmen. Empfänger von Sozialhilfe, die in Besitz nicht mehr umbauwürdiger Geräte waren, sollten kostenlos gebrauchte, bereits umgestellte Geräte bekommen, „sozial schwachgestellte" Abnehmer günstige Standardgeräte, die die Stadtwerke gemeinsam mit der Gasgemeinschaft Mannheim[56] in großer Stückzahl und mit entsprechendem Mengenrabatt für diesen Zweck erworben hatten. Auch alle anderen erhielten Zuschüsse bei einem nötigen Neukauf von Geräten.

Die Umstellung war nicht nur wegen der Zuschüsse ein kostspieliges Unterfangen. Es wurden Ausgaben von insgesamt fast 16,5 Mio. D-Mark prognostiziert; neben den Umstellungskosten und Zuschüssen fielen unter anderem noch die Kosten für Rohrnetzarbeiten – Erdgas benötigte andere Dichtungen an den Anschlüssen –, Personalkosten sowie die Straßenbeleuchtung ins Gewicht. Letztere war ohnehin ein Sonderfall: Bei der Verwendung von Erdgas konnte die bisher genutzte Druckwellensteuerung nicht mehr angewandt werden, sodass nicht nur der Brenner mit der Zündeinrichtung, sondern ebenso der Einbau von Dämmerungsschaltern notwendig wurde. Die Stadt nahm die Umstellung zum Anlass, ihr schon länger in der Schublade liegendes Beleuchtungskonzept in die Tat umzusetzen und rund 1800 Gaslaternen in verkehrsreichen Straßen durch (hellere) Stromleuchten zu ersetzen. In den Wohnstraßen blieben dagegen rund 2200 Gasleuchten erhalten, die entsprechend umgestellt werden mussten.

Insgesamt wurden mehr als 150.000 Geräte aus circa 80.000 Haushalten umgestellt oder einreguliert sowie etwa 8000 Anlagen in Industrie und Gewerbe; die tatsächlichen Kosten beliefen sich auf rund 13,7 Mio. D-Mark.[57] Ende Septem-

Am 31.7.1972 öffnet Bürgermeister Ratzel den Erdgas-Schieber – damit ist auch symbolisch die Umstellung auf die Versorgung mit Erdgas abgeschlossen. (MARCHIVUM, ABGT04223-013)

ber 1970 waren bereits 55 Prozent der Haushalte umgestellt; den Rest versorgten die Stadtwerke mit Stadtgas von der GVS.[58] Am 31. Juli 1972 schließlich entzündete der Erste Bürgermeister Ratzel in Friedrichsfeld drei Fackeln, mit denen das letzte Stadtgas verbrannt wurde, und öffnete den Erdgas-Schieber nach Friedrichsfeld. Damit war der Umstieg auf Erdgas vollzogen.[59]

10.2 DER AUSBAU DER FERNWÄRME

Für die Versorgung der Mannheimer Haushalte mit Wärme spielte ab 1959 ein weiteres Medium eine wachsende Rolle: die mit Heizwasser gespeiste Fernwärme.

Bei der Stromerzeugung in Kraftwerken wurden lediglich rund 40 Prozent der eingesetzten Primärenergie in Elektrizität umgewandelt, die restlichen 60 Prozent gingen in Form von Abwärme verloren. Der Gedanke, die entstehende Wärme zu nutzen, ist also naheliegend: Der erzeugte Dampf kann durch die Auskopplung von Heizwasser mittels der Technik der Kraft-Wärme-Kopplung (KWK) elektrische und thermische Energie abgeben. Damit kann der Nutzungsgrad der eingesetzten Primärenergie etwa verdoppelt werden.[60] Tatsächlich wurde die KWK bereits um 1900 in vielen Industriebetrieben, die ihren eigenen Strom produzierten, eingesetzt; mit zunehmend zentralisierter Elektrizitätsversorgung erfolgte jedoch ein starker Rückgang der Technik. In den ersten Jahren nach Ende des Ersten Weltkriegs gewann sie vorübergehend wieder an Bedeutung, da in der Wirtschaft vielfache Maßnahmen zur rationellen Nutzung von Energie in Zeiten großen Kohlenmangels ergriffen wurden und dies auch politisches Ziel war. Diese Ansätze einer „Wärmewirtschaft", wie das zeitgenössische

Schlagwort lautete, wurden mit dem Ende der Kohlenknappheit aber wieder weitgehend verdrängt.[61]

Auch in Mannheim wurde dieser Gedanke in der Zwischenkriegszeit aufgenommen. Bei den Stadtwerken war es nach eigenen Aussagen Friedrich Schraeder, der ein Projekt zum Bau eines Heizkraftwerks ausarbeitete, das jedoch aufgrund der schwierigen Kapitalbeschaffung und Zweifeln an dessen Wirtschaftlichkeit nicht weiterverfolgt wurde.[62] Beim GKM hingegen konkretisierten sich derartige Pläne, sodass 1937 die ersten beiden Betriebe – die Süddeutsche Kabelwerke GmbH und die Firma Isolation AG – mit Dampf aus dem GKM versorgt werden konnten.[63] Durch den Krieg wurden weitere Schritte in dieser Richtung unmöglich, doch bereits im Jahr 1946 wurde der Faden wieder aufgenommen. Im Frühjahr untersuchte die Kraftanlagen AG Heidelberg (KA) in Zusammenarbeit mit dem GKM und der Stadtverwaltung Mannheim die Zweckmäßigkeit einer zentralen Wärmeversorgung beim Wiederaufbau der Stadt und kam zu dem Ergebnis, dass ein Fernheizwerk möglich und im Endausbau auch wirtschaftlich sei.[64] Daraufhin schlug das GKM der Stadt vor, eine „Studiengesellschaft" zu bilden, die eine derartige Fernheizung projektieren solle. Insbesondere die Möglichkeit der Kohleneinsparung wurde damals als wichtiges Argument angeführt.[65] Am 7. November 1946 stimmte der Stadtrat der Gründung der Studiengesellschaft Stadtheizung Mannheim GmbH zu, in der städtisches Hochbauamt (Stadtplanung), städtisches Tiefbauamt, Stadtwerke (Versorgungsbetriebe) und städtisches Maschinenamt zusammenarbeiten sollten. Die Geschäftsführung übernahm das GKM, das mit 20.000 Reichsmark (Stadt Mannheim: 30.000 RM) am

In Heizkraftwerken wird ein Teil des Dampfes vor der Entspannung mit höherer Temperatur und größerem Druck entnommen und zur Erzeugung von Fernwärme genutzt. Diese Wärmekopplung führt zwar zu einer etwas geringeren Stromausbeute als bei alleiniger Stromerzeugung (etwa 32 statt 39 %), dafür reduzieren sich die Abwärmeverluste von 61 auf 15 %.
(Grosskraftwerk Mannheim AG)

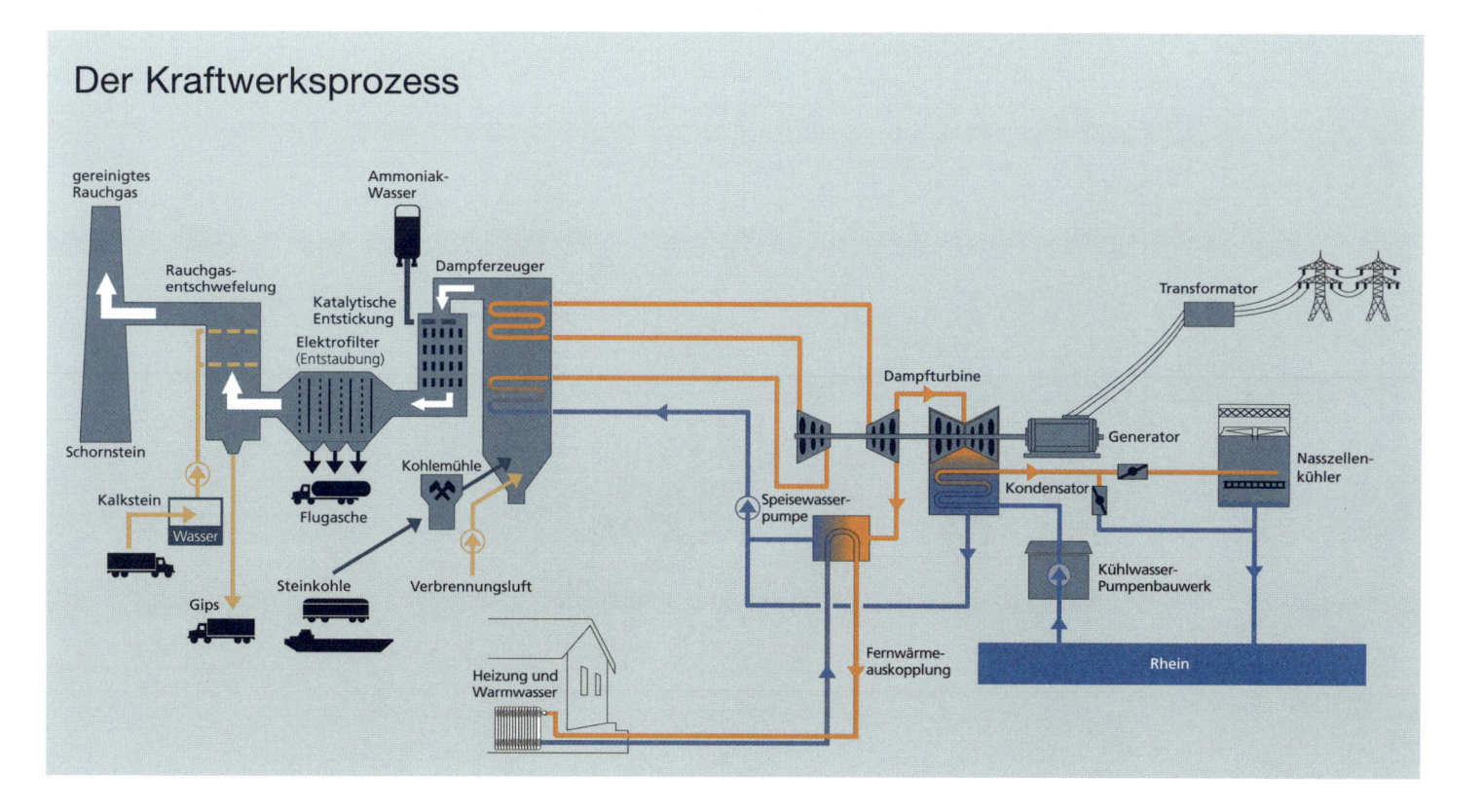

Der Kraftwerksprozess

WARUM KEIN GAS IN DER FERNWÄRMEVERSORGUNG?

Hans-Jochen Luhmann

Die Metropolregion Rhein-Neckar ist heute ein führender Fernwärme-Standort in Europa. Lange Zeit wurden mehr als 60 Prozent der Haushalte Mannheims und weitere Liegenschaften ausschließlich mit der kuppelproduzierten Wärme aus den Kohleblöcken des Großkraftwerks in Mannheim (GKM) versorgt, bevor zunächst mit dem Anschluss der Friesenheimer Insel die »Vergrünung« der Fernwärme eingeleitet wurde.

Es fragt sich: Wie ist es zu dieser mit Kohle wärmeversorgten Insel gleichsam im Meer von mit Öl oder Gas, also leitungsgebundenen, versorgten Siedlungen gekommen? Warum setzte sich nicht auch in Mannheim das Gas gegen die Kohle in der dezentralen Wärmeversorgung durch? Schließlich entging der Gaswirtschaft das gesamte Absatzpotenzial der »Fernwärmebastion« Mannheim. Daraus wären zwei Teilfragen abzuleiten: Zum einen, ob Gas eine Chance hatte, Kohle als Energieträger im GKM zu ersetzen; zum anderen, ob Gas die Fernwärme per se als leitungsgebundener Endenergieträger in der Fläche hätte ersetzen können.

Grundsätzlich ist festzuhalten: Der Siegeszug von (Erd-)Gas in der Versorgung in der Fläche, in dezen-

Verlegung von Fernwärmeleitungen nach Heidelberg, 1986. (MARCHIVUM, ABBN0449-31292-35)

tralen Kleinanlagen, überwiegend zu Wärmezwecken, kam spät. Grund für den Erfolg war die leicht erreichbare Sauberkeit dieses fossilen Energieträgers; diese wurde aber erst mit der politischen Durchsetzung des Anliegens sauberer Luft seit Mitte der 1970er Jahre relevant.

Seitdem ist Gas auch erst verfügbar. Die Nutzung von Erdgas in Deutschland begann zwar mit dem Groningen-Feld in den Niederlanden. Doch das war zunächst regional begrenzt. Eine Erdgas-Option für Mannheim entwickelte sich erst, als absehbar wurde, dass Gas aus Algerien und – vor allem – aus Russland durch den Eisernen Vorhang »hindurchfließen« und auf dem westdeutschen Markt ins Spiel kommen würde. Das strömte dann erstmals mitten in der Ölkrise, am 1. Oktober 1973. Basis war ein Röhren-Geschäft, das am 1. Februar 1970 unterzeichnet worden war.

Die Blöcke 5 und 6, vor 1973 als Gas-Kessel-Kraftwerke, also ohne vorgeschaltete Gasturbine, konzipiert, waren vom GKM mit Blick auf das Gas aus Russland in Auftrag gegeben worden. Zur Verfügung standen sie erst nach der Ölkrise, unter völlig veränderten relativen Preisen für Kraftwerks-Brennstoffe. An die ursprünglich konzipierten Einsatzweisen war da nicht mehr zu denken. Das war ein kurzes Intermezzo von Gas als tragendem Energieträger im GKM.

Die dann in Mannheim errichteten Kohlekraftwerke, die Blöcke 7 und 8 des GKM, erhielten zwar Subventionen gemäß § 17 (1) des *Dritten Verstromungsgesetzes*, das nach 1973 zum Schutz deutscher Steinkohle erlassen worden war. Doch auch ohne diese Schutzpolitik wäre Steinkohle in Mannheim wirtschaftlich der Energieträger der Wahl gewesen.

Kohle war der erste Energieträger der Industriellen Revolution. Öl mit seinen diversen Raffinerie-Produkten kam gegen Ende des 19. Jahrhunderts hinzu, nach dem Zweiten Weltkrieg schloss das Erdgas sich als Letztes der Reihe an. Alle drei stammen aus abgestorbener Biomasse. Sie sind folglich Stoffgemische.[1] In der Nutzung, qua Verbrennung, bedeutet das: Sie sind schmutzig. Allerdings in unterschiedlichem Maße, auch in Abhängigkeit von der Aufbereitung vor der Verbrennung in der Nutzung. Bei Kohle erwies sich die Reinigung nach der Verbrennung, die »Rauchgas-Reinigung«, als einzige Option. Bei Erdöl lieferte die Produkttrennung in der Raffinerie in »leichte« und »schwere« Produkte eine hinreichende »Reinigung«. Der dritte Energieträger in der Sequenz, das Erdgas, war schon bei der Förderung relativ sauber, und wenn es Ballast-Begleitgase gab, so waren diese an der Förderstelle einfach abzutrennen und in die Atmosphäre zu entlassen.

Fernwärme demgegenüber verkörpert die abgasfreie dezentrale Versorgung in idealer Weise. Anders als bei Kohle- und Öl-Heizungen brachte die Umweltpolitik für Fernwärme keine Entwertung bestehender dezentraler Heizungen. Gas wie Fernwärme sind leitungsgebunden und in der Quartiersversorgung Konkurrenten. Das gibt dem jeweils früher etablierten System einen pfadabhängigen Vorteil bzw. Schutz vor Verdrängung. Das war in Mannheim so. Die Fernwärme war hier sehr früh auf den Weg gebracht worden. Das Pionierhafte erwies sich als Schutz und damit als Bedingung der Stabilität auf Dauer.

1 Vgl. dazu S. 36 f. in diesem Band.

Stammkapital von 50.000 Reichsmark beteiligt war.[66] Diese wiederum übertrug die weitere Untersuchung wieder auf die KA, die im Sommer 1947 eine erste vorläufige Denkschrift zum Projekt vorlegte.[67]

Das GKM verhandelte währenddessen weiter mit Industriebetrieben über die Abnahme von Dampf und konnte im Februar 1949 eine 1,2 Kilometer lange Ferndampfleitung nach Rheinau in Betrieb nehmen, die zunächst die Firma Sunlicht belieferte und perspektivisch auch weitere Betriebe versorgen sollte. Außerdem begannen im September des Jahres die Verlegungsarbeiten für eine Leitung nach Neckarau für die dort angesiedelte Industrie.[68] Auf weitere Sicht wurde eine Leitung vom Bahnhof Neckarau zum Schlachthof projektiert, um diesen sowie möglicherweise die Firmen Heinrich Lanz AG und Joseph Vögele AG sowie die Milchzentrale mit Dampf zu versorgen. Marguerre verfolgte seitens des GKM das Projekt der Städteheizung mit großem Engagement und bemängelte, aufseiten der Stadt fehle ebendieses. Tatsächlich begrüßte Oberbaudirektor Schraeder die Idee einer Stadtheizung grundsätzlich – schließlich hatte er sich in den 1920er Jahren selbst schon damit beschäftigt. Allerdings besaß ein solches Projekt eine enorme Tragweite und dessen Details waren noch keinesfalls ausgearbeitet. Schraeder sah die Wirtschaftlichkeit als noch nicht erwiesen an und ging von Kosten im dreistelligen Millionenbereich aus – wenn auch über bis zu zwei Dekaden gestreckt –, die er angesichts der um 1950 herrschenden Kapitalnot in Deutschland und des immer noch vordringlichen grundsätzlichen Wiederaufbaus für nicht zu beschaffen hielt. Es galt zudem praktische Fragen zu klären, etwa diejenige, wie die Rohrleitungen in den ohnehin schon stark mit Leitungen belegten Straßen untergebracht werden könnten. Außerdem fürchteten die Stadtwerke durch den Ausbau einer Fernheizung die Schaffung einer unmittelbaren Konkurrentin des Gaswerks: zum einen durch den geringeren Absatz von Gas zu Heizzwecken, zum anderen durch die Verdrängung des für Heizungen veräußerten Koks – für Mannheim bedeutete dies jährlich einen Minderabsatz von mehreren Tausend Tonnen Heizkoks. Angesichts des ohnehin übersättigten Koksmarkts würde eine Stadtheizung die Situation verschärfen. Deshalb blieb Schraeder dabei: „Die Stadtwerke werden [...] bei ihrer kritisch-abwartenden Haltung verharren."[69] Eine weitere Sorge Schraeders war, dass große Firmen den gelieferten Dampf zur Eigenstromerzeugung nutzen könnten und dadurch die Stadtwerke weniger Strom würden absetzen können.[70]

Ungeachtet dessen schritten die Arbeiten seitens des GKM für Dampfleitungen bis zum Neckarauer Übergang weiter voran, sodass ab etwa 1952 die Frage nach der Zukunft des Stadtheizungs-Projekts wieder akut wurde. Inzwischen war Wilhelm Wiese auf Schraeder als Werkleiter gefolgt. Auch er stand dem Projekt grundsätzlich positiv gegenüber, hatte aber die Probleme und offenen Fragen ebenfalls im Blick. Diese wurden immer wieder in den entsprechenden Ausschüssen erwogen und diskutiert; auch nachdem Marguerre im Sommer 1953 ein Memorandum in die Debatte einbrachte. Neu war darin unter anderem auf technischer Ebene die Feststellung, dass für Haushalte – anders als in der Industrie – die Nutzung von Heißwasser wirtschaftlicher sei als von Dampf. Um das Projekt weiter voranzutreiben, plädierte Marguerre für die Bildung eines Sachverständigenausschusses. Allerdings war die in den Augen von Bürgermeister Trumpfheller einzige mit Marguerre auf Augenhöhe stehende Person, die seitens der Stadt in einem solchen Ausschuss sitzen sollte, Oberbaudirektor Wiese. Dieser war aber, neben den Fragen zu Strom- und Wasserversorgung, zu der Zeit mit dem Ausbau des Gaswerks voll ausgelastet.[71]

Wieso aber drängte Marguerre derart auf den raschen Ausbau der Stadtheizung? Ein wichtiger Grund dürfte eine „elektrowirtschaftliche" Überlegung gewesen sein: Durch die Stadtheizung würden, so das Kalkül, die Gestehungskosten sinken und damit der Strompreis verbilligt. Einen günstigeren Tarif wiederum schien das GKM im Konkurrenzkampf mit dem auf Expansion zielenden RWE dringend zu benötigen; wie Marguerre Trumpfheller im September 1954 vertraulich mitteilte, würde dieses nämlich die verbrauchsnahe Stromerzeugung bekämpfen, besonders bei den Pfalzwerken. Den „Fall Pfalzwerke – GKM" hätte es „zu einem ‚testcase'" gemacht, in dem das RWE „seine Überlegenheit gerade dem GKM gegenüber, welches an vielen Stellen als das fortschrittlichste verbrauchsnahe Werk gilt, bewiesen werden soll". Dem „Kampfstrompreis" des RWE müssten verbilligte Preise des GKM entgegengesetzt werden. Dagegen seien mögliche Schäden für die Gaskokerei vernachlässigbar.[72]

Die fortdauernde Zurückhaltung seitens der Stadt und der Stadtwerke dagegen hatte mehrere Gründe. Mit Blick auf andere Städte mit einem Fernheizungs-Projekt wie Kiel, Hamburg, Freiburg oder Wuppertal[73] sagte Wiese, seien diese über „bescheidene Anfänge" nicht hinausgekommen. Tatsächlich besaß ein derartiges Projekt ein enormes Ausmaß, verbunden mit einem außerordentlichen Kapitalbedarf, was die Städte in erhebliche Finanzierungsschwierigkeiten bringen konnte. Wiese bezweifelte, dass die durch eine Stadtheizung eintretenden

Oberbaudirektor Wilhelm Wiese beim feierlichen Anheizen der Horizontalkammerofenanlage des zur Gaskokerei umgebauten Werks Luzenberg am 2.7.1953. Unter anderem die Befürchtung, der neuen Kokerei direkt Konkurrenz zu schaffen, führte zunächst zur Zurückhaltung der Stadtwerke gegenüber den „Stadtheizungs"-Plänen des GKM.
(MARCHIVUM, AB00071-015)

Erleichterungen bezüglich Brennstoff-Antransport und Aschenabtransport in der Stadtmitte ins Gewicht fallen würden – insofern wurde das Verhältnis von Aufwand und Ertrag zu diesem Zeitpunkt eher ungünstig bewertet. Schließlich fiel Marguerres Denkschrift in eine Zeit der beispiellosen Koksschwemme, das Projekt hätte also „zu keiner schlechteren Zeit als der augenblicklichen aufgegriffen" werden können.[74] Zudem galt es, weitere grundsätzliche Fragen zu klären, vor allem diejenige nach dem Wegerecht bzw. ob der Bau der Leitungen und anschließend die Lieferung der Wärme durch das GKM, die Stadtwerke oder eine eigens zu gründende Gesellschaft durchgeführt werden sollten.[75] Während Stadtwerke und die Stadt selbst das Stadtheizungsnetz in städtischer Hand wissen wollten, sprach sich Marguerre entschieden für das GKM als Erbauer und Betreiber aus. Um diesen Streitpunkt zu bereinigen und um die Wirtschaftlichkeit detailliert zu berechnen, sollte ein Gutachten eingeholt werden. Während Marguerre gerne die Firma KA damit beauftragt hätte, plädierte Wiese nachdrücklich für eine unabhängige Person und nicht für eine Gesellschaft, deren Geschäft im Bau ebenjener Projekte lag. Man solle besser die bewährte WIBERA heranziehen.[76] Nach einer weiteren Denkschrift Marguerres im April 1954 beauftragten der Mannheimer Oberbürgermeister und der Vorstand des GKM die WIBERA zur Anfertigung eines entsprechenden Gutachtens, welches am 24. Januar 1956 vorlag.[77] In diesem wurde sehr deutlich die Regieführung durch die Stadt bzw. die Werke empfohlen.

Insbesondere Marguerre war mit diesem Ergebnis keinesfalls zufrieden und setzte sich weiter für eine Wärmeverteilung durch das GKM ein, obschon er bereits seit längerer Zeit im Ruhestand weilte. Die Pfalzwerke im Aufsichtsrat des GKM lehnten eine Wärmeversorgung der Innenstadt wegen des hohen Kapitalbedarfs und des somit bestehenden unternehmerischen Risikos ebenfalls ab;[78] da schließlich in der Stellungnahme des GKM zu dem vorgelegten Gutachten diesem nicht widersprochen wurde, konnten die Stadtwerke davon ausgehen, dass die Wärmeverteilung zweckmäßigerweise durch die Stadt zu erfolgen habe.[79]

Nach Klärung dieses Punktes war auch noch Einigkeit in der Preis-Frage zu erlangen. Die Stadt wollte nun, auch angesichts zunehmender Verbreitung der Zentralheizungen und damit einhergehender Konkurrenz durch die Ölheizung, ihrerseits den Prozess beschleunigen. Allerdings war Bürgermeister Trumpfheller und Werkleiter Wiese der vom GKM vorgeschlagene Preis zu hoch – in diesem Falle, so die Herren, würde die Stadt lieber die Wärme selbst erzeugen.[80]

Im Jahr 1957 schließlich konnte der Wirtschafts- und Verwaltungsausschuss die Wasserwerksgesellschaft Mannheim mbH (WGM) zur Durchführung der „vorläufigen Beheizung des Nationaltheaters" beauftragen, das später an die geplante Stadtheizung angeschlossen werden sollte. Dabei handelte es sich um eine sogenannte Fernwärme-Inselversorgung: Eine Heizwasser-Fernwärmeleitung wurde vom Heizwerk (an anderer Stelle: Wärmezentrale) Herschelbad, in dem sich eine 5-MW-Kesselanlage befand, in die Innenstadt gelegt, um Einzelobjekte zu versorgen, vor allem den Neubau des Nationaltheaters. Bereits ein Jahr später konnte in Vorbereitung für den weiteren Ausbau der Stadtheizung mit einer neuen Leitung vom Herschelbad zum Luisenring/Holzstraße das neue Werkstättengebäude der Stadtwerke angeschlossen werden.[81]

Der 1957 eingeweihte Neubau des Nationaltheaters war das erste öffentliche Gebäude in Mannheim, das mit Fernwärme beheizt wurde.
(MARCHIVUM, KF010316)

Die Stadtheizung entsteht

Am 21. Juli 1959 genehmigte der Stadtrat einstimmig den Konzessionsvertrag mit der Rheinag, demzufolge diese sich verpflichtete, die Versorgung mit Fernwärme zu übernehmen, während die Stadt der Rheinag dafür das ausschließliche Nutzungsrecht städtischen Grunds zugestand.[82] In der Folge konnte mit der „planmäßigen Aufschließung des Stadtinnern" begonnen werden. In der Nähe des Schlachthofs wurde eine Heizzentrale errichtet, in der das umlaufende Heizwasser mit Dampf aus dem GKM erhitzt und dann verteilt wurde. Zu diesem Zweck wurde eine Dampfleitung von der bestehenden Industriedampfleitung am Neckarauer Übergang zur Station verlegt. Die Inbetriebnahme erfolgte am 12. Oktober 1959; die gasbeheizte Wärmezentrale im Herschelbad diente fortan nur noch als Reserveanlage. Das war jedoch lediglich als Übergangslösung gedacht; in der zweiten Ausbaustufe sollte eine direkte Warmwasserleitung vom GKM zur Speisung des Heizungsnetzes gelegt werden. Dazu wurde im GKM eine Heizwasserturbine installiert, die 1962 in Betrieb ging.

Zunächst wurde das Wasser auf 110 °C erhitzt, später – mit zunehmender Auslastung des Netzes – die Vorlauftemperatur schrittweise bis auf 140 °C angehoben. Insgesamt wurden bis Ende des Jahres 1959 7,5 Kilometer Leitungen verlegt und 24 Wärmeabnehmer an das Fernwärmenetz mit einem Anschlusswert von 24 Gcal/h angeschlossen. Die Investitionen des Jahres betrugen insgesamt etwa 4 Mio. D-Mark. 1960 wurden vor allem die Innen- und die Oststadt sowie Teile von Schwetzinger- und Neckarstadt mit rund 15 km Leitung erschlossen; weil die Heizungsfirmen unter der „Arbeitsbelastung" litten, waren jedoch viele Hausinstallationen in jenem Jahr nicht fristgerecht fertiggestellt worden, sodass sich die

Das Stadtheizungsnetz, ca. 1961. Die direkte Zuleitung vom GKM in die Innenstadt konnte 1962 in Betrieb genommen werden.
(MARCHIVUM, KF012272)

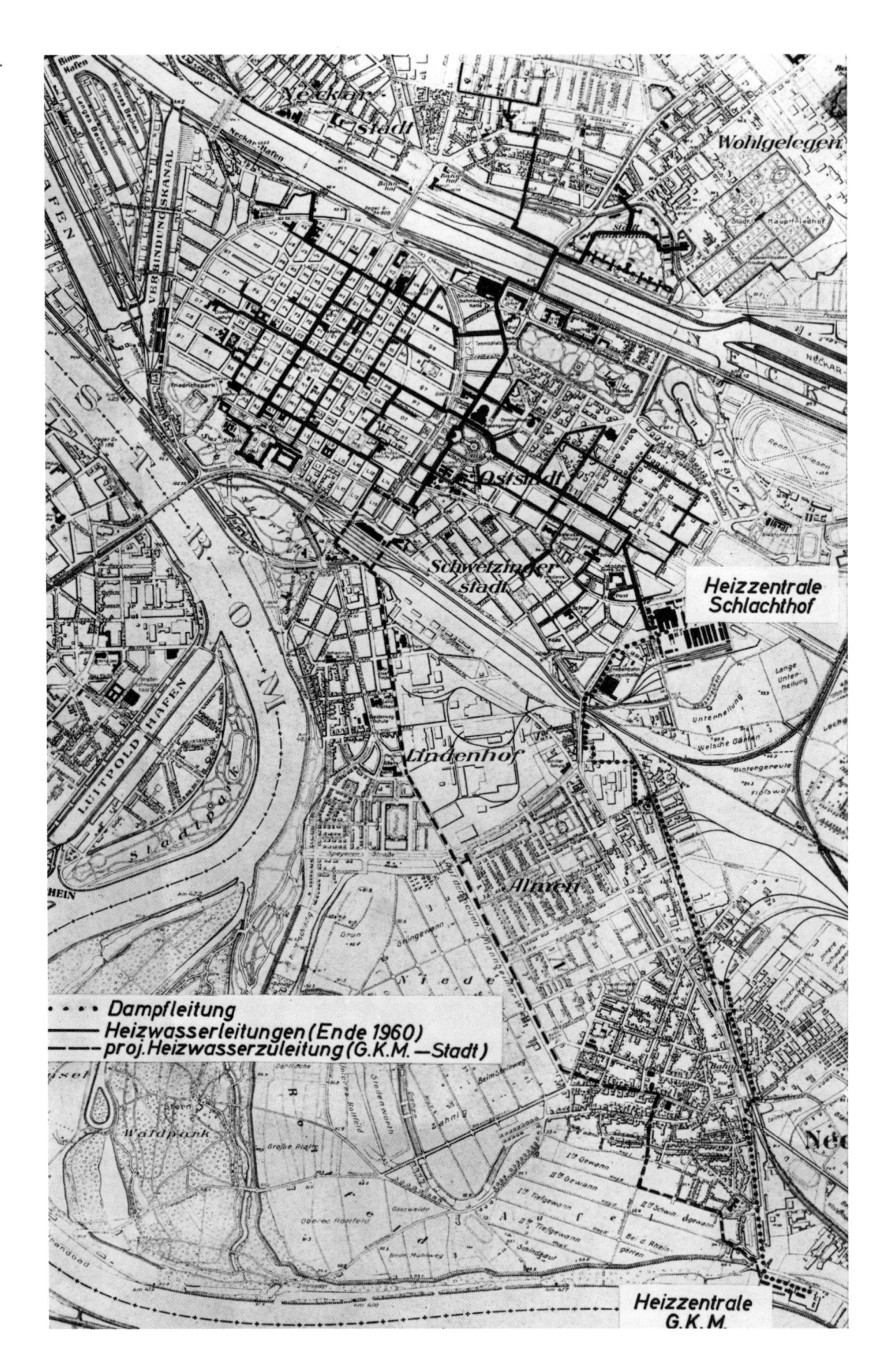

10.2 DER AUSBAU DER FERNWÄRME

Anschlussbewegung noch nicht in einer entsprechenden Umsatzerhöhung niederschlug.[83]

Nachdem am 21. September 1961 ein Fernwärmelieferungsvertrag zwischen dem GKM und der RHE geschlossen worden war,[84] wurde bis 1962 die direkte Hauptzuleitung vom GKM in die Innenstadt verlegt, die durch eine neu errichtete 30-MW-Entnahme-Gegendruckturbine gespeist wurde. So konnten auch die Stadtteile Lindenhof und Almenhof sowie Neckarau erschlossen werden, und Ende 1961 existierten insgesamt rund 40 Kilometer Fernwärmeleitung. Der Wärmebezug hatte sich im Vergleich zum Vorjahr verdoppelt; insgesamt waren zum 31. Dezember 1961 277 Heizwasser- und sechs Dampfabnehmer an das Stadtheiznetz angeschlossen. Da aber die Anschlussdichte noch relativ gering war, betrug der Wärmeverlust rund 25 Prozent.[85]

Weitere „Inselversorgungen" wurden 1962 mit der Inbetriebnahme des Blockheizwerks (BHW) Waldhof-Ost sowie ab 1966 provisorisch und ab November 1969 dann dauerhaft mit dem Heizwerk Vogelstang vorgenommen, um die dort entstehenden Neubaugebiete mit Wärme zu versorgen. Das fertige Heizwerk Vogelstang brachte eine Leistung von 65 MW und konnte sowohl mit Heizöl als auch mit Erdgas betrieben werden. Ab 1978 wurde es in das vom GKM versorgte Stadtheiznetz einbezogen und diente fortan lediglich zur Spitzenbedarfsdeckung.[86]

Mit der Inbetriebnahme des erwähnten Heizkraftwerks auf der Friesenheimer Insel konnten nun auch Industriebetriebe im Norden der Stadt mit Dampf versorgt werden. Im Jahr 1965 bezogen bereits 891 Abnehmer Dampf oder Heizwasser aus dem Stadtheiznetz, dazu kamen noch 66 Abnehmer von Dampf aus dem BHW Waldhof-Ost sowie 18 Dampfabnehmer des Heizkraftwerks auf der Friesenheimer Insel. Fünf Jahre später erhielten bereits 1800 Abnehmer Fernwärme,[87] wofür 348 Tcal – davon 287 Tcal als Dampf sowie 61 Tcal als Heizwasser – erzeugt

Das 1962 in Betrieb gegangene Blockheizwerk Waldhof-Ost wurde bereits drei Jahre später, nach Fertigstellung des Doppelheizkraftwerks auf der Friesenheimer Insel, an das sogenannte Dampfversorgungsnetz Nord angeschlossen. 1983 erfolgte die Anbindung des Wohngebiets Waldhof-Ost an das reguläre, durch das GKM versorgte Fernwärmenetz.
(MARCHIVUM, KF012492)

und vom GKM 395 Tcal – davon 373 Tcal Heizwasser – bezogen wurden. Erstmals einen Überschuss erzielte die Rheinag bei der Wärmeversorgung im Geschäftsjahr 1967/68 mit einem Plus von rund 1,1 Mio. D-Mark.[88]

Ausbau und Regionalisierung der Fernwärme

Die 1970er Jahre waren geprägt durch einen Aufschwung der Fernwärme. Auch anlässlich der beiden Ölembargos entstand auf Bundesebene ein Energieprogramm, das im Abstand weniger Jahre immer wieder fortgeschrieben wurde. Unter den formulierten Zielen befanden sich unter anderem die Reduktion des Mineralölanteils an der Energieversorgung, der Ausbau der Kernenergie, die Nutzungsstabilität der einheimischen Kohle, die Intensivierung nicht nuklearer Energieforschung sowie die Förderung rationeller Energieverwendung. Letzteres vor allem bei Heizungen, wodurch sich der Fokus auch auf die Fernwärme richtete. Deren Potenzial war allerdings zunächst nicht ganz absehbar: Die Interparlamentarische Arbeitsgemeinschaft kam 1973/74 zu dem Schluss, Fernwärme könne 42 Prozent des Energiebedarfs für Raumheizung und Wassererwärmung decken – die „Gesamtstudie Fernwärme", die das Bundesministerium für Forschung und Technologie (BMFT) in Auftrag gegeben hatte, kam 1976 lediglich auf 25 Prozent.[89] Viele deutsche Energieversorgungsunternehmen waren anfangs eher skeptisch eingestellt.[90]

Mannheim dagegen forcierte den bereits eingeschlagenen Weg. Besonderes Engagement zeigte dabei Hans-Peter Winkens, Werkleiter der Stadtwerke ab 1965 und im Vorstand der SMA seit 1980. Im Rahmen der erwähnten „Gesamtstudie Fernwärme" wurden auch vier Regionalstudien durchgeführt, in denen exemplarisch Regionen ganz unterschiedlicher Struktur untersucht werden sollten. Eine davon bezog sich auf den stark industrialisierten Ballungsraum Mannheim–Ludwigshafen–Heidelberg. Zwischen September 1974 und Februar 1976 führten die Kraftanlagen-Planungs GmbH (Heidelberg), der 1971 unter Leitung von Hans-Peter Winkens gegründete Spitzenverband Arbeitsgemeinschaft Fernwärme (AGFW), WIBERA und BBC gemeinsam diese mit 1,93 Mio. D-Mark vom BMFT geförderte Studie aus. Zu der Zeit stand noch der Bau eines Atomkraftwerks in Kirschgartshausen zur Debatte, und es sollte geprüft werden, inwieweit dieses und andere AKW Fernwärme bereitstellen könnten. Eine „optimale Gestaltung des Fern-

Hans-Peter Winkens wurde oft als „Vater der Fernwärme" bezeichnet. Für seine Verdienste bekam er 1981 das Bundesverdienstkreuz verliehen; außerdem erkannte die TU Dresden ihm die Ehrendoktorwürde zu.
(MARCHIVUM, ABGT10831-034)

wärmenetzes" unter betriebswirtschaftlichen Gesichtspunkten sollte erarbeitet und das vorhandene Netz in die Planung eingebunden werden.[91] Die RHE war an der Erstellung der Studie maßgeblich beteiligt und empfahl für den Aufbau eines regionalen Fernwärmesystems den Bau einer „Rhein-Neckar-Sammelschiene". Vor allem arbeitete sie das „Demonstrationsprojekt Fernwärme" aus: Dabei sollte – durch die Erhöhung der Anschlussdichte in bereits versorgten Gebieten, die Erschließung neuer Gebiete und die entsprechende Erhöhung der Erzeugungskapazitäten von GKM und Heizkraftwerken der RHE – innerhalb von drei bis vier Jahren die Wärmeabgabe im Versorgungsgebiet um rund 1400 Tcal erhöht und damit erhebliche Einsparungen beim Heizöl erreicht werden. Dafür wurden Fördermittel bei Bund und Land beantragt.[92]

1977 konnte das Demonstrationsprojekt starten. Für die dafür benötigten, zunächst auf 150 Mio. D-Mark, dann auf rund 183 Mio. D-Mark geschätzten Investitionen wurden Zuschüsse von Bund und Land in Höhe von rund 50 Mio. D-Mark, verteilt über vier Jahre, gewährt. Durchgeführt wurde es von der SMA AG.[93] Neben der Verlegung neuer Heizwasserleitungen bildete eine rund vier Kilometer lange Fernheizleitung von der Einspeisung Nord (ESN) auf dem Gelände der ehemaligen Gaskokerei zum Heizwerk Vogelstang das Herzstück des ersten Projektabschnitts. Der Anschluss des Heizwerks an das Stadtheiznetz erfolgte am 30. Oktober 1978. Anschließend war eine neue Verbindung zwischen GKM und Einspeisung Süd vorgesehen, um die dortige veraltete Anlage stilllegen zu können, sowie zur Erhöhung der Versorgungssicherheit eine zweite Leitung zum Ringschluss der Einspeisungen Nord und Süd.[94] Außerdem sollte die Dampfversorgung der Industrie, die Dampf nicht nur für die Wärmeversorgung, sondern auch als Prozessdampf benötigte, ausgeweitet werden, um deren Eigenerzeugung abzulösen. Schließlich billigte der Technische Ausschuss im Oktober 1979 den Bau einer über acht Kilometer langen Fernheizungsleitung vom GKM bis nach Käfertal. Damit sollten Ost-, Schwetzinger- und Innenstadt zusätzlich versorgt, vor allem jedoch die Möglichkeit einer regionalen Versorgung von Ludwigshafen und Heidelberg eröffnet werden. Ende September 1982 konnte diese, beinahe zeitgleich mit Fertigstellung des Blocks 7 im GKM, in Betrieb genommen werden.[95]

Währenddessen waren weitere Schritte im Hinblick auf die Regionalisierung vorgenommen worden. Die RHE AG hatte in den Jahren 1979 und 1980 eine Vor-

In der Bevölkerung wurde die Fernwärme gut angenommen; im Oktober 1979 ging der 1000. Antrag auf Anschluss eines Wohngebäudes im Rahmen des Demonstrationsprojekts bei der SMA AG ein. Die MVV stellte 1979 in ihrem Geschäftsbericht fest, dass Kunden die Fernwärme als „umweltfreundliche, saubere und bequeme Energiequelle" erkannt hätten.
(MARCHIVUM, PK06289)

projektstudie⁹⁶ mit Wirtschaftlichkeitsrechnung unter Einbeziehung der Fernwärmeversorgung von Heidelberg durchgeführt. Da jedoch das GKM die Wärme für Heidelberg nicht unter den angenommenen Bedingungen hätte bereitstellen können, wurde das Projekt zunächst zurückgestellt.⁹⁷ Als der Aufsichtsrat des GKM im Oktober 1984 beschloss, in Werk II anstelle abzubauender Bahngeneratoren eine Abspannturbine zu errichten, waren die Voraussetzungen für eine Wiederaufnahme des Projekts gegeben. Nach Voruntersuchungen der Heidelberger Versorgungs- und Verkehrsbetriebe GmbH (HVV) mit der RHE wurde den Stadtwerken ein entsprechendes Angebot vorgelegt. Außerdem schlug die RHE eine gemeinsame Fernwärmeversorgung Heidelbergs mit dem Badenwerk vor. Dieses versorgte die Stadt bereits mit Strom und zwischen RHE und Badenwerk bestehe eine „gute Zusammenarbeit". Nachdem das Badenwerk Interesse signalisiert hatte, wurde im Sommer 1985 zu diesem Zweck eine neue Gesellschaft, die Fernwärme Rhein-Neckar GmbH (FRN), gegründet. RHE und Badenwerk waren an der Gesellschaft je zur Hälfte beteiligt; die kaufmännische Geschäftsführung übernahm das Badenwerk in Person von Klaus Ohmer, die technische Geschäftsführung und den Vertrieb die RHE mit Hans-Peter Winkens. Am 1. September 1985 nahm die Gesellschaft ihre Tätigkeit auf.⁹⁸

Allerdings brachen besonders in Heidelberg lebhafte Kontroversen über die Frage des Wärmebezugs aus Mannheim aus, nicht zuletzt befeuert durch den plötzlich eingetretenen Verfall der Öl- und Gaspreise Ende 1985 und die dadurch sinkenden Kosten der Eigenerzeugung. Letztlich überwog die Aussicht auf Einsparung von Primärenergie und die Verminderung der Luftbelastung, sodass am 29. April 1986 die Heidelberger Beschlussgremien dem Projekt zustimmten und eine Woche später der entsprechende Vertrag unterzeichnet wurde.⁹⁹

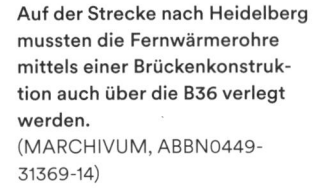

Auf der Strecke nach Heidelberg mussten die Fernwärmerohre mittels einer Brückenkonstruktion auch über die B36 verlegt werden.
(MARCHIVUM, ABBN0449-31369-14)

In der Ausführung übernahm die RHE den Bau der Leitung innerhalb der Stadtgrenze Mannheims, die FRN den Abschnitt ab der Stadtgrenze bis zur Übergabestelle Pfaffengrund im Heidelberger Westen. Das Heizwasser im GKM wurde durch zwei Heizturbinen erzeugt; aufgrund der Streckenlänge von 13,5 Kilometern war zudem der Bau einer Zwischenpumpstation nötig.[100]

Die Bauarbeiten wurden im Juli 1986 begonnen; bereits im Herbst 1987 konnte die Leitung in Betrieb genommen werden. Insgesamt betrugen die Kosten des Projekts 200 Mio. D-Mark; das Land gewährte – vor allem mit Blick auf einen möglichst umweltschonenden Betrieb des GKM, das für Rauchgasreinigung in der Vergangenheit rund 500 Mio. D-Mark investiert hatte – Zuschüsse in Höhe von 50 Mio. D-Mark. Die Gesamtlänge des Fernwärmenetzes betrug rund 52 Kilometer und bildete damit das zu jener Zeit größte zusammenhängende Netz in Westdeutschland; in Mannheim wie in Heidelberg war jeweils fast ein Drittel der Haushalte daran angeschlossen.[101]

1989 folgte die Aufnahme der Fernwärmeversorgung von Schwetzingen; ein Jahr später war auch die Fernwärmetransportleitung „Rheinau-Süd" fertiggestellt, die bereits 1991 bis nach Brühl-Rohrhof erweitert werden konnte.[102]

ANMERKUNGEN

1   Vgl. dazu Kap. 7.4 in diesem Band.

2   Vgl. Bericht Schraeder an OB Braun vom 23.10.1946, in: MARCHIVUM, MVV UA, Zug. 3/2021 Nr. 1118.

3   Vgl. MARCHIVUM, Ratsprotokolle, Zug. 1/1900 Nr. 319, Ratsprotokoll (im Folgenden RP), 1949–1950, Sitzung vom 13.12.1949, S. 204; Große Anfrage wegen Gasleitung, Mannheimer Morgen (im Folgenden MM) vom 22.9.1949; Mannheim machte mit Erfolg seine Rechte geltend, MM vom 9.3.1951; Mannheim als Knotenpunkt der Ruhr- und Saarferngasleitung, MM vom 23.11.1951.

4   Vgl. dazu Kap. 8.2 in diesem Band.

5   Vgl. Geschäftsbericht (im Folgenden GB) 1954/55, Bericht 10 Jahre Wiederaufbau, S. 11.

6   Besprechung am 5.2.1954 zwischen Bürgermeister Muss und Direktor Löscher (Worms) und Bürgermeister Trumpfheller und Oberbaudirektor Wiese (Mannheim), Protokoll vom 6.2.1954, in: MARCHIVUM, Dezernatsregistratur, Zug. 3/1993 Nr. 1276.

7   Vgl. Brief von Bürgermeister Trumpfheller an OB Dr. Dr. h. c. Hermann Heimerich vom 30.6.1954, in: ebd.

8   Vgl. Auszug aus Niederschrift über die gemeinschaftliche, nicht-öffentliche Sitzung des Wirtschaftsausschusses, des Straßenbahnausschusses und des Werksausschusses am 3.8.1954, in: ebd.

9   Vgl. Schreiben Wiese an Trumpfheller vom 24.12.1954, in: ebd.; Bericht Wilhelm Wiese: Seit 1. Januar 1955 Gaslieferung der Gaskokerei Mannheim an die Stadt Worms vom 9.2.1955, S. 4, in: MARCHIVUM, Stadtwerke, Zug. 6/1964 Nr. 48.

10 Weitere Mitglieder waren Ludwigshafen und Viernheim sowie die Landkreise Ludwigshafen und Heidelberg, außerdem Frankenthal.

11 Vgl. Aufzeichnung zur Streitfrage von Gasausschuss-Vorsitzendem Dr. Kraus (OB Frankenthal) am 1.3.1955, in: MARCHIVUM, ZGS, S 2/0076.

12 Vgl. „Nebenluft" in der Gasleitung nach Heidelberg, MM vom 24.2.1955; Schlag auf Schlag im „Gaskrieg", Rhein-Neckar-Zeitung (im Folgenden RNZ) vom 25.2.1955; „Gasfriede" zwischen Mannheim und Heidelberg, MM vom 28.7.1955.

13 MARCHIVUM, RP, Zug. 1/1900 Nr. 332, RP, 1955–1956, Sitzung vom 21.7.1955, S. 279 f.

14 Vgl. GB/Bilanz und Erfolgsrechnung 1956 (1.4.1956–31.3.1957), S. 2; GB 1966, S. 9; zu Heidelbergs Gaserzeugung: Stadtwerke Heidelberg, https://www.swhd.de/historie; sowie Heidelberger Geschichtsverein http://www.s197410804.online.de/Zeiten/1945.htm; Stand: 30.5.2022.

15 Vgl. MARCHIVUM, RP, Zug. 1/1900 Nr. 335, RP, 1956–1957, Sitzung vom 19.2.1957, S. 215, 222 f.

16 GB 1963, S. 12, 17.

17 Vgl. Schreiben Schraeders an Dr. Kaun, in: MARCHIVUM, MVV UA, Zug. 3/2021 Nr. 1118.

18 Bericht Schraeder an OB Braun vom 23.10.1946, in: ebd.

19 Schreiben Wiese an Morgenthaler vom 18.11.1955, in: ebd.

20 Gutachten von Oktober 1955, in: MARCHIVUM, MVV UA, Zug. 3/2021 Nr. 1119; Schreiben Morgenthaler/Kruschwitz vom 21.11.1955 an OB Klett, in: ebd.

21 Gutachten Morgenthaler 8.11.1956, S. 35, in: MARCHIVUM, MVV UA, Zug. 3/2021 Nr. 1114.

22 Brief Morgenthaler an Wiese vom 15.3.1957, in: ebd.

23 Vgl. M. Horn (1977), S. 28.

24 GB 1959, S. 14.

25 Vgl. M. Horn (1977), S. 42; L. Ratzel (1961); GB 1961, S. 11, 18.

26 Vgl. D. Bleidick (2018); Erdgas von der Sahara zum Rhein?, Die Rheinpfalz vom 25.10.1960; 1000 Kilometer neue Ferngasleitungen, MM vom 28.9.1962.

27 L. Ratzel (1993), S. 160 ff., hier S. 167; vgl. außerdem ders. (1961), S. 7 f.

28 Vgl. Aktennotiz Ratzel Ferngasleitung Mannheim–Karlsruhe–Stuttgart betr., 24.6.1960, in: MARCHIVUM, Dezernatsregistratur, Zug. 3/1993 Nr. 1112; Auszug aus Protokoll der Aufsichtsratssitzung der Rheinag am 13.2.1961, in: ebd.; D. Bleidick (2018); MARCHIVUM, MVV UA, Zug. 3/2021 Nr. 1114. Folgende Argumente wurden für den Leitungsbau vorgebracht: 1. Die jeweilige vorzuhaltende Kapazitätsreserve für den Spitzenbedarf würde geringer; 2. ebenso wäre zusätzlicher Speicherraum für Gas nicht mehr notwendig; 3. ein Verbundsystem gliche veränderliche Erzeugungskosten für verschiedene Gasarten aus; 4. schließlich: „Die Verbundleitung hat […] eine eminente Bedeutung für die Gaswirtschaft unseres Landes, indem sie wesentliche Teile von Baden-Württemberg für eine weitergehende Gasversorgung erschließt. Außerdem würden mit der Verbundleitung die Voraussetzungen für eine Verwertung von Raffinerie- und Erdgas auf breiter Basis gegeben sein."

29 Vgl. Auszug aus Protokoll der Aufsichtsratssitzung der Rheinag am 13.2.1961, in: MARCHIVUM, Dezernatsregistratur, Zug. 3/1993 Nr. 1112; L. Ratzel (1993), S. 167 f. Laut Ratzel übernahmen Dr. Stech aus Stuttgart und der kaufmännische Direktor der Rheinag, Ulrich Steindamm, die Ausarbeitung des Gesellschaftsvertrags. Beratend zur Seite stand Dr. Morgenthaler, der schon fünf Jahre zuvor das Gutachten zu einer Verbundwirtschaft zwischen den Städten Mannheim, Stuttgart und Karlsruhe erstellt hatte.

30 MARCHIVUM, RP, Zug. 1/1900 Nr. 344, RP, 1961, S. 334.

31 Vgl. ebd., S. 335; D. Bleidick (2018).

32 Vgl. GB 1962, S. 12.

33 Vgl. L. Ratzel (1993), S. 161 ff.; MARCHIVUM, RP, Zug. 1/1900 Nr. 344, RP, 1961, S. 335.

34 N. Egger (1990), S. 11 f.; MARCHIVUM, Bibliothek, A 26/123, Errichtung einer Müllverbrennungsanlage in Verbindung mit dem Doppelheizkraftwerk auf der Friesenheimer Insel, Anlagen zur Vorlage an den Gemeinderat, 1.7.1963, S. 2 f.

35 Vgl. Dr. Manfred Kreiß: Die Geschichte der Erdöl-Raffinerie Mannheim (ERM) von 1962 bis 1999, S. 6 ff. (MARCHIVUM, Bibliothek, 2002 B 147). Das Stammkapital betrug 60 Mio. DM (60% Wintershall, 40% Marathon Oil). Als alternativer Standort war noch Speyer erwogen worden.

36 Vgl. Einlassungen der verschiedenen Stadträte in: MARCHIVUM, RP, Zug. 1/1900 Nr. 344, RP, 1961, S. 332 ff.

37 Vgl. GB 1963, S. 15; MARCHIVUM, Bibliothek, A 26/123, S. 2 ff.

38 H. Weiss (1990), S. 27 f.

39 GB 1963, S. 9.

40 GB 1964, S. 9. A-Gemeinden besaßen ein eigenes Verteilungsnetz zu den Haushalten.

41 Mac Barchet: Milliarden Kubikmeter Gas in Sicht, MM vom 8./9.6.1963; L. Ratzel (1993), S. 168 f.

42 Vertrag vom 17.5.1963 in: MARCHIVUM, MVV UA, Zug. 3/2021 Nr. 1112. Interessengebiete: SFG: Saarland, linksrheinisches Gebiet von Rheinland-Pfalz sowie der Teil Bayerns nördlich der Donau, in dem die Ferngas Nordbayern GmbH (Beteiligung der SFG) die Versorgung durchführt; GU: Hessen; GVS: Baden-Württemberg; Abweichung: Worms (durch RHE beliefert).

43 Protokoll der Besprechung vom 20.12.1962 sowie Vertrag vom 3.1.1963 in: MARCHIVUM, MVV UA, Zug. 3/2021 Nr. 1115. Die Umkreisregelung galt auch umgekehrt für Mannheim, Ausnahme: Heidelberg.

44 Gas für Heidelberg, MM vom 27./28.7.1963; Karl-Heinz Stolberg: Gaskrieg endet mit Städtefreundschaft, MM vom 31.7.1963. Ergebnis der Heidelberger Abstimmung: 18 Gemeinderäte waren dafür, 16 dagegen, 2 enthielten sich der Stimme.

45 GB 1966, S. 9; GB 1966/67, S. 11.

46 Vgl. ebd., S. 18. Zu den finanziellen Problemen hatten u. a. die hohen Investitionen in den Leitungsausbau geführt, vgl. ausführlich dazu L. Ratzel (1993), S. 172 ff. Wirtschaftsminister Dr. Hans Otto Schwarz (SPD) sah betriebswirtschaftliche wie personalpolitische Gründe sowie die Tatsache, dass „sich die Kommunen bei der weiteren Entwicklung der GVS vielleicht da und dort zu sehr als Abnehmer und zuwenig als Gesellschafter gefühlt" hätten – Dr. Schwarz, 125. Sitzung am 29.3.1968; S. 7082 f.

47 Vgl. GB 1967/68, S. 9; Landtag Baden-Württemberg, Beilagen, 1967–1968, Bd. 12, Beil. Nr. 5925, Nr. 5990; Landtag Baden-Württemberg, Protokolle, 1967–1968, Bd. 6, 29.3.1968, S. 7075 ff.

48 So Ratzel in seinen „Erinnerungen": L. Ratzel (1993), S. 176. Eine ausführliche Auseinandersetzung mit dem komplexen Sachverhalt findet sich in D. Bleidick (2018).

49 Vgl. L. Ratzel (1993), S. 175 ff.; D. Bleidick (2018).

50 MARCHIVUM, MVV UA, Zug. 3/2021 Nr. 1112.

51 GB 1968/69, S. 9.

52 Gaspreis richtet sich nach dem Heizwert, MM vom 23.4.1964. Der Kubikmeterverbrauch wurde abgelesen und dann mit einer „Schlüsselzahl" aus Temperatur, Druck und Barometerstand multipliziert. Im Ergebnis stieg der Kubikmeterpreis, dafür kochte aber auch die Milch (und alles andere) schneller.

53 Vgl. entsprechende Briefwechsel in: MARCHIVUM, MVV UA, Zug. 3/2021 Nr. 1135. So gab es etwa einen Mustervortrag, in dem die Notwendigkeit der Umstellung erläutert und Vorteile des Erdgases aufzeigt wurden.

54 Vorlage in: MARCHIVUM, MVV UA, Zug. 3/20221 Nr. 1136. Das Weitere, sofern nicht anders angegeben, aus dieser Quelle.

55 Vgl. dazu Kap. 9.2 in diesem Band.

56 1960 gegründete Arbeitsgemeinschaft der Stadtwerke mit 117 Vertragsinstallateuren sowie Einzel- und Großhändlern von Sanitär und Heizung; vgl. MVV (Hg.): Extrablatt zum 1.10.1993. 25 Jahre Erdgas in Mannheim, Beilage im MM, S. 10.

57 Ebd.

58 GB 1969/70, S. 11.

59 Erdgas aus allen Brennern. Letzter Bezirk umgestellt, MM vom 1.8.1972.

60 MVV: Fernwärmeversorgung in Mannheim, 1992, S. 4 (Imagebroschüre).

61 Basierend auf: M. Bergmeier (2003).

62 Bericht Schraeder an OB vom 23.8.1950 betr. Schreiben Dr. Marguerre vom 6.7.50 an den OB, in: MARCHIVUM, Hauptregistratur, Zug. 5/1968 Nr. 267, S. 9. Die Unterlagen seien im Krieg verloren gegangen, so Schraeder.

63 Unsere Zentraldampfheizung steht in Neckarau, MM vom 31.1.1950.

64 Bescheinigung Wiederaufbaureferent Platen am 20.5.1946, in: MARCHIVUM, Hauptregistratur, Zug. 5/1968 Nr. 266.

65 Vgl. MARCHIVUM, Allgemeine Verwaltung, Zug. 3/1905 Nr. 4.

66 Vgl. MARCHIVUM, RP, Zug. 1/1900 Nr. 309, S. 60. Geschäftsführer waren Dr. Marguerre und Stadtdirektor Platen; Nachfolger ab 1953 Willy Ellrich und Stadtdirektor Elsaesser.

67 Vertrag zwischen Stadtheizung Mannheim GmbH und KA am 12.12.1946, in: MARCHIVUM, Hauptregistratur, Zug. 5/1968 Nr. 266. Am 2. Juni 1949 stimmte der Stadtrat der Erhöhung des Gesellschaftskapitals um 30.000 DM und der Übernahme einer weiteren Beteiligung der Stadt am Gesellschaftskapital von 18.000 DM zu; vgl. MARCHIVUM, RP, Zug. 1/1900 Nr. 319, S. 33 f.

68 Darunter die Rheinische Gummi- und Celluloidfabrik; vgl. Zwanzig Atmosphären unter der Straße, RNZ vom 23.9.1949.

69 Bericht Schraeder an OB vom 23.8.1950 betr. Schreiben Dr. Marguerre vom 6.7.50 an den OB, in: MARCHIVUM, Hauptregistratur, Zug. 5/1968 Nr. 267, S. 9 f.

70 So Trumpfheller in der Sitzung von Wirtschafts-, Werks- und Straßenbahnausschuss vom 12.9.1952, in: ebd.

71 Memorandum zu finden in: MARCHIVUM, Hauptregistratur, Zug. 5/1968 Nr. 267; Stellungnahme Trumpfheller an OB vom 8.8.1953, in: MARCHIVUM, Hauptregistratur, Zug. 5/1968 Nr. 268. Zum Ausbau des Gaswerks in eine Gaskokerei vgl. Kap. 8.2 in diesem Band.

72 Marguerre an Trumpfheller am 22.9.1954 in: MARCHIVUM, Hauptregistratur, Zug. 5/1968 Nr. 269.

73 Protokoll der Sitzung Wirtschafts-, Werks- und Straßenbahnausschuss vom 12.9.1952, in: MARCHIVUM, Hauptregistratur, Zug. 5/1968 Nr. 267.

74 Protokoll der Sitzung der Technischen Amtskonferenz am 4.11.1953, in: MARCHIVUM, Hauptregistratur, Zug. 5/1968 Nr. 268; Wiederholung der wesentlichen Zweifel und Probleme außerdem in der Sitzung des Verwaltungs- und Wirtschaftsausschusses am 14.12.1953 über die Probleme der Stadtheizung, in: ebd.

75 Protokoll der Sitzung von Wirtschafts-, Werks- und Straßenbahnausschuss vom 12.9.1952, in: MARCHIVUM, Hauptregistratur, Zug. 5/1968 Nr. 267.

76 Protokoll der Sitzung von Verwaltungs- und Wirtschaftsausschuss am 14.12.1953, in: MARCHIVUM, Hauptregistratur, Zug. 5/1968 Nr. 268.

77 Gutachten in: MARCHIVUM, Hauptregistratur, Zug. 42/1975 Nr. 3597.

78 Feststellung in Entwurf für Schreiben an Vorstand der GKM AG vom 27.7.1956, in: MARCHIVUM, Hauptregistratur, Zug. 42/1975 Nr. 3594.

79 Vgl. Stellungnahme der Stadtwerke Mannheim zum Gutachten der Wirtschaftsberatung AG über die Stadtheizung vom 26.3.1956, in: MARCHIVUM, Hauptregistratur, Zug. 42/1975 Nr. 3597, S. 10.

80 Sitzung Sonderausschuss für Fernheizfragen der GKM AG am 25.10.1956, in: MARCHIVUM, Nachlass Hermann Heimerich, Zug. 24/1972 Nr. 1511.

81 Vgl. Bericht Trumpfheller in der Sitzung des Aufsichtsrats der WGM vom 25.3.1957, in: MARCHIVUM, MVV UA, Zug. 18/2019 Nr. 564; MVV: Fernwärmeversorgung in Mannheim, 1992, S. 5; GB 1958, S. 12.

82 MARCHIVUM, RP, Zug. 1/1900 Nr. 342, S. 131 ff.

83 Vgl. GB 1959, S. 12 f., GB 1960, S. 16; MVV: Fernwärmeversorgung in Mannheim, 1992, S. 5.

84 Vgl. MARCHIVUM, MVV UA, Zug. 1/2020 Nr. 48, S. 25. Nachträge gab es in den Jahren 1963 und 1967 zu Abrechnungsbestimmungen.

85 MVV: Fernwärmeversorgung in Mannheim, Mannheim 1984, S. 5 (MARCHIVUM, Bibliothek, A 20/88); GB 1961, S. 16, 20.

86 GB 1969/70, S. 15; MVV: Fernwärmeversorgung in Mannheim, 1992, S. 5; MVV: Fernwärmeversorgung in Mannheim, Mannheim 1984, S. 5 (MARCHIVUM, Bibliothek, A 20/88).

87 Im GB werden die Abnehmer leider nicht mehr differenziert aufgeführt.

88 Vgl. GB 1965, S. 14, 19 f.; GB 1967/68, S. 9.

89 Dies allerdings nur auf Niedertemperaturwärme und Ballungsräume bezogen.

90 Vgl. M. Bergmeier (2003), S. 159 ff.

91 BT-Drs. 7/3595, 5.5.1975, S. 31 f.

92 Vgl. GB MVV 1975/76, S. 10. Angesichts laufender Verhandlungen mit der US-Army über eine Fernwärmeversorgung von deren Kasernen sollte bei erfolgreichem Abschluss eines Vertrages dieses Vorhaben ebenfalls in das Demonstrationsprojekt einbezogen werden; vgl. dazu Kap. 11.3 in diesem Band.

93 Vgl. GB MVV 1976/77, S. 9.

94 Vgl. „Vermaschte Netze" machen Fernwärme sicherer, RNZ vom 21.12.1978.

95 Vgl. GB MVV 1977/78, S. 9; Timm Menny: Stadträte erwärmen sich an neuer Dampfleitung, MM vom 17.10.1979; Hauptschlagader der Fernwärmeversorgung, RNZ vom 18.10.1979; Fernwärme – die umweltfreundliche Zentralheizung Mannheims, Mannheim Illustriert, Nr. 10 vom Oktober 1984, in: MARCHIVUM, ZGS, S2/0009.

96 Titel: „Vorprojekt zur Fernwärmeversorgung von Heidelberg über einen Wärmetransport aus dem GKM mit herabgesetzten Rücklauftemperaturen in den Abnehmeranlagen und durch Wärmepumpen" (ET 5284 A).

97 Vgl. Fernwärme Rhein-Neckar GmbH (1987), S. 46.

98 Vgl. ebd., S. 49 f. Das Stammkapital betrug zunächst 50.000 DM (je 25.000 DM von RHE und Badenwerk), vgl. Auszug aus MM vom 15.11.1985, in: MARCHIVUM, Rechnungsprüfungsamt, Zug. 20/2002 Nr. 178. Zum 14. Dezember 2020 wurden durch die MVV RHE GmbH die restlichen 50% von der EnBW erworben und in der Folge vollkonsolidiert, vgl. GB MVV 2021, S. 115.

99 Vgl. Fernwärme Rhein-Neckar GmbH (1987), S. 51 f.

100 Vgl. ebd., S. 55.

101 Vgl. Harald Sawatzki: Mannheim heizt Heidelberg ein, MM vom 7./8.11.1987, in: MARCHIVUM, Rechnungsprüfungsamt, Zug. 20/2002 Nr. 178.

102 Vgl. MVV-Broschüre „Fernwärmeversorgung in Mannheim", Mannheim 1992, S. 7.

11
DER WEG VOM EIGENBETRIEB ZUM UNTERNEHMEN

JASMIN BREIT

11 DER WEG VOM EIGENBETRIEB ZUM UNTERNEHMEN

Entsprechend den Vorgaben des Reichsinnenministers waren seit Februar 1939 auch in Mannheim die städtischen Wasser-, Gas- und Elektrizitätswerke ein Eigenbetrieb – organisatorisch und wirtschaftlich damit selbstständig, aber noch ein gutes Stück entfernt von den Möglichkeiten privater Unternehmen.[1] Der Eigenbetrieb und sein „Korsett", wie es der ehemalige Oberbürgermeister Ludwig Ratzel pointiert nannte,[2] brachten noch zu wenig unternehmerische Entscheidungsfreiräume und finanzielle Flexibilität. Eine erste Neuordnung erfolgte 1958, als es zur Ausgründung der Gas- und Wasserwerke Rhein-Neckar AG (Rheinag) kam und bei der Erzeugung und Gewinnung von Gas, Wasser und elektrischer Energie gebündelt wurden. Der immer größere ökonomische Druck sowie wachsende Konkurrenz führten dann 1974 zur Privatisierung der Wasser-, Gas- und Stromverteilung sowie des Personennahverkehrs: Die SMA und die MVG mit der Muttergesellschaft Mannheimer Versorgungs- und Verkehrsgesellschaft (MVV GmbH) wurden gegründet. So sollte die Daseinsvorsorge wirtschaftlicher und flexibler gestaltet werden, auch, um besser über Mannheims Stadtgrenzen hinaus agieren zu können. Doch der Weg dorthin war kompliziert und langwierig.

11.1 DIE STADTWERKE ALS EIGENBETRIEBE – IN ZEITEN WIRTSCHAFTLICHEN AUFSCHWUNGS NUR BEDINGT FLEXIBEL

Das große Aufgabenspektrum der Stadtwerke, das von der Erzeugung und Verteilung von Gas über die Distribution von Strom und die Gewinnung sowie Verteilung von Wasser bis zum öffentlichen Personennahverkehr reichte, führte zu einer organisatorischen Auffächerung in viele Abteilungen mit entsprechendem Platzbedarf. Die Unterbringung der Beschäftigten war dabei keine triviale Aufgabe der internen Organisation. Häufige Umzüge und nicht geeignete Gebäude erschwerten die alltägliche Arbeit, etwa der vielen Kassenmitarbeiterinnen und -mitarbeiter, der Zählerableser und -ableserinnen, der Sachbearbeiterinnen und Sachbearbeiter in den verschiedenen Abteilungen. Im Geschäftsjahr 1945/46 waren allein bei den Versorgungsbetrieben (Wasser, Gas, Elektrizität) 887 Personen beschäftigt; im folgenden Jahrzehnt sollte sich diese Zahl stetig erhöhen. Daher ist der Blick auf die Unterbringung der Werke von nicht unerheblichem Interesse; zudem illustriert er auch die Organisation der Werke.

Wiederaufbau, wirtschaftlicher Aufschwung und Platzprobleme

In fast allen deutschen Städten herrschte in den 1950er Jahren Wohnungs- und Raummangel aufgrund der vielen Kriegsschäden. Daher stellte der Wiederaufbau von Infrastruktur und Gebäuden ein vorherrschendes Thema dar. Mannheim hatte 1945 drei Viertel seiner Bausubstanz und mehr als die Hälfte seines Wohnraums gegenüber 1939 eingebüßt. Der Mangel betraf auch alle städtischen Dienststellen.

Die Stadtwerke blieben nach Kriegsende in der K 5-Schule untergebracht. Nachdem diese Ende 1943 als kriegsbedingtes Provisorium bezogen wurden, waren nun weitere Dienststellen hier einquartiert, der Bedarf an adäquaten Diensträumen daher noch größer.

Vor dem kriegsbedingten Umzug hatten die Stadtwerke im eigens erbauten Verwaltungsgebäude in K 7 residiert. Dieses Gebäude, das auf die organisatorischen Abläufe und den Bedarf der Betriebe abgestimmt war, wollte die Direktion

Über dem Eingang an der K 5-Schule prangt 1952 der „Stadtwerke"-Schriftzug; davor patrouillieren Wachleute, um nach dem Rechten zu sehen.
(MARCHIVUM, ABHR00368-011)

so bald wie möglich wieder beziehen. 1951 verfasste Stadtwerksdirektor Friedrich Schraeder an Oberbürgermeister Hermann Heimerich ein 15-seitiges Schreiben zur Unterbringungsfrage. Darin schildert er den akuten Platzmangel, die daraus erwachsenen Schwierigkeiten im Arbeitsablauf und die Notwendigkeit der Wiederbeziehung des Gebäudes:

> „Das Verwaltungsgebäude der Werke in K 7 wurde in den Jahren 1924–1926 erbaut. [...] Durch sorgfältige Vorprojektierung war Sorge getragen worden, dass die einzelnen Tätigkeiten auf den Gebieten der Wasser-, Gas- und Stromversorgung möglichst reibungslos und auf möglichst kurzen Wegen nebeneinander ablaufen konnten, ohne dass sie sich gegenseitig behinderten oder durch den Publikumsverkehr beeinträchtigt wurden. Hierzu ist zu bemerken, dass die Geschäfte der Stadtwerke mit einem viel intensiveren Publikumsverkehr verbunden sind, als bei irgendeinem anderen Amte der Stadt.
> [...] Der Geschäftsumfang ist ein beträchtlicher; im Kalenderjahr 1950 hat die Anzahl der Posteingänge mehr als 68 000 betragen. [...] Das gegenwärtige benutzte Provisorium in dem Schulhaus K 5 trägt diesen vielfältigen Erfordernissen in keiner Weise Rechnung."[3]

Die Raumnöte führten laut Direktor Schraeder zur Störung des „planmäßigen Ablaufs der Geschäftsvorgänge", was im Ergebnis zur „Minderung der Leistung des Personals und der Arbeitsfreude" beitrage.[4] Seine Monita sind durchaus nachvollziehbar. So mussten unter anderem die kaum beheizbaren Kellerräume als Büroräume genutzt und die Ableseabteilung im unbelüfteten Flur des Kellergeschosses untergebracht werden. Aufgrund von vielfältigen und wachsenden Aufgaben der Werke hätte die Direktion gerne weitere Arbeitskräfte eingestellt, unterließ dieses aber wegen des Platzmangels. Schraeder schildert die durch den Personalengpass entstehenden Arbeitsverzögerungen und die Arbeitsüberlastung des Personals und unterstreicht, die Situation habe „insgesamt die schädliche Auswirkung, dass die laufenden Arbeiten nicht mehr so ordnungsgemäss, sorgfältig und termingerecht erledigt werden können, wie es unerlässlich notwendig ist".[5] Dazu fehlte der Platz für ausreichende Kassenräume, Reklamations- und Rationierungsschalter, Beratungsräume für Bauherren und Hausfrauen, für Schul- wie Abendvorträge oder auch für Musterkücheneinrichtungen für Gas und Strom. Über all diese Räume hatten die Stadtwerke in ihrem Verwaltungsgebäude in K 7 einst verfügt. Das organisatorische Verklammern der beiden Verwaltungen der Versorgungsbetriebe und der Verkehrsbetriebe konnte mangels Raumnot nicht erreicht werden. Der erhoffte Umzug lag in weiter Ferne, waren doch in K 7 die städtische Hauptverwaltung und andere städtische Verwaltungszweige untergebracht worden. Auch ein Neubau kam nicht infrage, da die Stadtwerke dessen Finanzierung nicht stemmen konnten.[6] Lediglich durch den Wiederaufbau des von einem Bombentreffer beschädigten Nordflügels und den Aufbau eines dritten Obergeschosses der K 5-Schule konnten immerhin 540 Quadratmeter Nutzfläche hinzugewonnen werden.

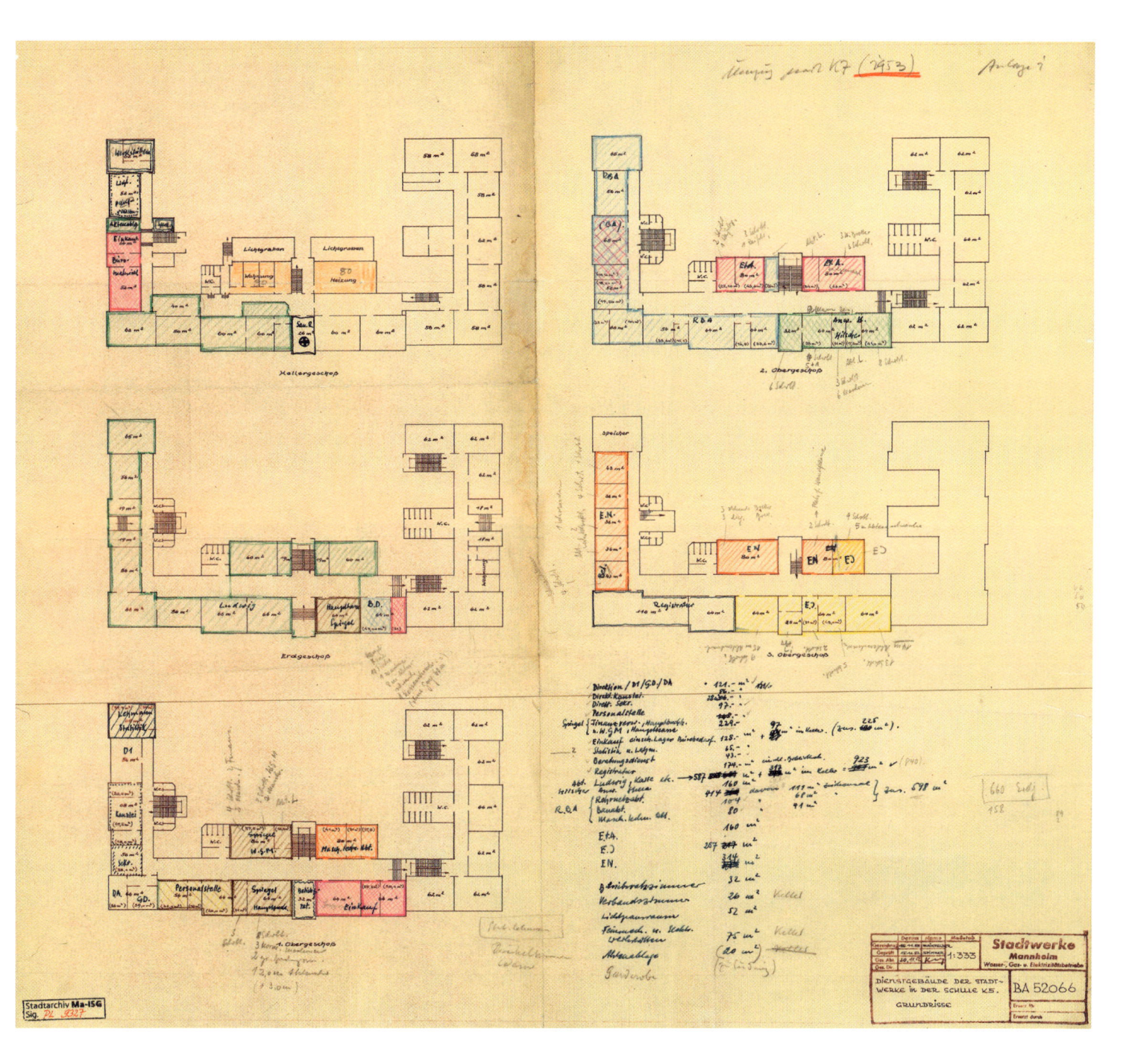

Um den Schulbetrieb wiederaufnehmen zu können, beschloss der Verwaltungsausschuss der Stadt Mannheim Ende 1952 die Rückkehr der in K 5 untergebrachten Abteilungen in das angestammte Gebäude in K 7;[7] doch dazu kam es nicht. Hatte die Direktion 1951 noch darauf hingewiesen, wie überaus zweckmäßig das Gebäude sei, sollte 15 Monate später nicht mehr davon die Rede sein. Im Frühjahr 1954 brachte der für die Stadtwerke zuständige Erste Bürgermeister und Werksdezernent Jakob Trumpfheller einen Neubau auf dem Areal am Luisenring ins Spiel:

In die Grundrisse der Schule K 5 wurde die provisorische Unterbringung der einzelnen Abteilungen eingezeichnet. Auch die Größe der einzelnen Räume war angegeben; so verfügte die Direktion mit Sekretariat im 1. OG über mehr als 200 m². (MARCHIVUM, PL09327)

„Das Verwaltungsgebäude K 7 entspricht nicht den Erfordernissen der Werke. [...] Die Werke sind interessiert an dem stadteigenen Gelände, das vom Luisenring, der Neckarvorlandstraße und der Grabenstraße begrenzt wird [...]. Auf diesem Gelände, der Kurpfalzbrücke zugewendet, würden die Werke ein Bürohochhaus errichten, das städtebaulich gesehen wohl eine hervorragende Lösung darstellen würde."[8]

Das klare Ziel war damit formuliert, der Weg indes noch weit. Die verschiedenen Abteilungen blieben vorerst auf unterschiedliche Gebäude verteilt, der Platzbedarf steigerte sich mit dem Fortschritt der Büromaschinen – Fazit: „Die Büroräume sind überbelegt."[9]

Zunächst kauften die Stadtwerke Grundstücke am Luisenring (Holzstraße) und sicherten sich dort auch stadteigenes Gelände. Durch die Sperrung der Grabenstraße für den Durchgangsverkehr entstand eine zusammenhängende Fläche von 29.000 m², auf der die Stadtwerke ein eigenes Verwaltungsgebäude errichten konnten. Mit diesem Blick in die Zukunft ließ der Eigenbetrieb in der Holzstraße 1956 ein Gebäude für Werkstätten errichten: das Zentralwerkstättengebäude, das dringend benötigten Platz schuf. 1958 wurde es mit Lehrsaal und Kantine durch Oberbürgermeister Hans Reschke eingeweiht.[10]

Doch die Situation der Büroarbeitsplätze und des Kundenbetriebs verbesserten sich so noch nicht. Erst 1965 stand auf dem Grundstück tatsächlich das neue Hochhaus.

Einweihung des Zentralwerkstättengebäudes im Jahr 1958 in der Holzstraße, im Hintergrund die Liebfrauenkirche mit Notdach. (MARCHIVUM, AB00014-001)

Die Gründung der RHE AG und Umstrukturierung des Eigenbetriebs

Vor der räumlichen Veränderung stand Ende der 1950er Jahre erst einmal eine organisatorische Neuordnung.[11] Die vielen Investitionen der Stadtwerke, die notwendig geworden waren, um mit den enormen Verbrauchssteigerungen in den Jahren des Wirtschaftswunders Schritt zu halten, machten sich im städtischen Etat deutlich bemerkbar. So amortisierte sich der Um- und Ausbau des Gaswerks Luzenberg erst allmählich. Ende 1955 entfielen von 107,9 Mio. D-Mark Schulden im städtischen Haushalt mehr als die Hälfte (51,9%) auf die Stadtwerke.[12] Mit der Ausweitung der Kapazitäten stieg auch die Zahl der Beschäftigten, wodurch – neben Lohnerhöhungen – die Personalkosten allein zwischen 1952 und 1955 um fast 30 Prozent stiegen. Aus den gleichen Gründen stiegen im Ruhrkohlenbergbau die Preise für Ruhrkohlen deutlich, während die Gastarife nicht in gleicher Weise erhöht werden konnten. Und da zudem die Nachfrage nach Kohle aus dem Ruhrgebiet allein nicht gedeckt werden konnte, mussten teurere Auslandskohlen zugekauft werden.

Zugleich entwickelten sich die Verkehrsbetriebe immer stärker zu einem Verlustgeschäft, insbesondere durch die verschiedenen Sozialtarife. Bereits im Jahr 1955 betrug der Fehlbetrag bei den Verkehrsbetrieben gut 4,5 Mio. D-Mark. Mit diesen Herausforderungen war Mannheim nicht allein – vielmehr stand die Stadt, wie es die Lokalzeitung formulierte, symptomatisch „für die Lage in den bundesdeutschen Gemeinden und Städten".[13] Manche Städte waren infolgedessen dazu übergegangen, auf die Erhebung der Konzessionsabgabe zu verzichten;[14] auf jeden Fall mussten Rationalisierungspotenziale ausgemacht werden. Unter Schraeders Nachfolger Oberbaudirektor Wilhelm Wiese wurde deshalb über Möglichkeiten der Umstrukturierung der Stadtwerke nachgedacht. Die Neuorganisation war daher schon eingeleitet, als Eduard Doka, zuvor bei den Technischen Werken Stuttgart tätig, als neuer Werkleiter von Wiese übernahm.[15] Doka zur Seite stand Ulrich Steindamm als stellvertretender Werkleiter und kaufmännischer Direktor.

Fragen der Umstrukturierung waren auch deshalb komplex, weil sie nicht ohne Weiteres mit der Gemeindeordnung (GO) kompatibel waren. Die notwendigen erheblichen Investitionen lagen zwar in der Größenordnung großer nicht kommunaler Unternehmen, auch die Organisation der Werke glich sich derjenigen in der freien Wirtschaft an. Anders als in dieser wurden die finanziellen Aufwendungen jedoch als „gewöhnliche" Schulden der Stadt geführt, was die Beschaffung von Kapital erheblich erschweren konnte. Eine neue Betriebsform sollte die Verschuldungsgrenze der Stadt möglichst wenig tangieren und die Möglichkeit eröffnen, Kapital unmittelbar am Anleihemarkt zu beschaffen. 1957 wurde deshalb die Wirtschaftsberatung WIBERA AG Düsseldorf zur Erstellung eines Gutachtens beauftragt. Diese empfahl vor allem die Trennung von Erzeugung und Verteilung nicht nur wie bisher bei Wasser (Wasserwerksgesellschaft, kurz WGM/Stadtwerke) und Strom (GKM/Stadtwerke), sondern auch bei der Gasversorgung. Zukünftig sollte also von der neu zu organisierenden Gesellschaft Wasser gefördert und Gas produziert und zum Selbstkostenpreis an die Stadtwerke abgegeben werden, welche dann die Verteilung an die Haushalte ausführen sollten. Wegen des hohen Investitionsbedarfs für die geplante Stadtheizung (Fernwärme) sollte die Trennung jedoch hinsichtlich der Fernwärmeleitungen aufgehoben werden und diese – zumindest vorerst – in das Eigentum der geplanten Gesellschaft eingehen. Außerdem regte das Gutachten die Rechtsform einer AG an, da die Umwandlung der bisherigen GmbH (WGM) in eine Aktiengesellschaft unter Wahrung der Identität einer Gesellschaft möglich und damit keine Neugründung erforderlich wäre. Die Aktien sollten jedoch ausnahmslos in Händen der Stadt verbleiben, sodass im Aufsichtsrat neben der Arbeitnehmervertretung nur Mitglieder des Gemeinderats und der Verwaltung sitzen würden. Für den Vorstand der neuen Gesellschaft war eine Personalunion mit der Werksleitung der Stadtwerke vorgesehen.[16] Wegen der Gemeinnützigkeit der geplanten neuen Gesellschaft, die keinen Gewinn erwirtschaften sollte, war diese von der Körperschaftsteuer befreit.[17] Die neue Gesellschaft sollte „unbelastet" von Schulden am Kapitalmarkt starten; die Stadtwerke, bei denen die verlustbringenden Verkehrsbetriebe verblieben, mussten diesen Verlust sowie die Konzessionsabgabe an den städtischen Haushalt durch den Erlös des Verkaufs von Strom, Gas und Wasser ausgleichen. Der „Mannheimer Morgen" kommentierte die Neuordnung mit einem anschaulichen Vergleich:

> „Bildlich gesprochen gleicht die Stadt einem Manne, der den Inhalt seiner diversen Hosentaschen zweckentsprechender verteilen will. Am Inhalt ändert sich nichts, aber in seiner bequemsten Tasche lässt er jetzt die Taler klimpern, und in die andere ist alles geräumt, was den edlen Metallklang dämpfen könnte."[18]

Auch wenn der Eigenbetrieb bis dato die gängige Organisationsform bei den Stadtwerken darstellte, konnte Mannheim doch auf Vorbilder in anderen Städten verweisen. So existierte etwa die Kraftwerk Mainz-Wiesbaden AG, deren Vorstand aus den Werkleitern der Stadtwerke Mainz und Wiesbaden gebildet wurde; Wuppertal besaß die zu 100 Prozent städtische Wuppertaler Stadtwerke AG mit Personalunion in der Leitung. Andere Stadtwerke existierten als Aktiengesellschaften, etwa in Bremen (Strom, Gas, Wasser, Fernheizung) und Dortmund (Strom, Gas, Wasser). In Hamburg wurde die Gas- und Wasserversorgung als GmbH, die Elektrizitätsversorgung als AG geführt.[19]

Am 4. Februar 1958 beriet der Verwaltungs- und Finanzausschuss die Vorlage zu der Umstrukturierung im Auftrag des Wirtschaftsausschusses und stimmte ihr schließlich zu.[20] Während die SPD- und die FDP-Fraktion im Gemeinderat ihre Zustimmung signalisierten, waren die Stadträte der CDU zunächst zögerlich. Sie hegten Bedenken hinsichtlich der künftigen starken Stellung der AG und pochten auf den Erhalt des Einflusses des Gemeinderats, der über dessen Mehrheit im Aufsichtsrat gesichert bleiben müsse. Die kommunistischen, ehemals der KPD angehörenden Stadträte August Locherer und Antonie Langendorf hingegen äußerten sich der Vorlage ablehnend gegenüber. Schließlich wurde mit drei Gegenstimmen die Neuordnung der Stadtwerke Mannheim und der WGM rückwirkend zum 1. Januar 1958 vom Gemeinderat beschlossen.[21]

Die Umsetzung konnte jedoch erst nach Zustimmung des Regierungspräsidiums Nordbaden erfolgen, da eine derartige Neuordnung laut GO vorlagepflichtig war und bestimmte Voraussetzungen erfüllen musste. Der Eigenbetrieb war die in der GO vorgesehene übliche Organisationsform; Abweichungen mussten also wohlbegründet sein. Tatsächlich lehnte das Regierungspräsidium in Karlsruhe die Umwandlung zunächst ab.[22] Daraufhin suchte Bürgermeister Trumpfheller eine mündliche Aussprache mit dem zuständigen Ministerialrat Franz Gantert, und am 27. Mai erhob die Stadt formal Einspruch gegen die Ablehnung und betonte erneut die Notwendigkeit des Schritts: Die Erzeugungsseite sei viel mehr als die Verteilungsseite abhängig von der „allgemeinen technischen und volkswirtschaftlichen Entwicklung" und müsse sich folglich „den in der Volkswirtschaft gültigen Regeln" anpassen; in Zukunft werde sich dies noch zuspitzen angesichts bevorstehender „außerordentliche[r] Aufgaben", wie dem Wandel in der Gaswirtschaft mit der Nutzung von Raffinerie- und Erdgas und der möglichst wirtschaftlichen Verwertung der Nebenerzeugnisse. Zudem liege Mannheim an einem versorgungswirtschaftlichen Schnittpunkt, sodass in Zukunft die Verbundwirtschaft im Gasbereich an Bedeutung gewinnen werde und hier „allein eine Kapitalgesellschaft die geeignete Organisationsform" darstelle. Die – in Mannheim bis auf den Gasbereich schon lange vollzogene – Trennung von Erzeugung und Verteilung schaffe „wesentliche organisatorische und wirtschaftliche Vorteile" wie „eine Vereinfachung und damit beträchtliche Verbilligung der technischen Dienste und der Verwaltung"; außerdem sei eine reine Erzeugungsgesellschaft „mit entsprechend elastischer Organisationsform eher imstande [...], sich den schnell wechselnden Situationen auf dem Brennstoff- und Nebenproduktemarkt anzupassen". Schließlich nahm das Regierungspräsidium die Beanstandung am 16. Juli zurück – trotz „nicht restlos beseitigt[er]" rechtlicher Bedenken.[23]

Damit war der Weg frei für die Neuordnung. Die WGM wurde nach deren Gesellschafterversammlung am 24. Juli 1958 in die Gas- und Wasserwerke Rhein-Neckar AG (Rheinag) umgewandelt und

Die von der RHE für die „Stadtheizung" verlegten Heizwasserleitungen bedeuteten hohe Investitionen in das Netz.
(Geschäftsbericht der RHE 1960, S. 17)

deren Stammkapital von 400.000 auf 50 Mio. D-Mark erhöht. Die bisherigen Aufsichtsratsmitglieder der WGM wurden als erster Aufsichtsrat für die neue Gesellschaft bestätigt und zum Vorstand die beiden bisherigen Geschäftsführer der WGM bestellt. Den neu aufgeteilten Aufgabenbereichen folgend, befanden sich fortan sämtliche Wassergewinnungsanlagen sowie die Gaskokerei Luzenberg bei der Rheinag, wohingegen die Stadtwerke zusätzlich die Verteilung des Trinkwassers in den zuvor von der WGM versorgten Ortsteilen und Gemeinden übernahmen. Damit wurde zunächst der gesamte Bedarf der Stadtwerke an Gas und Wasser von der Rheinag bezogen.[24]

Die neue AG mit der Trennung von Energieerzeugung und Energieverteilung fand jedoch nicht nur positive Stimmen. Der „Mannheimer Morgen" rieb sich an der Personalunion: So schlösse der Direktor der Stadtwerke quasi mit sich selbst einen Vertrag ab, weil er auch Vorstand der Gesellschaft sei.[25] Die kritischen Stimmen änderten aber nichts mehr an der Organisation der gegründeten Aktiengesellschaft.

Im Juli 1966 wurde die Rheinag in Energie- und Wasserwerke Rhein-Neckar-Aktiengesellschaft (RHE) umbenannt. Der Grund lag im neuen Aktiengesetz von 1965, das die genauere Bezeichnung der Aufgaben von Unternehmen verlangte. Die Tätigkeiten der AG wurden ebenfalls neu beschrieben: „Die Erzeugung beziehungsweise Gewinnung und der Bezug elektrischer Energie, Wärme, Gas und Wasser, der Bau und Betrieb von Verteilungsanlagen sowie die Energie- und Wasserlieferung an Dritte." In den vorangegangenen Jahren war vor allem der Aufbau der Stadtheizung bzw. Fernwärme in Mannheim als wichtige neue Aufgabe hinzugekommen.[26]

Das RHE-Hochhaus – Versorgungsbetriebe endlich unter einem Dach

Der Rheinag/RHE AG gelang es nun angesichts des größer werdenden Platzbedarfs der Stadtwerke, auf den angeworbenen Flächen am Luisenring den Bau eines Hochhauses zu realisieren; mit ihm wurde im Oktober 1962 begonnen.[27]

Im Dezember 1965 war das neue Domizil am Luisenring bezugsfertig. Das Hochhaus bot auf über 11.200 m² Fläche neben Büroräumen unter anderem eine Kantine mit 270 Sitzplätzen, Pausenräume auf mehreren Etagen, Werkstätten, die Hauptkasse, einen Datenverarbeitungsraum, die Werbeabteilung und einen Ausstellungsraum. Die unteren Stockwerke wurden als Reservefläche betrachtet und an die Stadtverwaltung vermietet.[28] Die Büros waren, dem Trend der Zeit folgend, als Großraumbüros konzipiert. Die Direktoren Steindamm und Winkens begründeten die Konzeption mit den „in der Zukunft zu erwartenden Änderungen, die aus der modernen Entwicklung der Bürotechnik resultieren", und erwarteten, dass „trotz aller Rationalisierung die Belegschaft insgesamt in den nächsten Jahrzehnten zunehmen dürfte".[29]

Das Modell des geplanten Neubaus von 1963 zeigt auch den Flachbau um das Hochhaus herum. Auf dessen Dach waren Parkplätze und im Inneren Flächen für den Publikumsverkehr vorgesehen, wie Kasse, Lehrküche, Beratungs- und Werbeabteilung und Ausstellungsraum.
(MARCHIVUM, KF012230)

Stadtwerks-Direktor Ulrich Steindamm (links) an seinem Schreibtisch. Gemeinsam mit dem RHE-Direktor Hans-Peter Winkens (rechts) war er für die Ausführung des Hochhausbaus verantwortlich.
(MARCHIVUM, ABBN1146-17588-08; ABBN1146-17588-12)

11.2 WIRTSCHAFTLICHKEIT UND REGIONALE ZUSAMMENARBEIT – DIE GRÜNDUNG DER MVV GMBH 1974

Ausgangslage der Betriebe

Bis zur Umwandlung mehrerer Betriebe unter das Dach einer GmbH und damit zu mehr unternehmerischer Entscheidungsfreiheit war der Status quo zur Versorgung mit Energie, Wasser, Wärme sowie Verkehr heterogen und kompliziert.

Die Stadtwerke als größter Betrieb blieben als unselbstständiger Eigenbetrieb der Stadt Mannheim für die Verteilung von Strom, Wasser und Gas sowie für den öffentlichen Nahverkehr im Stadtgebiet zuständig. Auch wenn sie als Eigenbetrieb eine eigene Wirtschafts- und Finanzplanung aufstellen konnten, verkörperten sie dennoch keine eigene Rechtspersönlichkeit. Sie blieben weiterhin Teil der Stadtverwaltung – wenn auch finanztechnisch als Sondervermögen dort geführt. Ihre Kontrolle und auch ihre Verbindlichkeiten verblieben damit bei der Kommune und ihrem Haushalt – eine Interessenkollision war somit potenziell vorhanden, eigenständige wirtschaftliche Spielräume jedenfalls sehr limitiert.

Die Rheinag/RHE AG wiederum war eine Eigengesellschaft der Stadt. Die Stadtwerke hielten 100 Prozent der Aktien. Es handelte sich um eine Organschaft mit steuerlicher Wirkung, die durch einen Gesellschaftsvertrag an die Stadtwerke gebunden und so auch zur Gewinnabführung verpflichtet war. Ihre Aufgabe bestand in der Erzeugung/Gewinnung und dem Bezug von elektrischer Energie, Gas und Wasser. Zudem versorgte sie Mannheim mit Fernwärme. Während die Stadtwerke für die Lieferung innerhalb des Stadtgebiets zuständig waren, versorgte die Rheinag die umliegenden Gemeinden mit Energie und Wasser.

Zudem hielt die Stadt 99,96 Prozent der Aktien an der Oberrheinischen Eisenbahn-Gesellschaft AG (OEG).[30] Diese war neben dem Überlandverkehr im Dreieck Mannheim–Heidelberg–Weinheim auch für die Stromversorgung einiger Stadtgebiete wie Wallstadt, Friedrichsfeld, Seckenheim und Teile Rheinaus zuständig. Außerdem lieferte sie Strom an Neu-Edingen.[31]

An der Rhein-Haardt-Bahn (RHB GmbH) hielt Mannheim 75,4 Prozent, 18,6 Prozent die Stadt Ludwigshafen und 6 Prozent die Stadt Bad Dürkheim. Die RHB betrieb den Überlandverkehr zwischen Bad Dürkheim und Mannheim. 1972 kam noch die Zentralwerkstatt für Verkehrsmittel Mannheim GmbH (ZWM) hinzu. Ihre Aufgabe war der Werkstattbetrieb für Omnibusse und Schienenfahrzeuge. Den Strom bezogen die Stadtwerke von der Grosskraftwerk Mannheim AG (GKM), an der die Stadt Mannheim 44 Prozent der Aktien hielt, die Pfalzwerke ebenfalls 44 Prozent und das Badenwerk 12 Prozent.

Der Weg zur Umgründung

Die verschiedenen Gesellschaften und Eigenbetriebe erschwerten ein wirtschaftlich effizientes Arbeiten, die Zusammenarbeit sowie die Rationalisierung und verhinderten die Vereinfachung von Verwaltungsvorgängen. Daher konstatierte der Werksausschuss in einer nicht öffentlichen Sitzung die geplante Neuordnung der Versorgungs- und Verkehrsbetriebe am 21./22. Februar 1972:

„Die gegenwärtige Organisation ist nur aus der geschichtlichen Entwicklung heraus verständlich. Bereits bei der Umwandlung der ehemals bestehenden Wasserwerksgesellschaft mbH in die Rheinag bei gleichzeitiger Aufgabenerweiterung wurde der erste Schritt zu einer damals konzipierten generellen Neuordnung getan. Weitere Maßnahmen unterblieben zunächst nur deshalb, weil sie durch handelsrechtliche und steuerliche Vorschriften beträchtlich erschwert waren.
    Ferner haben sich das Nebeneinander in der Aufgabenerfüllung, die unterschiedlichen Rechtsformen und die jeweils verschiedenartigen Entscheidungsgremien als unbefriedigend erwiesen."[32]

Gründe für eine mögliche Umgründung waren nicht nur die schlechten Bilanzen der Verkehrssparte. Die Stadtwerke schlossen das Jahr 1973 mit 16 Mio. D-Mark Verlust ab, wovon 32 Mio. D-Mark Verluste in der Verkehrssparte auftraten, denen nur 16 Mio. D-Mark Gewinn beim Versorgungsbetrieb gegenüberstanden. Auch die Konkurrenz mit privaten Mitbewerbern spielte eine Rolle:

„Die Unternehmen stehen vielfach in Konkurrenz zu nichtöffentlichen und privaten Unternehmen, ihre angebotenen Leistungen sind teilweise substituierbar (andere Energieträger, Individualverkehr). Die ihnen gestellten technischen und wirtschaftlichen Aufgaben verlangen eine Konzentration in der Aufgabenerfüllung sowie eine Unternehmensform, die es jederzeit erlaubt, unter Wahrung der berechtigten öffentlichen Belange die auftretenden Probleme beweglich zu lösen und im Interesse der Wirtschaftlichkeit die sich an den Beschaffungs- und Absatzmärkten bietenden Möglichkeiten zeitgerecht wahrzunehmen."[33]

Bereits 1971 hatten die Verantwortlichen ein Schreiben an den Städteverband Baden-Württemberg[34] aufgesetzt, in dem ausführlich über die Vorteile und Notwendigkeiten einer Umwandlung der Eigenbetriebe in Kapitalgesellschaften mit übergeordneter Holding hingewiesen wurde. Darin wurde betont, dass die „Umwandlung und organisatorische Neuordnung der Unternehmensverhältnisse unter Berücksichtigung der wirtschaftlichen Gegebenheiten des Rhein-Neckar-Raumes" betrachtet werden müsse. Als Gründe für die Neuordnung wurden in diesem frühen Schreiben vier zentrale Punkte angesprochen:

    1.   Überörtliche Zusammenarbeit und regionaler Wirtschaftsverbund;
    2.   finanzwirtschaftliche Belange;
    3.   betriebswirtschaftliche Erfordernisse und Auswirkungen;
    4.   steuerliche und handelsrechtliche Folgen.[35]

Unter dem zweiten Punkt war auch die Bezahlung der Führungskräfte aufgeführt. Die städtische tarifliche Bezahlung konnte nicht, wie in der konkurrierenden freien Wirtschaft, flexibel und leistungsentsprechend entrichtet werden. Ludwig Ratzel vermerkte in seinen Erinnerungen:

„Unsere führenden Mitarbeiter drängten natürlich nach einer Bezahlung, die ihrer Aufgabe entsprach. [...] Das Einkommen der Führungsspitze entsprach nicht dem, was in anderen Unternehmen gezahlt wurde. Das war ein wesentlicher Punkt, vor allen Dingen, da die führenden Mitarbeiter Vergleiche mit den Technischen Werken Stuttgart oder dem Großkraftwerk Mannheim anstellten, wo man in der Einkommensbildung wesentlich freier war."[36]

OB Ludwig Ratzel (rechts) gratuliert Wilhelm Varnholt (links) zur Amtseinführung und Verpflichtung als Erster Bürgermeister und damit auch als Werkreferent der Stadtwerke. Varnholt blieb bis 1980 Erster Bürgermeister, ehe er Ratzel auch als OB beerbte.
(MARCHIVUM, KF015301)

Die Stadt Mannheim prüfte mehrfach die Umgründung entweder zur Aktiengesellschaft oder zur Gesellschaft mit beschränkter Haftung. Dieser Ausgründungsprozess nahm mehrere Jahre in Anspruch. Das erste Gutachten zur Neuordnung wurde 1969 in Auftrag gegeben und im Jahr 1970 vorgelegt. Das zweite Gutachten folgte 1971 und im darauffolgenden Jahr klärten Werksausschuss und Stadt in Gesprächen die Details. Die Beratungen wurden jedoch nicht zuletzt durch die Wahl von Ludwig Ratzel zum Oberbürgermeister im Jahr 1972 behindert, da die Stelle des Ersten Bürgermeisters und Werksdezernenten zunächst vakant blieb.[37] Im Oktober 1972 löste Wilhelm Varnholt schließlich Ratzel als Ersten Bürgermeister und Werksdezernenten ab.

Die Vorgänge in Mannheim waren keineswegs ungewöhnlich. Ende der 1960er Jahre bis 1973 waren bereits viele kommunale Eigengesellschaften entstanden: etwa die Stadtwerke Bremen AG, die Dortmunder Stadtwerke AG, die Stadtwerke Freiburg GmbH, die Main-Gaswerk AG Frankfurt, die Gas-, Elektrizität- und Wasserwerke Köln AG oder auch die Technischen Werke Stuttgart AG. Selbst in direkter Nachbarschaft zu Mannheim waren die Stadtwerke Ludwigshafen in eine Aktiengesellschaft umgewandelt worden. Das galt übrigens bis zum Stichtag 15. März 1973 auch für kleinere und mittlere Kommunen, etwa in Bensheim, Stade oder im saarländischen Neunkirchen. Heidelberg

Wie hier im Jahr 1968 tagte auch 1974 der Gemeinderat im Florian-Waldeck-Saal im Reissmuseum, wo es schon einige hitzige Wortduelle gab. Auch die Umgründung wurde hier diskutiert: Am 5.2.1974 stimmte der Gemeinderat schließlich mehrheitlich mit lediglich zwei Gegenstimmen für die Umgründung der Stadtwerke.
(MARCHIVUM, KF022029)

indes gründete erst 1975 die Unternehmensgruppe Heidelberger Versorgungs- und Verkehrsbetriebe GmbH (HVV) mit den Tochtergesellschaften Stadtwerke Heidelberg AG (SWH) und Heidelberger Straßen- und Bergbahn AG (HSB).[38] Das Thema Umgründungen trieb Anfang der 1970er Jahre also fast alle Gemeinden in der Bundesrepublik Deutschland um,[39] weshalb ein reger Schriftwechsel mit anderen Stadtwerken über mögliche Neuordnungsmodelle geführt wurde.[40] Im Unterschied zu anderen Städten suchte Mannheim aber auch die Zusammenarbeit mit Nachbargemeinden, insbesondere mit Ludwighafen, und hier vor allem beim Nahverkehr.

Die Zusammenfassung mehrerer Betriebe unter dem Dach einer Holding war ebenfalls in anderen Großstädten üblich geworden. In Stuttgart beispielsweise wurden die Technischen Werke vom Eigenbetrieb zu einer Aktiengesellschaft umgewandelt und mit der schon immer als Aktiengesellschaft betriebenen Straßenbahngesellschaft zu einem Holdingverband zusammengeschlossen; ähnlich wurde in Nürnberg und Köln verfahren.[41] Auch für Mannheim lag eine solche Lösung nahe. Das gestaltete sich aber mit Blick auf Ludwigshafen durchaus kompliziert. Denn beim Nahverkehr war bereits Anfang 1900 der Gemeinschaftsbetrieb Mannheim/Ludwigshafen gegründet worden; der Vertrag war 1928 neu geregelt und kurze Zeit später wieder gekündigt worden. Bis 1965 dauerte diese Kündigung, aber der Gemeinschaftsbetrieb ging all die Jahre weiter. Ludwigshafen hatte jedoch, so die Mannheimer Wahrnehmung, immer einen stärkeren Einfluss auf den Nahverkehr angestrebt. Und schon früher hatte man sich mit einer Zusammenführung der Nahverkehrsbetriebe RHB, OEG mit dem Gemeinschaftsbetrieb Mannheim/Ludwigshafen beschäftigt.[42]

Als Ludwigshafens Gemeinderat am 16. Februar 1973 der Umwandlung des Eigenbetriebs Stadtwerke zustimmte und diesen in zwei Kapitalgesellschaften aufteilte, sah sich Mannheim unter Druck gesetzt. Am 1. Juli 1973 wurden die Stadtwerke Ludwigshafen zu der Technischen Werke AG Ludwigshafen.[43]

Der Mannheimer Gemeinderat folgte am 31. Juli 1973 mit einem Grundsatzbeschluss zur organisatorischen Neuordnung der Versorgungs- und Verkehrsbetriebe, der eine Umwandlung der Stadtwerke Mannheim in eine GmbH sowie die Gründung zweier Aktiengesellschaften für Versorgung und Verkehr intendierte. Zugleich wurden Stadtverwaltung und Werksleitung beauftragt, die notwendigen Verträge zu erarbeiten.

Dafür wurde ein Sonderausschuss zur Vorbereitung der Umgründung der Werke im September 1973 ins Leben gerufen. Diesem gehörten je vier SPD- und CDU-Gemeinderäte an, zudem der Oberbürgermeister, der Erste Bürgermeister, Werksdirektor Steindamm und vier weitere hohe Mitarbeiter der Stadtverwaltung. Der Sonderausschuss war für die Klärung aller rechtlichen und sonstigen Fragen und zur Vorbereitung der Umgründung verantwortlich.

An den Bundesanzeiger schrieb man am 4. April 1974:

„Bekanntmachung der Geschäftsführung der Mannheimer Versorgungs- und Verkehrsgesellschaft mit beschränkter Haftung (MVV)
Der Aufsichtsrat der am 27.3.1974 durch Umwandlung des Eigenbetriebes Stadtwerke Mannheim gegründeten Mannheimer Versorgungs- und Verkehrsgesellschaft mit beschränkter Haftung (MVV) besteht gemäß § 10 Abs. 1 des Gesellschaftsvertrags aus 21 Mitgliedern. Für seine Zusammensetzung sind nach Auffassung der Geschäftsführung die Vorschriften der §§ 96 Abs. 1 Aktiengesetz und 129 Betriebsverfassungsgesetz 1972 in Verbindung mit §§ 77,76 Betriebsverfassungsgesetz 1952 maßgeblich."[44]

Eine Holding und ihre Tochterunternehmen

Nach langwierigen Diskussionen konnte also am 27. März 1974 der Gesellschaftsvertrag unterzeichnet werden, und die Mannheimer Versorgungs- und Verkehrsgesellschaft mbH (MVV GmbH) wurde als übergeordnete Holding gegründet. Ihr unterstanden drei Aktiengesellschaften: die Stadtwerke Mannheim Aktiengesellschaft (SMA), die für die Versorgung des Stadtgebiets mit Elektrizität, Gas, Wasser und Wärme verantwortlich war, die Energie- und Wasserwerke AG (RHE) zur Gewinnung und Erzeugung von Gas, Wasser und Wärme sowie die Mannheimer Verkehrs-Aktiengesellschaft (MVG), die den städtischen Personennahverkehr unterhalten sollte. Eigenständig blieben die OEG, die Rhein-Haardt-Bahn (RHB) und das GKM. Die MVG hatte aber Beteiligungen an der OEG, RHB und der Zentralwerkstatt für Verkehrsmittel Mannheim GmbH. Die RHE hielt Anteile am GKM.

Der Gesellschaftsvertrag benannte den Zweck des Unternehmens: „die Versorgung der Stadt Mannheim und ihrer Umgebung mit Elektrizität, Gas, Wasser

11.2 WIRTSCHAFTLICHKEIT UND REGIONALE ZUSAMMENARBEIT – DIE GRÜNDUNG DER MVV GMBH 1974

Nach der Umgründung residierten alle Tochterunternehmen und die Dachholding im ehemaligen RHE-Hochhaus. Da auch bereits vorher alle Abteilungen dort untergebracht waren, änderten sich lediglich die Firmen. (MARCHIVUM, ABBN1149-20903-22)

Vertragsunterzeichnung zur Stadtwerke Mannheim AG am 26.6.1974 im Hochhaus am Luisenring, u. a. durch Oberbürgermeister Ludwig Ratzel (Mitte). (MARCHIVUM, ABGT05965-012)

und Wärme sowie die Unterhaltung des öffentlichen Verkehrs in diesem Raum".[45] Gleichsam als eine Art Öffnungsklausel konnten dem Unternehmen auch „andere wirtschaftliche Aufgaben von der Stadt Mannheim übertragen werden".

Die Ausgangslage für die MVV GmbH war vergleichsweise günstig, da sie quasi schuldenfrei startete: Das Stammkapital betrug 179,7 Mio. D-Mark und die Stadt übernahm die Stammeinlage von rund 18 Mio. D-Mark, geleistet durch Übertragung des Vermögens ihres Eigenbetriebs „Stadtwerke Mannheim". Alle Geschäfte des Eigenbetriebs galten ab 1. Oktober 1973 als auf Rechnung der MVV geführt, und die Vermögensgegenstände der Eigenbetriebe gingen auf die GmbH über. Kabel- und Rohrnetze blieben Eigentum der Stadt, die MVV erhielt ein Nutzungsrecht.

Die formale Gründung der Tochtergesellschaften SMA AG und MVG AG erfolgte am 24. Juni 1974.

Die SMA wurde durch Oberbürgermeister Ludwig Ratzel, Direktor Ulrich Steindamm, Oberbaudirektor Otto Dietrich und die Stadträte Walter Pahl, Robert Schmieder und Friedrich Ziegler gegründet. Die Gründungsversammlung fand im Hochhaus am Luisenring 49 statt. Das Grundkapital betrug 100.000 D-Mark. Die Muttergesellschaft, die MVV GmbH, erhielt 96 Aktien zu je 1000 D-Mark, die Stadt und die Herren Pahl, Ziegler und Schmieder jeweils eine. Im August 1974 übertrugen die Stadträte ihre Aktien an die Stadt per Übertragungsschreiben.[46]

Die Männer hatten am 30. Mai des Jahres in einem Treuhandvertrag mit der Stadt Mannheim vereinbart, dass die Mitgründer die Aktien lediglich als Treuhänder der Stadt übernehmen und ihre Aktien letztlich übertragen müssten.[47] Die SMA zeigte den Beginn des Gewerbebetriebs dem Ordnungsamt Mannheim zum 1. Oktober 1974 an.[48]

11.3 DIE MVV VERSORGT DIE REGION

Erster Aufsichtsrat und erste Entscheidungen

Der erste Aufsichtsrat wurde am 26. März 1974 durch Gemeinderatsbeschluss bestimmt und Oberbürgermeister Ratzel zum Aufsichtsratsvorsitzenden gewählt; Wilhelm Varnholt als Erster Bürgermeister war sein Stellvertreter. Damit befanden sich zwei Mitglieder aus der Verwaltung im Aufsichtsrat. Die anderen Sitze wurden nach dem d'Hondtschen System[49] aufgeteilt. Demnach stellte die SPD sieben Stadtratsmitglieder, darunter unter anderem den Betriebsratsvorsitzenden von Daimler-Benz, Karl Feuerstein. Die CDU bekam fünf Aufsichtsratssitze, einer davon ging an Roland Hartung, den späteren Chef der MVV.[50] Sieben Mitglieder des Aufsichtsrats kamen aus der Belegschaft und wurden direkt gewählt.[51]

Bereits zu dieser Zeit wurde darüber diskutiert, ob nicht ein paritätisches System mit gleicher Kraftverteilung anzustreben sei. Besonders die SPD-Vertreter plädierten für ein solches Vorgehen, während die der CDU sich dagegen aussprachen. 1977 änderte sich das Gesetz zur Arbeitnehmermitbestimmung und der Aufsichtsrat musste zur Hälfte mit Vertreterinnen und Vertretern aus der Arbeitnehmerschaft besetzt werden.

Im Zuge der Ölpreiskrise im November 1974 mussten erste Rationalisierungsmaßnahmen auf den Weg gebracht werden, wie die Geschäftsführung mit Verweis auf die schwierige Lage auf dem Energiemarkt gegenüber dem Aufsichtsrat betonte. Als Sofortmaßnahmen wurden ein unverzüglicher Einstellungsstopp und die „Beschränkung von Dienstreisen auf das betrieblich unumgänglich notwendige Maß" verfügt.[52]

1978 wurde Ludwig Ratzel zum Vorsitzenden des Aufsichtsrats gewählt. Die Wahl wurde erstmals nach dem Mitbestimmungsgesetz durchgeführt: Die 20 Mitglieder setzten sich paritätisch jeweils zur Hälfte aus Anteilseignern und Arbeitnehmervertretern zusammen. Hier die Aufsichtsratsmitglieder von MVV, SMA, RHE und MVG mit den Geschäftsführern sowie dem Aufsichtsratsvorsitzenden Ratzel in der Mitte, 1980.
(MARCHIVUM, AB05700-003)

Außerdem wurden die Belegschaftszahlen untersucht und zur Sitzung des Aufsichtsrats im August 1976 mitgeteilt. So waren bei der MVV GmbH und ihren Tochtergesellschaften zum 1. Oktober 1974 insgesamt 2428 Mitarbeitende beschäftigt, zum 31. Dezember 1975 waren es 2427 Mitarbeitende. Allerdings hatte die SMA zum 1. Januar 1975 28 Angestellte und 26 Lohnempfängerinnen und -empfänger vom OEG-Teilbetrieb Strom übernommen, sodass insgesamt ein – wenn auch moderater – Personalrückgang vonstattenging.[53] Des Weiteren übernahm die MVV die Energieversorgung in den Mannheimer Stadtteilen Rheinau, Friedrichsfeld, Seckenheim und Wallstadt sowie bei der Gemeinde Neu-Edingen.[54] Damit waren alle Aktivitäten des ehemaligen Eigenbetriebs Stadtwerke auf die SMA bzw. die MVG mit Ausnahme der Fernwärme übergegangen, die von der RHE übernommen wurde.[55] Zudem vollzog sich ein Führungswechsel im Unternehmen: Ulrich Steindamm wechselte zum 1. Januar 1975 zum GKM, seinen Posten als kaufmännischer Geschäftsführer der MVV GmbH übernahm Hans Lehmann. Der Jurist Lehmann war bis 1974 Vorstandsmitglied der Stadtwerke Bremerhaven AG und Geschäftsführer der Bremerhaven Versorgungs- und Verkehrsgesellschaft mbH gewesen und kam damit aus der Sparte.

Oberbürgermeister Ratzel bei der Einweihung einer neuen Netzleitwarte Strom am 12.3.1980. Hinter ihm steht MVV-Direktor Hans Lehmann (mit Fliege); ferner (v.l. stehend): technischer Geschäftsführer Hans-Heinz Norkauer und Kurt Wacker, Leiter der Netzleitwarte. (MARCHIVUM, AB00488-45a)

Regionale Zusammenarbeit und wirtschaftliche Flexibilität

Die Treiber für die Umgründung im Jahr 1974 waren wirtschaftliche Flexibilität und überörtliche Zusammenarbeit. Letzteres, die Verflechtung mit der Region, wurde in einem Schreiben an den Städteverband Baden-Württemberg schon 1971 besonders betont, eine Expansion ins Linksrheinische angestrebt und die Vorzüge der neuen Rechtsform nochmals herausgestellt:

„Die großräumige Energie-, Wasser- und Verkehrswirtschaft macht vielfach eine kapitalmäßige Verflechtung und breiter gestreute Beteiligungen erforderlich, auch in Verbindung mit Partnern, die ihrerseits die Rechtsform einer Kapitalgesellschaft besitzen.

Ferner lassen sich aufgrund der Organisationsform und Satzungsgestaltung bei der Kapitalgesellschaft die nicht immer gleichlaufenden Interessen der zu wirtschaftlicher Zusammenarbeit gewillten Gemeinden im Rahmen der Kapitalgesellschafter leichter zusammenfassen."[56]

F. Klimperles unmaßgebliches

Horoskop für 1976/77

Januar 77
Gut zur Lösung praktischer Alltagsfragen. Finanzieller Gewinn steht ins Haus.

Februar 77
Beruflich sollten Sie sich nicht zu ernst nehmen. Es steht ein anstrengendes Jahr bevor.

März 77
Kloppen Sie nicht pausenlos Überstunden, Sie bekommen sonst mit einer nahestehenden Person Ärger.

April 77
Schärfen Sie Ihren Geist. Machen Sie Verbesserungsvorschläge. Es wird Ihnen Wohlwollen einbringen.

Mai 77
Lassen Sie die Dinge gelassen auf sich zukommen. Neigung zu unangebrachter Empfindsamkeit.

Juni/Juli 77
Sie sollten darüber nachdenken, wann und wo Sie Ihren Urlaub verbringen wollen – am besten gemeinsam mit der Sozialhilfe.

August 77
Zeigen Sie sich von der besten Seite; neue Sympathien können gewonnen werden.

September 77
Nehmen sie Kritik ernst; überlegen Sie, was Sie besser machen können. Starke berufliche Erfolgsaussichten.

Oktober 77
Stehen Sie morgens früh auf. Sie werden sonst die Krankenkasse überbeanspruchen.

November 76
Sorgen Sie für ein gutes Betriebsklima, es erhöht die Arbeitsfreudigkeit. Hüten Sie sich aber vor einseitiger Bevorzugung.

Dezember 76
Sie fühlen sich überall wohl, nur nicht zu Hause. Man wird Sie nachdrücklich an Ihre häuslichen Pflichten erinnern.

Für Mitarbeitende der MVV erschien ab 1975 die Zeitschrift „MVV Report" mit Berichten und wichtigen Mitteilungen der Geschäftsführung, aber auch Informationen von Unternehmensgruppen wie Theatergruppe und Chor. Auch für Humor war gesorgt, wie dieses scherzhafte Horoskop zeigt. Seit 2004 firmiert die Zeitschrift unter „MVV Impuls".
(MVV Report 5/1976, S. 9)

Nachweislich ermöglichte die Umgründung größere Investitionen. So wandte das Unternehmen im Geschäftsjahr 1975/76 rund 58 Mio. D-Mark für die Bereiche Strom-, Gas-, Wasser-, Wärmeversorgung sowie die Verkehrsbetriebe und gemeinsame Anlagen auf.[57] Gemeinsame Projekte mit anderen Unternehmen konnten nun auch leichter gestartet oder geplant werden.

11 DER WEG VOM EIGENBETRIEB ZUM UNTERNEHMEN

Direktor Hans Lehmann (Mitte, sitzend) unterzeichnet gemeinsam mit Direktor Hans-Otto Hühn (rechts) und Major-General Louis W. Prentiss Jr. im August 1978 den Fernwärmeversorgungsvertrag mit der US-Army. Jahrelange Verhandlungen wurden damit erfolgreich abgeschlossen und die SMA AG steigerte ihre Wärmeabgabe erheblich um rund 160.000 MWh pro Jahr.
(MVV Report 7/1978, S. 7)

Ein Beispiel hierfür stellt die Höchstspannungs-Gemeinschaftsleitung der SMA und des Badenwerks dar. Das Gemeinschaftsprojekt startete 1977; es war notwendig, um ausreichende Kapazitäten aufgrund des steigenden Stromverbrauchs bereitstellen und der Knappheit der Trassen für die Stromversorgung gegensteuern zu können. Die Leitung wurde für 4 Mio. D-Mark zwischen Pfingstberg und Wallstadt gebaut. Die SMA benötigte den Teilabschnitt für die von 1980 bis 1982 geplante Nord-Einspeisung in den 110-kV-Ring.

Auch in Verhandlungen mit Dritten war die MVV nun flexibler. So konnte im August 1978 nach jahrzehntelangen Gesprächen ein Vertrag der SMA mit den in Mannheim stationierten US-Streitkräften über die Belieferung eines Teils der Unterkünfte und Kasernen mit Fernwärme ab 1979 abgeschlossen werden.

Die Spinelli Barracks waren 1985 als letzte der US-Einrichtungen in Mannheim an das Fernwärmenetz angeschlossen worden. Die alten Kohle- und Ölheizanlagen auf dem Gelände der US-Armee wurden nun nicht mehr benötigt. Das sparte Geld und Personal.
(MARCHIVUM, AV0049, Standbild aus dem Findago-Film „Fernwärme für die US-Army in Mannheim", 1986)

Die damalige Wohnsiedlung Benjamin-Franklin-Village sowie die Funari-, Sullivan-, Turley-, Spinelli- und Taylor-Kasernen sollten bis Oktober 1981 an die Fernwärmeversorgung angeschlossen und dafür rund 32 Mio. D-Mark investiert werden; weitere 11 Mio. D-Mark waren für die Verlegung der Zufahrtsleitung und den Anschluss der Wohnsiedlung nötig.[58]

Auch eigene Projekte wurden vorangetrieben; im Mai 1983 wurde mit dem ersten Bauabschnitt eines Werkhofs am Luisenring begonnen. Der Bau wurde mit 20 Mio. D-Mark veranschlagt. Im „Mannheimer Morgen" vom 8. Dezember 1983 heißt es zu den bisherigen Voraussetzungen: „Bislang waren die Werkstätten in Gebäuden untergebracht, die noch vor der Jahrhundertwende errichtet worden waren; andere mußten sich mit Nachkriegsprovisorien begnügen." Direktor Jörg Altnöder, Geschäftsführer für den Bereich Technik und Versorgung, meinte: „Eine rationelle Arbeitsweise war oft nicht möglich, die Arbeitsplätze entsprachen längst nicht mehr den gesetzlichen Vorschriften. Unzumutbar war auch der Zustand der Personalräume."[59]

Neben dem Ausbau der Fernwärme, der regionalen Zusammenarbeit und Investitionen in Anlagen und eigene Gebäude sollten bald auch neue Themen wie der Umweltschutz die MVV und ihre Töchter stärker umtreiben.

Die MVV GmbH und ihre Töchter waren in den 1980er Jahren den Mannheimer Bürgerinnen und Bürgern stets präsent: Sei es als Wasserlieferant, als Stromversorger oder als Transportmittel. Die ehemaligen Stadtwerke agierten nun aber auf einem unternehmerischen Level, das mehr Entscheidungsspielraum und höhere Investitionen gestattete.
(MARCHIVUM, PK05967)

Umweltaspekte und Haustarifvertrag – unternehmerische Entscheidungen im Spiegel der 1980er Jahre

Die 1980er Jahre waren für die MVV GmbH und ihre Tochtergesellschaften von der Umstellung eines städtischen Eigenbetriebs hin zu einer wirtschaftlich und zielorientiert denkenden und handelnden Unternehmensgruppe geprägt. Dazu gehörte auch die wirtschaftlich vernünftige Ausrichtung in der aufkommenden Umweltdebatte.

Vor allem der durch die Luftverschmutzung verursachte „saure Regen" und das damit verbundene sogenannte Waldsterben dominierten die Debatte in jenen Jahren.

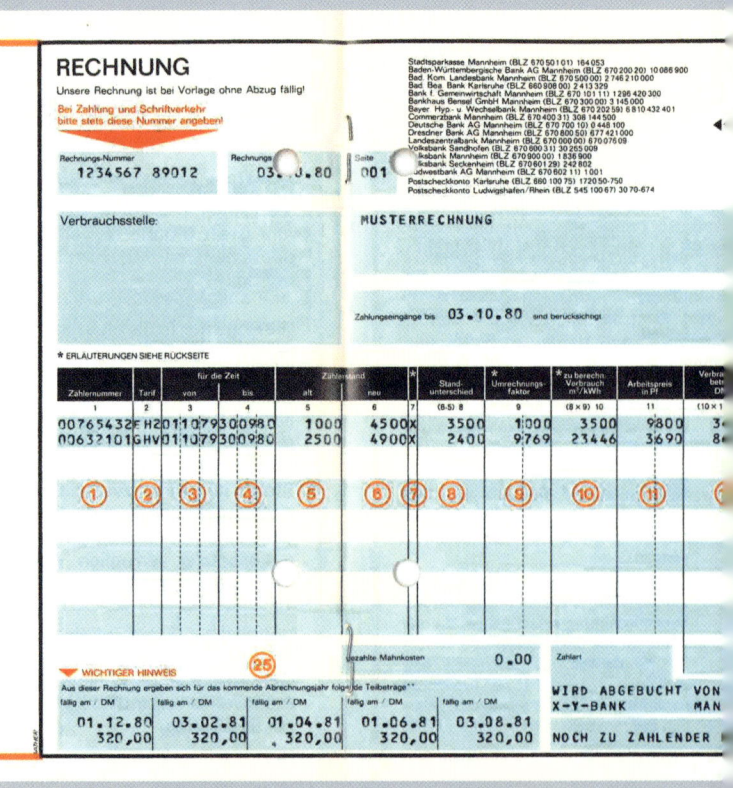

MIT GEDULD UND EDV – EINFÜHRUNG DER JAHRESVERBRAUCHSABRECHNUNG BEI DER MVV

Jasmin Breit

Mit einer Muster-Jahresverbrauchsabrechnung in einer Informationsbroschüre unterrichtete die Stadtwerke Mannheim AG die Verbraucherinnen und Verbraucher über die Umstellung der Abrechnung. Unter anderem sah man unter Nummer 25 die künftigen festgelegten Abschlagszahlungen. (MARCHIVUM/MVV, 18/2019 Nr. 1372)

Abschlagszahlungen, eine jährliche Ablesung der Zählerstände für Wasser, Gas, Fernwärme und Strom sowie die jährliche Abrechnung dieser Konsumtion – das ist die Jahresverbrauchsabrechnung (JVA) bei einem Energieversorgungsunternehmen.

Noch bis Ende der 1970er Jahre waren die Ablesezyklen kürzer und änderten sich immer wieder: von der monatlichen Ablesung und Abrechnung über die Zweimonatsablesung bis hin zur Vierteljahresabrechnung. 1979 entschied die Stadtwerke Mannheim AG (SMA), den damals vorherrschenden zweimonatigen Ablese- und Rechnungsturnus aufzugeben. Zum einen war der Arbeitsablauf sehr zeitintensiv, zum anderen die Datenerhebung in Ablesebüchern – diese enthielten alle Änderungseinträge – und auf Lochkarten – für Anschriften, Zähler und Zählerstände – fehleranfällig.

Bei rund 160.000 Tarifkunden und 33.300 Wasser-, 80.300 Gas-, 172.700 Strom- und 2200 Wärmezählern fiel ein großer Verwaltungs- und Ableseaufwand an. Bei circa 500 Sondervertragskunden der verschiedenen Sparten des Unternehmens gab es zudem den monatlichen Abrechnungsturnus.[1] Die Rationalisierungsbestrebungen waren wirtschaftlich notwendig und unternehmerisch sinnvoll. In einem Schreiben an das Ministerium für Wirtschaft, Mittelstand und Verkehr Baden-Württemberg zur Änderung des Abrechnungsverfahrens wurde daher auch mit „Rationalisierungsgründen" argumentiert, um die JVA, „die sich bei einer Vielzahl der Versorgungsunternehmen in Baden-Württemberg bewährt hat",[2] einzuführen.

Die Einführung der JVA bedarf viel Vorlaufzeit, entsprechender Zähler mit genügend Stellen,[3] einer Umstellung der Arbeitsabläufe und der elektronischen Datenverarbeitung (EDV). Auf dem Markt erhielt man nun erhöhte Speicherkapazitäten zu günstigeren Preisen, die Verarbeitungszeiten der EDV-Anlagen hatten sich verkürzt, und es gab schnelle Betriebssysteme. So wurde die Stapelverarbeitung durch die Realzeitverarbeitung in bestimmten Bereichen ersetzt.[4]

Die Informationstechnologie erleichterte damit die Einführung der Jahresverbrauchsabrechnung. Durch das neue Kundeninformationssystem war eine schnelle Auskunftserteilung an die Kundschaft im neu errichteten und mit Bildschirmarbeitsplätzen ausgestatteten Kundenzentrum im MVV-Hochhaus möglich:[5] Jeder Kundin und jedem Kunden wurde erstmals maschinell eine dauerhafte Nummer zugewiesen; unter dieser Kundennummer konnten die Daten stets aktuell gehalten und die Zahlungseingänge nachgeprüft werden. Durch die Speicherung der tariflichen Grundpreiskriterien war zudem eine maschinelle Errechnung des Grundpreises möglich und somit auch die Abrechnung nach dem preisgünstigsten Tarif. Denn mit der Einführung der Jahresverbrauchsabrechnung wurde auch die „Bestabrechnung" eingeführt – damit mussten Kundinnen und Kunden nicht mehr den bestmöglichen Tarif selbst finden, sondern bekamen automatisch den für sie günstigen Tarif abgerechnet.

Um die Kundschaft über die bevorstehende Änderung zu informieren, gab die SMA eine Broschüre zur Einführung der JVA heraus;[6] im Oktober 1979 erfolgte die Umstellung. Der Wechsel für die Sondertarifkunden und die Bezieher von Fernwärme erfolgte später.

Durch fehlerhafte manuell erfasste Daten kam es zunächst zur Verzögerung von circa vier Monaten bei der Versendung der sogenannten Zwischenrechnung. Diese sollte die Zeit überbrücken, bis die Ablesung nach Stadtteilen für die Jahresverbrauchsabrechnung erfolgen konnte. Durch diese Verzögerungen gab es die erste Rechnung erst Anfang 1980.[7]

1 Vgl. MVV Report 9/1977, S. 10.

2 Schreiben Sonntag/Hiltscher an das Ministerium vom 24.1.1979, in: MARCHIVUM, MVV UA, Zug. 18/2019 Nr. 2027.

3 Vgl. Schreiben der Stadtwerke Mannheim an die Stadtwerke Offenburg vom 30.5.1969, in: ebd.

4 Vgl. MARCHIVUM, MVV UA, Zug. 18/2019 Nr. 2565, Systembeschreibung JVA, S. 1.

5 Vgl. MVV Report 8/1979, S. 3.

6 Vgl. Informationsschrift Nr. 2 der SMA AG, in: MARCHIVUM, MVV UA, Zug. 18/2019 Nr. 1372.

7 Vgl. MVV Report 4/1980, S. 13.

Einweihung der Filteranlage im Heizkraftwerk im Dezember 1986 mit OB Widder (im Vordergrund). Sie war die erste Müllverbrennungsanlage in Baden-Württemberg sowie die erste Altanlage in der Bundesrepublik, die dem damals neuesten Standard der Umweltschutztechnik entsprach.
(MARCHIVUM, ABBN1154-31407-34)

Gas bezog die RHE von der GVS, Strom sowie Dampf und Heizwasser für die Fernwärme vom GKM. Während die BASF, das GKM, die Erdölraffinerie Mannheim (ERM), die A- und zu einem kleinen Teil auch die B-Gemeinden direkt von der RHE mit Gas beliefert wurden, übernahm die SMA die Verteilung des Gases an Privathaushalte, den großen Teil der B-Gemeinden und Sonderkunden; außerdem die Lieferung des Stroms (außer an die ERM) und der Fernwärme (außer an die ERM).
(MVV GmbH (1987), S. 1)

Politisch spiegelte sich dies in der Gründung der Partei Die Grünen wider, die zum ersten Mal an der Mannheimer Kommunalwahl am 22. Juni 1980 teilnahm und mit einem Sitz in den Gemeinderat einzog.

In Mannheim beschäftigte man sich insbesondere mit der Luftverbesserung beim von der RHE betriebenen Heizkraftwerk auf der Friesenheimer Insel. Im Ergebnis wurde im Dezember 1986 eine Rauchgasreinigungsanlage in Betrieb genommen. Die 32 Mio. D-Mark teure Anlage, die 15 Mitarbeitende beschäftigte, stieß als Endprodukt Wasserdampf aus.[60] Sie filterte Chlorverbindungen, Schwefeldioxid und Stickstoffoxide aus dem entstehenden Rauchgas bei der Verbrennung von Müll. Die drei Müllkessel des Heizkraftwerks konnten pro Stunde bis zu 40 Tonnen Unrat verbrennen, wobei stündlich circa 250.000 m³ Rauchgase entstanden. Die zwei neuen Reinigungsstraßen reinigten pro Stunde etwa 150.000 m³ Rauchgas von den genannten Schadstoffen. Die Auflagen des Regierungspräsidiums Karlsruhe für Emissionen von Heizkraftwerken lagen noch unter den bundesweit festgesetzten Grenzwerten der TA-Luft.[61] Nach Abschluss des Probebetriebs im Februar erfüllte die Anlage die Erwartungen. Die von dem Anlagenunternehmen angegebenen Garantiewerte, die deutlich unter den gesetzlich vorgeschriebenen Werten lagen, wurden „sicher erreicht".[62]

Eine weitere Antwort auf die drängenden Fragen des Umweltschutzes, aber auch der Ressourcenverknappung und wiederholte Preissprünge war die Erstellung des sogenannten Energieversorgungskonzepts der SMA im Jahr 1987. Es sollte eine sparsame und rationelle Energieverwendung garantieren.

Die Zielsetzung des Energieversorgungskonzepts der SMA bewegte sich im Dreieck aus Versorgungssicherheit, bezahlbaren Preisen und sozialer Verantwortung. Es galt, die „technisch-wirtschaftlich bestmögliche, sichere und preiswerte Belieferung von Haushalten, Gewerbe, öffentlichen und privaten Einrichtungen sowie der Industrie mit Strom, Gas und Fernwärme, heute und in Zukunft, und unter Wahrung anerkannter öffentlicher Interessen [...] zu gewährleisten".[63]

Das Energieversorgungskonzept bestimmte damit die Leitlinien des unternehmerischen Handelns. Ein Schwerpunkt lag auf der zuverlässigen und ausreichenden Versorgung mit leitungsgebundenen Energien, also Strom, Erdgas oder Fernwärme; vergleichbare und kostendeckende Tarife bzw. Preise der Versorgung wurden angestrebt. Die kostengünstige Versorgung sollte vor allem durch Maßnahmen effizienter Beschaffung und durch einen rationellen Betrieb ermöglicht werden. Die Kosten der Verteilnetze etwa sollten durch preiswerte Verlegeverfahren minimiert werden. Die Wirtschaft im Raum Mannheim sollte zu günstigen, markt- und kostengerechten Preisen mit Energie versorgt werden, um so die Wettbewerbsfähigkeit und damit die wirtschaftlichen Existenzgrundlagen des Mannheimer Raumes zu gewährleisten. Die energiepolitischen Ziele in Land

11.3 DIE MVV VERSORGT DIE REGION

Konzernstruktur und wichtige Beteiligungen

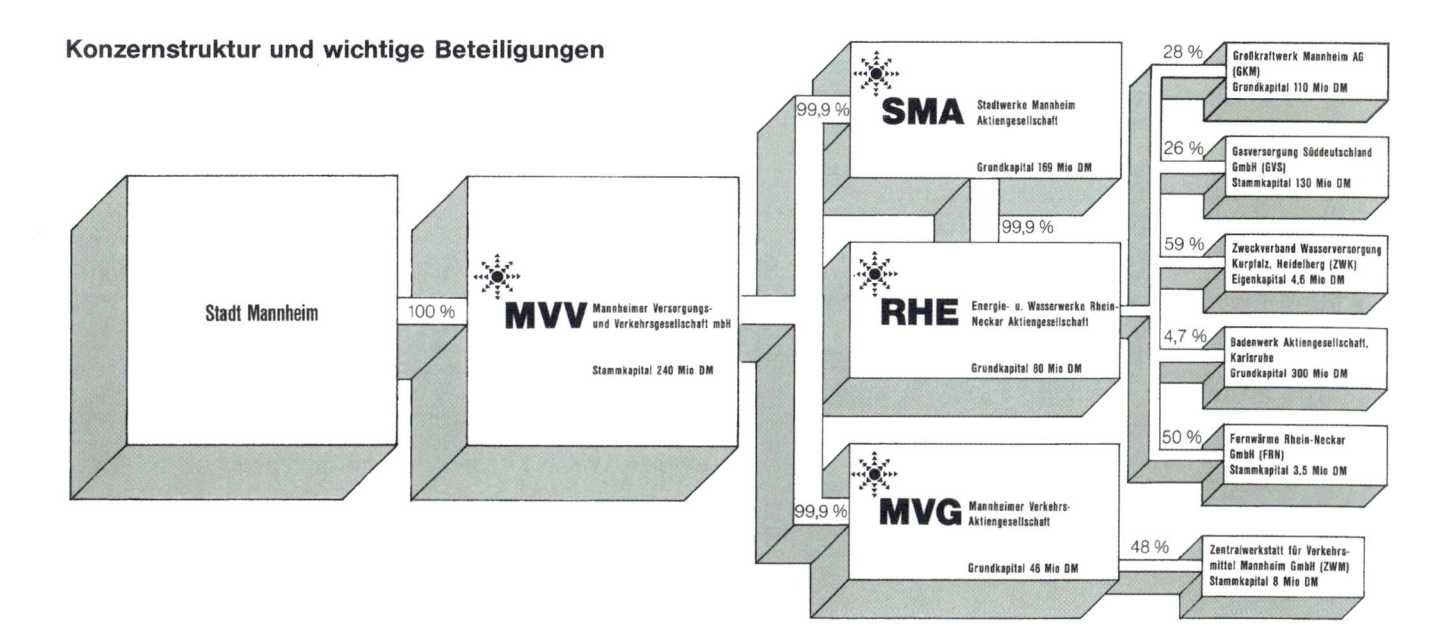

und Bund sollten einbezogen werden, soweit dies auf kommunaler bzw. regionaler Ebene machbar erschien. Konkret bedeutete dies die Reduzierung der Abhängigkeit vom Öl angesichts der Ölpreiskrisen der 1970er Jahre und die Forcierung einer sparsameren und rationelleren Energieverwendung. Der Ausbau der Fernwärme auf Grundlage der Kraft-Wärme-Kopplung und Abwärmenutzung und der Ausbau des Gasanteils standen dabei besonders im Fokus.[64]

Grafische Darstellung der Konzernstruktur, 1987.
(MVV GmbH (1987), S. 1)

Energiebeschaffung und Energieabsatz des MVV-Konzerns 1985/86

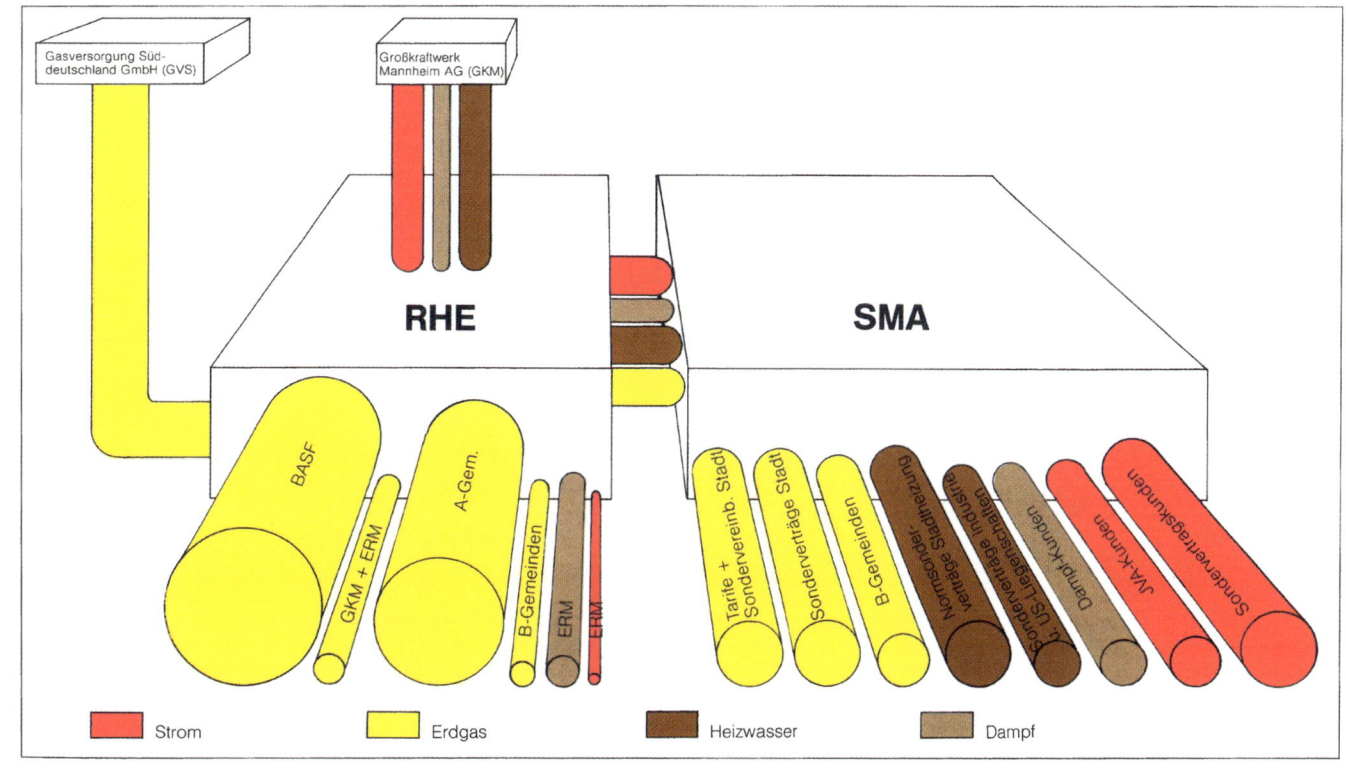

11 DER WEG VOM EIGENBETRIEB ZUM UNTERNEHMEN

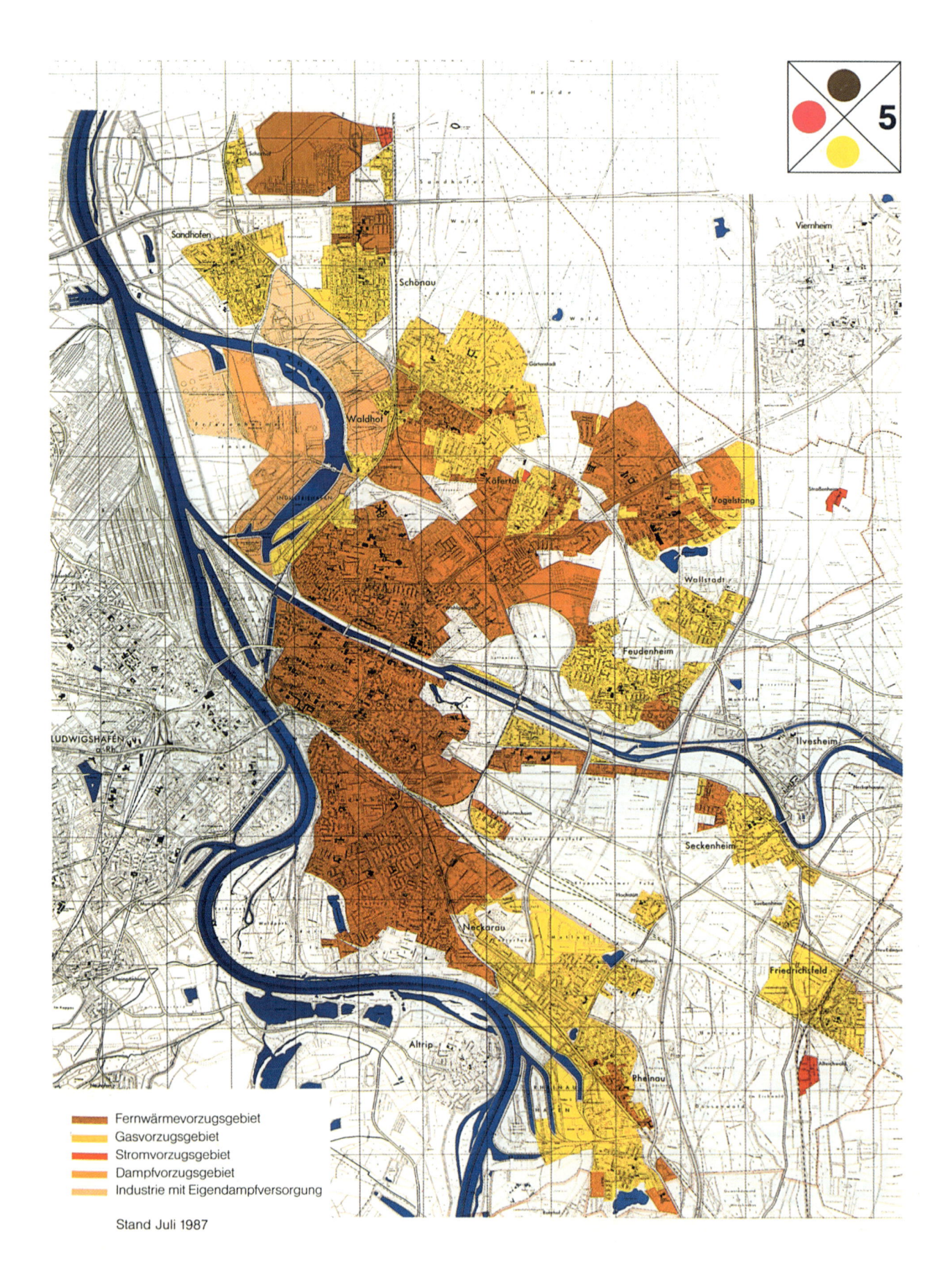

- Fernwärmevorzugsgebiet
- Gasvorzugsgebiet
- Stromvorzugsgebiet
- Dampfvorzugsgebiet
- Industrie mit Eigendampfversorgung

Stand Juli 1987

Das Energieversorgungskonzept sprach sich klar für die leitungsgebundene Energieversorgung aus. Durch die gesetzliche Versorgungspflicht wurde Strom flächendeckend angeboten; dazu wurde auf eine zweischienige Versorgung entweder durch Strom und Erdgas oder durch Strom und Fernwärme gesetzt. Ausgewiesen wurden Fernwärmevorzugs-, Gasvorzugs- und, in Ausnahmefällen, Stromvorzugsgebiete; Neubaugebiete wurden ausschließlich mit Fernwärme und Strom erschlossen. So sollten unnötige Redundanzen bei den Rohrleitungen vermieden bzw. reduziert werden.

Um die Zielmatrix „Sicherheit, Preiswertigkeit und soziale Tragbarkeit" zu optimieren, sollten Beschaffung und dafür abgeschlossene Bezugsverträge auf Jahrzehnte angelegt sein, der Bau und Betrieb von Bezugsanlagen frühzeitig geplant und eine – in Teilen wechselseitige – Kapitalbeteiligung an den Lieferanten von Strom, Fernwärme und Gas geschaffen werden. Zudem sah man in der leitungsgebundenen Energie einen erheblichen Vorteil für die immer wichtiger werdenden Themen Umwelt und Luftverschmutzung und damit einen Schlüssel zur Verbesserung der Luftqualität in Mannheim.

Parallel zu den unternehmerischen Herausforderungen in den 1980er Jahren auf dem Energie- und Umweltsektor stand im Inneren der Umbau bei der Personalstruktur an. Maßgeblich für die Unternehmensholding und ihre AG-Töchter waren dabei auch die Mitarbeiterinnen und Mitarbeiter. Es dauerte bis zum 18. Dezember 1985, bis der MVV-Geschäftsführer für den Bereich Personal, Soziales und Verwaltung, Alfred Karsten, das Versprechen einlösen konnte, das man bereits bei der Umgründung den Arbeitnehmerinnen und Arbeitnehmern gegeben hatte: Mit 840 Unterschriften wurde der Rahmentarifvertrag durch Delegierte der MVV und der Gewerkschaft Öffentliche Dienste, Transport und Verkehr (ÖTV) für das Unternehmen abgeschlossen. Infolgedessen kündigte das Unternehmen zum 31. Dezember 1985 seine Mitgliedschaft im kommunalen Arbeitgeberverband; damit wurden auch der Bundes-Angestelltentarifvertrag (BAT) und der Bundes-Manteltarifvertrag für Gewerbliche (BMT-G) nicht mehr angewandt.

Die Vorzugsgebiete für Gas und Fernwärme, in Einzelfällen auch für Strom sowie für Dampf, waren straßengenau abgegrenzt; hier der Planungsstand 1987. (MVV GmbH (1987), S. 5)

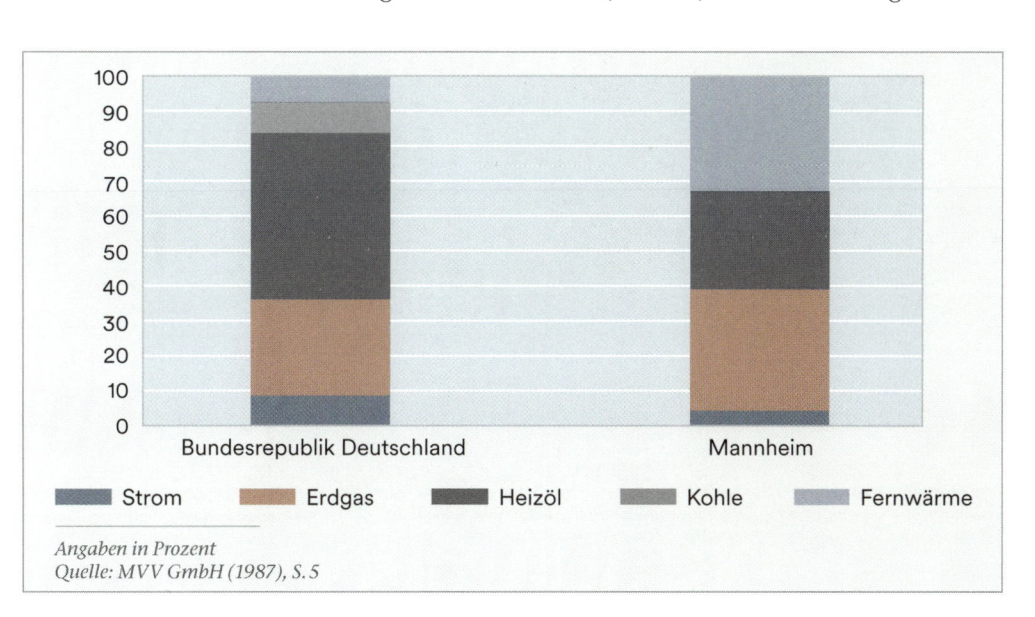

Vergleich der Anteile verschiedener Energieträger für die Raumwärmeversorgung zwischen der Bundesrepublik und Mannheim, 1987

11 DER WEG VOM EIGENBETRIEB ZUM UNTERNEHMEN

Mit dem Haustarifvertrag wurden die unterschiedlichen Probezeiten für Angestellte und Arbeiter (sechs Monate bzw. sechs Wochen), die Leistungszulagen, die unterschiedlichen Urlaubsansprüche und die Lohnfortzahlung im Krankheitsfall angeglichen. Damit gab es keine Unterscheidung zwischen Arbeitern und Arbeiterinnen einerseits und Angestellten anderseits mehr.

Am 9. Juni 1986 wurde schließlich der Vergütungstarifvertrag unterzeichnet, der rückwirkend zum 1. April 1986 in Kraft trat. Fortan gab es nur noch Arbeitnehmerinnen und Arbeitnehmer im MVV-Konzern, die nach Monatstabellenvergütung entlohnt wurden. Die Vergütung war in 21 Gruppen und 10 Stufen eingeteilt. Die EDV-gestützte Umsetzung sowie die erste Auszahlung erfolgten dann am 15. September 1986.[65]

Zudem löste Hans Sonntag in jenem Jahr Hans Lehmann als kaufmännischen Geschäftsführer der MVV GmbH ab. Sonntag, seit 1959 bei der Stadtwerkstochter Rheinag als Prokurist beschäftigt, blieb bis zu seinem Ruhestand 1988 im Unternehmen.

Nach zehn Jahren der Eigenständigkeit der Holding-Gesellschaft und ihrer Tochtergesellschaften hatte sich das Unternehmen damit endgültig von vorgegebenen Strukturen des öffentlichen Dienstes gelöst. Der Konzern wusste Sozialverträglichkeit und unternehmerisches Verhalten mit den Herausforderungen der späten 1970er und 1980er Jahre zu vereinbaren. Die stärkere Orientierung an den Bedarfen der Kundinnen und Kunden, die überregionalen Projekte sowie der eigene Haustarifvertrag und das Fokussieren auf erkannte Umweltprobleme und die Suche nach Lösungen prägten den Umbruch, der im leitungsgebundenen Energieversorgungskonzept seinen Niederschlag fand.

Die Unterzeichnung des Haustarifvertrags 1986. Sitzend von links nach rechts: Jörg Altnöder (technischer Geschäftsführer), Dr. Alfred Karsten (Arbeitsdirektor), Jürgen Arndt (Vorsitzender der Tarifkommission, ÖTV-Verantwortlicher), Horst Herr sowie Hans Sonntag, neuer Vorsitzender der Geschäftsführung ab 1986 bis zum Jahr 1988.
(MVV Report 1/1986)

ANMERKUNGEN

1   Vgl. dazu auch Kap. 7.5 in diesem Band.

2   L. Ratzel (1993), S. 208.

3   Schreiben Schraeder an OB Heimerich vom 15.2.1951, in: MARCHIVUM, Dezernatsregistratur, Zug. 13/1977 Nr. 2004.

4   Ebd.

5   Ebd.

6   Vgl. ebd.; Schreiben des Direktors der Stadtwerke an Referat II vom 8.8.1951, in: MARCHIVUM, Dezernatsregistratur, Zug. 13/1977 Nr. 2004.

7   Vgl. Schreiben des Oberbürgermeisters zum Beschluss des Verwaltungsausschusses vom 10.12.1952, in: ebd.

8   Schreiben Trumpfhellers an OB, Firma Kling & Echterbecker KG betreffend, vom 23.3.1954, in: ebd.

9   MARCHIVUM, Hauptregistratur, Zug. 5/1968 Nr. 239, aus einem Projektentwurf zum „Neubau eines Verwaltungsgebäudes mit Zentralküche für die Stadtwerke und für die technischen Ämter der Stadtverwaltung" Anlage zur Niederschrift über die Sitzung des Wirtschaftsausschusses, des Straßenbahnausschusses und des Werksausschusses am 27.11.1957, S. 2.

10 Vgl. dazu auch Kap. 9.1 in diesem Band.

11 Dieser Abschnitt wurde in Teilen von Andrea Perthen bearbeitet.

12 Vgl. Kann die Stadt ihre Werke aus eigener Kraft ausbauen?, Allgemeine Zeitung vom 17.7.1956.

13 Städtische Versorgungsbetriebe in der Kostenschere, Mannheimer Morgen (im Folgenden MM) vom 22.12.1956.

14 Vgl. ebd.

15 MARCHIVUM, ZGS, S 1/0139.

16 Aktiengesellschaft für Gaserzeugung und Wassergewinnung, Amtsblatt Nr. 6 vom 14.2.1958.

17 Mannheim gründet selbständige Gaswerk-Gesellschaft, Rhein-Neckar-Zeitung (im Folgenden RNZ) vom 11.2.1958.

18 „Stellt die gut ausgestattete Tochter … Mutter Mannheimia in den Schatten?", MM vom 14.2.1958.

19 Vgl. MARCHIVUM, Hauptverwaltung, Zug. 42/1975 Nr. 3217.

20 Aktiengesellschaft für Gaserzeugung und Wassergewinnung, Amtsblatt Nr. 6 vom 14.2.1958.

21 Vgl. MARCHIVUM, Zug. 1/1900 Nr. 337 Ratsprotokolle, 1957–1958, S. 646–650.

22 Vgl. Schreiben Regierungspräsidium Nordbaden an Bürgermeisteramt vom 14.5.1958, in: MARCHIVUM, Hauptverwaltung, Zug. 42/1975 Nr. 3218.

23 Schreiben Regierungspräsidium an Bürgermeisteramt Mannheim vom 16.7.1958, in: ebd.

24 Vgl. Verwaltungsbericht (im Folgenden VB) 1958.

25 MM vom 22.2.1958, in: MARCHIVUM, ZGS, S 2/2027.

26 Jetzt: „Energie- und Wasserwerke", RNZ vom 27.8.1966.

27 Zur städtebaulichen Bedeutung des Baus vgl. Kapitel 13.3 in diesem Band.

28 Vgl. RHE AG/Stadtwerke Mannheim (1966), S. 5 und 25 ff.

29 Ebd., S. 6.

30 Weinheim und Heidelberg hielten jeweils 0,02 % der Aktien.

31 Vgl. Auszug aus der Niederschrift über die Werksausschuss-Sitzung am 6.3.1972, 5. Vorlage Nr. 94/72, in: MARCHIVUM, Dezernatsregistratur, Zug. 3/1993 Nr. 782.

32 Protokoll der Sitzung des Werksausschusses vom 21./22.2.1972, in: ebd.

33 Ebd.

34 Später: Städtetag Baden-Württemberg.

35 Vgl. Entwurf eines Schreibens an den Städteverband Baden-Württemberg vom 14.6.1971, in: MARCHIVUM, MVV UA, Zug. 18/2019 Nr. 760.

36 L. Ratzel (1993), S. 209.

37 Brief des Oberbürgermeisters an Werksausschussmitglieder vom 19.3.1973, in: MARCHIVUM, MVV UA, Zug. 18/2019 Nr. 760.

38 Vgl. https://www.swhd.de/historie, Stand: 3.3.2020.

39 Die Betrachtung bezieht sich ausschließlich auf die BRD der Bonner Republik. Die DDR mit ihrem sozialistischen System sah die Wasser-, Strom- und Verkehrsversorgung nicht als Wirtschaftsgröße, sondern als öffentliche Aufgabe. Dem System der Planwirtschaft lagen auch die marktwirtschaftlichen Mechanismen fern. Ein gutes Beispiel für eine entgegengesetzte Entwicklung sind die Stadtwerke Dresden (DREWAG). Gegründet in den 1930er Jahren als Aktiengesellschaft, wurden sie in der SBZ bzw. mit Gründung der DDR zum Volkseigenen Betrieb (VEB) Energieversorgung Dresden bzw. VEB Energiekombinat Dresden. Erst nach der Wiedervereinigung gingen die Stadtwerke in eine GmbH über.

40 Vgl. MARCHIVUM, Dezernatsregistratur, Zug. 3/1993 Nr. 782.

41 Die Stadt Köln gründete bereits am 12.11.1960 die Eigenbetriebe für Versorgung und Verkehr in selbstständigen Aktiengesellschaften. Die Gas-, Elektrizitäts- und Wasserwerke AG (GEW) und die Kölner Verkehrs-Betriebe AG (KVB) wurden unter dem Dach der Holdinggesellschaft Stadtwerke Köln GmbH (SWK) zusammengefasst. Die Städtischen Werke Nürnberg wurden am 28.12.1959 vom Eigenbetrieb in drei Eigengesellschaften umgewandelt. Die Städtischen Werke Nürnberg GmbH (StWN GmbH) hatten die geschäftsleitende Funktion. Zudem wurden noch die EWAG Energie- und Wasserversorgung Aktiengesellschaft und die VAG Verkehrs-Aktiengesellschaft gegründet.

42 Vgl. MARCHIVUM, Dezernatsregistratur, Zug. 3/1993 Nr. 782.

43 Vgl. Schreiben Reimann (Dezernat II Stadtverwaltung Ludwigshafen) an 1. Bürgermeister Varnholt vom 5.9.1973, in: MARCHIVUM, Dezernatsregistratur, Zug. 3/1993 Nr. 786.

44 Ebd.

45 Gesellschaftsvertrag in: MARCHIVUM, Urkunden und Verträge, UV0054.

46 Übertragungsschreiben in: MARCHIVUM, MVV UA, Zug. 18/2019 Nr. 775.

47 Treuhandvertrag in: ebd.

48 Vgl. MARCHIVUM, MVV UA, Zug. 18/2019 Nr. 764.

49 Das d'Hondtsche System ermittelt aufgrund der Stimmenzahlen die proportionale Sitzverteilung nach Höchstzahlen.

50 Die SPD stellte neben Feuerstein die Stadträte Herbert Lucy, Walter Pahl, Max Jaeger, Gottfried Hecht (Hauptgeschäftsführer ÖTV), Willi Müller (Bezirksleiter ÖTV) und Robert Schmieder (Vorsitzender des Gesamtpersonalrats der städt. Bediensteten). Die CDU stellte neben Hartung die Stadträte Alfred Blümmel, Werner Dietz, Willi Kirsch und Friedrich Ziegler, vgl. MARCHIVUM, Dezernatsregistratur, Zug. 13/1993 Nr. 11, hier: Aufsichtsrat, Band I, 1974–1977.

51 Diese waren: Heinrich Schäfer, Hans-Heinz Zimmermann, Rudi Graf, Hugo Fantoma, Doris Größle, Jakob Ritter und Otto Adam; vgl. ebd., Zusammenstellung Wahl der Arbeitnehmervertreter im Aufsichtsrat der MVV.

52 Vermerk der Geschäftsführung zur Aufsichtsratssitzung am 27.11.1974, in: MARCHIVUM, Dezernatsregistratur, Zug. 27/1999 Nr. 487.

53 Vgl. Anlage zur Aufsichtsratssitzung, August 1976, in: ebd.

54 Im MM heißt es: „Bestehende Vertragsverhältnisse werden von der SMA unverändert fortgeführt", in: MARCHIVUM, ZGS, S 2/0009, MM vom 3.1.1975.

55 Vgl. ebd.

56 Entwurf eines Schreibens an den Städteverband Baden-Württemberg vom 14.6.1971, in: MARCHIVUM, MVV UA, Zug. 18/2019 Nr. 760.

57 MVV-Report 6/1976, S. 4, in: MARCHIVUM, MVV UA, Zug. 1/2020 Nr. 83.

58 MVV-Report 7/1978, S. 7, in: ebd.

59 Werkhof entsteht am Luisenring, MM vom 9.12.1983.

60 MM vom 23.12.1986.

61 Die Technische Anleitung zur Reinhaltung der Luft, erste Verwaltungsvorschrift zum Bundes-Immissionsschutzgesetz der Bundesregie-

rung, https://dserver.bundestag.de/brd/1986/D60+86.pdf, Stand: 10.6.2022.

62 Rauchgasreinigung erfüllt Erwartungen, RNZ vom 13.2.1987. Die vorgeschriebenen Werte für Salzsäure lagen bei 20 mg/m³, der Hersteller der Anlage garantierte Werte unter 10 mg/m³; weitere Werte: Schwefeldioxid: 100 mg/m³ (vorgeschrieben) – unter 30 mg/m³ (garantierter Wert); Stickstoffoxide: 300, später 200 mg/m³ – unter 70 mg/m³; Fluor: 1 mg/m³ – 0,3 mg/m³; Staub: 20 mg/m³ – unter 10 mg/m³; Schwermetalle: 1 mg/m³ – unter 1 mg/m³; vgl. Anlage 1 Synopse MVA Kyoto/MVA Mannheim, in: MARCHIVUM, Dezernatsregistratur, Zug. 88/1996 Nr. 426.

63 MVV GmbH (1987), Punkt 2.

64 Vgl. ebd.; siehe dazu auch Kap. 10.2 in diesem Band.

65 Vgl. MVV-Report 1/1986, in: MARCHIVUM, MVV UA, Zug. 1/2020 Nr. 83.

12
MARKT-LIBERALISIERUNG, BÖRSENGANG UND EXPANSION

MARTIN KRAUSS

Die beiden Jahrzehnte um die Jahrtausendwende waren für die MVV eine Ära grundlegender Veränderungen. Das Unternehmen wandelte sich vom Stadtwerk zum börsennotierten, europaweit agierenden Energieversorger. Auf die Liberalisierung der Märkte für Strom und Gas reagierte die MVV mit einer offensiven Strategie. Die Bewahrung der Unabhängigkeit und die Sicherung einer soliden Position im Wettbewerb waren dabei zentrale Ziele, die nicht zuletzt im Interesse der Stadt Mannheim verfolgt wurden. Maßgeblich vorangetrieben wurde diese Entwicklung durch Roland Hartung als Sprecher der Geschäftsführung und durch Oberbürgermeister Gerhard Widder als Aufsichtsratsvorsitzendem.

Aus dem Gemeinderat an die Unternehmensspitze

Am 2. Dezember 1987 bestellte der Aufsichtsrat der MVV GmbH einstimmig den Gemeinderat Roland Hartung mit Wirkung ab dem 1. Juli 1988 zum kaufmännischen Geschäftsführer der MVV und zum Vorstandsmitglied der operativen Gesellschaften Stadtwerke Mannheim AG (SMA), Energie- und Wasserwerke Rhein-Neckar AG (RHE) und Mannheimer Verkehrs-AG (MVG).[1] Zu diesem Zeitpunkt war der 1936 geborene Rechtsanwalt bereits über 20 Jahre lang in der Mannheimer Lokalpolitik aktiv. Seit 1965 war er Mitglied des Gemeinderats, und von 1970 bis 1983 hatte er die CDU-Fraktion angeführt. Drei Mal hatte er für das Amt des Oberbürgermeisters kandidiert – 1972 gegen Ludwig Ratzel, 1980 gegen Wilhelm Varnholt und 1983 gegen Gerhard Widder – und war jeweils nur knapp den Kandidaten der SPD-Fraktion unterlegen. Die kommunalpolitischen Gegenspieler Hartung und Widder wurden jedoch bald enge Partner bei der Weiterentwicklung der MVV.

Bei seinem Amtsantritt als Geschäftsführer der MVV im Juli 1988 stellte sich Roland Hartung den Leserinnen und Lesern der Zeitschrift „MVV Report" vor und erläuterte im Gespräch mit dem Leiter der Öffentlichkeitsarbeit Dieter Zischeck seine Pläne für das Unternehmen.
(MVV Report 6/7/1988, S. 7 – 10)

Hartung war mit dem Unternehmen seit Langem vertraut. Als Stadtrat hatte er 1974 an der Umwandlung der städtischen Eigenbetriebe in die MVV GmbH und ihre Tochtergesellschaften mitgewirkt. Er war Mitglied in den Aufsichtsräten von MVV, SMA, RHE und MVG sowie der Grosskraftwerk Mannheim AG (GKM), außerdem hatte er von 1982 bis 1984 dem Aufsichtsrat der Gasversorgung Süddeutschland (GVS) angehört. Zum Zeitpunkt seiner Bestellung war die MVV ein typisches kommunales Querverbundunter-

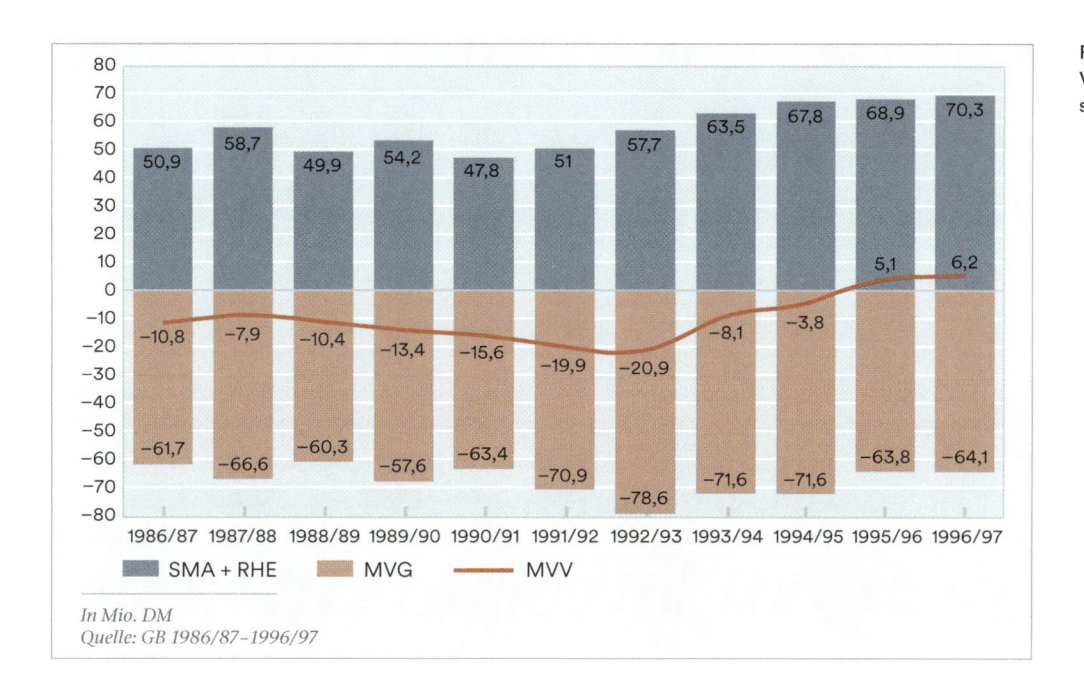

Finanzielle Ergebnisse der Versorgungs- und der Verkehrssparte 1986/87–1996/97

In Mio. DM
Quelle: GB 1986/87–1996/97

nehmen mit den Geschäftsfeldern Energieversorgung (Strom, Gas, Fernwärme), Wasserversorgung, Müllentsorgung und ÖPNV. Die Märkte für Strom und Gas waren reguliert und durch Gebietsmonopole geschützt. Mit der Energieversorgung erwirtschafteten die Tochtergesellschaften SMA und RHE Gewinne, der von der MVG betriebene ÖPNV war dagegen defizitär. Gewinne und Verluste wurden auf der Ebene der Muttergesellschaft verrechnet, wodurch sich steuerliche Vorteile ergaben. Im Geschäftsjahr 1986/87 war bei der MVG ein Verlust in Höhe von 61,7 Mio. D-Mark entstanden, während SMA und RHE mit zusammen 50,9 Mio. D-Mark ein positives Ergebnis erwirtschaftet hatten. Das daraus auf Konzernebene resultierende Minus von 10,8 Mio. D-Mark wurde letztlich von der Stadt Mannheim ausgeglichen. An dieser Grundkonstellation änderte sich auch in den folgenden Jahren nichts; erst im Geschäftsjahr 1995/96 überstiegen die Gewinne der Versorgungssparte die Verluste der Verkehrssparte, sodass auf Konzernebene ein Überschuss von 5,1 Mio. D-Mark erzielt wurde.

12.1 AKTIVITÄTEN NACH DER „WENDE" UND DER BEGINN DER LIBERALISIERUNG

Der politische Umbruch in der DDR im Herbst 1989 eröffnete der westdeutschen Wirtschaft ungeahnte Chancen und auch die MVV streckte ihre Fühler in Richtung DDR und Osteuropa aus. Ende Dezember 1989 reiste Roland Hartung nach Dresden, um mit dem regionalen Energiekombinat Gespräche über Kooperationsmöglichkeiten im Bereich der Fernwärmeversorgung zu führen. Bereits einige Wochen zuvor hatte die MVV mit der Stadt Warschau einen Rahmenvertrag über die Unterstützung bei der Sanierung ihres Fernwärmenetzes geschlossen.[2] In Zusammenarbeit mit lokalen Unternehmen erarbeitete man einen Masterplan zur Modernisierung des Wärmenetzes; mit einem Anschlusswert von 6000 MW war es weltweit das zweitgrößte. Das Konzept überzeugte auch die Weltbank, die das Projekt mit einem Kredit in Höhe von 100 Mio. Dollar förderte. Der Erfolg in Warschau weckte das Interesse anderer polnischer Städte an einer Zusammenarbeit mit der MVV; zudem wurden im Geschäftsjahr 1990/91 Beratungsaufträge für die Fernwärmeversorgung der Städte Dessau und Frankfurt/Oder akquiriert.[3] In der Folgezeit wurde bei der MVV das Consulting systematisch als neues Geschäftsfeld aufgebaut.

Ausgesprochen kritisch sah man bei der MVV die Übernahme der Elektrizitätsversorgung in der DDR durch westdeutsche Konzerne.[4] Gegen den im August 1990 abgeschlossenen „Stromvertrag" regte sich Widerstand in ostdeutschen Kommunen, deren Stadtwerke nach 1949 entschädigungslos in „Volkseigentum" umgewandelt worden waren. 164 Städte zogen vor das Bundesverfassungsgericht, das 1992 einen Vergleichsvorschlag unterbreitete, der den Kommunen die Gründung eigener Stadtwerke ermöglichte.[5] In diesem „Stromstreit" bezog die MVV Position auf der Seite der Kommunen und veranstaltete ab 1991 in der Rheingoldhalle mehrere Symposien zum Thema „Gründung und Betrieb von Stadtwerken in den neuen Bundesländern". Das Engagement der MVV erfolgte allerdings nicht uneigennützig, denn das Unternehmen wollte auch sein eigenes Know-how vermarkten. So hatte sich die MVV bereits im Mai 1991 über die Tochtergesellschaft RHE mit 35 Prozent des Grundkapitals an der Gründung der Stadtwerke Meißen beteiligt und 7 Mio. D-Mark investiert.[6]

Nahezu zeitgleich mit der Öffnung der Märkte in den Ländern des ehemaligen „Ostblocks" begann in der Europäischen Gemeinschaft die nachhaltige Veränderung der Energiewirtschaft. Unter ihrem seit 1985 amtierenden Präsi-

Bereits Ende der 1980er Jahre beriet die MVV polnische Städte zur Fernwärme, nach 1989 wurde die Zusammenarbeit intensiviert. Neben Warschau – hier Roland Hartung (1. Reihe Mitte) und Gerhard Widder (dahinter) bei einer Vertragsunterzeichnung im Oktober 1990 – waren das Skarżysko-Kamienna und Szczecin.
(MVV Energie AG)

denten Jacques Delors setzte die EG-Kommission einen umfassenden Reformprozess in Gang, in dessen Verlauf die „Einheitliche Akte" verabschiedet wurde. Das am 1. Juli 1987 in Kraft getretene Dokument sah die Schaffung eines europäischen Binnenmarkts für alle Waren und Dienstleistungen – also auch für Strom und Gas – bis zum 31. Dezember 1992 vor. 1989/90 wurden erste Richtlinienentwürfe zur Liberalisierung des Strommarkts ausgearbeitet, die im Kern den freien Zugang zu den Netzen für alle Anbieter vorsahen. Die entsprechenden Konzepte wurden unter den Schlagworten „Common Carrier" bzw. „Third Party Access" diskutiert. Gegen die Pläne der EG-Kommission regte sich alsbald Widerstand in der deutschen Energiewirtschaft.[7]

Auch bei der MVV wurde man publizistisch und durch Lobbyarbeit aktiv. In einem Zeitschriftenbeitrag setzte sich Roland Hartung kritisch mit den energiepolitischen Plänen der EG-Kommission auseinander. Er machte rechtliche Vorbehalte gegen eine Durchleitungsverpflichtung geltend und plädierte für die bestehende Ordnung der Energiemärkte. Seiner Ansicht nach sorgten geschlossene Versorgungsgebiete für eine gerechte Preisbildung und den Schutz der Verbraucher. Das Common-Carrier-Konzept stelle dagegen die „Bedingungen des Energiemarkts zu Lasten der mittelständischen Industrie, des Gewerbes und der privaten Haushalte, und damit zu Lasten des kleinen Mannes, in Frage". Sein Fazit lautete: „Zu hoffen ist, daß die praktische Vernunft die Oberhand über den ‚Brüsseler Glasperlenspielen' behält."[8] Bei einer Informationsveranstaltung für Mitglieder der SPD-Landtagsfraktion wählte Hartung noch drastischere Worte und kündigte eine „Kriegserklärung" an, falls die EG beschließen sollte, fremden Unternehmen die Nutzung der MVV-Netze zu ermöglichen.[9]

Zu Beginn der 1990er Jahre veranstaltete die MVV in der Rheingoldhalle eine Reihe von Workshops und Symposien zu energiepolitischen Themen. Im Mittelpunkt standen dabei die Zusammenarbeit in Europa und die Gründung von Stadtwerken in den neuen Bundesländern.
(MVV Report 8/1992, S. 6)

Strategische Überlegungen

Während Roland Hartung in der an Dynamik gewinnenden Liberalisierungsdebatte nach außen hin kämpferisch auftrat, entwickelte man MVV-intern Konzepte zur Weiterentwicklung der Unternehmensgruppe. 1992 wurden im Rahmen von Workshops Strategiepapiere für die einzelnen Geschäftsfelder erarbeitet.[10]

Der Fernwärme wurde ein großes Entwicklungspotenzial attestiert, ihr Ausbau war allerdings mit hohen Investitionen verbunden, die sich nur langsam

In der Amtszeit von Jacques Delors als Präsident der Europäischen Kommission (links im Bild, zusammen mit Bundeskanzler Helmut Kohl) wurden eine Reihe grundlegender Beschlüsse zur Liberalisierung der Energiemärkte gefasst.
(Imago Images)

amortisierten. In den Mannheimer „Fernwärmevorzugsgebieten" strebte die MVV eine konsequente Umstellung aller Haushalte von Öl- oder Gasheizung auf Fernwärme an. Potenzial für zusätzliche Erlöse bot die „Vermarktung des im Unternehmen vorhandenen Fernwärme-Know-Hows in Form von Consult-Geschäften".

Komplexer war die Lage im Geschäftsfeld Strom. Es galt als „Umsatzbringer des Konzerns, der zum Ausgleich von Finanzierungsdefiziten in anderen Sparten" diente. Im Geschäftsjahr 1990/91 erzielte die MVV mit Strom einen Umsatz von 403 Mio. D-Mark, was 35,7 Prozent des Unternehmensumsatzes entsprach. Zum Gewinn steuerte die Sparte mit 22,4 Mio. D-Mark sogar 72 Prozent bei. Im Strategiepapier wurde festgehalten:

> „Das Stromgeschäft zeichnet sich durch hohe Stabilität aus. Da Strom die Grundvoraussetzung zur Deckung zahlreicher Bedürfnisse darstellt und angesichts bestehender Demarkationsverträge keine Konkurrenz im Blick auf die Stromversorgung in Mannheim existiert, ist jeder Haushalt gezwungen, Strom von SMA zu beziehen."

Die Analyse machte aber auch strukturelle Schwächen deutlich: An die rund 180.000 Tarifkunden wurden nur 30 Prozent des Stroms abgegeben, 70 Prozent dagegen an Industriekunden und davon wiederum fast die Hälfte an nur fünf Abnehmer. Es bestand also eine starke Abhängigkeit von einzelnen Großkunden. Im Hinblick auf die Liberalisierung der Energiemärkte wurde das durchaus als problematisch angesehen:

> „Sollte die von der EG-Kommission vorgesehene Deregulierung für die Elektrizitätsversorgung in Verbindung mit Durchleitungsrechten realisiert werden, so wird es Stromanbietern aus anderen europäischen Län-

dern möglich, in die bislang durch Demarkations- und Konzessionsverträge geschützten deutschen Märkte einzudringen. Angesichts der zum Teil deutlich geringeren Erzeugungskosten ausländischer Anbieter wäre ein intensiver Preiswettbewerb zu erwarten, der zu Konzentrationsprozessen und zur Verdrängung kleinerer Stromversorgungsunternehmen (wie MVV) führen könnte. Für die Stromversorgung durch MVV ist mit der Gefahr einer erheblichen Verschärfung der Konkurrenz hinsichtlich der Versorgung von Großkunden zu rechnen."

Als besonders bedrohlich wurde eine mögliche Konkurrenz durch die Électricité de France (EDF) empfunden, die Strom zu deutlich niedrigeren Preisen als deutsche Energieversorger anbieten konnte. Doch auch Unternehmen in der unmittelbaren Nachbarschaft wurden als potenzielle Wettbewerber wahrgenommen:

„Sollte die geplante Fusion zwischen EVS und Badenwerk genehmigt werden, so wäre das entstehende Unternehmen aufgrund von Größeneffekten in der Lage, Strom zu Preisen anzubieten, die für einen kommunalen Stromversorger wie SMA nicht kostendeckend wären. Insofern ist auch von dieser Seite ein Eindringen in das Versorgungsgebiet der SMA zu befürchten."

Im Geschäftsfeld Gas rechnete man auf lange Sicht ebenfalls mit der Einführung des „Third Party Access" und entsprechenden Auswirkungen im Großkundenbereich. Ohnedies war absehbar, dass die MVV ihren wichtigsten Gaskunden BASF – mit allein 41 Prozent der Gesamtabgabe im Jahr 1990 – verlieren würde. Bestehende Lieferverträge liefen 1994 und 2000 aus und es zeichnete sich ab, dass künftig die BASF-Tochter Wintershall die Gasversorgung des Chemiekonzerns übernehmen würde. Und in der Tat wurde das BASF-Werk Ludwigshafen ab dem 1. Oktober 1994 durch die neu gebaute MIDAL-Pipeline der Wintershall direkt beliefert. Für die MVV bedeutete dies einen Rückgang des Umsatzes mit der BASF von 125 auf 55 Mio. D-Mark, der mit Gas erzielte Umsatz verringerte sich um 20 Prozent.[11]

Exkurs: Die Entstehung der EnBW

Vor dem Hintergrund der bevorstehenden Liberalisierung der Energiemärkte gab es ab 1989 Überlegungen zum Zusammenschluss der beiden großen südwestdeutschen Energieversorger Badenwerk und Energieversorgung Schwaben (EVS). Dieser wurde nicht zuletzt von der baden-württembergischen Landesregierung angestrebt – das Land war mit 25 bzw. 10,4 Prozent an beiden Unternehmen beteiligt. In eine Fusion sollten auch die Neckarwerke Esslingen, die Technischen Werke Stuttgart (TWS) und die MVV mit einbezogen werden. In einer Reihe von Gesprächen – das erste fand auf Einladung der MVV in Großsachsen an der Bergstraße statt – wurden die Möglichkeiten einer Zusammenarbeit ausgelotet.

Die MVV ist zusammen mit RWE und EnBW Anteilseigner der Grosskraftwerk Mannheim AG (GKM). Die 1982 bzw. 1993 in Betrieb genommenen Kraftwerksblöcke 7 und 8 sind für die Erzeugung von Strom und Fernwärme ausgelegt (Kraft-Wärme-Kopplung).
(Unternehmensarchiv Bilfinger SE, Mannheim)

Bei der MVV, die fünf Prozent der Anteile des Badenwerks hielt, sah man die Fusion jedoch aufgrund der unterschiedlichen Aktionärsstruktur der beiden großen Unternehmen kritisch und warnte vor einer „Dominanz württembergischer Kommunen" sowie einer „Benachteiligung der Rheinschiene".[12] Letztlich entschied man sich bei der MVV dafür, unabhängig zu bleiben. Dabei spielte auch die Beteiligung am GKM eine Rolle, denn nur als einer von drei Anteilseignern konnte die MVV weiterhin Einfluss auf die Strategie des GKM nehmen – insbesondere den weiteren Ausbau der Kraft-Wärme-Kopplung – und so die spezifischen Mannheimer Interessen im Hinblick auf die Fernwärmeversorgung sichern.[13]

Die Fusion von Badenwerk und EVS scheiterte zunächst 1993 am Veto des Badenwerk-Aufsichtsrats. Im zweiten Anlauf wurden die Unternehmen dann 1997 zur Energie Baden-Württemberg AG verschmolzen, gleichzeitig fusionierten die Neckarwerke Esslingen und die TWS zur Neckarwerke Stuttgart AG. Am 1. Oktober 2003 erfolgte schließlich der Zusammenschluss der beiden neu gegründeten Gesellschaften unter der Firma EnBW.[14] Seitens der Landespolitik gab es in der Folgezeit weiterhin Initiativen mit der Zielsetzung, MVV und EnBW zusammenrücken zu lassen.

Streit um die Energierechtsreform

In der ersten Hälfte der 1990er Jahre wurde weiter lebhaft über die Liberalisierung der Energiemärkte debattiert. Eines der zentralen Argumente der Befürworter lautete, durch überhöhte Strom- und Gaspreise würden defizitäre Dienstleistungen von Kommunen – wie der ÖPNV oder der Betrieb von Schwimmbädern –

subventioniert. Führender Verfechter einer möglichst weitgehenden Liberalisierung war der ab 1993 amtierende Bundeswirtschaftsminister Günter Rexrodt (FDP). Im Oktober 1993 legte sein Ministerium den ersten Entwurf für ein *Gesetz zur Neuregelung des Energiewirtschaftsrechts* vor. Er sah unter anderem die Beseitigung der durch Konzessions- und Demarkationsverträge geschaffenen Gebietsmonopole der Energieversorger vor. Im Januar 1994 machte Rexrodt seine Sicht der Dinge pointiert deutlich:

„Deregulierung heißt aber auch Mobilisierung des Wettbewerbs. Und da denke ich in diesem Jahr zuerst an die leitungsgebundenen Energieunternehmen. Ich weiß, dies ist der Griff ins Wespennest. [...] Gegen uns stehen die Manager der Strom- und Gaswirtschaft, gegen uns sind all die Kommunalpolitiker, die dort Posten und Pöstchen drücken [...]. Aber für uns sind die Verbraucher, denen Strom und Gas in Deutschland seit langem zu teuer sind. Und das motiviert mich. Wir müssen ernsthaft an die gesetzliche Abschaffung der Demarkationsverträge herangehen und zu Durchleitungsrechten kommen. Es wird ein hartes Stück Arbeit sein, bis wir das neue Energiewirtschaftsgesetz im Bundesanzeiger haben werden."[15]

Der Verband kommunaler Unternehmen (VKU) informierte Roland Hartung über die „verbalen Kraftakte von Minister Rexrodt", der gute Chancen habe, „sein Ziel im Kabinett zu erreichen". Daher sei die Unterstützung des Bundeskanzleramts erforderlich, das dank des bisherigen Engagements der MVV-Geschäftsführung den Plänen Rexrodts skeptisch gegenüberstehe. Der VKU empfahl, „dem Bundeskanzler in geeigneter Weise nahezubringen", dass „Rexrodt in erster Linie eine FDP-Wahlkampfstrategie" verfolge und sich „als der große Liberalisierer präsentieren" wolle.[16]

Aufgrund seiner jahrelangen Tätigkeit als CDU-Kommunalpolitiker hatte Hartung gute Beziehungen zu Helmut Kohl, der in der Nachbarstadt Ludwigshafen verwurzelt war. Er nahm daher den Ball auf und wandte sich „in alter Verbundenheit" an Kohl:

„Im vergangenen Jahr hatte ich Ihnen die Sorge der kommunalen Versorgungswirtschaft vorgetragen [...]. Die Angelegenheit scheint jedoch von Herrn Bundeswirtschaftsminister Rexrodt zu einem Wahlkampfthema gemacht zu werden, anders kann ich die Rhetorik auf der Pressekonferenz zum Jahreswirtschaftsbericht am 26.01.1994 nicht deuten. [...] Die kommu-

Der von 1993 bis 1998 amtierende Bundeswirtschaftsminister Günter Rexrodt (FDP) setzte sich für eine möglichst weitgehende Liberalisierung der Energiemärkte in Deutschland ein.
(akg-images)

Roland Hartung verfügte über gute Beziehungen zu Bundeskanzler Helmut Kohl (CDU), der fest in Mannheims Nachbarstadt Ludwigshafen verwurzelt war. Auch nach seiner Amtszeit interessierte sich Kohl für die Entwicklung der MVV, wie sein Besuch des Mannheimer Maimarkts im Jahr 2003 zeigt.
(Foto: Manfred Rinderspacher)

nale und regionale Versorgungswirtschaft, die wesentliche Beiträge zur Infrastruktur und zu den Finanzen der Kommunen beiträgt, hat eine solche unverständliche und unberechtigte Schelte nicht verdient. [...] Die Probleme der kommunalen und regionalen Versorgungswirtschaft im Zusammenhang mit der europäischen Energiepolitik sind [...] nicht für den Wahlkampf geeignet, und die nur sporadisch auf der kommunalen Ebene vertretene FDP hat sicherlich auch nicht genügend Erfahrungswissen auf diesem Gebiet. Ich wollte Sie auf diesen Umstand hinweisen und bitte um Verständnis für meine offenen und um die CDU besorgten Worte."[17]

Die Diskussion in Deutschland wurde jedoch alsbald durch einen neuen Richtlinienentwurf der EU-Kommission überholt. Am 20. Juni 1996 einigten sich die Energieminister auf die Grundsätze der Liberalisierung der Strommärkte. Die *Binnenmarktrichtlinie Strom* trat am 19. Februar 1997 in Kraft, sie war in den EU-Mitgliedsstaaten mit einer Frist von zwei Jahren umzusetzen.[18] Wenige Tage nach dem Beschluss des Ministerrats nahm Roland Hartung an einer Konferenz über „Energiemärkte und Wettbewerb" teil. Seine Eindrücke hielt er in einem Aktenvermerk an die Abteilungsleiter der MVV fest, verbunden mit einem programmatischen Appell:

„Es gibt keinen Zweifel mehr daran, daß sich unser Geschäft ändert. Dies war in der Konferenz in Frankfurt geradezu körperlich zu spüren. [...] Eines ist jedoch sicher: Ein Zurück zu alten Zeiten wird es nicht mehr geben und wer diesem Wandel nicht standhalten kann, und diesen Wandel nicht auch als Chance begreift, wird untergehen!"[19]

Mit Kostensenkungen in die Gewinnzone

Bereits im September 1992 wurde bei der MVV ein Programm zur Kostenreduktion angestoßen, dessen Kern der sozialverträgliche Abbau von Arbeitsplätzen bildete. Dazu wurde eine Vorruhestandsregelung eingeführt, nach der Mitarbeitende ab einem Alter von 58 Jahren aus dem Arbeitsleben ausscheiden konnten.[20] Im November 1993 legte Klaus Curth als zuständiges Mitglied der Geschäftsführung dem Gemeinderat eine konkrete Planung vor: von 2735 Stellen sollten 323 wegfallen, wodurch bis Ende 1997 rund 55 Mio. D-Mark eingespart werden sollten. Die Umstrukturierung brachte zudem zahlreiche Versetzungen und die Neuzuordnung von Aufgaben mit sich.[21] Was dies konkret bedeuten konnte, wurde im Rahmen der Bilanzpressekonferenz 1993 erläutert: Nachdem der Ausbau der leitungsgebundenen Energieversorgung in Mannheim mit dem Anschluss von 81 Prozent aller Haushalte weitgehend fertiggestellt war, wurden rund 30 Konstrukteure mit Planungsaufträgen für Projekte in Polen, Ungarn und China beschäftigt. Somit konnte durch das Consulting-Geschäft wertvolles Know-how im Unternehmen gehalten werden.[22]

Der Großteil des Stellenabbaus fand allerdings nicht im Versorgungs-, sondern im Verkehrsbereich statt: In der zweiten Hälfte der 1980er Jahre waren bei der MVV-Gruppe insgesamt rund 3000 Personen beschäftigt gewesen, am Ende des Geschäftsjahrs 1997/98 waren es nur noch 2600, was einem Rückgang von rund 13 Prozent entsprach. Während jedoch die Zahl der Mitarbeitenden bei der SMA (ohne Auszubildende) nur um zehn Prozent abgenommen hatte, betrug der Rückgang bei der MVG 28 Prozent. Bei der RHE war der Personalbestand weitgehend konstant geblieben, bei der MVV GmbH hatte es einen Zuwachs von rund neun Prozent gegeben, bedingt durch den Aufbau neuer Geschäftsfelder.

Geschäftsführung der MVV GmbH im Jahr 1995 (v.l.): Dr. Hans Ulrich Schelosky (Technik), Roland Hartung (Vorsitzender und kaufmännische Ressorts), Klaus Curth (Personal). (GB 1994/95, S. 4)

Polen war in den 1990er Jahren der wichtigste Auslandsmarkt der MVV. Insbesondere bei der Modernisierung des Fernwärmenetzes in Warschau – hier 1996 – spielte das Unternehmen eine zentrale Rolle.
(Foto: Manfred Rinderspacher)

12 MARKTLIBERALISIERUNG, BÖRSENGANG UND EXPANSION

Eine wichtige Rolle spielte weiterhin das Consulting; im Geschäftsjahr 1993/94 wurden in dieser Sparte 42 Aufträge bearbeitet und ein Umsatz von 6,9 Mio. D-Mark erzielt. Der bedeutendste Markt war nach wie vor Polen: Mitte 1994 wurde in Warschau eine Niederlassung eröffnet, die Keimzelle der Beteiligungsgesellschaft MVV Polska, die im Juni 1998 gegründet wurde. Ein eigenes Geschäftsfeld bildeten ab 1993/94 die Energiedienstleistungen, intern auch als das „Geschäft hinter dem Zähler" bezeichnet. So wurden beispielsweise MVV-eigene Kälteanlagen zur Klimatisierung eines Mannheimer Kaufhauses und des Kongresszentrums Rosengarten eingesetzt.[23] Während sich die MVV damit noch auf vertrautem Terrain bewegte, wagte sie mit dem Einstieg in die Telekommunikation den Sprung in eine neue Sparte. Ab Oktober 1995 betätigte sie sich als erstes kommunales Unternehmen als Internet-Provider. Im Hinblick auf die für 1998 angekündigte Liberalisierung des Telekommunikationsmarkts wollte sie sich rechtzeitig positionieren und sah sich mit einem Netz von 700 Kilometer eigenen und 1300 Kilometer kommunalen Fernmeldeleitungen gut für die Vermarktung der neuen Dienstleistung gerüstet.[24]

Die Kostensenkungs- und Restrukturierungsmaßnahmen zeigten durchaus die gewünschte Wirkung. Im Geschäftsjahr 1995/96 erzielte die MVV einen Gewinn von 5,1 Mio. D-Mark und stellte „mit dem besten Jahresergebnis in der Unternehmensgeschichte ihre Leistungsfähigkeit unter Beweis". Die Geschäftsführung sah das Unternehmen daher für die Zukunft gewappnet: „Mit Zuversicht können wir uns den Herausforderungen des bevorstehenden Wettbewerbs stellen."[25] Das Ziel, eine „schwarze Null" zu erwirtschaften, wurde trotz erheblicher Strompreissenkungen erreicht. Insbesondere Industrie- und Gewerbekunden profitierten ab dem 1. Januar 1996 von einer Reduzierung der Tarife um 18 bzw. 15 Prozent, Haushaltskunden mussten sich mit zehn Prozent zufriedengeben. Ursachen des Preisrückgangs waren der Wegfall des sogenannten Kohle-

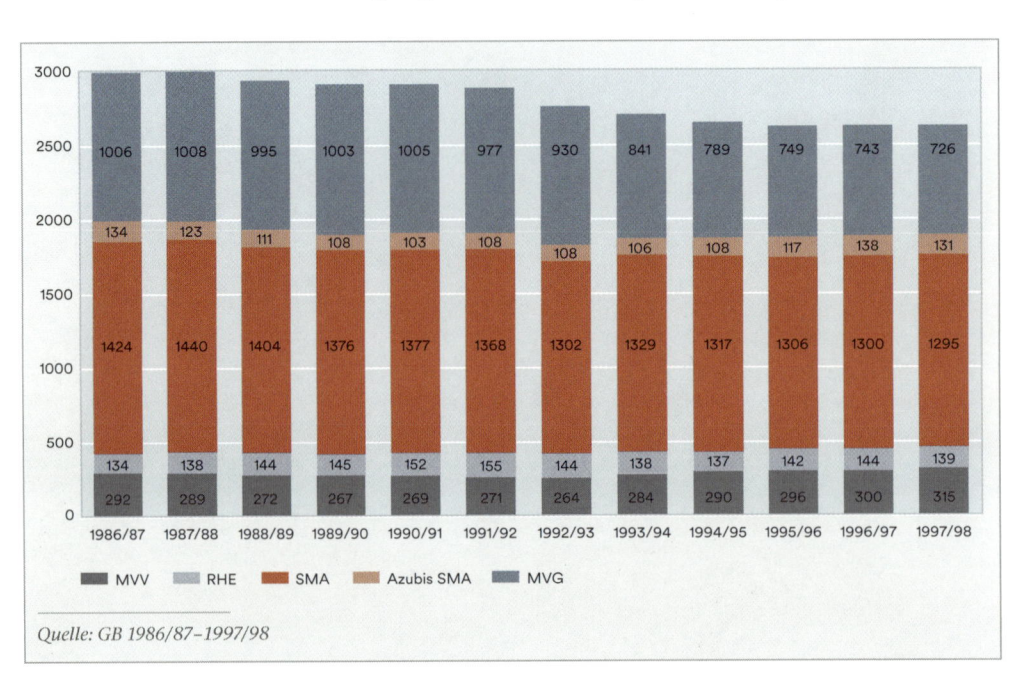

Beschäftigte der MVV-Gruppe 1986/87–1997/98

Jahr	MVV	RHE	SMA	Azubis SMA	MVG
1986/87	292	134	1424	134	1006
1987/88	289	138	1440	123	1008
1988/89	272	144	1404	111	995
1989/90	267	145	1376	108	1003
1990/91	269	152	1377	103	1005
1991/92	271	155	1368	108	977
1992/93	264	144	1302	108	930
1993/94	284	138	1329	106	841
1994/95	290	137	1317	108	789
1995/96	296	142	1306	117	749
1996/97	300	144	1300	138	743
1997/98	315	139	1295	131	726

Quelle: GB 1986/87–1997/98

Auch in Mannheim trieb die MVV den Ausbau der Fernwärmeversorgung intensiv voran. 1995 wurde eine eigenständige Netzleitwarte für Fernwärme in Betrieb genommen.
(MVV Report 12/1995, S. 10)

pfennigs und das Ende der Pflicht zur Verstromung inländischer Steinkohle.[26] Die Preise für Großkunden wurden ab dem 1. Mai 1996 ein weiteres Mal auf 16 bis 18 Pf/kWh gesenkt. Damit war die MVV günstigster Anbieter in Baden-Württemberg.[27]

12.2 DER WEG DER MVV AN DIE BÖRSE

Ab Mitte der 1990er Jahre wurden bei der MVV grundsätzliche Überlegungen zur Neupositionierung des Unternehmens angestellt. Man rechnete mit einem Konzentrationsprozess in der Energiewirtschaft, in dem man eine aktive Rolle spielen wollte, nicht zuletzt, „um die kommunalen Interessen zu sichern". Der Plan war, sich an anderen Unternehmen auf regionaler, nationaler und europäischer Ebene zu beteiligen. Zur Finanzierung von Akquisitionen war Kapital erforderlich, welches jedoch von der Stadt Mannheim nicht zur Verfügung gestellt werden konnte. Auch eine „Kapitalbildung aus der Ertragskraft der MVV" war nicht möglich, da die Erträge aus dem Versorgungsbereich zur Deckung der Verluste der Verkehrssparte benötigt wurden. Als Alternative kamen „diverse Arten einer Teilprivatisierung" infrage, wobei klar war, dass sich das Investoreninteresse ausschließlich „auf die Unternehmen der Versorgungssparte der MVV", also auf SMA und RHE beschränken würde.[28]

Erste Pläne zur Teilprivatisierung

Im März 1996 nahm die Geschäftsführung Kontakt mit der zur Dresdner Bank gehörenden Beteiligungsgesellschaft für die deutsche Wirtschaft (BdW) auf, um mögliche Varianten einer Teilprivatisierung auszuloten. Die BdW empfahl, zusätzlich die Investmentbank Dresdner Kleinwort Benson (DKB) einzubinden, die „über weltweit führende Erfahrung im Bereich der (Teil-)Privatisierung öffentlicher Unternehmen", insbesondere im Elektrizitätssektor verfüge.[29] Am 3. Mai 1996 fand ein erstes Gespräch mit der DKB statt. Nach Analyse der Bank waren zu diesem Zeitpunkt zwei Trends in der deutschen Energiewirtschaft festzustellen: Zum einen wollten sich die großen Verbundunternehmen durch den Erwerb von Anteilen an regionalen und kommunalen Energieversorgern Absatzgebiete sichern; zum anderen waren zahlreiche Kommunen aufgrund von Budgetdefiziten gezwungen, ihre Versorgungsbetriebe ganz oder teilweise zu verkaufen. Die Chancen der MVV, sich an dieser Entwicklung aktiv, also auf der Käuferseite, zu beteiligen und das dafür notwendige Kapital mittels eines Börsengangs aufzubringen, schätzte DKB „optimistisch" ein. Als eine mögliche Variante wurde auch die „strategische Beteiligung durch den Verkauf eines Anteils an einen Partner" erwogen.[30]

Nach einer Reihe weiterer Gespräche mit DKB erläuterte die Geschäftsführung OB Gerhard Widder die „Optionen und Vorteile einer Teilprivatisierung der MVV". Sie betonte, dass das Unternehmen „vor besonderen Herausforderungen" stehe und zusätzliches Eigenkapital benötige, das durch eine Teilprivatisierung aufgebracht werden sollte. Dafür wurden drei Optionen entwickelt: die Beteiligung eines strategischen Investors aus dem In- oder Ausland (Trade Sale), die Beteiligung eines Finanzinvestors (Privatplatzierung) und schließlich ein Börsengang (Initial Public Offer – IPO). Als wesentlicher Vorteil eines Trade Sale wurde die „strategische Prämie" angeführt, sprich, bei einem Verkauf an einen Investor war ein höherer Erlös zu erzielen als bei den anderen Varianten. Vorteile einer Privatplatzierung waren das Offenhalten strategischer Optionen und die Erschließung zusätzlicher Kapitalressourcen. Für einen IPO sprachen vor allem der Erhalt der Unabhängigkeit der MVV und die Möglichkeit, zusätzliche Reputation und Marktpräsenz zu gewinnen. Dem stand eine tendenziell niedrigere Bewertung des Unternehmens, also ein geringerer Verkaufserlös gegenüber. Widder billigte grundsätzlich die Überlegungen zur Teilprivatisierung, wollte aber zunächst mit den Fraktionsvorsitzenden von CDU und FDP im Gemeinderat über das Konzept sprechen.[31]

Priorität für den Börsengang

Offensichtlich präferierte die MVV von Anfang an den Börsengang. Nur rund drei Monate, nachdem Roland Hartung dem Oberbürgermeister die Grundzüge des Konzepts zur Teilprivatisierung vorgestellt hatte, machte er die Pläne im Rahmen der Bilanzpressekonferenz am 5. Februar 1997 öffentlich. Er stellte zwar alle drei möglichen Varianten vor, verlieh aber seiner Präferenz für einen Börsengang deutlich Ausdruck. Laut „Mannheimer Morgen" bezeichnete er ihn als einen „Schlußpunkt auf dem Weg hin zu einem ganz ‚normalen Wirtschaftsunternehmen'".[32]

12.2 DER WEG DER MVV AN DIE BÖRSE

Sein Vorstoß sorgte für erhebliche Unruhe bei den bis dahin nicht informierten Mitgliedern des Aufsichtsrats und veranlasste Yvette Bödecker, Fraktionsvorsitzende der Grünen, bei der Sitzung des Gemeinderats am 18. Februar 1997 die Anfrage zu stellen, ob Hartung in der Bilanzpressekonferenz am 5. Februar „tatsächlich eine Teilprivatisierung und einen ‚Börsengang' der MVV angekündigt" habe und ob Widder als Aufsichtsratsvorsitzender darüber informiert gewesen sei.[33] Auch der Vorsitzende der SPD-Fraktion Peter Kurz zeigte sich von Hartungs Ankündigung überrascht und teilte dem „Mannheimer Morgen" mit, „dass der freie Verkauf von Anteilen an der Börse" bei der SPD „auf Skepsis" stoße.[34]

Roland Hartung ließ sich von derartigen Einwänden nicht beeindrucken, sondern sorgte dafür, dass seine Absichten auch bundesweit bekannt wurden. Wenige Tage später berichtete das „Handelsblatt" mit der Schlagzeile „Mannheimer Stadtwerke wollen an die Börse" über die Pläne. Dabei gehe es „nicht um die Entlastung des städtischen Haushalts, sondern ausschließlich um die Mobilisierung zusätzlicher Finanzmittel für eine Expansion über die kommunalen Grenzen hinaus". Die MVV wolle damit dem „Vormachtstreben der großen Stromversorger trotzen".[35]

Anfang April 1997 stellte die Geschäftsführung dem Aufsichtsrat erstmals ihre strategischen Überlegungen vor. Obwohl die Thematik bereits öffentlich bekannt war, sollte die Vorlage der „Einstieg in die Diskussion" sein. Ziel war es, „dem Aufsichtsrat bis Ende des Jahres eine Beschlußvorlage über eine mögliche Teilprivatisierung der MVV zur Entscheidung" vorzulegen. Das Konzept sah die Ausgliederung von SMA und RHE in eine „Zwischenholding" vor, deren Anteile zu 25 Prozent an Dritte veräußert werden sollten, entweder durch einen Börsengang oder durch Verkauf an Investoren. Je nach Transaktionsstruktur hielt man einen Zuschlag in Höhe des drei- bis fünffachen Unternehmenswerts für realisierbar, sodass mit einem Verkaufserlös zwischen 150 und 250 Mio. D-Mark gerechnet werden könne. Als „unabdingbare Voraussetzungen" für „sämtliche Überlegungen zur Teilprivatisierung" wurden unter anderem die „Erhaltung des steuerlichen Querverbunds innerhalb der MVV-Gruppe", die „Sicherung der Ertragskraft der MVV zur Finanzierung des ÖPNV" und die „Wahrung des unternehmerischen Einflusses der

Im Geschäftsjahr 1995/96 erzielte die MVV GmbH mit einem Gewinn von 5,1 Mio. D-Mark erstmals ein positives Jahresergebnis. Damit war eine wichtige Hürde für den geplanten Börsengang der Energiesparte genommen.
(MVV Report 3/1997, Titelblatt)

Stadt Mannheim zur Sicherung ihrer energie- und umweltpolitischen Ziele" festgehalten.[36]

Im Jahr 1997 befasste sich der Aufsichtsrat noch in drei weiteren Sitzungen mit der Thematik. Im Verlauf der Diskussionen neigte sich die Waage des Meinungsbilds schrittweise zugunsten des Börsengangs, zumal „die Bewahrung der unternehmerischen Unabhängigkeit als strategisches Ziel der MVV" bekräftigt wurde.[37] Ende September stellte Gerhard Widder fest, dass „der Börsengang seitens des Aufsichtsrates präferiert" werde, und bat „die Geschäftsführung, dies zielstrebig vorzubereiten und eine entscheidungsreife Vorlage vorzulegen".[38]

Im Aufsichtsrat wurde auch die notwendige Umstrukturierung des MVV-Konzerns behandelt. Da die Zahl der Beschäftigten der aus SMA und RHE zu bildenden neuen Gesellschaft unter 2000 und somit unter dem Schwellenwert für eine verbindliche paritätische Besetzung des Aufsichtsrats liegen würde, sollte diese explizit vereinbart werden. Die Berater von DKB hielten eine freiwillige paritätische Mitbestimmung allerdings für problematisch, da sie „ohne Beispiel bei börsennotierten Gesellschaften" sei und „deshalb vom Markt kritisch beurteilt werden" würde. Der Vorsitzende des Konzernbetriebsrats Hans-Jürgen Farrenkopf konnte sich jedoch nicht vorstellen, den Börsengang „ohne eine Regelung über die Mitbestimmung" durchzuführen.[39] Für die Arbeitnehmervertreter war dies letztlich eine Conditio sine qua non, weshalb im Dezember 1998 eine entsprechende Vereinbarung zwischen der Stadt und dem Betriebsrat des Unternehmens getroffen wurde.[40]

„Fit für Europa" lautete das Motto einer Kampagne, mit der die MVV ihre Belegschaft auf die Liberalisierung der Energiemärkte vorbereitete. In einer speziellen „Aktionszeitung von Mitarbeitern für Mitarbeiter" wurde u. a. der geplante Börsengang erläutert.
(Fit für Europa Nr. 4, S. 1)

Da im Dezember 1997 im Aufsichtsrat noch Informations- und Beratungsbedarf zur weiteren Vorgehensweise bestand, gaben OB Widder und der Erste Bürgermeister Norbert Egger im Januar 1998 ein eigenes Gutachten in Auftrag. Darin sollten die Auswirkungen eines Börsengangs der MVV auf den „Kapitaleigner Stadt Mannheim" untersucht werden.[41] Das im Juni vorgelegte Papier stützte sich im Wesentlichen auf die Studien von DKB und kam zu keinen grundsätzlich neuen Erkenntnissen. Als Fazit wurde festgehalten: „Während für die Börse der Erhalt von Freiheitsgraden [...] spricht, spricht für den strategischen Investor der erheblich höhere Kaufpreis."[42] In einem Vergleich der Bewertungsmethoden hatte DKB einen Börsenwert der MVV-Energiesparte in Höhe 0,9 bis 1,1 Mrd. D-Mark ermittelt, während ein strategischer Investor das Unternehmen mit 1,4 bis 1,8 Mrd. D-Mark bewerten würde. Demnach würden sich bei einem Verkauf von 25 Prozent der Anteile an einen Investor rund 125 bis 200 Mio. D-Mark mehr erlösen lassen als bei einem Börsengang.[43]

Noch bevor der Aufsichtsrat einen finalen Beschluss zur Teilprivatisierung fassen konnte, machte Roland Hartung seinen Standpunkt in der „Börsen-Zeitung" deutlich:

> „Gegenüber der alternativen Möglichkeit eines strategischen Verkaufs mit dem vermeintlichen Schutzeffekt einer Anlehnung an einen kapitalstarken Partner läßt sich bei einem Börsengang die Unabhängigkeit ohne nennenswerte Einschränkung des unternehmerischen Handlungsspielraums bewahren."

Er betonte, dass es im Aufsichtsrat eine „Präferenz für den Börsengang" gebe, und ließ keinen Zweifel daran, dass sich das Gremium in seinem Sinne entscheiden würde.[44]

In der Sitzung am 20. Juli 1998, die Gerhard Widder als die „wichtigste Sitzung seit Gründung des MVV-Konzerns" bezeichnete, beschloss der Aufsichtsrat schließlich die „Teilprivatisierung der MVV-Versorgung". Dazu sollte das Grundkapital der SMA durch die Ausgabe neuer Aktien im Wert von 56,6 Mio. D-Mark zunächst um 25,1 Prozent auf 225,6 Mio. D-Mark erhöht werden, um dann die neuen Aktien an den Börsen Frankfurt und Stuttgart zu veräußern. Als Platzierungsreserve für den Fall einer Überzeichnung war eine Mehrzuteilungsoption in Höhe von maximal 5 Mio. D-Mark vorgesehen. Mit der Teilprivatisierung gingen die Änderung der Konzernstruktur und die Umfirmierung von SMA und MVG einher. Die SMA wurde mit Wirkung ab dem 1. Oktober in MVV Energie AG umbenannt, da man sich von dem „vorbelasteten Begriff ‚Stadtwerke'" trennen und im Hinblick auf die Liberalisierung der Märkte „durch eine moderne Firmierung ein deutliches Signal nach außen setzen" wollte. Analog dazu wurde die MVG in MVV Verkehr AG umfirmiert. Die Muttergesellschaft wurde erst im Januar 1999 umbenannt, statt als Mannheimer Versorgungs- und Verkehrsgesellschaft mbH firmierte sie nur noch kurz als MVV GmbH.[45]

Da der Börsengang im ersten Quartal 1999 erfolgen sollte, sorgte OB Widder für eine Eilentscheidung der städtischen Gremien. Der Hauptausschuss behandelte die Teilprivatisierung bereits am 21. Juli, also nur einen Tag nach der entscheidenden Sitzung des Aufsichtsrats. Im Gemeinderat stand das Thema sieben Tage später auf der Tagesordnung; er stimmte der Beschlussvorlage einstimmig zu.[46]

Mitarbeitende aller Sparten der MVV konnten im Zuge des Börsengangs Aktien der MVV Energie AG zu Vorzugskonditionen beziehen. Rund 77 % der Berechtigten machten von dem Angebot Gebrauch.
(Fit für Europa Nr. 5)

„WER WÄR' NICHT GERNE AKTIONÄR?" EUPHORIE UND ENTTÄUSCHUNG AN DER BÖRSE

Martin Krauß

„Die Telekom geht an die Börse, und ich geh' mit." Mit diesem Satz warb 1996 der Schauspieler Manfred Krug in einer bis dahin beispiellosen Kampagne für Aktien der Deutschen Telekom. Rund 1,9 Mio. Kleinanleger, darunter 650.000 Börsenneulinge, folgten seinem Aufruf und orderten die „T-Aktie" zum Ausgabepreis von 28,50 D-Mark. Sie konnten damit bereits am ersten Handelstag einen satten Gewinn verbuchen, denn die Erstnotiz an der Frankfurter Börse lautete am 18. November 1996 auf 33,20 D-Mark. Das Papier erwies sich als die erste wirkliche „Volksaktie" in Deutschland. Der Begriff war zwar bereits in den 1960er Jahren im Zusammenhang mit der Entstaatlichung des Volkswagen-Werks und der Privatisierung des bundeseigenen VEBA-Konzerns geprägt worden, die deutschen Sparerinnen und Sparer waren jedoch „Aktienmuffel" geblieben und hatten ihr Geld weiterhin überwiegend in Sparbriefen, Lebensversicherungen oder Bundesanleihen angelegt.

Der Börsengang der Telekom 1996, gefolgt von zwei weiteren Emissionen des ehemaligen Staatskonzerns in den Jahren 1999 und 2000, löste hingegen einen beispiellosen Börsen-Hype aus, den auch andere Unternehmen nutzten, um Anleger und damit Investoren zu gewinnen. Die Deutsche Post warb im Jahr 2000 mit dem Showmaster Thomas Gottschalk und seinem bis dahin eher unbekannten Bruder Christoph für die „Aktie Gelb", und auch der Siemens-Konzern konnte die Papiere seiner ausgegliederten Halbleitersparte Infineon erfolgreich als „Volksaktie" vermarkten.

Der Aktienkurs der MVV-Aktie seit dem Börsengang

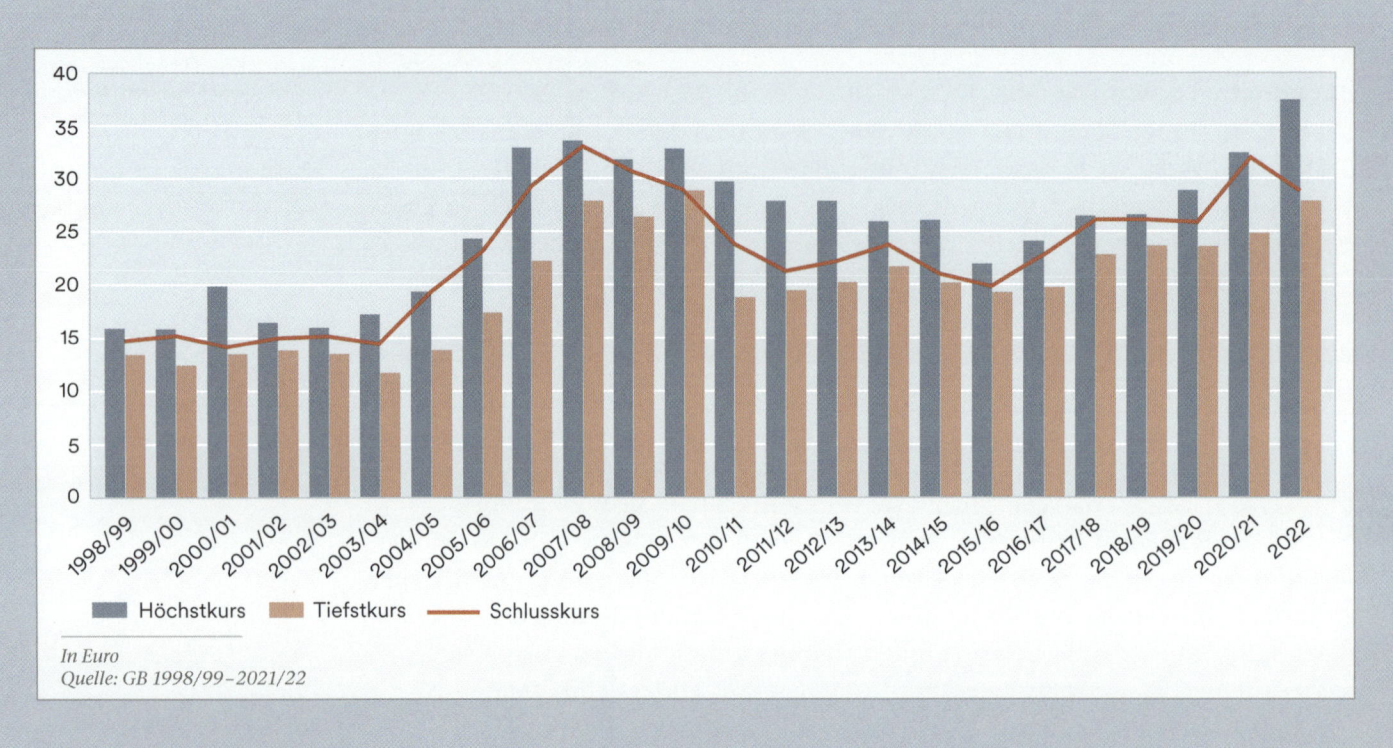

In Euro
Quelle: GB 1998/99–2021/22

Umso stärker war die Ernüchterung, als im März 2000 die sogenannte Dotcom-Blase platzte und insbesondere Aktien der im Börsensegment „Neuer Markt" notierten Technologie-Unternehmen auf Talfahrt gingen. Auch die „T-Aktie" stürzte ab – von 103,50 Euro im März 2000 auf knapp 8 Euro im Jahr 2002. Zahlreiche Anleger sahen sich getäuscht und klagten gegen das Unternehmen. Ein 2008 angestrengtes Verfahren wurde erst im November 2021 mit einem Vergleich beendet. Der Crash der Jahrtausendwende war ein herber Rückschlag für die „Aktienkultur" in Deutschland, die Zahl der Privataktionäre sank in der Folge von fast zehn auf unter sieben Millionen und damit wieder auf das Niveau der Zeit vor dem Börsengang der Telekom.[1]

In der Rückschau betrachtet, erfolgte der Börsengang der MVV Energie AG am 2. März 1999 gerade noch zum richtigen Zeitpunkt. Ein Jahr später hätte das Unternehmen aufgrund der dann deutlich schlechteren Stimmung an den Börsen wahrscheinlich nicht den gleichen Erfolg erzielt. Aber auch im Fall der MVV waren die Anleger nicht vor Enttäuschungen gefeit, denn die Entwicklung des Aktienkurses erfüllte die hochgesteckten Erwartungen zunächst nicht. Mitte März 1999 lag der Kurs zehn Prozent unter dem Ausgabepreis. Dies veranlasste nicht nur den „Mannheimer Morgen" zu der Frage: „Was ist los mit der MVV-Aktie?" Einzelne Aktionäre richteten auch Beschwerdebriefe an den Vorstand sowie an Finanzchef Michael Kirsch, der sich auf Nachfrage der Zeitung ebenfalls enttäuscht über den Kursverlauf zeigte.[2] Am Ende des Geschäftsjahrs 1998/99 betrug der Aktienkurs dann nur noch 14,80 Euro. Auf der ersten Hauptversammlung des börsennotierten Unternehmens am 11. Februar 2000 machten die Privataktionäre daher ihrer Enttäuschung Luft. Eine Vertreterin der Schutzgemeinschaft der Kleinaktionäre forderte sogar den Rückkauf der Papiere zum Ausgabepreis nebst Erstattung der Kosten. Vorstandssprecher Roland Hartung ließ sich davon jedoch nicht beeindrucken und stellte mittelfristig einen Kurs von 20 Euro in Aussicht.[3] Dieser Wert wurde im Februar 2001 auch erreicht, der Schlusskurs zum Geschäftsjahresende am 30. September lag mit 14,25 Euro allerdings wieder deutlich darunter. Bis 2003/04 blieb er auf diesem Niveau, erst danach setzte eine anhaltende Aufwärtsentwicklung ein, die mit einem Kurs von 33,20 Euro am Ende des Geschäftsjahrs 2007/08 ihren Höhepunkt erreichte. Danach begann eine bis 2015/16 anhaltende Periode mit tendenziell sinkenden Kursen, gefolgt von einem Wiederanstieg bis auf 32,00 Euro am 30. September 2021.

Am 2.3.1999 wurde die Aktie der MVV Energie AG erstmals an den Börsen in Frankfurt und Stuttgart gehandelt. Laut MVV-Report war dies nicht nur für das Unternehmen ein „historischer Tag", sondern für die ganze Stadt.
(MVV Report 4/1999, S. 4)

1   Vgl. Der kurze Telekom-Rausch, FAZ vom 3.11.2021; Gericht ebnet den Weg für Telekom-Vergleich, FAZ vom 23.11.202; vgl. auch J.-G. König/M. Peters (2002), S. 73 ff., S. 92 ff., 163 ff.

2   Was ist los mit der MVV-Aktie?, MM vom 16.3.1999; MVV Energie fehlt an der Börse die Spannung, MM vom 9.6.1999; Schreiben des Aktionärs Rolf Henn an den Vorstand vom 7.4.1999, in: UA MVV 003/0007.

3   Aktionäre nehmen MVV ins Gebet, MM vom 12.2.2000.

Mit einer aufwendigen Anzeigenkampagne wurde bei Privatanlegern für die Aktie der MVV Energie AG geworben. Tiere mit positiv besetzten Attributen wie der schlaue Fuchs, der scharfsichtige Falke oder der intelligente Delfin verkörperten dabei die MVV als „die neue Kraft an der Börse".
(MVV UA, 003/0006)

Die MVV an der Börse

Im Dezember 1998 beauftragte die MVV ein von der Dresdner Bank geführtes Bankenkonsortium mit der Platzierung der Aktien bei Investoren. Zur Verfügung standen 12.680.400 neue Aktien aus der Kapitalerhöhung und zusätzlich 1.100.000 Aktien aus dem Bestand der MVV GmbH zur Bedienung der Mehrzuteilungsoption. Das Platzierungsvolumen belief sich auf insgesamt 27,2 Prozent des Grundkapitals der MVV Energie AG. Fünf Prozent des Volumens waren für Mitarbeitende sämtlicher Konzerngesellschaften reserviert, die jeweils bis zu 100 Belegschaftsaktien zum halben Preis erwerben und sich außerdem Aktien im Gegenwert von maximal 10.000 D-Mark bevorrechtigt zuteilen lassen konnten. Rund 77 Prozent der Mitarbeitenden machten von dem Angebot Gebrauch.[47] Vom 22. bis zum 26. Februar 1999 präsentierten Roland Hartung und ein Expertenteam das Unternehmen im Rahmen einer Roadshow rund 100 nationalen und internationalen Investoren. Zudem wurde mit einer aufwendigen PR-Kampagne bei Privatanlegern für die MVV-Aktie geworben. Die Preisspanne für das sogenannte Bookbuilding im Vorfeld des Börsengangs betrug 14 bis 16 Euro pro Aktie. Als am 27. Februar 1999 das Orderbuch geschlossen wurde, stand dem Angebot von 13.780.400 Aktien eine Nachfrage von fast 36.000.000 Stück gegenüber, die MVV-Aktie war damit gut zweieinhalbfach überzeichnet. Unerwartet hoch war die Nachfrage aus dem Ausland mit insgesamt 40 Prozent des Platzierungsvolumens, wobei allein 25 Prozent der Orders aus Großbritannien kamen. Nach Ansicht des Vorstands waren die Investoren „dort mit den Gestaltungsmöglichkeiten von nach vorne orientierten Unternehmen in liberalisierten Märkten" vertraut und kannten „das gewaltige Chancenpotential in solchen Marktsituationen". Die Inlandsnachfrage kam je zur Hälfte von institutionellen und privaten Investoren, Letztere zu 30 Prozent aus der Rhein-Neckar-Region. Die Aktien wurden wie folgt zugeteilt:

Deutschland	Institutionelle Investoren	4.500.000
	Private Investoren	2.500.000
	Private Investoren (Rhein-Neckar-Region)	1.600.000
	Beschäftigte	500.000
		9.100.000
Ausland (institutionelle Investoren)	Großbritannien	3.100.000
	Schweiz	600.000
	Sonstige	900.000
		4.600.000
		13.700.000

Im April 1999 wurde die Aktie der MVV Energie AG in den neu eingeführten Börsenindex SMAX für kleine und mittelständische Unternehmen aufgenommen. Eine Sonderausgabe der Aktienzeitung „Fit für Europa" würdigte das Ereignis.
(Fit für Europa, Sonderausgabe)

Da die meisten Investoren im Rahmen des Bookbuilding-Verfahrens signalisiert hatten, die Aktien auch zum oberen Wert der Preisspanne kaufen zu wollen, legte der Vorstand den Platzierungspreis auf 16,00 Euro fest.[48]

Am 2. März 1999 war es dann so weit: Die Aktie der MVV Energie AG wurde erstmals an den Börsen in Frankfurt und Stuttgart gehandelt. Mit 16,10 Euro lag die Erstnotiz über dem Ausgabepreis, im Verlauf des Handelstages fiel der Kurs leicht auf 16,03 Euro.[49] Im April wurde die MVV-Aktie in den neu eingeführten Börsenindex SMAX für kleine und mittelständische Unternehmen aufgenommen, später war sie zeitweilig auch im SDAX notiert.[50]

12.3 EXPANSION UND NEUORIENTIERUNG NACH DEM BÖRSENGANG

Der Börsengang brachte der MVV Energie AG rund 400 Mio. D-Mark (205 Mio. €) ein, die für den Ausbau des „Kern- und Dienstleistungsgeschäfts und den Erwerb von operativen Beteiligungen eingesetzt" werden sollten.⁵¹ Bald danach kamen weitere Mittel in die Kasse: Die MVV besaß aufgrund ihrer Beteiligung am ehemaligen Badenwerk 1,9 Prozent des Aktienkapitals der EnBW, und nachdem das Land Baden-Württemberg im Januar 2000 seinen Anteil von 25,1 Prozent an die EDF verkauft hatte, gab es auch auf kommunaler Ebene Überlegungen, EnBW-Aktien zu veräußern.⁵² Für die MVV war die Beteiligung nach dem Verkauf der Anteile des Landes „strategisch bedeutungslos geworden", sie gab daher ihr Aktienpaket ebenfalls an die EDF ab. Mit der Transaktion erzielte die MVV einen „Einmalertrag" von 111 Mio. Euro.⁵³ Wegen der bevorstehenden Liberalisierung des Gasmarkts vollzog die MVV 2002 – ebenso wie das Land Baden-Württemberg und eine Reihe von Kommunen – auch die Trennung von der GVS; sie verkaufte ihren Anteil von 26,25 Prozent für rund 142 Mio. Euro an ein Konsortium der EnBW und des italienischen Energiekonzerns ENI.⁵⁴

Die Umsetzung der Wachstumsstrategie

Die Wachstumsstrategie wurde nach dem Börsengang zügig umgesetzt. Zu den bereits existierenden neuen Geschäftsfeldern kam der Energiehandel hinzu, der im Hinblick auf die Liberalisierung der Märkte von besonderer Bedeutung war. Bereits im Oktober 1998 war die MVV Energiehandel GmbH gegründet worden, die zunächst auf dem skandinavischen Markt „konkrete und praxisorientierte Erfahrungen im wettbewerblichen Handel" sammeln sollte.⁵⁵ Die MVV beteiligte sich zudem an der Gründung der Frankfurter Strombörse European Energy Exchange und nahm dort sowie an der Leipzig Power Exchange im Jahr 2000 den Stromhandel auf.⁵⁶

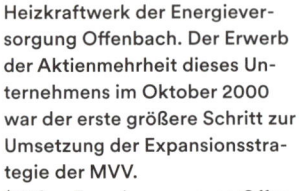

Heizkraftwerk der Energieversorgung Offenbach. Der Erwerb der Aktienmehrheit dieses Unternehmens im Oktober 2000 war der erste größere Schritt zur Umsetzung der Expansionsstrategie der MVV.
(EVO – Energieversorgung Offenbach AG)

Große Erwartungen waren mit dem weiteren Ausbau des Geschäftsfelds Telekommunikation verbunden. Die MVV-Beteiligungsgesellschaft Manet kooperierte mit dem israelischen Unternehmen Main.net, um mit dessen Powerline-Technologie „Internet aus der Steckdose" anzubieten. Ein erstes Pilotprojekt mit einem „superschnellen Internet-Anschluss" für 100 Haushalte startete im Juni 2000.[57] Die Technologie erwies sich jedoch als störanfällig und konnte sich nicht durchsetzen. Andere Energieversorger wie RWE stellten ihre Versuche damit bald wieder ein, bei der MVV hielt man allerdings noch bis 2004 daran fest.[58]

Parallel zum Auf- und Ausbau neuer Geschäftsfelder erfolgte die Expansion des Kerngeschäfts in Deutschland durch die Beteiligung an kommunalen Energieversorgern. Am Anfang standen zwei kleinere Transaktionen: der Erwerb einer Minderheitsbeteiligung (25,1%) an den Stadtwerken Buchen und die Übernahme der Köthen Energie GmbH in Sachsen-Anhalt im Januar bzw. Juli 2000. Im Oktober folgte mit dem Erwerb von 50,1 Prozent der Aktien (Stimmrechte) der Energieversorgung Offenbach zum Preis von 345 Mio. D-Mark eine wesentlich größere Akquisition. Durch die Eingliederung des Unternehmens mit einem Umsatz von 415 Mio. D-Mark und rund 800 Beschäftigten wurde nach Ansicht des Vorstands die Position der MVV als „Energieverteiler und Energiedienstleister deutlich gestärkt".[59] Im Jahr 2001 erwarb die MVV Anteile an den Stadtwerken Solingen (49,9%) und Ingolstadt (48,4%); beide Beteiligungen wurden ab dem 1. Januar 2002 ergebniswirksam konsolidiert, das Investitionsvolumen belief sich auf insgesamt 255 Mio. Euro.[60] Komplettiert wurde das „Stadtwerke-Netzwerk" der MVV durch die Übernahme der Aktienmehrheit (51%) an den Stadtwerken Kiel für 133 Mio. Euro im Mai 2004.[61]

Im Auslandsgeschäft rückte Tschechien in den Mittelpunkt der Aktivitäten. In den Jahren 2000 und 2001 wurden Mehrheitsbeteiligungen an Fernwärme-

Blick in den Trading Floor der MVV; die MVV beteiligte sich als eines der ersten deutschen Energieunternehmen im Jahr 1998 am Energiehandel und gestaltete aktiv die Gründung der Strombörse European Energy Exchange (EEX) in Frankfurt mit. Im Jahr 2000 nahm sie dort sowie an der Leipzig Power Exchange (LPX) den Stromhandel auf. (MVV Life 4/2005, S. 15)

unternehmen in acht Städten erworben und unter dem Dach der MVV Energie CZ mit Sitz in Prag gebündelt. Die Gesellschaft erreichte innerhalb kurzer Zeit in Tschechien einen Marktanteil von zehn Prozent. Daneben blieb Polen ein wichtiger Markt; hier war die MVV an drei Fernwärmeversorgern beteiligt.[62]

Engagement im Bereich erneuerbarer Energien

Nach Inkrafttreten des *Erneuerbare-Energien-Gesetzes* am 1. April 2000 verstärkte die MVV ihre Aktivitäten in diesem Bereich, ab 2001/02 bildeten sie ein eigenes Geschäftsfeld. Ein Schwerpunkt lag dabei auf dem Bau von mit Biomasse (Altholz) betriebenen Kraftwerken. Im Herbst 2000 ging ein erstes Heizkraftwerk in Ruhpolding in Betrieb und im selben Jahr wurde mit den Planungen für vier Biomasse-Kraftwerke mit jeweils 15 bzw. 20 MW Leistung begonnen. Bis zum Jahr 2005 wollte man insgesamt 255 Mio. Euro investieren, realisiert wurden aber nur drei Projekte: Ende 2003 gingen die Kraftwerke in Mannheim, Königs Wusterhausen bei Berlin und Flörsheim-Wicker bei Wiesbaden in Betrieb.[63]

Vergleichsweise frühzeitig engagierte sich die MVV auch im Sektor Windenergie. Im Februar 2000 wurden 25 Prozent der Anteile an der DeWind GmbH in Lübeck erworben, damals einer der führenden Hersteller von Windkraftanlagen in Deutschland. Die Beteiligung wurde im Geschäftsjahr 2001/02 wieder verkauft, im Rahmen dieser Transaktion ging die zusammen mit DeWind gegründete eternegy GmbH vollständig in den Besitz der MVV über. Die Gesellschaft

Nach der Jahrtausendwende entwickelte sich Tschechien zum wichtigsten Auslandsmarkt der MVV. Zum Portfolio zählte auch eine Anlage zur Gewinnung von Erdwärme in Děčín, hier eine Aufnahme von 2002.
(Foto: Manfred Rinderspacher)

betätigte sich als „Dienstleister für die Standortsicherung, Planung, Errichtung und Vermarktung von Windparks im In- und Ausland". Sie errichtete in Deutschland drei Anlagen mit insgesamt 22 Windturbinen und einer Leistung von rund 20 MW. Weitere Projekte waren in Planung, unter anderem in Spanien, konnten aber nicht realisiert werden. 2005 wurden die „Aktivitäten im Bereich der Windenergieerzeugung" eingestellt, da die geplanten Renditen nicht zu erzielen waren und sie „nur wenig Bezug" zum Kerngeschäft hatten.[64]

Unerwünschte Großaktionäre: Ruhrgas und EnBW

Am 10. November 2000 berichtete der „Mannheimer Morgen", dass der Vorstand der MVV „plötzlich und unerwartet von einer wahrlich explosiven Meldung ‚ereilt'" worden sei: Die Ruhrgas AG in Essen habe diesem mitgeteilt, „sie werde bald 15 Prozent des MVV-Kapitals in Händen halten". Das Unternehmen beabsichtigte, die Aktien von institutionellen Investoren zu erwerben. Der Vorstand zeigte sich überrascht, betonte aber, dass es sich nicht um eine „feindliche Übernahme" handele und der Einstieg der Ruhrgas „keine Bedrohung für die MVV" darstelle. Gleichwohl machten die Essener ihre Rolle als neuer Großaktionär deutlich und entsandten das Vorstandsmitglied Michael Pfingsten in den MVV-Aufsichtsrat.[65]

Durch die Beteiligung der Ruhrgas fiel der Anteil des Streubesitzes an der MVV-Aktie auf 12,2 Prozent und damit unter den für eine Notierung im SDAX erforderlichen Mindestwert von 20 Prozent. Das Papier wurde daher am 24. September 2001 aus dem Index herausgenommen, blieb aber im SMAX. Als Reaktion darauf fasste der MVV-Vorstand eine Kapitalerhöhung ins Auge, um „Mittel für

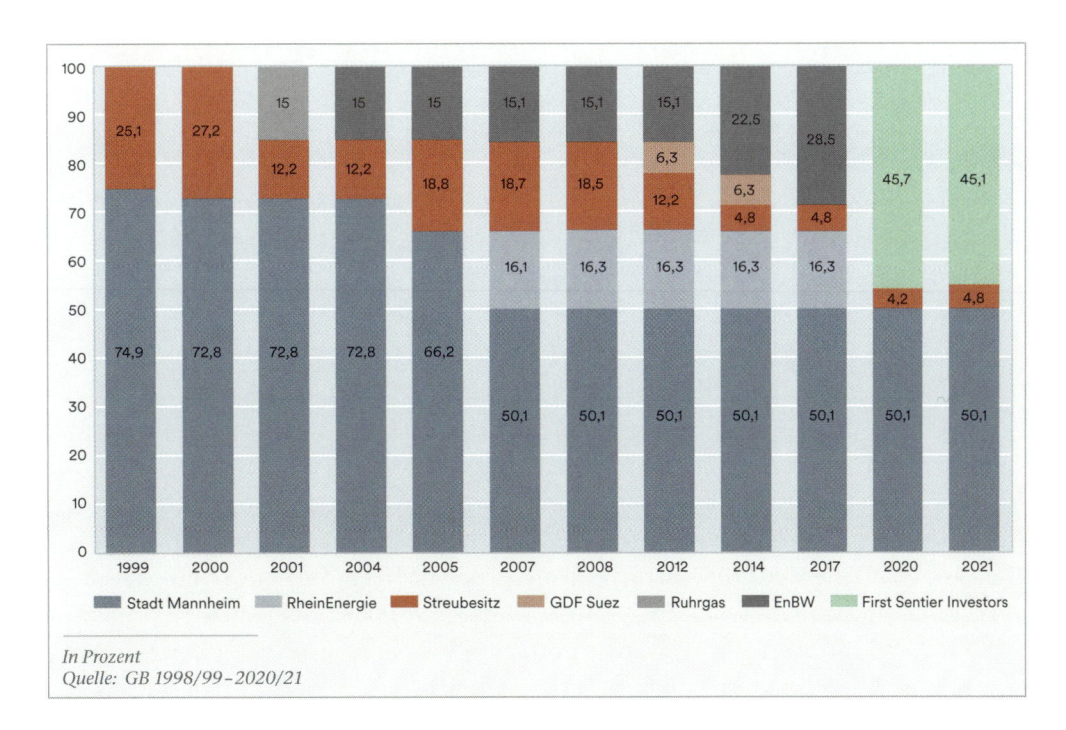

Aktionärsstruktur der MVV Energie AG 1999–2021

In Prozent
Quelle: GB 1998/99–2020/21

eine weitere Expansion bei Erneuerbaren Energien und Beteiligungen im In- und Ausland bereitstellen zu können"; außerdem sollte der Streubesitz auf mindestens 25 Prozent erhöht werden.[66]

Während man bei der MVV auf die Beteiligung der Ruhrgas noch relativ zurückhaltend reagiert und darin zunächst keine Gefahr für die Unabhängigkeit des Unternehmens gesehen hatte, fiel die Reaktion ganz anders aus, als das Aktienpaket 2004 vom E.ON-Konzern, zu dem die Ruhrgas seit 2003 gehörte, an die EnBW weitergegeben wurde. Diese machte von einer Kaufoption Gebrauch, die ihr als Gegenleistung für den Verzicht auf eine Klage gegen die Übernahme der Ruhrgas durch E.ON eingeräumt worden war. Der MVV-Vorstand – ab Oktober 2003 war Rudolf Schulten Vorsitzender des Gremiums – wollte die Transaktion verhindern, indem er kartellrechtliche Bedenken geltend machte, ein entsprechendes Gutachten in Auftrag gab und zudem beim Kartellamt einen Untersagungsantrag stellte. Der EnBW-Vorstandsvorsitzende Utz Claassen bemerkte dazu, dass er die MVV-Aktien als reine Finanzbeteiligung betrachte und auch keinen Aufsichtsratssitz anstrebe. Im Dezember 2004 genehmigte das Kartellamt die Beteiligung der EnBW, nachdem diese zugesichert hatte, keinen unternehmerischen Einfluss auf die MVV zu nehmen und keine weiteren Aktien aus dem Streubesitz zuzukaufen.[67]

Seitens der MVV blieb das prinzipielle Unbehagen im Hinblick auf die EnBW jedoch bestehen. Der Einstieg des deutlich größeren Wettbewerbers wurde als der potenzielle Versuch einer unfreundlichen Übernahme empfunden, obwohl die Stadt Mannheim weiterhin über 50 Prozent der MVV-Anteile hielt. Erst mit der Beteiligung der Investmentgesellschaft First Sentier Investors als zweitem Ankeraktionär mit einem Anteilsbesitz von rund 45 Prozent im Jahr 2020 änderte sich die Situation grundlegend.

12.4 HARTUNG-NACHFOLGE UND KONSOLIDIERUNG

Ende Dezember 2000 musste der Aufsichtsrat der MVV Energie AG über eine erneute Berufung von Roland Hartung als Vorstandssprecher entscheiden. Sein Vertrag lief noch bis zum 30. September 2001 und im April würde er das 65. Lebensjahr vollenden. Im Vorfeld der Entscheidung plädierte die CDU-Fraktion im Gemeinderat für eine Vertragsverlängerung und signalisierte ihre Bereitschaft, als Gegenleistung einen ihrer Aufsichtsratssitze an die SPD abzugeben, wodurch sich das Stimmenverhältnis von 5:3 auf 4:4 verändert hätte. Die von der SPD entsandten Mitglieder des Aufsichtsrats waren jedoch zunächst gegen eine Verlängerung und wollten stattdessen mit der Suche nach einem Nachfolger beginnen. Die Arbeitnehmervertretung war der Meinung, dass auch ein Vorstandschef mit 65 ausscheiden sollte, zumal das Unternehmen „Hunderte von Beschäftigten" bereits mit 58 Jahren in den Vorruhestand geschickt habe. Nachdem sich auch Gerhard Widder erneut für Hartung ausgesprochen hatte, einigten sich CDU und SPD schließlich auf eine Verlängerung seines Vertrags um zwei Jahre.[68]

Als dann die Nachfolge definitiv zu regeln war, entbrannte der Parteienstreit erneut. Am 12. Februar 2003 berichtete die „Rhein-Neckar-Zeitung", dass mit Karl-

Heinz Trautmann bereits ein Nachfolger feststehe. Der Betriebswirt war zu diesem Zeitpunkt Vorstandsvorsitzender der Energieversorgung Offenbach, zuvor war er bei der MVV sowie bei den Stadtwerken Meißen tätig gewesen. Trautmann war der Wunschkandidat von Hartung und konnte sich der Unterstützung der CDU-Vertreter im Aufsichtsrat sicher sein. Am darauffolgenden Tag wies OB Widder jedoch Spekulationen über die Nachfolgefrage zurück.[69] Neben Trautmann gab es noch zwei weitere Kandidaten: Rudolf Schulten, Finanzvorstand der Berliner Bewag, und Dieter Oesterwind, für Vertrieb zuständiges Vorstandsmitglied der Stadtwerke Düsseldorf. Da sich der Personalausschuss des Aufsichtsrats auf keinen der Bewerber einigen konnte, fiel die Entscheidung in der Sitzung des Plenums am 27. Februar. Dort schloss man nach „hartem Ringen" einen Kompromiss: Schulten wurde als Vorstandsvorsitzender berufen, für Trautmann wurde ein neues Vorstandsressort für Marketing und Vertrieb geschaffen.[70] Diese Lösung erwies sich jedoch nicht als tragfähig. Im Oktober 2006 gab Trautmann sein Amt vorzeitig auf, da unterschiedliche Auffassungen im Vorstand nicht in Einklang gebracht werden konnten und in Teilen bereits öffentlich wurden.[71] Das neu geschaffene Vorstandsressort für Vertrieb wurde allerdings beibehalten, da dieser Unternehmensbereich im liberalisierten Markt zunehmend an Bedeutung gewonnen hatte. Die Position wurde im August 2007 mit Matthias Brückmann besetzt, der zuvor Vorstandsvorsitzender der Energieversorgung Offenbach gewesen war.[72]

Bereits kurz nach seinem Amtsantritt bei der MVV Energie AG im Oktober 2003 machte Rudolf Schulten gegenüber der Presse deutlich, dass er die Strategie seines Vorgängers zwar nicht grundsätzlich infrage stellen wolle, aber die Notwendigkeit zur Restrukturierung des Konzerns sehe. Entscheidungsbefugnisse und Verantwortlichkeiten sollten dezentralisiert, das Beteiligungs-Portfolio fokussiert und alle Sparten innerhalb von 100 Tagen im Hinblick auf ihre Wettbewerbstauglichkeit überprüft werden.[73] Zwei Monate später zeichnete sich eine klare Tendenz ab: Die MVV sollte in ihrem Kerngeschäft mit den Sparten Strom, Gas, Fernwärme und Wasser weiter wachsen. Dagegen sollten defizitäre Bereiche wie die Powerline-Technologie eingestellt und das Engagement im Bereich erneuerbarer Energien deutlich reduziert werden. In der Bilanzpressekonferenz am 28. Januar 2004 kündigte Rudolf Schulten dann „hohe Einmalaufwendun-

Vorstand der MVV Energie AG im Jahr 2003 (v.l.): Dr. Werner Dub (Technik), Karl-Heinz Trautmann (Vertrieb), Dr. Rudolf Schulten (Vorsitzender und kaufmännische Ressorts), Hans-Jürgen Farrenkopf (Personal). (GB 2002/03, S. 8)

Am 27.1.2003 eröffnete die MVV Energie AG ein Büro in Berlin. Es diente zum einen als regionale Vertriebsniederlassung, zum anderen als Repräsentanz des Unternehmens in der Bundeshauptstadt.
(Foto: Manfred Rinderspacher)

gen" als Folge der Bereinigung des Portfolios an. Positives konnte er im Hinblick auf den Ausbau des Stadtwerke-Netzwerks melden: Die im Wesentlichen noch von seinem Vorgänger in die Wege geleitete Beteiligung an den Stadtwerken Kiel stand vor dem Abschluss und weitere Akquisitionen wurden ins Auge gefasst. Die dafür erforderlichen Mittel sollten durch eine Kapitalerhöhung und einen zweiten Börsengang beschafft werden.[74] Im März 2004 wurde Powerline zum Verkauf gestellt und 31 Mio. Euro mussten abgeschrieben werden. Weitere Abschreibungen in Höhe von 21 Mio. Euro kamen hauptsächlich durch die Beendigung der Aktivitäten im Bereich Windenergie hinzu. Im Mai kündigte Schulten dann für das Geschäftsjahr 2003/04 einen Verlust von 34 Mio. Euro an.[75]

Der von Schulten eingeschlagene Kurs sorgte im politischen Umfeld für erhebliche Unruhe. Sein Vorgänger war im Hintergrund weiter aktiv und die CDU-Fraktion im Gemeinderat stellte zeitweilig Überlegungen an, Hartung in den Aufsichtsrat zu entsenden. Außerdem wurde Schulten in der Boulevardpresse als „Miesmacher" verunglimpft.[76] Im Juli und August 2004 war die Berichterstattung über die MVV weiterhin von negativen Schlagzeilen geprägt. Insbesondere wurde befürchtet, ein vom Vorstand in Auftrag gegebenes Sondergutachten könnte Wertberichtigungen bei den Stadtwerke-Beteiligungen zur Folge haben.[77] Ende September konnte der „Mannheimer Morgen" dann aber „Entwarnung" melden, nachdem Schulten in einer Pressekonferenz bekanntgeben hatte, dass die Werthaltigkeitstests der Wirtschaftsprüfer nicht so negativ ausgefallen waren wie befürchtet. Für die Stadtwerke-Beteiligungen war lediglich ein zusätzlicher Abschreibungsbedarf in Höhe von 3 Mio. Euro ermittelt worden. Insgesamt summierten sich die Einmalaufwendungen auf 56 Mio. Euro und nicht, wie zunächst befürchtet, auf 80 bis 100 Mio. Euro.[78] Die Bilanz für das Geschäftsjahr 2003/04 wies letztlich einen Verlust von 44 Mio. Euro aus, der jedoch durch einen Gewinnvortrag in Höhe von 148 Mio. Euro gedeckt war. Daher konnte auch eine unveränderte Dividende von 0,75 Euro je Aktie gezahlt werden.[79]

Suche nach Kooperationspartnern

Bereits im Februar 2005 konnte Rudolf Schulten die Rückkehr der MVV in die Gewinnzone und ein starkes Umsatzwachstum bekannt geben. Die Sanierungsphase betrachtete er als abgeschlossen, gleichwohl sollten durch Sparmaßnahmen und einen Stellenabbau bis 2007/08 die „Sach- und Personalkosten am Standort Mannheim um bis zu 29 Mio. €" gesenkt werden.[80]

Um weiteres Wachstum im Kerngeschäft zu ermöglichen, ging man daran, die schon länger ins Auge gefasste Kapitalerhöhung umzusetzen. Der Gemeinderat genehmigte am 1. Februar 2005 die Aufstockung des Grundkapitals um bis zu 30 Prozent (39 Mio. €) bei gleichzeitiger Absenkung der Beteiligungsquote der Stadt auf bis zu 56 Prozent.[81] Am 4. März ermächtigte die Hauptversammlung den Vorstand, die Kapitalerhöhung durchzuführen; sie fand jedoch erst am 15. November 2005 statt. Durch die Ausgabe von 5 Mio. Aktien wurde das Grundkapital der MVV Energie AG um zehn Prozent erhöht. Die Platzierung der neuen Aktien erfolgte bei institutionellen Investoren im In- und Ausland zum Preis von 18 Euro, wodurch der Gesellschaft 90 Mio. Euro zuflossen. Durch die Maßnahme stieg der Anteil des Streubesitzes auf 18,8 Prozent, derjenige der Stadt Mannheim, die sich an der Kapitalerhöhung nicht beteiligte, ging auf 66,2 Prozent zurück.[82]

Schultens Strategie zielte in erster Linie auf eine Kooperation mit anderen regionalen Energieversorgern ab. Intensive Gespräche wurden mit der Mainova AG geführt, die sich zu rund drei Vierteln im Besitz der Stadt Frankfurt am Main befand. Weitere 24 Prozent hielt die E.ON-Tochter Thüga. Geplant war, die Anteile der MVV an der Energieversorgung Offenbach in die Mainova einzubringen und „im Gegenzug eine Beteiligung an der fusionierten Gesellschaft in Höhe von mindestens 25,1 % zu erwerben". Die Gespräche scheiterten jedoch im Oktober 2005, „nicht zuletzt auch aus politischen Gründen".[83] Bei der Stadt Frankfurt bestand man auf einer Überkreuzbeteiligung der Mainova an der MVV in gleicher Höhe, die jedoch aufgrund der festgefügten Aktionärsstruktur der MVV nicht möglich war.[84]

Der Vorstand hielt weiter Ausschau nach Gelegenheiten zum Ausbau des Stadtwerke-Netzwerks, wofür das Grundkapital nochmals um 20 Prozent erhöht werden sollte.[85] Die Stadt Mannheim wollte sich daran nicht beteiligen, sondern zur strukturellen Verbesserung ihrer Haushaltslage einen Aktienanteil von 16,1 Prozent verkaufen. Gesucht wurde ein strategischer Investor; konkrete Gespräche wurden mit Mainova, der Kölner RheinEnergie sowie der dänischen Dong Energy geführt. Auch die EnBW bekundete großes Interesse an dem Aktienpaket und war offenbar bereit, dafür einen höheren Preis als die Mitbewerber zu bezahlen. Stadt und MVV favorisierten zunächst Dong als Käufer; da der Konzern aber auch unternehmerischen Einfluss auf die MVV anstrebte, wurden die Anteile für 305 Mio. Euro an die RheinEnergie verkauft, die zudem eine Option zum Erwerb weiterer Aktien erhielt. Die EnBW blieb trotz eines Angebots in Höhe von 357 Mio. Euro „bei der Stadt von vornherein vor verschlossenen Türen" und konnte die Gemeinderäte auch mit einer auf 400 Mio. Euro erhöhten Offerte nicht umstimmen.[86] Der Verkauf wurde im Oktober 2007 vollzogen, wodurch sich der Anteil der Stadt Mannheim am Kapital der MVV auf 50,1 Prozent reduzierte. Die parallel durchgeführte Kapitalerhöhung brachte dem Unternehmen 230 Mio. Euro ein. Alle Großaktionäre – also auch die Stadt mit ihrem mittlerweile verringerten Anteil – machten von ihrem Bezugsrecht Gebrauch, sodass die Aktionärsstruktur unverändert blieb.[87]

Obwohl man seitens der MVV anfänglich eine strategische Partnerschaft mit RheinEnergie für möglich hielt,[88] ergaben sich letztlich kaum Berührungspunkte zwischen beiden Unternehmen. Zu Beginn des Jahres 2008 prüften sie zusammen mit acht weiteren kommunalen und regionalen Energieversorgern eine Übernahme der in der Thüga-Gruppe gebündelten Beteiligungen des E.ON-Konzerns an 120 Stadtwerken. Ziel war es, eine „fünfte Kraft" neben den Branchenriesen RWE, E.ON, EnBW und Vattenfall zu etablieren. Das anspruchsvolle Vorhaben wurde jedoch wegen unterschiedlicher Einschätzungen im potenziellen Erwerberkreis nicht realisiert.[89] Da die RheinEnergie das von ihr wohl ursprünglich angestrebte Ziel einer Mehrheitsbeteiligung an der MVV nicht erreichte, verkaufte sie schließlich im Juni 2020 ihre Aktien zusammen mit der EnBW, die ihren Anteil zwischenzeitlich auf 28,8 Prozent aufgestockt hatte, an First Sentier Investors, eine global tätige Investmentgesellschaft mit australischen Wurzeln.[90]

Von Rudolf Schulten zu Georg Müller

Im Juni 2007 gab es in der Lokalpresse erste Spekulationen, dass Rudolf Schulten für eine Position im Vorstand der EnBW „im Gespräch" sei. EnBW hatte tatsächlich Interesse an Schulten, der seinerseits einem Wechsel nach Karlsruhe nicht abgeneigt war – obwohl der MVV-Aufsichtsrat seinen Vertrag im Dezember 2007 um fünf Jahre verlängerte. Am 30. Juli 2008 gab die MVV dann seinen Wechsel in die Position des Finanzvorstands der EnBW ab 2009 bekannt. Schulten, dessen Tätigkeit für die MVV in der Presse inzwischen durchaus positiv beurteilt wurde, blieb nur noch bis zum Ende des Geschäftsjahrs am 30. September im Amt. Relativ schnell konnte mit Georg Müller – Vorstandschef der RWE Rhein-Ruhr AG – ein Nachfolger gefunden werden. Bereits am 23. Oktober bestellte ihn der Aufsichtsrat zum Vorstandsvorsitzenden der MVV Energie AG ab dem 1. Januar 2009.[91]

Vorstand der MVV Energie AG im Jahr 2009 (v.l.): Dr. Georg Müller (Vorsitzender und kaufmännische Ressorts), Hans-Jürgen Farrenkopf (Personal), Matthias Brückmann (Vertrieb), Dr. Werner Dub (Technik).
(GB 2007/08, S. 8)

Bereits ab dem Jahr 2000 befasste sich die MVV mit der Planung und dem Bau von Windkraftanlagen. Nach der vorübergehenden Einstellung der Aktivitäten gewann der Bereich ab 2010 zunehmend an Bedeutung, u. a. durch den Bau des Windparks Kirchberg im Hunsrück.
(EVO – Energieversorgung Offenbach AG)

Seither hat sich das Unternehmen deutlich weiterentwickelt. Der Ausbau erneuerbarer Energien, die Steigerung der Energieeffizienz und der Klimaschutz rückten in den Mittelpunkt der Strategie. Damit konnte sich die MVV in einem von vier Großkonzernen dominierten Markt weiterhin als unabhängiges Unternehmen behaupten. Der mit dem Börsengang im Jahr 1999 eingeschlagene Weg erwies sich somit insgesamt als erfolgreich, wobei hier offenbleiben muss, warum dieser spezifische Mannheimer Weg keine Nachahmer fand, denn die MVV blieb bislang der einzige börsennotierte kommunale Energieversorger. Festzuhalten ist, dass sich die maßgeblichen Akteure im Unternehmen und in der Kommunalpolitik von einem tief in der Mannheimer Stadtgesellschaft verwurzelten Streben nach Eigenständigkeit leiten ließen. Für sie stand an erster Stelle, dass die MVV unabhängig und frei von fremden Einflüssen blieb. Sie waren davon überzeugt, dass damit den Interessen der Kommune langfristig mehr gedient war als etwa mit zusätzlichen Mitteln, die man beim Verkauf von MVV-Anteilen an strategische Investoren zugunsten der Stadtkasse hätte erlösen können. Zudem waren Stadtspitze und Unternehmensleitung bereit, Neuland zu betreten und die mit dem Börsengang verbundenen Risiken einzugehen.

ANMERKUNGEN

1 Vgl. Geschäftsbericht (im Folgenden GB) 1987/88, S. 21; im Mai 1994 erhielt Hartung die herausgehobene Position eines Sprechers der Geschäftsführung; vgl. MVV-Report 6 (1994).

2 Vgl. MVV knüpft Kontakt nach Dresden, Mannheimer Morgen (im Folgenden MM) vom 29.12.1989.

3 Vgl. GB 1990/91, S. 14.

4 Vgl. Protokoll der HAL/STAL-Sitzung vom 3.7.1990: „Diskutiert und einhellig abgelehnt wurden die Pläne der drei großen Stromversorger RWE, PreußenElektra und Bayernwerk, künftig die gesamte Elektrizitätswirtschaft auf dem Gebiet der heutigen DDR zu dominieren", in: Unternehmensarchiv MVV (im Folgenden UA MVV), 007/0008.

5 Vgl. E. Ortwein (1996) S. 83–93; P. Becker (2021), S. 65–96.

6 Vgl. GB 1990/91, S. 15, 64; MVV in Meißen mit 7 Mio. dabei, MM vom 16.5.1991; Mannheimer Know-how für den Osten, MM vom 27.9.1991; West-Stromer bringen Ost-Kommunen auf die Palme, MM vom 10.10.1991.

7 Vgl. C. Heuraux (2004), S. 105 f.

8 R. Hartung (1999), S. 52.

9 MVV gegen Energiegesetz, MM vom 16.5.1990.

10 Vgl. UA MVV, 007/0002, daraus die Zitate im Folgenden.

11 Vgl. GB 1994/95, S. 8; MVV muß auf kleinerer Gasflamme kochen, MM vom 11.11.1994. Zum Bau der „Mitte-Deutschland-Anbindungs-Leitung" (MIDAL) vgl. D. Bleidick (2018), S. 413 f.

12 UA MVV, A 50.

13 Anteilseigner des GKM 1992: Pfalzwerke (40%), Badenwerk (32%), RHE (28%).

14 Vgl. H.-J. Bontrup/R.-M. Marquardt (2010), S. 220.

15 Auszug aus der Rede Rexrodts in der Pressekonferenz zum Jahreswirtschaftsbericht vom 26.1.1994, in: UA MVV, 007/0007.

16 Schreiben des VKU an Hartung vom 7.2.1994, in: ebd.

17 Schreiben von Hartung an Kohl vom 14.2.1994, in: ebd.

18 Vgl. E. Ortwein (1996), S. 124–128; C. Heuraux (2004), S. 106 f; P. Becker (2021), S. 105–107; H.-W. Schiffer (2002), S. 177 f.

19 Aktenvermerk vom 15.7.1996, in: UA MVV, 061/0003.

20 Vgl. MVV bietet Vorruhestand an, MM vom 27.5.1993.

21 Vgl. Stadtwerke wollen 323 Stellen abbauen, MM vom 10.11.1993.

22 Vgl. MVV beackert neue Geschäftsfelder, Die Rheinpfalz vom 22.11.1994.

23 GB 1993/94, S. 44–47; Vortrag von Bereichsleiter Manfred Marcziniak über „Neue Geschäftsfelder des MVV-Konzerns" anlässlich einer Informationsveranstaltung für den OB und die Mitglieder des Gemeinderats am 9.11.1994, in: UA MVV, 007/0003.

24 Vgl. GB 1994/95, S. 25.

25 GB 1995/96, S. 1.

26 Vgl. ebd., S. 5; Strompreis hat weniger Spannung, MM vom 10./11.2.1996.

27 Vgl. MVV ist günstigster Stromverkäufer im Land, MM vom 8./9.6.1996.

28 Argumentationskette „Neupositionierung der MVV" (undatiert, ca. 1995/96), in: UA MVV, 033/0039.

29 Schreiben von Hans-Konrad v. Koester (BdW) an Hartung vom 14.3.1996, in: UA MVV, A 315.

30 Hausmitteilung von Michael Kirsch vom 14.5.1996, in: ebd.

31 Aktenvermerk von Hartung vom 16.10.1996 und Präsentation von BdW und DKB für OB Widder vom 11.10.1996, in: ebd.

32 MVV übt den Tanz auf dem Börsenparkett, MM vom 6.2.1997.

33 MARCHIVUM, Ratsprotokolle, Zug. 1/1900 Nr. 653, Ratsprotokolle (im Folgenden RP) 1997, Bd. 2, S. 829, Anfrage Nr. 36/97 vom 7.2.1997.

34 MVV-Börsenpläne überraschen die SPD, MM vom 7.2.1997.

35 Artikel aus dem Handelsblatt vom 21./22.2.1997, in: UA MVV, A 315.

36 Vorlage zur Aufsichtsratssitzung (im Folgenden AR-Sitzung) am 9.4.1997, TOP 3, in: UA MVV, 004/0018.

37 Vorlage für die AR-Sitzung am 9.7.1997, in: UA MVV, 004/0022.

38 Protokoll der AR-Sitzung vom 29.9.1997, in: UA MVV, 004/0018.

39 Protokoll der AR-Sitzung vom 2.12.1997, in: ebd.

40 Vgl. MARCHIVUM, RP, Zug. 1/1900 Nr. 675, RP 1998, Bd. 10, S. 8366–4847, Beschlussvorlage Nr. 542/98 vom 23.11.1998; UA MVV, 003/0005: Änderung der Vereinbarung vom 26.1.1999.

41 Schreiben von Widder und Egger an Price Waterhouse vom 29.1.1998, in: UA MVV, A 316.

42 Anlage 1 zur Vorlage für die AR-Sitzung am 20.7.1998, in: UA MVV, 003/0001.

43 Vgl. Vergleichende Gegenüberstellung der sich auch einer Kapitalerhöhung durch Börsengang bzw. durch Verkauf an einen strategischen Partner ergebenden Konsequenzen (21.4.1998), in: UA MVV, A 316.

44 Börsen-Zeitung 25.4.1998: „Börsenpläne eines kommunalen Dienstleisters" (Druckfassung und Manuskript des Artikels von Michael Kirsch), in: ebd.

45 MARCHIVUM, RP, Zug. 1/1900 Nr. 678, RP 1999, Bd. 1, S. 11, Beschluss des Gemeinderats vom 26.1.1999 und S. 34, Beschlussvorlage Nr. 22/99 vom 19.1.1999.

46 Vgl. Beschlussvorlage Nr. 323/98 vom 21.7.1998, in: UA MVV, 003/0002; MARCHIVUM, RP, Zug. 1/1900 Nr. 671, RP 1998, Bd. 6, S. 2811–2813.

47 Vgl. Informationsblatt zum Mitarbeiter-Beteiligungsprogramm; Börsenzulassungsprospekt S. 10 f., beide in: UA MVV, 004/0013; Fleißig MVV-Aktien gezeichnet, MM vom 25.2.1999.

48 Beschlussvorlage für die AR-Sitzung am 3.3.1999 (Information zum aktuellen Stand des Börsengangs), in: UA MVV, 004/0028; Schreiben von Hartung an Hugh Sandeman (DKB) vom 18.2.1999, in: UA MVV, 003/0006.

49 Vgl. MVV startet an der Börse mit 16,10 Euro, MM vom 3.3.1999.

50 Vgl. Sonderausgabe der Aktionszeitung „Fit für Europa" („MVV Energie im Smax") ca. Mai 1999, in: UA MVV, 004/0020.

51 GB 1998/99, S. 8.

52 Vgl. MVV freut sich auf einen warmen Geldregen, MM vom 15.1.2000.

53 GB 2000/01, S. 14.

54 Vgl. GB 2001/02, S. 44; GB 2002/03, S. 116; GVS kann jetzt Gas geben, MM vom 29.6.2002.

55 Vgl. MARCHIVUM, RP, Zug. 1/1900 Nr. 673, RP 1998, Bd. 8, S. 3932, Beschlussvorlage vom 18.9.1998, Nr. 414/98 (Sitzung des Gemeinderats am 20.10.1998); Mannheimer Stromer sind kräftig geladen, MM vom 20.5.1999.

56 Vgl. GB 1998/99, S. 44; GB 1999/2000, S. 43.

57 GB 1999/2000, S. 30; Steckdose zur Daten-Autobahn, MM vom 21.6.2000.

58 Vgl. U. Leuschner (2007), S. 47 f.; RWE will Internet via Steckdose kappen, MM vom 25.5.2002.

59 GB 1999/2000, S. 4, 35, 40, 80.

60 Vgl. GB 2000/01, S. 36, 38, 91; GB 2001/02, S. 14, 31.

61 Vgl. GB 2003/04, S. 17, 53, 92.

62 Vgl. GB 1999/2000, S. 4; GB 2000/01, S. 4, 63, GB 2001/02, S. 15.

63 Vgl. GB 2000/2001, S. 32, 55; GB 2002/03, S. 43.

64 GB 1999/2000, S. 4; GB 2001/02, S. 17; GB 2002/03, S. 81; GB 2003/04, S. 73.

65 Essener Gasriese mischt bei MVV mit, MM vom 10.11.2000; GB 1999/2000, S. 37, 82; GB 2000/01, S. 69; D. Bleidick (2018), S. 457.

66 GB 2000/01, S. 5, 7.

67 Vgl. Steigt die EnBW bei der MVV ein?, Rhein-Neckar-Zeitung (im Folgenden RNZ) vom 16.7.2004; MVV wehrt sich gegen EnBW-

Einstieg, Frankfurter Allgemeine Zeitung (im Folgenden FAZ) vom 18.9.2004; EnBW-Chef Claassen sendet Friedensignale an MVV, FAZ vom 9.10.2004; EnBW darf sich an MVV beteiligen, RNZ vom 22.12.2004; GB 2004/05 S. 10; D. Bleidick (2018), S. 518; U. Leuschner (2007), S. 65.

68 Wer führt MVV in einem Jahr?, MM vom 15.11.2000; Weiter Streit um Hartung, MM vom 21.11.2000; SPD spielt Hängepartie mit Hartung, MM vom 22.11.2000; Auch die SPD für Hartung, MM vom 20.12.2000; Der neue alte MVV-Chef, MM vom 21.12.2000.

69 Vgl. Wer wird Chef der MVV Energie AG?, RNZ vom 12.2.2003; Widder: noch kein MVV-Chef, MM vom 14.2.2003. Zeitzeugengespräch mit Hans-Jürgen Farrenkopf am 27.5.2021: Information, dass Trautmann der Wunschkandidat Hartungs war. Farrenkopf war ab 1.1.2003 Personalvorstand der MVV Energie AG und davor mehre Jahre stellvertretender Vorsitzender des Aufsichtsrats, dem er seit 1979 als Arbeitnehmervertreter angehört hatte.

70 MVV: drei Anwärter für den Chefsessel, MM vom 25.2.2003; Von Berlin auf den Chefsessel der MVV, MM vom 28.2.2003; Hartes Ringen im Aufsichtsrat, MM vom 1.3.2003.

71 Vgl. Die Mannheimer MVV steht am Scheideweg, MM vom 4.10.2006; Machtkampf bei der MVV, RNZ vom 5.10.2006; MVV will Vertriebsvorstand loswerden, FAZ vom 6.10.2006; MVV-Machtkampf vor Entscheidung, MM vom 10.10.2006; MVV: Trautmann gibt auf, MM vom 11.10.2006; Zeitzeugengespräch mit Hans-Jürgen Farrenkopf am 27.5.2021.

72 Vgl. GB 2006/07, S. 13.

73 Vgl. Keine strategische Kehrtwende bei MVV, FAZ vom 30.9.2003; Ein Zahlenexperte regiert die MVV, RNZ vom 1.10.2003; Die MVV soll schlanker werden, RNZ vom 9.10.2003.

74 Vgl. MVV will Stadtwerke kaufen, Portfoliobereinigung, RNZ vom 4.12.2003; Die MVV prüft sich selbst auf Herz und Nieren, MM vom 4.12.2003; Gründlicher „Hausputz" bei der Mannheimer MVV Energie AG, MM vom 29.1.2004; MVV will sich Geld für Zukäufe besorgen, RNZ vom 29.2004; MVV ordnet Struktur neu, Stuttgarter Zeitung vom 29.1.2004; MVV hat Stadtwerke im Visier, FAZ vom 29.1.2004.

75 Vgl. MVV sucht Käufer für Powerline, MM vom 11.3.2004; MVV verabschiedet sich von Powerline, FAZ vom 11.3.2004; Die MVV trennt sich von der Windkraft, RNZ vom 20.3.2004; MVV schreibt 52 Mio. Euro in den Wind, MM vom 20.3.2004; MVV schreibt vorübergehend rote Zahlen, MM vom 18.5.2004.

76 Kunden der MVV sollen für Bilanzlasten nicht mit höheren Preisen büßen, MM vom 20.3.2004 (in diesem Interview mit Rudolf Schulten wird angesprochen, dass Roland Hartung die Notwendigkeit von Einmalaufwendungen bestreitet); Hartung zurück zur MVV Energie AG?, RNZ vom 1.7.2004; Hartung in den Aufsichtsrat?, Die Rheinpfalz vom 1.7.2004; MVV-Betriebsrat wehrt sich gegen „Unruhestifter", MM vom 17.7.2004; Der Neue setzt erst mal zum Kehraus an, Stuttgarter Zeitung vom 2.11.2004.

77 Vgl. Beim Energieversorger MVV tauchen neue Altlasten auf, FAZ vom 6.7.2004; Im September soll bei der MVV die Stunde der Wahrheit schlagen, MM vom 7.7.2004; Auch MVV hat zu viel für Stadtwerke bezahlt, Stuttgarter Zeitung vom 7.7.2004.

78 Vgl. Entwarnung bei der Mannheimer MVV, MM vom 25.9.2004; MVV schreibt Beteiligungen ab, RNZ vom 25.9.2004; MVV schließt Aufräumarbeiten ab, FAZ vom 25.9.2004.

79 Vgl. GB 2003/04, S. 7.

80 Die MVV spart und baut Stellen ab, MM vom 27.1.2005; MVV zurück in der Gewinnzone, MM vom 15.2.2005; MVV Energie schreibt Gewinne, RNZ vom 15.2.2005; GB 2004/05, S. 6.

81 Vgl. Mehr Geld für die MVV, MM vom 2.2.2005.

82 Vgl. GB 2004/05, S. 82, 97; GB 2005/06, S. 12, S. 97.

83 GB 2004/05, S. 7, 38.

84 Vgl. MVV und Mainova bald an einer Leitung?, MM vom 24.2.2005; MVV Energie macht sich für Mainova hübsch, Die Rheinpfalz vom 6.4.2005; Strom-Ehe lässt auf sich warten, MM vom 22.6.2005; Gespräche von MVV mit Mainova stocken, Die Rheinpfalz vom 11.8.2005; MVV und Mainova auf Distanz, MM vom 26.10.2005.

85 Vgl. MVV hat Interesse an Stadtwerken Leipzig, FAZ vom 3.11.2006.

86 Kölner Versorger wird neuer Aktionär der MVV, MM vom 25.5.2007; vgl. außerdem: Stadt Mannheim sucht Großaktionär für MVV, FAZ vom 8.3.2007; EnBW will MVV-Aktienpaket, MM vom 9.3.2007; Mannheim holt dänischen Konzern ins MVV-Boot, MM vom 14.5.2007; Warten auf Millionen für die Stadtkasse, MM vom 15.5.2007; Bei MVV werden Aktionärs-Karten erneut gemischt, MM vom 23.5.2007; Gemeinderat stimmt Aktien-Verkauf zu, MM vom 13.6.2007.

87 Vgl. MVV füllt die Kassen auf, MM vom 12.10.2007; GB 2007/08, S. 14, 45; GB 2008/09, S. 30.

88 Vgl. GB 2006/07, S. 47.

89 Mega-Chance elektrisiert MVV, MM vom 23.2.2008; MVV und Rheinenergie wollen Thüga, FAZ vom 27.2.2008; MVV bleibt an Thüga dran, MM vom 8.11.2008; MVV blickt gelassen auf Thüga, MM vom 7.5.2009.

90 Vgl. GB 2020, S. 18; vgl. Grafik Aktionärsstruktur.

91 Schulten bei EnBW in Gespräch, MM vom 29.6.2007; MVV-Chef zieht es nach Karlsruhe, Erfolgsrezept „Wachsen und Schneiden", MM vom 31.7.2008; Rudolf Schulten verlässt die MVV, RNZ vom 31.7.2008; Die MVV ist in Stellung gebracht, MM vom 2.8.2008; Schulten wird beurlaubt, MM vom 16.8.2008; RWE-Manager soll künftig MVV führen, MM vom 20.10.2008; Müller überzeugt MVV-Aufsichtsrat, MM vom 24.10.2008; GB 2007/08, S. 20.

13
EIN KONZERN VOR ORT

ULRICH NIESS/HARALD STOCKERT

In den vergangenen 50 Jahren veränderte sich das politisch-rechtliche Verhältnis der MVV zur Stadt Mannheim nachhaltig und damit auch ihre Position in Wirtschaft und Gesellschaft vor Ort: Die Umgründung des ehemaligen Eigenbetriebs Stadtwerke in ein eigenständiges Unternehmen 1974 war der erste Meilenstein dieses Wandels,[1] der zweite folgte mit der Teilprivatisierung mittels Börsengang 1999. Beide Wegmarken stellen Elemente eines politisch gewollten Emanzipationsprozesses dar, in dem sich das Unternehmen rechtlich zunehmend von seiner Mutter, der Stadt Mannheim, löste. Die ehemaligen Stadtwerke wurden dabei neu aufgestellt, ihre Geschäftsfelder spezialisierter und differenzierter. Die Neuausrichtung hatte Konsequenzen für die Funktion, Bedeutung und nicht zuletzt die Wahrnehmung des Unternehmens vor Ort, bei den Kundinnen und Kunden wie in der Öffentlichkeit.

13.1 UNTERNEHMEN UND STADTPOLITIK

Die Umgründung 1974: Neues Rollenverständnis im Aufsichtsrat

Die von der Stadtpolitik gewollte Überführung der Stadtwerke 1974 in ein privatrechtlich geführtes Unternehmen hatte für diese selbst nachhaltige Folgen. Zeichnete bis dato der Werkausschuss des Gemeinderats und damit letztlich das Stadtparlament für die Kontrolle der Stadtwerke verantwortlich, so fiel diese Rolle nun dem berufenen Aufsichtsrat der GmbH zu. In diesen wurden neben Arbeitnehmervertreterinnen und -vertretern für die Seite der Kapitaleigner wieder Mitglieder des Gemeinderats gewählt. Allerdings bildete der Aufsichtsrat, anders als der Werkausschuss, ein unabhängiges Gremium und war somit keinen Weisungen und Abstimmungen der Politik unterworfen. Indes wurden die Aufsichtsräte entsprechend den Mehrheitsverhältnissen im Gemeinderat gewählt, sodass sie als politische Interessenvertreter der Fraktionen auftraten und so auch wahrgenommen wurden.

Damit einher gingen in den folgenden Jahrzehnten immer wieder kommunalpolitische Kontroversen. Laut Aktiengesetz waren alle, auch die gemeinderätlich bestimmten Aufsichtsräte, nunmehr gegenüber der Öffentlichkeit zum Schweigen über das Zustandekommen von Beschlüssen verpflichtet. Insbesondere diese Geheimhaltungspflicht erwies sich von Beginn an als ein schwieriger Balanceakt, den es zu lernen galt. Nicht wenigen Aufsichtsräten fiel es schwer,

Zurückhaltung zu üben, zumal öffentlich gewordene Entscheidungen häufig die Kommunalpolitik auf den Plan riefen. Bereits 1975 entbrannte anlässlich der sogenannten Mietaffäre die Diskussion, ob dieser „Maulkorb" für gemeinderätlich bestallte Aufsichtsräte rechtens sei. Hintergrund war der Kauf einer Villa durch die MVV, die kostengünstig an einen neu berufenen Vorstand vermietet wurde. Da gleichzeitig Tariferhöhungen bekannt wurden, entwickelte sich hieraus ein Politikum, das auch überregional – beispielsweise vom Süddeutschen Rundfunk – aufgegriffen und diskutiert wurde. Angesichts dieser Situation erschien es einigen Aufsichtsräten nur folgerichtig, sich hierzu öffentlich zu äußern.[2] Der sichtlich verärgerte Oberbürgermeister Ludwig Ratzel brachte daraufhin gar straf- und zivilrechtliche Anzeigen wegen Geheimnisverrat gegen CDU-Aufsichtsräte ins Spiel, woraufhin sich der Gemeinderat schließlich auf die Einrichtung einer Arbeitsgruppe zur Klärung des Sachverhalts einigte.[3] Letztlich waren die gesetzlichen Vorgaben eindeutig und das Aktienrecht vorrangig. Freilich konnte auch dieser Befund nicht verhindern, dass immer wieder Streit über das öffentliche „Rederecht" von Aufsichtsräten ausbrach, so etwa 2006. Im Fokus stand dabei der Aufsichts- und Stadtrat Wolfgang Raufelder (Bündnis 90/Die Grünen), der eine Tariferhöhung des Unternehmens öffentlich anprangerte. Dies wurde von Aktionärsschützern scharf kritisiert, die ihm wegen Verletzung der Unternehmensinteressen den Rücktritt nahelegten.[4]

Geschäftsführung und der neu konstituierte Aufsichtsrat der MVV, 1988; von links die Mitglieder der Geschäftsführung Alfred Karsten, Jörg Altnöder, Hans Sonntag, der Aufsichtsratsvorsitzende OB Gerhard Widder, Geschäftsführer Hans-Heinz Norkauer sowie Dr. Norbert Egger, Karl Feuerstein, Eckhard Südmersen und Walter Pahl. (MVV-Report 6/7/1988, S. 5)

Tariffragen im Spannungsfeld von Sozialpolitik und Wirtschaftlichkeit

Besonders bis in die frühen 1980er Jahre tat sich ein großer Teil des Mannheimer Stadtrats schwer damit, nur noch mittelbaren Einfluss auf die Unternehmenspolitik der MVV ausüben zu können. Wiederholt war von der MVV als Unternehmen die Rede, das den Bürgerinnen und Bürgern Rechenschaft schuldig sei.

13 **EIN KONZERN VOR ORT**

Die Politik bestimmte mit: Haushaltsdiskussion des Gemeinderats im Florian-Waldeck-Saal, 1983. Im Vordergrund der Haushaltsentwurf 1983/84, auf den das Betriebsergebnis der MVV großen Einfluss hatte.
(MARCHIVUM, KF023410)

Die doch komplexere Realität der MVV als einer Kapitalgesellschaft, die zwar in öffentlichem Besitz stand, jedoch eigenen Regeln zu folgen hatte, wurde dabei häufig ausgeblendet. In der Kommunalpolitik nahm die MVV als Thema daher nach wie vor eine gewichtige Rolle ein, wenn sozialpolitische Akzentuierungen eingefordert wurden. Insbesondere Tarif- und damit Preiserhöhungen für Energie, aber auch beim öffentlichen Nahverkehr, sorgten für Diskussionsstoff, zumal sie nahezu jährlich vom MVV-Vorstand vorgeschlagen und vom Aufsichtsrat bestätigt wurden. Unterschiedliche wirtschafts- wie auch sozialpolitische Interessen bestimmten die Debatte, sorgten mitunter für lautstarke Kritik am Unternehmen. Bekam die Bevölkerung – und damit Wählerinnen und Wähler – direkt Entscheidungen des Aufsichtsrats am eigenen Geldbeutel zu spüren, war es nur zu verführerisch, den „Schwarzen Peter" an das Unternehmen zu reichen und ihm vorzuwerfen, es verstehe nicht, solide zu wirtschaften. Die Frontlinien verliefen dabei nicht selten zwischen den großen Parteien im Stadtparlament. Im Aufsichtsrat stellte die Arbeitnehmerseite gemeinsam mit den von der SPD entsandten Vertreterinnen und Vertretern eine Mehrheit, für welche die Sicherung der Arbeitsplätze im Regelfall Priorität hatte und die daher eher für Tariferhöhungen votierte. Demgegenüber drängte die CDU mit ihren Vertretern tendenziell eher auf Sparsamkeit, personelle Verschlankung und Schonung der Haushalte. Letztlich führte diese Situation immer wieder dazu, dass die Tariffrage in die stadtpolitische Diskussion hinüberschwappte und auch gerne in Wahlkampfzeiten aufgegriffen wurde.

Der Streit eskalierte schließlich im Herbst 1982, als die CDU nach einer neuerlichen Tariferhöhung den Antrag stellte, die Entscheidung über die Tarife vom Aufsichtsrat wieder auf den Gemeinderat zu übertragen. Die SPD stellte hierauf den taktisch motivierten Antrag, mit einer solchen Entscheidung zugleich die Rückführung der MVV in einen Eigenbetrieb zu verknüpfen.[5] In einer fast fünfstündigen Informationsveranstaltung des Gemeinderats am 7. Dezember 1982 im Florian-Waldeck-Saal, an der auch Vertreter der MVV teilnahmen, rangen die Beteiligten um Argumente.[6] Die Diskussion stand dabei auch unter dem Eindruck einer außerordentlichen Betriebsversammlung der Unternehmen der MVV, die am 18. November 1982 in der Multihalle stattgefunden hatte. Mehr als 2000 Beschäftigte forderten hierbei die Beibehaltung des Status quo – mithin die Tarifentscheidung im Aufsichtsrat zu belassen, da ansonsten deren „betriebliche Lebensinteressen aufs äußerste gefährdet" seien.[7] Letztlich einigte sich der Gemeinderat darauf, einen Vorschlag des Oberbürgermeisters zum Thema abzuwarten, der freilich erst 1985 vorgelegt wurde. Gestützt auf ein Rechtsgutachten der Freien Universität Berlin sah dieser zwar ein Zustimmungsrecht des Gemeinderats zu den Tarifvorschlägen des Aufsichtsrats vor, bei Nichteinigung hingegen sollte letztlich das Votum des Aufsichtsrats maßgebend sein. Dieser Vorschlag wurde mit den Stimmen von SPD und Mannheimer Liste abgelehnt, sodass es weiterhin beim reinen Informationsrecht des Gemeinderats blieb.[8]

Es sollte rund eine halbe Dekade dauern, ehe Tarifdiskussionen weitgehend verebbten und die Kommunalpolitik stärker in den Hintergrund trat. Dies war gewiss auch der Person Roland Hartungs geschuldet, der lange Zeit als CDU-Politiker und OB-Kandidat zu den engagiertesten Verfechtern der kommunalen Kontrolle galt, 1988 die Seiten gewechselt hatte, um nun als Sprecher der Geschäftsführung mit Verve die Position des Unternehmens gegenüber der Stadt zu vertreten. Zugleich arbeitete er vertrauensvoll und eng mit seinem einstigen politischen Rivalen Oberbürgermeister Gerhard Widder zusammen, wobei beide maßgeblichen Einfluss auf ihre jeweilige Fraktion auszuüben verstanden.

Eine eindeutige Willenskundgebung gegen die Rückverlagerung der Tarifhoheit: Die Betriebsversammlung der Beschäftigten des MVV-Konzerns vom 18.11.1982 in der Multihalle fand große Resonanz in der Öffentlichkeit.
(MVV Report 12/1982, S. 5)

MVV: drei Anwärter für den Chefsessel
Personalausschuss legt sich nicht fest / Letzte Entscheidung übermorgen im Aufsichtsrat

Der Streit im MVV-Aufsichtsrat um die Nachfolge von Roland Hartung wird öffentlich: Im „Mannheimer Morgen" wurden schon vor der entscheidenden Sitzung die Kandidaten diskutiert.
(Mannheimer Morgen vom 25.2.2003)

Die MVV als „Aktivposten": Selbstbewusst wurden 1991 in der Mitarbeiterzeitschrift der MVV die Finanzströme zwischen MVV und der Stadt dargestellt.
(MVV-Report 6/7/1991, S. 5)

Der Börsengang 1999

Das Verhältnis der Kommunalpolitik zum Unternehmen wurde auch im Rahmen des Börsengangs öffentlich thematisiert. Potenzielle Investoren fragten durchaus kritisch nach, ob die Kommune und erst recht die Gemeinderäte im Aufsichtsrat in schwierigen Unternehmenssituationen verlässlich agieren würden.[9] Letztlich konnte die Unternehmensführung diese Bedenken ausräumen, sodass der Börsengang auch deswegen erfolgreich verlief. Nur noch selten sollte sich seit den frühen 2000er Jahren der Einfluss der Mannheimer Kommunalpolitik auf die MVV öffentlich bemerkbar machen, am ehesten noch bei wegweisenden Entscheidungen. So wurde 2003 der Konflikt um die Nachfolge von Roland Hartung sicherlich nicht zu Unrecht als „politische Rangelei" in überregionalen Zeitungen thematisiert.[10] 2008 attestierte der „Mannheimer Morgen" dem Vorstandsvorsitzenden Rudolf Schulten bei der zweiten Teilprivatisierung eine gewisse „Ohnmacht" in seiner Entscheidungsgewalt bei der Auswahl eines neuen strategischen Investors und mutmaßte, dass sich hierbei eher das Stadt- und weniger das Unternehmensinteresse durchgesetzt hätte.[11] Ungeachtet dessen, ob diese pointierte Einschätzung tatsächlich zutreffend war, reproduzierten derartige Berichte doch immer wieder das Klischee von der MVV als einem kommunal dominierten Unternehmen, das der Stadt Mannheim als „Goldesel" mit lukrativen Aufsichtsratsposten diente. Nicht erst seit dem Börsengang sah sich die MVV ihrerseits veranlasst, aktiv diesem Zerrbild entgegenzutreten und sich als „normales Industrieunternehmen" (Roland Hartung) darzustellen, das „sich längst vom alten Stadtwerke-Modell" (Rudolf Schulten) gelöst habe.[12]

Dabei darf nicht unerwähnt bleiben, dass auch die MVV ihrerseits Einfluss auf die Gestaltung der Stadtpolitik ausübte, vor allem in finanzieller Hinsicht. Die Finanzflüsse an die Kommune, sei es in Form der Konzessionsabgabe, von Gewerbesteuern oder von sonstigen Abgaben, bildeten einen wichtigen Einnahmeposten im städtischen Haushalt. Da jedoch bis 1999 Verluste – zumeist von den Verkehrsbetrieben hervorgerufen – immer wieder kommunal verrechnet werden mussten, herrschte lange nur unzureichende Planungssicherheit für den Kämmerer. Im Jahr 1980 etwa offenbarte sich ein unerwartet hoher MVV-Gewinn, sodass sogar kurzfristig die städtischen Haushaltsberatungen verlegt werden mussten. Einmal mehr zeigte sich, dass die MVV der Stadt nicht nur sozial-, sondern eben auch finanzpolitische Handlungsspielräume ermöglichte.

Insgesamt kann festgehalten werden, dass sich die Kommunalpolitik mit dem Abnabelungsprozess der MVV von der Stadt lange Zeit recht schwertat. Es mussten erst Positionen und Strukturen gefunden werden, wie mit der städtischen Tochter als GmbH bzw. AG umzugehen war. Die Auseinandersetzungen bis Ende der 1980er Jahre und deren Klärung waren aber letztlich eine der Voraussetzungen dafür, sich auf den weiteren Emanzipationsprozess des Unternehmens mit dem Börsengang einzulassen.

13.2 DIE MVV IN DER STADT MANNHEIM

Die Stadtwerke wie auch die aus ihr hervorgegangene MVV mit ihren lokalen Tochterfirmen gehörten über die Jahre hinweg mit 2000 bis 3000 Beschäftigten vor Ort zu den großen Arbeitgebern in Mannheim. Die enge Anbindung an die Stadtverwaltung Mannheim und damit an den öffentlichen Dienst wurde dabei nach 1974 schrittweise zurückgefahren. Ein eigener Haustarifvertrag ersetzte 1986 den Bundesangestellten-Tarifvertrag (BAT) bzw. den Bundesmanteltarifvertrag für Gemeindearbeiter (BMTG). Damit eröffneten sich Möglichkeiten zu einer stärker leistungsorientierten, zumeist auch höheren Bezahlung, als es zuvor unter dem Dach der Stadt Mannheim möglich gewesen war. Beibehalten wurden zunächst noch einzelne Sonderleistungen für die Beschäftigten. Diese wurden in den 1990er Jahren abgebaut und durch eigene Programme der Mit-

Mitarbeiterinnen und Mitarbeiter im Verwaltungs- wie im technischen Bereich bei der Arbeit, 1989.
(MVV Report 6/7/1989, S. 6)

arbeiterbindung ersetzt, um die MVV zu einem attraktiven Arbeitgeber in der Region zu machen. Das von Vorstand Roland Hartung wie auch dessen Nachfolger Rudolf Schulten immer wieder vorgetragene Mantra, man sei längst kein Stadtwerk mehr, sondern ein „normales" Unternehmen, hatte dabei auch längst Eingang in die Köpfe der Mitarbeitenden gefunden.

Energieversorgung vor Ort

Als ein für wichtige Teile der Infrastruktur verantwortliches Unternehmen hat die MVV seit jeher eine große Bedeutung für die Stadtentwicklung. Gas, Wasser, Strom sowie Fernwärme sind elementare Bestandteile der Grundversorgung, die mit ihren Netzen laufend ausgebaut bzw. modernisiert werden müssen. Das lange diskutierte und 1984 schließlich beschlossene zweischienige Energieversorgungskonzept – entweder Strom/Erdgas oder Strom/Fernwärme –, das stadtteilweise auf alle Mannheimer Haushalte weitgehend konsequent angewandt wurde, ist Grundlage für die Entwicklung der Stadt Mannheim.[13] Dieses Konzept konnte freilich für einzelne Haushalte und Bezirke binnen weniger Jahre einen Mehrfachwechsel der Wärmeversorgung bedeuten, etwa von Stadt- zu Erdgas und dann zur Fernwärme. Diese Wechsel wurden im Übrigen in der Kommunalpolitik intensiv diskutiert, gleichwohl dominierte bei der Umsetzung die Vision einer energiesparenden und umweltschonenden Versorgung. Der Ausbau der Fernwärme ertüchtigte einerseits bereits bestehende Stadtteile und korrelierte systematisch mit der Erschließung neuer Stadtgebiete wie zuletzt dem aus Konversionsflächen gewonnenen Stadtteil Franklin. Darüber hinaus erwies sich der Zugang zur Fernwärme für Großunternehmen in Mannheim als

Ein weiterer Schritt in die Regionalisierung der Fernwärme: Mit einem Fest feierte die MVV 1989 den Startschuss für die Verlegung von Fernwärmeröhren nach Schwetzingen.
(MVV Report 6/7/1989, S. 20)

wichtiger Standortfaktor zur Gewährleistung von Energiesicherheit. Mit dem starken Fokus auf die Fernwärme wirkte sich hier das Handeln der MVV nicht nur prägend auf die Stadt, sondern auch auf die Region aus, indem im Laufe der Zeit weitere Kommunen – allen voran Heidelberg, Schwetzingen und Speyer – an das Fernwärmenetz der MVV angeschlossen wurden.

Verkehrspolitik

Bis zur Jahrtausendwende leistete zudem die Verkehrssparte der MVV mit dem Ausbau des Straßenbahnnetzes einen wichtigen Beitrag zur Stadtentwicklung. Mit dem Konzept „MVG 2000" versuchte der Konzern nicht nur, einen wirtschaftlichen Befreiungsschlag für die angeschlagene Sparte zu setzen, sondern vor allem ihre Attraktivität zu steigern.[14] Die Anschaffung neuer Stadtbahnwagen und mehr noch die Erweiterung des Schienennetzes gehörten in den 1990er Jahren sicherlich zu den aufsehenerregendsten und auch meist diskutierten Themen. So wurden die Anschaffungskosten für moderne Niederflurwagen bei der MVG über ein sogenanntes Cross-Border-Leasing finanziert – ein bis heute strittiges Modell, das einige Verkehrsbetriebe in Deutschland wählten, um gegen Vermietung ihrer Anlagen Investitionen tätig zu können. Unmut über derartige Geschäftsmodelle, aber auch Trassenführungen, Haltestellen und nicht zuletzt die mit den neuen Linien verbundenen Bauarbeiten füllten die Leserbriefspalten der Lokalpresse. Im Ergebnis aber gewann der ÖPNV durch die Umsetzung des Konzepts „MVG 2000", das immer wieder neuen Realitäten wie dem Bau der SAP-Arena angepasst wurde, an Bedeutung. Die Schließung von Lücken im Stadtbahnnetz, vor allem aber die Realisierung der sogenannten B-Linie schuf

Baustelle an der Steubenstraße in Neckarau, 1995. Die Verlegung der B-Linie war ein zentraler Baustein der Modernisierungsstrategie des Verkehrsbereichs „MVG 2000".
(MARCHIVUM, AB02076-002)

eine neue Südanbindung und steigerte zudem die Attraktivität des neuen Stadtteils Niederfeld. Weitere Punkte des Programms waren die Anschaffung modernerer, bequemerer Stadtbahnwagen sowie die Einführung eines 10-Minuten-Takts auf vielen Strecken. So war der Name der MVV in der Öffentlichkeit wie der Stadtgesellschaft über Jahrzehnte hinweg teilweise mehr mit dem Thema Nahverkehr verbunden als mit Energieversorgung. Parallel dazu lief auch im Öffentlichen Personennahverkehr eine fortschreitende Liberalisierungswelle an, die zum Zusammenschluss der Verkehrsverbünde in Mannheim, Heidelberg und Ludwigshafen in die Rhein-Neckar-Verkehr GmbH ab 2003 führte. Erst durch diese Abspaltung der Verkehrssparte sollte es zu einer neuen Schwerpunktsetzung und einem Imagewandel für die MVV Energie AG kommen.

Pilotprojekte mit Bundesförderung

Mannheim konnte sich wiederholt als Standort für Pilotprojekte energiewirtschaftlicher Innovationen profilieren, die von der MVV initiiert und zumeist auch durchgeführt wurden. So barg die für Verhältnisse der 1980er Jahre ausgesprochen lange Fernwärmeleitung von Mannheim nach Heidelberg großes Innovationspotenzial in sich, die vorbildhaft für die weitere Unternehmensstrategie wurde.[15] Darüber hinaus machte die Stadt in den 1990er Jahren mit den neuartigen Photovoltaikanlagen im Rahmen des „1000-Dächer-Programms" der Bundesregierung im Niederfeld bzw. eines Pilot-Niedrigenergiehauses, das gemeinsam mit der GBG Wohnungsbaugesellschaft in Sandhofen betrieben wurde, von sich reden. Bundesweite Beachtung fand schließlich der umfangreiche mehrjährige Feldversuch „Modellstadt Mannheim" zwischen 2008 und 2013. Hierbei wurde unter Einsatz moderner Informations- und Kommunikationstechnologie, sogenannter intelligenter Netze, mithilfe von fast 1000 Haushalten in Mannheim als Endkunden geprüft, wie eine bessere Balance zwischen Energieangebot und -nachfrage unter den Vorgaben von Ressourcenschonung, dezentraler Energieerzeugung und erneuerbarer Energien erreicht werden kann. Die „Modellstadt Mannheim" war dabei eines von sechs Teilprojekten im Rahmen eines Technologiewettbewerbs, die vom Bundeswirtschaftsministerium ausgezeichnet und vom Bundesumweltministerium geför-

Nach der Trennung der EDV von Stadt und MVV Anfang der 1990er Jahre investierte das Unternehmen erheblich in Modernisierung und Neupositionierung seines Rechenzentrums. (MVV-Report 6/7/1991, S. 14)

dert wurden.[16] Dieses Projekt wurde intensiv wissenschaftlich begleitet, etwa durch das aus der Universität Heidelberg hervorgegangene Institut für Energie- und Umweltforschung Heidelberg (ifeu), und gewann durch den engen Bezug zum Verbraucher vor Ort große öffentliche Aufmerksamkeit.

Auch die Stadtverwaltung Mannheim arbeitete bei Innovationsprojekten wie den genannten eng mit ihrer Tochter MVV Energie AG zusammen und profitierte dabei immer wieder von deren Bereitschaft, neue Wege zu gehen. Hiervon zeugen beispielsweise die Zusammenarbeit im Bereich des MVV-Rechenzentrums, an das die Kommune lange angeschlossen war, oder gemeinsame Veröffentlichungen und Medienauftritte zum Thema Energieversorgung und Klimaschutz. Gemeinsam mit der Stadt Mannheim und der GBG ist die MVV Gründungsmitglied und Gesellschafter bei der 2009 eingerichteten Klimaschutzagentur Mannheim. Als gemeinnützige GmbH verfolgt die Agentur das Ziel, den Klimaschutz in der Quadratestadt auf lokaler Ebene mittels Bildungs-, Beratungs- wie auch Förderangeboten voranzutreiben und vor allem das Bewusstsein vor Ort für die Notwendigkeit dieser Aufgabe zu stärken.

Aktivitäten im Bildungsbereich

Jenseits ihrer rein unternehmerischen Tätigkeit engagierten sich die MVV und ihre Tochterunternehmen auch immer wieder im Rahmen von Kultur und Bildungswesen. So war es vor allem der Tatkraft von SMA-Vorstand Hans-Peter Winkens, dem „Vater der Fernwärme", zu verdanken, dass in Mannheim 1986 eine Technische Akademie ins Leben gerufen wurde. Ziel dieser Einrichtung war die Weiterbildung von bereits in der beruflichen Praxis Tätigen aus den Gebieten Technik, Ingenieurwesen und Naturwissenschaft. Ausgangspunkt dieses Projekts war dabei ein anderes Engagement der MVV, das ebenfalls Erwähnung

Die Gründung der Technischen Akademie wurde 1986 im Rittersaal des Mannheimer Schlosses gefeiert. Am Rednerpult der „Spiritus Rector" und MVV-Vorstand Hans-Peter Winkens. (MARCHIVUM, ABBN0832-31484-08)

Bei der Pressekonferenz zur Einrichtung der MVV-Stiftungsprofessur trafen Wissenschaft, Politik und Wirtschaft aufeinander: Rudolf Zaun-Axler und Dietmar von Hoyningen-Huene von der FH Mannheim, der Minister für Wissenschaft, Forschung und Kunst, Klaus von Trotha, sowie aufseiten der MVV Dieter Zischeck, Roland Hartung und Klaus Curth.
(MVV-Report 8/1997, S. 6)

verdient: Gleich mehrere Protagonisten des Konzerns – neben Winkens unter anderem der MVV-Geschäftsführer für Verkehr Hans-Heinz Norkauer – berieten in den frühen 1980er Jahren die Leitung des Landesmuseums für Technik und Arbeit bei der inhaltlichen Konzeption des neu einzurichtenden Museums.[17] Bei der Zusammenarbeit in verschiedenen Arbeitskreisen mit anderen Fachleuten wurde die Idee einer Technischen Akademie in Mannheim geboren, deren Einrichtung Winkens kraftvoll in die Hand nahm. Wichtigster „Geburtshelfer" war dabei die MVV, die nicht nur ehrenamtlich in Person von Winkens gemeinsam mit einem Vertreter der Daimler Benz AG als Geschäftsführung fungierte, sondern auch kostenlose Räumlichkeiten im MVV-Hochhaus stellte und zudem für ein Jahr das wirtschaftliche Risiko der neuen Einrichtung übernahm.[18] Dank dieser Ausgangsvoraussetzungen gelang es, bald über 40 institutionelle Mitglieder für den Trägerverein der Akademie zu gewinnen – nahezu sämtliche produzierenden Unternehmen in Mannheim und Umgebung. 1988 konnten ein hauptamtlicher Geschäftsführer eingestellt und eigene Räumlichkeiten in der Mollstraße bezogen werden. Auch beim Weiterbildungsprogramm, das gemeinsam mit der Fachhochschule für Technik entwickelt wurde, zeigte sich die MVV sehr engagiert. Winkens selbst lehrte hier als Dozent zu Themen wie Fernwärme und EDV. Die Technische Akademie sollte über ein Jahrzehnt ein Aushängeschild für berufliche Weiterbildung in Mannheim sein, auch wenn sich die MVV in den 1990er Jahren weitgehend auf die Position eines einfachen Vereinsmitglieds zurückzog.

Ergänzt wurde dieses Engagement an den Hochschulen bzw. in der Weiterbildung zudem durch die Ausrichtung von eigenen Tagungen und Symposien zu den Themen Energieversorgung und Klimaschutz, wie etwa das regelmäßig stattfindende „Mannheimer Symposium für die kommunale Versorgungswirtschaft".

In gewisser Weise fortgesetzt wurde diese Bildungsförderung 1997 durch die Stiftung einer Professur für Energiewirtschaft an der Fakultät für Wirtschaftsingenieurwesen an der Fachhochschule Mannheim – Hochschule für Technik und Gestaltung (seit 2005: Hochschule Mannheim). Diese Stiftungsprofessur wurde auf zehn Jahre eingerichtet und eng mit praktischen Projekten der MVV im Bereich „Technologie und Innovation" verknüpft, die ihrerseits dadurch Mehrwerte für sich generieren konnte.[19] Darüber hinaus beteiligte sich die MVV 2009 mit anderen Unternehmen an der Einrichtung einer Stiftungsprofessur namens „Business Administration and Corporate Governance" an der Universität Mannheim.

13.3 DIE MVV UND IHR WIRKEN IN DIE GESELLSCHAFT

Kundenorientierung vor Ort

Trotz der Liberalisierung des Energiemarktes und des Aufbrechens der bis dato existierenden Monopole sind praktisch alle Mannheimerinnen und Mannheimer Kunden der MVV: Wasser strömt in jeden Haushalt und nach wie vor bezieht ein Großteil der Mannheimer Haushalte Strom und Gas bzw. Fernwärme vom lokalen Anbieter.

Gleichwohl hat sich das Verhältnis zu der Kundschaft in den vergangenen Jahrzehnten deutlich geändert und damit auch das Auftreten der MVV ihr gegenüber. Dominierte in den 1970er Jahren zunächst noch eine eher abwartende Behördenhaltung, so signalisierte die Eröffnung des neuen Kundenzentrums im MVV-Hochhaus 1979 einen deutlichen Wandel. Fortan saßen die Kundinnen und Kunden bequem auf Drehstühlen ihren Beratern und Beraterinnen gegenüber und wurden nicht länger von „oben herab" bedient.[20] Diese Begegnung auf Augenhöhe war auch die Philosophie aller Modernisierungen in den folgenden Jahrzehnten. 1998 erfolgte die Eröffnung eines neuen Kunden- und Beratungszentrums an zentraler Stelle in K 1, das alle Unternehmensbereiche abdeckte. Vorstand Roland Hartung sah darin nicht nur eine Verbesserung der Serviceangebote, sondern auch ein Bekenntnis des Unternehmens zur Breiten Straße in der City, an deren Aufwertung das Unternehmen mitwirken wollte. Stolz berichtete der MVV-Report:

Das neue Kundenzentrum war Titelbild und Hauptthema des MVV-Reports 8/1979. Offene Flächen und moderne EDV boten neue Möglichkeiten der Kundenberatung.

> „Die Modernisierung ist gelungen. Es ist ein attraktives Kundenzentrum entstanden, in dem die persönliche Betreuung der Besucher oberste Priorität hat. Mittelpunkt ist der Info-Pavillon, um den sich die Beratungssegmente, Ausstellungsflächen, Cafe [sic], Infoflächen sowie der großzügige Kassenbereich gruppieren."[21]

Diese Gestaltung entsprach dem Zeitgeist, demzufolge die Kundschaft zunehmend auch mit „weichen" Faktoren an das Unternehmen gebunden werden sollte. Das Konzept einer „Erlebniswelt" hatte durchaus Erfolg, wie Presseberichte über zahlreiche Ausstellungen und Vorträge zu energiepolitischen, verbrauchberzogenen, aber auch kulturellen Themen unterstreichen. Nach der Abtrennung der Verkehrssparte aus dem Konzern war das Konzept eines integrierten Zentrums freilich überholt und wurde zugunsten kleinerer Einheiten wie in O 7, 18, im MVV-Hochhaus am Luisenring oder zuletzt auch auf Franklin aufgegeben.

Vor allem in der digitalen Welt ging das Unternehmen früh und offen auf seine Kundinnen und Kunden zu. Ein Ausweis hiervon sind die Internetauftritte unter www.mvv.de seit Mitte der 1990er Jahre, die zunächst eher informativ gestaltet waren, seit den 2000er Jahren aber zunehmend interaktive Elemente einschlossen: 2001 konnten erstmals Zählerstände eingegeben werden, wenige Jahre später war es bereits möglich, vollständig digital mit der MVV zu kommunizieren – vom Vertragsabschluss bis zur Anzeige der Verbrauchsstatistik. Ein festes Element auf der Homepage blieb bis heute der Bezug zur Stadt Mannheim. Zwar wurde seit Beginn der 2000er Jahre davon abgesehen, direkt auf die Homepage der Stadt zu verlinken, dennoch blieb die Referenz auf Konzernmutter und Heimatregion eine feste Größe im Online-Auftritt des Unternehmens.

Aller Kundenorientierung zum Trotz gerät die MVV auch immer wieder in die Kritik. Fehlerhafte bzw. zu spät versandte Jahresrechnungen infolge einer Systemumstellung, durch länger als geplant bestehende Baustellen verursachte Verkehrsblockaden oder Stromausfälle führten wiederholt zu Beschwerden, die auch öffentlich thematisiert wurden. Der adäquate Umgang mit derartigen Vorkommnissen ist Teil der lokal bezogenen Öffentlichkeitsarbeit des Konzerns, die in den vergangenen Jahrzehnten intensiviert wurde. 1981 stellte sich die MVV anlässlich einer Tariferhöhung erstmals einer öffentlichen, der Transparenz dienenden „Bürgerstunde". Seither haben sich die Angebote vervielfältigt. Mittels Sprechstunden, spezieller Hotlines oder auch Internetangeboten können Kundinnen und Kunden auf das Unternehmen zukommen. Gleichzeitig sucht die MVV vor Ort proaktiv den Kontakt zu ihrer Kundschaft, um über aktuelle Gegebenheiten, ihr Angebot und allgemein zu Energiefragen aufzuklären. Der große

Historische Bildungsarbeit: Die Ausstellung „gezeichnet" der KZ-Gedenkstätte Sandhofen sowie des Stadtarchivs Mannheim zeigte 2004 im MVV-Kundenzentrum Bilder des ehemaligen Häftlings M. Wiśniewski über das Schicksal der polnischen Zwangsarbeiter in Sandhofen. (MARCHIVUM, PK12420)

Der Stand der MVV gehört zu den größten auf dem Maimarkt. Er ist für das Unternehmen ein wichtiges Forum für Kundenkontakt, Beratung sowie zur Vorstellung neuer Produkte. Hier der Stand des Jahres 2003.
(Foto: Manfred Rinderspacher)

Stand auf dem Maimarkt gehört hier ebenso dazu wie Stände bei diversen Stadtteilfesten, mit denen die MVV auf die Menschen zugeht.

Auf dem sensiblen Feld umweltpolitischer Debatten zeigen sich jedoch auch die Grenzen einer vermittelnden Öffentlichkeitsarbeit, so etwa bei der Diskussion um den Bau des Kohleblocks 9 im Großkraftwerk Mannheim. Hier geriet die MVV, mit 28 Prozent der kleinste Anteilseigner am Kraftwerk, ungeachtet ihrer umfangreichen Projekte für Klimaneutralität in den Fokus der öffentlichen Kritik und konnte nicht verhindern, bei den Protestierenden mit dem GKM gleichgesetzt zu werden.

Sponsoring vor Ort

Ein Bekenntnis zur Region ist schließlich die Sponsoringtätigkeit des Unternehmens, die in den späten 1980er Jahren in größerem Maße etabliert wurde. Ausgangspunkt war die Unterstützung der großen Impressionisten-Ausstellung „Von Courbet bis Picasso" in der Kunsthalle (1988), bis heute deren publikumsträchtigste Schau. Die MVV beteiligte sich hierbei nicht nur finanziell, sondern nutzte darüber hinaus ihre Netzwerke für die Öffentlichkeitsarbeit. Entsprechend wurde in den Nahverkehrsvertrieben von 1500 Städten und Verbänden Werbung für die Ausstellung in Mannheim gemacht, welche zum „Mekka für Kunstkonsumenten" avancierte, wie die „Rhein-Neckar-Zeitung" euphorisch berichtete.[22]

Die finanzielle Unterstützung der Kulturszene spielt seither eine wichtige Rolle für die MVV, wobei sie „kein Geschenk, sondern ein Geschäft" sei, so Vorstand Roland Hartung 1994 – ein Geschäft, von dem man sich eine größere Bekanntheit versprach.[23] Neben der Kultur betätigte sich die MVV auch als Förderin in Sport, Bildung und Wissenschaft. War das Sponsoring zunächst eher anlass-

Picasso mit Stromstern: Die Impressionisten-Ausstellung „Von Courbet bis Picasso" in der Kunsthalle Mannheim bildete den Auftakt für das weitergehende kulturelle Sponsoring der MVV ab 1988.
(MVV-Report, 11/12/1988, S. 11)

bezogen, folgte 2003 die Entwicklung eines eigenen Konzepts. Dieses sah eine Konzentration auf zunächst 20, ab 2004 auf acht bis zehn Partner vor, wobei die „regionale Verwurzelung" beibehalten und auch herausgestellt werden sollte.[24] Hervorzuheben sind hierbei neben dem bereits erwähnten Engagement im Hochschulbereich, das nicht als reines Sponsoring gesehen werden sollte, vor allem die langfristige Unterstützung von Kulturinstitutionen wie dem Nationaltheater, das einen festen Platz im Sponsoringkonzept einnahm und seinerseits als imagefördernder Faktor diente. Mit der Etablierung eines monatlichen „MVV-Kunstabends" mit kostenlosem Eintritt in die Kunsthalle Mannheim ging die MVV 2018 neue Wege im Bereich der Kulturförderung. Zuletzt zeigte sich das kulturelle Engagement des Unternehmens in der Förderung der international ausgerichteten Präsentation „Die Normannen" im Jahr 2022 in den Reiss-Engelhorn-Museen. Einen weiteren Schwerpunkt des Sponsorings bildet der Sport. Vor allem die Vereine Adler Mannheim, TSG Hoffenheim, der MTG Mannheim mit diversen Olympiasiegern sowie der SV Waldhof Mannheim erhielten Unterstützung, zumeist in Form der lukrativen, aber selten kostengünstigen Stadion-, Banden- und Trikotwerbung. Dabei zeigte gerade das Engagement beim letztgenannten Fußballverein, dass sich die MVV nicht nur als reiner Sponsor, sondern zuweilen auch als Antreiber für Neuerungen sah: Ihr nachdrückliches Werben für eine Fusion des SV Waldhof mit dessen Stadtrivalen VfR Mannheim, durch die sich Befürworter aus Politik und Wirtschaft eine Stärkung des Fußballstandorts Mannheim bis hin zur Erstligareife versprachen, scheiterte 2002 jedoch an den Vereinen und stark emotionalisierten Fanlagern.

Parallel zu dem strategischen Sponsoring der großen regionalen Vereine etablierte die MVV seit den 2000er Jahren einen zusätzlichen Förderfonds mit einer Ausschüttung von jährlich 100.000 Euro, bei dem sich regionale Initiativen und soziale Projekte vornehmlich aus dem Jugend- und Nachwuchsbereich bewerben können. Die MVV proklamiert dabei eine gesellschaftliche Verantwortung für die Region und sieht sich „als regional und sozial verantwortlicher und nachhaltig agierender Partner".[25] Neben dem Sponsoring ist hierbei ein seit 2007 eingeführter Nothilfefonds erwähnenswert, der unverschuldet in Not geratene, säumige Kundinnen und Kunden mit der Begleichung ihrer Versorgungsrechnungen unterstützt – innerhalb von zehn Jahren profitierten hiervon immerhin rund 2400 Haushalte.[26]

Diese Formen der Umsetzung gesellschaftlicher Verantwortung wurden und werden in der Öffentlich durchaus erkannt und geschätzt. Gleichwohl stößt das Sponsoring zuweilen auch auf kritische Stimmen, die diesem etwa Tariferhöhungen oder aber die GKM-Beteiligung gegenüberstellen.

Zwei MVV-Gebäude als Mannheims Landmarken

Noch unmittelbarer als durch Sponsoring und Kundenzentren ist die MVV in Mannheim in baulicher Hinsicht präsent. Mit dem MVV-Hochhaus, vor allem aber mit dem Wasserturm am Friedrichsplatz prägen zwei markante konzerneigene Gebäude das Bild der Innenstadt. Beide liegen am Ring und damit knapp außerhalb der Quadrate, dennoch wirken sie in diese hinein und bilden aufgrund ihrer Höhe, aber auch ihres Arrangements zentrale Fix- und Anziehungspunkte.

Der 1962 bis 1965 zwischen Luisenring und Neckar errichtete neue Unternehmenssitz der Stadtwerke war mit 61 Metern das erste Hochhaus in der Mannheimer Innenstadt und damit ein selbstbewusstes, ja machtvolles Statement der Stadtwerke hinsichtlich ihrer Bedeutung für die Stadt – eine Haltung, die von der Nachfolgerin MVV fortgeführt wurde.[27] Der kubische Turm mit einem

Mit neuem Logo – die „Energieschleife" löste den Stromstern ab – sowie einer Videowall auf dem MVV-Hochhaus ging die MVV ab 2018 auch optisch neue Wege und wurde damit noch präsenter im Stadtbild. Im Vordergrund ist der in den 1980er Jahren errichtete Erweiterungsbau der MVV in der Neckarvorlandstraße zu sehen.
(MVV Energie AG)

DER MANNHEIMER WASSERTURM – EINE BEZIEHUNGSGESCHICHTE

Thomas Throckmorton

Zu wohl keinem Gebäude in ihrer Stadt haben die Mannheimerinnen und Mannheimer ein so inniges Verhältnis wie zum Wasserturm. Seine Geschichte ist somit nie bloß die eines Bauwerks, sondern die Geschichte einer Beziehung – zwischen einer Stadt und ihrem Wahrzeichen. Sie begann im Jahr 1882, als der Ingenieur Oskar Smreker damit beauftragt wurde, eine zentrale Wasserversorgung für die schnell wachsende Stadt zu projektieren. Neben dem Bau des Wasserwerks in Käfertal gehörte dazu die Errichtung eines Hochreservoirs, um Schwankungen im Wassernetz auszugleichen. Als idealen Standort hatte Smreker den heutigen Friedrichsplatz ausgemacht – eine damals noch unbebaute Fläche vor den Toren der Stadt, für die es jedoch bereits Bebauungspläne gab. Nach Ausschreibung eines Wettbewerbs wurde der Wasserturm nach Entwürfen des Architekten Gustav Halmhuber bis 1889 realisiert.

Von vornherein sollte der Wasserturm mehr sein als ein Zweckbau: Er war als repräsentatives Aushängeschild für die aufstrebende Stadt geplant – und der Plan ging auf. Der Mannheimer „Generalanzeiger" bezeichnete den Wasserturm bereits vor seiner Fertigstellung als Wahrzeichen. Früh wurde er zum Veranstaltungsort – etwa für Zirkusaufführungen oder Fahnenweihen –, Ansichtskartenmotiv und schließlich zur Visitenkarte einer selbstbewussten Stadt.

Die Bebauung der Oststadt ab 1892 und die Anlage des Jugendstilensembles auf dem Friedrichsplatz vollendeten den Status des Wasserturms als Wahrzeichen. 1907 war er der Fixpunkt des Ausstellungsgeländes zur Dreihundertjahrfeier Mannheims.

Von nun an wurde der Turm immer wieder neu inszeniert und vereinnahmt – und entwickelte sich so zur symbolisch aufgeladenen Projektionsfläche für das Selbstbild und die Stimmungen in der Stadt. Das galt auch für die NS-Zeit, als der Turm als Propagandafläche mit Hakenkreuzbeflaggung genutzt oder mit ihm auf Plakaten für die neue „Reichsautobahn" zwischen Heidelberg und Mannheim geworben wurde.

Schnell entwickelte sich der Wasserturm zum beliebten Postkartenmotiv. Die vielen Ansichtskarten, die den Turm teils sehr kreativ in Szene setzen, bezeugen die besondere Beziehung zwischen Mannheim und seinem Wahrzeichen.
(MARCHIVUM, AB01550-1-029a)

Im Zweiten Weltkrieg wurde der Wasserturm bei Bombenangriffen am 5./6. September 1943 beschädigt und erhielt ein provisorisches Notdach. Das blieb so bis weit in die Nachkriegszeit, als das Dach morsch zu werden drohte. Infolge der Diskussion über die Instandsetzung des Turms lobte die Stadt 1955 einen Architektenwettbewerb aus, bei dem zahlreiche futuristische Entwürfe für eine Komplett- oder Teilumgestaltung eingingen. Gewinner war ein Entwurf, der auf dem alten Sockel einen neuen Behälter inklusive Drehrestaurant vorsah. Bei der Bevölkerung stießen solche Pläne jedoch auf Ablehnung. Nachdem bei einer Umfrage des „Mannheimer Morgen" über 80 Prozent für einen originalgetreuen Wiederaufbau des Turms mit alter Haube votiert hatten, wurde Ferdinand Mündel 1962 mit der Instandsetzung beauftragt. Mündel hatte ursprünglich vorgeschlagen, den Turm in ein Mahnmal für die Opfer von Krieg und Gewalt umzugestalten. Auch hier zeigt sich der Wasserturm als Projektionsfläche für die Stadt: Alle Entwürfe aus den 1950er Jahren verbindet die Idee, mit der Umgestaltung des Turms ein neues Mannheim zu repräsentieren, im Falle des Mahnmals als geläuterte Stadt, bei den futuristischen Entwürfen als modernes und optimistisches Gemeinwesen. Doch wollte die überwältigende Mehrheit kein Gebäude, das ein neues Mannheim spiegelt, sondern eines, das von dem alten Mannheim und seiner Blüte erzählt.

Bis heute spielt der Wasserturm als Wahrzeichen eine bedeutende Rolle für Stadt und Bevölkerung, sei es als Treffpunkt, als Orientierungspunkt von Demonstrationen oder als Schauplatz von Festen und Events. Und bis heute steht er für das sich wandelnde Selbstbild der Stadt: 2021 etwa wurde die Regenbogenfahne auf den Turm projiziert, um Mannheim als einen Ort der Toleranz und Vielfalt zu präsentieren.

Und was ist mit der eigentlichen Aufgabe des Wasserturms, der Wasserversorgung? Nach Kriegsende war der Turm nur noch ein Notreservoir mit schwindender Bedeutung, bis er 2001 schließlich ganz vom Netz genommen wurde, auch wenn er weiterhin in der Obhut der MVV verblieb. Aber beim Wasserturm ging es ohnehin immer schon um mehr als bloß um Trinkwasser.

Bei der aufwendig gestalteten Jubiläumsfeier Mannheims im Jahr 1907 war der Wasserturm Angelpunkt des Ausstellungsgeländes. Längst begann er sich von seiner rein technischen Funktion als Wasserreservoir zu lösen und zum Symbol einer selbstbewussten Stadt zu werden.
(MARCHIVUM, AB01441-1-010a)

großflächigen unterlegten Trakt als Erdgeschoss umfasst 17 Stockwerke und schließt mit seiner vorgehängten, opalgrünen Glas-Aluminium-Fassade an den zeitgenössischen Minimalismus im Stil Ludwig Mies van der Rohes an. Zusammen mit dem 1975 errichteten, mit 102 Metern deutlich höheren Collini-Center bildet er ein bauliches Zwillingspaar am Ausgang der nördlichen Innenstadt zum Neckar hin. Während in früheren Jahren allein das MVV-Logo das Hochhaus kennzeichnete, hat sich die visuelle Anziehungskraft des Gebäudes durch das Aufbringen einer großformatigen Videowand 2018 noch weiter erhöht, wodurch es gerade in den Dämmer- und Abendstunden zu einer weithin sichtbaren, eindrucksvollen Landmarke im Stadtbild geworden ist.

Mehr noch als das Hochhaus steht der Wasserturm im Fokus der Mannheimer Bevölkerung.[28] Er ist Mittelpunkt des prächtigsten Platzes der Stadt, umgeben von eindrucksvollen neobarocken, jugendstilartigen und modernen Bauten wie Rosengarten, Maritimhotel und Kunsthalle. Errichtet in den Jahren 1886 bis 1889, steht er für das Wachstum Mannheims zu einer pulsierenden Großstadt um die Jahrhundertwende und ist nicht zuletzt aufgrund seiner Geschichte und der emotionalen Diskussion um seinen Wiederaufbau nach dem Zweiten Weltkrieg zu einer Herzensangelegenheit der Bevölkerung geworden. Die prominente Lage zwischen Innenstadt und Oststadt, die bauliche Erhabenheit und Eleganz des Turms wie auch die spektakuläre Brunnenanlage mit umgebender Pergola machten ihn von Anfang an zu einem beliebten fotografischen Motiv und damit bald auch zum Wahrzeichen der Stadt Mannheim selbst, die ihrerseits nicht müde wurde, mit ihm zu werben. Als technischer Funktionsbau im Stil des Neobarock diente er jahrzehntelang der Trinkwasserversorgung, ehe er um die Jahrtausendwende außer Funktion gestellt wurde. Seit 1987 steht der Turm unter Denkmalschutz. Gleichwohl befindet er sich nach wie vor im Eigentum der MVV als Nachfolgerin der Stadtwerke, die ihn trotz der Funktionsentwidmung weiter verwaltet. Mit Weihnachtsmarkt und Stadtfest finden regelmäßig wichtige Veranstaltungen rund um den Turm statt, darüber hinaus informelle Feste und Zusammenkünfte

Der Wasserturm ist identitätsstiftend für die Mannheimerinnen und Mannheimer. Zum Wasserturmfest zog es in den 1990er Jahren Tausende. Plakat zum Wasserturmfest mit MVV-Logo, 1990.
(MARCHIVUM, PK09016)

etwa bei Fußball-Welt- bzw. Europameisterschaften oder bei Siegesfeiern der großen örtlichen Sportvereine. Auch dies macht ihn zu einem emotionalen Bezugspunkt der Stadtgesellschaft.

Mit dem MVV-Hochhaus und dem fast gleich hohen Wasserturm am Friedrichsplatz (60 m) ist die MVV im Stadtbild direkt und an prominenter Stelle sichtbar. Beide Gebäude sind damit augenfällige Zeichen der engen Verwobenheit eines Unternehmens mit seiner Heimatstadt, das zugleich längst in die Region und zunehmend auch national und international aktiv ist.

Eine prächtige Jugendstilanlage mit hoher Aufenthaltsqualität umrahmt den Wasserturm, das Mannheimer Wahrzeichen.
(MVV Energie AG)

ANMERKUNGEN

1 Vgl. L. Ratzel (1993), S. 208–212; ferner Kap. 11 in diesem Band.

2 Zur „Mietaffäre" vgl. die Berichterstattung im Mannheimer Morgen (im Folgenden MM) vom 11.10.1975, 6.11.1975, in: MARCHIVUM, ZGS, S 2/0009. Hier auch das Manuskript eines Rundfunkbeitrags des Süddeutschen Rundfunks, gesendet am 10.10.1975.

3 Vgl. MARCHIVUM, Ratsprotokolle, Zug. 1/1900 Nr. 394, Ratsprotokolle (im Folgenden RP), Sitzung vom 4.11.1975; Artikel im MM vom 6.11.1975, in: MARCHIVUM, ZGS, S 2/0009.

4 Vgl. Artikel im MM vom 24.8.2006, in: ebd.

5 Vgl. MARCHIVUM, RP, Zug. 1/1900 Nr. 454, RP, Sitzung vom 23.11.1982.

6 Vgl. ebd.; Informationsveranstaltung des Gemeinderats vom 7.12.1982, in: ebd. Beide Sitzungen bekamen zusätzlich Brisanz dadurch, dass die gemeinderätlichen Aufsichtsräte an der Diskussion aktiv teilnahmen. Die Befreiung von Befangenheit, die der Gemeinderat mehrheitlich für sie beschlossen hatte, wurde nachträglich vom Regierungspräsidium als rechtswidrig gerügt. Vgl. Schreiben des Regierungspräsidiums vom 15.4.1983, in: MARCHIVUM, MVV UA, Zug 18/2019 Nr. 546.

7 MVV-Report, 11/12 (1982), S. 5–7; vgl. Artikel im MM vom 19.11.1982, in: MARCHIVUM, ZGS, S 2/0009.

8 Vgl. MARCHIVUM, RP, Zug. 1/1900 Nr. 482 RP, Sitzung vom 26.2.1985.

9 Vgl. beispielsweise Artikel vom 30./31.1.1999 im MM, in: MARCHIVUM, ZGS, S 2/0009. Vgl. auch Zeitzeugeninterview mit Roland Hartung vom 25.5.2021.

10 Vgl. Politische Rangeleien um MVV-Vorstandsvorsitz, Frankfurter Allgemeine Zeitung vom 26.2.2003.

11 Die Stadt Mannheim umarmt ihre MVV, MM vom 2.2.2008.

12 Zitate im MM vom 16.10.1990 bzw. 2.2.2008, in: MARCHIVUM, ZGS, S 2/0009.

13 MVV GmbH (1987).

14 Vgl. MVV (Hg.): MVG 2000, Mannheim 1991 (MARCHIVUM, Bibliothek, 2007 B 177). Vgl. auch R. Hartung (2004); U. Nieß (2009), S. 660 f. Zur Presseresonanz vgl. MARCHIVUM, ZGS, S 2/0009.

15 Vgl. dazu Kap. 10.2 in diesem Band.

16 Vgl. hierzu die Projektbeschreibung mit dem Projektabschlussbericht auf der Seite des Instituts für Energie- und Umweltforschung Heidelberg, https://www.ifeu.de/projekt/modellstadt-mannheim, Stand: 22.12.2021.

17 Vgl. Tätigkeitsberichte der Arbeitskreise von 1985, in: MARCHIVUM, MVV UA, Zug. 67/2020 Nr. 94. Vgl. außerdem die Akte von Winkens aus seinem Arbeitskreis Informationstechnik, in: MARCHIVUM, MVV UA, Zug. 3/2021 Nr. 869.

18 Vgl. Rundschreiben von Winkens vom 23.10.1985, in: MARCHIVUM, MVV UA, Zug. 3/2021 Nr. 871.

19 Vgl. Pressemitteilung der Hochschule Mannheim „10 Jahre Stiftungsprofessur der MVV Energie AG" vom 25.6.2008, in: https://idw-online.de/en/news267425, Stand: 21.12.2021; vgl. MARCHIVUM, ZGS, S 2/0009. Vgl. auch die Pressemitteilung der MVV zur Einrichtung der Stiftungsprofessur im Internetarchiv unter https://web.archive.org/web/19980128164335/http://www.mvv.de/stiftung.html, Stand: 21.12.2021.

20 Vgl. Artikel vom 5.12.1980 in der Rheinpfalz, in: MARCHIVUM, ZGS, S 2/0009; MVV-Report 8 (1979), S. 3.

21 MVV-Report 11 (1998), S. 5.

22 Rhein-Neckar-Zeitung vom 22.2.1989, in: MARCHIVUM, ZGS, S 2/0009.

23 MM vom 10.3.1994, in: ebd.

24 MM vom 10.10.2003, in: ebd.

25 Abschnitt „Gesellschaftlich engagieren" im Geschäftsbericht der MVV Energie AG 2017, S. 46 f.

26 Vgl. Geschäftsbericht der MVV Energie AG 2007/8, S. 48 f. Vgl. Artikel im MM vom 26.1.2017, in: MARCHIVUM, ZGS, S 2/0009.

27 Zum Gebäude vgl. A. Schenk (2000), S. 114.

28 Vgl. U. Nieß (2007), S. 446 f.

AUSSERGEWÖHNLICH IN FORM UND FORMAT – FOTOGRAFIEN VON HORST HAMANN

Ungewöhnliche Wege gehen. Zu eigenen Überzeugungen stehen. Eine Vorreiterrolle einnehmen: Mannheim und seine Bürgerinnen und Bürger sind schon seit jeher für Außergewöhnliches, für ihre besondere Haltung bekannt. In der Handelsmetropole am Zusammenfluss von Rhein und Neckar wurden schon früh Kunst und Kunstschaffende gefördert. Und in Mannheim kommen seit Langem viele Kulturen zusammen, existieren miteinander und bringen Innovationen hervor. Bahnbrechende Erfindungen entstehen hier genauso wie neue Sichtweisen auf Altbekanntes. Neue Formen und neue Formate: Das alles kann unser Leben bereichern, kann Verständnis füreinander schaffen und lässt so unsere Gesellschaft zusammen wachsen und zusammenwachsen.

Der in Mannheim 1958 geborene Fotograf Horst Hamann erlangte mit seiner Idee, die Panorama-Kamera mit dem Format 6 × 17 senkrecht zu stellen, erstmals internationale Anerkennung. Zwischen 1991 und 1996 fotografierte er auf diese Weise in New York. Er schuf dabei ungewöhnliche Ansichten einer zwar ungewöhnlichen, aber doch bereits vielfach abgelichteten Stadt. Die Aufnahmen veröffentlichte er in seinem Buch „New York Vertical". Vertikale Porträts von Paris, Mannheim und anderen Städten folgten. Das Museum of the City of New York widmete ihm als erstem lebenden deutschen Fotografen Ende der 1990er Jahre eine sechsmonatige Einzelausstellung.

Mit den in diesem Buch veröffentlichten Aufnahmen greift Hamann auf bestehende Fotografien zurück, erweitert aber gleichzeitig sein Repertoire und geht erneut ungewöhnliche Wege. Dabei unterstreicht die Bildauswahl die Grundhaltung dieser Publikation: Das ist ein Jubiläumsband, ohne Zweifel. Aber hier wird nichts über Gebühr bejubelt. Hamann arbeitet gern mit Metaphern, stellt das Abgebildete zur Diskussion. Seine Fotografien haben oft eine doppeldeutige Aussage, lassen ebenso Kritik erkennen wie Begeisterung für das Motiv spüren.

Dabei sind die Aufnahmen Hamanns gleichzeitig immer klar in Form und Ästhetik. Scharfe geometrische Linien treffen auf chaotische Strukturen. Man könnte auch sagen, die Planbarkeit und die Geradlinigkeit von Technik treffen auf die Unvorhersehbarkeiten des Lebens. Mit seinen ganz speziellen Perspektiven und Bildausschnitten stellt Horst Hamann damit eine der großen Fragen unserer Zeit. Er illustriert so die wesentliche Aufgabe eines Energieunternehmens wie MVV, bei dem verantwortungsvolles Handeln im Vordergrund steht: Wie können Energie und Technik so eingesetzt werden, dass auch für zukünftige Generationen ein lebenswertes Dasein auf diesem Planeten möglich ist?

Lassen Sie sich von den Bildern auf den folgenden Seiten überraschen. Wir wünschen Ihnen inspirierende visuelle Eindrücke.

◄ Kuppel des Wasserturms, Mannheim

► Solarpark und Stromleitungen

►► Erneuerbare Energien: Sonne und Wind

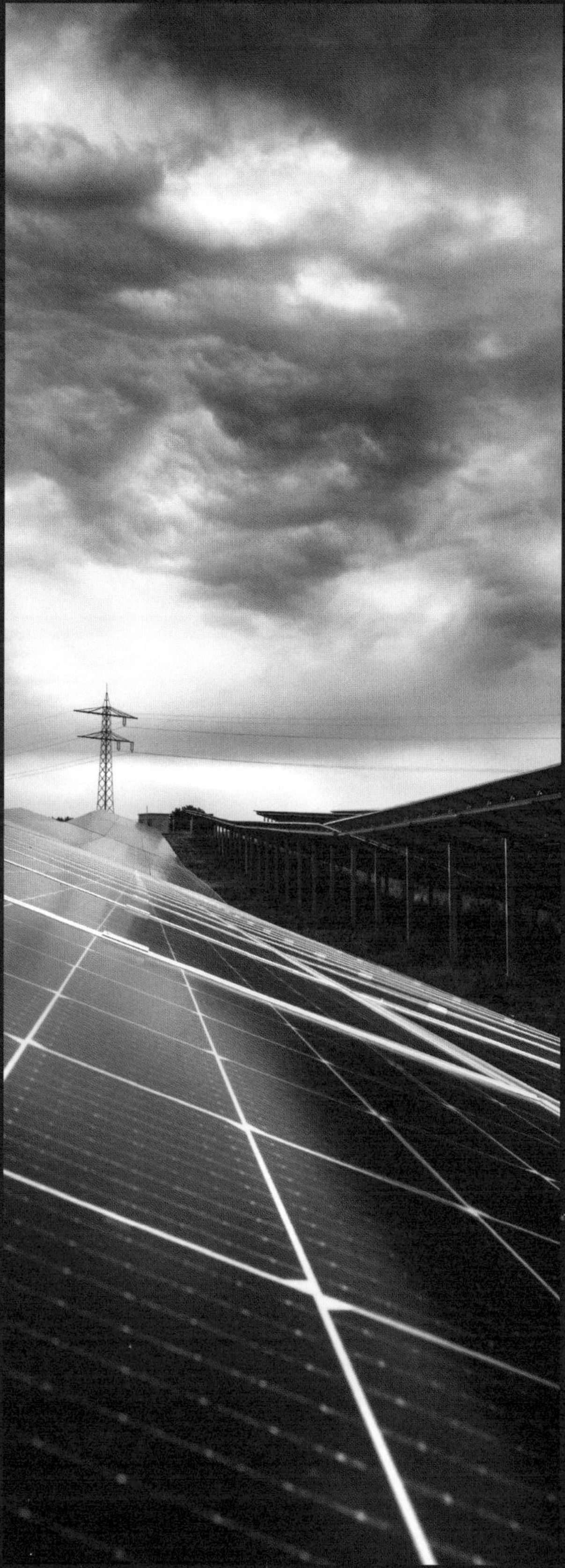

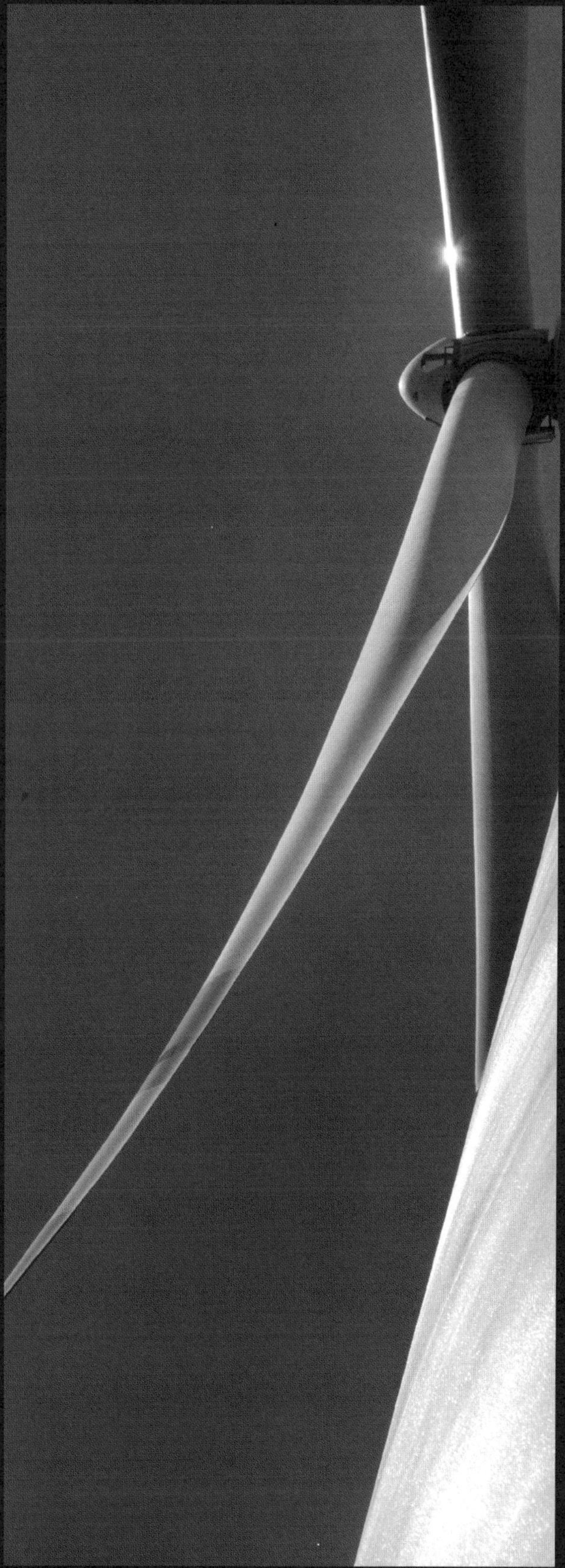

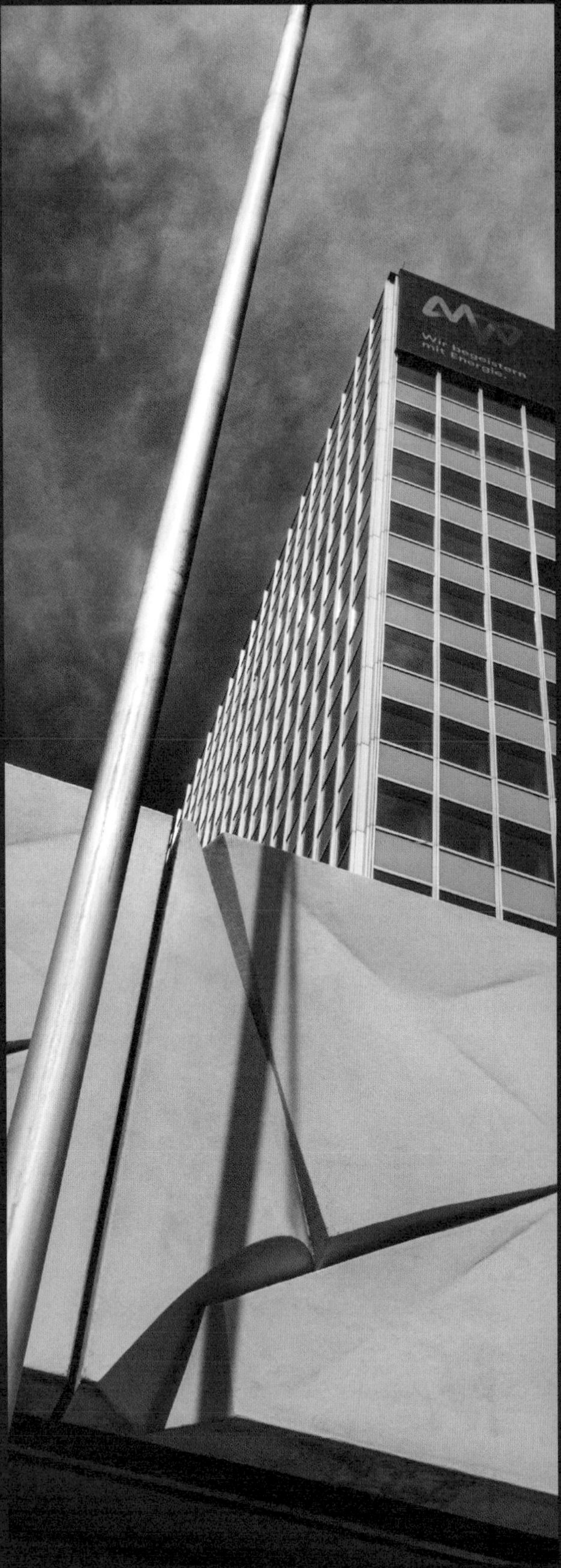
Wir begeistern
mit Energie.

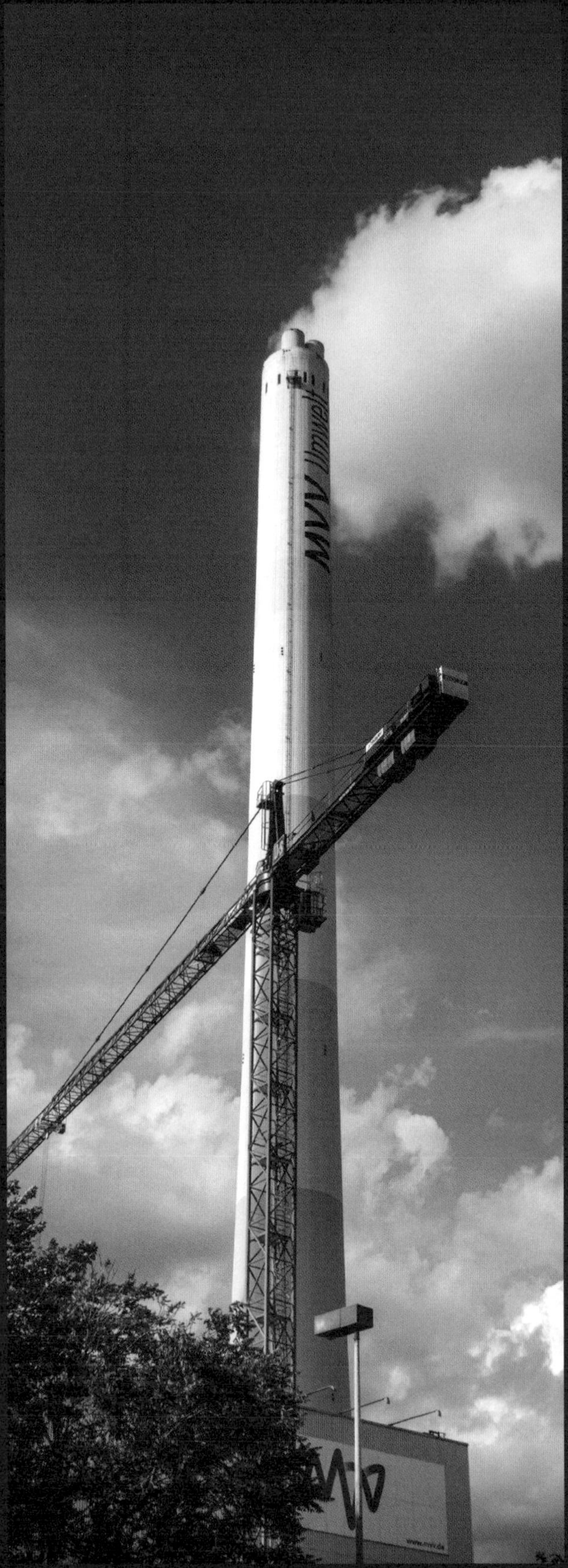
MVV Umwelt

◂◂ MVV-Hochhaus, Mannheim

◂ Schornstein Thermische Abfallbehandlung Friesenheimer Insel, Mannheim

▸ Solarpark

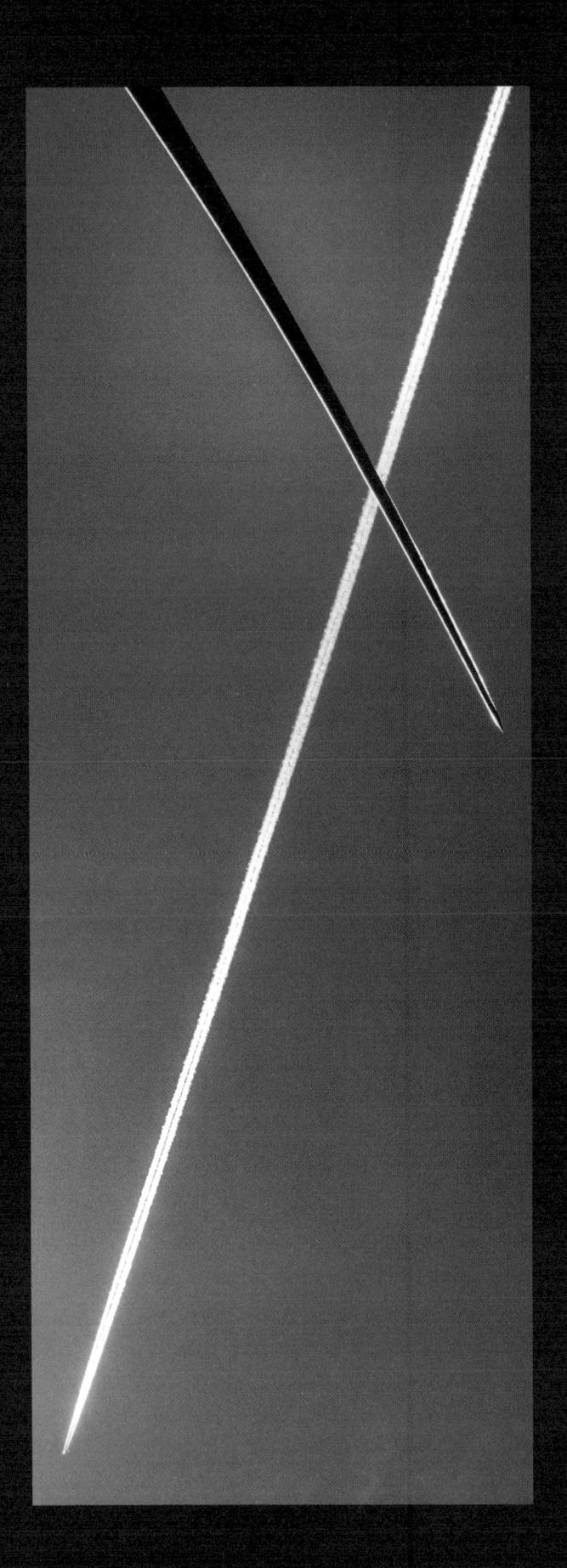

◀ Kondensstreifen eines Flugzeugs und Flügel eines Windrads

▶ Blick auf das Collini-Center, daneben das MVV-Hochhaus, Mannheim

▶▶ Fassade des MVV-Hochhauses, Mannheim

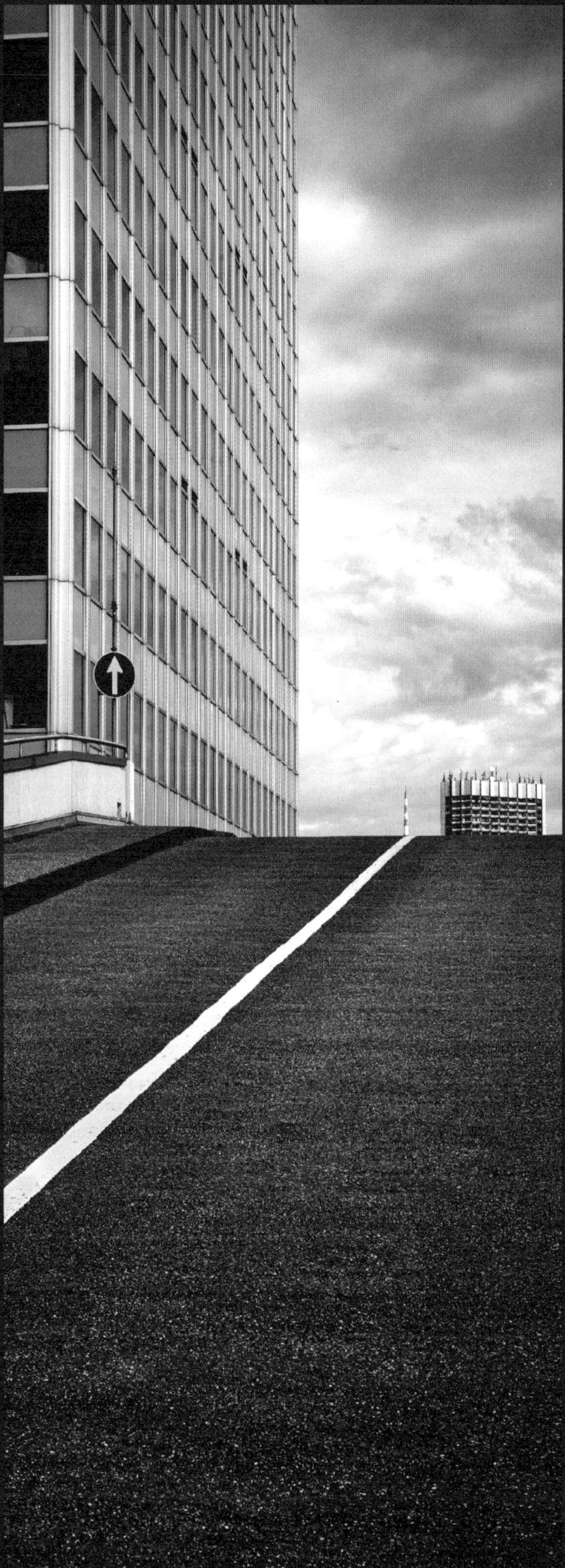

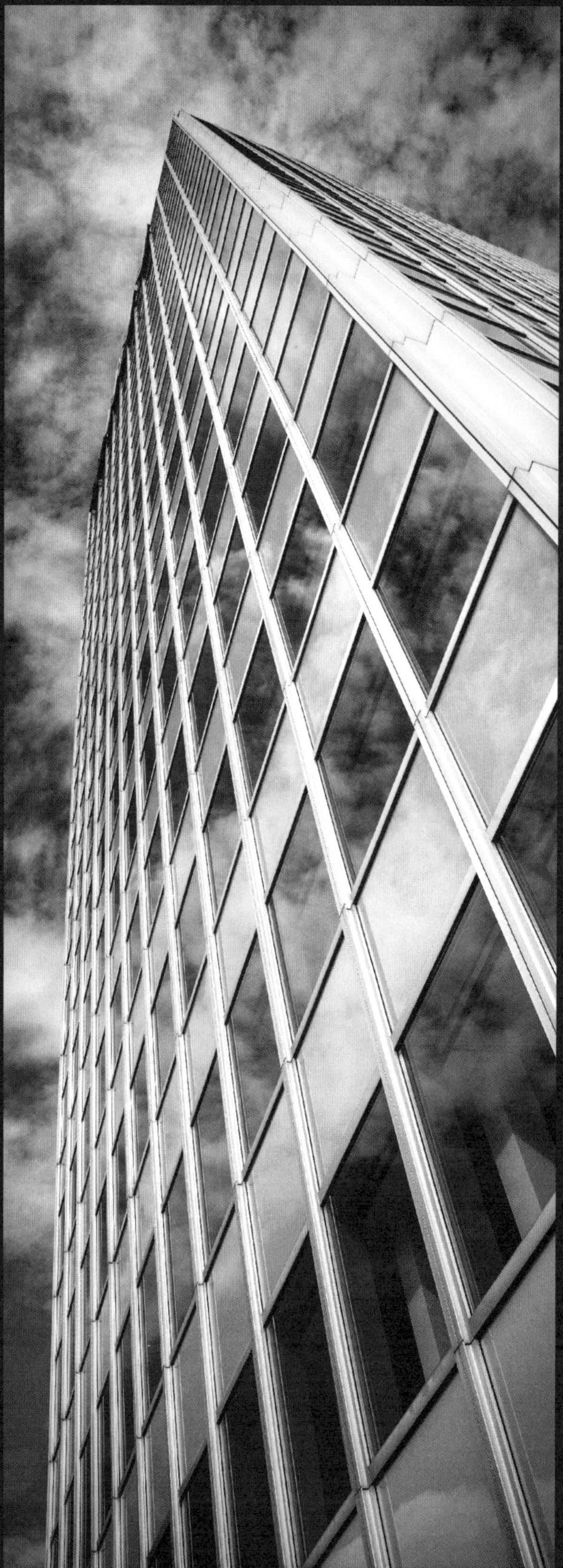

◀ Windpark

14
ENERGIEVERSORGUNG IM ZEICHEN VON ENERGIEWENDE UND KLIMAWANDEL

DAGMAR KIYAR

14 ENERGIEVERSORGUNG IM ZEICHEN VON ENERGIEWENDE UND KLIMAWANDEL

Die Energiewirtschaft weltweit, gerade aber in Europa und hier besonders in Deutschland, hat in den letzten 40 Jahren eine bemerkenswerte Transformation durchlaufen.[1] Zwar hat es in den vergangenen Jahrhunderten beispielsweise durch den Umstieg von regenerativen Energieträgern – also von Holz und Biomasse – auf Kohle oder durch den Einsatz von Öl und Gas schon immer einschneidende Ereignisse gegeben, die den Umgang mit Energie grundlegend verändert haben. Dennoch ist die heutige Transformation, die Energiewende, durch ihre Mehrdimensionalität einzigartig. Und wir sind mittendrin.

Energieversorger, gerade auch regionale Versorgungsunternehmen, klassisch nah am Kunden und eng verbunden nicht nur mit der lokalen Politik, sind durch Änderungen in technischer, ökonomischer und politischer Hinsicht grundlegend gefordert – und zwar mit Blick auf ihre gesamte Wertschöpfungskette.

Der Umbruch in diesem Sektor lässt sich aktuell anhand von mindestens drei großen Entwicklungen („3D") skizzieren: Dekarbonisierung, Dezentralisierung und Digitalisierung; ergänzen lassen sich diese großen Trends um Diversifizierung von Geschäftsmodellen und Demokratisierung („5D").[2] Zudem ist die Energiewirtschaft maßgeblich durch die politischen Rahmenbedingungen bestimmt: „In keiner anderen Branche haben sich die gesetzlichen und regulatorischen Rahmenbedingungen radikaler geändert als in der Energiewirtschaft."[3]

Der grundlegende Umbau der deutschen Energieversorgung vollzieht sich im laufenden Betrieb und unter Wahrung der Ziele des sogenannten magischen Dreiecks der Energiepolitik bzw. dem „energiepolitischen Zieldreieck": Umwelt- und Klimaverträglichkeit, Wirtschaftlichkeit (bzw. Bezahlbarkeit) und Versorgungssicherheit, so auch festgeschrieben in § 1 des *Energiewirtschaftsgesetzes* von 2005.[4]

Das Unternehmen MVV haben wir im vorliegenden Band durch die vergangenen Dekaden begleitet und seine Entwicklung zu einem der größten Energiedienstleister Deutschlands nachvollzogen. Um die Entwicklungen der vergangenen vier Jahrzehnte abzubilden, sollen nun die Veränderungen dieses Zeitraums anhand der Themen „Energiewende und Klimawandel", „Regulierung und Liberalisierung der deutschen Energiewirtschaft" und „Der Wandel der Märkte: Eine neue Energiewelt" skizziert werden, bevor im Lichte dieser die unternehmerischen Entscheidungen der MVV einzuordnen sind.

14.1 ENERGIEWENDE UND KLIMAWANDEL

Kaum ein anderer Begriff beschreibt die Transformation der Energiewirtschaft wie die „Energiewende", der Übergang einer Energieversorgung von einer vorwiegend fossil-atomaren Energie- und Wärmeversorgung zu einer nachhaltigen, auf regenerativen Quellen basierenden Energieversorgung. Einem breiteren Publikum ist er durch den Reaktorunfall im japanischen Fukushima 2011 und den als Reaktion darauf beschlossenen Ausstieg aus der Kernenergienutzung bekannt. Doch der Begriff selbst hat eine weitaus längere Geschichte.

Die Endlichkeit der Ressourcen

Obwohl es bereits im 18. und 19. Jahrhundert erste Ansätze einer Umweltbewegung gab, hat der heutige Begriff der „Umwelt" erst in den 1970er Jahren Eingang in die deutsche Alltagssprache gefunden;[5] ein erstes Umweltministerium – übrigens nicht nur deutschland-, sondern weltweit – richtete Bayern 1970 ein, ein erstes „Sofortprogramm für den Umweltschutz" auf Bundesebene wurde im September 1971 verabschiedet.[6]

Umweltprobleme sind unmittelbar Folge der Produktion und des Verbrauchs von Energie, umweltrelevante Diskussionen sind dann zwangsläufig auch Diskussionen über die zukünftige Energiepolitik.[7] Eindrücklich wird dies in der Debatte um die Kernenergie, einem der prägendsten Themen der deutschen Umwelt-

Die Atomkraft war eines der Kernthemen der Umweltbewegung seit den 1970er Jahren. Gegen die geplante Wiederaufbereitungsanlage in Wackersdorf gab es massiven Protest und heftige, teils gewalttätige Auseinandersetzungen zwischen Polizei und Protestierenden. Letztlich war der Widerstand gegen die Anlage erfolgreich; die Bauarbeiten wurden 1989 eingestellt.

(akg-images)

bewegung. Die Demonstrationen und der Widerstand gegen ein Kernkraftwerk am Standort Wyhl, die in den 1970er Jahren begannen, gegen ein Atommülllager in Gorleben ab Ende der 1970er Jahre und gegen eine Wiederaufbereitungsanlage (WAA) in Wackersdorf, deren Bau 1985 begonnen und 1989 abgebrochen wurde, sind nur einige Schlaglichter dieser Bewegung.

Neben der Kernenergie war es die Erkenntnis über die Endlichkeit der Ressourcen, die das Umweltbewusstsein bereits in den 1970er Jahren prägte: Mit den „Grenzen des Wachstums", dem Bericht des Club of Rome von 1972, wurden die „Nebenwirkungen des industriellen Fortschritts"[8] auf die natürliche Umwelt untersucht. Auch wenn die Einschätzungen, die mithilfe eines Computermodells berechnet wurden, in ihrer Genauigkeit nicht mit heutigen computergestützten Analysen verglichen werden können, waren die Warnungen aus dem Bericht ein wichtiger Beitrag, um ein Bewusstsein für den Zusammenhang zwischen ungebremstem industriellen Wachstum und Umweltproblemen zu schaffen.

Wie groß die Abhängigkeit der Industriestaaten von fossilen Energien war, zeigte auch die sogenannte Ölpreiskrise 1973: Die Drosselung der Fördermengen in den arabischen Ölstaaten führte zu einer Vervierfachung des Ölpreises. Zum damaligen Zeitpunkt deckte Deutschland 55 Prozent des Energiebedarfs mit Import-Rohöl, wovon rund drei Viertel aus den arabischen Ländern stammten.[9] In der Folge wurde das *Gesetz zur Sicherung der Energieversorgung bei Gefährdung oder Störung der Einfuhren von Mineralöl oder Erdgas (Energiesicherungsgesetz)* erlassen, mit dem unter anderem vier autofreie Sonntage sowie eine temporäre Geschwindigkeitsbegrenzung von 100 km/h auf Autobahnen verordnet wurden. Das Bundeswirtschaftsministerium veröffentlichte die Kampagne „Energiesparen – unsere beste Energiequelle" und im Jahr 1976 wurde das *Energieeinsparungsgesetz* (EnEG) erlassen, das zum ersten Mal Anforderungen an den Wärmeschutz von Gebäuden stellte.[10]

Eine weitere Aktion des Bundesministeriums für Wirtschaft waren die 1980 herausgegebenen Sticker mit der Aufschrift „Ich bin Energiesparer".
(akg-images)

Demonstration für Umweltschutz vor dem Zeughaus am 21.3.1984; Redner war CDU-Stadtrat Hermann Motz. In der von Industrie geprägten Stadt Mannheim war für die Bevölkerung das Thema Luftverschmutzung besonders dringlich.
(MARCHIVUM, ABBN0253-30786-24)

Die Bemühungen der deutschen Politik, die im internationalen Vergleich teure deutsche Steinkohle durch „Kohlevorrangpolitik" und die Beschränkung der zulässigen Importe zu schützen, sind vor dem Hintergrund der Importabhängigkeit von Erdöl einzuordnen. 1977 wurde zudem der sogenannte Jahrhundertvertrag zwischen der Vereinigung Deutscher Elektrizitätswerke (VDEW) und dem Gesamtverband des deutschen Steinkohlenbergbaus geschlossen; 1980 folgte eine zusätzliche Vereinbarung: Mit dem Vertrag verpflichteten sich die Stromversorger bis 1995 zu einem steigenden Einsatz deutscher Steinkohle in der Stromerzeugung. Der „Hüttenvertrag" subventionierte zudem den Einsatz deutscher Kokskohle in der Stahlindustrie. Die Ausgleichsabgabe, die diese Subventionierung ermöglichte, war der sogenannte Kohlepfennig.[11]

Den Anfängen der Energiewende auf der Spur

Was heute – auch im nicht deutschen Sprachgebrauch – unter dem Begriff der Energiewende verstanden wird, ist die Abkehr von der Strom- und Wärmeerzeugung durch fossile Energien und Kernenergie hin zu einer auf erneuerbaren Energien basierenden Erzeugung. Die Gründe, die für die Energiewende sprechen, sind zum einen die Endlichkeit der fossilen Ressourcen. Der wesentliche Antrieb für den Umbau des Energiesystems ist allerdings die globale Erwärmung.

Als Vordenker der heutigen Energiewende gilt der 2016 mit dem Bundesverdienstkreuz ausgezeichnete US-amerikanische Direktor des Rocky Mountain Institute Amory Lovins. 1976 beschrieb er in seinem viel beachteten Artikel zwei verschiedene Pfade: einen „hard path", der ein klassisches zentrales Energieversorgungssystem basierend auf fossilen Energien weiterführt, und einen „soft path" mit einer sofortigen Verpflichtung zum effizienten Energieeinsatz, einem konsequenten Einstieg in die Energieversorgung mit erneuerbaren Energien und dem nur übergangsweisen Einsatz von fossilen Energien.[12] Dabei betonte er die Exklusivität der beiden Pfade.

In Anlehnung an Lovins veröffentlichten Florentin Krause und andere 1980 die Studie „Energie-Wende. Wachstum und Wohlstand ohne Erdöl und Uran" – der Begriff „Energiewende" war geboren.[13] Wie der Titel schon nahelegt, ging es hier zentral um die Frage der Unverzichtbarkeit der Kernenergie und darum, die deutsche Erdölabhängigkeit zu überwinden; heimische Kohle und erneuerbare Energien auf der einen Seite, die bessere Energienutzung – also die Entkopplung von Wirtschaftswachstum und Energieverbrauch – auf der anderen Seite waren die zentralen Pfeiler ihres Lösungsansatzes.

Klimawissenschaft und Klimapolitik

Grundlegende Motivation für die Energiewende, wie wir sie heute erleben, ist der Klimawandel, die damit verbundene Klimawissenschaft und die Klimapolitik auf den verschiedenen politischen Ebenen. Das bei der Verbrennung fossiler Energieträger freigesetzte Treibhausgas Kohlendioxid (CO_2) spielt mit Blick auf den Klimawandel die Hauptrolle: Seit Beginn der Industrialisierung ist die Atmosphäre als kostenlose Deponie genutzt worden. Mithilfe der Klimawissenschaft ist die „Bewirtschaftung der knappen Deponiekapazität als Problem erkannt" worden.[14] Ziel ist nun die Reduzierung der Treibhausgasemissionen – mit Blick auf die Energiewirtschaft also der Umstieg von einer fossilen auf eine regenerative Energieversorgung. Ein besonderer Fokus liegt dabei auf dem Ausstieg aus der Kohle, dem CO_2-intensivsten fossilen Energieträger.

Die Energiewende war in den Anfangsjahren als Alternative zu Importen fossiler Energien und zur Kernenergie angedacht. Die Klimawissenschaft und ihre Erkenntnisse spielten zunächst keine Rolle; in den frühen 1960er Jahren sah man die gemessene Klimaänderung noch als ein „interessantes Phänomen" an. Erst auf der Weltklimakonferenz 1979 in Genf stand die Anreicherung von CO_2 in der Atmosphäre erstmalig auf der Tagesordnung.[15]

CO_2-Emissionsfaktoren verschiedener fossiler Energieträger

	CO_2-Emissionsfaktor bezogen auf den Brennstoffeinsatz [g/kWh]	Brennstoffausnutzungsgrad netto bezogen auf den Stromverbrauch [%]	CO_2-Emissionsfaktor bezogen auf den Stromverbrauch [g/kWh]	Vergleich CO_2-Emissionsfaktor Strommix [g/kWk]
Erdgas	201	50	399	
Steinkohle	335	40	835	468
Braunkohle	406	36	1137	

Quelle: Umweltbundesamt (2020)

1988 wurde durch die World Meteorological Organisation (WMO) und das Umweltprogramm der Vereinten Nationen (UNEP) der Intergovernmental Panel on Climate Change (IPCC), oft als Weltklimarat bezeichnet, gegründet.[16] 1990 veröffentlichte der IPCC seinen 1. Sachstandsbericht und forderte darin internationale Verträge zum Schutz des Klimas. Die seit 1995 jährlich stattfindenden internationalen Klimaverhandlungen (Conference of the Parties, COP) begannen mit der Unterzeichnung der Klimarahmenkonvention (United Nations Framework Convention on Climate Change, UNFCCC) durch 154 Staaten auf dem „Erdgipfel", der „Konferenz der Vereinten Nationen über Umwelt und Entwicklung" (United Nations Conference on Environment and Development, UNCED) in Rio de Janeiro 1992.

Die dritte Vertragsstaatenkonferenz in Kyoto 1997, die mit dem Kyoto-Protokoll abgeschlossen wurde, sah erstmalig Verpflichtungen für die sogenannten Industriestaaten vor: Laut Artikel 3 sind die Treibhausgasemissionen im Zeitraum 2008 bis 2012 um mindestens fünf Prozent gegenüber dem Niveau von 1990 zu senken. Erst im Februar 2005 konnte es nach den notwendigen Ratifikationen in Kraft treten. Bei der 17. Klimakonferenz im südafrikanischen Durban 2011 einigten sich die Vertragsstaaten auf eine Verlängerung des Kyoto-Protokolls – ohne jedoch Details wie die Höhe der Reduktionen oder Laufzeit der Verpflichtungsperiode zu beschließen. Diese wurden ein Jahr später in Doha, Katar, festgelegt.[17] Ein Nachfolge-Abkommen zum Kyoto-Protokoll wurde erst bei der COP 21 in Frankreich 2015 mit dem „Paris Agreement" (Übereinkommen von Paris) erzielt, das im November 2016 in Kraft trat: Beschlossenes Ziel war es, die globale Durchschnittstemperatur im Vergleich zum vorindustriellen Zeitalter auf deutlich unter 2 °C und möglichst unter 1,5 °C zu begrenzen. Erstmalig sind diese vereinbarten Obergrenzen völkerrechtlich verbindlich und vertraglich festgehalten.

Die Ressource Wasser und die Folgen des Klimawandels

Die Folgen des Klimawandels auf den globalen Wasserkreislauf sind offenkundig: Die Heftigkeit von Niederschlags- und Trockenheitsereignissen nimmt bereits zu und Prognosen zufolge wird sich dies weiter intensivieren.[18] Der zweite Band des 6. IPCC-Sachstandberichts, der im Februar 2022 veröffentlicht wurde, thematisiert „Folgen, Anpassung und Verwundbarkeit" durch den Klimawandel. Darin wird eindrücklich auf die damit zusammenhängenden auftretenden Extremwetterereignisse aufmerksam gemacht; eine Erhöhung der globalen Erwärmung um mehr als 1,5 °C würde zu einer unvermeidbaren Zunahme vielfältiger Klimagefahren führen. Eine zeitnahe Umsetzung von Maßnahmen, gerichtet auf eine Erwärmung um maximal 1,5 °C, würde die prognostizierten Schäden deutlich verringern, wenn auch nicht ganz verhindern.[19]

Mit Blick auf die Ressource Wasser sind die Auswirkungen gravierend: Binnengewässer wie Seen und Flüsse haben sich bereits stark erwärmt, was unter anderem die Bildung von Algen begünstigt und zu einem Sauerstoffverlust führt – mit schwerwiegenden Auswirkungen auf die Biodiversität und die Trinkwasserversorgung. Weltweit sind zudem viele Regionen von einer Wasserverknappung durch einen Rückgang des Grundwassers betroffen.[20]

Auch wenn Deutschland als wasserreiches Land gilt – 2016 lag die Wasserentnahme bei rund 12,8 Prozent des gesamten Wasserdargebots[21] –, gibt es immer häufiger Wasserknappheit und Niedrigwasser – wie in den Jahren 2003, 2018 und 2019 – oder aber Hochwasserereignisse wie zuletzt 2021.[22] Deutschland gehört inzwischen zu den Regionen mit den höchsten Wasserverlusten weltweit.[23]

Glücklicherweise liegen die drei Wasserwerke Käfertal, Rheinau und Schwetzinger Hardt der MVV in günstigen geologischen Verhältnissen der Rhein-Neckar-Region. Auch die Landesanstalt für Umwelt Baden-Württemberg attestiert, dass hier die Grundwasserstände zwar schwankten, dennoch aber stabil seien – und sagt auch wenig Veränderung bis 2050 voraus.[24] In der Stromerzeugung kommen der Ressource Wasser verschiedene Aufgaben zu: Zum einen galt Wasserkraft lange als umweltfreundliche und unerschöpfliche Energiequelle.[25] Zudem ist die Stromerzeugung aus Kohle- wie Atomkraftwerken auf Kühlwasser angewiesen, das insbesondere durch Flusswasser bereitgestellt wird. Die Folgen des Klimawandels werden hier sichtbar: Niedrigwasser mit negativen Einflüssen für den Betrieb von Wasserkraftwerken, für den Schifftransport von Steinkohle sowie infolge steigender Fließgewässertemperaturen für den Betrieb der Kraftwerke.

WIRTSCHAFTLICHE AUSWIRKUNGEN DES KLIMAWANDELS AUF GESELLSCHAFT UND UNTERNEHMEN
Dagmar Kiyar

Weltweite Treibhausgasemissionen nach Sektoren. Ungeachtet der klimapolitischen Vereinbarungen und Zielsetzungen sind die globalen Treibhausgasemissionen seit 1992 stetig gestiegen – insbesondere im Bereich Elektrizität und Wärme. So kommt dem Energiebereich als Hauptquelle globaler Emissionen bei der Bewältigung der Klimakrise eine Schlüsselrolle zu.

Am 9. August 2021 veröffentlichte der IPCC den ersten Teil seines 6. Sachstandsberichts,[1] in dem die vom Menschen verursachten (anthropogenen) Treibhausgasemissionen als eindeutige Ursache für die bisherige und die weitere Erwärmung des Klimasystems ausgemacht werden. Klimafolgen, etwa Extremwetterereignisse wie Hitzewellen, Starkniederschläge und Dürren, waren in den vergangenen Dekaden häufiger und intensiver zu beobachten und sind auf den Einfluss des Menschen zurückzuführen. Auch in den kommenden Jahrzehnten werden die Klimafolgen zu spüren sein und Veränderungen z. B. des globalen Meeresspiegels sind auf Jahrhunderte bis Jahrtausende unumkehrbar:

„Die globale Oberflächentemperatur wird bei allen betrachteten Emissionsszenarien bis mindestens Mitte des Jahrhunderts weiter ansteigen. Eine globale Erwärmung von 1,5 °C und 2 °C wird im Laufe des 21. Jahrhunderts überschrit-

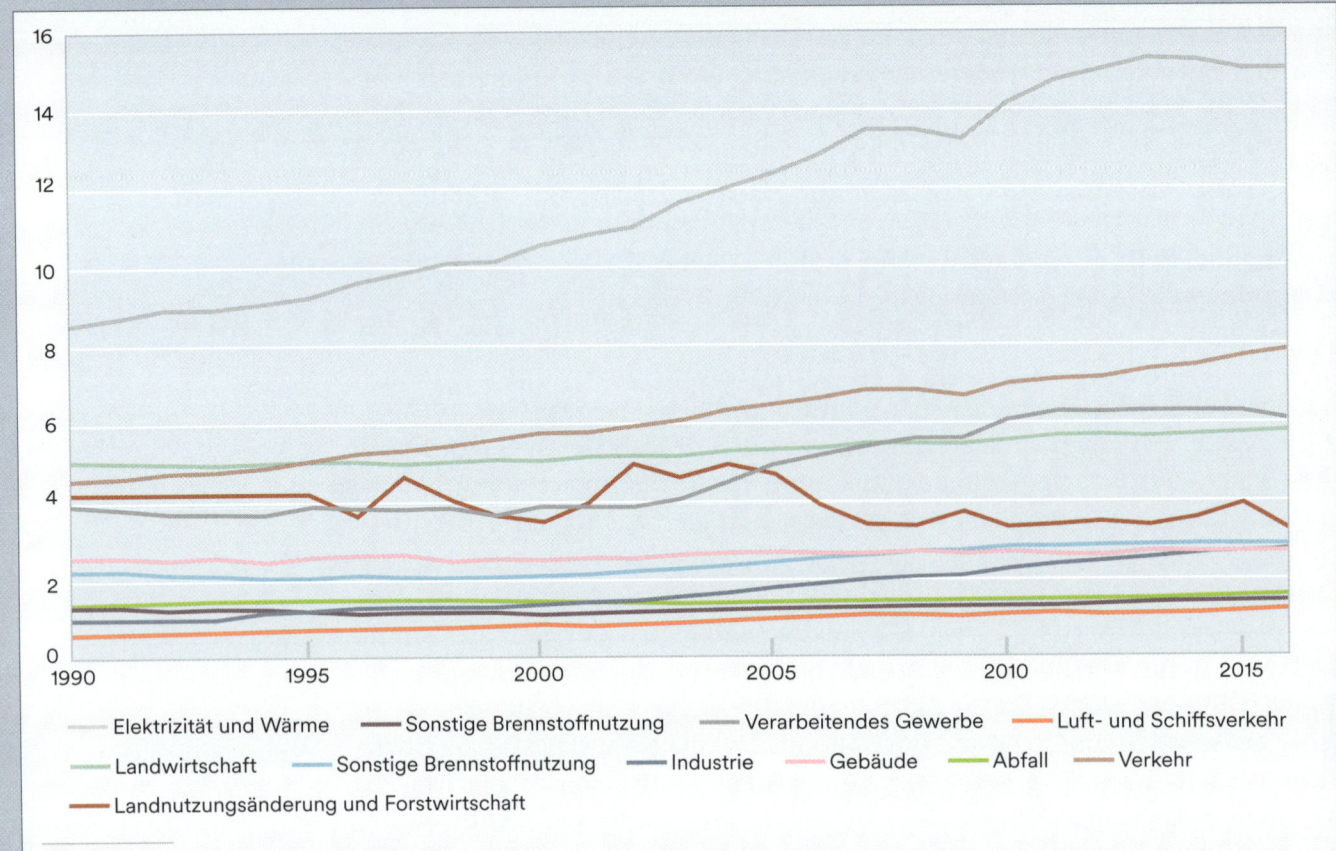

in Mrd. t
Messung der Emissionen in Kohlendioxid-Äquivalenten (CO_2 eq). Gewichtung der Treibhausgase nach ihrem GWP100-Wert (Global Warming Potential): relative Erwärmungswirkung eines Moleküls eines Treibhausgases im Vergleich zu CO_2 über einen Zeitraum von 100 Jahren.
Quelle: Our World in Data based on Climate Analysis Indicators Tool

ten werden, es sei denn, es erfolgen in den kommenden Jahrzehnten drastische Reduktionen der CO_2- und anderer Treibhausgasemissionen."[2]

Die Temperaturmarken 2 °C bzw. 1,5 °C sind politische Zielsetzungen; klimawissenschaftliche Kategorien wie die atmosphärische Konzentration von Treibhausgasen (gemessen in parts per million, ppm) lassen sich schwieriger vermitteln.[3] In der Klimaforschung hat sich die Erkenntnis durchgesetzt, dass eine Temperaturgrenze nicht als „guardrail", also als fixe Leitplanke, zu verstehen ist, sondern als „defence line" oder „buffer zone", als Verteidigungslinie oder Pufferzone – ein Anstieg um bis zu 2 °C weltweit ist mitnichten sicher, denn auch bei einem Anstieg um 1,5 °C sind einige Regionen und vulnerable Ökosysteme großen Risiken ausgesetzt.[4]

Dem sogenannten Budgetansatz („carbon budget") zufolge kann errechnet werden, wie viele Emissionen noch emittiert werden können, um die globale Erwärmung auf maximal 2 °C bzw. 1,5 °C zu begrenzen. Was eine ernst gemeinte Klimapolitik mit Blick auf die weltweiten fossilen Ressourcen bedeutet, legten Christophe McGlade und Paul Ekins bereits 2015 dar: Zur Erreichung des 2 °C-Ziels müssen ein Drittel der weltweiten Ölreserven, die Hälfte der Gasreserven und 80 Prozent der Kohlereserven zwischen 2010 und 2050 in der Erde verbleiben;[5] um das 1,5 °C-Ziel mit einer 50-prozentigen Wahrscheinlichkeit zu erreichen, sind es bis 2050 beinahe 60 Prozent der globalen Erdöl- und Erdgasreserven und sogar 90 Prozent der Kohlereserven.[6]

Bereits 15 Jahre liegt die Veröffentlichung des sogenannten Stern-Reports zurück: Darin stellte der ehemalige Chefökonom der Weltbank, Sir Nicholas Stern, fest, dass der Nutzen frühzeitigen Handelns zur Bekämpfung des Klimawandels die anfallenden Kosten eines Nichthandelns übersteigt: „The benefits of strong, early action on climate change outweigh the costs."[7] Von „early action" kann angesichts zunehmender Naturkatastrophen und den zunehmenden Warnungen vor dem Erreichen von sogenannten Kippelementen („tipping points")[8] keine Rede mehr sein.

Inzwischen reicht eine rasche Dekarbonisierung nicht mehr aus; vielmehr müssen der Atmosphäre CO_2-Emissionen entzogen werden, um das Ziel von 1,5 °C zu erreichen. Laut des bereits 2018 veröffentlichten IPCC-Sonderberichts über 1,5 °C globale Erwärmung (SR1.5) sehen alle modellierten Pfade zum 1,5 °C-Ziel eine sogenannte Kohlendioxidentnahme („Carbon Dioxide Removal", CDR) vor. Nur so können verbleibende Emissionen ausgeglichen und auch netto negative Emissionen erzielt werden, um die globale Erwärmung nach einem Höchststand wieder auf 1,5 °C zurückzubringen.[9] Dabei wird je nach Pfad von 100 bis 1000 Gt CO_2 im Verlauf des 21. Jahrhunderts gesprochen. Machbarkeit und Nachhaltigkeit der CDR-Maßnahmen sind dabei sehr unterschiedlich zu bewerten und reichen von Aufforstung bis zu technologischen Lösungen wie „Carbon Capture and Storage" (CCS), wobei CO_2 dauerhaft in unterirdischen Lagerstätten gespeichert wird. Es gilt: Je schneller die Netto-Null erreicht wird, desto weniger CO_2-Abscheidung ist in Zukunft notwendig.

[1] Vgl. IPCC–Intergovernmental Panel on Climate Change (2021): AR6 Climate Change 2021: The Physical Science Basis. Online abrufbar unter: https://www.ipcc.ch/report/ar6/wg1/, Stand: 9.6.2022.

[2] IPCC (2021): Sechster IPCC-Sachstandsbericht (AR6): Arbeitsgruppe I: Naturwissenschaftliche Grundlagen. Online abrufbar unter: https://www.de-ipcc.de/media/content/Hauptaussagen_AR6-WGI.pdf, Stand: 9.6.2022.

[3] Vgl. O. Geden (2012).

[4] Vgl. UNFCCC (2015).

[5] Vgl. C. McGlade/P. Ekins (2015).

[6] Vgl. D. Welsby/J. Price/ J. Pye/P. Ekins (2021).

[7] Abrufbar ist der Stern-Report unter: https://scnat.ch/en/uuid/i/b2ff1531-79f6-5c55-87bf-f374ef530da0-The_Economics_of_Climate_Change, Stand: 9.6.2022.

[8] So haben im Juli 2021 fast 14.000 Wissenschaftlerinnen und Wissenschaftler vor einem „Klimanotfall" gewarnt, vgl. W. J. Ripple u. a. (2021). Das Potsdam-Institut für Klimafolgenforschung beschreibt die Kippelemente des Erdsystems als Achillesferse; schon das Überschreiten einzelner Kippelemente habe massive Auswirkungen, die die Lebensgrundlage vieler Menschen gefährdeten, vgl. https://www.pik-potsdam.de/de/produkte/infothek/kippelemente/kippelemente, Stand: 9.6.2022.

[9] IPCC (2018): Global Warming of 1.5 °C. Special Report. Online abrufbar unter: https://www.ipcc.ch/sr15/download/, Stand: 9.6.2022.

14.2 REGULIERUNG UND LIBERALISIERUNG DER DEUTSCHEN ENERGIEWIRTSCHAFT

Die Versorgung der Gesellschaft mit Elektrizität ist der Motor für die Wirtschaft und damit maßgeblich für Wachstum und Fortentwicklung – gleichzeitig ist eine überwiegend auf fossilen Energieträgern basierende Stromerzeugung unmittelbar klimarelevant. Nicht zuletzt hierdurch erklärt sich die „Interventionsbereitschaft von Seiten der Politik".[26]

Lange Zeit waren bezahlbare Preise und Versorgungssicherheit – nach und nach auch umweltpolitische Vorgaben, wie Schadstofffilter und Entschwefelungsanlagen zur Reduzierung der bei der Energieerzeugung entstehenden Schadstoffe SO_2 und NO_x – in der deutschen Energiepolitik bestimmend.

Mit der 1998 erfolgten Liberalisierung aber hat das Prinzip der Marktwirtschaft Einzug in den vormals durch örtliche Versorgungsmonopole geprägten Sektor gehalten. Die Versorger waren – und sind – gefragt, ihre Geschäftsmodelle langfristig nachhaltig auszurichten – trotz des neu entstandenen Kostendrucks beispielsweise durch die Entwicklung neuer Geschäftsmodelle und Investitionen in erneuerbare Energien.

Die Energiewirtschaft vor der Liberalisierung

Das im *Energiewirtschaftsgesetz* (EnWG) von 1935 formulierte Ziel war „die Energieversorgung so sicher und billig wie möglich zu gestalten" und „volkswirtschaftlich schädliche Auswirkungen des Wettbewerbs zu verhindern". Das Gesetz bestimmte die Rahmenbedingungen der (west-)deutschen Energieversorger für mehr als sechs Dekaden. So war die deutsche Energiewirtschaft bis 1998 von einigen wenigen Unternehmen dominiert: Konzessions-, Demarkations- und Verbundverträge teilten das Land in verschiedene Versorgungsgebiete mit jeweils einem Monopolanbieter auf. Im Gegenzug unterlagen die Gebietsversorger einer Anschluss- und Versorgungspflicht und staatlicher Preiskontrolle.

In Deutschland gab es acht sogenannte vertikal integrierte Verbundunternehmen, Unternehmen also, die von der Stromerzeugung im Kraftwerk über die Transportnetze bis zum Vertrieb alles aus einem Unternehmen bedienten.

Die regionale Versorgung auf Verteilnetzebene wurde durch eine Vielzahl von Regionalversorgern und Stadtwerken geleistet.

Die energiewirtschaftlichen Rahmenbedingungen änderten sich jedoch grundlegend, als die EU-Kommission sich mit ihrer Vorstellung der Liberalisierung der Energiemärkte letztlich durchsetzte, wonach eine wettbewerbliche Organisation der Strom- wie auch der Gasversorgung dem bestehenden System überlegen sei.

Die Liberalisierung der Energiemärkte

Die Frage, ob Energiemärkte als Ganzes natürliche Monopole und als solche vom Wettbewerb ausgeschlossen sind, wurde in den späten 1970er Jahren erstmalig in den USA aufgeworfen.[27] 1983 veröffentlichten Richard Schmalensee und Paul Joskow ihr Werk „Markets for Power".[28] Darin untersuchten sie vor dem Hintergrund von Deregulierungstendenzen in anderen Sektoren, ob in dem für die amerikanische Wirtschaft enorm wichtigen Elektrizitätssektor die Rolle des Staates zugunsten des Privatsektors zurückgefahren werden sollte. Die Idee der Liberalisierung des Elektrizitätssektors war geboren; marktorientierte Reformen zielen seither auf die Trennung des natürlichen Monopols (Stromleitungen) und der wettbewerbsfähigen Systemkomponenten (Erzeugung und Vertrieb).

Seit Beginn der 1990er Jahre setzte sich die Europäische Kommission für die Liberalisierung auf dem europäischen Strommarkt ein, konnte sich aber bei den Mitgliedstaaten zunächst nicht damit durchsetzen. Erst 1996 kam ein Kompromiss zustande: Bei der Versorgung mit Gas und Elektrizität, die als natürliches Monopol gekennzeichnet wurden, sollten schrittweise die Bereiche Erzeugung, Beschaffung und Vertrieb in den Wettbewerb überführt werden, um so eine günstigere und effizientere Versorgung der Kunden zu gewährleisten. Der natürliche Monopolbereich Versorgungsnetze sollte von den anderen Unternehmenssparten getrennt und ein diskriminierungsfreier Zugang weiterer Wettbewerber ermöglicht werden.[29] Mit der 1996 verabschiedeten ersten EU-Binnenmarktrichtlinie kam die Kommission aufgrund vieler nationaler Vorbehalte und Widerstände den Mitgliedstaaten entgegen: freie Wahl des Versorgers zunächst nur für Großkunden, der freie Netzzugang wurde angelegt, jedoch nicht abschließend geregelt, und der Aufbau einer Regulierungsbehörde wurde nicht vorgeschrieben.[30] Vertikal integrierte Unternehmen sollten zunächst nur buchhalterisch in die verschiedenen Unternehmensbereiche entflochten werden („unbundling of accounts"); im Gegensatz zur eigentumsrechtlichen Entflechtung („ownership unbundling") die am wenigsten eingriffsintensive Variante.

Die Richtlinie wurde in den Mitgliedstaaten unterschiedlich umgesetzt; in Deutschland wurde sie schließlich im April 1998 mit dem neuen Energiewirtschaftsrecht (EnWG 1998) in deutsches Recht überführt. Der Bestandsschutz der regionalen Versorgungsmonopole wurde aufgehoben, der Strommarkt vollständig und ohne Übergangsfristen für den Wettbewerb geöffnet – von der durch die Kommission vorgesehenen stufenweisen Einführung des Wettbewerbs wurde mit dem EnWG kein Gebrauch gemacht.

Das Bundeskartellamt übernahm die wettbewerbsrechtliche Aufsicht, allerdings waren neue Wettbewerber weiterhin auf die Leitungsnetze der vertikal integrierten Energieversorgungsunternehmen angewiesen.[31] Der folgende Anspruch wurde formuliert: „eine möglichst sichere, preisgünstige, verbraucherfreundliche, effiziente und umweltverträgliche leitungsgebundene Versorgung der Allgemeinheit mit Elektrizität und Gas, die zunehmend auf erneuerbaren Energien beruht".[32]

Die mit der Liberalisierung verbundene politische Hoffnung nach mehr Wettbewerb und sinkenden Preisen ging zunächst nicht in Erfüllung. Die erste

Die deutsche Energieversorger-Landschaft vor und nach der Liberalisierung

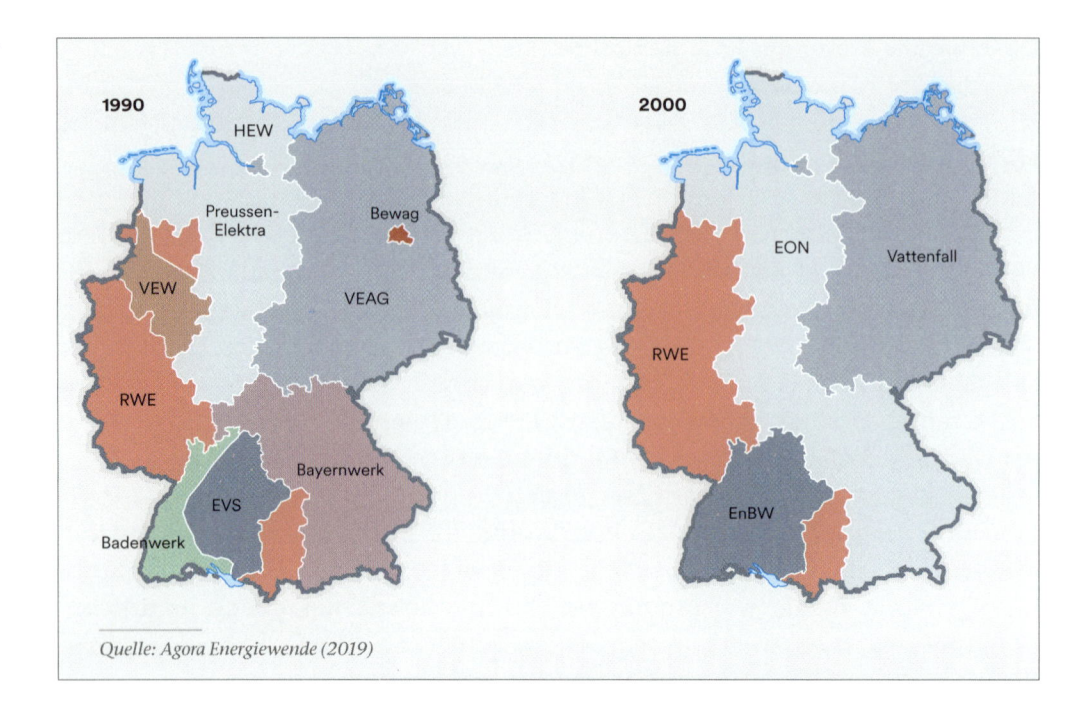

1990: HEW, Preussen-Elektra, Bewag, VEW, VEAG, RWE, Bayernwerk, EVS, Badenwerk

2000: EON, Vattenfall, RWE, EnBW

Quelle: Agora Energiewende (2019)

Zeit der Liberalisierung in Deutschland war durch ein „gewaltiges Fusionskartell"[33] gekennzeichnet; die vormals acht Verbundunternehmen fusionierten zu den „großen Vier", RWE, E.ON, Vattenfall und EnBW. In der Folge hatten die großen deutschen Energieunternehmen eine marktbeherrschende Stellung inne, sodass es auf dem deutschen Strom- und Gasmarkt in den Jahren nach der Reform des Energiewirtschaftsgesetzes keinen funktionierenden Wettbewerb gab.[34] Dies führte zu teilweise außerordentlichen Preissprüngen an der Strombörse, die ökonomisch nicht zu begründen waren, wie auch zu hohen Preisen für die Haushalte.

Da die Liberalisierung auch in anderen Mitgliedstaaten nicht zur gewünschten Wettbewerbssituation führte, hat die Kommission in ihrem dritten Energiebinnenmarktpaket die Option der eigentumsrechtlichen Entflechtung vorgesehen und mit den Strom- und Gas-Binnenmarktrichtlinien 2009/72/EG und 2009/73/EG beschlossen.[35] Die EU-Mitgliedstaaten hatten die Wahl zwischen eigentumsrechtlicher Entflechtung, unabhängigem Netzbetreiber und unabhängigem Übertragungsnetzbetreiber, um die Trennung zwischen Versorgungsnetz und Erzeugung/Beschaffung/Vertrieb sicherzustellen. Wie Frankreich sprach sich Deutschland für die Option des unabhängigen Übertragungsnetzbetreibers aus.

Gesetzgebung im Zeichen von Energiewende und Klimapolitik

Doch nicht nur die Liberalisierung prägt den Sektor bis heute. Auch eine Vielzahl anderer Gesetze und Regulierungen haben erhebliche Auswirkungen auf die Energieversorger und ihr Erzeugungsportfolio, darunter besonders die Gesetzgebung zum Thema Einspeisung der erneuerbaren Energien im Stromsektor, die Gesetzgebung zur Kernenergie sowie das Kohleausstiegsgesetz.

Im Januar 1991 trat auf Initiative von CDU/CSU und FDP das *Gesetz über die Einspeisung von Strom aus erneuerbaren Energien in das öffentliche Netz*, das sogenannte *Stromeinspeisungsgesetz* (StromEinspG) in Kraft, das die Energieversorger zu einer Abnahme und Vergütung von elektrischer Energie aus erneuerbaren Quellen verpflichtete. Das Stromeinspeisungsgesetz wurde im April 2000 durch das *Erneuerbare-Energien-Gesetz* (EEG) ersetzt, insbesondere weil die Energieversorger im nunmehr liberalisierten Markt nicht mehr gezwungen werden konnten, den Strom abzunehmen.[36]

Die Idee des Einspeisetarifs mit fester Vergütung ist zum Exportschlager geworden und hat innerhalb der EU und darüber hinaus Nachahmer gefunden. Deutschland hat das Instrument zwar nicht per se erfunden, doch ist die Ausgestaltung des EEG Vorlage für viele andere Staaten geworden: Laut dem „Renewables 2021 Global Status Report" gab es 2020 83 Länder mit sogenannten Feed-in Policies, auch wenn das Instrument der Ausschreibungen und Auktionen zur Förderung der erneuerbaren Energien in den letzten Jahren deutlich zugenommen hat.[37]

In der deutschen Energiepolitik setzte sich der erste und einzige „Atomminister" Franz-Josef Strauß massiv für die Atomenergie ein, die zunächst mit dem Ziel der Unabhängigkeit von Öl- und Gasimporten gefördert wurde. Anders als sich heute vielleicht vermuten ließe, waren die späteren deutschen Kernkraftwerke-Betreiber zunächst skeptisch und zurückhaltend – erst finanzielle Unterstützung und die gesellschaftliche Absicherung im Falle eines nuklearen Unfalls führten zum Bau der ersten deutschen Kernkraftwerke in den 1950er Jahren.[38]

Mit der aufkommenden Klimathematik gewann die Atomenergie wieder Befürworter, da sie als eine nahezu CO_2-freie Energieerzeugung als Alternative zu den fossilen Energieträgern angesehen wurde – ungeachtet der Risiken der Technologie, der nicht gelösten Endlagerproblematik und der mangelnden Akzeptanz in großen Teilen der deutschen Gesellschaft. Mit einem Anteil an der Stromerzeugung von rund einem Drittel von den 1990er Jahren bis Mitte der 2000er Jahre trug die Kernenergie in ihren Spitzenzeiten wesentlich zum Grundlastbereich der deutschen Stromversorgung bei.[39]

Die rot-grüne Bundesregierung hat mit der Novelle des *Atomgesetzes* (AtG) vom 22. April 2002[40] den Ausstieg aus der friedlichen Nutzung der Kernenergie geregelt. Die schwarz-gelbe Bundesregierung legte dann im September 2010 ihr „Energiekonzept für eine umweltschonende, zuverlässige und bezahlbare Energieversorgung" vor, in dem die Kernenergie als eine für den Übergang in ein erneuerbares Zeitalter unabdingbare Brückentechnologie bezeichnet und im Zuge dessen eine Laufzeitverlängerung vereinbart wurde.[41] Nach dem Reaktorunglück in Fukushima im März 2011 wurde zunächst ein dreimonatiges Atom-Moratorium vereinbart und die sieben ältesten deutschen Reaktoren sowie der Reaktor Krümmel einer Sicherheitsüberprüfung unterzogen. Anfang Juni 2011 verständigte sich die schwarz-gelbe Bundesregierung schließlich auf einen stufenweisen Ausstieg aus der Atomenergie bis Ende 2022.

Die Kohleverstromung hat eine lange Tradition in Deutschland, der Bergbau in den Revieren eine immense Bedeutung. Der einzige verbleibende heimische

Energieträger Braunkohle hat auch heute noch einen Anteil von rund 20 Prozent, in den Jahren 1990 bis 2020 lag der Anteil zwischen 20 und 30 Prozent; viele Jahre war Deutschland das weltweit größte Braunkohleförderland.[42] Kohle hat die Regionen wirtschaftlich geprägt, aber auch die Landschaft nachhaltig verändert – dies ist beispielsweise eindrucksvoll anhand der Ewigkeitslasten des Steinkohlebergbaus im Ruhrgebiet oder im Saarland zu sehen, die ohne ständiges Pumpen des Grundwassers zu großen Teilen überschwemmt wären. Mit einer nachhaltigen Energieversorgung im Sinne des 1,5 °C-Ziels ist die Kohleverstromung allerdings nicht vereinbar und so verabschiedete im Juli 2020 der Deutsche Bundestag das *Kohleausstiegsgesetz* (*Gesetz zur Reduzierung und zur Beendigung der Kohleverstromung*), das das Ende der Kohleverstromung bis 2038 vorsieht. Im Koalitionsvertrag der Ampel-Regierung von 2021 ist verschärfend ein Kohleausstieg „idealerweise" bis 2030 vorgesehen.[43]

14.3 DER WANDEL DER MÄRKTE: EINE NEUE ENERGIEWELT

Die Auswirkungen der Liberalisierung auf die Märkte waren tiefgreifend. Zeitgleich mit der Energiewende vollzog sich in der Energiebranche ein Wandel, der noch nicht abgeschlossen ist; wir beobachten einen Paradigmenwechsel von der verbrauchsorientierten Erzeugung hin zum erzeugungsorientierten Verbrauch.[44]

Von einigen Beobachtern des Energiemarktes wurde im Zuge der Liberalisierung ein „Stadtwerkesterben" vorhergesagt, da ein deutlich zunehmender Wettbewerbsdruck die kleineren Energieversorger vom Markt verdrängen würde. Das Gegenteil ist jedoch der Fall: „Es stellt sich bald heraus, dass gut geführte Stadtwerke auch dauerhaft durch ihre Kundennähe und durch die Verzahnung mit der Kommunalpolitik unbestreitbare Vorteile gegenüber so manchem Wettbewerber haben."[45]

Neben der Dekarbonisierung sind auch die anderen „4D" für die Energiewende von zentraler Bedeutung: Dezentralisierung und Digitalisierung, die Diversifizierung von Geschäftsmodellen sowie die Demokratisierung. Zudem prägen drei weitere Bereiche die neue Energiewelt entscheidend: die Sektorkopplung, Energieeffizienz und Energiedienstleistungen sowie die erneuerbaren Energien. Der Schwerpunkt der Betrachtung liegt hier auf der kommunalen Ebene: Welche Rolle spielen die „Energiemanager vor Ort" für das Gelingen der Energiewende?

Dezentralisierung

Die Energiewende ist mehr als ein Wechsel der Energieträger; mit ihr einher geht auch ein Systemwechsel: von einer zentralen Produktion mit oligopolistischen Strukturen top-down zur vermehrten dezentralen Einspeisung durch Privatpersonen, Genossenschaften oder Kommunen. Es geht aber nicht um ein Entweder-oder; beide Systeme und ihre Technologien sind zu einem großen Gesamtsystem zusammenzuführen.[46]

Digitalisierung

Der Bundesverband der Energie- und Wasserwirtschaft bezeichnet die Energiewende als „das größte nationale IT-Projekt aller Zeiten"; ohne die Digitalisierung ist die Energiewende nicht zu bewerkstelligen.[47] Dies lässt sich an einer ganzen Reihe von Beispielen veranschaulichen: Der schon beschriebene Systemwechsel stellt immense Anforderungen an den Netzbetrieb. Das Netz, das in Zeiten von zentralen Großkraftwerken wie eine Einbahnstraße funktioniert hat, muss nun fluktuierende Energieträger zu verschiedenen Tages- und Nachtzeiten und in unterschiedlichen Mengen einbinden und dabei die Netzfrequenz von 50 Hz halten.

Verwaltet wird das Netz über ein System digital gesteuerter Schnittstellen. In Kombination mit dem „Internet der Dinge" („Internet of Things/IoT"), der Vernetzung intelligenter Geräte untereinander und mit dem Internet, können mit Blick auf die Energiewirtschaft etwa Lösungen für Städte („smart cities") angeboten werden. Das intelligente Messsystem („smart meter") wird zur neuen Schnittstelle zwischen den Energieverbrauchern und den Versorgern.

Im August 2016 hat der Bundestag das *Gesetz zur Digitalisierung der Energiewende* zur Schaffung einer modernen Infrastruktur für die Energiewende verabschiedet.

Das „Smart Grid" beschreibt die intelligente Vernetzung der Kraftwerks-, Übertragungs- und Verteilernetzkapazitäten sowie der Nachfrageseite, um Angebot von und Nachfrage nach Elektrizität effizient zu verbinden. Neben Energie (Strom) werden auch Daten transportiert, sodass den Netzbetreibern jederzeit Informationen zu Energieproduktion und -verbrauch vorliegen. Das „Smart Grid" ist Voraussetzung für einen vollständigen Umstieg auf eine Stromversorgung mit erneuerbaren Energien.

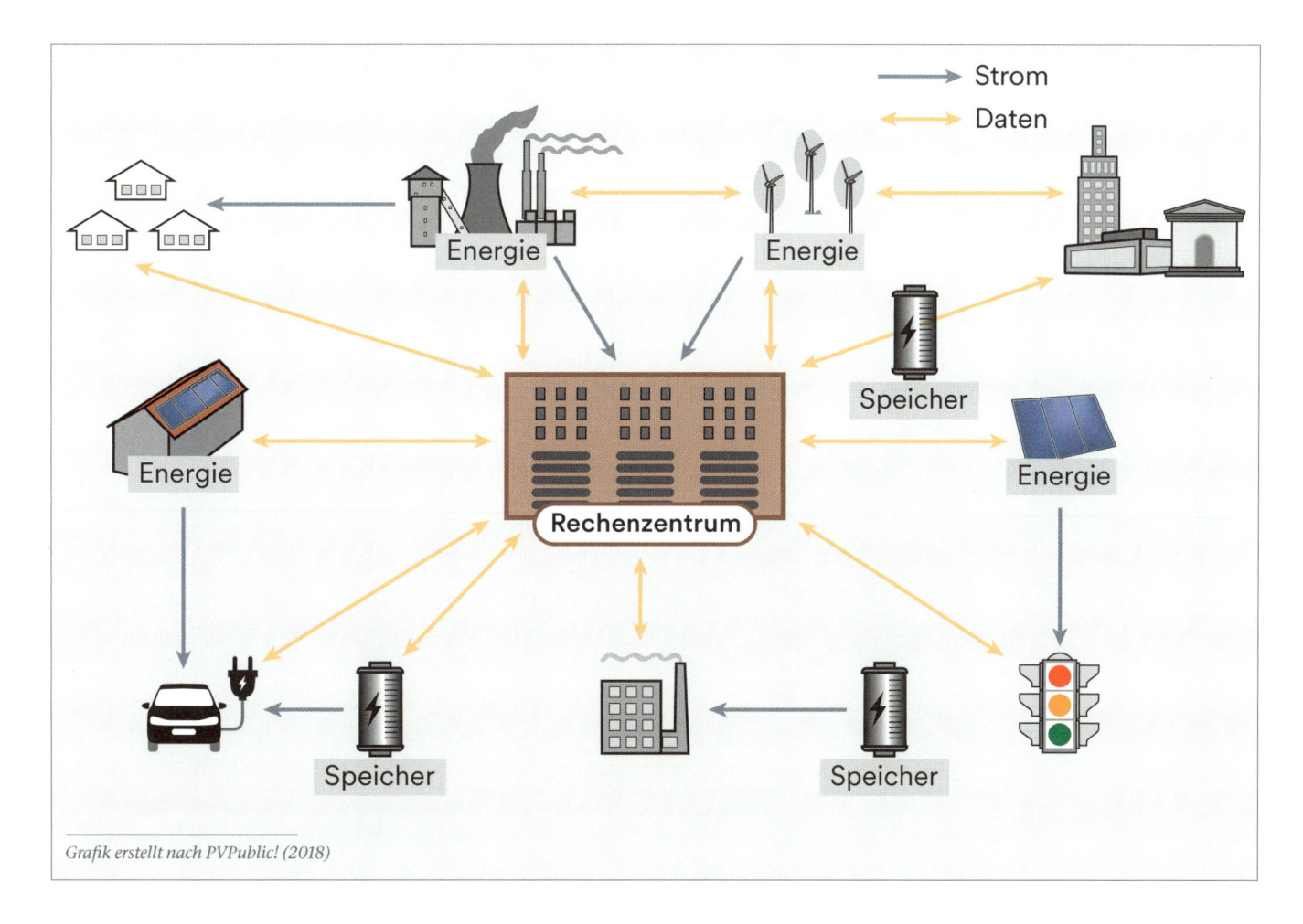

Grafik erstellt nach PVPublic! (2018)

Kundenfokus in der digitalen Energiewelt

Wesen moderner Kunden
- Wechselbereitschaft
- Erhöhte Erwartungen
- Gestiegenes Selbstbewusstsein
- Immer mehr Kunden werden Prosumer
- ...

Bedürfnisse digitaler Kunden
- Komfort und einfache Bedienung
- Qualitäts- und Serviceerwartung
- Datensicherheit und Datenschutz
- ...

Loyalitätsfaktoren
- Preis und Abschlag
- Information
- Regionales Engagement
- Produkt und Service
- ...

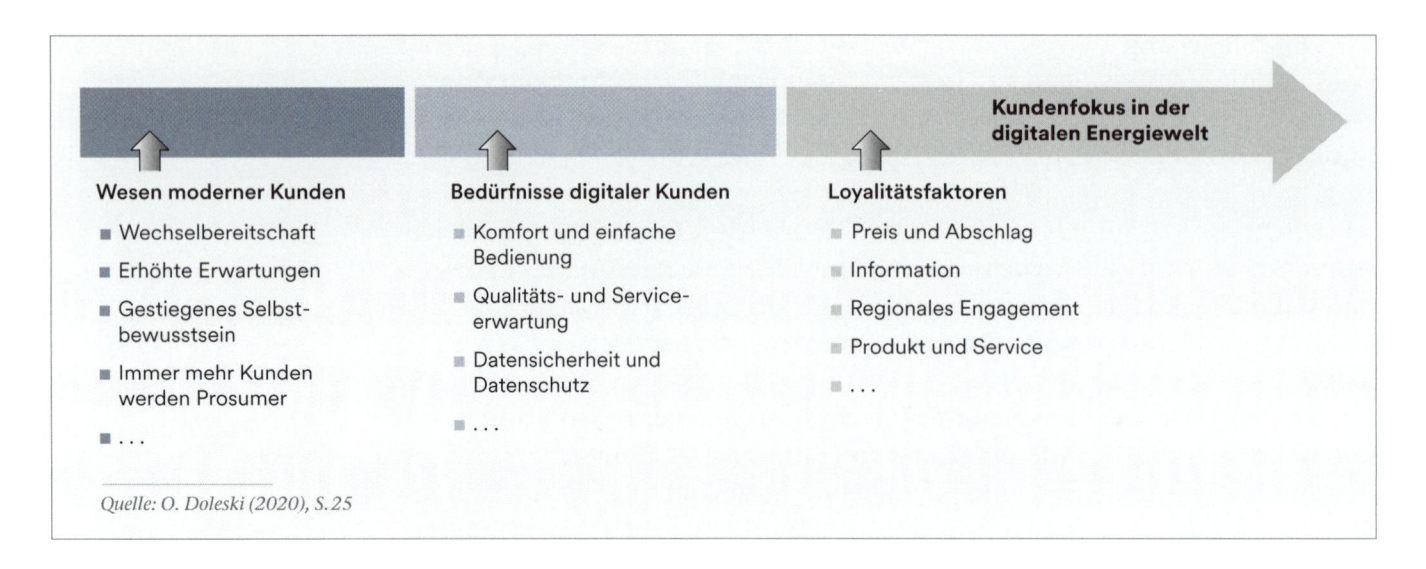

Quelle: O. Doleski (2020), S. 25

Grafische Darstellung der Ansprüche moderner Kundschaft

Einstellung der deutschen Bevölkerung zu erneuerbaren Energien im Jahr 2021

83 Prozent der Deutschen unterstützen den Ausbau der erneuerbaren Energien
Die stärkere Nutzung und der Ausbau von erneuerbaren Energien sind...

- wichtig: 26 %
- weniger wichtig: 7 %
- überhaupt nicht wichtig: 5 %
- weiß nicht, keine Angabe: 5 %
- sehr oder außerordentlich wichtig: 26 %
- 100 %

Quelle: Agentur für Erneuerbare Energien (2021)

Diversifizierung von Geschäftsmodellen

Mit dem Öffnen der Märkte und befördert durch die Beschleunigungsrichtlinie (2003/54/EG) drängten neue Anbieter aus energiefernen Branchen in den Versorgungsmarkt. Die Kundschaft rückte damit in den Mittelpunkt des Geschehens, die vormalige „Loyalität" zum eigenen Anbieter schwand.[48]

Die Digitalisierung befähigt Eigenerzeuger dazu, ihren Strom auf digitalen Plattformen anzubieten – und zwar ohne die etablierten Energieversorger.[49]

Durch die freie Wahl der Anbieter wurde die Produktpalette der Energieversorger immer relevanter – ob der Strom nun plötzlich eine „Farbe" hatte oder Öko-Stromprodukte angeboten wurden. Energieversorger wurden zunehmend zu Energiedienstleistungsunternehmen. Die wachsende Bedeutung der Energieeffizienz und die wachsenden Kundenansprüche machen diesen Wandel nötig. Zusammen mit der Digitalisierung eröffneten sich so neue Möglichkeiten und Lösungsansätze, die die Unternehmen herausfordern.[50]

Demokratisierung

Auch ist das bereits genannte Phänomen der Demokratisierung zu beobachten, etwa bei den sogenannten Prosumern. Der Begriff, der sich aus den beiden englischen Wörtern „producer" und „consumer" zusammensetzt, meint Verbraucherinnen und Verbraucher, die beispielsweise mit ihrer Solaranlage auch zu Energieproduzenten geworden sind. Noch unabhängiger werden sie, wenn sie sich zusammenschließen, beispielsweise in Sharing Communities wie der sonnenCommunity, die Menschen zu einer Gemeinschaft verbindet, die ihren Strom selbst produzieren.

Bislang noch nicht angesprochen ist das Thema Akzeptanz. Auch wenn die deutsche Energiewende Umfragen zufolge eine hohe Akzeptanz in der Bevölkerung genießt, sind bei der konkreten Umsetzung beispielsweise im Bereich Windenergie an Land oder dem Netzausbau deutliche Akzeptanzprobleme auszumachen.[51]

Sektorenkopplung und die Rolle der regionalen Energieversorgung

Die Energiewende ist indes mehr als nur eine Stromwende; sie erstreckt sich auch auf den Wärme- und Verkehrssektor. Allein der Bereich Wärme macht die Hälfte des deutschen Endenergieverbrauchs aus. Dennoch lag der Fokus in den letzten Jahren sehr stark auf dem Bereich Strom, hier hat die Energiewende begonnen – seit dem ersten EEG wurden vor allem Windräder und Solaranlagen installiert.[52]

Die Wärmewende aber ist ein Bereich, der ohne die kommunale Ebene nicht zu meistern ist: Als Infrastrukturbetreiber von Wärme- und Gasnetzen vor Ort sind kommunale Unternehmen regional verankert und leisten einen wichtigen Beitrag mit ihrer preisgünstigen und klimafreundlichen Wärmeversorgung durch Kraft-Wärme-Kopplung (KWK). Zudem können sie effiziente Lösungen nicht nur für einzelne Gebäude, sondern ganze Quartiere anbieten.[53]

Regionale Versorgungsunternehmen sind aber nicht nur durch Kundennähe und maßgeschneiderte Lösungen für Energiedienstleistungen und Quartiere ein wesentlicher Treiber der Energiewende; sie spielen auch eine entscheidende Rolle im Bereich der Sektorenkopplung, der Verknüpfung also von Strom, Wärme und Verkehr. Diese wiederum ist eine wesentliche Grundlage für das Gelingen der Energiewende, denn insbesondere in den Sektoren Wärme und Verkehr gibt es noch einiges zu tun – und durch die Nutzung von Strom aus erneuerbaren anstelle von fossilen Energien in den anderen Sektoren kann hier ein wichtiger Beitrag geleistet werden.[54]

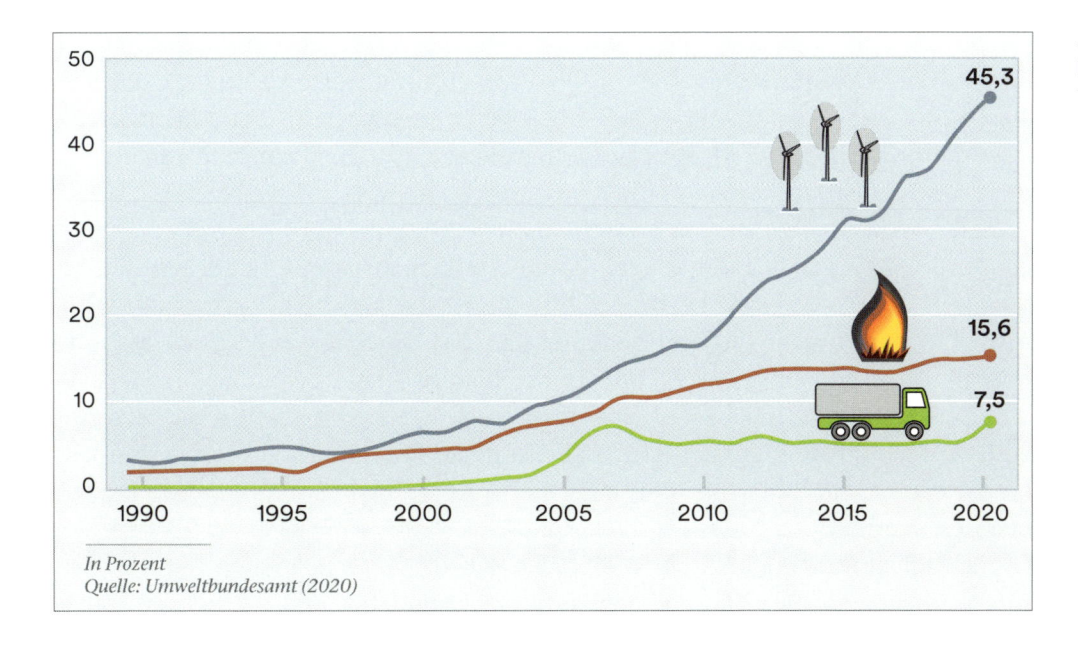

Anteil erneuerbarer Energien bei Strom, Wärme und Verkehr 1990–2020

In Prozent
Quelle: Umweltbundesamt (2020)

Sektorenkopplung: Auch bei wetterbedingt fluktuierender Einspeisung der erneuerbaren Energien müssen Angebot und Nachfrage im Netz in Einklang gehalten werden. Wenn überschüssiger erneuerbarer Strom zur Herstellung von Wasserstoff (Power-to-Gas) oder z. B. mithilfe der Wärmepumpe Strom zum Heizen (Power-to-Heat) genutzt wird, hilft dies, fossile Energien zu ersetzen und einzusparen.

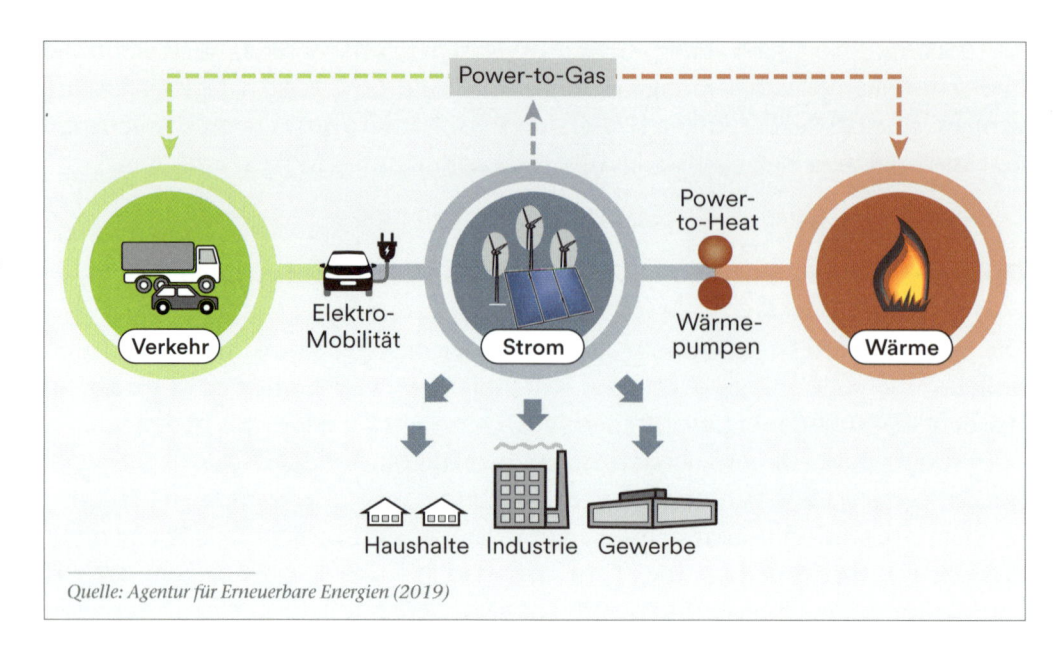

Quelle: Agentur für Erneuerbare Energien (2019)

Energieeffizienz und Energiedienstleistungen

Schon 1985 konstatierten Peter Hennicke und andere, dass die alleinige Betrachtung der Bereitstellung von Energie unzureichend sei, dass vielmehr Bereitstellung und Nutzung als ein System zu verstehen und zu optimieren seien. Ein hoher gesellschaftlicher Entwicklungsstand und Wohlstand messen sich nicht an der Menge der eingesetzten Energie, sondern der Energiedienstleistungen, die mit der eingesetzten Energie erbracht werden können. Viel Energie zu verbrauchen, sei demzufolge nicht Ausdruck eines leistungsfähigen Energiesystems, sondern ein Indikator für Ineffizienzen und Unwirtschaftlichkeit. Die grundlegende Frage laute: „Wie können am kostengünstigsten die erwünschten Energiedienstleistungen erbracht werden?"[55] Nach Ansicht der Autoren ist die kommunale Ebene der geeignete Ort für eine sozial und ökologisch orientierte Energieversorgung. Sie begründen dies mit der Möglichkeit einer effektiveren Energienutzung – etwa dadurch, Siedlungsstruktur und Energieversorgung zusammen zu denken, um Energieeinsparpotenzial im Wärmemarkt zu heben.

Der effiziente Einsatz von Energie spielt eine wesentliche Rolle bei der Energiewende. Sie gilt neben den erneuerbaren Energien als zweite Säule, gemäß dem Motto: Die sauberste und günstigste Energie ist die, die nicht verbraucht wird. Aus Sicht der Energieversorger bedeutet dies ein Umdenken, denn eingesparte Energie führt zunächst einmal zu unmittelbaren Umsatzeinbußen im Kerngeschäft. Angezeigt ist „Least-Cost-Planning", also die traditionelle Energieversorgung mit neuen Geschäftsfeldern der rationellen Energienutzung zu verbinden; hierzu gehört auch die Einsicht, dass man mit weniger Energie mehr Gewinn machen kann.[56]

Energieeinsparungen bzw. die Steigerung der Energieeffizienz ist für Versorger im Bereich der Energiebereitstellung zu erzielen, etwa durch effiziente

Kraftwerke. Zudem hat sich in den vergangenen Jahren ein großer Markt auf der Nachfrageseite gebildet: Energiedienstleistungen und Endkundenservices, wie Beratungsangebote für Energieeinsparungen, Mieterstrom, aber auch Energie-Contracting.

Der Erfolg der erneuerbaren Energien und die Bürgerenergie

Die Erneuerbaren haben eine rasante Erfolgsgeschichte geschrieben. Während in Deutschland der Anteil der fossilen Energieträger Braunkohle und Steinkohle sowie der Kernenergie von rund 84 Prozent im Jahr 1990 auf rund 35 Prozent 2020 zurückgegangen ist, stieg der Anteil der erneuerbaren Energieträger an der Bruttostromerzeugung im gleichen Zeitraum von rund 4 auf rund 44 Prozent:

Bruttostromerzeugung in Deutschland nach Energieträgern

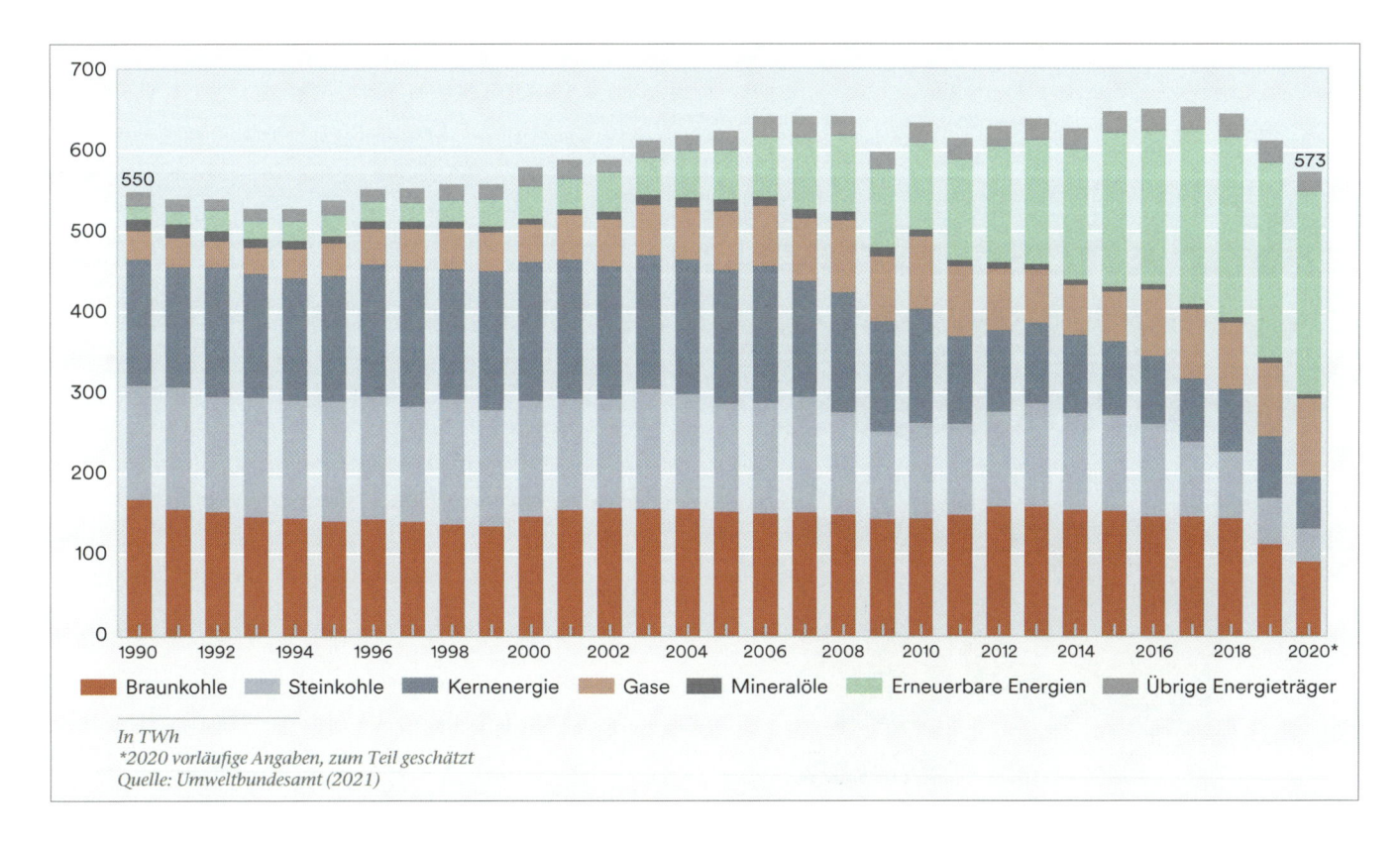

In TWh
*2020 vorläufige Angaben, zum Teil geschätzt
Quelle: Umweltbundesamt (2021)

Die erneuerbaren Energien tragen zudem rund 28 Prozent zur weleiten Stromerzeugung bei. Investitionen in erneuerbare Energien, in Netze und Speicher machen inzwischen mehr als 80 Prozent der Gesamtinvestitionen im Stromsektor aus. Die deutlich gestiegenen Ausgaben in diese Technologien sind zudem dringend nötig: Investitionsentscheidungen der vergangenen Jahre haben zu der Krise beigetragen, die wir im Jahr 2022 erleben.[57]

Mit Blick auf Europa markierte 2020 das Jahr, in dem erstmals die erneuerbaren Energien mit 38 Prozent einen höheren Anteil an der Stromproduktion hatten als die fossilen Energieträger (37%).[58]

Biomasse und Geothermie 3%
Kernkraft 10%
Wasserkraft 15%
Solar- und Windenergie 10%
Fossile Energieträger 62%

Quelle: REN21, Renewable Energy Data in Perspective, S. 15

Wer kritisch fragt, ist noch längst kein Kernkraftgegner.

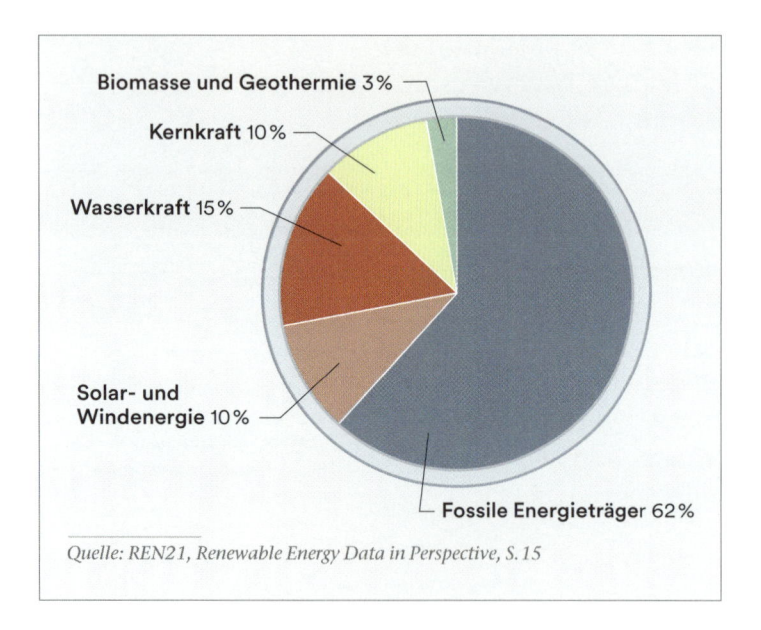

Viele junge Leute empfinden Kernkraftwerke als bedrohlich. Wir, die deutschen Stromversorger, haben ihre Kritik nie leichtfertig abgetan. Im Gegenteil: Wir stellen uns dieselben Fragen, die sie bewegen.
Kann Deutschland aus der Kernenergie aussteigen? Ja. Die Folge wäre allerdings eine enorme Steigerung der Kohleverbrennung, mithin der Emissionen des Treibhausgases CO_2. Denn regenerative Energien wie Sonne, Wasser oder Wind können auch langfristig nicht mehr als 4% unseres Strombedarfs decken.
Können wir ein solches Vorgehen verantworten? Nein. Der steigende Energiebedarf der dritten Welt verpflichtet die reichen Staaten, ihre CO_2-Emissionen zu mindern.
Schaffen wir das ohne Kernkraft, allein durch Energiesparen? Nein. Kernkraftwerke liefern 34% des deutschen Stroms und ersparen der Atmosphäre jährlich 160 Mio. Tonnen CO_2 – bei einem international vorbildlichen Sicherheitsstandard. Also: Treibhaus oder Kernkraft? Das ist hier die Frage!
Viele junge Leute stellen kritische Fragen. Wir auch. Denn unsere schärfsten Kritiker sind wir selbst.

Ihre Stromversorger

Badenwerk Karlsruhe · Bayernwerk München · EVS Stuttgart · Isar-Amperwerke München · Neckarwerke Esslingen · PreussenElektra Hannover · RWE Energie Essen · TWS Stuttgart · VEW Dortmund

Eine solche Entwicklung war vor rund 30 Jahren nicht abzusehen; eine 2009 durchgeführte Auswertung von 50 Energieprognosen der vergangenen Jahrzehnte zeigte, dass nahezu alle den Anteil der erneuerbaren Energien unterschätzten. Die prognostizierten Werte wurden weitaus früher erreicht, die Realität übertraf die Voraussagen teilweise um bis zu mehrere 100 Prozent.[59]

Ihre Zurückhaltung mit Blick auf die erneuerbaren Energien brachten einige Stromversorger bereits 1995 mit ihrer Kritik am Energieeinspeisungsgesetz zum Ausdruck, das sie vor das Bundesverfassungsgericht bringen wollten.[60] Die Kritik, dass es sich bei der Erneuerbaren-Energien-Umlage um eine Subvention handele, ist nicht neu, gleichwohl nicht haltbar. Es ist vielmehr ein staatlicher Eingriff in Form eines Mindestpreises in einen oligopolistischen Markt mit dem Wunsch, den Anteil der erneuerbaren Energien zu erhöhen und neuen Marktteilnehmern den Zugang zu ermöglichen. Entsprechend entschied der Europäische Gerichtshof 2019, dass es sich beim EEG 2012 nicht um eine staatliche Beihilfe handelt. Banken stellen Gelder zur Finanzierung von Projekten zudem eher zur Verfügung, wenn der Netzzugang gesichert ist; ohne EEG wären die Erneuerbaren-Projekte kleiner neuer Marktteilnehmer schlicht nicht finanzierbar gewesen.[61]

Es verwundert nicht, dass die deutsche Energiewende vor allem durch lokale und regionale Initiativen vorangetrieben wurde, als „Energiewende von unten";[62] die großen Energieversorgungsunternehmen mit ihren bestehenden Erzeugungsstrukturen hingegen entdeckten den Einstieg in die erneuerbaren Energien erst spät für sich.[63] Große Umwelt- und Verbraucherverbände nutzten die Gelegenheit zur Gründung unabhängiger Versorgungsunternehmen – beispielhaft seien hier Naturstrom, die Elektrizitätswerke Schönau und Greenpeace Energy genannt. Als Gründe für den Markteintritt werden unter anderem die Bereitschaft der Kunden, einen Aufpreis für Ökostrom zu zahlen, und die überhöhten Preise für Ökostrom der etablierten Anbieter angeführt.[64]

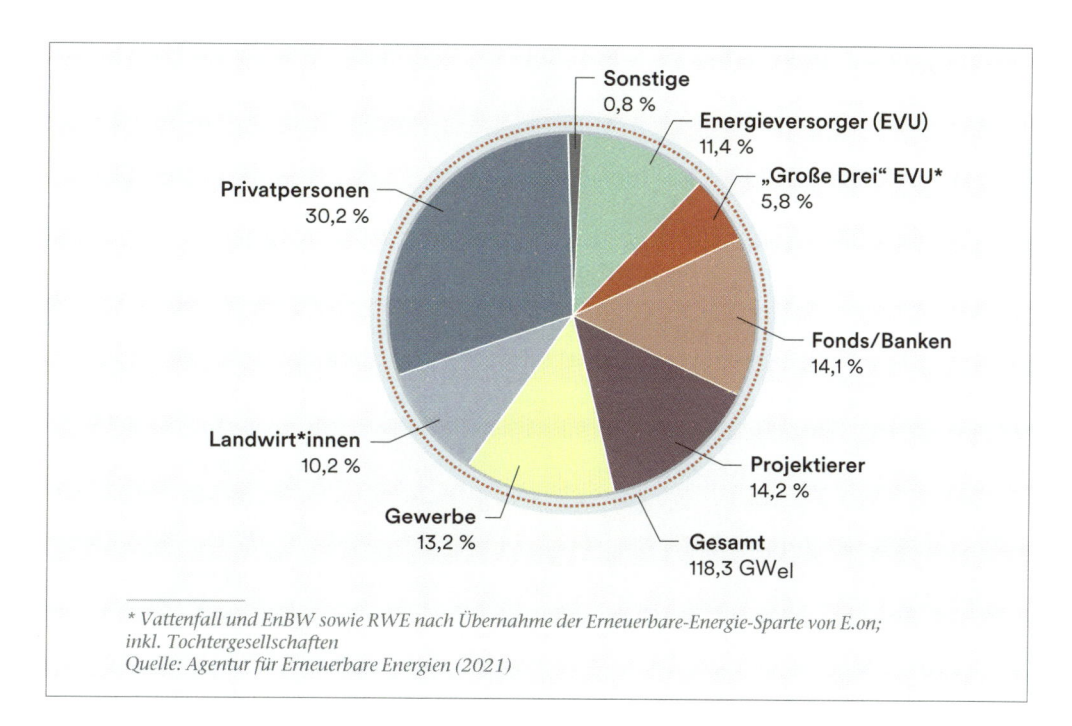

Sonstige 0,8 %
Energieversorger (EVU) 11,4 %
„Große Drei" EVU* 5,8 %
Privatpersonen 30,2 %
Fonds/Banken 14,1 %
Projektierer 14,2 %
Landwirt*innen 10,2 %
Gewerbe 13,2 %
Gesamt 118,3 GW$_{el}$

* Vattenfall und EnBW sowie RWE nach Übernahme der Erneuerbare-Energie-Sparte von E.on; inkl. Tochtergesellschaften
Quelle: Agentur für Erneuerbare Energien (2021)

Linke Seite: Weltweiter Anteil erneuerbarer Energien bei der Stromerzeugung im Jahr 2021

Verteilung der Eigentümer an der bundesweit installierten Leistung zur Stromerzeugung aus Erneuerbare-Energien-Anlagen im Jahr 2019

Durch den Boom der erneuerbaren Energien in Deutschland sind – anders als oft geunkt – die weltweiten Rohstoffpreise aufgrund der steigenden Nachfrage etwa nach Silizium für die Solarpaneele nicht gestiegen. Die Preise sind vielmehr aufgrund der weltweit stark gestiegenen Erneuerbaren-Kapazitäten gefallen – wovon insbesondere die Entwicklungsländer profitieren.[65]

14.4 DER MANNHEIMER WEG

Wie Oliver Doleski 2016 so treffend schreibt, durchleben deutsche Versorgungsunternehmen wahrhaft „interessante Zeiten".[66] Dass die kommenden Jahre aus Sicht der Energiewirtschaft einfacher werden, ist derweil nicht anzunehmen: So macht die russische Invasion der Ukraine die deutsche Energieabhängigkeit von Russland deutlich – Energieversorgung wird zunehmend zu einer Frage der nationalen Sicherheit. Erdgas, als kostengünstige und zuverlässige Brückentechnologie für die Energiewende noch im Koalitionsvertrag von 2021 als „unverzichtbar" bezeichnet, wird nicht mehr preiswert und in gewohnter Menge zur Verfügung stehen. Das neue politische Ziel der Bundesregierung ist eine klimaneutrale Stromversorgung bis 2035.

Um nachzuvollziehen, wie sich die MVV in einem zunehmend liberalisierten Markt behauptet hat und zu einem der größten deutschen Energiedienstleister aufgestiegen ist, bedarf es einer kurzen Betrachtung des Branchenumfelds sowie der Liberalisierung aus Sicht des Mannheimer Unternehmens.

Zu Beginn der Liberalisierungspläne der EG-Kommission äußerte sich die MVV kritisch, insbesondere aus Sorge vor günstigerer ausländischer Konkurrenz.[67] In den Folgejahren wies sie auf den Wettbewerb gefährdende Missstände

Mit ihrer Prognose, dass erneuerbare Energien in Zukunft nicht mehr als 4 % des Strombedarfs würden decken können, lagen die großen deutschen Stromversorger falsch, als sie 1993 eine Zeitungsannonce schalteten, um die Akzeptanz für Atomkraft zu erhöhen.
(https://www.enklip.de/besondere-quellen_7_2226224495.jpg)

in der Umsetzung der Liberalisierung hin. Denn die mit der europäischen Liberalisierungsstrategie verbundene politische Hoffnung, eine günstigere und effizientere Versorgung der Kunden zu gewährleisten, wurde nicht erzielt. Die marktbeherrschende Stellung der vier großen Unternehmen ermöglichte ihnen, die Regeln des neuen Marktes zu bestimmen, und ließen einen fairen Wettbewerb nicht zu. Daher sprach sich die MVV für folgende Punkte aus:

- die Schaffung von Transparenz, da wesentliche Marktdaten nicht offen verfügbar waren und so einige Akteure die Preise künstlich erhöhen konnten,
- eine strikte Entflechtung, um allen Marktteilnehmern Zugang zum Übertragungsnetz unter gleichen Bedingungen zu ermöglichen,
- eine staatliche Regulierung, um einen funktionierenden Wettbewerb zu etablieren.[68]

Mit der Teilprivatisierung 1999 beschaffte sich das Unternehmen die nötigen finanziellen Mittel, um auf die Herausforderungen der Liberalisierung zu reagieren. Anders als die großen vier vertikal integrierten Energieunternehmen setzte die MVV auf einen horizontalen Ansatz: Auf die Konzentration am Markt und die starke Fusionswelle der großen Energieversorger reagierte das Unternehmen durch strategische Beteiligungen an Stadtwerken wie Kiel oder Offenbach und beteiligte sich an der Kooperation „8KU", einem Zusammenschluss acht kommunaler Energieversorgungsunternehmen, der sich für Klimaschutz und Effizienz sowie ein faires Marktdesign ausspricht. Von der horizontalen Strategie versprach sich das Unternehmen Vorteile wie eine Vermehrung erfolgreicher

Die MVV visualisiert die für das „Mannheimer Modell" notwendigen grünen Energie- und Wärmequellen; in der Mitte: das Wahrzeichen Mannheims, der Wasserturm.
(MVV Energie AG)

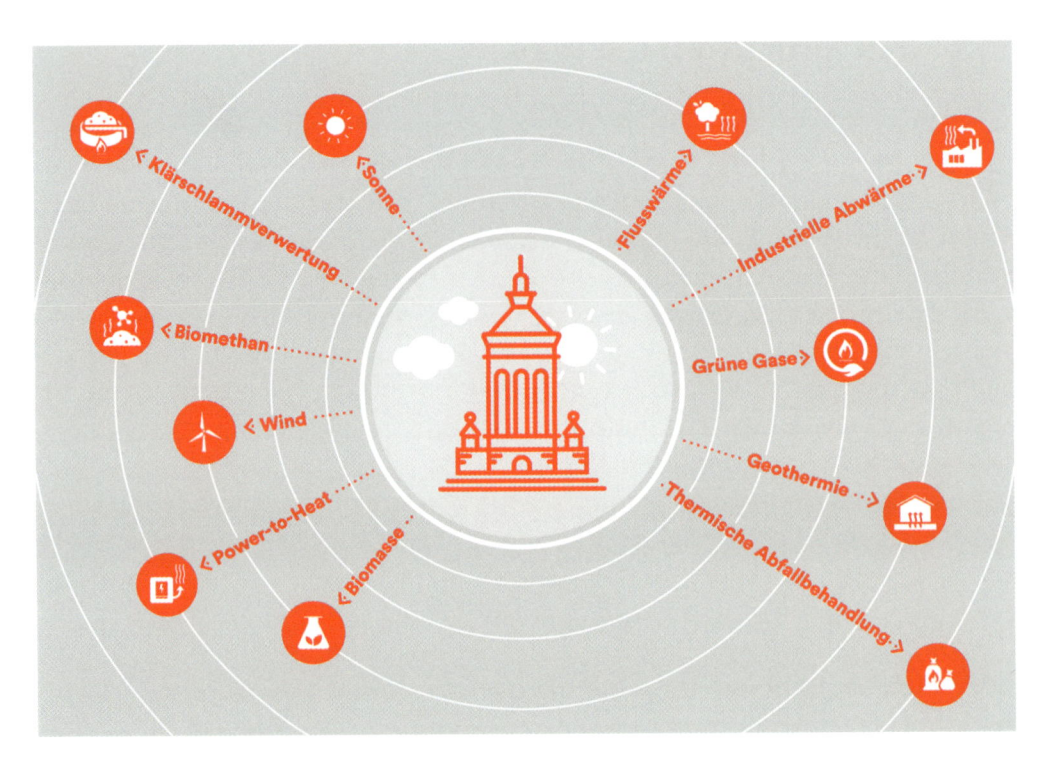

Der Vorstand anlässlich der Bilanzpressekonferenz im Dezember 2019, v. l. n. r.: Ralf Klöpfer (Vertrieb), Dr. Georg Müller (Vorsitzender und kaufmännische Angelegenheiten), Verena Amann (Personal), Dr. Hansjörg Roll (Technik). (Foto: Martin Black, MVV Energie AG)

Geschäftsmodelle, eine Plattform für Energiedienstleistungen und innovative Produkte wie auch eine Erweiterung der Kundenbasis.[69]

Auch wenn die Schaffung der Bundesnetzagentur 2005 und die Einrichtung der von dieser und dem Bundeskartellamt betriebenen „Markttransparenzstelle für den Großhandel mit Strom und Gas" zu deutlich mehr Transparenz am Strommarkt geführt hat, besteht im Bereich der Übertragungsnetze noch Handlungsbedarf.[70] Insbesondere vor dem Hintergrund des auch in Zukunft steigenden Anteils der erneuerbaren Energien und des grenzüberschreitenden Stromhandels kommt der Bewältigung von Netzengpässen eine entscheidende Bedeutung zu.[71]

Anhand ausgewählter Unternehmensaktivitäten und unternehmerischer Entscheidungen der MVV mit Blick auf Energiewende und Klimaschutz soll nun abschließend das Unternehmen eingeordnet bzw. verortet und der „Mannheimer Weg" bis heute nachvollzogen werden.

Das Unternehmen setzt mit seinem „Mannheimer Modell" auf alle verfügbaren umweltfreundlichen Technologien und Optionen in den Bereichen Strom, Wärme wie auch Verkehr. Damit hat sich die MVV klar positioniert und den Klimaschutz zur handlungsleitenden Maxime erhoben. Bereits vor 2010, also auch vor dem Reaktorunglück in Fukushima, hat das Unternehmen nachhaltiges Wirtschaften, den Ausbau der erneuerbaren Energien und die Wärmewende zu strategischen Schwerpunkten erklärt.

Erneuerbare Energien, CO_2-Minderung und Energieeffizienz

Während andere Energieunternehmen etwa 1993 in öffentlichen Anzeigen den Anteil der erneuerbaren Energien auch langfristig kleinredeten (siehe Abb.

S. 480) oder 1995 juristisch gegen das Energieeinspeisungsgesetz vorgehen wollten, lässt sich in der Unternehmensausrichtung der MVV verhältnismäßig früh ein ökologisch motivierter Ansatz erkennen, der sich im Bereich der erneuerbaren Energien, der Minderung der CO_2-Emissionen und dem Aufzeigen energieeffizienter Lösungen für die Kundschaft widerspiegelt:

Bereits 1995 kam das Unternehmen in einer Einschätzung neuer Geschäftsfelder zu dem Ergebnis, dass die Solarthermie an der Schwelle zur Wirtschaftlichkeit stehe. Dabei sah die MVV deren Stärke und Zukunft aufgrund der zu diesem Zeitpunkt noch verhältnismäßig hohen Kosten der Photovoltaik zunächst insbesondere im Bereich von Beratungs- und Servicedienstleistungen. Gleichwohl galt es laut Zwischenbericht für das Projekt „Neue Geschäftsfelder" (NGF), den Markt im Auge zu behalten, um bei einer annähernden Wirtschaftlichkeit der Photovoltaik entsprechend aktiv zu werden.[72] Daneben zeigt der 1997 veröffentlichte erste Umweltbericht verschiedene Aktivitäten des Unternehmens in diesem Bereich auf. Unter anderem wird das CO_2-Minderungsprogramm vorgestellt, das 1996 eingeführt wurde und in das seitens der MVV jährlich 2 Mio. D-Mark investiert wurden. Es enthält Fördermaßnahmen für erneuerbare Energien (etwa die Förderung von Photovoltaikanlagen), Zuschüsse für Wärmedämmmaßnahmen oder Energie-Beratungsangebote.[73]

Im Jahr 2009 hatte die MVV für sich die Energiewende beschlossen, indem sie den Fokus auf erneuerbare Energien anstelle von fossilen Energien als strategischen Schwerpunkt erkannt und benannt hat.

2016 dann formulierte das Unternehmen ehrgeizige Zehnjahresziele. Hierzu gehörte, das eigene Erneuerbare-Energien-Portfolio bis 2026 zu verdoppeln, also rund 10.000 MW erneuerbare Erzeugungsleistung ans Netz zu bringen und eine klimaneutrale Verwaltung zu schaffen, um in diesem Zeitraum rund 1 Mio. t CO_2 durch Investitionsinitiativen einzusparen. Eben diese Nettoreduktion wurde bereits 2021, fünf Jahre vor der Frist, erreicht.

Wie aufgeführt, ist die Betrachtung der effizienten Nutzung von Energie auf der Nachfrageseite nicht minder wichtig für das Gelingen der Energiewende. Das erklärte Ziel der Liberalisierung der Strom- und Gasmärkte war aber in erster Linie, die Effizienz auf Angebotsseite zu erhöhen, Überkapazitäten abzubauen und durch den Wettbewerb niedrigere Energiekosten für die Kunden zu erreichen. Dabei bleibt die „andere Seite" des Wettbewerbs außen vor.[74] Was Stefan Thomas und andere hier 2002 beanstanden, findet sich schon im MVV-Umweltbericht von 1997: Laut diesem sind mit der Novellierung des nationalen Energierechts insbesondere ökonomische Ziele verbunden, umweltpolitische Ziele bisher vernachlässigt – mit negativen Implikationen für den wirtschaftlichen Betrieb der an die Stromproduktion gekoppelten Wärmeerzeugung.[75]

Mit den beiden Akquisen Juwi und Windwärts im Jahr 2014, die 2022 organisatorisch zusammengefügt worden sind, hat sich das Unternehmen professionell im Bereich der erneuerbaren Energien verstärkt. Die beiden Gesellschaften mit jahrelanger Erfahrung in der Entwicklung von Windparks hatten bereits Mitte der 1990er Jahre die Energiewende vorangetrieben, als viele große Energieunternehmen nur wenig Interesse an erneuerbaren Energien zeigten. Deutschlandweit wie auch international helfen die Wind- und neuerdings auch Photovoltaik-Parks der beiden Gesellschaften bei der Projektentwicklung – und dem Unternehmen, die eigene grüne Erzeugungskapazität weiter auszubauen; im Jahr 2021 auf 32 Prozent der eigenen Stromerzeugung.[76]

Wärmewende, Smart Cities und Quartiere

Im Bereich der für die Energiewende enorm wichtigen Wärmewende kann die MVV auf das in Mannheim gut ausgebaute Fernwärmenetz setzen und profitiert damit von in den 1950er bis 1980er Jahren getroffenen Weichenstellungen.[77] Die ressourcenschonende Fernwärme hatte im Mannheimer Energieversorgungskonzept bereits 1998 einen Anteil von 46 Prozent, wohingegen der deutsche Bundesdurchschnitt damals bei 12 Prozent lag.[78] Heute sind es rund 60 Prozent, im Bundesdurchschnitt lediglich 14 Prozent.[79] Die MVV ist damit heute der drittgrößte deutsche Fernwärmeversorger, mit dem eigenen Anspruch, die Versorgung schnellstmöglich auf grüne Energie umzustellen.

Ein Beispiel für das Engagement im Wärmebereich in den 1990er Jahren stellt die 1998 von der Stadt Mannheim herausgegebene „Mannheimer Wärmefibel" dar, an deren Entstehung auch die MVV beteiligt war. Anschaulich werden hier wichtige Themen rund um die Wärmewende – wie Gebäudedämmung, Wärmepass, Energieeinsparpotenziale oder Heizungsanlagen – für Interessierte vorgestellt und durchgerechnet und dazu passende bundesstaatliche wie durch die MVV bereitgestellte Fördermöglichkeiten aufgezeigt. Am Beispiel des Niedrigenergiehauses „Öko-Musterhaus" in Wallstadt-Nord zeigte das Unternehmen, wie eine effiziente Bauweise im Einfamilienhausbereich aussehen kann.[80]

Auch aktuell bemüht sich die MVV sowohl für Privat- und Geschäftskunden als auch für ganze Quartiere um effiziente und CO_2-arme Lösungen. Beispielhaft sei hier der Aufbau eines dezentralen Energiemanagementsystems im Quartier Franklin und das CO_2-neutrale Quartier Spinelli genannt. Mit dem Joint Venture sMArt City Mannheim GmbH möchte die MVV gemeinsam mit der Stadt Mannheim die Dekarbonisierung und Digitalisierung im kommunalen Raum voranbringen.[81]

Die MVV liefert über 7000 GWh Fernwärme und Ferndampf an Privat- und Industriekunden und ist gemessen an der Größe des Contracting-Portfolios (MWth) der größte deutsche Energiedienstleister.[82] Daher sieht das Unternehmen die Wärmewende als zentralen Schlüssel zur Erreichung der Klimaneutralität in

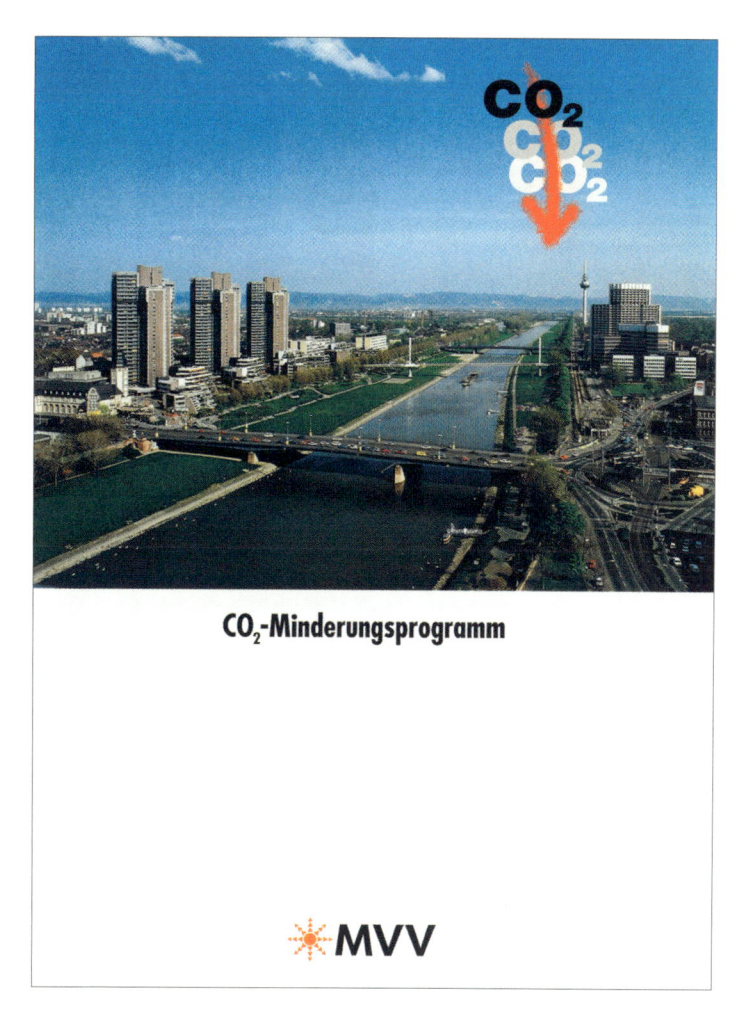

1996 brachte die MVV das „CO_2-Minderungsprogramm" heraus.
(MARCHIVUM, 2002 B 311)

Das „Öko-Musterhaus" der MVV wurde 1997 im ökologischen Neubaugebiet Wallstadt-Nord in Niedrigenergie-Bauweise errichtet.
(MARCHIVUM, AB01698-2-070)

der Unternehmensstrategie. Da momentan noch ein großer Teil der Fernwärme aus dem Großkraftwerk Mannheim (GKM) stammt, hat sich das Unternehmen das Ziel gesetzt, bis zum Ende der 2020er Jahre in Mannheim und der Rhein-Neckar-Region die Fernwärme vollständig auf grüne Energiequellen umzustellen. Damit wurde das vorherige Ziel, die Emissionen aus der Fernwärme bis 2030 um 40 Prozent zu senken, deutlich verschärft. Zudem ist die MVV Teil eines Konsortiums des Reallabors Großwärmepumpen in Fernwärmenetzen – Installation, Betrieb, Monitoring und Systemeinbindung, in dem Großwärmepumpen, die mit treibhausgasfreiem Strom betrieben werden, erstmalig in Deutschland an Fernwärmenetze angebunden werden.[83]

Thermische Abfallverwertung

Mit Blick auf die Fernwärme in Mannheim kommt der sogenannten thermischen Abfallbehandlung (TAB) eine zunehmende Bedeutung zu, um den Anteil des GKM an der Fernwärmeversorgung zurückzufahren. Die MVV betreibt auf der Friesenheimer Insel eine solche TAB-Anlage, die im Frühjahr 2020 an das regionale Fernwärmenetz angeschlossen wurde; inzwischen deckt sie rund 30 Prozent des jährlichen Wärmebedarfs ab, in den Sommermonaten sogar 100 Prozent.

Wichtig ist festzuhalten, dass bei der Verwertung von Müll aus Klimasicht der Schwerpunkt auf Recycling liegen muss: Sekundärrohstoffe können – bei entsprechender Qualität – Primärrohstoffe ersetzen und tragen einen wichtigen Beitrag zur Dekarbonisierung bei. Gerade wenn es um aus Erdöl hergestellte Kunststoffe geht, ist die Verbrennung mit hohen CO_2-Emissionen verbunden.[84]

Doch nicht alle Abfälle sind wiederverwertbar. Mithilfe der TAB kann die in den Abfällen enthaltene Energie gewonnen und zu Wärme und Strom sowie zu Prozessdampf für die Industrie gewandelt werden – gegenüber der Erzeugung von Strom und Wärme aus fossilen Quellen bedeutet dies eine deutliche Minderung an CO_2, wenn auch die Verbrennung des Mülls nicht CO_2-frei ist. Die thermische Abfallbehandlung ist gleichwohl eine wichtige Schadstoffsenke.[85]

Wie nun aber mit dem ausgestoßenen CO_2 umgehen? Die aus heutiger Sicht einzige Option ist die Abscheidung und Lagerung von CO_2 (Carbon Capture and Storage, CCS) bzw. dessen Nutzung (Carbon Capture, Storage and Utilization, CCUS). Bei einem hohen Anteil von Abfällen regenerativen Ursprungs spricht man von „Bioenergy with Carbon Capture, Storage and Utilization", kurz BEC-CUS. Da Bioenergie auch ohne CCS als klimaneutral gilt, werden die Emissionen der Bioenergie mit CCS-Technik negativ, entziehen der Atmosphäre CO_2.[86] Mit Blick auf die bereits dargelegten klimawissenschaftlichen Erkenntnisse ist dies ein notwendiger Schritt zur Erreichung des 1,5 °C-Ziels.

Technologisch ist die CO_2-Abscheidungstechnik weit ausgereift; ihr Einsatz ist aufgrund eines fehlenden regulatorischen Rahmens, mangelnder gesellschaftlicher Akzeptanz und geringer Wirtschaftlichkeit derzeit allerdings nicht umsetzbar. Die MVV geht davon aus, dass eine Anwendung in der Breite nicht vor den 2030er Jahren erwartbar ist. Das Unternehmen plant diese Technologie aber dauerhaft einzusetzen, sobald die Nutzung technisch, aber auch politisch und betriebswirtschaftlich möglich ist: „BECCUS wird einen wesentlichen Anteil daran haben, dass MVV zu einem klimapositiven Unternehmen wird."[87] Für die Friesenheimer Insel ist eine Pilotanlage zur Abscheidung geplant, deren Inbetriebnahme in den nächsten Jahren erfolgen soll.

Insgesamt acht Abfallbehandlungsanlagen und vier Biomassekraftwerke betreibt das Unternehmen in Deutschland, Großbritannien und in Tschechien. So hat die MVV im schottischen Dundee eine der modernsten Abfallbehandlungsanlagen Europas gebaut, die im Jahr 2021 in Betrieb gegangen ist. Nach Plymouth und Ridham ist dies die dritte Anlage der MVV in Großbritannien. Auch in Sachsen-Anhalt hat das Unternehmen zusätzlich zu einer bereits in Dresden bestehenden Anlage eine zweite Anlage für die Vergärung und energetische Nutzung von Bioabfällen in Betrieb genommen; in Mannheim und Offenbach investiert das Unternehmen in ein thermisches Verfahren, welches das im Klärschlamm enthaltene Phosphor umweltfreundlich zurückgewinnt.[88]

Das Großkraftwerk Mannheim

Das gemeinsam von EnBW, RWE Generation und MVV RHE GmbH betriebene GKM gehört zu den effizientesten Steinkohlekraftwerken in Europa. Dennoch ist es für den größten Teil der Mannheimer CO_2-Emissionen verantwortlich: Es steht für 90 Prozent der CO_2-Emissionen in der Strom- und Wärmeproduktion der Stadt. Deshalb wird die Stilllegung des GKM einen entscheidenden Anteil an der angestrebten Treibhausgasminderung haben.

Veranschaulichung der Aktivitäten zum Erreichen von Klimaneutralität, wie sie das „Mannheimer Modell" des Local Green Deal vorsieht.

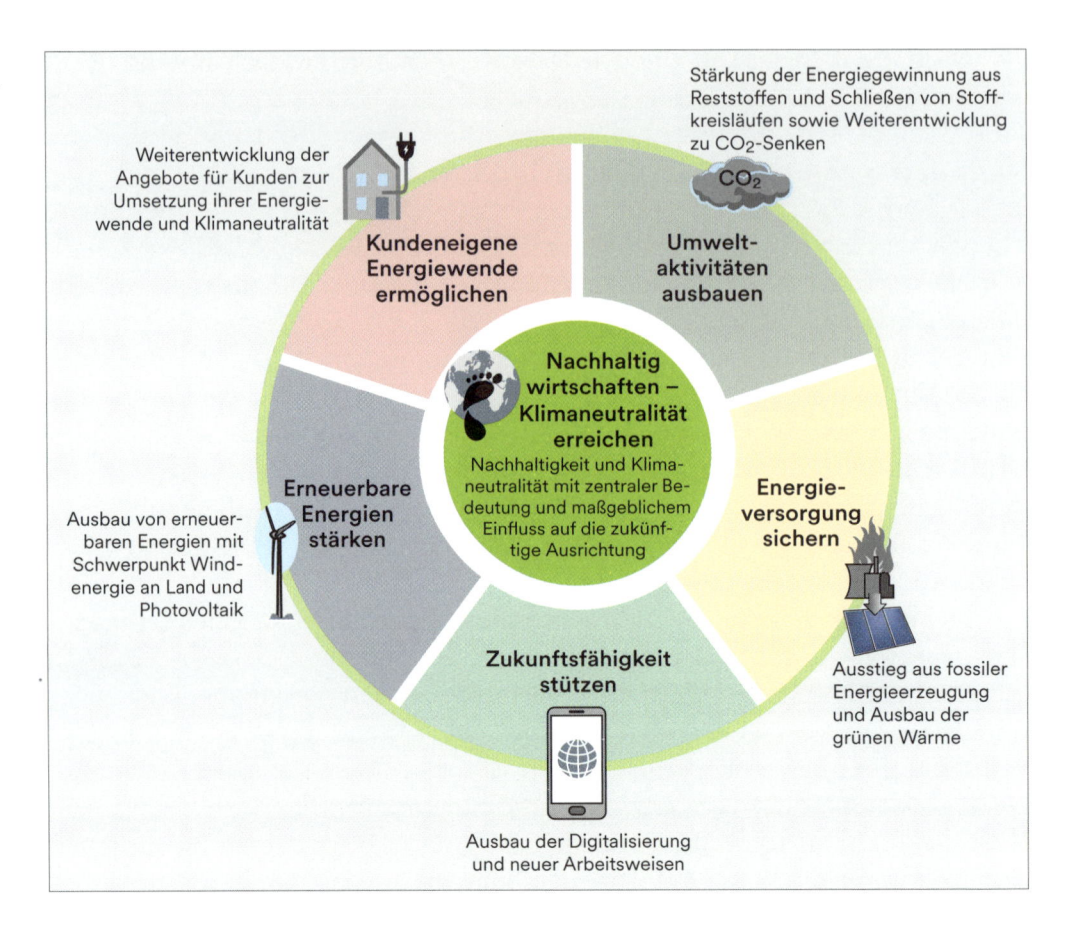

Mit dem im Jahr 2020 verabschiedeten *Kohleverstromungsbeendigungsgesetz* ist klar, dass die letzten Steinkohlekraftwerke spätestens 2033/34 vom Netz gehen müssen – je nachdem, wie sich die Politik mit Blick auf das Kohleausstiegsdatum entscheidet, gegebenenfalls auch früher. Für das GKM wird nun nach einer Alternative am Standort gesucht; die Überlegungen, ein Gas- und Dampfturbinenkraftwerk zu errichten, sind allerdings schon 2020 wieder eingestellt worden. Weitere Optionen wie die Nutzung von Geothermie und Biomasse sowie künftig gegebenenfalls auch Wasserstoff werden erwogen. Die Entscheidung zum Bau einer ersten Flusswärmepumpe ist bereits gefallen; sie soll 2023 in Betrieb genommen werden.[89]

Klimapositives Energieunternehmen

Die Pläne für die kurz- und mittelfristige Zukunft des Unternehmens sind ambitioniert. Mit Investitionen in Höhe von 300 Mio. Euro für Klimaschutzaktivitäten im Geschäftsjahr 2021, dem frühzeitigen Erreichen der Nachhaltigkeitsziele von 2016 und den bisher umgesetzten Maßnahmen und Projekten beweist das Unternehmen, dass die Energiewende möglich ist – und dies betriebswirtschaftlich betrachtet sehr erfolgreich. Nach umfassender Prüfung durch die Science Based Targets Initiative (SBTI), einer Initiative verschiedener NGOs, der sich inzwischen mehr als 1000 Unternehmen angeschlossen haben, um wissenschaftlich fundierte Klimaziele zu formulieren, ist die MVV mit ihrem „Mannheimer Modell" das erste deutsche Energieunternehmen, das einen Klimaschutzplan entsprechend des 1,5 °C-Ziels formuliert hat. Dies wird auch von anderer Stelle anerkannt: 2021 wurde die MVV durch die Ratingagentur ISS ESG mit der besten Ratingnote für den Energiesektor ausgezeichnet; damit gehört das Unternehmen zu den weltweit vier nachhaltigsten Energieunternehmen dieses Ratings.[90]

Besonders hervorzuheben ist, dass das Unternehmen die wissenschaftliche Basis der Klimaforschung zur Grundlage der unternehmerischen Entscheidungen macht. Es hat sich als eines der ersten europäischen Energieunternehmen 2015 zur Charta der SBTI bekannt.[91] Das Unternehmen hat sich den Pariser Klimazielen verpflichtet und setzt diese in ihrem „Mannheimer Modell" konsequent um; Klimaschutz und Energiewende sind erklärte Handlungsmaximen des Unternehmens; bis zum Jahr 2030 sollen 80 Prozent der CO_2-Emissionen im Vergleich zu 1998 eingespart werden, bis 2040 will das Unternehmen klimaneutral und bis 2045 sogar klimapositiv werden, der Atmosphäre also Treibhaus-

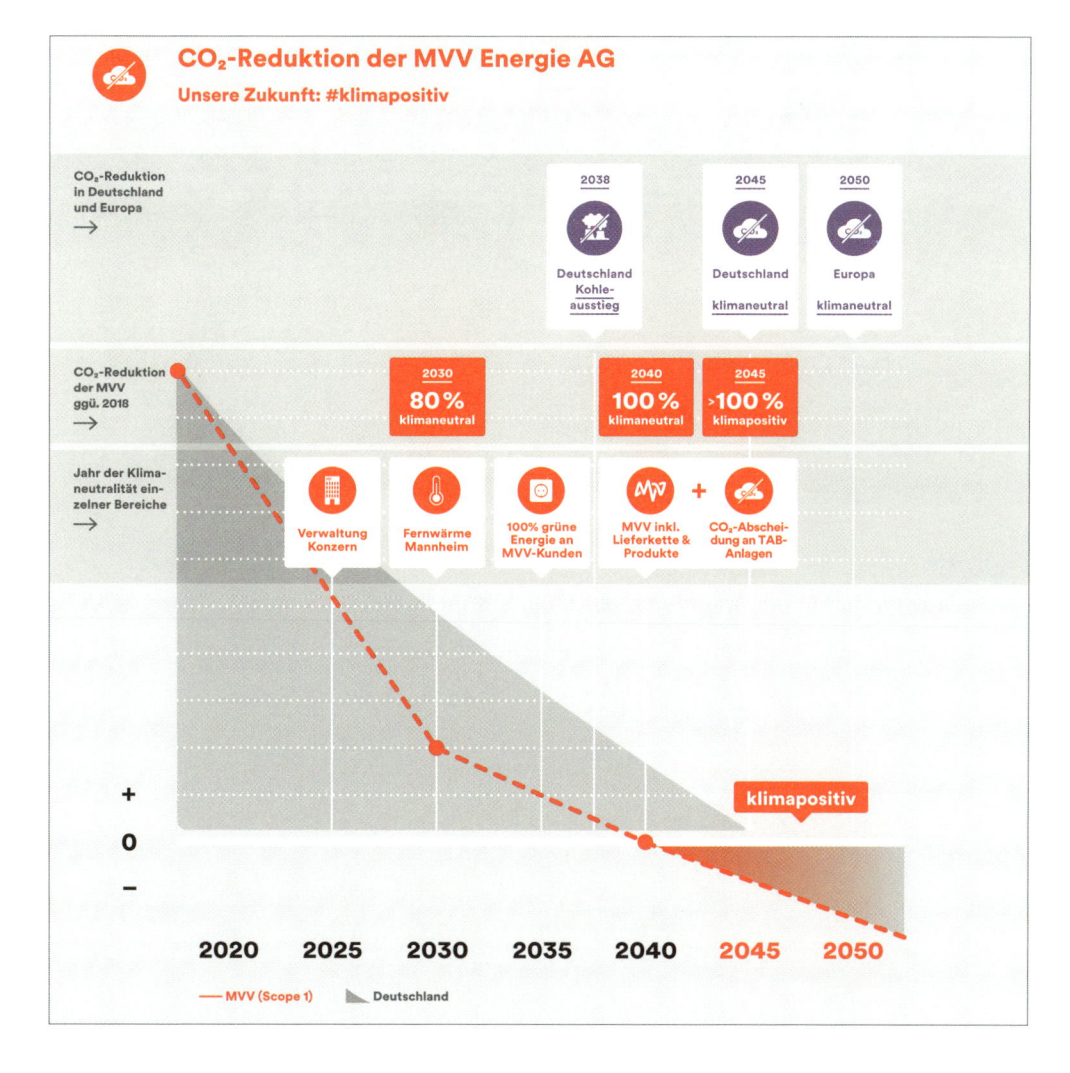

Visualisierung des Zeitplans hin zu einem klimapositiven Unternehmen
(MVV Energie AG)

gase entziehen. Und dies ohne sogenanntes Offsetting, also ohne den Einsatz von Kompensationszertifikaten oder -projekten, sondern im eigenen Unternehmen. Die MVV hat die Chancen der Liberalisierung erkannt und umgesetzt und die Energiewende zum grundlegenden Geschäftskonzept erklärt. Inwiefern das Unternehmen angesichts aktueller Entwicklungen und politischer Vorgaben an den ambitionierten Plänen und dem Zeitrahmen festhält, bleibt abzuwarten. Dem Unternehmen ist zu wünschen, dass die angestrebten Maßnahmen für das 1,5 °C-Ziel von klimapositiven politischen Rahmenbedingungen flankiert werden.

Bei der Weltklimakonferenz in Glasgow konnte Mannheims Oberbürgermeister Dr. Peter Kurz (links) im November 2021 den Local Green Deal und das „Mannheimer Modell" vorstellen (außerdem im Bild: Cllr. Angus Millar, Mitglied des Glasgow City Council; Matthew Baldwin, stellv. Generaldirektor des DG MOVE der Europäischen Kommission).
(Stadt Mannheim)

ANMERKUNGEN

1   In den betrachteten Zeitraum fällt auch die deutsche Wiedervereinigung. Sie soll nicht eingehend thematisiert werden; mit Blick auf die Energiewende und die zunehmende Bedeutung der Klimawissenschaft ist allerdings zu vermerken, dass die Schließung von Industrieanlagen und Kraftwerken nach der Wende zu einer Reduzierung der CO_2-Emissionen beigetragen hat. Dies ist auf eine gesteigerte Effizienz der Kraftwerke und eine Reduktion der Nutzung von Braunkohle zurückzuführen.

2   Vgl. O. Wagner/T. Götz (2021); M. Asif (2020); A. K. Dash (2016).

3   I. Roth (2018), S. 8.

4   „Zweck des Gesetzes ist eine möglichst sichere, preisgünstige, verbraucherfreundliche, effiziente und umweltverträgliche leitungsgebundene Versorgung der Allgemeinheit mit Elektrizität, Gas und Wasserstoff, die zunehmend auf erneuerbaren Energien beruht." Abrufbar unter: https://www.gesetze-im-internet.de/enwg_2005/__1.html, Stand: 28.3.2022.

5   Vgl. J. Radkau (2011), S. 16, S. 38–42.

6   Vgl. Bayerisches Staatsministerium für Umwelt und Verbraucherschutz. Weitergehende Informationen unter: https://www.stmuv.bayern.de/ministerium/aufgaben/geschichte_umweltministerium.htm?include_matomo=true; BMI (1970): Sofortprogramm für den Umweltschutz. Weitere Informationen unter: https://www.bundesarchiv.de/cocoon/barch/0000/k/k1970k/kap1_2/kap2_40/para3_5.html, Stand jew.: 28.6.2022. Im Mai 1970 wird in der DDR das Landeskulturgesetz erlassen, das Ministerium für Umweltschutz und Wasserwirtschaft wird im Januar 1972 eingerichtet; vgl. J. Radkau (2011), S. 130.

7   Vgl. P. Graichen (2003), S. 29.

8   M.-C. Zeisberg (2021), S. 41.

9   Vgl. https://www.br.de/radio/bayern2/sendungen/radiowissen/soziale-politische-bildung/oelkrise-1970er-wirtschaft-fahrverbot-opec-100.html, Stand: 28.3.2022.

10   Energiesicherungsgesetz online abrufbar unter: http://www.bgbl.de/xaver/bgbl/start.xav?startbk=Bundesanzeiger_BGBl&jumpTo=bgbl173089.pdf, Stand: 28.6.2022; Gesetz zur Einsparung von Energie in Gebäuden. Energieeinsparungsgesetz – EnEG vom 22. Juli 1976 online abrufbar unter: https://www.bbsr-energieeinsparung.de/EnEVPortal/DE/Archiv/EnEG/EnEG1976/Download/EnEG1976.pdf;jsessionid=42669D41D834A7BFD56F52306E1B288F.live21301?__blob=publicationFile&v=2. Stand: 28.6.2022; vgl. auch M. Pehnt (2013).

11   Vgl. A. Löschel u. a. (2020), S. 158.

12   Vgl. A. B. Lovins (1976).

13   Vgl. F. Krause, u. a. (1980).

14   A. Löschel u. a. (2020), S. 83.

15   Vgl. A. Missbach (1999).

16   Vgl. D. Bodansky (1994).

17   Vgl. UNFCCC: Draft decision -/CMP.7. Outcome of the work of the Ad Hoc Working Group on Further Commitments for Annex I Parties under the Kyoto Protocol at its sixteenth session, 2011, online abrufbar unter: https://unfccc.int/files/meetings/durban_nov_2011/decisions/application/pdf/awgkp_outcome.pdf, Stand: 28.3.2022.

18   Vgl. IPCC (2021).

19   Vgl. IPCC: Sechster IPCC-Sachstandbericht (AR6). Beitrag von Arbeitsgruppe II: Folgen, Anpassung und Verwundbarkeit. Hauptaussagen aus der Zusammenfassung für die politische Entscheidungsfindung, 2022, online abrufbar unter: https://www.de-ipcc.de/media/content/Hauptaussagen_AR6-WGII.pdf, Stand: 28.3.2022.

20   IGB: IPCC-Bericht veröffentlicht: Wie steht es um die Binnengewässer? Interview mit Rita Adrian in ihrer Rolle als Leitautorin von Teil 2 des Sechsten Sachstandsberichts des Weltklimarates (IPCC), PM vom 28.2.2022, online abrufbar unter: https://www.igb-berlin.de/news/ipcc-bericht-veroeffentlicht-wie-steht-es-um-die-binnengewaesser, Stand: 28.3.2022.

21   Das Wasserdargebot ist das einem Gebiet in einer gewissen Zeitspanne zur Verfügung stehende nutzbare Süßwasser aus dem natürlichen Wasserkreislauf.

22 Vgl. Umweltbundesamt: Wasserressourcen und ihre Nutzung, 20.4.2020, online verfügbar unter: https://www.umweltbundesamt.de/daten/wasser/wasserressourcen-ihre-nutzung; Umweltbundesamt: Niedrigwasser, Dürre und Grundwasserneubildung – Bestandsaufnahme zur gegenwärtigen Situation in Deutschland, den Klimaprojektionen und den existierenden Maßnahmen und Strategien, Dezember 2021, online verfügbar unter: https://www.umweltbundesamt.de/sites/default/files/medien/1410/publikationen/2022-01-17_texte_174-2021_niedrigwasser_duerre_und_grundwasserneubildung.pdf, Stand jew.: 28.3.2022.

23 Vgl. In Deutschland wird das Wasser knapp, Deutsche Welle vom 19.3.2022, online verfügbar unter: https://www.dw.com/de/in-deutschland-wird-das-wasser-knapp/a-61149774, Stand: 22.6.2022.

24 Vgl. LUBW: Grundwasser, online abrufbar unter: https://www.lubw.baden-wuerttemberg.de/klimawandel-und-anpassung/grundwasser, Stand: 28.6.2022; Sabine Hebbelmann: Rheinebenen-Grundwasser. Forscher rechnen mit Wasserknappheit, in: Rhein-Neckar-Zeitung vom 24.7.2020.

25 Vgl. J. Radkau (2011), S. 195 ff.

26 O. G. Amthor (2004), S. 136.

27 Vgl. D. Geradin (2006).

28 Vgl. P. L. Joskow/R. Schmalensee (1983).

29 Vgl. U. v. Koppenfels (2010), S. 77–89.

30 Vgl. H.-J. Bontrup/R.-M. Marquardt (2010), S. 28.

31 Vgl. E. Grande/B. Eberlein (2000), S. 639.

32 EnWG 1998, § 1, Abs.1., online abrufbar unter: https://dejure.org/gesetze/EnWG/1.html, Stand: 28.3.2022.

33 P. Becker (2011), S. 110.

34 Vgl. Monopolkommission: Sondergutachten der Monopolkommission gemäß § 62 Abs. 1 des Energiewirtschaftsgesetzes. Strom und Gas 2007: Wettbewerbsdefizite und zögerliche Regulierung, Sondergutachten 49, Drucksache 16/7087, online abrufbar unter: https://monopolkommission.de/images/PDF/SG/s49_volltext.pdf, Stand: 28.3.2022.

35 Diese sind online abrufbar unter: https://eur-lex.europa.eu/LexUriServ/LexUriServ.do?uri=OJ:L:2009:211:0055:0093:DE:PDF bzw. https://eur-lex.europa.eu/LexUriServ/LexUriServ.do?uri=OJ:L:2009:211:0094:0136:DE:PDF, Stand jew. 28.3.2022.

36 Das EEG wurde im Laufe der Jahre mehrfach novelliert. Vgl. A. Löschel u. a. (2020), S. 284.

37 Vgl. C. Morris/A. Jungjohann (2016), S. 169; REN21 (2021): Renewables 2021. Global Status Report, online abrufbar unter: https://www.ren21.net/wp-content/uploads/2019/05/GSR2021_Full_Report.pdf, Stand: 28.3.2022.

38 Vgl. C. Morris/A. Jungjohann (2016), S. 305.

39 Vgl. AG Energiebilanzen: Auswertungstabellen zur Energiebilanz Deutschland. Daten für die Jahre 1990 bis 2020, Stand: September 2021, online abrufbar unter: https://ag-energiebilanzen.de/wp-content/uploads/2020/09/awt_2020_d.pdf, Stand: 28.3.2022.

40 Gesetz online abrufbar unter: https://dejure.org/BGBl/2002/BGBl._I_S._1351, Stand: 28.3.2022.

41 Vgl. BMWI/BMU: Energiekonzept für eine umweltschonende, zuverlässige und bezahlbare Energieversorgung, 28.9.2010, online abrufbar unter: https://www.bmwi.de/Redaktion/DE/Downloads/E/energiekonzept-2010.pdf?__blob=publicationFile&v=5, Stand: 28.3.2022.

42 Vgl. AG Energiebilanzen (2021); sowie AG Energiebilanzen: Stromerzeugung nach Energieträgern (Strommix) von 1990 bis 2021 (in TWh) Deutschland insgesamt, 22.12.2021, online abrufbar unter: https://ag-energiebilanzen.de/wp-content/uploads/2021/02/Strommix-Dezember2021.pdf; BMWI: Konventionelle Energieträger, Kohle, online abrufbar unter: https://www.bmwi.de/Redaktion/DE/Artikel/Energie/kohlepolitik.html, Stand jew.: 28.3.2022.

43 So die Formulierung im Koalitionsvertrag; vgl. Mehr Fortschritt wagen – Bündnis für Freiheit, Gerechtigkeit und Nachhaltigkeit. Koalitionsvertrag 2021–2025 zwischen SPD, BÜNDNIS 90/DIE GRÜNEN und FDP, 24.11.2021, online abrufbar unter: https://www.spd.de/fileadmin/Dokumente/Koalitionsvertrag/Koalitionsvertrag_2021-2025.pdf, Stand: 28.3.2022.

44 Vgl. O. D. Doleski (2016), S. 8.

45 K.-D. Maubach (2014), S. 54.

46 Vgl. C. v. Hirschhausen (2018); Acatech/Leopoldina/Akademieunion (2020).

47 bdew: Was bedeutet die Digitalisierung für die Energiewirtschaft? Online abrufbar unter: https://www.bdew.de/energie/digitalisierung/was-bedeutet-der-trend-der-digitalisierung-fuer-die-energiewirtschaft/, Stand: 29.3.2022.

48 Vgl. O. D. Doleski (2016).

49 Vgl. I. Roth (2018).

50 Eine umfangreiche und sehr detaillierte Auflistung von neuen Geschäftsmodellen in der Energiewirtschaft findet sich bei: J. Giehl u. a. (2021).

51 Vgl. hierzu den Essay von Gundula Hübner für den Bundesverband der Energie- und Wasserwirtschaft: Akzeptanz für die Energiewende: Alles eine Frage des Geldes?, 7.10.2020, online abrufbar unter: https://www.bdew.de/verband/magazin-2050/akzeptanz-fuer-die-energiewende-alles-eine-frage-des-geldes/, Stand: 29.3.2022; Acatech/Leopoldina/Akademieunion (2020).

52 Vgl. Umweltbundesamt: Energieverbrauch für fossile und erneuerbare Wärme, 2.12.2021, online abrufbar unter: https://www.umweltbundesamt.de/daten/energie/energieverbrauch-fuer-fossile-erneuerbare-waerme#warmeverbrauch-und-erzeugung-nach-sektoren; Deutsches Zentrum für Luft- und Raumfahrt (DLR): Systemwechsel im laufenden Betrieb, in: DLRmagazin 161 (2019), S. 26–29, online abrufbar unter: https://www.dlr.de/content/de/downloads/publikationen/magazin/2019_dlrmagazin-161_systemwechsel.pdf?__blob=publicationFile&v=17, Stand jew.: 29.3.2022.

53 So die Einschätzung des Verbands kommunaler Unternehmen (VKU), vgl. VKU: Kommunale Wärmewende. Die Lösung liegt vor Ort!, Berlin/München 2018, online abrufbar unter: https://www.vku.de/fileadmin/user_upload/180711_VKU_Broschuere_Waermewende_RZ-WEB.pdf, Stand: 29.3.2022.

54 Vgl. Bundesministerium für Wirtschaft und Energie: Was bedeutet „Sektorkopplung"?, in: Energiewende direkt, 14 (2016), online abrufbar unter: https://www.bmwi-energiewende.de/EWD/Redaktion/Newsletter/2016/14/Meldung/direkt-erklaert.html, Stand: 29.3.2022.

55 P. Hennicke u. a. (1985), S. 11.

56 Vgl. Wuppertal Papers (1996), S. 7.

57 IEA (2022): World Energy Investment 2022. Juni 2022.

58 Vgl. Agora Energiewende: The European Power Sector in 2020. Up-to-Date Analysis on the Electricity Transition, Januar 2021, online abrufbar unter: https://static.agora-energiewende.de/fileadmin/Projekte/2021/2020_01_EU-Annual-Review_2020/A-EW_202_Report_European-Power-Sector-2020.pdf, Stand: 29.3.2022.

59 Vgl. das Kurzgutachten von Björn Pieprzyk und Paula Rojas Hilje für die Agentur für Erneuerbare Energien: Erneuerbare Energien – Vorhersage und Wirklichkeit. Vergleich von Prognosen und Szenarien mit der tatsächlichen Entwicklung Erneuerbarer Energien, Berlin 2009, online abrufbar unter: https://digital.zlb.de/viewer/metadata/15703434/1/, Stand: 29.3.2022.

60 Vgl. Udo Leuschner: Stromversorger wollen Musterprozeß um Stromeinspeisungsgesetz erreichen, Energie-Chronik Mai 1995, online abrufbar unter: https://www.energie-chronik.de/950501.htm, Stand: 29.3.2022.

61 Vgl. C. Morris/A. Jungjohann (2016), S. 169, 171; BMWi: Europäischer Gerichtshof: EEG 2012 ist keine staatliche Beihilfe, Meldung vom 31.5.2019, online abrufbar unter: https://www.bmwi.de/Redaktion/DE/Meldung/2019/20190527-eeg-2012-ist-keine-staatliche-beihilfe.html; ausführlich dazu auch: Internationales Wirtschaftsforum Regenerative Energien (IWR): Erneuerbare Energien werden subventioniert – Staat zahlt keinen Cent, online abrufbar unter: https://www.iwr-institut.de/de/presse/presseinfos-energiewende/erneuerbare-energien-werden-subventioniert-staat-zahlt-keinen-cent, Stand jew.: 29.3.2022.

62 D. Ohlhorst/K. Tews/M. Schreurs (2013).

63 Vgl. D. Kiyar (2014).

64 Vgl. T. Kern (2014), S. 328.

65 Vgl. ebd., S. 175.

66 O. Doleski (2016), S. 1

67 Vgl. hierzu Kap. 12 in diesem Band.

68 Vgl. MVV ruft nach der Politik, Energie & Management vom 12.2.2022; MVV: Erfahrungen mit 5 Jahren Liberalisierung des euro-

päischen und deutschen Strommarktes. Wie Missstände den Wettbewerb gefährden. Sechs Thesen der MVV Energie AG, April 2003.

69   Vgl. C. Helle (2009).

70   Vgl. J. Haucaup/C. Helle/I. Loebert/ O. Raschka (2019).

71   Vgl. Leopoldina: Netzengpässe als Herausforderung für das Stromversorgungssystem. Optionen zur Weiterentwicklung des Marktdesigns, Oktober 2020, Stellungnahme, online abrufbar unter: https://www.leopoldina.org/uploads/tx_leopublication/2020_SN_ESYS_Netzengpaesse.pdf, Stand: 18.6.2022.

72   Vgl. MVV (1995): Zwischenbericht für das Projekt „Neue Geschäftsfelder (NGF)" 1995, S. 16.

73   Vgl. MVV: Umweltbericht 1997, S. 18.

74   Vgl. S. Thomas u. a. (2002).

75   Vgl. MVV (1997), S. 7.

76   Vgl. C. Morris/A. Jungjohann (2016), S. 98; MVV Energie AG: Geschäftsbericht 2021.

77   Zu Entstehung und Ausbau des Fernheiznetzes vgl. Kap. 10.2 in diesem Band.

78   Vgl. C. Helle/H. Lang (1998), S. 37.

79   Vgl. Agentur für Erneuerbare Energien: Energie-Kommune des Monats: Mannheim, Juli 2021, online abrufbar unter: https://www.unendlich-viel-energie.de/energie-kommune-des-monats-mannheim, Stand: 29.3.2022.

80   Vgl. Stadt Mannheim: Die Mannheimer Wärmefibel. Der Ratgeber zur Wärmedämmung und Energieeinsparung, November 1998, online abrufbar unter: https://www.ifeu.de/fileadmin/uploads/1998_ifeu_ebök_Mannheim_Waermefibel_1999_k.pdf, Stand: 4.2.2022.

81   Vgl. Stadt Mannheim 2022: Mit Smart City Mannheim zur digitalen und lebenswerten Stadt von morgen. 11.3.2022, online abrufbar unter: https://www.mannheim.de/de/presse/mit-smart-city-mannheim-zur-digitalen-und-lebenswerten-stadt-von-morgen, Stand: 28.6.2022.

82   Vgl. MVV Energie AG: Take-Off Wärmewende. Impulse für das neue Wärmemarktdesign, Dezember 2018, online abrufbar unter: https://www.mvv.de/fileadmin/user_upload/Ueber_uns/de/beteiligungen_2/MVV_Take-Off_Waermewende_012019.pdf, Stand: 29.3.2022.

83   Weitere Informationen online abrufbar unter: https://www.ise.fraunhofer.de/de/forschungsprojekte/reallabor-grosswaermepumpen.html. Das Projekt läuft seit April 2021 und soll bis März 2026 durchgeführt werden.

84   Vgl. Günter Dehoust u. a.: Beitrag der Kreislaufwirtschaft zur Energiewende. Klimaschutzpotenziale auch unter geänderten Rahmenbedingungen optimal nutzen, Berlin, Januar 2014, online abrufbar unter: https://www.oeko.de/uploads/oeko/oekodoc/1857/2014-004-de.pdf, Stand: 28.6.2022.

85   Vgl. Markus Hiebel/Jochen Nühlen/Jürgen Bertling: Zur Rolle der thermischen Abfallbehandlung in der Circular Economy, Fraunhofer-Institut für Umwelt-, Sicherheits- und Energietechnik UMSICHT (Hg.), Kurzstudie im Auftrag der AGR Abfallentsorgungs-Gesellschaft Ruhrgebiet mbH, Oberhausen, August 2017, online abrufbar unter: https://www.umsicht.fraunhofer.de/content/dam/umsicht/de/dokumente/publikationen/2017/thermische-verwertung-circular-economy-studie.pdf, Stand: 29.3.2022.

86   Vgl. L. Rosa u. a. (2021).

87   MVV Energie AG: Geschäftsbericht 2021, S. 54 f.

88   Vgl. ebd.

89   Vgl. GKM: 100 Jahre GKM – 100 Jahre Energie für Mannheim und die Region. Geschäftsbericht 2020, Mai 2021, online abrufbar unter: https://www.gkm.de/unternehmen/#n3; Wuppertal Institut: Wege zur Klimaneutralität. Energierahmenstudie Mannheim, März 2021, S. 20, 26, online abrufbar unter: https://epub.wupperinst.org/frontdoor/deliver/index/docId/7740/file/7740_Energierahmenstudie.pdf, Stand jew.: 29.3.2022.

90   Vgl. Energie und Management: MVV-Klimaschutzplan passt zum Pariser 1,5-Grad Ziel, 26.11.2021, online abrufbar unter: https://www.energie-und-management.de/nachrichten/handel/emission/detail/mvv-klimaschutzplan-passt-zum-pariser-1,5-grad-ziel-146784, Stand: 29.3.2022.

91   Weitere Informationen zur Initiative SBTi unter: https://sciencebasedtargets.org/about-us, Stand: 29.3.2022.

15 AUSBLICK

ANDREAS LÖSCHEL

Energiewende – ohne Rückblick kein Ausblick

Die deutsche Energiewende ist nicht arm an Irrungen und Wirrungen. Seinen Ursprung hat der Begriff „Energiewende" im programmatischen Buch „Energiewende – Wachstum und Wohlstand ohne Erdöl und Uran" des Öko-Instituts aus dem Jahr 1980.[1] Fast eine Dekade nach dem Bericht des Club of Rome über „Die Grenzen des Wachstums"[2] und fünf Jahre nach Erhard Epplers Appell zum Umsteuern in Richtung Nachhaltigkeit unter dem Titel „Ende oder Wende. Von der Machbarkeit des Notwendigen"[3] wurde darin ein Alternativ-Bericht zur Energieversorgung Deutschlands vorgelegt. Die Leitfragen damals waren: Ist die Kernenergie für Deutschland unverzichtbar? Wie können wir uns ohne Kernenergie von der Abhängigkeit vom Erdöl lösen?

Die Antwort der Autoren im Jahr 1980 war eindeutig: Auf den Einsatz der Kernenergie könnte schon kurzfristig verzichtet werden. Zu teuer, zu langsam, zu gefährlich. Nach kontroversen gesellschaftlichen Diskursen wurden zwei Jahrzehnte später, im Jahr 2002, tatsächlich die Laufzeiten der Atomkraftwerke gesetzlich begrenzt und der Neubau verboten. Das letzte deutsche Atomkraftwerk wäre auch damals schon voraussichtlich im Jahr 2022 abgeschaltet worden. Doch die Regelung hatte nur bis Dezember 2010 Bestand. Dann trat ein Gesetz in Kraft, mit dem die Laufzeiten der Atomkraftwerke bis Ende der 2030er Jahre verlängert wurden. Es hielt nur für einige Monate, denn bereits wenige Tage nach dem Reaktorunfall in Fukushima Daiichi in Japan am 11. März 2011 wurde ein Moratorium in Kraft gesetzt, um alle acht vor 1981 in Betrieb genommenen Reaktoren vom Netz zu nehmen. Im August 2011 wurde schließlich in einem Allparteienkonsens der Ausstieg aus der Kernenergie bis Ende 2022 gesetzlich festgeschrieben.[4] Doch selbst um die letzten drei Meiler wird angesichts knapper und teurer Energie bis zuletzt heftig gestritten. Dieses Kapitel der Energiewende wird aber geschlossen werden – selbst wenn der Ausstieg vom Ausstieg vom Ausstieg vom Ausstieg kommt.

Die zweite Frage war noch schwerer zu beantworten: Wie kann der Einsatz von Erdöl gesenkt werden? Die Antworten waren aus heutiger Sicht teilweise überraschend. Klar: Im Alternativ-Szenario des Öko-Instituts sollten bis 2030 Erdöl und Erdgas für energetische Zwecke überflüssig gemacht werden und die Energieversorgung in Deutschland praktisch vollständig von Importen unabhängig sein. Der Schlüssel dazu war für die Autoren des Berichts aus dem Jahr 1980 die Energieeffizienz. Bis 2030 sollte durch bessere Energienutzung der Energieverbrauch aus nicht erneuerbaren Quellen gedrittelt und der Rest aus Biomasse,

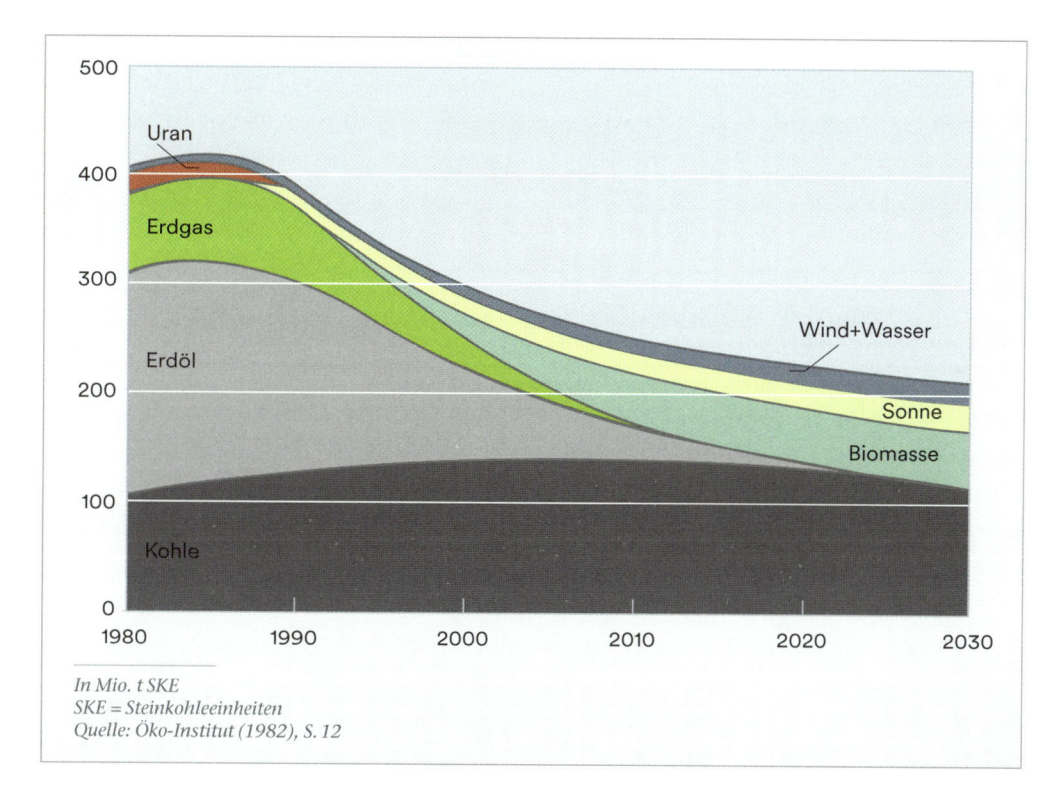

Primärenergieeinsatz in der Bundesrepublik Deutschland 1973–2030, Szenario des Öko-Instituts Freiburg

In Mio. t SKE
SKE = Steinkohleeinheiten
Quelle: Öko-Institut (1982), S. 12

Sonne, Wind und Wasserkraft gedeckt werden (der sogenannte sanfte Pfad). Aber: Die verbleibenden nicht erneuerbaren Energieträger waren: heimische Stein- und Braunkohle (der sogenannte harte Pfad). Diese sollten – noch bevor der menschliche Einfluss auf das Klima Mitte der 1990er Jahre nachgewiesen wurde und nach den Ölkrisen der frühen 1970er Jahre – zwischen 1980 und 2030 ungefähr gleichbleibend genutzt werden und so Bezahlbarkeit und Versorgungssicherheit garantieren. „Weg vom Öl" hieß also insbesondere auch weiter „in die Kohle". Kohle und erneuerbare Energieträger sowie Abfälle sollten den Bedarf an Nieder- und Hochtemperaturwärme, Strom und Treibstoffen decken. Zwischen 1980 und 2010 hat sich dann in der Tat nur wenig an der dominanten Stellung der Kohle in der Stromerzeugung für Deutschland verändert. Noch Mitte der 2000er Jahre ging die Europäische Kommission sogar von einer Steigerung des Kohleanteils mit einem Höhepunkt im Jahr 2025 aus,[5] und auch das Wirtschaftsministerium sah in seiner Energieprognose nur einen leichten Rückgang vor allem der Steinkohle für das Jahr 2030 voraus.[6] Dies hatte verschiedene Gründe: Die Energienachfrage war bei Weitem nicht so zurückgegangen, wie dies in den Studien erhofft wurde. Zudem sollte Kohle auch in den darauffolgenden Jahrzehnten deutlich billiger als Erdgas sein und somit ebenfalls ökonomisch vorteilhaft.

Neujustierungen des energiepolitischen Zieldreiecks in Richtung Klimaschutz

Der Grund für die Bedeutung der Kohle war insbesondere deren heimische Verfügbarkeit. Lange Zeit war die gesellschaftliche Akzeptanz der Energiewende – im

15 **AUSBLICK**

weiten Spektrum von Befürwortung und Unterstützung bis zu Ablehnung und Widerstand – zu einem großen Teil vom Ziel der Angebotssicherung bestimmt. Erst mit der steigenden Verfügbarkeit anderer Energieträger als der heimischen Kohle, wie z. B. Erdöl, sowie mit der zunehmenden Integration der deutschen Wirtschaft in den Weltmarkt gewann das Ziel der preisgünstigen Energieversorgung gegenüber der sicheren Energieversorgung in den 1990er Jahren an Bedeutung. Zwar wurde die inländische Steinkohleproduktion letztlich unwirtschaftlich und ist ausgelaufen, Kohle gab es aber nun günstig am Weltmarkt. Schließlich hat Kohle die größten Vorkommen und ist in vielen Industrie- und Entwicklungsländern vorhanden. Dadurch ist die Abhängigkeit von Importen aus geopolitisch unsicheren Regionen bei Kohle niedriger als bei anderen Energieträgern. Zudem verfügte Deutschland immer noch über große und günstige Braunkohlereserven. Kohle war eben auch preislich besonders attraktiv. Entsprechend waren in Deutschland im Jahr 2010 fast 30 Kohlekraftwerke geplant oder befanden sich im Bau. Darunter auch der sogenannte Block 9 des Großkraftwerks Mannheim, der 2007 genehmigt wurde und 2015 ans Netz ging, um Strom und Wärme für die Rhein-Neckar-Region zu liefern – ausgelegt auf mindestens 40 Jahre.

Doch Kohle ist hauptverantwortlich für den Klimawandel. Seit den 1990er Jahren gab es daher eine allmähliche Neujustierung des energiepolitischen Zieldreiecks aus Wirtschaftlichkeit, Umweltverträglichkeit und Versorgungssicherheit in Richtung der Klimawirkungen der Energieversorgung. Es entwickelte sich ein breiter gesellschaftlicher Konsens, dass der Klimawandel erstens eine der großen gesellschaftlichen Herausforderungen darstelle, dass zweitens in erster Linie CO_2-Emissionen aus Kraftwerken ursächlich für den Klimawandel und drittens vor allem die Industrienationen für dessen Bekämpfung verantwortlich seien.[7]

Diese Entwicklung beschleunigte sich in den 2010er Jahren mit den Berichten des Weltklimarats zu den Folgen der Erderwärmung, dem Pariser Abkommen zum Klimaschutz und jüngst den Protesten der Klimaschutzbewegung. Die negativen Auswirkungen des menschgemachten Klimawandels mit schwerwiegenden Folgen für die Ökosysteme und die Gesellschaft traten in den Vordergrund und damit insbesondere der massive Anstieg der Verbrennung von Kohle, Öl und Erdgas, aber auch die Änderung in der Landnutzung. Dadurch steigt die Konzentration von Treibhausgasen in der Atmosphäre und damit die Temperatur. Entscheidend für den Anstieg der Temperatur sind nämlich die kumulierten Emissionen. Anders gesagt: Abzüglich der Emissionen der Vergangenheit verbleibt ein bestimmtes CO_2-Budget, welches noch in die Atmosphäre gelangen darf, ohne ein vorgegebenes Temperaturziel zu überschreiten. Im Abkommen von Paris haben sich 2015 praktisch alle Staaten der Welt darauf geeinigt, dass die Erderwärmung im globalen Mittel auf deutlich unter 2 °C, möglichst auf 1,5 °C im Vergleich zum vorindustriellen Niveau begrenzt werden soll.

Der Weltklimarat hat skizziert, wie eine entsprechende Minderung der Treibhausgasemissionen aus politischer, ökonomischer und technologischer Perspektive gelingen kann. Dabei wird deutlich, dass eine tiefgreifende und umfassende Transformation notwendig ist, um auch nur in die Nähe des 2 °C-Ziels für den

Anstieg der globalen mittleren Temperatur zu kommen. Soll an diesem Ziel festgehalten werden, müssen die globalen Emissionen spätestens in der zweiten Jahrhunderthälfte auf null fallen. Dann gibt es ein Gleichgewicht zwischen Treibhausgasemissionen und deren Abbau. Danach müssen die Emissionen sogar negativ werden, also mehr Treibhausgase durch technische oder natürliche Senken aus der Atmosphäre geholt als ausgestoßen werden. Soll das 1.5 °C-Ziel erreicht werden, muss Klimaneutralität bereits 2050 herrschen.[8]

Alle Überlegungen zur Justierung der sauberen, sicheren und bezahlbaren Energieversorgung müssen sich an diesem klimapolitischen Rahmen ausrichten. Wir sehen aber gerade, dass das nicht einfach ist. Ökologische Ziele (Klimaschutz, Emissionsminderung, Abfallvermeidung bzw. ökologische Verträglichkeit über den gesamten Lebenszyklus), ökonomische Ziele (Versorgungssicherheit, Effizienz) und soziale Ziele (soziale Gerechtigkeit, individuelle Lebensqualität und gesellschaftliche Akzeptabilität) nachhaltigen Handelns sind eng miteinander verflochten. Gleichzeitig treten die Herausforderungen nicht isoliert auf, sondern stehen im nicht unbedingt widerspruchsfreien Zusammenhang. Die Verbesserung in der einen Zieldimension bedeutet oftmals die Verschlechterung in einer anderen. Die Bewertung der Ziele muss dann in einer demokratisch legitimierten, politischen Abwägung erfolgen und kann je nach Kontext die einzelnen Ziele stärker und schwächer gewichten. Kein Energieträger hat nur positive oder nur negative Effekte auf die verschiedenen Dimensionen der Nachhaltigkeit.[9] Die augenblicklich diskutierte Abkehr vom Erdgas und die neuerliche Hinwendung zu Kohle und Kernkraft verdeutlichen dies.

Energiesicherheit von geringer Bedeutung

In den 2000er Jahren traten Fragen der Energiesicherheit im Sinne einer dauerhaften und zuverlässigen Energieversorgung in den Hintergrund. Durch Horizontalbohrungen und Fracking kam es zu einem rapiden Anstieg von günstigem Erdgas und Erdöl. Dabei gilt:

> „Energie- und Rohstoffe sind wie alle Natur- und Wirtschaftsgüter auch ein Faktor internationaler Machtpolitik. Ihre ungleichmäßige Verteilung erzeugt Begehrlichkeiten und Abhängigkeiten, bewirkt ein Gefälle von Machtpotentialen und Handlungsspielräumen, schafft Konfliktstoffe und Kooperationszwänge zwischen den Staaten. Die Kontrolle über diese Ressourcen kann einem Staat Weltgeltung verleihen. Ihr Besitz kann kriegerische Auseinandersetzungen auslösen und entscheiden."[10]

Insbesondere der Bezug von billigem Erdgas ermöglichte die Zusammenführung von Klimaschutz und Wirtschaftlichkeit. Weniger Öl und Kohle, dafür mehr Erdgas – auch wenn die damit einhergehende Sicherung der Wettbewerbsfähigkeit der deutschen Industrie etliche Fragen der Energiesicherheit aufwirft. Da die Bevölkerung aber nur sehr vereinzelt entsprechende negative Erfahrungen mit der Versorgungssicherheit und einer unzuverlässigen Energieversorgung machen musste, spielten sie kaum eine Rolle. Schließlich sind die gesellschaftlichen Wirkungen der Energiewende ein zentrales Element für deren Erfolg oder Misserfolg.

Bei einer ernsthaften Versorgungskrise sind die Gewichtungen im energiepolitischen Zieldreieck allerdings schnell wieder umgekehrt. Dies erleben wir gerade im Krieg Russlands gegen die Ukraine. Die augenblickliche Energiekrise macht auch deutlich, dass es sich bei der Bereitstellung von Energiesicherheit um ein Marktversagen handelt, in dem einzelwirtschaftlich rationale Entscheidungen eine gesamtwirtschaftlich unerwünschte Situation hervorgerufen haben, nämlich die hohe Abhängigkeit Deutschlands von russischem Gas. Dies dürfte für die Zukunft den Ruf nach regulatorischen Eingriffen hörbar werden lassen – etwa in Form von Mengenbeschränkungen oder Zöllen für Rohstoffe aus bestimmten geopolitisch problematischen Regionen.

Vom Energiekonzept zum Klimaschutzgesetz 2021

Aus den bisherigen Überlegungen wird klar, die Energiewende ist nicht einfach am Reißbrett planbar: Ökonomische, technologische, gesellschaftliche und politische Veränderungen werden uns auch in den nächsten Jahrzehnten zwingen, immer wieder um den richtigen Weg für unsere Energieversorgung zu ringen. Das Gelingen der Energiewende hängt entsprechend auch von der langfristen Offenheit gegenüber diesen Entwicklungen ab. Trotzdem ist Planung in der mittelfristigen Sicht von zentraler Bedeutung, um Orientierung für die Akteure zu schaffen. Schließlich hängt etwa die notwendige Energieinfrastruktur von den Entwicklungen des Energieangebots und der Energienachfrage ab.

Die eigentliche Geburtsstunde der Energiewende heutiger Prägung war die Veröffentlichung des sogenannten Energiekonzepts im September 2010. Darin wird eine Langfriststrategie der Energiepolitik Deutschlands bis 2050 mit großen Ambitionen beschrieben: Bis Ende 2022 soll der Ausstieg aus der Kernenergie gelingen, die Treibhausgasemissionen sollen um 40 Prozent bis 2020 und um 80 bis 95 Prozent bis 2050 gegenüber 1990 sinken, der Anteil der erneuerbaren Energien an der Stromerzeugung soll bis auf mindestens 50 Prozent im Jahr 2030 ansteigen und schließlich sich die Energieproduktivität pro Jahr um 2,1 Prozent verbessern. Bis 2050 soll der Primärenergieverbrauch um 50 Prozent reduziert werden, der Anteil der erneuerbaren Energien am Bruttoendenergieverbrauch dann 60 Prozent und am Bruttostromverbrauch 80 Prozent betragen. Die Ziele der Energiewende sind nun also systemisch und langfristig angelegt; über Jahrzehnte, nicht über Jahre oder Monate.

In der Umsetzung dieser Ziele gab es große Unterschiede. Am erfolgreichsten verlief der Ausbau der erneuerbaren Energien bei der Stromerzeugung. Sicher auch dank sehr effektiver Förderung. In den Bereichen Wärme und Verkehr sah es dagegen deutlich schlechter aus. Auch bei der Energieeffizienz passierte zu wenig. Insbesondere in der deutschen Klimapolitik sind Anspruch und Wirklichkeit häufig auseinandergefallen. Dabei wurde viel für den Klimaschutz gemacht. Es gab eine Vielzahl von Maßnahmen – vielleicht zu viele: Neben dem europäischen Emissionshandelssystem, dem zentralen Klimaschutzinstrument in Europa, gehören dazu auch alle Instrumente zur Förderung von Erneuerbaren und zur Steigerung von Energieeffizienz. Aber komplexe Fördermechanismen bzw. Instrumente, die häufig nicht an den Ursachen des Klimawandels, den Treibhausgasemissionen, ausgerichtet und kleinteilig, kurzfristig und nicht miteinander verzahnt ausgestaltet sind, konnten die notwendige Hebelwirkung nicht entfalten.

Die Bundesregierung hat deshalb Ende 2019 mit dem Klimaschutzprogramm 2030 nachgesteuert. Damit sollten ein ehrgeizigeres deutsches Klimaschutzziel von 55 Prozent weniger Treibhausgase bis 2030 und die dazugehörigen Sektorziele aus dem Klimaschutzplan erreicht werden. Zentrale Maßnahmen sind der Ausstieg aus der Kohleverstromung bis spätestens 2038 in der Energiewirtschaft, die Bepreisung von CO_2 in den Sektoren Wärme und Verkehr sowie ein Bündel von Einzelmaßnahmen, etwa Zuschüsse für den Kauf eines Elektrofahrzeugs. Während die Treibhausgasemissionen in den vom europäischen Emissionshandelssystem erfassten Wirtschaftssektoren (unter anderem Energiewirtschaft, Industrie) seit 2013 merklich gesunken sind, stagnierten die Emissionen in den Sektoren außerhalb des EU-Emissionshandels (vor allem in den Bereichen Gebäude und Verkehr) in den letzten Jahren. Mit den Beschlüssen, nun auch für die CO_2-Emissionen aus Verkehr und Gebäuden einen einheitlichen Preis zu erheben, gibt es zumindest in Deutschland in allen Sektoren CO_2-Preise. Doch blieben die Preisniveaus sehr verhalten und wurden auch im Nachgang kaum angespitzt.

Auf europäischer Ebene haben sich im Dezember 2019 die Staats- und Regierungschefs der Europäischen Union für eine klimaneutrale EU bis zum Jahr 2050 ausgesprochen. Der europäische „Green Deal" soll eine umfassende Wachstumsstrategie unter Einbindung aller Sektoren – Energiewirtschaft, Gebäude, Industrie, Verkehr und Landwirtschaft – entwickeln und Maßnahmenpakete zur Ressourcenschonung und Emissionsminderung implementieren. Mit dem „Fit-for-55-Paket" hat die Europäische Kommission Mitte 2021 Vorschläge vorgelegt, um das neue, ambitioniertere EU-Klimaschutzziel für 2030 zu erreichen – die Senkung der Treibhausgasemissionen um 55 statt bisher 40 Prozent gegenüber dem Stand von 1990. Die Bundesregierung hatte bereits im Mai 2021 mit der Verschärfung und Präzisierung der Vorgaben im Klimaschutzgesetz die fehlende Kompatibilität der deutschen Anstrengungen mit den erwartbaren neuen EU-Zielen angegangen. Damit wurde auch auf das Urteil des Bundesverfassungsgerichts vom April 2021 reagiert. Dieses hatte gefordert, das verfassungsrechtliche Klimaschutzziel des Artikels 20a GG dahingehend zu konkretisieren, den Anstieg der globalen Durchschnittstemperatur entsprechend dem sogenannten Paris-Ziel zu begrenzen. Dabei seien die grundrechtlich gesicherte Freiheit der nachfolgenden Generationen zu wahren und Vorkehrungen zu treffen, um hohe Lasten abzumildern. Nach dem Klimaschutzgesetz sollen nun die Treibhausgasemissionen bis 2030 um 65 Prozent gegenüber 1990 gesenkt werden, und spätestens im Jahr 2045 soll Deutschland treibhausgasneutral sein. Was für eine Wendung!

Klimaneutralität als Paradigmenwechsel

Der zentrale Paradigmenwechsel für die Energiewende ist das Bekenntnis zur Klimaneutralität als gemeinsames Langfristziel der Europäischen Union und Deutschlands – im Einklang mit den Analysen des Weltklimarats und des Pariser Abkommens. Während das Energiekonzept 2010 die Treibhausgasemissionen bis 2050 um 80 bis 95 Prozent reduzieren wollte, wird nun die „Treibhausgasneutralität" verankert, es dürfen also netto keine Treibhausgase mehr emittiert werden. Unter Berücksichtigung weiterer Ansätze wie Negativemissionstechnologien zur Entnahme von Emissionen aus der Atmosphäre dürfte dies einer 95-prozentigen Reduktion des Ausstoßes gegenüber 1990 entsprechen. Bis dahin wurde meist implizit von einer lediglich 80-prozentigen Reduktion der Treibhausgase ausgegangen. Dadurch konnten alle Sektoren annehmen, noch ausreichend Emissionen in den nächsten Jahren ausstoßen zu dürfen. Dies hat sich mit dem Bekenntnis zur Klimaneutralität dramatisch gewandelt. Große Schlupflöcher gibt es nicht mehr. Alle Sektoren müssen liefern. Ein wahrer „Game Changer"!

In einer Vielzahl von Bereichen müssen Fortschritte jetzt hart erarbeitet werden: Es braucht eine Vervielfachung des Tempos beim Ausbau der erneuerbaren Energien, die massive Steigerung der Energieeffizienz, umfangreiche Innovationen bei sauberer Energie, Elektrifizierung, Wasserstoff und synthetischen Kraftstoffen sowie der Mobilität, die Entwicklung von Negativemissionstechnologien sowie die Sicherstellung des Abtransports von Kohlenstoff in Lagerstätten etwa unter der Nordsee und nicht zuletzt die herausfordernde Verwirklichung einer Kreislaufwirtschaft. Zudem sind massive Infrastrukturinvestitionen zu stemmen, von Strom- und Wasserstoffnetzen über Lade- und Tankstelleninfrastrukturen für die klimafreundliche Mobilität bis hin zu dringend notwendiger Verkehrsinfrastruktur. Darüber hinaus bedarf es einer Umstellung des globalen Energiehandels weg von fossilen hin zu erneuerbaren Energieträgern. Es wird darum gehen, die Verlagerung von Wertschöpfung an Standorte mit guten Bedingungen für die Erzeugung erneuerbarer Energien zu verkraften und im Gegenzug neue Wertschöpfung nach Deutschland und Europa zu attrahieren.

Wo es Investitionszyklen erlauben, werden bestehende kohlenstoffintensive Anlagen in der Stromerzeugung und in der Industrie vorzeitig stillgelegt oder umgewidmet. Eine besondere Rolle dürften hierbei der Ausstieg aus der Kohleverstromung, aber auch die Transformation der energieintensiven Industrien wie der Stahlindustrie spielen. Im Gegenzug müssen die erneuerbare Stromerzeugung sowie das Stromnetz zur Elektrifizierung möglichst vieler Sektoren, vor allem des Verkehrs-, Industrie- und Gebäudesektors, massiv ausgebaut werden. Direkte Elektrifizierung wird nicht überall sinnvoll sein und es bedarf daher des Aufbaus eines europäischen und internationalen Marktes für klimaneutralen Wasserstoff und aus Wasserstoff sowie nachhaltigen Kohlenstoffquellen gewonnene synthetische Kraftstoffe. Für nicht vermeidbare Restemissionen wird der Einsatz von Kohlenstoffabscheidung, -nutzung und -speicherung sowie Negativemissionen von zentraler Bedeutung sein. Schließlich braucht es die Entwicklung, den Ausbau und die Verbesserung von Infrastruktur für Strom, Wasserstoff und CO_2, die den Einsatz klimafreundlicher Technologien überhaupt erst ermöglicht.

All dies wird umfangreiche Innovationen und internationale Technologiezusammenarbeit erfordern, denn die notwendigen Technologien haben unterschiedliche Reifegrade und befinden sich oftmals noch in einem frühen Stadium der Entwicklung. Mit dem Bekenntnis zur Klimaneutralität dürften die Unsicherheiten in den Dimensionen Preiswürdigkeit, Versorgungssicherheit und Akzeptanz steigen. Eine raschere „Defossilisierung" wird wohl nicht nur zunächst mit höheren Belastungen einhergehen, sondern auch zu neuen Herausforderungen für die Versorgungssicherheit und die Akzeptanz der Energiewende führen.

Der Weg nach vorne: Szenarien zur Klimaneutralität 2045

Wie genau der Weg zur Klimaneutralität 2045 aussehen könnte, wurde in den vergangenen Monaten von fünf groß angelegten Studien untersucht.[11] Natürlich lässt sich die Zukunft nicht vorhersehen. Die Studien entwickeln aber Szenarien aus der Beobachtung gegenwärtiger Entwicklungen und Strukturen, die es erlauben, mögliche konsistente Zukunftsbilder und Wege zur Klimaneutralität 2045 aufzuzeigen. Dadurch werden auch Unsicherheiten offen- und Gemeinsamkeiten dargelegt. Im Folgenden sollen – aufbauend auf dem Vergleich ausgewählter Klimaneutralitätsszenarien der Studien – die zentralen Weichenstellungen für die Zukunft auch quantitativ genauer beleuchtet werden.[12]

Vorweg sei gesagt: Alle betrachteten Transformationspfade zur Klimaneutralität erreichen auch das deutsche Treibhausgas-Minderungsziel von mindestens 65 Prozent im Jahr 2030. Die Energiewirtschaft leistet dabei einen wesentlichen Anteil an der Reduktion, der mindestens dem Sektorziel für 2030 entspricht, in etlichen Szenarien dieses sogar deutlich übererfüllt. Im Jahr 2045 kommen die verbleibenden Emissionen fast vollständig aus dem Sektor Landwirtschaft. Die allermeisten Studien gehen von einem Rückgang des Endenergieverbrauchs von unter 20 Prozent bis 2030 (Spannweite 13–25%) und rund 40 Prozent bis 2045 (Spannweite 35–54%) aus. Dabei ist Strom der dominante Energieträger zur Deckung des Endenergieverbrauchs. Der Bruttostromverbrauch erhöht sich von 555 TWh im Jahr 2020 auf 557 bis 790 TWh im Jahr 2030 und 688 bis 1480 TWh im Jahr 2045, je nachdem, welche Rolle die Energieeffizienz spielt und in welchem Umfang der Elektrifizierungsgrad steigt. Der Anteil von Strom am Endenergieverbrauch steigt von etwa 20 Prozent heute auf fast 30 Prozent im Jahr 2030 (Spannweite 26–33%) und auf fast 55 Prozent im Jahr 2045 (Spannweite 46–62%). Erstaunlicherweise spielt Erdgas in allen Szenarien eine wichtigere Rolle für den Endenergieverbrauch im Jahr 2030 als die erneuerbaren Energien und hat einen Anteil von etwa 21 Prozent (Spannweite 16–27%).

Große Unterschiede zeigen sich in den Szenarien bezüglich des langfristigen Einsatzpotenzials von Wasserstoff und synthetischen Kraftstoffen in den einzelnen Sektoren und deren Anteil am Endenergieverbrauch im Jahr 2045 – hier liegt die Spannbreite von 4 bis 25 Prozent. Diese Unsicherheiten übertragen sich auch

15 AUSBLICK

Photovoltaik / Wind onshore / Wind offshore

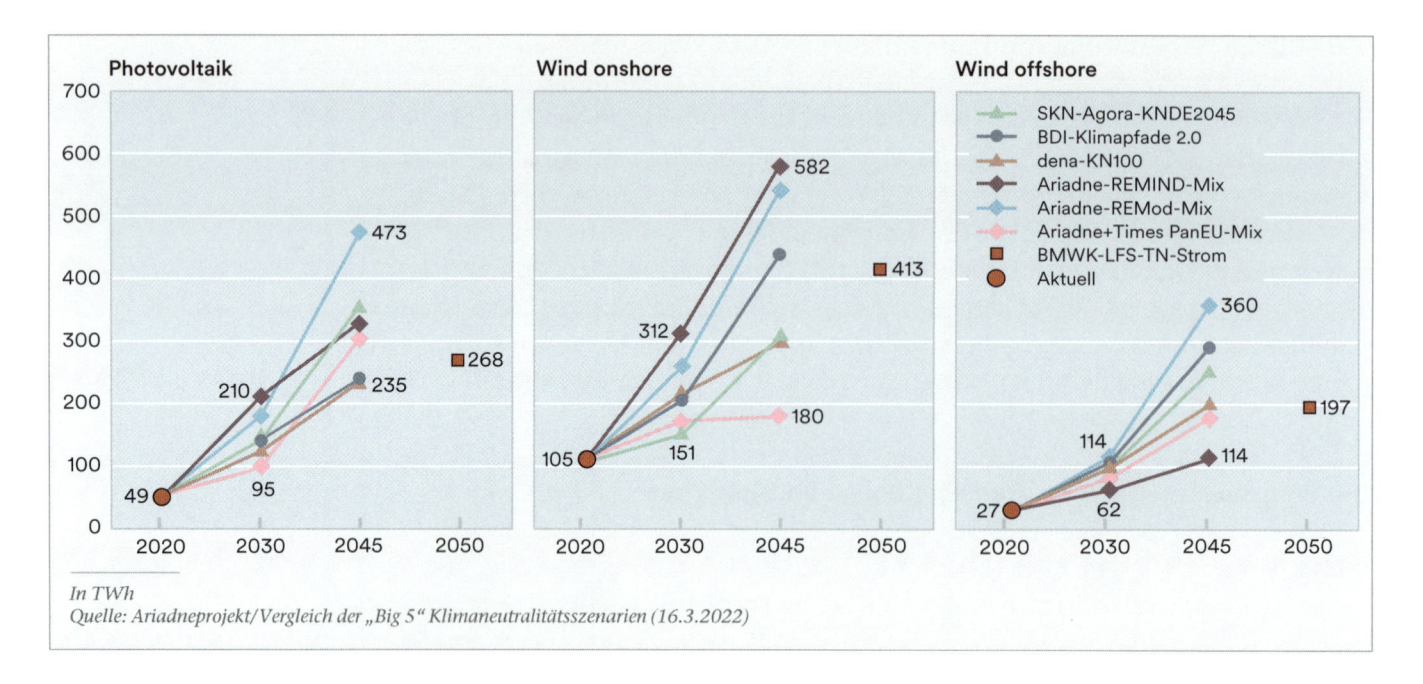

Szenarien:
- SKN-Agora-KNDE2045
- BDI-Klimapfade 2.0
- dena-KN100
- Ariadne-REMIND-Mix
- Ariadne-REMod-Mix
- Ariadne+Times PanEU-Mix
- BMWK-LFS-TN-Strom
- Aktuell

Photovoltaik (TWh): 2020: 49; 2030: 95–210; 2045: 235–473; 2050: 268

Wind onshore (TWh): 2020: 105; 2030: 151–312; 2045: 180–582; 2050: 413

Wind offshore (TWh): 2020: 27; 2030: 62–114; 2045: 114–360; 2050: 197

In TWh
Quelle: Ariadneprojekt/Vergleich der „Big 5" Klimaneutralitätsszenarien (16.3.2022)

Stromerzeugung aus Photovoltaik und Wind [TWh]: Es wird deutlich, dass in allen Szenarien von einer starken Steigerung der Stromerzeugung aus Photovoltaik und Wind ausgegangen wird.

auf die Frage, wann und wie viel Wasserstoff heimisch erzeugt werden soll bzw. importiert werden muss. Dagegen steigt in allen Szenarien die Stromerzeugung aus Photovoltaik und Wind massiv an.

Bei der Betrachtung einzelner Sektoren wird deutlich, dass der Endenergieverbrauch in der Industrie in allen Szenarien zurückgeht, die Spannbreiten aber sehr hoch sind. Einem Energieverbrauch der Industrie von 723 TWh im Jahr 2016 stehen Abschätzungen zwischen 333 und 612 TWh im Jahr 2045 gegenüber. Die Elektrifizierung der Industrie nimmt ebenso zu wie der Anteil von Wasserstoff. In allen Szenarien verbleibt die Stahlerzeugung etwa auf dem heutigen Niveau. Allerdings wird neben der Sekundärstahlerzeugung die Hochofenroute bis 2045 schrittweise durch die Direktreduktion abgelöst und der Stahl durch Ersatz von traditioneller Einblaskohle durch Wasserstoff als Reduktionsmittel „grün" gemacht. Die Minderung des Endenergieverbrauchs im Gebäudesektor kommt nur sehr langsam voran. Die Mehrheit der Szenarien geht in den 2020er Jahren lediglich von einer Senkung des Endenergieverbrauchs von 9 bis 18 Prozent aus. Große Einigkeit besteht aber in den Szenarien, dass zur Erreichung der Klimaneutralität die Sanierungsrate von heute 1 Prozent auf etwa 1,4 bis 1,6 Prozent bereits in diesem Jahrzehnt ansteigen und der Ausbau der Wärmepumpen von heute 1 Million auf etwa 15 Millionen im Jahr 2045 massiv vorangebracht werden muss. Auch der Verkehrssektor ist durch eine Senkung des Endenergieverbrauchs und eine zunehmende Elektrifizierung gekennzeichnet. Dabei bleibt der Bestand an PKW zunächst unvermindert hoch, es kommt aber zu einem Wechsel zu Batterie-elektrischen Fahrzeugen besonders nach dem Jahr 2030. Dieselbe Entwicklung ist bei den LKW zu beobachten.

Größere Unterschiede gibt es in den Szenarien bezüglich des Einsatzes von Biomasse. Bis 2045 sinkt der energetische Biomasseeinsatz in der einen Hälfte der Szenarien, in der anderen Hälfte steigt er. Im Umwandlungssektor nimmt die Biomassenutzung über alle Szenarien ab, für die Bereiche Industrie und Gebäude weisen sie aber eine große Spannweite auf. Dies ist insbesondere auf unterschiedliche Entwicklungen im Bereich negativer Emissionstechnologien wie BECCS (Bioenergy with Carbon Capture & Storage) zurückzuführen. Diese technische Senke, die ebenso wie natürliche Senken zur Erreichung der Klimaneutralität wichtig ist, fängt CO_2 aus Bioenergie-Anwendungen ab und entfernt es entweder durch CO_2-Abscheidung und -Lagerung (Carbon Capture and Storage, CCS) oder CO_2-Nutzung (Carbon Capture Use and Storage, CCUS) aus der Atmosphäre. Senken werden insbesondere nach 2030 eine wichtige Rolle bei der Erreichung der Klimaneutralität spielen.[13]

Eindeutiges Ergebnis der Analysen ist auch die Notwendigkeit des Einsatzes von Wasserstoff insbesondere nach 2030. Die Szenarien reichen von 18 bis 74 TWh im Jahr für 2030 bis zu 215 bis 459 TWh im Jahr 2045. Der größte Wasserstoffbedarf wird in der Energiewirtschaft und im Industriesektor gesehen. Lediglich im Szenario der DENA spielt Wasserstoff im Gebäudesektor eine Rolle. Der Wasserstoff wird mehrheitlich aus dem Ausland importiert. Inländische Erzeugung durch Wasserelektrolyse spielt eine geringere Rolle. Zwischen 2030 und 2045 steigt nicht nur die Nachfrage nach Wasserstoff stark an, sondern auch diejenige nach synthetischen Kraftstoffen um mindestens den Faktor 4. Ebenso erhöht sich die Bandbreite der möglichen Nachfrage massiv.

Im Folgenden soll der geeignete Rahmen für diese Transformation ausgeleuchtet und die Bedeutung von Verteilungswirkungen in der Energiewende erläutert werden. Schließlich werden die zentralen Handlungsfelder der Zukunft diskutiert: der Kohleausstieg, der Ausbau der erneuerbaren Energien und der Aufbau der Wasserstoffwirtschaft.

Wie sieht ein geeigneter Rahmen für die Transformation aus?

Das zentrale Instrument zum Erreichen der ambitionierten Klimaschutzziele ist die CO_2-Bepreisung.[14] Das europäische Emissionshandelssystem belegt seit 2005 die Stromerzeugung und die energieintensive Industrie in Europa mit einem Preis für CO_2. In Deutschland besteht seit Anfang 2021 ein nationales Emissionshandelssystem insbesondere für die Sektoren Verkehr und Wärme, welche nicht dem EU-Emissionshandel unterliegen. Dieses sieht einen fixen Preis für CO_2-Emissionen vor, der ab 2026 in ein Auktionsverfahren übergehen wird. Gut so!

Warum ist die CO_2-Bepreisung aus ökonomischer Sicht so wichtig? Beim Klimaschutz haben alle einen Anreiz, sich nicht so zu verhalten, wie es für die Gemeinschaft am besten wäre. Wie oben bei der Diskussion der Versorgungssicherheit erläutert wurde, gilt: Wird nur auf den eigenen, heutigen Nutzen geschaut, werden die schädlichen Wirkungen des Klimawandels auf andere ausgeblendet – heute und in der Zukunft, lokal und global. Dann wird viel zu wenig Klimaschutz betrieben und die Emissionen sind zu hoch. Wir befinden uns in einem sogenannten sozialen Dilemma: Individuelle Interessen und gemeinschaftliches Wohlbefinden stehen im Konflikt. Die „unsichtbare Hand des Marktes" führt nicht dazu, dass Eigennutz auch die kollektive Wohlfahrt erhöht.

Bereits vor mehr als 100 Jahren hat der englische Ökonom Arthur Cecil Pigou die ökonomische Antwort auf dieses Problem formuliert: die Bepreisung der schädlichen Aktivität durch den Staat. Die Idee ist einfach: Ein Preis auf CO_2-Emissionen soll das Nicht-Beachten der Wirkungen eigenen Handelns auf Dritte, eine sogenannte Externalität, beenden. So können private Kosten der Nutzung der Atmosphäre und soziale Kosten für die heutigen und zukünftigen Generationen in Einklang gebracht werden. Die „unsichtbare Hand des Marktes" bekommt quasi einen grünen Daumen. Mit dem richtigen Rahmen funktioniert der Markt und liefert mit korrekten Preisen die Anreize für klimafreundliches Wirtschaften. Die Geschäftsmodelle der Unternehmen und die Entscheidungen der Haushalte werden nämlich durch den CO_2-Preis grundsätzlich verändert. Bei richtiger Implementierung überwiegt dabei die Umweltdividende die Kosten des Markteingriffs – es geht uns insgesamt besser!

Langfristig steigende CO_2-Preise stehen also im Zentrum jeder ökonomischen Klimapolitik. Es braucht einen Preispfad, der sich in Richtung „richtiger" und „zielkonsistenter" CO_2-Preise bewegt, sowie einen verlässlichen, breiteren Preiskorridor, der zum Zielpfad passt und eine bessere Planungssicherheit gibt. Dies verhindert auch Fehlinvestitionen mit Blick auf das langfristige Klimaziel, etwa indem weiter fossile Technologien etabliert werden (beispielsweise durch einen langfristigen Gassockel). Das bedeutet aber nicht, dass eine CO_2-Bepreisung das alleinige Instrument auf dem Weg in die Klimaneutralität ist. Komplementäre Maßnahmen wie ein nachhaltiger Infrastrukturausbau etwa für Transport, Speicherung und Verteilung von Wasserstoff oder die öffentliche Förderung kritischer Technologien wie Methoden zur Entnahme von CO_2 sind wegen der hohen Investitionsrisiken, Pfadabhängigkeiten und Lock-ins gerechtfertigt. Ein weitgehendes Umschwenken auf Elektrofahrzeuge erfordert eine flächendeckende Infrastruktur für schnelles Laden. Auch der gesellschaftliche Nutzen der Förderung von Forschung und Entwicklung, Innovationen, Diffusion und Adoption neuer CO_2-armer Technologien wird durch CO_2-Preise häufig nicht voll erfasst. Etliche Technologien stecken noch in frühen Entwicklungsphasen, werden aber eine wichtige Rolle für das Erreichen der Klimaneutralität spielen. So braucht es Forschung und Entwicklung sowie Demonstrationsprojekte, aus denen perspektivisch lohnende Geschäftsmodelle entstehen, um in der Zukunft zu den führenden Technologieanbietern für Wasserstoff zu gehören. Diese über die CO_2-Bepreisung hinausgehenden Maßnahmen müssen aber abgewogen, gezielt und temporär eingesetzt werden.

Verteilungswirkungen werden eine zentrale Rolle spielen

Daneben werden die Verteilungseffekte der Energie- und Klimapolitik mit den verschärften Anstrengungen und hohen Energiepreisen in Zukunft eine ganz neue Bedeutung erhalten. Die Bezahlbarkeit von Energie als Baustein des energiepolitischen Zieldreiecks aus Wirtschaftlichkeit, Umweltfreundlichkeit und Versorgungssicherheit rückt so wieder in den Vordergrund. Um die Bezahlbarkeit von Energie und Strom für energieintensive Industrien zu sichern, wurden und werden zahlreiche Ausnahmeregelungen geschaffen. Auch wenn die große Mehrzahl der Unternehmen in Deutschland nicht in den Genuss dieser Ausnahmen kommt – ein großer Teil der Kosten der Energiewende landet letztendlich bei den Verbraucherinnen und Verbrauchern. Private Haushalte haben aber kaum eine Lobby. Dies gilt umso mehr für ärmere Haushalte. Sie sind auf ausgewogene politische Entscheidungen bei der Verteilung der Kosten der Energiewende angewiesen.

Die hohen Energiepreise und die höhere CO_2-Bepreisung machen nicht nur die Kosten der Versorgungssicherheit und des Klimaschutzes sichtbar, sondern legen auch die unerwünschten Verteilungswirkungen der Energiewende offen. Diese sind nicht neu.[15] Die meisten Maßnahmen der deutschen Klimapolitik von der Photovoltaik-Förderung über die Förderung der energetischen Gebäudesanierung bis hin zu Kaufprämien für Elektrofahrzeuge verteilen Einkommen von unten nach oben um. Diese Effekte sind aber schwer zu beziffern und werden kaum diskutiert.

Deshalb braucht es ein besseres Verständnis der Verteilungswirkungen der Energiewende:

1. Verteilungsanalysen zeigen auf, welche Akteure von der Energiewende profitieren, und machen so politische Interessenstrukturen sichtbar.
2. Es wird deutlich, wer die Verlierer der Energiewende sind. Von diesen Gruppen kann keine nachhaltige Unterstützung für das Projekt erwartet werden. Wird die Gruppe der Verlierer immer größer, droht sogar ein Scheitern der Transformation, denn eine von vielen als ungerecht empfundene Politik wird langfristig keine Unterstützung finden.
3. Verteilungseffekte verdeutlichen auch die Wichtigkeit der Effizienz in der Umweltpolitik, denn Kosten können durch eine rationale Energie- und Klimapolitik eingedämmt werden.[16]

Zukünftig werden gezielte Entlastungspakete für besonders betroffene Haushalte und Unternehmen die negativen Verteilungswirkungen adressieren. Entscheidend ist dabei die Abfederung sozialer Härten bei den unteren Einkommensklassen und eine transparente Kommunikation. Es muss deutlich werden, dass Klimapolitik kurzfristig mit Kosten einhergeht, die nicht für jede und jeden, aber sehr wohl für die unteren Einkommensklassen vollständig abgefedert werden können.

Gerade bei einer sinnvollen Verwendung der Einnahmen aus der CO_2-Bepreisung kann eine Netto-Belastung der unteren Einkommen vermieden werden. Eine Pro-Kopf-Rückverteilung der CO_2-Einnahmen führt dazu, dass ärmere Personen begünstigt werden. Zwar geben diese einen prozentual höheren Anteil ihres Einkommens für Energie aus, absolut gesehen verursachen aber die reicheren Haushalte mehr CO_2-Emissionen. Weil bei der für alle gleichen Rückerstattung diejenigen mit unterdurchschnittlichen CO_2-Emissionen profitieren, hilft dies armen Haushalten. Die CO_2-Bepreisung ermöglicht also bei richtiger Ausgestaltung die Abfederung sozialer Härten bei den unteren Einkommensklassen und eine gerechtere Transformation.

Eine sozial-ökologische Marktwirtschaft mit hoher Ambition, effizienten Instrumenten, wirksamem sozialen Ausgleich und einer konsequent internationalen Perspektive kann also den Weg hin zur Klimaneutralität weisen. Dabei muss es insbesondere gelingen, aus der Kohleverstromung auszusteigen, die erneuerbaren Energien massiv auszubauen und die Wasserstoffwirtschaft rasch hochzufahren.

Ausstieg aus der Kohleverstromung

Der Kohleausstieg ist beschlossene Sache. Spätestens bis 2035 bzw. 2038 sollen alle Stein- und Braunkohlekraftwerke abgeschaltet sein. Der Mitte 2020 gesetzlich verankerte, zeitlich vorgegebene schrittweise Kohleausstieg folgt grob den Empfehlungen der Kommission „Wachstum, Strukturwandel und Beschäftigung", kurz Kohlekommission. Nach deren Wünschen sollten von den aktuell knapp 43 GW Kohlekapazität bis Ende 2022 etwa ein Drittel aus dem Markt gehen, ein weiteres Drittel bis 2030 und der Rest in den darauffolgenden Jahren. Wenn möglich, soll sogar schon 2035 das letzte Kraftwerk schließen. Diese Einigung von Energieversorgern, Industrieunternehmen, Gewerkschaften, Umweltverbänden und regionalen Vertretern war ein historisches Ereignis. Wer hätte sich noch vor wenigen Jahren ernsthaft einen Konsens zum Kohleausstieg vorstellen können?

Bei nochmaligem Hinschauen relativiert sich das: Die Zeiten haben sich schlicht geändert. Das langfristige Geschäftsmodell der Kohlekraftwerke ist durch die dynamische Entwicklung der erneuerbaren Energien und das Ziel der Klimaneutralität bis Mitte des Jahrhunderts zerschlagen. Und auch kurz- und mittelfristig setzten steigende CO_2-Preise im EU-Emissionshandel den Kohlekraftwerken zu. Der Druck zur Einhaltung der deutschen Klimaschutzziele hat zugenommen, die Klima-Proteste im Vorfeld der Bundestagswahl im Jahr 2021 sind hierfür nur ein Indikator. Viele Kohlekraftwerke sind zudem alt und zunehmend unwirtschaftlich. Fast die Hälfte der Kohlekraftwerke hätte bis 2030 das Ende ihrer Lebensdauer ohnehin erreicht. Finanzielle Zusagen in Form etwa von Entschädigungen für Kraftwerksschließungen und umfangreiche Strukturbeihilfen in Höhe von 40 Mrd. Euro über 20 Jahre machten die Einigung noch weniger überraschend.

Es bleiben aber etliche Unwuchten beim gesetzlichen Ausstiegspfad. So bleiben Braunkohleanlagen tendenziell länger am Netz als Steinkohlekraftwerke. Bis 2022 gibt es eine schrittweise Absenkung auf jeweils 15 GW Stein- und Braunkohle und bis 2030 auf 8 GW Steinkohle bzw. 9 GW Braunkohle, ab 2034 laufen praktisch nur noch Braunkohlekraftwerke. Das ist aus Klimaschutzperspektive nicht zu rechtfertigen. Und wenn neue Anlagen nach wenigen Jahren abgeschaltet werden, um eine Stilllegungsprämie zu erhalten, ist das auch volkswirtschaftlich nicht sinnvoll. Zudem dürften die verschärften Sektorziele des Klimaschutzgesetzes nur mit einem rascheren Kohleausstieg gelingen. Entsprechend wird im Koalitionsvertrag von Ende 2021 auch von einem Ausstieg „möglichst 2030" gesprochen.

Umso wichtiger ist es, noch einmal daran zu erinnern, dass eine konsequente Umsetzung der Erneuerbaren-Ziele und insbesondere ein weiter steigender nationaler Mindestpreis für CO_2 den Kohleausstieg kostengünstiger sichert. Vor allem aus Sicht der Versorgungssicherheit ist ein marktgetriebener Ausstieg gegenüber einem verordneten Ausstieg besser. Kommt es nämlich zu Engpässen und entsprechend höheren Strompreisen, dann werden Kohlekraftwerke länger am Markt bleiben können – und umgekehrt. Noch besser: Die skizzierte „unsichtbare Hand des Marktes mit grünem Daumen" führt nicht nur zur Schließung der richtigen Kraftwerke, sondern vermeidet auch teure politische Abwägungsprozesse. Bereits im *Kohleausstiegsgesetz* ist angelegt, dass die Entwicklung der Strompreise und der Versorgungssicherheit genau zu beobachten ist. Es war erwartet worden, dass Strompreise in den 2030er Jahren durch Atomausstieg, steigende CO_2- und Rohstoffpreise sowie die Reduktion von Überkapazitäten in Deutschland und Europa ansteigen werden.

Im Kontext des Kriegs Russlands gegen die Ukraine ist eine Bewertung der Bedeutung der Kohleverstromung für die Versorgungssicherheit aber bereits heute erforderlich, nicht erst Ende der 2020er Jahre. Steht weniger und nur sehr teures Erdgas zur Verfügung, so dürfte insbesondere den Kohlekraftwerken eine besondere Rolle dabei zukommen, vermehrt Strom zu erzeugen und die Nachfrage nach Erdgas im Stromsektor zu mindern – schließlich ist dort ein Ersatz von Erdgas kurzfristig wohl einfacher möglich als in der Industrie und im Gebäudebereich. Wäre der Kohleausstieg marktlich organisiert, so würden diese Anpassungen auch marktlich erfolgen und etliche Kohlekraftwerke vorerst im Markt halten. Da dies nicht der Fall ist, muss nun der vorgeschriebene Ausstiegspfad speziell in der kurzen Sicht noch einmal hinterfragt werden. Zudem werden nach 2025 eigentlich neue Gaskraftwerke oder andere regelbare Flexibilitäten benötigt, deren Finanzierung im augenblicklichen Marktdesign und bei den gegenwärtigen Unsicherheiten nicht absehbar ist und die ganz allgemein in der Gaskrise des Jahres 2022 kritischer betrachtet werden dürften. Zwar ist ein rascher Ausstieg aus der Kohleverstromung auch bei steigender Stromnachfrage immer noch möglich. Dies erfordert aber neben dem starken Ausbau der erneuerbaren Energien die Nutzung von Erdgas sowie gegebenenfalls mehr Stromimporte. Vor allem mit Blick auf die Versorgungssicherheit und die Bezahlbarkeit könnte es daher hohe politische Hindernisse für den Kohleausstieg geben und somit eine noch schwierigere Umsetzung.

Massiver Ausbau der erneuerbaren Energien

Nicht nur das Ziel der Klimaneutralität erfordert einen massiven Ausbau der erneuerbaren Energien. Wegen des russischen Kriegs gegen die Ukraine befindet sich Deutschland auch aus Sicht der Versorgungssicherheit in einer völlig neuen

Lage. Es kann bei dem Ausbau erneuerbarer Energien daher gar nicht schnell genug gehen. Das Bundesministerium für Wirtschaft und Klimaschutz (BMWK) beschreibt in seiner „Eröffnungsbilanz Klimaschutz" vom Januar 2022, wie die Klimaneutralität gelingen soll.[17] Bis 2030 soll der Großteil der nationalen Klimaschutzziele vom Stromsektor erbracht werden. Dieser hat nicht nur den größten Anteil an den Emissionen; ihm fällt auch durch die notwendige Elektrifizierung anderer Sektoren und dem Bedarf an grünem Wasserstoff – das heißt gewonnen aus Elektrolyse von Wasser mit Strom aus erneuerbaren Energien – eine besondere Rolle auf dem Weg zur Klimaneutralität zu. Der Schlüssel zur Erreichung der Klimaziele ist der massive Ausbau der erneuerbaren Energien. Diese sollen bis 2030 80 Prozent des Bruttostromverbrauchs decken.

Dabei ist klar, es gibt keine simplen Lösungen: Der Ausbau der Erneuerbaren im Dachanlagensegment scheint aus Akzeptanzperspektive besonders attraktiv, ist aber vergleichsweise teuer. Bei Freiflächenanlagen findet ein wachsender Teil des Zubaus schon heute jenseits des *Erneuerbare-Energien-Gesetzes* rein marktgetrieben statt. Die Finanzierung dieser Anlagen wird über langfristige bilaterale Stromlieferverträge, sogenannte Power-Purchase-Agreements, abgesichert. Windanlagen auf See sind zum Teil ohne zusätzlichen Förderbedarf realisierbar, während der Ausbau an Land seit einiger Zeit stockt. Die gesetzten ambitionierten Ausbauziele belaufen sich auf 115 GW für Windenergie an Land, 30 GW für Wind auf See und 215 GW für Photovoltaik. Die installierte Photovoltaik-Leistung soll sich also in weniger als zehn Jahren mehr als verdreifachen.

Tatsächlich hilft zur Erreichung dieser Zielsetzungen die angelegte Erhöhung der Ausschreibungsvolumina, die Verbreiterung der Flächenkulisse für Anlagen entlang von Autobahnen und Schienenwegen oder die Teilhabemöglichkeiten von Kommunen. Um die erforderlichen Zubauvolumina von deutlich mehr als 10 GW pro Jahr für Windenergie an Land dauerhaft zu sichern, braucht es aber auch die vorgesehenen Impulse zur Beschleunigung der Genehmigungsverfahren, den Abbau weiterer Hürden, besonders aufgrund von Abstandsregelungen, und kluge Lösungen zur Auflösung der Konflikte zwischen Klima- und Artenschutz. Neben der hohen Akzeptanz spielen letztlich wieder wirtschaftliche Erwägungen eine große Rolle: Strom aus erneuerbaren Energien ist mittlerweile oftmals die kostengünstigste Art der Stromerzeugung. Nach Informationen des Fraunhofer-Instituts für Solare Energiesysteme produzieren große Solaranlagen Strom zu Kosten von 3 bis 5,5 ct/kWh, kleine Dachanlagen zu Kosten im Bereich von 6 bis 11,5 ct/kWh.[18] Im Gegensatz dazu betrug – bedingt durch die hohen Brennstoffkosten für Steinkohle und Erdgas sowie die hohen CO_2-Preise im europäischen Emissionshandel – der durchschnittliche Strompreis an der Strombörse im Dezember 2021 mehr als 22 ct/kWh, nach etwa 5,3 ct/kWh zu Beginn des letzten Jahres 2021.

Das bestehende Förderinstrument der Marktprämie, das den Ausbau und die Vergütung der Erneuerbaren für einen Großteil der Kapazität (die Großanlagen) sicherstellt, kombiniert eine Förderung durch eine über die Zeit flexible Prämie mit der Vergütung der Anlagen zu Marktpreisen. Die Prämie sichert den Erlös nach unten ab. Sie ergibt sich als Differenz der in der wettbewerblichen Auktion ermittelten fixen „anzulegenden Vergütung" und der durchschnittlichen Erlöse einer Anlage am Markt innerhalb eines bestimmten Zeitraums. Das Marktprämienmodell entlässt also Anlagen in den Markt, die keine Förderung mehr benötigen, und stellt dennoch – über die Möglichkeit von Marktprämien, wo sie nötig sind – sicher, dass die gesetzten Ausbauziele erreicht werden. Zudem, und das darf bei zunehmendem Anteil von Erneuerbaren im System nicht unterschätzt werden, haben die Projektierer ein ureigenes Interesse an der Systemintegration, um alle Erlösmöglichkeiten zu nutzen.[19]

Für die Erschließung weniger günstiger Erneuerbaren-Standorte sollte die „grüne" Eigenschaft des Stroms und seine Regionalität besser monetarisierbar sein. Ein solcher zweiter Erlösstrom könnte über einen liquiden Grünstrom-Zertifikatemarkt oder durch Regionalstrommodelle geschaffen werden. Für eine ökonomisch sinnvollere Standortwahl bedarf es mit Blick in die Zukunft einer regional differenzierten Förderung etwa durch ein entsprechend gestaffeltes, erzeugerseitiges Netzentgelt für Erneuerbaren-Anlagen oder ein kombinatorisches Auktionsverfahren mit standortbezogener Differenzierung der Zuschlagspreise. In Zukunft darf aber auch hier die europäische Perspektive nicht fehlen, denn in Europa sind ausreichend Erzeugungspotenziale vorhanden. Deshalb sind gerade für den Ausbau erneuerbarer Energien in der Umsetzung europäische Lösungen zu stärken. Und es braucht Lösungen für längere Phasen mit geringen Erträgen aus Solar- und Windenergie, sogenannte Dunkelflauten: mehr Netzausbau und die Nutzung europäischer Ausgleichseffekte, mehr Speicher und mehr Flexibilität auch auf der Nachfrageseite. Und dann sind wohl noch mehr flexibel einsetzbare Gaskraftwerke notwendig. So kann ein hohes Maß an Versorgungssicherheit auch bei einem rascheren Kohleausstieg erreicht werden.

Rasches Hochfahren des Wasserstoffmarktes

Nach der Darstellung der vielen Herausforderungen soll der letzte Ausblick den großen Chancen der Energiewende gehören. Deutschland steht in einem Innovationswettbewerb bei nachhaltigen Technologien. In einzelnen zentralen Bereichen für die Klimaneutralität wie beim Wasserstoff ist es inzwischen eigentlich ein Innovationswettlauf.[20] Deshalb ist es für privatwirtschaftliche Investitionen entlang der Wasserstoff-Wertschöpfungsketten wichtig, klare Zeitachsen für den Aufbau von Infrastrukturen, den Wasserstofftransport und dessen Verteilung, den Aufbau von Importinfrastrukturen sowie den Hochlauf einer Tankstelleninfrastruktur zu beschreiben. Nur dann lohnen sich Investitionen in die Skalierung der Produktion von Schlüsselkomponenten für eine Wasserstoffwirtschaft. Zudem müssen schnell große Mengen klimafreundlichen Wasserstoffs verfügbar sein. Hier sollte zunächst pragmatisch eine Koexistenz unterschiedlicher Transformationspfade akzeptiert werden. Für Deutschland sichert der Transformationspfad über Gas, blauen Wasserstoff – also Wasserstoff aus der Dampfreduzierung von Erdgas, bei dem das entstehende CO_2 gespeichert oder weiterverarbeitet wird – und den Import von flüssigen Kohlenwasserstoffverbindungen die Versorgungssicherheit und Flexibilität des Energiesystems. Mehr noch: Die Weiterentwicklung von fossilen Energieimporten zu Importen von grünem und übergangsweise blauem oder türkisem Wasserstoff – bei Letzterem entsteht bei der Methanpyrolyse fester Kohlenstoff – und seinen Folgeprodukten könnte jetzige Handelspartner bei der Transformation mitnehmen. Vor dem Hintergrund der aktuellen Energiekrise wird diese Entwicklung wohl rascher stattfinden müssen.

Der Krieg gegen die Ukraine hat nämlich fundamentale Auswirkungen auf die europäische und deutsche Importstrategie von Wasserstoff und Syntheseprodukten.[21] Es hat sich gezeigt, dass die bisher geltende Gewissheit nicht mehr gilt, dass enge Handelsbeziehungen zu einer stabilen Energieversorgung führen. Deshalb muss nun die Resilienz erhöht werden. Bei der Bewertung potenzieller Lieferländer darf es eben nicht mehr nur darum gehen, große Mengen zu günstigen Preisen zu beziehen. Vielmehr muss die Versorgungssouveränität eine größere Rolle spielen und die Resilienz der Partnerländer sowie ihre Zuverlässigkeit eine kritische Bewertung erfahren. Zusätzlich braucht es eine stärkere Diversifizierung von Lieferländern. Dadurch steigen zwar die Importkosten. Ein breites Netzwerk in unterschiedlichen Weltregionen schützt aber auch vor wirtschaftlichen Risiken durch Abhängigkeiten.

Paradoxerweise könnten gerade die derzeit hohen Preise insbesondere für Erdgas und die unsichere Versorgung in den nächsten Jahren den Aufbau des Wasserstoffsystems in Deutschland und Europa erschweren. Für die energieintensive Industrie als zentralem zukünftigen Nachfrager von Wasserstoff sollte die Versorgungssicherheit eigentlich zu einem großen Teil durch Gas gewährleistet werden. Diese Perspektive wird gerade stark erschüttert: Etliche Unternehmen vor allem der Grundstoffindustrie reduzieren bereits die Produktion und bei langfristig höheren Energiepreisen ist auch eine dauerhafte Standortverlagerung von Teilen der energieintensiven Industrie durchaus denkbar. Diese nicht zu vernachlässigenden Risiken bei bevorzugten Wasserstoffeinsatzgebieten wie Stahl und Ammoniak dürften sich entsprechend auf den Aufbau des Wasserstoffsystems übertragen. Deshalb bedarf es dringend einer politischen Klärung der Zukunft von Gas. Dabei könnte die Idee eines raschen Ausstiegs aus Gas überstürzt sein. Erdgas wird wohl für mehr als eine weitere Dekade die zentrale Brückentechnologie der Energiewende sein. Die Brücke ist nicht eingestürzt, aber sie ist schwer beschädigt. Einige Pfeiler dürften auch irreversibel verschoben sein. Eine erneute Neujustierung des energiepolitischen Zieldreiecks ist das Gebot der Stunde.

ANMERKUNGEN

1 Vgl. F. Krause u. a. (1980).

2 Vgl. D. H. Meadows u. a. (1972).

3 Vgl. E. Eppler (1975).

4 Vgl. dazu auch Kap. 14.3 in diesem Band.

5 Vgl. Europäische Kommission (2008).

6 Vgl. EWI/Prognos (2005).

7 Vgl. C. Fraune/A. Löschel (2018).

8 Vgl. ausführlich dazu auch Kap. 14.2 sowie S. 468 f. in diesem Band.

9 Vgl. A. Löschel (2011).

10 E. Häckel (2007), S. 644.

11 Vgl. Boston Consulting Group (2021); Deutsche Energie-Agentur GmbH (2021); G. Luderer u. a. (2021); Prognos/Öko-Institut/Wuppertal-Institut (2021); F. Sensfuß, u. a. (2021).

12 Siehe zum Folgenden: Stiftung Klimaneutralität u. a. (2022).

13 Vgl. dazu Kap. 14.5 in diesem Band.

14 Siehe zum Folgenden: A. Löschel (2021).

15 Siehe hierzu: ebd.

16 Vgl. P. Heindl u. a. (2014).

17 Online abrufbar unter: https://www.bmwk.de/Redaktion/DE/Downloads/Energie/220111_eroeffnungsbilanz_klimaschutz.pdf?__blob=publicationFile, Stand: 9.6.2022.

18 Vgl. Fraunhofer ISE (2021).

19 Vgl. V. Grimm/A. Löschel/O. Edenhofer: Grüne Energie ist bereit für den Markt, Handelsblatt vom 8./9./10.4.2022, S. 64.

20 Siehe hierzu: A. Löschel u. a.: Die große Klima-Chance, Frankfurter Allgemeine Zeitung vom 17.8.2021.

21 Siehe zum Folgenden: M. Wietschel u. a. (2022).

ANHANG

CHRONOLOGIE

1851	Inbetriebnahme des Gaswerks in K 6
1873	Übergang des Gaswerks in städtische Hand
1878	Inbetriebnahme des neuen Gaswerks Lindenhof
	Ankauf des Kemner'schen Gaswerks
1888	Inbetriebnahme des Wasserwerks Käfertal
1889	Übergang des Wasserwerks in städtische Hand
	Vollendung des Wasserturms
1900	Aufnahme des Regelbetriebs im Elektrizitätswerk Industriehafen
	Inbetriebnahme des 1. Teilabschnitts des Gaswerks Luzenberg
	Beginn des elektrischen Straßenbahnbetriebs
1902	Eröffnung der Straßenbahnlinie nach Ludwigshafen
1906	Übernahme des Elektrizitätswerks durch die Stadt
1910	Gründung der Wasserwerksgesellschaft Rheinau mbH
1911	Gründung der Oberrheinischen Eisenbahn-Gesellschaft AG (OEG)
	Stilllegung des Gaswerks Lindenhof
1914	Verbindung des Kraftwerks Rheinau (OEG) per Kupferkabel mit dem städtischen Elektrizitätswerk Industriehafen zur bedarfsweisen gegenseitigen Aushilfe
1921	Umgründung der OEG – Übernahme der Bahnen durch die Stadt Mannheim / verbleibende Gesellschaft wird Kraftwerk Rheinau AG
	Gründung der Grosskraftwerk Mannheim AG (GKM)
1923	Inbetriebnahme der 1. Maschineneinheit im GKM
1925	Aufnahme der Ferngasversorgung von Seckenheim, Friedrichsfeld, Ladenburg, Edingen, Ilvesheim und Neckarhausen
1926	Beginn der Ferngasversorgung von Weinheim und Viernheim
	Fertigstellung des neuen Verwaltungsgebäudes der Werke in K 7
1927	Beginn der Ferngasversorgung von Wallstadt
	Inbetriebnahme des neuen Wasserwerks Rheinau
1928	Beginn von Betrieb und Unterhaltung der Wasserwerke durch die Wasserwerksgesellschaft Rheinau mbH
	Gründung der Süwega (Plan zur Gruppengasversorgung)
	Einführung von Lochkartenmaschinen für die Kundenabrechnung
1929	Stilllegung des alten Elektrizitätswerks im Industriehafen – Vollendung der Trennung von Erzeugung (GKM) und Verteilung (WGE) des Stroms
	Abschluss eines Interessengemeinschaftsvertrags mit Heidelberg zur gegenseitigen Belieferung mit Gas
1933	Beginn der „Säuberung" der Stadtverwaltung von Beschäftigten jüdischen Glaubens und mit politisch missliebigen Positionen
1937	Beginn der Ferndampflieferung an Industriebetriebe durch das GKM
1938	Auseinandersetzungsvertrag zwischen der Stadt sowie der Kraftwerk Rheinau AG und dem Badenwerk

Rückgliederung der Kraftwerk Rheinau AG in die OEG

1939 Zusammenfassung der WGE und der städtischen Straßenbahn zu den Stadtwerken

1940 Fertigstellung des unterirdischen Werks „Fritz" im GKM

Beginn des Einsatzes von Kriegsgefangenen als Zwangsarbeiter im Gaswerk Luzenberg

1945 Telefonische Übergabeverhandlungen zwischen Wasserwerk Käfertal (besetzt durch US-Army) und der Stadtwerkeverwaltung in K 5 am 28. März

1950 Beginn der Spannungsumstellung von 3 × 120 V auf 220 V

1953 Anheizen des zur Gaskokerei umgebauten Werks Luzenberg

1955 Beginn der Gasversorgung von Worms

Umstellung von kameralistischer auf doppelte Buchführung

1958 Neuorganisation der Wasserwerksgesellschaft Mannheim mbH (WGM) zur Gas- und Wasserwerke Rhein-Neckar AG (Rheinag)

1959 Inbetriebnahme der Heizzentrale am Schlachthof – Beginn der Fernwärmeversorgung mittels Heizwasser

1961 Gründung der Gasversorgung Süddeutschland (GVS)

1963 Vollendung des Wiederaufbaus des Wasserturms am Friedrichsplatz

1964 Einweihung der Erdölraffinerie auf der Friesenheimer Insel

Inbetriebnahme des Heizkraftwerks (HKW) auf der Friesenheimer Insel

1965 Gründung des Zweckverbands Wasserversorgung Kurpfalz (ZWK)

Bezug des neuen Verwaltungshochhauses am Luisenring

1966 Umwandlung der Gas- und Wasserwerke Rhein-Neckar AG (Rheinag) in Energie- und Wasserwerke Rhein-Neckar-Aktiengesellschaft (RHE)

1968 Schließung des 1953 begonnenen „110-kV-Rings" um Mannheim

Stilllegung der Gaskokerei Luzenberg

1972 Inbetriebnahme des Wasserwerks Schwetzinger Hardt des ZWK

Vollendung des Umstiegs auf Erdgas

1974 Gründung der Mannheimer Versorgungs- und Verkehrsgesellschaft mbH (MVV GmbH)

Gründung der Töchter der MVV GmbH Stadtwerke Mannheim Aktiengesellschaft (SMA) und Mannheimer Verkehrs-Aktiengesellschaft (MVG)

1978 Inbetriebnahme des 1. Abschnitts des „Demonstrationsprojekts Fernwärme"

1987 Aufnahme der Fernwärmeversorgung von Heidelberg

1989 Beginn der Fernwärmeversorgung von Schwetzingen

1990 Beginn des Engagements in Polen

1998 Aufnahme des Energiehandels

Beschluss des Mannheimer Gemeinderats zur Teilprivatisierung der Energiesparte der MVV durch einen Börsengang

Umbenennung der Stadtwerke Mannheim AG in MVV Energie AG und der Mannheimer Verkehrs-AG in MVV Verkehr AG

1999 Einstieg in den tschechischen Fernwärmemarkt durch 100-%-Akquisition der EPS ČR s. r. o.

Erstnotiz der MVV-Aktie an den Wertpapierbörsen in Frankfurt und Stuttgart

Einstieg (investiv) in den polnischen Fernwärmemarkt durch Minderheitsakquisition der Fernwärmegesellschaft in Skarżysko-Kamienna (2001: Bydgoszcz, 2002: Szczecin)

2000 Gründung der tschechischen Tochtergesellschaft MVV Energie CZ

Erwerb von 50,1 % (Stimmrechte) an der Energieversorgung Offenbach AG (EVO) / 100 % der Köthen Energie GmbH / 25,1 % an den Stadtwerken Buchen

2001 Beteiligung an der Stadtwerke Solingen GmbH (SWS GmbH) mit 49,9% und an der Stadtwerke Ingolstadt Beteiligungen GmbH & Co. KG (SWI) mit 48,4%

2003 Inbetriebnahme der Biomassekraftwerke Mannheim, Königs Wusterhausen und Flörsheim-Wicker

2004 Übernahme von 51% der Anteile der Stadtwerke Kiel AG

2005 Gründung von MVV Energiedienstleistungen GmbH und MVV Umwelt GmbH

Inbetriebnahme der thermischen Restabfallbehandlungsanlage TREA Leuna

2006 Gründung von „Shared-Services-Gesellschaften" für Abrechnung und Ablesung, für IT und für Handel

Beteiligung an den Stadtwerken Schwetzingen

Erwerb der IVB Immobilien Versorgung GmbH (Berlin) und der Industriepark Gersthofen Servicegesellschaft mbH & Co. KG (IGS)

2007 Ausstieg aus den Aktivitäten in Polen

Verkauf von 16,1% der MVV Energie AG an RheinEnergie AG (Köln) durch die Stadt Mannheim

2008 Gründung der MVV Environment Ltd. (London)

2009 Start des Fernwärmeausbau- und Verdichtungsprogramms in Mannheim

Beteiligung an den Stadtwerken Sinsheim mit 30% der Anteile

2010 Erwerb eines Windparks in Plauerhagen, dem bis 2021 weitere folgten

Inbetriebnahme der Fernwärmetransportleitung nach Speyer

2012 Beteiligung an der Stadtwerke Walldorf GmbH mit 25% der Anteile

Inbetriebnahme der ersten Biomethananlage in Klein Wanzleben; im Folgenden Ausbau mit drei weiteren Anlagen in der Magdeburger Börde zu einem Cluster

2013 Bau eines Fernwärmespeichers auf dem Gelände des GKM

2014 Übernahme der Windwärts Energie GmbH und Mehrheitsbeteiligung an der Juwi AG (2022: organisatorische Zusammenführung)

Gründung der Tochtergesellschaft Beegy

Verlängerung der Konzessionsverträge mit der Stadt Mannheim um weitere 20 Jahre

2015 Inbetriebnahme von Biomethananlagen in Staßfurt und Barby

Inbetriebnahme der thermischen Abfallverwertungsanlage in Plymouth und des Biomassekraftwerks in Ridham Dock

2017 Strategische Partnerschaften mit DC-Datacenter-Group, Econ Solutions und Qivalo

Einführung der neuen MVV-Marke und des Slogans „Wir begeistern mit Energie"

2018 Übernahme der Bioabfall-Vergärungsanlage in Dresden-Klotzsche

2019 Erhöhung der Anteile der MVV Energie AG an der juwi AG auf 100%

2020 Inbetriebnahme des Küstenkraftwerks in Kiel

Anschluss der thermischen Abfallbehandlungsanlage auf der Friesenheimer Insel an das Fernwärmenetz

Einstieg von First Sentier Investors (heute: Igneo Infrastructure Partners) bei der MVV Energie AG mit einem Aktienanteil von 45,8% durch Erwerb sämtlicher von der EnBW AG und der Rheinenergie AG gehaltener Anteile

2021 Inbetriebnahme der neuen thermischen Abfallbehandlungsanlage im schottischen Dundee

Erwerb der in Deutschland und Luxemburg tätigen AVANTAG Energy, Spezialist für Photovoltaik-Aufdachanlagen

Vorstellung des „Mannheimer Modells", mit dem MVV bis 2040 klimaneutral und anschließend #klimapositiv werden soll

2022 Inbetriebnahme einer Biogasanlage in Bernburg

Verkauf der MVV Energie CZ

VERANTWORTLICHE UND ORGANMITGLIEDER DER MVV ENERGIE AG UND IHRER VORGÄNGERORGANISATIONEN

Städtische Wasser-, Gas- und Elektrizitätswerke (WGE), ab 1939: Stadtwerke, Abteilung Versorgungsbetriebe

1873–1889	Christian Beyer (Leiter des Gaswerks)
1889–1903	Christian Beyer (Direktor der Gas- und Wasserwerke)
1904–1906	Josef Pichler (Direktor der Gas- und Wasserwerke)
1906–1934[1]	Josef Pichler (Direktor der Wasser-, Gas- und Elektrizitätswerke)
1933[2]–1939	Friedrich Schraeder (Direktor der Wasser-, Gas- und Elektrizitätswerke)
1939–1952	Friedrich Schraeder (Werkleiter Stadtwerke, Abt. Versorgungsbetriebe)
1952–1957	Wilhelm Wiese (Werkleiter Stadtwerke, Abt. Versorgungsbetriebe)
1958–1965	Eduard Doka (Werkleiter Stadtwerke, Abt. Versorgungsbetriebe/Vorstandsvorsitzender Rheinag/RHE AG)
1958–1974	Ulrich Steindamm (Kaufmännischer Direktor Stadtwerke, Abt. Versorgungsbetriebe/Vorstand Rheinag/RHE AG)
1965–1974	Hans-Peter Winkens (Werkleiter Stadtwerke, Abt. Versorgungsbetriebe/Vorstand RHE AG)

MVV GmbH mit SMA, RHE und MVG[3]

Geschäftsführung MVV GmbH

Kaufmännische Geschäftsführung

1974–1974	Ulrich Steindamm (Sprecher der Geschäftsführung; Vorstand SMA, RHE, MVG)
1974–1985	Hans Lehmann (ab Geschäftsjahr 1981/82 Vorsitzender der Geschäftsführung; Vorstand SMA, RHE, MVG)
1986–1988	Hans Sonntag (Vorstand SMA, RHE, MVG)
1988–1999	Roland Hartung (Sprecher der Geschäftsführung; Vorstand SMA, RHE, MVG)

Technische Geschäftsführung

1975–1980	Hans-Otto Hühn (Vorstand SMA, RHE)
1980–1989	Jörg Altnöder (Vorstand SMA, RHE)
1989–1992	Hansjörg Weiss (Vorstand SMA, RHE)

---

1 Eintritt in den Ruhestand am 31.3.1934
2 Führung der Geschäfte ab dem 1.10.1933
3 Weitgehende Personalunion der Geschäftsführung der GmbH mit den Vorständen der Aktiengesellschaften, daher keine gesonderte Aufführung.

1993–1997 Dr. Hans Ulrich Schelosky (Geschäftsführer Technik der Ver- und Entsorgung, Geschäftsführer Technik des Verkehrs;[4] Vorstand SMA, RHE)

1997–1999 Roland Hartung[5]

Arbeitsdirektoren

1978–1989 Dr. Alfred Karsten (Vorstand SMA, RHE, MVG)

1989–1999 Klaus Curth (Vorstand SMA, RHE, MVG)

Verkehr

1974–1977 Otto Dietrich (Vorstand MVG, SMA, RHE)

1978–1993 Hans-Heinz Norkauer (Vorstand MVG)

Vorstände von RHE, SMA und MVG ohne Sitz in der Geschäftsführung

1974–1975 Hans-Peter Winkens (Vorstand RHE)

1980–1989 Hans-Peter Winkens (Vorstand SMA)

1993–2000 Rüdiger Opitz (Vorstand MVG)

Aufsichtsratsvorsitzende MVV GmbH

1974–1980 Dr. Ludwig Ratzel

1980–1983 Wilhelm Varnholt

1983–1983 Dr. Norbert Egger[6]

1983–1999 Gerhard Widder

Betriebsratsvorsitzende[7]

MVV GmbH

1974–1984 Erich Kirsch

1985–1994 Fritz Böttcher

1994–1999 Hans-Jürgen Farrenkopf

SMA

1974–1977 Heinrich Schäfer

1977–1986 Gerhard Riffel

1986–1989 Klaus Curth

1989–1994 Herbert Klein

---

4 Umbenennung der Funktion ab GB 1992/93
5 Vertretungsweise, zusätzlich zu kaufmännischer Geschäftsführung
6 Dr. Norbert Egger bekleidete den Posten des Aufsichtsratsvorsitzenden der MVV GmbH interimsweise vom 11.5. bis 5.8.1983.
7 1994: Zusammenführung der Betriebsräte von SMA, RHE und MVV GmbH in einen Gesamtbetriebsrat

	RHE
1974–1974	Kurt Heyl
1974–1984	Karl Beetz
1984–1994	Hans-Jürgen Farrenkopf

MVV Energie AG

Vorstand

Vorstandsvorsitz/Kaufmännische Angelegenheiten

1999–2003	Roland Hartung (Sprecher des Vorstands)
2003–2008	Dr. Rudolf Schulten
Seit 2009	Dr. Georg Müller

Personal/Arbeitsdirektor

1999–2002	Klaus Curth
2002–2012	Hans-Jürgen Farrenkopf
2013–2016	Udo Bekker
2016–2019	Dr. Georg Müller[8]
Seit 2019	Verena Amann

Vertrieb

2003–2006	Karl-Heinz Trautmann
2007–2013	Matthias Brückmann
Seit 2013	Ralf Klöpfer

Technik

2000–2015	Dr. Werner Dub
Seit 2015	Dr. Hansjörg Roll

Kaufmännische Angelegenheiten

2022	Daniela Kirchner (stellvertretend)

Aufsichtsratsvorsitzende

1999–2007	Gerhard Widder
Seit 2007	Dr. Peter Kurz

Betriebsratsvorsitzende

1999–2002	Hans-Jürgen Farrenkopf
2002–2009	Manfred Lösch
2009–2017	Peter Dinges
2017–2022	Jürgen Wiesner
Seit 28.3.2022	Heike Kamradt-Weidner

---

[8] Interims-Geschäftsverteilung, zusätzlich zu Vorstandsvorsitz

DATEN IM LÄNGSSCHNITT

Die Grafiken wurden in der Regel auf Basis überwiegend gerundeter Zahlen im Fünf-Jahres-Abstand erstellt. Sofern nicht anders angegeben, entstammen sie den Verwaltungs- und Geschäftsberichten der MVV Energie AG und ihrer Vorgängerorganisationen. Ein Berichtsjahr kann ein kalendarisches Jahr als Geschäftsjahr sein oder als Geschäftsjahr über zwei Jahre laufen, z. B. 1.10.1975–30.9.1976 = Geschäftsjahr 1975/76. Die verwendeten Begrifflichkeiten in den Berichten wandelten sich dabei im Lauf der Zeit. Für den Zeitraum von 1974 bis 1998 sind die Zahlen der Dachgesellschaft MVV GmbH zugrunde gelegt.

MANNHEIMS BEVÖLKERUNG MIT EINGEMEINDUNGEN

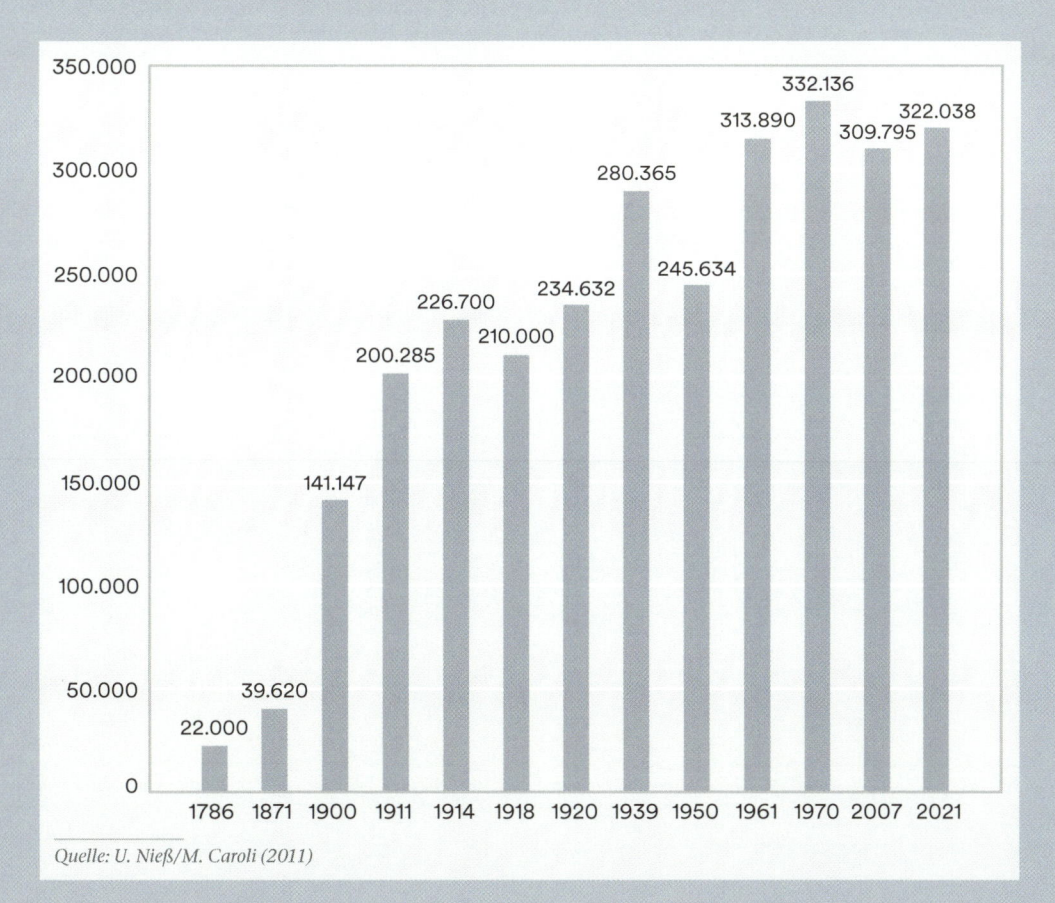

Jahr	Einwohner
1786	22.000
1871	39.620
1900	141.147
1911	200.285
1914	226.700
1918	210.000
1920	234.632
1939	280.365
1950	245.634
1961	313.890
1970	332.136
2007	309.795
2021	322.038

Quelle: U. Nieß/M. Caroli (2011)

Die Steigerungen im Zeitverlauf erklären sich aus Industrialisierungs-, Modernisierungs- und Zuwanderungsschüben. Einbrüche gab es am Ende des Ersten, insbesondere jedoch am Ende des Zweiten Weltkriegs, als groß angelegte Evakuierungen die Stadt leerten. Zwischen 1897 und 1930 erfolgten Eingemeindungen (siehe Tabelle) naher Orte mit zusammen 50.018 Personen, die in den Grafikzahlen enthalten sind.

Jahr	Eingemeindung
1897	Käfertal mit Waldhof (6800 Personen)
1899	Neckarau (8700)
1910	Feudenheim (6854)
1913	Sandhofen (8500)
1913	Rheinau (4200)
1929	Wallstadt (2836)
1930	Friedrichsfeld (4805)
1930	Seckenheim (7323)

GAS

Seit 1900 war das Gaswerk Luzenberg in Betrieb. Zu Beginn des Zweiten Weltkriegs stieg die Gasabgabe sprunghaft an und ging zum Kriegsende hin stark zurück, da das Luzenberger Werk ab Oktober 1944 zerstörungsbedingt ausfiel. Im Jahr 1968 wurde die Gaskokerei Luzenberg stillgelegt und damit die Eigenproduktion zugunsten des Ferngasbezugs vollständig aufgegeben. In demselben Jahr begann, gemeinsam mit der Saar Ferngas AG (SFG), die Belieferung des Großabnehmers BASF, wodurch die Gasabgabe stark anstieg. Kurz darauf folgte die Belieferung des GKM.

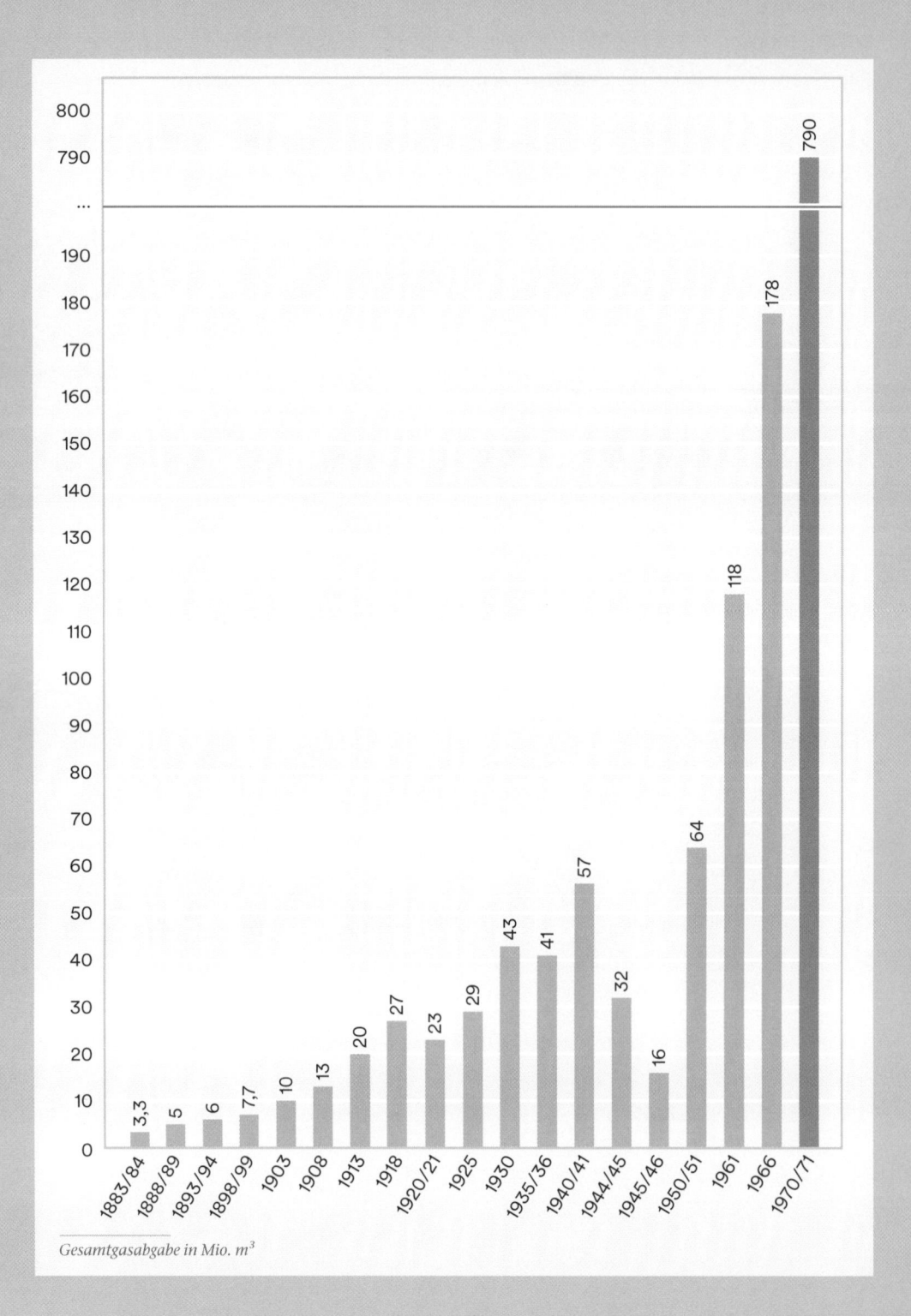

Jahr	Gesamtgasabgabe in Mio. m³
1883/84	3,3
1888/89	5
1893/94	6
1898/99	7,7
1903	10
1908	13
1913	20
1918	27
1920/21	23
1925	29
1930	43
1935/36	41
1940/41	57
1944/45	32
1945/46	16
1950/51	64
1961	118
1966	178
1970/71	790

Gesamtgasabgabe in Mio. m³

GAS

Chart 1: Gasproduktion, Privatbeleuchtung, Straßenbeleuchtung (in Mio. m³)

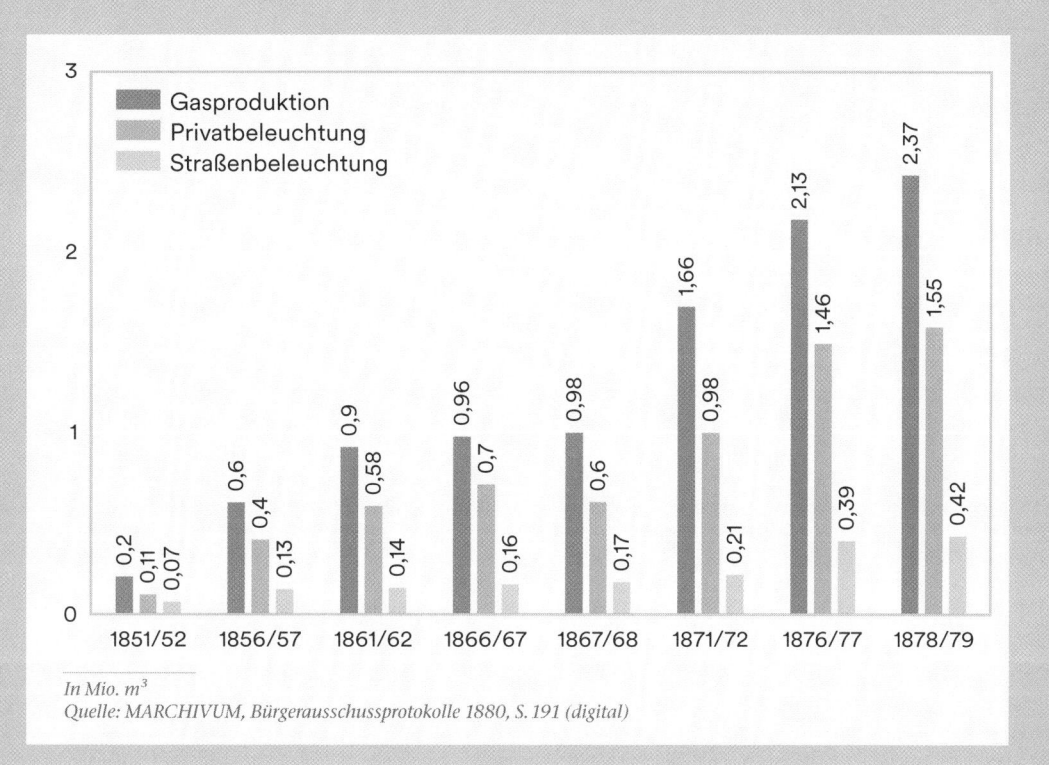

Jahr	Gasproduktion	Privatbeleuchtung	Straßenbeleuchtung
1851/52	0,2	0,11	0,07
1856/57	0,6	0,4	0,13
1861/62	0,9	0,58	0,14
1866/67	0,96	0,7	0,16
1867/68	0,98	0,6	0,17
1871/72	1,66	0,98	0,21
1876/77	2,13	1,46	0,39
1878/79	2,37	1,55	0,42

In Mio. m³
Quelle: MARCHIVUM, Bürgerausschussprotokolle 1880, S. 191 (digital)

Die zugrunde liegende und für die Jahre einzige Quelle deckt den Zeitraum von 1851/52 über die Kommunalisierung des Gaswerks 1873 bis 1878/79 und damit zur gestiegenen Erzeugung aufgrund der Eröffnung des Gaswerks Lindenhof und des angekauften Kemner'schen Gaswerks (beides im Dezember 1878) ab. Eigenverbrauch und Verlust ergeben sich aus der Differenz der Werte – Gasproduktion abzüglich Privat- und Straßenbeleuchtung.

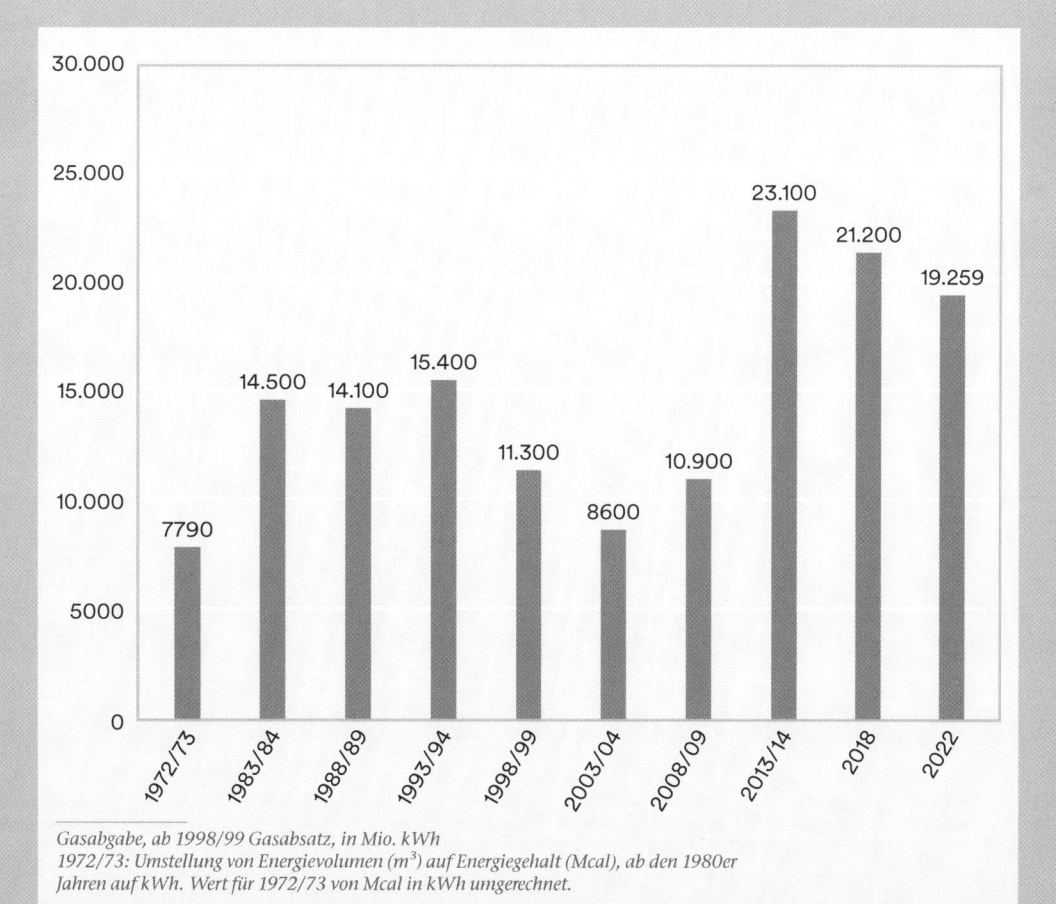

Chart 2: Gasabgabe/Gasabsatz

Jahr	Wert
1972/73	7790
1983/84	14.500
1988/89	14.100
1993/94	15.400
1998/99	11.300
2003/04	8600
2008/09	10.900
2013/14	23.100
2018	21.200
2022	19.259

Gasabgabe, ab 1998/99 Gasabsatz, in Mio. kWh
1972/73: Umstellung von Energievolumen (m³) auf Energiegehalt (Mcal), ab den 1980er Jahren auf kWh. Wert für 1972/73 von Mcal in kWh umgerechnet.

Die Änderung der Maßeinheit von m³ in Mcal und dann in kWh hing mit dem vollständigen Umstieg auf Erdgas ab dem 31. Juli 1972 zusammen. Erdgas besitzt eine erheblich höhere Energiedichte als Stadtgas.

STROM

Ab Mitte der 1920er Jahre stiegen die Bedarfe stark an. Mit dem 1923 in Betrieb gegangenen Großkraftwerk (GKM) konnten diese auch bedient werden; das alte Elektrizitätswerk im Industriehafen verlor dagegen seine Funktion und wurde Ende der 1920er Jahre stillgelegt. Die Werke produzierten ab diesem Zeitpunkt den Strom nicht mehr selbst, sondern verteilten den vom GKM bezogenen Strom. Der nicht zuletzt durch die Aufrüstung verursachte Wirtschaftsaufschwung ab Mitte der 1930er Jahre spiegelt sich auch in den Mannheimer Zahlen.

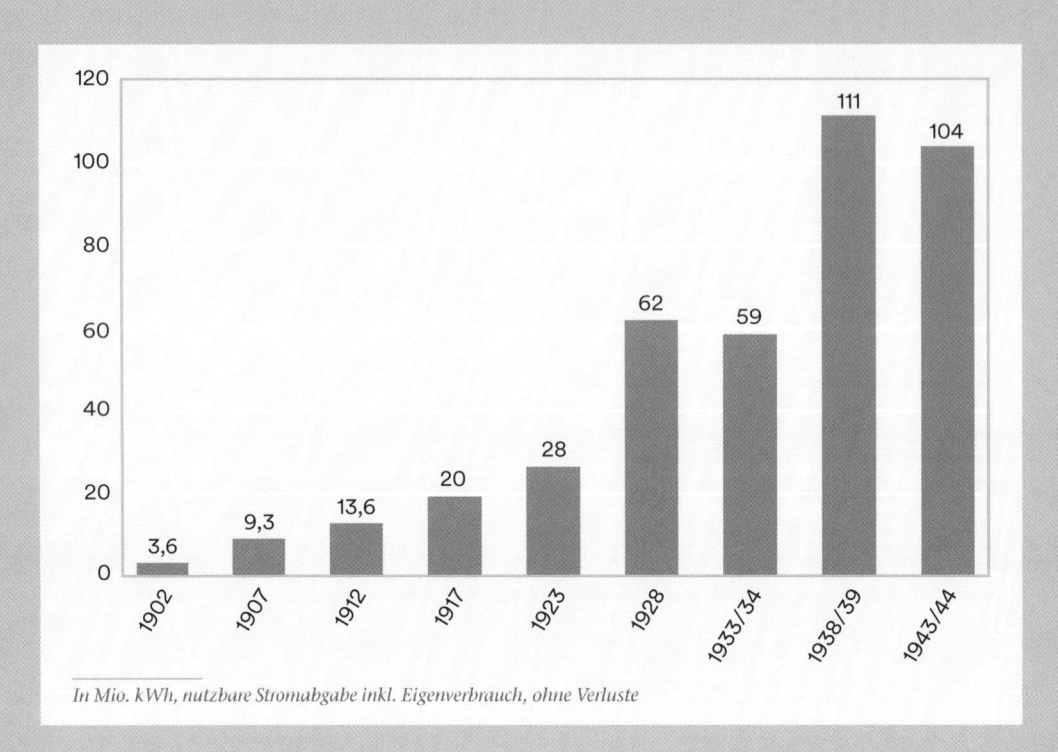

Jahr	Mio. kWh
1902	3,6
1907	9,3
1912	13,6
1917	20
1923	28
1928	62
1933/34	59
1938/39	111
1943/44	104

In Mio. kWh, nutzbare Stromabgabe inkl. Eigenverbrauch, ohne Verluste

In der zweiten Hälfte des 20. Jahrhunderts stieg die Nachfrage nach Elektrizität stetig an und gerade in den 1950er und 1960er Jahren herrschte ein regelrechter „Wettlauf" zwischen den immer größeren Bedarfen und dem Ausbau der entsprechend notwendigen Infrastruktur.

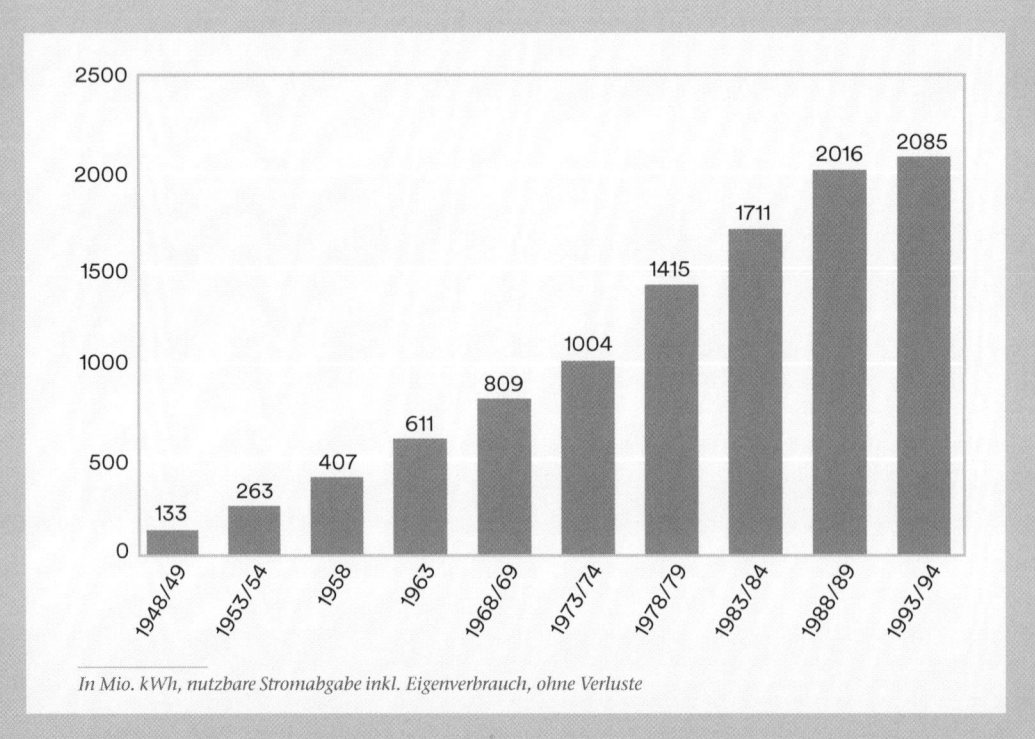

Jahr	Mio. kWh
1948/49	133
1953/54	263
1958	407
1963	611
1968/69	809
1973/74	1004
1978/79	1415
1983/84	1711
1988/89	2016
1993/94	2085

In Mio. kWh, nutzbare Stromabgabe inkl. Eigenverbrauch, ohne Verluste

STROM

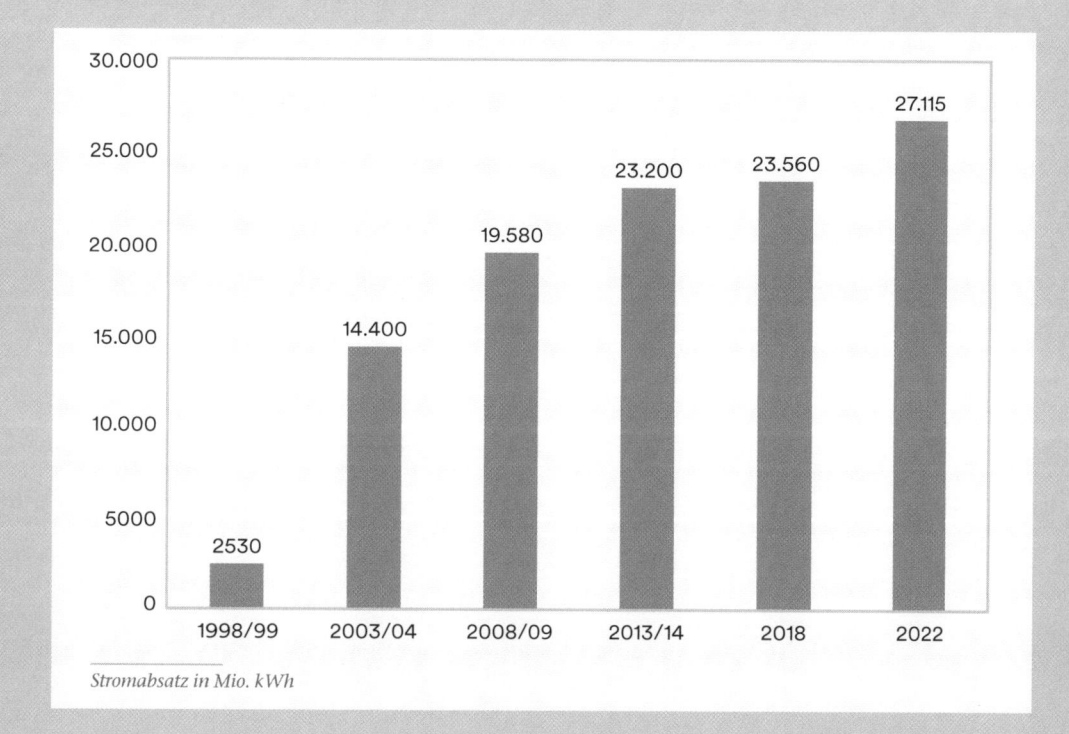

Nach dem Börsengang 1999 der MVV Energie AG und der darauffolgenden Expansionsstrategie wurde Strom auch in anderen Städten von Tochtergesellschaften/Beteiligungen abgegeben.

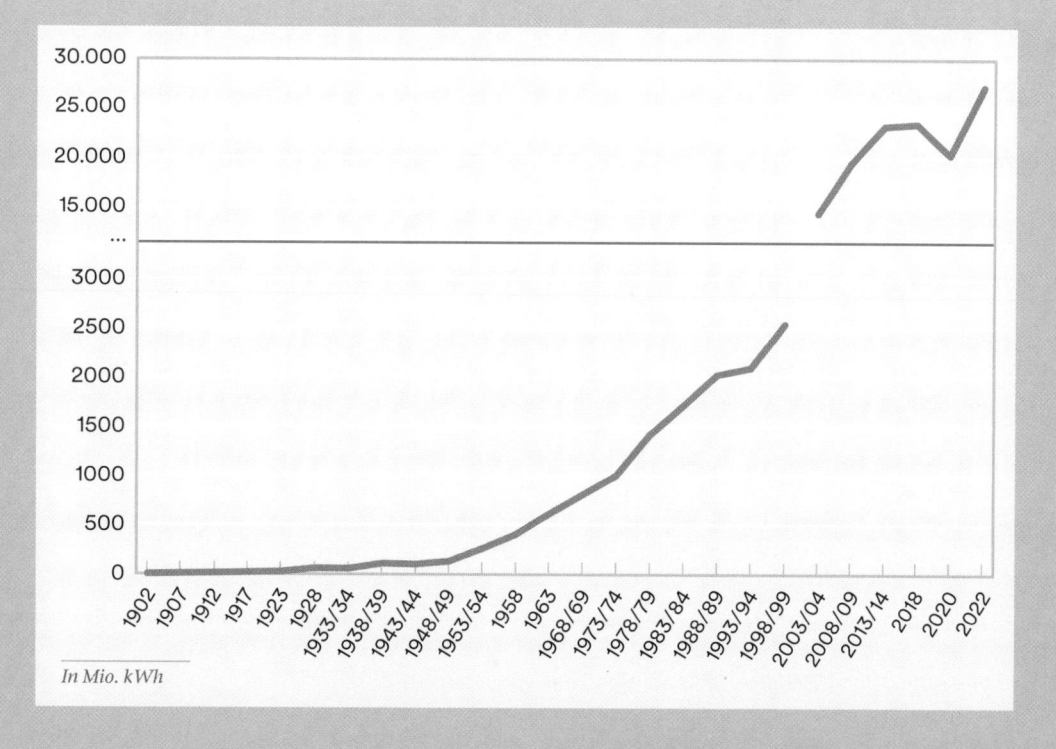

Stromabsatz in Mio. kWh

Jahr	Stromabsatz
1998/99	2530
2003/04	14.400
2008/09	19.580
2013/14	23.200
2018	23.560
2022	27.115

Gesamtverlauf des Stromabsatzes 1902–2022

In Mio. kWh

527

ANHANG – DATEN IM LÄNGSSCHNITT

WASSER

Die Wasserverluste lagen Anfang des 20. Jahrhunderts in der Regel zwischen 0,5 und 1 Mio. m³, im Ersten Weltkrieg aufgrund mangelnder Wartung bei bis zu 2,2 Mio. m³, im Zweiten Weltkrieg 1943/44 sogar bei 4,5 Mio. m³. In der Zeit des „Wirtschaftswunders" stieg der Wasserverbrauch; zudem gingen bis Mitte der 1960er Jahre rund 10 Prozent der nutzbaren Wasserabgabe an Heidelberg. Als Mannheims Nachbarstadt neue eigene Wassergewinnungsanlagen einweihen konnte, ging die Abgabe an sie schrittweise auf gut 1 Prozent zurück. Der starke Anstieg der Wasserabgabe ab den 2000er Jahren ist bedingt durch die Expansionsstrategie der MVV Energie AG nach dem Börsengang mit diversen Beteiligungen an anderen Stadtwerken.

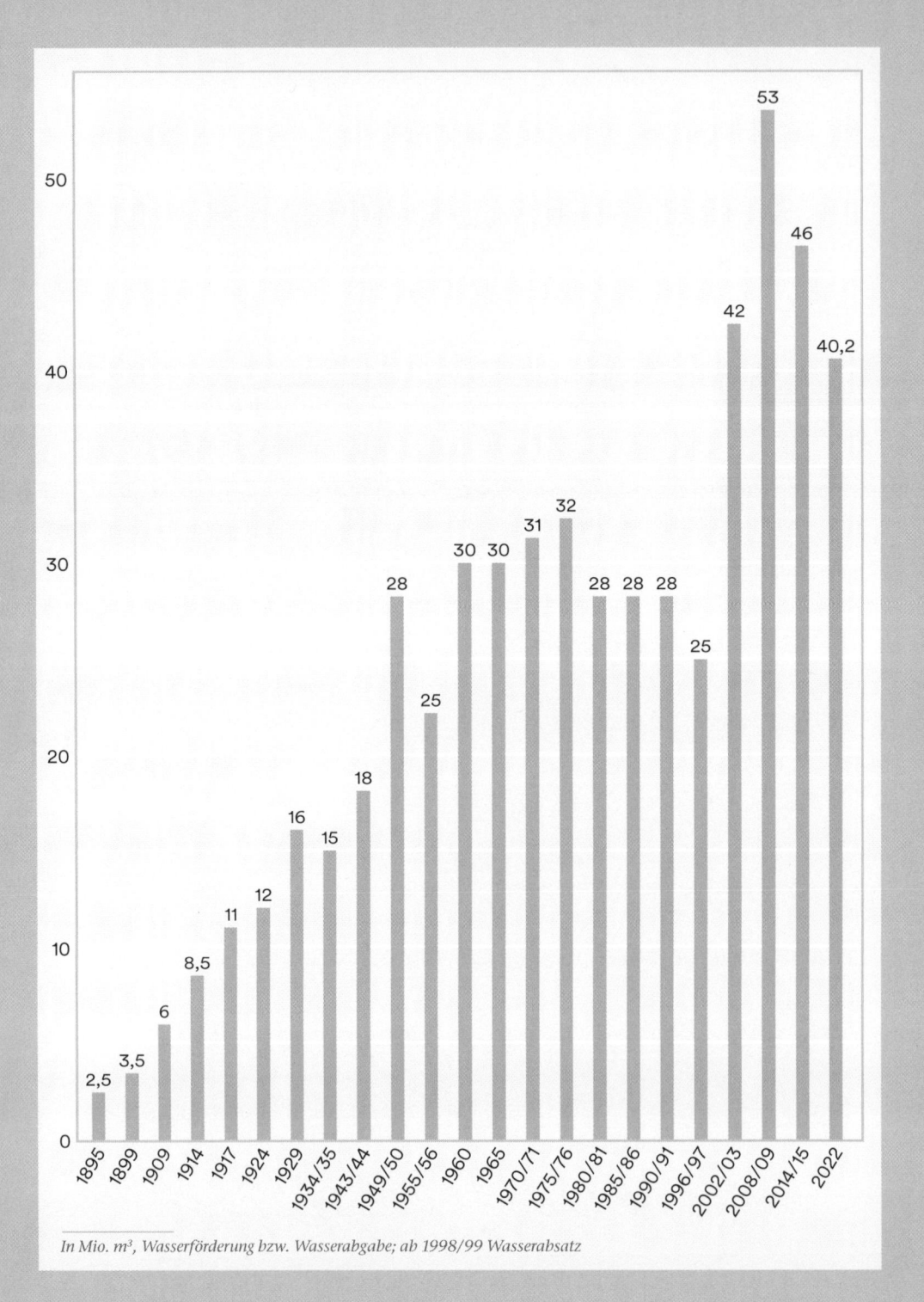

Jahr	Mio. m³
1895	2,5
1899	3,5
1909	6
1914	8,5
1917	11
1924	12
1929	16
1934/35	15
1943/44	18
1949/50	28
1955/56	25
1960	30
1965	30
1970/71	31
1975/76	32
1980/81	28
1985/86	28
1990/91	28
1996/97	25
2002/03	42
2008/09	53
2014/15	46
2022	40,2

In Mio. m³, Wasserförderung bzw. Wasserabgabe; ab 1998/99 Wasserabsatz

MÜLLVERWERTUNG ZUR WÄRMEERZEUGUNG

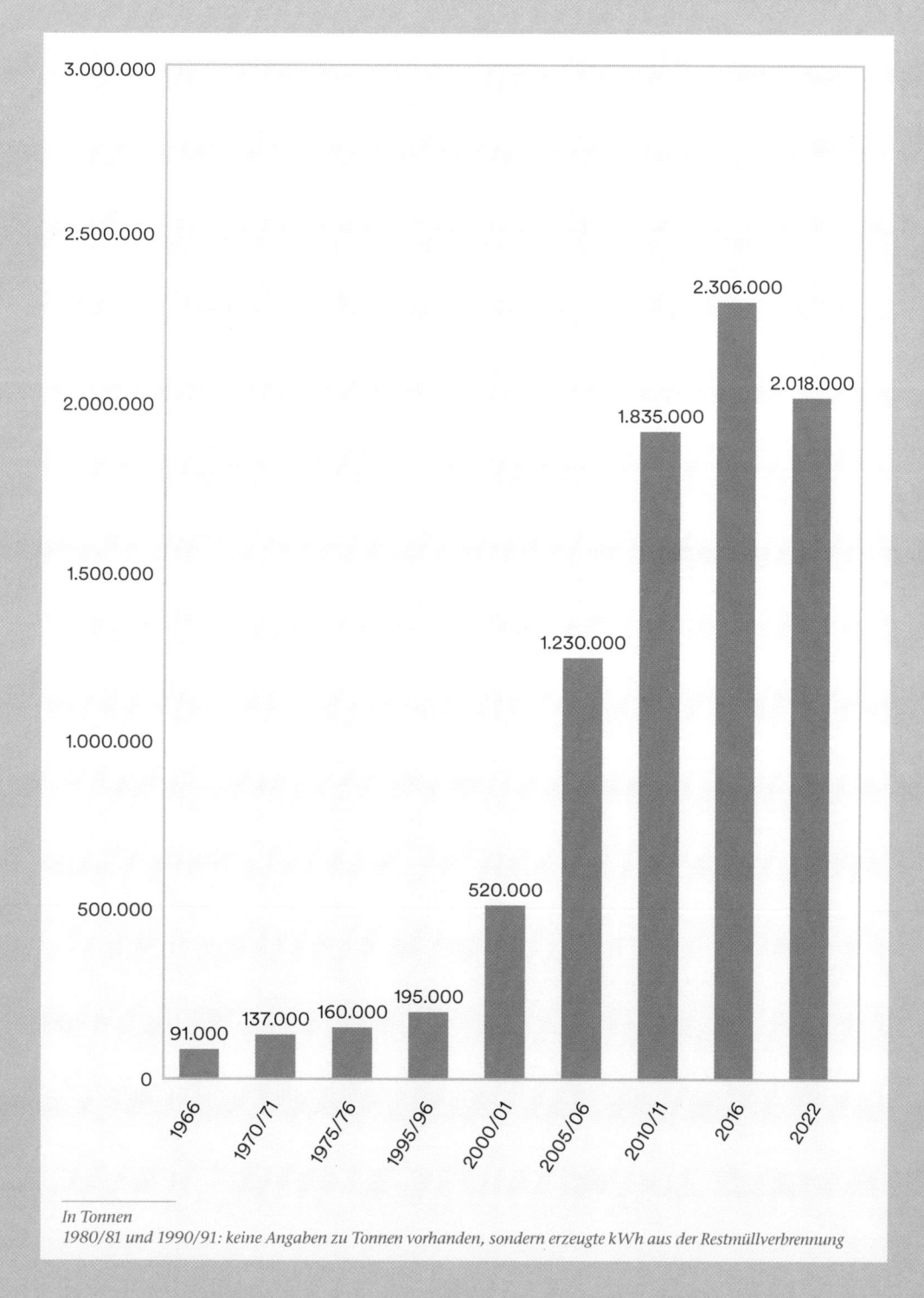

Bar chart values:
- 1966: 91.000
- 1970/71: 137.000
- 1975/76: 160.000
- 1995/96: 195.000
- 2000/01: 520.000
- 2005/06: 1.230.000
- 2010/11: 1.835.000
- 2016: 2.306.000
- 2022: 2.018.000

In Tonnen
1980/81 und 1990/91: keine Angaben zu Tonnen vorhanden, sondern erzeugte kWh aus der Restmüllverbrennung

1966 wurde der Betrieb der Müllverbrennungsanlage auf der Friesenheimer Insel aufgenommen. Nach in jener Zeit aufgrund mangelnder Erfahrung üblichen Anlaufschwierigkeiten war die Verfügbarkeit der Anlage gut. Die erheblichen Anstiege ab 2005/06 erklären sich insbesondere aus einer – die Müllverbrennung fördernden – verschärften gesetzlichen Regelung der Abfallentsorgung (TASi = Technische Anleitung Siedlungsabfall) und der Inbetriebnahme der thermischen Restabfallbehandlungs- und Energieerzeugungsanlage (TREA) in Leuna.
Angegebene Begrifflichkeiten: 1966–2000/01: Verbrannter Restmüll / 2005/06: Brennbare Abfälle in Mannheim, Offenbach und Leuna / 2010/11: Abfall, Ersatzbrennstoffe und Holz / 2016 und 2020: Angelieferte brennbare Abfälle.

ANHANG – DATEN IM LÄNGSSCHNITT

FERNWÄRME

1959 wurde die Fernwärmeversorgung mittels Heizwasser aufgenommen, zunächst in Mannheims Innenstadt. Industrieabnehmer wurden mit Dampf beliefert. Beide Wärmearten finden Eingang in die in den Diagrammen dargestellte Gesamtabgabe. Die Mengenangabe erfolgte in Tcal.

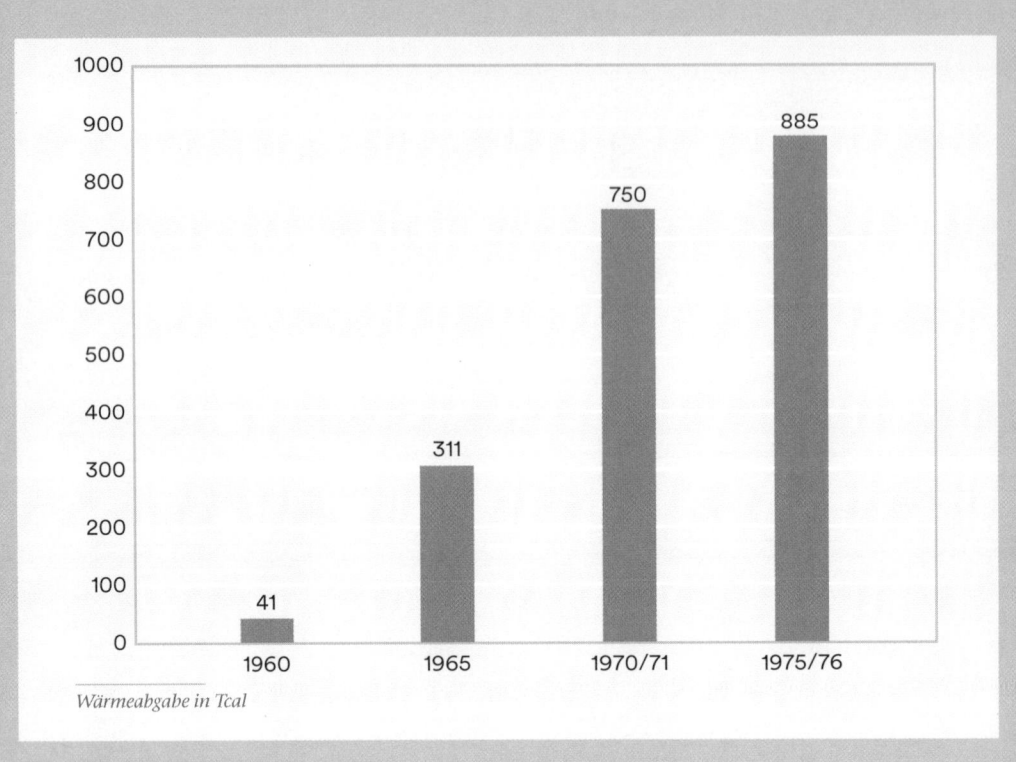

Jahr	Wärmeabgabe (Tcal)
1960	41
1965	311
1970/71	750
1975/76	885

Wärmeabgabe in Tcal

In den 1970er Jahren wurde auf kWh umgestellt. 1978 erfolgte die Inbetriebnahme des 1. Abschnitts des „Demonstrationsprojekts Fernwärme", Ende der 1980er Jahre die Aufnahme der Versorgung von Heidelberg und Schwetzingen. Neben u. a. Polen kam ab 2000/01 das Auslandsgeschäft in Tschechien hinzu. 2020 wurde das Müllheizkraftwerk auf der Friesenheimer Insel an das Fernwärmenetz angeschlossen.

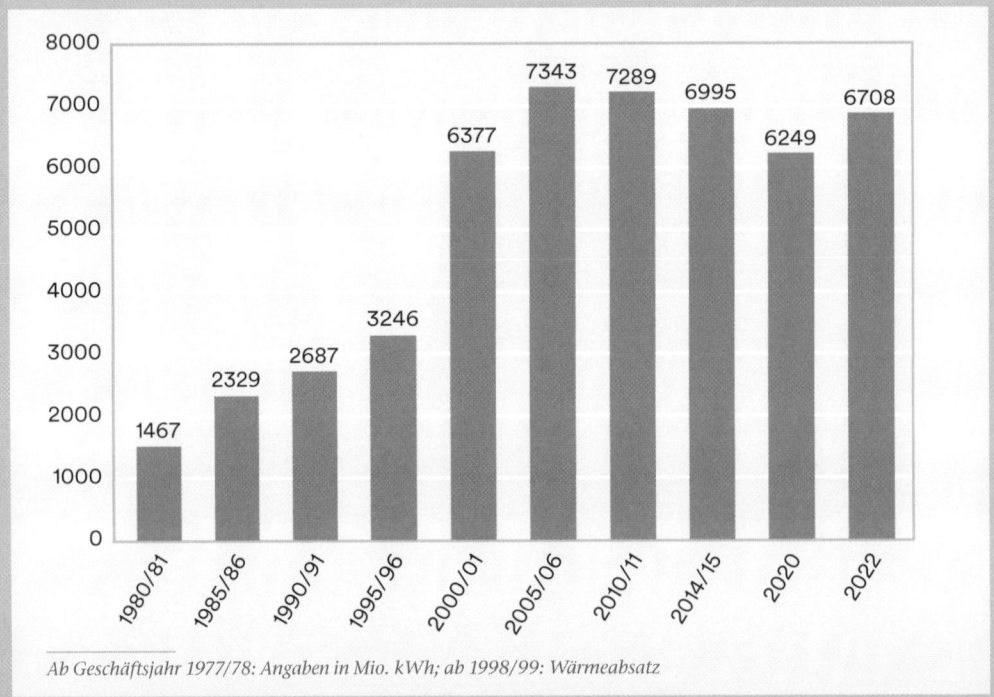

Jahr	Wert
1980/81	1467
1985/86	2329
1990/91	2687
1995/96	3246
2000/01	6377
2005/06	7343
2010/11	7289
2014/15	6995
2020	6249
2022	6708

Ab Geschäftsjahr 1977/78: Angaben in Mio. kWh; ab 1998/99: Wärmeabsatz

UMSATZ, EBIT, INVESTITIONEN

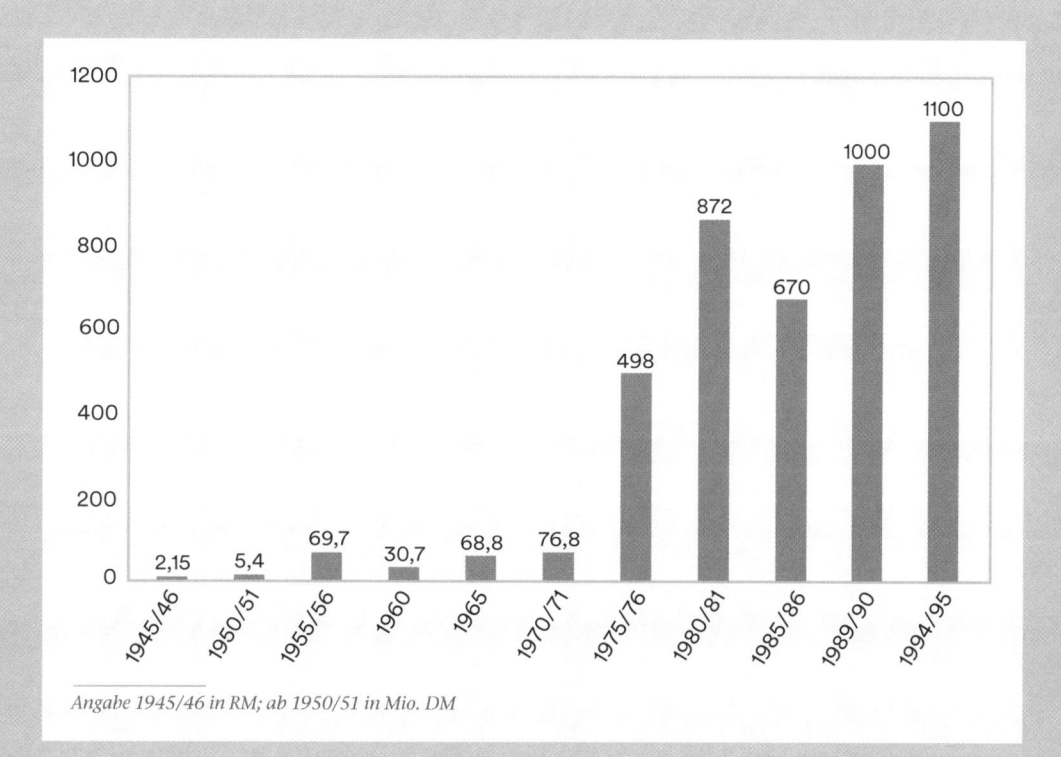

Chart 1 (Umsatz):

Jahr	Umsatz
1945/46	2,15
1950/51	5,4
1955/56	69,7
1960	30,7
1965	68,8
1970/71	76,8
1975/76	498
1980/81	872
1985/86	670
1989/90	1000
1994/95	1100

Angabe 1945/46 in RM; ab 1950/51 in Mio. DM

Umsatz: Sichtbar wird – auch aufgrund der Umgründung 1974 – ein multifunktionales Wachstum der Absatzbereiche Mitte der 1970er Jahre und für 1985/86 ein Zurückgehen des Umsatzes aufgrund einer Depression des verarbeitenden Gewerbes in Mannheim, ferner aufgrund des Preisverfalls bei Heizöl, der zur geringeren Erdgas-Abnahme bei Industriekunden mit bivalenter Feuerungsmöglichkeit führte. Ein starker Anstieg des Umsatzes nach Börsennotierung 1999 erfolgte in den 2000er Jahren u. a. durch das erhebliche Wachstum der 2004 zu 51 Prozent übernommenen Stadtwerke Kiel AG.

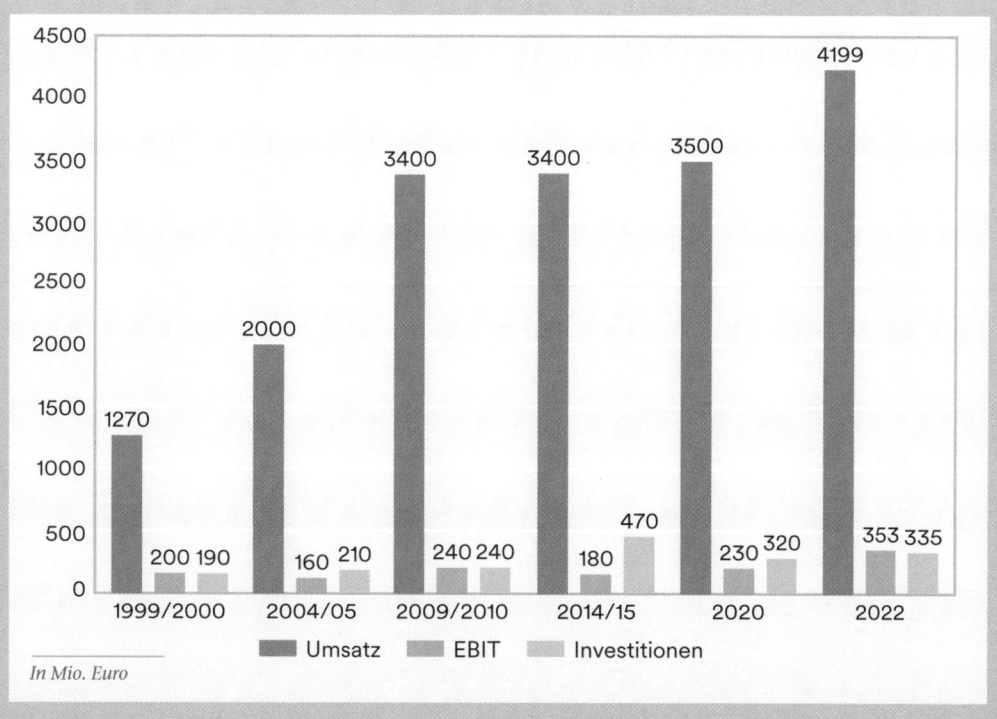

Chart 2 (Umsatz, EBIT, Investitionen in Mio. Euro):

Jahr	Umsatz	EBIT	Investitionen
1999/2000	1270	200	190
2004/05	2000	160	210
2009/2010	3400	240	240
2014/15	3400	180	470
2020	3500	230	320
2022	4199	353	335

In Mio. Euro

Umsatz, EBIT, Investitionen: Ab 2009/10 Adjusted EBIT (Earnings Before Interest and Taxes, dt. Ergebnisse vor Zinsen und Steuern). Ein die Vergleichbarkeit der Betriebsergebnisse steigerndes Adjusted EBIT rechnet auch die „Anderskosten" aus dem Betriebsergebnis heraus, also singuläre und nicht unmittelbar betriebsrelevante Aufwendungen, wie sie beispielsweise als Folge von Unglücken oder Rechtsstreitigkeiten entstehen.

ANHANG – DATEN IM LÄNGSSCHNITT

CAPITAL EMPLOYED

Wie beim Umsatz spiegelt sich auch im Capital Employed die Entwicklung des Unternehmens in den 2000er Jahren zum nationalen und internationalen Energieverteiler.
Kurzdefinition: Von der Aktivseite her Anlagevermögen minus Nettoumlaufvermögen; von der Passivseite her Summe der Passiva minus lfd. Verbindlichkeiten.

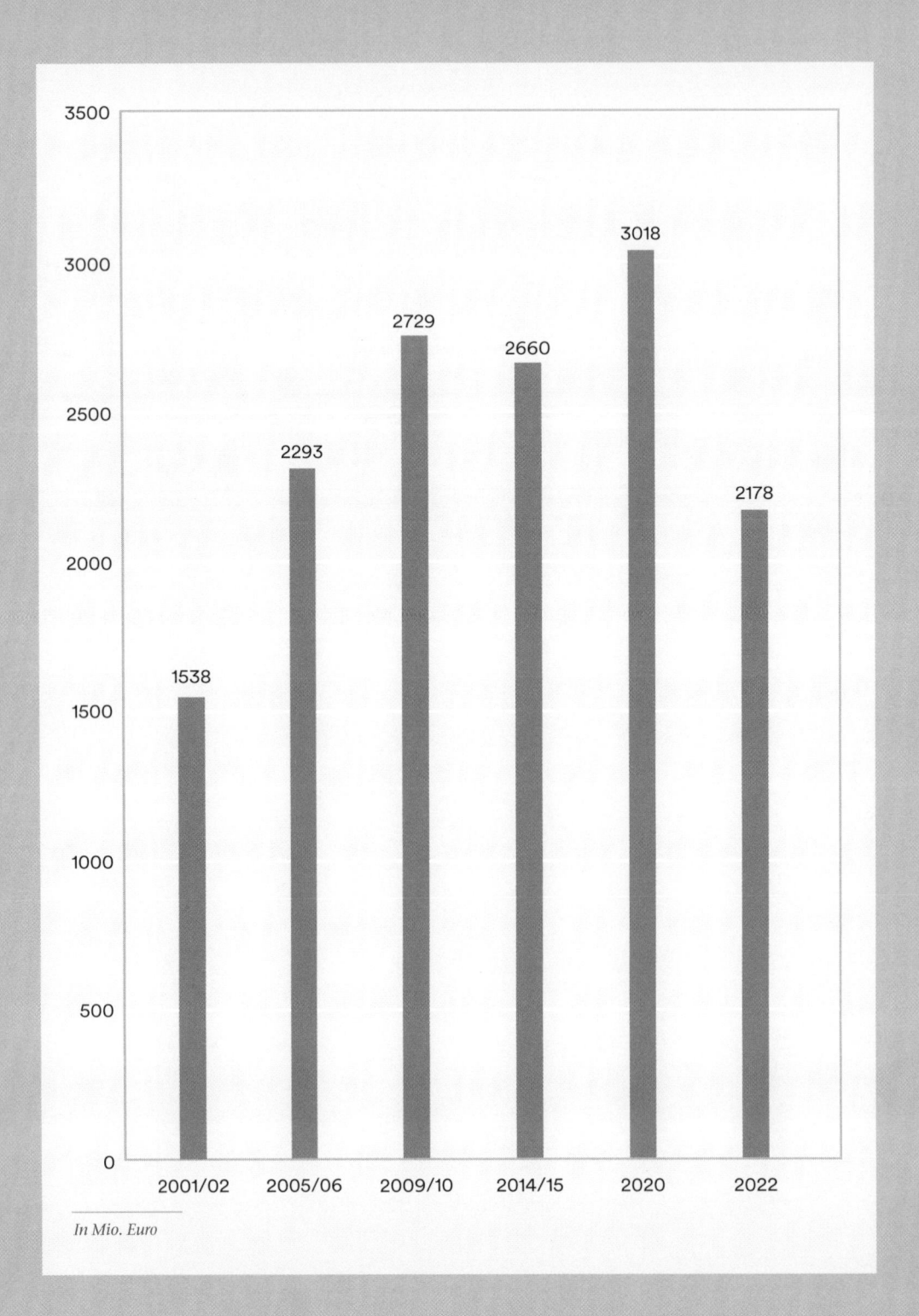

Jahr	Capital Employed (Mio. Euro)
2001/02	1538
2005/06	2293
2009/10	2729
2014/15	2660
2020	3018
2022	2178

In Mio. Euro

BESCHÄFTIGTE

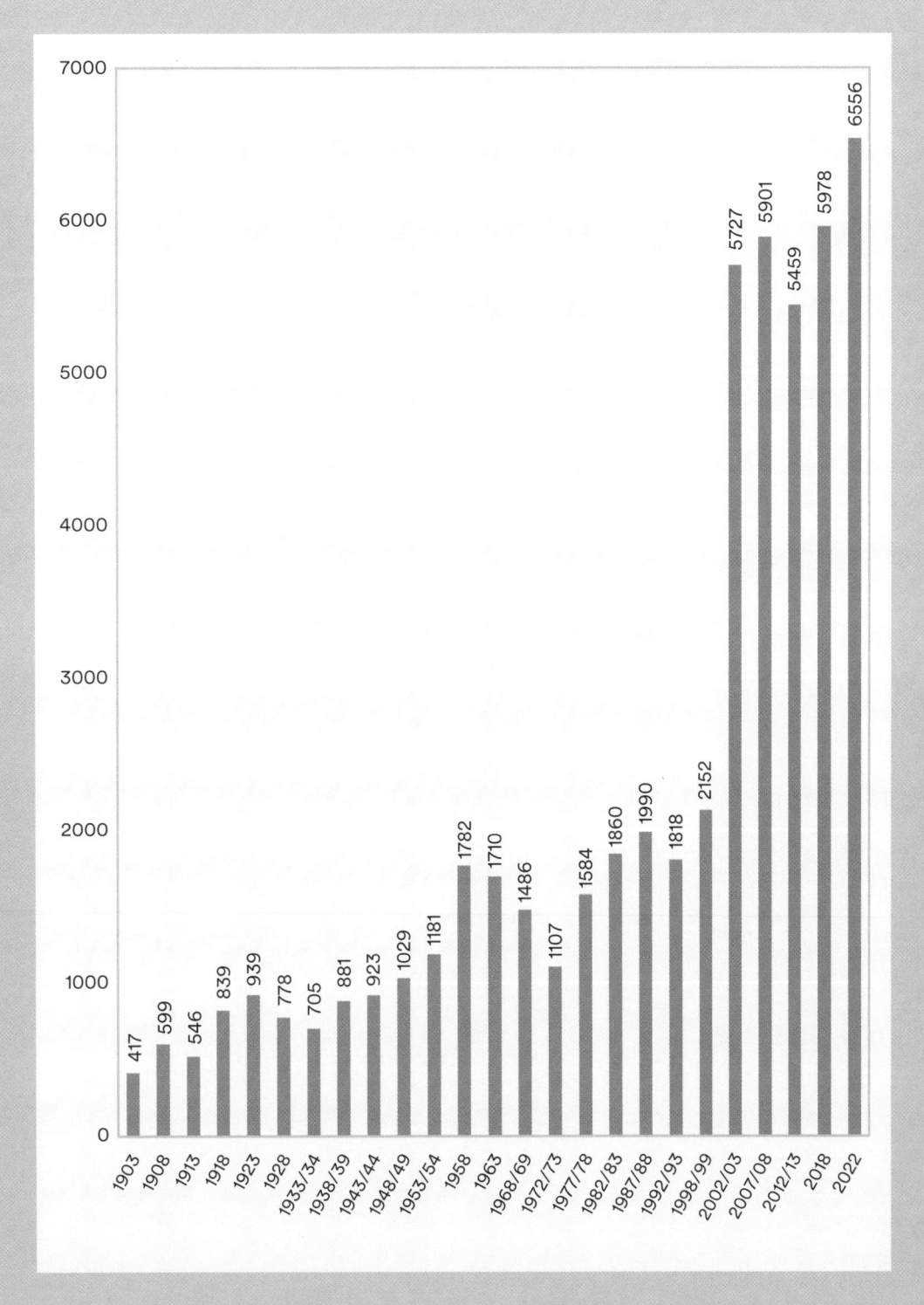

Jahr	Beschäftigte
1903	417
1908	599
1913	546
1918	839
1923	939
1928	778
1933/34	705
1938/39	881
1943/44	923
1948/49	1029
1953/54	1181
1958	1782
1963	1710
1968/69	1486
1972/73	1107
1977/78	1584
1982/83	1860
1987/88	1990
1992/93	1818
1998/99	2152
2002/03	5727
2007/08	5901
2012/13	5459
2018	5978
2022	6556

Die Zahl von 1903 umfasst nur Beschäftigte von Gas- und Wasserwerk, da das Elektrizitätswerk erst 1906 in städtische Regie übernommen wurde. Ab dem 1. Januar 1928 unterstanden Arbeiter, Angestellte und Beamte des Wasserwerks der Wasserwerksgesellschaft Rheinau mbH und wurden nicht mehr statistisch erfasst (Ausnahme: 1938/39: 14 Angestellte und 35 Arbeiter). Die Zahl von 1943/44 beinhaltet 298 einberufene Beschäftigte. Ab 1958 beinhalten die Zahlen die Stadtwerke Versorgungsbetriebe und die Gas- und Wasserwerke Rhein-Neckar AG. Die Beschäftigten der MVG werden in dieser Statistik nicht mit aufgeführt. Mit Gründung der MVV Energie AG und dem Börsengang 1999 wurden das Dienstleistungsgeschäft und ausländische Beteiligungen aufgebaut, was sich im Anstieg der Beschäftigten spiegelt, die hier inklusive aller Beteiligungen angegeben sind. Die Zahlengrundlage schwankt über die Jahre; Hilfsarbeiter und Auszubildende wurden nur in manchen Verwaltungs- bzw. Geschäftsberichten einberechnet.

HISTORISCHE UND AKTUELLE STANDORTE DER MVV ENERGIE AG UND IHRER VORGÄNGERORGANISATIONEN IN MANNHEIM

🔵 Wasser

1. 1. Wasserwerk Käfertal
   Inbetriebnahme 1888
2. Wasserwerk Rheinau
   Inbetriebnahme 1927
3. Wasserwerk Schwetzinger Hardt
   Inbetriebnahme 1972; Versorgung Mannheims ab 1989
4. 1. Wasserturm am Friedrichsplatz
   Vollendung 1889
   Stilllegung 2001
5. 2. Wasserturm auf dem Luzenberg
   Vollendung 1909
   Stilllegung 1976
6. Wasserwerk Feudenheim
   Betrieb 1906–1974
7. Wasserwerk Ilvesheim – Ersatz für WW Feudenheim
   Betrieb 1974–1985
8. Wasserwerk Seckenheim
   Betrieb 1911–1962; anschließend Anlage neuer Brunnen nahe denjenigen für das WW Rheinau

🟡 Gas

9. 1. Gaswerk Mannheims, betrieben von Friedrich Engelhorn, J.N. Spreng und F.A. Sonntag
   Inbetriebnahme 1851, Übergang in städtische Hand 1873
10. Gaswerk Lindenhof
    Betrieb 1878–1911
11. Gaswerk Luzenberg
    Betrieb 1900–1968; ab 1953 Betrieb als Gaskokerei

🟠 Elektrizität

12. Elektrizitätswerk Industriehafen (später UW I)
    Betrieb 1900–1929; als Umspannwerk (UW) ab 1967
13. Elektrizitätswerk Rheinau
    Betrieb 1897–1923, ab 1914 verbunden mit dem städtischen Elektrizitätswerk (Verbundbetrieb)
14. Großkraftwerk Mannheim (GKM)
    Inbetriebnahme 1923
15. UW Luzenberg
    Inbetriebnahme 1928, seit 1954 als Schwerpunktstation W1
16. UW II Schwetzingerstadt
    Inbetriebnahme um 1900 (Vorgängerbau)/1926–1970er Jahre/1980 (Neubau auf Nachbargrundstück)
17. UW III Käfertal
    Inbetriebnahme 1954
18. UW IV Schönau
    Inbetriebnahme 1962
19. UW V Seckenheim
    Inbetriebnahme 1967
20. UW VI ohne 110-kV-Anbindung am Standort des ehemaligen Kraftwerks Rheinau
21. UW VII Käfertal
    Inbetriebnahme 1984
22. UW VIII Innenstadt
    Inbetriebnahme 1994
23. UW IX
    Inbetriebnahme 2009

🟢 Fernwärme

24. Heizzentrale Schlachthof
    Inbetriebnahme 1959
25. Blockheizwerk (BHW) Waldhof-Ost
    1962–1983
26. Heizkraftwerk mit Müllverbrennung, Friesenheimer Insel
    Inbetriebnahme 1964, Anschluss der Anlage zur TAB an Fernwärmenetz 2020
27. Wärmetauscherstation Einspeisung Nord
    Inbetriebnahme 1966
28. BHW Vogelstang
    Inbetriebnahme 1966; nach Anschluss des Wohngebiets Vogelstang 1978 nur noch in Spitzenzeiten

⚫ Verwaltung

29. Erstes Verwaltungsgebäude, nicht erhalten
30. Verwaltungsgebäude K 7
    1926–1944
31. K 5 Schule
    1944–1964
    Interimsweise Unterbringung in der Schule in K 5
32. Verwaltungshochhaus mit Kundenzentrum am Luisenring
    Vollendung 1965
33. Kundenzentrum
    1998–2008
34. Kundenzentrum
    2008–2019

HESSEN

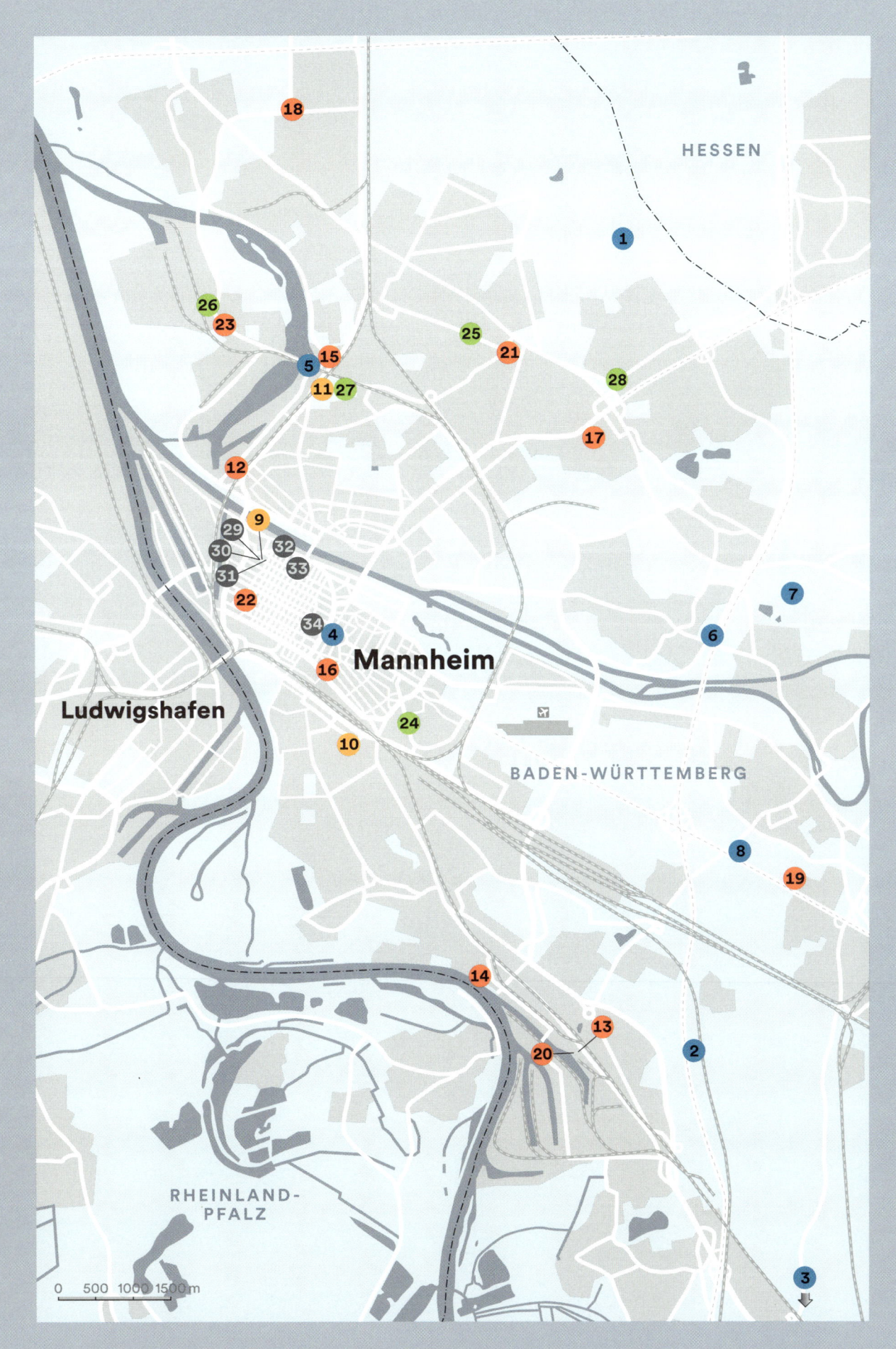

Mannheim

Ludwigshafen

BADEN-WÜRTTEMBERG

RHEINLAND-
PFALZ

0 500 1000 1500 m

AKTUELLE STANDORTE DER MVV ENERGIE AG UND IHRER TOCHTERUNTERNEHMEN

MVV Energie AG

Biomasse
1. Mannheim
2. Königs Wusterhausen
3. Wicker
4. Ridham Dock

Abfallverwertung
1. Mannheim
2. Leuna
3. Offenbach
4. Plymouth
5. Dundee

Stadtwerke
1. Stadtwerke Kiel
2. Energieversorgung Offenbach
3. Stadtwerke Ingolstadt
4. Köthen Energie
5. Stadtwerke Buchen
6. Stadtwerke Sinsheim
7. Stadtwerke Schwetzingen
8. Stadtwerke Walldorf

Juwi: Projektentwicklung im Bereich Erneuerbare Energien
1. Hannover
2. Wörrstadt

- Windparks
- Photovoltaik-Parks
- Biomethan/Bioabfallvergärung
- Dienstleistungen

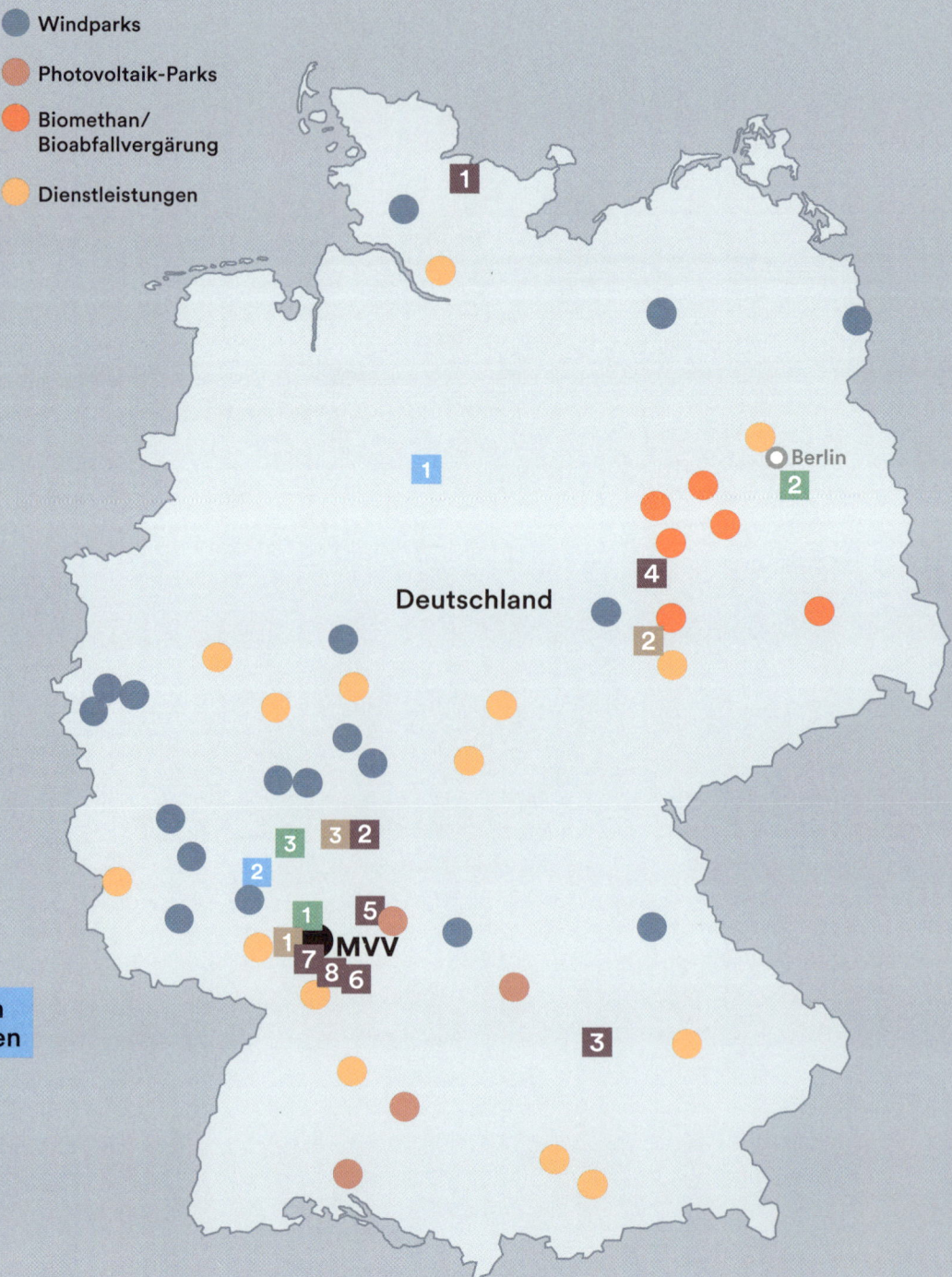

Großbritannien

Deutschland

Projektentwicklung durch Juwi in europäischen Ländern sowie insbesondere in USA, Australien, Japan und Südafrika.

ABKÜRZUNGSVERZEICHNIS

AEG	Allgemeine Elektricitäts-Gesellschaft	DEA	Deutsche Erdöl AG
AGFW	Arbeitsgemeinschaft Fernwärme	DENA	Deutsche Energie Agentur
AGKV	Aktiengesellschaft für Kohleverwertung	DETG	Deutsche Erdgastransport GmbH
		DGO	Deutsche Gemeindeordnung
AKW	Atomkraftwerk	DKB	Dresdner Kleinwort Benson
AOG	Gesetz zur Ordnung der nationalen Arbeit	DM	Deutsche Mark
		DP	Displaced Person
at	Technische Atmosphäre	DVGW	Deutscher Verein von Gas- und Wasserfachmännern
atü	Atmosphären-Überdruck		
BASF	Badische Anilin- und Sodafabrik	EDF	Electricité de France
BdW	Beteiligungsgesellschaft für die deutsche Wirtschaft	EDV	Elektronische Datenverarbeitung
		EEG	Erneuerbare-Energien-Gesetz
BECCUS	Bioenergy with Carbon Capture, Storage and Utilization	EnBW	Energie Baden-Württemberg
		ENTSO-E	European Network of Transmission System Operators for Electricity
Bewag	Berliner Städtische Elektrizitätswerke AG		
		ERM	Erdöl-Raffinerie Mannheim GmbH
BHW	Blockheizwerk	ERP	European Recovery Program (auch: Marshallplan)
BBC	Brown, Boveri & Cie (auch: BB&Cie.)		
BMFT	Bundesministerium für Forschung und Technologie	ESN	Einspeisung Nord
		ENI	Ente Nazionale Idrocarburi
BMWK	Bundesministerium für Wirtschaft und Klimaschutz	ESSO	phonetische Schreibweise der Abkürzung SO für Standard Oil als Markenname (Mineralölunternehmen)
c'	englischer Kubikfuß (1000 c' entsprechen rund 28 deutschen Kubikfuß)		
		EU-ETS	European Union Emissions Trading System (dt.: EU-Emissionshandel)
cal	Kalorie		
CCS	Carbon Capture and Storage	EVS	Energieversorgung Schwaben
CCUS	Carbon Capture, Utilization and Storage	EVU	Energieversorgungsunternehmen
		fl	Florin / Gulden (1 Gulden = 60 Kreuzer (kr))
CMP	Compagnie du chemin de fer métropolitain de Paris (Pariser Métro)		
		FRN	Fernwärme Rhein-Neckar GmbH
COP	Conference of the Parties	FSI	First Sentier Investors
DAF	Deutsche Arbeitsfront		

GBG	Mannheimer Wohnungsbaugesellschaft mbH	**NSV**	Nationalsozialistische Volkswohlfahrt
GKM	Grosskraftwerk Mannheim AG/ Großkraftwerk Mannheim	**OEG**	Oberrheinische Eisenbahn-Gesellschaft AG
GO	Gemeindeordnung	**ÖPNV**	Öffentlicher Personennahverkehr
GU	hessische Gas-Union	**ÖTV**	Gewerkschaft Öffentliche Dienste, Transport und Verkehr
GVS	Gasversorgung Süddeutschland	**RAD**	Reichsarbeitsdienst
HEAG	Hessische Eisenbahn-Aktiengesellschaft	**RHB**	Rhein-Haardt-Bahn GmbH
Hekoga	Hessische kommunale Gasfernversorgung GmbH	**RHE**	Energie- und Wasserwerke Rhein-Neckar AG
HJ	Hitlerjugend	**Rheinag**	Gas- und Wasserwerke Rhein-Neckar AG
HKW	Heizkraftwerk	**RM**	Reichsmark
HSB	Heidelberger Straßen- und Bergbahn AG	**RWE**	Rheinisch-Westfälisches Elektrizitätswerk AG
HVV	Heidelberger Versorgungs- und Verkehrsbetriebe GmbH	**RSG**	Rheinische Schuckert-Gesellschaft für elektrische Energie
Hz	Hertz	**SBTI**	Science Based Targets Initiative
IIP	Igneo Infrastructure Partners	**SDAX**	Small-Cap-DAX
IMI	Italienischer Militärinternierter	**SEG**	Süddeutsche Eisenbahn-Gesellschaft
IPCC	Intergovernmental Panel on Climate Change („Weltklimarat")	**SFG**	Saar Ferngas AG
IPO	Initial Public Offer	**SMA**	Stadtwerke Mannheim AG
JRSO	Jewish Restitution Successor Organization Inc. (auch: IRSO)	**SMAX**	Small Cap Exchange
KA	Kraftanlagen AG Heidelberg	**SPEC**	Stołeczne Przedsiębiorstwo Energetyki Cieplnej
kWh	Kilowattstunde	**Süwega**	Südwestdeutsche Gas-AG
KWK	Kraft-Wärme-Kopplung	**SWG**	Südwestdeutsche Ferngas AG
LS	Labor Service der amerikanischen Armee	**SWH**	Stadtwerke Heidelberg AG
MDAX	Mid-Cap-DAX	**TAB**	Thermische Abfallbehandlung
MIDAL	Mitte-Deutschland-Anbindungs-Leitung	**Tcal**	Terakalorie
MVG	Mannheimer Verkehrs-AG	**TWS**	Technische Werke Stuttgart
MVV	Mannheimer Versorgungs- und Verkehrsgesellschaft mbH	**UCTE**	Union for the Co-ordination of Transmission of Electricity
NAM	Nederlandse Aardolie Maatschappij BV	**UGP**	Union Générale des Pétroles
NGT	Neue Gastechnik	**UW**	Umspannwerk
		V	Volt

VKU	Verband Kommunaler Unternehmen
W	Watt
WGE	Wasser-, Gas- und Elektrizitätswerke
WGM	Wasserwerksgesellschaft Mannheim mbH
WIBERA	Wirtschaftsberatung Düsseldorf AG
ZWK	Zweckverband Wasserversorgung Kurpfalz
ZWM	Zentralwerkstatt für Verkehrsmittel Mannheim GmbH

LITERATURVERZEICHNIS

Acatech/Leopoldina/Akademieunion (Hgg.): Zentrale und dezentrale Elemente im Energiesystem. Der richtige Mix für eine stabile und nachhaltige Versorgung (Schriftenreihe zur wissenschaftsbasierten Politikberatung), Stellungnahme, München 2020, online abrufbar unter: https://www.leopoldina.org/uploads/tx_leopublication/2020_ESYS_Stellungnahme_Energiesystem.pdf, Stand: 28.3.2022.

Ambrosius, Gerold: Kommunalwirtschaft im Spannungsfeld von Autonomisierung/Privatisierung und Bindung/Regulierung (vom Ende des 19. Jahrhunderts bis zu den 1930er Jahren), in: Wysocki, Josef (Hg.): Kommunalisierung im Spannungsfeld von Regulierung und Deregulierung im 19. und 20. Jahrhundert, Berlin 1995, S. 141–163.

Ambrosius, Gerold: Der Staat als Unternehmer. Öffentliche Wirtschaft und Kapitalismus seit dem 19. Jahrhundert, Göttingen 1984.

Ambrosius, Gerold: Die öffentliche Wirtschaft in der Weimarer Republik: kommunale Versorgungsunternehmen als Instrumente der Wirtschaftspolitik, Baden-Baden 1984.

Amthor, O. Gerrit: Gesellschaftliches Engagement in der Elektrizitätsversorgungsindustrie. Eine Analyse unter besonderer Berücksichtigung seiner Begründung und seiner strukturpolitischen Wirkung, Berlin 2004.

Arnold, Birgit: Kommunale Selbstverwaltung, in: Schadt, Jörg/Caroli, Michael (Hgg.): Mannheim unter der Diktatur 1933–1939, Mannheim 1997, S. 31–39.

Arnscheidt, Grit: Zwei englische Mannheim-Darstellungen von 1835. Anmerkungen zur britischen Kolonie in der Quadratestadt, in: Mannheimer Geschichtsblätter 9 (2002), S. 203–224.

Asif, Muhammad: Role of Energy Conservation and Management in the 4D Sustainable Energy Transition, in: Sustainability 12 (2020), 10006.

Bähr, Johannes/Erker, Paul: NetzWerke. Die Geschichte der Stadtwerke München, München/Berlin 2017.

Bauer, Elke/Berthold, Helmut (Hgg.): „Thue ein Häferl Wein …" Das Kochbuch der Eva König. Rezepte von Lessings Frau, Göttingen 2013.

Bauer, Thomas: Die Lindleys und der Beginn der Schwemmkanalisation in Frankfurt am Main 1867–1887, in: Pelc, Ortwin/Grötz, Susanne (Hgg.): Der Konstrukteur der modernen Stadt. William Lindley in Hamburg und Europa 1808–1900, München u. a. 2008, S. 248–261.

Bauer, Thomas/Maier, Tilo: Impulse für Frankfurt und die Region. Geschichte und Gegenwart der Mainova Aktiengesellschaft, Frankfurt am Main 2012.

Baumann, Michael/Metzger, Rudolf: Grosskraftwerk Mannheim AG. Ein Unternehmen der Energieversorgung, in: Zeitschrift für öffentliche und gemeinwirtschaftliche Unternehmen 14 (1991), S. 391–400.

Baumüller, Franz: 50 Jahre GKM. 50 Jahre Mitgestaltung der Kraftwerkstechnik, in: Mannheimer Hefte 3 (1971), S. 31–36.

Bausch, Andreas/Schwenker, Burkhard (Hgg.): Handbook Utility Management, Berlin u. a. 2009.

Becker, Peter: Aufstieg und Krise der deutschen Stromkonzerne. Zugleich ein Beitrag zur Entwicklung des Energierechts, Bochum 2011.

Becker, Peter: Vom Stromkartell zur Energiewende. Aufstieg und Krise der deutschen Stromkonzerne, 3. aktualisierte und erweiterte Auflage, Frankfurt am Main 2021.

Benjamin, Walter: Das Passagen-Werk. Gesammelte Schriften, Bd. V-2, Frankfurt am Main 1991.

Bergmeier, Monika: Zur Geschichte umweltfreundlicher Energietechniken im 20. Jahrhundert. Das Beispiel der Abfallenergieverwertung, in: Archiv für Sozialgeschichte 43 (2003), S. 151–176.

Bibliographisches Institut (Hg.): Meyers großes Konversations-Lexikon. Ein Nachschlagwerk des allgemeinen Wissens, Bd. 18, Leipzig u. a. 1907.

Bleidick, Dietmar: Die Ruhrgas 1926 bis 2013. Aufstieg und Ende eines Marktführers, Berlin 2018.

Blotevogel, Hans Heinrich (Hg.): Kommunale Leistungsverwaltung und Stadtentwicklung vom Vormärz bis zur Weimarer Republik, Köln 1990.

Bluma, Lars/Farrenkopf, Michael/Przigoda, Stefan: Geschichte des Bergbaus, Berlin 2018.

Bodansky, Daniel: Prologue to the Climate Change Convention, in: Mintzer, Irving M./

Leonard, J. Amber (Hgg.): Negotiating Climate Change: The Inside Story of the Rio Convention, Cambridge 1994, S. 45–74.

Böhme, Helmut/Schott, Dieter (Hgg.): Wege regionaler Elektrifizierung in der Rhein-Main-Neckar-Region. Geschichte und Gegenwart, Darmstadt 1993.

Bohn, Thomas/Marschall, Hans-Peter: Die technische Entwicklung der Stromversorgung, in: Fischer, Wolfram (Hg.): Die Geschichte der Stromversorgung, Frankfurt am Main 1992, S. 37–120.

Bontrup, Heinz-Josef/Marquardt, Ralf-Michael: Kritisches Handbuch der deutschen Elektrizitätswirtschaft. Branchenentwicklung, Unternehmensstrategien, Arbeitsbeziehungen, Berlin 2010.

Börne, Ludwig: Schilderungen aus Paris. Entstanden zwischen 1822 und 1824.

Boston Consulting Group (BCG): Klimapfade 2.0 – Ein Wirtschaftsprogramm für Klima und Zukunft, im Auftrag des Bundesverbands der Deutschen Industrie (BDI), 21.10.2021, online abrufbar unter: https://bdi.eu/publikation/news/klimapfade-2-0-ein-wirtschaftsprogramm-fuer-klima-und-zukunft/, Stand: 15.4.2022.

Bräunche, Ernst Otto/Sander-Faes, Stefan (Hgg.): Städte im Krieg – Erlebnis, Inszenierung und Erinnerung des Ersten Weltkriegs, Ostfildern 2016.

Brown, Boveri & Cie AG (Hg.): BBC Mannheim, Mannheim 1975.

Brüggemeier, Franz-Josef: Grubengold. Das Zeitalter der Kohle von 1750 bis heute, München 2018.

Brüggemeier, Franz-Josef/Grütter, Heinrich Theodor/Farrenkopf, Michael (Hgg.): Das Zeitalter der Kohle. Eine europäische Geschichte, Essen 2018.

Brunckhorst, Hans-Dieter: Kommunalisierung im 19. Jahrhundert. Dargestellt am Beispiel der Gaswirtschaft in Deutschland, München 1978.

Budian, Hans: Mannheimer Mozartgedenkstätten, in: Würtz, Roland: Das Mannheimer Mozart-Buch, hrsg. im Auftrag der Mozartgemeinde Mannheim-Ludwigshafen-Heidelberg, Wilhelmshaven 1977, S. 15–36.

Bujard, Hermann: Schillers Erkrankung in Mannheim – ein kultur- und medizinhistorischer Ausflug, in: Wieczorek, Alfried/Homering, Liselotte (Hgg.): SchillerZeit in Mannheim, Reiss-Engelhorn-Museen 2005, S. 85–92.

Caro, Heinrich: Gesammelte Reden und Vorträge, Leipzig 1913.

Caroli, Michael: 1933–1939. Keine „Hauptstadt der Bewegung", in: Nieß, Ulrich/Caroli, Michael (Hgg.): Geschichte der Stadt Mannheim, Bd. 3, Heidelberg u. a. 2009, S. 224–351.

Caroli, Michael: 1939–1945. Der Sturz in die Katastrophe, in: Nieß, Ulrich/Caroli, Michael (Hgg.): Geschichte der Stadt Mannheim, Bd. 3, Heidelberg u. a. 2009, S. 352–420.

Caroli, Michael: Luftschutzbauten, in: Schadt, Jörg/Caroli, Michael (Hgg.): Mannheim im Zweiten Weltkrieg 1939–1945, Mannheim 1993, S. 27–36.

Caroli, Michael: Vergangenheit, die nicht vergeht, in: Schadt, Jörg/Caroli, Michael (Hgg.): Mannheim im Zweiten Weltkrieg 1939–1945, Mannheim 1993, S. 179–189.

Caroli, Michael/Pich, Sabine: „Machtergreifung", in: Schadt, Jörg/Caroli, Michael: Mannheim unter der Diktatur 1933–1939, Mannheim 1997, S. 13–30.

Christ, Karl: Das Dorf Mannheim und die Rechte der Pfalzgrafen an Wild, Wasser und Walde, Mannheim 1891. (MARCHIVUM, Bibliothek, A 4/10)

Czada, Roland/Wollmann, Hellmut (Hgg.): Von der Bonner zur Berliner Republik. 10 Jahre Deutsche Einheit (Leviathan, Sonderheft 19/1999), Wiesbaden 2000.

Dash, Ashiss K.: From Darkness to Light: The Five "Ds" Can Lead the Way, in: Infosys Insight 6 (2016), S. 24–29, online abrufbar unter: https://www.infosys.com/insights/age-possibilities/documents/darkness-to-light.pdf, Stand: 28.3.2022.

Deutsche Energie-Agentur GmbH (DENA) (Hg.): DENA-Leitstudie Aufbruch Klimaneutralität, 10/2021, online abrufbar unter: https://www.dena.de/fileadmin/dena/Publikationen/PDFs/2021/Abschlussbericht_dena-Leitstudie_Aufbruch_Klimaneutralitaet.pdf, Stand: 15.4.2022.

Die Gas-Beleuchtung der Stadt Mannheim, 1851. (MARCHIVUM, Bibliothek, A 20/22 und UV 0143)

Doleski, Oliver D.: Utility 4.0. Transformation vom Versorgungs- zum digitalen Energiedienstleistungsunternehmen, Wiesbaden 2016.

Döring, Peter: Dezentralisierung versus Verbundwirtschaft. Die Diskussion um die Regulierung der Elektrizitätswirtschaft im Vorfeld des Energiewirtschaftsgesetzes von 1935, in: Ehrhardt, Hendrik/Kroll, Thomas (Hgg.): Energie in der modernen Gesellschaft. Zeithistorische Perspektiven, Göttingen 2012, S. 119–148.

Dratwa, Friederike Anna/Ebers, Malko/Pohl, Anna Kristina/Spiegel, Björn/Strauch, Gunnar (Hgg.): Energiewirtschaft in Europa. Im Spannungsfeld zwischen Klimapolitik, Wettbewerb und Versorgungssicherheit, Berlin/Heidelberg 2010.

Eder, Anneliese: Vom Brunnen zur Wasserleitung, in: Mannheimer Hefte 2 (1956), S. 25–31.

Egger, Norbert: Grußwort aus Anlaß des Mannheimer Symposiums 25 Jahre Heizkraftwerk Nord mit Müllverbrennung, in: MVV (Hg.): Mannheimer Symposium 25 Jahre Heizkraftwerk-Nord mit Müllverbrennung 18. Mai 1990, Mannheim 1990, S. 9–14.

Ehrmantraut, Dominique/Martin, Michael: Das Protokollbuch der französisch-reformierten Gemeinde zu Mannheim von

1652 bis 1689 (Sonderveröffentlichung des Stadtarchivs Mannheim – Institut für Stadtgeschichte Nr. 41), Mannheim 2013.

Engelhorn, Marie: Eine kleine Übersicht meines vielbewegten Lebens, Mannheim o. D. (MARCHIVUM, Bibliothek, 2002 A 429)

Eppler, Erhard: Ende oder Wende. Von der Machbarkeit des Notwendigen, Stuttgart u. a. 1975.

Europäische Kommission: European Energy and Transport, Trends to 2030 – update 2007, DG TREN, Brüssel 2008.

Eustachi, Jürgen: Die Kraftmaschine am großen Strom. 75 Jahre Grosskraftwerk Mannheim Aktiengesellschaft, o. O., 1996.

EWI/Prognos (Energiewirtschaftliches Institut, Universität Köln): Energiereport IV – Die Entwicklung der Energiemärkte bis zum Jahr 2030. Energiewirtschaftliche Referenzprognose, Untersuchung im Auftrag des Bundesministeriums für Wirtschaft und Arbeit, Köln/Basel 2005.

Facius, Friedrich/Sydow, Jürgen (Hgg.): Aus Stadt- und Wirtschaftsgeschichte Südwestdeutschlands. Festschrift für Erich Maschke zum 75. Geburtstag, Stuttgart 1975.

Farrenkopf, Michael: Koks. Die Geschichte eines Wertstoffes. 2 Bde., Bochum 2003.

Feder, Heinrich von: Geschichte der Stadt Mannheim nach den Quellen bearbeitet. Erster Band: XVII. und XVIII. Jahrhundert, Mannheim und Straßburg 1875.

Fernwärme Rhein-Neckar GmbH u. a. (Hgg.): Fernwärmeleitung Mannheim – Heidelberg, Mannheim 1987. (MARCHIVUM, Bibliothek, 2020 B 371)

Fischer, Wolfram (Hg.): Die Geschichte der Stromversorgung, Frankfurt am Main 1992.

Fontanesi, Josef Valentin: Kurze Vorstellung der Industrie in denen drey Haupt-Städten und sämtlichen Ober-Ämtern der Churfürstlichen Pfalz rucksichtlich auf die Manufakturen, die Gewerbschaften, und die Handlung, Frankenthal 1775.

Fraune, Cornelia/Löschel, Andreas: Energiepolitik, in: Mause, Karsten/Müller, Christian/Schubert, Klaus (Hgg.): Politik und Wirtschaft: Ein integratives Kompendium, Wiesbaden 2018, S. 431–450.

Fraunhofer ISE (Kost, Christoph/Shammugam, Shivenes/Fluri, Verena/Peper, Dominik/Memar, Aschkan Davoodi/Schlegl, Thomas): Stromgestehungskosten Erneuerbarer Energien, Juni 2021, online abrufbar unter: https://www.ise.fraunhofer.de/content/dam/ise/de/documents/publications/studies/DE2021_ISE_Studie_Stromgestehungskosten_Erneuerbare_Energien.pdf, Stand: 19.1.2022.

Friederich, Johann Konrad: Denkwürdigkeiten oder Vierzig Jahre aus dem Leben eines Toten, genannt auch „der deutsche Casanova", Bd. 3, erschienen 1848/49, Leipzig/Weimar 1978.

Fritsche, Christiane: Ausgeplündert, zurückerstattet und entschädigt. Arisierung und Wiedergutmachung in Mannheim, Heidelberg u. a. 2013.

Fritsche, Christiane: Mannheim „arisiert". Die Mannheimer Stadtverwaltung und die Vernichtung jüdischer Existenzen, in: dies./Paulmann, Johannes (Hgg.): „Arisierung" und „Wiedergutmachung" in deutschen Städten, Köln 2014, S. 137–162.

Fuchs, Carl Johannes (Hg.): Gemeindebetriebe. Neuere Versuche und Erfahrungen über die Ausdehnung der kommunalen Tätigkeit in Deutschland und im Ausland. 3 Tle. (Schriften des Vereins für Socialpolitik, Bde. 128–130), Leipzig 1908–1909.

Führer, Christian: Das Ende des 2. Weltkriegs in Mannheim aus amerikanischer Sicht, in: Mannheimer Geschichtsblätter 40 (2020), S. 65–84.

Gassert, Philipp/Nieß, Ulrich/Stockert, Harald (Hgg.): Zusammenleben in Vielfalt. Zuwanderung nach Mannheim von 1607 bis heute (Veröffentlichungen zur Mannheimer Migrationsgeschichte, Bd. 1), Heidelberg u. a. 2021.

Geden, Oliver: Die Modifikation des 2-Grad-Ziels. Klimapolitische Zielmarken im Spannungsfeld von wissenschaftlicher Beratung, politischen Präferenzen und ansteigenden Emissionen, Berlin, Juli 2012, online abrufbar unter: https://www.swp-berlin.org/publications/products/studien/2012_S12_gdn.pdf, Stand: 28.3.2022.

Geradin, Damien: Twenty Years of Liberalization of Network Industries in the European Union: Where Do We Go Now?, 24.11.2006, online abrufbar unter: https://ssrn.com/abstract=946796, Stand: 28.3.2022.

Gercken, Philipp Wilhelm: Reisen durch Schwaben, Baiern, angränzende Schweiz, Franken und die Rheinischen Provinzen, 4 Bde., Stendhal 1783–1788, hier Bd. 3.

Giehl, J./Göcke, H./Grosse, B./Kochems, J./Mikulicz-Radecki, F. v./Müller-Kirchenbauer, J.: Data Documentation Energie und Ressourcen. Vollaufnahme und Klassifikation von Geschäftsmodellen der Energiewende, 2021, online abrufbar unter: https://www.er.tu-ber-lin.de/fileadmin/a38331300/Dateien/Data_Documentation_Vollaufnahme_und_Klassifikation_von_Geschaeftsmodellen_der_Energiewende.pdf, Stand: 29.3.2022.

Gieseler, Albert/Ryll, Monika: Wassertürme in Mannheim. Ein kunst- und technikgeschichtlicher Führer (Kleine Schriften des Stadtarchivs Mannheim, 9), Mannheim 1997.

Gillen, Anja: Die Großstadt kündigt sich an (1870–1891), in: Nieß, Ulrich/Caroli, Michael (Hgg.): Geschichte der Stadt Mannheim, Bd. 2, Heidelberg u. a. 2007, S. 414–497.

Gillen, Anja: Von Feuerzauber und Gralsgesang. Emil Heckel und Richard Wagner in Mannheim (Beiträge zur Mannheimer Kunst- und Stadtgeschichte, Bd. 3), Mannheim 2013.

GKM (Hg.): Denkschrift zum 25jährigen Jubiläum der Grosskraftwerk Mannheim Aktiengesellschaft am 8. November 1946, Mannheim 1946. (MARCHIVUM, Bibliothek, A 28/30)

GKM (Hg.): 100 Jahre GKM. 100 Jahre Energie für Mannheim und die Region, Informationsbroschüre, Mannheim 2021.

Gotto, Bernhard: Nationalsozialistische Kommunalpolitik. Administrative Normalität und Systemstabilisierung durch die Augsburger Stadtverwaltung 1933–1945, München 2006.

Graf, Johannes/Höllig, Claire: Wer hat an der Uhr gedreht? Die Geschichte der Sommerzeit, Furtwangen 2016.

Grahn, E.: Zur Statistik der Wasserversorgung Deutschlands, Deutsch-Oesterreichs und der Schweiz, in: Journal für Gasbeleuchtung und Wasserversorgung 16 (1876), S. 518–521.

Grande, Edgar/Eberlein, Burkhard: Der Aufstieg des Regulierungsstaates im Infrastrukturbereich. Zur Transformation der politischen Ökonomie der Bundesrepublik Deutschland, in: Czada, Roland/Wollmann, Hellmut (Hgg.): Von der Bonner zur Berliner Republik. 10 Jahre Deutsche Einheit (Leviathan, Sonderheft 19/1999), Wiesbaden 2000, S. 631–650.

Graichen, Patrick: Kommunale Energiepolitik und die Umweltbewegung. Eine Public-Choice-Analyse der „Stromrebellen" von Schönau, Frankfurt am Main 2003.

Grimm, Jacob: Deutsche Mythologie, Bd. I und III. Mit einer Einleitung von Leopold Kretzenbacher, Wiesbaden 1968 (Nachdruck der 4. Aufl. 1875–1878).

Grimm, Veronika u. a. (Hgg.): Deutschlands Neue Agenda: Die Transformation von Wirtschaft und Staat in eine klimaneutrale und digitale Gesellschaft, Berlin 2021.

Großherzogliches Hoftheater: Einführung der elektrischen Beleuchtung im Großherzoglichen Hoftheater und Umgestaltung der Bühneneinrichtung daselbst, Mannheim 1897. (MARCHIVUM, Bibliothek, A 10/119)

Grötz, Susanne/Pelc, Ortwin: Der Konstrukteur der modernen Stadt. William Lindley in Hamburg und Europa 1808–1900, München/Hamburg 2008.

Guttmann, Barbara: Die Schuldigkeit dem Vaterlande gegenüber – Nationaler Frauendienst während des I. Weltkriegs, in: Stadt ohne Frauen? Frauen in der Geschichte Mannheims. Hg. von der Frauenbeauftragten der Stadt Mannheim und den Autorinnen, Mannheim 1993, S. 173–184.

Hack, Fr[iedrich]: Das Monopol der Gasanstalten, in: Zeitschrift für die gesamte Staatswissenschaft 25 (1869), S. 239–260.

Häckel, E.: Energie- und Rohstoffpolitik, in: Schmidt, Siegmar/Hellmann, Gunther/Wolf, Reinhard (Hgg.): Handbuch zur deutschen Außenpolitik, Wiesbaden 2007, S. 639–649.

Hanauer, Wilhelm: Berufskrankheiten der Gasarbeiter (Arbeiter-Gesundheitsbibliothek, Bd. 34), Berlin 1913.

Hartung, Roland: Europäische Energiepolitik und Common Carriage (Common Carrier), in: Zeitschrift für öffentliche und gemeinwirtschaftliche Unternehmen 13 (1990), S. 40–52.

Hartung, Roland: Die MVV Verkehr AG. Ein Dienstleistungsunternehmen der Stadt Mannheim, in: Schenk, Andreas: Mannheim und seine Bauten 1907–2007, Bd. 4: Bauten für Verkehr, Industrie, Gesundheit und Sport, hg. vom Stadtarchiv Mannheim – Institut für Stadtgeschichte/Mannheimer Architektur- und Bauarchiv, Mannheim 2004, S. 54–55.

Haucaup, Justus/Helle, Christoph/Loebert, Ina/Raschka, Oliver: Transparenzdefizite beim kurz- und langfristigen Engpassmanagement der Übertragungsnetzbetreiber, in: Zeitschrift für Energiewirtschaft 4 (2019).

Hein, Dieter: Bürgerlicher Aufbruch (1830–1848), in: Nieß, Ulrich/Caroli, Michael (Hgg.): Geschichte der Stadt Mannheim, Bd. 2, Heidelberg u. a. 2007, S. 140–253.

Heindl, Peter/Schüßler, Rudolf/Löschel, Andreas: Ist die Energiewende sozial gerecht?, in: Wirtschaftsdienst 7 (2014), S. 508–514.

Helle, Christoph/Lang, Hartmut: Umweltschutz bei der Mannheimer Versorgungs- und Verkehrsgesellschaft mbH (MVV), in: UmweltWirtschaftsForum 3 (1998), S. 36–40.

Helle, Christoph: Growth Options for Regional Utilities, in: Bausch, Andreas/Schwenker, Burkhard (Hgg.): Handbook Utility Management, Berlin u. a. 2009, S. 709–723.

Hennicke, Peter/Johnson, Jeffrey P./Kohler, Stephan/Seifried, Dieter: Die Energiewende ist möglich. Für eine neue Energiepolitik der Kommunen. Strategien für eine Rekommunalisierung, Frankfurt am Main 1985.

Herders Konversations-Lexikon: kurze aber deutliche Erklärung von allem Wissenswerthen aus dem Gebiete der Religion, Philosophie, Geschichte, Geographie, Sprache, Literatur, Kunst, Natur- und Gewerbekunde, Handel der Fremdwörter und ihrer Aussprache, Bd. 5, 3. Aufl., Freiburg im Breisgau u. a., 1905.

Herrmann, Armin: 75 Jahre BBC Mannheim, in: Brown, Boveri & Cie AG (Hg.): BBC Mannheim, Mannheim 1975, S. 6–23.

Heuraux, Christine: Die deutsche Energiewirtschaft. Chronik einer angekündigten Liberalisierung, Essen 2004.

Hierholzer, Vera/Richter, Sandra (Hgg.): Goethe und das Geld. Der Dichter und die moderne Wirtschaft. Ausst.-Kat. Frankfurter Goethe-Haus/Freies Deutsches Hochstift, Frankfurt am Main 2012.

Hirsch, Hans-Joachim: Mannheim-Neckarstadt. Ein Stadtteil von den Anfängen bis in die Nachkriegszeit, Heidelberg u. a. 2022.

Hirschhausen, Christian von: German Energy and Climate Policies: A Historical Overview, in: ders. u. a. (Hgg.): Energiewende „Made in Germany". Low Carbon Electricity Sector Reform in the European Context, Cham 2018, S. 17–44.

Hirschhausen, Christian von u. a. (Hgg.): Energiewende „Made in Germany". Low Carbon Electricity Sector Reform in the European Context, Cham 2018.

Hochreiter, Walter: Vom Kommunalkraftwerk zum Großkraftwerk: Die Mannheimer Entwicklung (1910–1935), in: Böhme, Helmut/Schott, Dieter (Hgg.): Wege regionaler Elektrifizierung in der Rhein-Main-Neckar-Region. Geschichte und Gegenwart, Darmstadt 1993, S. 57–70.

Hoenn, Georg Paul: Betrügereien aller Stände im 18. Jahrhundert, 1773 (Reprint Paderborn o. D.).

Hoffend, Andrea: Mannheim, die Kurpfalzmetropole – „Unsere erste Aufgabe: bauen und abermals bauen", in: Moersch, Karl/Weber, Reinhold (Hgg.): Die Zeit nach dem Krieg: Städte im Wiederaufbau, Stuttgart 2008, S. 258–288.

Hoffmann, Carl August: Systematische Uebersicht und Darstellung der Resultate von zwey hundert und zwey und vierzig chemischen Untersuchungen mineralischer Wasser, von Gesundbrunnen und Bädern, in den Ländern des deutschen Staatenvereins und deren nächsten Begränzungen. Nebst Anzeige aller über diese Heilwasser erschienenen Schriften, Berlin 1815.

Hoffmann, Heinz: Mannheim. Madrid. Moskau. Erlebtes aus drei Jahrzehnten, Berlin 1981.

Hoffmann, Herbert: Im Gleichschritt in die Diktatur? Die nationalsozialistische „Machtergreifung" in Heidelberg und Mannheim 1930 bis 1935, Frankfurt am Main 1985.

Homering, Liselotte: „Alles Merkwürdige des deutschen Athen's" – Kunst und Wissenschaft in Mannheim zur Zeit Carl Theodors, in: Welck, Karin von/Homering, Liselotte (Hgg.): 176 Tage W. A. Mozart in Mannheim. Ausst.-Kat. Reiss-Engelhorn-Museen, Mannheim, Mannheim 1991, S. 84–99.

Homering, Liselotte: Chronologie zur Vorgeschichte und Geschichte des Mannheimer Nationaltheaters, in: Homering, Liselotte/Welck Karin von (Hgg.): Mannheim und sein Nationaltheater. Menschen – Geschichte(n) – Perspektiven, Mannheim 1998, S. 514–603.

Homering, Liselotte/Welck Karin von (Hgg.): Mannheim und sein Nationaltheater. Menschen – Geschichte(n) – Perspektiven, Mannheim 1998.

Horn, Manfred: Die Energiepolitik der Bundesregierung von 1958 bis 1972. Zur Bedeutung der Penetration ausländischer Ölkonzerne in die Energiewirtschaft der BRD für die Abhängigkeit interner Strukturen und Entwicklungen, Berlin 1977.

Höse, Dietmar: „Fahre mit Gas"! Der Traum von der Gasstraßenbahn, Dessau 2016.

Houben, Georg J./Batelaan, Okke: The Thiem team – Adolf and Günther Thiem, two forefathers of hydrogeology (preprint 4.10.2021), online abrufbar unter: https://hess.copernicus.org/preprints/hess-2021-427/hess-2021-427.pdf, Stand 2/2022.

Huth, Hans: Die Kunstdenkmäler des Stadtkreises Mannheim, Bd. 1 und 2 (Die Kunstdenkmäler in Baden-Württemberg), München 1982.

Irek, Joachim: Mannheim in den Jahren 1945 bis 1949. Geschichte einer Stadt zwischen Diktatur und Republik, Bd. 1: Darstellung, Bd. 2: Dokumentation (Veröffentlichung des Stadtarchivs Mannheim, Bde. 9 und 10), Stuttgart 1983.

Jacob, Gustav: Aus der Geschichte der Mannheimer Elektroindustrie, in: Facius, Friedrich/Sydow, Jürgen (Hgg.): Aus Stadt- und Wirtschaftsgeschichte Südwestdeutschlands. Festschrift für Erich Maschke zum 75. Geburtstag, Stuttgart 1975, S. 237–254.

Jensen, Inka: Ein Brunnen des 17. Jahrhunderts – das älteste Baudenkmal der Stadt Mannheim, in: Denkmalpflege in Baden-Württemberg. Nachrichtenblatt des Landesdenkmalamts 2 (1979), S. 77–80.

Jérôme, Liliane: Tod in der Fremde. Zur Erinnerung an die Vogesen-Deportation nach Mannheim 1944/45. Mit einem Nachwort von Peter Koppenhöfer (Schriftenreihe MARCHIVUM 4), Mannheim 2019.

Joskow, Paul L./Schmalensee, Richard: Markets for Power. An Analysis of Electric Utility Deregulation, Cambridge, Massachusetts, 1983.

Journal für Gasbeleuchtung und verwandte Beleuchtungsarten. Monatsschrift von N. H. Schilling und A. Schels, München Jg. 1859 und 1861, 1868, 1969.

Karlsch, Rainer/Stokes, Raymond G.: Faktor Öl. Die Mineralölwirtschaft 1859–1974, München 2003.

Keiper, Johann: Sir Benjamin Thompson, Reichsgraf von Rumford, in: Mannheimer Geschichtsblätter 11 (1910), Sp. 29.

Kelimes, Doreen: Gefangen hinter Stacheldraht! Das Gefangenenlager Mannheim im Ersten Weltkrieg, in: Mannheimer Geschichtsblätter 40 (2020), S. 99–120.

Kern, Thomas: Die Umweltbewegung und der Wandel der institutionellen Logik auf dem Strommarkt, in: Zeitschrift für Soziologie, 5 (2014), S. 322–340.

Kershaw, Ian: Das Ende. Kampf bis in den Untergang – NS-Deutschland 1944/45, München 2011.

Kipnase, Ernst: Die Hamburger Hochbahn Aktiengesellschaft in verkehrspolitischer und sozialpolitischer Beziehung, Berlin 1925.

Kistner, Adolf: Der erste elektrische Personenaufzug in der Mannheimer Pfalzgau-Ausstellung von 1880, in: Mannheimer Geschichtsblätter 31 (1930), S. 230–231.

Kistner, Adolf: Der Verfasser der „Kurzen Vorstellung der Industrie" usw. 1755, in: Mannheimer Geschichtsblätter 29 (1928), Sp. 2.

Kiyar, Dagmar: Um(welt)orientierung großer Energiekonzerne? Die großen Vier und ihr Beitrag zum Klimaschutz (Wissenschaftliche Schriften der WWU Münster, Reihe VII, Bd. 14), Münster 2014.

König, Johann-Günther/Peters, Manfred: Börse. Aktien und Akteure, Frankfurt am Main 2002.

Koppenfels, Ulrich von: Mehr Wettbewerb durch wirksame Entflechtung der Strom- und Gasversorgungsnetze. Das dritte Liberalisierungspaket zum Energiebinnenmarkt der Europäischen Union, in: Dratwa, Friederike Anna/Ebers, Malko/Pohl, Anna Kristina/Spiegel, Björn/Strauch, Gunnar (Hgg.): Energiewirtschaft in Europa. Im Spannungsfeld zwischen Klimapolitik, Wettbewerb und Versorgungssicherheit, Berlin/Heidelberg 2010.

Körting, Johannes: Geschichte der deutschen Gasindustrie. Mit Vorgeschichte und bestimmten Einflüssen des Auslandes, Essen 1963.

Körting, Johannes: Karlsruhe als Gasstadt der Frühzeit. (Technikgeschichte in Einzeldarstellungen Nr. 13, hrsg. v. Verein Deutscher Ingenieure), Düsseldorf 1969.

Koppenhöfer, Peter: Der Gas-Strike, ein Konsumentenstreik gegen das Gasmonopol (unveröffentlichtes Manuskript 2020).

Koppenhöfer, Peter: „Als Vergeltung für geleistete Dienste". Die Stadt finanziert Friedrich Engelhorns Aufstieg zum Großindustriellen (erscheint 2023 in den Mannheimer Geschichtsblättern).

Krabbe, Wolfgang R.: Kommunalpolitik und Industrialisierung. Die Entfaltung der städtischen Leistungsverwaltung im 19. und frühen 20. Jahrhundert. Fallstudien zu Dortmund und Münster, Stuttgart u. a. 1985.

Krabbe, Wolfgang R.: Städtische Wirtschaftsbetriebe im Zeichen des „Munizipalsozialismus": Die Anfänge der Gas- und Elektrizitätswerke im 19. und frühen 20. Jahrhundert, in: Blotevogel, Hans Heinrich (Hg.): Kommunale Leistungsverwaltung und Stadtentwicklung vom Vormärz bis zur Weimarer Republik, Köln 1990, S. 117–135.

Kranig, Andreas: Lockung und Zwang. Zur Arbeitsverfassung im Dritten Reich, Stuttgart 1983.

Krämer, Hans-Henning: 75 Jahre Saar Ferngas AG. Zur Geschichte der saarländischen Gasversorgung, Saarbrücken 2004.

Krause, Florentin/Bossel, Hartmut/Müller-Reißmann, Karl-Friedrich: Energie-Wende: Wachstum und Wohlstand ohne Erdöl und Uran, Frankfurt am Main 1980.

Krause, Norbert (Hg.): Arbeit im Gaswerk 1900–1965. Zwischen Ofenhaus und Gasometer, Bremen 1986.

Krauß, Martin: Im Ersten Weltkrieg, in: Nieß, Ulrich/Caroli, Michael (Hgg.): Geschichte der Stadt Mannheim, Bd. 3, Heidelberg u. a. 2009, S. 1–49.

Krauß, Martin/Rummel, Walter (Hgg.): „Heimatfront" – Der Erste Weltkrieg und seine Folgen im Rhein-Neckar-Raum (1914–1924), Heidelberg u. a. 2014.

Krüger, Dieter: Nationalökonomen im Wilhelminischen Deutschland, Göttingen 1983.

KZ-Gedenkstätte Mannheim-Sandhofen/Association des Déportés de Mannheim, Saint-Dié (Hgg.): Die Männer von St. Dié. Erinnerungen an eine Verschleppung/Les hommes de St. Dié. Souvenirs d'une déportation (Reihe Geschichtswissenschaft, Bd. 47), Herbolzheim 2000.

Langer, Jörg: Zur Geschichte des Gewässerschutzes am Ober- und Hochrhein. Eine Fallstudie zur Umwelt- und Biologiegeschichte, Diss., Darmstadt 2002.

Leonhard, Jörn: Die Büchse der Pandora. Geschichte des Ersten Weltkriegs, München 2014.

Leuschner, Udo: Kurzschluß. Wie unsere Stromversorgung teurer und schlechter wurde, Münster 2007.

Löschel, Andreas: Energiepolitik nach Fukushima, in: Wirtschaftsdienst 5 (2011), S. 307–310.

Löschel, Andreas/Rübbelke, Dirk/Ströbele, Wolfgang/Pfaffenberger, Wolfgang/Heuterkes, Michael: Energiewirtschaft. Einführung in Theorie und Politik, 4., vollständig überarbeitete Auflage, Berlin/Boston 2020.

Löschel, Andreas: CO_2-Bepreisung als ökonomische Antwort auf den Klimawandel, in: Grimm, Veronika u. a. (Hgg.): Deutschlands Neue Agenda: Die Transformation von Wirtschaft und Staat in eine klimaneutrale und digitale Gesellschaft, Berlin 2021.

Loster-Schneider, Gudrun: Mannheim in Reisebeschreibungen des 18. Jahrhunderts, Mannheim 1987.

Lovins, Amory B.: Energy Strategy: The Road Not Taken?, in: Foreign Affairs 6 (1976), S. 9–19.

Löwen, John-Wesley: Die dezentrale Stromwirtschaft. Industrie, Kommunen und Staat in der westdeutschen Elektrizitätswirtschaft 1927–1957, Berlin 2015.

Luderer, Gunnar/Kost, Christoph/Sörgel, Dominika (Hgg.) (2021): Deutschland auf dem Weg zur Klimaneutralität 2045 – Szenarien und Pfade im Modellvergleich (Ariadne-Report), Potsdam 2021, online abrufbar unter: https://ariadneprojekt.de/media/2022/02/Ariadne_Szenarienreport_Oktober2021_corr0222.pdf, Stand: 15.4.2022.

Mannheim seit der Gründung des Reiches 1871–1907. Im Auftrage des Stadtrates dargestellt vom Statistischen Amt (Mannheim in Vergangenheit und Gegenwart. Jubiläumsgabe der Stadt, Bd. 3), Mannheim 1907.

Mannheims Sehenswürdigkeiten im Jahre 1770, in: Mannheimer Geschichtsblätter 9 (1908), Sp. 6–18.

Marvill-Steiner, Helen: In Transit, Mannheim 1995.

Matthias, Erich/Weber, Hermann (Hgg.): Widerstand gegen den Nationalsozialismus in Mannheim, Mannheim 1984.

Matzerath, Horst: Nationalsozialismus und kommunale Selbstverwaltung, Stuttgart 1970.

Maubach, Klaus-Dieter: Energiewende. Wege zu einer bezahlbaren Energieversorgung, Wiesbaden 2014.

Mause, Karsten/Müller, Christian/Schubert, Klaus (Hgg.): Politik und Wirtschaft: Ein integratives Kompendium, Wiesbaden 2018.

McGlade, C./Ekins, P.: The geographical distribution of fossil fuels unused when limiting global warming to 2 °C, in: Nature 517 (2015), S. 187–190.

Meadows, Donella H./Meadows, Dennis L./Randers, Jørgen/Behrens, William W.: The Limits to Growth: A Report for the Club of Rome's Project on the Predicament of Mankind, New York 1972.

Meinzer, Lothar: Ludwigshafen am Rhein und die Pfalz in den ersten Jahren des Dritten Reiches (Veröffentlichungen des Stadtarchivs Ludwigshafen am Rhein), Ludwigshafen 1991.

Messinger, Franz: Das Steinkohlengas im Kampf gegen die Verschwendung des Nationalvermögens, Oldenburg [1911].

Mies, Herbert: Mit einem Ziel vor Augen. Vom Jung- zum Altkommunisten. Erinnerungen, Berlin 2009.

Mintzer, Irving M./Leonard, J. Amber (Hgg.): Negotiating Climate Change: The Inside Story of the Rio Convention, Cambridge 1994.

Mira, Ludwig/Dreutter, Hans: Handkommentar der Reichssteuergesetze, Bd. II: Das Körperschaftsteuergesetz vom 16. Oktober 1934, Berlin 1939.

Mirow, Jürgen: Geschichte des deutschen Volkes. Von den Anfängen bis zur Gegenwart, 2 Bde., Gernsbach 1996.

Missbach, Andreas: Das Klima zwischen Nord und Süd. Eine regulationstheoretische Untersuchung des Nord-Süd-Konflikts in der Klimapolitik der Vereinten Nationen, Münster 1999.

Moericke, Otto: Die Gemeindebetriebe Mannheims, Leipzig 1909.

Morris, Craig/Jungjohann, Arne: Energy Democracy. Germany's Energiewende to Renewables, 2016, online abrufbar unter: https://doi.org/10.1007/978-3-319-31891-2, Stand: 28.3.2022.

Mörz, Stefan: Aufgeklärter Absolutismus in der Kurpfalz während der Mannheimer Regierungszeit des Kurfürsten Karl Theodor, 1742–1777 (Veröffentlichungen der Kommission für geschichtliche Landeskunde Baden-Württemberg, Reihe B Forschungen, Bd. 120), Stuttgart 1991.

Mörz, Stefan: Glanz der Residenz zur Karl-Theodor-Zeit (1743–1777), in: Nieß, Ulrich/Caroli, Michael (Hgg.): Geschichte der Stadt Mannheim, Bd. 1, Heidelberg u. a. 2007, S. 372–527.

Mörz, Stefan: Hauptstadt ohne Kurfürst (1778–1789), in: Nieß, Ulrich/Caroli, Michael (Hgg.): Geschichte der Stadt Mannheim, Bd. 1, Heidelberg u. a. 2007, S. 528–585.

Münch, Peter: Stadthygiene im 19. und 20. Jahrhundert. Die Wasserversorgung, Abwasser- und Abfallbeseitigung unter besonderer Berücksichtigung Münchens, Göttingen 1993.

MVV GmbH (Hg.): Fernwärmeversorgung in Mannheim, Mannheim 1984. (MARCHIVUM, Bibliothek, A 20/88)

MVV GmbH (Hg.): Das Energieversorgungskonzept der Stadtwerke Mannheim Aktiengesellschaft (SMA), Mannheim 1987.

MVV GmbH (Hg.): Mannheimer Symposium 25 Jahre Heizkraftwerk-Nord mit Müllverbrennung 18. Mai 1990, Mannheim 1990. (MARCHIVUM, Bibliothek, A 20/114)

MVV GmbH (Hg.): Fernwärmeversorgung in Mannheim, Mannheim 1992.

Nieß, Ulrich/Caroli, Michael (Hgg.): Geschichte der Stadt Mannheim, 3 Bde., Heidelberg u. a. 2007–2009.

Nieß, Ulrich: „Ars longa, vita brevis": Mannheims Wasserturm, in: ders./Caroli, Michael (Hgg.): Geschichte der Stadt Mannheim, Bd. 2, Heidelberg u. a. 2007, S. 446–447.

Nieß, Ulrich: Das Herz der Metropolregion, in: ders./Caroli, Michael (Hgg.): Geschichte der Stadt Mannheim, Bd. 3, Heidelberg u. a. 2009, S. 612–717.

Nieß, Ulrich: „... daß der Krieg die Menschen so roh machte". Der Erste Weltkrieg und seine Folgen in der Region Mannheim, in: Bräunche, Ernst Otto/Sander-Faes, Stefan (Hgg.): Städte im Krieg – Erlebnis, Inszenierung und Erinnerung des Ersten Weltkriegs, Ostfildern 2016, S. 109–131.

Nieß, Ulrich (unter Mitarbeit von Anja Gillen): STANDPUNKT oder Geschichtsrevision? Eine Entgegnung auf Hans-Otto Brinkkötter, in: Badische Heimat 1 (2019), S. 155–163.

Nieß, Ulrich/Rings, Hanspeter: Der Krieg kommt in die Heimat, in: Krauß, Martin/Rummel, Walter (Hgg.): „Heimatfront" – Der Erste Weltkrieg und seine Folgen im Rhein-Neckar-Raum (1914–1924), Heidelberg u. a. 2014, S. 106–112.

OEG (Hg.): OEG 1911–1951. Zum 40jährigen Bestehen der Oberrheinischen Eisenbahn-Gesellschaft AG, Mannheim 1951.

Ohlhorst, Dörte/Tews, Kerstin/Schreurs, Miranda: Energiewende als Herausforderung der Koordination im Mehrebenensystem, in: Technikfolgenabschätzung – Theorie und Praxis 2 (2013), S. 48–55, online abrufbar unter: https://www.tatup.de/index.php/tatup/article/view/615/1097, Stand: 29.3.2022.

Öko-Institut e. V. (Hg.): Energieversorgung der Bundesrepublik ohne Kernenergie und Erdöl, Freiburg i. Br. 1982.

Ortwein, Edmund: Die Ordnung der deutschen Elektrizitätswirtschaft, in: Sturm, Roland/Wilks Stephen (Hgg.): Wettbewerbspolitik und die Ordnung der Elektrizitätswirtschaft in Deutschland und Großbritannien (Integration Europas und Ordnung der Weltwirtschaft, Bd. 8) Baden-Baden 1996, S. 77–131.

Parzer, Sebastian: Die frühen Jahre von Friedrich Engelhorn (1821–1864), Worms 2011.

Parzer, Sebastian: Die Gewerbliche und Landwirtschaftliche Ausstellung des Pfalzgaues in Mannheim im Jahr 1880, in: Mannheimer Geschichtsblätter 28 (2014), S. 16–26.

Paulinyi, Akos/Troitzsch, Ulrich: Technikgeschichte. Mechanisierung und Modernisierung (1600–1840, 1840–1914), Berlin 1997.

Pehnt, Martin: Energieeinsparung und Effizienz. Die wichtigsten Pfeiler der Energiewende, in: Bundeszentrale für politische Bildung, Dossier Energiepolitik, 1.3.2013, online abrufbar unter: https://www.bpb.de/politik/wirtschaft/energiepolitik/152893/energieeinsparung-und-effizienz, Stand: 28.3.2022.

Pelc, Ortwin/Grötz, Susanne (Hgg.): Der Konstrukteur der modernen Stadt. William Lindley in Hamburg und Europa 1808–1900, München u. a. 2008.

Peter, Roland: Rüstungspolitik in Baden. Kriegswirtschaft und Arbeitseinsatz in einer Grenzregion im Zweiten Weltkrieg, München 1995.

Pich, Sabine: Vom Festungsgraben zum Ringkanal. Kleine Entwässerungsgeschichte der Stadt Mannheim 1606–1906, Heidelberg u. a. 2010.

Pichler, Josef: Die Versorgung der Stadt Mannheim mit Wasser und Licht. Sonderdruck aus dem Journal für Gasbeleuchtung und Wasserversorgung 1907. (MARCHIVUM, Bibliothek, A 20/37)

Pichler, Josef: Das erweiterte Wasserwerk der Stadt Mannheim. Sonderdruck aus dem Journal für Gasbeleuchtung und Wasserversorgung 1917. (MARCHIVUM, Bibliothek, A 20/42)

Polizey-Vorschriften für die Großherzoglich-Badische Haupt- und Residenzstadt Mannheim, Mannheim 1807. (MARCHIVUM, Bibliothek, 2006 A 35)

Polizei-Vorschriften für die Großherzoglich-Badische Hauptstadt Mannheim mit den neuen Verordnungen, auch der allgemeinen Bau-Ordnung für die Stadt Mannheim, Mannheim 1822. (MARCHIVUM, Bibliothek, A 19/93)

Preisendörfer, Bruno: Als Deutschland noch nicht Deutschland war. Reise in die Goethezeit, Berlin 2015.

Probst, Hansjörg: Seckenheim. Ein Heimatbuch, Mannheim 1993.

Probst, Hansjörg (Hg.): Mannheim vor der Stadtgründung, Teil II, Bd. 1: Mittelalter und Frühe Neuzeit im unteren Neckarland. Das Dorf Mannheim, Mannheim 2006.

Probst, Hansjörg: Das mittelalterliche Dorf, in: ders. (Hg.): Mannheim vor der Stadtgründung, Teil II, Bd. 1: Mittelalter und Frühe Neuzeit im unteren Neckarland. Das Dorf Mannheim, Mannheim 2006, S. 414–441.

Prognos/Öko-Institut/Wuppertal-Institut: Klimaneutrales Deutschland 2045. Wie Deutschland seine Klimaziele schon vor 2050 erreichen kann, Zusammenfassung im Auftrag von Stiftung Klimaneutralität, Agora Energiewende und Agora Verkehrswende, Version 1.4, Juni 2021, online abrufbar unter: https://static.agora-energiewende.de/fileadmin/Projekte/2021/2021_04_KNDE45/A-EW_209_KNDE2045_Zusammenfassung_DE_WEB.pdf, Stand: 15.4.2022.

Quincey, de Thomas: Bekenntnisse eines Opiumessers, München 1985 (engl. 1822).

Rabe, Werner: Betriebsgeschichte der Mannheimer Verkehrs-Aktiengesellschaft (MVG), Mannheim 1979.

Radkau, Joachim: Die Ära der Ökologie. Eine Weltgeschichte, München 2011.

Ratzel, Ludwig: Die Gemeinden und der Wandel in der süddeutschen Gaswirtschaft, in: Mannheimer Hefte 3 (1961), S. 6–10.

Ratzel, Ludwig: Erinnerungen. Gespräche geführt und bearbeitet von Walter Spannagel (Quellen und Darstellungen zur Mannheimer Stadtgeschichte, Bd. 1), Sigmaringen 1993.

RHE AG/Stadtwerke Mannheim (Hgg.): Neubau des Verwaltungsgebäudes in Mannheim, Mannheim 1966.

Rieger, Johann Georg: Historisch-topographisch-statistische Beschreibung von Mannheim und seiner Umgebung, Mannheim 1824 (unveränderter Nachdruck, Neustadt an der Aisch 1996).

Rings, Hanspeter: Der Mannheimer Spaziergänger – Impressionen aus dem 18. und 19. Jahrhundert, in: Mannheimer Geschichtsblätter 22 (2011), S. 75–92.

Rings, Hanspeter: Johann Wolfgang von Goethe in Mannheim, Heidelberg 2018.

Rings, Hanspeter: Mannheim auf Kurs. Hafen- und Schifffahrtsgeschichte der Stadt an Rhein und Neckar, 2. Aufl., Mannheim 2019.

Ripple, William J. u. a.: World Scientists' Warning of a Climate Emergency 2021, in: BioScience 9 (2021), S. 894–898.

Röhrich, Lutz: Lexikon der sprichwörtlichen Redensarten, Freiburg 2001.

Rosa, Lorenzo/Sanchez, Daniel L./Mazzotti, Marco: Assessment of carbon dioxide removal via BECCS in a carbon-neutral Europe, in: Energy & Environmental Science 14 (2021), S. 3086–3097, online abrufbar unter: https://doi.org/10.1039/D1EE00642H, Stand: 20.3.2022.

Roth, Ines: Digitalisierung in der Energiewirtschaft. Technologische Trends und ihre Auswirkungen auf Arbeit und Qualifizierung, Working Paper Forschungsförderung Nummer 073, Mai 2018, online abrufbar unter: https://www.boeckler.de/pdf/p_fofoe_WP_073_2018.pdf, Stand: 28.3.2022.

Rothenberger, Karl-Heinz: Geschichte der pfälzischen Gasindustrie (Landauer Universitätsschriften. Geschichte. Bd. 3), Landau 1996.

Rüther, Martin: Lage und Abstimmungsverhalten der Arbeiterschaft: Die Vertrauensratswahlen in Köln 1934 und 1935, in: Vierteljahrshefte für Zeitgeschichte 2 (1991), S. 221–264.

Salewski, Andreas: Betriebliche Sozialpolitik in öffentlichen Unternehmen während des Dritten Reiches. Das Beispiel der Stadtwerke Mannheim, Magisterarbeit Ruhr-Universität Bochum 1994.

Salewski, Andreas: Betriebliche Sozialpolitik kommunaler Unternehmen im Nationalsozialismus. Das Beispiel der Stadtwerke Mannheim 1933–1945, in: Frese, Matthias/Zeppenfeld, Burkhard (Hgg.): Kommunen und Unternehmen im 20. Jahrhundert. Wechselwirkungen zwischen öffentlicher und privater Wirtschaft, Essen 2000, S. 129–156.

Schadt, Jörg: Kriegsende am unteren Neckar, in: ders./Caroli, Michael (Hgg.): Mannheim im Zweiten Weltkrieg 1939–1945, Mannheim 1993, S. 150–178.

Schadt, Jörg/Caroli, Michael (Hgg.): Mannheim im Zweiten Weltkrieg 1939–1945, Mannheim 1993.

Schäfer, Annette: Zwangsarbeit in den Kommunen. „Ausländereinsatz" in Württemberg 1939–1945, in: Vierteljahreshefte für Zeitgeschichte 1 (2001), S. 53–75.

Schäfer, Hermann: Regionale Wirtschaftspolitik in der Kriegswirtschaft. Staat, Industrie und Verbände während des Ersten Weltkriegs in Baden (Veröffentlichungen der Kommission für geschichtliche Landeskunde in Baden-Württemberg, Reihe B, Forschungen, Bd. 95), Stuttgart 1983.

Schenk, Andreas: Mannheim und seine Bauten 1907–2007, Bd. 2: Bauten für Verwaltung, Handel und Gewerbe, hg. vom Stadtarchiv Mannheim – Institut für Stadtgeschichte/Mannheimer Architektur- und Bauarchiv, Mannheim 2000.

Schenk, Andreas: Mannheim und seine Bauten 1907–2007, Bd. 4: Bauten für Verkehr, Industrie, Gesundheit und Sport, hg. vom Stadtarchiv Mannheim – Institut für Stadtgeschichte/Mannheimer Architektur- und Bauarchiv, Mannheim 2004.

Schenk, Andreas, Der NS-Oberbürgermeister und die Bunker, online abrufbar unter: http://www.marchivum-blog.de/2017/07/13/der-ns-oberbuergermeister-und-die-bunker-carl-renninger, Stand: 22.2.2022.

Schivelbusch, Wolfgang: Geschichte der Eisenbahnreise. Zur Industrialisierung von Raum und Zeit im 19. Jahrhundert, Frankfurt am Main/Berlin 1979.

Schivelbusch, Wolfgang: Lichtblicke. Zur Geschichte der künstlichen Helligkeit im 19. Jahrhundert, München 1983.

Schilling, Nikolaus Heinrich: Handbuch der Steinkohlengas-Beleuchtung, 2. Aufl., München 1866.

Schilling, Nikolaus Heinrich: Zur Gasbeleuchtungs-Frage, München 1870 [Zusammendruck verschiedener Aufsätze des Verfassers aus der „Rundschau" im Journal für Gasbeleuchtung (12) 1869].

Schilling, Nikolaus Heinrich: Statistische Mittheilungen über die Gas-Anstalten Deutschlands, Oesterreichs und der Schweiz sowie einige Gas-Anstalten anderer Länder. Bearb. Diehl, Lothar, München 1877.

Schlarb, Patrick: Mannheimer Wasser, edle Branntweine aus der Kurpfalz, in: Mannheimer Geschichtsblätter 41 (2021), S. 37–50.

Schmidt-Herb, Ludwig: Die „Traitteur'sche Wasserleitung" – Trinkwasser von Rohrbach nach Mannheim. Das Projekt, sein Ingenieur und die Umstände, an denen es letztlich scheiterte, in: Heidelberger Geschichtsverein (Hg.): Heidelberg. Jahrbuch zur Geschichte der Stadt 2016, S. 129–149.

Schiffer, Hans-Wilhelm: Energiemarkt Deutschland, 8. Aufl., Köln 2002.

Schmidt, Siegmar/Hellmann, Gunther/Wolf, Reinhard (Hgg.): Handbuch zur deutschen Außenpolitik, Wiesbaden 2007.

Schmitz-Berning, Cornelia: Vokabular des Nationalsozialismus, Berlin 2007.

Schott, Dieter: Die Vernetzung der Stadt. Kommunale Energiepolitik, öffentlicher Nahverkehr und die „Produktion" der modernen Stadt. Darmstadt – Mannheim – Mainz 1880–1913, Darmstadt 1999.

Schott, Dieter: Die Stadt unter Strom, in: Nieß, Ulrich/Caroli, Michael (Hgg.): Geschichte der Stadt Mannheim, Bd. 2, Heidelberg u. a. 2007, S. 498–597.

Schott, Sigmund: Großstädtische Agglomerationen des Deutschen Reiches, Breslau 1912.

Schröter, Hans: Friedrich Engelhorn. Ein Unternehmer-Porträt des 19. Jahrhunderts, Landau/Pfalz 1991.

Schweer, Dieter/Thieme, Wolf: „Der gläserne Riese" RWE. Ein Konzern wird transparent, Essen 1998.

Segelken, Lüder: Großraumwirtschaft in der deutschen Gasversorgung, München 1937.

Sensfuß, F. u. a.: Langfristszenarien für die Transformation des Energiesystems in

Deutschland 3 – Kurzbericht: 3 Hauptszenarien, Studie im Auftrag des Bundesministeriums für Wirtschaft und Energie (BMWi), Fraunhofer ISI, Consentec GmbH, ifeu, Technische Universität Berlin, Karlsruhe 2021.

Siegel, Tilla: Leistung und Lohn in der nationalsozialistischen „Ordnung der Arbeit", Wiesbaden 1989.

Smreker, Oskar: Vorarbeiten für das Wasserwerk der Stadt Mannheim, 1884. (MARCHIVUM, Bibliothek, A 20/39)

Smreker, Oskar: Detailproject für das Wasserwerk der Stadt Mannheim, 1885. (MARCHIVUM, Bibliothek, A 20/39)

Smreker, Oskar: Das Wasserwerk der Stadt Mannheim, o. O. o. D. [ca. 1890]. (MARCHIVUM, Bibliothek, 2004 B 337)

Spoerer, Mark: Zwangsarbeit unter dem Hakenkreuz, Stuttgart 2001.

Staatliche Archivverwaltung Baden-Württemberg (Hg.): Die Stadt- und die Landkreise Heidelberg und Mannheim. Amtliche Kreisbeschreibung, Bd. 3: Die Stadt Mannheim und die Gemeinden des Landkreises Mannheim, Karlsruhe 1970.

Stadler, Benedikt: Frühe Keller in Mannheim. Ein Baubefund im ehemaligen Quadrat H 4, in: Mannheimer Geschichtsblätter 40 (2020), S. 135–138.

Stadtwerke Mannheim (Hg.): 50 Jahre städtische Stromversorgung Mannheim, Mannheim 1956.

Stadtwerke Mannheim/Werk für Datenverarbeitung: Elektronische Datenverarbeitung bei den Stadtwerken Mannheim, München o. D. [1967]. (MARCHIVUM, Bibliothek, 96 A 446)

Stadtwerke Mannheim, Versorgungsbetriebe/Energie- und Wasserwerke Rhein-Neckar AG (Hgg.): Mannheimer Energien. 100 Jahre Versorgungswirtschaft seit Übernahme des Gaswerks Mannheim in städtische Regie 1873–1973 (Texte: Rudolf Cyperrek und Werner Kriebitzsch), Mannheim 1973.

Statistisches Amt (im Auftrag des Stadtrats): Mannheim seit der Gründung des Reiches 1871–1907 (Mannheim in Vergangenheit und Gegenwart. Jubiläumsgabe der Stadt, Bd. 3), Mannheim 1907.

Steen, Jürgen (Hg.): „Eine neue Zeit ...!" Die Internationale Elektrotechnische Ausstellung 1891, Frankfurt am Main 1991.

Sternburg, Wilhelm von: Das RWE im demokratischen Deutschland 1918–1930, in: Schweer, Dieter/Thieme, Wolf: „Der gläserne Riese" RWE. Ein Konzern wird transparent, Essen 1998, S. 61–84.

Stier, Bernhard: Staat und Strom. Die politische Steuerung des Elektrizitätssystems in Deutschland 1890–1950, Heidelberg u. a. 1999.

Stiftung Klimaneutralität u. a.: Vergleich der „Big 5" Klimaneutralitätsszenarien, 16.3.2022, online abrufbar unter: https://ariadneprojekt.de/media/2022/03/2022-03-16-Big5-Szenarienvergleich_final.pdf, Stand: 15.4.2022.

Stockert, Harald: Die dritte Stadtgründung und der Wiederaufbau (1690–1716), in: Nieß, Ulrich/Caroli, Michael (Hgg.): Geschichte der Stadt Mannheim, Bd. 1, Heidelberg u. a. 2007, S. 270–331.

Strache, Hugo: Gasbeleuchtung und Gasindustrie (Neues Handbuch der chemischen Technologie, Bd. 6), Braunschweig 1913.

Strache, Hugo/Lant, Richard: Kohlenchemie. Entstehung und chemisches Verhalten der Kohlen und ihrer Bestandteile, Leipzig 1924.

Sturm, Roland/Wilks Stephen (Hgg.): Wettbewerbspolitik und die Ordnung der Elektrizitätswirtschaft in Deutschland und Großbritannien (Integration Europas und Ordnung der Weltwirtschaft, Bd. 8), Baden-Baden 1996.

Tenfelde, Klaus/Berger, Stefan/Seidel, Hans-Christoph (Hgg.): Geschichte des deutschen Bergbaus. 4 Bde., Münster 2012–2016.

Thieme, Carsten: Daimler-Benz zwischen Anpassungskrise, Verdrängungswettbewerb und Rüstungskonjunktur 1919–1936, Vaihingen 2004.

Thomas, Stefan/Wissner, Matthias/Kristof, Kora/Irrek, Wolfgang: Die vergessene Säule der Energiepolitik. Energieeffizienz im liberalisierten Strom- und Gasmarkt in Deutschland, Wuppertal Spezial 24, 2002, online abrufbar unter: https://epub.wupperinst.org/frontdoor/deliver/index/docId/1443/file/WS24.pdf, Stand: 29.3.2022.

Tolxdorff, Leo A.: Der Aufstieg Mannheims im Bilde seiner Eingemeindungen (1895–1930), Stuttgart 1961.

Traitteur, Johann Andreas von: Die Wasserleitungen von Mannheim, wovon eine das Quellwasser aus dem Gebirg bei Rohrbach, die andere das Wasser aus dem Leimbach bei Schwetzingen beiführen, mit der Nachricht, wie weit das im Jahr 1790 angefangene Werk gediehen ist, und welchen Nutzen seine Vollendung der Stadt Mannheim gewähren wird. Nebst Bemerkungen über die Ursache der Ungesundheit, und der herrschenden Krankheiten in dieser Stadt, wobei eine Karte von der Gegend bei Mannheim, Schwetzingen, Rohrbach, nebst 26 Special-Plans, Mannheim 1798. Eingebunden: Nachricht an die Einwohner der Stadt Mannheim vom November 1790. (MARCHIVUM, Bibliothek, A 20/30, 32)

UNFCCC: Draft decision -/CMP.7. Outcome of the work of the Ad Hoc Working Group on Further Commitments for Annex I Parties under the Kyoto Protocol at its sixteenth session, 2011, online abrufbar unter: https://unfccc.int/files/meetings/durban_nov_2011/decisions/application/pdf/awgkp_outcome.pdf, Stand: 28.3.2022.

UNFCCC: Report on the structured expert dialogue on the 2013–2015 review. Note by the co-facilitators of the structured expert dialogue, Mai 2015, online abrufbar unter: https://unfccc.int/sites/default/files/resource/docs/2015/sb/eng/inf01.pdf, Stand: 30.3.2022.

Urbanitzky, Alfred von: Die Elektricität im Dienste der Menschheit. Eine populäre Darstellung der magnetischen und elektrischen Naturkräfte und ihrer praktischen Anwendungen. Nach dem gegenwärtigen Standpunkte der Wissenschaft, Leipzig 1885.

Veyel, Eric: Einwanderung und Innovation im Mannheim der Frühindustrialisierung: 1815–1860, in: Gassert, Philipp/Nieß, Ulrich/Stockert, Harald (Hgg.): Zusammenleben in Vielfalt. Zuwanderung nach Mannheim von 1607 bis heute, Heidelberg 2021, S. 110–129.

Volckmann, Karl Theodor: Chemische Technologie des Leuchtgases, Berlin/Heidelberg 1915.

Wagner, Oliver/Götz, Thomas: Presentation of the 5Ds in Energy Policy: A Policy Paper to Show How Germany Can Regain Its Role as a Pioneer in Energy Policy, in: Energies 14 (2021), online abrufbar unter: https://doi.org/10.3390/en14206799, Stand: 28.3.2022.

Waldeck, Florian: Alte Mannheimer Familien, 1.–4. Teil, Mannheim 1987 (Nachdruck 1920).

Walter, Friedrich: Geschichte der Stadt Mannheim, Bd. 1 und 2, Mannheim 1907.

Walter, Friedrich: Mannheim 1907. Ein Gedenkbuch über das Jubiläumsjahr und seine Ausstellung, Mannheim 1907.

Walter, Friedrich: Schicksal einer deutschen Stadt. Geschichte Mannheims 1907–1945, Bd. 1 (1907–1924), Frankfurt am Main 1949.

Walter, Friedrich: Bauwerke der Kurfürstenzeit in Mannheim (Deutsche Kunstführer, hrsg. von Adolf Feulner, Bd. 26), Augsburg 1928.

Weber, Karl Julius: Demokritos oder hinterlassene Papiere eines lachenden Philosophen, Bd. 3., XIII. Leipzig o. D. [1832–1859].

Weckesser, Hans: Geliebter Wasserturm, Mannheim 1991.

Weise, Johann Christoph Gottlieb: Die Kunst der Gebäude-, Zimmer- und Straßenerleuchtung durch Öl, Talg, Wachs und Gas. Nach dem Französischen des Herrn Peclet frei bearbeitet, Ilmenau 1829.

Weißgerber, Richard: Chemische Technologie des Steinkohlenteers, Berlin/Heidelberg 1923.

Welck, Karin von/Homering, Liselotte (Hgg.): 176 Tage W. A. Mozart in Mannheim, Ausst.-Kat. Reiss-Engelhorn-Museen, Mannheim, Mannheim 1991.

Welsby, Dan/Price, James/Pye, James/Ekins, Paul: Unextractable fossil fuels in a 1.5 °C world, in: Nature 597 (2021), S. 230–234.

Wennemuth, Udo: Zuwanderungserfolge und Integrationsprobleme nach der zweiten Gründung durch Kurfürst Karl Ludwig (1649–1685), in: Nieß, Ulrich/Caroli, Michael (Hgg.): Geschichte der Stadt Mannheim, Bd. 1, Heidelberg u. a. 2007, S. 152–231.

Wessel, Horst A.: Die Versorgung von Kommunen mit Wasser, Gas und elektrischer Energie von etwa 1850 bis 1914, in: Wysocki, Josef (Hg.): Kommunalisierung im Spannungsfeld von Regulierung und Deregulierung im 19. und 20. Jahrhundert, Berlin 1995, S. 49–89.

Weiss, Hansjörg: Entwicklung, Stand und Zukunft der Müllverbrennungsanlage Mannheim, in: MVV GmbH (Hg.): Mannheimer Symposium 25 Jahre Heizkraftwerk-Nord mit Müllverbrennung 18. Mai 1990, Mannheim 1990, S. 25–36.

Wietschel, Martin u. a.: Krieg in der Ukraine: Auswirkungen auf die europäische und deutsche Importstrategie von Wasserstoff und Syntheseprodukten. HYPAT-Impulspapier, März 2022, online abrufbar unter: https://www.isi.fraunhofer.de/content/dam/isi/dokumente/cce/2022/2022-03-21_HyPAT_Impulspapier_Ukraine.pdf, Stand: 15.4.2022.

Wirth, Klaus: Zur Stadtarchäologie in Mannheim. Eine Momentaufnahme, in: Die Wittelsbacher am Rhein: Die Kurpfalz und Europa, Bd. 2 (Texte und Katalog), Regensburg 2013, S. 280–283.

Wolf, Dieter: Luftkriegsereignisse in Mannheim 1939–1945 (Online-Publikationen des Stadtarchivs Mannheim, 1), 2. Aufl., Mannheim 2003, online abrufbar unter: https://www.marchivum.de/bibliostar/digitalisate/web74.pdf, Stand: 4.8.2022.

Wondrejz, Torsten: „Es war ja Krieg". Die bewegende Zeit 1939–1945 bei den Verkehrsbetrieben Mannheim–Ludwigshafen, der Rhein-Haardtbahn und Oberrheinischen Eisenbahn, Mannheim 2020.

Wuppertal Papers: Vom Energieversorgungsunternehmen zum Energiedienstleistungsunternehmen. Gemeinsamer Workshop von Gewerkschaft ÖTV und Wuppertal Institut für Klima, Umwelt und Energie, 2.11.1995, Wuppertal 1996.

Wysocki, Josef (Hg.): Kommunalisierung im Spannungsfeld von Regulierung und Deregulierung im 19. und 20. Jahrhundert, Berlin 1995.

Zeisberg, Marie-Christine: Ein Rohstoffvölkerrecht für das 21. Jahrhundert, Baden-Baden 2021.

Ziehner, Ludwig: Kurpfälzische Handelsgesellschaften unter dem Kurfürsten Karl Theodor, in: Mannheimer Geschichtsblätter 31 (1930), Sp. 115–117.

Zollitsch, Wolfgang: Die Vertrauensratswahlen von 1934 und 1935. Zum Stellenwert von Abstimmungen im „Dritten Reich" am Beispiel Krupp, in: Geschichte und Gesellschaft 15 (1989), S. 361–381.

Zuckmayer, Carl: Als wär's ein Stück von mir, Frankfurt am Main 1966.

Zur Erinnerung an die Säcular-Feier des Geburtstages Friedrich Schiller's, gehalten zu Mannheim vom 8.–11. November 1859, Mannheim 1859.

PERSONENREGISTER

Adam, Otto 388
Adis, Hermann 266
Ahlrichs, Gretje 253 f.
Albrecht 252
Altnöder, Jörg 379, 386, 429
Amann, Verena 483
Argand, Amédée/Ami 33 f., 51
Arndt, Jürgen 386

Baer, Amalie 256 f.
Baer (Großherzoglicher Ingenieur) 120
Baertels, Joseph Anton 21, 49
Baldwin, Matthew 490
Barber, Hermann 86, 144
Baumer, Joh. Paul 39
Beck, Otto 65, 83, 111, 126, 130 f., 145, 221
Becker, Christian 40
Becker, Gottfried 90
Becker, Max 223 f., 260
Besier, Hermann 300
Beyer, Christian 59, 63, 73, 107 f., 114
Blasche (Schaffner) 264
Blümmel, Alfred 388
Bödecker, Yvette 405
Bodenheimer, Karola 217, 258
Böhler, Otto 303
Bopp, Carl 98, 107
Börne, Ludwig 38
Branden, Matthäus van den 25
Brandenburg, Johann Peter, Dr. 329

Braun, Josef 219–221, 246, 252, 254, 260, 269, 271–274
Braun, Wilhelm 217
Brown, Charles 131
Buchter, Kurt, Dr. 312 f.
Bürck, Karl 121
Bürckel, Josef 232 f.
Bürkle, Otto 274
Bürkli-Ziegler, Arnold 96
Brückmann, Matthias 417, 420

Chodowiecki, Daniel 38
Claassen, Utz, Dr., Honorarprof. 416
Clemm, Adolf, Dr. 121
Curth, Klaus 400 f., 438

Dauth, Johann 121
Delors, Jacques, Prof. 395 f.
Dietrich, Otto 374
Dietz, Werner 388
Diffené, Carl Wilhelm, Dr. 121
Doka, Eduard 294 f., 303, 328, 363
Doland, Adolf 266
Doleski, Oliver 481
Domes, Carl 257
Drach, Adolf, Prof. 114
Dub, Werner, Dr. 417, 420
Düringer, Friedrich 244
Durm, Josef, Prof. 121
Dyckerhoff, Johann Friedrich 29

Eberbach, Otto, Dr. 110
Ecarius, Fritz, Dr. 219, 233
Edison, Thomas (Alva) 124, 140
Egell, Paul 25
Egetmeyer, Karl 147, 220 f., 235 f., 252, 259 f., 268, 271
Egger, Norbert, Prof. Dr. 406, 429
Ehmann, Karl von 96
Eisenlohr, Christian 48, 56–58
Ellrich, Willy 354
Elsaesser, Adolf 354
Elsishans, Anna, geb. Schulz 218
Ender (Oberbaurat) 252
Enders, Georg 121
Engelhorn, Friedrich 37, 40 f., 44, 46, 48, 51 f., 58
Engelhorn, Marie 41
Eppler, Erhard, Dr., Honorarprof. 496
Eskins, Paul 469

Fahrner, Heinrich 217, 258
Fantoma, Hugo 388
Farrenkopf, Hans-Jürgen 406, 417, 420, 424
Fehrmann, Alexander 217
Feuerstein, Karl 375, 388, 429
Fink (Telegrafenarbeiter) 82
Fleischmann, Kurt 217
Frick, Wilhelm, Dr. 231
Friedel, Gustav 274
Friedmann, Heinrich 253 f., 273

Friedrich I., Großherzog von Baden 102
Fuchs, Georg 254

Gampfer, Josef 218, 222 f., 260
Gantert, Franz 365
Gapp (Direktor) 287
Gercken, Philipp Wilhelm 24
Gerstner (Baurat) 95
Gerstner, Philipp 289
Gerwig, Robert 30, 32, 50, 95 f.
Goethe, Johann Wolfgang von 33, 50 f.
Göring, Hermann 232
Gottschalk, Thomas 408
Gottschalk, Christoph 408
Graf, Rudi 388
Grimm, Ernst 258, 274
Größle, Doris 388
Gruner, Heinrich 95
Grupello, Gabriel de 25, 50

Haas (Stadtbaumeister) 120
Haber, Fritz, Prof. 178
Hack, Friedrich 58 f., 83
Halmhuber, Gustav 109 f., 444
Hartmann, Heinrich Adam 121
Hartung, Roland 375, 392–395, 399–401, 404 f., 407, 409 f., 416–418, 422, 424, 431 f., 434, 438, 439, 441
Hecht, Gottfried 388
Heckel, Christian 46

Hecker, Friedrich 51
Heckmann, Richard 70
Heilmann, Ernst 225
Heimerich, Hermann, Dr. 216, 218, 286, 323, 360
Heinse, Johann Jacob 49
Helffenstein, Josef 121
Helmont, Johan Baptist van 38
Henglein, Alfred 221, 259, 274
Hennicke, Peter 478
Herr, Horst 386
Herschel, Bernhard 107
Herzberg, Carl 245
Hitler, Adolf 216, 226 f., 231, 233, 237 f., 270
Hoff, Heinrich 51
Hoffart, Johannes 25, 110
Hoffmann, Heinz 218
Hofmann, Josef 274
Hofmann, Ludwig 244
Honsell, Max, Prof. Dr. h. c. 99 f.
Hoyningen-Huene, Dietmar von, Prof. Dr. 438
Hudson, George Vernon 174
Hühn, Hans-Otto 378

Jacobi, Elisabeth (Betty) 49
Jacobi, Friedrich Heinrich 49
Jaeger, Max 388
Joskow, Paul L., Prof. 471
Jung, August 217, 258
Jung, Hubert 269

Karl Theodor, Kurfürst von der Pfalz 24, 26–28, 50
Karsten, Alfred, Dr. 385 f., 429
Kaun, Heinrich, Dr. 326, 328
Kellner, Josef 218 f., 221, 259
Kemner, Carl 56 f., 60–63

Kersabiec, Dunstan Louis Chevalier des 52
Kipnase, Ernst 221, 225, 236 f., 242–244, 248 f., 254 f., 259, 268, 288
Kirsch, Michael 409
Kirsch, Willi 388
Kittler, Erasmus, Prof. Dr. 125
Klett, Arnulf, Dr. 326, 329
Klöpfer, Ralf 483
Klotz, Günther 328
Knopf, Anton 289
Kohl, Helmut, Dr. 396, 399
Korn, Otto 289
Köster, Karl Ludwig 40 f.
Krause, Florentin 465
Krebs, Robert 274
Kriebitzsch, Werner 303
Krug, Manfred 408
Kuhn, August 292
Kurz, Peter, Dr. 405, 490
Kutzer, Theodor, Dr. h. c. 167 f.

Ladenburg (Bankier) 144
Lang, Paul 219
Langen, Eugen 57
Langendorf, Antonie/Anette 364
Lanz, Heinrich 169
Lavosier, Antoine Laurent de 33
Lebon, Philippe 39, 85
Lehmann, Hans 376, 378, 386
Leins, Christian Friedrich, Prof. 121
Leuze, Eduard, Dr. 329
Ley, Robert 225
Lichtenberg, Georg Christoph 35
Lindley, William 50, 96, 128, 148
Lindley, William Heerlein jr., Dr. h. c. 50, 103, 127 f., 131 f., 148

Locherer, August 364
Löscher (Direktor Worms) 352
Lovins, Amory 465
Löwit, Ottokar 135
Lucy, Herbert 388

Mai, Franz Anton 24
Marguerre, Friedrich (Fritz), Dr. 196, 213, 228, 232, 238, 342–344, 354
Martin, Paul 146
Marvill-Steiner, Helen 247, 265
Mayer, Christian 26
Mayer, Otto Dr. 252–254, 266
McGlade, Christophe 469
Mies, Heinrich 217 f.
Mies, Herbert 217 f.
Millar, Angus 490
Miller, Oskar von 194
Möhrle, Karl, Dr. 326
Moll, Eduard 105, 107
Mone, Franz Josef 99
Morgenthaler, Karl, Dr. 326 f., 353
Moser, Heinz 310
Motz, Hermann 464
Moyzich, Georg 217
Mozart, Leopold 34
Müller, Georg, Dr. 420, 483
Müller, Willi 388
Mündel, Ferdinand 445
Murdoch, William 85
Muss, Dr. (Bürgermeister Worms) 323, 352

Nathanson, Aron 258
Neumann, Paul 173
Norkauer, Hans-Heinz 376, 429, 438

Oesterwind, Dieter, Dr. 417
Ohmer, Klaus 350
Olbrecht, Piotr 247

Ormersbach, Daniel 289
Otto, Nikolaus August 57

Pahl, Walter 374, 388, 429
Paul, Erich 266
Paulsen, B., Prof. 193
Pécquignot, Louis 246
Perrey, Richard 111
Pfingsten, Michael 415
Pichler, Josef 73 f., 77, 86–88, 108, 113 f., 139, 142, 147, 152 f., 177, 184, 218–221, 287
Pigou, Arthur Cecil 506
Pippart, Friedrich 121
Platen, Wilhelm 354
Plattner, Ernst 121
Poppel, Johann 46
Pozzi, Jacobo 29
Prentiss, Louis W., Jr. 378

Quincey, Thomas de 35
Quintus, Peter Nikolaus 253 f., 266

Ratzel, Ludwig, Prof. Dr. 313, 328, 330, 333, 338, 353, 358, 370, 374–376, 392, 429
Raufelder, Wolfgang 429
Reiser, Jakob 218
Reiß, Friedrich 52
Renninger, Carl 216, 219 f., 222, 224, 226, 232, 234, 236–238, 244, 250–252, 256, 263, 266, 270 f.
Reschke, Hans, Dr., 293, 325, 328 f., 362
Rexrodt, Günter, Dr. 399
Riebel, Fritz 272
Rieger, J. G. [Johann Georg] 24
Riehl, Karl 289
Ringshauser, Adolf 253 f.
Rinkert, Erwin 274
Ritter, Heinrich 96 f.
Ritter, Jakob 388

Ritter, Robert 108
Roll, Hansjörg, Dr. 483
Rumford, Graf von 26 (siehe auch Thompson, Benjamin)

Salbach, Bernhard August 95 f.
Schacht, Hjalmar, Dr. 230, 232
Schäfer, Heinrich 388
Scheffelmeier, Karl 217, 219
Schelosky, Hans Ulrich, Dr. 401
Schenkel, Tobias 272
Schilling, Nikolaus Heinrich 59
Schmalensee, Richard, Prof. 471
Schmeling, Max 330
Schmidt, Hans 274
Schmieder, Robert 374, 388
Schmitt (Direktor) 252
Schneider (Stadtrat) 96 f.
Schneider, Hans, Dr. 312
Schneider, Hermann 270 f.
Schneider, Valentin 97, 100
Schöntag, Karl 258, 274
Schraeder, Friedrich 147, 202, 213, 220 f., 224, 226, 235 f., 249 f., 252, 260, 268, 278, 292, 318, 322, 326, 339, 342, 354, 360, 363
Schröter, Moritz, Prof. Dr. h.c. 148

Schrowang, Hugo/Hubert 289
Schuh (Stadtrat) 120
Schulten, Rudolf, Dr. 416–420, 424, 432, 434
Schwanholz, Georg 121
Schwarz, Hans Otto, Dr. 353
Segelken, Lüder 262
Semkowsi, Ryszard 247
Smiers, Guillaume François Joseph 52
Smreker, Oskar 97–100, 107–113, 118, 120, 444
Smyers, Wilhelm 40 f., 52
Sonntag, Friedrich August 41, 43, 48, 56
Sonntag, Hans 386, 429
Specht (Oberst) 271
Speer, Albert 243, 270 f.
Speer, Albert Friedrich 121
Spreng, Emil 30
Spreng, Johann Nepomuk 41, 48
Sprenger, Jakob 232
Spuler, Otto, Dr. 271
Stahl (Baurat) 148
Stech, Jürgen, Dr. 353
Steindamm, Ulrich 294, 353, 363, 366 f., 372, 374, 376
Steinitz, Franz S. 253 f.
Stern, Nicholas, Sir 469

Stinnes, Hugo 145 f., 213
Störtz, Daniel 259
Strauß, Franz-Josef, Dr. h.c. 473
Strauss, Levi 13
Südmersen, Eckhard 429

Tebay, John 30, 50
Thiem, Adolf 95, 98–100, 120
Thomas, Stefan 484
Todt, Fritz, Dr. 238
Traitteur, Andreas von 22–24, 26–29, 50
Traitteur, Carl Theodor von 50
Traitteur, Wilhelm von 50
Trautmann, Karl-Heinz, 416 f., 424
Trotha, Klaus von, Dr. h.c. 438
Trumpfheller, Jakob 284, 286, 293, 300, 302, 309, 319, 343 f., 352, 354, 361, 365

Uppenborn, Friedrich 125

Varnholt, Wilhelm 370, 375, 392
Veitenheimer, Heinz 240

Wacker, Kurt 376
Wagner, Robert 216, 252, 270

Walli, Otto, Dr. 216, 219 f., 235 f., 238, 245, 258
Walter, Ludwig 273
Weber, Heinrich Friedrich, Prof. Dr. 148
Weber, Karl Julius 49
Werling, Paul 289
Wetzel, Otto 216
Widder, Gerhard 382, 392, 394, 404–407, 416 f., 429, 431
Wiemer, Johannes 40
Wiese, Wilhelm 292, 294, 326 f., 342–344, 352, 363
Willett, William 174
Winkens, Hans-Peter, Dr. h.c. 295, 348, 350, 366 f., 437 f.
Winning, Charles D. 254, 272 f.
Wiśniewski, Mieczslaw 440
Wissel, Theodor 217
Wottrich, Franz 218
Wotzka, Carl 65

Zaun-Axler, Rudolf, Prof. Dr. 438
Ziegler, Friedrich 374, 388
Ziegler, Georg 263
Zimmermann, Hans-Heinz 388
Zischeck, Dieter 392, 438
Zizler, Josef 189, 199, 219, 238
Zuckmayer, Carl 162

ORTSREGISTER

Amsterdam 95, 120
Auenheim b. Kehl 326
Augsburg 296, 330

Bad Dürkheim 236 f., 368
Bad Rappenau-Babstadt 252
Bad Reichenhall 50

Baden (Schweiz) 131
Baden-Baden 108, 329
Basel 135, 195
Bensheim 100, 370
Berlin 39, 52, 81, 83, 95, 110, 112, 120, 159 f., 166, 176, 201, 414, 417 f.
Beznau a. d. Aare 195
Biblis 306
Bielefeld 312, 328
Bietigheim 328
Birmingham 85
Bonn 96 f., 120
Bremen 95, 364, 370
Bremerhaven 376
Breslau 97, 100
Bruchsal 28
Brühl 208
Brühl-Rohrhof 208, 351
Brüssel 325
Buchen 413
Bürstadt 100

Compiègne 177

Darmstadt 30, 94, 106, 120 f., 125, 147, 323
Děčín 414
Delphi 50

Den Haag 120
Dessau 394
Doha 467
Dortmund 364, 370
Dossenheim 146
Dresden 95 f., 393, 487
Dundee 487
Durban 466
Düsseldorf 24 f., 96 f., 120, 417

Edingen 202, 229, 323, 334
Elberfeld 120
Eschweiler 220
Essen 146, 229, 232, 306, 337, 415
Esslingen 397 f.

Feudenheim 73, 75 f., 78, 111, 118 f., 156 f., 172, 204, 314
Flörsheim-Wicker 414
Frankenthal 307, 323 f., 330, 352
Frankfurt a. M. 39, 50, 95, 103, 106, 120, 126–131, 167, 194, 203, 219, 232, 238, 247, 281, 309, 322, 329, 370, 400, 407–409, 411–413, 419
Frankfurt/Oder 394
Freiburg i. Br. 40, 53, 56, 329 f., 343, 370
Friedrichsfeld 202, 229, 338, 368, 376
Fukushima 307, 463, 473, 483, 496

Gaggenau 243
Genf 466

Göppingen 329
Gorleben 464
Großsachsen a. d. Bergstraße 397
Gurs 257

Haifa 258
Halle 158
Hamburg 30, 50, 95, 148, 221, 259, 343, 364
Hanau 203, 232
Hannover 39, 176, 220
Hassi Messaoud 328
Heddesheim 168, 203, 252
Heidelberg 25, 27, 29, 50, 53, 94, 99, 118, 121, 196, 202 f., 207–209, 229, 236, 253, 278, 309, 311–314, 323–326, 328 f., 334, 348–350, 352 f., 368, 370 f., 387, 435–437, 444
Heidelberg-Pfaffengrund 325, 351
Heilbronn 252, 262
Hockenheim 312–314
Homburg/Saar 147, 193, 233

Ilvesheim 202, 279, 314, 323, 334
Ingolstadt 413

Jülich 306

Käfertal 14, 73, 78, 99 f., 111–114, 117, 126 f., 149, 152, 157, 205 f., 222, 253 f., 273, 276 f., 301, 303 f., 310 f., 315, 349, 444, 467
Kahl a. M. 306

Karlsruhe 40 f., 53, 94 f., 100, 106, 114, 121, 148, 203, 278, 296, 309–311, 326, 328–330, 353, 365
Kassel 329
Ketsch 312–314
Kiel 343, 413, 418, 482
Kirchberg i. Hunsrück 421
Kirschgartshausen 113, 307, 348
Köln 39, 63, 96 f., 106, 120, 125, 176, 292, 294, 370 f., 388, 419
Königs Wusterhausen 414
Köthen 413
Krefeld 296
Krümmel 473
Kyoto 466

Ladenburg 202, 229, 323, 334
Lampertheim 113, 307
Lauffen/Neckar 194
Leipzig 95, 176, 221, 259, 412 f.
Leuna 158
Leutershausen 203
Limoges 257
London 30 f., 39, 50, 85
Lorsch 100
Lübeck 414
Ludwigshafen 48, 127, 132–135, 145, 147, 158, 166, 193, 203 f., 214, 219, 229, 233, 236 f., 248, 250, 263, 265, 270, 307, 322 f., 348 f., 352, 368, 370–372, 397, 399, 436

555

Ludwigshafen-Mundenheim 232
Lüttich 40

Mainz 162 f., 292, 364
Mannheim Verzicht auf Einzelnachweis aufgrund der Vielzahl an Nennungen im Buch
Marburg 176
Meißen 394, 417
Mülheim a. Rhein 97, 120
München 53, 88, 125, 148, 162, 219, 221, 259, 330
Münster 220

Neckarau 73, 97, 111 f., 117 f., 132, 135, 147, 168 f., 196, 245, 342, 347, 435
Neckarhausen 202, 229, 323, 334
Neu-Edingen 368, 376
Neunkirchen 370
Nexon 257
Nürnberg 30, 371, 388

Oberhausen 259
Offenbach 203, 329, 413, 417, 419, 482, 487

Oppau 229
Paris 34, 38, 52, 85, 124, 135, 140, 248, 323, 327, 467, 489, 498, 501
Pforzheim 203, 329
Philippsburg 306
Plochingen 196
Plymouth 487
Prag 414

Regensburg 330
Rendsburg 108
Reutlingen 329
Rheinau 75, 112, 117–119, 122, 145–147, 156 f., 193 f., 198, 205–207, 213, 222, 225, 227, 229, 253, 273, 277, 280–283, 309–311, 314 f., 342, 368, 376, 467
Rheinfelden (Baden) 194
Ridham Dock 487
Rio de Janeiro 466
Rohrbach b. Heidelberg 20, 23 f., 26 f., 50
Rotterdam 95, 120
Ruhpolding 414
Rüsselsheim 232, 238, 329

Sandhofen 74, 142, 156, 158, 172, 240, 253, 272, 304, 307, 436, 440
Schifferstadt 169
Schriesheim 146
Schwetzingen 26, 99, 311–314, 351, 434 f.
Seckenheim 27, 75, 97 f., 134, 202, 229, 232, 251, 368, 376
Sinsheim 252
Skarżysko-Kamienna 394
Solingen 413
Speyer 334, 353, 435
Stade 370
St. Dié 246
St. Petersburg 50
Straßburg 96, 121, 326
Straßenheim 229
Stuttgart 65, 109, 121, 125, 188, 243, 262, 281, 294, 326, 328 f., 353, 363, 370 f., 397 f., 407, 409, 411
Szczecin 394

Traunstein 50
Trier 220
Tschernobyl 307

Ulm 302, 329

Viernheim 74, 202 f., 208, 229, 251, 254, 322 f., 334, 352

Wackersdorf 463 f.
Waldauerbach 254
Walldorf 314
Wallstadt 74 f., 118, 178, 202, 229, 368, 376, 485 f.
Warschau 393 f., 401 f.
Weimar 49
Weinheim 99, 145–147, 169, 202 f., 229, 236, 247, 323, 334, 368, 387
Wien 13, 34
Wiesbaden 120, 203, 232, 296, 329, 364, 414
Wiesloch 246
Worms 103, 323 f., 330, 334
Wuppertal 343, 364
Wyhl 464

Zürich 120, 148

KURZVORSTELLUNG DER BEITRAGENDEN

Professor Dr. Johannes Bähr
Studierte Geschichte und Politikwissenschaft in Freiburg und München, habilitierte an der Freien Universität Berlin. Seit 2012 außerplanmäßiger Professor für Wirtschafts- und Sozialgeschichte an der Johann Wolfgang Goethe-Universität Frankfurt am Main.
Forschungsschwerpunkte: Unternehmensgeschichte, Wirtschaft im Nationalsozialismus.

Jasmin Breit, M. A.
Studierte Geschichte und Politikwissenschaft in Darmstadt und Dresden.
Seit 2015 im MARCHIVUM tätig, seit 2018 im Bereich Nachlässe/außerstädtisches Archivgut.
Forschungsschwerpunkte: Mannheimer Stadtgeschichte, archivische Fachthemen.
Teil des Projektteams der vorliegenden Publikation.

Doreen Kelimes, M. A.
Studierte Slawische Sprachen, Kulturen und Sprachen in Halle (Saale).
Seit 2015 beim MARCHIVUM tätig.
Forschungsschwerpunkte: Kultur- und Stadtgeschichte Mannheims im 19. und 20. Jahrhundert, Kriegsgefangenschaft und Migrationsgeschichte Badens im Ersten Weltkrieg, Gedenk- und Erinnerungskultur.

Dr. Dagmar Kiyar
Studierte Politikwissenschaft, Wirtschaftspolitik und Soziologie in Münster.
Senior Researcher am Wuppertal Institut für Klima, Umwelt, Energie.
Forschungsschwerpunkte: Nationale Energiepolitik und Energiewirtschaft, Energieintensive Industrie (insb. politische Rahmenbedingungen), Energieeffizienzpolitik, Carbon Divestment, Internationale Klimapolitik.

Dr. Martin Krauß
Studierte Mittlere und Neuere Geschichte, Sozial- und Wirtschaftsgeschichte und Politische Wissenschaften an der Universität Heidelberg. Von 1995 bis 2021 Unternehmensarchivar bei Bilfinger SE in Mannheim, seither als freiberuflicher Historiker tätig.

Professor Dr. Andreas Löschel
Studierte Volkswirtschaftslehre in Erlangen-Nürnberg, promovierte in Mannheim.
Seit September 2021 Inhaber des Lehrstuhls für Umwelt-/Ressourcenökonomie und Nachhaltigkeit an der Ruhr-Universität Bochum.
Seit 2011 Vorsitzender der Expertenkommission zum Monitoring-Prozess „Energie der Zukunft" der Bundesregierung.

Dr. Hans-Jochen Luhmann
Studierte Mathematik, Volkswirtschaftslehre und Philosophie in Hamburg, Basel und Heidelberg.
Ab 1993 stellvertretender Leiter der Abteilung Klimapolitik des Wuppertal Instituts für Klima, Umwelt, Energie; heute Senior Expert (Emeritus) am Wuppertal Institut; Lehrbeauftragter im Masterstudiengang Energiemanagement der Universität Koblenz-Landau.

Professor Dr. Ulrich Nieß
Studierte Geschichte, Sozialkunde und Mathematik in Saarbrücken; Archivausbildung in Marburg.
Seit 2001 Leiter des MARCHIVUM (vormals Stadtarchiv Mannheim – Institut für Stadtgeschichte).
Forschungsschwerpunkte: Mannheimer Stadtgeschichte, mittelalterliche Ordensgeschichte, Erinnerungskultur und archivische Fachthemen.

Dr. Andrea Perthen
Studierte Architektur in Weimar (B.Sc.) und den interdisziplinären Studiengang „Geschichte, Umwelt und Stadt" in Darmstadt.
Forschungsschwerpunkte: Stadt- und Architekturgeschichte, Korruptionsgeschichte, Stadt und Umwelt.
Projektleiterin der vorliegenden Publikation.

Sabine Pich, M.A.
Studierte Volkskunde, Germanistik und Soziologie an der Universität Freiburg im Breisgau.
Von 2004 bis zum Ruhestand 2021 Referentin für Öffentlichkeitsarbeit und Beauftragte für Qualität und Umwelt beim Eigenbetrieb Stadtentwässerung Mannheim.
Forschungsschwerpunkte: Geschichte der regionalen Tabakindustrie, der Flößerei sowie der Stadtentwässerung.

Dr. Hanspeter Rings
Studierte Sozialwissenschaften, Wissenschaftsgeschichte und -philosophie.
Bis zum Ruhestand 2019 wissenschaftlicher Stadthistoriker beim MARCHIVUM.
Forschungsschwerpunkte: Industrie-, Hafen- und Kulturgeschichte.
Teil des Projektteams der vorliegenden Publikation.

Dr. Daniel Römer
Studierte Geschichte, Betriebs- und Volkswirtschaft.
Seit 2017 als Kurator am TECHNOSEUM, Landesmuseum für Technik und Arbeit in Mannheim, zuständig für die Themen Energie, Elektrotechnik sowie Umwelt- und Klimaauswirkungen dieser Technologien.

Professor Dr. Dieter Schott
Studierte Geschichte, Anglistik und Politische Wissenschaft in Konstanz und Berlin.
Seit 2004 Professor für Neuere Geschichte an der TU Darmstadt.
Forschungsschwerpunkte: Stadtgeschichte und Urbanisierungsforschung, Umweltgeschichte.

Walter Spannagel, Dipl. Soz.
Studierte Soziologie, Sozialpsychologie, Politische Wissenschaft und Zeitgeschichte an der Universität Mannheim.
Bis zu seinem Ruhestand 2019 Mitarbeiter beim MARCHIVUM im Bereich Records Management.
Forschungsschwerpunkte: Oral History, Geschichte von SPD und Gewerkschaften, Mannheimer Stadtgeschichte in der zweiten Hälfte des 20. Jahrhunderts.

Professor Dr. Bernhard Stier
Studierte Geschichte und Germanistik.
Seit 2000 Professor für Neuere und Neueste Geschichte und deren Didaktik an der Universität Koblenz-Landau.
Forschungsschwerpunkte: u. a. Wirtschafts- und Sozialgeschichte, Technikgeschichte, Unternehmensgeschichte, Regionalgeschichte Südwestdeutschlands.

Dr. Harald Stockert
Studierte Geschichte, Germanistik und Mathematik in Mannheim und Amsterdam; Archivausbildung in Marburg.
Seit 2001 Abteilungsleiter beim MARCHIVUM. Stellvertretender Leiter des MARCHIVUM und Geschäftsführer der MAUD GmbH (Mannheimer Archivierungs- und Digitalisierungsgesellschaft).
Forschungsschwerpunkte: Stadtgeschichte Mannheims, süddeutsche Landesgeschichte und archivische Fachthemen.

Dr. Thomas Throckmorton
Studierte Geschichte und Germanistik in Münster und Bologna, promovierte in Hamburg; Archivausbildung in Marburg.
Seit 2021 Abteilungsleiter beim MARCHIVUM.
Forschungsschwerpunkte: Kulturgeschichte der Frühen Neuzeit, Konfessionalisierung, Stadtgeschichte Mannheims und archivische Fachthemen.

Fotograf:
Horst Hamann
Gebürtiger Mannheimer; gilt als „Entdecker" der vertikalen Fotografie.
Autor von über 40 Fotobüchern, u. a. dem als moderner Klassiker geltenden Band „New York Vertical" (1996), zahlreiche Ausstellungen, internationale Tätigkeit als Gastdozent.
Neuestes Werk: „London Vertical" (2023).

DANK

Archiv des Deutschen Museums

Arolsen Archives – International Center of Nazi Persecution

Bunte-Engler-Institut Karlsruhe

Curt-Engelhorn-Stiftung

Deutscher Verein des Gas- und Wasserfaches (DVGW)

Eigenbetrieb Stadtentwässerung Mannheim (EBS)

Grosskraftwerk Mannheim AG (GKM)

Landesarchiv Baden-Württemberg, Generallandesarchiv Karlsruhe

Münchner Stadtmuseum

MVV-Unternehmensarchiv

Penguin Random House Verlagsgruppe mit Siedler Verlag

Reiss-Engelhorn-Museen (REM)

RWE-Unternehmensarchiv

Stadtarchiv Ludwigshafen

Städtisches Museum Dresden

TECHNOSEUM

Technische Informationsbibliothek (TIB)

TU Dresden, Farbstoffsammlung

Unternehmensarchiv Bilfinger SE

Ferner danken wir allen Zeitzeuginnen und Zeitzeugen, die sich für Interviews zur Verfügung gestellt haben, allen Leihgeberinnen und Leihgebern sowie den im Band aufgeführten Fotografen.

Impressum

Sollte diese Publikation Links auf Webseiten Dritter enthalten, so übernehmen wir für deren Inhalte keine Haftung, da wir uns diese nicht zu eigen machen, sondern lediglich auf deren Stand zum Zeitpunkt der Erstveröffentlichung verweisen.

Herausgegeben von der MVV Energie AG in Zusammenarbeit mit dem MARCHIVUM

Dieses Buch erscheint aus Anlass des 150-jährigen Jubiläums der MVV Energie AG.

Klimaneutral
Druckprodukt
ClimatePartner.com/14044-1912-1001

FSC
www.fsc.org
MIX
Papier | Fördert gute Waldnutzung
FSC® C084279

Penguin Random House Verlagsgruppe FSC® N001967

1. Auflage März 2023

Copyright © 2023 by Siedler Verlag, München, in der Penguin Random House Verlagsgruppe GmbH, Neumarkter Str. 28, 81673 München

Lektorat: Anne Hagenlocher

Gestaltung: Büro Jorge Schmidt, München

Satz: Markus Miller, München

Grafiken: Peter Palm, Berlin

Bildbearbeitung: Regg Media GmbH, München

Druck und Bindung: Print Consult GmbH, München

Printed in Slovakia 2023

ISBN 978-3-8275-0163-9

www.siedler-verlag.de

Dieses Buch ist auch als E-Book erhältlich.